Hoffmann/Liebs
Der GmbH-Geschäftsführer

Der GmbH-Geschäftsführer

Handbuch für die Praxis
des Unternehmers und Managers

von

Dr. Dietrich Hoffmann und **Dr. Rüdiger Liebs**
Rechtsanwälte in Düsseldorf

unter Mitarbeit von

Dr. Stephan Beukelmann,
Rechtsanwalt in München
(Haftung im Strafrecht)

Wolfgang Bucksch
Rechtsanwalt in Düsseldorf
Fachanwalt für Arbeitsrecht
(Personalmanagement)

Dipl. Kfm. Udo Corzilius,
Wirtschaftsprüfer und Steuerberater
in Ratingen
(Finanzierung, Rechnungswesen)

Jan Gerd Möller, LL. M.
Rechtsanwalt und Steuerberater
in Düsseldorf
(Steuern)

Dr. rer. pol. hc. Frank-J. Weise,
Diplombetriebswirt in Nürnberg
(betriebliches Rechnungswesen, Controlling)

3. Auflage

Verlag C. H. Beck München 2009

Verlag C. H. Beck im Internet:
beck.de

ISBN 978 3 406 58368 1

© 2009 Verlag C. H. Beck oHG
Wilhelmstraße 9, 80801 München
Druck: fgb. freiburger graphische betriebe
Bebelstraße 11, 79108 Freiburg
Satz: Druckerei C. H. Beck, Nördlingen
(Adresse wie Verlag)

Gedruckt auf säurefreiem, alterungsbeständigem Papier
(hergestellt aus chlorfrei gebleichtem Zellstoff)

Vorwort zur dritten Auflage

Das GmbH-Recht ist seit der zweiten Auflage vom Gesetzgeber, aber auch von der Rechtsprechung grundlegend umgebaut worden. Die erste Konsequenz war, dieses Buch intensiv zu überarbeiten. Etwa 70% des Textes sind neu. Jedoch: Die bewährte Konzeption des Buches, nämlich die Gliederung nach Führungsaufgaben- und -bereichen, ist geblieben. Die zweite Konsequenz ist: Vom GmbH-Geschäftsführer wird ein entschiedenes Umdenken gefordert. Stets muss er sich fragen: Kann ich mich auf meine Erfahrungen verlassen oder gilt auch hier etwas Neues? Die Antwort auf diese sich stets erneut stellende Frage findet der Geschäftsführer in diesem Handbuch. Er kann sich jeweils vergewissern, wo er steht.

Den Einstieg findet der Geschäftsführer, je nach Veranlagung, über das systematische Inhaltsverzeichnis oder über das ausführliche Sachverzeichnis, die zur Arbeitserleichterung jeweils nicht auf die Seitenzahl, sondern unmittelbar auf die Randnummer verweisen, mit der jeder Absatz markiert ist. Die erste Ziffer der Randnummer kennzeichnet jeweils das Kapitel, die Randnummern 1000 ff also das 1. Kapitel, die Randnummern 2000 ff das 2. Kapitel usw. bis zum 8. Kapitel. In jeder Randnummer ist darüber hinaus das Thema, um das es geht, durch Fettdruck hervorgehoben.

Gesetzgebung, Rechtsprechung und Literatur sind bis zum 31. 5. 2009 berücksichtigt. Fragen, Anregungen und Hinweise erbitten wir an raoul.mosel@hlfp.de.

Frau Santra Reuther haben wir für ihre aufopfernde, stets zuverlässige Arbeit am Manuskript sehr zu danken.

Düsseldorf, im Frühsommer 2009

Dr. Dietrich Hoffmann   Dr. Rüdiger Liebs

Inhaltsverzeichnis

	Rn	Seite
Vorwort		V
Inhaltsverzeichnis		VII
Abkürzungsverzeichnis		XIII
Literaturverzeichnis		XIX
Einleitung		1

Kapitel 1
Das Unternehmensmanagement

	Rn	Seite
I. Personalmanagement		
1. Personalarbeit, -planung und Arbeitsrecht	1000–1014	5
2. Die Zusammenarbeit mit den Belegschaftsvertretungen – Anwendungsbereich des BetrVG	1015–1032	10
3. Kündigungsrecht	1033–1045	17
4. Mitgliedschaft in Verbänden – Tarifrecht – Arbeitskampfrecht	1046–1054	22
II. Finanzierung		
1. Finanzierungsregeln – Finanzplanung	1055–1063	26
2. Finanzierungsalternativen: Eigen- und Fremdfinanzierung Innen- und Außenfinanzierung langfristige und kurzfristige Finanzierung	1064–1077	29
3. Mischformen: Beteiligungen von Kapitalbeteiligungsgesellschaften – Gesellschafterdarlehen	1078, 1079	34
III. Betriebliches Rechnungswesen und Controlling		
1. Betriebliches Rechnungswesen	1080–1089	35
2. Controlling	1090–1094	38
IV. Rechnungslegung – Prüfung – Publizität		
1. Rechnungslegung	1095–1120	39
2. Die Prüfung des Jahresabschlusses und des Lageberichts	1121–1129	48
3. Publizität	1130–1134	51
V. Die Steuern der GmbH		
1. Rahmenbedingungen der Steuer	1135, 1136	52
2. Körperschaftsteuer		
2.1 Steuerpflicht	1137, 1138	53
2.2 Zu versteuerndes Einkommen	1139–1145	54
2.3 Steuersatz	1146–1148	56
2.4 Veranlagung	1149	57
2.5 Besonderheiten		
2.5.1 Verdeckte Gewinnausschüttung	1150–1156	57
2.5.2 Zinsschranke	1157–1159	60
2.5.3 Einlagen	1160, 1161	60
2.5.4 Körperschaftsteuerguthaben/Körperschaftsteuererhöhungsbetrag	1162–1166	61
3. Gewerbesteuer	1167–1171	61
4. Solidaritätszuschlag	1172	63
5. Umsatzsteuer	1173–1181	63
6. Kapitalertrag-/Abgeltungssteuer und Lohnsteuer	1182–1184	65
7. Außenprüfung	1185–1187	66

Inhalt

	Rn	Seite
VI. Allgemeine Verwaltung		
1. Übersicht und Organisation	1188–1192	67
2. Rechtswesen	1193–1200	68
3. Versicherungen	1201	71
4. Öffentlichkeitsarbeit	1202, 1203	73

Kapitel 2
Beginn und Ende des Geschäftsführeramtes – Anstellungsvertrag – Altersversorgung

	Rn	Seite
I. Beginn des Geschäftsführeramtes – Bestellung – Faktischer Geschäftsführer	2000–2018	74
II. Beendigung des Geschäftsführeramtes		
1. Abberufung – einstweiliger Rechtsschutz	2019–2032	80
2. Amtsniederlegung	2033, 2034	86
3. Andere Beendigungsgründe	2035–2038	87
4. Entlastung	2039–2041	88
III. Anstellungsvertrag		
1. Abschluss des Anstellungsvertrages	2042–2050	89
2. Der Rechtscharakter des Anstellungsvertrages	2051–2053	92
3. Die Sozialversicherung des Geschäftsführers	2054–2063	93
4. Die betriebliche Altersversorgung des Geschäftsführers – Insolvenzsicherung	2064–2096	96
5. Beendigung des Anstellungsvertrages – Kündigung – Außerordentliche Kündigung – Aufhebungsvereinbarung	2097–2117	106

Kapitel 3
Geschäftsführungsstrukturen

	Rn	Seite
I. Vertretungsmacht		
1. Die gesetzliche Vertretung – Selbstkontrahierungsverbot (Insichgeschäfte)	3000–3019	120
2. Die gesetzliche Vertretung der führungslosen GmbH	3020	126
3. Rechtsgeschäftliche Vertretungsmacht	3021–3027	127
4. Stellvertretender Geschäftsführer	3028	129
5. Passive Vertretung – Wissenszurechnung	3029–3034	129
II. Geschäftsführung		
1. Umfang der Geschäftsführungsbefugnis – Weisungsrecht – Zustimmungsvorbehalte	3035–3038	131
2. Gesamtgeschäftsführung	3039–3041	133
3. Mustergeschäftsordnung	3042	134
Kommentarnoten	3043	138

Kapitel 4
Die Beziehungen zu den Gesellschaftern und zu Aufsichts- und Beratungsgremien

	Rn	Seite
I. Die Beziehung der Geschäftsführung zu den Gesellschaftern		
1. Einflussnahme durch Weisungen und Gesellschaftsvertrag	4000–4004	141
2. Die Grundsätze der Kapitalerhaltung und der Liquiditätssicherung	4005–4009	143
3. Organisation der Gesellschafterversammlung – Stimmrechtsausübung – Information bei der Einberufung	4010–4025	144
4. Stimmverbote für Gesellschafter-Geschäftsführer	4026–4031	151
5. Information der Gesellschafter	4032–4039	153
6. Durchführung fehlerhafter Gesellschafterbeschlüsse	4040–4042	155
7. Verdeckte Gewinnausschüttung, Gleichbehandlungsgrundsatz	4043–4048	156
8. Konzerneinbindung	4049–4051	158

Inhalt

	Rn	Seite
II. Beziehungen der Geschäftsführung zu Aufsichts- und Beratungsgremien		
1. Die Begriffe Beirat, Verwaltungsrat, Gesellschafterausschuss, Aufsichtsrat	4052–4059	159
2. Die gesetzlichen Aufsichtsräte	4060–4076	161
3. Aufsichtsratsausschüsse	4077, 4078	167
4. Muster einer Beiratsordnung	4079, 4080	167
Kommentarnoten	4081	170

Kapitel 5
Die Aufgaben des Geschäftsführers bei Gründung, Umwandlung und Liquidation

	Rn	Seite
I. Die Aufgaben des Geschäftsführers bei der Gründung einer GmbH		
1. Bargründung, klassische GmbH, Unternehmergesellschaft (haftungsbeschränkt), Mustergründung	5000–5014	172
2. Sachgründung und verdeckte Sacheinlage	5015–5020	177
3. Vorgründungsgesellschaft, Vor-GmbH und eingetragene GmbH	5021–5034	179
II. Die Stellung des Geschäftsführers bei der Umwandlung	5035–5038	183
1. Die für den Geschäftsführer wichtigsten Aspekte der Verschmelzung	5039–5046	184
2. Die für den Geschäftsführer wichtigsten Aspekte der Spaltung	5047–5052	185
3. Die für den Geschäftsführer wichtigsten Aspekte des Formwechsels	5053–5056	187
III. Die Stellung des Geschäftsführers in der Liquidation		
1. Überblick	5057–5062	188
2. Die Liquidatoren	5063–5071	189
3. Aufgaben und Befugnisse der Liquidatoren	5072–5081	191
4. Der Umfang der Geschäftsführungs- und Vertretungsbefugnis der Liquidatoren	5082–5084	194
5. Die Rechnungslegungspflicht der Liquidatoren	5085, 5086	195
6. Die Gestaltung des Geschäftsbriefs der aufgelösten GmbH	5087	196
7. Die Verteilung des Liquidationserlöses unter die Gesellschafter – Das Sperrjahr	5088–5091	196
8. Nach Beendigung der Liquidation	5092–5095	197

Kapitel 6
Die Aufgaben des GmbH-Geschäftsführers in der Krise und in der Insolvenz

	Rn	Seite
I. Die Krise		
1. Krise – Herausforderung für den Geschäftsführer	6000–6003	199
2. Das Erkennen der Krise	6004–6006	200
3. Sanierungsinstrumente	6007–6028	201
4. Die Insolvenzgründe: Zahlungsunfähigkeit, Überschuldung und drohende Zahlungsunfähigkeit	6029–6058	207
II. Die Insolvenz		
1. Die Insolvenz als Chance für einen Neuanfang	6059	215
2. Die Insolvenzanträge	6060–6072	217
3. Aufgaben und Stellung des Geschäftsführers im Insolvenzverfahren	6073–6080	221

Kapitel 7
Die Haftung des Geschäftsführers

	Rn	Seite
I. Die Haftungsgrundsätze		
1. Haftungsumfang – Haftung der GmbH für ihre Organe (§ 31 BGB) – Persönliche Haftung des Geschäftsführers – Verschuldens- und Gefährdungshaftung – Haftung durch Unterlassen (insbesondere Organisationsverschulden)	7000–7011	224

Inhalt

	Rn	Seite
2. Haftung bei einer mehrköpfigen Geschäftsführung	7012–7014	227
3. Rechtsscheinhaftung des Geschäftsführers	7015	228
4. Bußgeld – Zwangsgeld – Strafverfahrenkosten als Betriebsausgaben – Haftpflichtversicherung für Geschäftsführer	7016–7019	228
II. Haftung gegenüber der GmbH – Innenhaftung		
1. Haftung wegen Verstoßes gegen die Pflichten ordnungsgemäßer Geschäftsführung (§ 43 Abs. 1 GmbHG)	7020–7035	230
2. Haftung wegen Verletzung der Pflicht, die Weisungen der Gesellschafter auszuführen	7036, 7037	235
3. Haftung wegen Verstoßes gegen den Grundsatz der Liquiditätssicherung und den Grundsatz der Kapitalerhaltung	7038–7050	236
III. Haftung gegenüber den GmbH-Gesellschaftern		
1. Vertragliche Haftung aus Anstellungsvertrag	7051	240
2. Haftung aus Organstellung	7052	240
3. Haftung aus unerlaubter Handlung	7053, 7054	241
IV. Haftung gegenüber Dritten		
1. Haftung des Geschäftsführers wegen Verschuldens bei Vertraganbahnung	7055–7057	242
2. Haftung des Geschäftsführers wegen Verletzung von Schutzgesetzen	7058–7062	243
3. Haftung des Geschäftsführers wegen Organisationsverschuldens	7063–7067	244
4. Haftung des Geschäftsführers wegen sittenwidriger Schädigung	7068	246
5. Haftung für fehlerhafte Produkte, Produkthaftungsgesetz, Produktsicherheitsgesetz	7069–7074	247
6. Haftung wegen Verstoßes gegen Wettbewerbsregeln und wegen Verletzung von Immaterialgüterrechten	7075–7077	248
7. Haftung wegen Verletzung von Steuerpflichten	7078–7081	250
8. Die Haftung des Geschäftsführers im Gründungstadium der GmbH (§ 11 Abs 2 GmbHG)	7082	251
9. Die Haftung während der Liquidation	7083, 7084	252
V. Durchgriffshaftung	7085, 7086	253
VI. Haftung für existenzvernichtenden Eingriff	7087, 7088	253
VII. Verjährung	7089–7091	254
VIII. Haftungsminimierung	7092–7099	255
IX. Haftung im Straf- und Ordnungswidrigkeitenrecht		
1. Übersicht	7100–7114	257
2. Strafvorschriften des GmbHG, des HGB, des Steuer- und Sozialversicherungsrecht und des BetrVG	7115–7131	262
3. Strafvorschriften in Spezialgesetzen von Branchen und in handelsrechtlichen Nebengesetzen	7132, 7133	268
4. Allgemeine Strafvorschriften des Strafgesetzbuches (StGB): Betrug, Untreue, Buchführungs- und Bilanzierungsdelikte, Bankrott	7134–7077	269
5. Spezielle Strafvorschriften des Strafgesetzbuches zum Schutz der Umwelt	7178–7180	287
6. Straftaten im Zusammenhang mit der Produktsicherheit	7181–7184	288
7. Ordnungswidrigkeiten	7185	290

Kapitel 8
Die Geschäftsführung der GmbH in der GmbH & Co KG

	Rn	Seite
I. Die Eigenart der GmbH & Co KG	8000–8008	293
II. Handelsregister und Firmenbildung	8009–8012	295
III. Rechnungslegung, Prüfung und Publizität	8013–8019	296
IV. Die GmbH als geschäftsführende Komplementärin der GmbH & Co KG		
1. Bestellung, Entlastung	8020–8023	298
2. Widerruf der Bestellung – Kündigung – Ausscheiden	8024–8026	299

Inhalt

	Rn	Seite
V. Das Geschäftsführeramt in der GmbH & Co KG		
1. Anstellungsvertrag, Organstellung mit Schutzwirkung zugunsten der Kommanditisten	8027–8029	300
2. Arbeitsrechtliche Einordnung der Geschäftsführer einer GmbH & Co KG	8030	301
3. Sozialversicherung, Altersversorgung, Insolvenzsicherung	8031, 8032	301
4. Steuerrecht	8033, 8034	302
VI. Geschäftsführung und Vertretung		
1. Vertretung – Selbstkontrahieren (Insichgeschäft)	8035–8038	303
2. Geschäftsführung	8039–8041	304
VII. Beziehung zu Gesellschaftern und zu Aufsichts- und Beratungsgremien	8042–8047	305
VIII. Kapitalaufbringung und -erhaltung		
1. Kapitalaufbringung	8048, 8049	306
2. Kapitalerhaltung	8050–8054	307
IX. Zur Insolvenz der GmbH & Co KG	8055, 8056	308
X. Geschäftsführerhaftung	8057–8059	309
Anlagen		311
1. GmbHG		311
2. Musterprotokoll für die Gründung einer Einpersonengesellschaft		335
Musterprotokoll für die Gründung einer Mehrpersonengesellschaft mit bis zu drei Gesellschaftern		336
3. HGB (Auszug)		337
4. DrittelbG		397
5. MitbestG		401
6. AktG (Auszug)		412
7. Satzung der IG-Metall (Auszug)		422
8. Merkblatt 300/M 4 des PSV		424
9. Merkblatt 300/M 8 des PSV		426
10. Merkblatt 300/M 1 des PSV		429
11. Merkblatt 300/M 3 des PSV		433
12. Merkblatt 300/M 10 des PSV		437
Sachverzeichnis		441

Abkürzungsverzeichnis

aA	anderer Ansicht
aaO	am angegebenen Ort
Abs	Absatz
Abschn	Abschnitt
aE	am Ende
aG	auf Gegenseitigkeit
AG	Aktiengesellschaft/Die Aktiengesellschaft (Zeitschrift)
AktG	Aktiengesetz
allg	allgemein
Anh	Anhang
Anm	Anmerkung
AnwBl	Anwaltsblatt
ao	außerordentlich
AO	Abgabenordnung
AOK	Allgemeine Ortskrankenkasse
AP	Arbeitsrechtliche Praxis
AR	Aufsichtsrat
ArbGG	Arbeitsgerichtsgesetz
ArbschG	Arbeitsschutzgesetz
Art	Artikel
AÜG	Arbeitnehmerüberlassungsgesetz
Aufl	Auflage
ausf	ausführlich
AVG	Angestelltenversicherungsgesetz
AWG	Außenwirtschaftsgesetz
Az	Aktenzeichen
AZG	Arbeitszeitgesetz
AZO	Arbeitszeitordnung
BAB	Betriebsabrechnungsbogen
BAG	Bundesarbeitsgericht
BayObLG	Bayerisches Oberstes Landesgericht
BB	Betriebs-Berater
BeckRS	Beck-Rechtsprechung
BetrAVG	Gesetz zur Verbesserung der betrieblichen Altersversorgung
BetrVG	Betriebsverfassungsgesetz
BFH	Bundesfinanzhof
BFHE	Amtliche Sammlung der Entscheidungen des Bundesfinanzhofs
BG	Die Berufsgenossenschaft (Zeitschrift)
BGB	Bürgerliches Gesetzbuch
BGBl	Bundesgesetzblatt
BGH	Bundesgerichtshof
BGHSt	Amtliche Sammlung der Entscheidungen des Bundesgerichtshofs in Strafsachen
BGHZ	Amtliche Sammlung der Entscheidungen des Bundesgerichtshofs in Zivilsachen
BilMoG	Bilanzrechtsmodernisierungsgesetz
BMF	Bundesministerium der Finanzen
BSG	Bundessozialgericht
BSGE	Amtliche Sammlung der Entscheidungen des Bundessozialgerichts
BStBl	Bundessteuerblatt
BT	Bundestagsdrucksache

XIII

Abkürzungen

BVerfG	Bundesverfassungsgericht
BVerfGE	Amtliche Sammlung der Entscheidungen des Bundesverfassungsgerichts
bzw	beziehungsweise
CE	Conformité Européenne (Übereinstimmung mit EU-Richtlinien)
CTA	Contractual Trust Agreement
ders	derselbe
dgl	dergleichen
dh	das heißt
diess	dieselben
DB	Der Betrieb
DBA	Doppelbesteuerungsabkommen
D & O	Directors- and Officers-Versicherung
DrittelbG	Drittelbeteiligungsgesetz
DStR	Deutsches Steuerrecht
EBR	Europäischer Betriebsrat
EDV	Elektronische Datenverarbeitung
EFZG	Entgeltfortzahlungsgesetz
EG	Einführungsgesetz/Europäische Gemeinschaften
eGen	eingetragene Genossenschaft
EGHGB	Einführungsgesetz zum Handelsgesetzbuch
EGInsO	Einführungsgesetz zur Insolvenzordnung
EGV	Vertrag zur Gründung der Europäischen Gemeinschaft
EHUG	Gesetz über elektronische Handelsregister und Genossenschaftsregister sowie das Unernehmensregister
Erl	Erläuterung(en)
EStG	Einkommensteuergesetz
EStR	Einkommensteuerrichtlinien
etc	et cetera
EU	Europäische Union
EuGH	Europäischer Gerichtshof
eV	eingetragener Verein
evtl	eventuell
EWR	Europäischer Wirtschaftsraum
f	folgende Seite
ff	folgende Seiten
FamFG	Gesetz über das Verfahren in Familiensachen und in den Angelegenheiten der freiwilligen Gerichtsbarkeit
FAR	Fachausschuss Recht des Instituts des Wirtschaftsprüfer (IDW)
FGG	Gesetz über die freiwillige Gerichtsbarkeit
Fifo	First in first out
FMStG	Finanzmarktstabilisierungsgesetz
Fn	Fußnote
FS	Festschrift
G	Gesetz
GA	Goltdammer's Archiv für Strafrecht
GG	Grundgesetz
ggf	gegebenenfalls
gem	gemäß
GK	Großkommentar
GeschmMG	Geschmacksmustergesetz
GewO	Gewerbeordnung
GewStG	Gewerbesteuergesetz
GmbH	Gesellschaft mit beschränkter Haftung

Abkürzungen

GmbHG	Gesetz betreffend die GmbH
GmbHR	GmbH-Rundschau
GoB	Grundsätze ordnungsmäßiger Buchführung
GRUR	Gewerblicher Rechtsschutz und Urheberrecht
GS	geprüfte Sicherheit
GSB	Gesetz über die Sicherung von Bauforderungen
GSG	Gerätesicherheitsgesetz
GuV	Gewinn- und Verlustrechnung
GVG	Gerichtsverfassungsgesetz
GWB	Gesetz gegen Wettbewerbsbeschränkungen
GWG	geringwertige Wirtschaftsgüter
hA	herrschende Ansicht
HFA	Hauptfachausschuss des Instituts der Wirtschaftsprüfer (IDW)
HGB	Handelsgesetzbuch
hL	herrschende Lehre
hM	herrschende Meinung
HRRS	Höchstrichterliche Rechtsprechung im Strafrecht. Internetzeitung www.hrrs.de
Hrsg	Herausgeber
HS	Halbsatz
HV	Hauptversammlung
iA	im Auftrag/in Auflösung
IAS	International Accounting Standards
ID Nummer	Identifikationsnummer
idF	in der Fassung
idR	in der Regel
IDW	Institut der Wirtschaftsprüfer in Deutschland e. V.
IFRS	International Financial Reporting Standards
iG	in Gründung
iL	in Liquidation
InsO	Insolvenzordnung
InvG	Investmentgesetz
iS/iSv/iSd	im Sinne/im Sinne von/im Sinne des
IT	Internet
iVm	in Verbindung mit
iV	in Vertretung
JZ	Juristenzeitung
KG	Kommanditgesellschaft/Kammergericht
KGaA	Kommanditgesellschaft auf Aktien
Kn	Kommentarnote
KO	Konkursordnung
Komm	Kommentar
KonTraG	Gesetz zur Kontrolle und Transparenz im Unternehmensbereich
KSchG	Kündigungsschutzgesetz
KStG	Körperschaftsteuergesetz
KWG	Kreditwesengesetz
KWKG	Kriegswaffenkontrollgesetz
Lifo	Last in first out
Lit	Literatur
Litnachw	Literaturnachweise
LK	Leipziger Kommentar

Abkürzungen

LR	Löwe-Rosenberg, StPO, 24. bzw 25. Aufl
LSG	Landessozialgericht
lSp	linke Spalte
LZB	Landeszentralbank
MarkenG	Gesetz über den Schutz von Marken und sonstigen Kennzeichen (Markengesetz)
MitbestG	Gesetz über die Mitbestimmung der Arbeitnehmer – Mitbestimmungsgesetz –
MoMiG	Gesetz zur Modernisierung des GmbH-Rechts und zur Bekämpfung von Missbräuchen
mwN	mit weiteren Nachweisen
MwSt	Mehrwertsteuer
Nachw	Nachweis(e)
NJW	Neue Juristische Wochenschrift
NJW-RR	Neue Juristische Wochenschrift Rechtsprechungs-Report
NV	nicht veröffentlichte Entscheidungen
nF	neue Fassung
NStZ	Neue Zeitschrift für Strafrecht
Nr	Nummer
NZA	Neue Zeitschrift für Arbeits- und Sozialrecht
NZG	Neue Zeitschrift für Gesellschaftsrecht
OHG	Offene Handelsgesellschaft
OLG	Oberlandesgericht
OT	ohne Tarifbindung
OWiG	Gesetz über Ordnungswidrigkeiten
pa	per anno
PE	Personalentwicklung
phG	persönlich haftender Gesellschafter
PKW	Personenkraftwagen
pM	pro Monat
ppa	per prokura
ProdHaftG	Produkthaftungsgesetz
ProdSG	Produktsicherheitsgesetz
PStR	Praxis Steuerstrafrecht
PSV	Pensionssicherungsverein
PSVaG	Pensions-Sicherungs-Verein auf Gegenseitigkeit
PublG	Publizitätsgesetz, Gesetz über die Rechnungslegung von bestimmten Unternehmen und Konzernen
Rs	Rechtssache
rSp	rechte Spalte
Rspr	Rechtsprechung
RsprNachw	Rechtsprechungsnachweise
RdA	Recht der Arbeit
Rn	Randnummer
s	siehe
S	Satz/Seite
S.A.R.L.	Societé Anonyme à Responsabilité Limiteé
SchwerbG	Schwerbehindertengesetz
SGB	Sozialgesetzbuch
sog	sogenannte(r)
SprAuG	Sprecherausschussgesetz
SolZG	Solidaritätszuschlaggesetz

Abkürzungen

std	ständige
StGB	Strafgesetzbuch
StraFo	Strafverteidiger-Forum
StV	Strafverteidiger (zitiert nach Jahr und Seite)
StVG	Straßenverkehrsgesetz
TEUR	Tausend Euro
TVG	Tarifvertragsgesetz
TzBfG	Gesetz über Teilzeitarbeit und befristete Arbeitsverträge
u	und
ua	unter anderem
uÄ	und Ähnliches
uE	unseres Erachtens
UG	Unternehmergesellschaft
UmwG	Umwandlungsgesetz
UmwStG	Umwandlungsteuergesetz
UmweltHG	Umwelthaftungsgesetz
UrhG	Urhebergesetz
usf	und so fort
UStG	Umsatzsteuergesetz
UStDV	Umsatzsteuerdurchführungsverordnung
usw	und so weiter
uU	unter Umständen
UWG	Gesetz gegen den unlauteren Wettbewerb
v	von, vom
VAG	Versicherungsaufsichtsgesetz
ver.di	Vereinigte Dienstleistungsgewerkschaft
vgl	vergleiche
VO	Verordnung
VStG	Vermögensteuergesetz
VVG	Versicherungsvertragsgesetz
wistra	Zeitschrift für Wirtschaft • Steuer • Strafrecht
WM	Wertpapier-Mitteilungen – Zeitschrift für Wirtschafts- und Bankrecht
WP-Handbuch	Wirtschaftsprüfer – Handbuch
WPg	Die Wirtschaftsprüfung
WpHG	Wertpapierhandelsgesetz
zB	zum Beispiel
ZfA	Zeitschrift für Arbeitsrecht
ZGR	Zeitschrift für Unternehmens- und Gesellschaftsrecht
ZHR	Zeitschrift für das gesamte Handelsrecht und Wirtschaftsrecht
ZIP	Zeitschrift für Wirtschaftsrecht und Insolvenzpraxis
ZPO	Zivilprozessordnung
zT	zum Teil
zZ	zur Zeit

Literaturverzeichnis

I. Kommentare und Buchveröffentlichungen

Adler/Düring/Schmaltz	Rechnungslegung und Prüfung der Unternehmen 6. Aufl 1995 ff Loseblattsammlung
Andresen/Förster/ Rößler/Rühmann	Arbeitsrecht der betrieblichen Altersversorgung 1999 bis 2008
Ahrend/Förster/Rößler	Steuerrecht der betrieblichen Altersversorgung, Bd 1 1998 bis 2008
Arbeitsrechtliche Praxis (AP)	Nachschlagewerk des Bundesarbeitsgerichts, Hueck/Nipperdey/ Dietz, Loseblattsammlung
Assmann/ Uwe H. Schneider	Wertpapierhandelsgesetz Kommentar 5. Aufl 2009
Bauer/Diller	Wettbewerbsverbote 4. Aufl 2006
Baumbach/Hopt	Handelsgesetzbuch Kommentar 33. Aufl 1995
Baumbach/Hueck	GmbH-Gesetz Kommentar 18. Aufl 2006
Beck'scher Bilanz-Kommentar	Handels- und Steuerrecht 6. Aufl 2006
Beck'scher Online-Kommentar (hrsg von Heintschel-Heinegg)	Strafrecht Edition 7 Stand 15. 11. 2008
Binz/Sorg	Die GmbH & Co KG 10. Aufl 2005
Blomeyer/Rolfs/Otto	Betriebsrentengesetz 4. Aufl 2006
Böckenförde, Björn	Unternehmenssanierung 2. Aufl 1996
Braun	Insolvenzordnung, 2. Aufl 2004
Claussen	Bank- und Börsenrecht, 4. Aufl 2008
Eilers/Rödding/ Schmalenbach (Hrsg)	Unternehmensfinanzierung (Gesellschaftsrecht, Steuerrecht, Rechnungslegung) 1. Aufl 2008
Eilers/Sieger	Die Finanzierung der GmbH durch ihre Gesellschafter 1998
Erfurter Kommentar (hrsg von v. Müller-Glöge/ Preis/Schmidt)	zum Arbeitsrecht 8. Aufl 2008
Ewert/Wagenhofer	Interne Unternehmensrechnung 7. Aufl 2008
Fischer	Strafgesetzbuch Kommentar 56. Aufl 2009
Fitting (Engels/Schmidt/ Trebinger/Linzenmaier) ...	Betriebsverfassungsgesetz Kommentar 24. Aufl 2008
Goette	Die GmbH 2. Aufl 2002
Hassemer	Produktverantwortung im modernen Strafrecht 2. Aufl 1996
Hauschka (Hrsg)	Corporate Compliance 2007
Hesselmann/Tillmann/ Müller-Thuns	Handbuch der GmbH & Co KG 20. Aufl 2009
Hoffmann/Preu	Der Aufsichtsrat – Ein Leitfaden für Aufsichtsräte 5. Aufl 2003
Hoffmann/Lehmann/ Weinmann	Mitbestimmungsgesetz Kommentar 1978
Horvath	Controlling 11. Aufl 2009
Immenga/Mestmäcker	Wettbewerbsrecht Kommentar GWB 4. Aufl 2007
Institut der Wirtschaftsprüfer in Deutschland e. V.	IDW Prüfungsstandards, IDW Stellungnahmen zur Rechnungslegung, Loseblatt, IDW-Verlag
Institut der Wirtschaftsprüfer in Deutschland e. V. (Hrsg)	WP-Handbuch, 13. Aufl Band I 2006, Band II 2008

Literatur

Kohlmann	Die strafrechtliche Verantwortlichkeit des GmbH-Geschäftsführers 1990
Küttner (Hrsg)	Personalbuch 2008 Arbeitsrecht, Lohnsteuerrecht, Sozialversicherungsrecht 15. Aufl 2008
Leipziger Kommentar	Strafgesetzbuch 11. Aufl 1996
Lutter	Umwandlungsgesetz Kommentar 4. Aufl 2009
Lutter/Hommelhoff	GmbH-Gesetz Kommentar 16. Aufl 2004
Lutter/Krieger	Rechte und Pflichten des Aufsichtsrats 5. Aufl 2008
Michalski	GmbH-Gesetz Kommentar 1. Aufl 2002
Müller-Gugenberger/Bieneck	Wirtschaftsstrafrecht 4 Aufl 2006
Münchener Handbuch des Gesellschaftsrechts	Band 3 GmbH 2. Aufl 2003
Münchener Handbuch des Gesellschaftsrechts	Band 4 Aktiengesellschaft 3. Aufl 2007
Münchener Kommentar ...	Aktiengesetz 2. Aufl 2000 bis 2006, 3. Aufl 2008 Band 1 und 2 (§§ 1 bis 117)
Münchener Kommentar ...	Insolvenzordnung 2. Aufl 2007 bis 2008
Münchener Kommentar ...	Strafgesetzbuch 1. Aufl 2000 bis 2007
Palandt	Bürgerliches Gesetzbuch Kommentar 68. Aufl 2009
Pellens/Fülbier/Gassen	Internationale Rechnungslegung 6. Aufl 2006
Rittner/Kulka	Wettbewerbs- und Kartellrecht 7. Aufl 2008
Roth/Altmeppen	GmbHG, Gesetz betreffend die Gesellschaften mit beschränkter Haftung mit Erläuterungen, Kommentar 5. Aufl 2005
Rowedder/Schmidt-Leithoff	GmbHG-Gesetz Kommentar 4. Aufl 2002
Schaub	Arbeitsrechts-Handbuch 12. Aufl 2007
Schmidt, Karsten	Gesellschaftsrecht 4. Aufl 2002
Schmidt/Uhlenbruck	Die GmbH in Krise, Sanierung und Insolvenz 4. Aufl 2009
Schmidt, Ludwig	Einkommensteuergesetz Kommentar 27. Aufl 2008
Schmitt/Hörtnagl/Stratz	Umwandlungsgesetz Kommentar 4. Aufl 2006
Scholz	GmbH-Gesetz Kommentar Band I (§§ 1 bis 34) 10. Aufl 2006, Band II (§§ 35 bis 52) 10. Aufl 2008, Band II (§§ 45 bis 87) 9. Aufl 2002
Schönke/Schröder	Strafgesetzbuch Kommentar 27. Aufl 2006
Uhlenbruck	Insolvenzordnung Kommentar 12. Aufl 2003
Ulmer/Habersack/Winter	Großkommentar zum GmbHG 1. Aufl 2005 ff (zitiert als Ulmer GmbHG)
Wabnitz/Janovsky	Handbuch des Wirtschafts- und Steuerstrafrechts 3. Aufl 2007
Weber/Scheffner	Einführung in das Controlling 12. Aufl 2008
WP-Handbuch	siehe Institut der Wirtschaftsprüfer

II. Festschriftbeiträge

Kohlmann, Günter	Untreue zum Nachteil des Vermögens einer GmbH trotz Zustimmung sämtlicher Gesellschafter? in Festschrift für Winfried Werner 1984 S 387
Mertens, Hans-Joachim	§ 51a Abs 1 GmbHG und die kapitalistisch strukturierte GmbH in Festschrift für Winfrid Werner 1984 S 597
Sarx, Manfred	Zur Abwicklungsrechnungslegung einer Kapitalgesellschaft in Festschrift für Karl-Heinz Forster 1992 S 548
Schmidt, Karsten	Zur Einheits-GmbH & Co KG in Festschrift für Harm Peter Westermann 2008 S 1425
Westermann, Harm Peter	Gestaltungsfreiheit im Personengesellschaftsrecht in den Händen des BGH in Festschrift BGH II 2000 S 245

Literatur

III. Aufsätze

Altmeppen	„Opstream-loans, Cash Pooling" und Kapitalerhaltung nach neuem Recht ZIP 2009, 49 ff
Alvermann	Holding und Umsatzsteuer AG 2008, 78 ff
Bauder	Die Bezüge des GmbH-Geschäftsführers in Krise und Konkurs der Gesellschaft BB 1993, 369 ff
Bayer/Hoffmann	Aktuelle Rechtstatsachen zur Verbreitung der Aktiengesellschaft AG-Report 2009 R 30 ff
Bayer/Hoffmann	Die Unternehmergesellschaft (haftungsbeschränkt) des MoMiG zum 1. 1. 2009 – eine erste Bilanz GmbHR 2009, 124 ff
Beermann	AO-Geschäftsführerhaftung und ihre Grenzen nach der Rechtsprechung des BGH DStR 1994, 805 ff
Böcker/Pörtzgen	Finanzmarkt-Rettungspaket ändert Überschuldungsbegriff GmbHR 2008, 1289 ff
Burg/Blasche	„Eigenkapitalersetzende" Nutzungsüberlassung nach dem MoMiG GmbHR 2008, 1250 ff
Bühler	Zur (Rechtschein-)Haftung einer GmbH, GmbHR 1991, 356 ff
Ebenroth/Müller	Das Doppelmandat des Geschäftsführers in GmbH-Konzern und seine Auswirkungen auf das Stimmverbot des § 47 Abs 4 GmbG, GmbHR 1991, 237 ff
Eusami	Das neue Deckungsgebot und Leistungen causa societatis nach § 30 Abs 1 GmbHG GmbHR 2009, 512 ff
Fischer	Der Gefährdungsschaden bei § 266 StGB in der Rechtsprechung des BGH StraFO 2008, 269 ff
Goette	Die Haftung des GmbH-Geschäftsführers in der Rechtsprechung des BGH DStR 1998, 1308 ff
Graf/Link	Überhöhte Betriebsratsvergütung – kein neues Betätigungsfeld für Steuerfahnder NJW 2009, 409 ff
Grunewald	Einsichts- und Auskunftsrechts des GmbH Gesellschafters nach neuem Recht ZHR 146 (1982), 211 ff
Habersack	Gesellschafterdarlehen und MoMiG ZIP 2007, 2145 ff
Heeg/Manthey	Existenzvernichtender Eingriff – Fallgruppen der Rechtsprechung und Praxisprobleme GmbHR 2008, 798 ff
Hefendehl	Beweisermittlungs- und Beweisverwertungsverbote bei Auskunfts- und Mitwirkungspflichten – das sog Verwendungsverbot nach § 97 Abs 1 S 3 InsO wistra 2003, 1 ff
Hasselbach/Seibel	Die Freistellung von Vorstandsmitgliedern und leitenden Angestellten von der Haftung für Kartellrechtsverstöße AG 2008, 770 ff
diess	Freistellung des Geschäftsführers von der Haftung für Kartellrechtsverstöße GmbHR 2009, 354 ff
Hommelhoff	Gesellschaftsrechtliche Fragen im Entwurf eines Bilanzrichtlinien-Gesetzes BB 1981, 944 ff
ders	Jahresabschluss und Gesellschafterinformation in der GmbH ZIP 1983, 383 ff
Holthausen/Hucko	Das Kriegswaffenkontrollgesetz und das Außenwirtschaftsrecht in der Rechtsprechung- erster und zweiter Teil NStZ-RR 1998, 193 ff, 225 ff
Hucke	Geschäftsführer – Unternehmensleiter oder Geleitete ? AG 1994, 397 ff
Kienle/Kappel	Korruption am Bau – ein Schlaglicht auf Bestechlichkeit und Bestechung im geschäftlichen Verkehr NJW 2007, 3530 ff
Kiethe	Die deliktische Eigenhaftung des Geschäftsführers der GmbH gegenüber Gesellschaftsgläubigern DStR 1993, 1298 ff
Kiethe/Hohmann	Der straffreie Schutz von Geschäfts- und Betriebsgeheimnissen NStZ 2006, 185 ff
Kion	Die Haftung des GmbH-Geschäftsführers BB 1984, 864 ff

Literatur

Klein, Martin	Rangrücktrittsvereinbarungen – ein Update nach der Stellungnahme des IDW GmbHR 2006, 249 ff
Klengel/Rübenstahl	Zum „strafrechtlichen" Wettbewerbsbegriff des § 299 StGB und zum Vermögensnachteil des Geschäftsherren bei der Vereinbarung von Provisionen bzw „Kick-Backs" HRRS 2007, 52 ff
Kornblum	Bundesweite Rechtstatsachen zum Unternehmens- und Gesellschaftsrecht Stand 1. 1. 2008 GmbHR 2009, 30 ff
Kort	Offene Fragen zur Gesellschafterliste, Gesellschafterstellung und gutgläubigem Anteilserwerb GmbHR 2009, 169 ff
Langohr-Plato	Angemessenheit der Gesamtbezüge von GmbH-Gesellschafter-Geschäftsführern GmbHR 1992, 742 ff
Lutter	Zum Informationsrecht des Gesellschafters nach neuem GmbH-Recht ZGR 1982, 1 ff
ders	Zahlungseinstellung und Überschuldung nach der neuen Insolvenzordnung ZIP 1999, 641 ff
ders	Haftung und Haftungsfreiräume des GmbH-Geschäftsführers GmbHR 2000, 301 ff
Maurer/Odörfer	Strafrechtliche Aspekte der GmbH & Co KG in der Krise GmbHR 2008, 351 ff, 412 ff
Meyer	Die Insolvenzanfälligkeit der GmbH als rechtspolitisches Problem GmbHR 2004, 1417 ff
Nack	Bedingter Vorsatz beim Gefährdungsschaden – Ein doppelter Konjunktiv? StraFO 2008, 277 ff
Peters	Ressortverteilung zwischen GmbH-Geschäftsführern und ihre Folgen GmbHR 2008, 682 ff
Rehbinder	Rechtliche Schranken der Erstattung von Bußgeldern an Organmitglieder und Angestellte ZHR 148 (1984), 555 ff
Reuter	Wettbewerbsrechtliche Ansprüche bei Konflikten zwischen Arbeitgebern und Arbeitnehmern – Terra Incognita? NJW 2008, 3538 ff
Schlösser	Zur Strafbarkeit des Betriebsrats nach § 119 BertVG – ein Fall straffreier notwendiger Teilnahme? NStZ 2007, 562 ff
Schmidt, Karsten	Eigenkapitalersatz und Überschuldungsfeststellung GmbHR 1999, 9 ff
ders	Insolvenz und Insolvenzabwicklung bei der typischen GmbH & Co KG GmbHR 2002, 1209 ff
ders	Mehrheitsbeschlüsse in Personengesellschaften ZGR 2008, 1 ff
ders	Gesellschafterbesicherte Drittkredite nach neuem Recht BB 2008, 1966 ff
Sigel	Von der GmbH in die GmbH & Co KG GmbHR 1998, 1208 ff
Stollenwerk/Krieg	Das Ordnungsgeldverfahren nach dem EHUG GmbHR 2008, 575 ff
Többens	Wirtschaftsspionage und Konkurrenzausspähung in Deutschland NStZ 2000, 505 ff
Uhlenbruck	Die Bedeutung des neuen Insolvenzrechts für GmbH-Geschäftsführer GmbHR 1999, 313 ff, 390 ff
ders	Auskunfts- und Mitwirkungspflichten des Schuldners und seiner organschaftlichen Vertreter im Insolvenzverfahren NZI 2002, 401 ff
Venrooy	Haftung der Mitglieder eines fakultativen GmbH-Aufsichtsrats GmbHR 2009, 449 ff
Wegner	Neuer alter Überschuldungsbegriff PStR 2008, 279 ff
ders	Aktuelle Entwicklungen im Insolvenzstrafrecht HRRS 2009, 32 ff
Winter, Martin	Eigeninteresse und Treuepflicht bei der Ein-Mann-GmbH in der neueren BGH-Rechtsprechung ZGR 1994, 570 ff

Einleitung

Der GmbH-Geschäftsführer ist „Manager" und „Unternehmer" in einer Person, er ist „Geleiteter" und „Leiter". Manager ist er, weil er Angestellter der juristischen Person GmbH ist und als solcher von den Weisungen seiner Gesellschafter abhängig – sofern er nicht mindestens die Hälfte des Kapitals selbst besitzt. Unternehmer ist er, weil er die Geschäfte der GmbH lenkt und weil er die nur vom eigenen Urteil abhängige Verantwortung für das rechtlich einwandfreie Verhalten seiner GmbH gegenüber Staat und Gesellschaft trägt. Weisungen seiner Gesellschafter, mit denen er sich strafbar oder schadensersatzpflichtig machen würde, darf er nicht folgen. Dieses Spannungsfeld kennzeichnet die Stellung des Geschäftsführers.

Wenn Eigentum am Kapital der GmbH und Leitungsmacht – teilweise oder ganz – in einer Hand sind, spricht man vom Gesellschafter-Geschäftsführer. Damit ist das beschriebene Spannungsfeld nicht aufgehoben. Denn der Geschäftsführer bleibt selbst dann das angestellte Organ der juristischen Person, wenn ihm das ganze Kapital gehört. Und die GmbH ist mehr als die Summe ihrer Gesellschafter. Eine Kapitalbeteiligung von Geschäftsführern, auch wenn sie nicht das ganze Kapital besitzen, kann den Dialog zwischen Gesellschaftern und Unternehmensleitung entspannen. Die Unternehmeraufgabe erfasst dann auch die Fürsorge für den eigenen Kapitalbesitz – eine feine, aber nicht unwichtige Differenzierung.

Die GmbH ist der Boom-Artikel des deutschen Gesellschaftsrechts. Es gibt in Deutschland gegenwärtig knapp 1 Mio. GmbHs.[1] Ihre Zahl ist bis vor Kurzem sprunghaft gestiegen. Seit drei Jahren, seit die englische Limited ihren Verwaltungssitz auch in Deutschland haben kann,[2] hat sich der Anstieg verlangsamt. Das dürfte sich ändern. Denn seit Ende 2008 gibt es die Unternehmergesellschaft (haftungsbeschränkt) – eine kleine GmbH mit ggf nur EUR 1,00 Stammkapital. Die Zahl der Aktiengesellschaften ist im Vergleich mit der Zahl der GmbHs mit etwa 17 200 erheblich niedriger,[3] obwohl sich auch ihre Zahl in den letzten zwanzig Jahren verfünffacht hat. Nur etwa 800 davon sind an der Börse zugelassen.

Worin liegt die Anziehungskraft der GmbH? Sie beruht auf der Verbindung von juristischer Person, Haftungsbeschränkung und dem Recht der Gesellschafter, mit Hilfe des Weisungsrechts direkt auf die Unternehmensführung Einfluss zu nehmen. Die GmbH ist deshalb auch die ideale Rechtsform für eine Konzernuntergesellschaft – aus der Sicht der Konzernobergesellschaft: Die Geschäftsführer sind weisungsunterworfen, ohne dass ein Beherrschungsvertrag, der notwendigerweise mit einer Verlustübernahmeverpflichtung verknüpft wäre, abgeschlossen werden muss.

Die Haftungsbeschränkung erlaubt freilich auch, höhere geschäftliche Risiken einzugehen. Daraus resultiert eine hohe Insolvenzanfälligkeit der GmbH. 51% aller Unternehmensinsolvenzen, die in der Bundesrepublik zu beklagen sind, entfielen 2003 auf die GmbH, obwohl nur ca 15% aller Unternehmen GmbHs waren.[4]

Die GmbH ist schließlich die ideale Rechtsform, um im Rahmen einer GmbH & Co KG die gesellschaftsrechtlichen und haftungsrechtlichen Vorzüge mit

---

[1] Kornblum GmbHR 2009, 30.
[2] EuGH v 9. 3. 1999 – Rs C-212/97 „Centros" GmbHR 1999, 474; EuGH v 5. 11. 2002 – Rs C-208/00 „Überseering" GmbHR 2002, 1137; EuGH v 30. 9. 2003 – Rs C-167/01 „Inspire Art" GmbHR 2003, 1260; EuGH v 11. 3. 2004 – EuGH v 16. 12. 2008 – Rs C-210/06 „Cartesio" GmbHR 2009, 86 mit Anm Meilicke.
[3] Bayer/Hoffmann AG-Report 2009, Rn 31.
[4] Mayer GmbHR 2004, 1417, 1418, 1420.

Einleitung

steuerlichen Vorteilen zu verbinden. Die Attraktivität der GmbH in der Funktion des persönlich haftenden geschäftsführenden Gesellschafters (phG) in einer Kommanditgesellschaft hat wesentlich dazu beigetragen, dass die Zahl der GmbHs so angestiegen ist.

Die GmbH ist branchenmäßig nicht fixiert. Sie ist in sämtlichen Sparten wirtschaftlicher Betätigung zu finden. Naturgemäß hat sie einen Schwerpunkt im Dienstleistungs- und im Handelsbereich und ist unterrepräsentiert in den extrem kapitalintensiven und investitionsabhängigen Wirtschaftsbereichen wie dem Automobilbau, der Großchemie oder der Stahlerzeugung. Im Bereich des Kreditwesens geben andere Gesichtspunkte den Ausschlag für die Wahl der Rechtsform. Unter den 700 deutschen Banken gibt es nur noch eine GmbH.

So breit wie das Tätigkeitsfeld der Gesellschaften mbH, so breit ist die Ausbildung und das berufliche Herkommen der Geschäftsführer. Die Kaufleute haben jedoch ein Übergewicht.

Wie erreichen Geschäftsführer ihre Position? Zumeist gelangen sie durch persönliche Bekanntschaft mit maßgebenden Gesellschaftern in ihr Amt. Entweder haben sie sich in ihrem Unternehmen emporgearbeitet oder sie kommen aus konkurrierenden oder branchennahen Unternehmen und hatten mit den maßgebenden Gesellschaftern schon in den früheren Funktionen geschäftlichen Kontakt. Nur jeder fünfte Geschäftsführer kommt in die Position ganz von außen, in der Regel durch einen Personalberater.

Wie sehen die Geschäftsführer sich selbst und ihren Beruf? Soziologische Untersuchungen zeigen, dass die überwiegende Mehrheit der Geschäftsführer vor allem die Möglichkeit zu innovativem und kreativem Handeln hoch bewertet. Es gibt etwa 1,3 Mio. Geschäftsführer in Deutschland. In einer Untersuchung aus dem Jahre 1994[5] wurde ein repräsentatives Quorum von 500 Geschäftsführern befragt. 82% betonten die Vielseitigkeit der Aufgabe und die Chance zu Kreativität. 67% schätzten ihre Gesamtverantwortung für das Unternehmen. Nur 32% der befragten Geschäftsführer bewerteten eine weit überdurchschnittliche Einkommenshöhe als besondere Motivation. Wo Licht ist, ist natürlich auch Schatten. 53% der befragten Geschäftsführer beklagten, dass ihre Arbeit ihnen zu wenig Zeit für das Privatleben lässt und 44% verwiesen auf hohen Arbeitsdruck. Man muss das relativieren. Denn was erwartet man, wenn man eine Geschäftsführeraufgabe übernimmt? Beachtlich ist, dass nur 26% über zu viel Routinearbeit klagten.[6]

Die Geschäftsführer erleben die Dynamik des Wirtschaftslebens zugleich als Dynamik der Rechtsordnung. Permanente Änderungen der politischen und ökonomischen Daten erzeugen Anpassungsdruck, für den Geschäftsführer ebenso wie für den Gesetzgeber und für die Rechtsprechung. Zwar sind die Grundstrukturen des GmbH-Gesetzes seit 1892 unverändert. Doch das GmbH-Recht ist permanent weiterentwickelt worden, teils durch gesetzgeberische Reformen, in hohem Maße aber durch die Rechtsprechung des Bundesgerichtshofes, und hier vor allem des II. Senates, der für das Gesellschaftsrecht zuständig ist. Diese Rechtsfortschreibung ist nicht aus dem Gesetz zu entnehmen, darf aber nicht übersehen werden. Auch andere Rechtsbereiche sind in Bewegung. Dieser Entwicklung zu folgen, ist eine wichtige Aufgabe jeder Geschäftsführung.

Die jüngere Entwicklung brachte drei besonders gewichtige Gesetzesänderungen, das EHUG (Gesetz über elektronische Handelsregister und das Unternehmensregister),[7] das MoMiG (Gesetz zur Modernisierung des GmbH-Rechts und zur

---

[5] Hucke AG 1994, 397 ff mwN.
[6] Hucke AG 1994, 397, 399.
[7] v 10. 12. 2006 (in Kraft seit dem 1. 1. 2007), BGBl I S 2553.

Einleitung

Bekämpfung von Missbräuchen)[8] und das BilMoG (Gesetz zur Modernisierung des Bilanzrechts).[9] Das Handelsregister wird jetzt elektronisch geführt. Das Handelsregister und die dort befindlichen Unterlagen (Gesellschaftsvertrag, Gesellschafterliste usw) sowie die Jahresabschlüsse können jetzt ohne großen Aufwand (leider aber nicht kostenlos) unter www.unternehmensregister.de von jedermann eingesehen werden. Das MoMiG brachte die kostengünstige Mustergründung, die Unternehmergesellschaft (haftungsbeschränkt), die bereits mit EUR 1,00 Stammkapital gegründet werden kann, den gutgläubigen Erwerb von Geschäftsanteilen, die maßgebende Vereinfachung der Regeln über das Gesellschafterdarlehen, die Ersatzzuständigkeit jedes Gesellschafters, falls es keine Geschäftsführung mehr gibt, uA. Allerdings: Erkauft sind nicht wenige dieser Vereinfachungen mit einem erhöhten Risiko für den Geschäftsführer.[10] Das BilMoG wiederum hat einerseits neben einer Anhebung der Schwellenwerte für kleinere und mittlere Unternehmen und für Konzerne für Vereinfachung gesorgt, andererseits aber mit einer Fülle von neuen Vorschriften unter dem Titel ‚Verbesserung der Aussagekraft der HGB-Abschlüsse' das Bilanzrecht des HGB in erheblichem Umfang umgestaltet.

Eine spezielle Quelle für Rechtsänderungen ist das Europarecht. Der Rechtspolitik der Europäischen Union ist es gelungen, die Rechtsidee von der Annäherung der europäischen Rechtsordnungen, insbesondere im Gesellschaftsrecht, in vielen Bereichen durchzusetzen. Beispielsweise sind allein mit dem soeben erwähnten BilMoG vier europäische Richtlinien umgesetzt worden. Die Richtlinien verpflichten die Gesetzgeber der EU-Mitgliedstaaten, das jeweilige nationale Recht richtlinienkonform umzugestalten und damit zu vereinheitlichen. Der Unternehmensgründer von heute kann deshalb nicht nur zwischen den Rechtsformen, die das deutsche Recht bietet, wählen, sondern er kann, wenn er zur GmbH neigt, in seinen Vergleich auch die GmbH-ähnlichen Rechtsformen der anderen Mitgliedstaaten einbeziehen, wie die englische Limited, die französische S. A. R. L. und in nicht allzu ferner Zukunft vielleicht auch die europäische GmbH (europäische Privatgesellschaft – Societas Privata Europaea – SPE).[11]

Die Haftungsbeschränkung durch die GmbH hat zwei Komponenten. Sie schützt den Gesellschafter. Sie schützt aber auch den Geschäftsführer. Der Geschäftsführer haftet nicht für die Verbindlichkeiten der GmbH. Diese Rechtswohltat, die eigenverantwortliches unternehmerisches Handeln nach außen von der Haftung grundsätzlich freistellt, ist ein Strukturelement des Kapitalgesellschaftsrechts, das die GmbH ua so anziehend macht. Der Geschäftsführer haftet für eigenes Tun nur, wenn ihn Gesetz und Rechtsprechung zum persönlichen Einstehen verpflichten. Dazu zählen die Strafgesetze oder das – fast unübersehbar gewordene – Ordnungswidrigkeitenrecht. Persönliche Haftung kann aber auch entstehen, wenn der Geschäftsführer nicht handelt, wo er handeln sollte. Die Rechtsordnung erwartet vom Unternehmer, dass er sein Unternehmen funktionsgerecht organisiert und dass von dem Unternehmen keine Gefahren für andere, für die Bürger und ihre Umwelt, ausgehen. Diese unternehmerische Verantwortung trägt der Geschäftsführer unbeschränkt. Gegenüber der Gesellschaft haftet der Geschäftsführer nur, wenn er die Grenzen des unternehmerischen Ermessens überschritten hat (sog Business Judgement Rule).

Wie sehen die Geschäftsführer selbst ihr Risiko? Welchen Stellenwert hat für sie das Haftungsrecht? Die zitierte Untersuchung zeigt eindrucksvoll eine ungebrochene unternehmerische Zuversicht. Aus der herrschenden Überreglementierung und der unübersehbar gewordenen Zahl von Ver- und Geboten resultieren zwar nicht

---

[8] v 23. 10. 2008 (in Kraft seit dem 1. 11. 2008), BGBl I S 2026.
[9] v 25. 5. 2009 (in Kraft seit dem 28. 5. 2009), BGBl I S 1102.
[10] Karsten Schmidt GmbHR 2008, 449 ff.
[11] Vgl etwa Hommelhoff/Tiedemann GmbHR 2008, 897 ff; dies GmbHR 2009, 36 ff.

Einleitung

unbedeutende Haftungsgefahren. Aber die Lebenswirklichkeit trotzt dem juristischen Zeigefinger. 50% der befragten Geschäftsführer lehnten die Einschätzung, dass sie aus haftungsrechtlicher Sicht gefährlich lebten,[12] ausdrücklich ab. 40% sahen in den Haftungsproblemen überhaupt kein Phänomen, das sie in ihrer Funktion beeinträchtigt. Das spricht für einen hohen Identifikationsgrad mit der unternehmerischen Aufgabe,[13] denn **Unternehmer kann man nicht sein, wenn man zuerst an Haftung denkt.** Viele Aufgabenbereiche sind auch weniger oder kaum haftungsgefährdet. Aber der Unternehmer darf auch den Zeitgeist nicht unterschätzen, und der wird heute zunehmend von Ängsten und von Sicherheitsbedürfnissen geprägt. Nicht nur das wirtschaftliche Kalkül, auch das Risikobewusstsein unter dem Aspekt der persönlichen Haftung gehört zum unternehmerischen Muss und zur Verantwortung eines Geschäftsführers.

Der Beruf des Geschäftsführers verlangt unternehmerische Weitsicht, operative Führungskraft und Mut zum Handeln, aber nicht ohne Kalkül. Das Kalkül setzt den Überblick voraus. Dem dient dieses Buch.

---

[12] Hucke AG 1994, 397, 402.
[13] Hucke AG 1994, 397, 403.

Kapitel 1

Das Unternehmensmanagement

I. Personalmanagement

1. Personalarbeit, -planung und Arbeitsrecht

Der Erfolg eines Unternehmens hängt maßgeblich von den Mitarbeitern* 1000 ab. Das ist zwar eine Plattitüde. Nichtsdestoweniger ist dieser Satz richtig. Daraus resultiert die Bedeutung der Personalarbeit. Der englische Ausdruck **„Human Ressource Management"** bezeichnet die Bedeutung der Mitarbeiter wesentlich treffender: Die Mitarbeiter sind eine zentrale Ressource im Sinne von Quelle und/oder Produktionsmittel. **Die Bedeutung der Personalarbeit ist denn auch erheblich.** Nicht umsonst ist das Ressort „Personal" in einem Unternehmen neben dem Vertrieb, den Finanzen und der Produktion eines der vier Zentralressorts. Die richtige Organisation ist eine wesentliche Voraussetzung. Nichts wirkt auf Mitarbeiter so demotivierend wie das Erlebnis, dass Entscheidungen hin und her geschoben werden. Neben der Organisation ist aber der menschliche Faktor genauso wichtig. Am erfolgreichsten ist es noch immer, so häufig wie möglich die persönliche Nähe zu den Mitarbeitern zu suchen. Fehlende Zeit, bei einem terminbedrängten Geschäftsführer an der Tagesordnung, ist keine Entschuldigung. Mitarbeiterzufriedenheit führt im Regelfall zu höherer Arbeitsproduktivität, besserer Forschung und Entwicklung, längerer Betriebszugehörigkeit, vermehrtem Interesse hochwertiger Bewerber, weniger Krankenstand, geringeren Personalkosten und schnelleren Reaktionen am Markt.

Die Vielfalt der Probleme bestätigt die Bedeutung der Personalarbeit. Es 1001 geht nicht nur um Einstellung, Entlassung und Lohn- oder Gehaltszahlung. Das Finanzamt hat Anspruch auf die Lohnsteuer, die Krankenkasse auf die Sozialversicherungsbeiträge, die Gewerkschaft auf die Einhaltung des Tarifrechts und der Betriebsrat auf Beachtung seiner Mitwirkungs- und Mitbestimmungsrechte. Die richtigen Mitarbeiter müssen beschafft, die schwierigen Fragen des Kündigungsrechts, der Arbeitszeit, der Unfallverhütung und der Arbeitsmedizin müssen bearbeitet werden. Vielleicht ist auch eine betriebliche Altersversorgung einzurichten, zu ändern oder zu schließen. Betriebsrenten (Rn 1011 f.) sind an die Inflationsentwicklung anzupassen; die Pensionsrückstellungen geben Probleme auf. Für Einarbeitung, Aus- und Fortbildung, Umschulung usw der Mitarbeiter muss gesorgt werden (Personalentwicklung); Rationalisierungsmaßnahmen, Betriebsänderungen, Strukturanpassungen – alles hat Folgen für das Personalmanagement, ganz zu schweigen von Fragen des Arbeitskampfes. Überall sind gesetzliche Vorschriften zu beachten. Manchmal ändern sich die Gesetze schneller als die Unternehmen sich darauf einstellen können. Personalarbeit braucht daher Fachleute auf den verschiedensten Gebieten. **Die ständig in Bewegung befindliche Vorschriftenmasse ist von einem einzelnen nicht mehr zu übersehen, geschweige denn zuverlässig anzuwenden.** Die Geschäftsführung muss die nötige **Organisation** schaffen, sei es intern oder extern. Personalarbeit wird immer aufwendiger. Die wirkungsvollsten Mittel dagegen sind die Motivation der Mitarbeiter und eine gute Zusammenarbeit mit den Gewerkschaften und Betriebsräten.

---

* Wir bitten um Verständnis, dass wir im Folgenden zur sprachlichen Vereinfachung nicht von Mitarbeiterinnen und Mitarbeitern, von Geschäftsführerinnen und Geschäftsführern sprechen, sondern die Ausdrücke Mitarbeiter und Geschäftsführer geschlechtsneutral gebrauchen.

1002 Eine moderne Personalabteilung nimmt folgende Funktionen war:

1. **Personalführung**
   1.1 Personalplanung/Personalbedarfsplanung
   1.2 Personalentwicklung (PE)
   1.3 Betriebskommunikation
   1.4 Zusammenarbeit mit dem Betriebsrat
2. **Personalverwaltung**
   2.1 Personalbeschaffung und -auswahl
   2.2 Personaleinsatz
   2.3 Personalwirtschaftskontrolle
   2.4 Personalcontrolling
   2.5 Personalorganisation
   2.6 Lohn- und Gehaltswesen
   2.7 Personalbetreuung
3. **Arbeitsrecht**

Welche Organisation am besten geeignet ist, alle diese Funktionen wahr zu nehmen, ist von Unternehmen zu Unternehmen verschieden und macht den Erfolg oder Misserfolg eines Unternehmens aus.

1003 Die wichtigsten Rechtsgebiete für die Personalarbeit sind das individuelle und das kollektive Arbeitsrecht, das Arbeitsschutzrecht und das Sozialversicherungsrecht (Renten-, Unfall-, Kranken-, Pflege- und Arbeitslosenversicherung). Das Arbeitsrecht ist zersplittert. Es fehlt ein Arbeitsgesetzbuch. Die Einzelregelungen haben immer mehr zugenommen oder haben sich, auch durch die Rechtsprechung der Arbeitsgerichte, immer mehr ausgeweitet. Ohne fachjuristische Hilfe ist nicht auszukommen. Bisher sind alle Versuche, ein Arbeitsgesetzbuch zu schaffen, an den gegensätzlichen Auffassungen der beteiligten Kreise (Parteien, Arbeitgeber, Gewerkschaften) gescheitert. Im Sozialversicherungsrecht sind dem gegenüber in den letzten 20 Jahren durch die Zusammenfassung der weitverstreuten Vorschriften im Sozialgesetzbuch (SGB I bis XII) Fortschritte gemacht worden. Die Gesetzessprache ist allerdings angesichts der komplexen Materie schwer verständlich.

1004 **Die Personalplanung ist Bestandteil der Unternehmensplanung.** Angesichts der hohen Personal- und Personalzusatzkosten in Deutschland wird der Zwang, Personal einzusparen, immer drängender. Die Personalkosten sind aber meist ein schwer veränderbarer Fixkostenblock. Größere Entlassungsaktionen führen zu Meldepflichten (§ 17 KSchG) und haben kostspielige Sozialpläne (§§ 112, 112a BetrVG) zur Folge. Deshalb besteht eine wesentliche Aufgabe der Personalplanung darin, die **Personalstruktur so flexibel wie möglich** zu halten. Dafür gibt es heute zahlreiche Möglichkeiten. Mit flexiblen Arbeitszeiten lässt sich der Personaleinsatz so steuern, dass Personalknappheit bei hohem Auftragsbestand verhindert und Personalüberfluss in schwachen Beschäftigungszeiten vermieden wird. Das geschieht mit Hilfe **von Arbeitszeitkonten.** Neben Überstunden- und Gleitzeitkonten (das sind zumeist kurz- und mittelfristige Arbeitszeitkonten) verbreiten sich immer mehr Langzeitkonten, um den Beschäftigten längere Freistellungen zu ermöglichen, sei es für Qualifizierungen und Weiterbildung, für Kinderbetreuung, für ein „Sabbatical" oder den Übergang in die Altersrente. Mit einem „Gesetz zur Verbesserung der Rahmenbedingungen für die Abwicklung flexibler Arbeitszeitregelungen" („Flexi II") – was für ein sperriger Name – hat der Gesetzgeber dafür gesorgt, dass die Guthaben auf Arbeitszeitkonten beim Wechsel des Arbeitgebers und bei einer Insolvenz nicht verloren gehen. Eine ähnliche Flexibilität kann durch **Leiharbeitnehmer** erreicht werden. **Befristete Arbeitsverträge** helfen, Engpässe zu überbrücken, ohne dass die Stammbelegschaft aufgestockt werden muss. **Teilzeitarbeit** erleichtert das Ausdünnen der Belegschaft im Verhältnis

I. Personalmanagement

zu Vollzeitarbeitskräften. **Altersteilzeit** ist ein Hilfsmittel, um mit Unterstützung der Bundesanstalt für Arbeit die Belegschaft zu verjüngen. Vorübergehende Schwierigkeiten im Unternehmen, die zu einer Verminderung der Personalkosten zwingen, lassen sich durch **Kurzarbeit** überbrücken (§§ 169 ff SGB III). Beispielsweise war in der Wirtschaftskrise 2009 für fast 2 Mio Mitarbeiter Kurzarbeit eingeführt worden. Andere Maßnahmen greifen in die Unternehmensorganisation ein, wie das **Übertragen von Unternehmenstätigkeiten auf Dritte (sog Outsourcing), Verselbständigung von Betrieben** oder Betriebsteilen, Einschaltung von **Subunternehmern** oder Verselbständigung von Aufgaben durch **Franchisenehmer** oder **selbständige Dienstleister**.

Durch Leiharbeitnehmer (§§ 1 ff AÜG) können vorübergehende Personalengpässe ausgeglichen werden. Die früher geltende Beschränkung auf zwölf Monate ist aufgehoben worden. Zum Ausgleich gibt es den Equal-Pay-Grundsatz, der jedoch dann nicht gilt, wenn ein spezifischer Tarifvertrag für Leiharbeitnehmer existiert. Davon ist relativ häufig Gebrauch gemacht worden. Der Verleiher muss eine Erlaubnis haben, auf die er im Vertrag mit dem Entleiher ausdrücklich hinweisen muss. Von dieser Erlaubnispflicht gibt es nach § 1 Abs 3 AÜG Ausnahmen, beispielsweise für die Arbeitnehmerüberlassung im Konzern. Einschränkungen gelten im Baugewerbe gem § 1 b AÜG. Nur wenn für allgemein verbindlich erklärte Tarifverträge dies gestatten oder gewährleistet ist, dass für den Entleiher seit mindestens drei Jahren derselbe Tarifvertrag gilt, ist auch im Baugewerbe der Einsatz von Leiharbeitnehmern zulässig. Leiharbeitnehmer unterliegen ebenso wie alle anderen Arbeitnehmer der Mitbestimmung des Betriebsrats nach § 99 BetrVG bei Einstellung, Eingruppierung, Umgruppierung und Versetzung, falls der Betrieb mehr als 20 wahlberechtigte Arbeitnehmer besitzt (Rn 1017, 1020). 1005

Befristete Arbeitsverträge können grundsätzlich nur abgeschlossen werden, wenn dafür sachliche Gründe bestehen. Sachliche Gründe sind zB Krankheitsvertretungen, Vertretungen für die Zeit des Mutterschutzes oder falls eine befristete Arbeit nur vorübergehend anfällt (§ 14 Abs 1 TzBfG). **Ohne sachlichen Grund können Arbeitsverträge nur auf höchstens zwei Jahre abgeschlossen werden** (§ 14 Abs 2 TzBfG). Der Gesetzgeber hat solche befristeten Verträge zugelassen, um Neueinstellungen zu erleichtern. Ausnahmsweise auf höchstens vier Jahre kann ein Arbeitsvertrag ohne sachlichen Grund befristet werden in den ersten vier Jahren nach Gründung des Unternehmens des Arbeitgebers. Ist der Arbeitnehmer mindestens 52 und war er vorher mindestens vier Monate beschäftigungslos, kann der Arbeitsvertrag sogar auf bis zu fünf Jahre abgeschlossen werden (§ 14 Abs 3 TzBfG). Der Einstellung befristeter Beschäftigter und der Umwandlung unbefristeter in befristete Arbeitsverträge muss der Betriebsrat nach § 99 BetrVG zustimmen (Rn 1020). Es gibt aber keine Kündigungs- und Abfindungsprobleme. Denn der Vertrag endet nach Ablauf der vorgesehenen Zeit automatisch (§ 15 Abs 1 TzBfG). So entfallen die sonst üblichen Auseinandersetzungen bei der Entlassung von Arbeitnehmern. Die Möglichkeit befristeter Arbeitsverträge darf nicht zu sog **Kettenverträgen** missbraucht werden. Eine Verlängerung, mit der die Höchstdauer überschritten würde, ist unzulässig. 1006

Die Beschäftigung von Teilzeitkräften ist volkswirtschaftlich erwünscht und erhöht oft die Arbeitseffektivität. Das gilt vor allem für sog **Minijobs,** bei denen die regelmäßige Entlohnung der Arbeitnehmer nicht mehr als **EUR 400** im Monat beträgt. Bei der Einstellung und bei der Kündigung muss der Betriebsrat aber genauso mitwirken wie bei Vollzeitkräften. Ohne Lohnsteuerkarte ist vom Arbeitgeber zu seinen Lasten eine pauschale Lohnsteuer von 2%, mit Lohnsteuerkarte zu Lasten des Arbeitnehmers die übliche (bei EUR 400 zumeist sehr niedrige) Lohnsteuer abzuführen. Daneben sind ebenfalls nur vom Arbeitgeber pauschale Kranken- und Rentenversicherungsbeiträge zu zahlen. Neben den Minijobs bis EUR 400 pro Monat gibt es die **Niedriglohn-Jobs in** 1007 einer Gleitzone zwischen EUR 401,– und EUR 800,–. Sie sind sozialversicherungspflichtig, für den Arbeitgeber voll und für den Arbeitnehmer ermäßigt zwischen 11% und den vollen 21% bei Jobs für EUR 800. Es ist die jeweilige Krankenkasse zuständig. Die Lohnversteuerung richtet sich nach den üblichen Vorschriften.

1008 **Die Verselbständigung von Unternehmensteilen (Outsourcing) dient nicht nur der Flexibilisierung des Mitarbeiterbestandes, sondern auch der Steigerung des Unternehmenserfolges.** Das Ausgliedern kann im eigenen Unternehmensverband erfolgen oder durch Übertragung an externe Dritte. Rechtstechnisch erfolgt die Ausgliederung im Wege der Umwandlung (Rn 5035 ff) oder durch Verkauf. Gehen Teile der Belegschaft auf ein Unternehmen im Besitz anderer Gesellschafter über, wird das abgebende Unternehmen unmittelbar von den Personalkosten entlastet. Mittelbar spart es sich die Wachstums- oder Abschmelzungsprobleme, die in den abgegebenen Bereichen je nach Marktentwicklung auftreten. In der eigenen Handlungsfähigkeit wird es flexibler. Die für die abgegebenen Bereiche eingesparten Mittel können zur Stärkung der verbliebenen Bereiche (Kernbereiche) eingesetzt werden. Werden die ausgegliederten Betriebe in neu gegründete Tochterunternehmen eingebracht, tragen die verminderte Kostenlastigkeit und die größere unternehmerische Freiheit uU dazu bei, den unternehmerischen Erfolg der neuen Tochtergesellschaft zu steigern. Vielfach findet sie auch andere Märkte außerhalb der Muttergesellschaft. Je selbständiger sie wird, umso leichter wird es, dritte Investoren zu beteiligen. Tarifpolitisch können sich Erleichterungen ergeben, wenn die neue Tochtergesellschaft keinem Arbeitgeberverband beitritt und deshalb nach der Nachwirkungszeit (Rn 1049) des bisherigen Tarifvertrages eine eigene Lohn- und Gehaltspolitik betreiben kann. Sie kann einen Firmentarifvertrag abschließen, oder sich einen günstigeren Tarifverband aussuchen als den der Muttergesellschaft. Oder sie kann sich auf Individualverträge mit ihren Mitarbeitern beschränken (zur Tarifpolitik Rn 1046 ff).

1009 **Eine Verselbständigung von Unternehmensteilen unterliegt in der Regel als Betriebsteilübergang den Vorschriften des § 613 a BGB.** Dem Übergang des Arbeitsverhältnisses können die Arbeitnehmer widersprechen. Davon wird erfahrungsgemäß wenig Gebrauch gemacht, weil dem widersprechenden Arbeitnehmer die betriebsbedingte Kündigung (Rn 1035) des bisherigen Arbeitgebers droht, weil dieser keine Beschäftigungsmöglichkeit mehr hat (§ 613 a Abs 4 BGB). Ob tatsächlich ein Betriebsübergang vorliegt, kann manchmal ungewiss sein. Dient die Ausgliederung nur der Stilllegung, handelt es sich nicht um einen Betriebsübergang, sondern um eine Betriebsänderung. Dann können die Arbeitnehmer, wenn ein Betriebsrat besteht und wenn der Betrieb mehr als 20 wahlberechtigte Arbeitnehmer hat, einen Sozialplan verlangen. Ist dagegen der gleiche Vorgang als Betriebsübergang nach § 613 a BGB zu werten, können die Arbeitnehmer vom Übernehmer Weiterbeschäftigung verlangen. Ein Betriebsübergang liegt dann vor, wenn es sich um einen Betriebsteil handelt, eine selbständig abtrennbare organisatorische Einheit, die innerhalb des Gesamtzwecks einen Teilzweck verfolgt[1] und nach dem Übergang diesen Teilzweck weiter verfolgen soll. Diese BAG-Rechtsprechung trifft auch auf alle Dienstleistungsbereiche zu, bei denen im Grunde nur eine bestimmte Aufgabe (Funktion) übertragen wird und ein wesentlicher Teil der eingearbeiteten Mannschaft von sich aus „mitgeht". Auf den Übergang materieller Arbeitsmittel kommt es nicht mehr an; er bleibt aber ein Indiz.

1010 **Häufig wird versucht, zu einer Flexibilisierung im Wege des Outsourcing dadurch zu kommen, dass Aufgaben durch Übergang auf Subunternehmer oder Franchisenehmer verselbständigt werden.** Für Unternehmen kann die Personalanpassung dadurch erleichtert werden, dass die Verkaufsfahrer, Zustellfahrer, EDV-

---

[1] BAG v 16. 2. 2006 AP BGB § 613a Nr 301 = NZA 2006, 592 mwN; Preis in Erfurter Kommentar zum Arbeitsrecht, § 230 BGB § 613a Rn 7 mwN.

Berater, Journalisten, Propagandisten, Regaleinrichter, selbständigen Kellner oder sonstige freie Mitarbeiter das Risiko der Selbständigkeit übernehmen. Auch die innerbetriebliche Verwaltung wird entlastet und uU auch das Investitionsbudget, wenn zB die nun selbständigen Fahrer die Fahrzeuge übernehmen oder selbst anschaffen. Darüber hinaus, und nicht zuletzt, ist auch der Leistungserfolg des Selbständigen oft besser und deshalb ein nicht unwichtiges Motiv für die Ausgliederung. Ob diese Dienstleister tatsächlich selbständig oder abhängig Beschäftigte sind, darüber kann man sich sehr streiten. Für den abhängig Beschäftigten muss der Arbeitgeber die Beiträge zur Renten-, Kranken-, Pflege- und Arbeitslosenversicherung einbehalten und abführen. Er muss die entsprechenden Arbeitgeberbeiträge abführen. Und er muss Lohnsteuer abführen. Bei Selbständigen hat der Auftraggeber dem gegenüber mit der Sozialversicherung und den Steuern nichts zu tun. Die Unterscheidung ist also von erheblicher Bedeutung.[2] Um das erhebliche Risiko, dass im Zweifelsfällen besteht, auszuschalten, ist dringend zu empfehlen, ein Statusfeststellungsverfahren auf Antrag durchzuführen (dazu ausführlich Rn 2056). Auf diese Art und Weise erhält man unschwer Rechtssicherheit.

Die betriebliche Altersversorgung ist ein wichtiges Instrument der Personalpolitik. In vielen großen Unternehmen ist sie zum festen Bestandteil der Vergütungssysteme geworden. Die volkswirtschaftliche Bedeutung der betrieblichen Altersversorgung ist ebenfalls unbestritten. Der Gesetzgeber hat denn auch das Betriebsrentengesetz (Gesetz zur Verbesserung der betrieblichen Altersversorgung – BetrAVG) Schritt für Schritt ausgebaut durch die Insolvenzsicherung auch von Entgeltumwandlungszusagen, durch Erweiterung der Abfindungsmöglichkeiten unverfallbarer Anwartschaften, durch die Verbesserung der Übernahme von Versorgungsverpflichtungen bei einer Liquidation des Unternehmens und durch Auflockerung der Anpassungsprüfung (Rn 2069 ff). Diese Änderungen sollen es vor allem den mittelständischen Unternehmen erleichtern, Altersversorgungssysteme einzuführen.

Eine betriebliche Altersversorgung für die tarifliche und außertarifliche Belegschaft wird in der Regel durch Betriebsvereinbarungen eingeführt. Mit leitenden Angestellten werden meist besondere Pensionsverträge abgeschlossen, die weitgehend den Pensionsverträgen mit Geschäftsführern entsprechen (Rn 2075). In der Entscheidung, ob überhaupt ein Altersversorgung eingeführt und wie viel Geld dafür zur Verfügung gestellt werden soll, ist die Geschäftsführung frei und nicht von der Mitwirkung des Betriebsrats abhängig. Sie entscheidet auch, welche Organisationsform gewählt wird, ob zB ein Pensionsfonds, eine Pensionskasse oder eine Unterstützungskasse eingeschaltet werden soll oder eine Direktzusage erteilt wird. Die Geschäftsführung entscheidet auch, wenn sie ein Versorgungswerk schließen, also die Betriebsvereinbarung kündigen will. Betriebsvereinbarungen können, wenn nichts anderes vereinbart ist, mit einer Frist von drei Monaten gekündigt werden (§ 77 Abs 5 BetrVG). Bei der Durchführung der Altersvorsorge im Übrigen und bei der Verwaltung, hat der Betriebsrat jedoch ein Mitbestimmungsrecht (§ 87 Abs 1 Nr 8 BetrVG). Die Vertragsfreiheit lässt den Parteien einen großen Verhandlungsspielraum. Rechtliche Grenzen werden nur vom Gleichbehandlungsgebot gezogen. Das hindert aber nicht die Bildung von unterschiedlichen Empfängergruppen, von unterschiedlichen Voraussetzungen für Leistungsansprüche, unterschiedliche Leistungshöhen usw. Die vereinbarten Unterschiede müssen nur sachlich begründbar sein. Gerät der Arbeitgeber in wirtschaftliche Schwierigkeiten, kann er das Versorgungswerk auf die gegenwärtig vorhandenen Arbeitnehmer ohne Zustimmung des Betriebsrat dadurch beschränken, dass er die Betriebsvereinbarung kündigt. Eine Verschlechterung der Bedingungen (zB Verringerung

---

[2] Zu den Kriterien siehe www.deutsche-rentenversicherung-bund.de//Zielgruppe Arbeitgeber und Steuerberater//Statusfeststellung//Rundschreiben der Spitzenorganisationen vom 5. 7. 2005//Anlage 4 Katalog bestimmter Berufsgruppen.

der Steigerungsraten) kann er nur unter Berücksichtigung der sehr komplexen Rechtsprechung der Arbeitsgerichte erreichen.

1013 **Ein zentrales Thema ist, ob eine Innen- oder eine Außenfinanzierung (inside or outside funding) gewählt wird.** Die im Krisenfall erheblich problematischere **Innenfinanzierung erfolgt im Wege von Pensionsrückstellungen,** etwa bei Direktzusagen. Werden für Direktzusagen Rückdeckungsversicherungen abgeschlossen, kann das Finanzierungsrisiko ganz oder teilweise nach außen verlagert werden. Auch Entgeltumwandlungszusagen sind im Wege der Innenfinanzierung darstellbar. Angesichts der skeptischen Beurteilung, die Ratingagenturen den ungewissen Verbindlichkeiten aus Pensionsrückstellungen entgegenbringen, und angesichts der wachsenden Bedeutung des Rating für die Kreditfinanzierung wird jedoch die früher weitverbreitete Innenfinanzierung immer mehr abgelöst durch **Außenfinanzierungsmodelle** (Rn 2095 f), entweder mit Hilfe eines **Contractual Trust Agreement (CTA),** das einem Treuhänder die zur Bedienung der Pension erforderlichen Mittel überträgt, der sie entsprechend anlegt, oder durch Schaffung von **Pensionsfonds oder Pensionskassen.**

1014 **Allerdings: Altersversorgungssysteme im Unternehmen haben auch gravierende Nachteile:**

- Selbst bei außenfinanzierten Altersversorgungssystemen bleibt beim Unternehmen ein nicht bilanzierbares Restrisiko, da das Betriebsrentengesetz selbst bei Pensionsfonds und Pensionskassen einen Haftung des Unternehmens für den Fall verlangt, dass eine geschätzte Mindestrendite nicht erwirtschaftet wird.
- Die Beiträge zur Insolvenzsicherung, die in der Zukunft anfallen, sind, da sie im Umlageverfahren erhoben werden (je nach dem Bedarf aus den Insolvenzen des Vorjahres), der Höhe nach nicht vorhersehbar, geschweige denn rückstellungsfähig. Auch insoweit werden also nicht alle zukünftigen Kosten in dem Zeitpunkt erfasst, indem sie verursacht werden.
- Die steuerlich ansetzbaren Pensionsrückstellungen sind viel zu niedrig, da der steuerlich zulässige Zinssatz für die erforderliche Abzinsung zu hoch ist. Zur Deckung der Pensionen müssen also die Rückstellungen zu Lasten des zu versteuernden Jahresüberschusses aufgestockt werden.
- Die Tatsache, dass die Pensionäre immer älter werden, führt dazu, dass selbst aus dem versteuerten Ergebnis aufgestockte Rückstellungen zu niedrig werden und wiederum aufgestockt werden müssen.
- Die Höhe der alle drei Jahre fälligen Anpassung der laufenden Betriebsrenten an die Kaufkraftentwertung nach § 16 BetrAVG (Rn 2069 ff) ist ebenfalls nicht vorhersehbar. Muss eine Anpassung erfolgen, müssen die Pensionsrückstellungen für die laufenden Betriebsrenten (nicht diejenigen für die künftigen Betriebsrenten Rn 2069) erhöht werden.
- **In der Krise des Unternehmens führen die vorstehenden Problembereiche der Altersversorgungssysteme zu Liquiditäts- und Ertragsproblemen: Liquiditätsprobleme** entstehen, weil fällig werdende Betriebsrenten gezahlt werden müssen. Soweit die Betriebsrenten innenfinanziert sind, muss diese Liquidität erst einmal erwirtschaftet werden. **Ertragsprobleme** entstehen, weil, wie vorstehend geschildert, selbst bei außenfinanzierten Altersversorgungssystemen Haftungsrisiken verbleiben, bei innenfinanzierten erhebliche Aufstockungsrisiken bestehen und in vielen Fällen jedes Jahr Insolvenzbeiträge zu zahlen sind.

Das alles bedeutet: Es ist keineswegs so, dass die Zahlung einer Betriebsrente ergebnisneutral wäre, weil der Aufwand, den die Zahlung verursacht, durch den Ertrag aus der anteiligen Auflösung der Pensionsrückstellung ausgeglichen würde. Regelmäßig ist per Saldo der Aufwand erheblich höher.

2. Die Zusammenarbeit mit den Belegschaftsvertretungen – Anwendungsbereich des BetrVG

1015 **Die Zusammenarbeit mit den Personalvertretungen (Betriebsrat und Sprecherausschuss, Rn 1030) muss der Unternehmensleitung ein Anliegen sein.** Das Gleiche gilt (bei GmbHs mit mehr als 500 Arbeitnehmer – Rn 4060 und 4063) für die

Zusammenarbeit mit dem drittelparitätischen oder paritätisch mitbestimmten Aufsichtsrat. Die Arbeitnehmervertreter (zumeist gleichzeitig Betriebsratsmitglieder) müssen beim paritätisch mitbestimmten Aufsichtsrat, sofern Ausschüsse gebildet werden (Rn 4077), in den Ausschüssen mit mindestens einem Mitglied und sollten beim drittelparitätisch mitbestimmten Aufsichtsrat zwar nicht im Ausschuss für Geschäftsführerangelegenheiten aber etwa im Prüfungsausschuss mit einem Mitglied vertreten sein. Die Geschäftsführung sollte auch den Kontakt mit den im Unternehmen vertretenen Gewerkschaften suchen. Es kann sich als hilfreich erweisen, wenn sie sich selbst ein Bild von den für das Unternehmen zuständigen Funktionären machen kann.

Ein Betriebsrat ist schon in einem Betrieb mit mindestens fünf wahlberechtigten Arbeitnehmern zu bilden (§ 1 BetrVG). Es gibt zwar keinen Zwang zur Bildung von Betriebsräten. Eine ganze Reihe von Betrieben hat auch keinen Betriebsrat. Denn häufig sehen die Arbeitnehmer ihre Interessen ausreichend durch andere Formen der vertrauensvollen Zusammenarbeit gewahrt und ergreifen deshalb keine Initiative. Ab einer gewissen Größenordnung gibt es jedoch praktisch kein Unternehmen mehr ohne Betriebsrat. Ein Betriebsrat bindet zwar Geschäftsführungskapazität, erleichtert aber in vielen Fällen die Unternehmensführung. Wenn die Wahl eines Betriebsrates (oder einer Jugend- und Auszubildendenvertretung) betrieben wird, darf sie nicht behindert werden. Das ist strafbar (§ 119 Abs 1 BetrVG – Rn 7131). Das gilt auch dann, wenn wie zB bei der SAP im Jahre 2008, die Mehrheit die Bildung eines Betriebsrats ablehnt. **Einen Schutz der Mehrheit vor der Minderheit gibt es im Betriebsverfassungsrecht nicht.**

Die Größe des Betriebsrats hängt von der Arbeitnehmerzahl im Betrieb – nicht im Unternehmen – ab. Die Spanne reicht von einer Person als Betriebsrat in einem Betrieb mit in der Regel 5 bis 20 Arbeitnehmern über zB 13 Mitgliedern in Betrieben von 701 bis 1000 Arbeitnehmern bis zu 35 und mehr Mitgliedern in Betrieben von 7001 bis 9000 Arbeitnehmern und darüber. **Die Arbeitnehmerzahl ist auch maßgebend für die Zahl der freigestellten Betriebsratsmitglieder.** Freizustellen ist in Betrieben mit 200 bis 500 Arbeitnehmern ein Betriebsratmitglied. Die Zahl steigert sich nach der Größe des Betriebes bis zu 12 und mehr Betriebsratsmitgliedern. Die Größe des Betriebsrats ist maßgebend für die Größe des Betriebsausschusses, dem geschäftsführenden Organ bei größeren Betriebsräten (§ 27 BetrVG).

Für mehrere Betriebe innerhalb eines Unternehmens ist ein Gesamtbetriebsrat zu errichten. Die Bildung ist nicht erzwingbar. In den Gesamtbetriebsrat entsendet jeder Betriebsrat eines oder zwei seiner Mitglieder (§ 47 Abs 2 BetrVG). Der Gesamtbetriebsrat ist für die Angelegenheiten zuständig, die das Gesamtunternehmen oder mehrere Betriebe betreffen und nicht durch die einzelnen Betriebsräte geregelt werden können. Diese verlieren dadurch nicht ihre Selbständigkeit. Der **Gesamtbetriebsrat** ist ihnen **nicht übergeordnet** (§ 50 BetrVG). Ist die GmbH Obergesellschaft eines Unterordnungskonzerns (§ 54 Abs 1 BetrVG), so kann bei ihr auch ein **Konzernbetriebsrat** gebildet werden. Dem müssen die Betriebs- oder Gesamtbetriebsräte der Konzernunternehmen, in denen insgesamt mindestens 75% der Arbeitnehmer des Konzerns beschäftigt sind, zustimmen. Sie stimmen nicht immer zu. Denn die Arbeitnehmer verschiedener Konzernunternehmen haben nicht immer die gleichen Interessen. Für die Zuständigkeit des Konzernbetriebsrats gilt entsprechendes wie für den Gesamtbetriebsrat. Er ist für die Angelegenheiten zuständig, die den Konzern oder mehrere Konzernunternehmen betreffen. Er ist **den Gesamtbetriebsräten nicht übergeordnet** (§ 58 Abs 1 BetrVG). Konzerne ohne Konzernbetriebsrat oder Unternehmensgruppen, die keine Konzerne sind, bilden nicht selten auf Initiative der Unternehmensleitung ein Gremium aus Vertretern der Betriebs- und Gesamtbetriebsräte und schaffen damit ein eigenständiges Organ, das ihnen die Kommunikation mit der Mitarbeiterschaft erleichtert.

In Unternehmen (nicht in Betrieben), die in der Regel mehr als 100 Arbeitnehmer ständig beschäftigen, ist vom Betriebsrat ein Wirtschaftsausschuss

zu bilden (§ 106 BetrVG). Der Wirtschaftsausschuss hat die wirtschaftlichen Angelegenheiten mit dem Unternehmer zu beraten und den Betriebsrat zu unterrichten. Dem Wirtschaftsausschuss muss ein Betriebsratsmitglied angehören, andernfalls ist er nicht richtig besetzt. Der Betriebsrat kann die Aufgaben des Wirtschaftsausschusses auch einem Ausschuss des Betriebsrats übertragen. Er kann auch leitende Angestellte in den Wirtschaftsausschuss berufen (§ 107 Abs 3 BetrVG). Einen Konzernwirtschaftsausschuss sieht das Gesetz nicht vor. Die „wirtschaftlichen Angelegenheiten" reichen von der wirtschaftlichen und finanziellen Lage des Unternehmens über die Änderung der Betriebsorganisation bis zu Fusionen, Spaltungen und Übernahmen (siehe den neuen § 109a BetrVG). Damit der Wirtschaftsausschuss alle diese Angelegenheiten mit dem Unternehmer (also dem Geschäftsführer) beraten kann, hat ihn der Unternehmer vorab zu informieren und ihm Unterlagen vorzulegen.

1020 Die **Hauptaufgaben des Betriebsrats** sind aus der nachstehenden grafischen Übersicht zu entnehmen.

Schema zu den Mitwirkungs- und Mitbestimmungsangelegenheiten des Betriebsrats

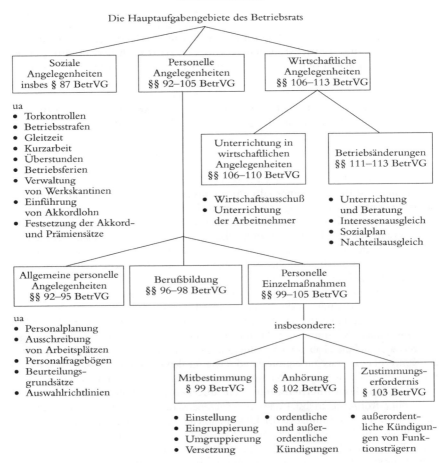

Original: Hansjörg Otto, Funkkolleg Recht, Studienbegleitbrief 11, Beltz-Verlag, 1983

I. Personalmanagement

In allen Angelegenheiten der Rn 1020 kann der Betriebsrat mitwirken. Er **1021** kann entweder nur Informationen beanspruchen und mitberaten; der Arbeitgeber entscheidet aber. **In der Mehrzahl der Angelegenheiten hat der Betriebsrat jedoch sogar ein Mitbestimmungsrecht.** Das bedeutet, dass die Einigungsstelle (§ 76 BetrVG) oder das Arbeitsgericht abschließend entscheiden, wenn keine Übereinstimmung mit dem Arbeitgeber erzielt wird. So sind zB sämtliche Angelegenheiten des § 87 BetrVG (soziale Angelegenheiten) Mitbestimmungsangelegenheiten. Mit Ausnahme der Kündigung und der Personalplanung sind auch fast alle personellen Angelegenheiten (Einstellung, Eingruppierung, Umgruppierung und Versetzung, § 99 BetrVG) Mitbestimmungsangelegenheiten. Auch der Inhalt von Personalfragebögen, die Aufstellung von Auswahlrichtlinien und die Durchführung betrieblicher Bildungsmaßnahmen ist von der Zustimmung des Betriebsrats abhängig. Über die Frage, ob überhaupt Bildungsmaßnahmen durchgeführt werden und wie die dafür vorgesehenen Einrichtungen auszustatten sind, entscheidet der Arbeitgeber allein. Das gilt auch für Sozialmaßnahmen, wie etwa eine betriebliche Altersversorgung. Bei der Durchführung hat der Betriebsrat aber mitzubestimmen (§ 87 Abs 1 Nr 8, Rn 1012).

Nach der ständigen Rechtssprechung des BAG[3] **kann der Betriebsrat den** **1022** **Arbeitgeber, wenn dieser eine mitbestimmungspflichtige Maßnahme ohne Beteiligung des Betriebsrats trifft, in allen Angelegenheiten des § 87 Abs 1 BetrVG auf Unterlassung verklagen.** Das gilt in den Fällen des § 87 BetrVG immer, nicht nur bei groben Verstößen, bei denen der Betriebsrat generell nach § 23 Abs 3 BetrVG Unterlassung verlangen kann. Der Betriebsrat kann zur Sicherung seines Unterlassungsanspruchs auch eine **einstweilige Verfügung** beantragen. Er ist nicht mehr nur darauf angewiesen, die Einigungsstelle anzurufen, sondern kann sofort aktiv vorgehen.

Ein besonders wichtiger Bereich in der Zusammenarbeit mit dem Be- **1023** **triebsrat sind die Betriebsänderungen** (§§ 111 bis 113 BetrVG). Hat ein Unternehmen (insoweit ist nicht lediglich der Betrieb, sondern das ganze Unternehmen maßgebend) in der Regel mehr als 20 wahlberechtigte Arbeitnehmer und werden Betriebsänderungen geplant, die wesentliche Nachteile für die Belegschaft oder für erhebliche Teile der Belegschaft zur Folgen haben können, so hat die Geschäftsführung (der Unternehmer) den Betriebsrat rechtzeitig zu unterrichten und die Planung mit dem Betriebsrat zu beraten. „Rechtzeitig" bedeutet, dass Vorschläge, die der Betriebsrat etwa unterbreitet, bei der Planung noch bedacht werden können. Als Betriebsänderungen kommen in Frage:

- Einschränkung und Stilllegung des ganzen Betriebs oder von wesentlichen Betriebsteilen,
- Verlegung des ganzen Betriebs oder von wesentlichen Betriebsteilen,
- Zusammenschluss mit anderen Betrieben oder die Spaltung von Betrieben,
- grundlegende Änderungen der Betriebsorganisation, des Betriebszwecks oder der Betriebsanlagen, und
- Einführung grundlegend neuer Arbeitsmethoden und Fertigungsverfahren.

Auf die Frage, was wesentliche Nachteile für einen erheblichen Teil der Belegschaft sind, kommt es praktisch nicht mehr an. Nach der Rechtsprechung des BAG können die vorstehenden, in § 111 S 3 BetrVG aufgezählten Betriebsänderungen auf jeden Fall nachteilige Folgen für die Arbeitnehmer haben, so dass eine besondere Prüfung, ob denn wirklich Nachteile eintreten können, nicht mehr stattzufinden braucht.[4] Die Interpretation des Begriffes „wesentliche Nachteile" wird im Übrigen auf den Grundsatz von Treu und Glauben gestützt. Es soll darauf ankommen, was einem erheblichen Teil der Arbeitnehmer zumutbar sei. Sicher ist es als wesentlicher Nachteil anzusehen, wenn

---

[3] Grundlegend BAG vom 3. 5. 1994 AP BetrVG § 23 Nr 23.
[4] Fitting BetrVG § 111 Rn 42.

es notwendig würde, den Wohnsitz zu verlegen oder wenn höhere Fahrtkosten anfallen. Die Geschäftsführung muss ihre vorbereitenden Maßnahmen so treffen, dass größere Auseinandersetzungen möglichst vermieden werden. Außerdem kann sie, wenn sie ihre Aufklärungspflichten unvollständig oder verspätet erfüllt, mit einem Bußgeld bis zu EUR 10 000,– belegt werden (§ 121 Abs 2 BetrVG). **Der Wechsel nur des Betriebsinhabers, also zB ein Unternehmensverkauf, ist keine Betriebsänderung im Sinne von § 111 BetrVG,**[5] ebenso wenig wie Umwandlungen nach dem Umwandlungsgesetz, also Verschmelzungen, Spaltungen und Rechtsformwechsel.[6] Allerdings: Führt die Verschmelzung und die Spaltung des Unternehmens auch zu einer Verschmelzung von Betrieben oder zu einer Spaltung eines Betriebs, greift § 111 BetrVG ein.[7]

1024 Betriebsänderungen im Sinne von § 111 BetrVG nötigen zu einem Interessenausgleich und uU zu einem Sozialplan (§§ 112, 112a, 113 BetrVG). **Der Interessenausgleich** (eine Vereinbarung über den Ausgleich nicht wirtschaftlicher Nachteile) **ist nicht erzwingbar.** Zwar kann bei Nichteinigung die Einigungsstelle angerufen werden. Sie kann aber nur Einigungsvorschläge machen, jedoch nicht entscheiden. Hat man sich über einen Interessenausgleich geeinigt, weicht jedoch die Geschäftsführung von dem Interessenausgleich ab, kann das teurer werden als ein Sozialplan. Denn nun kann jeder Arbeitnehmer, der deswegen entlassen wurde, beim Arbeitsgericht einen Nachteilsausgleich einklagen (§ 113 Abs 1 BetrVG). Das ist in der Regel eine Zwangsabfindung nach den Grundsätzen des Kündigungsschutzgesetzes. Darüber hinaus kann er auch noch den Ausgleich anderer wirtschaftlicher Nachteile verlangen (§ 113 Abs 2 und 3 BetrVG). § 113 BetrVG ist folglich eine wirksame Sanktionsdrohung, die übrigens nicht nur gilt, wenn von einem vereinbarten Interessenausgleich abgewichen worden ist, sondern auch, wenn die Geschäftsführung einen Interessenausgleich gar nicht erst versucht hat, und wenn aufgrund der Betriebsänderung Arbeitnehmer entlassen werden. Versucht worden ist der Interessenausgleich nicht schon dann, wenn mit dem Betriebsrat ergebnislos verhandelt wurde und die Geschäftsführung daraufhin entschieden hat. Es muss auch das Einigungsstellenverfahren durchgeführt und dennoch keine Verständigung erzielt worden sein. **Ein Sozialplan ist erzwingbar. Über ihn kann die Einigungsstelle entscheiden** (§§ 112 Abs 4 und Abs 5, 112a Abs 1 BetrVG). **Wird ein Unternehmen neu gegründet, ist es in den ersten vier Jahren vor einer verbindlichen Entscheidung über den Sozialplan durch § 112a Abs 2 S 1 BetrVG geschützt.** Das gilt aber gemäß § 112a Abs 2 S 2 nicht für Neugründungen im Zusammenhang mit der rechtlichen Umstrukturierung von Unternehmen und Konzernen.

1025 **Interessenausgleich- und Sozialplanverhandlungen sind oft sehr komplizierte Verfahren,** die nur mit erfahrenen Beratern angegangen werden sollten. Die nachstehende Grafik gibt eine **Übersicht über den Verfahrensablauf.**

---

[5] Fitting BetrVG § 111 Rn 30; Schaub Arbeitsrechts-Handbuch § 244 Rn 8.
[6] Fitting BetrVG § 111 Rn 56 ff; Schaub Arbeitsrechts-Handbuch § 244 Rn 9.
[7] Fitting BetrVG § 111 Rn 59; Schaub Arbeitsrechts-Handbuch § 244 Rn 10 und 18.

I. Personalmanagement

Stufen der Auseinandersetzung zwischen Arbeitgeber und Betriebsrat (§§ 111, 112 BetrVG)

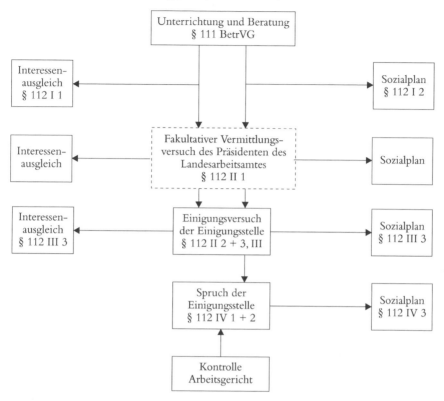

Original: Hansjörg Otto, Funkkolleg Recht, Studienbegleitbrief 11, Beltz-Verlag, 1983

Das Betriebsverfassungsrecht gilt für Tendenzbetriebe nur eingeschränkt und nicht für Religionsgemeinschaften (§ 118 BetrVG). Tendenzbetriebe sind soweit ausgenommen, als die „Eigenart des Unternehmens oder des Betriebs" der Anwendung des BetrVG entgegensteht. Deshalb sind die §§ 111 bis 113 BetrVG nur anzuwenden, sofern sie „den Ausgleich oder die Milderung wirtschaftlicher Nachteile für die Arbeitnehmer infolge von Betriebsänderungen regeln" (§ 118 Abs 1 S 2 BetrVG). Das bedeutet, dass der Betriebsrat jedenfalls zu informieren ist und dass mit ihm beraten werden muss. **Ein Interessenausgleich ist nicht notwendig,** nicht einmal der Versuch. **Jedoch ist ein Sozialplan zu verhandeln und abzuschließen.**[8] Eine Tendenz im Sinne von § 118 BetrVG kann nach allgemeiner Meinung nur das Unternehmen haben. Deshalb nennt § 118 Abs 1 S 1 BetrVG neben dem Betrieb auch ausdrücklich das Unternehmen. Es kann aber in Tendenzunternehmen Betriebe geben, die mit der Tendenz nichts zu tun haben, sondern einen neutralen und von der Tendenz unabhängigen arbeitstechnischen Zweck verfolgen, beispielsweise der Betrieb der Druckerei in einem Presseunternehmen. In diesen Betrieben ist das BetrVG anzuwenden.[9] Als Tätigkeiten, die § 118 BetrVG von der Einflussnahme durch die Betriebsvertretungen freistellen will, zählt das Gesetz Betriebe auf,

---

[8] Fitting BetrVG § 118 Rn 47.
[9] Fitting BetrVG § 118 Rn 27.

– die politischen, koalitionspolitischen, konfessionellen, karitativen, erzieherischen, wissenschaftlichen oder künstlerischen Bestimmungen dienen oder
– Zwecken der Berichterstattung oder Meinungsäußerung, auf die Art 5 Abs 1 S 2 GG anzuwenden ist.

1027 Der **Tendenzschutz** des § 118 BetrVG **bedeutet, dass die grundgesetzlich garantierten Freiheitsrechte den Vorrang vor dem Sozialstaatsprinzip genießen.** Bei den Grundrechten, deren besonderem Schutz der Tendenzschutz dient, handelt es sich um die Grundrechte der Pressefreiheit (Art 5 Abs 1 S 2 GG), um die Glaubens-, Gewissens- und Bekenntnisfreiheit (Art 4 GG), um die Freiheit von Kunst und Wissenschaft (Art 5 Abs 3 GG), um die Koalitionsfreiheit (Art 9 Abs 3 GG) und um die Freiheit der politischen Betätigung in Parteien (Art 21 GG). Auf Religionsgemeinschaften und ihre karitativen und erzieherischen Einrichtungen findet das BetrVG überhaupt keine Anwendung.

1028 **Umstritten sind die Grenzziehungen bei Mischunternehmen oder bei Unternehmen, die konzerngebunden sind.** Bei ihnen kann offen sein, wie weit das Gesamtunternehmen oder die Konzernspitze als Tendenzunternehmen anzusehen sind, so dass die Zwecksetzung des Gesamtunternehmens alle Unternehmensteile, die des leitenden Unternehmens oder die anderen Konzernmitglieder, erfasst. Bei Mischunternehmen, dh Unternehmen, die tendenzfreien und tendenzgeschützten Tätigkeiten nachgehen, soll ein quantitativ-numerisches Prinzip gelten, ob also die Tätigkeit überwiegend tendenzbezogen sind (bei einem Rundfunkunternehmen soll bei 10% Wortbeiträgen und 50% moderierten Musikbeiträgen die Tendenzbezogenheit zu bejahen sein).[10] **Da es für die Anwendung des § 118 BetrVG jedoch auf den Betrieb und nicht auf das Unternehmen ankommt,** werden auf ein Mischunternehmen, das Tendenzschutz genießt, lediglich die Bestimmungen über den Wirtschaftsausschuss (die an das Unternehmen anknüpfen) nicht angewendet. Bei den einzelnen Betrieben wird differenziert: Auf die Tendenzbetriebe findet § 118 BetrVG Anwendung. Genießt das Unternehmen zwar insgesamt keinen Tendenzschutz, findet auf die Tendenzbetriebe dennoch § 118 BetrVG Anwendung.[11]

1029 **Tendenzunternehmen und Religionsgemeinschaften mit ihren karitativen und erzieherischen Einrichtungen unterliegen auch nicht der drittelparitätischen Mitbestimmung** (Rn 4060) **und auch nicht der paritätischen Mitbestimmung** (Rn 4063). Hier bestehen auch keine Einschränkungen bei den Tendenzunternehmen im Verhältnis zu den Religionsgemeinschaften.

1030 **Durch das Sprecherausschussgesetz von 1988 haben auch die leitenden Angestellten eine eigene Vertretung gegenüber dem Arbeitgeber erhalten.** Leitende Angestellte werden nicht vom Betriebsrat vertreten und können auch nicht zum Betriebsrat mitwählen. Sie können aber Mitglieder des Wirtschaftsausschusses sein (Rn 1019). Wer leitender Angestellter ist, ergibt sich aus der Definition in § 5 Abs 3 und 4 BetrVG. Die Abgrenzung ist oft nicht leicht. Sprecherausschüsse haben das Recht, Informationen zu erhalten, mit dem Unternehmen zu beraten und das Recht, vor Einstellung, Entlassung usw gehört zu werden. **Sie können in Betrieben gewählt werden, in denen mindestens zehn leitende Angestellte tätig sind.** Sind es weniger, werden die leitenden Angestellten der räumlich nächstgelegenen Betriebe zusammengezählt, bis die Zahl von zehn erreicht ist. Die Größe des Sprecherausschusses ist ebenso wie die des Betriebsrates im Gesetz festgelegt. Bei bis zu 20 leitenden Angestellten besteht der Sprecher„ausschuss" aus einer Person. Bei über 300 leitenden Angestellten kann er sieben Mitglieder haben. Anders als ein Betriebsrat (Rn 1016) wird ein Sprecherausschuss nur gebildet, wenn die Mehrheit der leitenden Angestellten dies be-

---

[10] BAG v 27. 7. 1993 AP Nr 51 zu § 118 BetrVG 1972; Fitting BetrVG § 118 Rn 6; Kania in Küttner Personalbuch 2008 Stichwort 405 (Tendenzbetrieb) Rn 6.
[11] Fitting BetrVG § 118 Rn 6.

I. Personalmanagement

schließt (sog Grundsatzbeschluss). Bestehen in einem Unternehmen mehrere Sprecherausschüsse, ist ein Gesamtsprecherausschuss zu errichten. Dies entspricht der Bildung eines Gesamtbetriebsrats. Anstelle von betrieblichen Sprecherausschüssen kann ein Unternehmenssprecherausschuss gebildet werden. Dies muss ebenfalls die Mehrheit der leitenden Angestellten des Unternehmens verlangen. Ein Konzernsprecherausschuss ist zu bilden, wenn die Sprecherausschüsse der Betriebe, in denen mindestens 75% der leitenden Angestellten der Konzernunternehmen beschäftigt sind, dies beschließen. Einmal im Jahr soll eine Versammlung der leitenden Angestellten einberufen werden. In ihr muss der Sprecherausschuss über seine Tätigkeit berichten. Der Arbeitgeber ist zu der Versammlung einzuladen. Er kann in der Versammlung sprechen. Er hat dabei über die Angelegenheiten der leitenden Angestellten zu berichten sowie über die wirtschaftliche Lage und die Entwicklung des Betriebs bzw des Unternehmens oder des Konzerns. Mitbestimmungsrechte hat ein Sprecherausschuss nicht, nur Mitwirkungsrechte. Der Unternehmer (der Geschäftsführer) schuldet nur Information und Beratung.

Die Geschäftsführung (der Unternehmer) muss insbesondere aber auch die gesamte Belegschaft über die wirtschaftliche Lage und die Entwicklung des Unternehmens unterrichten (§ 110 BetrVG). Das muss vierteljährlich geschehen und schriftlich, wenn das Unternehmen mehr als 1000 Arbeitnehmer hat. In Unternehmen, deren Mitarbeiterzahl zwischen 20 und 1000 liegt, kann die Unterrichtung mündlich erfolgen. Der Inhalt der Unterrichtung ist vorher mit dem Wirtschaftsausschuss und dem Betriebsrat abzustimmen. Gibt es keinen Wirtschaftsausschuss, genügt die Vorabstimmung mit dem Betriebsrat.

Unternehmen, die europaweit tätig sind, haben unter bestimmten Voraussetzungen einen europäischen Betriebsrat zu bilden. Das Unternehmen muss mindestens 1000 Arbeitnehmer haben in mindestens zwei rechtlich unselbständigen Betrieben oder Tochtergesellschaften mit jeweils mindestens 150 Arbeitnehmern in verschiedenen Mitgliedstaaten. Mitgliedstaaten sind die 27 Staaten der Europäischen Union sowie Island, Liechtenstein und Norwegen. Die Arbeitnehmerzahl wird nach dem Durchschnitt der letzten zwei Jahre berechnet. Für die Bildung des europäischen Betriebsrats gibt es zwei Wege. Entweder treffen die Arbeitnehmervertretung und die Unternehmensleitung eine Vereinbarung über einen europäischen Betriebsrat oder über ein dezentrales Unterrichtungs- und Anhörungsverfahren, also darüber wie die Arbeitnehmer in den Mitgliedstaaten unterrichtet und angehört werden sollen. Für beide Vereinbarungen sieht das Gesetz die nötigen Verfahrensschritte vor. Gelingt keine Vereinbarung, wird ein europäischer Betriebsrat per Gesetz errichtet.

3. Kündigungsrecht

Das Kündigungsrecht gehört zu den besonders komplizierten Bereichen des Personalrechts. Deshalb muss darauf geachtet werden, dass Kündigungen nur nach fachlicher Kontrolle ausgesprochen werden. Fehlgeschlagene Kündigungen schaden dem Ansehen der Geschäftsleitung und können teuer werden. Die Probleme liegen sowohl im betrieblichen Mitbestimmungsrecht, als auch im Kündigungsschutzrecht. **Bei Kündigungen ist der Betriebsrat anzuhören. Er hat kein Mitbestimmungsrecht. Wird er aber nicht angehört, ist die Kündigung unwirksam** (§ 102 Abs 1 BetrVG). Leider werden dem Betriebsrat für seine Stellungnahme oft nicht alle Informationen gegeben, die er haben müsste. ZB wird vielfach versäumt, bei betriebsbedingten Kündigungen die sozialen Auswahlkriterien mitzuteilen und bei verhaltensbedingten Kündigungen die vorangegangenen Abmahnungen. **Ist nicht vollständig informiert worden, war die Anhörung nicht ordnungsgemäß.** Damit allein ist die **Kündigung unwirksam.** Der Betriebsrat kann innerhalb einer Woche zu der beabsichtigten Kündigung schriftlich Stellung nehmen. Äußert er sich nicht, gilt die Zustimmung als erteilt. Hat er der Kündigung widersprochen, kann dennoch gekündigt werden. Hat der Arbeitnehmer innerhalb von drei Wochen Kündigungsschutzklage erhoben, muss der Arbeitgeber, wenn der Betriebsrat widersprochen hat, den Arbeitnehmer bis zum rechtskräftigen Abschluss des Rechtsstreits **weiterbeschäftigen.** Nur unter engen Voraussetzungen kann er dies mit Hilfe einer einstweiligen Verfügung des Arbeitsgerichts abwenden. Der Betriebsrat muss auch bei einer außerordentlichen Kündigung, dh einer Kündigung aus wichtigem Grunde, gehört werden. Hier beträgt die Stellungnahmefrist drei Tage. Widerspricht der Betriebsrat der außerordentlichen Kündigung, besteht jedoch kein Weiterbeschäftigungsanspruch. **Nur wenn einem Betriebsratsmitglied oder einem Mitglied der Jugend- und Auszubildendenvertretung (auch dem Mitglied eines Wahlvorstands oder von Wahlbewerbern) außerordentlich gekündigt werden soll** (eine ordentliche Kündigung dieser Personen ist überhaupt nicht möglich, § 15 KSchG – Rn 1041), **muss der Betriebsrat zustimmen** (§ 103 BetrVG). Verweigert er die Zustimmung, kann das Arbeitsgericht auf Antrag des Arbeitgebers die Zustimmung ersetzen.

1034 **Die Kündigung muss schriftlich erfolgen; eine mündliche Kündigung unter Zeugen, Fax, E-Mail oder SMS genügen nicht (§ 623 BGB). Häufig werden Fehler bei der Zustellung der Kündigung gemacht.** Der sicherste Weg ist die persönliche Übergabe des Kündigungsschreibens im Beisein eines Zeugen. Der Empfang sollte auf der Aktenkopie quittiert werden. Kündigungen können auch per Gerichtsvollzieher oder per Boten zugestellt werden. Wichtig ist ein „Zustellungsprotokoll". Die Überbringer (möglichst wieder zwei Personen) sollten vermerken, wann sie die Kündigung dem Arbeitnehmer ausgehändigt oder in dessen Briefkasten eingelegt haben. Wird die Kündigung am letzten Tage der Kündigungsfrist ausgesprochen, sollte sie, will man ganz sicher gehen, nach 14.00 Uhr in den Briefkasten gelegt werden, weil nach 14.00 Uhr nicht mehr mit einer Leerung des Briefkastens an diesem Tage zu rechnen ist. Befindet sich die Kündigung in einem verschlossenen Briefumschlag, sollten die Boten gesehen haben, dass das Kündigungsschreiben in diesen Briefumschlag gesteckt wurde. Sonst könnte der Gekündigte mit der Schutzbehauptung Erfolg haben, ihm sei zwar ein Briefumschlag übergeben worden, dieser habe aber keine Kündigung enthalten. Eine Kündigung mit „Einwurf-Einschreiben" empfiehlt sich nicht. Es ist höchst kompliziert, von der Post einen verlässlichen Nachweis dafür zu erhalten, dass der Brief tatsächlich zugestellt worden ist. **Wenn eine Kündigung überhaupt brieflich durch die Post erfolgt, sollte die Kündigung per Einschreiben/Rückschein geschickt werden.** Die Kündigung ist allerdings erst dann zugestellt, wenn der Arbeitnehmer von ihr wirklich Kenntnis nehmen konnte. Ist er beim Zustellungsversuch nicht zu Hause, kann der Kündigungstermin verstrichen sein, da er erst dann von der Kündigung Kenntnis nehmen kann, wenn er die Kündigung aufgrund der Benachrichtigungskarte ausgehändigt erhält (es sei denn er verzögert die Abholung bewusst, was jedoch der Kündigende beweisen muss). War er in Urlaub, holt er den Brief nach Rückkehr ab, hatte aber nicht mit der Kündigung rechnen müssen, kann die entscheidende Frist ebenfalls abgelaufen sein.[12]

1035 Nach dem Kündigungsschutzgesetz (KSchG) **ist eine Kündigung nur wirksam, wenn sie sozial gerechtfertigt ist.** Sie ist sozial gerechtfertigt, wenn sie durch Gründe in der Person oder in dem Verhalten des Arbeitnehmers **(verhaltensbedingte Kündigung)** oder durch dringende betriebliche Erfordernisse, die einer Weiterbeschäftigung entgegenstehen **(betriebsbedingte Kündigung),** bedingt ist. **Wird aus dringenden betrieblichen Erfordernissen gekündigt, müssen bei der Auswahl der zu kündigenden Arbeitnehmer soziale Gesichtspunkte ausreichend berücksichtigt werden,** es sei denn, die Weiterbeschäftigung bestimmter Arbeitnehmer we-

---

[12] Schaub Arbeitsrechts-Handbuch § 123 Rn 22, 23 ff.

gen deren Kenntnissen, Fähigkeiten und Leistungen oder zur Sicherung einer ausgewogenen Personalstruktur im berechtigten betrieblichen Interesse liegt. Auf Verlangen des Arbeitnehmers muss der Arbeitgeber ihm die Gründe angeben, die zu der sozialen Auswahl geführt haben. In einer Betriebsvereinbarung oder in einem Tarifvertrag können die Gesichtspunkte festgelegt werden, nach denen die Auswahl zu treffen ist. Ist das der Fall, kann die soziale Auswahl nur auf grobe Fehlerhaftigkeit überprüft werden (§ 1 Abs 4 KSchG). Dafür, dass die soziale Auswahl nicht richtig getroffen worden ist, trägt der Arbeitnehmer die Beweislast (§ 1 Abs 3 letzter Satz KSchG). **Eine verhaltensbedingte Kündigung ist regelmäßig nur wirksam, wenn der Arbeitnehmer zuvor wenigstens einmal erfolglos abgemahnt worden war.** Waren mehrere Abmahnungen ausgesprochen worden, muss eine sog letzte Abmahnung ausgesprochen werden; erst wenn der Arbeitnehmer anschließend ein weiteres Mal den Arbeitsvertrag verletzt hat, kann verhaltensbedingt gekündigt werden.[13]

Die Schutzwirkungen des Kündigungsschutzgesetzes setzen erst ein, wenn das Arbeitsverhältnis länger als sechs Monate bestanden hat, also nach der üblichen Probezeit (§ 1 Abs 1 KSchG). **Ferner gilt das Kündigungsschutzgesetz nur für Betriebe, die regelmäßig mehr als zehn Arbeitnehmer** abzüglich der zu ihrer Berufsausbildung Beschäftigten **beschäftigen** (§ 23 Abs 1 S 3 KSchG). Für bis zum 31. 12. 2003 angestellte Beschäftigte gilt eine Besitzstandsregel: Für sie gilt das Kündigungsschutzgesetz bereits dann, wenn mehr als fünf Arbeitnehmer bei dem Betrieb beschäftigt sind, § 23 Abs 1 S 2 KSchG. Die Zahl von zehn Arbeitnehmern ist ein wichtiger kündigungsschutzrechtlicher Schwellenwert. In einem Betrieb mit zehn und weniger Arbeitnehmern ist also sorgfältig zu überlegen, ob ein elfter Beschäftigter eingestellt werden soll. Schon die Einstellung eines geringfügig Beschäftigten würde die Anwendung des KSchG auf alle Arbeitnehmer auslösen. Teilzeitarbeitnehmer mit einer regelmäßigen wöchentlichen Arbeitszeit von nicht mehr als 20 Stunden werden nur mit Faktor 0,5 angesetzt. Beträgt die regelmäßige wöchentliche Arbeitszeit nicht mehr als 30 Stunden, gilt der Faktor 0,75.

Wenn ältere Arbeitnehmer entlassen werden sollen, sind Besonderheiten zu beachten. Soll aus dringenden betrieblichen Erfordernissen gekündigt werden, darf bei der sozialen Auswahl die Tatsache, dass ein Arbeitnehmer einen Rentenanspruch hätte obwohl er die Regelaltersgrenze noch nicht erreicht hat, nicht berücksichtigt werden (§ 41 Abs 4 S 2 SGB VI). Regelaltersgrenze ist die für den jeweiligen Arbeitnehmer geltende schrittweise (von der Vollendung des 65. auf die Vollendung des 67. Lebensjahres) ansteigende Altersgrenze. Ist das automatische Ende des Arbeitsverhältnisses auf einen früheren Zeitpunkt als die Regelaltersgrenze vereinbart, weil der Arbeitnehmer schon zu diesem früheren Zeitpunkt eine Altersrente beantragen kann, dann tritt an die Stelle dieses früheren Zeitpunktes die Regelaltersgrenze. **Der Arbeitnehmer kann also, wenn er will, bis zum Erreichen der Regelaltersgrenze arbeiten.** Denn er verlöre bei einem früheren Ausscheiden einen Teil seiner Rente. Er muss in dem früheren Zeitpunkt nur dann ausscheiden, wenn er sein früheres Ausscheiden drei Jahre vor diesem Zeitpunkt mit dem Arbeitgeber vereinbart hatte oder wenn er das frühere Ausscheiden innerhalb dieser letzten drei Jahre bestätigt hatte (§ 41 S 2 SGB VI). Die Regelung soll dazu beitragen, die Lebensarbeitszeit allmählich zu verlängern, um die Rentenversicherung zu entlasten. Etwas anderes gilt nur, wenn in einem Tarifvertrag aus einem sachlichen Grund (zB Piloten) eine andere Altersgrenze vorgesehen ist.[14]

Bei leitenden Angestellten iS des KSchG kann der Arbeitgeber mit der Kündigung regelmäßig das Ausscheiden des Arbeitnehmers erreichen. Das

---

[13] Dazu die zwei Entscheidungen des BAG v 12. 1. 2006 NZA 2006, 917 und NZA 2006, 980.
[14] Kreitner in Küttner Personalbuch 2008 Stichwort 8 (Altersgrenze) Rn 9 mit Nachweisen aus der Rechtsprechung des BAG.

ergibt sich aus §§ 9, 14 Abs 2 KSchG. Selbst wenn das Arbeitsgericht die Kündigung für unbegründet hält, hat das Gericht das Arbeitsverhältnis aufzulösen, wenn der Arbeitgeber dies beantragt. **Allerdings: Die Arbeitsgerichte interpretieren den Begriff des leitenden Angestellten iS des KSchG derart eng, dass die zitierten Tatbestände nur in Ausnahmefällen zum Tragen kommen.**

1039 Wenn außerordentlich gekündigt werden soll, **muss ein wichtiger Grund (§ 626 Abs 1 BGB) vorliegen** (vgl auch Rn 2101). Es kann fristlos (so meistens) aber auch mit Auslauffrist gekündigt werden. Wichtige Gründe sind Tatsachen, aufgrund derer es dem Arbeitgeber nicht zugemutet werden kann, das Dienstverhältnis mit dem Arbeitnehmer bis zum Ablauf der Kündigungsfrist fortzusetzen. Umgekehrt gilt das gleiche. **Die außerordentliche Kündigung ist nur wirksam, wenn sie innerhalb von zwei Wochen erfolgt, nachdem der Arbeitgeber von den Tatsachen Kenntnis erhalten hat, die die Unzumutbarkeit begründen** (§ 626 Abs 2 BGB) (zur Frage der „Kenntnis" Rn 2105 f). Der Kündigungsgrund muss nicht im Kündigungsschreiben mitgeteilt werden. Es genügt dies zu tun, wenn der Gekündigte dies verlangt. Dann muss der Arbeitgeber dies schriftlich tun. Die Wirksamkeit der Kündigung ist jedoch von der Mitteilung der Gründe unabhängig. Der Arbeitgeber kann im Kündigungsschutzprozess auch noch Gründe nachschieben, die eine außerordentliche Kündigung rechtfertigen, die bei der Kündigung zwar vorhanden waren, die er aber noch nicht gekannt hat (vgl auch Rn 2107). In den Fällen, in denen ein besonderer Kündigungsschutz besteht (Rn 1041), sind die Sonderbestimmungen über die Voraussetzungen, die eine außerordentliche Kündigung ermöglichen, zu beachten.

1040 **Eine Änderungskündigung kommt in Betracht, wenn der Arbeitgeber die Anstellungsbedingungen verändern will** (§ 2 KSchG). Er will den Arbeitnehmer nicht los werden, sondern bietet ihm an, das Arbeitsverhältnis fortzusetzen, aber zu anderen Bedingungen. Auch die Änderungskündigung muss sozial gerechtfertigt sein. Das ist sie, wenn in der Person oder dem Verhalten des Arbeitnehmers Gründe vorliegen oder wenn dringende betriebliche Erfordernisse einer unveränderten Weiterbeschäftigung des Arbeitnehmers entgegenstehen. Eine Änderungskündigung zur Kürzung des Entgelts akzeptiert das BAG nur, wenn das Unternehmen in einer wirtschaftlichen Existenzkrise steckt.[15] Die Gefährdung eines Teils der Arbeitsplätze hält es nicht für ausreichend, das Einkommen aller Arbeitnehmer zu reduzieren. Es kommt auch stets auf die wirtschaftliche Situation des Gesamtbetriebs an. Die Unrentabilität einer Betriebsabteilung genügt nur, wenn sie auf das wirtschaftliche Ergebnis des Gesamtbetriebs durchschlägt und ohne Anpassung zu Beendigungskündigungen führen würde.[16]

1041 **Bestimmte Personengruppen genießen Sonderschutz gegen eine Kündigung.** Neben den

- Betriebsratsmitgliedern und den Mitgliedern der Jugend- und Auszubildendenvertretung (Rn 1033) sind dies vor allem[17]
- Abgeordnete,
- Schwerbehinderte,
- Immissionsschutz- und Störfall-, Abfall- und Gewässerschutzbeauftragte,
- Katastrophenschutzdienstleistende,
- Wehrdienstleistende, Wehrübende und Zivildienstleistende,
- werdende Mütter bzw Mütter,
- Arbeitnehmer in Elternzeit,

---

[15] BAG v 1. 3. 2007 AP BGB § 626 Nr 207; BAG v 23. 6. 2005 AP KSchG 1969 § 2 Nr 81; Oetker in Erfurter Kommentar § 2 KSchG Rn 60 mwN.

[16] BAG v 23. 6. 2005 AP KSchG 1969 § 2 Nr 8; Oetker in Erfurter Kommentar § 2 KSchG Rn 62 mwN.

[17] Zum Folgenden Schaub Arbeitsrecht-Handbuch § 126 sowie §§ 179, 145, 170, 102, 174, 144.

I. Personalmanagement

- Auszubildende,
- Inhaber eines Bergmannsversorgungsscheins in Nordrhein-Westfalen, im Saarland und in Niedersachsen,
- von Massenentlassung Betroffene (§§ 17 ff KSchG).

Einem Betriebsratsmitglied kann aber ordentlich gekündigt werden, wenn ein Betrieb stillgelegt wird. Dieser Kündigung braucht der Betriebsrat nicht zuzustimmen. Deshalb kann das Arbeitsgericht diese (gar nicht erforderliche) Zustimmung auch nicht ersetzen.

Kündigungsschutzprozesse sind langwierige, zeitaufwendige und im Ergebnis häufig kostspielige Verfahren. Das muss die Geschäftsführung bei ihrer Personalpolitik berücksichtigen, und zwar schon im Rahmen der Einstellungspolitik. Sich von Arbeitskräften zu lösen, die nicht unbedingt benötigt werden, ist oft teuer. **Bevor gekündigt wird, sollte die Möglichkeit eines Aufhebungsvertrages geprüft werden.** In $^2/_3$ bis $^3/_4$ aller Kündigungsschutzverfahren werden ohnehin entweder außergerichtlich oder gerichtlich Aufhebungsverträge geschlossen. Deshalb sollte in diese Richtung rechtzeitig sondiert werden. Beim Aushandeln von Aufhebungsverträgen spielen die Kündigungsfristen eine wichtige Rolle. Wenn die Kündigungsfristen nicht tarifvertraglich oder einzelvertraglich vereinbart sind, gelten die gesetzlichen Kündigungsfristen. Sie sind für Arbeiter und Angestellte gleich:

- Innerhalb einer Probezeit von längstens sechs Monaten kann das Arbeitsverhältnis mit einer Frist von zwei Wochen gekündigt werden.
- Die Kündigung kann auch noch am letzten Tag des Probearbeitsverhältnisses ausgesprochen werden.
- Nach der Probezeit kann mit einer Frist von vier Wochen jeweils zum Fünfzehnten oder zum Ende eines Kalendermonats gekündigt werden.

Nach zwei Jahren beträgt die Kündigungsfrist wenn das Arbeitsverhältnis
1. zwei Jahre bestanden hat, einen Monat,
2. fünf Jahre bestanden hat, zwei Monate,
3. acht Jahre bestanden hat, drei Monate,
4. zehn Jahre bestanden hat, vier Monate,
5. zwölf Jahre bestanden hat, fünf Monate,
6. 15 Jahre bestanden hat, sechs Monate,
7. 20 Jahre bestanden hat, sieben Monate,

zum Ende eines Kalendermonats. Die Beschäftigungsdauer zählt nur für die Zeit nach Vollendung des 25. Lebensjahres (§ 622 Abs 2 BGB). Ob das gegen das Verbot der Altersdiskriminierung verstößt, prüft zur Zeit der Europäische Gerichtshof.

Aufhebungsverträge enthalten in der Regel Abfindungsvereinbarungen. Als Abfindungen wird zumeist ein halbes Monatsgehalt pro Beschäftigungsjahr angesetzt. Steuerlich gilt die $^1/_5$-Regelung. Die entsprechenden Bestimmungen in Aufhebungsvereinbarungen lauten zumeist:

(1) „Aus Anlass der Beendigung des Anstellungsverhältnisses zahlt die Gesellschaft Herrn/Frau X eine Abfindung in Höhe von Brutto EUR Y fällig am ...
(2) Die Gesellschaft wird bei der Auszahlung Lohnsteuer in Abzug bringen in Anwendung des Steuervorteils nach §§ 24, 34, 39 EStG. Das steuerliche Risiko trägt Herr/Frau X."

Alternativ zu der Regelung im vorstehenden Absatz 2 kann auch beim zuständigen Finanzamt einen Lohnsteueranrufungsauskunft nach § 42e EStG eingeholt werden.

Ist der Arbeitnehmer nach seinem Ausscheiden, für das er eine Abfindung erhalten hat, arbeitslos, so wird die Abfindung auf das Arbeitslosengeld grundsätzlich nicht angerechnet. Angerechnet wird die Abfindung (nach § 143a SGB III) nur insoweit, als der Arbeitnehmer vor Ablauf der Kündigungsfrist ausgeschieden ist und die Abfindung das Entgelt für den Zeitraum vom Ausscheiden bis zum

Ende der Kündigungsfrist abdeckt. Für diese Zeit ruht der Anspruch auf das Arbeitslosengeld. Das ist das Prinzip. Die Einzelheiten sind teilweise streitig.[18]

1045 **Sozialversicherungsrechtlich sind Abfindungen beitragsfrei.**

4. Mitgliedschaft in Verbänden – Tarifrecht – Arbeitskampfrecht

1046 **Die Arbeitsbedingungen der Arbeitnehmer sind in Deutschland meist durch Tarifverträge geregelt.** Tarifverträge werden grundsätzlich zwischen den Gewerkschaften und den Arbeitgeberverbänden abgeschlossen. Weil durch die Verbandspartner ganze Wirtschaftsbereiche erfasst werden, werden diese Verträge auch als **Flächentarifverträge** bezeichnet. Die Vereinbarungen in den Tarifverträgen binden die Mitglieder der Tarifvertragsparteien unmittelbar, dh die Arbeitnehmer in den Unternehmen, die Mitglieder der vertragsschließenden Gewerkschaft sind, und die Mitglieder des Arbeitgeberverbandes, der den Vertrag geschlossen hat. Unternehmen, die keinem Arbeitgeberverband angehören, oder die nur als sog OT-Mitglieder (Rn 1048) Verbandsmitglieder sind, können selbst als Tarifparteien sog Haus- oder Firmentarifverträge mit einer Gewerkschaft abschließen. Die Arbeitsverhältnisse der Arbeitnehmer, die nicht Mitglieder der abschließenden Gewerkschaft sind, können durch Individualverträge geregelt werden. Meist werden die nicht tarifgebundenen Arbeitnehmer durch sog Bezugnahmeklauseln in den Arbeitsverträgen in die Regelungen des Tarifvertrages einbezogen. Diese Bezugnahmeklauseln bedeuten, dass auch nach Austritt aus dem Arbeitgeberverband oder nach Betriebsübergang auf ein anderes Unternehmen diese Bezugnahmeklausel einzelvertraglich weitergilt, und zwar dynamisch: künftige Änderungen der Tarifverträge sind trotz des Austritts oder des Betriebsinhaberwechsels für beide Seiten verbindlich.[19] **Betriebsvereinbarungen können keine Arbeitsentgelte und auch nicht die Arbeitszeit regeln.** Insoweit gilt die Sperre des § 77 Abs 3 BetrVG, der es nicht zulässt, dass Betriebsvereinbarungen Bedingungen regeln, die entweder tariflich geregelt sind oder üblicherweise geregelt werden. Anders ist das nur, wenn Tarifverträge sog Öffnungsklauseln enthalten, die abweichende Betriebsvereinbarungen zulassen. Die Öffnungsklauseln sehen meist bestimmte Regelungskorridore vor, binden die zugelassenen Betriebsvereinbarungen aber oft an die Zustimmung der Tarifvertragsparteien. Über die in § 87 Abs 1 BetrVG enthaltenen Gegenstände können Betriebsvereinbarungen abgeschlossen werden, wenn sie im zuständigen Tarifvertrag nicht behandelt sind.

1047 **Die Mitgliedschaft im zuständigen Arbeitgeberverband ist eine Frage, die immer mehr an Brisanz gewonnen hat. Sie hat zwei Facetten.** Unternehmen, die einem Verband angehören, fragen sich, ob es besser wäre, den Verband zu verlassen. Neugegründete Unternehmen fragen sich, ob sie einem Verband beitreten sollen. Das Problem ist, dass die Arbeitgeberverbände Tarifpartner sind. Die wirtschaftspolitischen Fachverbände sind weniger das Problem. Ihre Spitzenverbände werden von der Politik zu Gesetzesvorhaben angehört. Die Mitarbeit in Gremien und Ausschüssen der Mitgliedsverbände gibt Gelegenheit, meinungsbildend zu wirken und informiert zu sein. Hier ist es mehr der Zeitaufwand, der Geschäftsführungen davon abhält, sich zu engagieren. Für die Personalarbeit kommt es auf die Mitgliedschaft im Arbeitgeberverband an. Die Arbeitgeberverbände sind für die arbeits- und sozialrechtlichen Fragen zuständig, für die Fragen der Ausbildung und der beruflichen Förderung und die beschäftigungspolitischen Probleme. Sie beraten die Unternehmen arbeitsrechtlich und über-

---

[18] Voelzke in Küttner Personalhandbuch 2008 Stichwort 1 (Abfindung) Rn 57.
[19] BAG v 18. 4. 2007 NZA 2007, 965; BAG v 29. 8. 2007 DB 2008, 1270; der EuGH geht hingegen von einer statischen Wirkung der Bezugnahmeklauseln aus, EuGH v 9. 3. 2006 NZA 2006, 376 „Werhof".

I. Personalmanagement

nehmen auch Prozessvertretungen in Arbeitsrechtsstreitigkeiten. Vor allem aber sind die Arbeitgeberverbände die Tarifpartner. Tarifverträge mit Gewerkschaften sind für diejenigen Unternehmen verbindlich, die einem Arbeitgeberverband angehören. Die Tarifgebundenheit erleichtert zwar auf der einen Seite die Entgeltfindung, auf der anderen Seite erschwert es sie aber auch, wie die neuerdings auftretenden Spartengewerkschaften (Lokführer, Piloten usw) zeigen, da es für das Unternehmen ausgesprochen schwierig ist, mit untereinander konkurrierenden Gewerkschaften ein in sich stimmiges Entlohnungssystem zu verhandeln. Darüber hinaus wird die Kritik mittlerer und kleiner Unternehmen an den Ergebnissen von Tarifverhandlungen, die weitgehend von Vertretern wirtschaftlich stärkerer Unternehmen geführt werden, immer massiver. Es ist den kleineren Unternehmen oft nicht möglich, die im Tarifvertrag vereinbarten Entgelte zu zahlen, ohne in wirtschaftliche Schwierigkeiten zu geraten. Das legt die Frage nach dem Austritt aus dem Arbeitgeberverband nahe, um auf diese Weise Handlungsfreiheit zu erlangen.

Die Austritte aus den Arbeitgeberverbänden nehmen zu; es nehmen auch die sog OT-Mitgliedschaften zu. „OT" bedeutet „ohne Tarifbindung". Ob solche Mitgliedschaften möglich sind, hängt von den Satzungen der Verbände ab. Die Unternehmen verlassen ihren Arbeitgeberverband nicht wegen der Beitragspflichten und meist auch nicht, weil sie mit dem sonstigen Service unzufrieden sind, sondern um der Bindung an den **Flächentarifvertrag** zu entgehen. Ob diese Maßnahme zum Vorteil ausschlägt, hängt davon ab, ob es dem Unternehmen gelingt, einen günstigeren Haustarifvertrag abzuschließen oder tarifvertragsfrei zu bleiben. Bleibt das Unternehmen tarifvertragsfrei, kommt es darauf an, ob es gelingt, nach der Nachwirkungszeit des Tarifvertrages (Rn 1049) mit den Arbeitnehmern Einzelverträge abzuschließen, in denen Lohnhöhe und Arbeitszeit zur wirtschaftlichen Situation des Unternehmens passen. Auch mit den Betriebsräten muss man zu Vereinbarungen kommen, damit die Arbeitsbedingungen, für die die Betriebsräte ein Mitbestimmungsrecht haben (§ 87 Abs 1 BetrVG), angemessen sind. Notfalls muss ein Einigungsstellenverfahren (§ 87 Abs 2 BetrVG) geführt werden. Wenn die Satzung des zuständigen Arbeitgeberverbandes eine OT-Mitgliedschaft zulässt, so dass der Service in Anspruch genommen werden kann, den die Arbeitgeberverbände außer der Tarifarbeit bieten, so ist es rechtlich nicht zu beanstanden, davon auch Gebrauch zu machen. OT-Mitgliedschaften sind nach der Rechtsprechung des BAG[20] zulässig, führen allerdings dazu, dass Gewerkschaften ohne Einhaltung der Friedenspflicht das einzelne Unternehmen bestreiken können. Wenn die unter dem geltenden Industriegewerkschaftsprinzip zu beachtenden Voraussetzungen es erlauben, kann auch ein **Wechsel des Tarifverbandes** eine Entlastung bringen. Nur wenn es gelingt, vernünftige Öffnungsklauseln und Arbeitszeitflexibilisierungen in Tarifverträgen zu vereinbaren und damit die Nachteile des Flächentarifvertrages substantiell zu mindern, wird sich die Erosion der Verbandsmitgliedschaften in Arbeitgeberverbänden eindämmen lassen.

Bei Tarifverträgen ist zwischen Entgelttarifverträgen und Manteltarifverträgen zu unterscheiden. Die Unterscheidung ist wegen der Nachwirkung des Tarifvertrages wichtig. Die Entgelttarifverträge haben üblicherweise eine Laufzeit von 12 oder 15 Monaten. Die Manteltarifverträge, in denen wöchentliche Arbeitszeiten, Urlaub, Kündigungsfragen uÄ geregelt werden, werden dagegen auf mehrere Jahre abgeschlossen. Auf die Unterscheidung zwischen Entgelt- und Manteltarifvertrag muss achten, wer sich überlegt, ob er aus dem Arbeitgeberverband austreten soll. Denn an die unterschiedlichen Laufzeiten ist auch das austretende Unternehmen gebunden. Es sind **zwei Nachwirkungszeiten** zu berücksichtigen, die Nachwirkungszeit nach § 3 Abs 3 TVG und die Zeit nach § 4 Abs 5 TVG. **Die erste Nachwirkungszeit** des § 3

---

[20] BAG v 18. 7. 2006 DB 2006, 2185.

Abs 3 TVG **bestimmt, dass die Bindungen des Tarifvertrages bestehen bleiben, bis der Tarifvertrag endet.** Er endet, wenn er von einer Tarifvertragsparteien gekündigt wird und die Kündigungsfrist abgelaufen ist, oder wenn vorher ein neuer Vertrag zustande kommt (und damit der alte einvernehmlich endet). **Für das Unternehmen, das aus dem Arbeitgeberverband ausgeschieden ist, endet diese vertragliche Bindung, wenn der Zeitpunkt, auf den gekündigt werden konnte, verstrichen ist,** gleichgültig ob gekündigt worden ist oder nicht. **Die zweite Nachwirkungszeit betrifft die Nachwirkung des soeben behandelten beendeten Tarifvertrags.** Dieser beendete Tarifvertrag wirkt ein zweites Mal nach. Das ergibt sich aus § 4 Abs 5 TVG, der bestimmt, dass die Normen des Tarifvertrages weiter gelten, „**bis sie durch eine andere Abmachung ersetzt werden**". Das bedeutet, dass der alte Tarifvertrag erst dann nicht mehr gilt, wenn er durch einen Haustarifvertrag oder einen Individualvertrag ersetzt ist. Es ist jedoch das in § 4 Abs 3 TVG verankerte Günstigkeitsprinzip zu beachten. Alle diejenigen, die nicht vom Haustarifvertrag erfasst werden oder die nicht geänderte Einzelverträge unterschreiben, bleiben an die alten Bestimmungen noch gebunden. Die Verhandlungsmacht über Haustarifverträge oder Einzelverträge ist also erheblich geschwächt. Mit solchen Arbeitnehmern können, jedenfalls nach gegenwärtig überwiegendem Verständnis, zB längere Arbeitszeiten nur mit entsprechend angehobenen Bezügen vereinbart werden. Dieses enge Verständnis ist jedoch umstritten. An sich ist für die Frage, was günstiger ist, nur eine Gesamtbetrachtung sinnvoll. In der Regel ist der Verlust des Arbeitsplatzes ungünstiger als vermehrte Arbeitszeit ohne proportionale Entgelterhöhung. Ein solches Abwägen der Gesamtsituation hat das BAG bei der Günstigkeitsprüfung jedoch abgelehnt. Wird ein Haustarifvertrag oder eine Individualvereinbarung abgeschlossen, mit denen die Nachwirkung nach § 4 Abs 5 TVG beendet wird, können dessen Bedingungen ungünstiger sein als die Bedingungen des abgelösten Tarifvertrages. Denn das Günstigkeitsprinzip gilt nicht zwischen einem Vorgänger- und dem Nachfolgertarifvertrag. Das ist herrschende Ansicht und gilt auch, wenn ein Manteltarifvertrag durch einen Firmen-Manteltarifvertrag vor Ablauf des alten ersetzt wird. Ist keine Vereinbarung über neue Arbeitsbedingungen zu erzielen, lässt sich die notwendige Regelung nur durch Änderungskündigungen durchsetzen (dazu Rn 1040).

1050   **Die tarifvertragliche Friedenspflicht endet mit dem Ende des Tarifvertrages nach § 3 Abs 3 TVG.** In der Nachwirkungszeit nach § 4 Abs 5 TVG besteht keine Friedenspflicht mehr. Die Gewerkschaften können das aus dem Verband ausgetretene Unternehmen jetzt jederzeit bestreiken, zB um einen Haustarifvertrag zu erzwingen. Ob das Unternehmen mit einem solchen Vertrag gut fährt, hängt außerdem sehr von den Umständen ab. Es muss ihm wirtschaftlich schon arg schlecht gehen, um die Gewerkschaft davon überzeugen zu können, dass die Bedingungen des Flächentarifvertrages nicht aufrecht erhalten werden können. Oder es muss eine sehr starke Position haben, um den Streik durchzustehen. In einem solchen Falle wird die Gewerkschaft ihn vielleicht gar nicht erst beginnen. Allerdings zeigt das Beispiel des Volkswagenwerkes, dass in einer Wettbewerbswirtschaft Größe beim Kampf um einen Haustarifvertrag eher nachteilig ist. Von den Mitgliedern des Arbeitgeberverbandes kann das ausgeschiedene und nun alleinstehende Unternehmen keine Unterstützung mehr erwarten.

1051   **Das Arbeitskampfrecht (Streik und Aussperrung) ist nicht gesetzlich geregelt, sondern beruht im Wesentlichen auf Richterrecht.** Streik und Aussperrung sind als zulässige Arbeitskampfmaßnahmen anerkannt. Jedoch gelten sie nur unter bestimmten Voraussetzungen als rechtmäßig. **Träger des Streiks können nur Gewerkschaften sein.** Ein sog wilder Streik, also ein Streik, der nicht von einer Gewerkschaft organisiert ist, ist rechtswidrig. **Streiks dürfen nur durchgeführt werden, um den Abschluss eines Tarifvertrages zu erzwingen.** Politische Streiks sind rechtswidrig. Ebenso rechtswidrig sind Streikmaßnahmen, um zB die Wiedereinstellung von gekündigten Arbeitnehmern zu erzwingen, oder umgekehrt, die Kündigung von unbeliebten

Arbeitskollegen durchzusetzen. **Sympathie- und Solidaritätsstreiks,** um Kampfforderungen einer anderen Gewerkschaft zu unterstützen waren früher unzulässig; sie werden zwischenzeitlich grundsätzlich **für wieder zulässig** gehalten.[21] **Warnstreiks sind zulässig,** auch in Form der sog neuen Beweglichkeit oder Wellenstreiks, dh als kurzfristig wiederholte Streiks in unterschiedlichen Betrieben ohne Urabstimmung. Die Rechtsprechung des BAG erschwert dem Arbeitgeber die Gegenwehr bei Wellenstreiks dadurch, dass es den Wegfall der Lohnzahlungspflicht an die Arbeitnehmer mit der Folge, dass Aufträge fremd vergeben werden können, nur zulässt, wenn es sich um eine unmittelbare Reaktion auf Arbeitsniederlegungen handelt. Eine vorsorgliche Auslagerung von Arbeiten soll nicht von der Lohnzahlungspflicht entbinden, auch wenn das Unternehmen schon von Arbeitsniederlegungen betroffen war und mit weiteren Arbeitsniederlegungen rechnen muss.[22]

Auch während eines Streiks ist die Arbeitnehmerseite immer verpflichtet, in Betrieben, die sie bestreikt, **Erhaltungs- und** sonstige **Notarbeiten zu gewährleisten.** Der Betriebsrat ist verpflichtet, daran mitzuwirken, dass diese Arbeiten durchgeführt werden.

Die Arbeitsverhältnisse der streikenden Arbeitnehmer sind während des Streiks suspendiert. Die Arbeitnehmer sind nicht zur Arbeitsleistung verpflichtet und haben deshalb auch keinen Lohnanspruch. Auch wenn der nach dem Streik zustande gekommene Tarifvertrag die Maßregelung oder Schlechterstellung von Arbeitnehmern wegen deren Teilnahme am Streik verbietet, entsteht daraus kein Lohnanspruch für die Streikzeiten. Die streikenden Arbeitnehmer erhalten Arbeitskampfunterstützung, sog. Streikgeld, von ihrer Gewerkschaft. Die Leistungen der Gewerkschaften sind sehr unterschiedlich. Bei der IG-Metall kann die Unterstützung je nach Dauer der Beitragszahlung (gestaffelt zwischen drei und 60 Monaten) wöchentlich bis zum 14fachen des Beitrags (der Beitrag beträgt 1% des Bruttoeinkommens) ausmachen, das sind im Monat 52% (vgl Anlage 11). Bei ver.di (Vereinigte Dienstleistungsgewerkschaft) liegt die Streikunterstützung höher. Es können auch weitere Leistungen wie Haftunterstützung, Freizeitunfallversicherung und Gemaßregeltenunterstützung gewährt werden. Die Leistungen sind einkommensteuerfrei. UU kann öffentliche Sozialhilfe – in der Regel als Darlehen – gewährt werden. Nach dem Ende des Streiks setzt sich das Arbeitsverhältnis „normal" wieder fort. Gem § 146 Abs 1 und 2 SGB III haben die Arbeitnehmer, die durch den Arbeitskampf arbeitslos geworden sind, keinen Anspruch auf Arbeitslosengeld. Das gilt auch für ausgesperrte Arbeitnehmer. Im Ausnahmefall kann die zuständige Stelle der Arbeitsverwaltung bestimmen, dass Arbeitslosengeld zu gewähren ist (§ 146 Abs 4 und 5 SGB III).[23]

Als Abwehr gegen Streikmaßnahmen kann der Unternehmer die Arbeitnehmer aussperren. Wenn er sich zur Aussperrung entschließt, dann muss er sowohl die streikenden Arbeitnehmer aussperren, die Gewerkschaftsmitglieder sind, als auch die nichtorganisierten Arbeitnehmer. Andernfalls sieht die Rechtsprechung darin eine Diskriminierung der Gewerkschaftsmitglieder.[24] Eine Aussperrung ist als Arbeitskampfmittel in der Regel nur dann sinnvoll, wenn die Arbeitnehmer von solchen Unternehmen des Kampfgebietes ausgesperrt werden, die nicht bestreikt sind. Dann trifft die zuständige Gewerkschaft die Last, auch den ausgesperrten Arbeitnehmern Arbeitskampfunter-

---

[21] BAG v 19. 6. 2007 NZA 2007, 1055: Ein Sympathiestreik, dh ein Streik, der sich gegen ein Unternehmen richtet, mit dem gar kein Tarifvertrag oder Tarifvertragsänderungen angestrebt wird, wird für zulässig gehalten, es sei denn der Sympathiestreik ist zur Unterstützung des Hauptarbeitskampfs offensichtlich ungeeignet, offensichtlich nicht erforderlich oder unangemessen.
[22] BAG v 15. 12. 1998 DB 1999, 1022.
[23] Voelzke in Küttner Personalbuch 2008 Stichwort 40 (Arbeitskampf-Vergütung) Rn 36 ff.
[24] BAG v 10. 6. 1980 NJW 1980, 1653.

stützung zahlen zu müssen, was uU ihre finanziellen Möglichkeiten zu sehr strapaziert, so dass sie einlenkt. Die Aussperrung ist letztlich eine Solidaritätsmaßnahme innerhalb der Branche, um schwerpunktmäßig bestreikten Unternehmen zu Hilfe zu kommen. **Für die Aussperrung gilt ebenso wie für den Streik, dass die Verhältnismäßigkeit der eingesetzten Kampfmittel beachtet werden muss.**

II. Finanzierung

1. Finanzierungsregeln – Finanzplanung

1055 Für den Erfolg eines Unternehmens spielt neben dem Personalmanagement auch die richtige Finanzierung[25] eine zentrale Rolle. Viele Insolvenzen beruhen schlicht auf Finanzierungsfehlern. Schon eine vorübergehende Zahlungsstockung kann Reaktionen bei Banken, Kunden und Lieferanten auslösen, die letztlich zur Insolvenz führen. Auch große Unternehmen sind schon durch Illiquidität in die Insolvenz „geschlittert", obwohl eine ausreichende Vermögensmasse für den Fortbestand vorhanden war. Finanzierung hat Servicefunktion, damit das Unternehmen im Übrigen störungsfrei arbeiten kann. Es ist aber grundfalsch, sie nicht als gleichwertige unternehmerische Aufgabe neben Personal, Produktion, Vertrieb etc zu betrachten. Für die Finanzwirtschaft gibt es zwei Handlungsziele: **Liquidität und Ertrag**. Vor allem die Liquidität (Rn 1058) ist für den Fortbestand des Unternehmens von entscheidender Bedeutung. Das Können der Geschäftsführer als Unternehmensleiter ist besonders in Fragen der Finanzierung gefordert.

1056 **Finanzierung heißt Kapitalbeschaffung, langfristiges Kapital und kurzfristiges Kapital, Eigenkapital und Fremdkapital.** Die Finanzierung ist prinzipiell richtig, wenn es der Geschäftsführung gelingt, die GmbH im finanziellen Gleichgewicht zu halten. Das Anlagevermögen ist durch langfristig gebundenes Kapital zu finanzieren. Das Umlaufvermögen kann kurzfristig finanziert werden. So lautet die „**goldene Bankregel**". Von dieser Regel sollte keine Geschäftsführung abweichen. Eine gewisse Erweiterung kann die Regel dadurch erfahren, dass es immer einen Bodensatz von rechtlich kurzfristigen Mitteln gibt, die praktisch langfristig zur Verfügung stehen. Wegen des Dauercharakters dieses „Bodensatzes" kann er gegebenenfalls den langfristigen Mitteln hinzugerechnet werden. Eine weitere Regel, die „**goldene Finanzierungsregel**", verlangt: die Fremdmittel sollen die Eigenmittel nicht übersteigen, dh die Bilanzsumme sollte zu 50% aus Eigenmitteln bestehen. In sehr vielen, wenn nicht in den überwiegenden Fällen, insbesondere im Bereich der kleinen und mittleren Unternehmen, ist die goldene Finanzierungsregel aber nicht mehr als ein frommer Wunsch. Die **durchschnittliche Eigenkapitalausstattung der deutschen Wirtschaft** ist zwar in den letzten 15 Jahren (von 1994 bis 2007) von 15,6% auf 25,5% gestiegen.[26] Ausreichend ist das nicht. Unternehmen mit zu dünner Kapitaldecke sind nämlich zB nicht in der Lage, Darlehen bei einer Versicherung aufzunehmen, die bei dieser als Teil des Sicherungsvermögens (früher Deckungsstock) in Frage kommen. Denn das Bundesaufsichtsamt für Finanzdienstleistungen verlangt dafür bestimmte Bilanzrelationen, die bei zu geringen Eigenmitteln nicht mehr darstellbar sind.

1057 **Die Knappheit an Eigenmitteln ist ein spezielles Problem bei der GmbH.** Daraus erklärt sich auch die hohe Insolvenzquote der GmbH im Vergleich zu anderen

---

[25] Einen umfassenden Überblick gewährt das Handbuch „Unternehmensfinanzierung" von Eilers/Rödding/Schmalenbach.

[26] www.bundesbank.de/Statistik/Weitere Wirtschaftsdaten/Tabellen/Unternehmensbilanzstatistik: „Hochgerechnete Angaben aus Jahresabschlüssen deutscher Unternehmen von 1994 bis 2007".

II. Finanzierung

Unternehmensformen, insbesondere der AG. Das langfristige Kapital, das erforderlich ist, um das finanzielle Gleichgewicht aufrecht zu erhalten, muss zu einem erheblichen Teil als Fremdkapital beschafft werden, weil insbesondere in Familiengesellschaften die Gesellschafter entweder nicht in der Lage oder nicht willens sind, sich an Kapitalerhöhungen zu beteiligen. **Die Eigenkapitalbildung aus Eigenmitteln ist wegen der steuerlichen Belastung der Gewinne das teuerste Kapital.** Das Eigenkapital braucht zwar, im Gegensatz zum Fremdkapital, nicht mit Zinszahlungen bedient zu werden. Das Fremdkapital hat jedoch den Vorteil, dass die anfallenden Zinszahlungen Betriebsausgaben sind, so dass sich durch die Fremdfinanzierung im Ergebnis die Eigenkapitalrendite verbessert (Leverage-Effekt). Ein höherer Verschuldungsgrad erhöht aber auch die unternehmerischen Risiken. Je mehr er zunimmt, desto mehr schränkt er die Handlungsmöglichkeiten des Unternehmens bei jeder Art von Investitionen ein. Wenn der Wettbewerbsdruck verstärkte Investitionstätigkeit verlangt, hat das Unternehmen aufgrund des hohen Verschuldungsgrades uU Schwierigkeiten, sich auf dem Kapitalmarkt das erforderliche Kapital zu beschaffen. Wenn das Eigenkapital dann nicht erhöht werden kann und auch keine Möglichkeit zur Umfinanzierung besteht (Rn 1070), kann nur noch der Unternehmensplan angepasst werden.

Je ungünstiger die Bilanzrelationen sind, umso wichtiger ist die Zahlungsfähigkeit. Die Sicherung der Liquidität gehört zu den wichtigsten Aufgaben des Finanzmanagements. Ein Unternehmen ist zahlungsfähig, wenn es zu jedem Zeitpunkt in der Lage ist, mit den verfügbaren liquiden Mitteln die unabwendbar fälligen Auszahlungen zu leisten (Rn 6029, 6031). Die Zahlungseingänge und die kurzfristig verfügbaren Fremdmittel müssen die fixen und die variablen Kosten einschließlich der Finanzierungskosten und der vereinbarten Tilgung der Fremdmittel decken. Die Geschäftsführung muss für die nötige Liquidität sorgen. Dabei kann sie, was die künftigen Zahlungseingänge betrifft, naturgemäß nur mit Wahrscheinlichkeiten rechnen. Sie muss also Liquiditätsreserven halten. **Zur Liquiditätsvorsorge gehören in der Praxis** nicht allein Barmittel, **täglich fällige Bankguthaben,** Festgelder und andere liquide Finanzanlagen wie festverzinsliche Wertpapiere, **sondern auch Kreditlinien,** die für die Überbrückung von Liquiditätsengpässen offengehalten werden müssen. Diese Linien kosten uU Bereitstellungsprovision. Es ist also auch an die Kosten der Liquiditätssicherung zu denken. Immerhin ist die Bereitstellungsprovision in jedem Fall günstiger als die Kosten, die bei einer Zahlungsstockung entstehen, seien es die Kosten von Überziehungskrediten oder gar der Verlust des Unternehmens. Es gilt der alte Erfahrungssatz: **Liquidität geht vor Rentabilität.** 1058

Die Liquiditätssteuerung erfolgt mit Hilfe des Cash-Managements, über das mittlerweile jedes Unternehmen verfügen sollte. Es geht darum erstens täglich sämtliche Zahlungseingänge für alle Betriebsstätten und/oder im Konzern für alle Tochtergesellschaften zentral zu erfassen und sämtliche Zahlungsausgänge an die verfügbaren Guthaben und/oder Kreditlinien anzupassen. Die Ausgestaltung von Cash-Management-Systemen im Einzelnen ist verschieden. **Bei der intensiven Form des Cash-Pooling** erfolgt die zentrale Erfassung dadurch, dass sämtliche Zahlungseingänge auf einem zentralen Konto gesammelt werden. Die Salden der Konten der einzelnen Betriebsstätten und/oder Tochtergesellschaften werden jeden Abend automatisch dem zentralen Konto gutgebracht oder belastet. Für die Leiter der einzelnen Betriebsstätten und/oder Tochtergesellschaften ist deshalb ein Cash-Pooling mit einem Verlust von Einfluss verbunden. Und rechtliche Probleme kann das Cash-Pooling ebenfalls bereiten (Rn 4008, 7042). 1059

Das finanzielle Gleichgewicht (Goldene Bankregel, Rn 1056) **ist nur durch eine sorgfältige Finanzplanung zu sichern.** Die Finanzplanung ist ein Teil der Unternehmensplanung. Die Unternehmensplanung besteht aus einer Vielzahl von Detailplänen wie Absatzplan, Beschaffungsplan, Investitionsplan, Kostenplan, Ertragsplan uÄ. 1060

Aus allen diesen Teilplänen ergibt sich der Unternehmensgesamtplan. Der Inhalt des Gesamtplans in Geldeinheiten ausgedrückt ergibt den integrierten Finanzplan. Er ist eine Vorausrechnung, die auf den Erfahrungen der Vergangenheit basiert sowie auf den Erwartungen der künftigen Entwicklung. **Die Geschäftsführung muss über kurzfristige, mittelfristige und langfristige Finanzpläne verfügen,** die rollierend fortzuschreiben sind. Der kurzfristige Finanzplan deckt einen Zeitraum vom täglichen Geschehen bis zu einer jährlichen Vorausschau ab. Der mittelfristige Plan umfasst einen Zeitraum von ein bis zwei Jahren. Langfristige Pläne können sich auf bis zu fünf Jahre oder darüber hinaus erstrecken. Je langfristiger ein Plan ist, um so mehr kann er nur verbal, nicht aber durch Zahlen ausgedrückt werden. In den kurzfristigen und den mittelfristigen Finanzplänen müssen die Aufwands- und Ertragsgrößen in Geldeinheiten ausgedrückt sein. Nur so können Liquiditätsengpässe rechtzeitig erkannt, aber auch eine zu hohe Liquidität vermieden werden, die den Unternehmensertrag uU unvorteilhaft belastet. Der integrierte Finanzplan zeigt den Kapital- und Liquiditätsbedarf und ist die Voraussetzung für eine geschmeidige Anpassung der Liquidität an den Geschäftsablauf.

1061 Ein besonderes Problem der Finanzplanung besteht darin, dass sich zwar die Zahlungsausgänge mit einiger Sicherheit planen lassen, dass aber die Zahlungseingänge, vor allem in mittelfristigen Plänen, zeitlich nur schwer genau zu bestimmen sind. Deshalb ist der Liquiditätsbedarf für das Anlagevermögen leichter zu ermitteln als der für das Umlaufvermögen. Der Lagerbestand, der finanziert werden muss, kann je nach Verkaufserfolg und Produktionsleistung steigen oder sinken. Das geschieht oftmals rasch und unvorhergesehen. Ebenso rasch und unvorhergesehen verändert sich dann auch der Kapital- und Liquiditätsbedarf, so dass eine vorausschauende Planung immer schwierig bleibt. Für die Personalkosten gilt ähnliches. Eine Unterbeschäftigung, die voraussichtlich eine Zeit lang anhalten wird und nur deshalb zu Personalabbau zwingt, kann zu erheblichem, unvorhergesehenem Kapitalbedarf führen. Die Probleme des Kündigungsrechts, der damit verbundenen Abfindungsbelastungen sowie die Belastungen durch Interessenausgleich und Sozialpläne (Rn 1024 f) verlangen oft zusätzliche Mittel, ohne die das Unternehmen im Personalbestand unflexibel wäre.

1062 Die folgende Grafik gibt das Schema für einen Jahresfinanzplan wieder, der in entsprechende monatliche Abschnitte aufzugliedern ist:

Ordentlicher Finanzplan (in Mio EUR)		Soll	Ist
Bankbestand Anfang		0,9	
Einnahmen			
Erlöse 23,3 ./. gegen Ziel 2,0		21,3	
Zinsen		0,1	
		21,4	
Ausgaben			
Gehälter und Löhne		2,0	
gesetzlicher und freiwilliger sozialer Aufwand		1,0	
Verwaltungsaufwand		1,2	
Werbungsaufwand		0,6	
Steuern		4,3	
Betriebsaufwand (Gas, Strom usw.)		2,4	
Rohstoffe 9,0			

Ordentlicher Finanzplan (in Mio EUR)		Soll	Ist
./. gegen Ziel 2,0		7,0	
diverse Ausgaben		0,2	
Dividende bzw. Privatentnahme		0,5	19,2
Überschuss		2,2	
Bankbestand Ende		**3,1**	

Außerordentlicher Finanzplan (in Mio EUR)		Soll	Ist
Bedarf			
Investitionen		4,5	4,5
Bankbestand Anfang		0,9	
Überschuss aus dem ordentlichen Finanzplan		2,2	
Rückvergütung überzahlter Steuern		0,3	
Verkauf von ausrangierten Maschinen		0,2	
Verkauf von Wertpapieren		0,3	
zugesagter Bankkredit bis zur Höhe von 1,0		1,0	4,9
Bankbestand Ende			**0,4**

Die Finanzplanung und der zumindest monatliche Ziel-Ist-Vergleich, verbunden mit einer Analyse der Abweichungen, **sind entscheidende Führungs- und Kontrollinstrumente.** Wenn die Geschäftsführung nur auf Umsatz und Ertrag sieht, kann das wirtschaftliche Gleichgewicht schnell gefährdet sein. Denn Umsatzsteigerung und auch Steigerung der Umsatzrendite müssen nicht auch Liquiditätszufluss bedeuten. Wenn zB Produkte mit hoher Gewinnspanne aber langen Zahlungszielen verkauft werden, so kann die Gewinn- und Verlustrechnung zwar ein positives Ergebnis ausweisen. Trotzdem kann die GmbH illiquide werden, wenn ihre Finanzmittel nicht ausreichen, um den anwachsenden Forderungsbestand zu finanzieren. Aus Fällen dieser Art entstehen Insolvenzen mit hoher (manchmal 100%iger) Insolvenzquote. Ist beabsichtigt, den Umsatz dadurch auszuweiten, dass die Zahlungsziele verlängert werden, kann der Finanzplan ein Gelddefizit zeigen, dass finanziert werden muss. Gelingt das nicht, muss der Umsatzplan geändert werden. **Jeder Umsatz kostet Finanzierungsmittel,** gleichgültig, ob die Kapazitäten erhöht werden, vorhandene Kapazitäten nur ausgefahren werden oder ob der Vertrieb verstärkt wird. **Der Finanzplan ist der Indikator dafür, was „machbar" ist und was nicht.** Der Finanzplan steuert nicht die GmbH. Er bestimmt aber den finanziellen Kurs. **Über den Finanzplan steuern die Geschäftsführer den Erfolgskurs der GmbH.**

2. Finanzierungsalternativen: Eigen- und Fremdfinanzierung – Innen- und Außenfinanzierung – langfristige und kurzfristige Finanzierung

Grundsätzlich stehen der Geschäftsführung verschiedene Finanzierungsalternativen zur Verfügung. Bei der **Eigenfinanzierung** (Selbstfinanzierung) erhält die GmbH ihre Finanzierungsmittel durch Einlagen der Gesellschafter oder durch die Bildung von Gewinnrücklagen, dh durch Thesaurierung erwirtschafteter Gewinne. Bei der **Fremdfinanzierung** kommen die Finanzmittel von Kreditgebern, von Banken, von Lieferanten, durch Kundenanzahlungen oder über die Bildung von Pensionsrückstellungen. Die Eigenfinanzierung ist **Außenfinanzierung,** wenn die Gesellschaft eine Kapitalerhöhung mittels neuer Einlagen der Gesellschafter durchführt oder wenn die

Gesellschafter in Form anderer Gesellschaftereinlagen die Mittel zur Verfügung stellen. Die Eigenfinanzierung ist **Innenfinanzierung,** wenn das notwendige Kapital aus einbehaltenen Gewinnen gebildet wird. Die Fremdfinanzierung ist immer Außenfinanzierung. Daneben gibt es **Mischformen.** Eine Fremdfinanzierung kann eigenkapitalähnlichen Charakter haben, wenn langfristige Rückstellungen wie zB Pensionsrückstellungen gebildet oder wenn Wandelanleihen oder Gewinnobligationen ausgegeben werden. Auch partiarische Darlehen, Darlehen stiller Gesellschafter sowie Gesellschafterdarlehen (Rn 1079, 4008, 6014) können Eigenkapitalcharakter haben. Umgekehrt gibt es auch fremdkapitalähnliche Formen der Eigenfinanzierung. Hierhin gehören zB Vorzugsanteile, Genussrechte oder Beteiligungen von Kapitalbeteiligungsgesellschaften (Rn 1078). **Schließlich muss lang- und kurzfristige Finanzierung unterschieden werden.** Auch im kurzfristigen Bereich gibt es eine Reihe von Alternativen (Rn 1072 ff).

1065 **Die Eigenfinanzierung (Selbstfinanzierung) durch Thesaurierung von erzielten Gewinnen setzt die Zustimmung der Gesellschafter voraus.** Nach § 29 Abs 1 GmbHG haben die Gesellschafter grundsätzlich Anspruch auf den gesamten Jahresüberschuss. Das Gesetz geht also von der Vollausschüttung aus. Die Gesellschafter können aber über die Verwendung des Ergebnisses anders entscheiden, entweder einstimmig oder, wenn der Gesellschaftsvertrag dies erlaubt, mehrheitlich und Beträge in Gewinnrücklagen einstellen oder als Gewinn vortragen (§ 29 Abs 2 GmbHG). Dafür können schon im Gesellschaftsvertrag Regeln aufgestellt sein, zB dass die Geschäftsführung bei der Aufstellung des Jahresabschlusses von vornherein bestimmte Teile des Jahresüberschusses in Gewinnrücklagen einstellt. Dann steht nur der Bilanzgewinn zur Ausschüttung zur Verfügung. Die Gesellschafter können die Rücklagenbildung aber auch dem jährlichen Gewinnverwendungsbeschluss überlassen. Sie können auch über die gesellschaftsvertraglich geregelte Rücklagenbildung hinaus weitere Rücklagen beschließen. Bei Familiengesellschaften ist die **Rücklagenbildung oftmals problematisch,** wenn die Gesellschafter darauf angewiesen sind, den Gewinn ganz oder teilweise zur Deckung des privaten Lebensunterhalts verwenden zu müssen. Hält das Eigenkapital eine Kapitalbeteiligungsgesellschaft, ist die Rücklagenbildung oftmals problematisch, weil der Kaufpreis, den die Kapitalbeteiligungsgesellschaft an die Altgesellschafter gezahlt hatte, uU durch Aufnahme von Verbindlichkeiten der Ziel-GmbH bezahlt worden ist, die bedient werden müssen.

1066 **Die Eigenfinanzierung ist auch durch die Bildung steuerlich zulässiger stiller Rücklagen möglich.** Die Bildung stiller Rücklagen durch Abschreibung auf den niedrigeren beizulegenden Wert ist allerdings im Gegensatz zu früher nur mehr begrenzt möglich. Abschreibungen dürfen steuerlich nur noch dann vorgenommen werden, soweit es sich hierbei um eine voraussichtlich dauernde Wertminderung handelt. Die dauernde Wertminderung ist nachzuweisen. Im Zusammenhang hiermit steht die Einführung eines Wertaufholungsgebotes für in der Vergangenheit vorgenommene Teilwertabschreibungen bei Wirtschaftsgütern des Anlage- und Umlaufvermögens, bei denen der Grund einer voraussichtlich dauernden Wertminderung nicht mehr gegeben ist. Absetzungen für außergewöhnliche technische oder wirtschaftliche Abnutzung sind jedoch auch weiterhin zulässig (§ 7 Abs 1 S 7 EStG). In den Fällen, in denen eine Bildung stiller Rücklagen noch möglich ist, wird somit eine Selbstfinanzierung durch einen zinslosen Kredit des Fiskus erreicht, der nicht in der Bilanz erscheint. Dies ist gegenüber einer Fremdfinanzierung ein Rentabilitätsvorteil. Im Hinblick auf die Publizität (Rn 1130) kann dies ebenfalls ein Vorteil sein, weil die Konkurrenz auf diese Weise keinen echten Einblick in die Gewinnlage des Unternehmens erhält. Auf der anderen Seite kann diese Selbstfinanzierung aber nicht auf ihre Rendite hin überprüft werden. Dies kann dazu verleiten, besonders risikoreiche oder auch unrentable Investitionen auf diesem Wege zu finanzieren, ohne dass eventuelle Fehlentscheidungen der Geschäftsführung deutlich sichtbar werden.

II. Finanzierung

Die Eigenfinanzierung durch Zuführung von neuem Eigenkapital hat den Vorteil, dass das Kapital dauerhaft gebunden ist. Außerdem erweitert ein hohes Eigenkapital den Handlungsspielraum der Geschäftsführung. Je höher der Prozentsatz des Eigenkapitals (einschließlich der anderen Eigenmittel) ist, umso größer ist nach der goldenen Finanzierungsregel (Rn 1056) auch die Möglichkeit, Fremdmittel aufzunehmen. Die Eigenkapitalfinanzierung ist allerdings für die Gesellschaft auch die teuerste Finanzierungsform (Rn 1057). Die Geschäftsführung kann deshalb ihre Entscheidung, ob sie geplante Investitionen durch Kapitalerhöhungen oder durch Aufnahme langfristiger Fremdmittel finanzieren soll, nicht ohne **steuerfachliche Beratung** treffen. Sie muss sich auch fragen, wenn sie den Gesellschaftern einen Vorschlag zur Kapitalerhöhung macht, ob die Gewinnbeträge, die wieder in das Unternehmen eingelegt werden sollen, dort rentabel angelegt sind. **Die Gesellschafter werden zögern, ihre Dividende in der GmbH anzulegen, wenn sie dort geringere Erträge zu erwarten haben, als wenn sie außerhalb der Gesellschaft investieren.** Wenn die gegenwärtigen Gesellschafter nicht in der Lage oder nicht bereit sind, die GmbH durch neue Einlagen zu finanzieren, müssen unter Umständen neue Gesellschafter aufgenommen werden. Durch neue Gesellschafter können sich aber die Mehrheitsverhältnisse innerhalb der Gesellschaft verschieben. Ist das unerwünscht, sind andere Finanzierungsformen zu überlegen, etwa stille Beteiligungen oder auch Gesellschafterdarlehen. 1067

Eine Kapitalerhöhung, mit der die Gesellschafter der GmbH neues Stammkapital zuführen, ist eine Änderung des Gesellschaftsvertrages. Der Gesellschafterbeschluss bedarf deshalb einer Mehrheit von drei Vierteln der abgegebenen Stimmen und muss notariell beurkundet werden (§ 53 GmbHG). Die Änderung des Gesellschaftsvertrages ist zum Handelsregister anzumelden und wird erst mit Eintragung wirksam. Der Beschluss verpflichtet die Gesellschafter aber nicht, sich an der Kapitalerhöhung zu beteiligen, auch nicht, wenn sie dem Beschluss zugestimmt haben. **Zur Einzahlung des neuen Kapitals sind nur diejenigen verpflichtet, die der Gesellschaft gegenüber eine Übernahmeerklärung (auch Zeichnung genannt) abgegeben haben.** Die Erklärung muss notariell beglaubigt sein (§ 55 Abs 1 GmbHG). Zum Handelsregister kann die Kapitalerhöhung erst angemeldet werden, wenn sie voll gezeichnet ist (oder, wenn der Kapitalerhöhungsbeschluss eine Bis-Zu-Klausel enthält, falls sie teilweise gezeichnet ist). Die Übernahmeerklärungen sind im Original oder in beglaubigter Abschrift der Anmeldung beizufügen. In der Anmeldung müssen die Geschäftsführer versichern, dass die Einlagen auf die neuen Geschäftsanteile von den Übernehmern (Zeichner) in Höhe von mindestens einem Viertel auf jeden neuen Geschäftsanteil geleistet sind und sich endgültig zur freien Verfügung der Geschäftsführung (vgl auch Rn 5012) befinden. Falsche Versicherungen sind strafbar (Rn 7116). Im Kapitalerhöhungsbeschluss wird regelmäßig gesagt, wer zur Übernahme eines neuen Geschäftsanteils zugelassen wird. 1068

Die bisherigen Gesellschafter haben bei einer Kapitalerhöhung ein Bezugsrecht[27] **auch wenn es gesetzlich nicht geregelt ist.** Sie können also verlangen, dass ihnen ein ihrem Anteil am bisherigen Stammkapital entsprechender Teil des Erhöhungsbetrages zugeteilt wird, dass sie in dieser Höhe zeichnen können (zu den sonstigen Vorschriften der Kapitalbeschaffung vgl die Ausführungen zur Gründung (Rn 5000 ff). Macht ein Gesellschafter von seinem Bezugsrecht keinen Gebrauch, steht es den übrigen Gesellschaftern anteilig zu. **Das Bezugsrecht der bisherigen Gesellschafter kann** auch **ausgeschlossen werden.** Für einen derartigen Gesellschafterbeschluss ist allerdings eine 75% Mehrheit (Stimmen- und Kapitalmehrheit) erforderlich. Außerdem ist der neue Gesellschafter in einem sog Zulassungsbeschluss (mit einfacher 1069

---

[27] Zöllner in Baumbach/Hueck GmbHG § 55 Rn 20.

Mehrheit) zur Zeichnung zuzulassen.[28] Der Gesellschafterbeschluss über den Ausschluss des Bezugsrechts kann angefochten werden, wenn entweder kein Sachgrund vorliegt (die Zeichnung der Kapitalerhöhung durch einen Dritten nicht im Gesellschaftsinteresse liegt) oder nicht erforderlich (nicht das schonendste Mittel) oder unverhältnismäßig ist.

1070 **Auch langfristiges Fremdkapital erweitert den Handlungsspielraum.** Es ist für die GmbH im Verhältnis zum Eigenkapital billigeres Kapital (Rn 1057). Grundsätzlich wird langfristiges Fremdkapital nur **gegen Grundstückssicherheiten** oder mit der Auflage, bestimmte Finanzkennzahlen (Financial Covenants) einzuhalten, gewährt, bei entsprechenden Bilanzrelationen allerdings auch **gegen eine Negativerklärung** (die Zusage, anderen Kreditgebern ebenfalls keine Sicherheiten zu gewähren). Kommt so etwas nicht in Betracht und kann die GmbH selbst nicht genügend Sicherheiten stellen, müssen die Gesellschafter uU mit ihrem Privatvermögen einspringen. Das sind in der Regel Grundschulden oder Hypotheken auf Privatgrundstücken oder persönliche Bürgschaften. **Die Geschäftsführung muss darauf achten, dass das Fremdkapital termingerecht mit Zins- und Tilgungszahlungen bedient wird,** und zwar auch dann, wenn die GmbH einmal in die Verlustzone gerät. Mit Hilfe der steuerlichen Berater kann dann die erforderliche Liquidität uU durch Steuererstattungen aufgrund eines Verlustrücktrages (Rn 1144) oder aufgrund einer Anpassung der Steuervorauszahlungen (Rn 1149 aF) beschafft werden. Nur bei zuverlässiger Bedienung der Kredite kann die Geschäftsführung damit rechnen, am Ende der Kreditlaufzeit neue Kredite zu erhalten. Das gilt für alle Fremdmittel.

1071 **Eine besondere Form der mittel- und langfristigen Finanzierung ist das Leasing-Geschäft.**[29] Es ist eine Kombination von Kauf- und Mietvertrag. **Es kann sowohl dazu dienen, Neuinvestitionen zu finanzieren als auch vorhandene Investitionen umzufinanzieren (Sale-and-lease-back-Verfahren).** Bei der Finanzierung von Neuinvestitionen wird zwischen dem Hersteller des Investitionsgutes und die investierenden GmbH das Leasing-Unternehmen als Finanzierungsinstitut dazwischen geschaltet. Die Leasing-Gesellschaft kauft dem Hersteller den zu verleasenden Gegenstand ab und vermietet ihn an die GmbH, den Leasingnehmer. Bei der Umfinanzierung, beim Sale-and-lease-back-Verfahren, sind nur das Unternehmen, das verkauft, und die Leasinggesellschaft, die kauft und zurückvermietet, beteiligt. Sale-and-lease-back erhöht nicht nur die Liquidität, sondern erleichtert auch die Hebung stiller Reserven durch den Verkauf der teilweise abgeschriebenen Vermögensgegenstände zum Zeitwert. Aus steuerlichen und bilanzrechtlichen Gründen ist der Leasingvertrag üblicherweise nur ein Teilamortisierungsvertrag. Aus den gleichen Gründen darf der Leasingvertrag dem Leasingnehmer nicht das Recht geben, das Anlagegut nach Ablauf der Grundmietzeit gegen einen vorher festgesetzten Preis zu erwerben. **Durch das Leasinggeschäft entlastet die GmbH als Leasingnehmer ihre Liquidität und verkürzt zumeist, falls sie nach HGB bilanziert, zugleich ihre Bilanz, sowohl auf der Aktiv- als auch auf der Passivseite.** Denn die leasingnehmende GmbH braucht das schwebende Geschäft nicht zu aktivieren und auf der Passivseite keinen Finanzierungsposten auszuweisen. Das setzt voraus, was die Regel ist, dass nicht die GmbH, sondern der Leasinggeber als wirtschaftlicher Eigentümer anzusehen ist, der das Leasinggut auch abschreibt. Die Geschäftsführung muss diese Wirkungen gegenüber den insgesamt höheren Kosten abwägen. Denn die Leasingraten enthalten neben der Amortisation des geleasten Gutes und der Kapitalverzinsung auch die Verwaltungskosten des Leasinggebers, eine Risikoprämie und den notwendigen Gewinn. Übernimmt die Leasinggesellschaft beispielsweise nicht nur einen Fuhrpark sondern auch das Fuhrparkma-

---

[28] Zöllner in Baumbach/Hueck GmbHG § 55 Rn 25 f und Rn 28.
[29] Schott/Bartsch in Eilers/Rödding/Schmalenbach Kapitel E Rn 1 ff.

II. Finanzierung

nagement, ist abzuwägen, ob sich daraus für das Unternehmen nicht sogar interessante Kostenersparnisse ergeben. Bei einer Bilanzierung nach IFRS/IAS ist zumeist die Bilanzierung bei Leasing- und konventioneller Fremdfinanzierung identisch.[30]

Bei Fremdfinanzierung ist auf die Frist der Kredite zu achten. Als kurzfristig gelten Kredite bis zu 90 Tagen oder bis zu 180 oder 360 Tagen (Kontokorrentkredite). Mittelfristig sind Kredite mit bis zu vier Jahren Laufzeit; darüber hinaus sind sie langfristig. Die Dauer der Verfügbarkeit ergibt sich in erster Linie aus dem Kreditbestätigungsschreiben. 1072

Bei Krediten von Kreditinstituten sind aber auch die allgemeinen Geschäftsbedingungen zu beachten. Die Geschäftsführung muss wissen, welche Umstände das Kreditinstitut berechtigen, Kredite vorzeitig fällig zu stellen oder die Laufzeit nicht zu verlängern. Die „überraschende" Kreditkündigung, über die in Wirtschaftsnachrichten manchmal berichtet wird, und die unter Umständen zur Insolvenz des Unternehmens führt, kann auf den in den allgemeinen Geschäftsbedingungen festgeschriebenen Rechten beruhen. Mangels anderweitiger Vereinbarungen können Kreditinstitute Geschäftsbeziehungen nach freiem Ermessen einseitig aufheben. Damit werden alle Kontokorrentkredite wie auch alle Wechsel-Kredite sofort zur Rückzahlung fällig. **Das Kreditinstitut kann die Geschäftsverbindung aufheben oder einzelne Geschäftsbeziehungen kündigen,** wenn sich die Vermögensverhältnisse der GmbH oder die Werthaltigkeit von Sicherheiten wesentlich verschlechtern (§ 490 BGB). Hat die Gesellschaft entgegen der goldenen Bankregel (Rn 1056) unvorsichtigerweise Investitionen mit Betriebsmittelkrediten finanziert, ist bei einer Verschlechterung der wirtschaftlichen Situation eine finanzielle Krise mit existenzbedrohender Wirkung für die GmbH vorprogrammiert. 1073

Im kurzfristigen Bereich sind Lieferantenkredite eine beliebte Form der Fremdfinanzierung. Ein Lieferantenkredit kann dadurch „erzwungen" werden, dass die GmbH einfach schleppend zahlt und die Lieferanten dies hinnehmen, vielleicht weil die GmbH ein wichtiger Kunde ist. Schleppende Bezahlung verbessert die eigene Liquidität und verringert die Finanzierungskosten. Wird der Lieferantenkredit dagegen vereinbart, zB in Form von großzügigeren Zahlungszielen, wird er regelmäßig nicht umsonst gewährt, auch wenn keine Zinsen zu zahlen sind. Die Zinsen sind im Preis eingerechnet. Vereinbarte Lieferantenkredite sind zwar bequeme, aber teure Kredite, da der Skontoabzug entfällt. Sie sind sinnvoll, wenn das Eigenkapital gering und die Liquidität angespannt ist, und wenn Kontokorrentkredite sich nicht im erforderlichen Ausmaß beschaffen lassen. Räumt der Lieferant ein Zahlungsziel ein, versucht er in der Regel, die eigene Liquidität dadurch zu erhöhen, dass er dem Kunden bei vorzeitiger Zahlung Skonto gewährt. 1074

Bei Skontogewährung müssen die Geschäftsführer genau rechnen, welchen Vorteil der Skontoabzug bringt. Eine schnelle Zahlung mit Skontoabzug belastet zwar die eigene Liquidität und uU auch die Kreditlinie bei entsprechendem Zinsaufwand, führt aber zu einem geringerem Aufwand beim Einkauf und damit zu einer Verbesserung des Ergebnisses. Im Gegensatz dazu erhöht die Inanspruchnahme des Lieferantenkredites die Liquidität, entlastet die Zinsrechnung, wenn der Unternehmer Kredit in Anspruch nimmt, erhöht aber uU den Aufwand für den Einkauf wesentlich stärker, wodurch das Ergebnis verschlechtert wird. **Bei einem Zahlungsziel von 30 Tagen und einem Skontoabzug von 3% bei einer Zahlung binnen 10 Tagen, beträgt der aus dem Skonto errechnete Jahreszins 54%.** Soviel kostet kein Bankkredit. Es kann also günstiger sein, mit Hilfe eines Kontokorrentkredites den Skontoabzug in Anspruch zu nehmen. 1075

---

[30] Zur Bilanzierung nach HGB und IFRS Schott/Bartsch in Eilers/Rödding/Schmalenbach Kapitel E Rn 48 f.

1076 **Andere Formen der Fremdfinanzierung zur Liquiditätsverbesserung sind Kundenanzahlungen und das Factoring.** Kundenanzahlungen sind nur in bestimmten Wirtschaftszweigen üblich, insbesondere im Maschinen- und Anlagenbau, in denen die Produktions- und Bauzeiten besonders lang sind. In der Regel ist bei Auftragserteilung ein Drittel des Kaufpreises fällig, ein weiteres Drittel bei Lieferung und der Rest nach Vereinbarung. Die Anzahlungen können verzinslich sein und besichert (zB durch Bankgarantie), sind aber häufig auch unverzinslich und ungesichert. Der Markt und die branchenübliche Handhabung diktieren die Bedingungen. Beim **Factoring** wird die Liquidität dadurch erhöht, dass Kundenforderungen an ein Finanzierungsinstitut, den Faktor, verkauft werden. Der Faktor zahlt dem Unternehmen den Gegenwert abzüglich Kosten, dh abzüglich Gebühren, Provision und gegebenenfalls auch abzüglich Delcrederezuschlag. Der Faktor zieht die Forderung beim Schuldner ein. Beim echten Factoring übernimmt er auch den Forderungsausfall, das Delcredere. Beim unechten Factoring trägt das Unternehmen das Risiko, dass der Schuldner nicht zahlt. Die Geschäftsführer müssen, wenn sie das Factoring nutzen wollen, die Konditionen verschiedener Factoring-Gesellschaften miteinander vergleichen. Sie sollten aber auch prüfen, ob es nicht günstiger ist, den Kunden ein Zahlungsziel einzuräumen, und ihnen ein Skontoangebot zu machen, und das Zahlungsziel über einen Kontokorrentkredit der eigenen Bank zu finanzieren. Das Factoring wäre dann nur eine weitere Stufe in der Liquiditätsvorsorge.

1077 **In den Kreis der Finanzierungsalternativen gehört auch die Umfinanzierung, dh die Kapitalumschichtung.** Zwar erhöht sich der Gesamtbetrag des Kapitals nicht, das der GmbH zur Verfügung steht. Es verändert sich aber die Verfügbarkeit. Das ist besonders augenfällig, wenn nicht betriebsnotwendiges Vermögen veräußert und dadurch die Liquidität verbessert wird. Weniger augenfällig, aber nicht weniger bedeutsam ist die Umwandlung eines kurzfristigen Kredits in einen langfristigen. Das trägt ebenso zu einer Verbesserung der Liquidität bei. **Eine wichtige Form der Kapitalumschichtung ist die Umwandlung von Kapital-Rücklagen in nominelles Eigenkapital (Kapitalerhöhung aus Gesellschaftsmitteln §§ 57 c ff GmbHG).** Sie lässt die Eigenmittel der GmbH unverändert. Aber das nominelle Stammkapital wird um den aus den Rücklagen umgebuchten Betrag erhöht. Damit unterliegt auch der zur Erhöhung verwendete Betrag den strengen Regeln über die Kapitalerhaltung nach den §§ 30, 31 GmbHG (Rn 4006 f, 7039 ff) und kann nicht mehr zum Zwecke der Gewinnausschüttung oder der Deckung eines Bilanzverlustes verwendet werden. **Der Beschluss über die Umwandlung von Kapital- oder Gewinnrücklagen ist eine Änderung des Gesellschaftsvertrags** und muss daher notariell beurkundet werden. Er bedarf wie jede Änderung und wie jede normale Kapitalerhöhung (Rn 1068) einer Mehrheit von drei Vierteln der abgegebenen Stimmen. Die Erhöhung erfolgt durch Bildung neuer Geschäftsanteile oder durch Erhöhung des Nennbetrags der vorhandenen Geschäftsanteile. Die Verfahren können auch kombiniert werden. Auf jeden Fall steht den Gesellschaftern das erhöhte Kapital im Verhältnis ihrer bisherigen Geschäftsanteile zu. Das Problem des Bezugsrechts gibt es hier nicht. Auch eigene Geschäftsanteile der Gesellschaft nehmen an der Erhöhung des Stammkapitals teil.

3. Mischformen: Beteiligungen von Kapitalbeteiligungsgesellschaften – Gesellschafterdarlehen

1078 **Die Beteiligung einer Kapitalbeteiligungsgesellschaft ist regelmäßig eine Beteiligung nur auf Zeit.** Schon dadurch unterscheidet sie sich von einer normalen Gesellschafterbeteiligung. Die Kapitalbeteiligungsgesellschaft lässt die Geschäftsführung normalerweise unbeeinflusst arbeiten. Sie wird sich an einer GmbH aber nur beteiligen, wenn eine qualifizierte Geschäftsführung vorhanden ist. Sie wird alle Informationsrechte wahrnehmen, gegebenenfalls auch auf § 51a (Rn 4033ff) zurückgreifen. Sie leistet Beraterdienste und ist regelmäßig in einem Beirat oder einem Aufsichtsrat vertreten. **Kapitalbeteiligungsgesellschaften sind Sammelstellen für risikobereites Kapital (private equity und venture capital). Sie erwarten deshalb angemessene Gewinne.** An Unternehmen ohne gute Gewinnaussichten werden sie sich nicht beteiligen. Hat die GmbH, die sich für die Mitwirkung einer Kapitalbeteiligungsgesellschaft interessiert, eine nachhaltige Ertragsfähigkeit, dann bietet sich die Finanzierung durch eine Kapitalbeteiligungsgesellschaft gerade für kleine und mittlere Familiengesellschaften an, bei denen

- die Eigenkapitaldecke nicht mehr ausreicht, um innerhalb des „finanziellen Gleichgewichts" (Rn 1056, 1060) weitere Fremdmittel aufnehmen zu können,
- die vorhandenen Gesellschafter nicht in der Lage sind, weiteres Eigenkapital aufzubringen oder
- die Aufnahme neuer, mitspracheberechtigter Gesellschafter nicht in die vorgegebene Ordnung der Familienstämme passt.

Gesellschafterdarlehen sind Fremdfinanzierung. Die Gesellschafter müssen allerdings damit rechnen, dass das Darlehen bei einer Insolvenz an sie lediglich nachrangig, im Regelfall überhaupt nicht zurückgezahlt wird. Ist vor dem Insolvenzantrag zurückbezahlt worden, kann der Insolvenzverwalter, wenn die Rückzahlung nicht länger als ein Jahr zurückliegt, die Rückzahlung anfechten und den entsprechenden Betrag zur Masse zurückholen (Rn 4008, 6014, 7040). **Droht eine Krise, so sollten die Geschäftsführer rechtzeitig mit den darlehensgebenden Gesellschaftern beraten, wie die Darlehen behandelt werden sollen.** Normalerweise bleibt keine andere Wahl, als sie stehenzulassen und, um die Überschuldungsgefahr zu verringern, eine Rangrücktrittserklärung abzugeben (Rn 6018). **Eine Rangrücktrittserklärung nähert das Gesellschafterdarlehen dem Eigenkapital an.**

III. Betriebliches Rechnungswesen und Controlling

1. Betriebliches Rechnungswesen

Das betriebliche Rechnungswesen ist eine wesentliche Voraussetzung für unternehmerische Entscheidungen. Es ist die Grundlage für die Preiskalkulation, für die Preisuntergrenzenbestimmung und für die Programmpolitik. Es unterstützt die strategische Planung, die Investitionsplanung und die Investitionskontrolle und ermöglicht Verfahrensvergleiche. Bis auf den Bereich des öffentlichen Auftragswesens gibt es keine gesetzlichen Vorschriften für die Gestaltung. Die Praxis hat aber **allgemein gültige Verfahren und Systeme** für die Betriebsabrechnung und ihre Einbindung in die Planung entwickelt. Sie unterscheiden sich naturgemäß nach Branchen und Größe der Unternehmen.

Die Geschäftsführung muss über die für ihr Unternehmen passende Organisation des betrieblichen Rechnungswesens entscheiden. Zu dieser Entscheidung gehört nicht nur die Ablauforganisation, sondern ebenso die grundsätzliche Frage, wie die Betriebsabrechnung in die **Führungsorganisation** des Unternehmens einzubinden ist. In großen Unternehmen ist das betriebliche Rechnungswesen oft Teil des Controlling und mit dem externen Rechnungswesen und der Finanzierungsfunktion einem Bereichsleiter oder sogar einem Geschäftsführer zugeordnet. Man findet auch Fälle, in denen das Geschäftsführungsressort, dem das Controlling untersteht, sogar noch um Datenverarbeitung, Logistik und sogar Personalzuständigkeit erweitert ist. Die organisatorischen Lösungen ergeben sich aus der Bedeutung der Funktionen im jeweiligen Unternehmen. Das Unternehmen kann mehr zentralistisch oder dezentral gegliedert sein. Branchenweise kann die Bedeutung, die das betriebliche Rechnungswesen für die Gesamtsteuerung eines Unternehmens hat, unterschiedlich sein.

1082 **Der Erfolg des Unternehmens zeigt sich beim Vergleich der Kosten und Erlöse innerhalb einer Periode.** In gut geführten Unternehmen liegt die kurzfristige Erfolgsrechnung monatlich vor, in der ersten Woche des Folgemonats. Zu diesem Zeitpunkt sind im Rechnungswesen manche Kosten noch nicht verfügbar. Sie lassen sich aber aufgrund der Erfahrung abschätzen und können dann jeweils im Folgemonat korrigiert werden. Die schnelle Information ist jedoch besser als eine absolut genaue Darstellung des abgelaufenen Monats. Das Ergebnis des betrieblichen Rechnungswesens kann dabei vom Ergebnis der Gewinn- und Verlustrechnung abweichen, da es anders abgegrenzt und zT andere Wertansätze verwendet als Letzteres. Ein Beispiel hierfür sind kalkulatorische Abschreibungen, die systematisch höher sein können als bilanzielle, um dem Aspekt der Substanzerhaltung gerecht zu werden.

1083 **Man unterscheidet verschiedene Kostenarten: Die Kostenartenrechnung beantwortet die Frage, welche Kosten entstanden sind.** Sind es Material-, Personal- oder Sachkosten? Die Systematisierung gibt der Kontenrahmen der Finanzbuchhaltung vor. Wiederum unabhängig von den steuerlich zulässigen Ansätzen kann man innerbetrieblich auch kalkulatorische Kosten verrechnen, zB Zinsen für Bestände und höhere Abschreibungen für Wirtschaftsgüter. Dem Vertrieb kann man damit anzeigen, wie viel Kapital in den Beständen gebunden ist und wie teuer ein hoher Vorrat in Fertigwaren für das Unternehmen ist. Der Datenverarbeitung lässt sich mit höheren Abschreibungssätzen zeigen, wie kurzlebig die Hardware ist und in welch kurzen Abständen deshalb immer wieder investiert werden muss. Dieses Risiko muss in der Kalkulation der Produkte aufgefangen werden.

1084 **Die Kostenstellenrechnung ermittelt, wo die Kosten entstanden sind.** Als Kostenstellen sollten eigenständige organisatorische Bereiche definiert werden, die möglichst unter einheitlicher Verantwortung arbeiten. Das kann innerhalb der Produktion zB die Montage sein, innerhalb der Logistik der Versand usw. Um eine praktisch verwertbare Aussage zu erhalten, muss das Unternehmen sinnvoll gegliedert sein, so dass die Verteilung (Kontierung) der verschiedenen Kostenarten auf diese Kostenstellen einen Einblick in die Kostenstruktur erlaubt. Primäre Kostenstellen sind die, in denen die produktive Leistung erbracht wird. Sekundäre oder tertiäre Kostenstellen sind Bereiche, die für die Produktion Dienstleistungen erbringen, wie etwa die Verwaltung, die Kantine usw. Mit Hilfe des sog Betriebsabrechnungsbogens (BAB) werden die Kostenstellen einzelnen Unternehmensbereichen zugerechnet und mit diesen dem gesamten Unternehmen. Werden die Erlöse einer Periode gegenübergestellt, entsteht daraus zB die sog kurzfristige Erfolgsrechnung des Unternehmens.

1085 **Die Kostenträgerrechnung zeigt, wer die Kosten zu tragen hat,** also welches Produkt oder welche Dienstleistung. Das ist für Material und Lohn, die in der Produktion anfallen, ohne weiteres einsichtig. Es müssen aber auch Teile der Kostenstellenkosten der Verwaltungsbereiche, die einer wirtschaftlichen Produktion dienen, einbezogen werden, wie zB Kosten des Rechnungswesens oder der Beratung durch den Vertrieb, die erforderlich sind, damit ein verkaufsfähiges Produkt hergestellt wird. Die Kostenträgerrechnung liefert die Grundlagen für die Vorkalkulation und damit für die Preisfindung und ist die Grundlage für die Nachkalkulation, dh für die Produkterfolgsbetrachtung. Diese pauschalen und vereinfachten Methoden der Kostenrechnung sind für viele Unternehmen auch heute noch eine durchaus praktikable Grundlage betriebswirtschaftlicher Beurteilung. Die Schlüsselung der Kosten bietet aber auch Anlass zur Kritik und hat dazu geführt, dass weitergehende, allerdings aufwendigere Verfahren, entwickelt worden sind. Ob diese Verfahren immer zu den richtigen Produktkosten und damit zur richtigen Marktentscheidung führen, sei dahingestellt. Denn, um nur ein Beispiel zu nennen, wie viel „Rechnungswesenkosten" ein Produkt wirklich zu tragen hat, lässt sich letzten Endes nur durch ein gewisses Maß an subjektiver Entscheidung bestimmen, aber kaum wirklich verursachungsgerecht zuordnen.

Zu unterscheiden ist weiter zwischen Gemein- und Einzelkosten sowie fixen und variablen Kosten. Wenn Kosten einem Kostenträger direkt zugerechnet werden können, wie etwa Materialverbrauch und Lohn zu einem bestimmten Produktionsvorgang, oder Maschinenleistung und Lohn für eine Dienstleistung des Rechnungswesens, so spricht man von Einzelkosten. Geht es aber zB um die Miete für einen ganzen Produktionsbereich, etwa für eine oder mehrere Produktionshallen oder für ein ganzes Werksgelände, dann handelt es sich um Gemeinkosten. Fixe Kosten sind die, die unabhängig von der tatsächlichen Produktionsleistung anfallen, also etwa Miete für ein Gebäude mit langjährigem Mietvertrag, das Gehalt des Produktionsleiters oder die sog Entscheidungskosten, dh die Kosten der Unternehmensleitung mit den erforderlichen Stabsstellen, die nur in längeren Abständen merklich veränderbar sind. Variable Kosten sind die, die von der tatsächlichen Ausbringung abhängig sind, also zB das Material, das für ein bestimmtes Produkt gebraucht wird, gleichgültig, ob daraus im eigenen Unternehmen erst noch Komponenten hergestellt werden oder ob Komponenten zugekauft werden.

Neben der Vollkostenrechnung bietet die Teilkostenrechnung verfeinerte Möglichkeiten für die betriebswirtschaftliche Beurteilung und Kalkulation. Das betrifft insbesondere die **Deckungsbeitragsrechnung,** bei der nicht nur die direkt zurechenbaren Kosten von Produkten, Dienstleistungen oder Unternehmensteilbereichen erfasst werden, sondern die auch den Rest der nicht zurechenbaren Kosten mit erfasst. In Phasen der Unterbeschäftigung können so Entscheidungen bewusster gefällt werden, ob ein Auftrag unter den Vollkosten, aber mit positivem Deckungsbeitrag, angenommen werden kann. In der Phase voll ausgelasteter Kapazitäten kann man sich für die Annahme des Auftrags mit dem höchsten Deckungsbeitrag entscheiden.

Eine weitere Unterscheidung betrifft die Plan-, Soll- und Ist-Kosten-Rechnung. Die vorstehend dargestellten Verfahren des betrieblichen Rechnungswesens leisten auch ihren Beitrag für die Planung, vorausgesetzt, dass die Strukturen des Unternehmens transparent sind. Die Kostenstellen- und Kostenartenrechnung ist die Grundlage für die Erfolgsplanung der folgenden Periode. Das sind die Standardkosten der Produkte und Dienstleistungen. Wenn bei der Planung auch noch zwischen fixen und variablen Kosten unterschieden wird, dann lässt sich später zwischen der Verbrauchs-, Preis- und Beschäftigungsabweichung unterscheiden. Wenn für eine bestimmte Ausbringungsmenge zuviel Kosten angefallen sind, kann dies an einem Mehrverbrauch an Produktionsmitteln liegen, etwa an zuviel Ausschuss, an zuviel Nacharbeit uÄ, und es wird sich zeigen, ob der verantwortliche Leiter dieses Bereiches seine Aufgaben hinreichend erfüllt hat oder nicht. Sind die produzierten und verkauften Mengen zwar gleich geblieben, die Preise, die erzielt und/oder gezahlt wurden, aber höher oder niedriger gewesen, dann liegt eine Preisabweichung vor, die ihre Ursachen in der Produktentwicklung oder im Einkauf haben kann. Sind die Kostenvorgaben eingehalten worden, ist aber mehr oder weniger produziert worden, dann kann die Abweichung in den höheren oder geringer verrechneten Fixkosten dieser Periode gesucht werden. Hält die Entwicklung länger an, dann ist eine Restrukturierung des sog indirekten und Verwaltungsbereiches notwendig.

Bei der Unternehmensplanung ist zwischen der operativen (kurz- und mittelfristigen) Planung und der strategischen Planung zu unterscheiden. Die strategische Unternehmensplanung beschäftigt sich mit der Frage, wie das Unternehmen und seine Geschäftsfelder grundsätzlich ausgerichtet sein sollen, welche Potentiale es gibt und welche Chancen und Risiken damit verbunden sind. Die strategische Planung ist letztlich der Weg zur Existenzsicherung. Als Planungsmethode dient die Portfolio-Technik. Sie geht von der Frage aus, welche Geschäftsfelder das Unternehmen bearbeiten soll, beschreibt die Entwicklung der Märkte, der Währungen sowie der eigenen technischen Fähigkeiten, neue Produkte im Vergleich zum Wettbewerb zu entwickeln, bis hin zu den Finanzierungsmöglichkeiten. Dagegen beschreibt die operative Planung, wie diese Überlegungen wirtschaftlich in die Tat umgesetzt werden können. Sie spiegelt zahlenmäßig die Strategie und die beabsichtigten Maßnahmen wieder. Alle Planungen schlagen sich schließlich in den Budgets für das Unternehmen und dessen organisatorischen Einheiten nieder. **Zu den wichtigsten Aufgaben einer erfolgreichen Unternehmensführung gehört eine realistische Planung und eine permanente Analyse der Planabweichungen.** Unternehmen, die planen, sind in der Lage, sehr schnell Veränderungen in- und außerhalb des Unternehmens zu erkennen. Das ist die eigentliche Funktion der Planung. Wir wissen nicht, was in der Zukunft liegt. Aber wenn wir einen Plan haben, dann erkennen wir die Abweichung und können uns um die Ursachen kümmern. Zur Psychologie der Planungsrechnung und des **Ziel-Ist-Vergleichs** muss es gehören, die schnelle Erkenntnis einer Abweichung und die zügig eingeleiteten Gegenmaßnahmen höher einzuschätzen als den „nicht eingehaltenen" Plan. Der sprachlich negativ besetzte Begriff „Abweichung" muss in der innerbetrieblichen Diskussion eine positive Funktion erhalten. Er muss zum Auslöser für neue Energien werden, mit deren Hilfe das Unternehmen neue Potentiale entwickelt, um sich auf die Marktveränderung einzustellen und sich an neue Rahmenbedingungen schnell anzupassen. **Von der Geschäftsführung wird das Ermitteln von Ursachen und anschließend konsequentes Handeln verlangt.**

2. Controlling

1090   **Das Controlling ist eine betriebliche Funktion, die eine rationale Unternehmensführung maßgeblich mit gestaltet und sichert.** Es bedient sich der Finanzbuchhaltung (des externen) und des betrieblichen Rechnungswesens, geht aber über deren Funktionen weit hinaus. Das Controlling hat alle Informationen zu analysieren und zu zeigen, welche unternehmerischen Handlungsmöglichkeiten sich bieten. Zu den Hauptaufgaben des Controllings gehört es, einen Informationsapparat zu schaffen, der der Geschäftsführung auf jeder Stufe einen schnellen Zugriff auf die relevanten Daten ermöglicht und es erlaubt, die Informationen richtig zu interpretieren. Erreicht werden kann dies nur, wenn die Planungsarbeit entsprechend gestaltet wird und wenn in enger Abstimmung mit den Verantwortlichen der einzelnen Unternehmensbereiche laufend kontrolliert wird, in welchem Umfang die geplanten Ziele erreicht werden. In den letzten Jahren ist erkannt worden, dass zwar die Kosten- und Leistungskontrolle wichtig ist, dass aber der Erfolg des Unternehmens noch viel wesentlicher davon beeinflusst wird, wie die Unternehmensprozesse gestaltet sind. Wenn zB ein Unternehmen seinen Lieferservice für Produkte oder Dienstleistungen von einer Woche auf 48 Stunden verbessert, erhöht das möglicherweise die Personalkosten, verbessert aber die Marktstellung und kann sich nachhaltig auf den Umsatz und die Preise auswirken. Das Controlling muss diese Prozesse durch **Kennzahlen** abbilden und der Geschäftsführung zeigen, durch welche Prozessoptimierungen erfolgreicher gearbeitet werden kann als bisher.

1091   **Das Controlling muss markt- und kundennah sein.** Bei ihm gehören Begriffe wie Benchmarking und Best Practice zu den wichtigsten Forderungen an seine Arbeit. Es muss **ermittelt** werden, wie die Prozesse in anderen und zwar erfolgreichen Unternehmen ablaufen. Die Ergebnisse sind in Kennzahlen zu fassen. Die Erkenntnisse müssen im eigenen Unternehmen **umgesetzt** werden. Dazu bedient man sich heute häufig der sog Balanced Scorecard als Ergänzung zu den finanziellen Kennzahlen. Damit ist gemeint, dass in den betrieblichen Prozessen der Produktion, der Logistik, der Qualitätssicherung, des Vertriebs usw die „Werttreiber", dh die besseren Handlungsmöglichkeiten, zu identifizieren sind und dass dafür gesorgt wird, dass der Einsatz auch im eigenen Unternehmen der Leistungssteigerung dient. Controlling hat die Aufgabe, sich darüber Gedanken zu machen, wie der Unternehmenserfolg verbessert werden kann. Ihm muss es darum gehen, die Kunden noch besser an die Produkte des Unternehmens und an das Unternehmen überhaupt zu binden. Weiterhin sollte auch der Aufwand im Einkauf verringert werden, zB durch die Reduzierung der Lieferantenanzahl bei gleichzeitigem Aufbau einer vorteilhaften langfristigen Entwicklungspartnerschaft. Eine nachlässige Bearbeitung von Kundenreklamationen kann ein Unternehmen schwer schädigen. Demnach gehört es zu den Aufgaben des Controlling, zu ermitteln, wie die Reaktion auf Kundenreklamationen verbessert und die Bearbeitung beschleunigt werden kann. Besser organisierte Informationen und ein genaues Verständnis der im Unternehmen ablaufenden Prozesse, verbunden mit flexiblen Arbeitszeitmodellen wie etwa Arbeitszeitkonten (Rn 1004), können helfen, einen **Quantensprung** in der Akzeptanz des Unternehmens zu bewirken, beispielsweise durch eine dramatische Verbesserung des Lieferservice wie in Rn 1090 beschrieben. Die logische Folge ist eine Verbesserung der Rentabilität und aller finanziellen Kennzahlen des Unternehmens.

Der Controller muss ein Kommunikator sein und unternehmerische Sensibilität besitzen. Er muss dafür sorgen, dass die notwendigen Daten schnell und richtig erfasst und den Linienmanagern als Informationen für ihre Arbeit zügig zur Verfügung gestellt werden. Er selbst muss **rechnen, analysieren** und **rechtzeitig merken,** dass, wo und warum Verluste entstehen und entstehen können, so dass Maßnahmen zur Beseitigung von Verlustquellen getroffen werden können. Vielleicht noch wichtiger ist seine Funktion, Geschäftsmöglichkeiten für das Unternehmen zu erkennen und Geburtshelfer guter Ideen zu sein. Ein Controller muss in der Lage sein, mit dem operativen Management in dessen Sprache über seine Funktion zu reden und mit ihm die Hintergründe von Abweichungen zu diskutieren, ohne zu verletzen. Gute Controller können aus allen akademischen Bereichen kommen. **Entscheidend ist die Persönlichkeit.**

Ein Controllingsystem darf nicht als hinderliche Bürokratie oder als lästige Aufpasserin betrachtet werden. Ist das der Fall, wird Controlling zum Störfaktor und die Einblickswinkel verengen sich. Denn das operative Management wird sich bemühen, Entwicklungen und Versäumnisse hinter Optimismus und Kritikabwehr zu verschleiern. Es ist ohnehin wenig geneigt, sich mit rechnerischer Systematisierung der soeben durchlebten Vergangenheit zu beschäftigen. Und dennoch ist gerade die rechnerische Aufarbeitung ein wichtiges Steuerungsmittel für die eigenen weiteren Aktivitäten. Ein ungeeignetes Controlling kann sich zum Unglück für ein Unternehmen entwickeln.

Eine moderne Geschäftsführung weiß den Wert eines wirksamen Controllings zu schätzen. Denn es hilft, den Bestand des Unternehmens zu erhalten und seinen Wert zu steigern. Je ertragreicher das Unternehmen ist, umso leichter wird die Eigenfinanzierung. Die Gesellschafter werden ihr Geld nicht an anderer Stelle investieren, wenn sie befriedigende und langfristig gesicherte Renditen im eigenen Unternehmen erzielen können (Rn 1067). **Shareholder-Value** ist nicht nur ein Thema für börsennotierte Aktiengesellschaften, sondern ebenso für Familiengesellschaften in der Rechtsform der GmbH. Das Controlling ist ein wichtiges Element, der Geschäftsführung kontinuierlich einen Einblick in die Stärken und vielleicht auch Schwächen des Unternehmens zu vermitteln. Das ist die Voraussetzung für eine erfolgreiche Arbeit der Geschäftsführung.[31]

---

[31] Wichtige Literatur zum Controlling: Ewert/Wagenhofer, Interne Unternehmensrechnung, 7. Aufl 2008; Horvath, Controlling, 11. Aufl 2009; Küpper, Controlling (Konzeption, Aufgaben, Instrumente), 5. Aufl 2008; Pellens/Fülbier/Gassen, Internationale Rechnungslegung, 6. Aufl 2006; Weber/Schäffer, Einführung in das Controlling, 12. Aufl 2008.

IV. Rechnungslegung – Prüfung – Publizität

1. Rechnungslegung

1095 **Die Geschäftsführer sind verpflichtet, für die ordnungsmäßige Buchführung der Gesellschaft zu sorgen** (§ 41 GmbHG). Die GmbH entsteht zwar erst mit der Eintragung im Handelsregister. Die handelsrechtliche Buchführungspflicht beginnt jedoch schon mit dem Abschluss des notariell beurkundeten Gesellschaftsvertrages, dh von der Entstehung der Vorgesellschaft an (Rn 5000). Die Buchführung muss so beschaffen sein, dass sie einem sachverständigen Dritten innerhalb angemessener Zeit einen Überblick über die Geschäftsvorfälle und über die Lage des Unternehmens vermittelt. **Die Geschäftsvorfälle müssen sich in ihrer Entstehung und Abwicklung verfolgen lassen** (§ 238 HGB). Eine Eintragung oder eine Aufzeichnung darf nicht in einer Weise verändert werden, dass der ursprüngliche Inhalt nicht mehr feststellbar ist (§ 239 Abs 3 HGB). Zusätzlich zu den Vorschriften des Handelsgesetzbuches über die Ordnungsmäßigkeit der Handelsbücher enthält die Abgabenordnung Richtlinien über die Anforderung für Aufzeichnungen des Wareneingangs und -ausgangs (§§ 143 und 144 AO) sowie Ordnungsvorschriften für die Buchführung und für Aufzeichnungen (§ 146 AO). **Bücher und die sonst erforderlichen Aufzeichnungen sind in der Bundesrepublik Deutschland zu führen und aufzubewahren.** Ausnahmen sind für ausländische Betriebsstätten gestattet, wenn in dem betreffenden Land nach dortigem Recht eine Aufzeichnungspflicht besteht und diese auch erfüllt wird. Die Ergebnisse müssen in die deutsche Buchführung übernommen werden (§ 146 Abs 2 AO).

1096 **Die Bücher und die erforderlichen Aufzeichnungen können auch in der geordneten Ablage von Belegen bestehen. Die Bücher können auch auf Datenträgern geführt werden.** Die angewandten Verfahren müssen den Grundsätzen ordnungsmäßiger Buchführung (GOB) entsprechen. Bei der Aufzeichnung auf Datenträgern muss sichergestellt sein, dass die Daten während der Aufbewahrungsfrist verfügbar sind und jederzeit lesbar gemacht werden können (§ 239 Abs 4 HGB). **Die Unterlagen sind wie folgt aufzubewahren** (§ 257 HGB und § 147 AO):

Aufbewahrungszeit	
– Handelsbücher, Inventare	10 Jahre
– Eröffnungsbilanzen	10 Jahre
– Jahresabschlüsse, Lageberichte	10 Jahre
– Konzernabschlüsse, Konzernlageberichte	10 Jahre
– Arbeitsanweisungen und Organisationsunterlagen, soweit sie zum Verständnis erforderlich sind	10 Jahre
– Prüfungsbericht des Abschlussprüfers	10 Jahre
– Kontenpläne (einschließlich Änderungen)	10 Jahre
– empfangene Handelsbriefe	6 Jahre
– Wiedergabe der abgesandten Handelsbriefe	6 Jahre
– Buchungsbelege	10 Jahre
– Steuererklärungen	10 Jahre
– Verträge von handelsrechtlicher bzw. steuerlicher Bedeutung	10 Jahre

Die Aufbewahrungsfrist beginnt mit dem Schluss des Kalenderjahres, in dem die letzte Eintragung in das Handelsbuch gemacht, das Inventar aufgestellt, die Eröffnungsbilanz oder der Jahresabschluss festgestellt, der Konzernabschluss aufgestellt, der Handelsbrief empfangen oder versandt worden oder der Buchungsbeleg entstanden ist.

1097 **Auf den Schluss eines jeden Geschäftsjahres ist ein Inventar aufzustellen** (§ 240 HGB). Das Inventar, in dem die einzelnen Vermögensgegenstände nach Art, Menge und unter Angabe ihres Wertes genau zu verzeichnen sind, ist grundsätzlich mittels körperlicher Bestandsaufnahme aufzustellen (Inventur). In der Praxis wird eine

Reihe von Einzelinventaren aufgestellt, die die einzelnen Bilanzpositionen unterlegen. Während es in der Regel keinen großen Aufwand erfordert, die Forderungen und Verbindlichkeiten zum Bilanzstichtag zu erfassen, ist die Aufnahme der Vorräte und des Anlagevermögens häufig mit erheblichem Arbeitsaufwand verbunden. **Die Aufnahme und Bewertung von Vorräten und Anlagegegenständen ist oft der Engpass bei der Aufstellung des Jahresabschlusses.** Deshalb sind bestimmte Erleichterungen vorgesehen, die, neben der permanenten Inventur, zeitlich vorgeschobene und nachgeschobene Bestandsaufnahmen sowie eine Stichprobeninventur zulassen (§§ 240, 241 HGB):

- Bei **permanenter Inventur** kann auf eine körperliche Bestandsaufnahme zum Bilanzstichtag verzichtet werden. Der Bestand zum Bilanzstichtag wird nach Art und Menge anhand der Lagerkartei (Lagerbücher) festgestellt. Für steuerliche Zwecke ist die permanente Inventur nur zulässig, wenn die in Abschn 30 Abs 2 EStR aufgeführten Anforderungen an die Lagerkarteien erfüllt werden.
- Auch eine **zeitverschobene Inventur** ist erlaubt. Nach § 241 Abs 3 HGB kann die jährliche körperliche Bestandaufnahme ganz oder teilweise während der letzten drei Monate vor oder der ersten zwei Monate nach dem Bilanzstichtag durchgeführt werden. Auch für diese Aufnahmemethode gelten besondere Anforderungen bezüglich ihrer steuerlichen Anerkennung (R 30 Abs 2 EStR iVm H 30 EStR). In jedem Fall muss eine wertmäßige Fortschreibung vom Aufnahmetag auf den Bilanzstichtag erfolgen.
- **Festwerte** dürfen für Vermögensgegenstände des Sachanlagevermögens und für Roh-, Hilfs- und Betriebsstoffe gebildet werden, sofern sie regelmäßig ersetzt werden und ihr Gesamtwert für das Unternehmen von nachrangiger Bedeutung ist. Jedoch ist in der Regel alle drei Jahre eine körperliche Bestandsaufnahme durchzuführen.
- **Stichprobeninventur** ist erlaubt, wenn die Aufnahme der Vorräte nach Art, Menge und Wert mit Hilfe anerkannter mathematisch-statistischer Methoden erfolgt. Der Aussagewert des auf diese Weise aufgestellten Inventars muss dem Aussagewert eines Inventars, das aufgrund einer körperlichen vollständigen Bestandsaufnahme aufgestellt ist, gleichkommen.

Auch das Anlagevermögen ist zum Bilanzstichtag in einem Bestandsverzeichnis zu erfassen. Die Gegenstände des beweglichen Anlagevermögens müssen auch dann aufgenommen werden, wenn sie bereits voll abgeschrieben sind, jedoch dem Unternehmen noch dienen. Ausnahmen gelten nur für „geringwertige Wirtschaftsgüter" (Anschaffungskosten ohne MWSt, dh netto, bis EUR 150,– und mehr als EUR 150,– bis EUR 1000,– – Rn 1140) und für das mit einem Festwert angesetzte Anlagevermögen. Auf eine jährliche körperliche Erfassung kann verzichtet werden, wenn ein fortlaufendes Bestandsverzeichnis (sog. Anlagenkonten) für das bewegliche Anlagevermögen geführt wird (Abschn 31 Abs 1 EStR).

Die Geschäftsführer haben auf den Schluss eines jeden Geschäftsjahres einen Jahresabschluss (Bilanz, Gewinn- und Verlustrechnung und Anhang), die Geschäftsführer von großen und mittelgroßen GmbHs darüber hinaus einen Lagebericht aufzustellen (§§ 242 und 264 HGB). Seit 1986 gilt aufgrund der Umsetzung der vierten gesellschaftsrechtlichen EG-Richtlinie (Bilanzrichtlinie) eine „Drei-Klassen-Teilung" in große, mittelgroße und kleine Kapitalgesellschaften, also auch GmbHs (§§ 264 ff HGB). **Der Umfang der Rechnungslegungspflicht hängt von der Größe des von der GmbH jeweils betriebenen Unternehmens ab.** Die Größenordnungen ergeben sich aus § 267 HGB idF des BilMoG. **Große Kapitalgesellschaften,** dh auch große GmbHs, sind solche, die mindestens zwei der drei folgenden Merkmale überschreiten:

- 19,250 Mio EUR Bilanzsumme (nach Abzug eines auf der Aktivseite ausgewiesenen Fehlbetrages),
- 38,500 Mio EUR Umsatzerlöse (netto, dh ohne Umsatzsteuer) in den zwölf Monaten vor dem Abschlussstichtag,
- 250 Arbeitnehmer im Jahresdurchschnitt.

Kleine Kapitalgesellschaften sind solche, die mindestens zwei der drei folgenden Merkmale nicht überschreiten:

- 4,840 Mio EUR Bilanzsumme (nach Abzug eines auf der Aktivseite ausgewiesenen Fehlbetrags),
- 9,680 Mio EUR Umsatzerlöse (netto, dh ohne Umsatzsteuer) in den zwölf Monaten vor dem Abschlussstichtag,
- 50 Arbeitnehmer im Durchschnitt.

Mittelgroße Kapitalgesellschaften sind solche, die zwischen den Merkmalen der kleinen und der großen GmbH liegen, dh also

- die mehr als 4,840 Mio EUR, aber weniger als 19,250 Mio EUR Bilanzsumme (nach Abzug eines auf der Aktivseite ausgewiesenen Fehlbetrages) haben,
- die mehr als 9,680 Mio EUR, aber weniger als 38,500 Mio EUR Umsatzerlöse haben (netto, ohne Umsatzsteuer) und
- die mehr als 50, aber nicht mehr als 250 Arbeitnehmer im Jahresdurchschnitt haben.

1100 Die Rechnungslegungs- und Publizierungspflichten der verschiedenen Größenordnungen treten nur ein oder entfallen, wenn zwei der drei Größenmerkmale an zwei aufeinanderfolgenden Abschlussstichtagen über- oder unterschritten werden. Sie sind also für das zweite Geschäftsjahr anzuwenden. Bei Umwandlung oder Neugründung von GmbHs treten die Rechtsfolgen allerdings schon gleich ein, wenn die Merkmale nach der Umwandlung oder der Neugründung vorliegen (§ 267 Abs 4 S 2 HGB). Um zu der durchschnittlichen Zahl der Arbeitnehmer zu gelangen, werden die Arbeitnehmerzahlen vom 31.3., 30.6., 30.9. und 31.12. zusammengezählt und durch vier geteilt. Der vierte Teil der Gesamtsumme ist die durchschnittliche Arbeitnehmerzahl. Die Auszubildenden werden bei der Arbeitnehmerzahl nicht mitgerechnet (§ 267 Abs 5 HGB).

1101 Kapitalgesellschaften, die Tochterunternehmen eines Mutterunternehmens sind, das nach § 290 HGB zur Aufstellung eines Konzernabschlusses verpflichtet ist, sind uU von der Verpflichtung befreit, die ergänzenden Vorschriften für den Jahresabschluss von Kapitalgesellschaften zu beachten (§§ 264, 289 HGB). Folge dieser Regelung ist insbesondere eine Befreiung von der Verpflichtung zur Prüfung und Offenlegung des Abschlusses. Eine Befreiung setzt ua voraus, dass das Mutterunternehmen zur Verlustübernahme nach § 302 AktG verpflichtet ist oder eine solche Verpflichtung freiwillig übernommen hat und alle Gesellschafter des Tochterunternehmens der Befreiung für das jeweilige Geschäftsjahr zugestimmt haben und dieser Beschluss nach § 325 HGB offengelegt wurde. Ferner muss das Tochterunternehmen in den Konzernabschluss nach den Vorschriften des HGB einbezogen und die Befreiung des Tochterunternehmens im Anhang des Konzernabschlusses des Mutterunternehmens angegeben sein.

1102 Die Geschäftsführung einer Muttergesellschaft, ggf einer GmbH, ist dann nach § 290 HGB zur **Aufstellung eines Konzernabschlusses** verpflichtet, falls sie Tochtergesellschaften einheitlich leitet. Fehlt eine einheitliche Leitung, hat eine Muttergesellschaft einen Konzernabschluss unter Einbeziehung der Tochtergesellschaften aufzustellen, bei denen sie

- die Mehrheit der Stimmrechte hat,
- die Mehrheit der Geschäftsführung oder des Aufsichtsrats bestellen kann, oder
- das Recht hat, sie aufgrund eines Vertrages oder der Satzung zu beherrschen.

Der Konzernabschluss liefert, losgelöst von der Rechtsform der einzelnen Gesellschaft, **Informationen über die wirtschaftliche Einheit der GmbH mit ihren Tochterunternehmen. Er ist keinesfalls Grundlage für die Ausschüttung oder die Besteuerung.** Es kann sich bei den Tochterunternehmen sowohl um Kapital- als auch Personengesellschaften handeln. Die Töchter können auch ihren Sitz im Ausland haben. **Unter bestimmten Voraussetzungen ist die GmbH von der Pflicht, einen Konzernabschluss aufzustellen, befreit.** Die Voraussetzungen sind in den §§ 291 und 292 HGB geregelt. § 291 HGB regelt die Bedingungen, wenn die GmbH ihrerseits Tochtergesellschaft eines Unternehmens mit Sitz in der EU oder im EWR ist, das seinerseits einen Konzernabschluss aufstellt, in den die GmbH einbezogen ist. § 292 HGB ermächtigt das Bundeswirtschaftsministerium, durch eine Rechtsverordnung Befreiung zu erteilen, wenn das Mutterunternehmen der GmbH weder in der EU noch im EWR seinen Sitz hat und die GmbH in einen Konzernabschluss einbezieht, der mit dem Recht der EU oder des EWR vergleichbar ist. **Schließlich gibt es auch größenabhängige Befreiungen.** Nach § 293 HGB ist ein Konzernabschluss nur aufzustellen, wenn jeweils zwei der folgenden Größenmerkmale an zwei aufeinanderfolgenden Bilanzstichtagen überschritten werden:

	Summenabschluss (nicht konsolidiert)	konsolidierter Abschluss
Bilanzsumme	EUR 23 100	EUR 19 250
Umsatzerlöse	EUR 46 200	EUR 38 500
Arbeitnehmer	250	250

In der Regel werden die einzubeziehenden Tochterunternehmen vollkonsolidiert, dh sämtliche einzelne Vermögensgegenstände und Schulden gehen zu 100% in den Konzernabschluss ein. Bei Gemeinschaftsunternehmen (joint-ventures) kann nach § 310 HGB quotal konsolidiert werden, dh die jeweiligen Vermögensgegenstände und Schulden werden nur in Höhe des gehaltenen Anteils am Gemeinschaftsunternehmen berücksichtigt, soweit nicht die Equity-Methode gewählt wird. Bei einem Anteil zwischen 20% und 50% findet idR ausschließlich die Equity-Methode Anwendung, die im wesentlichem einem fortgeführten Beteiligungsbuchwert entspricht. 1103

Der Jahresabschluss ist unter Beachtung der GoB (Grundsätze ordnungsmäßiger Buchführung) gemäß § 244 HGB in deutscher Sprache und in Euro aufzustellen. Der Jahresabschluss hat sämtliche Vermögensgegenstände, Schulden, Rechnungsabgrenzungsposten sowie Aufwendungen und Erträge zu enthalten. Zusätzlich sind aufgrund des BilMoG (s Einleitung) auch latente Steuern anzusetzen und getrennt auszuweisen. Der Jahresabschluss muss klar und übersichtlich sein, er muss zeitnah aufgestellt und von allen Geschäftsführern unter Angabe des Datums unterzeichnet werden (§§ 243 bis 245 HGB). **Das gilt auch für den Konzernabschluss.** Die GoB bestimmen, wann ein Gewinn als realisiert bilanziert werden darf, wie schwebende Geschäfte zu bilanzieren sind, wie Eigentumsvorbehalte und Sicherungsübereignung bilanzmäßig zu behandeln sind usw. Die GoB sind außerdem die maßgebliche Entscheidungshilfe, wenn verschiedene Methoden zur Auswahl stehen, wie zB bei der Wahl von linearer oder degressiver Abschreibung auf das Anlagevermögen, bei der Bestimmung der Kostenarten, die bei der Bewertung der Vorräte zur Berechnung der Herstellungskosten mit angesetzt werden dürfen, sowie bei der Wahl der Bewertungsmethoden für das Vorratsvermögen (Fifo, Lifo oder Durchschnittsmethode). **Im Gegensatz zum Jahresabschluss brauchen die Handelsbücher selbst nicht in deutscher Sprache geführt werden § 239 Abs 1 HGB.** 1104

Die Bilanz ist in Kontenform aufzustellen. Je nach dem, ob es sich um eine kleine, mittelgroße oder große GmbH handelt (Rn 1099), ist sie unterschiedlich tief zu gliedern (§ 266 Abs 1 HGB). 1105

1106 Die Ansätze in der Handelsbilanz sind grundsätzlich auch für die Besteuerung maßgebend (§ 5 Abs 1 EStG – Maßgeblichkeitsgrundsatz).Die umgekehrte Maßgeblichkeit, dass nämlich steuerliche Wahlrechte nur insoweit ausgeübt werden, als sie auch im handelsrechtlichen Jahresabschluss ausgeübt worden sind, ist durch das BilMoG (s Einleitung) aufgehoben. Der Trend geht dahin, dass zunehmend das Maßgeblichkeitsprinzip mit Hilfe zwingender steuerlicher Vorschriften durchbrochen wird, was zu einem Auseinanderdriften von Handels- und Steuerbilanz geführt hat. Als Beispiel sei das steuerliche Verbot genannt, Rückstellungen für drohende Verluste aus schwebenden Geschäften zu bilden (Rn 1140), obwohl handelsrechtlich eine Passivierungspflicht besteht. Bei der Anpassung der Pensionsrückstellungen an die neuen Sterbetafeln gelten steuerrechtlich und handelsrechtlich ebenfalls unterschiedliche Regelungen, wie der Angleichungsbetrag zeitlich zu verteilen ist.

1107 Für die Bewertung der in der Bilanz ausgewiesenen Vermögensgegenstände und Schulden gelten folgende Grundsätze:

– **Grundsatz der Bilanzkontinuität**
Die Wertansätze in der Eröffnungsbilanz des laufenden Geschäftsjahres müssen mit denen der Schlussbilanz des vorhergegangenen Geschäftsjahres übereinstimmen.

– **Going-Concern-Prinzip**
Bei der Bewertung ist von der Fortführung der Unternehmenstätigkeit auszugehen, sofern dem nicht tatsächliche oder rechtliche Gegebenheiten entgegenstehen. Die Vermögensgegenstände dürfen also nicht mit ihrem derzeitigen möglichen Einzel-Veräußerungserlös (Liquidationswert) angesetzt werden. Es müssen vielmehr (zB beim Anlagevermögen) die Anschaffungs- und Herstellungskosten der einzelnen Anlagengegenstände, vermindert um die planmäßigen Abschreibungen (§ 253 Abs 2 HGB) gezeigt werden. Bei der Bemessung der Rückstellungen sind, solange mit der Fortführung des Unternehmens zu rechnen ist, diejenigen Verpflichtungen und Risiken, die mit einer Einstellung der Unternehmenstätigkeit verbunden sein würden (zB Sozialpläne, Abwicklungskosten etc), nicht zu berücksichtigen.

– **Grundsatz der Einzelbewertung**
Die Vermögensgegenstände und Schulden sind zum Abschlussstichtag einzeln zu bewerten. Wertminderungen einzelner Vermögensgegenstände dürfen nicht mit Wertsteigerungen anderer Vermögensgegenstände aufgerechnet werden. Das Risiko eines jeden Vermögensgegenstandes ist also für sich zu beurteilen. Ausnahmen gelten für zulässige Gruppenbewertungen und Festwerte.

– **Grundsatz der Vorsicht**
Es ist vorsichtig zu bewerten. Alle vorhersehbaren Risiken und Verluste, die bis zum Abschlussstichtag entstanden sind, sind zu berücksichtigen, selbst wenn diese erst zwischen dem Abschlussstichtag und dem Aufstellungstag des Jahresabschlusses bekannt geworden sind. Gewinne dürfen nur berücksichtigt werden, wenn sie bis zum Abschlussstichtag auch tatsächlich realisiert wurden. Ein Veräußerungsgewinn darf also erst berücksichtigt werden, wenn die Ware das Unternehmen verlassen hat. Verluste dagegen, die mit großer Wahrscheinlichkeit entstehen werden, sind, auch wenn sie sich noch nicht realisiert haben, bereits zum Abschlussstichtag zu berücksichtigen. Die Bildung von willkürlichen stillen Reserven durch Unterbewertung der Vermögensgegenstände oder durch Überbewertung der Passiva (zB durch Überdotierung von Rückstellungen) ist unzulässig.

– **Grundsatz der Bewertungsstetigkeit**
Die auf den vorhergehenden Jahresabschluss angewandten Bewertungsmethoden sollen beibehalten werden. Diese Vorschrift soll die Vergleichbarkeit aufeinanderfolgender Jahresabschlüsse sicherstellen. Nur in begründeten Ausnahmefällen kann von diesem Grundsatz abgewichen werden.

– **Bewertung der Vermögensgegenstände**
Vermögensgegenstände sind höchstens mit den Anschaffungs- und Herstellungskosten, vermindert um Abschreibungen anzusetzen (§ 253 Abs 1 HGB). Handelsrechtlich ist bei Gegenständen des Anlagevermögens für Kapitalgesellschaften eine außerplanmäßige Abschreibung auf den niedrigeren Wert zulässig, soweit es sich um eine voraussichtlich dauernde Wertminderung handelt (§ 253 Abs. 3 HGB). Eine Ausnahme gilt für Finanzanlagen. Hier ist eine Abschrei-

bung auf den niedrigeren Wert auch zulässig, sofern die Wertminderung nur vorübergehend ist. Steuerlich gilt jedoch grundsätzlich das Prinzip, dass Abschreibungen auf den niedrigeren Teilwert nur zulässig sind, sofern die Wertminderung nachgewiesenermaßen dauerhaft ist. Beim Umlaufvermögen gilt handelsrechtlich das strenge Niederstwertprinzip, dh Abschreibungen sind gemäß § 253 Abs. 4 HGB vorzunehmen, um diese mit einem niedrigeren Wert anzusetzen, der sich aus einem Börsenkurs oder Marktpreis am Abschlussstichtag ergibt. Ist ein solcher Wert nicht vorhanden, ist auf den niedrigeren beizulegenden Wert abzuschreiben. Steuerrechtlich dagegen sind auch beim Umlaufvermögen Teilwertabschreibungen nur dann zulässig, wenn es sich um eine voraussichtlich dauernde Wertminderung handelt. Hier wird also das strenge Niederstwertprinzip des Handelsrechts durchbrochen. Für Kapitalgesellschaften gilt handels- wie steuerrechtlich das Wertaufholungsgebot. Absetzungen für außergewöhnliche technische oder wirtschaftliche Abnutzung sind steuerrechtlich weiterhin zulässig.

Als Bewertungsmaßstäbe für den Ansatz von Vermögensgegenständen gelten Anschaffungskosten, Herstellungskosten und, mit Hilfe des BilMoG neu in das HGB aufgenommen, der beizulegende Zeitwert (§ 255 Abs 1, 2 und 4 HGB).

Anschaffungskosten sind die Aufwendungen, die notwendig sind, um einen Vermögensgegenstand zu erwerben und ihn in einen betriebsbereiten Zustand zu versetzen. Diese Aufwendungen müssen dem Vermögensgegenstand aber einzeln zugeordnet werden können. Zu den Anschaffungskosten gehören auch die Nebenkosten wie zB Fracht, Zoll, Versicherungen etc sowie nachträgliche Kosten, die mit der Anschaffung in direktem Zusammenhang stehen.

Bewertungsspielraum in der Bilanz, mit dem auch in gewissem Umfang Bilanzpolitik betrieben werden kann, bieten die Herstellungskosten. Herstellungskosten sind die Aufwendungen, die durch den Verbrauch von Gütern und die Inanspruchnahme von (bewertbaren) Diensten für die Herstellung eines Vermögensgegenstandes, für seine Erweiterung oder für eine über seinen ursprünglichen Zustand hinausgehende wesentliche Verbesserung im Unternehmen entstehen (§ 255 Abs 2 HGB). **Bei den Herstellungskosten unterscheidet das Handelsrecht zwischen aktivierungspflichtigen und -fähigen Bestandteilen der Herstellungskosten.** Den damit gewährten Handlungsspielraum zeigt die folgende Zusammenstellung:

Herstellungskosten
+ Fertigungs(lohn)kosten } Einzelkosten
+ Sonderkosten der Fertigung
+ Materialgemeinkosten
+ Fertigungsgemeinkosten
+ Wertverzehr des Anlagevermögens (Abschreibungen)
= **Aktivierungspflichtige Kosten (Wertuntergrenze)**
+ Allgemeine Verwaltungskosten
+ Aufwendungen für soziale Einrichtungen des Betriebs
+ Aufwendungen für freiwillige soziale Leistungen
+ Aufwendungen für betriebliche Altersversorgung
+ Fremdkapitalzinsen
= **Aktivierungsfähige Kosten (Wertobergrenze)**

Während bis 2009 ein Wahlrecht für den Ansatz von Material- und Fertigungsgemeingemeinkosten bestand, schreibt der neue § 255 HGB idF des BilMoG zwingend vor, dass angemessene Teile der Material- und der Fertigungsgemeinkosten sowie der durch die Fertigung veranlassten Abschreibungen in die Herstellungskosten einbezogen werden. Ein Wahlrecht besteht für die Einbeziehung angemessener Anteile der allgemeinen Verwaltungskosten, der freiwilligen sozialen Leistungen und der Aufwendungen für die betriebliche Altersvorsorge in die Herstellungskosten, soweit diese auf den Zeitraum der Herstellung entfallen. **Forschungs- und Vertriebskosten dürfen nicht einbezogen werden.**

1111 **Fremdkapitalzinsen dürfen in die Herstellungskosten nur einbezogen werden, wenn sie für die Herstellung eines Vermögensgegenstandes direkt zurechenbar anfallen.** Das kann insbesondere bei einer langfristigen Fertigung im Großanlagenbau, im Schiffsbau usw der Fall sein. Die aktivierungsfähigen Kosten können wahlweise ganz, teilweise oder überhaupt nicht angesetzt werden. Wegen des Grundsatzes der Bewertungsstetigkeit ist eine Änderung in den zukünftigen Abrechnungsperioden grundsätzlich nicht erlaubt.

1112 **Die bei der Entwicklung eines selbstgeschaffenen immateriellen Vermögensgegenstandes des Anlagevermögens anfallenden Herstellungskosten können aktiviert werden (Wahlrecht).** Als Entwicklung wird, in Abgrenzung zur Forschung, die Anwendung von Forschungsergebnissen oder anderem Wissen für die Neu- und Weiterentwicklung von Gütern oder Verfahren verstanden (§ 255 Abs 2a HGB idF des BilMoG). Können jedoch Forschung und Entwicklung nicht verlässlich voneinander abgegrenzt werden, ist eine Aktivierung verboten. **Ein Bilanzierungsverbot besteht für Marken, Drucktitel, Verlagsrechte, Kundenlisten oder vergleichbare Vermögensgegenstände des Anlagevermögens,** soweit sie nicht entgeltlich erworben wurden (§ 248 Abs 2 HGB idF des BilMoG).

1113 Neben einer Bewertung in Höhe der Anschaffungskosten (Anlagevermögen) oder der Herstellungskosten (Umlaufvermögen) gibt es **als dritte Bewertungskategorie den „beizulegenden Zeitwert"** (§ 255 Abs 4 idF des BilMoG – Rn 1108). Der beizulegende Zeitwert entspricht dem Marktpreis. Mit dem beizulegendem Zeitwert sind beispielsweise Wertpapiere anzusetzen, die ausschließlich zur Deckung von Altersversorgungsverpflichtungen dienen, §§ 246 Abs 2, 253 Abs 1 HGB.

1114 **Auf der Passivseite spielen im Rahmen der Bewertung vor allem die Rückstellungen eine wichtige Rolle.** Rückstellungen sind zu bilden für ungewisse Verbindlichkeiten und für drohende Verluste aus schwebenden Geschäften. Durch die Neufassung des § 249 HGB durch das BilMoG sind Aufwandsrückstellungen, für die bisher ein Ansatzwahlrecht bestand, nicht mehr zulässig (zB Rückstellungen für unterlassene Instandhaltung). Eine Rückstellung für Gewährleistungen ist zwingend vorgeschrieben. Die Abweichung zwischen der handelsrechtlichen und der steuerlichen Anerkennung ist damit aufgehoben. Rückstellungen mit einer Laufzeit von mehr als einem Jahr sind mit dem ihrer Laufzeit entsprechenden durchschnittlichen Marktzins der vergangen sieben Geschäftsjahre abzuzinsen. Abweichend von dieser Regel dürfen Rückstellungen für laufende Pensionen und Anwartschaften pauschal mit dem durchschnittlichen Marktzinssatz (Basis: 15 Jahre) abgezinst werden. Die Abzinsungszinssätze werden von der Deutschen Bundesbank nach Maßgabe einer Rechtsverordnung monatlich ermittelt und bekannt gemacht.

1115 Differenzen, die sich aus unterschiedlichen Wertansätzen in der Handels- und Steuerbilanz ergeben, und die sich künftig steuerbelastend auswirken, sind als latente Steuerschuld zu passivieren, bei erwarteter Steuerentlastung in absehbarer Zukunft können sie (Wahlrecht) als Vermögensgegenstand gesondert als „latente Steuern" (Sonderposten eigener Art) **aktiviert** werden. Die Aktivierung latenter Steuern aus Verlustvorträgen darf nur erfolgen, wenn diese nachvollziehbar in den nächsten auf den Bilanzstichtag folgenden fünf Jahren mit Gewinnen verrechnet werden können. Eine Abzinsung ist nicht erlaubt (§ 274 HGB idF des BilMoG). **Kleine GmbHs sind von Ermittlung und Ausweis von latenten Steuern befreit** (§ 274a Nr 5 HGB idF des BilMoG).

1116 **Die Gewinn- und Verlustrechnung (GuV) ist nach den Vorschriften von § 275 HGB zu gliedern. Sie ist in Staffelform nach dem Gesamtkostenverfahren oder dem Umsatzkostenverfahren aufzustellen.** Der Aufbau der GuV nach dem Gesamtkostenverfahren und dem Umsatzkostenverfahren ist in der nachfolgenden Grafik vergleichend gegenübergestellt:

Gesamtkostenverfahren	Umsatzkostenverfahren
Umsatzerlöse	Umsatzerlöse
+ / ./. Bestandsveränderungen und aktivierte Eigenleistungen	
./. Herstellungskosten der erbrachten Leistungen (Material-, Personalkosten sowie Abschreibungen)	./. Herstellungskosten der abgesetzten Leistungen
	./. allgemeine Verwaltungskosten (soweit nicht Herstellungskosten)
	./. Vertriebskosten
+ sonstige betriebliche Aufwendungen	./. sonstige betriebliche Aufwendungen (soweit nicht Herstellungskosten, allgemeine Verwaltungskosten oder Vertriebskosten)
+ sonstige betriebliche Erträge	+ sonstige betriebliche Erträge
= Betriebsergebnis	= Betriebsergebnis
+ / ./. Finanzergebnis	
= Ergebnis der gewöhnlichen Geschäftstätigkeit	
+ / ./. Außerordentliches Ergebnis	
./. Steuern	
= Jahresüberschuß/Jahresfehlbetrag	

Jede Geschäftsführung muss die Unterschiede analysieren und danach ihre Entscheidung treffen, welchem System sie folgen will. Hier sei nur auf zwei wichtige Unterschiede hingewiesen, die für die anzustellenden Überlegungen Bedeutung haben können. **Beim Umsatzkostenverfahren ist der Material- und Personalaufwand aus der GuV nicht erkennbar. Er ist deshalb im Anhang anzugeben, außerdem die Abschreibungen (§ 285 Nr 8 HGB). Kleine GmbHs sind von der Angabe des Materialaufwandes befreit (§ 288 S 1 HGB). Beim Gesamtkostenverfahren sind die Abschreibungen gesondert auszuweisen,** und zwar neben den Abschreibungen auf Finanzanlagen und auf Wertpapiere des Umlaufvermögens auch die Abschreibungen auf immaterielle Vermögensgegenstände des Anlagevermögens, auf Sachanlagen sowie auf aktivierte Aufwendungen für die Ingangsetzung und Erweiterung des Geschäftsbetriebs; ferner sind die Abschreibungen auf Vermögensgegenstände des Umlaufvermögens auszuweisen, soweit diese die üblichen Abschreibungen überschreiten, dh Abschreibungen in Sanierungsfällen, bei Produkteinstellung oder Betriebsaufgabe uÄ (§ 275 Abs 2 Nr 7). **Beim Umsatzkostenverfahren sind nur die Abschreibungen auf Finanzanlagen und auf Wertpapiere des Umlaufvermögens als eigene Position gesondert auszuweisen.** Die übrigen Abschreibungen sind in den Herstellungs-, Vertriebs- und allgemeinen Verwaltungskosten je nach Zugehörigkeit enthalten und brauchen nicht gezeigt zu werden.

Neben der Bilanz und der GuV haben die Geschäftsführer einen Anhang aufzustellen (§§ 284ff HGB). Der Anhang ist Bestandteil des Jahresabschlusses. Der Anhang hat den Zweck, zusätzliche, aus Bilanz und GuV nicht ersichtliche Informationen zu geben, die den Einblick in die Vermögens-, Finanz- und Ertragslage der GmbH verbessern sollen. Der Inhalt des Anhangs ergibt sich im wesentlichen aus §§ 284 und 285 HGB. Daneben sind Vermerk- und Angabepflichten aus Einzelvorschriften des HGB sowie aus dem GmbHG zu beachten.

**Für kleine und mittelgroße GmbHs gelten Erleichterungen (§§ 276, 288 HGB). Kleine GmbHs brauchen keinen Lagebericht aufzustellen (§ 264 Abs 1

S 3 HGB). Kleine GmbHs brauchen auch nicht anzugeben, in welchem Umfang die Steuern vom Einkommen und vom Ertrag das Ergebnis der gewöhnlichen Geschäftstätigkeit und das ao Ergebnis belastet haben. Weitere Erleichterungen ergeben sich aus § 274a HGB und § 276 HGB, wonach im Anhang ao Erträge und ao Aufwendungen nicht erläutert zu werden brauchen. Auch das Jahresergebnis und seine Verwendung brauchen nicht gezeigt und auch nicht besonders bekanntgemacht zu werden (Rn 1132). **Für alle GmbHs gilt:** Bezüge der Geschäftsführung, des Aufsichtsrats, eines Beirats oder einer ähnlichen Einrichtung oder Pensionen, Hinterbliebenenbezüge und entsprechende Rückstellungen dürfen weggelassen werden, wenn sich anhand dieser Angaben die Bezüge eines Mitglieds dieser Organe feststellen ließe. Auch für die Offenlegung des Jahresabschlusses und des Lageberichts im elektronischen Bundesanzeiger gelten größenabhängige Erleichterungen (Rn 1132) (§§ 326 und 327 HGB).

1119 **Das HGB sieht keine zwingende Gliederung des Anhangs vor.** In der Praxis hat sich jedoch folgendes Gliederungsschema bewährt:

- Allgemeine Angaben zum Jahresabschluss, zur Bilanzierungs-, Bewertungs- und Währungsrechnungsmethode
- Erläuterungen zur Bilanz
- Erläuterungen zur Gewinn- und Verlustrechnung
- Sonstige Angaben.

Für eine Anzahl von Angaben bestehen Wahlrechte, ob sie in der Bilanz, in der GuV oder im Anhang gemacht werden.

1120 **Die Geschäftsführer haben auch einen Lagebericht aufzustellen** (§ 264 Abs 1 S 1 HGB). **Kleine GmbHs sind von der Aufstellung eines Lageberichts befreit** (§ 264 Abs 1 S 3 HGB). **Der Lagebericht ist nicht Bestandteil des Jahresabschlusses** hat aber auf die im Jahresabschluss ausgewiesenen Beträge und Angaben Bezug zu nehmen. Er hat den Geschäftsverlauf und die Lage des Unternehmens so darzustellen, dass ein den tatsächlichen Verhältnissen entsprechendes Bild vermittelt wird. Dabei sollten folgende Informationen enthalten sein (§ 289 HGB):

- Analyse des Geschäftsverlaufs und der Lage der Gesellschaft;
- Analyse der für die Geschäftstätigkeit bedeutsamen finanziellen Leistungsindikatoren;
- voraussichtliche Entwicklung mit ihren wesentlichen Chancen und Risiken;
- Vorgänge von besonderer Bedeutung, die nach Schluss des Geschäftsjahres eingetreten sind;
- Risikomanagementziele und -methoden;
- Preisänderungs-, Ausfall- und Liquiditätsrisiken sowie Risiken aus Zahlungsstromschwankungen, denen die Gesellschaft ausgesetzt ist (saisonale, Währungs- und Länderrisiken usw);
- der Bereich Forschung und Entwicklung;
- Zweigniederlassungen;
- nicht finanzielle Leistungsindikatoren über Umwelt- und Arbeitnehmerbelange, soweit sie von Bedeutung bzw zum Verständnis des Geschäftsverlaufs von Bedeutung sind (gilt nur für große GmbHs).

Auch der Lagebericht muss den allgemeinen Grundsätzen der Rechnungslegung genügen, dh er muss klar und übersichtlich sein und auch die Stetigkeit in der Berichterstattung wahren, so dass die Vergleichbarkeit mit der Darstellung des Vorjahres gegeben ist. **Die Darstellung im Lagebericht soll erkennen lassen, ob nach Auffassung der Geschäftsführer die Geschäftsentwicklung günstig oder ungünstig verlaufen ist.**

2. Die Prüfung des Jahresabschlusses und des Lageberichts

1121 **Der Jahresabschluss und der Lagebericht sind für jedes Geschäftsjahr von einem Abschlussprüfer zu prüfen.** Ausgenommen von der Prüfungspflicht

sind kleine GmbHs (§ 316 Abs 1 HGB). Der Abschlussprüfer wird von den Gesellschaftern gewählt (Rn 4010), es sei denn, dass der Gesellschaftsvertrag etwas anderes vorsieht, also zB ein Beirat oder Aufsichtsrat mit der Wahl beauftragt ist. Ist der Abschlussprüfer gewählt, so haben die Geschäftsführer unverzüglich den Prüfungsauftrag zu erteilen (§ 318 HGB). Sofern die GmbH nach Gesetz (§ 6 MitbestG, § 1 DrittelbG) oder Gesellschaftsvertrag einen Aufsichtsrat zu bilden hat, muss die Erteilung des Prüfungsauftrages durch den Aufsichtsrat erfolgen. Wird der Abschlussprüfer ausnahmsweise nicht in der ordentlichen Gesellschafterversammlung gewählt, ist er so rechtzeitig zu wählen, dass er noch innerhalb des von den gesetzlichen Vorschriften vorgegebenen Zeitrahmens alle Prüfungshandlungen durchführen kann (zB Inventurbeobachtung bei vorgezogener Stichtagsinventur). **Abschlussprüfer können nur Wirtschaftsprüfer und Wirtschaftsprüfungsgesellschaften sein. Mittelgroße GmbHs können auch von vereidigten Buchprüfern und Buchführungsgesellschaften geprüft werden.** Bei der Auswahl des Abschlussprüfers ist darauf zu achten, dass keine Gründe, insbesondere Beziehungen geschäftlicher, finanzieller oder persönlicher Art vorliegen, nach denen Besorgnis der Befangenheit des Prüfers gegenüber dem zu prüfenden Unternehmen besteht (§§ 319, 319a HGB). **Um das sicher zu stellen, sollte der Abschlussprüfer aufgefordert werden, eine sog Unabhängigkeitserklärung abzugeben.**

Die Geschäftsführer haben dem Abschlussprüfer den Jahresabschluss und den Lagebericht unverzüglich nach der Aufstellung vorzulegen. Bei großen und mittelgroßen GmbHs müssen der Jahresabschluss und der Lagebericht innerhalb der ersten drei Monate des neuen Geschäftsjahres aufgestellt werden. Die nicht prüfungspflichtigen kleinen GmbHs können den Jahresabschluss innerhalb von sechs Monaten aufstellen (§ 264 Abs 1 S 3 HGB). Einen Lagebericht brauchen sie nicht aufzustellen. Die Prüfung umfasst die Prüfung der Buchführung, der zugrundeliegenden Verträge und Belege sowie der Inventur. Außerdem ist zu prüfen, ob die gesetzlichen Vorschriften über die Rechnungslegung und die sie ergänzenden Bestimmungen des Gesellschaftsvertrages eingehalten worden sind. Zu prüfen ist auch der Lagebericht, obwohl er nicht zum Jahresabschluss gehört. Bei ihm ist zu prüfen, ob er im Einklang mit dem Jahresabschluss steht und ob die sonstigen im Lagebericht gemachten Angaben nicht falsche Vorstellungen von der Lage des Unternehmens erwecken (§ 317 HGB). Dabei ist auch zu prüfen, ob die Risiken der künftigen Entwicklung von der Geschäftsführung zutreffend dargestellt sind (§ 317 Abs 2 S 2 HGB). **Das Recht der Abschlussprüfer, die Bücher und Schriften sowie die Vermögensgegenstände und Schulden zu prüfen (§ 320 HGB), beinhaltet auch das Recht, Saldenbestätigungen für Forderungen und Verbindlichkeiten an Gläubiger und Schuldner zu versenden, einschließlich der Banken.** Die Prüfer haben auch die körperliche Bestandsaufnahme zu beobachten und können die Bestände und das Sachanlagevermögen inspizieren. Oft ist es zweckmäßig, dass der Abschlussprüfer schon vor der Aufstellung des Jahresabschlusses mit Prüfungshandlungen bei der Gesellschaft beginnt. ZB kann er die Ordnungsmäßigkeit der Buchführung und das interne Kontrollsystem schon in einer „Vorprüfung" vor dem Abschlussstichtag prüfen. Die Geschäftsführer müssen ihm alle Aufklärungen und Nachweise geben, die er für eine sorgfältige Prüfung braucht (§ 320 HGB). **Am Schluss der Prüfung hat der Abschlussprüfer eine schriftliche, von den Geschäftsführern** und möglicherweise auch von anderen Auskunftspersonen **unterschriebene Vollständigkeitserklärung über deren Auskünfte zu seinen Akten zu nehmen.**

Über das Ergebnis der Prüfung hat der Abschlussprüfer schriftlich zu berichten. In dem **Prüfungsbericht** ist besonders festzustellen, ob die Buchführung, der Jahresabschluss und der Lagebericht den gesetzlichen Vorschriften entsprechen und ob die Geschäftsführer die verlangten Aufklärungen und Nachweise erbracht haben (§ 321

HGB). Vorweg hat der Abschlussprüfer zur Beurteilung der Lage des Unternehmens oder des Konzerns durch die Geschäftsführung Stellung zu nehmen, wobei er insbesondere auf die Beurteilung des Fortbestandes und die künftige Entwicklung des Unternehmens unter Berücksichtigung des Lageberichts einzugehen hat. Er hat auch darzustellen, ob bei der Durchführung der Prüfung Unrichtigkeiten oder Verstöße gegen gesetzliche Vorschriften sowie Tatsachen festgestellt worden sind, die den Bestand des geprüften Unternehmens gefährden, seine Entwicklung wesentlich beeinträchtigen können oder die schwerwiegende Verstöße der gesetzlichen Vertreter bzw. von Arbeitnehmern gegen Gesetz, Gesellschaftsvertrag oder Satzung darstellen. Das alles gilt entsprechend bei der Prüfung eines Konzernabschlusses. Im Hauptteil des Prüfungsberichts ist darüber im Einzelnen zu berichten (§ 321 Abs 2 HGB). In einem besonderen Abschnitt des Prüfungsberichtes sind Gegenstand, Art und Umfang der Prüfung zu erläutern (§ 321 Abs 3 HGB).

1124 **Am Ende des Prüfungsberichts erteilt der Abschlussprüfer zum Jahresabschluss und zum Lagebericht einen Bestätigungsvermerk.** Im Bestätigungsvermerk muss neben der Beschreibung von Gegenstand, Art und Umfang der Prüfung auch eine Beurteilung des Prüfungsergebnisses enthalten sein. Sind vom Abschlussprüfer keine Einwendungen zu erheben, so hat er nunmehr im Bestätigungsvermerk ausdrücklich zu erklären, dass die durchgeführte Prüfung zu keinen Einwendungen geführt hat und dass der aufgestellte Jahres- bzw Konzernabschluss aufgrund der bei der Prüfung gewonnenen Erkenntnisse unter Beachtung der Grundsätze ordnungsmäßiger Buchführung ein den tatsächlichen Verhältnissen entsprechendes Bild der Vermögens-, Finanz- und Ertragslage des Unternehmens oder des Konzerns vermittelt. Der Bestätigungsvermerk, bzw die Darstellung des Prüfungsergebnisses, soll allgemein verständlich abgefasst werden. Auf Risiken, die den Fortbestand des Unternehmens gefährden, ist besonders einzugehen. Im Bestätigungsvermerk ist darauf einzugehen, ob Lagebericht und der Konzernlagebericht insgesamt nach der Beurteilung des Abschlussprüfers eine zutreffende Vorstellung von der Lage des Unternehmens oder des Konzerns vermitteln. Dabei ist auch darauf einzugehen, ob die Risiken der künftigen Entwicklung zutreffend dargestellt sind. **Den Bestätigungsvermerk hat der Abschlussprüfer zu unterzeichnen und den Geschäftsführern vorzulegen.**

1125 **Hat der Abschlussprüfer Einwendungen gegen den Jahresabschluss, so hat er den Bestätigungsvermerk entsprechend einzuschränken oder zu versagen.** Die Einschränkung oder die Versagung sind zu begründen. **Einschränkungen sind so darzustellen, dass deren Tragweite erkennbar wird.** Die Versagung ist im Prüfungsbericht zu erklären. Einzuschränken bzw zu versagen ist der Bestätigungsvermerk auch dann, wenn der Abschlussprüfer bei der Durchführung seiner Prüfung beschränkt wurde. Er durfte zB auf Anweisung der Geschäftsführer nicht an der Inventur beobachtend teilnehmen oder er erhielt keine Nachweise, um die er gebeten hatte uÄ.

1126 **Die Geschäftsführer müssen, sobald sie den Prüfungsbericht vom Abschlussprüfer erhalten haben, den Jahresabschluss und den Lagebericht zusammen mit dem Prüfungsbericht des Abschlussprüfers den Gesellschaftern vorlegen** (§ 42a GmbHG). Die Gesellschafter haben einen Anspruch darauf, den Jahresabschluss und Lagebericht sowie den Prüfungsbericht unverzüglich spätestens zum Ablauf des achten Monats nach Geschäftsjahresschluss (kleine GmbHs nach Ablauf von elf Monaten) vorgelegt zu bekommen. Denn sie haben bis dahin über die Feststellung des Jahresabschlusses und über die Gewinnverwendung zu beschließen (§ 42a Abs 2 S 1 GmbHG). Diese Fristen voll auszunutzen würde allerdings zeigen, dass die Geschäftsführung das Unternehmen nicht im Griff hat. Üblich ist, dass die Bilanzsitzung der Gesellschafter im April, spätestens im Mai des Folgejahres stattfindet.

1127 **Hat die GmbH einen Aufsichtsrat, sind der Jahresabschluss und der Lagebericht zusammen mit dem Prüfungsbericht des Abschlussprüfers und dem**

Gewinnverwendungsvorschlag dem Aufsichtsrat vorzulegen. Dies gilt auch für den Konzernabschluss und den Konzernlagebericht. Die Geschäftsführung muss vorher Gelegenheit erhalten, zum Prüfungsbericht Stellung zu nehmen. Der Aufsichtsrat hat die Unterlagen zu prüfen und über das Ergebnis seiner Prüfung schriftlich an die Gesellschafter zu berichten (Aufsichtsratsbericht). Er hat auch mitzuteilen, ob er den Jahresabschluss billigt oder ob er Einwendungen zu erheben hat. Sein Bericht muss innerhalb eines Monats, nachdem ihm die Vorlagen zugegangen sind, der Geschäftsführung zugeleitet sein. Geschieht dies nicht (was praktisch nicht vorkommt), hat die Geschäftsführung ihn zu erinnern und eine weitere Frist zu setzen, die nicht länger als ein Monat sein darf. Erhält die Geschäftsführung auch dann noch keinen Bericht des Aufsichtsrats, gilt der Jahresabschluss als vom Aufsichtsrat nicht gebilligt (§§ 52 Abs 1 GmbHG, 77 Abs 1 BetrVG 1952, 25 Abs 1 Nr 2 MitbestG, jeweils iVm § 171 AktG). **Für einen fakultativen Aufsichtsrat kann der Gesellschaftsvertrag andere Regelungen treffen.**

Die Gesellschafter stellen den Jahresabschluss fest (§ 46 Nr 1 GmbHG). **Der** **1128** **Aufsichtsrat kann nur Empfehlungen geben.** An der Feststellung selbst ist er nicht beteiligt. Das gilt auch dann, wenn die GmbH einen gesetzlichen Aufsichtsrat hat, sei es nach dem DrittelbG oder nach dem MitbestG.

Die Geschäftsführer haben das gesamte Verfahren der Aufstellung des Jahres- **1129** abschlusses und des Lageberichts, der Prüfung durch den Abschlussprüfer und durch einen etwaigen Aufsichtsrat (oder ein anderes Aufsichts- oder Beratungsgremium) **so zu organisieren, dass die Gesellschafter innerhalb der Frist, die das Gesetz vorsieht, über die Feststellung des Jahresabschlusses und die Gewinnverwendung beschließen können** (§§ 42a Abs 2, 29 GmbHG). Bei großen und mittleren GmbHs muss der Jahresabschluss bis zum Ablauf der ersten acht Monate des neuen Geschäftsjahres und bei kleinen GmbHs bis zum Ablauf der ersten elf Monate des neuen Geschäftsjahres festgestellt werden. Im Gesellschaftsvertrag können diese Fristen nicht verlängert werden (§ 42a Abs 2 GmbHG). Meist werden sie erheblich verkürzt. In gut organisierten GmbHs sollte der Jahresabschluss eigentlich vier Monate nach Ablauf des alten Geschäftsjahres vorliegen. **Der Jahresabschluss kann nicht festgestellt werden, wenn die gesetzlich vorgeschriebene Abschlussprüfung nicht stattgefunden hat** (§ 316 HGB). Er ist dann nichtig. Nichtig sind auch die Wahl und die Bestellung eines falschen Abschlussprüfers. Das gleiche gilt, wenn der Jahresabschluss einer großen GmbH nicht – wie vorgeschrieben – von einem Wirtschaftsprüfer, sondern von einem vereidigten Buchprüfer geprüft worden ist (Rn 1121).

3. Publizität

Die Geschäftsführer haben den Jahresabschluss bzw Konzernabschluss beim **1130** **Betreiber des elektronischen Bundesanzeigers** (s Einleitung) **unverzüglich** nach seiner Vorlage an die Gesellschafter, jedoch vor Ablauf von zwölf Monaten nach dem Abschlussstichtag mit dem Bestätigungsvermerk und dem Lagebericht, dem Vorschlag und dem Beschluss über die Ergebnisverwendung unter Angabe des Jahresüberschusses oder Jahresfehlbetrags **elektronisch einzureichen und unverzüglich danach im elektronischen Bundesanzeiger bekannt zu machen.** Angaben über die Ergebnisverwendung brauchen jedoch nicht gemacht zu werden, wenn sich anhand dieser Angaben Gewinnanteile von natürlichen Personen feststellen ließen, die Gesellschafter sind (§ 325 HGB). **Der Jahresabschluss bzw Konzernabschluss, die Lageberichte usw sind für jedermann über das Portal www.unternehmensregister.de einsehbar.**

Wird der Jahresabschluss bzw Konzernabschluss unter Anwendung von in- **1131** **ternationalen Rechnungslegungsstandards (IFRS/IAS) aufgestellt,** so hat das

Unternehmen die in § 315a HGB genannten Standards vollständig einzuhalten. IFRS/IAS-Jahresabschlüsse stellen zumeist Tochtergesellschaften mbH von börsennotierten Konzernobergesellschaften auf, da sie sowieso denselben Rechnungsgegenstandard wie die Obergesellschaft anwenden müssen. Sie können statt des HGB-Abschlusses diesen IFRS/IAS-Abschluss auch (befreiend) offenlegen. Dann muss allerdings neben dem Jahresabschluss bzw Konzernabschluss der Bestätigungsvermerk des Abschlussprüfers, der Vorschlag zur Verwendung des Ergebnisses und ggf der Beschluss seine Verwendung unter Angabe des Jahresüberschusses oder Jahresfehlbetrags in die Offenlegung einbezogen werden (§ 325 Abs 2b HGB).

1132 **Größenabhängige Publizitätserleichterungen gibt es für kleine und mittelgroße GmbHs:** Die Vertreter von **kleinen GmbHs** brauchen nur die Bilanz und den Anhang einzureichen. Der Anhang braucht die in Gewinn- und Verlustrechnung betreffenden Angaben nicht zu enthalten (§ 326 HGB). Auch die Offenlegungspflichten von **mittelgroßen GmbHs** sind vereinfacht. In der Bilanz oder im Anhang sind jedoch erweiterte Aufgliederungen vorzunehmen (§ 327 Abs 1 HGB). In der zu veröffentlichenden Gewinn- und Verlustrechnung brauchen die folgenden Angaben (§ 285 HGB) nicht gemacht zu werden (§ 327 Abs 2 HGB):

– Aufgliederung von Verbindlichkeiten (§ 285 Nr 2);
– Auswirkungen auf das Jahresergebnis durch steuerlich veranlasste Bewertung von Vermögensgegenständen (§ 285 Nr 5);
– bei Anwendung des Umsatzkostenverfahrens die Angabe des Materialaufwandes des Geschäftsjahres (§ 285 Nr 8a);
– Aufgliederung von sonstigen Rückstellungen (§ 285 Nr 12).

1133 **Bei der Offenlegung des Jahresabschlusses bzw Konzernabschlusses** sind gemäß § 328 HGB diverse Vorschriften zu beachten. So ist bei von einem Abschlussprüfer geprüften Abschlüssen der **volle Wortlaut des Bestätigungsvermerks** oder des Vermerks über dessen Versagung wiederzugeben. Werden zB größenordnungsgemäße Erleichterungen in Anspruch genommen oder nur teilweise offengelegt, so ist hierauf in der Veröffentlichung hinzuweisen.

1134 Der Betreiber des elektronischen Bundesanzeigers prüft, ob die einzureichenden Unterlagen fristgemäß und vollständig eingereicht worden sind und die Erleichterungsvorschriften für kleine und mittlere GmbHs zu Recht in Anspruch genommen wurden. Ergibt die Prüfung, dass keine bzw unvollständige Unterlagen eingereicht wurden, wird die zur Durchführung von Ordnungsgeldverfahren zuständige Verwaltungsbehörde (Bundesamt für Justiz) unterrichtet. **Das Bundesamt für Justiz führt dann ein Ordnungsgeldverfahren durch, das sowohl gegen die Geschäftsführer als auch gegen die GmbH als solche eingeleitet wird.** Das Ordnungsgeld beträgt mindestens EUR 2500,– und höchstens EUR 25 000,– (§ 335 HGB) und kann solange wiederholt werden, bis eingereicht ist (Rn 7017, 8019).

V. Die Steuern der GmbH

1. Rahmenbedingungen der Steuer

1135 **Die GmbH ist ein eigenständiges Steuersubjekt, unabhängig von ihren Gesellschaftern.** Die wichtigsten Steuerarten der laufenden Besteuerung der GmbH sind die **Körperschaftsteuer**, die **Gewerbesteuer** und die **Umsatzsteuer.** Zudem unterliegt die GmbH noch dem **Solidaritätszuschlag,** der eine Sonderabgabe ist. Das Körperschaftsteuergesetz (KStG) unterscheidet zwischen unbeschränkter und beschränkter Steuerpflicht. Die unbeschränkte Körperschaftsteuerpflicht knüpft neben der Rechts-

V. Die Steuern der GmbH

form als Kapitalgesellschaft an den Sitz oder die Geschäftsleitung im Inland an (§ 1 Abs 1 Nr 1 KStG). Der Sitz wird durch den Gesellschaftsvertrag festgelegt. Der Ort der Geschäftsleitung ist der Mittelpunkt der geschäftlichen Oberleitung. Er muss nicht mit dem gesellschaftsvertraglichen Sitz identisch sein. Allerdings hat eine deutsche GmbH stets ihren Sitz im Inland und ist deshalb stets unbeschränkt körperschaftsteuerpflichtig, dh die Körperschaftsteuerpflicht erstreckt sich auf sämtliche Einkünfte (§ 1 Abs 2 KStG). Die Gewerbesteuerpflicht knüpft an die Rechtsform der GmbH als Kapitalgesellschaft an (§ 2 Abs 2 S 1 GewStG). Für die Umsatzsteuerpflicht ist entscheidend, ob die GmbH als Unternehmer iS des Umsatzsteuergesetzes (UStG) anzusehen ist (§ 2 Abs 1 UStG). Die Unternehmereigenschaft einer GmbH ist in der Regel gegeben. Der Solidaritätszuschlag als Ergänzungsabgabe knüpft an die Körperschaftsteuerpflicht der GmbH an (§ 1 SolZG).

Neben den vorgenannten Steuerarten gibt es noch als wichtige Steuerart die Vermögensteuer. **Die Vermögensteuer war bis einschließlich 1996 nicht nur von natürlichen, sondern auch von juristischen Personen erhoben worden.** Das Bundesverfassungsgericht hat in seinem Beschluss vom 22. 6. 1995[32] entschieden, dass das Vermögensteuergesetz verfassungswidrig sei und dem Gesetzgeber eine Frist bis Ende 1996 eingeräumt, das verfassungswidrige Gesetz zu ändern. Dies hat der Gesetzgeber jedoch nicht getan, so dass das Gesetz zwar noch formal in Kraft ist, jedoch ab dem 1. 1. 1997 keine Vermögensteuer mehr erhoben wird.

2. Körperschaftsteuer

2.1. Steuerpflicht

Die Körperschaftsteuerpflicht der GmbH als eigenes Steuersubjekt beginnt mit dem Abschluss des notariellen Gesellschaftsvertrages. Die GmbH entsteht zivilrechtlich zwar erst mit der Eintragung in das Handelsregister. Zwischen dem Abschluss des Gesellschaftsvertrags und der Eintragung im Handelsregister vergeht jedoch einige Zeit. In dieser Zeit wird die werdende GmbH als **sog Vorgesellschaft** (Rn 5023 ff) bezeichnet. Die selbständige Steuerpflicht der Vorgesellschaft rechtfertigt sich daraus, dass die von der Vorgesellschaft – wenn sie die Geschäfte schon aufgenommen hat – begründeten Rechte und Verbindlichkeiten automatisch auf die GmbH übergehen, sobald sie im Handelsregister eingetragen ist (Rn 5031). Anders ist dies bei der **sog Vorgründungsgesellschaft** (Rn 5021 f). Als Vorgründungsgesellschaft wird der Rechtszustand bezeichnet, der besteht, bevor der Gesellschaftsvertrag beurkundet worden ist. Die Rechte und Verbindlichkeiten, die aus einer Geschäftstätigkeit in diesem Stadium entstehen, gehen nicht automatisch auf die künftige GmbH über, sondern müssen einzeln von der GmbH übernommen werden. **Deshalb ist es nicht gerechtfertigt, die Vorgründungsgesellschaft bereits als selbständiges Steuersubjekt anzusehen.** Vielmehr werden die Gesellschafter selbst als Mitunternehmer besteuert wie bei einer Personengesellschaft **Die Steuerpflicht endet mit Beendigung der Liquidation** (Rn 5092), **durch Verschmelzung auf eine andere Körperschaft** (Rn 5046), **durch Aufspaltung auf andere Rechtsträger** (Rn 5051) **oder wenn die GmbH in eine Personengesellschaft umgewandelt wird** (sog Formwechsel, Rn 5053).

Die Körperschaftsteuer ist die Einkommensteuer der GmbH. Sie ist eine Jahressteuer, deren Grundlagen grundsätzlich für ein Kalenderjahr zu ermitteln sind (§ 7 Abs 3 KStG). Im Gesellschaftsvertrag kann jedoch geregelt werden, dass das Geschäftsjahr (steuerlich das Wirtschaftsjahr) der GmbH vom Kalenderjahr ab-

---

[32] BStBl 1995 II S 655.

weicht. In diesem Fall sind die Grundlagen der Besteuerung für das Wirtschaftsjahr zu ermitteln, das im Gesellschaftsvertrag bestimmt ist (§ 7 Abs 4 KStG). Das Wirtschaftsjahr umfasst grundsätzlich einen Zeitraum von zwölf Monaten. **Beginnt oder endet die Körperschaftsteuerpflicht im Laufe eines Wirtschaftsjahres, so kann der Gewinn,** der zu besteuern ist, für einen kürzeren Zeitraum, **das sog Rumpfgeschäfts- oder -wirtschaftsjahr, ermittelt werden.** Ein Rumpfwirtschaftsjahr kann auch dann gebildet werden, wenn die GmbH ihr Geschäftsjahr umstellt, zB vom Kalenderjahr auf die Zeit vom 1. Mai bis zum 30. April. **Für die Umstellung auf einen vom Kalenderjahr abweichenden Bilanzstichtag ist das Einvernehmen mit dem Finanzamt erforderlich** (§ 7 Abs 4 S 3 KStG). Das Finanzamt hat bei der Entscheidung einen Ermessensspielraum, welcher jedoch eingeschränkt sein kann. Wenn betriebliche Gründe die Umstellung des Wirtschaftsjahres nahelegen, ist das Einvernehmen zu erteilen. Ein solcher Grund ist zB die Umstellung auf einen konzerneinheitlichen Abschlussstichtag.

2.2 Zu versteuerndes Einkommen

1139 Das zu versteuernde Einkommen wird nach den Vorschriften des Einkommensteuergesetzes (EStG) **und nach den Vorschriften des Körperschaftssteuergesetzes (KStG) ermittelt** (§ 8 Abs 1 KStG). Im EStG sind in erster Linie die §§ 4 und 5 maßgebend. Die GmbH, die gem §§ 41 GmbHG, 242ff HGB zur Buchführung verpflichtet ist, ermittelt ihren Gewinn jedoch zunächst einmal nach den Vorschriften des HGB und den handelsrechtlichen GoB.

1140 **Nach dem sog Maßgeblichkeitsgrundsatz (§ 5 Abs 1 EStG) ist bei der Gewinnermittlung prinzipiell von den handelsrechtlichen Grundsätzen ordnungsmäßiger Buchführung auszugehen. Der handelsbilanzielle Gewinn ist daher der Anknüpfungspunkt für die steuerliche Gewinnermittlung. Allerdings wurde der Maßgeblichkeitsgrundsatz vielfach eingeschränkt.** So müssen beispielsweise bestimmte Rückstellungen oder Verbindlichkeiten der GmbH für steuerliche Zwecke abgezinst werden, wohingegen nach den handelsrechtlichen Bilanzierungsvorschriften Verbindlichkeiten mit dem Rückzahlungsbetrag angesetzt werden müssen. Die Folge eines solch unterschiedlichen Bilanzansatzes ist, dass der steuerliche Gewinn höher ausfällt und zu entsprechenden Mehrsteuern führt. Bereits durch das Gesetz zur Fortsetzung der Unternehmenssteuerreform vom 29. 10. 1997 war die **bilanzielle Erfassung bestimmter Rückstellungen (Drohverlustrückstellung) für steuerliche Zwecke untersagt** worden, während die handelsrechtlichen Regelungen die Einstellung in die Bilanz zwingend vorsahen und -sehen. Ein weiteres Beispiel für die Einschränkung der Maßgeblichkeit findet sich in § 7 Abs 1 S 2 EStG, nach welchem Firmenwerte zwingend über einen Zeitraum von 15 Jahren abzuschreiben sind, während handelsrechtlich meistens ein kürzerer Zeitraum von in der Regel vier Jahren anzunehmen ist. Auch im Rahmen des Unternehmensteuerreformgesetzes 2008 vom 14. 8. 2007 (BGBl I S 1912) hat die Maßgeblichkeit eine weitere Einschränkung erfahren. **Für geringwertige Wirtschaftsgüter (GWG) des Anlagevermögens, welche einen Wert von mehr als EUR 150,– und weniger als EUR 1000,– haben, ist nunmehr ein Sammelposten zu bilden.** Der Sammelposten ist im Wirtschaftsjahr der Bildung und den folgenden vier Wirtschaftsjahren mit jeweils einem Fünftel gewinnmindernd aufzulösen. **GWG mit einem Wert von bis zu EUR 150,– können in voller Höhe als Betriebsausgaben abgesetzt werden.** Ein solcher Sammelposten widerspricht dem grundsätzlichen handelsrechtlichen Gebot der Einzelbewertung. Zwar hat der Hauptausschuss der Wirtschaftsprüfer zugelassen, dass ein solcher Sammelposten auch handelsrechtlich gebildet werden darf, jedoch wird die Bildung an die Bedingung, dass der Posten für das Unternehmen von untergeordneter

V. Die Steuern der GmbH

Bedeutung sein muss,[33] geknüpft. Aus diesen einschränkenden Regelungen lässt sich eine deutliche Tendenz feststellen, die steuerlichen Gewinnermittlungsvorschriften zu Gunsten höherer Steuereinnahmen von den handelsbilanziellen Regelungen abzukoppeln. Es ist damit zu rechnen, dass sich diese Entwicklung fortsetzen wird.

Aus dem so gebildeten steuerbilanziellen Gewinn wird unter Anwendung der steuerlichen Sondervorschriften das zu versteuernde Einkommen entwickelt. In § 4 Abs 5 EStG ist im Einzelnen aufgeführt, welche Ausgaben steuerlich nicht als Betriebsausgaben anerkannt werden und deshalb den steuerlichen Gewinn nicht mindern dürfen. Dazu gehören unter anderem Geschenke an Geschäftsfreunde, die einen Wert von mehr als EUR 35,– haben oder 30% der geschäftlichen Bewirtungsaufwendungen. Neben § 4 Abs 5 EStG führen auch die Vorschriften der §§ 8 bis 10 KStG zu Korrekturen. In § 9 KStG ist zB die Abzugsfähigkeit von Spenden für mildtätige, kirchliche, religiöse oder wissenschaftliche Zwecke geregelt. **Vergütungen an Mitglieder eines Aufsichts- oder Verwaltungsrates sowie Vergütungen an andere mit der Überwachung der Geschäftsführung beauftragte Personen sind nur zur Hälfte abzugsfähig (§ 10 Nr 4 KStG).** Das gilt nicht für Aufsichtsorgane einer GmbH & Co KG. Bußgelder, Ordnungsgelder, Verwarnungsgelder und Geldstrafen, mit denen Geschäftsführer belegt worden sind, sind grundsätzlich nicht abzugsfähig (Rn 7016, 7018). Leistungen, mit denen richterliche Auflagen oder Weisungen erfüllt werden, dürfen dagegen abgezogen werden, soweit sie der Wiedergutmachung eines durch die Tat verursachten Schadens dienen (§ 4 Abs 5 Nr 8 EStG, § 10 Nr 3 KStG). Ebenfalls nicht abziehbare Aufwendungen der GmbH sind die Körperschaftsteuer und der Solidaritätszuschlag (§ 10 Nr 2). Die Gewerbesteuer ist seit dem Veranlagungszeitraum 2008 ebenfalls nicht mehr abzugsfähig (§ 4 Abs 5b EStG). Darüber hinaus kann der Abzug von Zinsen für Fremdkapital im Rahmen der sog Zinsschranke eingeschränkt sein (Rn 1157 ff).

Im Rahmen der Ermittlung des zu versteuernden Einkommens **darf eine verdeckte Gewinnausschüttung** (Rn 1150 ff) **den Gewinn nicht mindern,** während **eine verdeckte Einlage** diesen **nicht erhöhen** darf (§ 8 Abs 3 KStG).

Erzielt die GmbH Erträge aus einer Beteiligung an einer Kapitalgesellschaft (zB Dividenden), so bleiben diese grundsätzlich bei der Ermittlung des zu versteuernden Einkommens der GmbH **außer Ansatz,** soweit sie das Einkommen der ausschüttenden Gesellschaft nicht gemindert haben (§ 8b Abs 1 KStG). Dies ist in der Regel der Fall, da Gewinnausschüttungen auf der Ebene der ausschüttenden Gesellschaft den Gewinn nicht mindern dürfen. **Allerdings gelten 5% der erhaltenen Ausschüttung als nicht abzugsfähige Betriebsausgaben. Veräußerungsgewinne aus der Veräußerung von Anteilen an Kapitalgesellschaften, welche die GmbH hält, bleiben** bei der Ermittlung des zu versteuernden Einkommens der GmbH **ebenfalls außer Ansatz**. Als Konsequenz aus der Steuerfreiheit der Veräußerungsgewinne sind Teilwertabschreibungen auf diese Anteile steuerlich grundsätzlich nicht anzuerkennen.

Hat die Gesellschaft einen Verlust erwirtschaftet, kann dieser für die körperschaftssteuerliche Veranlagung bis zur Höhe von EUR 511 500 mit positiven Ergebnissen des vorangegangenen Jahres verrechnet werden (sog Verlustrücktrag) (§ 8 Abs 1 KStG, § 10d Abs 1 EStG). Wird von dem Verlustrücktrag Gebrauch gemacht, erhält die GmbH bereits gezahlte Steuern zurück. Übersteigt der Verlust die Gewinne des vorangegangenen Jahres, kann er, soweit er nicht zurückgetragen worden ist, **mit zukünftigen Gewinnen verrechnet werden (sog Verlustvortrag; § 10d Abs 2 EStG).** Allerdings ist der Verlustvortrag dahingehend eingeschränkt, dass ein bestehender Verlust aus Vorjahren lediglich in Höhe von EUR 1 Mio unbe-

---

[33] Vgl Protokoll der 208. Sitzung des HFA vom 3. 7. und 4. 7. 2007.

schränkt mit positiven Einkünften verrechnet werden kann (§ 10d Abs 2). Darüber hinausgehende positive Einkünfte können nur zu 60% mit Verlusten aus Vorjahren verrechnet werden (sog **Mindestbesteuerung**). **Das Finanzamt erlässt einen gesonderten Feststellungsbescheid über den vortragsfähigen Verlust.**

1145 **Die Verluste der GmbH können grundsätzlich unbeschränkt in die Zukunft vorgetragen werden.** Werden allerdings innerhalb eines Zeitraums von fünf Jahren **mehr als 25%** des gezeichneten Kapitals oder der Stimmrechte an der GmbH **übertragen, geht der Verlustvortrag der GmbH anteilig unter; werden mehr als 50% übertragen, geht dieser vollständig unter.** Dies gilt zunächst für den Wechsel der unmittelbaren Anteile an der GmbH. Soweit an der GmbH als Gesellschafter eine weitere Gesellschaft (Personengesellschaft oder Kapitalgesellschaft) beteiligt ist, kann auch die Übertragung der Anteile der Gesellschafter an der weiteren Gesellschaft auf einen Dritten zum Untergang der Verlustvorträge auf der Ebene der GmbH führen, soweit dies zu einer mittelbaren Übertragung der Anteile an der GmbH führt.

2.3 Steuersatz

1146 **Durch das 1977 eingeführte Anrechnungsverfahren ist die Doppelbesteuerung der Einkünfte beseitigt worden, die von einer Kapitalgesellschaft, also auch von einer GmbH, erzielt worden sind.** Vor 1977 wurden die Einkünfte zunächst bei der GmbH besteuert und dann noch einmal die Dividende beim Gesellschafter. Beim Anrechnungsverfahren wurde zwar auch zunächst die GmbH selbständig besteuert. Die Steuer, die auf die Dividende entfiel, wurde jedoch dem Gesellschafter gutgeschrieben und auf seine Steuerbelastung angerechnet. Unterlag er einem höheren Steuersatz als das Steuerguthaben repräsentiert, musste er die Differenz noch zahlen. War sein Steuersatz geringer, wurde ihm der überschießende Teil des Guthabens erstattet.

1147 **Im Jahr 2002 wurde das Anrechnungsverfahren aufgehoben und durch das Halbeinkünfteverfahren ersetzt.** Unter dem Halbeinkünfteverfahren wurden die Gewinne der GmbH auf der Ebene der GmbH einem Körperschaftsteuersatz von 25% unterworfen. Die Dividende auf der Ebene des Gesellschafters wurde nur zur Hälfte zur Besteuerung herangezogen. Im Gegenzug war auf der Ebene des Gesellschafters jedoch auch nur ein hälftiger Abzug der im Zusammenhang mit dem Anteilsbesitz getätigten Aufwendungen zulässig.

1148 Durch das Unternehmensteuerreformgesetz 2008 vom 14. 8. 2007 (BGBl I S 1912) **wurde das Halbeinkünfteverfahren in ein Teileinkünfteverfahren** geändert. **Mit Wirkung vom 1.1.2008 werden die Gewinne auf der Ebene der GmbH mit einem Steuersatz 15% besteuert.** Auf der Ebene des Gesellschafters hängt die Besteuerung der Ausschüttung davon ab, ob der Gesellschafter die Anteile an der GmbH im Privatvermögen oder in einem Betriebsvermögen hält. **Erträge aus Anteilen im Privatvermögen** unterliegen **ab dem Veranlagungszeitraum 2009 der Abgeltungssteuer,** was bedeutet, dass die Dividende **auf Ebene des Gesellschafters zwar zu 100% berücksichtigt wird, grundsätzlich jedoch nur einem Steuersatz von 25%** unterliegt. **Aufwendungen, welche dem Gesellschafter im Zusammenhang mit den Anteilen entstehen, können allerdings nicht mehr als Werbungskosten angesetzt werden.** Auf Antrag erfolgt eine Günstigerprüfung. Unterliegt der Gesellschafter mit seinen gesamten Einkünften unter Berücksichtigung der Einkünfte aus Kapitalvermögen, welche sonst der Abgeltungssteuer unterliegen würden, einem Steuersatz, welcher geringer als 25% ist, erfolgt die Besteuerung der Dividende mit dem geringeren Steuersatz. Weiterhin kann der Anteilseigner, soweit er entweder zu mindestens 25% an der GmbH beteiligt ist oder an der er zu mindestens zu 1% beteiligt ist und für die er gleichzeitig beruflich tätig ist, auf Antrag die Dividenden der regulären Veranlagung und nicht der Abgeltungssteuer zu unterwerfen. Hat der Gesellschafter einen solchen Antrag gestellt oder hält er die **Anteile in einem Betriebsvermögen, sind die Erträge aus den Anteilen nach dem Teileinkünfteverfahren auf Ebene des Gesellschafters in Höhe von 60%** zur Besteuerung heranzuziehen und dem persönlichen Steuersatz des Gesellschafters zu unterwerfen. Aufwendungen des Gesellschafters im Zusammenhang mit dem Anteilsbesitz dürfen ab 2009 entsprechend zu 60% abgezogen werden. Soweit der Gesellschafter der GmbH selbst eine Körperschaft ist, ist die Dividende steuerfrei. Jedoch sind 5% der Dividende auf der Ebene des Gesellschafters nicht abziehbare Aufwendungen, so dass insoweit eine Steuerbelastung verbleibt. **Die GmbH hat von der auszuschüttenden Dividende eine Kapitalertragsteuer bzw. die Abgeltungssteuer einzubehalten.** Die Abgeltungssteuer hat für den Gesellschafter abgeltende Wirkung. Bei der Veranlagungsbesteuerung ist sie bei der Gesamtsteuerbelastung des Gesellschafters anzurechnen und wird in der Steuerbescheinigung regelmäßig mit bescheinigt.

2.4. Veranlagung

Die Körperschaftsteuererklärung zusammen mit der Erklärung zur gesonderten Feststellung über das verwendbare Eigenkapital ist grundsätzlich innerhalb von fünf Monaten nach Abschluss des Wirtschaftsjahres, für das die Steuererklärung gilt, abzugeben. Das ist der 31. Mai, wenn das Wirtschaftsjahr mit dem Kalenderjahr übereinstimmt. Generell wird aber Fristverlängerung bis zum 31. Dezember gewährt, wenn bei der Anfertigung der Erklärung ein Angehöriger der steuerberatenden Berufe mitgewirkt hat.[34] Das dürfte bei einer GmbH in der Regel der Fall sein. **Auf die voraussichtlich geschuldete Körperschaftsteuer sind jeweils am 10. 3., 10. 6., 10. 9. und 10. 12. eines Jahres Vorauszahlungen zu leisten.** Die Höhe der Vorauszahlungen wird durch einen Vorauszahlungsbescheid des Finanzamtes festgesetzt. Die Vorauszahlungen werden grundsätzlich nach der Höhe der Körperschaftsteuer des vorangegangenen Jahres festgesetzt. Auf Antrag können die Vorauszahlungen jedoch angepasst werden, wenn sich zeigt, dass das steuerpflichtige Einkommen erheblich geringer sein wird als das des Vorjahres. Das Finanzamt kann von sich aus die Vorauszahlungen erhöhen, wenn es Erkenntnisse gewinnt, dass das steuerpflichtige Einkommen voraussichtlich erheblich höher sein wird. Es kann die Vorauszahlungen sogar noch rückwirkend erhöhen, und zwar innerhalb der ersten drei Monate des neuen Wirtschaftsjahres. Macht es davon Gebrauch, wird die letzte Vorauszahlung für den abgelaufenen Veranlagungszeitraum (also 10.12.) angepasst. Der Erhöhungsbetrag muss dann innerhalb eines Monats nach Bekanntgabe des Vorauszahlungsbescheids gezahlt werden (§ 37 Abs 1 und 2 EStG). Erkennt man bei Aufstellung des Jahresabschlusses der Gesellschaft, dass die bislang entrichteten Vorauszahlungen höher sind als die voraussichtliche Steuerschuld, kann innerhalb der ersten drei Monate des neuen Wirtschaftsjahres ebenfalls eine Anpassung der Vorauszahlungen beantragt werden, was ggf zu nicht unerheblichen Liquiditätsvorteilen führen kann.

2.5. Besonderheiten

2.5.1 Verdeckte Gewinnausschüttung

Verdeckte Gewinnausschüttungen mindern nicht das steuerpflichtige Einkommen der GmbH (§ 8 Abs 3 KStG). Eine verdeckte Gewinnausschüttung liegt vor, wenn eine Kapitalgesellschaft, also auch eine GmbH, einem Gesellschafter oder

---

[34] Vgl die für den Veranlagungszeitraum 2008 gleichlautenden Ländererlasse Az: 2008/0528982.

einer diesem nahestehenden Person außerhalb der gesellschaftsrechtlichen Gewinnverteilung einen Vermögensvorteil zuwendet und diese Zuwendung ihre Ursache im Gesellschaftsverhältnis hat. Der Vermögensvorteil kann beim Gesellschafter eine Vermögensvermehrung sein oder eine Vermögensminderung verhindern. Als nahestehende Personen gelten Personen, die mit dem Gesellschafter in einer Beziehung stehen, die den Schluss zulässt, dass die Vermögenszuwendung aufgrund der Beziehung erfolgt ist. Dabei sind nahestehende Personen insbesondere solche, zu denen der Gesellschafter in verwandtschaftlichen Beziehungen steht oder mit denen er in anderer Weise persönlich oder geschäftlich eng verbunden ist. Auch juristische Personen können nahestehende Personen sein, zB Schwestergesellschaften in einem Konzern. Handelsrechtlich ist die verdeckte Gewinnausschüttung neben der Gewinnermittlung auch eine Frage der Gewinnverwendung und zwar unter dem Gesichtspunkt der Gleichbehandlung der Gesellschafter (Rn 4043). Handelsrechtlich gilt auch nicht das steuerliche Rückzahlungsverbot (Rn 1153).

1151 **Die Vermögenszuwendung muss nicht von einem Organ der GmbH veranlasst sein.** Nach der Rechtsprechung des BFH genügt es, dass ein Organ der Gesellschaft einem Dritten – im Streitfalle war es ein Mitgesellschafter – die Möglichkeit verschafft, zum Nachteil der Gesellschaft über deren Vermögen zu verfügen, zB durch eine Vollmacht, die so umfassend ist, dass sie der Bevollmächtigte missbrauchen kann.[35]

1152 **Auf das Risiko verdeckter Gewinnausschüttung ist besonders bei Vereinbarungen zu achten, die ein beherrschender Gesellschafter mit der GmbH trifft.**[36] Ein Gesellschafter ist im Regelfall dann beherrschender Gesellschafter, wenn er die Mehrheit der Stimmrechte besitzt und deshalb bei Gesellschafterversammlungen entscheidenden Einfluss ausüben kann.[37] Das ist vor allem bei Anstellungsverträgen mit Gesellschafter-Geschäftsführern von großer Bedeutung (Rn 1154). Die Vereinbarungen müssen **im Voraus abgeschlossen sowie klar und eindeutig** sein. **Es ist dringend anzuraten, diese schriftlich abzuschließen,** damit der Nachweis gewährleistet ist. Außerdem müssen sie nachweisbar tatsächlich durchgeführt werden. Fehlt es an diesen Voraussetzungen, sind die Leistungen der Gesellschaft in vollem Umfang verdeckte Gewinnausschüttung (§ 8 Abs 3 S 2 KStG). **Beteiligungen von Ehegatten an ein- und derselben GmbH werden für die Frage, ob eine beherrschende Stellung des Gesellschafters gegeben ist, nicht automatisch zusammengerechnet,** so dass sich nicht notwendigerweise eine Kapital- und Stimmenmehrheit und deshalb eine beherrschende Stellung ergibt. Anders ist es dann, wenn die Ehegatten gleichgerichtete Interessen in dem Unternehmen haben, wenn also zB die minderheitsbeteiligte Ehefrau neben dem Ehemann Mitgeschäftsführerin ist oder wenn sie zwar keine Mitgeschäftsführerin, aber neben dem minderheitsbeteiligten geschäftsführenden Ehemann zB Mehrheitsgesellschafterin ist.

1153 **Wird die verdeckte Gewinnausschüttung vom Gesellschafter an die Gesellschaft zurückgezahlt, so ist das steuerlich eine Einlage, die nicht gewinnerhöhend wirkt.** Steuerlich gilt das Rückzahlungsverbot. Da die Vereinbarungen im Voraus getroffen werden müssen, sind rückwirkende Änderungen zwar handelsrechtlich zulässig, nicht aber steuerlich. Steuerlich ist der auf die zurückbezogene Zeit entfallende Teil verdeckte Gewinnausschüttung bzw verdeckte Einlage.

1154 **Ist ein Anstellungsvertrag eines beherrschenden Gesellschafter-Geschäftsführers steuerlich grundsätzlich anzuerkennen, spielt die Angemessenheit der Bezüge eine Rolle.** Übersteigt die Gesamtvergütung (monatliches Gehalt, Tantieme, Pensionszusage, Zusatzleistungen usw) den in vergleichbaren Unternehmen üblichen

---

[35] BFH v 14. 10. 1992 BStBl 1993 II S 351 ff.
[36] Langohr-Plato GmbHR 1992, 742.
[37] BFH v 13. 12. 1989 BStBl 1990 II S 454, 455 rSp.

Rahmen, ist der überschießende Teil verdeckte Gewinnausschüttung. Bei nichtbeherrschenden Gesellschafter-Geschäftsführern kann bei der steuerlichen Überprüfung nur die Angemessenheit problematisch werden. Die strengen formalen Voraussetzungen wie beim beherrschenden Gesellschafter-Geschäftsführer werden nicht verlangt. Wichtig ist, dass die getroffenen Vereinbarungen zwischen der Gesellschaft und den Gesellschaftern zivilrechtlich wirksam sind, insbesondere zivilrechtliche Formerfordernisse beachten. Die zivilrechtliche Wirksamkeit der an einen Gesellschafter-Geschäftsführer gezahlten Vergütung erfordert ua, dass der erforderliche (Rn 2003, 2045) Beschluss der Gesellschafter[38] oder des Aufsichtsrats, wenn die GmbH nach MitbestG mitbestimmt ist (Rn 4063), die Bezüge mit umfasst. Das gilt insbesondere auch für alle Anpassungen der Vergütung zu einem späteren Zeitpunkt.[39]

Zur Angemessenheit von Gesellschafter-Geschäftsführergehältern hat der BFH[40] **wie folgt Stellung genommen:** 1155

„Ob und in welcher Höhe die Bezüge, die ein geschäftsführender Gesellschafter für seine Tätigkeit im Dienste der Gesellschaft von dieser erhält, ein derartiger Vermögensvorteil sind, hängt von den Umständen des Einzelfalles ab. Es gibt keine festen Regeln für die Angemessenheit der Bezüge eines Geschäftsführers (s BFH-Urteil in BFHE 157, 408, BStBl II 1989 S 854). Das Gleiche gilt auch für die Angemessenheit der Bezüge anderer leitender Angestellter. Die obere Grenze der Angemessenheit, die ein ordentlicher und gewissenhafter Geschäftsleiter nicht überschreiten würde, muss im Einzelfall geschätzt werden. Dabei sind zu berücksichtigen: Die gesamten Vermögensvorteile ..., die der Gesellschafter als Entgelt für seine Tätigkeit im Dienste der Gesellschaft erhält (sog Gesamtbezüge), die Art und der Umfang seiner Tätigkeit, die voraussichtliche Ertragsentwicklung des Unternehmens, das Verhältnis der Gesamtbezüge zum erwarteten Gesamtgewinn und zur voraussichtlichen Kapitalverzinsung sowie die Art und Höhe der Vergütungen, die gleichartige Betriebe für entsprechende Tätigkeiten leisten (BFHE 124, 164, BStBl II 1978 S 234)."

Die Rechtsprechung des BFH zum Körperschaftsteuerrecht betrifft vielfach Probleme der verdeckten Gewinnausschüttung. Daran lässt sich die Bedeutung des Themas für die Praxis erkennen. Die verdeckte Gewinnausschüttung ist nicht nur steuerlich, sondern auch handelsrechtlich ein fast unerschöpfliches Problemreservoir (Rn 4043 ff), wovon die Vielzahl der gerichtlichen Entscheidungen ein beredtes Zeugnis gibt. Im steuerlichen Bereich ist sie ein Problem der Gewinnermittlung. Denn es geht darum, ob bestimmte Aufwendungen der Gesellschaft als Betriebsausgaben, die den steuerpflichtigen Gewinn mindern, anerkannt werden können oder nicht. Handelsrechtlich ist sie auch ein Problem der Gewinnverwendung. Die folgenden Beispiele verdeutlichen den Umfang des Problemkreises: 1156

– Ein Gesellschafter-Geschäftsführer erhält eine unangemessen hohe Gesamtvergütung;
– ein Gesellschafter erhält eine Pensionszusage, die nicht mehr erdienbar ist (Rn 2091);
– die GmbH gewährt einem Gesellschafter ein Darlehen zinslos oder zu einem ungewöhnlich niedrigen Zinssatz, oder: der Gesellschafter gewährt der GmbH ein Darlehen zu überhöhten Zinsen;
– die GmbH gewährt einem Gesellschafter ohne Sicherheiten ein Darlehen, obwohl die Fähigkeit zur Rückzahlung fraglich ist (vgl auch Rn 4008);
– die GmbH bezieht von einem Gesellschafter Lieferungen oder Leistungen zu ungewöhnlich hohen Preisen, oder umgekehrt: der Gesellschafter erhält Lieferungen oder Leistungen von der Gesellschaft umsonst oder zu ungewöhnlich niedrigen Preisen;
– die GmbH verzichtet ohne Entschädigung auf Rechte gegenüber einem Gesellschafter (zB aus Verletzung des Wettbewerbsverbots, Rn 2050, 2113) oder sie macht ihren Anspruch auf Herausgabe empfangener Schmiergelder nicht geltend;
– ein Gesellschafter beteiligt sich an der GmbH als stiller Gesellschafter und erhält dafür einen ungewöhnlich hohen Gewinnanteil;

---

[38] BGH v 25. 3. 1991 NJW 1991, 1680, 1681 lSp.
[39] BFH v 31. 5. 1995 BStBl 1996 II S 246, 248 lSp.
[40] BFH v 16. 10. 1991 NV 1992, 666.

– eine Tochter-GmbH gewährt einer Schwester-GmbH einen Vermögensvorteil (verdeckte Gewinnausschüttung an die Muttergesellschaft).

2.5.2 Zinsschranke

1157 Im Rahmen der Unternehmensteuerreformgesetzes 2008 vom 14. 8. 2007 (BGBl I S 1912) wurde die sog Zinsschranke eingeführt (§ 8 a KStG iVm § 4 h EStG). **Durch die Zinsschranke wird unter bestimmten Voraussetzungen der Schuldzinsenabzug auf Ebene der GmbH eingeschränkt.** Dabei kommt es nicht darauf an, ob die Schuldzinsen an Gesellschafter oder Dritte gezahlt werden, oder ob sie sich auf kurz- oder langfristige Verbindlichkeiten beziehen. Allerdings bestehen drei grundsätzliche Ausnahmen von der Anwendbarkeit der Zinsschranke. **Zunächst findet die Zinsschranke keine Anwendung, wenn der gesamte Zinsaufwand, soweit er den Betrag der Zinserträge übersteigt, im Wirtschaftsjahr weniger als EUR 1 Mio beträgt (sog Kleinbetriebsklausel).** Damit dürften die meisten kleinen und mittleren Unternehmen nicht der Zinsschranke unterliegen. Weiter ist die Zinsschranke nicht anwendbar, wenn der Betrieb nicht oder nur anteilsmäßig zu einem Konzern gehört **(sog Konzernklausel).** Schließlich findet die Zinsschranke keine Anwendung, wenn der Betrieb zwar zu einem Konzern gehört aber seine Eigenkapitalquote am Schluss des vorangegangenen Abschlussstichtages gleich hoch oder höher ist als die des Konzerns **(sog Escape-Klausel). Von der Konzernklausel und der Escape-Klausel bestehen Rückausnahmen für den Fall schädlicher Gesellschafter-Fremdfinanzierung.** Die Konzernklausel und die Escape-Klausel sind nur dann anzuwenden, wenn die Zinsaufwendungen, die an einen zu mehr als einem Viertel unmittelbar oder mittelbar am Stammkapital beteiligten Anteilseigner fließen (oder an eine diesem nahe stehende Person oder einen Dritten, der auf den zu mehr als einem Viertel am Stammkapital beteiligten Anteilseigner oder eine diesem nahe stehende Person zurückgreifen kann), nicht mehr als 10% der die Zinserträge übersteigenden Zinsaufwendungen der GmbH betragen und die GmbH dies nachweist. Gleiches gilt für die Escape-Klausel, soweit die Vergütungen einer anderen Konzerngesellschaft zustehen.

1158 **Findet die Zinsschranke Anwendung, dürfen Zinsaufwendungen, soweit sie die Zinserträge übersteigen (sog Zinssaldo), nur bis zur Höhe von 30 Prozent von dem um den Zinssaldo und die Absetzungen für Abnutzungen erhöhten maßgeblichen Einkommen abgezogen werden.** Die darüber hinausgehenden Zinsaufwendungen können nicht abgezogen werden.

1159 Die nichtabziehbaren Zinsaufwendungen werden als Zinsvortrag festgestellt und können grundsätzlich unbegrenzt in Folgejahre vorgetragen werden. In späteren Jahren können sie dann nach den vorstehenden Grundsätzen abgezogen werden. Das Finanzamt erlässt über den verbleibenden Zinsvortrag der GmbH einen gesonderten Feststellungsbescheid. Soweit die GmbH in folgenden Jahren den Freibetrag von EUR 1 Mio nicht ausnutzt, kann sie den Zinsvortrag im Rahmen der folgenden Steuererklärungen als zusätzlichen Zinsaufwand des jeweiligen Jahres ansetzen. Für den Zinsvortrag gilt im Falle der unmittelbaren oder mittelbaren Übertragung von Anteilen an der GmbH Gleiches, wie für den Verlustvortrag (§§ 8 a, 8 c KStG, § 10 d EStG). Werden innerhalb eines Zeitraums von fünf Jahren mehr als 25% des gezeichneten Kapitals oder der Stimmrechte übertragen, geht der Zinsvortrag der GmbH anteilig unter; werden mehr als 50% übertragen, geht dieser vollständig unter.

2.5.3 Einlagen

1160 **Bei den Einlagen ist begrifflich zwischen der offenen und der verdeckten Einlage zu unterscheiden.** Eine offene Einlage ist gegeben, wenn der Gesellschafter

V. Die Steuern der GmbH **1161–1167**

der GmbH aufgrund eines gesellschaftsrechtlichen Beschlusses einen Vermögensvorteil zuwendet, welcher in einer Sach- oder Geldleistung bestehen kann. Eine verdeckte Einlage ist dagegen die Zuwendung eines einlagefähigen Vermögensvorteils, der im Gesellschaftsverhältnis begründet ist und nicht auf einem gesellschaftsrechtlichen Vorgang beruht. Die Einlage kann in einer unmittelbaren Vermögensmehrung oder in einem verhinderten Vermögensabfluss (zB Verzicht auf eine Forderung gegenüber der GmbH) bestehen. **Aus steuerlicher Sicht werden die offene und die verdeckte Einlage gleich behandelt.** Weder die offene noch die verdeckte Einlage dürfen den Gewinn der GmbH erhöhen. Entsteht bei einer verdeckten Einlage durch die Vermögenszuwendung ein Gewinn (ist also die Einlage in der Handelsbilanz nicht als „andere Zuzahlung" iS des § 272 Abs 2 Nr 4 HGB anzusehen), ist der Gewinn außerbilanziell zu korrigieren.

Der Betrag der geleisteten Einlagen wird im steuerlichen Einlagekonto festgestellt **1161** (§ 27 KStG). Das Finanzamt erlässt einen gesonderten Feststellungsbescheid über das steuerliche Einlagekonto. **Das steuerliche Einlagekonto kann steuerfrei an den Gesellschafter zurückgezahlt werden;** eine Besteuerung auf der Ebene des Gesellschafters erfolgt insoweit nicht mehr.

2.5.4 Körperschaftsteuerguthaben/Körperschaftsteuererhöhungsbetrag

Obschon das Anrechnungsverfahren schon im Jahr 2002 aufgehoben wurde, wirkt es **1162** dennoch im Rahmen des **sog Körperschaftsteuerguthabens** und des **sog Körperschaftsteuererhöhungsbetrages** noch fort.

Das **Körperschaftsteuerguthaben entstand dadurch, dass Gewinne, welche** **1163** **die GmbH zunächst thesauriert und erst später ausgeschüttet hat,** auf Ebene der GmbH mit einer Steuer von 45% bzw 40% besteuert worden waren. Sobald später die Gewinne ausgeschüttet wurden, wurde die Steuerbelastung auf 30% verringert. Diese Steuerminderung wurde der Gesellschaft erstattet, oder konnte von ihr mit ihrer fälligen Steuerschuld verrechnet (und an die Gesellschafter ausgeschüttet) werden. Das Körperschaftsteuerguthaben ist der Betrag, der noch nicht erstattet oder noch nicht verrechnet worden ist.

Wurden dagegen Gewinne ausgeschüttet, die bislang noch nicht der Körper- 1164 schaftsteuer unterlegen haben (etwa steuerfreie Investitionszulagen), so war in der Regel zunächst **die Ausschüttungsbelastung von 30% herzustellen,** was zu einer entsprechenden Steuerbelastung bei der GmbH führt. Die noch nicht vorgenommene Besteuerung wurde mit **dem Körperschaftsteuererhöhungsbetrag festgestellt.**

Nach Abschaffung des Anrechnungsverfahrens im Jahr 2002 hat **das Finanzamt in** **1165** **einen Feststellungsbescheid das Körperschaftsteuerguthaben und den Körperschaftsteuererhöhungsbetrag gesondert festgestellt.** Dieser Bescheid ist Grundlagenbescheid für den Körperschaftsteuerbescheid. In dem Zeitraum von 2002 bis 2006 wurde die Steuerbelastung von Gewinnausschüttungen durch die festgestellten Guthaben unter bestimmten Voraussetzungen gemindert.

Mit Wirkung zum 31. 12. 2006 wurde der Betrag des Körperschaftsteuer- 1166 guthabens und des Körperschaftsteuererhöhungsbetrages letztmalig festgestellt. Ab dem Veranlagungszeitraum 2008 wird nunmehr das Körperschaftsteuerguthaben über einen Zeitraum von zehn Jahren ratierlich ausgezahlt. Der Köperschaftsteuererhöhungsbetrag erhöht in zehn gleichen Jahresraten die Körperschaftsteuerbelastung.

3. Gewerbesteuer

Jeder stehende Gewerbebetrieb im Inland unterliegt der Gewerbesteuer. **1167** **Eine GmbH gilt stets und in vollem Umfange als Gewerbebetrieb** (§ 2 Abs 2

GewStG). Besteuert wird der Gewerbeertrag. **Für die Erklärungs- und Vorauszahlungspflichten gilt bei der Gewerbesteuer das gleiche wie bei der Körperschaftsteuer** (Rn 1149). Auch die Anpassung der Vorauszahlungen erfolgt wie bei der Körperschaftsteuer. Soweit die GmbH einen Gewerbeverlust erleidet, können diese Verluste in zukünftige Jahre vorgetragen werden (§ 10a GewStG). **Ein Verlustrücktrag ist bei der Gewerbesteuer im Gegensatz zur Körperschaftsteuer ausgeschlossen. Der Verlustvortrag erfolgt in gleicher Weise wie bei der Körperschaftsteuer,** so dass insbesondere auch die Regeln über die Mindestbesteuerung Anwendung finden (Rn 1144). Ein bestehender Verlust aus Vorjahren kann also lediglich in Höhe von EUR 1 Mio unbeschränkt mit einem positiven Gewerbeertrag verrechnet werden. Ein darüber hinausgehender positiver Gewerbeertrag kann nur zu 60% mit Verlusten aus Vorjahren verrechnet werden. Entsprechend der Regelung bei der Körperschaftsteuer geht der Verlustvortrag bei der Übertragung von mehr als 25% der Anteile innerhalb von fünf Jahren an der GmbH anteilig, bei einer Übertragung von mehr als 50% insgesamt unter.

1168 **Ausgangspunkt für die Gewerbesteuer ist das für Körperschaftsteuerzwecke ermittelte Einkommen der GmbH. Es wird durch Hinzurechnungen und Kürzungen modifiziert.** Das System der Hinzurechnungen wurde im Rahmen des Unternehmensteuerreformgesetzes 2008 vom 14. 8. 2007 (BGBl I S 1912) neu geregelt.

1169 Wichtigste Hinzurechnung ist die Hinzurechnung **von Nutzungsentgelten für das dem Betrieb überlassene Geld- und Sachkapital (sog Betriebskapital). Die Nutzungsentgelte für das Betriebskapital werden zu 25% hinzugerechnet, soweit der Gesamtbetrag der Nutzungsentgelte den Freibetrag von EUR 100 000,– übersteigt.** Der Gesamtbetrag der Nutzungsentgelte setzt sich zusammen aus der Summe

– der Entgelte für Schulden, unabhängig davon, ob die Schulden kurz- oder langfristiger Natur sind,
– der Renten und dauernden Lasten, mit Ausnahme von Pensionszahlungen auf Grund einer unmittelbar vom Arbeitgeber erteilten Versorgungszusage,
– der Gewinnanteile des stillen Gesellschafters,
– von 20% der Miet- und Pachtzinsen (einschließlich Leasingraten) für die Benutzung von beweglichen Wirtschaftsgütern des Anlagevermögens,
– von 65% der Miet- und Pachtzinsen (einschließlich Leasingraten) für die Benutzung der unbeweglichen Wirtschaftsgüter des Anlagevermögens und
– von 25% der Aufwendungen für die zeitlich befristete Überlassung von Rechten (insbesondere Konzessionen und Lizenzen).

1170 Als wichtige **Kürzungen** sind **Gewinnanteile an einer in- oder ausländischen Personengesellschaft** sowie Gewinnanteile an nicht-steuerbefreiten inländischen Kapitalgesellschaften zu nennen, wenn die Beteiligung mindestens 10% des Grund- oder Stammkapitals an dieser Gesellschaft beträgt **(sog Schachtelprivileg).** Weiter wird der Gewerbeertrag um 1,2% des Einheitswertes des Grundbesitzes, welcher im Eigentum der GmbH steht, gekürzt.

1171 **Auf den Gewerbeertrag wird unter Anwendung der Steuermesszahl der Steuermessbetrag für den Gewerbeertrag ermittelt** (§ 11 GewStG). Die Steuermesszahl beträgt für die GmbH 3,5%. **Den Gewerbesteuermessbetrag teilt das Finanzamt der Gemeinde mit, in der der Gewerbebetrieb liegt.** Die Gewerbesteuer ist eine Gemeindesteuer. **Die Gemeinde wendet auf den einheitlichen Steuermessbetrag ihren Hebesatz an,** dh sie multipliziert den einheitlichen Gewerbesteuermessbetrag mit dem Hebesatz. Der Hebesatz wird von den Gemeinden festgelegt. Er beträgt mindestens 200% (§ 16 Abs 4 GewStG), wobei die Gemeinden in der Regel deutlich höhere Gewerbesteuerhebesätze festlegen. Im Entwurf zum Unternehmenssteuerreformgesetz 2008 wird von einem Hebesatz von 400% ausgegangen.[41] Bei Zugrundelegung eines Hebesatzes von 400% ergibt sich ein Gewerbesteuersatz von 14%. **Hat die GmbH Betriebsstätten in verschiedenen Gemeinden, wird der einheitliche Steuermessbetrag zerlegt** (§§ 28 ff GewStG). Die verschiedenen Gemeinden sollen angemessen an der Gewerbesteuer beteiligt werden. Der Maßstab für die Verteilung auf die verschiedenen Gemeinden ist grundsätzlich das Verhältnis der Arbeitslöhne, die in der Betriebsstätte auf dem Gebiet der einen oder dem Gebiet der anderen Gemeinde gezahlt werden (§ 29 GewStG). Erstreckt sich eine Betriebsstätte auf die Gebiete mehrerer Gemeinden, wird der einheitliche Steuermessbetrag so zerlegt, dass den örtlichen Verhältnissen Rechnung getragen wird. Dabei wird das Maß der Gemeindelasten berücksichtigt, das die eine oder andere Gemeinde zugunsten der auf ihrem Gebiet liegenden Betriebsstätte zu tragen hat (§ 30 GewStG). Das gilt insbesondere für die Lasten der Infrastruktur. Jede Gemeinde wendet dann auf den ihr zugeteilten Anteil des einheitlichen Steuermessbetrages ihren Hebesatz an.

4. Solidaritätszuschlag

Neben der Körperschaftsteuer unterliegt die GmbH noch dem Solidaritätszuschlag. **Der Solidaritätszuschlag ist eine Ergänzungsabgabe zur Körperschaftsteuer.** Der Solidaritätszuschlag knüpft an die Körperschaftsteuerpflicht der GmbH an. Der Zuschlagssatz beträgt 5,5% der Körperschaftsteuerschuld.

5. Umsatzsteuer

Die Umsatzsteuerpflicht knüpft an die Eigenschaft der GmbH als Unternehmer an. Unternehmer im Sinne des UStG ist, wer eine gewerbliche oder berufliche Tätigkeit selbständig ausübt, was bei einer GmbH idR gegeben ist. **Problematisch ist die Unternehmereigenschaft bei reinen Holdinggesellschaften,** da diesen nach Ansicht der Finanzverwaltung die unternehmerische Tätigkeit fehlt, sofern sie lediglich vermögensverwaltend tätig sind (UStR 18 Abs 2).[42] Die selbstständige Ausübung der Tätigkeit fehlt außerdem dann, wenn die GmbH nach dem Gesamtbild der tatsächlichen Verhältnisse finanziell, wirtschaftlich und organisatorisch in ein anderes Unternehmen eingegliedert ist (Organschaft). **Die Umsatzsteuer (Mehrwertsteuer) ist eine Steuer, die auf Lieferungen** (Warenverkäufe) **und sonstige Leistungen** (Reparaturleistungen, Beratungsleistungen uÄ) **und auf den Eigenverbrauch der Unternehmen erhoben wird.** Voraussetzung dafür, dass Umsätze des Unternehmens, also der GmbH, steuerbar sind, ist, dass es sich um ein Leistungsaustauschverhältnis handelt. Nicht steuerbar im Sinne des Umsatzsteuergesetzes sind dagegen einseitige Leistungen, wie zB Schadenersatzleistungen. Erbringt die GmbH Lieferungen oder Leistungen an ihren Gesellschafter, so stellen diese ebenfalls steuerbare Umsätze dar. Soweit diese unentgeltlich erbracht werden, wird ein Entgelt fingiert (unentgeltliche Wertabgabe). Auch Umsätze zwischen dem Gesellschafter, soweit dieser Unternehmer ist, und der GmbH sind grundsätzlich steuerbare Umsätze, soweit es sich nicht um einen nicht steuerbaren Gesellschafterbeitrag handelt. **Es gibt zahlreiche Befreiungen von der Umsatzsteuerpflicht** (§ 4 UStG). Dazu gehören viele Tatbestände des Gesundheitswesens, ferner die Umsätze, die unter eine andere Verkehrsteuer, insbesondere unter die Grunderwerbsteuer fallen, sodann die Vermietung und Verpachtung von Grundstücken, die Gewährung, die Vermittlung und

---

[41] Bundestags-Drucksache 16/4841 v 27. 3. 2007.
[42] Alvermann AG 2008, 78 ff.

die Verwaltung von Krediten sowie zahlreiche weitere Umsätze im Bankgeschäft. Darüber hinaus sind auch grenzüberschreitende Lieferungen innerhalb der EU (sog innergemeinschaftliche Lieferungen) steuerbefreit. Insoweit gelten Sonderbestimmungen. Für derartige innergemeinschaftlichen Lieferungen ist es erforderlich, dass die sog umsatzsteuerliche Identifikationsnummer (ID-Nummer) sowohl des Lieferanten als auch des Lieferempfängers auf der Rechnung angegeben ist. Diese Nummer ermöglicht den Finanzbehörden der beteiligten europäischen Länder eine Überprüfung der korrekten Abwicklung des Lieferverkehrs innerhalb der EU. In Deutschland wird die ID-Nummer durch das Bundeszentralamt für Steuern (ehemals Bundesamt für Finanzen) erteilt.

1175 **Die Bemessungsgrundlage für die Umsatzsteuer ist grundsätzlich das vereinbarte Entgelt. Die Regel für die Steuerzahlung ist die sog Sollbesteuerung.** Das bedeutet, dass sich die Steuerpflicht nach den vereinbarten Entgelten richtet, die Umsatzsteuer entsteht grundsätzlich mit Erbringung der Leistung. Wird vor Ausführung der Leistung das vereinbarte Entgelt ganz oder teilweise gezahlt (zB Abschlagszahlungen), entsteht die Umsatzsteuer insoweit bereits mit dem Erhalt des Entgelts. **Die Gesellschaft ist verpflichtet, bis zum zehnten Tag nach Ablauf des sog Voranmeldungszeitraums** (Rn 1180) **eine Umsatzsteuervoranmeldung abzugeben und ggf die entsprechende Vorauszahlung zu leisten.** Außer der Voranmeldung müssen die Unternehmen auch eine Jahressteuererklärung abgeben. Sie ist, wie die Körperschaftsteuererklärung, grundsätzlich bis zum Ablauf des fünften Monats nach dem Ende des Wirtschaftsjahres bei dem Finanzamt einzureichen. Einen Monat nach Abgabe der Jahressteuererklärung ist die Abschlusszahlung fällig, wenn der Steuerbetrag die bisher geleisteten Vorauszahlungsbeträge übersteigt.

1176 **Auf Antrag kann die sog Istbesteuerung gewährt werden.** Istbesteuerung bedeutet, dass die Umsatzsteuer erst gezahlt zu werden braucht, wenn die Gegenleistung, dh der Rechnungsbetrag, eingegangen ist. Die Istbesteuerung wird aber nur gewährt, wenn der zu besteuernde Gesamtumsatz des vorangegangenen Jahres höchstens EUR 250 000,– betragen hat. Sie kann (insoweit ohne Höchstgrenze) auch für die Tätigkeit der freien Berufe gewährt werden. Die Vorauszahlungen belasten dann nicht die Liquidität. Die Jahressteuererklärung ist auch bei Istbesteuerung abzugeben.

1177 **Der Normalsteuersatz beträgt 19% des Entgelts. Ein ermäßigter Steuersatz in Höhe von 7% gilt für bestimmte Umsätze, welche in § 12 UStG bzw in der Anlage zu § 12 Abs 2 Nr 1 und 2 UStG aufgeführt sind.**

1178 Das Unternehmen hat dem Kunden über die ausgeführten Lieferungen oder Leistungen **eine Rechnung** zu erteilen. Grundsätzlich sind die Rechnungen in Papierform zu erteilen. Diese Rechnungen müssen gesetzlich vorgeschriebene Anforderungen erfüllen. **Die Rechnungen müssen folgende Inhalte haben:** den **vollständigen Namen und die vollständige Anschrift des leistenden Unternehmers und des Leistungsempfängers,** die dem leistenden Unternehmer vom Finanzamt erteilte **Steuernummer** oder die umsatzsteuerliche Identifikationsnummer (Rn 1174), das **Ausstellungsdatum,** eine fortlaufende Nummer zur Identifizierung der Rechnung **(Rechnungsnummer),** die **Menge und die Art (handelsübliche Bezeichnung) der gelieferten Gegenstände oder den Umfang und die Art der sonstigen Leistung,** den **Zeitpunkt der Lieferung oder sonstigen Leistung,** das nach Steuersätzen und einzelnen Steuerbefreiungen **aufgeschlüsselte Entgelt** sowie jede im Voraus vereinbarte Minderung des Entgelts, sofern sie nicht bereits im Entgelt berücksichtigt ist, und **den anzuwendenden Steuersatz** sowie den auf das Entgelt entfallenden Steuerbetrag oder im Fall einer Steuerbefreiung einen Hinweis darauf, dass für die Lieferung oder sonstige Leistung eine Steuerbefreiung gilt. Mit Zustimmung des Leistungsempfängers können die Rechnungen auch elektronisch erteilt werden. Dabei müssen die elektronischen Rechnungen neben den vorstehenden Anforderungen noch besonderen Anforderungen genügen, um die Echtheit und Unveränderbarkeit der

V. Die Steuern der GmbH **1179–1183**

Rechnungen zu gewährleisten. Eine gängige Methode ist dabei die Verwendung einer qualifizierten elektronischen Signatur.

Ebenso wie das Unternehmen bei seinen Ausgangsrechnungen dem Abnehmer die **1179** Umsatzsteuer in Rechnung stellen muss, stellt der Lieferant diesem Unternehmen die von ihm in Anspruch genommene Lieferung in Rechnung (Eingangsrechnung). **Die Umsatzsteuer, die dem Unternehmen von dem Lieferanten in Rechnung gestellt wird (Vorsteuer), kann von der Steuer für die eigenen Umsätze abgezogen werden,** soweit die Eingangsumsätze für das Unternehmen ausgeführt werden und die GmbH die Leistungen nicht für schädliche Umsätze (zB steuerfreie Umsätze) verwendet. Voraussetzung für den Abzug der Vorsteuer ist dabei, dass das Unternehmen eine den vorstehend dargestellten Anforderungen entsprechende Rechnung besitzt.

Voranmeldungszeitraum für die Umsatzsteuer ist laut Gesetz das Kalender- 1180 vierteljahr (§ 18 Abs 2 UStG). **Hat jedoch die geschuldete Umsatzsteuer im vorangegangenen Jahr mehr als EUR 6136,– betragen, so ist Voranmeldungszeitraum der Kalendermonat.** Das Finanzamt kann das Unternehmen auch überhaupt von Voranmeldungen befreien, wenn die Steuer im Vorjahr nicht mehr als EUR 512,– betragen hat und sich auch kein Überschuss zugunsten der GmbH ergeben hat. Die Verpflichtung zur Abgabe der Jahressteuererklärung bleibt unverändert. Wird ein Unternehmen im Laufe des Jahres neu gegründet, so sind Erleichterungsvorschriften anwendbar, wenn der voraussichtliche Jahressteuerbetrag die erläuterten Grenzen nicht übersteigt. Bestand im vorangegangenen Kalenderjahr dagegen ein Überschuss von mehr als EUR 6136,– zugunsten des Unternehmers, weil die zu erstattende Vorsteuer höher war als die geschuldete Umsatzsteuer, so kann er auf Antrag den monatlichen Voranmeldungszeitraum wählen. Möchte der Unternehmer hiervon Gebrauch machen, muss er die Voranmeldung für den Januar bis spätestens zum 10. Februar abgeben. An die so getroffene Wahl ist der Unternehmer für ein Kalenderjahr gebunden.

Das Unternehmen hat also am Ende eines jeden Voranmeldungszeitraums 1181 die Summe der Steuerbeträge, die es selbst in Rechnung gestellt hat und die Summe der Steuerbeträge, die es in Rechnung gestellt bekommen hat, gegenüberstellen. Die zu zahlende Umsatzsteuerschuld ist dann der Betrag, um den die vom Unternehmen in Rechnung gestellte Umsatzsteuer die Vorsteuer übersteigt. Ist der Vorsteuerbetrag höher, so wird er vom Finanzamt erstattet.

6. Kapitalertrag-, Abgeltungsteuer und Lohnsteuer

Zu den Steuern einer GmbH, die zwar keine eigenen Steuern des Unter- 1182 nehmens, aber wichtig sind, gehören die Kapitalertragsteuer bzw Abgeltungsteuer und die Lohnsteuer. Für diese beiden Steuerarten muss die GmbH als Erfüllungsgehilfe der Finanzverwaltung tätig werden.

Von Gewinnausschüttungen an ihre Gesellschafter hat die GmbH für 1183 Rechnung der Gesellschafter Kapitalertragsteuer bzw die Abgeltungsteuer (Rn 1148 aE) **einzubehalten und an das Finanzamt abzuführen** (§ 43 Abs 1 Nr 1 EStG bzw § 32d Abs 1 EStG). Der Steuersatz ist grundsätzlich 25% der Dividende. Ist der Gesellschafter kirchensteuerpflichtig, vermindert sich die Abgeltungsteuer entsprechend (§ 32d Abs 1 EStG). Ist Gesellschafter der GmbH eine ausländische Kapitalgesellschaft, welche in Deutschland nicht unbeschränkt steuerpflichtig ist, so vermindert sich der Steuersatz unter bestimmten Voraussetzungen auf 15%. Hat die GmbH ausländische Gesellschafter, kann es zudem sein, dass sie aufgrund eines Doppelbesteuerungsabkommens (DBA) eine reduzierte Kapitalertragsteuer einzubehalten hat. Voraussetzung ist, dass der ausländische Gesellschafter der GmbH eine Freistellungsbescheinigung des Bundeszentralamtes für Steuern (ehemals Bundesamt für Finanzen) einreicht. Da die Kapitalertragsteuer bzw die Abgeltungsteuer Ertragsteuern sind, ist zudem der Solidaritätszuschlag auf die Beträge einzubehalten und abzuführen. Die innerhalb eines Kalendermonats einbehaltene Kapitalertragsteuer ist – wie die Umsatzsteuer – bis zum Zehnten des folgenden Monats an das Finanzamt abzuführen, das für die Besteuerung der GmbH zuständig ist. Die GmbH hat auch entsprechende Anmeldungen abzugeben. Der Gesellschafter, an den die Dividende ausgeschüttet wird, erhält eine Bescheinigung über die von der GmbH abgeführte Kapitalertragsteuer (Rn 1148).

1184 **Als Arbeitgeber hat die GmbH für Rechnung ihrer Arbeitnehmer vom Arbeitslohn die Lohnsteuer einzubehalten** und an das Finanzamt abzuführen (§ 38 Abs 3 EStG). Entsprechendes gilt für die Kirchensteuer. Bis zum zehnten Tag des Folgemonats ist die Lohnsteueranmeldung beim Finanzamt einzureichen, wenn die Vorjahressteuer höher war als EUR 3000,–. Hat die Vorjahressteuer nicht mehr als EUR 3000,– betragen, jedoch mehr als EUR 800,–, ist der Anmeldungszeitraum das Kalendervierteljahr. Bei einer Vorjahressteuer von nicht mehr als EUR 800,– ist die Lohnsteueranmeldung für das Kalenderjahr einzureichen. Zugleich mit der Anmeldung ist die Lohnsteuer abzuführen (§ 41a EStG). **Eine mangelnde Vorsorge für die rechtzeitige Abführung der Lohnsteuer kann, besonders in Krisenzeiten, zu erheblichen Haftungsgefahren für den Geschäftsführer führen** (Rn 6054, 7079, 7081).

7. Außenprüfung

1185 Im Rahmen des Besteuerungsverfahrens können bei GmbHs Außenprüfungen durchgeführt werden. **Die Außenprüfung hat den vernünftigen Zweck, die Einheitlichkeit der Besteuerung zu sichern.** Die Steuergesetze sollen gleichmäßig und gerecht angewendet werden. Deshalb muss der Außenprüfer (oder nach dem üblichen Sprachgebrauch der „Betriebsprüfer") die steuerlichen Verhältnisse auch zugunsten des Steuerpflichtigen prüfen (§ 199 AO). Es gibt keine Statistik darüber, wie häufig sich durch die Außenprüfung die Besteuerungsgrundlagen zugunsten des Steuerpflichtigen verändert haben. Weit überwiegend dürfte das Gegenteil der Fall sein. Die Außenprüfung dient der Ermittlung der steuerlichen Verhältnisse des jeweiligen Steuerpflichtigen. Eine Außenprüfung kann einen oder mehrere Besteuerungszeiträume umfassen. Außenprüfungen sollen in der Regel in Zeiträumen von drei Jahren stattfinden. Durch die Personalknappheit in der Finanzverwaltung haben sich in vielen Fällen, insbesondere bei mittleren und kleinen Unternehmen, die Zwischenräume zwischen den Außenprüfungen stark ausgedehnt. Das sollte nicht dazu verführen, die Sorgfalt, die der Buchhaltung gewidmet werden muss, zu verringern. Die innerbetrieblichen Schäden sind meist größer als zeitweilige steuerliche Vorteile. **Wenn eine Außenprüfung durchgeführt werden soll, teilt die zuständige Finanzbehörde dies dem Steuerpflichtigen in Form einer Prüfungsanordnung mit (§ 196 AO). Zudem wird der voraussichtliche Beginn der Prüfung mitgeteilt. Wenn wichtige Gründe glaubhaft gemacht werden, kann der Beginn der Außenprüfung auf einen anderen Zeitpunkt verlegt werden** als den, der in der Prüfungsanordnung vorgesehen war (§ 197 Abs 2 AO). Die Außenprüfung beginnt, sobald der Außenprüfer die Prüfung ernsthaft aufnimmt. Dies kann zB durch eine Besprechung mit dem Geschäftsführer oder durch den Beginn der Prüfung der Unterlagen erfolgen. Datum und Uhrzeit des Prüfungsbeginns werden aktenkundig gemacht. Der Zeitpunkt des Beginns der Außenprüfung hat insbesondere Bedeutung für die Hemmung der Festsetzungsverjährung.

1186 **Der Steuerpflichtige ist zur Mitwirkung bei der Außenprüfung verpflichtet.** Für den Geschäftsführer bedeutet dies, dass er sachkundige Auskunftspersonen benennen und uU selbst zur Verfügung stehen muss (§ 200 AO). Darüber hinaus hat der Geschäftsführer die Aufzeichnungen, Bücher, Geschäftspapiere und andere Urkunden zur

VI. Allgemeine Verwaltung

Einsicht und Prüfung vorzulegen. **Der Geschäftsführer sollte, falls irgend möglich, nur eine oder höchstens zwei Auskunftspersonen benennen und allen anderen Mitarbeitern untersagen, mit dem Außenprüfer zu reden.** Nur die derart kanalisierte Auskunft vermindert Missverständnisse und versehentliche oder absichtliche Anschwärzungen. Die Mitwirkungspflicht der Geschäftsführung endet, wenn der Außenprüfer Tatsachen feststellt, die den Verdacht einer Steuerstraftat oder einer Steuerordnungswidrigkeit begründen. Darauf muss der Außenprüfer hinweisen. **Die Außenprüfung findet regelmäßig in den Geschäftsräumen der Gesellschaft statt.** Der zuständige Geschäftsführer wird sich laufend über die Gespräche seiner Beauftragten mit dem Außenprüfer unterrichten lassen. Darüber hinaus ist aber auch der Außenprüfer verpflichtet, Feststellungen, die möglicherweise steuerliche Auswirkungen haben, seinen Gesprächspartnern und wenn sie besonders bedeutungsvoll sind, der Geschäftsführung mitzuteilen, es sei denn, dass dadurch „Zweck und Ablauf der Prüfung" beeinträchtigt werden (§ 199 Abs 2 AO).

Zum Abschluss der Außenprüfung findet grundsätzlich eine Schlussbesprechung statt. Der Steuerpflichtige kann darauf aber verzichten. Sie ist überflüssig, wenn sich die Besteuerungsgrundlagen nicht ändern (§ 201 Abs 1 AO). Ändern sich die Besteuerungsgrundlagen, fertigt der Außenprüfer einen schriftlichen Prüfungsbericht an, zu dem der Steuerpflichtige Stellung nehmen kann, bevor er ausgewertet wird (§ 202 Abs 2 AO). Die Atmosphäre bei Außenprüfungen ist oft nicht frei von persönlichen Spannungen, die die eine oder die andere Seite provoziert. Nach einer alten Volksweisheit hört beim Geld zwar die Gemütlichkeit auf. Die Sachlichkeit sollte aber nicht auf der Strecke bleiben. Sie hilft im Zweifel bei Außenprüfungen am ehesten weiter. 1187

VI. Allgemeine Verwaltung

1. Übersicht und Organisation

Die Geschäftsführer einer GmbH sind allzuständig. Sie verantworten das gesetzmäßige Verhalten des von der GmbH betriebenen Unternehmens. Das reicht weit über die in den Abschnitten I. bis V. beschriebenen Aufgaben hinaus. Man fasst die Fürsorge für die weiteren Aufgaben oft unter dem Begriff „Allgemeine Verwaltung" zusammen. Dazu gehören vor allem das Rechtswesen, die Versicherungen, die Grundstücksverwaltung und die Öffentlichkeitsarbeit. Diese Gebiete werden im folgenden behandelt, mit Ausnahme des Grundstückswesens. Für Unternehmen, die über größeren Grundbesitz verfügen und diesen mit industriellen Anlagen nutzen, liegen die Hauptprobleme heute im Umweltrecht, dh im Bauordnungsrecht mit Emissionsschutz- und Abwasserrecht und im Abfallrecht. In gewissem Umfange gilt das auch für die Unternehmen der Wohnungswirtschaft. Für diese Unternehmen ist vor allem das Mietrecht relevant. Umweltrecht, Grundbuch-, Kataster-, Miet- und Pachtrecht sind Spezialmaterien, die im Rahmen des vorliegenden Werkes nicht zu behandeln sind. Sie werden von den Rechtsabteilungen bearbeitet. Ähnliches gilt auch für andere Spezialgebiete, die je nach Art des Unternehmens unterschiedliches Gewicht haben. Exportierende Unternehmen müssen zB das Außenwirtschaftsrecht und das Kriegswaffenkontrollrecht besonders im Auge haben. Für Banken, andere Finanzierungsinstitute und für Finanzberatungsgesellschaften sind das Kreditwesengesetz, das Börsenrecht, das Recht für Unternehmensbeteiligungs- oder für Kapitalanlagegesellschaften wichtig. Speditions- und Frachtunternehmen haben wiederum ihre eigenen Ordnungen, unter denen sie arbeiten. Jede Geschäftsführung kennt die Sonderrechte ihrer Branche, wird sie beobachten und für deren Befolgung sorgen. Es ist aber nicht Zweck dieses Buches, alle Sektoren wirtschaftlicher Betätigung zu schildern und deren jeweilige Spezialmaterie zu 1188 behandeln. Deshalb ist eine Beschränkung auf die grundsätzlichen Verantwortungsbereiche einer Geschäftsführung geboten, die für alle Unternehmen gelten, mit unterschiedlichem Gewicht im Einzelfall.

1189 **Geschäftsführer können nicht alles selbst erledigen. Sie sollen es auch nicht. Deshalb ist ein wichtiges Element der Allgemeinen Verwaltung die richtige Delegation der Aufgaben** (Rn 7093 f). Dazu gehört die richtige Auswahl der Mitarbeiter und die Vorsorge für eine angemessene Aufsicht (Einführung eines Berichtswesens und Stichproben). Die Geschäftsführung muss sicherstellen, dass sie rechtzeitig über alle Angelegenheiten informiert wird, die für das Unternehmen wichtig sind, damit sie handeln kann. Ist das nicht gewährleistet und unterbleiben deshalb erforderliche Maßnahmen, haftet sie wegen Organisationsverschuldens (Rn 7011, 7063). Die Verantwortung für die zweckmäßige Organisation kann den Geschäftsführern nicht durch Weisungen der Gesellschafter abgenommen werden. Nur wenn das Unternehmen führungsfähig ist, können die Geschäftsführer die zahlreichen öffentlich-rechtlichen Pflichten erfüllen und die Verantwortung dafür übernehmen, dass der Unternehmenszweck erreicht wird. Eine klare Geschäftsverteilung innerhalb der Geschäftsführung selbst (Rn 3040, 7092) und eine geordnete Aufgabenzuteilung an die Mitarbeiter sollten Selbstverständlichkeiten sein. Stellenbeschreibungen (Rn 7093) sind dabei eine Hilfe. Sie werden aber zur Plage, wenn versucht wird, zu sehr ins Detail zu gehen.

1190 **Nicht alle Verwaltungsaufgaben müssen im Unternehmen selbst erledigt werden.** Vielfach lohnt es sich, externe Fachleute heranzuziehen. Die Dienstleistungsangebote haben sich zum Nutzen der Unternehmen stark vermehrt. Selbst da, wo der Aufbau einer eigenen internen Dienstleistungsorganisation kostenmäßig tragbar wäre, sind externe Spezialisten oft vorteilhafter. Der außenstehende Berater hat mehr Distanz und wegen seiner Arbeit für verschiedene Unternehmen nicht selten auch eine bessere Problemübersicht. Und der außenstehende Experte verursacht nur dann Kosten, wenn er gebraucht wird. Das Unternehmen spart uU einen ständigen Kostenblock mit meist nicht unerheblichen Gemeinkosten. Hat das Unternehmen für eine bestimmte Aufgabe aber eine eigene Organisationseinheit, kann man sie dadurch „lean" halten, dass für umfangreiche oder spezielle Aufgaben von Fall zu Fall externe Berater zur Verstärkung herangezogen werden.

1191 **Ist ein Unternehmen Mitglied eines Konzernverbandes, kann (und muss) es meist auf zentrale Dienstleistungseinheiten zurückgreifen.** Diese Einheiten rechnen sich besser, wenn sie intensiv und aus dem ganzen Konzernbereich in Anspruch genommen werden. Aber auch die Konzernleitung muss prüfen, wie viel zentral, wie viel besser lokal und wie viel und was extern bearbeitet werden sollte.

1192 **Jede Geschäftsführung, die externe Berater in Anspruch nimmt, muss dafür sorgen, dass mit diesen rechtzeitig ein Vertrauensverhältnis aufgebaut wird.** Eine gute Beratung setzt Sachverhaltskenntnis voraus. Der Berater sollte über die Verhältnisse des Unternehmens nicht erst informiert werden, wenn Not am Mann ist. Außerdem gehört zur sachgemäßen Information viel Offenheit. Da muss auch manchmal über unangenehme Dinge gesprochen werden. Kein Berater kann zuverlässig urteilen und raten, wenn er nur soweit informiert wird, wie es die Geschäftsführung aus ihrer Sicht für nötig und ihren Interessen für dienlich hält. Er sollte im Gegenteil ermuntert werden zu fragen, auch wenn die Fragen inquisitorisch erscheinen mögen. Wer keine Fragen hat, hat im Zweifel auch keine Antworten (zur Unternehmensorganisation und Geschäftsordnung vgl im Übrigen Rn 3040 f, 3042 § 1 Abs 1, 3043 Kn 2).

2. Das Rechtswesen

1193 **Die Rechtsberatung hat erstens die Aufgabe dafür zu sorgen, dass die Vielzahl der Regeln,** die die GmbH beachten muss (und die dieses Buch behandelt) ein-

VI. Allgemeine Verwaltung 1194–1196

gehalten wird. Das ist die seit der Korruptionsaffäre bei Siemens auch breiteren Kreisen bekannt gewordene **Compliance** (näher Rn 7187). Bei Großunternehmen werden ganze Abteilungen eingerichtet unter der Leitung eines CCO (Chief Compliance Officer), die für die Einhaltung der Gesetze sorgen sollen. **Die Rechtsberatung eines Unternehmens hat zweitens die Aufgabe, Streit erst gar nicht aufkommen zu lassen.** Dem dient die vorbeugende Rechtsberatung, die die Aufgabe hat, für vernünftige Verträge usw (Rn 1198) zu sorgen. Mit „Streit" ist nicht nur die zivilrechtliche Auseinandersetzung gemeint, sondern auch jede andere Schwierigkeit, die zu einer Störung der Unternehmenstätigkeit führen kann. Ist aber ein Streit einmal ausgebrochen, muss er so zügig wie möglich, aber ohne Hast geschlichtet werden. Ist es schließlich doch zum Prozess gekommen, ist alles daranzusetzen, ihn zu gewinnen oder mit einem brauchbaren Vergleich zu beenden. Es gibt allerdings auch Prozesse, in denen Grundsatzpositionen entschieden werden müssen, die für die Unternehmenspolitik richtungsweisend sind. Da muss die Geschäftsführung hart sein und der Verführung eines Aufgebens auf halber Strecke widerstehen können, vorausgesetzt, dass es überhaupt eine Erfolgschance gibt. Aber Kriege, die kaum zu gewinnen sind, sollte man ohnehin gar nicht erst beginnen, es sei denn aus taktischen Gründen mit dem Ziel eines günstigen Friedensschlusses. **Führungshandeln bedarf der vorbeugenden Rechtsberatung.**

Zum Führungshandeln gehört auch, die Mitarbeiter davon zu überzeugen, wie wichtig eine sorgfältige und rechtzeitige Rechtsberatung für die Sicherung des Unternehmens ist. Am wichtigsten ist, dass überhaupt erkannt wird, dass eine bestimmte Angelegenheit in rechtlicher Hinsicht bearbeitet werden muss. Die geschäftliche Praxis lehrt, dass das nicht immer selbstverständlich ist. Dafür gibt es viele Gründe. Der gefährlichste ist persönlicher Ehrgeiz. **Die Möglichkeit, Wettbewerbsvorteile zu erringen, ist nicht nur eine Frage der Kosten, der Technik, des Vertriebs oder der Werbung. Geschickte rechtliche Beratung kann Geld verdienen helfen und zumindest dazu beitragen, es nicht unnötig zu verlieren.** 1194

Die Rechtsberatung sollte so organisiert werden, dass sie ohne allzu große Hindernisse erreichbar ist. Wenn der Geschäftsführer nicht selbst Jurist oder Steuerfachmann ist, wird er nach Möglichkeit für eine ständige Rechts- und Steuerberatung sorgen, die mit den Verhältnissen des Unternehmens vertraut ist (Rn 1192). Das ist in größeren Unternehmen die eigene Rechts- und Steuerabteilung und in kleineren der Steuerberater und der Hausjurist oder Vertrauensanwalt. Es sollte möglichst ein Anwaltsbüro sein, das über wirtschaftsrechtliche Erfahrung und über mehrere Mitarbeiter verfügt, die füreinander einspringen können und auf den für das Unternehmen wichtigsten Gebieten geübt sind. Wer rechtliche Auskünfte einholen darf und wie das zu geschehen hat, muss unternehmensintern geregelt werden. **Es sollte auch eine möglichst stetige Verbindung zu einem Notariatsbüro geben, falls der Anwalt nicht gleichzeitig Notar ist.** Der Verkehr mit dem Handelsregister und mit dem Grundbuchamt verlangt häufig die Mitwirkung eines Notars. Es stört außerordentlich, wenn jedes Mal einem anderen Notar die Verhältnisse des Unternehmens und die handelnden Personen erläutert und nachgewiesen werden müssen. 1195

Eine Spezialisierung ist heute in der Rechtsberatung unvermeidlich. Das Gleiche gilt für das Steuerrecht. Kein Jurist kann alle Rechtsgebiete beherrschen. Arbeitsrecht, Handels- und Gesellschaftsrecht, Wettbewerbsrecht, Technikrecht, Verkehrsrecht, Produkthaftungsrecht, öffentliches Recht, ganz zu schweigen vom Kartellrecht und vom hochkomplizierten Umweltrecht, verlangen, je länger je mehr, den Fachmann und praktische Erfahrung auf dem jeweiligen Gebiet. Wer im Körperschaftsteuerrecht zu Hause ist, ist es noch lange nicht im Einkommensteuerrecht für Personengesellschaften – und umgekehrt –; auch für die Umsatzsteuer benötigt man einen Spezialisten, vom Zoll- und Außensteuerrecht ganz zu schweigen. Deshalb nimmt in 1196 den wirtschaftsnahen Gebieten auch die Bildung von Sozietäten, die über Fachleute auf vielen Gebieten verfügen, immer mehr zu. Sind Juristen im Hause, beraten diese entweder selbst oder vermitteln den erforderlichen Spezialisten. **Die Spezialisierung in der Rechtsberatung ist auch notwendig, um den dauernden Rechtsänderungen durch den Gesetzgeber und der Entwicklung der Rechtsprechung folgen zu können.** Rechtsberatung muss zuverlässig sein und sich verständlich, aber dennoch präzise artikulieren. Es ist daher legitim, einen Berater, mit dem man noch keine Erfahrungen gesammelt hat, bevor er den Auftrag erhält, zu fragen, ob er auf dem Gebiet zu Hause ist, für das man ihn braucht. Man sollte auch verlangen, dass Rechtsmeinungen in allgemein verständlicher Sprache geliefert werden. Und schließlich können auch Experten nicht auf jede Frage eine Antwort parat haben. Es lohnt sich meist, Zeit zur Sachverhaltsklärung und dann zum Nachdenken zu geben.

1197   **Zur geordneten Rechtsberatung gehört auch die sorgfältige Auswahl der Berater.** Die Juristen sind oft wenig beliebt, weil man von ihnen nur weitere Schwierigkeiten erwartet oder gar eine Blockade eigentlich so schöner Pläne. Wie in jedem Berufsstand gibt es auch bei den Juristen unterschiedliche Charaktere. Die einen neigen mehr zur nur feststellenden Tätigkeit (sog „Bedenkenträger"). Andere verbinden mit analytischer Begabung praktische Phantasie und Kombinationsfähigkeit. Ebenso wie Controller eine bestimmte Persönlichkeitsstruktur haben sollten, um ihre Aufgabe erfolgreich zu bewältigen (Rn 1092), muss die Geschäftsführung unter den in Betracht kommenden Beratern diejenigen zu finden suchen, deren Rat sich nicht im Auffinden von Problemen erschöpft, sondern die, bei ausreichend innerer Distanz zum Sachverhalt, fähig sind, gestalterisch mitzudenken.

1198   **Rechtsrat sollte immer eingeholt werden, wenn noch die Möglichkeit besteht, den Fall zu gestalten.** Zu den rechtsgestaltenden Maßnahmen gehört nicht nur die Entwicklung gesellschaftsrechtlicher und steuerlicher Konzepte für die Strukturierung von Unternehmen, für die Zusammenarbeit mit anderen, für den Erwerb oder Verkauf oder für die Stilllegung von Betrieben. Zu den rechtsgestaltenden Maßnahmen gehören auch die Aufstellung allgemeiner Ein- oder Verkaufsbedingungen, der Entwurf von Rahmenverträgen und viele andere Fragen der täglichen Praxis. Die Geschäftsführung muss ihre Mitarbeiter lehren, dass fast alle Handlungen, die ein Unternehmen vornimmt und die eine bestimmte Wirkung nach innen oder nach außen entfalten, entweder ihrer Natur nach Rechtshandlungen sind wie die IT-Nutzung, das Einkaufen, Reklamieren, Abnehmen, Bezahlen, Verkaufen, Liefern, Fakturieren, Mahnen, Einstellen, Entlohnen, Abmahnen, Kündigen, Steuern anmelden, Sozialbeiträge abführen usw oder rechtliche Bedeutung erlangen können wie etwa das „schlüssige Verhalten", das eine ausdrückliche Rechtshandlung ersetzt. Die Kunst ist, zu erkennen, wo mögliche Risiken tragbar sind und wo das geschäftliche Risiko eine Absicherung nahelegt. Je unbekannter das Gefilde, umso mehr Vorsicht ist angezeigt. Zumindest jeder leitende Mitarbeiter sollte wissen, dass Handlungen, auch wenn sie nicht auf eine bestimmte rechtliche Wirkung abzielen, eine solche auslösen können, wie etwa im Umweltbereich das fahrlässige Überschreiten einer Emissionsgrenze. **Auch von Unterlassungen können Rechtswirkungen ausgehen.** Unterlässt es der Kaufmann, bei einem Handelskauf, seiner Untersuchungs- und Rügepflicht gem § 377 HGB nachzukommen, so gilt die gelieferte Ware grundsätzlich als genehmigt. Und **selbst eine abstrakte Rechtsposition des Unternehmens kann, ohne dass irgendein Tun oder Unterlassen hinzutreten muss, eine Rechtsfolge auslösen.** Gefährdet ein kontaminiertes Grundstück, das der Rechtsvorgänger verseucht hat, das Grundwasser, so kann die GmbH als jetzige Eigentümerin und „Zustandsstörer" zur Beseitigung der Gefahrenquelle verpflichtet werden. Auch kann es sein, dass sich aus Rechtsänderungen neue Risiken ergeben, deren Realisierung man vorbeugen muss. Nimmt man die europarechtliche Entwicklung hinzu, die vielfältig in nationale Regelungen eingreift, lässt sich

VI. Allgemeine Verwaltung

Beispiele für das zunehmende Ineinandergreifen von nationalem und Europarecht sind das Unfallverhütungsrecht der Unternehmen und das Recht der Produktsicherheit. Die Produktsicherheitsrichtlinie vom Juni 1992 soll das unterschiedliche Schutzniveau hinsichtlich der Produktsicherheit innerhalb der EU angleichen. Das soll dazu beitragen, Behinderungen des innergemeinschaftlichen Handels und Wettbewerbsverzerrungen innerhalb des Binnenmarktes zu verhindern. An sich war in Deutschland für die Sicherheit der Verbraucher schon durch die zivilrechtliche Gefährdungshaftung im Produkthaftungsgesetz gesorgt (Rn 7069 ff). Die ergänzende Gesetzgebung aufgrund der EU-Richtlinie hat aber zusätzliche öffentlich-rechtliche Instrumente geschaffen, mit denen Produktgefahren abgewehrt werden können. Was die **Anforderungen zur Unfallverhütung** in Deutschland betrifft, so waren diese im wesentlichen durch die **Gewerbeordnung,** die Unfallverhütungsvorschriften der **Berufsgenossenschaften** sowie durch das **Maschinensicherheitsgesetz** geregelt. Die EU hat Bewegung auch in diese Rechtsetzung gebracht. 1989 wurde die Maschinenrichtlinie erlassen, um einheitliche Vorschriften für den Bau von Maschinen zu schaffen. Die Richtlinie ist in Deutschland im Rahmen einer Novelle zum Gerätesicherheitsgesetz (GSG) umgesetzt worden. Aus der Gewerbeordnung (§§ 24, 25 GewO) wurden die überwachungsbedürftigen Anlagen herausgenommen und in § 1a GSG eingefügt. Geräte, die den Vorschriften des GSG entsprechen, dürfen mit dem GS-Zeichen versehen werden. Bestimmte Verstöße sind sogar mit Geld- oder Freiheitsstrafe bedroht (§§ 16, 17 GSG). Nach der Benutzerrichtlinie der EU von 1989 müssen alle neuen im Betrieb befindlichen Maschinen zusätzlich den Vorschriften der Benutzerrichtlinie entsprechen. **Die deutschen Berufsgenossenschaften haben ihre Unfallverhütungsvorschriften inzwischen angepasst.** Produkte, die den EU-Vorschriften entsprechen, werden mit dem CE-Zeichen versehen. Das deutsche GS-Zeichen behält im Bereich der freiwilligen Prüfung und Zertifizierung seine Bedeutung.

Mit dem **Arbeitsschutzgesetz** (ArbSchG vom 7. 8. 1996, BGBl I S 1246) sind zusätzlich zwei europäische Richtlinien zur Verbesserung der Sicherheit und des Gesundheitsschutzes der Arbeitnehmer umgesetzt worden (Gesetz vom 7. 8. 1996, BGBl I S 1246). Art 1 enthält in 26 Paragraphen die Vorschriften über den Arbeitsschutz und ‚in drei weiteren Artikeln Änderungen des Gesetzes über Betriebsräte, Sicherheitsingenieure und andere Fachkräfte für Arbeitssicherheit, Änderungen des Betriebsverfassungsgesetzes und der Gewerbeordnung. Das Gesetz schafft erstmals in Deutschland übersichtliche und einheitliche Grundvorschriften für den betrieblichen Arbeitsschutz. Der Arbeitgeber ist verantwortlich für die geeignete Organisation, damit die erforderlichen Maßnahmen des Arbeitsschutzes getroffen werden. Arbeitgeber sind bei juristischen Personen deren vertretungsberechtigte Organe, bei der GmbH also die Geschäftsführer (§ 13 ArbSchG). Der Arbeitgeber muss über Unterlagen verfügen, aus denen sich die Gefährdungsbeurteilung für die Beschäftigten ergibt und aus denen ersichtlich ist, welche Arbeitsschutzmaßnahmen er getroffen hat und welches Ergebnis diese Maßnahmen gehabt haben (§ 6 ArbSchG) (Dokumentationspflicht).

3. Versicherungen

Das Vermögen und der Betrieb des Unternehmens müssen, soweit wirtschaftlich vertretbar oder gesetzlich vorgeschrieben, versichert werden. Die Versicherungssummen müssen ausreichend bemessen sein und laufend überprüft werden. Sonst entsteht uU eine Unterversicherung. Bei Unterversicherung haftet der Versicherer für den Schaden nur nach dem Verhältnis der Versicherungssumme zu dem wirklichen Wert. Umgekehrt muss auch dafür gesorgt werden, dass bei Überversicherung die Prämien herabgesetzt werden (§§ 56, 51 VVG). Wird ein neuer Produktionszweig aufgenommen oder treten aus anderen Gründen gefahrenerhöhende Umstände ein, sind diese dem Versicherer unverzüglich mitzuteilen. Welche Versicherungen abgeschlossen werden sollten, hängt von der Art des Unternehmens ab. Produktionsunternehmen brauchen in der Regel mehr Versicherungen als Handels- oder Dienstleistungsunternehmen. Die nachstehende Übersicht kann als Checkliste für die gängigsten empfehlenswerten Versicherungen benutzt werden:

- mit der **Feuerversicherung** werden die Gebäude, die Betriebseinrichtung und die Warenvorräte gegen Brand, Explosion oder Blitzschlag versichert;
- die **Hagelversicherung** versichert gegen Schäden an Bodenerzeugnissen, kommt also vor allem für landwirtschaftliche und Gärtnereibetriebe in Betracht, die vielfach als GmbH geführt werden;
- die **Betriebsunterbrechungsversicherung** bietet Schutz gegen Vermögensschäden, die als Folge eines Schadens (zB durch Brand, Explosion oder Blitzschlag) oder des Ausfalls von Anlagen mittelbar entstehen. Sie erstreckt sich auf die Kosten, die das Unternehmen infolge des Schadens nicht erwirtschaften konnte und auf den entgangenen Betriebsgewinn. Denn neben dem Vermögensschaden könnte der Liquiditätsverlust das Unternehmen in eine Krise bringen;
- mit der **Aufräumkostenversicherung** wird der Aufwand aus der Beseitigung der beschädigten oder zerstörten Gegenstände abgedeckt;
- eine **Versicherung gegen Leitungswasserschäden** ist notwendig, um die oft erheblichen Schäden in den Labor-, Verwaltungs- oder Produktionsgebäuden abzudecken;
- die **Einbruch- und Diebstahlversicherung** ergänzt die Sachversicherungen;
- mit einer **Transportversicherung** werden – global oder individuell für bestimmte wertvolle Transporte – Güter gegen Untergang oder Beschädigung versichert, die auf Gefahr des absendenden Unternehmens reisen, also weder vom Empfänger noch vom Frachtführer oder Spediteur (ausreichend) versichert sind. Sie ist vor allem im Exportgeschäft zu prüfen;
- eine **Haftpflichtversicherung** ist unerlässlich für die verschiedenen Arten von möglichen Haftungsfällen; dabei deckt die **Betriebshaftpflichtversicherung** nicht die Schlechtleistung (Reklamationsverluste) als solche ab. **Gesetzlich vorgeschrieben sind** die **Kfz-Haftpflichtversicherung** und die **Produkthaftpflichtversicherung** nach ProdHaftG;
- eine **Haftpflichtversicherung für fehlerhafte Geschäftsführung** (sog D&O-Directors and Officers-Versicherung) verbreitet sich in Deutschland mehr und mehr; sie ist relativ teuer (näher Rn 7019); sie ist meist kombiniert mit einer **Rechtsschutzversicherung für die Geschäftsleitung** (den Aufsichtsrat und leitende Angestellte) bei einer zivil- oder strafrechtlichen Inanspruchnahme durch Dritte
- bei der **Unfallversicherung** ist zwischen der gesetzlichen und der privaten zu unterscheiden; die gesetzliche wird von den Berufsgenossenschaften abgedeckt, die private von den privaten Versicherungsunternehmen. Bei den privaten Versicherungen werden für Angestellte, die viel reisen müssen und auch für gewerbliche Mitarbeiter, die im Hause und auswärts Montagearbeiten verrichten, in der Regel Gruppenversicherungen abgeschlossen (Rn 2116 § 8);
- die Unfallversicherung kann ergänzt werden durch eine spezielle **Auslandsreiseversicherung,** durch eine **Reisegepäckversicherung** und durch eine **Dienstreisekaskoversicherung** (mit und ohne Selbstbeteiligung);
- die **private Warenkreditversicherung** deckt das Risiko des Forderungsausfalls bei Zahlungsunfähigkeit des Abnehmers; sie erfasst aber nur das wirtschaftliche Einzelrisiko, nicht das komplette Länderrisiko; die **Ausfuhrkreditversicherung des Bundes,** die sog Hermes-Deckung, deckt durch die Übernahme von Bürgschaften und Garantien auch das politische Risiko;
- schließlich ist an eine **Rechtsschutzversicherung** zu denken, die die Anwalts- und Gerichtskosten für den Fall ersetzt, dass keine Deckung vom Gegner zu erlangen ist; hier ist besonders darauf zu achten, dass bei jedem Streitfall umgehend die Versicherung zu unterrichten ist. **Rechtsstreitigkeiten aus dem Dienstverhältnis des Geschäftsführers werden von der allgemeinen Vertragsrechtsschutzversicherung nicht erfasst.** Dafür wird zumeist eine besondere Versicherung kombiniert mit der D&O Versicherung abgeschlossen (s oben).

Neben den vorstehend beschriebenen Versicherungen gibt es noch zahlreiche andere versicherbare Risiken, wie das spezielle Gewässerschaden-Risiko, das Vertrauensschaden-Risiko, das Elektronik-Risiko, das Glas-Risiko, das Ausstellungsgüter-Risiko usw. Oft werden Versicherungen für Haftpflicht, Vermögensschadenhaftpflicht, Vertrauensschaden, Sachschaden/Betriebsunterbrechung und Unfall in einer einzigen Paketpolice angeboten. **Die Versicherungsgesellschaften halten Fragebögen bereit, anhand derer das Kosten-Nutzenverhältnis der verschiedenen Versicherungsmöglichkeiten ermittelt werden kann.** Am besten lässt man sich nicht von einem Versicherungsvertreter, sondern von einem Versicherungsmakler beraten.

4. Öffentlichkeitsarbeit

Die Öffentlichkeitsarbeit ist eine Aufgabe, die die Geschäftsführung grundsätzlich selbst in die Hand nehmen muss. Jedes Unternehmen, ob groß oder klein, ist Gegenstand des öffentlichen Interesses; das große mehr als das kleine. Das Umgehen mit diesem Interesse gehört in den Verantwortungsbereich des Unternehmers selbst. Er kann die Organisation von Pressekonferenzen, das Management von öffentlichkeitswirksamen Image-Kampagnen oder die Vorbereitung von Interviews seiner Abteilung für Öffentlichkeitsarbeit überlassen. Aber auch die Inanspruchnahme freiberuflicher Agenturen ist vorteilhaft. Diese können oft bessere Ideenbringer sein als die Unternehmensangehörigen, weil sie unbefangener sind. Dadurch ergeben sich oft völlig neue Aspekte für die Art des Auftritts des Unternehmens und des Unternehmers selbst. **Geschäftsführer müssen als Unternehmer selbst auftreten. Nur das macht sie glaubhaft.** Und Glaubhaftigkeit gehört zu den stärksten Argumenten, mit denen ein Unternehmen in der öffentlichen Meinung für seine Interessen werben kann. Negative wirtschaftliche Nachrichten schaden einem Unternehmen weniger, wenn es die Ursachen und die eingeleiteten Gegenmaßnahmen glaubhaft erläutert und damit Vertrauen schafft. Dagegen können geringfügige Pannen zu einem negativen Dauerbrenner in der öffentlichen Diskussion werden, wenn das Unternehmen versäumt hat, sich um gute Beziehungen zu seiner Umwelt und vor allem zu den Medien zu bemühen. 1202

Die Pflege des Ansehens in der Öffentlichkeit muss auch den Führungskräften zur Pflicht gemacht werden. Hier gilt ebenso wie bei den übrigen Aufgaben, dass die Geschäftsführung sich auf die Grundsatzaufgaben konzentrieren und im Übrigen delegieren und überwachen muss. Zu dem was getan werden kann, gehören bereitwillige Zusammenarbeit mit den Behörden und allen Institutionen, deren Urteil über das Unternehmen etwas zu seinem Erfolg oder Misserfolg beitragen kann. Das sind Verbände, Gewerkschaften, Vereine, Fach- und Hochschulen, Forschungseinrichtungen, Parlamente und Regierungen und vor allem die Presse. Welche Beziehungen besonders gepflegt werden müssen, hängt vom Einzelfall ab. Nicht jedes Unternehmen kann eine Rundum-Strategie der Öffentlichkeitsarbeit betreiben. Gute Beziehungen zur lokalen, zur Fach- und zur allgemeinen Wirtschaftspresse stehen in der Rangskala weit oben. Öffentlichkeitsarbeit heißt nicht, sich anzubiedern, schon gar nicht bei der Presse. Das endet meist schlecht. Was geschätzt wird, sind Informationen und eine offene, selbstbewusste Sprache. Vertrauensseligkeit („unter uns gesagt …" oder „im Vertrauen …") ist der Presse gegenüber wenig am Platz. Sperrfristen, wenn sie einsehbar sind, werden wohl regelmäßig beachtet. Gelingt es, das Anliegen des Unternehmens in der Öffentlichkeit verständlich zu machen und dadurch sein Ansehen zu stärken, trägt das auch zu Erfolgen im Wettbewerb um tüchtige Mitarbeiter bei. Das Vertrauenskapital bei den Gesellschaftern, bei den Aufsichtsorganen, bei den Kunden, den Lieferanten und Banken und vor allem auch bei der eigenen Belegschaft wird verstärkt. Oft kommt es auf dieses Vertrauenskapital entscheidend an. 1203

Kapitel 2

Beginn und Ende des Geschäftsführeramtes – Anstellungsvertrag – Altersversorgung

I. Beginn des Geschäftsführeramtes – Bestellung – Faktischer Geschäftsführer

2000 **Das Geschäftsführeramt beginnt mit der Bestellung. Die Bestellung ist vom Abschluss des Anstellungsvertrages zu unterscheiden.** Durch die Bestellung wird die berufene Person zum Organ der Gesellschaft. **Das Organ ist der gesetzliche Vertreter der GmbH.** Handelt die Geschäftsführung, handelt die Gesellschaft selbst (zu den unterschiedlichen Möglichkeiten, die Vertretung zu regeln, Rn 3006 ff).

2001 **Eine Person kann Geschäftsführer = Organ sein, ohne dass ein Anstellungsvertrag abgeschlossen worden ist.** In Konzernen übernimmt zB oft ein Angestellter der Muttergesellschaft die Geschäftsführung einer kleineren Tochtergesellschaft, ohne mit dieser einen besonderen Vertrag abzuschließen. Die Geschäftsführungstätigkeit ist durch die Bezüge bei der Muttergesellschaft mit abgegolten. Bei größeren Tochtergesellschaften, die höhere unternehmerische Anforderungen stellen, wird, wenn kein Vertrag mit der Tochtergesellschaft geschlossen wird, der Vertrag mit der Muttergesellschaft in der Regel der Position bei der Tochter angepasst. Manchmal wird noch ein sog „Geschäftsführervertrag" mit der Tochter abgeschlossen, der nur die Rechte und Pflichten als Geschäftsführer regelt, aber nicht die Bezüge und die Altersversorgung. Für sie gilt der Vertrag mit der Muttergesellschaft. Der Fall, dass mit einem Dritten und nicht mit der GmbH ein Anstellungsvertrag abgeschlossen wird, liegt auch vor, wenn bei einer GmbH & Co KG die Geschäftsführer der phG-GmbH nur einen Anstellungsvertrag mit der Kommanditgesellschaft schließen (Rn 8030).

2002 **Bestellung und Anstellungsvertrag können ein unterschiedliches rechtliches Schicksal haben.** Der Anstellungsvertrag und damit der Anspruch auf die Bezüge kann bestehen bleiben, auch wenn die Bestellung zum Geschäftsführer endet. Umgekehrt kann jemand als Geschäftsführer tätig sein, nachdem er bestellt worden ist, ohne dass er einen wirksamen Anstellungsvertrag hat.

2003 **Zuständig für die Bestellung sind nach dem GmbHG die Gesellschafter** (§ 46 Nr 5 GmbHG). **Ein Alleingesellschafter,** gleichgültig ob er eine natürliche oder eine juristische Person ist, **muss den Bestellungsbeschluss schriftlich niederlegen und unterschreiben** (§ 48 Abs 3 GmbHG). Versäumt er das, ist der Beschluss deshalb nicht nichtig. Ob die Vorschrift nur eine Ordnungsvorschrift ist, oder welche Rechtswirkungen ein Verstoß gegen sie auslöst, ist noch umstritten.[1] Keine Rechtsfolgen hat die unterlassene Protokollierung nach dem BGH jedenfalls dann, wenn der Beschluss dem Betroffenen – zB in einem Brief – so bekanntgegeben worden ist, dass später Beweisprobleme durch nachträgliche Manipulationen nicht auftreten können[2] **Unterliegt die GmbH der Mitbestimmung** nach MitbestG, **ist der Aufsichtsrat für die Bestellung zuständig.** Dann gelten die aktienrechtlichen Vorschriften und die Sondervorschriften der Mitbestimmungsgesetze. Diese Vorschriften regeln nicht nur die Zuständigkeit für die Bestellung und das Verfahren, sondern auch die **höchstmögliche Bestellungszeit,** nämlich **fünf Jahre** (§ 84 AktG, § 31 MitbestG) (s auch

---

[1] Karsten Schmidt/Seibt in Scholz GmbH § 48 Rn 73 mwN.
[2] BGH v 27. 3. 1995 GmbHR 1995, 373, 375 f = NJW 1995, 1750, 1752 = DStR 1995, 774, 776 mit Anm Goette; BGH v 9. 12. 1996 NJW 1997, 741, 742.

I. Beginn und Ende des Geschäftsführeramtes

Rn 2013). Wenn die GmbH einen Aufsichtsrat nach dem DrittelbG zu bilden hat (Rn 4060 ff), bleiben die Gesellschafter für die Bestellung und für den Abschluss des Dienstvertrages zuständig. Der Bestellungsbeschluss wird grundsätzlich mit der einfachen Mehrheit der abgegebenen Stimmen gefasst, wenn nicht der Gesellschaftsvertrag eine größere Mehrheit vorsieht (§ 47 Abs 1 GmbHG). **Ist die Person, die zum Geschäftsführer bestellt werden soll, selbst Gesellschafter, kann sie bei ihrer Bestellung mitstimmen.**[3]

Die Gesellschafter können, falls nicht das MitbestG eingreift, die Zuständigkeit im Gesellschaftsvertrag anders regeln. Das Bestellungsrecht kann einem Gesellschafterausschuss, einem Beirat, einer bestimmten Gesellschaftergruppe oder einem einzelnen Gesellschafter, sogar einem außenstehenden Dritten übertragen werden.[4] Solche Regelungen finden sich meist in Gesellschafts- und Partnerverträgen von Gemeinschaftsunternehmen. In Familiengesellschaften wird häufig Familienstämmen, wenn sie eine bestimmte Mindestbeteiligung haben, das Recht eingeräumt, einen Geschäftsführer zu benennen, den die anderen Gesellschafter dann bestellen müssen, es sei denn, dass sie einen wichtigen Grund haben, ihn abzulehnen. Ein wichtiger Grund ist in solchen Fällen meist nur ein Grund in der Person des Benannten. Der Benannte muss als Person unzumutbar sein. Derartige Ablehnungen sind deshalb selten. Der Familienstamm kann auch ermächtigt werden, den Geschäftsführer selbst zu bestellen. Dadurch wird das Einspruchsrecht der anderen Gesellschafter erschwert, weil die Bestellung zunächst wirksam ist, wenn sie nicht davon abhängig gemacht worden ist, dass kein Widerspruch erfolgt. Hierfür muss eine Frist vereinbart sein. Das Vorschlagsrecht ist einem unmittelbaren Bestellungsrecht vorzuziehen.

Wer das Bestellungsrecht hat, kann im Zweifel die Bestellung auch widerrufen. Ob er es auch muss und unter welchen Voraussetzungen, muss geregelt sein. Ohne eine solche Regelung wird eine Verpflichtung nur anzuerkennen sein, wenn ein wichtiger Grund vorliegt, auf den gestützt die anderen Gesellschafter die Abberufung verlangen (Rn 2025). Sonderrechte können durch Bestimmungen über die fachliche Qualifikation der benannten Personen ergänzt werden. **Wenn Sonderrechte im Gesellschaftsvertrag geregelt sind, gelten sie auch gegenüber neu eintretenden Gesellschaftern.** Sie können dann nur mit Zustimmung des Berechtigten, mit qualifizierter Mehrheit und zu notariellem Protokoll (§ 53 Abs 2 GmbHG) geändert oder aufgehoben werden. Liegt ein wichtiger Grund vor, kommt es auf die Zustimmung des Berechtigten nicht an. Die Wirksamkeit des Beschlusses hängt aber von einer gerichtlichen Entscheidung ab (Rn 2024). Sind die Sonderrechte nur in einem privatschriftlichen Familienbindungsvertrag oder in einem Partner- oder Konsortialvertrag oder durch einen Gesellschafterbeschluss geregelt, sind neu eintretende Gesellschafter daran nicht gebunden, solange sie dem Vertrag oder dem Beschluss nicht beigetreten sind.

Über die Bestellungsdauer können die Gesellschafter, wenn sie zuständig sind, frei entscheiden. Gesellschafter-Geschäftsführer werden manchmal auf Lebenszeit bestellt, insbesondere, wenn sie an der Gesellschaft maßgeblich beteiligt sind. **Eine Befristung ist empfehlenswert.** Sie erleichtert es, sich von dem Geschäftsführer zu trennen. Bei Fristablauf erlischt das Amt automatisch. Es braucht kein Abberufungsbeschluss gefasst zu werden, der für die Beteiligten immer unangenehmer ist als wenn nur die Neubestellung unterbleibt. **Eine Amtszeit von fünf Jahren entspricht der üblichen Amtszeit.** Das ist auch die höchst zulässige Amtszeit von Vorstandsmitgliedern

---

[3] BGH v 9. 12. 1968 BGHZ 51, 209, 215 f; Karsten Schmidt in Scholz GmbHG § 46 Rn 75, § 47 Rn 118 mwN.
[4] BGH v 21. 1. 1991 BGHZ 113, 237, 246, Hueck/Fastrich in Baumbach/Hueck GmbHG § 6 Rn 20; Lutter/Hommelhoff GmbHG § 46 Rn 11; aA für außenstehende Dritte Karsten Schmidt in Scholz GmbHG § 46 Rn 72; Hüffer in Ulmer GmbHG § 46 Rn 77.

einer AG und Geschäftsführern einer paritätisch mitbestimmten GmbH. **Oft wird auf zwei oder drei Jahre bestellt, vor allem bei einer Erstbestellung.** Ist unbefristet bestellt, der Anstellungsvertrag aber nur für eine bestimmte Zeit abgeschlossen worden, erlischt die Bestellung nicht mit Ablauf des Vertrages. Das wird oft übersehen. Die Bestellungsdauer richtet sich nicht nach der Laufzeit des Anstellungsvertrages, sondern allein nach dem Inhalt des Bestellungsbeschlusses. Wird der Vertrag nicht erneuert, muss also in solchen Fällen noch ein ausdrücklicher Abberufungsbeschluss gefasst werden. Da eine Abberufung in der interessierten Öffentlichkeit leicht den Eindruck erweckt, dass eine Maßregelung vorläge, ist es immer besser, die Bestellung zu befristen. Ggf kann man auch den Geschäftsführer veranlassen, von sich aus das Amt niederzulegen. Eine Amtsniederlegung erweckt auch bei dem Betroffenen weniger unangenehme Assoziationen als eine Abberufung.

2007 **Die Dauer der Bestellung kann auch von einer auflösenden Bedingung abhängig gemacht werden.** Beispielsweise kann vorgesehen werden, dass die Bestellung automatisch endet, falls der Geschäftsführer nicht ab einem bestimmten Datum seine volle Arbeitskraft der GmbH zur Verfügung stellt, also bis zu diesem Datum sämtliche anderen beruflichen Tätigkeiten eingestellt hat, falls ihm dies eine Übergangszeit bis zu diesem Datum gestattet worden war.[5]

2008 **Ein Geschäftsführer muss bestimmte persönliche Voraussetzungen erfüllen.** Teils sind sie gesetzlich festgelegt, teils werden sie von den Gesellschaftern aufgestellt. Geschäftsführer sollten vor allem unternehmerische Qualifikationen haben (Rn 2010). **Nach § 6 Abs 2 GmbHG muss der Geschäftsführer nur unbeschränkt geschäftsfähig und „unbescholten" sein,** dh er darf nicht in den letzten fünf Jahren seit Rechtskraft des Urteils wegen Insolvenzverschleppung, Bankrott, Gläubigerbegünstigung, Schuldnerbegünstigung, Verletzung der Buchführungspflicht, Bilanzdelikten uÄ (§§ 283 bis 283d StGB) sowie wegen fehlender Angaben nach § 82 GmbHG (insbesondere falsche Versicherungen gegenüber dem Handelsregister) verurteilt worden sein. Und er darf nicht wegen Betrugs in den verschiedenen Variationen einschließlich Computerbetrug, Subventionsbetrug, Kapitalanlagebetrug, Kreditbetrug, Untreue oder Vorenthalten von Sozialversicherungsbeiträgen (§§ 263 bis 264a, 265b bis 266b StGB) zu einer Freiheitsstrafe von mindestens einem Jahr verurteilt worden sein. Eine Verurteilung im Ausland wegen einer vergleichbaren Tat genügt. Eine im Gefängnis verbrachte Zeit wird auf die fünf Jahre nicht angerechnet (§ 6 Abs 2 Nr. 3 GmbHG), verlängert also die Frist. Eine Verurteilung nach § 246 StGB (Unterschlagung) hindert die Bestellung eigenartigerweise nicht. Auch die Eintragung in das Schuldnerverzeichnis (§ 915 ZPO) oder in das Verzeichnis derjenigen Schuldner, bezüglich derer ein Insolvenzantrag mangels Masse abgewiesen worden ist, steht der Bestellung zum Geschäftsführer nicht entgegen. Personen, gegen die ein behördliches oder gerichtliches Berufs- oder Gewerbeverbot verhängt worden ist, können nicht Geschäftsführer in Unternehmen sein, deren Unternehmensgegenstand ganz oder teilweise mit dem Gegenstand des Berufs- oder Gewerbeverbots übereinstimmt (§ 6 Abs 2 Nr. 2 GmbHG). **Nur natürliche Personen, also Menschen, können Geschäftsführer sein.** Anders ist es bei Liquidatoren (Rn 5064). **Ein Bestellungsbeschluss, mit dem gegen die gesetzlichen Verbote verstoßen wird, ist nichtig.** Für bestimmte Berufsgruppen hat deren Berufs- oder Standesrecht Beschränkungen geschaffen, wie zB für Beamte, Rechtsanwälte, Notare, Wirtschaftsprüfer und Steuerberater. Bestellungen, die gegen Berufsrecht verstoßen, sind nicht nichtig, sondern nur seitens der Standesvertretungen angreifbar.

2009 **Die Gesellschafter können weitere persönliche Voraussetzungen für die Bestellung zum Geschäftsführer aufstellen.** Es kann zB die deutsche Staatsangehörigkeit oder ein Wohnsitz am Ort der Hauptverwaltung verlangt werden. Es ist eine

---

[5] BGH v 24. 10. 2005 GmbHR 2006, 46, 47 f.

I. Beginn und Ende des Geschäftsführeramtes

Zweckmäßigkeitsfrage, was an Voraussetzungen verlangt wird. **Aufenthalts- und Arbeitserlaubnis sind für die Bestellung zum Geschäftsführer grundsätzlich nicht erforderlich.**[6] Deshalb können auch Ausländer mit Wohnsitz im Ausland zu Geschäftsführern einer deutschen GmbH bestellt werden. Für EU-Bürger, die Freizügigkeit genießen, ist das zweifelsfrei. Bei Nicht-EU-Bürgern differenziert die Rechtsprechung: Besteht, wenn auch nur für einen zeitlich begrenzten Aufenthalt (zB für drei Monate), keine Visumpflicht,[7] können diese zum Geschäftsführer bestellt werden. Besteht hingegen Visumpflicht für jeden Aufenthalt und liegt auch keine Aufenthaltsgenehmigung vor, kann der Nicht-EU-Bürger nicht zum Geschäftsführer bestellt werden.[8] Das gilt auch dann, wenn neben ihm EU-Bürger zu weiteren Geschäftsführern der GmbH bestellt worden sind. Denn zahlreiche, den Geschäftsführern obliegende Pflichten verlangen, dass man sich persönlich informiert (Rn 3041, 7014) und vor Gerichten und Behörden persönlich erscheint (Pflichten in der Insolvenz, Abgabe der eidesstattlichen Versicherung für die GmbH usw).

Die unternehmerische Qualifikation des Geschäftsführers steht nicht im Gesetz; sie ist jedoch unerlässlich für Unternehmen, die im Wettbewerb stehen. Auch in den Gesellschaftsverträgen steht regelmäßig nichts davon. **Fehlt sie aber, können diejenigen, die die Bestellungsentscheidung getroffen haben, wegen Auswahlverschuldens haftbar sein.** Die falsche Person an führender Stelle kann ein Unternehmen ruinieren. Oft werden bei der Bestellungsentscheidung nur die spezifischen fachlichen Fähigkeiten, etwa des Konstrukteurs, des Finanzmannes, des Produktionsleiters usw beurteilt. Zum Unternehmensleiter gehört in der Regel mehr. Er muss in Entwicklungen denken, führen, motivieren und moderieren, anweisen, Druck ausüben und überwachen können. Geschäftsführer müssen auch Risiken eingehen und entscheiden können. Sie müssen mit Kollegen, Mitarbeitern und Geschäftsfreunden kooperieren können, müssen bereit sein zu informieren, und zwar sich untereinander, ihre Mitarbeiter, die Gesellschafter und ein etwa vorhandenes Aufsichtsratsorgan, jeden in dem für seine Aufgabe und seine Verantwortung gebotenen Umfang. Geschäftsführer müssen auch für den Führungsnachwuchs in ihrem Unternehmen sorgen und ihm Gelegenheit geben, Führungsqualitäten zu beweisen und zu entwickeln. Im Grunde müssen sie darauf hinarbeiten, sich selbst überflüssig zu machen. Wer es tut, macht meist die Erfahrung, dass er es gerade nicht wird, weil der Führungsnachwuchs seine Hilfe umso lieber sucht, je mehr ihm Verantwortung übertragen wird. **Nicht alle Geschäftsführerpositionen verlangen den Unternehmer. Für manche Aufgaben ist der zuverlässige Verwalter wichtiger als der Vordenker und Neuerer.**

Die Bestellung wird erst dann wirksam, wenn der Bestellte sie annimmt. Von da an hat er alle Rechte und Pflichten, Auf die Anmeldung zum oder die Eintragung im Handelsregister kommt es nicht an. **Auch die Wirksamkeit des Widerrufs ist unabhängig davon, dass sie in das Handelsregister eingetragen wird. Die Eintragung** in das Handelsregister ist zwar Pflichtsache, **hat aber nur deklaratorische Bedeutung;** sie wirkt **nicht rechtsbegründend,** anders als die Eintragung der

---

[6] Allg Meinung: Hueck/Fastrich in Baumbach/Hueck GmbHG § 6 Rn 9 mwN.
[7] § 15 der Aufenthaltsverordnung iVm Art 1 Abs 2 der EU-VO Nr 539/2001 v 15. 3. 2001 (EU-Visum-VO). Im Anhang II der EU-Visum-VO sind die Länder ohne Visumpflicht (für einen zeitlich begrenzten Aufenthalt) aufgeführt.
[8] So OLG Köln v 30. 9. 1998 DB 1999, 38 = GmbHR 1999, 182, 183: weissrussische Staatsbürgerin mit Wohnsitz in Minsk kann nicht Geschäftsführerin werden; OLG Hamm v 9. 8. 1999 ZIP 1999, 1919, 1921; OLG Zweibrücken v 13. 3. 2001 NZG 2001, 857 mit Anm Wachter; OLG Celle v 2. 5. 2007 GmbHR 2007, 657, 658: russischer Staatsangehöriger kann, da Russland nicht im Anhang II zur EU-Visum-VO aufgeführt, nicht Geschäftsführer werden; Uwe H. Schneider in Scholz GmbHG § 6 Rn 19; aA (auch bei Visumpflicht ist Geschäftsführerbestellung möglich) Hueck/Fastrich in Baumbach/Hueck GmbHG § 6 Rn 9.

GmbH selbst. Bestellung und Widerruf müssen aber zum Schutz des Geschäftsverkehrs zum Handelsregister angemeldet werden (Rn 3009). Ist ein Geschäftsführer zunächst nur zum stellvertretenden Geschäftsführer (Rn 2016, 3028) bestellt worden, so ist ein Stellvertreterzusatz, der üblicherweise auf den Briefbögen und in Geschäftsberichten hinzugefügt wird, nicht in das Handelsregister einzutragen.[9] Werden Geschäftsführer einer schon bestehenden GmbH angemeldet, so müssen Geschäftsführer in vertretungsberechtigter Zahl handeln (Umkehrschluss aus § 78 GmbHG). Unechte Gesamtvertretung (Geschäftsführer mit Prokurist, Rn 3007) ist zulässig, auch die Anmeldung durch einen Bevollmächtigten, falls eine öffentlich-beglaubigte Sondervollmacht, unterzeichnet durch zur Anmeldung befugte Personen, vorliegt.[10] Neue Geschäftsführer müssen sich selbst anmelden. Denn sie sind nach §§ 8 Abs 3, 39 Abs 3 GmbHG verpflichtet, in der Handelsregisteranmeldung höchstpersönlich zu versichern, dass sie „unbescholten" (Rn 2008) sind.[11] Wird die Bestellung (§ 39 GmbHG) gleichzeitig mit der GmbH selbst angemeldet, müssen alle Geschäftsführer mitwirken (§§ 7, 8, 78 GmbHG). Ausgeschiedene Geschäftsführer (Abberufung oder Niederlegung) können ihr Ausscheiden nicht mehr anmelden. Das Ausscheiden kann aber auf den Zeitpunkt der Eintragung gelegt werden. Dann kann der Geschäftsführer sein Ausscheiden vorher noch selbst anmelden. Die Unterschriften auf der Anmeldung müssen notariell beglaubigt werden. Die Urkunden über die Bestellung oder den Widerruf (zB entsprechender Auszug aus dem Protokoll der Gesellschafterversammlung) sind im Original oder in beglaubigter Abschrift beizufügen.[12] Die Urkunden dienen, wenn der neue Geschäftführer sich anmeldet, gleichzeitig als Nachweis für seine Anmeldebefugnis. Die früher in der Handelsregisteranmeldung eines Geschäftsführers gesetzlich vorgesehene Zeichnung der Firma und der Unterschrift, später nur noch der Unterschrift, ist seit der Einführung des elektronischen Handelsregisters (s Einleitung) aufgehoben.

2012 **Geschäftsführer müssen auf den Geschäftsbriefen mit Namen und mindestens einem Vornamen angegeben werden.** Außerdem muss die Rechtsform (also GmbH) angegeben werden, der Sitz der Gesellschaft, das Registergericht, die Handelsregister-Nummer und, wenn ein Aufsichtsrat besteht, dessen Vorsitzender (§ 35a GmbHG) (Rn 7033). Das Registergericht kann die Angabe durch Zwangsgeld (höchstens Euro 5000,–, § 79 Abs 1 GmbHG) erzwingen (Rn 7017). **Die rechtsgeschäftlichen Erklärungen, die auf unvollständigen Geschäftsbögen abgegeben werden, sind jedoch gültig.**

2013 **In GmbHs, die der Mitbestimmung nach MitbestG unterliegen, ist ausschließlich der Aufsichtsrat für die Bestellung – und die Abberufung – zuständig.** In mitbestimmten GmbHs muss außerdem ein Arbeitsdirektor bestellt werden. Deshalb kann der Gesellschaftsvertrag die Zahl der Geschäftsführer nicht auf nur einen beschränken. Es müssen mindestens zwei Geschäftsführer bestellt werden. Verlängerungsklauseln, dass nach Ablauf der Bestellungsdauer die Bestellung zum Geschäftsführer fortdauern solle, wenn sie nicht widerrufen wird, sind in der mitbestimmten GmbH unzulässig. **Über eine Wiederbestellung muss ausdrücklich entschieden werden.** Das darf nicht früher als ein Jahr vor Ablauf der Amtszeit geschehen. Für den Anstellungsvertrag gilt etwas anderes (§ 31 Abs 1 S 1 MitbestG iVm § 84 Abs 1 S 5 AktG).

2014 **Die Ernennung zum Vorsitzenden oder zum Sprecher der Geschäftsführung verändert nicht die Organstellung.** Sie ist deshalb auch nicht zum Handelsregister

---

[9] BGH v 10. 11. 1997 GmbHR 1998, 181, 182 f.
[10] Zöllner/Noack in Baumbach/Hueck GmbHG § 39 Rn 8; Lutter/Hommelhoff GmbHG § 39 Rn 6.
[11] Uwe H. Schneider in Scholz GmbHG § 39 Rn 12.
[12] Zum Umfang der Prüfung durch das Registergericht OLG München v 30. 3. 2009 GmbHR 2009, 663 ff.

I. Beginn und Ende des Geschäftsführeramtes   **2015–2017**

anzumelden. Zuständig für die Ernennung sind grundsätzlich die Gesellschafter, die auch für die Bestellung zuständig sind, wenn sie sie nicht einem anderen Organ übertragen haben (Rn 2004). In paritätisch mitbestimmten GmbHs ist der Aufsichtsrat zuständig. **Die Funktionen** eines Vorsitzenden oder Sprechers der Geschäftsführung **können** von Gesellschaft zu Gesellschaft **unterschiedlich ausgestaltet sein.** Sie reichen von der des sprichwörtlichen Generaldirektors mit der Befugnis, gegen die Mehrheit der Geschäftsführerkollegen entscheiden zu können (aber Rn 2015 für die mitbestimmte GmbH!) bis zu der Sprecherrolle, die immer auch mit einer gewissen Koordinationsbefugnis verbunden ist.[13] Wie die Position ausgestattet wird, ist Sache der Gesellschafter oder derjenigen, die von den Gesellschaftern mit der Ernennung betraut worden sind. Von der Ausstattung der Position unberührt bleibt allerdings die gegenseitige Überwachungs- und Informationspflicht der Geschäftsführer sowie das Widerspruchsrecht (Rn 3041, 7013). Sie bleiben unverändert, auch wenn einer Hauptgeschäftsführer (früher Generaldirektor) ist mit der Befugnis, gegen die Mehrheit der Geschäftsführerkollegen zu entscheiden. **Die Stellung als Vorsitzender oder Sprecher kann wieder aufgehoben werden, ohne dass deshalb das Geschäftsführeramt endet.** UU liegt dann für den Betroffenen ein wichtiger Grund vor, sein Geschäftsführeramt niederzulegen und den Anstellungsvertrag aus wichtigem Grund zu kündigen.

In der nach MitbestG mitbestimmten GmbH kann der Vorsitzende der Geschäftsführung nicht gegen die Mehrheit seiner Mitgeschäftsführer entscheiden. Das ist anders als bei der nicht mitbestimmten GmbH oder der nur drittelparitätisch mitbestimmten GmbH (DrittelbG), bei der auch heute noch das sog **Generaldirektorenprinzip** vorgeschrieben werden darf (Rn 2014). Bei paritätisch mitbestimmten GmbH kann der Vorsitzende nur für den Fall der Stimmengleichheit der Geschäftsführer ein ausschlaggebendes Votum erhalten (nicht jedoch bei nur zwei Geschäftsführern, da dies auf ein Alleinentscheidungsrecht des Vorsitzenden hinauslaufen würde) oder ein Vetorecht, das aber lediglich zu nochmaliger Beschlussfassung in der Geschäftsführung führen kann, also nur aufschiebende Bedeutung haben darf.[14] **2015**

Für die Bestellung stellvertretender Geschäftsführer (Rn 3028) **gilt das Gleiche wie für die Bestellung von „ordentlichen" Geschäftsführern.** Nur ist der Hinweis auf den „stellvertretenden" nicht einzutragen (Rn 2011). In der Organfunktion besteht kein rechtlicher Unterschied; auch nicht in der Organverantwortung. Beide sind Geschäftsführer, auch im Innenverhältnis, dh sie sind mit den ordentlichen Geschäftsführern für das Unternehmen gesamtverantwortlich (Rn 7012 ff). Die Bestellung zum „Stellvertretenden Geschäftsführer" kennzeichnet in der Regel eine Art Probezeit bis zur Bestellung zum ordentlichen Geschäftsführer. Sie erfolgt meist auch für eine kürzere Zeitspanne als sie für die Bestellung zum ordentlichen Geschäftsführer in der betreffenden GmbH üblich ist. § 44 GmbHG erstreckt alle für die Geschäftsführer geltenden Vorschriften in vollem Umfang auch auf ihre Stellvertreter. **2016**

Hat eine GmbH keinen Geschäftsführer, weil der einzige oder alle Geschäftsführer ihr Amt niedergelegt haben oder abberufen worden sind **(führungslose GmbH),** greift zum einem seit dem MoMiG (s Einleitung) die Ersatzzuständigkeit jedes einzelnen Gesellschafters ein (Pflicht zur Stellung ggf. eines Insolvenzantrags und Empfangsvertreter für den Zugang und die Zustellung von Schriftstücken, Rn 3020 und 3032). **Zum anderen kann das zuständige Registergericht einen Notgeschäftsführer bestellen. Es muss ein dringender Fall vorliegen (§ 29 BGB analog).** Das gilt auch dann, wenn zwar ein Geschäftsführer vorhanden, aber ein notwendiger Geschäftsführer fehlt, zB **2017**

---

[13] Vgl die Übersicht bei Uwe H. Schneider in Scholz GmbHG § 37 Rn 29 mwN.
[14] Hoffmann/Lehmann/Weinmann MitbestG § 33 Rn 43; Hoffmann/Preu Aufsichtsrat Rn 245; Henssler in Ulmer/Habersack/Henssler Mitbestimmungsrecht § 33 MitbestG Rn 39.

- weil der einzige Geschäftsführer verhindert ist, sein Amt auszuüben oder
- weil der zweite Geschäftsführer fehlt, den der Gesellschaftsvertrag zur gesetzlichen Vertretung verlangt,
- oder wenn streitig ist, ob eine Abberufung wirksam ist (vgl zB Rn 2025 aE).[15]

Einen Antrag können Gesellschafter, Gläubiger oder auch der Geschäftsführer selbst stellen, der, um handlungsfähig zu sein, den weiteren Geschäftsführerkollegen braucht. Bei der Auswahl sind die Bestimmungen des Gesellschaftsvertrages (Qualifikation, Vertretungsregelung uÄ), zu beachten. Einen Anstellungsvertrag kann das Gericht mit dem Notgeschäftsführer nicht abschließen. Er hat jedoch Anspruch auf angemessene Vergütung. **Die Bestellung des Notgeschäftsführers wird zumeist auf einen bestimmten Aufgabenbereich beschränkt.**

2018 Ein umfängliches Problemfeld ist der sog „faktische Geschäftsführer". Zwei Erscheinungsformen sind zu unterscheiden. Im ersten Fall sollte der Geschäftsführer ordnungsgemäß bestellt werden; der Bestellungsbeschluss ist aber versehentlich vergessen worden oder aus irgendeinem Grunde unwirksam. Der nicht oder nicht wirksam bestellte Geschäftsführer ist aber mit Wissen und Wollen der Gesellschafter tätig geworden. Im zweiten Falle war eine Bestellung nie beabsichtigt, ein starker Gesellschafter, ein von der Bank gesandter Sanierer oder eine Führungskraft der zweiten Linie hat aber auf die Entscheidungen des Unternehmens wie ein Geschäftsführer eingewirkt und sich auch nach außen wie ein Geschäftsführer benommen. Die Fälle sind nicht so selten. Vor allem Mehrheitsgesellschafter erteilen der Geschäftsführung oft ohne den erforderlichen Gesellschafterbeschluss (Rn 4002) Weisungen und üben dadurch bestimmenden Einfluss auf die Gesellschaft aus. Oder sie verhandeln mit Lieferanten, schließen Verträge ab, stellen Personal ein oder „feuern" Mitarbeiter. Die beiden Erscheinungsformen faktischer Geschäftsführung sind rechtlich unterschiedlich zu bewerten. Darauf wird in den wichtigen Zusammenhängen jeweils eingegangen (zB Rn 6062, 7110ff). Grundsätzlich gilt, dass auf den nicht oder nicht wirksam bestellten Geschäftsführer, der mit Wissen und Wollen der Gesellschafter tätig ist, alle für einen Geschäftsführer einschlägigen Vorschriften anzuwenden sind. Seine Vertretungsakte sind wirksam. Er hat Anspruch auf die angemessene Vergütung usw. Für den „Geschäftsführer", der die Stellung nur usurpiert hat, sind die Rechtsfolgen seines Handelns im Einzelfall zu prüfen.[16] **Das Gegenstück zum faktischen Geschäftsführer ist der nur nominelle Geschäftsführer.** Er gibt nur seinen Namen her und lässt sich als Strohmann für den faktischen Geschäftsführer benutzen. Eine hochgefährliche Sache. Denn der nominelle Geschäftsführer (auch **Zölibatsgeschäftsführer** genannt, Rn 3041) haftet ebenso wie der faktische Geschäftsführer. Das trifft ihn meist dann, wenn der faktische (oder der zweite, der eigentliche) Geschäftsführer, wenn es darauf ankommt, vermögenslos oder verschwunden ist.[17]

II. Beendigung des Geschäftsführeramtes

1. Abberufung – einstweiliger Rechtsschutz

2019 **Die Abberufung oder der Widerruf der Bestellung beendet die Organstellung** und damit das Vertretungsrecht. Zuständig ist in der Regel das Gesellschaftsorgan,

---

[15] Dazu BayObLG v 12. 8. 1998 DB 1998, 2359, 2360.

[16] BGH v 2. 6. 2008 GmbHR 2008, 929 mwN; BGH v 11. 2. 2008 GmbHR 2008, 702, 703; KG v 4. 12. 2007 GmbHR 2008, 703 f; Zöllner/Noack in Baumbach/Hueck GmbHG § 35 Rn 8 und 9, § 43 Rn 3.

[17] BFH v 16. 11. 1997 GmbHR 1998, 387, 388: Inanspruchnahme der nominellen Geschäftsführerin für Umsatz- und Körperschaftsnachzahlungen von über DM 300000,–, da der andere Geschäftsführer sich nach Pakistan abgesetzt hatte.

II. Beendigung des Geschäftsführeramtes

das auch für die Bestellung zuständig ist (Rn 2003 ff). Mit der Abberufung enden auch die Geschäftsführungsbefugnis und die Geschäftsführungspflicht. Die Abberufung ist in das Handelsregister einzutragen (Rn 2011). **Die Suspendierung ist keine Abberufung.** Als Suspendierung wird bezeichnet, wenn einem Geschäftsführer im Wege der Weisung (Rn 4000 ff) vorläufig die Ausübung seines Amtes untersagt wird. Die Gesellschafter können verlangen, dass sich der Geschäftsführer für einen gewissen Zeitraum, etwa bis zur Klärung von Vorwürfen, jeder Tätigkeit für die GmbH enthält. **Für eine Suspendierung müssen schwerwiegende Gründe vorliegen.** Denn ein Geschäftsführer hat grundsätzlich Anspruch darauf, sein Amt ausüben zu können. Die Öffentlichkeitswirkung ist ebenfalls zu bedenken. Auch Geschäftsführer haben Anspruch auf soziale Rücksichtnahme. **Die gesetzlichen Pflichtaufgaben** (zB §§ 30, 31, 42a, 64 GmbHG, 15a InsO) **müssen weiter erfüllt werden können; sie stehen nicht zur Disposition der Gesellschafter.** Von diesen Pflichtaufgaben ist der Geschäftsführer erst entbunden, wenn er abberufen worden ist. Die Suspendierung ist das weniger einschneidende Mittel als eine sofortige Abberufung und deshalb zulässig. Der Schwebezustand sollte aber möglichst bald beendet werden.[18] Sachlich das Gleiche wie eine Suspendierung ist die Freistellung. Lediglich das Motiv ist ein anderes. **Von Freistellung spricht man, wenn ein Geschäftsführer im Zusammenhang mit seinem Ausscheiden** bis zum Ablauf der Kündigungsfrist oder bis zum einvernehmlich festgelegten Ausscheidensdatum **von der Erfüllung seiner Dienstpflichten freigestellt wird** (vgl auch Rn 2112). Man will mit einer derartigen Freistellung zB erreichen, dass der ausscheidende Geschäftsführer nicht mehr in Kontakt mit den Kunden ist, damit diese nicht abgeworben werden.

Nach dem GmbHG kann ein Geschäftsführer jederzeit, dh fristlos und **ohne Angabe von Gründen abberufen werden** (§ 38 Abs 1 GmbHG); die Abberufung ist sofort wirksam. Im Gesellschaftsvertrag oder im Bestellungsbeschluss kann zwar eine Bestellungsdauer festgelegt werden. Eine vorzeitige Abberufung wird dadurch aber nicht ausgeschlossen. In nach MitbestG mitbestimmten GmbHs gilt eine Höchstdauer von fünf Jahren (§§ 31 Abs 1 MitbestG, 84 Abs 1 AktG). Hier ist für eine Abberufung ein wichtiger Grund erforderlich (§§ 31 Abs 1 MitbestG, 84 Abs 3 AktG). Dafür genügt jedoch ein Gesellschafterbeschluss, mit dem dem Geschäftsführer das Vertrauen entzogen wird. **Eine Abberufung kann auch mit Auslauffrist erfolgen.** Von Rechts wegen muss der Geschäftsführer bei der Abberufung nicht einmal angehört werden. So vorzugehen ist aber nur in seltenen Fällen zweckmäßig (Rn 2110). **Der Abberufungsbeschluss muss dem Geschäftsführer zugehen** (Rn 2104). Solange er nicht zugegangen ist, ist er schwebend unwirksam. Zuständig für die Abberufung sind die Gesellschafter oder das nach dem Gesellschaftsvertrag dafür eingesetzte Organ und bei Mitbestimmung nach MitbestG der Aufsichtsrat (Rn 2003, 2029). **Eine Abberufung kann der Geschäftsführer nur in Ausnahmefällen** in dem engen Rahmen der §§ 226, 826 BGB **angreifen,** dh wenn sie schikanös ist oder wenn sie den Amtsinhaber vorsätzlich sittenwidrig schädigt. Lediglich sachfremde Motive genügen nicht. Das gilt für Gesellschafter-Geschäftsführer (ohne Sonderrecht) wie für Fremdgeschäftsführer, auch für den einzigen Geschäftsführer oder bei Gesamtvertretung für einen der zwei notwendigen Geschäftsführer, so dass die gesetzliche Vertretung nicht mehr gesichert ist. Ggf muss ein Notgeschäftsführer bestellt werden (Rn 2017).

Von der Abberufung, die sich allein auf die organschaftliche Stellung des Geschäftsführers bezieht, **ist die Kündigung des Anstellungsvertrages zu unterscheiden.** Auch wenn der Geschäftsführer abberufen wird, läuft sein Anstellungsvertrag normalerweise weiter (Rn 2002). Bis zu dem Zeitpunkt, zu dem der Anstellungsvertrag gekündigt werden kann, erhält deshalb der abberufene und gekündigte Geschäftsführer noch sein

---

[18] Uwe H. Schneider in Scholz GmbHG § 38 Rn 94 f mwN.

Gehalt. Das ist schon darum erforderlich, weil der ungeachtet der jederzeit möglichen Abberufung **weiterlaufende Anstellungsvertrag der einzige soziale Schutz des Geschäftsführers** ist. Denn sämtliche Schutzvorschriften zugunsten der Arbeitnehmer (Kündigungsschutz, Mutterschutz, Schwerbeschädigtengesetz, Bundesurlaubsgesetz, Betriebsverfassungsgesetz, Haftungsmilderung für Arbeitnehmer usw.) gelten für den Geschäftsführer nicht (Rn 2052). Sein Interesse muss es folglich sein, entweder einen nur aus wichtigem Grund kündbaren Zeitvertrag oder einen zwar unbefristeten Anstellungsvertrag zu erhalten, dessen Kündigungsfrist jedoch ausreichend Zeit lässt, eine neue Position zu finden (zumindest sechs Monate, besser noch ein Jahr zum Jahresende). Auf der anderen Seite: **Die bloße Abberufung berechtigt den Geschäftsführer nicht, den Anstellungsvertrag aus wichtigem Grund fristlos zu kündigen (§ 626 BGB) und Schadenersatz zu fordern (§ 628 Abs 2 BGB).**[19] Es läuft lediglich die Vergütung weiter. Wird der Geschäftsführer, was häufig ist, freigestellt, braucht er keine Gegenleistung mehr zu erbringen. Wird er nicht freigestellt, ist er nach hM verpflichtet, eine zumutbare andere Tätigkeit zu erbringen, falls sie ihm angeboten wird.[20] Das mag im Konzern möglich sein. Bei einem kleinen oder mittleren Unternehmen wird es schwierig sein, eine für den Abberufenen zumutbare Tätigkeit zu finden.

2022 Mehr und mehr verbreitet sich die Unsitte, dass zumeist größere Gesellschaften mit Rechtsabteilung den **Anstellungsvertrag auflösend bedingt durch die Abberufung als Geschäftsführer** abschließen. Wer sich als Geschäftsführer darauf einlässt, muss sich das selbst vorwerfen. Denn der BGH erachtet derartige Vereinbarungen als wirksam.[21] Wirksam erachtet der BGH derartige Vereinbarungen, weil die Richter auf dem Standpunkt stehen, dass jemand, der sich zum Geschäftsführer bestellen lässt, erstens qualifiziert genug sei, um zu durchschauen, was die Vereinbarung einer auflösenden Bedingung bedeutet, und zweitens robust genug, um sich dagegen zu wehren; das müsse man von einem Geschäftsleiter erwarten. Wird ein Geschäftsführer, der sich dennoch auf eine solche auflösende Bedingung eingelassen hat, abberufen, was jederzeit ohne Begründung geschehen kann (Rn 2020), endet auch der Anstellungsvertrag zu dem Termin, zu dem mit der gesetzlichen(!) Mindestkündigungsfrist gekündigt werden kann, auch wenn die vertragliche Kündigungsfrist erheblich länger ist.[22] Die gesetzliche Mindestfrist beträgt aber nur vier Wochen zum 15. eines Monats oder zum Monatsende, § 622 Abs 1 BGB (Rn 2097). Will also der Geschäftsführer den einzigen sozialen Schutz, den er hat (Rn 2021), nicht aufs Spiel setzen, darf er **die auflösende Bedingung** nicht akzeptieren und muss sie als das kennzeichnen, was sie ist, **eine Zumutung,** was man dem Verhandlungspartner natürlich auch höflicher sagen kann.

2023 Ist die Abberufung im Gesellschaftsvertrag(!) vom Vorliegen eines wichtigen Grundes abhängig gemacht worden, so ist ein auf einem wichtigen Grund gestützter Abberufungsbeschluss der Gesellschafter, auch wenn objektiv kein wichtiger Grund vorliegt, erst einmal wirksam.[23] Der Gesellschafter-Geschäftsführer kann innerhalb Monatsfrist Anfechtungsklage erheben. Wird dieser Klage rechtskräftig stattgegeben, ist er wieder (rückwirkend) Geschäftsführer. **Der Fremdgeschäftsfüh-**

---

[19] BGH v 29. 10. 2002 GmbHR 2003, 100, 101 mit Anm Haase; aA Uwe H. Schneider in Scholz GmbHG § 38 Rn 34 aE; Zöllner/Noack in Baumbach/Hueck GmbHG § 35 Rn 219.

[20] Zöllner/Noack in Baumbach/Hueck GmbHG § 35 Rn 252; Uwe H. Schneider in Scholz GmbH § 38 Rn 34.

[21] BGH v 29. 5. 1989 GmbHR 1989, 415, 416f (für AG); BGH v 26. 6. 1995 GmbHR 1995, 653; BGH v 21. 6. 1999 BB 1999, 2100, 2101 = ZIP 1999, 1669, 1671 = NJW 1999, 3263, 3264; Uwe H. Schneider in Scholz GmbHG § 38 Rn 36; Lutter/Hommelhoff GmbHG Anh § 6 Rn 44.

[22] Goette, Die GmbH, § 8 Rn 43; BGH v 29. 5. 1989 GmbHR 1989, 415; BGH v 9. 7. 1990 BGHZ 112, 103, 115; noch weitergehender (sofort mit Abberufung ist auch der Anstellungsvertrag beendet) Zöllner/Noack in Baumbach/Hueck GmbHG § 35 Rn 35.

[23] Uwe H. Schneider in Scholz GmbHG § 38 Rn 63 und 64.

II. Beendigung des Geschäftsführeramtes   **2024–2026**

rer ist nicht berechtigt, Anfechtungsklage zu erheben** (Rn 4041). Das kann nur ein Gesellschafter. Nur wenn der Abberufungsbeschluss nicht nur anfechtbar, sondern nichtig ist (Rn 4014, 4040), kann der Fremdgeschäftsführer gegen diesen Gesellschafterbeschluss vorgehen, allerdings nur mit einer allgemeinen Feststellungsklage, nicht mit einer Anfechtungsklage.[24] Ansonsten kann der Fremdgeschäftsführer nur weiter seine Dienste anbieten und Gehaltsfortzahlung verlangen. Ist das unter den gegebenen Verhältnissen unzumutbar, kann er, falls kein wichtiger Grund für die Abberufung vorlag, seinerseits aus wichtigem Grund kündigen und Schadenersatz fordern. (Zum einstweiligen Rechtsschutz Rn 2026 und 2027.)

Hat der Gesellschafter-Geschäftsführer, der abberufen worden ist, ein Sonderrecht auf das Geschäftsführeramt und ist ihm dieses Recht im Gesellschaftsvertrag eingeräumt worden, so ist ein Abberufungsbeschluss nur rechtmäßig, wenn der Gesellschafter-Geschäftsführer zustimmt oder wenn ein wichtiger Grund vorliegt. Die Abberufung wird, falls er nicht zustimmt, erst mit der rechtskräftigen gerichtlichen Bestätigung wirksam. Denn bei einem im Gesellschaftsvertrag verankerten Sonderrecht müssen es die Gesellschafter hinnehmen, dass der Geschäftsführer erst nach Klärung durch die Gerichte das Amt verliert.[25] Der Gesellschafter-Geschäftsführer braucht nicht einmal Anfechtungsklage zu erheben. Denn der Beschluss ist, falls kein wichtiger Grund vorliegt, nicht nur anfechtbar, sondern nichtig (Rn 4040).[26] Zur Klärung der Rechtslage müssen also die Gesellschafter erst einmal auf Feststellung der Wirksamkeit des Abberufungsbeschlusses klagen.

Die **Abberufung eines mit Mehrheit beteiligten Gesellschafter-Geschäftsführers ist gegen seine Stimme nur möglich, wenn ein wichtiger Grund vorliegt.** Denn nur dann, wenn ein wichtiger Grund vorliegt, kann der Gesellschafter-Geschäftsführer wegen des Stimmverbots (Rn 4026 ff) nicht mitstimmen. **Gleiches gilt bei einer sog. zweigliedrigen GmbH, bei der die beiden Gesellschafter-Geschäftsführer mit je 50% beteiligt sind und sich gegenseitig abberufen.** Werden in diesen Fällen die Abberufungsbeschlüsse angefochten, werden sie ebenfalls erst mit der rechtskräftigen gerichtlichen Bestätigung wirksam. Ansonsten könnte man den betroffenen Gesellschafter-Geschäftsführer, obwohl er so hoch beteiligt ist, dass er Gesellschafterbeschlüsse verhindern kann, mit der bloßen Behauptung, es liege ein wichtiger Grund vor, entmachten.[27] Umstritten ist in diesen Fällen allerdings, ob der Abberufungsbeschluss, falls die dagegen gerichtete Anfechtungsklage rechtskräftig abgewiesen wurde, rückwirkend (ex tunc)[28] oder erst ab Rechtskraft (ex nunc) wirksam wird[29] mit der Folge, dass unsicher ist, ob die Gesellschaft in den Anfechtungsverfahren überhaupt wirksam vertreten ist. Hier hilft ein Notgeschäftsführer (Rn 2017) oder eine einstweilige Verfügung (Rn 2026).

Ist die Abberufung des Gesellschafter-Geschäftsführers bis zur gerichtlichen Klärung vorläufig wirksam (Rn 2020, 2023) oder vorläufig unwirksam (Rn 2024 f), so können für

---

[24] BGH v 11. 2. 2008 GmbHR 2008, 426, 427; Lutter/Hommelhoff GmbHG § 38 Rn 27; Zöllner/Noack in Baumbach/Hueck GmbHG § 38 Rn 41; aA Uwe H. Schneider in Scholz GmbHG § 38 Rn 40.
[25] Uwe H. Schneider in Scholz GmbHR § 38 Rn 66.
[26] Zöllner/Noack in Baumbach/Hueck GmbHG § 38 Rn 48.
[27] Uwe H. Schneider in Scholz GmbHG § 38 Rn 67 mwN zum Mehrheitsgesellschafter; BGH v 20. 12. 1982 BGHZ 86, 177, 181 f zur zweigliedrigen GmbH; vgl auch BGH v 12. 1. 2009 GmbHR 2009, 434 ff mit Anm Werner.
[28] So BayObLG v 12. 8. 1998 DB 1998, 2359, 2360; BGH v 20. 12. 1982 BGHZ 86, 177, 182 f; Koppensteiner in Rowedder/Schmidt-Leithoff GmbHG § 38 Rn 25; Uwe H. Schneider in Scholz GmbHG § 38 Rn 67.
[29] So Paefgen in Ulmer GmbHG § 38 Rn 102, 103 für den Fall, dass das Beschlussergebnis durch einen Versammlungsleiter nicht verbindlich festgestellt worden ist.

die Zeit bis zur Klärung die Gesellschaft, die Gesellschafter oder der betroffene Geschäftsführer **einstweiligen Rechtschutz durch das Gericht** beantragen. Bis die Rechtmäßigkeit oder Unrechtmäßigkeit rechtskräftig festgestellt ist, kann das Gericht eine sog „einstweilige Verfügung" nach § 940 ZPO erlassen. Mit ihr wird ein bestimmter Zustand vorläufig geregelt, wenn das erforderlich erscheint, um wesentliche Nachteile abzuwenden. **Wenn also die Abberufung vorläufig wirksam ist** (Rn 2020, 2023) und der abberufene Geschäftsführer sein Amt bis zur rechtskräftigen Entscheidung des Streits nicht ausüben kann, kann ein dadurch bedingter monate- oder jahrelanger Ausschluss von der Führungspositionen zu schweren beruflichen Nachteilen führen. Kann der Geschäftsführer glaubhaft machen (Glaubhaftmachung genügt im Verfahren über einstweiligen Rechtsschutz), dass sein Widerstand gegen den Abberufungsbeschluss Aussicht auf Erfolg verspricht und dass ihm, wenn er seine Tätigkeit sofort einstellen müsste, wesentliche Nachteile drohen, **kann das Gericht anordnen, dass er bis zur rechtskräftigen Entscheidung im Hauptverfahren sein Amt ausüben darf.** Damit wird die Wirkung des Abberufungsbeschlusses so lange ausgesetzt. **Ist die Abberufung vorläufig unwirksam** (Rn 2024 f), **kann mit einer einstweiligen Verfügung die Gesellschafterminderheit ein Tätigkeitsverbot,** ein Hausverbot oder eine Amtsenthebung des Mehrheitsgesellschafters als Geschäftsführer **durchsetzen,** bis der Streit darüber, ob ein wichtiger Grund vorliegt und der Abberufungsbeschluss deshalb wirksam ist, entschieden ist. Auch die Geschäftsführung kann für die Gesellschaft durch eine einstweilige Verfügung einen Mitgeschäftsführer ausschalten, bis das Gericht darüber entschieden hat, ob der Beschluss über die Abberufung dieses Mitgeschäftsführers und Gesellschafters wirksam ist.

2027   **Umstritten ist, ob das Gericht bereits im Vorfeld einer Gesellschafterversammlung die Abberufung im Wege einer einstweiligen Verfügung verbieten kann** oder ob es den Geschäftsführer nur nachträglich wieder einsetzen kann. Die Abberufung verhindern kann das Gericht entweder durch ein Verbot der Stimmrechtsausübung in der Gesellschafterversammlung oder durch das Verbot an den Versammlungsleiter, den Punkt „Abberufung von Geschäftsführern" in die Tagesordnung aufzunehmen. Derartige Verbote sind früher weitgehend abgelehnt worden, werden aber für besondere Fälle zunehmend anerkannt.[30] Dieser Entwicklung ist zuzustimmen. Der völlige Ausschluss einer einstweiligen Verfügung gegen das Abstimmungsverhalten von GmbH-Gesellschaftern ist zu schematisch und für die Praxis deshalb zu rigoros. Gerichtliche Eingriffe in Gesellschaftsverhältnisse sind gewiss zurückhaltend zu handhaben. Die Gestaltungsfreiheit der Gesellschafter hat grundsätzlich Vorrang. Von den Gesellschafterrechten wird aber nicht immer mit der gebotenen Sachlichkeit Gebrauch gemacht. **Die Rechtsordnung muss Rücksichtslosigkeit bekämpfen können.**[31]

---

[30] Zum Stand der Diskussion Zöllner in Baumbach/Hueck GmbHG § 38 Rn 66, Anh § 47 Rn 202 ff; ablehnend Uwe H. Schneider in Scholz GmbHG, § 38 Rn 74; differenzierend Karsten Schmidt in Scholz GmbHG § 45 Rn 183; zustimmend Lutter/Hommelhoff GmbHG § 38 Rn 38 aE § 47 Rn 6 jeweils mit weiteren Nachweisen.

[31] Das zeigt deutlich der Fall, den das Kreisgericht Gera am 1. 7. 1993 zu entscheiden hatte. Aufgrund eines offensichtlich unsachlichen Vertrauensentzugs durch die HV sollte der von einer bestimmten ausländischen auch noch dubiosen Aktionärsgruppe beherrschte AR unter Hinweis auf § 84 Abs 3 S 4 AktG die Abberufung von zwei Vorstandsmitgliedern beschließen, die sich – objektiv unbegründet – bei der Aktionärsgruppe missliebig gemacht hatten. Der Schaden für Gesellschaft u. betroffene Vorstandsmitglieder – und für die Treuhandanstalt – wäre nicht auszugleichen gewesen. Das Kreisgericht Gera hat die (unveröffentlichte) einstweilige Verfügung erlassen und dem AR-Vorsitzenden verboten, in die Tagesordnung den Punkt „Abberufung von Vorstandsmitgliedern" aufzunehmen. Die Verfügung wurde einem AR-Mitglied zugestellt und ist nicht angefochten worden; die missbräuchliche Beschlussfassung unterblieb.

II. Beendigung des Geschäftsführeramtes

Verfahrensmäßig ist zu beachten: Derjenige, gegen den die einstweilige Verfügung erlassen worden ist, kann beantragen, dass der Antragsteller innerhalb einer bestimmten Frist Klage erheben muss. Das Gericht hat eine dem Antrag entsprechende Anordnung zu erlassen (§ 926 ZPO). Im Hauptprozess genügt nicht mehr Glaubhaftmachung des Sachverhalts – in der Regel durch eidesstattliche Versicherung –, sondern dann muss voller Beweis erbracht werden. Beantragt ein Geschäftsführer eine einstweilige Verfügung, mit der er einen Gesellschafter- oder einen Aufsichtsratsbeschluss angreift, so sind sowohl der Antrag auf einstweilige Verfügung als auch die Klage gegen die GmbH zu richten und nicht etwa gegen die Gesellschafter oder gegen den Aufsichtsrat oder gar gegen dessen Vorsitzenden. 2028

Bei nach MitbestG mitbestimmten GmbHs ist für die Abberufung nur der Aufsichtsrat zuständig. Es gelten Aktienrecht und die Sonderregelungen des MitbestG in § 31 MitbestG. Weil die Bestellung gesetzlich befristet ist (§§ 31 Abs 1 MitbestG, 84 Abs 1 und 3 AktG), kann hier überhaupt nur aus wichtigem Grunde abberufen werden (Rn 2023). Die Abberufung ist in diesem Fall nach der ausdrücklichen Regelung des § 84 Abs 3 S 4 AktG vorläufig wirksam, bis die Unwirksamkeit rechtskräftig festgestellt ist. Ein Antrag auf Erlass einer einstweiligen Verfügung gegen den Abberufungsbeschluss, gestützt darauf, es liege kein wichtiger Grund vor, ist deshalb bei dieser Konstellation unzulässig.[32] Zulässig wäre nur ein Antrag gestützt darauf, es läge kein gültiger Aufsichtsratsbeschluss vor. 2029

Der ggf nach dem Gesellschaftsvertrag erforderliche wichtige Grund setzt nicht Verschulden des Geschäftsführers voraus; er muss auch nicht eine fristlose Kündigung des Anstellungsvertrages rechtfertigen. Ein wichtiger Grund liegt immer vor, wenn das weitere Amtieren des Geschäftsführers für die GmbH nicht zumutbar ist. Maßgebend sind die Umstände des Einzelfalles. Der bloße Vertrauensentzug durch die Gesellschafter ist, anders als im Aktienrecht (§ 84 Abs 3 AktG) und bei der dem MitbestG unterliegenden GmbH, kein wichtiger Grund zur Abberufung (falls nach dem Gesellschaftsvertrag oder aufgrund eines Gesellschafterbeschlusses überhaupt ein wichtiger Grund erforderlich ist). Es muss ein sachlich begründbarer Vertrauensverlust vorliegen. 2030

Das GmbHG und das AktG nennen grobe Pflichtverletzung oder Unfähigkeit zur ordnungsmäßigen Geschäftsführung als Hauptfälle eines wichtigen Grundes (§ 38 Abs 2 S 2 GmbHG, § 84 Abs 3 S 2 AktG). **Eine Kasuistik der Sachverhalte, die einen wichtigen Grund abgeben können, wäre uferlos.** Vor allem sind es alle Vorgänge, mit denen die Treuepflichten gegenüber Gesellschaft und Gesellschaftern verletzt werden. Aber auch die Gesellschafter dürfen ihre Fürsorgepflicht nicht verletzen. Es gibt, wie überall, auch Grenzfälle. So hat der BGH eine grobe Pflichtverletzung und deshalb einen wichtigen Grund zur Trennung von einem Geschäftsführer zB darin gesehen, dass der Geschäftsführer eine langjährig praktizierte Geschäftspolitik, nämlich die nahezu ausschließliche Zusammenarbeit mit einem bestimmten anderen Unternehmen, geändert hatte, ohne die Zustimmung der Gesellschafter eingeholt zu haben. Maßnahmen, die den Rahmen des bisherigen Geschäftsbetriebs „sprengen" (obwohl im entschiedenen Fall wohl richtiger von „verändern" zu sprechen gewesen wäre), gehören nach Ansicht des Gerichts nicht zur Zuständigkeit der Geschäftsführung, sondern müssen von den Gesellschaftern getroffen werden. Geschäftsführer, die diese Zuständigkeit nicht achten, sind nach Ansicht des BGH für die Gesellschaft unzumutbar. Wichtige Gründe zur Abberufung sind auch Verweigerung einer Auskunft und Einsicht nach § 51a GmbHG (Rn 4032ff) oder finanzielle Unzuverlässigkeit, auch schon in geringem Masse.[33] Aus der Überwachungspflicht der Gesellschafter leitet das 2031

---

[32] Zöllner/Noack in Baumbach/Hueck GmbHG § 38 Rn 64.
[33] Änderungen der Geschäftspolitik: BGH v 25. 2. 1991 DB 1991, 904f = GmbHR 1991, 197; Verletzung des Rechts aus § 51a GmbHG: OLG Frankfurt v 24. 11. 1992 GmbHR 1994, 114,

Gericht andererseits ab, dass die Gesellschafter dafür zu sorgen hätten, dass einem Geschäftsführer seine Arbeit nicht durch andere Geschäftsführer oder durch Angestellte der Gesellschaft unerträglich erschwert wird.[34] Immer sind die Umstände des Einzelfalles maßgebend.[35]

2032 **Es ist nicht zulässig, im Gesellschaftsvertrag die Abberufungsmöglichkeit auf bestimmte Gründe zu beschränken.** Es können aber bestimmte Sachverhalte zu wichtigen Gründen erklärt werden. Wird im Laufe des Rechtsstreits ein Sachverhalt bekannt, der als ein wichtiger Grund zur Abberufung anzusehen wäre oder der die vorhandenen und bisher bekannten Gründe verstärkt, vielleicht sogar erst durchschlagend macht, **so können** solche **Tatsachen nachgeschoben** werden (zum Nachschieben von Gründen im Kündigungsprozess Rn 2107). Voraussetzung ist jedoch, dass ein Gesellschafterbeschluss gefasst wird, dass diese Tatsachen nachgeschoben werden sollen[36]

2. Amtsniederlegung

2033 **Grundsätzlich haben die Geschäftsführer ihr Amt solange auszuüben, wie die Bestellungsfrist läuft.** Läuft die Bestellungsfrist ab, erlischt das Amt automatisch. Die verbliebenen Geschäftsführer haben das Amtsende zum Handelsregister anzumelden (Rn 2011). **Ein Geschäftsführer kann sein Amt aber auch schon vor dem vorgesehenen Amtsende niederlegen. Die Amtsniederlegung ist wirksam, auch wenn sie unberechtigt ist.**[37] Das Gleiche gilt für die Amtsniederlegung durch einen Liquidator.[38] Das kann nur zweifelhaft werden, wenn die Gesellschaft durch die Amtsniederlegung handlungsunfähig würde und die Amtsniederlegung als Missbrauch anzusehen wäre. Dies soll nach der Rechtsprechung insbesondere dann der Fall sein, wenn der Alleingesellschafter und Alleingeschäftsführer sein Amt niederlegt, ohne einen neuen Geschäftsführer zu bestellen.[39] Begründet wird dies damit, der Alleingesellschafter und Alleingeschäftsführer dürfe die Gesellschaft nicht führungslos machen und dadurch dem Gläubigerzugriff entziehen. Diese Rechtsprechung lässt sich uE nach Inkrafttreten der neuen Regelungen über die führungslose GmbH durch das MoMiG (Rn 3020) nicht mehr aufrecht erhalten, da diese jetzt den Gläubigerzugriff gewährleisten. **Hat der Geschäftsführer einen wichtigen Grund zum vorzeitigen Ausscheiden, muss er darauf achten, dass er sein Amt nicht zur Unzeit niederlegt;** er könnte sich wegen der Verletzung seiner Treuepflicht schadensersatzpflichtig machen. Besteht kein ausreichender Grund für eine vorzeitige Amtsniederlegung, kann das die GmbH berechtigen, seinen Anstellungsvertrag fristlos kündigen.

2034 **Die Amtsniederlegung ist gegenüber dem Organ zu erklären, dass für die Bestellung und Abberufung der Geschäftsführer zuständig ist.** Nach GmbHG

115; finanzielle Unzuverlässigkeit eines Vorstandsmitglieds einer eGen: OLG Köln v 26. 11. 1993 DB 1994, 471; sexuelle Belästigung von Arbeitnehmerinnen: OLG Frankfurt v 27. 5. 2008 GmbHR 2009, 488 ff.

[34] BGH v 9. 3. 1992 ZIP 1992, 539, 540 f.

[35] Siehe auch die Übersichten bei Zöllner/Noack in Baumbach/Hueck GmbHG § 38 Rn 11 f; Uwe H. Schneider in Scholz GmbHG § 38 Rn 43 ff; Paefgen in Ulmer GmbHG § 38 Rn 23 ff, 46 f.

[36] BGH v 14. 10. 1991 GmbHR 1992, 38, 39 f; Zöllner/Noack in Baumbach/Hueck GmbHG § 38 Rn 15; Uwe H. Schneider in Scholz GmbHG § 38 Rn 46 a und b.

[37] BGH v 8. 2. 1993 BGHZ 121, 257, 261; BGH v 14. 7. 1980 BGHZ 78, 82, 85 f; Zöllner/Noack in Baumbach/Hueck GmbHG § 38 Rn 83.

[38] BayObLG v 13. 1. 1994 DB 1994, 524.

[39] OLG Zweibrücken v 15. 2. 2006 GmbHR 2006, 430, 431; OLG Düsseldorf v 6. 12. 2000 DStR 2001, 454 mit Anm Haas; OLG Köln v 1. 2. 2008 GmbHR 2008, 544 f; Uwe H. Schneider in Scholz GmbHG § 38 Rn 90; aA Zöllner/Noack in Baumbach/Hueck GmbHG § 38 Rn 87.

II. Beendigung des Geschäftsführeramtes **2035, 2036**

sind dies die Gesellschafter (§ 46 Nr 5 GmbHG) oder das von ihnen bestimmte Organ (Rn 2003 ff). Die Erklärung an nur einen Gesellschafter (passiver Empfangsvertreter) genügt (Rn 3031). Gibt es einen berufenen Leiter der Gesellschafterversammlung (Rn 4022), so sollte die Erklärung an ihn gerichtet werden. Eine Erklärung gegenüber der verbliebenen Geschäftsführung genügt nicht,[40] es sei denn, in Botenfunktion (mit der Folge, dass das Risiko des Zugangs bei den Gesellschaftern bei dem Niederlegenden verbleibt). Es handelt sich bei der Amtsniederlegung um einen organschaftlichen Vorgang, für den ein Mitgeschäftsführer nicht zuständig ist (Rn 3031). Ob dies auch für die **Kündigung des Anstellungsvertrages** gilt, ist umstritten. Hier soll es genügen, wenn die Kündigung gegenüber einem Mitgeschäftsführer erklärt wird[41] (Rn 2046). Bei den GmbHs, die einen Aufsichtsrat nach MitbestG haben, ist für den Empfang der Erklärung über die Amtsniederlegung der Aufsichtsrat zuständig, dieser vertreten durch seinen Aufsichtsratsvorsitzenden. Ist dieser nicht ohne weiteres erreichbar, genügt auch die Erklärung gegenüber einem Aufsichtsratmitglied (Rn 3030). **Amtsniederlegung heißt Ausscheiden aus dem Amt. Sie ist daher ebenso wie die Abberufung zum Handelsregister anzumelden.** Der ausgeschiedene Geschäftsführer kann sein Ausscheiden nicht mehr selbst anmelden, es sei denn, dass er das Amt auf den Zeitpunkt der Eintragung im Handelsregister niedergelegt hat. Dann ist er auch noch anmeldeberechtigt (Rn 2011).

3. Andere Beendigungsgründe

Das Geschäftsführeramt endet immer mit dem Tod des Amtsinhabers; denn nur natürliche Personen können Geschäftsführer sein. Zu Liquidatoren können dagegen auch juristische Personen oder Personenhandelsgesellschaften bestellt werden (Rn 2008, 5064). **Das Amt endet auch, wenn eine sonstige Bestellungsvoraussetzung** (Rn 2008) **entfällt,** also bei Verlust der Geschäftsfähigkeit, bei Anordnung einer Betreuung in Vermögensangelegenheiten (§ 6 Abs 2 S 2 Nr 1 GmbHG), bei Verurteilung wegen einer Straftat nach den Tatbeständen des § 6 Abs 2 S 2 Nr 3 GmbHG oder bei einem Berufs- oder Gewerbeverbot (§ 6 Abs 2 S 2 Nr 2 GmbHG).[42] Fallen die Qualifikationshindernisse wieder weg, so lebt das Amt nicht wieder auf. Es muss ein erneuter Bestellungsbeschluss gefasst werden.[43] **2035**

Das Geschäftsführeramt endet auch in vielen Fällen der Umwandlung. Bei einer Verschmelzung und bei einer Aufspaltung erlöschen die übertragenden Gesellschaften. Damit endet auch eine Bestellung zum Geschäftsführer automatisch; der Anstellungsvertrag bleibt jedoch bestehen (Rn 5046, 5051). Bei einem Formwechsel bleiben zwar die juristische Person und auch das Unternehmen als solches erhalten. Aber die rechtlichen Rahmenbedingungen des GmbH-Rechts für die Bestellung, die Tätigkeit und die Abberufung des geschäftsführenden Organs sind andere geworden. Für die neue Rechtsform ist deshalb eine Neubestellung notwendig. Die vorherige Bestellung erlischt mit der Umwandlung (Rn 5056). Der Dienstvertrag erlischt nicht. **2036**

---

[40] OLG Düsseldorf v 3. 6. 2005 GmbHR 2005, 932; Lutter/Hommelhoff GmbHG § 38 Rn 47; aA sowohl für die Amtsniederlegung als auch für die Kündigung des Anstellungsvertrages Uwe H. Schneider/Sethe in Scholz GmbHG § 35 Rn 197.

[41] BGH v 19. 1. 1961 GmbHR 1961, 48 uE eine veraltete Entscheidung; Uwe H. Schneider/Sethe in Scholz GmbHG § 35 Rn 310 und 197; Lutter/Hommelhoff GmbHG Anh § 6 Rn 52; Paefgen in Ulmer GmbHG § 38 Rn 77.

[42] BGH v 1. 7. 1991 NJW 1991, 2566, 2567; OLG Düsseldorf v 2. 6. 1993 GmbHR 1994, 14.

[43] BayObLG v 4. 2. 1993 GmbHR 1993, 223, 224; Zöllner/Noack in Baumbach/Hueck GmbHG § 38 Rn 80.

2037 Die Organstellung endet auch, wenn die GmbH – zB wegen Vermögenslosigkeit – im Handelsregister **gelöscht wird**.

2038 Im Liquidationsstadium bleiben die Geschäftsführer als Liquidatoren im Amt, es sei denn, dass der Gesellschaftsvertrag etwas anderes vorsieht oder die Gesellschafter etwas anderes beschließen (Rn 5063 ff). Bei einem Auflösungsbeschluss bleibt die GmbH als juristische Person in ihrer bisherigen Rechtsform bestehen und ist nur nicht mehr werbend tätig, sondern wird abgewickelt. **Im Insolvenzverfahren ist der Insolvenzverwalter Liquidator.** Das Geschäftsführeramt erlischt nicht; es ist in seiner Funktion allerdings weitestgehend eingeschränkt (Rn 6073 ff).

4. Entlastung

2039 **Über die Entlastung des Geschäftsführers zu beschließen, ist Angelegenheit der Gesellschafter** (§ 46 Nr 5 GmbHG). Das gilt auch in der nach MitbestG mitbestimmten GmbH. Die Gesellschafter können die Entlastung aber ebenso wie die Bestellung und die Abberufung einem anderen Organ übertragen (Rn 2004). Über die Entlastung wird regelmäßig beschlossen, wenn der Jahresabschluss festgestellt wird. Die Geschäftsführung legt dann Rechenschaft über das vergangene Geschäftsjahr ab. **Entlastung bedeutet Billigung der Geschäftsführung.** Mit ihr wird auf etwaige Schadensersatzansprüche gegen den Geschäftsführer verzichtet, aber nur soweit, als die Gesellschafter etwaige Ansprüche erkennen konnten. **Die Verzichtswirkung ist um so umfassender, je ausführlicher die Geschäftsführung berichtet hat;** sie tritt allerdings auch dann ein, wenn die Gesellschafter von den Umständen, die einen Schadensersatzanspruch begründen könnten, nicht durch die Rechenschaftslegung erfahren haben, sondern von anderer Seite. Alle Gesellschafter oder jedenfalls alle Mitglieder des Beschlussorgans müssen die Umstände kennen.[44] Im Streitfall ist das nur dann eine schwierige Beweisfrage, wenn sich die Erkennbarkeit nicht aus den Protokollen der Gesellschafterversammlungen und den Vorlagen (Rn 4012) zu den einzelnen Tagesordnungspunkten ergibt. In Ausnahmefällen tritt die Verzichtswirkung nicht ein, wenn und soweit die Ersatzleistung erforderlich ist, um die Gläubiger zu befriedigen.[45]

2040 **Ein Gesellschafter-Geschäftsführer darf bei seiner eigenen Entlastung nicht mitstimmen** (§ 47 Abs 4 GmbHG). Er kann aber an der Gesellschafterversammlung und der Diskussion zur Willensbildung teilnehmen. Er kann jedoch mitstimmen, wenn über die Verfahrensweise beschlossen wird, zB ob in Textform abgestimmt werden soll (§ 48 Abs 2 GmbHG). Der **Alleingesellschafter-Geschäftsführer kann sich nicht selbst entlasten** (Rn 4031).

2041 **Nach Ansicht des BGH besteht kein Anspruch auf Entlastung.**[46] Die hM hat das früher anders gesehen. Auch heute vertreten maßgebende Autoren entgegen der Ansicht des BGH noch diese Auffassung.[47] **Einig ist man sich aber darüber, dass ein Geschäftsführer,** der nicht entlastet worden ist, gegen die Gesellschaft **auf Feststellung klagen kann, dass keine Schadensersatzansprüche gegen ihn bestehen** (sog negative Feststellungsklage). Er muss in der Klage freilich die Sachverhalte genau bezeichnen, auf die sich die Feststellung beziehen soll. Man kann nicht generell feststellen lassen, dass keine Schadensersatzansprüche bestehen. Die Feststellungsklage ist zulässig, sobald der Geschäftsführer gesicherte Informationen hat, dass die Gesellschafter

---

[44] Zöllner in Baumbach/Hueck GmbHG § 46 Rn 41.

[45] Zöllner/Noack in Baumbach/Hueck GmbHG § 43 Rn 47; Lutter/Hommelhoff GmbHG § 46 Rn 14; Karsten Schmidt in Scholz GmbHG § 46 Rn 93 ff.

[46] BGH v 20. 5. 1985 BGHZ 94, 324; Karsten Schmidt in Scholz GmbHG § 46 Rn 101; Lutter/Hommelhoff GmbHG § 46 Rn 15.

[47] Zöllner in Baumbach/Hueck GmbHG § 46 Rn 46.

III. Anstellungsvertrag   2042–2044

ernsthaft Schadensersatzansprüche erwägen. Andernfalls fehlt das Feststellungsinteresse.[48] Wenn aber Gesellschafter während der Amtszeit des Geschäftsführers ihn nicht entlasten, aber auch nicht präzisieren, wofür sie ihn uU haftbar machen wollen, kann das für den Geschäftsführer ein wichtiger Grund sein, sein Amt niederzulegen und den Anstellungsvertrag zu kündigen sowie ggf Schadensersatz für die entgangenen Bezüge zu fordern. Unter solchen Umständen ist dem Geschäftsführer das Verbleiben nicht zuzumuten. Denn die Gesellschafter geben mit diesem Verhalten dem Geschäftsführer kund, dass sie zu ihm kein Vertrauen mehr haben.[49]

III. Anstellungsvertrag

1. Abschluss des Anstellungsvertrages

Der Anstellungsvertrag regelt die internen, schuldrechtlichen Rechtsbeziehungen zwischen GmbH und Geschäftsführer. Er ist streng von der Bestellung zu unterscheiden (Rn 2000, 2002). ‚Anstellungsvertrag' ist die in der Praxis gebräuchlichste Bezeichnung. Juristisch heißt er ‚Dienstvertrag' (im Unterschied zum Arbeitsvertrag); auch den Ausdruck „Geschäftsführer-Dienstvertrag" findet man des öfteren. Alle drei Ausdrücke meinen das Gleiche. Der Vertrag ist zwar formfrei, kann also auch mündlich abgeschlossen werden. Es ist jedoch unüblich, einen Geschäftsführervertrag per Handschlag abzuschließen und auch nicht empfehlenswert, weder für den Geschäftsführer noch für die Gesellschaft. Denn mit hoher Wahrscheinlichkeit werden sich im Streitfall Beweisprobleme ergeben. Auch der Anstellungsvertrag des Geschäftsführers einer phG-GmbH in einer GmbH & Co. KG ist ein Geschäftsführer-Dienstvertrag, gleichgültig ob er mit der GmbH oder der Kommanditgesellschaft abgeschossen wurde (Rn 8030, 8031) und nicht etwa ein Arbeitsvertrag. 2042

Unter steuerlichen Gesichtspunkten ist die Schriftform für Gesellschafter-Geschäftsführer ebenfalls unverzichtbar (Rn 1152). Das gilt vor allem für Gesellschafter-Geschäftsführer, die allein oder mit nahestehenden Personen beherrschende Gesellschafter sind Erfüllt der Vertrag die nötigen Voraussetzungen nicht, sind alle Bezüge steuerlich verdeckte Gewinnausschüttungen und nicht etwa nur die Teile, die über eine angemessene Vergütung hinausgehen. 2043

Ein durchdachter Anstellungsvertrag ist keine leichte Kost mehr. Die zivil- und arbeitsrechtlichen, sozialversicherungs-, steuer- und insolvenzrechtlichen Probleme für Geschäftsführer sind immer komplexer geworden. Unter anderem sind auf Muster-Anstellungsverträge eines Geschäftsführers, insbesondere beim Konzern, die gesetzlichen Regeln über Allgemeine Geschäftsbedingungen anzuwenden (§§ 305 ff BGB). Denn § 310 Abs 4 S 1 BGB, wonach die Regeln über Allgemeine Geschäftsbedingungen auf „Verträge auf dem Gebiet … des Gesellschaftsrechts" nicht anzuwenden sind, gilt nicht für Anstellungsverträge von GmbH-Geschäftsführern. Im Interesse der Gesellschaft und der Gesellschafter gehört es deshalb zur Sorgfalt des ordentlichen Geschäftsmannes (§ 43 Abs 1 GmbHG), darauf hinzuwirken, dass die Anstellungsverträge der Geschäftsführer (aber auch der leitenden Angestellten, die sich in der Komplexität der zu regelnden Probleme von denen der Geschäftsführer vielfach nicht unterscheiden) mit Sorgfalt bearbeitet werden. Fachkundige Beratung ist meist unerlässlich. 2044

---

[48] Weitergehend ist nach Karsten Schmidt in Scholz GmbHG § 46 Rn 102 das Feststellungsinteresse immer zu bejahen, wenn die Entlastung verweigert worden ist.

[49] Zöllner in Baumbach/Hueck GmbHG § 46 Rn 48; Karsten Schmidt in Scholz GmbHG § 46 Rn 100.

2045 Sowohl die Bestellung als auch der Abschluss des Anstellungsvertrages erfordern einen protokollierten Beschluss entweder der Gesellschafter oder des Aufsichtsrates, je nachdem wer zuständig ist. Der Beschluss muss sich auch darauf erstrecken, wer bevollmächtigt ist, den Anstellungsvertrag zu unterschreiben. Wenn alle (!) Gesellschafter den Anstellungsvertrag unterschreiben, so ist dies ebenfalls ein Beschluss, genügt also. **Bestellungsbeschluss und Beschluss über den Anstellungsvertrag sind rechtlich streng zu unterscheiden** (Rn 2000, 2002, 2042). Häufig werden sie in einem Dokument miteinander verbunden. Das ist möglich, führt aber leicht zu Unklarheiten über die Wechselwirkung beider Rechtsvorgänge. Es wird verdeckt, dass Bestellung und Anstellung rechtlich verschiedene Akte sind. Die Bestellung kann unbefristet gemeint sein, auch wenn der Vertrag befristet ist. Wenn der Vertrag unter einer aufschiebenden Bedingung geschlossen ist, kann fraglich sein, ob auch die Bestellung an den Eintritt dieser Bedingung geknüpft sein sollte; dann wäre sie unwirksam, weil sie bedingungsfeindlich ist. Eine Trennung ist deshalb empfehlenswert. Dafür genügt es jedoch, wenn im Beschluss der Gesellschafter über die Bestellung zum Geschäftsführer ein zusätzlicher Absatz eingefügt wird, etwa wie folgt: „Die Gesellschaft schließt mit Frau X den als Anlage beigefügten Anstellungsvertrag ab. Herr Y wird bevollmächtigt, diesen Anstellungsvertrag für die Gesellschafter zu unterzeichnen".

2046 **Für den Abschluss, die Änderung und die Ergänzung des Anstellungsvertrages sind grundsätzlich die Gesellschafter zuständig.** Das Gesetz sagt das nicht ausdrücklich. Es ergibt sich aber aus der Natur der Sache als einer sog Annexkompetenz zur Bestellungskompetenz.[50] Das ist heute herrschende Meinung. **Ist der Geschäftsführer selbst Gesellschafter kann er bei der Beschlussfassung über seinen Anstellungsvertrag mitstimmen ebenso wie bei der Bestellung** (Rn 4029). Die früher verschiedentlich vertretene Ansicht, bei mehreren Geschäftsführern könnten statt der Gesellschafter auch die Mitgeschäftsführer zuständig sein, ist aufgegeben worden. Umstritten ist, ob einem Mitgeschäftsführer gegenüber ein ausscheidender Geschäftsführer die Niederlegung seines Amts oder seine Kündigung erklären kann (Rn 2034, 3031). Vorsorglich sollte deshalb ein ausscheidender Geschäftsführer seine Niederlegung und/oder seine Kündigung gegenüber den Gesellschaftern abgeben, gegenüber einem Gesellschafter genügt (Rn 3031). **Die Gesellschafter können die Zuständigkeit** für den Anstellungsvertrag im Gesellschaftsvertrag auch auf Dritte übertragen. **In GmbHs, die einen nach MitbestG mitbestimmten Aufsichtsrat haben, ist der Aufsichtsrat zuständig,** ebenso wie für die Bestellung und Abberufung (Rn 2003, 2013). Hat die GmbH einen Aufsichtsrat nach dem DrittelbG zu bilden (Rn 4060) empfiehlt es sich nicht, im Gesellschaftsvertrag die Zuständigkeit für Bestellung, Abberufung, Anstellungsvertrag und Kündigung auf den Aufsichtsrat zu übertragen. Sie sollte bei den Gesellschaftern verbleiben.

2047 **Wird in einem nach MitbestG mitbestimmten Aufsichtsrat die Zuständigkeit für den Abschluss des Anstellungsvertrages mit den Geschäftsführern einem Ausschuss übertragen, so muss nach einer Entscheidung des BGH dem Ausschuss auch ein Arbeitnehmervertreter angehören.**[51] Eine paritätische Besetzung des Ausschusses hat der BGH jedoch nicht verlangt.

2048 **Die Anstellungsbedingungen müssen nicht bei allen Geschäftsführern einer GmbH gleich sein.** Unterschiedliche Voraussetzungen rechtfertigen unterschiedliche Regelungen. Ein erstmals bestellter Geschäftsführer, der zunächst zum stellvertretenden Geschäftsführer bestellt wird, braucht zB nicht das gleiche Gehalt zu bekommen wie

---

[50] BGH v 3. 7. 2000 GmbHR 2000, 876 f mwN; Zöllner in Baumbach/Hueck GmbHG § 46 Rn 36; Karsten Schmidt in Scholz GmbHG § 46 Rn 70.
[51] BGH v 17. 5. 1993 BGHZ 122, 342, 358; Ulmer/Habersack in Ulmer/Habersack/Henssler MitbestG § 25 Rn 27 a f.

ein erfahrener Geschäftsführer. Es kann auch zwischen der Stellung des Geschäftsführungsvorsitzenden oder des Vertriebsgeschäftsführers und den übrigen Geschäftsführern Differenzierungen geben. Auch kann dem Vorsitzenden zB Alleinvertretungsmacht eingeräumt werden, während die anderen Geschäftsführer nur Gesamtvertretungsmacht haben. **Auch die Vertragslaufzeit kann unterschiedlich sein.** Grundsätzlich gibt es für die Dauer von Geschäftsführungsverträgen keine Bestimmungen. Es ist eine Zweckmäßigkeitsfrage, wie die Laufzeit bestimmt wird. **Am stärksten verbreitet sind Anstellungsverträge auf unbestimmte Zeit.** Jeder Geschäftsführer tut jedoch gut daran, bei Verträgen auf unbestimmte Zeit zumindest eine Kündigung nur zum Jahresende, und zwar mit einer Frist von mindestens sechs Monaten, besser noch von einem Jahr zu vereinbaren (Rn 2021, 2097). Keinesfalls sollte er sich darauf einlassen, dass der Anstellungsvertrag durch die Abberufung als Geschäftsführer auflösend bedingt ist (Rn 2022). Ein Anstellungsvertrag kann auf die Dauer der Bestellung befristet sein. Die Laufzeit kann auch von der Bestellungsdauer abweichen, sich aber automatisch verlängern, wenn die Bestellung über die Laufzeit des Vertrages hinaus bestehen bleibt. In Familiengesellschaften findet man nicht selten lebenslange Anstellungsverträge. **Lebenslange Anstellungsverträge führen meist früher oder später zu praktischen Schwierigkeiten.** Bei länger als fünf Jahre laufenden Anstellungsverträgen ist darüber hinaus § 624 BGB zu beachten, wonach der Verpflichtete nach Ablauf der fünf Jahre jederzeit mit sechsmonatiger Kündigungsfrist kündigen kann. In einem solchen Fall sind also die Risiken bei den Gesellschaftern und die Chancen bei dem Geschäftsführer. **In nach MitbestG mitbestimmten GmbHs kann der Anstellungsvertrag – wie nach AktG – höchstens auf die Dauer von fünf Jahren geschlossen werden.** Es kann aber vereinbart werden, dass der Vertrag sich automatisch verlängert, wenn der Geschäftsführer neu bestellt wird. Für die Bestellung selbst ist bei mitbestimmten GmbHs die automatische Verlängerung nicht zulässig.

Der Alleingesellschafter-Geschäftsführer kann den Anstellungsvertrag mit sich selbst abschließen (Insichgeschäft), wenn er im Gesellschaftsvertrag von dem Verbot des Selbstkontrahierens (§ 181 BGB) befreit und wenn diese Befreiung im Handelsregister eingetragen ist (Rn 2003, 3017, 3019, 4029). Er muss den Vertrag aber, wie jedes andere Rechtsgeschäft mit der Gesellschaft auch, unverzüglich schriftlich dokumentieren (§ 35 Abs 4 S 2 GmbHG). Diese Dokumentation war schon immer aus steuerlichen Gründen zu empfehlen. Sie ist jedoch nicht konstitutiv, dh der Vertrag bleibt auch dann wirksam, wenn die Dokumentation unterbleibt. Ob die Finanzverwaltung ihn anerkennt, ist eine andere Frage (Rn 1152; allgemein zur Frage des Selbstkontrahierens Rn 3014 ff). 2049

Jeder Geschäftsführer unterliegt bereits von Gesetzes wegen einem Wettbewerbsverbot.[52] Eine gesonderte Vereinbarung ist nicht erforderlich. Das gilt auch für den Gesellschafter-Geschäftsführer, sei es Minderheits- oder Mehrheitsgesellschafter. Üblicherweise wird das Wettbewerbsverbot im Anstellungsvertrag umfassend geregelt (vgl Rn 2116, § 6 Abs 1 und 2). Es besteht Einvernehmen, dass es mit dem Wettbewerbsverbot auch untersagt ist, Geschäftschancen, die sich für die GmbH ergeben, nicht durch die GmbH, sondern selbst (oder über einen Dritten) wahrzunehmen (Rn 7027).[53] Für die Befreiung vom Wettbewerbsverbot ist umstritten, ob diese im Gesellschaftsvertrag gestattet sein muss, ob der Gesellschaftsvertrag zumindest eine entsprechende Ermächtigung, eine Befreiung von Wettbewerbsverbot zu erteilen, vorsehen muss (so die herrschende Meinung) oder ob ein einfacher Gesellschafterbeschluss ohne Ermächtigung genügt, und sodann, ob dafür eine einfache, eine satzungsändernde 2050

---

[52] Bauer/Diller Wettbewerbsverbote.
[53] Uwe H. Schneider in Scholz GmbHG § 43 Rn 201 ff; Zöllner/Noack in Baumbach/Hueck GmbHG § 35 Rn 41 f.

Mehrheit oder Einstimmigkeit verlangt wird (Rn 2115).[54] Hier muss rechtliche Beratung eingeholt werden. Auf jeden Fall gilt, dass der Gesellschafter-Geschäftsführer bei seiner Befreiung nicht mitstimmen darf (Rn 4027). Ansprüche aus einem Verstoß gegen das Wettbewerbsverbot verjähren bereits in drei Monaten (Rn 7090). **Nur der Alleingesellschafter-Geschäftsführer unterliegt keinem Wettbewerbsverbot.**[55]

2. Der Rechtscharakter des Anstellungsvertrages

2051 **Der Anstellungsvertrag des Geschäftsführers ist ein Dienstvertrag, kein Arbeitsvertrag.** Die Aufgabe des Geschäftsführers ist typischerweise eine selbständige Tätigkeit wirtschaftlicher Art, die Raum für eigene Entscheidungen lässt. **Das Weisungsrecht der Gesellschafter gegenüber den Geschäftsführern** (§ 37 Abs 1 GmbHG) **ist nach hM kein arbeitsrechtliches Direktionsrecht,** sondern eine Frage der Zuständigkeit von Gesellschaftsorganen. Es handelt sich um eine unternehmerische Entscheidungskompetenz. Damit unterscheidet sie sich substantiell von arbeitsrechtlichen Verhältnissen. Ein Arbeitsverhältnis ist gekennzeichnet durch die Abhängigkeit der Arbeit, dh Abhängigkeit des Arbeitnehmers von Weisungen des Arbeitgebers hinsichtlich Arbeitsinhalt, Zeit und Ort. Ein solches Abhängigkeitsverhältnis liegt typischerweise beim Geschäftsführer auch dann nicht vor, wenn die Gesellschafter häufiger mit Weisungen in die Geschäftsführung eingreifen. Sie üben Gesellschafterrechte aus, die sogar etwaigen vertraglichen Zusagen im Anstellungsvertrag vorgehen (zum Weisungsrecht Rn 4000 bis 4002).

2052 **Aus der Rechtsnatur des Geschäftsführervertrages als eines Vertrages über selbständige wirtschaftliche Tätigkeit im fremden Interesse folgt:**

– Bei Streitigkeiten sind die ordentlichen Gerichte (als erste Instanz Amtsgericht bei einem Wert bis zu EUR 5000,–, darüber Landgericht – dort die Kammer für Handelssachen) zuständig und nicht die Arbeitsgerichte (§ 5 Abs 1 S 3 ArbGG); die Zuständigkeit der Arbeitsgerichte kann jedoch durch Vereinbarung oder rügelose Einlassung zur Hauptsacheverhandlung gem §§ 38, 39 ZPO herbeigeführt werden. Das gilt auch für den Geschäftsführer der phG-GmbH einer GmbH & Co KG, der einen Anstellungsvertrag mit der KG abgeschlossen hat (Rn 8030, 8031).
– Das Kündigungsschutzrecht ist nicht anwendbar (§ 14 Abs 1 Nr 1 KSchG).
– Die Vorschriften des Betriebsverfassungsrechts sind auf Organmitglieder einer juristischen Person, also auch auf GmbH-Geschäftsführer, nicht anzuwenden (§ 5 Abs 2 Nr 1 BetrVG).
– Das Arbeitszeitgesetz gilt nicht für den Geschäftsführer (§ 2 Abs 2 AZG).
– Das Mutterschutzgesetz, die Regeln für schwerbehinderte Menschen im SGB IX, das Bundesurlaubsgesetz und das Arbeitnehmererfindungsgesetz werden auf Geschäftsführer nicht angewendet, auch nicht § 613 a BGB, der den Übergang der Arbeitsverhältnisse bei einem Betriebsübergang regelt.
– Die Haftung des § 43 GmbHG wegen mangelhafter Geschäftsführung schließt jegliche arbeitsrechtliche Haftungsmilderung im Rahmen des innerbetrieblichen Schadensausgleichs aus.[56]
– Hingegen besitzt der Geschäftsführer den Anspruch auf Freizeit zu Stellensuche, § 629 BGB, und auf ein schriftliches Zeugnis, § 630 BGB – beides sind keine spezifischen Arbeitnehmerschutzbestimmungen, sondern gelten für alle Dienstverhältnisse.
– Das Entgeltfortzahlungsgesetz (EFZG) gilt ebenfalls nicht. Stattdessen gilt nach § 616 BGB etwas Ähnliches: Erkrankt der Geschäftsführer ohne sein Verschulden, hat er einen Anspruch auf Entgeltfortzahlung für sechs Wochen, bei langjähriger Betriebszugehörigkeit auch länger. Allerdings: es gibt heutzutage kaum mehr einen Geschäftsführer-Anstellungsvertrag, indem diese Frage nicht ausdrücklich geregelt ist (drei oder sechs Monate).

---

[54] Uwe H. Schneider in Scholz GmbHG § 43 Rn 185 ff.
[55] Uwe H. Schneider in Scholz GmbHG § 43 Rn 161.
[56] Griese in Küttner Personalbuch 2008, Stichwort 31 (Arbeitnehmerhaftung) Rn 11 ff mwN.

III. Anstellungsvertrag

Nur im Ausnahmefall ist das Anstellungsverhältnis eines Geschäftsführers als Arbeitsverhältnis zu beurteilen.[57] Das ist etwa dann der Fall, wenn ein Angestellter, zB der langjährige Prokurist, zum Geschäftsführer einer Tochtergesellschaft bestellt wird, was er als Nebentätigkeit mit erledigen soll und kann, ohne dass sich an seiner bisherigen Tätigkeit, an seinen Kompetenzen, an seiner Verantwortung und seinen Anstellungsbedingungen etwas ändert. Der Angestellte genießt dann, obwohl er auch Geschäftsführer ist, Kündigungsschutz. Für einen Rechtsstreit ist das Arbeitsgericht zuständig. Wird hingegen ein Angestellter später Geschäftsführer und wird gleichzeitig mit seiner Bestellung zum Geschäftsführer ein neuer Anstellungsvertrag geschlossen, so ist das alte Arbeitsverhältnis aufgehoben. Es besteht nicht etwa als „ruhendes Arbeitsverhältnis" fort[58] (obwohl an und für sich das alte Arbeitsverhältnis ausdrücklich schriftlich hätte aufgehoben und obwohl an und für sich diese Aufhebung vom bisherigen Geschäftsführer hätte unterzeichnet werden müssen und nicht von den Gesellschaftern, die den neuen Anstellungsvertrag unterzeichnet haben). Ist das alte Arbeitsverhältnis aber aufgehoben, so lebt es auch nicht etwa dadurch wieder auf, dass dem früheren Arbeitnehmer und jetzigen Geschäftsführer gekündigt wird. Und die Kündigung des Dienstvertrags mit gleichzeitiger Abberufung als Geschäftsführer führt auch nicht dazu, dass jetzt ein neues Arbeitsverhältnis entsteht. **Zum Missbrauch neigende Gesellschafter können deshalb die Beförderung von langjährigen Angestellten zum Geschäftsführer dazu nutzen, ihn preiswert loszuwerden.**

3. Die Sozialversicherung des Geschäftsführers

Im Sozialversicherungsrecht, dh im Recht der sozialen Schutzvorschriften wird die Trennung von Arbeitsverhältnis und Anstellungsverhältnis **nicht durchgehalten.** Hier gilt eine andere Klassifizierung. **Das Sozialversicherungsrecht umfasst die Bereiche:**

– Rentenversicherung (Rn 2055 ff)
  (§§ 1 bis 117 SGB VI)
– Krankenversicherung (Rn 2058 ff)
  (§§ 1 bis 305 SGB V sowie Pflegeversicherungsgesetz – PflegeVG)
– Unfallversicherung (Rn 2062)
  (SGB VII)
– Arbeitslosenversicherung (Rn 2063)
  (SGB III)

Im Rentenversicherungsrecht, im Recht der Kranken- und der Unfallversicherung sowie im Recht der Arbeitslosenversicherung ist der Begriff des abhängig Beschäftigten maßgebend. Er ist nicht identisch mit dem Begriff des Arbeitnehmers. Auf der Ebene der Geschäftsführung wird unterschieden zwischen einerseits dem Fremdgeschäftsführer und dem Gesellschafter-Geschäftsführer, der eine Minderheitsbeteiligung hat und dem sog beherrschenden Gesellschafter-Geschäftsführer andererseits. **Der Fremdgeschäftsführer ist bis auf ganz wenige Ausnahmefälle**[59] **abhängig Beschäftigter. Der beherrschende Gesellschafter-Geschäftsführer gilt nicht als abhängig Beschäftigter.** „Beherrschend" ist er aber nicht erst mit einer Mehrheitsbeteiligung, sondern schon, wenn er eine „maßgebende" Beteiligung besitzt. Diese wird **ab einer 50%-Beteiligung** angenommen. Mit 50% kann er bei einem

---

[57] Dazu etwa Huber in Küttner Personalbuch 2008 Stichwort 203 (Geschäftsführer) Rn 17 ff.
[58] BAG v 5. 6. 2008 NJW 2008, 3514 = GmbHR 2008, 1259 mit Anm Moll; BAG v 3. 2. 2009 GmbHR 2009, 651 mit Anm Grobys.
[59] BSG v 30. 1. 1990 NZA 1990, 950: Der Fremdgeschäftsführer war der Sohn des Alleingesellschafters.

gleichstarken Partner zwar keine unternehmerische Entscheidung durchsetzen; er kann sie aber verhindern. Auch eine Minderheitsbeteiligung kann als maßgebende Beteiligung gewertet werden, wenn die Umstände für einen entsprechenden Einfluss sprechen. Eine Sperrminorität von mehr als 25% spricht allerdings nur dann für eine maßgebende Beteiligung, wenn sie über die formalen Rechte bei der Änderung des Gesellschaftsvertrags und der Auflösung der Gesellschaft hinausgehenden Einfluss gewährt.[60] Zum Beispiel können Absprachen mit Mitgesellschaftern über die Stimmausübung dazu führen, dass die gesamte Stimmenmacht dem Gesellschafter-Geschäftsführer zugerechnet wird.

2056 **Die Einordnung im Einzelfall kann angesichts vieler divergierender Einzelentscheidungen schwierig sein.** Um hier Rechtssicherheit zu schaffen gibt es ein **offizielles Statusfeststellungsverfahren** (nach § 7a Abs 1 SGB IV). Zuständig dafür ist die „Deutsche Rentenversicherung Bund, Clearingstelle, 10704 Berlin". Zu unterscheiden ist das Statusfeststellungsverfahren auf Antrag und das Statusfeststellungsverfahren von Amts wegen. Das Verfahren von Amts wegen wird eingeleitet, falls ein Gesellschafter-Geschäftsführer von der GmbH bei der Einzugsstelle zur Sozialversicherung angemeldet wird. Die Entscheidungskriterien sind im Rundschreiben der Spitzenorganisationen der Sozialversicherung vom 5. 7. 2005 zusammengefasst mit einer ausführlichen Anlage zur versicherungsrechtlichen Behandlung von Gesellschafter-Geschäftsführern (und mitarbeitenden Gesellschaftern) einer GmbH, der sog Entscheidungshilfe (Antragsmuster, Rundschreiben und Entscheidungshilfe s www.deutsche-rentenversicherung-bund.de/Zielgruppe Arbeitgeber und Steuerberater/Statusfeststellung/Rundschreiben der Spitzenorganisationen). Die Entscheidung bindet nicht nur die Renten-, Kranken- und Unfallversicherung sondern auch die Bundesagentur für Arbeit bezüglich der Arbeitslosenversicherung, sodass sichergestellt ist, dass derjenige, der Arbeitslosenversicherungsbeiträge zahlt, auch die entsprechende Absicherung erhält (§ 336 SGB III).

2057 **In der Rentenversicherung sind alle abhängig Beschäftigten pflichtversichert.** Pflichtversichert sind also die Fremdgeschäftsführer und Gesellschafter-Geschäftsführer ohne beherrschenden Einfluss. Für sie müssen von der GmbH Beiträge (Arbeitgeber- und Arbeitnehmeranteile) an den zuständigen Versicherungsträger abgeführt werden. **Beherrschende Gesellschafter-Geschäftsführer können** der gesetzlichen Rentenversicherung aber **freiwillig beitreten.** Sie können zwischen Pflichtversicherung und freiwilliger Versicherung wählen. Bei der freiwilligen Versicherung können sie die Höhe der Beiträge selbst bestimmen, müssen aber Nachteile bei der Anrechnung von Ersatz- und Ausfallzeiten in Kauf nehmen. Den Arbeitnehmeranteil und den Arbeitgeberanteil müssen sie selbst aufbringen. Sie haben aber einen Anspruch auf einen Zuschuss. Der Zuschuss entspricht dem Betrag, den die GmbH bei einer Pflichtversicherung als Arbeitgeberanteil zu zahlen hätte. Wenn die GmbH den Zuschuss leistet, ist der Zuschuss steuerfrei (§ 3 Nr 62 EStG).[61] Die gesetzlich pflichtversicherten Geschäftsführer haben gegen die GmbH einen Anspruch auf den Arbeitgeberanteil. **Die Beiträge richten sich** nach dem Einkommen, höchstens **nach den jeweils gültigen Beitragsbemessungsgrenzen.** Diese liegen im Jahre 2009 für die Rentenversicherung in den alten Bundesländern bei EUR 5400,– pM bzw EUR 64800,– pa und in den neuen Bundesländern bei EUR 4550,– pM bzw EUR 54600,– pa. Die spätere Rente richtet sich nach diesen Beiträgen und nicht nach dem letzten Einkommen oder nach einem Prozentsatz der Bemessungsgrenze. **Wenn in Familiengesellschaften Wert darauf gelegt wird, dass der Familien-Geschäftsführer sozialversicherungspflichtig sein soll, so sollten rechtzeitig die Grundsätze des Sozialversicherungsrechts beachtet werden.**

2058 Träger der gesetzlichen Krankenversicherung sind die Ortskrankenkassen (AOK), die Betriebs- und Innungskrankenkassen und die Ersatzkassen. Pflichtversichert

---

[60] BSG v 24. 9. 1992 NZA 1993, 430.
[61] Heinicke in Schmidt EStG § 3 ABC „Zukunftsicherungsleistungen" b) aE.

III. Anstellungsvertrag

sind hier im Gegensatz zur Rentenversicherung nicht etwa alle abhängig Beschäftigten (Rn 2055 f), sondern nur diejenigen abhängig Beschäftigten, deren Jahresverdienst die Versicherungspflichtgrenze für die Kranken- und Pflegeversicherung von einheitlich für die alten und neuen Bundesländer EUR 48 600,– nicht übersteigt (für 2009; die Versicherungspflichtgrenze wird jedes Jahr geändert). Zum Jahresverdienst zählen alle laufenden oder einmaligen Einkünfte, auch wenn auf sie kein Rechtsanspruch bestand. Die Beiträge für versicherungspflichtige Geschäftsführer tragen die GmbH und der Versicherte je zur Hälfte; der Gesamtbeitrag wird von der GmbH an den Versicherungsträger abgeführt. Für die Höhe der Beiträge ist wiederum das Einkommen maßgebend. Auch hier gibt es Beitragsbemessungsgrenzen (EUR 44 100,– pa einheitlich für die alten und die neuen Bundesländer im Jahre 2009).

Fremdgeschäftsführer und nicht beherrschende Gesellschafter-Geschäftsführer können, auch wenn sie mehr als die Versicherungspflichtgrenze (Rn 2058) verdienen, der gesetzlichen Krankenversicherung freiwillig beitreten. Der freiwillig versicherte Geschäftsführer muss seine Beiträge einschließlich Arbeitgeberanteil selbst aufbringen. Er hat aber wiederum einen Anspruch gegen die GmbH auf einen Zuschuss (§ 257 Abs 1 SGB V). Der Zuschuss entspricht dem Betrag, den die GmbH bei einer Pflichtversicherung als Arbeitgeberanteil zu zahlen hätte. Der Zuschuss der GmbH ist steuerfrei (§ 3 Nr 62 EStG).[62] Geschäftsführer, die sich nicht bei einer gesetzlichen Krankenkasse freiwillig versichern, sondern eine private Krankenversicherung abschließen, erhalten ebenfalls einen steuerfreien Zuschuss zu den Versicherungsbeiträgen. Der Zuschuss beträgt die Hälfte des Betrags, den der Geschäftsführer bei der gesetzlichen Krankenkasse zu zahlen hätte, höchstens jedoch die Hälfte des Betrages, den er für seine Krankenversicherung zu zahlen hat. Den Zuschuss für die private Krankenversicherung erhält der Geschäftsführer allerdings nur dann, wenn die Leistungen, die die private Krankenversicherung gewährt, den Leistungen einer gesetzlichen Krankenkasse entsprechen. 2059

Für den beherrschenden Gesellschafter-Geschäftsführer gibt es keine Krankenversicherungspflicht in der gesetzlichen Krankenversicherung, aber auch kein allgemeines freiwilliges Beitrittsrecht. Aber es gibt **Ausnahmen:** Wenn ein beherrschender Gesellschafter-Geschäftsführer bisher – zB als leitender Angestellter mit einem höheren Einkommen – freiwillig in der gesetzlichen Krankenversicherung versichert war, so kann er diese freiwillige Versicherung als Geschäftsführer fortsetzen. Das gleiche gilt, wenn er vorher pflichtversichert war und wegen der Höhe des gestiegenen Einkommens als Geschäftsführer aus der Versicherungspflicht heraus fällt. Er muss allerdings in den letzten fünf Jahren eine Versicherungszeit von mindestens zwölf Monaten zurückgelegt haben, davon sechs Monate unmittelbar vor seinem Amtsantritt bzw der Entscheidung zur Fortsetzung. 2060

Träger der Pflegeversicherung sind die Pflegekassen. Ihre Aufgaben werden von den Krankenkassen wahrgenommen. Versicherungspflichtig in der gesetzlichen Pflegeversicherung sind zunächst die Versicherungspflichtigen, die auch in der sozialen Krankenversicherung pflichtversichert sind. Versicherungspflichtig sind auch diejenigen, die in der gesetzlichen Krankenversicherung freiwillig versichert sind. Wer privat krankenversichert ist, muss sich gegen Pflegebedürftigkeit bei seinem privaten Krankenversicherungsunternehmen versichern. **Die Pflegeversicherung folgt also grundsätzlich der Krankenversicherung** (Rn 2058). In den Ländern, in denen ein gesetzlicher, bundesweiter Feiertag, der stets auf einen Werktag fällt, gestrichen wurde, trägt der Arbeitgeber die Hälfte des Beitrages. In den Ländern, in denen kein Feiertag gestrichen wurde, trägt der Arbeitnehmer, dh also auch der Geschäftsführer, den Beitrag in voller Höhe. Für die Zuschüsse zu den Bezügen eines Geschäftsführers, der freiwillig 2061

---

[62] Heinicke in Schmidt EStG § 3 ABC „Zukunftssicherungsleistungen" b) aE.

in einer gesetzlichen Krankenversicherung und damit in der gesetzlichen Pflegeversicherung versichert ist, oder der eine private Krankenversicherung abgeschlossen hat und damit auch eine private Pflegeversicherung, gilt das in Rn 2059 Ausgeführte entsprechend.

2062 **In der gesetzlichen Unfallversicherung sind alle abhängig Beschäftigten pflichtversichert. Träger der gesetzlichen Unfallversicherung sind die Berufsgenossenschaften.** Die versicherten Beschäftigten haben keine Beiträge zu leisten. Die Beiträge zahlt allein das Unternehmen. **Selbständige Unternehmer können sich freiwillig versichern (§ 6 SGB VII), nicht aber beherrschende Gesellschafter-Geschäftsführer.** Das hat das BSG entschieden.[63] Es betrachtet nicht den Gesellschafter-Geschäftsführer sondern die GmbH als Unternehmer; diese könne sich nicht versichern. Den beherrschenden Geschäftsführer definiert das BSG als nicht unselbständig Beschäftigten; und der dürfe sich nicht versichern. Die Rechtsprechung wird mit Recht kritisiert. Es liegt offensichtlich eine Gesetzeslücke vor. Man spricht im gegebenen Fall zweckmäßigerweise mit der zuständigen Berufsgenossenschaft. **Die Unfallversicherung deckt Arbeitsunfälle.** Arbeitsunfall ist ein Unfall im Rahmen der versicherten betrieblichen Tätigkeit. Zur betrieblichen Tätigkeit gehört auch der Weg zur Arbeitsstätte. Rentenleistungen aus der gesetzlichen Unfallversicherung erhalten der Versicherte, seine Witwe und seine Kinder. Witwe heißt hinterbliebene Ehefrau. **Eine nicht angetraute Lebensgefährtin erhält die Leistungen nicht.**

2063 **In der Arbeitslosenversicherung ist jeder abhängig Beschäftigte Pflichtmitglied,** also auch der Fremdgeschäftsführer und der nicht beherrschende Gesellschafter-Geschäftsführer (Rn 2055). **Einen freiwilligen Beitritt** für diejenigen, die nicht abhängig Beschäftigte sind, **gibt es, nur in eng begrenzten Ausnahmefällen** (§ 28 a SGB III). Der Beitrag richtet sich nach der Beitragsbemessungsgrenze in der Rentenversicherung (Rn 2057). Auch in der Arbeitslosenversicherung ist der Beitrag wieder von dem Versicherten und der GmbH je zur Hälfte zu tragen. Die Arbeitslosenversicherung ist im SGB III geregelt. **Der Anspruch auf Arbeitslosengeld gem §§ 117 ff SGB III setzt voraus, dass ein sozialversicherungspflichtiges Arbeitsverhältnis bestand** (Rn 2055 f).

4. Die betriebliche Altersversorgung des Geschäftsführers – Insolvenzsicherung

2064 **Das Sozialversicherungsrecht wird durch das Betriebsrentengesetz (BetrAVG) ergänzt. Das BetrAVG gilt für alle Beschäftigten,** denen von einem Unternehmen Leistungen der Alters-, Invaliditäts- oder Hinterbliebenenversorgung[64] (Anlage 9) zugesagt worden sind (vgl auch Rn 1011 ff). Mit dem Gesetz werden vor allem drei Ziele verfolgt:

- Versorgungsanwartschaften sollen nach einer bestimmten Zeit nicht mehr widerrufen werden können, also „unverfallbar" sein (§ 1 b BetrAVG); insbesondere behalten also die Versorgungsberechtigten auch dann ihre Ansprüche, wenn sie den Arbeitgeber wechseln.
- Laufende Renten sollen durch Kaufkraftverschlechterungen nicht ausgezehrt werden. Sie sind deshalb alle drei Jahre zu überprüfen und ggf zu erhöhen (§ 16 BetrAVG, vgl aber die Auflockerung durch das Rentenreformgesetz 1999 Rn 2071); bei wirtschaftlich schlechter Lage kann das Unternehmen den Inflationsverlust nur teilweise ausgleichen oder ganz von der Erhöhung absehen.
- Schließlich sollen die Versorgungsberechtigten nicht ohne Alterssicherung dastehen, wenn das Unternehmen insolvent geworden ist. Im Falle der Insolvenz übernimmt der Pensions-Sicherungs-Verein aG (PSV) die Zahlung der betrieblichen Renten (§ 14 BetrAVG).

---

[63] BSG v 25. 10. 1989 BG 1990, 357.
[64] Es werden nur typische Ansprüche geschützt: BGH v 10. 1. 1991 BGHZ 113, 207, 209 f.

III. Anstellungsvertrag

Erfasst werden die unselbständig Beschäftigten, die auch sonst vom Sozialversicherungsrecht geschützt werden sollen. Dazu zählen auch **Fremd- oder minderheitsbeteiligte Geschäftsführer** (§ 17 Abs 1 S 1 und 2 BetrAVG). **Beherrschende Gesellschafter-Geschäftsführer fallen nicht darunter.** Beherrschende Gesellschafter-Geschäftsführer gelten im BetrAVG zwar als Unternehmer – anders als im Unfallversicherungsrecht –, gerade deshalb werden sie aber hier vom Schutz ausgenommen. Das Gesetz soll nicht diejenigen schützen, die selbst wesentlichen Einfluss auf die Gestaltung ihrer Versorgungsregelung nehmen können. Ob ein Geschäftsführer beherrschender Gesellschafter-Geschäftsführer ist oder nicht wird durch das oben geschilderte Statusfeststellungsverfahren (Rn 2056) zwar nicht bindend entschieden. Denn für das Betriebsrentengesetz gelten etwas andere Kriterien (Anlage 11). Ein Statusfeststellungsverfahren, das zu dem Ergebnis kommt, ein Geschäftsführer sei ein „abhängig Beschäftigter", ist jedoch ein erhebliches Indiz.

Die Versorgungsanwartschaft muss unverfallbar sein, damit das Betriebsrentengesetz eingreift. Dabei ist zu unterscheiden zwischen arbeitgeberfinanzierten und arbeitnehmerfinanzierten (Entgeltumwandlung) Versorgungszusagen. Bei arbeitgeberfinanzierten Versorgungszusagen tritt die Unverfallbarkeit und damit der Schutz des Betriebsrentengesetzes ein, wenn der Geschäftsführer 2065

– mindestens das 30. Lebensjahr vollendet hat, und wenn
– die Versorgungszusage mindestens fünf Jahre besteht.

Bei einer Versorgungszusage ab dem 1.1.2009 tritt die Unverfallbarkeit sogar bereits dann ein, wenn der Geschäftsführer das 25. Lebensjahr vollendet hat. Die Fristen für die Unverfallbarkeit können nicht verlängert, sie können aber – zB im Anstellungsvertrag – verkürzt werden. Nur vertraglich – noch nicht gesetzlich – unverfallbare Versorgungszusagen sind jedoch nicht insolvenzgesichert. Die Insolvenzsicherung tritt erst ein, wenn die gesetzliche Unverfallbarkeit eingetreten ist (Anlage 12). Sind keine abweichenden Vereinbarungen getroffen worden, so verfällt der Versorgungsanspruch eines Geschäftsführers, wenn er vor Eintritt der Unverfallbarkeit bei der GmbH ausscheidet.

Versorgungszusagen aufgrund von Entgeltumwandlungen sind dem gegenüber sofort unverfallbar (§ 1 b Abs 5 BetrAVG und Anlage 12). Das leuchtet ein, denn diese Versorgungszusage beruht ja auf einem Gehaltsverzicht. 2066

Geschützt wird vom Betriebsrentengesetz die Alters-, die Invaliditäts- oder Hinterbliebenenversorgung, **nicht das sog. Übergangsgeld.** Geschützt wird also die Betriebsrente bei Erreichen der in der Zusage genannten Altersgrenze. In der Regel ist das die Vollendung des 65. Lebensjahres. Die frühest mögliche Altersgrenze ist die Vollendung des 60. Lebensjahres. Ist in der Zusage eine vor dem Erreichen des 60. Lebensjahres liegende Altersgrenze genannt, ist die Zusage insoweit nicht durch das Betriebsrentengesetz geschützt. Das ist nur ganz ausnahmsweise der Fall. **Zusagen für die Zeit vor Vollendung des 60. Lebensjahres betrachtet die Rechtsprechung und ihr folgend der Pensions-Sicherungs-Verein in der Regel als sog. Übergangsgeld,** nicht aber als betriebliche Altersversorgung (dazu im Einzelnen Anlage 9). 2067

Der erste Schutz, den des Betriebsrentengesetz gewährt, ist, dass dem Geschäftsführer der Anspruch auf die Betriebsrente nicht mehr genommen werden kann (vorausgesetzt die Versorgungszusage ist unverfallbar, sie also fünf Jahre besteht und er das 30. bzw. das 25. Lebensjahr vollendet hat). **Das gilt insbesondere auch dann, wenn er zu einem anderen Unternehmen wechselt.** Ihm steht für diesen Fall gegen das bisherige Unternehmen die Betriebsrente anteilig zu. Anteilig bedeutet beispielsweise: Ist einem GmbH-Geschäftsführer eine Betriebsrente mit Vollendung des 65. Lebensjahres von EUR 1800,– zugesagt worden, hat er im Alter von 35 bei der Gesellschaft begonnen und scheidet er nach zehn Jahren aus, so hat er 2068 eine Anwartschaft von EUR 600,- (10/30 von EUR 1800,-) erdient. Dh er hat gegen die Gesellschaft, bei der er jetzt ausscheidet, mit Vollendung des 65. Lebensjahres einen Anspruch auf eine Betriebsrente von EUR 600,-. Alternativ gibt es unter Umständen auch die Möglichkeit, diese Betriebsrente zu dem Unternehmen, bei dem man tätig sein wird, mitzunehmen oder die Verpflichtung zur Zahlung der Versorgung auf eine Versicherungsgesellschaft zu übertragen.

2069 **Der zweite Schutz, den das Betriebsrentengesetz gewährt, ist das Anpassungsgebot des § 16 BetrAVG.** Der Rentenberechtigte soll vor der Geldentwertung geschützt werden. **Das Anpassungsgebot des § 16 betrifft allerdings nur laufende Rentenleistungen, nicht Anwartschaften.** Die Entwertung, die die Anwartschaft während der aktiven Zeit der Tätigkeit erfährt, ist nicht zu berücksichtigen. Erst wenn die Rentenzahlung einsetzt, muss die Geldentwertung ausgeglichen werden. Der Gesetzgeber geht davon aus, dass während der Anwartschaft der künftige Rentner schon selbst dafür sorgen wird, dass eine Geldentwertung ausgeglichen wird. Rentenleistung in diesem Sinne sind nur Leistungen von Altersrenten, dh Renten die ab dem 60. Lebensjahr (Rn 2067) gezahlt werden. Das Übergangsgeld ist keine Rentenleistung.

2070 **Vom Beginn der Rentenzahlung an müssen die Unternehmen die Kaufkraftentwicklung grundsätzlich alle drei Jahre überprüfen und ggf die Rente erhöhen** (§ 16 BetrAVG). Werden andere Renten, die der Rentenempfänger bezieht, ebenfalls erhöht, dann darf diese Erhöhung nicht auf diejenige, die das Unternehmen zu leisten hat, angerechnet werden. **Wenn,** was zulässig ist, **die betriebliche Altersversorgung so gestaltet ist, dass eine Gesamtversorgung,** beispielsweise in Höhe eines bestimmten Betrages oder in Höhe eines bestimmten Prozentsatzes des letzten Einkommens **erreicht werden soll,**[65] **dann kann sich eine Erhöhung der Rente aus der gesetzlichen Pflichtversicherung auf die Höhe der Betriebsrente mindernd auswirken.** Unfallrenten sind anrechnungsfrei, soweit sie den Verlust der körperlichen Unversehrtheit entschädigen sollen. Soweit sie dagegen dazu dienen, den Verdienstausfall des Verletzten pauschal zu entschädigen, können sie bei der Bemessung des betrieblichen Ruhegeldes berücksichtigt werden.

2071 **Die Anpassungsprüfung nach § 16 BetrAVG hat den Verbraucherpreisindex,** begrenzt durch die durchschnittlichen Steigerungsraten vergleichbarer Arbeitnehmergruppen im Unternehmen, **und die wirtschaftliche Lage des Arbeitgebers zu berücksichtigen.** Sie wird von den Unternehmen wegen der nicht vorhersehbaren Inflationsentwicklung und den damit verbundenen zusätzlichen Aufwendungen, für die nicht durch steuerlich anerkannte Rückstellungen vorgesorgt werden kann, als besondere Belastung empfunden. **Folgende Einschränkungen gibt es für eine Anpassung:**

– Wenn sich der Arbeitgeber verpflichtet, die laufenden Leistungen jährlich um wenigstens 1% zu erhöhen, **entfällt die Anpassungsprüfung,** allerdings nur für Neuzusagen nach dem 31. 12. 1998. Die Regelung hat mehrere Vorteile. Der Aufwand wird übersehbar und ist gerade deshalb auch in der Anwartschaftsphase schon rückstellungsfähig. Dem Betriebsrentner gewährt die Regelung einen gesicherten Anspruch, weil im Falle der Insolvenz des Arbeitgebers der PSV in die Zusage eintritt (Rn 2072).
– **Die Anpassungsprüfung entfällt auch,** wenn die Renten von einer Pensionskasse gezahlt werden sollen oder zugunsten der Arbeitnehmer Direktversicherungsverträge mit Versicherungsgesellschaften abgeschlossen worden sind (Rn 2078) und wenn die Pensionskasse oder die Versicherungsgesellschaften sich verpflichten, alle Gewinnanteile ab Rentenbeginn für eine Erhöhung der laufenden Rentenleistungen zu verwenden.
– **Außerdem erleichtert § 16 Abs 4 BetrAVG die nachholende Anpassung.** Hat ein Unternehmen wegen schlechter wirtschaftlicher Lage die Renten an die Inflationsentwicklung einmal zu recht nicht angepasst, ist diese unterbliebene Anpassung später nicht mehr nachzuho-

---

[65] Dazu etwa Küttner Personalbuch 2008 Stichwort 102 (Betriebliche Altersversorgung) Rn 4 mwN.

III. Anstellungsvertrag

len. Das BAG hatte sich zuvor auf den Standpunkt gestellt, dass die Renten an die Kaufkraftentwicklung seit Rentenbeginn anzupassen seien. Das ist für die beschriebenen Fälle künftig aufgehoben, so dass der Überprüfungszeitraum sich dann nur noch auf die drei Jahre beschränkt, die seit der zu Unrecht unterbliebenen Anpassung verstrichen sind. Das gilt allerdings nicht für Renten vor dem 1. 1. 1999.

Für die wirtschaftliche Lage des Arbeitgebers kommt es grundsätzlich auf die Arbeitgeber-GmbH an, weder auf die wirtschaftliche Lage des Gesamtkonzerns noch der Konzernmutter. Ein sog. Berechnungsdurchgriff[66] ist nur dann zulässig, wenn die Voraussetzungen für einen existenzvernichtenden Eingriff (Rn 7087 ff) vorliegen.

Der dritte Schutz, den das Betriebsrentengesetz gewährt, ist die Insolvenzsicherung. Im Insolvenzfall übernimmt der PSV die laufenden Verpflichtungen. Da er nicht Arbeitgeber ist, sondern nur statt des Arbeitgebers zahlt, **braucht er laufende Renten nicht nach § 16 BetrAVG wegen der Kaufkraftentwertung anzupassen,** ganz abgesehen davon, dass der insolvente Arbeitgeber aufgrund seiner schlechten wirtschaftlichen Verhältnisse sowieso nicht zur Anpassung verpflichtet wäre.[67] Eine Anpassungspflicht auch des PSV besteht nur, wenn auch der Arbeitgeber nach dem Inhalt der Ruhegeldzusage zur Anpassung verpflichtet war.[68] Der PSV zahlt die Rente von dem Zeitpunkt an, in dem sie nach der betrieblichen Vereinbarung fällig war (das Übergangsgeld, Rn 2067, ist jedoch nicht insolvenzgesichert). Der PSV tritt nach § 7 BetrAVG in folgenden Fällen ein: 2072

– Eröffnung des Insolvenzverfahrens über das Vermögen der GmbH bzw Abweisung des entsprechenden Antrags mangels Masse;
– vollständige Beendigung der Betriebstätigkeit, wenn ein Insolvenzverfahren mangels Masse offensichtlich nicht in Betracht kommt;
– außergerichtlicher Vergleich der GmbH mit ihren Gläubigern, wenn diesem der PSV zur Abwendung eines Insolvenzverfahrens zustimmt;

Die Leistungen des PSV **sind der Höhe nach begrenzt.** Der PSV zahlt für Renten, die er neu zu übernehmen hat, höchstens das dreifache der maßgeblichen monatlichen Bezugsgröße gem § 18 SGB IV. Die Bezugsgröße in der Sozialversicherung nach § 18 SGB IV ist erheblich niedriger als die früher geltende Beitragsbemessungsgrenze in der gesetzlichen Rentenversicherung (Rn 2057). Sie führt ab 1. 1. 2009 zu einer monatlichen Rente von höchstens drei mal EUR 2520,– = EUR 7560,– in den alten Bundesländern und drei mal EUR 2135,– = EUR 6405,– in den neuen Bundesländern (www.bmas.de/Rente/Arbeitnehmer/Pressemitteilungen/Das ändert sich zum 1. 1. 2009 vom 17. 12. 2008/Rechengrößen der Sozialversicherung 2009).

Unternehmen, die eine Betriebsrente zusagen, müssen dem PSV beitreten und im Umlageverfahren Beiträge zahlen (§ 10 BetrAVG). 2073

Der Insolvenzschutz von Versorgungszusagen aufgrund von Entgeltumwandlungen (arbeitnehmerfinanzierte Versorgungszusage) ist im Vergleich zu arbeitgeberfinanzierten Zusagen erheblich besser. Entgeltumwandlungszusagen sind sofort unverfallbar (Rn 2066). Insolvenzschutz erhalten derartige Anwartschaften, falls sie aus dem Jahr 2001 stammen, wenn am Insolvenzstichtag zwei Jahre ab Zusage abgelaufen sind (§§ 1 b Abs 5, 7 Abs 5 S 1 Nr 3 BetrAVG). Stammen Entgeltumwandlungszusagen aus der Zeit später (ab 1. 1. 2002) wird differenziert: Eine Anwartschaft aus einer Entgeltumwandlung in Höhe bis zu vier Prozent der Beitragsbemessungsgrenze zur allgemeinen Rentenversicherung (Rn 2057) genießt sofort Insolvenzschutz, ohne Wartefrist. Soweit die Anwartschaft auf einer über vier Prozent hinausgehenden 2074

---

[66] Dazu Kreitner in Küttner Personalbuch 2008 Stichwort 102 (Betriebliche Altersversorgung) Rn 58 mwN.
[67] Blomeyer/Rolfs/Otto BetrAVG § 7 Rn 200 mwN.
[68] Blomeyer/Rolfs/Otto BetrAVG § 7 Rn 201 ff mwN.

Entgeltumwandlung beruht, wird Insolvenzschutz erst gewährt, wenn ab dem Insolvenzstichtag zwei Jahre ab Zusage abgelaufen sind.

2075 **Die betriebliche Altersversorgung umfasst üblicherweise Alters-, Invaliditäts- und Hinterbliebenenversorgung.** Für beherrschende Gesellschafter-Geschäftsführer ist sie – neben den privaten Ersparnissen – die einzige Altersversorgung, weil ihnen die Sozialversicherung grundsätzlich versperrt ist. **Der Sprachgebrauch „betriebliche" Altersversorgung ist ungenau; die Zusage gibt das Unternehmen.** Da Geschäftsführer von einer Betriebsvereinbarung nicht erfasst werden, **muss sie zwischen Geschäftsführer und GmbH einzelvertraglich vereinbart werden.** Das geschieht zumeist im Zusammenhang mit dem Anstellungsvertrag. Die **Pensionszusage kann Teil des Anstellungsvertrages sein, wird aber auch oft in einen gesonderten Pensionsvertrag aufgenommen,** was aus verwaltungstechnischen Gründen meist zweckmäßig ist. Ansprüche auf Altersversorgung aufgrund betrieblicher Übung kann der Geschäftsführer nur dann herleiten, wenn in der GmbH auf der Ebene der Geschäftsführung eine solche Übung besteht. Das ist regelmäßig nur bei größeren Unternehmen der Fall. Auf Versorgungszusagen an leitende Angestellte lässt sich ein Gleichbehandlungsanspruch nur stützen, wenn sie wie Geschäftsführer behandelt werden und für beide Gruppen geltende standardisierte Verträge sich nur durch die Höhe der Bezüge unterscheiden. Geschäftsführer als Organe der Gesellschaft und verantwortliche Unternehmensleiter sind rechtlich grundsätzlich eine eigene Kategorie. Das drückt sich zumeist auch in den sonstigen Anstellungsbedingungen aus. **Ist die Pension einmal zugesagt, ist sie nur unter ganz besonderen Umständen widerruflich,** auch wenn in der Zusage eine Widerrufsklausel enthalten ist. **Nur schwerste Verfehlungen können zum Entzug von Ruhegehaltsansprüchen führen.**[69] Die Ruhegeldzusage ist auch nicht formbedürftig. Aus Nachweisgründen ist es jedoch ratsam, sie schriftlich abzuschließen. **Steuerlich ist die Schriftlichkeit unverzichtbar, insbesondere für Gesellschafter-Geschäftsführer** (Rn 1152, 2043). Auch wenn der BFH bereit ist, unklare Regelungen nach allgemein anerkannten Grundsätzen auszulegen,[70] sollte man das Auslegungsrisiko meiden und keine gedanklichen Lücken lassen. Berechnungsbeispiele sind oft hilfreich. Sie bringen solche Lücken zu Tage.

2076 **Es gibt viele Modelle, wie die Leistungshöhe von Versorgungsleistungen bestimmt wird;** im Wesentlichen sind dies:
– Eine in einem festen Betrag ausgedrückte Pension, also zB EUR 1000,– monatlich; sie wird meist im Laufe der Dienstzeit erhöht, anstelle oder neben einer Gehaltserhöhung;
– eine prozentual vom festen Monats- (Jahres-) Einkommen abhängige Pension; sie beginnt in der Regel mit einem Grundprozentsatz (zB 25%), der sich für jedes Dienstjahr um einen bestimmten Prozentsatz bis hin zu einer Obergrenze (häufig 50%) erhöht; der absolute Betrag der Pension entspricht bei Erreichen des vereinbarten Pensionsalters dann dem vorgesehenen Prozentsatz vom Gehalt;
– eine Gesamtversorgungspension, bei der dem Geschäftsführer ein bestimmter Prozentsatz seines letzten Gehalts gesichert werden soll, in den aber andere Renten, meist die Sozialversicherungsrente, einbezogen sein sollen; die betriebliche Pension deckt also die Differenz zwischen der Sozialversicherungsrente und dem vorgesehenen „Alterseinkommen" ab (Rn 2070);
– eine beitragsorientierte Leistungszusage, mit der sich die GmbH verpflichtet, bestimmte Beträge in eine Pension umzuwandeln; bei Eintritt des Versorgungsfalls schuldet die GmbH die aus den Beiträgen errechnete Versorgung;
– eine Beitragszusage mit Mindestkapital, bei der die GmbH vereinbarte Beträge an einen Pensionsfonds, eine Pensionskasse oder eine Direktversicherung zahlt; die GmbH trägt das Risiko, dass diese Institution mit den Beiträgen nicht erfolgreich wirtschaftet;

---

[69] BGH v 17. 12. 2001 GmbHR 2002, 380, 381 mwN: „... wenn der Geschäftsführer das Unternehmen durch sein grobpflichtwidriges Handeln in eine seine Existenz bedrohende Lage gebracht hat"; Uwe H. Schneider/Sethe in Scholz GmbHG § 35 Rn 280 f mwN.
[70] BFH v 24. 3. 1999 DStR 1999, 1393.

III. Anstellungsvertrag

– eine Entgeltumwandlung, die mit steuerlichen Vorteilen verbunden und sofort insolvenzgeschützt ist (Rn 2074).

Wenn in einem Dienstvertrag neben dem festen Gehalt eine feste Tantieme vereinbart wird, bedeutet das meist, dass die Bemessungsgrundlage für die Altersversorgung nur das feste Gehalt sein soll. Denn sonst hat eine feste Tantieme neben dem festen Gehalt keinen Sinn. **Die reine Beitragszusage,** bei der die GmbH verspricht, bestimmte Beiträge zu zahlen, der Geschäftsführer aber das Risiko trägt, dass die Erträge der Beiträge nicht die erwartete Versorgung erwirtschaften, **ist nicht vom Betriebsrentengesetz erfasst,** gewährt also keinen Insolvenzschutz und keinen Schutz bei einem Ausscheiden.

Die Versorgungszusage kann mit Nebenbedingungen versehen werden. Bisher üblich ist eine **Mindestdienstzeit** (etwa eine oder auch zwei Bestellungsperioden). Wird die Unverfallbarkeit schon vor Ablauf der im BetrAVG vorgesehenen Fristen zugesagt, behält der Geschäftsführer auch bei vorzeitigem Ausscheiden den Anspruch. Soll er die Zahlungen auch schon vor Vollendung des 60. Lebensjahres erhalten, ist es sog **Übergangsgeld** (Rn 2067). **Weder die vorzeitige Unverfallbarkeitszusage noch die Zusage eines Übergangsgeldes** binden den PSV. Einen Insolvenzschutz gibt es insoweit also nicht. Die GmbH ist jedoch gebunden. 2077

Ebenso wie für die Leistungshöhe und die Leistungsbedingungen gibt es auch eine Reihe von Modellen für die Form der betrieblichen Altersversorgung; im Wesentlichen sind dies: 2078

– Die **direkte Versorgungszusage,** kurz Direktzusage, bei der die GmbH selbst der Versorgungsträger ist; ggf schließt die GmbH für sich eine **Rückdeckungsversicherung** ab (Rn 2081 bis 2084);
– eine **Direktversicherung,** die die GmbH für den Geschäftsführer abschließt (Rn 2085 bis 2088), der einen unmittelbaren Anspruch gegen die Versicherung erhält;
– Durchführung über eine meist unternehmenseigene **Pensionskasse** (Rn 2080);
– Altersvorsorge-Sondervermögen **(Pensionsfonds);**
– Einschaltung einer Unterstützungskasse.

Versicherungen, Pensionskassen und Pensionsfonds unterliegen der Kontrolle durch die Bundesanstalt für Finanzdienstleistungen.

Die richtige Form einer Altersversorgung hängt ab von Finanzierungsüberlegungen, von Überlegungen zur Bilanzgestaltung, von den Steuerfolgen und den Problemen der Insolvenzsicherung. Für Gesellschafter-Geschäftsführer und beherrschende Gesellschafter-Geschäftsführer sind hinsichtlich der steuerlichen Folgen und der Insolvenzsicherung besondere Überlegungen anzustellen (Rn 2090). Eine fachliche Beratung ist unerlässlich. 2079

Die Pensions- und die Unterstützungskasse unterscheiden sich in manchen Punkten voneinander. Zunächst unterscheiden sie sich dadurch, dass die Pensionskasse als selbständige rechtsfähige Versorgungseinrichtung des Unternehmens einen Rechtsanspruch auf die Altersrente gewährt, die Unterstützungskasse aber nicht. Faktisch ist die Unterstützungskasse aber wegen der Rechtsprechung des BAG über die Subsidiärhaftung des Unternehmens der Pensionskasse insoweit gleichgestellt. Die Pensionskasse unterliegt der Versicherungsaufsicht durch die Bundesanstalt für Finanzdienstleistungen und hat deshalb bestimmte Anlagevorschriften zu beachten; die Unterstützungskasse unterliegt der Versicherungsaufsicht nicht und ist deshalb in ihrer Anlagepolitik frei. Die Zusage einer Unterstützungskasse ist nach BetrAVG aber insolvenzgeschützt (§ 1 Abs 1 S 2 Nr 2 BetrAVG). Das gilt jedoch nicht für den beherrschenden Gesellschafter-Geschäftsführer (Rn 2064). Beiträge zu Pensions- und Unterstützungskassen sind steuerlich Sonderausgaben für den nicht beherrschenden Geschäftsführer, falls er sie zahlt, und Betriebsausgaben für die GmbH, falls die GmbH sie zahlt (§§ 4c und 4d EStG). 2080

2081 Die Direktzusage war bis vor einigen Jahren die gebräuchlichste Form der Altersversorgung. Es gab und gibt sie mit oder ohne Rückdeckungsversicherung (Rn 2084). Ohne Rückdeckungsversicherung hat sie den Vorzug, dass das Geld, das für die spätere Bedienung der Zusage aufgebracht werden muss, im Unternehmen bleiben kann. Dadurch wird die Investitionsfinanzierung erleichtert. Wird hingegen eine Rückdeckungsversicherung abgeschlossen, fließen die Prämien an die Versicherungsgesellschaft. Immerhin ist aber der Anspruch der GmbH gegen die Versicherungsgesellschaft zu aktivieren, so dass dadurch die Prämienzahlungen bilanziell kompensiert werden, allerdings nicht liquiditätsmäßig. **Alle anderen Formen der Altersversorgung führen zum Abfluss der Mittel, mit denen die Vermögensmasse aufgebaut werden muss,** aus der später die Versorgung zu erfüllen ist. Das gilt für die Direktversicherung (Rn 2085 ff) ebenso wie für die Dotierung von Pensions- oder Unterstützungskassen (Rn 2080). Da Unterstützungskassen in der Anlagepolitik frei sind, können sie die ihnen zufließenden Mittel auch beim Unternehmen wieder anlegen, so dass auf diese Weise der Liquiditätsabfluss eingeschränkt werden kann. Pensionskassen haben Anlagevorschriften zu beachten, die die Anlage beim Unternehmen beschränken.

2082 **Direktzusagen gehören zu den ungewissen Verbindlichkeiten, für die in der Handelsbilanz gemäß § 249 Abs 1 HGB Rückstellungen gebildet werden müssen.** Sie sind seit Inkrafttreten des BilMoG (s Einleitung) auch bei Altzusagen (bis 31. 12. 1986), für die bisher ein Passivierungswahlrecht galt, in voller Höhe zu passivieren. Eine Passivierung in Höhe nur der steuerlich zulässigen Rückstellungen gemäß § 6a EStG, die erheblich zu niedrig sind, genügt nicht mehr. In Zukunft müssen deshalb in der Handelsbilanz (leider nicht in der Steuerbilanz) die Pensionsrückstellungen für Altzusagen aufgestockt werden. Diese Aufstockung kann sofort und in vollem Umfang vorgenommen werden oder in Jahresraten bis spätestens zum 31. 12. 2023 (vgl Art 65 EGHGB). Die in die Pensionsrückstellungen eingestellten Beträge sind Aufwendungen und vermindern den Jahresüberschuss. **Steuerlich als Betriebsausgaben anerkannt werden sie nur, wenn sie sich im Rahmen des § 6a EStG halten.** Soweit also Pensionsrückstellungen zukünftig über die steuerlich anerkannten Beträge hinaus gebildet werden müssen, fallen Steuern an; es handelt sich insoweit um versteuerte Rückstellungen. **Voraussetzung für die steuerliche Anerkennung ist außerdem, dass die Zusage in allen Leistungsbestandteilen schriftlich und rechtverbindlich erteilt ist** und der Versorgungsberechtigte bis zur Mitte des Geschäftsjahrs, in dem die Rückstellung erstmals gebildet wird, das 27. Lebensjahr vollendet hat (in Zukunft das 25.).

2083 **Die Direktzusage in Verbindung mit Pensionsrückstellungen ist eine deutsche Spezialität zur Finanzierung der betrieblichen Altersversorgung.**[71] Im europäischen Raum gibt es, außer in Österreich, nur in den skandinavischen Ländern und in Spanien Regelungsansätze ähnlicher Art. Die österreichische Regelung unterscheidet sich von der deutschen dadurch, dass die Innenfinanzierung durch Pensionsrückstellungen auf 50% beschränkt ist. Die anderen 50% müssen durch Wertpapiere gedeckt sein. Die Verlagerung der Versorgungssicherheit nach außen führt zu einem entsprechenden Liquiditätsabfluss. Das „outside funding" (Rn 1013) entspricht der Praxis im angelsächsischen Raum, die das System der Pensionsrückstellungen nicht kennt. In Frankreich wird vielfach das Umlageverfahren praktiziert, also eine Versorgung ohne Vorfinanzierung. In Deutschland könnte das Umlageverfahren über das System der Unterstützungskasse ebenfalls praktiziert werden.

2084 **Die Rückdeckungsversicherung ist ein Finanzierungsinstrument, um die Risiken aus der Versorgungszusage ganz oder teilweise aufzufangen.** Neben dem allgemeinen Alters- und Hinterbliebenenrisiko muss das besondere Risiko berück-

---

[71] Dazu und zu Folgendem Ahrend/Förster/Rößler BetrAVG Band II 6. Teil.

sichtigt werden, dass der Versorgungsfall vorzeitig eintritt, sei es durch Tod oder durch Invalidität. Die Rückdeckungsversicherung sichert den Zufluss der Mittel, die sonst vom Unternehmen aufgebracht werden müssten. Die Versicherungen bieten zahlreiche Deckungsvarianten an. Die Prämien für die Rückdeckungsversicherung sind Betriebsausgaben und werden auch steuerlich als solche anerkannt. Bilanziell sind, wie üblich bei Direktzusagen, die Pensionsrückstellungen zu dotieren. Gleichzeitig führt die Zahlung der Prämien zu einem Aufwand und die Ansprüche gegen die Versicherung sind zu aktivieren. Bilanziell sind also eine Direktzusage ohne und eine mit Rückdeckungsversicherung weitgehend ergebnisneutral.

Auch die Direktversicherung gehört zu den gebräuchlichen Formen der Altersversorgung. Es ist eine Lebensversicherung, die von der GmbH auf das Leben des Geschäftsführers abgeschlossen wird und aus der der Geschäftsführer oder seine Hinterbliebenen bezugsberechtigt sind. Die Beiträge werden von der GmbH in Form laufender Prämienzahlungen oder durch eine Einmalprämie aufgebracht. Wenn die übrigen Voraussetzungen (Rn 2082) erfüllt sind, sind die Prämienzahlungen steuerlich Betriebsausgaben. Wird eine Einmalprämie geleistet, so kann sie in gleichmäßigen Teilbeträgen auf drei Jahre als Betriebsausgabe verteilt werden. Da es sich bei der Direktversicherung um eine Form des „outside funding" (Rn 1013) handelt, kommen Pensionsrückstellungen nicht in Betracht. Die Nachteile des Liquiditätsabflusses können dadurch gemildert werden, dass die Versicherung im Falle einer Einmalprämie beliehen wird. Dann ist bei Sofortbeleihung nur ein Teil des Einmalbetrages tatsächlich zu zahlen. Über die Steuerersparnis, die dadurch entsteht, dass die Einmalprämie in vollem Umfang als Betriebsausgabe anerkannt ist, ergibt sich für die GmbH insgesamt ein Liquiditätszuwachs. Die Sofortbeleihung ist allerdings nur möglich, wenn das Bezugsrecht des Geschäftsführers aus der Versicherung widerruflich ist. Nur dann kann die GmbH noch über die Versicherung verfügen, sie also beleihen. Ist das Bezugsrecht unwiderruflich, scheidet die Beleihung aus, es sei denn, dass der Geschäftsführer zustimmt. **Aus der Sicht des Geschäftsführers ist die Beleihung deshalb nicht zu empfehlen.**

Ansprüche aus einer Direktversicherung werden ebenfalls vom Schutz des BetrAVG erfasst (§ 1 Abs 2 Nr 2 BetrAVG). Die Anwartschaft aus dem Versicherungsvertrag wird, wenn die Voraussetzungen erfüllt sind (Rn 2065) unverfallbar. Es gilt das Auszehrungs- und Anrechnungsverbot. Die Überprüfung der Leistung im Drei-Jahres-Rhythmus kann dadurch ersetzt werden, dass ab Rentenbeginn alle Überschussanteile zur Erhöhung der laufenden Renten verwendet werden (§ 16 Abs 3 Nr 3 BetrAVG).

Sind die Ansprüche aus der Direktversicherung nach den Grundsätzen des BetrAVG unverfallbar geworden, darf die GmbH das Bezugsrecht des Geschäftsführers nicht mehr widerrufen (§ 1 b Abs 2 BetrAVG). Dieses Verbot besteht jedoch nur im Verhältnis zum Geschäftsführer. **Im Verhältnis zur Versicherungsgesellschaft könnte das Unternehmen, auch wenn es dem Geschäftsführer gegenüber gebunden ist, widerrufen,** sofern die Versicherung widerruflich abgeschlossen worden ist. Solange der Geschäftsführer jedoch im Amt ist, dürfte ein Widerruf, der ihm schaden könnte, kaum in Betracht kommen. Scheidet er vor Fälligkeit der Versicherung aus dem Unternehmen aus, erhält er in der Regel die Police, so dass er die Versicherung auf eigene Rechnung fortführen kann. Das gilt insbesondere dann, wenn die Versicherung unverfallbar geworden ist.

Beitragsbezogene Leistungszusagen treten mehr und mehr an Stelle von Direktzusagen. Erstens sind die Aufwendungen dafür für die GmbH im Vergleich zu Direktzusagen erheblich sicherer zu kalkulieren. Und zweitens werden beitragsbezogene Leistungszusagen in der Regel im Wege des sog outside funding (Rn 1013) begründet. Die Verbindlichkeiten aus den Rückstellungen belasten nicht mehr das Unternehmen. **Die negativen Auswirkungen von Pensionsrückstellungen auf die von den Ratingagenturen beurteilte Bonität des Unternehmens und damit auf die**

Kreditwürdigkeit werden vermieden. Beitragsbezogene Leistungszusagen genießen allerdings nur dann den Schutz des Betriebsrentengesetzes, wenn das Unternehmen eine Mindestleistung verspricht; das Unternehmen trägt also das Risiko, dass mit Hilfe der (zB in eine Rentenlebensversicherung eingezahlten) Beiträge die Mindestleistung nicht erreicht wird.

2089 **Ansprüche aus Entgeltumwandlung werden ebenfalls mehr und mehr üblich.**[72] Auch hier sollte der Geschäftsführer ein outside funding wählen. Die Entgeltumwandlung ist deshalb attraktiv, weil die Lohnversteuerung des Gehalts insoweit entfällt. Selbst die Arbeitgeberbeiträge an Pensionskassen, Pensionsfonds oder Direktversicherung sind lohnsteuerfrei, obwohl sie wirtschaftlich nichts anderes als Gehalt sind, allerdings nur dann, wenn die Arbeitgeberbeiträge vier Prozent der Beitragsbemessungsgrenze in der gesetzlichen Rentenversicherung (Rn 2057) nicht überschreiten.[73]

2090 **Die steuerrechtlichen Vorschriften für die Altersversorgung sind komplex.** Die Erläuterungen dazu beispielsweise im Kommentar von Blomeyer/Rolfs/Otto[74] umfassen über 500 Seiten basierend auf dem ausführlichen Schreiben des BMF vom 17. 11. 2004.[75] Ihre Darstellung würde deshalb dieses Buch sprengen. Kernfragen sind, ob die Besteuerung des Geschäftsführers nachgelagert ist, also erst bei Auszahlung der Rente erfolgt und ob die Rente lohnsteuerpflichtig ist oder vom Geschäftsführer selbst versteuert werden muss.

2091 **Gesellschafter-Geschäftsführer müssen beim Aufbau ihrer Altersversorgung besonders den steuerlichen und den Insolvenzaspekt** (Rn 2072) **beachten. Steuerlich geht es um das Thema der verdeckten Gewinnausschüttung** (Rn 2043 und Rn 1150 ff). Im Rahmen einer Außenprüfung (Rn 1185 ff) wird der Außenprüfer vor allem bei beherrschenden Gesellschafter-Geschäftsführern zunächst die strengen formalen Voraussetzungen prüfen und sodann die Angemessenheit. Bei nicht beherrschenden Gesellschafter-Geschäftsführern steht die Angemessenheit im Vordergrund (Rn 1154 ff). Der Altersversorgungsanspruch und sein Verhältnis zur Gesamtvergütung muss vom Steuerpflichtigen nachgewiesen werden können. Deshalb sollte ein **schriftlicher Anstellungsvertrag** (Rn 2075) vorliegen, der alle Bestandteile der Gesamtvergütung enthält. Spätere Änderungen müssen ebenfalls schriftlich und klar festgehalten werden. Da die Tätigkeit, für die die Vergütung und als deren Bestandteil die Altersversorgungszusage gewährt wird, auch tatsächlich ausgeübt werden muss, muss der Gesellschafter-Geschäftsführer nach Alter, Ausbildung und Erfahrung **zur Amtsführung in der Lage** sein. Lässt sich das nicht feststellen, wird die Abzugsfähigkeit der Rückstellungen und der Prämien nicht anerkannt werden. **Unangemessen kann auch eine Versorgungsvereinbarung sein,** die den Eintritt des Versorgungsfalles wesentlich vor das 63. Lebensjahr legt (s dazu auch den Insolvenzversicherungsaspekt Rn 2067, 2072) oder wenn zwischen der Zusage und dem Eintritt des Versorgungsfalles ein zu kurzer Zeitraum liegt, so dass die Pension nicht mehr „erdient" worden sein kann.[76] Regelmäßig wird auch eine **Probezeit** verstreichen müssen, bevor die Bewährung feststeht und eine Versorgungszusage erteilt werden kann. Ein Zeitraum von fünf Jahren reicht nach der Rechtsprechung des BFH aus. Hat sich der Geschäftsführer in einem anderen oder im gleichen Unternehmen schon bewährt, genügt ein kürzerer Zeitraum.

---

[72] Blomeyer/Rolfs/Otto BetrAVG § 1 Rn 104 ff.
[73] Zu den Einzelheiten Blomeyer/Rolfs/Otto BetrAVG § 1 Rn 104 und StR Einleitung Rn 38 ff.
[74] BetrAVG Vierter Teil S 1027 bis 1535.
[75] BMF-Schreiben vom 17. 11. 2004 IV C 4 S 222 – 177/04/IV C 5 – S 2333 – 269/04 abgedruckt beispielsweise im Anhang 1 von Blomeyer/Rolfs/Otto.
[76] Nach der Rechtsprechung des BFH ist der Mindestzeitraum zehn Jahre, vgl zuletzt BFH v 23. 9. 2008 GmbHR 2009, 217 f; BFH v 19. 11. 2008 GmbHR 2009, 440 f.

III. Anstellungsvertrag

Bei seinem Urteil über die Angemessenheit geht der BFH grundsätzlich noch vom Fremdvergleich aus. Angemessen ist, was einem Fremdgeschäftsführer auch zugestanden worden wäre. Dabei kommt es auf die Gesamtvergütung an. Was angemessen ist, ist regelmäßig durch Umfragen ermittelt worden. Diese Praxis wird mit Recht angegriffen. Denn Vergütungen der Geschäftsführer sind durch Nachdenken und nicht durch Umfragen zu ermitteln. Deshalb gibt es für die angemessene Vergütung eines Fremdgeschäftsführers im Grunde keine Formel. Was angemessen ist, muss im Einzelfall nach Branche, Größe und Lage des Unternehmens usw ermittelt werden.[77] Bei einem Unternehmen, das sich in Schwierigkeiten befindet, kann eine besonders hohe Vergütung durchaus angemessen sein, weil sie das Risiko abdecken muss, das der zur Sanierung berufene Geschäftsführer für sich und seine Familie läuft. 2092

Unter dem insolvenzrechtlichen Aspekt muss der beherrschende Gesellschafter-Geschäftsführer daran denken, dass das BetrAVG ihn nicht absichert (Rn 2064). Wenn die GmbH eine Direktzusage gegeben hat, die sie durch eine Rückdeckungsversicherung abgesichert hat, ist das für den beherrschenden Gesellschafter-Geschäftsführer dennoch keine ausreichende Sicherheit. Denn die GmbH ist bei der Rückdeckungsversicherung Versicherungsnehmer und Bezugsberechtigter in einer Person. In der Insolvenz fällt die Versicherungsforderung in die Masse. Der Geschäftsführer würde mit seinem Versorgungsanspruch ausfallen. **Eine Lösungsmöglichkeit besteht darin, dass die GmbH die Rückdeckungsversicherung an den Geschäftsführer verpfändet.**[78] Die Verpfändung ist der Versicherungsgesellschaft von der GmbH anzuzeigen, sonst wirkt sie im Ernstfall nicht (§ 1280 BGB). Die Versicherungspolice kann bei der Gesellschaft bleiben. Sie ist herauszugeben, wenn der Gesellschafter-Geschäftsführer von der Verpfändung Gebrauch machen muss. Die Verpfändung sichert ihm im Insolvenzfall ein Absonderungsrecht. Das bedeutet, dass er die Versicherungssumme beanspruchen kann. Die Verpfändung wirkt sich weder auf die Aktivierung des Versicherungsanspruchs bei der GmbH aus noch auf die steuerliche Anerkennung der Versicherungsprämien. **Die GmbH kann auch das Bezugsrecht aus der Rückdeckungsversicherung zur Sicherung abtreten. Zu empfehlen ist das nicht:** Die Abtretung stünde einer Direktversicherung mit unwiderruflichem Bezugrecht gleich. Der Versicherungsanspruch wäre nicht mehr Wirtschaftsgut der GmbH und bei ihr nicht zu aktivieren. Und sie könnte keine steuerwirksame Rückstellung mehr bilden. Für den Geschäftsführer wären die Prämien lohnsteuerpflichtige Dienstbezüge. 2093

Neben der Rückdeckungsversicherung mit Verpfändung und der Direktversicherung mit unwiderruflichem Bezugsrecht kommen uU noch die Bestellung von Grundpfandrechten oder Bankbürgschaften in Betracht. Das ist allerdings unüblich. Soll das Grundpfandrecht auf Betriebsgrundstücken bestellt werden, ist das nur möglich, wenn die GmbH nicht von der Möglichkeit einer Negativklausel Gebrauch gemacht hat (Rn 1070). Ist eine Negativerklärung abgegeben worden, kann der Grundbesitz überhaupt nicht belastet werden. Ist die Belastung grundsätzlich möglich, kann ein Grundpfandrecht kaum erstrangig bestellt werden, weil die erste Rangstelle und zumeist auch die zweite Rangstelle für die Unternehmensfinanzierung benötigt werden. Ein nachrangiges Grundpfandrecht hat einen geringen Sicherungswert. Darüber hinaus ist im Insolvenzfall die Verwertung eines Betriebsgrundstücks problematisch und außerdem kostet sie viel Zeit und Nerven, so dass Grundpfandrechte auf Betriebsgrundstücken nur in Betracht kommen, wenn beleihungsfähige und leicht verwertbare Grundstücke, die nicht betriebsnotwendig sind, nicht vorhanden sind. Eine Bankbürgschaft kostet laufende Bürgschaftsprovision. Sie muss in der Regel ebenfalls 2094

---

[77] Zu den Einzelheiten Blomeyer/Rolfs/Otto BetrAVG StR Abschnitt F Rn 166 ff mwN.
[78] Vgl etwa Blomeyer/Rolfs/Otto BetrAVG § 7 Rn 56.

mit Sicherheiten unterlegt werden. Die Versicherungslösungen sind deshalb anderen Versuchen, den Insolvenzfall abzusichern, meist überlegen.

2095 **Erhebliche Bedeutung hat die Auslagerung von Versorgungsverbindlichkeiten gewonnen** (Rn 1013). **Motive für ein derartiges Outsourcing sind beispielsweise**

- die Konzentration der Verwaltung von Versorgungszusagen bei der Konzernobergesellschaft oder einer spezifischen Tochtergesellschaft, die gleichzeitig die Portabilität von Versorgungszusagen und damit den Austausch von Arbeitnehmern innerhalb des Konzern erleichtert;
- die Abdeckung des Todesfall-, Invaliditäts- und Langlebigkeitsrisikos durch Dritte;
- die Erleichterung von Unternehmensverkäufen
- die Befreiung der Bilanzen von Versorgungsverbindlichkeiten, um das Rating der Gesellschaft zu verbessern.

2096 **Drei Modelle hat die Praxis für den Outsourcing entwickelt:**[79]

- Mit einem **Contractual Trust Agreement (CTA)** überträgt das Unternehmen Eigentum an Vermögensgegenständen (nicht notwendigerweise ausschließlich Liquidität) auf den Treuhänder; er ist beauftragt, damit die Versorgungsverbindlichkeiten abzusichern. Das Unternehmen bleibt zwar aus der Versorgungszusage verpflichtet. Ist aber der Treuhänder ausreichend dotiert, ist das Unternehmen wirtschaftlich entlastet. Im Falle der Insolvenz steht das Treuhandvermögen den Versorgungsberechtigten vorrangig zur Verfügung. Aufgrund des durch das BilMoG (s Einleitung) neu eingeführten § 246 Abs 2 S 2 HGB sind außerdem die übertragenen Vermögensgegenstände mit dem Pensionsverbindlichkeiten zu verrechnen. Bei ausreichender Dotierung entfällt deshalb der Ausweis von Pensionsrückstellungen.
- **Das zweite Modell ist die Übernahme der Versorgungsverpflichtungen durch einen Pensionsfonds.** Im Gegenzug überträgt das Unternehmen auf den Pensionsfonds entsprechende Finanzmittel. Auch hier wird das Unternehmen bei ausreichender Dotierung des Pensionsfonds wirtschaftlich entlastet. Aus rechtlicher Sicht verbleibt zwar die Einstandspflicht des Unternehmens nach § 1 Abs 1 S 3 BetrAVG. Eine Passivierung dieser Einstandpflicht ist jedoch nicht geboten. Das zweite Modell ist im Gegensatz zum ersten deshalb besonders attraktiv, weil beim Pensionsfonds die Beiträge zum PSV auf $^1/_5$ reduziert sind.
- **Das dritte Modell ist die Rentnergesellschaft.** Hier werden die Versorgungsverpflichtungen und deren ausreichende Dotierung im Wege der Spaltung nach § 123 UmwG (Rn 5047 ff) auf ein rechtlich selbständiges Unternehmen übertragen. Das übertragende Unternehmen wird vollständig enthaftet. Machbar ist das allerdings nur für die Rentner und die Anwartschaften ausgeschiedener Arbeitnehmer. Für im Unternehmen tätige Arbeitnehmer kann dieses Modell nicht angewandt werden.

5. Beendigung des Anstellungsvertrages – Kündigung – Außerordentliche Kündigung – Aufhebungsvereinbarung

2097 **Anstellungsverträge von Geschäftsführern können unbefristet (auf unbestimmte Zeit) oder befristet abgeschlossen werden.** Der Abschluss von unbefristeten Anstellungsverträgen ist erheblich weiter verbreitet als der von befristeten. **Unbefristete Anstellungsverträge enden,** außer durch Tod des Geschäftsführers, **durch Kündigung, entweder durch ordentliche oder durch außerordentliche.** Ein unbefristetes Vertragsverhältnis kann jederzeit mit gesetzlicher Kündigungsfrist gekündigt werden, falls nicht etwas anderes vereinbar ist. Ein Geschäftsführer, der darauf bei der Vertragsverhandlung nicht achtet, geht folgendes Risiko ein: Es gilt § 622 BGB.[80] Dem Geschäftsführer kann mit einer Frist von vier Wochen zum 15. eines Monats oder zum

---

[79] Vgl dazu BAG v 11. 3. 2008 DB 2008, 2369 ff; BMF Schreiben vom 16. 12. 2005 BB 2006, 264 f; Heger Bilanzelle Behandlung des Schuldbeitritts in der betrieblichen Altersversorgung BB 2006, 539 ff.

[80] HM, vgl Uwe H. Schneider/Sethe in Scholz GmbHG § 35 Rn 312 ff mwN.

III. Anstellungsvertrag

Monatsende gekündigt werden § 622 Abs 1 BGB, es sei denn der Geschäftsführer ist zwei Jahre oder länger beschäftigt; dann gilt eine Staffel, nach der sich die Kündigungsfrist sukzessive verlängert (zB vier Monate zum Monatsende bei zehnjähriger Beschäftigungsdauer). Das ist für eine neue Geschäftsführerposition regelmäßig zu knapp. Zum empfehlen ist deshalb einen Kündigungsfrist von sechs Monaten (besser noch von einem Jahr) möglichst zum Jahresende. Dann hat man bei sechs Monaten Kündigungsfrist ab dem 1. Juli wenigstens $1^1/_2$ Jahre und bei einem Jahr Kündigungsfrist ab dem 2. Januar zwei Jahre, in denen man eine angemessene Position suchen kann (vgl auch Rn 2048).

Befristete Anstellungsverträge von Geschäftsführern enden mit dem Ablauf der Vertragslaufzeit wie jeder andere Vertrag auch. Im gegenseitigen Einvernehmen können sie jederzeit vor Ablauf aufgehoben werden (Rn 2112). Naturgemäß endet die Vertragslaufzeit vorzeitig, wenn der Geschäftsführer vor dem vereinbarten Vertragablauf stirbt. Mit der Eröffnung eines Insolvenzverfahrens endet der Anstellungsvertrag nicht. Der Insolvenzverwalter und auch der Geschäftsführer können aber ausnahmsweise mit einer Frist von drei Monaten kündigen (Rn 6079). Anstellungsverträge von Geschäftsführern enden auch nicht mit Auflösung der Gesellschaft (Rn 5068). Die Geschäftsführer sind vielmehr gesetzliche Liquidatoren, wenn nicht anderes vereinbart ist. **Durch Kündigung können befristete Anstellungsverträge nur enden, wenn es einen Grund für eine außerordentliche Kündigung gibt.** Eine ordentliche Kündigung einen befristeten Anstellungsvertrages ist nur möglich, wenn ein solches ordentliches Kündigungsrecht ausdrücklich vereinbar ist.[81]

Auf jeden Fall vermeiden sollte der GmbH-Geschäftsführer, sich darauf einzulassen, **dass ein** unbefristeter (mit längerer Kündigungsfrist) oder ein befristeter **Anstellungsvertrag auflösend bedingt** durch den Widerruf der Bestellung **abgeschlossen wird** (Rn 2022).

In GmbHs, die einen nach MitbestG mitbestimmten Aufsichtsrat haben und bei denen die Geschäftsführer deshalb nur befristet bestellt werden dürfen, muss auch der Anstellungsvertrag befristet sein. Es kann jedoch vorgesehen werden, dass der Anstellungsvertrag bei Wiederbestellung bis zum Ende der jeweiligen Bestellungsperiode weiterläuft (§ 25 Abs 1 S 1 Nr 2 MitbestG iVm § 84 Abs 1 AktG). War der vorangegangene Bestellungszeitraum nicht zu kurz, ist es üblich und angemessen, für die weitere Bestellungsperiode die Vertragskonditionen zu überprüfen. Das kann auch schon vorher für den Fall des Weiterlaufens vereinbart werden. Dagegen sind Klauseln, die eine laufende Anhebung des festen Gehalts in Relation zu den einschlägigen Tarifentwicklungen der Arbeitnehmer vorsehen, zwar nicht unzulässig, aber unüblich und mit der Stellung des Geschäftsführers als des Unternehmensleiters grundsätzlich nicht zu vereinbaren. Die angemessene finanzielle Ausstattung des Geschäftsführers ist Sache der für die Vertragslaufzeit vereinbarten festen sowie der variablen, erfolgsabhängigen Vergütung.

Eine außerordentliche Kündigung setzt voraus, dass ein wichtiger Grund vorliegt. Ein wichtiger Grund liegt nach § 626 Abs 1 BGB vor,

„wenn Tatsachen vorliegen, aufgrund derer dem Kündigenden unter Berücksichtigung aller Umstände des Einzelfalls und unter Abwägung der Interessen beider Vertragsteile die Fortsetzung des Dienstverhältnisses bis zum Ablauf der Kündigungsfrist oder zu der vereinbarten Beendigung des Dienstverhältnisses nicht zugemutet werden kann."[82]

Was als wichtiger Grund zu gelten hat, kann nicht vertraglich eingeschränkt werden. Auch der Gesellschaftsvertrag kann das nicht, ebenso wenig wie für den Widerruf der Bestellung, falls ausnahmsweise der Widerruf der Bestellung einen wichtigen Grund voraussetzt (Rn 2023, 2025; zum Begriff des wichtigen Grundes vgl auch Rn 2030 f).

---

[81] § 620 Abs 3 BGB iVm § 15 Abs 3 TzBfG (Teilzeit- und Befristungsgesetz).
[82] Vgl etwa OLG Düsseldorf v 2. 7. 2007 AG 2008, 166, 167 mwN.

Die außerordentliche Kündigung beendet das Dienstverhältnis in der Regel fristlos. Es kann aber auch mit einer Auslauffrist von Wochen oder gar Monaten außerordentlich gekündigt werden. Kündigt der Geschäftsführer aus wichtigem Grunde, darf er nicht zur Unzeit kündigen, also zB die Gesellschaft ohne Führung lassen, wenn das erkennbar zu Schäden führen kann. Er muss den Verantwortlichen Gelegenheit geben, zumindest für eine vorläufige Führung zu sorgen, wenn die Bestellung eines anderen Geschäftsführers kurzfristig nicht möglich ist. Das gilt auch für die Amtsniederlegung (Rn 2033).

2102 **Ein Anstellungsvertrag kann aus wichtigem Grunde nur gekündigt werden, wenn die andere Partei (Geschäftsführer oder Gesellschaft) sich pflichtwidrig verhalten hat.** Dagegen kann **die Bestellung jederzeit ohne wichtigen Grunde widerrufen werden, und ohne dass den Geschäftsführer ein Verschulden trifft** (Rn 2020). Um Unklarheiten zu vermeiden, sollten deshalb Abberufung und Vertragskündigung deutlich voneinander getrennt werden. Bei beiden muss auch selbständig geprüft werden, ob ihre Voraussetzungen vorliegen.

2103 **Zuständig für die Kündigung, und zwar sowohl für die ordentliche als auch für die außerordentliche, ist das gleiche Organ, das für den Abschluss des Anstellungsvertrages zuständig ist.** Das sind in der GmbH grundsätzlich **die Gesellschafter,** in GmbHs mit nach MitbestG mitbestimmtem Aufsichtsrat der Aufsichtsrat (Rn 2029). Hat der Aufsichtsrat die Regelung des Anstellungsverhältnisses einem Ausschuss übertragen (Rn 4077), kann dieser nur über die Frage der Vertragsbeendigung entscheiden, sollte es aber nicht. Denn nur das Plenum kann über eine Abberufung entscheiden. Wenn aber das Plenum eine Abberufung beschließt, muss es auch über die Kündigung entscheiden. Da der Ausschuss, wenn er mit der Frage der Vertragsbeendigung befasst würde, nicht anders als das Plenum entscheiden kann, wäre es ein sinnloser Formalismus, das Plenum nur über die Abberufung und den Ausschuss nur über die Kündigung entscheiden zu lassen.

2104 **Eine außerordentliche Kündigung muss innerhalb von zwei Wochen erfolgen, nachdem der Kündigungsberechtigte von den für die Kündigung maßgebenden Tatsachen Kenntnis erlangt hat** (zu § 626 Abs 2 BGB Rn 2105). **Wird die Frist überschritten, ist die Kündigung unwirksam.** Die Zweiwochenfrist verursacht Probleme. Sie ist nur eingehalten, wenn die Kündigung dem Kündigungsgegner innerhalb der Zweiwochenfrist zugegangen ist. Die Absendung innerhalb der Frist genügt nicht. Wird das Kündigungsschreiben persönlich übergeben, sollte man sich den Erhalt auf einer Kopie der Kündigung quittieren lassen. **Diese persönliche Übergabe gegen Empfangsquittung ist die sicherste Art der Zustellung,** und zwar erheblich sicherer als die Zusendung per Einschreiben/Rückschein, die bei Abwesenheit des Adressaten versagt, da die Zwei-Wochen-Frist nicht durch den Einwurf der Aufforderung zur Abholung gewahrt wird, sondern nur durch die Abholung selbst. Bei einer persönlichen Übergabe hingegen kontrolliert der Zustellende den rechtzeitigen Zugang selbst. Wird das Kündigungsschreiben nicht persönlich übergeben, muss es innerhalb der üblichen Geschäftsstunden zugegangen sein (vorsorglich nicht nach 14.00 Uhr) Für die Fristberechnung gilt § 188 Abs 2 BGB, dh die Frist endet an dem Tag der übernächsten Woche, der durch seine Benennung dem Tage entspricht, in den die Kenntnis fällt. Erhält die Gesellschaft zB am Dienstag von der Tatsache, die zur Kündigung berechtigt, Kenntnis, muss die Kündigung bis zum Dienstag der übernächsten Woche dem Geschäftsführer zugegangen sein. **Die Kündigungsgründe müssen nicht mitgeteilt werden.**[83] Es genügt, dass die Kündigungserklärung zugeht und dass sie deutlich als außerordentliche Kündigung bezeichnet ist. Der Kündigende muss dem anderen Teil aber auf Verlangen den Kündigungsgrund unverzüglich schriftlich mitteilen (§ 626

---

[83] OLG Düsseldorf v 2. 7. 2007 AG 2008, 166, 167 mwN.

Abs 2 S 3 BGB). Wenn er es nicht tut, wird dadurch die Kündigung nicht unwirksam. Der Kündigende kann jedoch auf Mitteilung klagen. Da, falls die Gesellschaft kündigt, die Gesellschafter oder der Aufsichtsrat für die Kündigung zuständig sind, müssen entweder **alle Gesellschafter oder Aufsichtsratsmitglieder unterschreiben oder sie bevollmächtigen in dem Beschluss über die Kündigung aus wichtigem Grund einen von ihnen oder einen Dritten** (beispielsweise einen Rechtsanwalt) **die Kündigungserklärung zu unterzeichen.** Im letzten Fall muss der Bevollmächtigte eine Ausfertigung des Beschlusses (der Gesellschafter oder des Aufsichtsrats), aus dem seine Vollmacht hervorgeht, dem Geschäftsführer, dem gekündigt werden soll, vorlegen (§ 174 BGB). Wenn darauf nicht geachtet wird, kann der Kündigungsempfänger die Kündigung zurückweisen. Das Kündigungsrecht verfällt, wenn die Vollmacht nicht mehr innerhalb der Frist von zwei Wochen beigebracht werden kann. Ist ein Gesellschafter seinerseits eine juristische Person, wie zumeist im Konzern, sollten bei dem Beschluss der Gesellschafter der Untergesellschaft entweder die Organe (Geschäftsführung oder Vorstand des Gesellschafters, ggf zusammen mit einem Prokuristen Rn 3007) der Obergesellschaft den Beschluss selbst unterzeichnen oder zumindest die schriftliche Stimmrechtsvollmacht selbst unterzeichnen, die dann ebenfalls vorgelegt werden muss.

Kenntnis des Kündigungsgrundes liegt vor, wenn alle Mitglieder des zur Kündigung berechtigten Organs von dem Sachverhalt informiert sind und Gelegenheit gehabt haben, darüber zu beraten. Das ist im Normalfall die Gesellschafterversammlung. Es genügt nicht, dass jeder Gesellschafter einzeln – unabhängig von den anderen – von dem Kündigungsgrund erfahren hat. Rechtlich relevant ist die Kenntnis erst, wenn die Gesellschafterversammlung zusammengetreten ist und beraten hat. Allerdings ist **unverzügliches Handeln erforderlich.** Sobald auch nur einer der Gesellschafter eine entsprechende Information vorliegen hat, hat er für die Information der anderen zu sorgen, **so dass die Gesellschafterversammlung alsbald zusammentreten kann.** Ist der Aufsichtsrat zuständig, gilt entsprechendes. Das Aufsichtsratsmitglied, das Informationen über den wichtigen Grund erhalten hat, hat unverzüglich den Aufsichtsratsvorsitzenden zu informieren, der dann seinerseits den Aufsichtsrat zusammenrufen muss. Die Frist beginnt erst, wenn das Kollegialorgan, das die Kündigung auszusprechen hat, zusammentreten und beraten konnte. **Pflichtwidrige Verzögerungen der Information, verzögerte Einberufung des Organs und verzögerte Entscheidung führen zur Fristversäumnis.**[84] Es ist zügiges Handeln von der ersten Information über den Kündigungsgrund an geboten. Die Kenntnis eines Mitgeschäftsführers vom Kündigungssachverhalt brauchen sich die Gesellschafter oder die Aufsichtsratsmitglieder nicht zurechnen zu lassen. Geschäftsführer haben, unbeschadet ihrer Überwachungspflicht, keine Personalaufsicht über Mitgeschäftsführer auszuüben (vgl dazu aber Rn 3034 zur Haftung des Geschäftsführers). Hat die GmbH, wie zumeist im Konzern, nur einen Gesellschafter, beginnt die Frist mit der Kenntnis dieses Gesellschafter. Ist der Gesellschafter eine juristische Person (GmbH, AG usw) beginnt die Frist, wenn das Organ (die Geschäftsführung der Vorstand usw) von dem die Kündigung rechtfertigenden Tatsachen erfahren hat. Die Kenntnis eines Organmitglieds genügt (Rn 3033).

Will ein Geschäftsführer außerordentlich kündigen, gelten die vorstehend erörterten Grundsätze entsprechend. Die Kündigung muss deutlich als außerordentliche Kündigung bezeichnet werden. Ein Vertreter muss eine Vollmacht vorlegen. Die Zweiwochenfrist des § 626 Abs 2 BGB ist hier strenger zu beurteilen, weil es nicht

---

[84] BGH v 10. 9. 2001 GmbHR 2001, 1158, 1159 f; BGH v 15. 6. 1998 BGHZ 139, 891 ff = GmbHR 1998, 827, 828; OLG Düsseldorf v 2. 7. 2007 AG 2008, 166, 167 sowie Uwe H. Schneider/Sethe in Scholz GmbHG § 35 Rn 339 f; Zöllner/Noack in Baumbach/Hueck GmbHG § 35 Rn 225.

darum geht, ein uU zahlreiches Gremium zu informieren und zu einer Sitzung zusammenzurufen. Die Kündigung ist zugegangen, wenn sie einem Gesellschafter zugegangen ist (Rn 3031). Ob es genügt, dass die Kündigung einem (Mit-)Geschäftsführer zugeht, ist umstritten (Rn 2034). Vorsorglich sollte deshalb die Kündigungserklärung einem Gesellschafter zugehen. Ist ein nach MitbestG mitbestimmter Aufsichtsrat vorhanden oder ist einem Aufsichtsrat die Personalkompetenz im Gesellschaftsvertrag übertragen worden, so genügt die Zustellung an ein Aufsichtsratsmitglied (Rn 3030). Zu empfehlen ist, im Anstellungsvertrag zu regeln, wer auf Seiten der Gesellschaft für Erklärungen des Geschäftsführers empfangsbefugt ist. Eine solche vertragliche Regelung hat Vorrang. Probleme kann unter besonderen Umständen auch beim Geschäftsführer der Zeitpunkt der Kenntnis bereiten. Das gilt zB dann, wenn mehrere Gründe zusammenkommen, die jeder für sich die außerordentliche Kündigung noch nicht rechtfertigen würden.

2107 **Im Kündigungsprozess können frühere Umstände zur Begründung der Kündigung nachgeschoben werden,** wenn die Kündigung noch nicht auf sie gestützt worden war.[85] Das ist jedoch nur unter folgenden Voraussetzungen zulässig: **Erstens dürfen diese Umstände im Zeitpunkt des Ausspruchs der Kündigung noch nicht verfristet gewesen sein.** Entweder waren sie erst in den zwei Wochen vor Ausspruch der Kündigung bekannt geworden; die Kündigung wurde jedoch aus taktischen Gründen nicht auf sie gestützt. Oder die Umstände lagen bis zum Ausspruch der Kündigung zwar objektiv vor, waren damals aber noch nicht bekannt. Neue, nach Ausspruch der Kündigung entstandene Umstände können nicht nachgeschoben werden (allerdings auf sie eine neue Kündigung gestützt werden). **Zweitens müssen die Gesellschafter über das Nachschieben der Gründe entschieden haben,** also einen Beschluss gefasst bzw beim Alleingesellschafter eine entsprechende Entscheidung getroffen haben. Ein Prozessvertreter, der für die Gesellschafter auftritt, kann nicht von sich aus nachträglich Gründe für die Kündigung nachschieben. Ausnahmsweise ist keine erneute Beschlussfassung notwendig, wenn es in einer Zwei-Mann-GmbH um die Abberufung des anderen Gesellschafter-Geschäftsführers geht und der Gesellschafter, der den Abberufungsbeschluss allein gefasst hat, zugleich derjenige ist, der die Gesellschaft in dem über die Wirksamkeit der Abberufung geführten Rechtsstreit vertritt.[86]

2108 **Ist der Geschäftsführer ausgeschieden, unterliegt er keinem Wettbewerbsverbot mehr.** Er ist nicht mehr verpflichtet, die Angelegenheiten der Gesellschaft zu fördern und kann sich unternehmerisch frei betätigen, auch im Geschäftsbereich der früheren GmbH. Nicht selten ist zwar, dass **im Anstellungsvertrag ein nachvertragliches Wettbewerbsverbot** für die Zeit nach dem Ausscheiden als Geschäftsführer **vereinbart wird.** Die Wirksamkeit ist jedoch an enge Voraussetzungen geknüpft und außerdem umstritten.[87] Erstens ist Voraussetzung, dass berechtigte Interessen der GmbH (Schutz von spezifischen Informationen und Kenntnissen, von Stammkunden, von Dauermandanten) auf dem Spiel stehen. Dem Finanzgeschäftsführer, der mit dem Vertrieb nichts zu tun hat, kann im Regelfall kein nachvertragliches Wettbewerbsverbot auferlegt werden. Und zweitens darf die wirtschaftliche Betätigung des Geschäftsführers nicht unbillig erschwert werden. War die GmbH nur in Baden-Württemberg tätig, darf das Wettbewerbsverbot nicht für ganz Deutschland oder sogar europaweit vereinbart werden. Keinesfalls darf es länger als zwei Jahre dauern und dem Vertriebsgeschäftsführer einer Medizintechnik-GmbH darf nicht verboten, für ein Pharmaunternehmen im Vertrieb zu arbeiten. Umstritten ist, ob die für den normalen Angestellten geltenden

---

[85] BGH v 1. 12. 2003 GmbHR 2004, 182, 184.
[86] BGH v 14. 10. 1991 WM 1991, 2140 f.
[87] BGH v 26. 3. 1984 BGHZ 91, 1, 3 ff; BGH v 4. 3. 2002 GmbHR 2002, 431, 432; Uwe H. Schneider in Scholz GmbHG § 43 Rn 175 ff.

III. Anstellungsvertrag

Vorschriften der §§ 74 ff HGB für das nachvertragliche Wettbewerbsverbot entsprechend anzuwenden sind, insbesondere ob, falls nichts vereinbart ist, analog zu diesen Vorschriften eine Karenzentschädigung zu zahlen ist. Der Bundesgerichtshof verneint die entsprechende Anwendung der § 74 ff HGB auf den Geschäftsführer. Er wird allerdings dafür heftig kritisiert.[88] Die Wettbewerbsfreiheit beseitigt jedoch nicht die **nachwirkenden Loyalitätspflichten** gegenüber der GmbH, insbesondere nicht die Verpflichtung zur Verschwiegenheit in Bezug auf Geschäftsgeheimnisse.

Geschäftsgeheimnisse dürfen auch nach Beendigung des Anstellungsverhältnisses nicht weitergegeben oder selbst verwertet werden. Wenn der ehemalige Geschäftsführer sich auf dem Geschäftsgebiet der GmbH betätigt, darf er die Kunden der GmbH umwerben, er darf es aber nicht unter Bruch der Verschwiegenheitspflicht tun. Er darf mit ihnen auch nicht persönlich Verträge schließen, die er als Geschäftsführer der GmbH vorbereitet und deren Abschluss er im Hinblick auf sein Ausscheiden nur zurückgestellt hatte. Das wäre sowohl ein Verstoß gegen seine früheren Geschäftsführerpflichten als auch gegen das nachvertragliche Loyalitätsgebot (zum Wettbewerbsverbot während der Organstellung Rn 2050, 7027). Bleibt der Geschäftsführer für die GmbH tätig, zB in beratender Funktion, kann es die unbeschränkte Wettbewerbsfreiheit nicht geben. Für diesen Fall müssen genaue Abreden getroffen werden. (Zur Frage des Wettbewerbsverbots, wenn der Geschäftsführer Gesellschafter bleibt, Rn 2113). 2109

Wenn einem Geschäftsführer ohne Ausflauffrist (Rn 2101) fristlos gekündigt und er abberufen wird, ergeben sich praktische Fragen. Die Gesellschaft wird verhindern wollen, dass er im Betrieb weiterhin arbeitet und ebenso, dass er die GmbH noch als Organ vertritt. Um das sicher zu stellen, wird sie ihm eine fristlose Kündigung unter Übergabe des Kündigungsschreibens gegen Quittung (Rn 2104) möglichst mündlich eröffnen. Erst im Anschluss, im zweiten Akt, wird sie ihn abberufen, damit er bei der Kündigung noch Geschäftsführer ist. Ob und in welchem Umfang ihm die wichtigen Gründe dargelegt werden, hängt von den Umständen ab. In der Praxis werden üblicherweise im Kündigungsschreiben keine Gründe genannt. Sie müssen auch nicht genannt werden (Rn 2104). Die Kündigung ist dennoch wirksam. Anschließend wird zumeist dem Geschäftsführer aufgegeben werden, seine geschäftlichen Unterlagen einem Betriebsangehörigen geordnet zu übergeben und das Haus unter Mitnahme seiner persönlichen Dinge zu verlassen. Gleichzeitig wird ihm eröffnet, dass er seine weitere Tätigkeit einzustellen hat und das Betriebsgelände nicht mehr betreten darf (Hausverbot). Wenn die Bestellung widerrufen ist, wird der Widerruf normalerweise sofort zum Handelsregister angemeldet. Entsprechend sollte sich ein Geschäftsführer verhalten, der seinerseits seinen Anstellungsvertrag aus wichtigem Grund kündigt. Die Kündigung aus wichtigem Grund durch einen Geschäftsführer ist allerdings selten. Normalerweise legt beim Konflikt der Geschäftsführer lediglich sein Amt nieder, um auf der Basis eines gültigen Anstellungsvertrags zu verhandeln. Der Geschäftsführer sollte dem Anstellungsorgan der GmbH Gelegenheit zur Erörterung der Sachlage geben. Er sollte geeignete Fürsorgemaßnahmen für die Weiterführung der Geschäfte vorschlagen. 2110

Für Ansprüche aus dem Anstellungsvertrag gegen die GmbH sind die ordentlichen Gerichte zuständig, und zwar die Kammern für Handelssachen (Rn 2052). Die Zuständigkeit der Arbeitsgerichte ist im Regelfall zu verneinen. Schwierig kann im Einzelfall die Entscheidung über die Zuständigkeit der Gerichte bei den sog gemischten Verträgen sein (vgl Rn 2053). Diese liegen bei Anstellungsverhältnissen vor, die Elemente eines Arbeitsvertrages und Elemente eines Dienstvertrages enthalten. Das könnte beispielsweise der Fall sein bei einem Angestellten der Muttergesellschaft, dem als Geschäftsführer in einer Tochter-GmbH fristlos gekündigt wird und dessen Vertrag mit der 2111

---

[88] Vgl die BGH-Entscheidung in der vorigen Fn sowie Uwe H. Schneider in Scholz GmbHG § 43 Rn 182 ff.

Muttergesellschaft Regelungen für die Geschäftsführertätigkeit enthält. Wirksam ist das nur, wenn die Abberufung des Geschäftsführers der Tochter-GmbH vom Gesellschafter, also von der Muttergesellschaft (vertreten von Vorstand oder Geschäftsführer) ausgesprochen wurde und die Kündigung des Anstellungsvertrags mit der Mutter-GmbH von deren Geschäftsführung. In diesem Fall dürfte sich der Rechtsweg danach richten, ob im Streitfall die arbeitsvertraglichen Elemente überwiegen, sodass die Arbeitsgerichte zuständig sind. Wenn sich das angerufene Gericht für unzuständig erklärt, muss es an das zuständige Gericht verweisen (§ 17 GVG).

2112 **Wird der Anstellungsvertrag durch Auflösungsvereinbarung beendet, muss ebenso sorgfältig vorgegangen werden wie beim Abschluss des Anstellungsvertrages.** Beide Seiten müssen daran interessiert sein, dass dies nicht im Hau-Ruck-Verfahren geschieht. Zu groß ist die Gefahr, dass wichtige Dinge übersehen werden, dass steuerliche Nachteile entstehen und lang andauernder Streit die Folge ist. In einer Auflösungsvereinbarung sind vor allem folgende Punkte zu beachten:

- **Schriftform des Aufhebungsvertrages;**
- **Zeitpunkt des Vertragsendes und der etwaigen Freistellung** (Rn 2019)
- **Abfindungsregelung,** sofern nicht schon eine Regelung im Vertrag getroffen ist, was für unbefristete Verträge in Betracht kommt oder für vorzeitige Abberufung bei befristeten Verträgen;
- **Steuervergünstigungen** (Steuerfreibeträge sind abgeschafft, es gibt die Fünftelregelung, die jedoch spezifische Regeln erfordert);
- **Sozialversicherungsfreiheit der Abfindung** (es kommt darauf an, ob die Abfindung den Zeitraum bis zur Auflösung des Dienstverhältnisses abgilt oder als Entschädigung für die Zeit danach anzusehen ist);
- **Bewertung von Sachleistungen** wie etwa Pkw und Wohnung, vor allem, wenn der Geschäftsführer zugleich Gesellschafter ist, damit nicht etwa eine verdeckte Gewinnausschüttung angenommen werden kann (Rn 1150 ff);
- **Abfindung einer etwaigen Tantieme** oder sonstiger Erfolgsbeteiligungen, aus der noch nicht abgerechneten Vergangenheit oder für die abzufindende Restvertragslaufzeit; notfalls schätzen und nicht die tatsächlichen Zahlen abwarten;
- **Urlaubsabgeltung,** wenn der ausscheidende Geschäftsführer noch Anspruch auf Urlaub hat; eine Abgeltung in Geld ist üblich und nicht zu beanstanden; uU Abgeltung in natura durch Freistellung
- die **Altersversorgung** macht oft das meiste Kopfzerbrechen. Fällt der Geschäftsführer unter das BetrAVG und ist die Versorgungszusage **unverfallbar im Sinne des BetrAVG,** behält der Geschäftsführer seinen Anspruch auf die Altersversorgung in Höhe des bei seinem Ausscheiden verdienten Teils. Ggf ist der Versorgungsanspruch auf eine Versicherung zu übertragen (§ 4 Abs 1 BetrAVG). Er kann auch zusammen mit der gebildeten Rückstellung auf einen neuen Arbeitgeber übertragen werden. Ist die Versorgungszusage noch nicht unverfallbar geworden oder gilt der Geschäftsführer als beherrschender Gesellschafter, so ist die Pensionszusage Teil der Abfindungsvereinbarung; ggf müssen die Parteien ganz neue Vereinbarungen treffen;
- die **Entlastung** sollte ebenfalls geregelt werden. Es besteht kein Anspruch auf Entlastung (Rn 2041) und noch weniger darauf, dass darüber entschieden wird, bevor das Geschäftsjahr geendet hat. Deshalb ist zu klären, wie die Frage behandelt werden soll. Es empfiehlt sich eine gegenseitige Ausgleichsklausel;
- der Anspruch auf ein **qualifiziertes Zeugnis** folgt aus § 630 BGB und gilt sowohl für den Fremdgeschäftsführer als auch für den Gesellschafter-Geschäftsführer; das Zeugnis stellen die Gesellschafter oder, falls zuständig, der Aufsichtsrat durch Beschluss fest:[89]
- **Sprachregelung über das Ausscheiden:** Zerwürfnisse bleiben in der Wirtschaftspresse, zumindest in der Branche, kein Geheimnis; übliche Formulierung: „... Wegen unterschiedlicher Auffassungen über die Geschäftspolitik ...".

---

[89] Uwe H. Schneider in Scholz GmbHG § 35 Rn 358 mwN.

III. Anstellungsvertrag

- **Rückgabe von Geschäftspapieren;** Keinesfalls hat der ausscheidende Geschäftsführer an diesen Papieren ein **Zurückbehaltungsrecht;** das gilt auch, wenn der Geschäftsführer noch Gehalt zu beanspruchen hat;[90]
- falls es im Dienstvertrag ein **nachvertragliches Wettbewerbsverbot** (Rn 2108) gibt, können einvernehmlich abweichende Vereinbarungen getroffen werden;
- **Zahlungsverpflichtungen** können in eine **notarielle vollstreckbare Urkunde** aufgenommen werden, was jedoch unüblich ist. Auch andere Sicherungsmaßnahmen, insbesondere hinsichtlich der Altersversorgung, kommen in Betracht (Rn 2093 ff).

Bleibt der ausgeschiedene Geschäftsführer Gesellschafter, hängt seine Wettbewerbsfreiheit davon ab, welchen Einfluss er auf die Geschäftsführung der GmbH hat. Als Geschäftsführer unterliegt er in der aktiven Dienstzeit grundsätzlich einem absoluten Wettbewerbsverbot, es sei denn, er ist Alleingesellschafter-Geschäftsführer (Rn 2050). Nach dem Ausscheiden ist einem Geschäftsführer Wettbewerb grundsätzlich nur dann verboten, wenn das vereinbart ist (Rn 2108). Für den ausgeschiedenen Gesellschafter-Geschäftsführer, der Gesellschafter bleibt, können sich jedoch Beschränkungen aus dem Gesichtspunkt der Treuepflicht des Gesellschafters ergeben. **Die überwiegende Meinung nimmt an, dass ein beherrschender Gesellschafter einem Wettbewerbsverbot unterliegt,**[91] unabhängig davon, ob er Geschäftsführer ist oder war. Dasselbe gilt für einen nicht beherrschenden Gesellschafter aber nur, falls er aufgrund von Sondervorschriften in der Lage ist, einen beherrschenden Einfluss auszuüben. **Der BGH verlangt, dass der durch die Gesellschafterstellung mögliche Einfluss tatsächlich ausgeübt wird.**[92] Lässt sich solcher Einfluss nicht feststellen, kann der nicht beherrschende Gesellschafter seiner GmbH Wettbewerb machen. Der beherrschende Gesellschafter muss demgegenüber ggf durch ausdrückliche Bestimmung im Gesellschaftsvertrag vom Wettbewerbsverbot befreit werden, oder durch Gesellschafterbeschluss aufgrund einer Öffnungsklausel (Rn 2050). Verstößt ein Gesellschafter oder Gesellschafter-Geschäftsführer gegen das Wettbewerbsverbot, hat die GmbH gegen ihn zivilrechtliche Ansprüche auf Unterlassung und Schadenersatz. **Macht die GmbH ihre Ansprüche nicht geltend, sieht die Finanzverwaltung darin eine verdeckte Gewinnausschüttung** in Höhe des Betrages, den der Gesellschafter sonst für die Zustimmung zu leisten gehabt hätte[93] (Rn 1156).

Es gibt Sachverhalte, bei denen sich das Recht zum Wettbewerb aus der Natur der Sache oder aus dem vorausgesetzten Einverständnis der Gesellschafter ergibt und deshalb keine besondere Befreiung im Gesellschaftsvertrag nötig ist. Der Alleingesellschafter unterliegt keinem Wettbewerbsverbot, und zwar auch dann nicht, wenn er Geschäftsführer ist (Rn 2050). Einem Wettbewerbsverbot unterliegt auch derjenige Gesellschafter nicht – sowohl als aktiver Geschäftsführer als auch nach dem Ausscheiden aus der Geschäftsführung –, dessen wettbewerbliche Tätigkeit bei Gründung der Gesellschaft bekannt war und deshalb als durch alle Gesellschafter gebilligt gilt.[94] Das ist nicht unstreitig. Im Hinblick auf die steuerlichen Folgen empfiehlt sich auf jeden Fall eine ausdrückliche Befreiung im Gesellschaftsvertrag. Dabei spielt auch die Fassung des Unternehmensgegenstandes eine Rolle. Wenn der Unternehmensgegenstand so präzise gefasst ist, dass sich keine Überschneidung mit der sonstigen gewerblichen Tätigkeit des beherrschenden Gesellschafters oder des Gesellschafter-Geschäftsführers ergibt, erübrigt sich eine „Befreiung", weil sie keine wäre. Es muss dem Gesellschafter-Geschäftsführer dann nur im Anstellungsvertrag erlaubt werden, neben seiner Geschäftsführertätigkeit die anderen gewerblichen Aktivitäten zu betreiben.

---

[90] BGH v 11. 7. 1968 WM 1968, 1325, 1328.
[91] Emmerich in Scholz GmbHG § 3 Rn 92 ff mwN.
[92] BGH v 5. 12. 1983 BGHZ 89, 162, 166 f = NJW 1984, 1351.
[93] Emmerich in Scholz GmbHG § 3 Rn 96 mwN.
[94] Uwe H. Schneider in Scholz GmbHG § 43 Rn 196.

2115 Soll ein ausscheidender Gesellschafter-Geschäftsführer vom Wettbewerbsverbot befreit werden, kommt es darauf an, ob der Gesellschaftsvertrag schon die Möglichkeit zur Befreiung vorsieht oder nicht (Rn 2050). Sieht er sie vor, kann die Befreiung mit einfacher Mehrheit beschlossen werden.[95] Sieht er sie nicht vor, ist ein satzungsändernder Beschluss notwendig, der notariell protokolliert werden muss.[96] Der betroffene Gesellschafter darf nicht mitstimmen (Rn 4027).

2116 Musteranstellungsvertrag für einen Geschäftsführer

Anstellungsvertrag
zwischen

der Solid GmbH, vertreten durch die Gesellschafter, diese wiederum vertreten durch den beauftragten Herrn ... *(Kn 1)*

und

Herrn Andreas Stark, Adresse.

Präambel

Herr Stark ist durch Beschluss der Gesellschafterversammlung vom ... zum Geschäftsführer der Gesellschaft bestellt worden *(Kn 2)*. Zur Regelung der persönlichen Rechtsbeziehungen zwischen der Gesellschaft und Herrn Stark vereinbaren die Gesellschaft und Herr Stark Folgendes:

§ 1 Geschäftsführungs- und Vertretungsbefugnis, Vorsitz der Geschäftsführung, Geschäftsordnung, Geschäftsverteilung

(1) Herr Stark tritt sein Amt als Geschäftsführer mit Wirkung vom ... an.

(2) Herr Stark hat Gesamtvertretungsbefugnis. Er kann die Gesellschaft zusammen mit einem anderen Geschäftsführer oder einem Prokuristen vertreten *(Kn 3)*.

(3) Von den Beschränkungen des § 181 BGB ist Herr Stark befreit.

(4) Die Aufgabenverteilung zwischen den Geschäftsführern ergibt sich aus der vom zuständigen Gesellschaftsorgan – zurzeit die Gesellschafterversammlung, zukünftig ggf der Beirat – beschlossenen Geschäftsordnung für die Geschäftsführung und dem Geschäftsverteilungsplan. Beide können nach dem Ermessen der Gesellschaft jederzeit geändert werden. Vor einer Änderung wird das zuständige Gesellschaftsorgan Herrn Stark anhören.

(5) Zur Zeit ist Herr Stark zuständig für die Strategieentwicklung, für alle Tochtergesellschaften, insbesondere die Einbindung der ..., die operative Verbesserung bzw. das Wachstum der ... sowie die Weiterentwicklung der ausländischen Tochtergesellschaften und für eventuelle Akquisitionen/Desinvestements im In- und Ausland. Außerdem wird Herr Stark die Gesellschaft in allen Gesellschaftergremien der Tochtergesellschaft vertreten. Die Abteilung Finanzen/Controlling berichtet direkt an ihn.

§ 2 Sorgfaltspflicht und Verantwortlichkeit

(1) Herr Stark hat die Gesellschaft nach Maßgabe der Gesetze, des Gesellschaftsvertrages für die Geschäftsführung, des Geschäftsverteilungsplanes, der Beschlüsse der Gesellschafterversammlung und des Beirates, wenn und sobald ein solcher gebildet worden ist, sowie dieses Anstellungsvertrages mit der Sorgfalt eines ordentlichen Kaufmannes zu führen.

(2) Herr Stark nimmt die Rechte und Pflichten des Arbeitgebers im Sinne der arbeits- und sozialversicherungsrechtlichen Vorschriften wahr.

§ 3 Zustimmungspflichtige Rechtsgeschäfte und Maßnahmen

(1) Die Befugnis zur Geschäftsführung umfasst die Vornahme aller Geschäfte im Rahmen des gewöhnlichen Geschäftsbetriebes der Gesellschaft.

---

[95] BGH v 16. 2. 1981 BGHZ 80, 69 ff.
[96] Emmerich in Scholz GmbHG § 3 Rn 91.

III. Anstellungsvertrag **2116**

(2) Zur Vornahme von Geschäften, welche über den gewöhnlichen Geschäftsbetrieb der Gesellschaft hinausgehen, hat Herr Stark zuvor die schriftliche Zustimmung der Gesellschafter, zukünftig ggf des Beirats, einzuholen. Dies gilt insbesondere für die zustimmungspflichtigen Geschäfte gemäß dem Gesellschaftsvertrag und der Geschäftsordnung für die Geschäftsführung in ihrer jeweiligen Fassung.

§ 4 Arbeitseinsatz und Tätigkeiten in Aufsichtsorganen uÄ

(1) Herr Stark ist verpflichtet, seine gesamte Arbeitskraft und sein gesamtes berufliches Wissen und Können in den Dienst der Gesellschaft zu stellen. Er ist in der Bestimmung seiner Arbeitszeit frei, hat jedoch auch über die betriebsübliche Arbeitszeit hinaus stets zu ihrer Verfügung zu stehen und ihre Interessen wahrzunehmen, soweit es das Wohl der Gesellschaft erfordert.

(2) Darüber hinaus übernimmt Herr Stark ohne gesonderte Bezahlung die (Mit-)Geschäftsführung der …

(3) Auf Wunsch der Gesellschaft wird Herr Stark in Aufsichtsorganen (Aufsichtsräte, Beiräte usw), Verbänden und vergleichbaren Organisationen ohne gesonderte Bezahlung tätig werden.

(4) Etwaige Vergütungen, die Herr Stark aufgrund von Tätigkeiten gemäß den Absätzen 2 und 3 erhält, werden auf seinen Bonus angerechnet.

(5) Falls Herr Stark von Dritten wegen einer im Interesse der Gesellschaft übernommenen Mitgliedschaft in Aufsichtsorganen usw. im Sinne der Absätze 2 und 3 in Anspruch genommen wird, wird die Gesellschaft Herrn Stark von eventuell gegen ihn geltend gemachten Ansprüchen freistellen, sofern diese nicht durch vorsätzliches Handeln begründet worden sind.

§ 5 Basisgehalt, Bonus und Nebenleistungen

(1) Die Gesellschaft zahlt an Herrn Stark ab … ein festes Jahresgehalt von EUR …, das in zwölf monatlichen Teilbeträgen ausgezahlt wird. Die Zahlungen erfolgen bargeldlos jeweils zum Monatsende. Das Basisgehalt wird alle drei Jahre überprüft, erstmals zum …

(2) Darüber hinaus zahlt die Gesellschaft an Herrn Stark einen Bonus gemäß dem als Anlage 2 beigefügten Ermittlungsschema. Die Planziele gelten nach Verabschiedung des Planes durch die Gesellschafter, ggf den Beirat als festgelegt. Die persönlichen Ziele werden in einem Zielvereinbarungsgespräch zwischen dem Vorsitzenden der Gesellschafterversammlung, ggf dem Beiratsvorsitzenden und Herrn Stark für das jeweilige Geschäftsjahr vereinbart. Der Bonus beträgt maximal EUR … brutto. Die Ergebniszahlen beziehen sich auf die testierten handelsrechtlichen Abschlüsse nach HGB vor den Boni für die Geschäftsführung und vor der Vergütung für die Beiräte. Der Bonus wird nach Feststellung des Jahresabschlusses durch die Gesellschafterversammlung gezahlt. Bei Eintritt oder Ausscheiden im Laufe eines Geschäftsjahres erfolgt die Zahlung pro rata temporis. Der Mindestbonus für das erste Geschäftsjahr beträgt EUR … brutto, wobei ggf eine Kürzung pro rata temporis stattfindet *(Kn 4)*.

(3) Die Abtretung der Ansprüche auf Gehalt und Tantieme ist ausgeschlossen.

(4) Die Gesellschaft übernimmt die Arbeitgeberanteile zu der gesetzlichen Renten-, Arbeitslosen-, Kranken- und Pflegeversicherung in der jeweils höchsten Beitragsklasse, auch wenn Herr Stark nicht versicherungspflichtig ist und/oder sich gegen die vorgenannten Risiken privat versichert hat, sofern Herrn Stark tatsächlich Beitragsaufwendungen in entsprechender Höhe hat. Die Arbeitgeberanteile für die Krankenversicherung richten sich nach der für die Gesellschaft zuständigen Betriebskrankenkasse.

(5) Durch die vorstehenden Vergütungsbestandteile ist die gesamte Tätigkeit von Herrn Stark für die Gesellschaft sowie für verbundene Unternehmen und in Aufsichtsorganen, insbesondere gemäß § 4 Abs 2 und 3 dieses Anstellungsvertrages, abgegolten.

(6) Über das Basisgehalt und den Bonus werden die Parteien Verhandlungen aufnehmen, falls sich wesentliche gesellschaftsrechtliche Strukturen ändern, zB bei erheblichen Akquisitionen bzw. Desinvestitionen, soweit diese Umstände nicht angemessen bei der Höhe des Bonus Berücksichtigung finden.

§ 6 Nebentätigkeiten und Wettbewerbsverbot, Entgegennahmen von Geschenke u. Ä.

(1) Während der Dauer dieses Anstellungsvertrages ist Herrn Stark die Übernahme von entgeltlichen oder unentgeltlichen Nebentätigkeiten jeglicher Art nur nach vorheriger schriftlicher Ge-

nehmigung der Gesellschafterversammlung, ggf des Beirats erlaubt. Die erteilten Genehmigungen sind zur Personalakte zu nehmen.

(2) Jegliche unmittelbare oder mittelbare Tätigkeit für Unternehmen, die mit der Gesellschaft oder mit Unternehmen, mit denen die Gesellschaft verbunden ist, in Wettbewerb stehen und/oder mit denen die Gesellschaft Geschäftsbeziehen unterhält, wie Lieferanten und/oder Kunden, ist Herrn Stark während der Dauer dieses Vertrages stets untersagt. Herr Stark wird sich an solchen Unternehmen auch weder unmittelbar noch mittelbar beteiligen. Hiervon ausgenommen ist nur der Erwerb börsennotierter Wertpapiere.

(3) Die Übernahme von Ehrenämtern oder dergleichen wird Herr Stark der Gesellschaft anzeigen.

(4) Vorträge und Veröffentlichungen, soweit sie das Arbeitsgebiet von Herrn Stark oder das Interessengebiet der Gesellschaft berühren, wird Herr Stark mit dem Vorsitzenden der Gesellschaftsversammlung, ggf dem Beiratsvorsitzenden abstimmen.

(5) Die Entgegennahme von Geschenken oder sonstigen Leistungen Dritter, insbesondere von Geschäftspartnern, ist Herr Stark untersagt, soweit es sich nicht um die üblichen Gelegenheitsgeschenke von geringem Wert oder um die Bewirtung im geschäftsüblichen Rahmen handelt oder ein Bezug zur Geschäftsführerstellung von Herrn Stark ausgeschlossen ist.

§ 7 Dienstwagen und Auslagenerstattung

(1) Die Gesellschaft stellt Herrn Stark einen mit einem Mobiltelefon ausgestatteten angemessenen Dienstwagen für Dienstfahrten [Typ ...?] sowie für Fahrten zwischen Wohnung und Arbeitsstätte zur Verfügung. Das Fahrzeug darf auch für Privatfahrten genutzt werden. Jede Neubestellung des Fahrzeugs hat Herr Stark mit dem Vorsitzenden der Gesellschafterversammlung, ggf dem Beiratsvorsitzenden abzustimmen.

(2) Die Gesellschaft trägt sämtliche Kosten des Betriebs, der Wartung und Pflege des Fahrzeuges. Die auf die Privatnutzung einschließlich der Fahrten zwischen Wohnung und Arbeitsstätte anfallenden Steuern trägt Herr Stark.

(3) Für die Verkehrssicherheit des Dienstwagens ist Herr Stark verantwortlich.

(4) Die Gesellschaft ist berechtigt, das Fahrzeug jederzeit gegen ein gleichwertiges, anderes Fahrzeug auszutauschen.

(5) Die Gesellschaft behält sich vor, die Einzelheiten der Nutzung des Dienstwagens in einer Dienst-PKW-Ordnung oder dgl. niederzulegen.

(6) Die Gesellschaft erstattet Herrn Stark die Reisekosten und sonstigen beruflich bedingten Aufwendungen gegen Vorlage der steuerlich erforderlichen Belege. Gleiches gilt für die Kosten der Bewirtung von Geschäftspartnern. Alle Reisekosten und Auslagen müssen sich im angemessenen Rahmen halten. Maximal erstattet die Gesellschaft die steuerlich zulässigen Höchstbeträge. Herr Stark wird die vorgenannten Aufwendungen auflisten und dem Wirtschaftsprüfer der Gesellschaft nach Ablauf eines jeden Jahres zur Prüfung vorlegen.

(7) Des Weiteren erstattet die Gesellschaft Herrn Stark die Kosten der Diensttelefone (Handy und häuslicher geschäftlicher Telefon- und Telefaxanschluss) einschließlich der Grundgebühr gegen Nachweis der entstandenen Kosten unter Einhaltung der steuerlichen Vorschriften. Außerdem trägt die Gesellschaft die Kosten des dienstlichen Laptops.

§ 8 Versicherungen

(1) Die Gesellschaft schließt zugunsten von Herrn Stark einen (Gruppen-) Unfallversicherung für den privaten und dienstlichen Bereich ab. Die Versicherungssumme bei Tod beträgt EUR ... und bei Invalidität EUR .... Die Einzelheiten ergeben sich aus dem Versicherungsvertrag. Bezugsberechtigt im Erlebensfalle ist Herr Stark, im Falle des Unfalltodes die von Herrn Stark benannten Personen, falls keine Personen benannt worden sein sollten, die Erben als Gesamtgläubiger *(Kn 6)*.

(2) Herr Stark wird in die bei der ...versicherung abgeschlossene Vermögensschaden-Haftpflichtversicherung (Directors- and Officers-Versicherung) einbezogen.

§ 9 Urlaub

(1) Die Gesellschaft gewährt Herrn Stark 30 Arbeitstage Urlaub. Im Jahr des Eintritts und des Ausscheidens von Herrn Stark wird der Urlaub zeitanteilig gewährt.

III. Anstellungsvertrag **2116**

(2) Herr Stark wird die Urlaubszeiten innerhalb der Geschäftsführung abstimmen und rechtzeitig dem Vorsitzenden der Gesellschafterversammlung, ggf dem Beiratsvorsitzenden bekannt geben.

(3) Bis zum 31. März des Folgejahres nicht genommener Urlaub verfällt. Eine Urlaubsabgeltung in Geld ist ausgeschlossen *(Kn 5)*.

§ 10 Gehaltfortzahlung bei Krankheit, dauernder Dienstunfähigkeit und Tod

(1) Wird Herr Stark durch Arbeitsunfähigkeit infolge Krankheit an seiner Arbeitsleistung gehindert, ohne dass ihn ein Verschulden trifft, so hat er Anspruch auf Fortzahlung des Basisgehaltes durch die Gesellschaft für die Zeit der Arbeitsunfähigkeit bis zur Dauer von sechs Monaten, längstens bis zur Beendigung dieses Vertrages.

(2) Dauert die Krankheit länger als sechs Monate zahlt die Gesellschaft bis zum Ablauf von längstens neun Monaten seit Beginn der Arbeitsunfähigkeit an Herrn Stark einen Zuschuss in Höhe der Differenz zwischen dem Krankentagegeld einer von ihm alsbald nach Dienstantritt nachzuweisenden Krankenversicherung und seinem Nettogehalt. Etwaige Leistungen aus der Gruppen-Unfallversicherung, in die Herr Stark einbezogen ist, stehen der Gesellschaft insoweit zu, als sie Gehalt oder Zuschüsse gemäß vorstehender Regelung zahlt.

(3) Erkrankungen bis zu 3 Monaten insgesamt pro Kalenderjahr mindern den Anspruch auf den Bonus gemäß § 5 Abs 2 nicht. Darüber hinausgehende Krankheitszeiten mindern den Bonus zeitanteilig.

(4) Stirbt Herr Stark während des Dienstverhältnisses, erhält seine Witwe, hilfsweise seine unterhaltsberechtigten Kinder, das Festgehalt für den Sterbemonat und drei weitere Monate.

§ 11 Verschwiegenheit, Geschäftsunterlagen, Rückgabe von Geschäftsunterlagen

(1) Herr Stark wird über alle betrieblichen Angelegenheiten und Vorgänge, sowohl der Gesellschaft selbst als auch der Beteiligungsgesellschaften, die ihm im Rahmen seiner Tätigkeit zur Kenntnis gelangen, sowohl während seiner Tätigkeit für die Gesellschaft als auch nach seinem Ausscheiden aus dem Anstellungsverhältnis strengstes Stillschweigen bewahren. Dies gilt auch für den Inhalt dieses Anstellungsvertrages.

(2) Alle Geschäftsunterlagen, gleich welcher Art, einschließlich Abschriften, Duplikationen, Kopien, persönlichen Aufzeichnungen usw bleiben Eigentum der Gesellschaft. Dies gilt auch für auf Festplatten, Disketten, CD-ROM, DVD und anderen Datenträgern gespeicherte Daten und Software.

(3) Die im vorstehenden Absatz genannten Geschäftsunterlagen hat Herr Stark der Gesellschaft jederzeit auf Verlangen, spätestens aber bei Beendigung des Anstellungsverhältnisses zurückzugeben. Ein Zurückbehaltungsrecht von Herrn Stark ist ausgeschlossen.

(4) Herrn Stark ist die private Nutzung des ihm dienstlich zur Verfügung gestellten Internet- und E-Mail-Anschlusses im angemessenen Umfange gestattet.

§ 12 Diensterfindungen und sonstige Arbeitsergebnisse

(1) Erfindungen und technische Verbesserungsvorschläge, die Herr Stark während seines Dienstverhältnisses auf dem Tätigkeitsgebiet der Gesellschaft macht, stehen der Gesellschaft zu und sind durch die in § 5 aufgeführten Bezüge abgedeckt *(Kn 8)*.

(2) Alle sonstigen Arbeitsergebnisse, gleich welcher Art, also einschließlich von urheberrechtsfähigen Werken, EDV-Programmen, Pläne, Bauzeichnungen, Fotografien usw., stehen der Gesellschaft, auch nach dem Ausscheiden von Herrn Stark als Geschäftsführer, ohne gesonderte Vergütung zu.

§ 13 Beginn und Dauer des Vertrages, Kündigung, Abberufung, Altersgrenze

(1) Dieser Anstellungsvertrag tritt am … in Kraft. Der Vertrag ist auf drei Jahre befristet. Er endet also, ohne dass es einer gesonderten Kündigung bedarf, am …. Ein Jahr vor dem Ablauf des Vertrages wird die Gesellschaft mit Herrn Stark Gespräche darüber aufnehmen, ob, für welchen Zeitraum und zu welchen Bedingungen der Vertrag verlängert wird.
Alternativ: unbefristete Laufzeit und Kündigungsfrist (Rn 2097)

(2) Das Recht zur Kündigung aus wichtigem Grund bleibt für beide Parteien unberührt.

(3) Die Gesellschaft ist jederzeit, insbesondere nach einer Abberufung, berechtigt, Herrn Stark bis zum Ablauf des Anstellungsvertrags von der Verpflichtung zur Dienstleistung aus sachlichem Grund und unter Ausübung billigen Ermessens, gegebenenfalls unter Anrechnung auf Resturlaubsansprüche, freizustellen. Ein solcher sachlicher Grund ist stets gegeben, wenn ein Sachverhalt vorliegt, der zur Folge hat, dass das Interesse der Gesellschaft an einer Freistellung gegenüber dem Tätigkeitsinteresse von Herrn Stark überwiegt.

(4) Die Gesellschaft kann die Bestellung von Herrn Stark jederzeit durch Beschluss widerrufen. Die Rechte und Pflichten aus diesem Anstellungsvertrag bleiben davon unberührt.

(5) Spätestens endet dieser Vertrag mit Ablauf des Monats, in dem Herr Stark die Regelaltersgrenze, das 65. Lebensjahr, vollendet hat.

(6) Bei Beendigung des Geschäftsführeramtes hat Herr Stark sämtliche Ämter und Funktionen, die er mit Rücksicht auf seine Geschäftsführerfunktion ausgeübt hat, insbesondere die Funktionen gemäß § 4 Abs 2 und 3 niederzulegen und darauf hinzuwirken, dass sein Nachfolger als Geschäftsführer diese Tätigkeiten übernehmen kann, soweit dies von der Gesellschaft gewünscht wird.

§ 14 Datenverarbeitung

(1) Herr Stark willigt ein, dass die Gesellschaft zu betrieblichem Zwecke, insbesondere zur Berechnung der Vergütung, unter Berücksichtigung der Datenschutzgesetze persönliche Daten von ihm erhebt, verarbeitet und nutzt.

(2) Die Gesellschaft ist berechtigt, zuverlässige Dritte mit der Datenverarbeitung und der Abrechnung der Vergütung zu beauftragen und an diese die Personaldaten von Herrn Stark zu diesem Zwecke weiterzugeben. Ohne Erteilung dieser Einwilligung wäre die Durchführung dieses Anstellungsvertrages nicht möglich.

§ 15 Schlussbestimmungen

(1) Erklärungen von Herrn Stark gegenüber der Gesellschaft sind gegenüber dem Vorsitzenden der Gesellschafterversammlung, nach Bildung eines Beirats gegenüber dem Beiratsvorsitzenden, abzugeben.

(2) Außer den vorstehenden Vereinbarungen und den in diesem Vertrag genannten ergänzenden Regelungen und Vereinbarungen (Geschäftsordnung nebst Geschäftsverteilung und Bonusermittlungsschema) [sowie dem Pensionsvertrag] haben die Parteien keine weiteren Absprachen getroffen.

(3) Zukünftige Änderungen und/oder Ergänzungen dieses Vertrages bedürfen zu ihrer Rechtswirksamkeit der Schriftform und eines vorangegangenen Beschlusses der Gesellschafterversammlung. Dies gilt auch für die Abänderung dieser Formerfordernisse selbst. Mündliche Änderungen und Ergänzungen sind nichtig.

(4) Sollte eine Bestimmung dieses Anstellungsvertrages unwirksam sein oder werden, oder der Vertrag eine Regelungslücke enthalten, so wird die Wirksamkeit der übrigen Regelungen davon nicht berührt.

Ort, den ...   Ort, den ...
Solid GmbH

....
(......)   (Andreas Stark)

Kommentarnoten zum Anstellungsvertrag (Kn)

(1) Wer die GmbH beim Abschluss des Dienstvertrages mit dem Geschäftsführer vertritt, hängt bei der GmbH mit bis zu 2.000 Arbeitnehmern vom Gesellschaftsvertrag ab. Falls dort nichts dazu geregelt ist, sind die Gesellschafter zuständig (Rn 2003). Bei GmbHs mit mehr als 2.000 Arbeitnehmern ist gem § 31 MitbestG der Aufsichtsrat zuständig. Etwa vorhandene Mitgeschäftsführer sind nicht zuständig.

(2) Es ist deutlich zu trennen zwischen Bestellung und Abschluss des Dienstvertrages (Rn 2042).

(3) Eine derartige Regelung ist sehr häufig auch schon abstrakt im Gesellschaftsvertrag enthalten und ist dann im Dienstvertrag nicht mehr nötig.

(4) Die Tantieme oder der Bonus können auch gemäß dem Ermessen der Gesellschafter/des Beirats oder mit fester Berechnungsgrundlage vereinbart werden als Prozentsatz vom Jahresüberschuss (§ 275 Abs 2

III. Anstellungsvertrag **2117**

Nr 20, Abs 3 Nr 19) oder vom Betriebsergebnis. Oft findet man eine garantierte Mindesttantieme. Das ist nur sinnvoll, wenn ihr Zweck darin besteht, dass ein bestimmter Teil der Festbezüge bei Berechnung der Pension nicht mitberücksichtigt werden soll. Grundsätzlich ist eine garantierte Tantieme ein Widerspruch in sich, weil eine Tantieme eine Erfolgsvergütung sein soll. Ein Verhältnis der Bezüge von 70 (fest) : 30 (variabel) ist verbreitet. Neuerdings wird auch oft eine auskömmliche Festvergütung von TEUR 180 bis 240 sowie eine nach oben offene Tantieme (als Prozentsatz vom Jahresüberschuss) gewährt, die im Normalfall noch einmal 100 bis 150% des Festgehaltes betragen sollte. Für beherrschende Gesellschafter-Geschäftsführer ist es wichtig, auf die Angemessenheit der Gesamtbezüge zu achten, weil sonst die Gefahr besteht, dass eine verdeckte Gewinnausschüttung angenommen wird (Rn 1154 f).

(5) Eine Übertragung von Urlaub wird für Geschäftsführer oft ausgeschlossen. Er ist eben kein Angestellter, sondern der Unternehmensleiter. Es kommt auch vor, dass überhaupt keine feste Urlaubszeit festgelegt wird, sondern, um die unternehmerische Bedeutung der Stellung zu unterstreichen, nur bestimmt wird, dass der Geschäftsführer Anspruch auf den zur Gesunderhaltung erforderlichen Urlaub hat. Meist werden dann keine vier Wochen genommen.

(6) Die Versicherungssumme für Geschäftsführer liegen bei mittleren Gesellschaften meist um
    EUR 150 000,–/250 000,– bei Tod
und EUR 300 000,–/500 000,– bei Invalidität.

(7) Es sollte bei Abschluss des Dienstvertrages darauf geachtet werden, dass der künftige Geschäftsführer für sich und seine Familie über eine ausreichende private Krankenversicherung verfügt, ggf als Ergänzungsversicherung zur gesetzlichen Kranken- und Pflegeversicherung. Familiäre Sorgen wegen hoher ungedeckter Krankheitskosten belasten die Leistungsfähigkeit des Geschäftsführers.

(8) Zum Unternehmer gehört es auch, Produkte zu erfinden oder zu verbessern. Erfindungsleistungen sind deshalb grundsätzlich Bestandteil der Geschäftsführeraufgabe. Vielfach wird es sich auch nur um Anregungen handeln, um Denkanstösse, die dann von den Mitarbeitern entwickelt werden. Da der Geschäftsführer außerdem die Möglichkeit besitzt, auf die Mitarbeiter so einzuwirken, dass er über seinen Beitrag hinaus an Erfindungen beteiligt wird, wird die Anwendung des Arbeitnehmererfindungsgesetzes auf den Geschäftsführer mit dieser Klausel oft ausgeschlossen. Es gibt aber auch Situationen, in denen der Geschäftsführer gerade wegen seiner Erfindungskraft engagiert wird und aus Motivationsgründen an den Erträgen beteiligt werden soll. Dann kann vereinbart werden, dass das Arbeitnehmererfindungsgesetz gilt, dh dass die Erfindung nach den dort festgelegten Regeln von der Gesellschaft in Anspruch genommen werden kann. Es können auch Sondervereinbarungen getroffen werden mit vorher festgelegten Lizenzsätzen. Der wirtschaftliche Erfolg für den Geschäftsführer hängt dann eng mit dem wirtschaftlichen Erfolg für die GmbH zusammen.

Kapitel 3

Geschäftsführungsstrukturen

I. Vertretungsmacht

1. Die gesetzliche Vertretung – Selbstkontrahierungsverbot (Insichgeschäft)

3000 Die GmbH kann als juristische Person nur durch natürliche Personen handeln. Der Geschäftsführer ist der gesetzliche Vertreter, das sog Organ der Gesellschaft. **Wenn er handelt, handelt die GmbH,** vergleichbar dem Handeln eines geschäftsfähigen Menschen für sich selbst. Die gesetzliche Vertretung ist zu unterscheiden von der rechtsgeschäftlichen Vertretung (Rn 3021 ff). **Vertretung ist zu unterscheiden von der Geschäftsführung.** Vertretung bedeutet Handeln im Rechtsverkehr. Mit Geschäftsführung ist der Betrieb des Unternehmens gemeint, seine wirtschaftliche Leitung. Unterzeichnet der Geschäftsführer einen Liefervertrag, ist das gleichzeitig ein Akt der Vertretung und ein Akt der Geschäftsführung. Gibt der Geschäftsführer die Planziele für das kommende Geschäftsjahr bekannt, ist das ausschließlich ein Akt der Geschäftsführung.

3001 **Die Gesellschafter vertreten nur ausnahmsweise die Gesellschaft, und zwar gegenüber den Geschäftsführern, wenn es um die Bestellung und den Abschluss des Anstellungsvertrages geht** (Rn 2003) – falls es sich nicht um eine nach MitbestG mitbestimmte GmbH handelt (Rn 3002). **Sie können die GmbH auch vertreten, wenn die Gesellschaft einen Prozess gegen Geschäftsführer führt** (§ 46 Nr 8 HS 2 GmbHG). Zwei Fälle sind zu unterscheiden: Ist die Gesellschaft handlungsunfähig (wie zB in einem Prozess gegen den einzigen oder alle Geschäftsführer) müssen die Gesellschafter vertreten. Weil es unpraktisch ist, wenn stets alle Gesellschafter zusammen handeln müssen, wird in derartigen Fällen, auch das gestattet § 46 Nr 8 HS 2 GmbHG, zumeist ein besonderer Vertreter durch Gesellschafterbeschluss bestellt, beispielsweise einer der Gesellschafter oder ein Dritter. Ist die Gesellschaft nicht handlungsunfähig (Prozess gegen einen Geschäftsführer, zwei weitere gesamtvertretungsberechtigte Geschäftsführer sind vorhanden), kann die Gesellschaft durch die Gesellschafter (die praktischerweise wieder einen besonderen Vertreter bestellen) oder auch durch die beiden gesamtvertretungsberechtigten Geschäftsführer vertreten werden.[1]

3002 **In nach MitbestG mitbestimmten GmbHs (ab 2000 Arbeitnehmer)** (Rn 4063 ff) **wird die GmbH gegenüber den Geschäftsführern grundsätzlich immer vom Aufsichtsrat vertreten** (§§ 25 Abs 1 Nr 2 MitbestG, 52 GmbHG iVm § 112 AktG). Wenn es um Schadenersatzansprüche gegen Geschäftsführer geht, hindert das auch bei der mitbestimmten GmbH die Gesellschafter allerdings nicht daran, durch Gesellschafterbeschluss einen besonderen Vertreter zu bestellen,[2] der dann den Prozess gegen den Geschäftsführer führt. **Auch in GmbHs mit fakultativem Aufsichtsrat oder mit einem Aufsichtsrat nach dem DrittelbG (500 bis 2000 Arbeitneh-**

---

[1] BGH v 24. 2. 1992 GmbHR 1992, 299f; BGH v 10. 5. 1993 DStR 1993, 843f mit Anm Goette; Karsten Schmidt in Scholz GmbHG § 46 Rn 164 und 168.

[2] Zöllner in Baumbach/Hueck GmbHG § 46 Rn 66 und 69; enger, ausschließlich der Aufsichtsrat ist zuständig: Karsten Schmidt in Scholz GmbHG § 46 Rn 165; BGH v 5. 3. 1990 GmbHR 1990, 297, 298: ausschließliche Zuständigkeit des fakultativen Aufsichtsrats, falls ihm Bestellung und Anstellung übertragen ist.

I. Vertretungsmacht

mer) (Rn 4060 ff) vertritt der Aufsichtsrat die Gesellschaft gegenüber den Geschäftsführern (§ 1 Abs 1 Nr 3 DrittelbG iVm § 112 AktG). **Ausgenommen ist jedoch die Bestellung und der Abschluss des Dienstvertrages.** Beides obliegt, falls der Gesellschaftsvertrag nicht ausnahmsweise etwas anderes vorsieht, sowohl beim fakultativen Aufsichtsrat und als auch beim Aufsichtsrat nach dem DrittelbG ausschließlich den Gesellschaftern. Für Schadenersatzansprüche gegen Geschäftsführer gilt wieder, dass die Gesellschafter dafür einen besonderen Vertreten bestellen können.

Bei Geschäften des täglichen Lebens, die eine GmbH mit einem Geschäftsführer abschließt, wird die GmbH, wenn eine mehrköpfige Geschäftsführung vorhanden ist, von den anderen Geschäftsführern vertreten. In der Regel gelten auch die zuständigen Angestellten als ermächtigt, im Rahmen der ihnen übertragenen Aufgaben mit Geschäftsführern solche Verträge abzuschließen, zB beim Bezug von Waren der Gesellschaft oder wenn Essensmarken für das Mittagessen im Unternehmen gekauft werden. Diesen Geschäften fehlt die Bedeutung, die eine Einschaltung der Gesellschafter notwendig macht.[3] 3003

Wenn der Aufsichtsrat das Vertretungsrecht hat, dann hat er dies nicht nur gegenüber aktiven, sondern auch gegenüber ausgeschiedenen Geschäftsführern.[4] Für Geschäfte des täglichen Lebens gilt das gleiche wie Rn 3003. Das gesunde Prinzip des § 112 AktG sollte nicht formalistisch ad absurdum geführt werden. Bei Schadenersatzprozessen mit ehemaligen Geschäftsführern können die Gesellschafter wiederum gem § 46 Nr 8 GmbHG einen besonderen Vertreter bestellen. Wird kein besonderer Prozessvertreter bestellt, liegt die Vertretung beim Aufsichtsrat. **Im Passivprozess eines Geschäftsführers, dh einem Prozess gegen die GmbH, ist die Zustellung der Klage wirksam, wenn sie einem Aufsichtsratsmitglied zugestellt worden ist** (Rn 3030). 3004

Gegenüber Gesellschaftern wird die GmbH grundsätzlich durch die Geschäftsführung vertreten. Der Aufsichtsrat ist nicht vertretungsberechtigt. Die Bestellung eines besonderen Prozessvertreters durch Gesellschafterbeschluss kommt aber in Betracht, wenn einer der zur Vertretung notwendigen Geschäftsführer den gleichen Vorwürfen ausgesetzt ist wie etwa der oder die verklagten Gesellschafter. In einem solchen Fall hat der BGH die analoge Anwendung von § 46 Nr 8 GmbHG zugelassen und die Gesellschafter für berechtigt erklärt, einen besonderen Prozessvertreter zu bestimmen. Denn es ist nicht anzunehmen, dass ein Geschäftsführer, der von den gleichen Vorwürfen betroffen ist wie die Prozessgegner, die Gesellschaft besonders wirkungsvoll vertreten wird.[5] Das gilt selbst dann, wenn neben dem von der Vertretung ausgeschlossenen Geschäftsführer noch die nötige Zahl vertretungsberechtigter Geschäftsführer vorhanden ist. Denn es ist immer misslich, wenn Geschäftsführerkollegen gegeneinander vorgehen sollen. 3005

Abgesehen von den Ausnahmesituationen in Rn 3001 bis 3005 **wird die GmbH durch die Geschäftsführer gerichtlich und außergerichtlich vertreten** (§ 35 Abs 1 GmbHG). Sind mehrere Geschäftsführer bestellt, müssen sie alle gemeinschaftlich handeln, es sei denn, dass der Gesellschaftsvertrag die Vertretung anders regelt, was meistens der Fall ist. Normalerweise heißt es in den Gesellschaftsverträgen, dass der Geschäftsführer die Gesellschaft allein vertritt, wenn es nur einen Geschäftsführer gibt, und dass zwei Geschäftsführer gemeinschaftlich vertreten, wenn mehrere Geschäftsführer bestellt sind. Die Vertretung durch mehr als zwei Geschäftsführer ist unpraktikabel. 3006

---

[3] Vgl etwa Uwe H. Schneider in Scholz GmbH § 35 Rn 30 und 31, § 52 Rn 180; Zöllner/Noack in Baumbach/Hueck GmbHG § 35 Rn 98.
[4] BGH v 24. 11. 2003 GmbHR 2004, 259, 260; Uwe H. Schneider in Scholz GmbHG § 52, Rn 178.
[5] BGH v 20. 1. 1986 BGHZ 97, 28, 35.

Nur in ganz seltenen, vom Gesetz ausdrücklich vorgeschriebenen Fällen, müssen alle Geschäftsführer, auch wenn es mehr als zwei sind, gemeinsam handeln (§§ 40, 78 GmbHG). Wenn die Gesellschafter eine andere Vertretungsform beschließen als sie im Gesellschaftsvertrag vorgesehen ist, so muss dieser Beschluss notariell beurkundet werden. Das gilt auch, wenn der Beschluss nur einen Einzelfall regeln soll.

3007 **Die Vertretung der Gesellschaft durch zwei Geschäftsführer ist die sog echte Gesamtvertretung.** Als unechte Gesamtvertretung wird die Regelung bezeichnet, wenn ein Geschäftsführer zusammen mit einem Prokuristen als gesetzliche Vertretung handeln kann. Wie jeweils die Vertretung einer GmbH geregelt ist, ist aus dem Handelsregister zu entnehmen. Dort ist einzutragen, ob und welche Geschäftsführer Einzelvertretungsmacht haben, ob nur echte Gesamtvertretung besteht oder auch unechte Gesamtvertretung (§ 8 Abs 4 Nr 2 GmbHG). Auch die Prokuristen sind in das Handelsregister einzutragen, so dass erkennbar ist, wer als gesetzlicher Vertreter der GmbH auftreten kann. **Unechte Gesamtvertretung ist nur zulässig, wenn mehrere Geschäftsführer bestellt sind.** Es ist also nicht möglich, den einzigen Geschäftsführer, der notwendigerweise Alleinvertretungsmacht besitzt, an die Mitzeichnung durch einen Prokuristen zu binden. Für Anmeldungen zum Handelregister genügt unechte Gesamtvertretung, es sei denn das Gesetz verlangt ausdrücklich das höchstpersönliche Handeln der Geschäftsführer (vgl zB §§ 78, 40, 8 Abs 3 GmbHG).

3008 **Die Alleinvertretungsmacht ist in Deutschland die Ausnahme.** Das Vier-Augen-Prinzip, dh dass Geschäftsbriefe und Verträge von zwei Personen unterschrieben werden müssen, ist die Regel. Allerdings müssen nicht immer die gesetzlichen Vertreter, die Geschäftsführer, mitunterschreiben. In der Mehrzahl der Fälle genügt auch die Unterzeichnung durch rechtsgeschäftlich bestellte Vertreter, also durch von den Geschäftsführern ernannte Bevollmächtigte (Prokuristen oder Handlungsbevollmächtigte und sonstige Bevollmächtigte, Rn 3021 ff). Rechts unterschreibt immer der Sachbearbeiter. Die linke Unterschrift ist die Kontrollunterschrift.

3009 **Die Vertretungsmacht der Geschäftsführer ist nach außen unbeschränkt und unbeschränkbar** (s aber Rn 3001 bis 3005). Die GmbH wird also immer berechtigt und verpflichtet, wenn Geschäftsführer in vertretungsberechtigter Anzahl gehandelt haben. **Die Vertretungsmacht beginnt mit der Bestellung zum Geschäftsführer.** Die Bestellung muss zwar zum Handelsregister angemeldet werden (§§ 8, 10 GmbHG), ist in ihrer rechtlichen Wirksamkeit aber weder von der Anmeldung noch von der Eintragung abhängig. **Sie endet mit dem Widerruf der Bestellung.** Auch diese muss zum Handelsregister angemeldet werden (§ 39 GmbHG). Auch hier hat die Handelsregisteranmeldung nur deklaratorische Bedeutung (Rn 2011). Die Eintragung soll den gutgläubigen Geschäftsverkehr schützen. Das ergibt sich aus § 15 HGB:

§ 15 HGB [Publizität des Handelsregisters]

(1) Solange eine in das Handelsregister einzutragende Tatsache nicht eingetragen und bekannt gemacht ist, kann sie von demjenigen, in dessen Angelegenheiten sie einzutragen war, einem Dritten nicht entgegengesetzt werden, es sei denn, dass sie diesem bekannt war.

(2) Ist die Tatsache eingetragen und bekannt gemacht worden, so muss ein Dritter sie gegen sich gelten lassen. Dies gilt nicht bei Rechtshandlungen, die innerhalb von fünfzehn Tagen nach der Bekanntmachung vorgenommen werden, sofern der Dritte beweist, dass er die Tatsache weder kannte noch kennen musste.

(3) Ist eine einzutragende Tatsache unrichtig bekannt gemacht, so kann sich ein Dritter demjenigen gegenüber, in dessen Angelegenheiten die Tatsache einzutragen war, auf die bekannt gemachte Tatsache berufen, es sei denn, dass er die Unrichtigkeit kannte.

(4) Für den Geschäftsverkehr mit einer in das Handelsregister eingetragenen Zweigniederlassung ist im Sinne dieser Vorschriften die Eintragung und Bekanntmachung durch das Gericht der Zweigniederlassung entscheidend.

I. Vertretungsmacht

Unter www.unternehmensregister.de kann jedermann elektronisch auf sämtliche im Handelsregister eingetragene Vorgänge und die den Handelsregisteranmeldungen beizufügenden Unterlagen sowie auf die zu publizierenden Jahresabschlüsse und Lageberichte usw (Rn 1130, 5013) zugreifen.

Der Widerruf der Bestellung eines Prokuristen sollte ebenfalls unverzüglich zum Handelsregister angemeldet werden. Es ist darauf zu dringen, dass er alsbald eingetragen wird, was bei der oft starken Inspruchnahme der Registergerichte nicht immer leicht zu erreichen ist. Die Unterschriften der Geschäftsführer unter der Anmeldung müssen öffentlich, dh notariell beglaubigt werden (zur Anmeldeberechtigung Rn 2011). 3010

Die unbeschränkte Vertretungsmacht gilt nur im Außenverkehr, also Dritten gegenüber (§ 37 Abs 2 GmbHG). Im Innenverhältnis kann die Befugnis der Geschäftsführer eingeschränkt werden (§ 37 Abs 1 GmbHG). Diese Unterscheidung zwischen rechtlichem Können und Dürfen hat vor allem Bedeutung bei den sog zustimmungspflichtigen Geschäften und Maßnahmen (Rn 3042, § 5) Im Außenverhältnis sind diese Geschäfte auch dann wirksam, wenn die nach den gesellschaftsinternen Regeln erforderliche Zustimmung nicht vorlag. Die grundsätzliche Unbeschränkbarkeit der Vertretungsmacht Dritten gegenüber gilt sogar auch dann, wenn diese Dritten die internen Beschränkungen, also zB die Zustimmungspflichtigkeit, kannten. Die Dritten brauchen sich nicht darum zu kümmern, ob die Geschäftsführer intern korrekt handeln. Nur wenn sie erkennen oder es sich ihnen aufdrängen musste, dass die Geschäftsführer gegen ihre internen Beschränkungen verstoßen, sie also ihre Vertretungsmacht missbrauchen, versagt die Vertretungsmacht der Geschäftsführer; die Geschäftsführer brauchen nicht noch zusätzlich zum Nachteil der GmbH gehandelt haben.[6] Dritte sind solche Personen nicht, die Funktionen innerhalb der GmbH haben, also Mitgeschäftsführer, Gesellschafter oder Mitglieder von Gesellschaftsorganen wie Beiräten und Aufsichtsräten. **Ihnen gegenüber gilt die unbeschränkte Vertretungsmacht nicht.** Bei ihnen entfällt das Verkehrsschutzbedürfnis. Ob der Betroffene die internen Beschränkungen positiv kannte, ist nicht entscheidend; es genügt, dass er sie kennen konnte. Entsprechendes gilt **auch für alle Rechtsgeschäfte innerhalb eines Konzerns,** und zwar zumindest für Geschäfte mit der 100%igen Mutter- oder Schwestergesellschaft. Die internen Beschränkungen der Geschäftsführungsbefugnis schlagen in diesen Fällen innerhalb eines Konzernverbundes auf die Vertretungsmacht durch.[7] Eine Ausnahme von der unbeschränkten Vertretungsmacht gilt auch dann, wenn eine GmbH mit einer herrschenden Gesellschaft (GmbH oder AG) einen Beherrschungs- und Gewinnabführungsvertrag abschließt. Diesem Vertrag müssen nach der Rechtsprechung des BGH die Gesellschafterversammlungen beider Gesellschaften zustimmen, auch wenn die Obergesellschaft Alleingesellschafterin der Untergesellschaft ist. Wenn diese Zustimmung nicht vorliegt, ist der Vertrag unwirksam. Die Gesellschafter auch der Obergesellschaft müssen deshalb zustimmen, weil die Übernahme von Verlusten einer Tochtergesellschaft den Gesellschaftszweck der Obergesellschaft erweitert, also wie eine Änderung des Gesellschaftsvertrags wirkt (vgl auch § 293 Abs 2 AktG). 3011

Bei einer nach MitbestG mitbestimmten GmbH ist die Vertretungsmacht der Geschäftsführer im Falle des § 32 MitbestG eingeschränkt. Die Geschäftsführung einer nach MitbestG mitbestimmten Obergesellschaft darf in Bezug auf eine ebenfalls nach MitbestG mitbestimmte Tochtergesellschaft gewisse Beteiligungsrechte in der Tochtergesellschaft nicht ausüben, ohne dass der Aufsichtsrat der Obergesellschaft zugestimmt hat. Das bezieht sich zB auf die Bestellung, die Abberufung oder Entlastung der Organmitglie- 3012

---

[6] BGH v. 19. 6. 2006 GmbHR 2006, 876 f mwN aus der Rechtsprechung des BGH; Uwe H. Schneider in Scholz GmbHG § 35 Rn 23 f.

[7] Einzelheiten sind umstritten, vgl Uwe H. Schneider in Scholz GmbHG § 35 Rn 29 mwN.

der in der Tochtergesellschaft, auf den Abschluss von Unternehmensverträgen mit der Tochtergesellschaft, auf deren Umwandlung (Verschmelzung, Spaltung und Formwechsel) oder Auflösung und ähnliche Strukturmaßnahmen. Für die Zustimmung genügt die Stimmenmehrheit der Anteilseignervertreter im Aufsichtsrat. Liegt die Zustimmung nicht vor, ist die Stimmabgabe bei dem entsprechenden Beschluss der Gesellschafter der Tochtergesellschaft unwirksam, allerdings zunächst nur schwebend unwirksam. Die Zustimmung kann nachträglich gegeben werden. Der Beschluss der Gesellschafter der Tochtergesellschaft ist wirksam, wenn er auch ohne die Stimmen der Muttergesellschaft gefasst worden wäre.[8] Die Ausübung von Beteiligungsrechten in einer Tochtergesellschaft gehört zur gesetzlichen Vertretung der Muttergesellschaft. § 32 MitbestG ist also eine echte Einschränkung organschaftlicher Vertretungsmacht.

3013 **Auch bei echter Gesamtvertretung kann ein Geschäft wirksam sein, wenn nur einer der beiden Geschäftsführer handelt.** Das ist für den Nichtjuristen in der Regel überraschend. Dahinter steckt ein organschaftlicher Akt besonderer Art. Art. Die zwei Gesamtvertreter können durch Ausübung der organschaftlichen Gesamtvertretungsmacht einen von ihnen ermächtigen, für beide zu handeln. Das ist beispielsweise dann sinnvoll, wenn einer der beiden gesamtvertretungsberechtigten Geschäftsführer nach China reist, um dort ein größeres Geschäfts zu verhandeln und gegebenenfalls abzuschließen. Es handelt sich nicht um einen Fall verbotenen Selbstkontrahierens (§ 181 BGB), weil hier nicht eine Person gegenläufige Erklärungen verschiedener Personen in sich zur Deckung bringt, sondern darum, dass unter gemeinschaftlicher organschaftlicher Verantwortung der beiden Gesamtvertreter nur einer von ihnen nach außen auftritt. Die Ermächtigung zu solchem Handeln ist nicht an eine bestimmte Form gebunden. Die Zulässigkeit einer solchen Ermächtigung ist allgemein anerkannt.[9]

3014 **Das Selbstkontrahieren oder Insichgeschäft (§ 181 BGB) bedarf besonderer Aufmerksamkeit.** § 181 BGB lautet:

„Ein Vertreter kann, soweit nicht ein anderes ihm gestattet ist, im Namen des Vertretenen mit sich im eigenen Namen oder als Vertreter eines Dritten ein Rechtsgeschäft nicht vornehmen, es sei denn, dass das Rechtsgeschäft ausschließlich in der Erfüllung einer Verbindlichkeit besteht."

Niemand kann also ohne das Vorliegen besonderer Voraussetzungen im Namen eines anderen mit sich selbst ein Rechtsgeschäft vornehmen; ebenso wenig zulässig ist es, wenn er überhaupt nicht für sich selbst, sondern auf beiden Seiten als Vertreter handelt. Wirksam ist das Insichgeschäft nach dem Gesetz nur, wenn folgende Voraussetzungen vorliegen:

– die Erfüllung einer Verbindlichkeit (der Geschäftsführer kann also eine Verbindlichkeit gegenüber einer anderen GmbH tilgen, die er ebenfalls als Geschäftsführer vertritt; er kann auch an sich selbst Gehalt zahlen);
– die Gestattung;
– die nachträgliche Genehmigung (solange das Geschäft nicht genehmigt, aber noch genehmigungsfähig ist, ist es schwebend unwirksam).

Der Geschäftsführer ist Vertreter der GmbH im Sinne von § 181 BGB. Er kann also die Gesellschaft nicht gegenüber sich selbst vertreten, wenn die vorgenannten Voraussetzungen fehlen, es sei denn, dass die „Geschäfte" sich im Rahmen des täglichen Geschäftsverkehrs bewegen (Rn 3003), in dem sie als gestattet gelten.

3015 **Die Gestattung zum Selbstkontrahieren erfolgt oft schon im Gesellschaftsvertrag.** Sie kann allgemein gelten oder auf bestimmte Geschäfte beschränkt sein. Der

---

[8] Hoffmann/Lehmann/Weinmann MitbestG § 32 Rn 49; Ulmer/Habersack in Ulmer/Habersack/Henssler Mitbestimmungsrecht § 32 MitbestG Rn 16.
[9] BGH v 6. 3. 1975 BGHZ 72, 75 ff; Zöllner/Noack in Baumbach/Hueck GmbHG § 35 Rn 120; Uwe H. Schneider in Scholz GmbHG § 35 Rn 55.

I. Vertretungsmacht

Gesellschaftsvertrag kann sich auch, wie das meistens der Fall ist, darauf beschränken, lediglich die Gesellschafter zu ermächtigen, zu gegebener Zeit eine Befreiung zu beschließen. Wenn der Gesellschaftsvertrag keine Bestimmung enthält, können die Gesellschafter das Selbstkontrahieren nur für einzelne Vertretungsmaßnahmen gestatten, und zwar durch besonderen Gesellschafterbeschluss. Es genügt, die einfache Mehrheit. **Eine generelle Befreiung durch einfachen Gesellschafterbeschluss ist nur möglich, wenn der Gesellschaftsvertrag eine entsprechende Ermächtigung enthält.**[10] Die einfache Mehrheit genügt. In nach MitbestG mitbestimmten GmbHs, in denen der Aufsichtsrat den Anstellungsvertrag abschließt, kann auch der Aufsichtsrat das Selbstkontrahieren erlauben, falls der Gesellschaftsvertrag eine entsprechende Ermächtigung vorsieht. Die vorstehenden Regeln gelten sowohl für Fremdgeschäftsführer als auch für Gesellschafter-Geschäftsführer (zum Alleingesellschafter-Geschäftsführer Rn 3017). **Jede generelle Befreiung von § 181 BGB muss in das Handelsregister eingetragen werden** (§ 10 Abs 1 S 2 GmbHG). Es muss aus dem Handelsregister erkennbar sein, welchem Geschäftsführer in welchem Umfange die Befreiung erteilt worden ist. Die Bestimmung im Gesellschaftsvertrag, die nur zur Befreiung durch künftige Beschlüsse ermächtigt, kann nicht eingetragen werden. Die Frage ist streitig.[11]

Das Verbot des Selbstkontrahierens kann nicht dadurch umgangen werden, dass der nichtbefreite Geschäftsführer einem Dritten Vollmacht erteilt. Eine solche Umgehung läge zB vor, wenn der nichtbefreite Alleingeschäftsführer von der GmbH ein Grundstück erwerben will und sich beim Kaufvertrag von seiner Ehefrau vertreten ließe.[12] **Der Fall ist zu unterscheiden von dem Fall in Rn 3013**, bei dem zwei Geschäftsführer mit Gesamtvertretungsmacht einen von ihnen ermächtigen, für sie beide allein zu handeln. Dort besteht die rechtliche Rechtfertigung darin, dass das Handeln des einen Geschäftsführers auf einem gemeinsamen Willensentschluss der beiden gesamtvertretungsberechtigten Geschäftsführer beruht. Im Falle des Selbstkontrahierens würde der Bevollmächtigte nach dem Willen allein des nichtbefreiten Geschäftsführers zu handeln haben. Im Ergebnis wäre also der Interessenwiderstreit, den § 181 BGB gerade vermeiden will, doch vorhanden. 3016

Auch der Alleingesellschafter-Geschäftsführer muss vom Verbot des § 181 BGB befreit werden. § 35 Abs 4 S 3 GmbHG schreibt ausdrücklich auch für den Alleingesellschafter-Geschäftsführer die Geltung von § 181 BGB vor. Der Gesetzgeber sah darin eine Maßnahme zum Gläubigerschutz. Wiederum (Rn 3015) gilt: Entweder wird der Alleingesellschafter-Geschäftsführer durch den Gesellschaftsvertrag vom Verbot des § 181 BGB befreit. Oder der Gesellschaftsvertrag sieht lediglich eine entsprechende Ermächtigung vor. Die eigentliche Befreiung erfordert dann einen weiteren Gesellschafterbeschluss mit einfacher Mehrheit. Ein Gesellschafterbeschluss ohne eine solche Ermächtigung genügt für eine generelle Befreiung nicht.[13] **Die Befreiung (nicht hingegen die bloße Ermächtigung** Rn 3015**) muss in das Handelsregister eingetragen werden.**[14] Ist die Befreiung noch nicht Bestandteil des Gesellschaftsvertrages, muss der Alleingesellschafter den Gesellschaftsvertrag entsprechend ergänzen. Er kann 3017

---

[10] BGH v 8. 4. 1991 BGHZ 114, 167, 170; KG v 21. 3. 2006 GmbHR 2006, 653; OLG Köln v 2. 10. 1992 NJW 1993, 1018; OLG Frankfurt v 8. 12. 1982 NJW 1983, 945; Karsten Schmidt Gesellschaftsrecht § 36 II 3 b), S 1075; aA Zöllner/Noack in Baumbach/Hueck GmbHG § 35 Rn 132 mwN.

[11] Strittig, vgl H. Winter/Veil in Scholz GmbHG § 10 Rn 12 mwN.

[12] Vgl OLG Hamm v 2. 10. 1980 NJW 1982, 1105 f.

[13] OLG Hamm v 27. 4. 1998 GmbHR 1998, 682, 683 f; Uwe H. Schneider in Scholz GmbHG § 35 Rn 119 und 120; aA Zöllner/Noack in Baumbach/Hueck GmbHG § 35 Rn 140: Ermächtigung nur unmittelbar in der Satzung möglich.

[14] OLG Hamm v 27. 4. 1998 GmbHR 1998, 682, 683; Uwe H. Schneider in Scholz GmbHG § 35 Rn 124.

dann Geschäfte, die er vorher entgegen § 181 BGB vorgenommen hat und die demgemäß schwebend unwirksam sind, nachträglich genehmigen. **Der Alleingesellschafter-Geschäftführer muss auch jedes Rechtsgeschäft mit sich und der Gesellschaft unverzüglich nach Vornahme durch Niederschrift dokumentieren** (§ 35 Abs 3 S 2 GmbHG). Die Dokumentationspflicht gilt auch dann, wenn der Alleingesellschafter nicht der alleinige Geschäftsführer seiner Gesellschaft ist, sondern neben ihm noch Fremdgeschäftsführer bestellt worden sind. Voraussetzung für die Wirksamkeit des Rechtsgeschäfts ist die Dokumentation allerdings nicht. Sie war bisher schon aus steuerlichen Gründen empfehlenswert.[15] Versäumt der Alleingesellschafter-Geschäftsführer also, das Geschäft zu dokumentieren, so ist es deswegen jedenfalls nicht nichtig. Die Rechtswirkungen sind aber umstritten (dazu Rn 2003 betreffend Gesellschafterbeschlüsse und Rn 2043 betreffend Anstellungsvertrag).

3018 **Die Befreiung vom Selbstkontrahierungsverbot besteht fort, wenn der Geschäftsführer sämtliche Anteile der GmbH erwirbt, also Alleingesellschafter wird.** Das BayObLG war der Ansicht, dass diese Befreiung nicht gültig bleibt, sondern dass zunächst der Gesellschaftsvertrag geändert werden und die neu beschlossene Befreiung ins Handelsregister eingetragen werden müsse; erst dann seien Insichgeschäfte wirksam. Dem hat der BGH widersprochen. **Die frühere Befreiung bleibt in Kraft.** Eine erneute Eintragung in das Handelsregister ist nicht erforderlich.[16]

3019 **Zum Geschäftsführer kann sich der Alleingesellschafter auch ohne eine Befreiung von § 181 BGB bestellen;** den Anstellungsvertrag kann er aber mit sich selbst nur dann abschließen, wenn er von den Beschränkungen des § 181 BGB befreit ist (Rn 2049). **Bei der nach MitbestG mitbestimmten GmbH stellt sich das Problem nicht.** Denn gem § 31 MitbestG wird die Geschäftsführung vom Aufsichtsrat bestellt. § 181 BGB spielt deshalb für die Bestellung keine Rolle. Der Aufsichtsrat ist auch für den Abschluss des Anstellungsvertrages zuständig. Er kann auch Befreiung vom Verbot des Selbstkontrahierens erteilen, wenn der Gesellschaftsvertrag eine entsprechende Ermächtigung enthält. Wird der Anstellungsvertrag von einem Ausschuss beschlossen – was der Regel entspricht –, muss dem Ausschuss nach der neuen BGH-Rechtsprechung ein Vertreter der Arbeitnehmer angehören, wenn nicht sachliche Gründe dagegen sprechen (Rn 4077).[17]

2. Die gesetzliche Vertretung der führungslosen GmbH

3020 Es gibt, meistens in der Krise der Gesellschaft, **Fälle in denen eine GmbH führungslos ist, also keinen Geschäftsführer hat,** sei es dass der bisherige Geschäftsführer sein Amt niedergelegt hat, sei es dass er abberufen wurde oder gestorben ist. Seit dem 1. 11. 2008, seit dem MoMiG (s Einleitung), ist auch dieser Fall gesetzlich geregelt. **Verantwortlich ist in diesem Fall jeder(!) Gesellschafter.** Zwar kann der Gesellschafter die GmbH nicht aktiv vertreten, also Verträge abschließen oder Personal entlassen. Er ist jedoch verpflichtet, im Fall der Zahlungsunfähigkeit oder der Überschuldung Insolvenzantrag zu stellen (Rn 6063) – mit der Folge, dass er bei einem verspäteten Antrag wegen Insolvenzverschleppung haftet. Und an ihn können mit Wirkung für und gegen die GmbH Schriftstücke zugestellt (zB Klageschriften durch das Gericht) und Willenserklärungen (zB Mahnungen und Kündigungen) abgegeben werden, sog. passive Vertretung (Rn 3032). Der Gesetzgeber auferlegt also den Gesellschaftern sehr unangenehme Konsequenzen und Risiken, wenn sie die GmbH führungslos

---

[15] OFD Hannover v 27. 7. 1994 DStR 1994, 1459.
[16] BGH v 8. 4. 1991 BGHZ 114, 167, 170 = GmbHR 1991, 261, 262 f; BFH v 13. 3. 1991 GmbHR 1991, 332 f.
[17] BGH v 17. 5. 1993 WM 1993, 1330, 1335.

I. Vertretungsmacht　　　　　　　　　　　　　　　　　　　　**3021–3024**

lassen. Er will die Gesellschafter auf diese Weise veranlassen, möglichst bald wieder einen Geschäftsführer zu bestellen.

3. Rechtsgeschäftliche Vertretungsmacht

Die gesetzlichen Vertreter der GmbH können anderen Personen rechtsgeschäftlich Vertretungsmacht für die Gesellschaft erteilen. In jeder etwas größeren GmbH überwiegt die Zahl der Personen mit rechtsgeschäftlicher Vertretungsmacht bei weitem die Zahl der Geschäftsführer. Ohne rechtsgeschäftlich bestellte Vertreter ist in der Praxis nicht auszukommen. Denn die unternehmerische Aufgabe macht es der Geschäftsführung in der Regel unmöglich, sich um das Tagesgeschäft zu kümmern. Sie soll es auch nicht, wenn sie sich dadurch ihren übergeordneten Aufgaben entfremden würde. Die Delegation der Aufgaben zwingt dazu, den leitenden Mitarbeitern auch die entsprechenden Vertretungsvollmachten zu erteilen. **Die wichtigsten Vollmachten sind die Generalvollmacht, die Prokura und die Handlungsvollmacht.** 3021

Die Generalvollmacht ist gesetzlich nicht geregelt. Der Begriff wird auch vom Gesetz unterschiedlich gebraucht, was dem Verständnis nicht dienlich ist. **Mit Generalvollmacht wird in der unternehmerischen Praxis eine Rangstufe unmittelbar unter der Geschäftsführung bezeichnet.** Häufig, aber keineswegs immer, ist der Generalbevollmächtigte zugleich Prokurist und berechtigt, Grundstücksgeschäfte abzuschließen, was der Prokurist nur dann darf, wenn er dazu ausdrücklich ermächtigt worden ist. Der besondere Rang des Generalbevollmächtigten erschließt sich mittelbar aus §§ 105 AktG, 46 Nr 7 GmbHG. Nach § 105 Abs 1 AktG können sowohl Prokuristen als auch „zum gesamten Geschäftsbetrieb ermächtigte Handlungsbevollmächtigte" nicht in den Aufsichtsrat der Gesellschaft gewählt werden. Damit ist gesagt, dass es sich bei diesem Handlungsbevollmächtigten nicht um einen Handlungsbevollmächtigten nach § 54 HGB handelt, der zwar auch zu allen Geschäften ermächtigt werden kann, die „zum Betrieb eines Handelsgewerbes" gehören, die Handlungsvollmacht aber regelmäßig nur für seinen speziellen Aufgabenbereich erhält. § 105 Abs 1 AktG nennt ferner im gleichen Atemzug den Prokuristen. Der „zum gesamten Geschäftsbetrieb ermächtigte Handlungsbevollmächtigte" ist also die mindestens gleichrangige oder höhere Rangstufe. Das gleiche Ergebnis lässt sich aus der Bestimmung des § 46 Nr 7 GmbHG erschließen, nach der die Bestellung von Prokuristen und von „Handlungsbevollmächtigten zum gesamten Geschäftsbetrieb" den Gesellschaftern zugewiesen ist. § 6 Abs 2 MitbestG macht dies noch weiter klar. Er lässt die Wählbarkeit eines Prokuristen als Aufsichtsratsmitglied der Arbeitnehmer grundsätzlich zu, verbietet sie aber dann, wenn der Prokurist dem gesetzlichen Vertretungsorgan unmittelbar unterstellt und zur Ausübung der Prokura für das Gesamtunternehmen ermächtigt ist. Darin liegt der Kern des Begriffes. Der Generalbevollmächtigte kann, ohne gesetzlicher Vertreter zu sein, aufgrund der ihm erteilten Befugnis für das Gesamtgeschäft des Unternehmens handeln. **Die vollständige Übertragung der Geschäftsführungsverantwortung auf einen Bevollmächtigten ist unzulässig.** 3022

Das Recht der Gesellschafter, über die Bestellung von Generalbevollmächtigten zu entscheiden, bedeutet nicht, dass der entsprechende Beschluss unmittelbare Rechtswirkung hat. Mit ihrem Beschluss nach § 46 Nr 7 GmbHG ermächtigen die Gesellschafter die Geschäftsführung, die rechtsgeschäftliche Vollmacht zu erteilen. Das Vertretungsrecht ist Sache der Geschäftsführung. Erst wenn sie die Bevollmächtigung ausgesprochen hat, ist sie wirksam. Das gleiche gilt für die Bestellung eines Prokuristen. Im Innenverhältnis sind die Gesellschafter für die Bestellung zuständig, im Außenverhältnis die Geschäftsführung. 3023

Die Prokura ist gesetzlich geregelt in § 49 HGB. Sie muss in das Handelsregister eingetragen werden. **Die Eintragung wirkt** jedoch **nicht konstitutiv,** ebenso 3024 wenig wie die Eintragung des Geschäftsführers. Der Umfang der Prokura ist gesetzlich definiert. Die Prokura ermächtigt

„zu allen Arten von gerichtlichen und außergerichtlichen Geschäften und Rechtshandlungen, die der Betrieb eines Handelsgewerbes mit sich bringt".

Der Prokurist zeichnet die Firma unter Hinzufügung von „ppa" vor seiner Unterschrift. Wichtig ist, dass sich die Rechtsmacht nicht nur auf den Betrieb „dieses" Unternehmens und dessen Geschäfte bezieht, sondern auf alle Geschäfte und Rechtshandlungen, die „ein" Handelsgewerbe mit sich bringen kann. Er könnte also auch Geschäfte machen, die für sein Unternehmen fremd wären. Zur Veräußerung und Belastung von Grundstücken ist der Prokurist nur dann ermächtigt, wenn ihm diese Befugnis besonders erteilt worden ist (§ 49 Abs 2 HGB). **Ebenso wie die Vertretungsmacht des Geschäftsführers ist eine Beschränkung der Vertretungsmacht des Prokuristen Dritten gegenüber unwirksam.** Die einzige Möglichkeit, den Umfang der Prokura nach außen zu beschränken, ist die **Niederlassungsprokura.** Es muss sich um eine im Handelsregister eingetragene und unter einer Firma geführte Niederlassung des Unternehmens handeln, die sich von der Hauptfirma unterscheidet. Ein Zusatz, der die Zweigniederlassung als solche kennzeichnet, genügt (§ 50 Abs 3 HGB). Die Prokura kann als **Einzelprokura** erteilt werden oder als **Gesamtprokura.** Gesamtprokura bedeutet, dass der Prokurist nur zusammen mit einem anderen Prokuristen oder mit einem Geschäftsführer zeichnen darf. Gesamtprokura ist auch zulässig, wenn nur ein Geschäftsführer vorhanden ist. Der Geschäftsführer seinerseits ist an die Mitzeichnung nicht gebunden. Das würde der Unbeschränkbarkeit der Vertretungsbefugnis des Geschäftsführers nach § 37 Abs 2 GmbHG widersprechen. Der Prokurist darf aber nicht ohne den Geschäftsführer oder – wenn noch weitere Prokuristen bestellt sind nicht ohne einen zweiten Prokuristen zeichnen. **Sind** jedoch mehrere **Geschäftsführer bestellt, und haben sie Gesamtvertretungsmacht, kann im Gesellschaftsvertrag eine sog unechte Gesamtvertretung angeordnet werden.** Das bedeutet, dass die GmbH gesetzlich durch einen Geschäftsführer zusammen mit einem Prokuristen vertreten werden kann (Rn 3007). In diesem Fall erweitert sich die Vertretungsmacht des Prokuristen automatisch auf den Umfang der Vertretungsmacht des Geschäftsführers.

3025 **Intern ist die Vollmacht des Prokuristen in der Regel auf den Geschäftsbereich beschränkt, für den er im Unternehmen verantwortlich ist.** Darin unterscheidet er sich vom Generalbevollmächtigten (Rn 3022) und steht insoweit dem Handlungsbevollmächtigten (Rn 3026) gleich. In größeren Unternehmen dürfen die Prokuristen ihre Unterschrift als Kontrollunterschrift regelmäßig auch in anderen Geschäftsbereichen geben. Das Vier-Augen-Prinzip, das in Deutschland üblich ist, bietet eine etwas größere Sicherheit gegen Missbräuche als das Recht der Einzelunterschrift (Rn 3008).

3026 **Die Handlungsvollmacht ist in § 54 HGB definiert.** Sie verleiht eine gegenüber der Prokura deutlich geringere Handlungsmacht und kann sogar auch nach außen auf einzelne Geschäfte beschränkt sein. Nach innen ist sie meistens auf den Aufgabenbereich des Handlungsbevollmächtigten beschränkt. Nach außen gilt sie in jedem Falle nur für Geschäfte und Rechtshandlungen, die der Betrieb eines „derartigen" Handelsgewerbes mit sich bringt. Der Handlungsbevollmächtigte zeichnet mit „iV". Damit ist für den Geschäftsgegner klar, dass der Handlungsbevollmächtigte zB eines Parfümerie-Geschäftes, Parfümerien und alles, was dazu gehört, für Rechnung des Unternehmens einkaufen kann, aber nicht den Pkw, den er gern hätte. Er kann auch keine Wechselverbindlichkeiten eingehen, keine Darlehen aufnehmen und für sein Unternehmen auch keine Prozesse führen, sondern dies alles nur, wenn ihm die Befugnis dazu ausdrücklich verliehen worden ist.

I. Vertretungsmacht

Die Grundsätze der Anscheins- und Duldungsvollmacht gelten auch gegenüber der GmbH. Wenn Umstände geschaffen und zugelassen werden, aus denen ein Geschäftspartner auf eine Vollmacht schließen muss, so wird die GmbH aufgrund dieser Anscheinsvollmacht verpflichtet. Entsprechendes gilt, wenn die Geschäftsführer es zulassen, dass ein Bevollmächtigter ständig seine Kompetenzen überschreitet. Dann haben sie den Rechtsschein geduldet, dass die GmbH sich durch das Handeln dieses Angestellten verpflichten lassen wolle. Es gehört zu den Führungsaufgaben der Geschäftsführung zu überwachen bzw überwachen zu lassen, dass nur im Rahmen erteilter Vollmachten gehandelt wird. **Muss aus Rechtsschein gehaftet werden und entsteht der GmbH ein Schaden, haften die Geschäftsführer der Gesellschaft gem § 43 Abs 2 GmbHG, wenn sie die Überwachung versäumt haben.** 3027

4. Stellvertretender Geschäftsführer

Stellvertreter von Geschäftsführern haben, wenn sie als solche bestellt worden sind, nach außen die gleichen Rechte und Pflichten wie ordentliche Geschäftsführer. Das bestimmt § 44 GmbHG ausdrücklich. Sie müssen bei ihrer Anmeldung zum Handelsregister die gleichen Versicherungen abgeben wie ordentliche Geschäftsführer (§ 8 GmbHG). Sie vertreten die Gesellschaft in gleicher Weise, sowohl aktiv als auch passiv, in der Regel allerdings nur als Gesamtvertreter. Sie müssen mit unterzeichnen, wenn gem § 78 GmbHG Anmeldungen zum Handelsregister durch sämtliche Geschäftsführer zu erfolgen haben.[18] **Die Bestellung zum stellvertretenden Geschäftsführer ist meist eine auf internen Regelungen beruhende Rangabstufung.** Sie kann aber nicht in das Handelsregister eingetragen werden. Die Literatur stand überwiegend auf dem gegenteiligen Standpunkt. 1997 ist die Frage vom BGH im hier vorgetragenen Sinne entschieden worden.[19] Der BGH hat einen entsprechenden Beschluss des BayObLG bestätigt. Zu stellvertretenden Geschäftsführern werden meist junge Geschäftsführer in ihrer ersten Bestellungsperiode auf zwei oder drei Jahre als einer Art Probezeit bestellt. Die Bestellung zu Stellvertretern im buchstäblichen Wortsinn, dh dass sie nur als Geschäftsführer handeln dürfen, wenn kein ordentlicher Geschäftsführer zur Verfügung steht, dürfte kaum vorkommen und wäre nach außen wegen § 44 GmbHG auch unerheblich. Intern können die Zuständigkeiten und Befugnisse abgestuft sein (§ 37 Abs 1 GmbHG). Das geschieht entweder in der Geschäftsordnung für die Geschäftsführer oder im Anstellungsvertrag. Der Anstellungsvertrag sieht in der Regel auch eine geringere Vergütung vor als sie für ordentliche Geschäftsführer üblich ist. **Unzulässig ist es, stellvertretende Geschäftsführer von den Beratungen und Entscheidungen des Gesamtorgans auszuschließen.** Da sie wie ordentliche Geschäftsführer haften, müssen sie auch an der Meinungsbildung und an der Entscheidungsfindung beteiligt werden (Rn 3041). 3028

5. Passive Vertretung – Wissenszurechnung

Für passive Vertretung besteht Einzelvertretung, auch wenn sonst Gesamtvertretung vorgeschrieben ist. Mit passiver Vertretung ist die Vertretung der GmbH gemeint, wenn an sie eine rechtsgeschäftliche Erklärung gerichtet wird. Für einen rechtswirksamen Zugang genügt es, wenn die Willenserklärung einem von mehreren Geschäftsführern zugeht (§ 35 Abs 2 S 2 GmbHG). Geht die Erklärung einem Prokuristen zu, der nur Gesamtprokura hat, so ist die Erklärung der GmbH gegenüber eben- 3029

---
[18] Schulze-Osterloh in Baumbach/Hueck GmbHG § 78 Rn 9.
[19] BGH v 10. 11. 1997 GmbHR 1998, 181, 182 f.

falls wirksam abgegeben, wenn die Erklärung den rechtlichen Handlungsbereich eines Prokuristen betrifft (Rn 3024). Entsprechendes gilt für die Abgabe einer Erklärung an einen Handlungsbevollmächtigten (§ 54 HGB und Rn 3026). Der Grundsatz, dass eine Willenserklärung, die an mehrere gemeinschaftlich Vertretungsberechtigte zu richten ist, wirksam abgegeben ist, wenn sie nur einem Mitglied des „Gremiums" gegenüber abgegeben worden ist, gilt für alle juristischen Personen (so auch § 170 Abs 3 ZPO).

3030 **Passive Einzelvertretung gilt auch für Erklärungen, die an den Aufsichtsrat gerichtet sind,** wenn der Aufsichtsrat, wie zB bei der nach MitbestG mitbestimmten GmbH, Vertretungsrechte hat. Ein Geschäftsführer, der sein Amt niederlegen oder kündigen oder sonst eine rechtserhebliche Erklärung dem Aufsichtsrat gegenüber abgeben will, kann die Erklärung wirksam gegenüber jedem Aufsichtsratsmitglied abgeben.[20] Normalerweise ist der Adressat der Aufsichtsratsvorsitzende; in dessen Abwesenheit ist es sein Stellvertreter. Das entspricht dem Organisationsgefälle. Wirksam ist die Erklärung aber auch, wenn sie einem anderen Aufsichtsratsmitglied, das keine besondere Funktion hat, zugeht. **Auch eine einstweilige Verfügung,** die der Geschäftsführer dem Aufsichtsrat zustellen will, um ihm zB seine Abberufung als Geschäftsführer zu verbieten, **ist dem Aufsichtsrat wirksam zugegangen, wenn sie einem Aufsichtsratsmitglied zugestellt worden ist.**[21]

3031 **Passive Einzelvertretung gilt schließlich auch für Erklärungen, die an die Gesellschafter gerichtet sind,** wenn diese vertretungsbefugt sind, wie zB bei der Niederlegung des Geschäftsführeramts (§ 46 Nr 5 GmbHG), oder bei der Kündigung eines Anstellungsvertrags durch einen Geschäftsführer.[22] Es genügt also, die Niederlegung oder die Kündigung nur einem der Gesellschafter zugehen zu lassen. Die Niederlegung des Geschäftsführeramts gegenüber einem Mitgeschäftsführer genügt nicht (Rn 2034, 2046).[23]

3032 **Bei der GmbH ohne Geschäftsführer, der führungslosen GmbH** (Rn 3020), können nach § 35 Abs 1 S 2 GmbHG sogar **wirksam der GmbH gegenüber sämtliche Willenserklärungen** dadurch abgegeben **und sämtliche Schriftstücke** dadurch zugestellt werden, dass sie **an einen der Gesellschafter** (der mit Adresse aus dem Handelsregister ersichtlich ist, § 40 Abs 1 GmbHG) gelangen. Jeder einzelne Gesellschafter ist bei der führungslosen GmbH Empfangsvertreter.[24] Damit wird ua dem Fall vorgebeugt, dass die Gesellschafter versuchen, durch eine Abberufung der Geschäftsführer Zustellungen und den Zugang von Erklärungen an die Gesellschaft zu vereiteln.

3033 **Ein wichtiges Thema ist auch die Wissenszurechnung.** Wissenszurechnung bedeutet, dass die Kenntnis einer Person der GmbH als Kenntnis zugerechnet wird. **Wissenszurechnung wird grundsätzlich genauso behandelt wie die Passivvertretung.** Wenn dort Einzelvertretung gilt (Rn 3029), so wird hier angenommen, dass die GmbH weiß, was auch nur ein Geschäftsführer weiß.[25] Seine Kenntnis wird allen Geschäftsführern als Kenntnis zugerechnet. **Das ist von großer Bedeutung zB bei Aufklärungspflichten einem Vertragspartner gegenüber** (Rn 7055). Sind dem handelnden Geschäftsführer Informationen nicht weitergegeben worden, über deren Inhalt

---

[20] BGH v 6. 4. 1964 BGHZ 41, 282, 287; Uwe H. Schneider in Scholz GmbHG § 52 Rn 118; aA Lutter/Hommelhoff GmbHG § 52 Rn 47: nur Aufsichtsratvorsitzender.

[21] Vgl Kreisgericht Gera Rn 2027 mit Fn 30.

[22] BGH v 17. 9. 2001 BGHZ 149, 28, 31 f = GmbHR 2002, 26, 27; zweifelnd bei einer GmbH mit größerem Gesellschafterkreis Zöllner/Noack in Baumbach/Hueck GmbHG § 38 Rn 83; Uwe H. Schneider in Scholz GmbHG § 38 Rn 91.

[23] OLG Düsseldorf v 3. 6. 2005 GmbHR 2005, 932; aA Uwe H. Schneider/Sethe in Scholz GmbHG § 35 Rn 197.

[24] Regierungsbegründung zum Entwurf eines Gesetzes zur Modernisierung des GmbH-Rechts und zu Bekämpfung von Missbräuchen (MoMiG) Bundestags-Drucksache 16/6140 S 101.

[25] BGH v 8. 12. 1989 BGHZ 109, 327, 330 f.

er seinen Vertragspartner hätte aufklären müssen, haftet die GmbH uU wegen Verschulden bei Vertragsanbahnung (§ 311 Abs 2 BGB). In der Literatur werden einschränkende Voraussetzungen für die Wissenszurechnung und daran geknüpfte Haftungsfolgen für die GmbH aufgestellt. Es wird verlangt, dass der Geschäftsführer, der die Kenntnis erlangt hatte, für die in Frage stehende Angelegenheit wenigstens hätte zuständig sein müssen,[26] oder der Vertragspartner davon ausgehen konnte, dass bei einer GmbH des Zuschnitts, mit der er verhandelt, die Weitergabe von Informationen so organisiert ist, dass sein Verhandlungspartner die relevanten Tatsachen kennt.[27] Die Rechtsprechung folgt diesen Einschränkungen nicht. **Nach dem BGH erstreckt sich die Wissenszurechnung sogar auch auf das Wissen inzwischen ausgeschiedener Organmitglieder.**[28] Auch das Wissen der „verfassungsmäßig berufenen Vertreter" (§ 31 BGB) rechnet er der GmbH zu, also das Wissen von Personen, die nach der Arbeitsorganisation des Unternehmens im Rechtsverkehr als dessen Repräsentanten auftreten und in gewissem Umfang in eigener Verantwortung zu handeln haben, also zB Niederlassungsleiter. Von ihnen wird erwartet, dass sie die in ihrem Geschäftsbereich anfallenden Informationen aufnehmen und an die zuständige Stelle weitergeben.[29]

Die Probleme der Wissenszurechnung zeigen, wie wichtig es ist, auf eine funktionierende Organisation zu achten, also auch auf einen funktionierenden Informationsfluss innerhalb des Unternehmens bis hin zur Geschäftsführung und der Dokumentation der wesentlichen Informationen für die Nachfolger im Amt. **Geschäftsführer, die nicht nachweisen können, dass sie für die Weitergabe wesentlicher Informationen gesorgt haben, haften, wenn die Nichtweitergabe zu Schäden führt.** Das kann auch ausgeschiedene Geschäftsführer noch nach Jahren treffen, wenn sich herausstellt, dass Informationen durch ihr Versäumnis verloren gegangen sind. Die unverzügliche Weitergabe von Informationen kann zB für die Einhaltung der Zwei-Wochen-Frist des § 626 Abs 2 BGB bei einer fristlosen Kündigung entscheidend sein. Die Frist beginnt zu laufen, wenn ein Geschäftsführer von Tatsachen erfährt, die einen wichtigen Grund zur Kündigung eines Angestellten abgeben könnten; ob er in seinem Ressort mit der Sache zu tun hat, ist unerheblich. Hat er den zuständigen Geschäftsführer oder das Kollegium nicht unverzüglich unterrichtet und dadurch verschuldet, dass die Kündigungsfrist ungenutzt verstreicht, hat er für die Folgen einzustehen. Er hat auch dafür einzustehen, wenn er bei üblicher Sorgfalt den Sachverhalt hätte erkennen können. **Probleme der Wissenszurechnung kommen in allen Bereichen der Geschäftsführung vor.**

II. Geschäftsführung

1. Umfang der Geschäftsführungsbefugnis – Weisungsrecht – Zustimmungsvorbehalte

Unter Geschäftsführung versteht man die wirtschaftliche Leitung des Unternehmens. Die Geschäftsführung hat das Ziel, den Gegenstand des Unternehmens, wie er im Gesellschaftsvertrag formuliert ist (§ 3 Abs 1 Nr 2 GmbHG), zu verwirklichen. **Die Geschäftsführung ist grundsätzlich allumfassend.** Zur Geschäftsfüh-

---

[26] Koppensteiner in Rowedder/Schmidt-Leithoff GmbHG § 35 Rn 63.
[27] Uwe H. Schneider in Scholz GmbHG § 35 Rn 83 a f; Zöllner/Noack in Baumbach/Hueck GmbHG § 35 Rn 150.
[28] BGH v 8. 12. 1989 BGHZ 109, 327, 331; BGH v 31. 1. 1996 ZIP 1996, 500, 502; BGH v 2. 2. 1996 BGHZ 132, 30, 35.
[29] Vgl dazu die Übersichten bei Palandt BGB § 166 Rn 8; Zöllner/Noack in Baumbach/Hueck GmbHG § 35 Rn 147 ff; Uwe H. Schneider in Scholz GmbHG § 35 Rn 88 ff.

rung gehören Planung, Entscheidung, Produktion, Abschluss von Rechtsgeschäften, interne Organisation, Überwachung, Personalpolitik, kurz alles, was notwendig und zweckmäßig ist, um das Ziel des Unternehmens zu erreichen. Der Unternehmensgegenstand beschreibt und beschränkt zugleich den Umfang der Geschäftsführungsaufgabe, nicht dagegen die Vertretungsmacht, die prinzipiell unbeschränkt, also auch nicht durch den Unternehmensgegenstand begrenzt ist (Rn 3009).

3036 **Die Geschäftsführungsbefugnis kann durch interne Regelungen eingeschränkt werden.** Das GmbHG gewährt den Gesellschaftern maßgebenden Einfluss auf die Geschäftsführung (§§ 37 Abs 1, 46 GmbHG). Insoweit sind die Gesellschafter für das Schicksal der Gesellschaft mitverantwortlich. Sie haben die Personalkompetenz, dh das Recht zur Bestellung und Abberufung der Geschäftsführer, das Recht zur Ernennung eines Vorsitzenden der Geschäftsführung oder eines Sprechers (Rn 2014), das Prüfungs- und Überwachungsrecht gegenüber den Geschäftsführern, das – interne – Bestellungsrecht von Prokuristen und Handlungsbevollmächtigten zum gesamten Geschäftsbetrieb (Generalvollmacht) (Rn 3022 ff) und iVm § 37 GmbHG ein **Weisungsrecht** (Rn 4000 ff). **Das Weisungsrecht** der GmbH-Gesellschafter gegenüber den Geschäftsführern **besteht auch neben einem nach MitbestG mitbestimmtem Aufsichtsrat.** In solch mitbestimmten GmbHs können die Gesellschafter zwar nicht mehr selbst ihre Geschäftsführer bestellen und abberufen (Rn 2003); auch die Anstellungsbedingungen können sie nur noch in beschränktem Umfang festsetzen (Rn 2035). Ihnen ist aber das Weisungsrecht geblieben (Rn 4069). Das wurde nach Erlass des MitbestG von einigen Autoren angezweifelt, ist aber heute nicht mehr bestritten.[30] Sie können ihr Weisungsrecht an einen Beirat, an einen einzelnen oder an eine Gruppe von Gesellschaftern delegieren. Die Gesellschafter haben einen weiten Ermessensspielraum, innerhalb dessen sie die Geschäftsführer intern beschränken können. Sie können den Geschäftsführern jedoch nicht die Zuständigkeiten nehmen, die diese benötigen, um die öffentlich-rechtlichen Pflichten zu erfüllen und dafür die zweckmäßige Organisation zu schaffen sowie für die Erreichung des Unternehmenszwecks zu sorgen (Rn 1092, 4000, 7028 ff). Die Geschäftsführer haben den Weisungen der Gesellschafter Folge zu leisten (§ 37 Abs 2 GmbHG).

3037 **Die Gesellschafter können Geschäfte und Maßnahmen der Geschäftsführung an ihre Zustimmung binden.** Das können sie schon im Gesellschaftsvertrag tun oder in einer später beschlossenen Geschäftsordnung oder jederzeit durch ergänzende Gesellschafterbeschlüsse. Sie können ihr Zustimmungsrecht auch delegieren, zB auf einen Aufsichtsrat, einen Beirat, einen einzelnen Gesellschafter, auch auf eine außenstehende Person. Der Katalog solcher zustimmungspflichtigen Geschäfte und Maßnahmen ist je nach Gegenstand des Unternehmens, nach Größe, Branche und Struktur der Geschäftsführung recht unterschiedlich. Soll er Bestandteil des Gesellschaftsvertrages sein, bedeutet das einen gewissen Mangel an Flexibilität, weil eine Änderung stets einer Dreiviertel-Mehrheit bedarf, notariell protokolliert werden und im Handelsregister eingetragen sein muss, bevor die Änderung wirksam wird (§ 53 GmbHG). **Ist der Katalog Bestandteil einer Geschäftsordnung, kann er mit einfacher Mehrheit angepasst werden** (Rn 5005). Zustimmungspflichtige Geschäfte und Maßnahmen sind in der Regel solche von größerer Bedeutung, zB Investitionen, Erwerb und Veräußerung von Beteiligungen, von Grundstücksgeschäften, Einstellung von hoch bezahltem Personal, Einführung von Altersversorgungssystemen usw. Häufig ist auch vorgeschrieben, dass die Geschäftsführung jeweils rechtzeitig vor dem neuen Geschäftsjahr ihre Planung vorlegt (den Investitionsplan, den Finanzplan, den Personalplan, die Umsatz- und Ergebnisplanung usw), um die Zustimmung zu dieser Planung einzuholen (vgl

---

[30] BVerfG v 1. 3. 1979 BVerfGE 50, 290, 346 f; BGH v 14. 11. 1983 BGHZ 89, 48, 57; vgl auch Uwe H. Schneider in Scholz GmbHG § 37 Rn 42.

II. Geschäftsführung

dazu im Einzelnen §§ 4 und 5 der in Rn 3042 abgedruckten Muster-Geschäftsordnung). Für die Gesellschafter ist die Diskussion dieser Pläne, der Abgleich früherer Pläne mit der Realität sowie der monatliche Ziel-Ist-Vergleich ein probates Mittel, um die Geschäftsführung zu überwachen, dh um sich ein Bild von der Qualität ihrer Geschäftsführung zu machen.

Es gibt auch Einschränkungen der Geschäftsführungsbefugnis aus der Natur der Sache. Der BGH hat zB entschieden, dass die Änderung einer langjährig verfolgten Geschäftspolitik nicht von den Geschäftsführern allein beschlossen werden kann, sondern von den Gesellschaftern akzeptiert, dh ihnen zur Zustimmung vorgelegt werden muss. Er hat es für gerechtfertigt gehalten, dass Geschäftsführer, die das nicht getan haben, fristlos entlassen wurden.[31] Darüber hinaus werden in der Literatur folgende Fallgruppen als ipso iure zustimmungspflichtige Maßnahmen angesehen:[32]   3038

– Maßnahmen, die außerhalb des in der Satzung festgelegten Unternehmensgegenstandes liegen.
– Maßnahmen, die den von den Gesellschaftern festgelegten Grundsätzen der Geschäftspolitik widersprechen, wie etwa die Aufnahme neuer Produktgruppen oder die Umstellung der Vertriebswege.
– Maßnahmen, die wegen ihrer Bedeutung und den mit ihnen verbundenen Gefahren Ausnahmecharakter haben. Hierzu zählen etwa der Verkauf eines bedeutenden Betriebes oder Betriebsteils, die Gewährung eines großen Kredits, Rechtsgeschäfte mit einzelnen Gesellschaftern oder Mitgeschäftsführern, sofern diese einen bedeutenderen Umfang bzw einen ungewöhnlichen Inhalt haben oder ein erhebliches Risiko enthalten, die Beteiligung eines stillen Gesellschafters usw.
– Maßnahmen, bei denen mit einem Widerspruch der Gesellschafter zu rechnen wäre, wenn sie hiervon Kenntnis hätten.

2. Gesamtgeschäftsführung

Wenn mehrere Geschäftsführer bestellt sind, steht ihnen die Geschäftsführung grundsätzlich nur gemeinschaftlich zu. Das ist gesetzlich zwar nur für die Vertretung und nicht ausdrücklich für die Geschäftsführung geregelt. Da die Geschäftsführer aber von Gesetzes wegen, falls keine abweichenden Regeln getroffen sind, gem § 43 Abs 2 GmbHG solidarisch haften, wenn auch nur einer seine Pflichten verletzt (Rn 7012ff, 7092ff), müssen sie auch gemeinschaftlich entscheiden. Das ist in der Praxis nicht für jede Maßnahme durchführbar, genauso wenig wie die Gesamtvertretung (Rn 3006, 3013). Deshalb wird meist eine abweichende Regelung getroffen, die den praktischen Bedürfnissen Rechnung trägt. Diese sog Geschäftsverteilung (vgl auch Rn 7092) ist üblicherweise Bestandteil einer Geschäftsordnung, in der die Zusammenarbeit der Geschäftsführer festgelegt wird.   3039

Wie die Verantwortungsbereiche verteilt werden, beschließen grundsätzlich die Gesellschafter. Von Gesetzes wegen festgelegt ist lediglich das Ressort des Arbeitsdirektors; denn dem Arbeitsdirektor, der nach § 33 MitbestG bei GmbHs ab 2000 Arbeitnehmern zu bestellen ist, muss der Kernbereich des Personal- und Sozialwesens übertragen sein.[33] Zweckmäßigerweise nimmt man die **Geschäftsverteilung** nicht unmittelbar in die **Geschäftsordnung** selbst auf, sondern beschließt diesen Geschäftsverteilungsplan eigenständig. Auf ihn wird also in der Geschäftsordnung lediglich Bezug genommen. Bei einer solchen Vorgehensweise kann der Geschäftsverteilungsplan leichter geänderten Verhältnissen angepasst werden, ohne dass immer eine Diskussion über die Geschäftsordnung insgesamt ausbricht. **Die Gesellschafter** oder ein anderes Aufsichtsorgan   3040

---

[31] BGH v 25. 2. 1991 DB 1991, 904, 905f.
[32] Zöllner/Noack in Baumbach/Hueck GmbHG § 37 Rn 8ff; Uwe H. Schneider in Scholz GmbHG § 37 Rn 12ff.
[33] Näheres bei Hoffmann/Lehmann/Weimann MitbestG § 33 Rn 10ff sowie unten Rn 343 Kn 7.

können aber auch **den Geschäftsführern aufgeben, von sich aus eine Geschäftsordnung zu entwerfen,** für die sie sich die Zustimmung vorbehalten. Die Geschäftsführer stehen dem praktischen Ablauf der Dinge innerhalb der Gesellschaft am nächsten. Ob nun eine Geschäftsverteilung nach Sparten erfolgt oder nach Niederlassungen, oder ob eine Matrix-Organisation gewählt wird, dh eine Organisation, bei der bestimmte Funktionen wie Finanzwesen, Controlling, Rechtswesen, Datenverarbeitung, Ingenieurwesen und dgl quer durch die Produktsparten hindurch wirken, ändert an den grundsätzlichen Problemen einer vernünftigen Zusammenarbeit nichts. Sie werden deshalb anhand der Mustergeschäftsordnung (Rn 3042) und den Kommentarnoten dazu (Rn 3043) erläutert.

3041 **Je größer die Zahl der Geschäftsführer ist, umso wichtiger ist das Verfahren der gegenseitigen Abstimmung und die Abgrenzung der Verantwortungsbereiche** (vgl auch Rn 1189). Von zentraler Bedeutung ist, dass erstens die **Geschäftsführer sich gegenseitig** regelmäßig über die Vorgänge in ihrem Ressort **informieren** und dass zweitens **jeder Geschäftsführer verpflichtet** ist, **die anderen Geschäftsführer zu überwachen** und sich, falls Zweifel bestehen, intensiver zu informieren (Rn 7013).[34] Die gegenseitige Information erfolgt üblicherweise an einem jour fixe (meistens Montag Vormittag oder Freitag Nachmittag) in einer Geschäftsleiterbesprechung oder -telefonkonferenz, in der jeder aus seinem Ressort berichtet und ressortübergreifende Dinge besprochen werden. Die Ergebnisse werden protokolliert; das Protokoll wird vom Vorsitzenden oder Sprecher verantwortet. Problematisch, aber nicht verbietbar,[35] ist es, Informationen unmittelbar von den Mitarbeitern aus dem anderen Ressort zu beschaffen. Da ein Geschäftsführer mit dieser Art von Informationsbeschaffung kundgibt, er misstraue der Information durch den anderen Geschäftsführer, sollte davon nur Gebrauch gemacht werden, wenn es nicht anders geht. Im Rahmen der Überwachung **muss gegebenenfalls einer Entscheidung** oder einer bevorstehenden Entscheidung **des anderen Geschäftsführers** in seinem Bereich in der Geschäftsleiterbesprechung oder auf andere Art und Weise **widersprochen** (Rn 7013f, 7080 f) oder die Entscheidung der Gesamtgeschäftsführung eingeholt **werden.** Von zentraler Bedeutung ist außerdem, dass **in bestimmten Kernbereichen** (unternehmerische Grundsatzentscheidungen einschließlich der Einstellung leitender Angestellter,[36] Krise, Insolvenz, Kapitalerhaltung,[37] Risikomanagement) **stets sämtliche Geschäftsführer handeln müssen. Insoweit ist eine Geschäftsverteilung gar nicht möglich** (Rn 7014). Das alles gilt selbst dann, wenn ein Geschäftsführer nur nach außen hin, aus repräsentativen Gründen, Geschäftsführer ist, also überhaupt keinen eigenen Geschäftsbereich besitzt, sog Zölibatsgeschäftsführer (Rn 2018).

3. Mustergeschäftsordnung

3042
Muster-Geschäftsordnung
für die Geschäftsführung der Solid GmbH

§ 1 Allgemeine Grundsätze, gemeinsame Behandlung, Eilfälle

(1) Die Geschäftsführer führen die Geschäfte der Gesellschaft mit der Sorgfalt eines ordentlichen Geschäftsmanns und nach Maßgabe der Gesetze, des Gesellschaftsvertrages, dieser Geschäfts-

---

[34] Zur Frage der Information und der Überwachung ausländischer Geschäftsführer Rn 2009.

[35] Peters GmbHR 2008, 682 ff; OLG Koblenz v 22. 11. 2007 GmbHR 2008 37, 39: Aufhebung einer Weisung des anderen Geschäftsführers, gestützt auf ein Gesellschafterbeschluss, an die Mitarbeiter, dem ressortlosen (Zölibats-) Geschäftsführer keine Informationen zu erteilen im Wege der einstweiligen Verfügung.

[36] OLG Koblenz v 22. 11. 2007 GmbHR 2008, 37, 40.

[37] BGH v 20. 3. 1986 NJW-RR 1986, 1293, 1294.

II. Geschäftsführung **3042**

ordnung sowie der von Fall zu Fall gefassten Beschlüsse der Gesellschafter (des Aufsichtsrats, Beirats) *(Kn 1)*.

(2) Die Geschäftsführer arbeiten eng und vertrauensvoll zum Wohle des Unternehmens, seiner Gesellschafter und seiner Belegschaft zusammen. Sie sind in allen Angelegenheiten, die über den normalen Geschäftsablauf hinausgehen, zur gemeinschaftlichen Geschäftsführung verpflichtet und berechtigt. Sie unterrichten sich gegenseitig über die Entwicklung ihrer Arbeitsgebiete und über alle wichtigen Geschäftsvorgänge in ihren Aufgabenbereichen *(Kn 2)*.

(3) Unbeschadet der Verpflichtung zu enger Zusammenarbeit und zur gemeinschaftlichen Geschäftsführung leitet jeder Geschäftsführer den ihm zugewiesenen Geschäftsführungsbereich selbständig *(Kn 3)*.

(4) Angelegenheiten, die über den normalen Geschäftsablauf hinausgehen, werden von den Geschäftsführern gemeinsam behandelt. Ferner werden alle Angelegenheiten gemeinsam behandelt,
a) die der Zustimmung der Gesellschafter (des Aufsichtsrats, des Beirats) bedürfen und
b) über die den Gesellschaftern (dem Aufsichtsrat, dem Beirat) zu berichten ist *(Kn 4)*.

(5) Jeder Geschäftsführer ist berechtigt, einer Geschäftsführungsmaßnahme eines anderen Geschäftsführers zu widersprechen, wenn er dazu in Angelegenheiten, die in den Bereich der gemeinschaftlichen Geschäftsführung fallen, Anlass sieht. Widerspricht ein Geschäftsführer, hat die Maßnahme zu unterbleiben, bis die Geschäftsführung gemeinsam über die Meinungsverschiedenheit beraten und einen Beschluss gefasst hat. Widerspricht der Geschäftsführer auch diesem Beschluss, ist die Angelegenheit den Gesellschaftern (dem Aufsichtsrat, dem Beirat) vorzulegen *(Kn 5)*.

(6) Duldet eine Angelegenheit, die an sich von den Geschäftsführern gemeinsam zu behandeln wäre, keinen Aufschub, weil sonst erhebliche Nachteile für die Gesellschaft drohen, kann der zuständige Geschäftsführer selbstständig handeln. Er hat die anderen Geschäftsführer sobald als möglich über dieses Handeln zu unterrichten. In Angelegenheiten, die der Zustimmung der Gesellschafter (des Aufsichtsrats, des Beirats) bedürfen, ist die Zustimmung auch in dringenden Angelegenheiten einzuholen.

§ 2 Ressortzuständigkeit

Die Verteilung der Ressorts auf die Geschäftsführer ergibt sich aus dem jeweils gültigen Geschäftsverteilungsplan, über den die Gesellschafter (Aufsichtsrat, Beirat) beschließen *(Kn 6, 7)*.

§ 3 Sitzungen und Beschlüsse der Geschäftsführung, Protokoll

(1) Geschäftsführungssitzungen sollen in regelmäßigem Turnus, im allgemeinen einmal wöchentlich, sowie dann stattfinden, wenn dafür ein Bedürfnis besteht. Jeder Geschäftsführer kann die Einberufung einer außerordentlichen Geschäftsführungssitzung verlangen *(Kn 8)*.

(2) Der Vorsitzende (Sprecher) der Geschäftsführung *(Kn 9)* stellt eine Tagesordnung auf und verteilt sie rechtzeitig vor der Sitzung an die Geschäftsführer. Er sorgt auch dafür, dass die notwendigen Informationen zur Entscheidung über die Tagesordnungspunkte den Geschäftsführern rechtzeitig zugehen. Jeder Geschäftsführer kann dem Vorsitzenden (Sprecher) der Geschäftsführung bestimmte Gegenstände zur Aufnahme in die Tagesordnung vorschlagen. Über die Zulassung von Tagesordnungspunkten, die nicht in der Tagesordnung enthalten sind, wird in der Geschäftsführungssitzung entschieden. Tagesordnungspunkte, die einer besonderen Geheimhaltung bedürfen, brauchen nicht in die allgemeine Tagesordnung aufgenommen zu werden. Der Vorsitzende (Sprecher) der Geschäftsführung macht sie den Geschäftsführern in geeigneter Weise bekannt.

(3) Die Sitzungen werden vom Vorsitzenden (Sprecher) der Geschäftsführung geleitet. Ist er abwesend, bestimmt er den Leiter der Sitzungen und denjenigen, der für die Aufstellung der Tagesordnung sorgt, es sei denn, dass die Gesellschafter (der Aufsichtsrat, der Beirat) einen Stellvertreter ernannt haben.

(4) Beschlüsse, die die Geschäftsführer auf den gemeinsamen Sitzungen fassen, sollen möglichst einstimmig gefasst werden. Ist Einstimmigkeit nicht zu erzielen, beschließen die Geschäftsführer mit einfacher Mehrheit der Anwesenden. Bei Stimmengleichheit entscheidet die Stimme des Vorsitzenden der Geschäftsführung, wenn er dies erklärt. Ein Stellvertreter hat keine ausschlaggebende Stimme. Zur Beschlussfähigkeit ist die Anwesenheit von ... Geschäftsführern erforderlich *(Kn 10)*.

(5) Ein Geschäftsführer, der bei einem Beschluss überstimmt worden ist, kann dem Beschluss ausdrücklich widersprechen. Handelt es sich um den ersten Widerspruch, entscheidet der Vorsitzende (Sprecher) der Geschäftsführung, ob die Angelegenheit in einer weiteren Sitzung noch einmal beraten oder ob sie sofort den Gesellschaftern (dem Aufsichtsratsvorsitzenden, dem Beiratsvorsitzenden) vorgelegt wird. Hält der widersprechende Geschäftsführer in einer weiteren Sitzung den Widerspruch aufrecht, ist die Angelegenheit unverzüglich vorzulegen *(Kn 11)*.

(6) Über Angelegenheiten, die den Geschäftsbereich eines abwesenden Geschäftsführers betreffen, dürfen Beschlüsse nicht gefasst werden, es sei denn, dass dies zur Vermeidung von Nachteilen für das Unternehmen erforderlich ist. Sind Beschlüsse gefasst worden, hat der abwesende Geschäftsführer das Recht, die erneute Beratung zu verlangen.

(7) Wenn kein Geschäftsführer widerspricht, können Entscheidungen auch im Umlaufwege getroffen werden. Abs (5) gilt entsprechend.

(8) Über jede Sitzung ist ein Protokoll anzufertigen, aus dem sich die Erörterungspunkte und die evtl. gefassten Beschlüsse ergeben *(Kn 12)*.

(9) Das Protokoll ist vom Vorsitzenden (Sprecher) bzw seinem Vertreter zu unterzeichnen. Jeder Geschäftsführer erhält das Protokoll. Über eine weitergehende Verteilung entscheidet die Geschäftsführung *(Kn 13)*. Beschlüsse, die vertraulich behandelt werden müssen, werden auf Beschluss der Geschäftsführung in ein G-Protokoll aufgenommen. Über die Verteilung beschließt die Geschäftsführung.

(10) Die Protokolle sind fortlaufend geordnet zu sammeln; G-Protokolle getrennt von den anderen Protokollen.

§ 4 Investitionsplan, Organisationsstruktur, Quartalsbericht

(1) Die Geschäftsführung legt jeweils im letzten Quartal eines Geschäftsjahres den Gesellschaftern (dem Aufsichtsrat, dem Beirat) die Unternehmensplanung einschließlich Investitionsplan, Personalplan und Finanzplan für das folgende Geschäftsjahr zur Zustimmung vor.

(2) Die Geschäftsführung berichtet den Gesellschaftern (dem Aufsichtsrat, dem Beirat) jeweils zusammen mit der Vorlage der Unternehmensplanung über die Organisationsstruktur, über die Erfahrungen mit ihr im vergangenen Jahr und über geplante Änderungen.

(3) Die Gesellschafter (der Aufsichtsrat, der Beirat) erhalten für jedes Quartal (für jeden Monat) spätestens bis zum 20. des Folgemonats Übersichten, aus denen sich
Umsätze
Auftragsbestand
Vorräte
Liquiditätsentwicklung
Personalbewegungen und
vorläufiges Ergebnis (monatlich und aufgelaufene Werte) nebst Planabweichungen
ergeben, sowie über solche weiteren Daten, die die Gesellschafter (der Aufsichtsrat, der Beirat) festlegen. Diese Informationen werden kumulativ fortgeschrieben.

§ 5 Zustimmungspflichtige Geschäfte und Maßnahmen

(1) Folgende Geschäfte und Maßnahmen bedürfen der vorherigen Zustimmung (Einwilligung) der Gesellschafter (des Aufsichtsrats des Beirats), die auch schon im Zusammenhang mit der Beschlussfassung über die in § 4 genannten Pläne erteilt werden kann.
A. Investitionen/Desinvestitionen
    a) Erwerb, Veräußerung und Belastung von Grundstücken oder grundstücksgleichen Rechten mit einem Wert im Einzelfall von über EUR ...;
    b) Erwerb, Veräußerung oder Belastung von sonstigen Gegenständen des Anlagevermögens mit einem Wert von über EUR ... oder mehr;
    c) Leasingverträge, die einen Jahreswert von EUR ... oder mehr haben;
    d) Abschluss, Kündigung oder Verlängerung von sonstigen Miet- oder Pacht- (oder Vermietungs- oder Verpachtungs-) oder von anderen Verträgen, die eine Laufzeit von zwei Jahren oder mehr oder einen Jahreswert von EUR ... oder mehr haben;
    e) Abschluss von Lizenz- oder Know-How-Verträgen (als Nehmer oder Geber), die eine Laufzeit von zwei Jahren oder mehr oder einen Jahreswert von EUR ... oder mehr haben.

II. Geschäftsführung **3042**

B. Finanzmaßnahmen
 a) Aufnahme von mittel- oder langfristigen Finanzkrediten, es sei denn, dass bei der Beschlussfassung über den Finanzplan über die Aufnahme bereits endgültig beschlossen worden ist;
 b) Vereinbarung von Kreditlinien für kurzfristige Kredite, soweit sie nicht im Finanzplan enthalten sind;
 c) Gewährung von Krediten an Geschäftsführer und Mitarbeiter, wenn sie EUR ... übersteigen;
 d) Gewährung von Krediten, wenn sie EUR ... übersteigen; Kredite an Kunden und Anzahlungen an Lieferanten im üblichen Rahmen fallen nicht unter die Zustimmungspflicht;
 e) Hergabe von Bürgschaften, Garantien, Patronatserklärungen oder ähnlichen Erklärungen sowie die Bestellung von Sicherheiten, soweit sie das im jährlichen Finanzplan vorgesehene Obligo übersteigen.

C. Personalangelegenheiten
 a) Ernennung von Generalbevollmächtigten oder von Prokuristen *(Kn 14)*;
 b) Einstellung von leitenden Mitarbeitern und Erhöhung der Bezüge von leitenden Mitarbeitern, wenn die Erhöhung den üblichen Rahmen überschreitet; Abschluss von Beratungsverträgen, die einen Jahresbezug von EUR ... übersteigen; Zusage oder Veränderung einer Gewinn- oder Umsatzbeteiligung;
 c) Gewährung von freiwilligen Abfindungen an ausscheidende Mitarbeiter oder Berater, wenn die Abfindung EUR ... übersteigt;
 d) Gewährung und Erhöhung von Pensionszusagen;
 e) Einführung oder Änderung von betrieblichen Altersversorgungssystemen.

D. Strukturmaßnahmen
 a) Aufnahme neuer oder Einstellung bestehender Geschäftszweige;
 b) Erwerb und Veräußerung oder anderweitige Auflösung von Beteiligungen; sonstige Veränderungen im Beteiligungsbestand;
 c) Gründung und Aufhebung von Betrieben und Betriebsteilen einschließlich Zweigniederlassungen sowie Änderung ihrer Rechtsform;
 d) Abschluss von Beherrschungs- und/oder Gewinnabführungs-, sowie von Kooperationsverträgen.

(2) Die Gesellschafter (der Aufsichtsrat, der Beirat) können die Zustimmung auch in der Weise erteilen, dass die Geschäftsführung zu bestimmten Arten von Geschäften oder Maßnahmen im Voraus ermächtigt wird. Die Geschäftsführung hat in diesen Fällen in den Quartals- (Monats-)-berichten mitzuteilen, in welchem Umfang sie von der Ermächtigung Gebrauch gemacht hat. Die Ermächtigung erlischt mit Ablauf des jeweiligen Geschäftsjahres, für das sie erteilt worden ist.

§ 6 Stellungnahme des Aufsichtsrats oder Beirats zu Beschlussempfehlungen an die Gesellschafter

Zu Beschlüssen, die die Geschäftsführung den Gesellschaftern empfiehlt, hat sie vorher eine Stellungnahme des Aufsichtsrat, Beirats einzuholen *(Kn 15)*. Dies gilt ua für:
a) Feststellung der Bilanz
b) Beschlussfassung über die Verwendung des Bilanzgewinnes einschließlich der Bildung von Rücklagen
c) Wahl des Abschlussprüfers
d) Entlastung der Geschäftsführer
e) Kapitalerhöhungen und Kapitalherabsetzungen
f) Änderung der Rechtsform und des Gesellschaftsvertrages.

§ 7 Urlaub und Abwesenheitsregelung

Die Geschäftsführer stimmen ihren Urlaub untereinander ab. Sie sorgen für ihre Vertretung, auch im Falle der Erkrankung oder sonstigen vorübergehenden Abwesenheiten. Der Vorsitzende (Sprecher) der Geschäftsführung stimmt seinen Urlaub mit den Gesellschaftern (dem Vorsitzenden des Aufsichtsrats, des Beirats) ab.

3043 Kommentarnoten zur Geschäftsordnung (Kn)

(1) Die Bindung an die Sorgfalt eines ordentlichen Geschäftsmanns und an das Gesetz ergibt sich aus § 43 GmbHG; die Bindung an den Gesellschaftsvertrag und an Weisungsbeschlüsse aus § 37 Abs 1 GmbHG. Da Geschäftsführer erfahrungsgemäß eher eine Geschäftsordnung als Vademecum für ihre Tätigkeit behandeln als das Gesetz, ist es immer zweckmäßig, die Regelwerke, denen die Geschäftsführer unterliegen, im Eingang der Geschäftsordnung noch einmal zusammenzufassen. Bei der Abfassung der Geschäftsordnung müssen sich die Gesellschafter, wenn die GmbH einen Aufsichtsrat oder einen Beirat hat, darüber schlüssig werden, welche Funktionen sie diesen Gremien übertragen wollen (vgl Rn 4052, 4054, 4074f, 4079).

(2) Die Geschäftsführung ist gemeinschaftlich für das Wohl der GmbH verantwortlich. Die Geschäftsführer haben eine gegenseitige Überwachungspflicht (Rn 3041, 7013f, 7092). Dieser Pflicht können sie nur nachkommen, wenn sie informiert werden. Keinem Geschäftsführer kann zugemutet werden, im Zuständigkeitsbereich des Kollegen herumzuspionieren. Infolgedessen gehört es zur ordnungsgemäßen Erfüllung der Geschäftsführerpflichten in einer mehrköpfigen Geschäftsführung, dass jeder das Gesamtgremium über alle wichtigen Vorgänge unterrichtet. Nur auf diese Weise können auch die Gesichtspunkte anderer Ressorts vorgetragen und gemeinsam erörtert werden.

(3) Die Gemeinsamkeit der Geschäftsführung darf nicht dazu führen, dass von einem Ressort in das andere hineinregiert wird. Wenn gemeinsame Probleme zu lösen sind, müssen sich die zuständigen Geschäftsführer oder deren Mitarbeiter miteinander abstimmen. Der Abs (3) dient deshalb der Klarstellung, dass es auch im Rahmen gemeinschaftlicher Geschäftsführung eigene Verantwortlichkeiten der einzelnen Ressortchefs gibt.

(4) Es würde zu ungesunden Verhältnissen innerhalb einer mehrköpfigen Geschäftsführung führen, wenn jeder Geschäftsführer von sich aus, uU auch noch ohne die anderen zu informieren, Zustimmungen der Gesellschafter oder eines Aufsichts- oder Beratungsgremium beantragen oder diesen Instanzen berichten würde. Solches Vorgehen wäre nicht nur ineffektiv, sondern würde auch Misstrauen in die Geschäftsführung tragen und ist deshalb unbedingt zu unterbinden.

(5) Das Widerspruchsrecht ist in Rn 7013f näher beschrieben. Es muss aber auch geregelt werden, wie ein Widerspruch verfahrensmäßig behandelt wird, welche Rechtsfolgen eintreten und wie die Meinungsverschiedenheit aufgelöst wird. Je nach dem, wie in der Gesellschaft die Zuständigkeiten geregelt sind, muss dasjenige Organ die Verantwortung übernehmen, dem das Weisungsrecht gegenüber der Geschäftsführung zusteht. Denn wenn über den Widerspruch des Geschäftsführers entschieden wird, so liegt darin die Weisung an die Geschäftsführung, entweder den Widerspruch zu beachten oder den Widerspruch unberücksichtigt zu lassen.

(6) Die Verteilung der Ressorts erfolgt zweckmäßigerweise in einem besonderen Geschäftsverteilungsplan. Das erleichtert die Anpassung an die Entwicklung. Die Geschäftsordnung, die allgemeine Regelungen enthält, die unabhängig von der Zahl der Geschäftsführer und der Ressortverteilung gelten, ist dafür nicht der passende Ort.

(7) In der nach MitbestG mitbestimmten GmbH verlangt die Position des Arbeitsdirektors besondere Beachtung. Der Begriff wurde mit § 33 MitbestG 1976 eingeführt. Es geht darum, dass das Personal- und Sozialwesen nicht nur auf der zweiten Leitungsebene verantwortlich bearbeitet werden darf, sondern in der Geschäftsführung von einem „gleichberechtigten Mitglied" der Geschäftsführung vertreten werden muss. Der Arbeitsdirektor kann auch noch andere Aufgaben haben. Die Grenze ist dort zu ziehen, wo seine Kapazität nicht mehr ausreicht, um die gesetzlichen Aufgaben des Arbeitsdirektors wahrzunehmen. Diese umfassen den Kernbereich des Personal- und Sozialwesens (Rn 3040). Hierzu gehört auch die Vertretung der Geschäftsführung gegenüber Betriebsrat, Wirtschaftsausschuss, Arbeitgeberverbänden und Gewerkschaften.. Da der Arbeitsdirektor nach § 33 MitbestG „gleichberechtigtes Mitglied" der Geschäftsführung sein muss, muss die Geschäftsführung einer paritätisch mitbestimmten GmbH stets aus zwei Personen bestehen. Ein Vorsitzender kann bei einer solchen zweiköpfigen Geschäftsführung nicht ernannt werden. Andererseits kann ein Geschäftsführer, der neu in die Geschäftsführung berufen und zum Arbeitsdirektor ernannt wird, zunächst zum Stellvertretenden Geschäftsführer bestellt werden, wenn das in dieser Gesellschaft für neu berufene Geschäftsführer üblich ist. Zustimmungspflichtige Geschäfte können auch für das Ressort des Arbeitsdirektors beschlossen werden, sofern dies nicht in einem Umfang geschieht, der die Arbeitsbedingungen des Arbeitsdirektors im Verhältnis zu den anderen Geschäftsführern diskriminiert. Ein Sprecher oder Vorsitzender der Geschäftsführung kann das Amt des Arbeitsdirektors übernehmen. Damit erhält es sogar ein besonderes Gewicht.

II. Geschäftsführung

(8) Diese Bestimmung regelt zwei wichtige Probleme. Die reibungslose Zusammenarbeit einer mehrköpfigen Geschäftsführung verlangt Kontinuität des Gesprächs. Die Erfahrung lehrt, dass ohne einen jour-fixe diese Kontinuität nicht zu erreichen ist. Es ist ungemein schwierig, innerhalb einer vielbeschäftigten Geschäftsführung einen gemeinsamen Termin zustande zu bringen. Wenn jedoch ein fester Tag als Regel eingeführt ist, kann sich jeder bei seiner Terminplanung darauf einrichten. Es gehört zur Geschäftsführungspflicht, für die Sitzungen, ggf im Wege telefonischer Zuschaltung, zur Verfügung zu stehen. Nur außerordentliche Ereignisse können ein Fernbleiben entschuldigen. Andererseits muss jeder Geschäftsführer das Recht haben, außerhalb des normalen Turnus eine Geschäftsführungssitzung zu fordern, um ein Problem zu besprechen, über das die gesamte Geschäftsführung informiert sein und ggf eine Entscheidung treffen muss. Ein schriftlicher Umlauf genügt nicht immer, weil dabei keine Diskussion stattfindet. Es versteht sich von selbst, dass das Recht, wenn ein jour fixe besteht, nur in wirklich dringenden Fällen in Anspruch genommen werden sollte. Dann aber ist es die Pflicht der anderen Geschäftsführer, alle Anstrengungen zu unternehmen, um sich für eine solche Sitzung frei zu machen.

(9) Eine mehrköpfige Geschäftsführung braucht in der Regel ein Zentrum, das sich um die organisatorischen Fragen innerhalb der Geschäftsführung kümmert, das den Kontakt zu den Gesellschaftern und den Aufsichts- und Beratungsgremien hält und das die Stellungnahmen der Geschäftsführung nach außen verlautbart. Dies kann ein Sprecher oder ein Vorsitzender sein. Beide sind nur primus inter pares, teilen also die gemeinschaftliche Geschäftsführungsverantwortung.

Die Ernennung zum Vorsitzenden gewährt in der Regel eine etwas größere Autorität als die zum Sprecher. Eine rechtlich wirklich überlegene Rolle hat der Vorsitzende aber nur dann, wenn er, was in der nach MitbestG mitbestimmten GmbH nicht mehr möglich ist, eine Entscheidung auch gegen die Mehrheit der Geschäftsführungsmitglieder herbeiführen kann (Rn 2014). Dieses sog Generaldirektoren-Prinzip ist für die AG beseitigt und für die GmbH in den nach MitbestG mitbestimmten Gesellschaften auch. Eine Entscheidungsbefugnis des Vorsitzenden mindert das Verantwortungsgefühl und die Haftung der anderen Geschäftsführungsmitglieder.

Während ein Sprecher neben der Organisation der Geschäftsführungssitzungen im wesentlichen die Aufgabe hat, den Informationsfluss innerhalb der Geschäftsführung und im Verhältnis zu den anderen Gremien der Gesellschaft zu bündeln und die Geschäftsführung nach außen zu repräsentieren, erhält der Vorsitzende in der Regel das Recht, wenn bei Abstimmungen innerhalb der Geschäftsführung eine Pattsituation entsteht, mit seiner Stimme den Ausschlag zu geben. Die Kompetenz des Vorsitzenden kann auch noch dahin erweitert werden, dass ihm ein Vetorecht bei Beschlüssen der Geschäftsführung zugestanden wird. In nach MitbestG mitbestimmten Gesellschaften kann es nur ein aufschiebendes Veto sein, das, ähnlich wie das Widerspruchsrecht, zu einer nochmaligen Beschäftigung mit der Angelegenheit zwingt. In nicht nach MitbestG mitbestimmten GmbH kann es wie eine Weisung gegen die Mehrheit der Geschäftsführungsmitglieder wirken. Auf die Bedenken ist schon hingewiesen worden. Die Bedenken bestehen übrigens auch im Hinblick auf die immer weiter verschärfte Haftung der Geschäftsführer im Außenverhältnis. Ein mehrfach durch ein Veto des Geschäftsführungsvorsitzenden zurechtgewiesener Geschäftsführer muss sich überlegen, ob er in diesem Amt bleiben kann.

Der Geschäftsführungsvorsitzende verwaltet manchmal auch kein Sachressort. Er hat in diesem Fall vor allem Koordinierungsaufgaben. Ihm obliegt der Außenverkehr und die Repräsentation der Gesellschaft. Er trägt die Hauptverantwortung für die Unternehmensplanung. Ihm unterstehen oft die Revision und die Öffentlichkeitsarbeit.

Ebenso wie die Meinungsbildung innerhalb der Geschäftsführung grundsätzlich gebündelt durch den Sprecher oder den Vorsitzenden der Geschäftsführung an die Gesellschafter oder an andere Aufsichts- und Beratungsgremium weitergegeben wird, müssen sich auch diese an die Organisationsstruktur halten. Ohne dass es in der Geschäftsordnung ausdrücklich gesagt zu werden bräuchte, müssen sich auch die Gesellschafter und Mitglieder von Aufsichts- oder Beiräten mit Informationswünschen grundsätzlich an den Sprecher oder den Vorsitzenden wenden. Das gilt nicht so sehr für Sachfragen, die das spezielle Ressort eines Geschäftsführungsmitglieds betreffen, sondern vor allem für solche Fragen, die von der Geschäftsführung gemeinsam behandelt werden müssen.

(10) Im Hinblick auf die gemeinschaftliche Verantwortung für das Unternehmen sollten sich Geschäftsführungen immer bemühen, einstimmige Beschlüsse zu fassen. Nicht jede abweichende Meinung ist so wichtig, dass sie einen Widerspruch nötig machen und eine Kompromisslösung ausschließen würde. Geschäftsführer können sich aber auch überstimmen lassen, ohne formell Widerspruch zu erheben. Solange es nicht um Grundsatzfragen der Geschäftspolitik oder um Gefahren für das Unternehmen geht, können abweichende Meinungen auch einmal hingenommen werden. Für die Verantwortlichkeit und Haftungsfolgen kann es uU genügen, wenn die abweichende Meinung und die dazu gegebene Begründung aus

dem Protokoll ersichtlich sind. Im Lederspray-Fall hätte das nach Ansicht des BGH allerdings kaum genügt (Rn 7065).

Um eine wirklich repräsentative Meinungsbildung der Geschäftsführung zu erreichen, auch wenn der eine oder andere Geschäftsführer aus wichtigen Gründen der Sitzung fernbleiben muss, empfiehlt sich ein Quorum vorzusehen. Das bedeutet, dass Geschäftsführungsbeschlüsse nicht gefasst werden können, wenn nicht eine bestimmte Anzahl von Geschäftsführern an der Sitzung teilnehmen. Allerdings sollte den Geschäftsführern, die nicht teilnehmen konnten, die Gelegenheit zur nachträglichen Meinungsäußerung gegeben werden, wenn es sich um eine wichtige Entscheidung handelt. Diese nachträgliche Äußerung kann aber nicht das Quorum ersetzen.

Wenn Einstimmigkeit nicht zu erzielen ist, muss auf jeden Fall geregelt werden, ob dann einfache Mehrheit der Anwesenden genügt oder ob in bestimmten Angelegenheiten eine qualifizierte Mehrheit gefordert wird. Das ist deswegen notwendig, weil manchmal die Ansicht vertreten wird, wenn die erforderlichen Mehrheiten nicht geregelt sind, könne nur einstimmig beschlossen werden.

(11) Geschäftsführungsbeschlüsse werden nicht gefasst, wenn ein Geschäftsführer der Maßnahme eines anderen Geschäftsführers widersprochen hat (Kn 5). Bei Beschlüssen aus anderem Anlass sollte das gleiche Verfahren angewendet werden, dass nicht schon beim ersten Widerspruch die höheren Instanzen eingeschaltet werden, sondern dass die Möglichkeit besteht, die Sache noch einmal zu überdenken. Je nachdem, wie der Leiter der Sitzung die gegensätzlichen Meinungen beurteilt, sollte er das Recht haben, die Sache zunächst noch einmal diskutieren zu lassen.

(12) Die Protokollführung ist unerlässlich. Über den Inhalt von Beschlüssen darf später nicht gestritten werden dürfen. Das Protokoll kann von einem der Geschäftsführer selbst geführt werden. Es können aber auch vertrauenswürdige Mitarbeiter herangezogen werden. Wichtig ist, dass der Protokollführer mit den Sachproblemen, die diskutiert werden, vertraut ist. Er kann sonst die Erörterungen und die gefassten Beschlüsse nicht richtig wiedergeben. Missverständliche Protokolle, die auf solchen Unzulänglichkeiten beruhen, sind leider nicht selten. Dem Protokollführer kann der Protokollinhalt auch während der Sitzung diktiert werden. Das hält zwar etwas auf, erspart aber spätere Diskussionen. Auch ein Diktat in ein Diktiergerät während der Sitzung hat sich als praktikabel erwiesen. Das ist vor allem dann der Fall, wenn absolute Vertraulichkeit gewahrt werden muss.

(13) Dass jeder Geschäftsführer das Protokoll erhält, ist an sich selbstverständlich. Das Protokoll ist aber auch ein gutes Kommunikationsmittel mit den maßgebenden Mitarbeitern. Diese erhalten nicht das ganze Protokoll, sondern Auszüge derjenigen Punkte, die sie betreffen. Ohne dass zusätzliche Zeit durch eine gesprächsweise Übermittlung verloren geht, wird der Mitarbeiter durch einen solchen Auszug schnell über die Entscheidung der Geschäftsführung informiert, so dass er damit arbeiten kann.

(14) Die oben (Rn 3023) erwähnte Zuständigkeit der Gesellschafter, über die Bestellung von Generalbevollmächtigten und Prokuristen zu beschließen, ist hier den zustimmungspflichtigen Geschäften zugeordnet. Das ist in größeren Gesellschaften der richtige Weg. Die Geschäftsführer können aus der Zusammenarbeit heraus am besten die Qualifikationen ihrer Mitarbeiter beurteilen. Die Gesellschafter oder das von ihnen beauftragte Gremium wird deshalb nicht ausgeschaltet. Die Initiative den Geschäftsführern zu überlassen ist auch deshalb richtig, weil es auch zu den Pflichten der Geschäftsführung gehört, für qualifizierten Nachwuchs zu sorgen und die Mitarbeiter, die dafür in Frage kommen, an immer verantwortungsvollere Aufgaben heranzuführen.

(15) Wenn die Gesellschafter sich ein Aufsichts- oder Beratungsgremium geschaffen haben, dann ist es sinnvoll, es auch in die Entscheidungen einzubeziehen, die die Gesellschafter sich vorbehalten haben, oder die ihnen allein zustehen. Das stärkt das Verantwortungsgefühl der Mitglieder dieses Gremiums, es beteiligt sie zugleich an den grundsätzlichen Überlegungen und sichert den Gesellschaftern den sachverständigen Rat. Man schafft dadurch die besten Voraussetzungen dafür, dass über zustimmungspflichtige Geschäfte sachgerecht beschlossen werden kann.

Kapitel 4

Die Beziehungen zu den Gesellschaftern und zu Aufsichts- und Beratungsgremien

I. Die Beziehungen der Geschäftsführung zu den Gesellschaftern

1. Einflussnahme durch Weisungen und Gesellschaftsvertrag

Das Verhältnis der Geschäftsführung zu den Gesellschaftern einer GmbH unterscheidet sich erheblich von dem des AG-Vorstandes zu den Aktionären. Die Aktionäre können die Geschäftsführung des Vorstands nicht beeinflussen, ausgenommen im Vertragskonzern.[1] **Die GmbH-Gesellschafter haben ein Weisungsrecht. Sie können maßgebend auf die Geschäftsführung einwirken** (Rn 3036), also generelle Weisungen (beispielsweise in bestimmten Geschäftsbereichen nicht tätig zu werden) oder Einzelweisungen erteilen (beispielsweise Standorte zu schließen, bestimmte Arbeitnehmer einzustellen oder zu entlassen, Lieferverträge zu schließen usw). Das Weisungsrecht umfasst also alle Bereiche. 4000

Das Weisungsrecht besteht allerdings nicht ohne Schranken. Gewisse Aufgaben der Geschäftsführung – und die damit verbundene Verantwortung – sind unentziehbar. Das sind vor allem die Handelsregisterpflichten, die Pflichten zur Sicherung des Stammkapitals (§§ 30 ff GmbHG), die Buchführungspflicht (§ 41 GmbHG), die Publizitätspflichten (§§ 325 ff HGB), die Erfüllung der Steuerpflichten (§ 34 AO), die Abführung von Sozialversicherungsabgaben (Rn 6055f, 7062) sowie die Erfüllung sonstiger öffentlich-rechtlicher und handelsrechtlicher Anmeldepflichten.[2] Als Regel kann man sich merken: Würde der Geschäftsführer sich dadurch, dass er die Weisung befolgt, strafbar oder schadenersatzpflichtig machen, darf er die Weisung nicht befolgen. Weisungen, die Bilanzwerte unzulässig aufzustocken, Steuern oder Sozialversicherungsbeiträge verspätet abzuführen, der Muttergesellschaft einen Kredit (oder Sicherheiten für einen Kredit, den die Muttergesellschaft aufgenommen hat), zu gewähren, obwohl die offenen Rücklagen in der Bilanz niedriger sind als der Kredit und die Rückzahlung des Kredits nicht geklärt ist (also Verstoß gegen § 30 GmbHG Rn 4008), dürfen also nicht befolgt werden. Der Geschäftsführer sollte dies umgehend den Gesellschaftern mitteilen. 4001

Weisungen setzen einen Gesellschafterbeschluss voraus. Dh, **Weisungen des Mehrheitsgesellschafters,** auch wenn er 99% besitzt, **sind ohne jede Wirkung.** Erforderlich ist also ein in einer Gesellschafterversammlung oder ein in Textform gefasster Gesellschafterbeschluss (Rn 4017). Das ist keine Förmelei (etwa mit der Begründung, der Mehrheitsgesellschafter könne doch den anderen Gesellschafter ohne Weiteres überstimmen). Sondern: Weist beispielsweise der Mehrheitsgesellschafter den Geschäftsführer an, künftig das Vormaterial bei einem anderen Unternehmen einzukaufen (dass dem Mehrheitsgesellschafter zu 100% gehört, allerdings 10% teurer ist), so ist diese Weisung ohne jede Wirkung. Wird die Weisung in einer Gesellschafterversammlung gefasst, so kann zwar der Mehrheitsgesellschafter den Minderheitsgesellschafter überstimmen. Der Beschluss kommt zustande. Der Minderheitsgesellschafter kann jedoch den Beschluss mit der Begründung (erfolgreich) bei Gericht anfechten, dass sich der Mehrheitsgesellschaf- 4002

---

[1] Zu den Möglichkeiten des mittelbaren Einflusses des von den Aktionären gewählten Aufsichtsrates vgl Hoffmann/Preu Aufsichtsrat Rn 200 ff, 300–317.
[2] ZB §§ 7, 12, 39, 40, 52 Abs 2, 54, 57, 58, 65 GmbHG, §§ 16 Abs 1, 52, 125 iVm §§ 16 Abs 1, 176 iVm §§ 16 Abs 1, 235 UmwG.

ter Sondervorteile mit diesem Weisungsbeschluss verschaffen wolle und er darüber hinaus bei diesem Beschluss einem Stimmverbot unterliege, also gar nicht mitstimmen dürfe (Rn 4026 f).[3] Diese Anfechtung wäre dem Minderheitsgesellschafter nicht möglich, wenn der Mehrheitsgesellschafter ohne einen Beschluss Weisungen erteilen könnte. **Weisungen eines Alleingesellschafters,** beispielsweise von einer Konzernmutter an die 100%ige Tochter-GmbH, bedürfen selbstverständlich keines formellen Beschlusses. Es genügt, wenn sie von einem Bevollmächtigten der Konzernmutter, das ist zumeist der übliche Ansprechpartner für die Geschäftsführung, erteilt werden. Besteht Unklarheit über die rechtsgeschäftliche Bevollmächtigung des Ansprechpartners, sollte dieser gebeten werden, eine Bestätigung beizubringen, um Klarheit zu gewinnen.

4003   **Maßgebend für das Verhältnis der Geschäftsführung zu den Gesellschaftern ist im Übrigen der Gesellschaftsvertrag.** Die Gestaltungsfreiheit ist groß. Beispielsweise können die Gesellschafter ihre Einflussmöglichkeiten auf die Geschäftsführer (ua auch das Weisungsrecht) auch auf Dritte übertragen, zB auf selbst geschaffene Kontroll- und Beratungsorgane, und ihren Einfluss auf diesem Wege ausüben (§ 45 Abs 1 GmbHG). Die gesellschaftsvertragliche Gestaltungsfreiheit wird nur durch die Mitbestimmungsgesetzgebung eingeschränkt. GmbHs mit mehr als 500 Arbeitnehmern müssen gem § 1 des Drittelbeteiligungsgesetzes (DrittelbG) einen Aufsichtsrat bilden, dem zu einem Drittel Arbeitnehmer des Unternehmens angehören müssen. Die Gesellschafter können das nicht im Gesellschaftsvertrag untersagen (Rn 4060 ff). Auch die Rechte dieses Aufsichtsrats sind gesetzlich festgeschrieben. Entsprechendes gilt für den nach MitbestG paritätisch mitbestimmten Aufsichtsrat (Rn 4063 ff). Das MitbestG, das für Unternehmen mit mehr als 2000 Arbeitnehmern gilt, überträgt dem Aufsichtsrat, anders als das DrittelbG, sogar die Personalkompetenz. Die Gesellschafter können in diesen Unternehmen also nicht mehr selbst die Geschäftsführer bestellen und abberufen und auch die Anstellungsverträge nicht abschließen und kündigen. Sie können aber noch die Geschäftsordnung erlassen und somit den Geschäftsführern ihre jeweiligen Aufgaben zuweisen und sie haben auch noch das Weisungsrecht[4] (Rn 3036). **Trotz der Einschränkungen, die sich aus der Mitbestimmungsgesetzgebung ergeben, ist die Gestaltungsfreiheit im GmbH-Recht groß.** Wie das bei personalistisch strukturierten Unternehmen nicht anders zu erwarten ist, variieren die Verhältnisse beinahe von Unternehmen zu Unternehmen. Selbst wenn die Regeln gleich sind, hängt doch ihr Gebrauch in hohem Maße von den persönlichen Eigenschaften und den Vorstellungen der Gesellschafter und von der Persönlichkeit der Geschäftsführer ab. Naturgemäß variiert dadurch auch das Verhältnis der Geschäftsführer zu den Gesellschaftern.

4004   **Die Gesellschafter können auf ihren Einfluss verzichten und ihren Geschäftsführern die Stellung eines aktienrechtlichen Vorstands einräumen.** So können sie im Gesellschaftsvertrag ihr Weisungsrecht ausschließen und Beschlüsse in Geschäftsführungsangelegenheiten analog § 119 Abs 2 AktG nur zulassen, wenn die Geschäftsführung es verlangt. Damit würde der aktienrechtliche Zustand hergestellt, dass die Geschäftsführung die Gesellschaft unter eigener Verantwortung leitet (§ 76 Abs 1 AktG). Eine dem Aktienrecht angenäherte Gestaltung trifft man meist in Sanierungssituationen an, auf Verlangen der Kreditgeber. Die Gesellschafter können auch die Feststellung des Jahresabschlusses den Geschäftsführern gemeinsam mit einem Aufsichtsorgan übertragen (analog § 172 AktG). Sie können, wenn die Mitbestimmungsgesetze nicht entgegenstehen, im Gesellschaftsvertrag auch Dritten die Personalkompetenz übertragen (vgl Rn 2004). Im Gesellschaftsvertrag können die Gesellschafter sodann vorsehen, dass sie im Gewinnverwendungsbeschluss nach § 29 GmbHG nur noch über das entscheiden, was Geschäftsführung und Aufsichtsorgan im Jahresabschluss als ver-

---

[3] Karsten Schmidt in Scholz GmbHG § 47 Rn 107 und 167.
[4] Näheres Hoffmann/Preu Aufsichtsrat Rn 106, 234; Lutter/Krieger Aufsichtsrat Rn 1114, 1121.

I. Die Beziehungen der Geschäftsführung zu den Gesellschaftern

wendungsfähigen Gewinn ausgewiesen haben. Alle solche Bestimmungen können freilich mit den erforderlichen Mehrheiten immer wieder geändert werden. Aber auf eine Geschäftsführung, die auf der Grundlage solcher Regelungen eingetreten ist, wird man, wenn sie beseitigt werden, wohl bei nächster Gelegenheit verzichten müssen. **Das Informationsrecht des einzelnen GmbH-Gesellschafters nach § 51a GmbHG** (Rn 4033) **ist allerdings unveränderlich** (§ 51a Abs 3 GmbHG). Es ist Sache der Gesellschafter, ob sie es ausüben.

2. Die Grundsätze der Kapitalerhaltung und der Liquiditätssicherung

Die zentralen Regelungen im Verhältnis der Geschäftsführung zu den Gesellschaftern sind die Grundsätze der Kapitalerhaltung und der Liquiditätssicherung. **Einerseits** haben die Gesellschafter, wie soeben (Rn 4000 bis 4002) dargestellt, ein umfassendes **Weisungsrecht. Andererseits** sind jedoch die Geschäftsführer in der Pflicht, dass die GmbH nicht nur den Arbeitnehmern, den Geschäftspartnern, den Kunden gegenüber **die Gesetze einhält** sondern auch den Gesellschaftern gegenüber, und zwar auch dann, wenn es um gläubigerschützende Regelungen zu Lasten der Gesellschafter geht, insbesondere um die §§ 30, 31 und § 64 S 3 GmbHG, den **Grundsatz der Kapitalerhaltung** und den **Grundsatz der Liquiditätssicherung**. 4005

Der **Grundsatz der Kapitalerhaltung** besagt, dass jede Leistung an Gesellschafter, die zu einem Verlust führt, der das Stammkapital mindert, also nicht durch Rücklagen aufgefangen werden kann, dem Geschäftsführer untersagt ist. Ein mit einer Leistung an Gesellschafter verbundener Verlust muss also durch Rücklagen gedeckt sein, aufgefangen werden können. Beispiele sind der Verkauf von Vermögensgegenständen der GmbH unter Verkehrswert an einen Gesellschafter (sog Deckungsgebot Rn 7043), die Rückzahlung eines Kredits, den ein Gesellschafter bei einer Bank hat, durch die GmbH, weil dieser dazu nicht mehr in der Lage ist, das kostenlose Zur-Verfügung-Stellen von PKWs auf Dauer an die Angehörigen des Gesellschafters, die Gewährung von Sicherheiten, die im Eigentum der GmbH stehen, an die Bank des Gesellschafters, damit diese ihm, obwohl er klamm ist, einen Kredit gewährt. Es kommt nicht darauf an, ob eine derartige Leistung nur an einen Gesellschafter fließt (dann liegt gleichzeitig ein Verstoß gegen den Gleichbehandlungsgrundsatz vor, Rn 4043) oder an alle Gesellschafter im Verhältnis ihrer Geschäftsanteile. 4006

Leistet der Geschäftsführer an einen Gesellschafter **unter Verstoß gegen den Grundsatz der Kapitalerhaltung, so ist er** nach § 31 Abs 6 GmbHG **den Gesellschaftern zum Schadenersatz verpflichtet,** und zwar aus folgendem Grund: Der Gesellschafter hat zwar die Leistung, die er erhalten hat, zurückzuerstatten, § 31 Abs 1 GmbHG.[5] Erstattet er sie nicht zurück, sei es das er nicht kann oder sich „gesetzlich eingerichtet" hat (Vermögen nicht anfechtbar bei der Ehefrau, Einkünfte unter der Pfändungsfreigrenze), so haften für die Rückerstattung alle Gesellschafter anteilig, also im Verhältnis ihrer Geschäftsanteile.[6] Zahlen die Gesellschafter aufgrund dieser Haftung, so haftet ihnen nach § 31 Abs 6 GmbHG der Geschäftsführer (Rn 7046). Darüber hinaus haftet der Geschäftsführer auch der Gesellschaft gegenüber auf Schadenersatz, wenn die Gesellschafter den Schaden nicht ausgleichen, und zwar nach § 43 Abs 3 GmbHG[7] (Rn 7046). 4007

---

[5] Ändert sich der Wert des weggegebenen Vermögensgegenstands vor der Rückerstattung vgl BGH v 17. 3. 2008 JZ 2008, 734 f mit Anm von Karsten Schmidt.

[6] Julius von Gierke, ein bekannter Rechtswissenschaftler aus der ersten Hälfte des 20. Jahrhunderts, erklärte deshalb die Abkürzung GmbH mit: „**G**ehste **m**it **b**iste **h**opps."

[7] Zur Verjährung (fünf Jahre), auch wenn der Geschäftsführer die Geltendmachung des Rückforderungsanspruchs gegen den begünstigten Gesellschafter unterlässt, BGH v 29. 9. 2008 GmbHR 2008, 1319, 1321.

4008 **Kein Verstoß gegen den Grundsatz der Kapitalerhaltung** ist es seit dem MoMiG (s Einleitung) nach § 30 Abs 1 S 2 GmbHG, im Gegensatz der Rechtsprechung des BGH zuvor,[8] wenn der Geschäftsführer **dem Gesellschafter** aus Mitteln der GmbH **ein Darlehen** gewährt (aufsteigende Finanzierungshilfen), obwohl das Darlehen die Rücklagen übersteigt. Und kein Verstoß gegen den Grundsatz der Kapitalerhaltung stellt es dar, wenn der Geschäftsführer es gestattet, dass seine GmbH am **Cash-Pooling-System** des Konzerns, zu dem die GmbH gehört, teilnimmt (Rn 1059, 7042). Voraussetzung ist allerdings jeweils, dass der **Rückzahlungsanspruch vollwertig** ist, dass heißt, die Bonität des Gesellschafters muss zweifelsfrei und der Rückzahlungsanspruch muss jederzeit fällig sein (Rn 7044). **Kein Verstoß gegen den Grundsatz der Kapitalerhaltung ist schließlich** seit dem MoMiG (s Einleitung) nach § 30 Abs 1 S 3 GmbHG, im Gegensatz zur Rechtsprechung des BGH zuvor (Rn 6014, 7040), die **Rückzahlung eines Gesellschafterdarlehens** (absteigende Finanzierungshilfen) an den Gesellschafter, und zwar auch dann nicht, wenn das Gesellschafterdarlehen kapitalersetzend war. Stattdessen sieht die Insolvenzordnung vor, dass bei Gesellschafterdarlehen, die ein Jahr oder weniger vor dem Insolvenzantrag zurückgezahlt worden sind, die Rückzahlung vom Gesellschafter an den Insolvenzverwalter wieder zurückzugeben ist (Rn 6014, 7042). Das Gleiche gilt für Kredite von Dritten, insbesondere von Banken, für die der Gesellschafter Sicherheiten gestellt hat.[9]

4009 Der vom MoMiG (s Einleitung) mit § 64 S 3 GmbHG neu eingeführte **Grundsatz der Liquiditätssicherung** besagt, dass dem Geschäftsführer **jede Zahlung an Gesellschafter untersagt** ist, wenn die Zahlung oder die Zahlungen an einen oder mehrere Gesellschafter „zur Zahlungsunfähigkeit führen mussten" (Rn 6052, 7038). Das Verbot gilt nicht nur, wenn die Gesellschaft zahlungsunfähig ist, sondern immer, also bereits im Vorfeld, wenn die Zahlungsunfähigkeit noch nicht eingetreten ist.[10] Erkennt der Geschäftsführer dies oder hätte er es bei Anwendung der Sorgfalt eines ordentlichen Geschäftsmannes erkennen können, haftet er (Rn 7038). Es kommt nicht darauf an, ob mit der Zahlung Lieferungen des Gesellschafters bezahlt werden, ob es um die Rückzahlung eines Gesellschafterdarlehens geht oder ob auf dem Verrechnungskonto des Gesellschafters stehen gelassene Gewinne an den Gesellschafter ausgezahlt werden sollen. Die Liquiditätssicherung geht insoweit vor. Zulässig ist nur die Zug um Zug-Bezahlung an den Gesellschafter für die Lieferung von Vorprodukten oder Handelswaren, da diese umgehend durch den Verkauf in liquide Mittel umgesetzt werden können.

3. Organisation der Gesellschafterversammlung – Stimmrechtsausübung – Information bei der Einberufung

4010 **Die Gesellschafterversammlung ist das oberste Organ der GmbH. Die Geschäftsführung ist für ihre Organisation verantwortlich.** Sie muss die Gesellschafterversammlung vorbereiten und ordnungsgemäß einberufen (§ 49 Abs 1 GmbHG). Ist die Einberufung mangelhaft, können die Beschlüsse nichtig sein (Rn 4014, 4040). Jeder einzelne Geschäftsführer ist zur Einberufung berechtigt, auch wenn Gesamtvertretung besteht. Einmal im Jahr findet die ordentliche Gesellschafterversammlung statt. In ihr wird, wenn nichts anderes bestimmt ist,

---

[8] BGH v 24. 11. 2003 BGHZ 157, 72, 75 f = NJW 2004, 1111 f; mittlerweile korrigiert durch BGH v 1. 12. 2008 ‚MPS' GmbHR 2009, 199 ff mit Anm Podewils – die Entscheidung betrifft zwar eine AG, sie gilt aber gleichermaßen für die GmbH; Altmeppen ZIP 2009, 49 ff.

[9] Dazu im einzelnen Karsten Schmidt BB 2008, 1966 ff.

[10] Zwar lautet die Überschrift des § 64 GmbHG „Haftung für Zahlungen nach Zahlungsunfähigkeit oder Überschuldung". Zahlungen nach Eintritt der Zahlungsunfähigkeit verbietet jedoch der Satz 1. Das Verbot des Satzes 3 betrifft ersichtliche Zahlungen, bevor Zahlungsunfähigkeit eingetreten ist.

I. Die Beziehungen der Geschäftsführung zu den Gesellschaftern

– der Jahresabschluss festgestellt,
– die Gewinnverwendung beschlossen,
– die Geschäftsführung entlastet (oder auch nicht),
– der Aufsichtsrat oder ein anderes Gesellschaftsorgan entlastet (oder auch nicht), sowie ggf
– der Abschlussprüfer gewählt.

Das ist die **Standardtagesordnung**. Außerordentliche Gesellschafterversammlungen muss die Geschäftsführung einberufen, wenn es im Interesse der Gesellschaft erforderlich erscheint (§ 49 Abs 2 GmbHG). Dieses Einberufungsrecht hat auch ein Aufsichtsrat (§ 52 Abs 1 GmbHG iVm § 111 Abs 3 S 1 AktG). Beim fakultativen Aufsichtsrat kann der Gesellschaftsvertrag das Recht ausschließen. Die Geschäftsführung muss die Gesellschafterversammlung unverzüglich einberufen, wenn die Hälfte des Stammkapitals verloren ist (§ 49 Abs 3 GmbHG) (Rn 6046, 7058). Mit der Feststellung, ob die Hälfte des Stammkapitals verloren ist, darf sie nicht bis zur Aufstellung des Jahresabschlusses warten, sondern hat die Entwicklung auch im Laufe des Geschäftsjahres zu verfolgen. Bei einer UG (haftungsbeschränkt) (Rn 5001) kommt es nicht auf den Verlust der Hälfte des Stammkapitals an, sondern die Geschäftsführung muss eine Gesellschafterversammlung einberufen, wenn Zahlungsunfähigkeit droht (Rn 6046). Ferner muss die Geschäftsführung die Gesellschafterversammlung einberufen, wenn Minderheitsgesellschafter, die mindestens 10 % des Stammkapitals halten, dies verlangen. Sie müssen den Zweck der Versammlung und die Gründe für ihr Verlangen angeben und können verlangen, dass bestimmte Beschlussanträge angekündigt werden. Reagiert die Geschäftsführung nicht, können die Minderheitsgesellschafter die Gesellschafterversammlung selbst einberufen (§ 50 GmbHG).

Die Einberufung der Gesellschafterversammlung hat gem § 51 Abs 1 GmbHG durch eingeschriebene Briefe zu erfolgen. Die gesetzliche Einberufungsfrist beträgt mindestens eine Woche. Eine Woche ist meist zu kurz. Die Vorbereitungszeit, die die Gesellschafter haben sollten oder der „Dispositionsschutz", dh die Möglichkeit, sich den Termin freizuhalten, sind mit einer Woche Einladungsfrist nicht zuverlässig zu sichern. Der Gesellschaftsvertrag sollte deshalb die für die Verhältnisse der Gesellschaft angemessene Einladungsfrist selbst bestimmen. Oft ist auch unklar, wie die Einberufungsfrist zu berechnen ist, ob sie von der Absendung der Briefe an läuft oder von dem vermutlichen oder tatsächlichen Eingang beim Adressaten an, und wann sie endet, ob vor dem Tage der Gesellschafterversammlung (so gem § 187 Abs 1 BGB) oder erst mit dem Tage der Versammlung Für das Ende der Frist gilt § 187 Abs 1 BGB, die Frist endet also am Tag vor der Versammlung. Wann die Frist zu laufen beginnt, ist sowohl von der Rechtsprechung als auch von der Literatur lange Zeit unterschiedlich beantwortet worden. **Heute steht die hL auf dem Standpunkt, dass die Wochenfrist in dem Zeitpunkt „des voraussichtlichen Zugangs" der Einladung beginnt.**[11] **Es wird mit einer Postlaufzeit von zwei Tagen gerechnet.** Findet die Versammlung an einem Donnerstag statt, muss die Einladung am Montag der Vorwoche versandt werden. Zuverlässig ist diese Rechnung auch nicht. Die Erfahrungen mit der Postlaufzeit sind, selbst innerhalb ein und derselben Stadt, auch nach Umwandlung der Post in eine AG nicht immer befriedigend. **Neben einer längeren Einladungsfrist sollte der Gesellschaftsvertrag** deshalb **auch andere Einladungsformen zulassen,** zB telefonische, Fax- oder E-Mail-Einladung. **In der Einladung sind Zeit, Ort und Tagesordnung der Gesellschafterversammlung anzugeben.** Wenn Tagesordnungspunkte nachgeschoben werden, müssen sie gem § 51 Abs 4 GmbHG wenigstens drei Tage vor der Versammlung „in der für die Berufung vorgeschriebenen Weise angekündigt" worden sein.

---

[11] BGH v 30. 3. 1987 BGHZ 100, 264, 268 f.

4012 Was an Informationen mit der Einberufung mitgeliefert werden muss, darüber schweigt das GmbHG sich aus. Es verlangt nur, dass der Zweck der Versammlung angekündigt werden soll (§ 51 Abs 2 GmbHG). Aus rechtlicher Sicht müssen also **weder Anträge angekündigt noch Informationsmaterial zur Verfügung gestellt werden.** Für Gesellschafterversammlungen sollten aber die gleichen Grundsätze gelten, die zB für Aufsichtsratssitzungen gelten. Für diese wird verlangt, dass rechtzeitig Beschlussvorschläge und ausreichendes Informationsmaterial zugestellt wird, damit sachverständig mitberaten werden kann.[12] Die Gesellschaftsverträge sollten deshalb mehr verlangen, zumindest sollten die Geschäftsführer mehr tun, damit sich die Gesellschafter mit den Sachfragen, die zu erörtern und über die uU zu beschließen ist, vorher ausreichend befassen können. Die Unterlagen für die Versammlung (die **sog Vorlagen**) sollten außerdem rechtzeitig genug für die Vorbereitung eintreffen. Sie müssen zwar nicht zusammen mit der Einladung eingehen, sie sollten jedoch spätestens zum Wochenende vor der Versammlung bei den Gesellschaftern eingetroffen sein. Sog Tischvorlagen, die erst in der Versammlung ausgehändigt werden, gelten, wenn kein wichtiger Grund vorliegt, als grob unhöflich.

4013 **Einberufungsmängel können zur Nichtigkeit der gefassten Beschlüsse führen (§ 51 Abs 3 GmbHG).** Das ist ein hohes Risiko. Die Beziehungen der Geschäftsführer zu den Gesellschaftern werden belastet, wenn die Geschäftsführer Gesellschafterversammlungen nicht so vorbereiten, dass wirksam Beschlüsse gefasst werden können. **Mängel spielen nur dann keine Rolle, wenn alle Gesellschafter an der Versammlung teilnehmen (sog Universalversammlung) und wenn alle auf Einladungsmängel – dh auf Formen und Fristen – möglichst ausdrücklich verzichten.** Erscheinen zwar alle Gesellschafter, widerspricht aber auch nur einer der Beschlussfassung, sei es ausdrücklich oder konkludent, sind die gefassten Beschlüsse entweder nichtig oder anfechtbar. Anfechtbar heißt, dass sie nicht von vornherein nichtig sind, sondern erst auf Grund einer Anfechtungsklage vom Gericht für nichtig erklärt werden können.[13] Die bloße Anwesenheit ist also kein Rügeverzicht. Verstünde man das Gesetz anders – § 51 Abs 3 GmbHG sagt, dass bei nicht ordnungsmäßiger Einberufung Beschlüsse nur gefasst werden können, wenn alle Gesellschafter anwesend sind –, würde die Bedeutung, die der rechtzeitigen Vorbereitungsmöglichkeit auf die Verhandlungsthemen zukommt, illusorisch gemacht. Sind aber alle Gesellschafter mit der Beschlussfassung unter Verzicht auf Formen und Fristen der Einladung einverstanden, kann jederzeit eine Gesellschafterversammlung wirksam abgehalten werden. **Die Möglichkeit der Universalversammlung ist besonders bei kleineren GmbHs, in denen die Gesellschafter oft spontan zusammenkommen und bei allen GmbHs mit wenigen Gesellschaftern, eine große Hilfe.**

4014 **Nichtig sind Beschlüsse, wenn** ein Gesellschafter oder auch alle (absichtlich oder versehentlich) nicht eingeladen wurde(n), wenn ein Unbefugter (beispielsweise der Sanierungsberater) eingeladen hat,[14] aber auch wenn die Versammlung nicht in der richtigen Form einberufen wurde (zB fehlen Ort oder Zeit)[15] (vgl auch Rn 4040). Hingegen sind Beschlüsse nur anfechtbar, wenn die Einladung nur schriftlich erfolgte statt mit

---

[12] Vgl Hoffmann/Preu Aufsichtsrat Rn 408, 409; Lutter/Krieger Aufsichtsrat Rn 208 ff, 216 ff, 223 ff, 692.

[13] BGH v. 30. 3. 1987 BGHZ 100, 264, 265 ff; Karsten Schmidt in Scholz GmbHG § 45 Rn 123 ff.

[14] BGH v 30. 3. 1987 BGHZ 100, 264, 265; Karsten Schmidt/Seibt in Scholz GmbHG § 51 Rn 24.

[15] BGH v 13. 2. 2006 GmbHR 2006, 538, 539 (Ladung per E-Mail in den Abendstunden des Vortags auf den frühen Vormittag des Folgetages); Zöllner in Baumbach/Hueck GmbHG § 51 Rn 28; Lutter/Hommelhoff GmbHG § 51 Rn 15 f; aA Karsten Schmidt/Seibt in Scholz GmbHG § 51 Rn 24.

I. Die Beziehungen der Geschäftsführung zu den Gesellschaftern

Einschreiben oder wenn die Frist nicht eingehalten wurde – vorausgesetzt allerdings, dass die Einladung allen Gesellschaftern zuging.[16]

Es gibt keine gesetzlichen Regeln zur Beschlussfähigkeit. Ist die Einberufung ordnungsgemäß, erscheint jedoch nur ein Minderheitsgesellschafter, kann dieser wirksam sämtliche in der Tagesordnung angekündigten Beschlüsse fassen.[17] **Sind ausnahmsweise im Gesellschaftsvertrag Regeln zur Beschlussfähigkeit enthalten** (müssen zB mindestens 75% der Stimmrechte vertreten sein), so findet sich dort zumeist die Zusatzregelung, dass dann, wenn das Quorum nicht erreicht wird, eine zweite Gesellschafterversammlung über die gleichen Tagesordnungspunkte ohne Quorum entscheiden kann. Bei einer derartigen Konstellation liegt ein häufiger Einberufungsmangel vor, wenn gleichzeitig mit der normalen Einberufung für den Fall, dass es an der Beschlussfähigkeit fehlt, zu einer sich unmittelbar anschließenden zweiten Versammlung einberufen wird, die unabhängig von der Zahl der erschienenen Gesellschafter beschlussfähig sein soll. Damit wird den Gesellschaftern, die nicht erschienen oder vertreten sind, die Möglichkeit genommen, nach dem Scheitern der ersten Versammlung die Gründe dafür und die uU gegensätzlichen Meinungen zu überdenken und darüber zu verhandeln. Erstens kann also die zweite Versammlung erst einberufen werden, nachdem die nicht beschlussfähige Versammlung stattgefunden hat, nicht vorher. Und außerdem muss diese zweite Versammlung mit der gleichen Einladungsfrist wie die erste einberufen werden.[18]

Bei der Einmann-GmbH erübrigen sich Einladungsvorschriften. Das Dokumentationsgebot des § 48 Abs 3 GmbHG ist aber zu beachten. Der Alleingesellschafter hat unverzüglich nach der Beschlussfassung eine Niederschrift aufzunehmen und zu unterschreiben. Der Beschluss ist jedoch auch wirksam, wenn er nicht dokumentiert wird, muss aber bewiesen werden, was schwierig sein kann. Der Fremdgeschäftsführer (beispielsweise einer Konzern-GmbH) sollte also etwa eine Weisung der 100%igen Konzernmutter (die Weisung ist ein Gesellschafterbeschluss!) in der Form protokollieren, dass er der Konzernmutter per E-Mail oder Fax die Weisung bestätigt. Das ist genauso wie bei der von § 35 Abs 4 S 2 GmbHG vorgeschriebenen Dokumentation von Rechtsgeschäften des Alleingeschäftsführers mit der GmbH (Rn 3017). Auch aus steuerlichen Gründen ist die Dokumentation ratsam.

Gesellschafterbeschlüsse können statt in einer Versammlung auch in sog Textform gefasst werden. Textform (§ 126 b BGB) bedeutet schriftlich, per Fax oder per E-Mail. Entweder stimmen sämtliche Gesellschafter dem vorgeschlagenen Beschluss in Textform zu oder sie stimmen alle (!) zu, dass in Textform abgestimmt wird und stimmen anschließend dem Beschluss in Textform zu; bei diesem anschließenden Beschluss würde dann eine Mehrheit genügen (§ 48 Abs 2 GmbHG).[19] Organisiert werden solche Textformbeschlüsse zumeist von den Geschäftsführern. **Zweckmäßigerweise übersenden sie jedem Gesellschafter ein für ihn bestimmtes Abstimmungsformular, das nur noch angekreuzt und unterschrieben zu werden braucht. Zwei Abstimmungen mit Ja/Nein-Kästen sind enthalten. Erstens dass der Gesellschafter mit der Beschlussfassung in Textform einverstanden ist und**

---

[16] BGH v 30. 3. 1987 BGHZ 100, 264, 265; Karsten Schmidt/Seibt in Scholz GmbHG § 51 Rn 24; Koppensteiner in Rowedder/Schmidt-Leithoff GmbHG § 51 Rn 12.

[17] Illustrativ etwa OLG Köln v 21. 12. 2001 NZG 2002, 381, 383: Zwei Gesellschafter verlassen Versammlungsraum und halten nebenan konkurrierend eine Versammlung ab; der verbliebene dritte Gesellschafter kann wirksam Beschlüsse fassen; Zöllner in Baumbach/Hueck GmbHG § 48 Rn 3.

[18] BGH v 8. 12. 1997 GmbHR 1998, 287 f. = DStR 1995, 348 mit Anm Goette; Zöllner in Baumbach/Hueck GmbHG § 48 Rn 4.

[19] Für viele: Zöllner in Baumbach/Hueck GmbHG § 48 Rn 33 ff; aA Roth/Altmeppen GmbHG § 48 Rn 28, der für den anschließenden Beschluss Schriftform verlangt.

zweitens dass er dem ausformulierten Beschlussvorschlag zustimmt, ihn ablehnt oder sich enthält. Wird das versäumt, können Auslegungszweifel entstehen. Anstelle eines Abstimmungsformulars für jeden Gesellschafter kann auch ein Rundschreiben genügen, das ein Gesellschafter an den anderen weitergibt, nachdem er seine Erklärungen darauf vermerkt hat (sog Umlaufverfahren). Ein solches Verfahren versagt aber bei einer größeren Gesellschafterzahl. Da das Gesetz ausdrücklich verlangt, dass „sämtliche" Gesellschafter sich in der einen oder anderen Form erklärt haben müssen, sind damit auch die Inhaber stimmrechtsloser Anteile gemeint. Das erklärt sich daraus, dass Inhaber von stimmrechtslosen Geschäftsanteilen ja auch das Recht haben, an Gesellschafterversammlungen teilzunehmen, mit zu diskutieren und durch ihre Argumentation uU die Beschlussfassung zu beeinflussen. Diese Möglichkeit haben sie bei der Textform-Abstimmung nicht. Deshalb müssen sie zumindest, ohne sich zum Beschlussgegenstand zu äußern, mit dem Verfahren einverstanden sein und damit auf eine Diskussion verzichten. Oder sie stimmen sogar schriftlich dem Beschluss zu und bringen dadurch zum Ausdruck, dass sie keine gegen den Beschluss sprechenden Argumente vortragen wollen.

4018 **Beschlüsse, die notariell protokolliert werden müssen, werden regelmäßig in Versammlungen gefasst.** Sie können aber ebenfalls außerhalb einer Versammlung gefasst werden. Jeder Gesellschafter sendet einem der Gesellschafter, dem Geschäftsführer oder einem ausgewählten Anwalt, Wirtschaftsprüfer oder Steuerberater eine (vorformulierte) Vollmacht zu, die erforderlichen Beschlüsse zu fassen. Die Vollmacht muss eine Befeiung des Bevollmächtigten von § 181 BGB enthalten.[20] Eine notarielle Beurkundung der Vollmacht, die tendenziell erheblich teurer ist als eine bloße Beglaubigung der Unterschrift, ist nicht erforderlich. Die Vollmacht sollte allerdings von dem jeweiligen Notar des Gesellschafters beglaubigt sein, um Beweisprobleme auszuschalten, falls die Unterschrift später bestritten wird (rechtlich notwendig ist dies nicht, § 167 Abs 2 BGB).[21] Anschließend lässt der Bevollmächtigte den Beschluss beim Notar der Gesellschaft beurkunden. Das kommt beispielsweise in Betracht, wenn die Gesellschafter an verschiedenen Orten wohnen. Oder die Gesellschafter geben nacheinander bei dem gleichen Notar oder jeweils bei ihrem Notar mit Übersendung an den Notar der Gesellschaft ihre Erklärungen zu Protokoll.[22] Nach Beendigung der Abstimmung sollte mitgeteilt werden, wie die Abstimmung verlaufen ist.

4019 **Im Textform-Verfahren kann nicht beschlossen werden, wenn das Gesetz ausdrücklich eine Gesellschafterversammlung verlangt.** Das ist der Fall, wenn die Hälfte des Stammkapitals verloren ist (Rn 6046). Beschlüsse, die in diesem Zusammenhang erforderlich werden, setzen voraus, dass in einer Gesellschafterversammlung über die Sachlage verhandelt worden ist. Ausschließlich nur in einer Gesellschafterversammlung dürfen außerdem die Beschlüsse über eine Verschmelzung (§ 13 Abs 1 S 2 UmwG, Rn 5041), über eine Spaltung (§ 125 iVm § 13 Abs 1 S 2 UmwG, Rn 5049) und Beschlüsse über die Umwandlung in eine andere Rechtsform (Formwechsel) (§§ 233 Abs 2, 240, beide iVm § 13 Abs 1 S 2 UmwG, Rn 5055 f) gefasst werden.

4020 **Wenn der Gesellschaftsvertrag es zulässt, können Gesellschafterbeschlüsse auch in anderer Form als in einer Gesellschafterversammlung oder schriftlich bzw in Textform gefasst werden.** Ob das zweckmäßig ist, richtet sich nach den Verhältnissen der jeweiligen GmbH. Für die Beschlussfassung von Aufsichtsräten, Beiräten oder Verwaltungsräten wird heute meist die Möglichkeit vorgesehen, **Beschlüsse nicht nur schriftlich oder in Textform zu fassen, sondern außerdem auch telefonisch.**

---

[20] Zöllner in Baumbach/Hueck GmbHG § 47 Rn 60 f.
[21] Vgl etwa Priester in Scholz GmbH § 53 Rn 77.
[22] Zöllner in Baumbach/Hueck GmbHG § 53 Rn 79.

I. Die Beziehungen der Geschäftsführung zu den Gesellschaftern

Das kann auch für Gesellschafterbeschlüsse zweckmäßig sein. Die Bestimmung muss aber ausdrücklich im Gesellschaftsvertrag getroffen werden. Ist eine solche Beschlussfassung zugelassen, sollte zu gleicher Zeit die Art der Dokumentation und der Information der Gesellschafter über das Beschlussergebnis geregelt werden. Zu empfehlen ist wegen der höheren Flexibilität außerdem, wenn der Gesellschaftsvertrag (auch das muss ausdrücklich geschehen) zusätzlich die **kombinierte Beschlussfassung** gestattet. Dann kann der eine Teil der Gesellschafter in der Gesellschafterversammlung zustimmen, der andere Teil stimmt während der Versammlung, vorher oder nachher schriftlich, in Textform oder telefonisch zu.

Immer noch umstritten ist die Frage, ob Gesellschafterversammlungen, in denen Beschlüsse gefasst werden sollen, die notariell protokolliert werden müssen, im Ausland abgehalten werden dürfen und ob die Protokollierung durch einen ausländischen Notar genügt. Die hM steht zusammen mit dem BGH auf dem Standpunkt, dass Beurkundungen durch einen ausländischen Notar dann wirksam sind, wenn die Beurkundung als gleichwertig mit der Beurkundung durch einen deutschen Notar anzusehen ist. Als gleichwertig gelten auf jeden Fall die Schweizer, die österreichischen und die niederländischen Notare.[23] 4021

Eine Gesellschafterversammlung sollte sachgemäß geleitet werden. Wer sie leiten soll, sollte im Gesellschaftsvertrag geregelt sein. Gleichzeitig sollte vorgesehen werden, dass der Versammlungsleiter auch für das Protokoll verantwortlich ist. Es ist dann seine Aufgabe, den Protokollführer zu benennen. Ausschließlich der Leiter und der Protokollführer unterschreiben das Protokoll. Die teilweise verbreitete Unsitte, das Protokoll von allen Gesellschaftern unterschreiben zu lassen, sollte fallen gelassen werden. Das führt nur zu Streit. Hat die GmbH einen Aufsichtsrat oder ein anderes ähnliches Organ, so ist im Gesellschaftsvertrag meistens der Vorsitzende dieses Organs als Leiter der Gesellschafterversammlung vorgesehen. Fehlt es an einer Regelung im Gesellschaftsvertrag, übernimmt in der Regel ad hoc im Einverständnis mit den Gesellschaftern oder aufgrund eines Mehrheitsbeschlusses der Vorsitzende oder der Sprecher der Geschäftsführung die Leitung oder, wenn es diese Position in der GmbH nicht gibt, der dienstälteste Geschäftsführer oder ein hinzugezogener Berater, oft der ständige Anwalt der Gesellschaft. Der Leiter einer Gesellschafterversammlung sollte sich rechtzeitig auf die Formalien, auf die Gegenstände der Verhandlung und auf etwa auftauchende Probleme vorbereiten. **Der Leiter der Versammlung hat die Beschlüsse zu verkünden. Mit der Verkündung steht der Beschlussinhalt fest.** Behauptet ein Gesellschafter, der vom Leiter der Versammlung verkündete Beschluss sei so nicht gefasst worden, muss er Anfechtungsklage erheben. Bis zur Entscheidung über diese Klage ist der Beschluss in der protokollierten Form vorläufig verbindlich.[24] Es ist manchmal nicht einfach, den Beschluss, der zur Abstimmung gestellt wird, so zu formulieren, dass er den Gegenstand voll erfasst und auch nicht zu Missverständnissen führt. Oft müssen Beschlussvorschläge aufgrund der Verhandlungen in der Gesellschafterversammlung umformuliert werden. Dazu muss der Leiter der Versammlung die Sachprobleme genau kennen. Hat die Versammlung keinen Leiter bestellt, kann die Feststellung des Beschlussinhalts Schwierigkeiten machen. Im Falle einer gerichtlichen Auseinandersetzung (Nichtigkeitsfeststellungs- oder Anfechtungsprozess) über den Beschluss, entstehen Beweisprobleme. Geschäftsführer, die an der Versammlung teilnehmen, sollten deshalb 4022

---

[23] BGH v 16. 2. 1981 BGHZ 80, 76, 78; BGH v 29. 9. 1999 NJW-RR 2000, 273 (Schweizer Notar); Zöllner in Baumbach/Hueck GmbHG § 53 Rn 80; Zimmermann in Rowedder/Schmidt-Leithoff GmbHG § 53 Rn 36 m ausf Nachw der unterschiedlichen Auffassungen in der Lit.

[24] Zöllner in Baumbach/Hueck GmbHG Anh § 47 Rn 118; Karsten Schmidt/Seibt in Scholz GmbHG § 53 Rn 58 m. ausf. weiteren Nachw.

stets dafür sorgen, dass die Beschlussinhalte vor dem Ende der Versammlung festgestellt und in einem Protokoll festgehalten werden. Wenn es keinen Versammlungsleiter gibt, der die Feststellung trifft, müssen die Stimmabgaben und deren Inhalte rekapituliert werden. Ist die Diskussion nicht gut geführt worden, beginnt sie dann uU von neuem, weil man sich uneinig ist, was man nun wirklich beschlossen hat.

4023 **An einer Gesellschafterversammlung dürfen grundsätzlich nur Gesellschafter teilnehmen, Dritte nur, wenn sie gesetzliche Vertreter von Gesellschaftern sind.** Die Geschäftsführer und die Aufsichtsratsmitglieder haben ein gesetzliches Teilnahmerecht in mitbestimmten GmbHs (§§ 25 Abs 1 Nr 2 MitbestG, 77 Abs 1 BetrVG 52 iVm § 118 Abs 2 AktG). Ihre Teilnahme ist aber auch sonst fast stets unerlässlich. Entsprechendes gilt für Mitglieder anderer Gesellschaftsorgane. Im Gesellschaftsvertrag sollte die Teilnahmepflicht festgelegt werden. Wenn die Gesellschafter es von Fall zu Fall oder für einzelne Tagesordnungspunkte beschließen, können sie selbstverständlich auch allein beraten.

4024 **In der gesellschaftsrechtlichen Praxis ist eine wichtige Frage die Teilnahme von Bevollmächtigten.** Das GmbHG bestimmt in § 47 Abs 3, dass Vollmachten schriftlich ausgestellt sein müssen. Das wird nur als Ordnungsvorschrift aufgefasst, um die Berechtigung nachprüfen zu können.[25] Die Fragen, auf die es praktisch ankommt, sind, ob derjenige, der bevollmächtigt worden ist, an der Versammlung teilnehmen darf und wenn ja, ob neben ihm auch noch der Vollmachtgeber ein Teilnahmerecht hat. Ist im Gesellschaftsvertrag nichts geregelt, kann jeder Gesellschafter jede zumutbare Person (also zB nicht den Konkurrenten) bevollmächtigen, nicht jedoch mehrere Personen. Diese Person ist berechtigt, an der Gesellschafterversammlung teilzunehmen. Neben dem Bevollmächtigten kann der Gesellschafter selbst nicht teilnehmen. Er muss sich entscheiden, ob der Bevollmächtigte oder er persönlich teilnimmt. **Der Gesellschaftsvertrag sollte diese Frage regeln.** Meist geht es darum, ob Dritte (Anwälte, Steuerberater oder Wirtschaftsprüfer, also Vertreter von freien Berufen, die zur Berufsverschwiegenheit verpflichtet sind) zusätzlich zu dem Gesellschafter als Bevollmächtigte teilnehmen dürfen. Vielfach wird das aus grundsätzlichen Erwägungen abgelehnt. Man will die Gesellschafterversammlungen nicht zu Vertreterversammlungen werden lassen. Oft werden aber Vertreter freier Berufe als Berater von Gesellschaftern gerade deshalb zugelassen, um ihren Sachverstand zu beteiligen. Ist die Rechtslage zweifelhaft, entscheidet die Gesellschafterversammlung in einem Geschäftsordnungsbeschluss, zumeist auf Antrag des Versammlungsleiters. Die einfache Mehrheit der abgegebenen Stimmen genügt, wenn der Gesellschaftsvertrag keine anderen Mehrheiten vorschreibt. **Das Teilnahmerecht beinhaltet das Rederecht.**

4025 **Von der Frage des Teilnahmerechts und dem Umfang der Teilnahmevollmacht kann die Wirksamkeit der gefassten Beschlüsse abhängen.** Kosten- und zeitaufwendige Anfechtungsprozesse können die Folge sein, wenn über das Teilnahmerecht von Bevollmächtigten Unklarheit bestand. Versammlungsleiter sollten sich, auch wenn der Gesellschaftsvertrag Regeln aufgestellt hat, über die möglichen Rechtsprobleme vorher unterrichten. Und sie sollten überwachen, dass die schriftlichen Vollmachten dem Protokoll beigefügt werden. Für den Geschäftsführer, der seinen Gesellschaftern in dieser Hinsicht an Vorbereitung etwas schuldig bleibt, kann das den beruflichen Erfolg in Frage stellen.[26]

---

[25] BGH v 14. 12. 1967 BGHZ 49, 183, 194.
[26] Zur Zulässigkeit einer nachträglichen Regelung im Gesellschaftsvertrag BGH v 17. 10. 1988 GmbHR 1989, 120 ff; zu der Vielfalt der Rechtsprobleme vgl Koppensteiner in Rowedder/Schmidt-Leithoff GmbHG § 48 Rn 78 ff; Karsten Schmidt/Seibt in Scholz GmbHG § 48 Rn 20 ff; Zöllner in Baumbach/Hueck GmbHG § 48 Rn 8 ff.

I. Die Beziehungen der Geschäftsführung zu den Gesellschaftern 4026–4028

4. Stimmverbote für Gesellschafter-Geschäftsführer

Geschäftsführer, die zugleich Gesellschafter sind, können in Fällen, in denen das Geschäftsführerinteresse und das Gesellschafterinteresse zu Interessenkonflikten führen kann, nicht mit abstimmen. Auch Gesellschafter, die nicht zugleich Geschäftsführer sind, unterliegen in einigen Fällen einem Stimmverbot. Für Gesellschafter-Geschäftsführer ist die praktische Bedeutung aber besonders groß. Das Gesetz verbietet in § 47 Abs 4 GmbHG das Mitstimmen des Gesellschafter-Geschäftsführers (ebenso wie das seines Bevollmächtigten) 4026

– bei seiner Entlastung, weil mit ihr zugleich auf Ersatzansprüche verzichtet wird (Rn 2039 ff); will der Gesellschafter-Geschäftsführer erreichen, dass zumindest seine Mitgeschäftsführer, die nicht Gesellschafter sind, mit seiner Stimme entlastet werden, sollte nicht nur ein Entlastungsbeschluss (Gesamtentlastung) gefasst werden, sondern der Entlastungsbeschluss sollte aufgespalten werden in jeweils einen eigenen Beschluss pro Geschäftsführer (Einzelentlastung);
– bei der Einleitung oder Erledigung eines Rechtsstreits mit ihm;
– bei seiner Befreiung von einer Verbindlichkeit, also zB bei dem Verzicht auf Schadenersatzansprüche aus § 43 Abs 2 GmbHG gegen ihn und
– bei der Vornahme eines Rechtsgeschäfts zwischen ihm und der GmbH, also wenn er zB ein Firmengrundstück erwerben will und Grundstücksgeschäfte der Zustimmung der Gesellschafter unterliegen.

Bei den ersten drei Fällen geht es um die Fallgruppe „Richten in eigener Sache", beim vierten Fall um die Fallgruppe ‚Interessenkollision'.

Nach Rechtsprechung und Literatur bestehen folgende weitere Stimmverbote für den Gesellschafter-Geschäftsführer 4027

– bei Abberufung als Gesellschafter-Geschäftsführer aus wichtigem Grund (Rn 2025),[27]
– bei Befreiung vom Wettbewerbsverbot,[28]
– bei Bestellung eines Prozessvertreters für einen Prozess mit einem Gesellschafter-Geschäftsführer gem § 46 Nr 8 GmbHG[29, 30] und
– bei der Beschlussfassung über Aufsichts- und Kontrollmaßnahmen nach § 46 Nr 6 GmbHG, wie zB Einleitung einer Sonderprüfung.[31]

Auch der Gesellschafter, der nicht Geschäftsführer ist, unterliegt Stimmverboten zB bei Beschlussfassung über die Verweigerung einer Auskunft an ihn nach § 51a Abs 2 GmbHG oder bei der Bestellung eines Prozessvertreters für einen Prozess gegen ihn wegen einer Treuepflichtverletzung.[32]

Bei Konzernverbindungen mit doppelter Geschäftsführerstellung in der Obergesellschaft und in der Untergesellschaft ist zu unterscheiden: Ist die Obergesellschaft nicht der Alleingesellschafter der Untergesellschaft, gilt § 47 Abs 4 GmbHG in vollem Umfang. Ist hingegen die Obergesellschaft Alleingesellschafter der Untergesellschaft, gilt § 47 Abs 4 GmbHG nur eingeschränkt: Das Stimmverbot gilt, soweit es um die Fallgruppe „Richten in eigener Sache" geht (Entlastung, Bestellen eines Son- 4028

---

[27] BGH v 20. 12. 1982 BGHZ 86, 177, 178 f; BGH v 12. 1. 2009 GmbHR 2009, 434 ff mit Anm Werner; Koppensteiner in Rowedder/Schmidt-Leithoff GmbHG § 47 Rn 77; Zöllner/Noack in Baumbach/Hueck GmbHG § 38 Rn 30, 45, § 47 Rn 95.
[28] BGH v 16. 2. 1981 BGHZ 80, 69, 71 f.
[29] BGH v 20. 1. 1986 BGHZ 97, 28, 34 f.
[30] Zu den Meinungsverschiedenheiten hinsichtlich des Vertretungsrechts eines paritätisch mitbestimmten Aufsichtsrats vgl Rn 3002, Fn 2.
[31] Lutter/Hommelhoff GmbHG § 46 Rn 17 u § 47 Rn 19.
[32] Lutter/Hommelhoff GmbHG § 51a Rn 29 mwN; BGH v 16. 12. 1991 BGHZ 116, 353, 357 f.

derprüfers, Geltendmachen von Schadenersatzansprüchen).³³ Der Geschäftsführer der Obergesellschaft kann also als Vertreter der Obergesellschaft sich in der Gesellschafterversammlung der Untergesellschaft als deren Geschäftsführer nicht entlasten. Das Stimmverbot gilt jedoch nicht, soweit es um die Fallgruppe ‚Interessenkollision' geht, insbesondere um den Abschluss von Rechtsgeschäften. Soll also in der 100%igen Untergesellschaft ein Gesellschafterbeschluss gefasst werden, mit dem für die nächsten Jahre dem Abschluss eines Belieferungsvertrages mit der Obergesellschaft zugestimmt werden soll, kann der Geschäftsführer der Obergesellschaft, der gleichzeitig Geschäftsführer der Untergesellschaft ist, wirksam abstimmen. Die Problematik entfällt in der Regel bei Beherrschungs- oder Gewinnabführungsverträgen, weil dann der Untergesellschaft durch die Verlustausgleichsverpflichtung der Obergesellschaft kein Schaden entstehen kann.

4029 **In folgenden, in der Praxis relevanten Fällen kann der Gesellschafter-Geschäftsführer mitstimmen, auch wenn die Angelegenheit ihn selbst betrifft,**

– bei seiner Bestellung zum Geschäftsführer oder zum Liquidator und beim Abschluss des Anstellungsvertrages mit ihm, weil es sich hier nach allgemeiner Meinung noch um einen organisationsrechtlichen Zusammenhang handelt (Rn 2003 aE, 2046),
– bei seiner Abberufung (nicht, wenn aus wichtigem Grund) (Rn 2025, 4027),
– bei Abschluss und Kündigung eines Unternehmensvertrages,³⁴
– bei Satzungsänderungen sowie bei Beschlüssen über die Umwandlung (Verschmelzung, Spaltung, Rechtsformwechsel),
– bei der Einziehung von Geschäftsanteilen,
– bei der Zustimmung zur Veräußerung von Geschäftsanteilen,
– bei Geschäften mit Personen, die dem Gesellschafter-Geschäftsführer nahe stehen (Ehefrau, Geschwister, Kinder, Eltern), aber dann nicht, wenn das Geschäft zugleich ein eigenes ist, zB bei Vermögensvermischung (wenn die Ehefrau von der Gesellschaft ein Grundstück kauft und mit ihrem Ehemann in Gütergemeinschaft lebt) oder wenn ein Stimmrechtsmissbrauch anzunehmen ist.³⁵

4030 **Wenn** – was nicht allzu häufig sein sollte – **im Gesellschaftsvertrag einstimmige Beschlussfassung vorgesehen ist, gilt das Stimmverbot unverändert.** Die gesellschaftsvertragliche Bestimmung ist allerdings so zu verstehen, dass der Geschäftsanteil aufgrund des Stimmverbots stimmrechtslos wird. Das heißt, bei der Auszählung der Stimmen gilt die von Stimmverbot betroffenen Stimme als nicht vorhanden. Die übrigen Gesellschafter machen die Abstimmung unter sich allein aus. Das Erfordernis der Einstimmigkeit im Gesellschaftsvertrag ist gewahrt. Es kann also nicht etwa so verstanden werden, dass Stimmverbote nicht gelten sollen, der Gesellschafter-Geschäftsführer also mitstimmen kann. Das Stimmverbot des § 47 Abs 4 GmbHG geht vor. Trotz § 45 Abs 2 GmbHG kann nämlich nach der neuen Rechtsprechung und Literatur der Gesellschaftsvertrag nicht vorsehen, dass das Stimmverbot nicht gilt. Das ginge nur in ganz eingeschränktem Umfang.³⁶ Abzulehnen ist auch eine Auslegung, dass dann überhaupt kein Beschluss gefasst werden kann. Das könnte zu einer Blockade mit schadensträchtigen Konsequenzen führen, was kaum je gewollt sein kann.

---

³³ Lutter/Hommelhoff GmbHG § 47 Rn 13 und 15; Karsten Schmidt in Scholz GmbHG § 47 Rn 105; vgl auch Ebenroth/Müller GmbHR 1991, 273 ff.
³⁴ OLG Hamburg v 29. 10. 1999 NZG 2000, 421; Koppensteiner in Rowedder/Schmidt-Leithoff GmbHG § 47 Rn 72, Anh nach § 52 Rn 54.
³⁵ OLG Düsseldorf vom 8. 3. 2001 NZG 2001, 991, 993 f (illustrativer Missbrauchsfall); OLG Hamm v 29. 6. 1992 DB 1993, 2130 f - ‚Imhausen-Hippenstiel'; BGH v 28. 2. 1994 DStR 1994, 869 mit Anm Goette; Hüffer in Ulmer GmbHG § 47 Rn 142; Zöllner in Baumbach/Hueck GmbHG § 47 Rn 101.
³⁶ BGH v 12. 6. 1989 BGHZ 108, 21, 26; OLG Hamm v 2. 11. 1992 GmbHR 1993, 815.

I. Die Beziehungen der Geschäftsführung zu den Gesellschaftern

Beim Alleingesellschafter-Geschäftsführer ist zu unterscheiden: Das Stimmverbot gilt, soweit es um die Fallgruppe „Richten in eigener Sache" geht (Entlastung, Geldendmachen von Schadensersatzansprüche). Geht es lediglich um die Fallgruppe ‚Interessenkollision' (insbesondere um den Abschluss von Rechtsgeschäften) greift das Stimmverbot nicht ein (s auch Rn 4028).

5. Information der Gesellschafter

Das GmbHG enthält keine Bestimmung, wie die Geschäftsführer die Gesellschafter über die Verhältnisse der GmbH zu informieren haben. Es lässt sich nur mittelbar einzelnen Bestimmungen entnehmen. Deshalb sollten der Gesellschaftsvertrag oder die Geschäftsordnung für die Geschäftsführung entsprechende Bestimmungen treffen. Wenn die Gesellschafterversammlung den Jahresabschluss feststellt, oder wenn sie über die Verwendung des Jahresergebnisses beschließt (§§ 46 Nr 1, 29 Abs 2 GmbHG), müssen die Gesellschafter naturgemäß so ausreichend informiert werden, dass sie sachgerecht entscheiden können. Wenn die Geschäftsführer eine Gesellschafterversammlung einzuberufen haben, weil die Hälfte des Stammkapitals verloren ist, können sie sich bei ihrer Berichterstattung nicht auf die Tatsache als solche beschränken, sondern müssen über Ursachen und Ausgleichsmaßnahmen und die dafür erheblichen wirtschaftlichen Verhältnisse berichten (Zur Haftung und Strafbarkeit, wenn der Verlust nicht unverzüglich angezeigt wird Rn 6046, 7058). Entsprechendes gilt, wenn über eine Kapitalerhöhung oder eine Kapitalherabsetzung beschlossen werden soll. Die Gesellschafterversammlung kann im Rahmen ihrer Überwachungsrechte gem § 46 Nr 6 GmbHG auch Einzelberichte verlangen, auch wenn die Geschäftsordnung für die Geschäftsführung bereits laufende Berichte vorsieht. Aber solche Informationen müssen ebenso wie eine Geschäftsordnung gesondert beschlossen werden und ergeben sich nicht aus dem Gesetz.

Um die Informations- und Kontrollrechte der Gesellschafter zu verbessern, ist 1980 § 51a in das GmbHG eingefügt worden. Der Wert dieser Vorschrift ist höchst umstritten.[37] Jeder Gesellschafter kann jederzeit von den Geschäftsführern Auskunft über die Angelegenheiten der Gesellschaft verlangen und sich jedes Papier, und sei es noch so vertraulich, vorlegen lassen. Das kann betreffen

– **alle vorbereitenden und ausführenden Maßnahmen der Geschäftsführer,** also Planung, Forschung und Entwicklung, Organisation, Kosten und Kalkulation, Personal- und Gehaltsstruktur, Gehälter und Tantiemen, Nebentätigkeiten der einzelnen Geschäftsführer, betriebliche Altersversorgung, die gesamten steuerlichen Verhältnisse (es gibt kein Steuergeheimnis der GmbH im Verhältnis zu ihren Gesellschaftern), Spenden und Geschenke, Zahlungen an Mitgesellschafter und Organmitglieder, Tätigkeiten und Unterlagen des Aufsichtsrats;
– **Auskünfte im Zusammenhang mit den Gewinninteressen der Gesellschafter,** Bilanzierung, Abschreibungen und Rückstellungen, Auftragskalkulationen, Risiken aus Verträgen, Krediten und Bürgschaften;
– **Auskünfte im Zusammenhang mit den Vermögensinteressen der Gesellschafter,** zB Wert der Geschäftsanteile, stille Reserven usw.

Der Gesellschafter kann sich Notizen machen und Fotokopien. Er kann sich zu Hause ein umfängliches Archiv über die GmbH anlegen. Der Gesellschaftsvertrag darf die Rechte aus § 51a GmbHG nicht beschneiden (§ 51a Abs 3 GmbHG). Verweigert der Geschäftsführer die Auskunft, haftet er dem Gesellschafter grundsätzlich für eventuelle Schäden (Rn 7052). Nur wenn die Geschäftsführer sich durch die Auskunftserteilung strafbar machen würden oder wenn sie die Sorge haben müssen, der Gesellschafter

---

[37] Vgl die herbe Kritik von Mertens FS Werner S 55 ff sowie etwa Karsten Schmidt in Scholz GmbHG § 51a Rn 7.

könnte die Informationen zu gesellschaftsfremden Zwecken verwenden und dadurch der Gesellschaft oder einem verbundenen Unternehmen einen „nicht unerheblichen" Nachteil zufügen, können sie die Auskunft und Einsicht in die Papiere der GmbH verweigern (§ 51a Abs 2 GmbHG). Für eine Auskunftsverweigerung wegen Schädigungsgefahr müssen sie zuvor noch einen Gesellschafterbeschluss einholen, nicht dagegen, wenn sie sich durch die Auskunft strafbar machen würden. Naturgemäß müssen sie ihre Sorge überzeugend begründen.[38]

4034 **Der Gesellschafter, dem Auskunft und Einsicht verweigert werden, kann eine Entscheidung durch das Landgericht beantragen.** Ist beim Landgericht eine Kammer für Handelssachen gebildet, entscheidet diese. Gegen die Entscheidung ist die sofortige Beschwerde zum Oberlandesgericht gegeben, wenn sie vom Landgericht zugelassen worden ist (§ 51b GmbHG iVm § 132 AktG).

4035 **Das Informationsrecht des Gesellschafters richtet sich an den Geschäftsführer.** Dieser kann und sollte unbedingt die Form der Auskunft festlegen (Aushändigung schriftlicher Unterlagen zur Einsicht in einem eigenen Zimmer mit Fotokopierautomat – zur Abschirmung des Gesellschafters vor den Mitarbeitern, Benennung von Mitarbeitern als ausschließliche Gesprächspartner usw). **Einen Anspruch darauf, mit Mitarbeitern unmittelbar zu sprechen, hat der Gesellschafter nicht.** Vielmehr sollten die Mitarbeiter verpflichtet werden, keine Auskunft zu geben. Sie sollten angewiesen werden, den Gesellschafter an den Geschäftsführer oder an den von ihm benannten Mitarbeiter zu verweisen.

4036 **Mit § 51a GmbHG hat der Gesetzgeber ein Störpotential geschaffen, das das Verhältnis der Geschäftsführung zu ihren Gesellschaftern erheblich belasten und für die Gesellschaft nachteilig sein kann.** Denn aus Gleichbehandlungsgründen kann die Geschäftsführung den anderen Gesellschaftern die Ausübung des Auskunfts- und Einsichtsrechts nicht vorenthalten und ebenso wenig die erteilten Informationen, wenn das gewünscht wird. Ob unter solchen Umständen eine gebotene Vertraulichkeit bestimmter Informationen noch gesichert bleibt, ist mehr als fraglich (zu § 51a unter Haftungsgesichtspunkten Rn 7052, unter dem Gesichtspunkt der Abberufung und fristlosen Kündigung Rn 2031).

4037 **Die Literatur hat versucht, die Anwendung von § 51a GmbHG einzugrenzen,** durch Anforderungen an die Konkretisierung des Zweckes, zu dem die Auskünfte gefordert werden, durch Anforderungen an das Verfahren und durch Hinweis auf Treu und Glauben. **Die Rechtsprechung ist allen diesen Versuchen nicht gefolgt.**[39] Das OLG Köln hat in der Entscheidung von 1986 zwar anerkannt, dass die Ausübung des Auskunfts- und Einsichtsrechts unter dem Vorbehalt des Rechtsmissbrauchs (§ 242 BGB) steht, hat im konkreten Fall daraus aber keine Konsequenzen gezogen, so dass seine Feststellung recht theoretisch geblieben ist. Es hat im Gegenteil einem Gesellschafter mit 45% Anteil am Stammkapital ausdrücklich das Recht zugebilligt, im Zuge einer Außenprüfung dem Betriebsprüfer gegenüber stille Reserven der GmbH aufzudecken und der Gesellschaft verweigert, sich bei weiteren Auskunftswünschen auf dieses

---

[38] Vgl zB OLG München v 11. 12. 2007 GmbHR 2008. 104f: Auch wenn der Gesellschafter an einem Konkurrenzunternehmen beteiligt ist, kann er die Jahresabschlüsse (sie müssen ja sowieso veröffentlich werden) als auch den Geschäftsführervertrag herausverlangen, da beides nicht geeignet ist, einem Wettbewerber einen Vorteil zu verschaffen.

[39] OLG Karlsruhe v 8. 2. 1984 GmbHR 1985, 59f; OLG Köln v 26. 4. 1985 ZIP 1985, 800ff; OLG Köln v 18. 2. 1986 WM 1986, 761ff; BGH v. 6. 3. 1997 BGHZ 135, 48, 54 = GmbHR 1997, 705 = NJW 1997, 1985; OLG Frankfurt v 7. 8. 2007 GmbHR 2008, 592f; sämtlich mit ausf Litnachw; zur Übersicht über die Versuche der Literatur zur Eingrenzung Koppensteiner in Rowedder/Schmidt-Leithoff GmbHG § 51a Rn 3ff; gegen eine Einsicht in Unterlagen des Aufsichtsrats Zöllner in Baumbach/Hueck GmbHG § 51a Rn 22; aA Koppensteiner in Rowedder/Schmidt-Leithoff GmbHG § 51a Rn 6.

Verhalten als Begründung zur Auskunftsverweigerung zu berufen. In der Entscheidung von 1985 hat es das von ihm zugestandene nahezu unbeschränkte Fotokopierrecht zwar grundsätzlich auf die Bücher und Schriften der Muttergesellschaft eines Konzerns beschränkt, die Geschäftsführung der Muttergesellschaft aber verpflichtet, die Unterlagen der Tochter zur Einsicht herbeizuschaffen, wenn das ohne größere Mühe möglich wäre. **In einer Entscheidung von 1997 hat der BGH das Einsichtsrecht sogar auf die Unterlagen eines mitbestimmten Aufsichtsrats ausgedehnt** und eine Einschränkung unter Bezug auf die Geheimhaltungspflicht der Aufsichtsratsmitglieder abgelehnt.[40]

Die Angelegenheiten verbundener Unternehmen sind Angelegenheiten der Mutter-GmbH, wenn sie für diese Bedeutung haben; die Angelegenheiten der KG sind in einer GmbH & Co KG auch Angelegenheiten der phG-GmbH (hM). Das gilt entsprechend in einer KGaA, deren phG eine GmbH ist. 4038

In der Literatur ist verschiedentlich empfohlen worden, § 51a GmbHG dadurch obsolet zu machen, dass die Geschäftsführung so umfangreich wie irgend möglich informiert.[41] Dem ist das OLG Köln in der in Fn 39 zitierten Entscheidung von 1986 entgegengetreten. Auch wenn einem Gesellschafter bisher alle von ihm in der Gesellschafterversammlung gestellten Fragen beantwortet worden sind und wenn er dem vorgelegten Investitionsplan zugestimmt und der Geschäftsführung Entlastung erteilt hat, so schließt das – so das OLG Köln – doch nicht aus, dass er das Recht hat, weitere Auskunftswünsche befriedigt zu sehen. Die Geschäftsführung kann aber nicht alle Informationswünsche, die vor allem auch außerhalb der Gesellschafterversammlung auftreten können und außerhalb der Gesellschafterversammlung befriedigt werden müssen, vorhersehen. § 51a GmbHG wird also selbst durch eine umfangreiche Informationspolitik der Geschäftsführung nicht obsolet. Die Geschäftsführung kann nur versuchen, durch Umfang und Art ihrer Berichterstattung ein Klima des Vertrauens zu schaffen, das Wünsche, von § 51a GmbHG Gebrauch zu machen, dämpft. 4039

6. Durchführung fehlerhafter Gesellschafterbeschlüsse

Wenn Gesellschafterbeschlüsse fehlerhaft sind, steht die Geschäftsführung vor der Entscheidung, ob sie sie dennoch durchführen muss. Die Entscheidung ist oft nicht leicht, weil die Fehlerhaftigkeit sehr unterschiedliches Gewicht haben kann. Gesellschafterbeschlüsse können nichtig sein oder anfechtbar. **Nichtige Beschlüsse sind rechtlich nicht existent und sind deshalb auch nicht auszuführen.** Jedermann kann sich zu jeder Zeit auf die Nichtigkeit berufen, auch die Geschäftsführer (Rn 2023). Sie würden ihre Geschäftsführungspflicht verletzen, wenn sie die Nichtigkeit unbeachtet ließen. Nichtigkeit (Rn 4014) wird in Analogie zu § 241 AktG angenommen, wenn die Beschlüsse mit so schweren Rechtsmängeln behaftet sind wie 4040

– Verletzung von wesentlichen Regeln über die Einberufung der Gesellschafterversammlung, so dass die Gesellschafter an der ordnungsmäßigen Ausübung ihres Stimmrechts gehindert waren,
– mangelnde Beurkundung beurkundungspflichtiger Beschlüsse,
– Unvereinbarkeit mit dem Wesen der GmbH,
– Verstoß gegen Vorschriften zum Schutze der Gläubiger oder
– Verstoß gegen Vorschriften im öffentlichen Interesse.

Im Übrigen sind fehlerhafte Gesellschafterbeschlüsse nur anfechtbar. Fehlerhaft sind sie, wenn sie gegen Gesetze verstoßen oder gegen Bestimmungen des Gesellschaftsvertrages.

---

[40] BGH v 6. 3. 1997 BGHZ 135, 48, 54 = GmbHR 1997, 705.
[41] Lutter ZGR 1982, 1, 5 ff; Grunewald ZHR 146 (1982), 211, 236 f; Hommelhoff BB 1981, 944, 951; ders ZIP 1983, 383, 391 ff.

4041 **Anfechtbare Gesellschafterbeschlüsse sind solange wirksam, als ihre Unwirksamkeit nicht gerichtlich festgestellt ist.** Anfechtungsberechtigt sind nur die Gesellschafter, nicht die Geschäftsführer oder die Aufsichtsratsmitglieder (Rn 2023).[42] Die Anfechtungsfrist beträgt, wenn der Gesellschaftsvertrag keine Regelung trifft, in Anlehnung an § 246 Abs 1 AktG normalerweise einen Monat. Nur wenn besondere Umstände vorliegen, darf eine längere Frist in Anspruch genommen werden.[43] Ist die Anfechtungsfrist ergebnislos verstrichen, ist der Beschluss wirksam. Er ist auch wirksam, wenn er durch eine weitere Gesellschafterversammlung in fehlerfreier Weise bestätigt worden ist. Wirksame Beschlüsse sind von den Geschäftsführern auszuführen.

4042 **Darf mit der Ausführung solange gewartet werden, bis die Anfechtungsfrist abgelaufen ist oder der geplante Bestätigungsbeschluss gefasst worden ist?** Die Problematik tritt in verschärftem Maße auf, wenn angefochten worden ist. Dann müssen die Geschäftsführer die Aussichten der Anfechtungsklage abschätzen und abwägen, was für die Gesellschaft das geringste Übel ist. Da der Beschluss so lange wirksam ist, bis er vom Gericht für nichtig erklärt worden ist, sind die Geschäftsführer berechtigt, ihn auszuführen. Sie sind dazu aber nicht verpflichtet, schon deswegen nicht, weil dann, wenn das Gericht den Beschluss für nichtig erklärt, die Nichtigkeit auf den Zeitpunkt des Beschlusses zurückwirkt, die Geschäftsführer also einen nichtigen Beschluss ausgeführt hätten. Der Rechtsverkehr wird aber, soweit es sich um eintragungspflichtige Vorgänge handelt, durch § 15 HGB (Rn 3009) geschützt und im Übrigen nach den Grundsätzen des angemessenen Vertrauensschutzes. **Die Entscheidung der Geschäftsführer wird weitgehend von der Art des Beschlusses abhängen.** Einen anfechtbar bestellten Mitgeschäftsführer, den die Gesellschaft braucht, werden sie trotz Anfechtung eher zum Handelsregister anmelden und ihn amtieren lassen als eine angefochtene Kapitalerhöhung durchführen (zur rechtlichen Stellung des faktischen Geschäftsführers Rn 2018).

7. Verdeckte Gewinnausschüttung, Gleichbehandlungsgrundsatz

4043 **Eine gesellschaftsrechtliche verdeckte Gewinnausschüttung liegt vor, wenn einzelne oder alle Gesellschafter außerhalb des förmlichen Gewinnverteilungsbeschlusses Leistungen aus dem Vermögen der Gesellschaft erhalten, ohne dass die Gesellschaft dafür eine äquivalente Gegenleistung erhält.**[44] Erhalten nur einzelne Gesellschafter eine solche Zuwendung, verstoßen die Geschäftsführer in doppelter Weise gegen ihre Geschäftsführungspflichten. Sie **verletzen den Gleichbehandlungsgrundsatz, weil sie die anderen Gesellschafter benachteiligen,** und sie verstoßen gegen ihre Pflicht zu ordnungsgemäßer Geschäftsführung. Denn wenn sie Leistungen der Gesellschaft zu billig abgeben oder zu teuer einkaufen, schädigen sie die Gesellschaft. Darüber hinaus verfälschen sie im Jahresabschluss den richtigen Gewinnausweis. Begünstigen die Geschäftsführer alle Gesellschafter in gleicher

---

[42] BGH v 13. 10. 2008 GmbHR 2009, 39, 40; BGH v 11. 2. 2008 GmbHR 2008, 426, 427 und BGH v 28. 1. 1980 BGHZ 76, 154, 159 gewähren die Anfechtungsbefugnis nur den Gesellschaftern; in der Lit ist umstritten, ob nicht auch Geschäftsführer anfechtungsberechtigt sind, wenn sie einen anfechtbaren Beschluss auszuführen haben oder wenn die Gesellschafterversammlung ihre Kompetenzen überschritten hat; für Anfechtungsbefugnis: Karsten Schmidt in Scholz GmbHG § 45 Rn 134; aA Raiser in Ulmer GmbHG Anh § 47 Rn 177 mwN; Zwischenmeinung Koppensteiner in Rowedder/Schmidt-Leithoff GmbHG § 47 Rn 118.

[43] BGH v 14. 5. 1990 BGHZ 111, 224, 225 f = NJW 1990, 2625; BGH v 16. 12. 1992 BGHZ 116, 359, 375 = NJW 1992, 892, 896.

[44] Allgemein anerkannte Begriffsbestimmung vgl Hueck/Fastrich in Baumbach/Hueck GmbHG § 29 Rn 68.

I. Die Beziehungen der Geschäftsführung zu den Gesellschaftern 4044–4048

Weise, verstoßen sie nicht gegen die Pflicht zur Gleichbehandlung. Die Zuwendung ist gesellschaftsrechtlich (uU aber nicht steuerrechtlich) zulässig, solange nicht nach § 30 GmbHG das Stammkapital angegriffen wird, wenn also die Zuwendungen lediglich zu einer Reduzierung der Rücklagen führen (Rn 4006) (zu den steuerlichen Folgen der verdeckten Gewinnausschüttung Rn 1150).

Die Beispiele für verdeckte Gewinnausschüttungen sind zahlreich. Das Problem hat die Gerichte und die Literatur häufig beschäftigt (Beispiele vgl Rn 1156, 2043, 2091, 2113). Im Zusammenhang mit den Gesellschafter-Geschäftsführerbezügen wird gern als Beispiel genannt, dass eine Umsatzbeteiligung unangemessen sei. Das ist nur bedingt richtig. Denn wie überall kann es auch als Gesellschafter-Geschäftsführer Persönlichkeiten geben, von deren Aktivität das Unternehmen weitgehend lebt. In solchen Fällen kann eine Umsatzbeteiligung nicht nur gerechtfertigt, sondern vernünftig und wünschenswert sein. 4044

In Familiengesellschaften muss darauf geachtet werden, dass Leistungen für den privaten Bereich der Gesellschafter nicht zu steuerlichen Nachteilen führen. Das betrifft in der Regel Handwerkerleistungen, fachliche Dienstleistungen von Spezialabteilungen wie der Steuer-, der Versicherungs- oder der Rechtsabteilung oder den Warenbezug aus der „Firma". 4045

In faktischen Konzernverhältnissen ist ebenfalls darauf zu achten, dass die Konzernunternehmen zu marktgerechten Preisen miteinander abrechnen oder dass Leistung und Gegenleistung äquivalent sind. Berühmt ist der ITT-Fall, bei dem es darum ging, dass die Konzernobergesellschaft, die lediglich 60% der Anteile besaß, eine Konzernumlage veranlasst hatte, ohne dass sie dafür nachvollziehbar gleichwertige Dienstleistungen erbrachte.[45] 4046

Für die Rechtsfolgen einer verdeckten Gewinnausschüttung kommt es darauf an, wodurch sie veranlasst worden ist. Beruht sie auf einem Gesellschafterbeschluss und verstößt dieser gegen den Gleichbehandlungsgrundsatz, so ist dieser anfechtbar. Wird der Beschluss nicht angefochten, ist er wirksam und etwa benachteiligte Gesellschafter können weder von den Geschäftsführern noch von der Gesellschaft Schadensersatz verlangen. Haben die Geschäftsführer ohne einen legitimierenden Gesellschafterbeschluss gehandelt, haben benachteiligte Gesellschafter einen Anspruch auf Ausgleich gegen die Gesellschaft. Es hängt von den Umständen ab, ob sie gegen die Mitgesellschafter, die die verdeckte Gewinnausschüttung veranlasst haben, wegen Verstoßes gegen die Treuepflicht unmittelbar Ansprüche besitzen. Grundsätzlich haben die bevorzugten Gesellschafter die Leistung insgesamt zurückzugewähren, zumindest aber den Vorteil der Gesellschaft zu erstatten. Die Gesellschaft kann auch Schadensersatzansprüche gegenüber den Geschäftsführern, die ihre Pflicht verletzt haben, besitzen. **Häufig enthalten die Gesellschaftsverträge Bestimmungen, in denen die Rückgewährsansprüche der Gesellschaft geregelt sind,** wenn Gesellschafter eine verdeckte Gewinnausschüttung erhalten haben. Nicht immer muss die verdeckte Gewinnausschüttung auf bewusst gesetz- oder sachwidrigem Verhalten der Geschäftsführer beruhen. Es kann Fehlbeurteilungen geben, die nicht vorwerfbar sind. Das gilt insbesondere, wenn bei einer steuerlichen Außenprüfung eine verdeckte Gewinnausschüttung angenommen wird, die kaufmännisch auch anders gesehen werden kann. Die handelsrechtlichen Rückgewährsverpflichtungen haben steuerlich wegen des steuerlichen Rückzahlungsverbots keine Wirkung (Rn 1153). 4047

Die Rechtsgeschäfte, die zu verdeckten Gewinnausschüttungen geführt haben, sind zivilrechtlich grundsätzlich wirksam. Der Lehre, dass den Geschäftsführern wegen interner Kompetenzüberschreitung die Vertretungsmacht gefehlt habe und die Geschäfte deshalb bis zur Genehmigung durch die Gesellschafter schwebend un- 4048

---

[45] BGH v 5. 6. 1975 BGHZ 65, 15, 17 ff = NJW 1976, 191.

wirksam seien, ist nicht zu folgen.[46] Ausnahmsweise ist das Rechtsgeschäft wegen Verstoßes gegen § 134 BGB (gesetzliches Verbot) unwirksam, wenn die verdeckte Ausschüttung an den Gesellschafter das zur Erhaltung des Stammkapitals erforderliche Vermögen gemindert, also die Geschäftsführung den Grundsatz der Kapitalerhaltung (Rn 4006) verletzt und gegen § 30 GmbHG verstoßen hat.[47]

8. Konzerneinbindung

4049 **Die GmbH eignet sich besonders gut zur Konzernbildung. Der Grund liegt im Weisungsrecht der Gesellschafter** (Rn 3036, 4000 ff). Während in der AG der Vorstand verpflichtet ist, die Gesellschaft unter eigener Verantwortung zu leiten (§ 76 Abs 1 AktG) und es ihm deshalb verboten ist, Einflüssen zu folgen, die nicht dem entsprechen, was nach seinem eigenen Urteil dem Wohle der AG dient, können die GmbH-Gesellschafter ihre Geschäftsführung unmittelbar beeinflussen. Die Geschäftsführer sind zur Befolgung solcher Weisungen sehr weitgehend verpflichtet (Folgepflicht) (wegen der Einschränkungen s Rn 4001). Deshalb gibt es GmbH-Konzerne in großer Zahl, und zwar nicht nur in den Größenordnungen der Großunternehmen, sondern noch viel häufiger, sogar vornehmlich, bei mittleren und kleinen Unternehmen. **Das Weisungsrecht der Gesellschafter erlaubt die einheitliche Leitung ein- oder mehrstufiger Unternehmensgruppen, ohne dass es eines Beherrschungsvertrages wie im Verhältnis zu einer abhängigen AG bedarf** (§ 308 AktG). Die Rechtsform der Konzernobergesellschaft ist unerheblich. Entscheidend ist, dass die abhängigen Gesellschaften (zum Begriff § 17 AktG) in der Rechtsform der GmbH geführt werden. Wenn innerhalb eines Konzerns mit GmbH-Töchtern dennoch Beherrschungsverträge abgeschlossen sind, so hat das in der Regel historische Gründe. Denn bis 1999 hing die Wirksamkeit eines Gewinnabführungsvertrages, der den steuerlichen Ausgleich von Gewinnen und Verlusten innerhalb der Unternehmensgruppe im gleichen Geschäftsjahr bei der Obergesellschaft erlaubt, nach §§ 14, 17 KStG davon ab, dass die abhängige Gesellschaft (Organgesellschaft) nicht nur finanziell, sondern auch wirtschaftlich und organisatorisch in die Muttergesellschaft (den Organträger) eingegliedert war. Das erforderte einen Beherrschungsvertrag im Sinne von § 291 Abs 1 AktG. Ab 2000 hat das KStG jedoch auf die Merkmale der wirtschaftlichen und organisatorischen Eingliederung verzichtet, sodass für den steuerlichen Ausgleich ein bloßer Gewinnabführungsvertrag (und die finanzielle Eingliederung durch Mehrheitsbeteiligung) genügt. Ein zusätzlicher Beherrschungsvertrag ist nicht mehr erforderlich.

4050 **Die Pflichten des GmbH-Geschäftsführers im Verhältnis zu den Gesellschaftern gelten unverändert, ob es sich bei den Gesellschaftern um Privatpersonen, um Einzelunternehmer oder um Handelsgesellschaften handelt, also um Personengesellschaften oder juristische Personen wie AG oder GmbH.** Ist eine Handelsgesellschaft GmbH-Gesellschafterin, so wird sie in der abhängigen GmbH durch ihre Organe oder deren Bevollmächtigte repräsentiert, im Falle der AG also durch den Vorstand und dessen Bevollmächtigte, im Falle der GmbH durch die Geschäftsführung und durch den Komplementär im Falle einer KG oder OHG. Auch hier können jeweils Bevollmächtigte auftreten. Alle diese Personen sind in der praktischen Auswirkung für die GmbH-Geschäftsführung der abhängigen GmbH „der Gesellschafter". Deren Weisungen sind zu befolgen, falls der Gesellschafter 100% der Anteile besitzt. Besitzt er weniger, setzt die Weisung, wie gesagt (Rn 4002), einen Gesellschafterbeschluss voraus. Die Geschäftsführung der abhängigen GmbH sollte sich vergewissern, dass die Weisun-

---

[46] Zu den unterschiedlichen Ansichten in Lit und Rspr vgl Hueck/Fastrich in Baumbach/Hueck GmbHG § Rn 75.

[47] Hueck/Fastrich in Baumbach/Hueck GmbHG § 29 Rn 72, § 30 Rn 20 f.

gen der Kompetenzordnung innerhalb der Muttergesellschaft entsprechen. Durch wen die Weisungen übermittelt werden, ist grundsätzlich unerheblich. Es mag sein, dass der für den Geschäftsbereich der abhängigen GmbH in der Muttergesellschaft zuständige Prokurist die Weisung nicht nur übermittelt, sondern selbst erteilen kann.

Die Beziehungen zu den Gesellschaftern werden innerhalb eines Konzerns nicht nur durch die Interessen der abhängigen GmbH, sondern auch durch die Interessen des Konzerns geprägt. Das gilt insbesondere dann, wenn der Konzern so aufgebaut ist, dass synergetische Effekte das wirtschaftliche Gesamtergebnis des Konzerns bestimmen. In solchen Fällen gehört es zu den Pflichten der Geschäftsführer abhängiger Gesellschaften, bei ihren Maßnahmen auch das Interesse des Gesamtkonzerns zu berücksichtigen und uU unternehmerische Maßnahmen zu unterlassen, die in die Kompetenzverteilung der Unternehmensgruppe nicht passen würden. Denn auch wenn der Konzern rechtlich kein eigenständiges Gebilde ist, so ist er doch eine wirtschaftliche Einheit. Sie mag locker sein oder enger gefügt. Die Geschäftsführung einer abhängigen GmbH kann durchaus verpflichtet sein, Ideen weiterzugeben, die geschäftlich von anderen Konzernunternehmen besser ausgewertet werden können als von der eigenen GmbH. Das ist keine Pflicht zum Altruismus, die zum unternehmerischen Verhalten nicht passen würde. Vielmehr gehört es zur unternehmerischen Aufgabe, auch Anstöße zu geben, die mittelbar dem eigenen Unternehmen dienen. Der wirtschaftliche Erfolg der ganzen Unternehmensgruppe hilft auch der abhängigen Konzerntochter.

II. Beziehungen der Geschäftsführung zu Aufsichts- und Beratungsgremien

1. Die Begriffe Beirat, Verwaltungsrat, Gesellschafterausschuss, Aufsichtsrat

Die Gesellschafter können zusätzlich zu den vom GmbHG vorgesehenen zwei Organen, Gesellschafterversammlung und Geschäftsführung, weitere Gesellschaftsorgane schaffen. § 52 Abs 1 GmbHG trifft insoweit Vorsorge, als er für einen **fakultativen Aufsichtsrat** bestimmte Vorschriften des AktG für anwendbar erklärt. Die Gesellschafter können aber andere Bestimmungen beschließen, die Funktionen verändern und das Gremium auch anders nennen. Wenn sie es Aufsichtsrat nennen, dann sollte bedacht werden, dass mit dem Begriff „Aufsichtsrat" im Rechtsverkehr eine bestimmte Vorstellung von Überwachung und Kontrolle verbunden ist. Das trägt zum Ansehen der Gesellschaft bei. Diese Erwartung wird durch die Vorschriften, die für die gesetzlichen Aufsichtsräte gelten, gestützt. Wenn die Gesellschafter also einen fakultativen Aufsichtsrat bilden, so sollten sie ihm auch angemessene Überwachungsrechte zugestehen, um solche Erwartungen zu rechtfertigen. Bestimmte Gesetze schreiben einen **Pflichtaufsichtsrat** vor (insbesondere § 1 DrittelbG Rn 4060, §§ 1, 6 MitbestG Rn 4063, § 6 Abs 2 InvG) und das HGB für kapitalmarktorientierte GmbHs einen Pflichtprüfungsausschuss (§ 324 HGB idF des BilMoG Rn 4078). In diesen Fällen richten sich die Rechte und Pflichten nach den entsprechenden Gesetzen.

Bei der Bestellung von Aufsichtsratsmitgliedern und bei jedem Wechsel in der Mitgliedschaft müssen die Geschäftsführer unverzüglich eine Liste der Aufsichtsratsmitglieder mit Name, Vorname, ausgeübter Beruf und Wohnort zum Handelsregister einreichen (§ 52 Abs 2 S 2 GmbHG). Ist ein Mitglied Vorsitzender oder stellvertretender Vorsitzender des Aufsichtsrates, so ist auch das anzugeben. Für Gremien wie einen Beirat, einen Verwaltungsrat und einen Gesellschafterausschuss ist dies nicht vorgeschrieben.

4054 Die Aufgaben eines Beirats sind nicht gesetzlich definiert. Auch haben sich in der gesellschaftsrechtlichen Praxis oder Literatur keine Grundsätze herausgebildet, die mehr besagen, als dass es sich eben um ein Gremium handelt, das berät, in welcher Form auch immer. In der Praxis reicht das Aufgabenspektrum vom periodischen oder aperiodischen Besprechen von Einzelproblemen bis hin zu festgefügten Gesellschaftsorganen, die mit Hilfe eines ausführlichen Katalogs zustimmungspflichtiger Geschäfte und Maßnahmen einen erheblichen Einfluss ausüben (ähnlich einem Aufsichtsrat gem Rn 4075). Es gibt Rechtsmeinungen, die solche einflussreichen Beiräte als Aufsichtsräte im Sinne von § 52 Abs 1 GmbHG ansehen und deshalb verlangen, dass die entsprechenden Vorschriften angewendet und die Mitglieder und deren Wechsel öffentlich bekannt gemacht werden.[48] Die Praxis folgt dem nicht.[49] Wenn die Gesellschafter das zusätzliche Organ nicht als Aufsichtsrat, sondern als Beirat bezeichnen, wollen sie gerade nicht, dass auf dieses Organ die Vorschriften über den Aufsichtsrat angewendet werden. Das ist zu respektieren. Maßgebend sind rechtlich die Bestimmungen des Gesellschaftsvertrages und der Geschäftsordnung des Beirats. Für die faktische Bedeutung des Beirats sind maßgebend die Persönlichkeiten, die Mitglieder sind.

4055 **Beiräte können von den Gesellschaften im Gesellschaftsvertrag geregelt aber auch durch Gesellschafterbeschluss eingerichtet werden.** Es gibt auch Beiräte, die nicht von den Gesellschaftern, sondern von der Geschäftsführung zu ihrer eigenen Unterstützung berufen werden. Ein solcher Beirat hat keine Organfunktion innerhalb der Gesellschaft. Er steht auch in keinem speziellen rechtlichen Verhältnis zu den Gesellschaftern. Er hat, wenn er in Anspruch genommen wird, der Geschäftsführung zu helfen, deren Aufgaben zu lösen. Beispiele sind die Regionalbeiräte der Großbanken. Solche Beiräte sind hier nicht gemeint. Im vorliegenden Zusammenhang geht es nur um Gremien, die in den Beziehungen der Geschäftsführer zu den Gesellschaftern eine von den Gesellschaftern institutionalisierte Rolle spielen.

4056 **Beiräte können nicht nur Beratungs-, sie können manchmal auch Schiedsfunktion haben** für den Fall, dass unter den Gesellschaftern Unstimmigkeiten entstehen. Sie werden manchmal auch zum **Familienbeirat** bestellt, um die Familienmitglieder in ihren persönlichen Beschlüssen im Hinblick auf das Unternehmen zu beraten. Das können Fragen der Nachfolge in der Geschäftsführung sein, insbesondere wenn im Kreise der jüngeren Familienmitglieder Nachfolger gesucht werden oder entsprechende Wünsche auftauchen. Dann sind die Fragen der zweckmäßigen Ausbildung wichtig oder die noch viel grundsätzlicheren Fragen der Eignung, oder ob die Familie überhaupt an dem Unternehmen festhalten oder sich anderweitig orientieren soll. Häufig betraut der Gründer des Unternehmens oder der Gesellschaftersenior in seinem Testament alle oder einige der Beiratsmitglieder mit einer solchen Beratungsaufgabe.

4057 **Hat die GmbH einen Verwaltungsrat, so ist das in der Regel ein Gremium mit besonderer Autorität gegenüber der Geschäftsführung.** Das endgültige Urteil hängt auch hier von den Regelungen im Einzelnen ab. Einem Verwaltungsrat stehen in der Regel Auskunfts- und Überwachungsrechte wie einem Aufsichtsrat zu und darüber hinaus häufig Eingriffsrechte, die zu den Gesellschafterkompetenzen gehören, wie etwa die Personalkompetenz oder auch die Feststellung des Jahresabschlusses. Oft sind es historische Gründe, denen das Gremium seine Bezeichnung verdankt. Dennoch kann man davon ausgehen, dass in einem Verwaltungsrat überwachende, beratende und entscheidende Kompetenzen vereinigt sind, oft mehr als in einem fakultativen Aufsichtsrat oder in einem Aufsichtsrat nach dem DrittelbG (Rn 4060). Nichts spricht aber dagegen, dass auch ein Beirat ähnliche Funktionen haben kann.

---

[48] So offenbar Uwe H. Schneider in Scholz GmbHG § 52 Rn 55.
[49] Zöllner in Baumbach/Hueck GmbHG § 52 Rn 19.

II. Beziehungen der Geschäftsführung zu Aufsichts- und Beratungsgremien 4058–4060

Bei einem Gesellschafterausschuss ist durch die Wortwahl zum Ausdruck 4058
**gebracht, dass in diesem Gremium vor allem Gesellschafter vertreten sein
sollen.** Auch von ihm werden Gesellschafterrechte ausgeübt, wie von Aufsichtsräten, Beiräten und Verwaltungsräten, ist doch die Überwachung der Geschäftsführung ohnehin eine originäre Aufgabe der Gesellschafter (§ 46 Nr 6 GmbHG). Die Zuständigkeiten von Gesellschafterausschüssen variieren so ähnlich wie bei Beiräten, von einem Informationsorgan als Mittler zwischen der Geschäftsführung und den Gesellschaftern (auch neben einem Aufsichts-, Verwaltungs- oder Beirat) bis hin zu einem Entscheidungsorgan mit weitgesteckten Vollmachten. Die Bezeichnung „Gesellschafterausschuss" aber deutet an, dass es hier für die Mitgliedschaft vor allem auf die Gesellschaftereigenschaft ankommt, **was nicht ausschließt, dass auch Nichtgesellschafter Mitglieder sein können.**

Welche Begriffe auch immer für die zusätzlichen Gesellschaftsorgane ge- 4059
wählt werden und welche Kompetenzen vorgesehen sind, die Rechte der gesetzlichen Aufsichtsräte dürfen dadurch nicht verdrängt werden. Für die Geschäftsführer ist es deshalb oft nicht einfach, wenn mehrere Gremien nebeneinander bestehen, jedem Gremium das ihm zustehende Maß an Aufmerksamkeit und Information zuzuwenden, nicht nur vom Umfang her, sondern auch von der Zeitabfolge. **Die Gesellschafter sollten darauf achten, dass Konkurrenzen möglichst vermieden werden.** Die Geschäftsführer sollten auch nicht zu sehr mit unterschiedlichen Informations- und Vorlagepflichten belastet zu werden. Jede Sitzung eines Aufsichts- und Beratungsgremiums muss vorbereitet und nachgearbeitet werden. Das bindet Kräfte, nicht nur der Geschäftsführer, sondern auch ihrer Mitarbeiter. Diese Kräfte gehen dem eigentlichen unternehmerischen Auftrag verloren. Ein funktionierendes Managementinformationssystem kann gute Dienste leisten, um die Bedürfnisse von Aufsichts- und Beratungsorganen zu befriedigen. Zugleich dient es der Geschäftsführung zur Selbstkontrolle und um den Überblick zu behalten. Die Möglichkeiten der modernen Technik lassen solche Informationsmenge oft sehr ins Kraut schießen. Es gehört zur Managementaufgabe, das notwendige Maß zu bestimmen und Gesellschafter und Gesellschaftsgremien von der Aussagekraft zu überzeugen.

2. Die gesetzlichen Aufsichtsräte

Wenn eine GmbH mehr als 500, aber weniger als 2000 Arbeitnehmer hat, 4060
muss sie einen sog drittelparitätischen Aufsichtsrat nach § 1 Abs 1 Nr. 3 DrittelbG bilden. Der Aufsichtsrat muss zu einem Drittel aus Arbeitnehmervertretern bestehen. Gem § 1 Abs 1 Nr. 3 DrittelbG iVm § 95 S 1 AktG muss ein Aufsichtsrat mindestens drei Mitglieder haben. Der Gesellschaftsvertrag kann eine bestimmte höhere Zahl festsetzen. Die Zahl muss aber durch drei teilbar sein. (Ein fakultativer Aufsichtsrat einer GmbH kann, wenn der Gesellschaftsvertrag das gestattet, auch eine gerade Mitgliederzahl und muss nicht mindestens drei Mitglieder haben.[50]) Bei Gesellschaften mit einem Stammkapital bis zu EUR 1,5 Mio beträgt die Höchstzahl neun Mitglieder, bei einem Stammkapital von mehr als EUR 1,5 Mio 15 Mitglieder und bei einem Stammkapital von mehr als EUR 10 Mio 21 Mitglieder. **Besteht der Aufsichtsrat aus sechs Mitgliedern, müssen die beiden Arbeitnehmervertreter aus dem Unternehmen kommen.** Ist der Aufsichtsrat größer, so dass ihm mehr als zwei Arbeitnehmervertreter angehören müssen, können als weitere Arbeitnehmervertreter auch Externe gewählt werden. Das geschieht jedoch relativ selten. Frauen und Männer sollen entsprechend ihrem zahlenmäßigen Verhältnis im Unternehmen vertreten sein (§ 4 Abs 4 DrittelbG). **Prokuristen und Generalbevollmächtigte können nicht als Arbeitneh-**

---

[50] Uwe H. Schneider in Scholz GmbHG § 52 Rn 208.

mervertreter in den **Aufsichtsrat gewählt werden (§ 1 Nr. 3 DrittelbG iVm § 105 Abs 1 AktG)**. Das ist anders bei einem Aufsichtsrat nach MitbestG (Rn 4063). Geschäftsführer können nicht zugleich Aufsichtsratsmitglieder sein. Der Geschäftsführer eines herrschenden Unternehmens kann aber Aufsichtsratsmitglied in einer Tochter-GmbH sein. Umgekehrt kann aber nicht der Geschäftsführer des abhängigen Unternehmens in den Aufsichtsrat des herrschenden Unternehmens gewählt werden. Auch die sog Überkreuzverflechtung ist unzulässig, dh der Geschäftsführer einer GmbH kann nicht im Aufsichtsrat einer anderen GmbH oder einer anderen AG oder KGaA sein, wenn im Aufsichtsrat seiner GmbH ein gesetzlicher Vertreter des anderen Unternehmens Mitglied ist (§ 1 Abs 1 Nr. 8 DrittelbG iVm § 100 Abs 2 AktG). Das Verbot der Überkreuzverflechtung im Aufsichtsratsrecht gilt nicht für fakultative Aufsichtsräte.

4061 **Die Anteilseignervertreter werden von der Gesellschafterversammlung gewählt.** Die Wahl der Arbeitnehmervertreter wird nach der Wahlordnung durchgeführt.[51] Sie nimmt etwa fünf Monate in Anspruch. **Die Arbeitnehmervertreter werden für die Amtszeit gewählt, die auch für die Aufsichtsratsmitglieder der Gesellschafter gilt. Die Amtsdauer kann höchstens fünf Jahre betragen (§ 1 Abs 1 Nr 3 DrittelbG iVm § 102 Abs 1 AktG).** Bestimmt der Gesellschaftsvertrag eine kürzere Amtszeit, so gilt diese. Hat die Wahl der Arbeitnehmervertreter nicht in dem Jahr durchgeführt werden können, in dem die Amtszeit der Anteilseignervertreter begann, sondern ist erst im darauf folgenden Jahr gewählt worden, so verlängert sich deshalb die Amtszeit der Arbeitnehmervertreter nicht. Denn die Amtszeit soll sich nicht überlappen, sondern zur gleichen Zeit enden.[52] Andernfalls ergeben sich so viele organisatorische und gesellschaftsrechtliche Probleme, dass die Arbeit des Aufsichtsrats erheblich gestört würde. Das hat der Gesetzgeber nicht gewollt. Für den Fall, dass Aufsichtsratsmitglieder wegfallen, können sowohl für die Anteilseignervertreter als auch für die Arbeitnehmervertreter Ersatzmitglieder gewählt werden (zur übergangsweisen Bestellung durch das Gericht s Rn 4070 aE).

4062 **Wenn die GmbH herrschende Gesellschaft eines Konzerns ist und selbst keine 500 Arbeitnehmer hat, können ihr uU die Arbeitnehmer der konzernabhängigen Unternehmen zugerechnet werden.** Voraussetzung ist jedoch, dass zwischen der herrschenden GmbH und den abhängigen Unternehmen, deren Arbeitnehmer ihr zugerechnet werden sollen, ein Beherrschungsvertrag besteht (§ 2 Abs 2 DrittelbG) oder dass die abhängigen Unternehmen in die herrschende GmbH eingegliedert sind (§ 2 Abs 2 DrittelbG iVm § 319 AktG). Der Beherrschungsvertrag kann nach hM, abweichend von § 291 Abs 1 S 1 AktG, auch mit Unternehmen abgeschlossen sein, die nicht die Rechtsform der AG oder KGaA haben. Dagegen setzt die Eingliederung immer die Beteiligung von zwei AGs voraus, kommt also für eine GmbH nicht in Betracht.[53] Selbst wenn die herrschende GmbH überhaupt keine wahlberechtigten Arbeitnehmer hätte, also nur Geschäftsführer und leitende Angestellte, die im Rahmen des DrittelbG nicht wahlberechtigt sind, dann könnte trotzdem bei ihr ein drittelparitätischer Aufsichtsrat gebildet werden, wenn die in § 2 Abs 2 DrittelbG genannten Voraussetzungen vorliegen und die ihr zuzurechnende Arbeitnehmerzahl 500 übersteigt.

4063 **Bei einer GmbH, die in der Regel mehr als 2000 Arbeitnehmer hat, ist ein paritätischer Aufsichtsrat nach §§ 1, 6 MitbestG zu bilden.** Während das DrittelbG iVm § 95 AktG bestimmte Höchstzahlen für Aufsichtsräte vorschreibt, schreibt das MitbestG in § 7 jeweils feste Aufsichtsratsgrößen vor. Bei Unternehmen bis zu

---

[51] Wahlordnung v 23. 6. 2004 (BGBl I S 1393).
[52] Zöllner/Noack in Baumbach/Hueck GmbHG § 52 Rn 174; Uwe H. Schneider in Scholz GmbH § 52 Rn 283; Oetker in Erfurter Kommentar zum Arbeitsrecht § 5 DrittelbG Rn 13.
[53] Zöllner/Noack in Baumbach/Hueck GmbHG § 52 Rn 139.

10000 Arbeitnehmern muss der Aufsichtsrat zwölf Mitglieder haben. Die Höchstzahl sind 20 Aufsichtsratsmitglieder bei Unternehmen mit mehr als 20000 Arbeitnehmern. Der Gesellschaftsvertrag kann aber bestimmen, dass die Unternehmen, die an sich kleinere Aufsichtsräte haben müssen, auch größere, sogar den größten Aufsichtsrat mit insgesamt 20 Mitgliedern bilden können. Während zu einem drittelparitätischen Aufsichtsrat nach DrittelbG die leitenden Angestellten nicht mitwählen dürfen, haben die leitenden Angestellten zu einem Aufsichtsrat nach MitbestG das Wahlrecht und müssen sogar mit einem leitenden Angestellten im Aufsichtsrat vertreten sein (§ 15 Abs 2 MitbestG). Nur Generalbevollmächtigte, die der Geschäftsführung unmittelbar unterstellt sind, dürfen nicht gewählt werden (§ 6 Abs 2 S 1 MitbestG Rn 3022). **Den Aufsichtsräten nach MitbestG müssen auch Vertreter von Gewerkschaften, die im Unternehmen vertreten sind, angehören** und zwar bei Unternehmen mit zehn Aufsichtsratsmitgliedern zwei Vertreter und bei Unternehmen mit 20 Aufsichtsratsmitgliedern drei Vertreter von Gewerkschaften. **Die Konzernzugehörigkeit von Unternehmen hat im MitbestG eine größere Bedeutung als nach DrittelbG.** Denn nach MitbestG werden die Arbeitnehmer der konzernabhängigen Unternehmen der Konzernspitze schon dann zugerechnet, wenn kein Beherrschungsvertrag besteht. Es genügt eine faktische Konzernverbindung nach § 18 Abs 1 AktG (§ 5 Abs 1 MitbestG).

Die Wahl der Arbeitnehmervertreter zum paritätischen Aufsichtsrat gemäß dem MitbestG ist nach den von der Bundesregierung erlassenen Wahlordnungen durchzuführen.[54] Die Erste Wahlordnung gilt für Unternehmen mit nur einem Betrieb; die Zweite Wahlordnung für Unternehmen mit mehreren Betrieben und die Dritte Wahlordnung für Konzerne. Das Wahlverfahren ist ziemlich kompliziert. Die Erste Wahlordnung (für Unternehmen mit nur einem Betrieb) sieht für die Wahl eine Dauer von etwas über fünf Monaten vor, die Zweite Wahlordnung (für Unternehmen mit mehreren Betrieben) von fast sechs Monaten und die Dritte Wahlordnung (für Konzerne) von fast acht Monaten. Wenn die Arbeitnehmervertreter zum Beginn der neuen Amtsperiode des Aufsichtsrats gewählt sein sollen, muss also die Geschäftsführung frühzeitig die notwendigen Maßnahmen ergreifen.

Eine Sondervorschrift gilt für die GmbH & Co KG gem § 4 MitbestG. Bei der GmbH, die als phG für eine GmbH & Co KG tätig ist, muss ein paritätisch mitbestimmter Aufsichtsrat gebildet werden, wenn die KG in der Regel mehr als 2000 Arbeitnehmer hat und wenn die Mehrheit der Kommanditisten auch die Mehrheit in der phG-GmbH besitzt. Das gilt nicht, wenn die GmbH einen eigenen Geschäftsbetrieb mit mehr als 500 Arbeitnehmern hat.[55]

Den Gesellschaftern können im Gesellschaftsvertrag **Entsendungsrechte für den Aufsichtsrat** eingeräumt werden. Ein Entsendungsrecht gibt es bei den Aufsichtsräten nach dem DrittelbG und dem MitbestG nur für die Anteilseignervertreter, nicht für die Arbeitnehmervertreter. Die Arbeitnehmervertreter müssen also stets gewählt werden. Beim Aufsichtsrat nach dem DrittelbG und beim Aufsichtsrat nach dem InvG ist das Entsendungsrecht begrenzt auf ein Drittel der Anteilseignervertreter (§ 1 Abs 1 Nr 3 DrittelbG, § 8 Abs 2 InvG iVm § 101 Abs 2 AktG). Beim fakultativen Aufsichtsrat und beim Aufsichtsrat nach dem MitbestG können alle Aufsichtsratsmitglieder entsandt werden. Denn in § 52 GmbHG und in § 6 Abs 2 S 1 MitbestG fehlt ein Verweis auf § 101 Abs 2 AktG.[56]

---

[54] v 27. 5. 2002 (BGBl I S 1682, S 1708, S 1741), geringfügig geändert durch VO v 10. 10. 2005 (BGBl I S 2927).
[55] Näheres vgl Hoffmann/Lehmann/Weinmann MitbestG § 4; Ulmer/Habersack in Ulmer/Habersack/Hessler Mitbestimmungsrecht § 4 MitbestG.
[56] Oetker in Erfurter Kommentar zum Arbeitsrecht, § 1 DrittelbG Rn 24; Hoffmann/Lehmann/Weinmann MitbestG § 6 Rn 24; Zöllner/Noack in Baumbach Hueck GmbHG § 52 Rn 158

4067 **Aufsichtsratsmitglieder können vor ihrem Amtsende abberufen werden.** Wenn sie von der Gesellschafterversammlung gewählt worden sind, muss die Gesellschafterversammlung die Abberufung mit Dreiviertelmehrheit der abgegebenen Stimmen beschließen (§ 1 Abs 1 Nr 3 DrittelbG, § 6 Abs MitbestG iVm § 103 Abs 1 AktG). Über die Abberufung von Arbeitnehmervertretern müssen die wahlberechtigten Arbeitnehmer entscheiden. Auch hier muss die Mehrheit drei Viertel der abgegebenen Stimmen betragen. Ein entsprechender Antrag kann beim drittelparitätischen Aufsichtsrat von den Betriebsräten oder von 20% der wahlberechtigten Arbeitnehmer gestellt werden (§ 12 DrittelbG). Beim paritätischen mitbestimmten Aufsichtsrat hat der Gesetzgeber die Abberufung von Arbeitnehmervertretern erheblich erschwert. Bereits für den Abberufungsantrag sind hier je nach Aufsichtsratsmitglied drei Viertel der Arbeitnehmer oder der leitenden Angestellten erforderlich. Und was das Gewerkschaftsmitglied im Aufsichtsrat anbetrifft, so kann nur die vorschlagende Gewerkschaft einen entsprechenden Antrag stellen (§ 23 MitbestG). Adressat dieser Anträge der Arbeitnehmerseite ist der Betriebsrat. Er hat anschließend die Abwahl zu organisieren, also noch einmal die Zustimmung der jeweiligen 75% einzuholen. Aufsichtsratsmitglieder der Gesellschafter, die entsandt worden sind, können von dem Entsendungsberechtigten jederzeit abberufen und durch andere ersetzt werden (§ 1 Abs 1 Nr 3 DrittelbG, § 6 Abs 2 MitbestG iVm § 103 Abs 2 AktG). Auf Antrag des Aufsichtsrats kann das Gericht ein Aufsichtsratsmitglied abberufen, wenn ein wichtiger Grund vorliegt. Das gilt für alle Aufsichtsratsmitglieder (§ 1 Abs 1 Nr 3 DrittelbG, § 6 Abs 2 MitbestG iVm § 103 Abs 3 AktG).

4068 Endet das Arbeitsverhältnis eines Arbeitnehmers, der gleichzeitig Arbeitnehmervertreter im Aufsichtsrat eines paritätisch mitbestimmten Unternehmens ist, so verliert er automatisch auch sein Aufsichtsratsamt (§ 24 MitbestG). Endet das Arbeitsverhältnis eines Arbeitnehmers, der gleichzeitig Arbeitnehmervertreter im Aufsichtsrat eines drittelparitätisch mitbestimmten Unternehmens ist, so ist zu unterscheiden: Ist nur ein oder sind nur zwei Arbeitnehmervertreter im Aufsichtsrat, scheiden diese **mit dem Ausscheiden aus dem Unternehmen automatisch auch aus dem Aufsichtsrat aus.** Denn nach § 4 Abs 2 S 1 DrittelbG müssen, wenn nur ein oder zwei Arbeitnehmervertreter zu wählen sind, diese im Unternehmen beschäftigt sein. Sind mehr als zwei Arbeitnehmervertreter im Aufsichtsrat und verbleiben auch nach dem Ausscheiden noch zwei im Unternehmen Beschäftigte als Arbeitnehmervertreter, scheidet der Arbeitnehmervertreter mit dem Ende seines Arbeitsverhältnisses nicht automatisch aus dem Aufsichtsrat aus, sondern muss, falls die Arbeitnehmerseite dies will, abberufen werden.[57]

4069 **Für die Aufsichtsratsverfassung in GmbHs mit gesetzlich vorgeschriebenen Aufsichtsräten ist wichtig, dass das Weisungsrecht der Gesellschafter gegenüber der Geschäftsführung unberührt geblieben ist.** Das ist heute herrschende Meinung in Literatur und Rechtsprechung (Rn 3036). Auch die Geschäftsführer, die in Unternehmen, die dem MitbestG unterliegen, vom Aufsichtsrat bestellt worden sind, haben die Weisungen ihrer Gesellschafter zu befolgen, auch wenn der Aufsichtsrat anderer Auffassung sein sollte. Die Gesellschafter können zB die Geschäftsführung anweisen, Geschäfte durchzuführen, denen der Aufsichtsrat seine Zustimmung versagt hat.

4070 **Die Initiative zur Bildung des gesetzmäßigen Aufsichtsrats hat grundsätzlich von der Geschäftsführung auszugehen. Die Geschäftsführung ist dafür**

---

und Rn 262; aA (Verweis in § 1 Abs 1 Nr 3 DrittelbG auf § 101 Abs 2 AktG ist ein Redaktionsversehen) Habersack in Ulmer/Habersack/Henssler, Mitbestimmungsrecht § 1 DrittelbG Rn 28.

[57] BGH v 21. 2. 1963, BGHZ 39, 116, 119 ff; Zöllner/Noack in Baumbach/Hueck GmbHG § 52 Rn 179; Oetker in Erfurter Kommentar zum Arbeitsrecht, § 12 DrittelbG Rn 12 und 14 mwN aus der arbeitsrechtlichen Lit; für automatisches Ausscheiden in beiden Fällen Uwe H. Schneider in Scholz GmbHG § 52 Rn 274; vgl auch Meier GmbHR 2008, 585 ff.

II. Beziehungen der Geschäftsführung zu Aufsichts- und Beratungsgremien 4071

verantwortlich, dass die GmbH die gesetzlich vorgeschriebenen Organe hat und dass diese funktionsfähig sind (Rn 7030). Wie ein Aufsichtsrat nach MitbestG zu bilden ist, ist im Gesetz vorgeschrieben. Nach § 6 Abs 2 MitbestG gelten die Vorschriften der §§ 96 Abs 2, 97 und 98 AktG, die das sog Statusverfahren regeln: Weigert sich die Geschäftsführung einen mitbestimmten Aufsichtsrat einzurichten, können der Betriebsrat, 10% der Arbeitnehmer, eine im Unternehmen vertretene Gewerkschaft usw einen Antrag bei Gericht stellen. Ist die Geschäftsführung selbst der Ansicht, dass ihr Aufsichtsrat nach den Bestimmungen des MitbestG zusammengesetzt werden muss, er aber noch nicht so zusammengesetzt ist, dann hat sie dies in den Gesellschaftsblättern und durch Aushang in sämtlichen Betrieben der Gesellschaft und ihrer Konzernunternehmen bekannt zu machen. In der Bekanntmachung muss auch angegeben werden, nach welchen Vorschriften der Aufsichtsrat zu bilden ist. Es geht meistens um die Frage, ob ein Konzern vorliegt oder ein Zwischenkonzern. Wird innerhalb eines Monats nicht das Gericht zur Entscheidung angerufen, ist das Wahlverfahren nach den Wahlordnungen einzuleiten. **Die Geschäftsführung muss sich wegen der Länge des Wahlverfahrens** (Rn 4064) **rechtzeitig über die Rechtslage in ihrem Unternehmen klar werden** und die Bekanntmachung auch so rechtzeitig veröffentlichen, dass bei normalem Verlauf der Dinge die Arbeitnehmervertreter an der Konstituierung des Aufsichtsrats mitwirken können.[58] Kann die Wahl nicht rechtzeitig abgeschlossen werden, verlängert sich deshalb nicht die Amtsperiode der Arbeitnehmervertreter (Rn 4061). Um aber Arbeitnehmervertreter von Anfang an den Sitzungen des Aufsichtsrats zu beteiligen, kann beim zuständigen Gericht beantragt werden, Aufsichtsratsmitglieder der Arbeitnehmer für die Zeit bis zum Abschluss des Wahlverfahrens zu bestellen. Von dieser Möglichkeit wird verschiedentlich Gebrauch gemacht, auch etwa, um ein während der Amtsdauer weggefallenes Aufsichtsratsmitglied zu ersetzen und den Aufwand einer Nachwahl zu sparen (§ 6 Abs 2 MitbestG iVm § 104 AktG).

Wie die Wahl der Arbeitnehmervertreter zu einem Aufsichtsrat nach dem DrittelbG einzuleiten ist, ist zum einen für den Fall geregelt, dass schon ein Aufsichtsrat vorhanden ist. Dann gelten nach § 1 Abs 1 Nr 3 DrittelbG die Bestimmungen der §§ 96 Abs 2 ff AktG ebenso wie nach § 6 Abs 2 MitbestG. **Besteht noch kein Aufsichtsrat, gelten nach § 27 EG AktG für die GmbH die §§ 96 Abs 2, 97 bis 99 AktG sinngemäß,**[59] dh die Geschäftsführung hat die Bildung eines Aufsichtsrats bekannt zu machen (Rn 4070). Noch bis vor Kurzem wurde die Ansicht vertreten, wenn die Geschäftsführung sich weigere, eine Gesellschafterversammlung gem § 49 GmbHG einzuberufen („wenn es im Interesse der Gesellschaft erforderlich erscheint"), um den Gesellschaftsvertrag zu ergänzen und die von den Gesellschaftern zu bestimmenden Mitglieder zu wählen, seien die Arbeitnehmer berechtigt, ihre Vertreter zum Aufsichtsrat zu wählen und diese könnten anschließend die Bestimmung der Anteilseignervertreter im Aufsichtsrat durch das Gericht nach § 104 Abs 4 AktG veranlassen (Rn 4070 aE).[60] Das ist aufgrund der vorstehend zitierten Entscheidung des Bundesarbeitsgerichtes (BAG) überholt. **Die gesetzmäßige Führung einer GmbH ist Sache der Geschäftsführer. Die Hauptverantwortung für die Bildung auch eines drittelparitätischen Aufsichtsrats liegt also bei der Geschäftsführung.** Allerdings: Es ist nicht zu übersehen, dass es nicht wenige GmbHs gibt, die an sich einen drittelparitätischen Aufsichtsrat zu bilden hätten, ihn aber nicht besitzen und bei denen ebenso wenig von Seiten der Geschäftsführung wie auch von Seiten der Arbeitnehmer und ihrer Or-

---

[58] Einzelheiten zur Konstituierung vgl Hoffmann/Preu Aufsichtsrat Rn 110 ff.
[59] So ausdrücklich BAG v 16. 4. 2008 GmbHR 2008, 1039 ff; vgl auch Zöllner/Noack in Baumbach/Hueck GmbHG § 52 Rn 15 mwN; Schneider in Scholz GmbHG § 52 Rn 46; Koppensteiner in Rowedder/Schmidt-Leithoff GmbHG § 52 Rn 22.
[60] Oetker in Erfurter Kommentar zum Arbeitsrecht § 1 DrittelbG Rn 15.

ganisationen etwas geschieht, um den Aufsichtsrat zu bilden. Daraus lässt sich nur schließen, dass es mancherlei Situationen gibt, in denen Gesellschafter, Geschäftsführung und Arbeitnehmer sowie deren Organisationen den gesetzlich vorgesehenen Aufsichtsrat nicht als hilfreich empfinden und für die Zusammenarbeit andere Wege gehen (zur Haftung der Geschäftsführung, wenn die Bildung des Aufsichtsrats unterbleibt, Rn 7030).

4072 **Wenn ein Aufsichtsrat besteht (nach DrittelbG, MitbestG, InvG oder fakultativ), ist es in der Regel Aufgabe der Geschäftsführung, für die Organisation der Einladung, den organisatorisch ungestörten Ablauf der Sitzung, für die Protokollführung und die Protokollverteilung zu sorgen.** Sie wird insoweit als Dienstleister für den Aufsichtsrat und insbesondere den Aufsichtsratsvorsitzenden tätig, der die Verantwortung für die Arbeit des Aufsichtsrats trägt.[61]

4073 **Besteht ein Aufsichtsrat (nach DrittelbG, MitbestG, InvG oder fakultativ), ist die Geschäftsführung außerdem verpflichtet, den Aufsichtsrat zu informieren.** Nach § 90 Abs 3, 4 und 5 S 1 und 2 AktG, der für den fakultativen Aufsichtsrat, den Aufsichtsrat nach dem DrittelbG und den Aufsichtsrat nach dem MitbestG gilt, kann der Aufsichtsrat durch Beschluss, aber auch jedes Aufsichtsratsmitglied einzeln, verlangen, dass die Geschäftsführung berichtet über „Angelegenheiten der Gesellschaft, über ihre rechtlichen und geschäftlichen Beziehungen zu verbundenen Unternehmen sowie über geschäftliche Vorgänge bei diesen Unternehmen, die auf die Lage der Gesellschaft von erheblichen Einfluss sein können". Der Bericht muss an alle Aufsichtsratsmitglieder erfolgen. Um zu vermeiden, dass die Geschäftsführung zu vielen und uU sich überschneidenden Berichtswünschen ausgesetzt wird, sollte in der Geschäftsordnung für den Aufsichtsrat festgelegt werden, dass, wann und in welcher Form die Aufsichtsratsmitglieder welche Informationen erhalten. Auf diese Weise kommen Diskussionen gar nicht erst auf.

4074 In die Geschäftsordnung für den Vorstand aufgenommen werden muss außerdem ein **Katalog zustimmungspflichtiger Geschäfte und Maßnahmen** (§ 111 Abs 4 S 2 AktG, der sowohl für den fakultativen Aufsichtsrat als auch für den nach DrittelbG, MitbestG oder InvG zusammengesetzten Aufsichtsrat gilt). Welche Geschäfte der Aufsichtsrat für zustimmungspflichtig erklärt, ist nicht festgelegt (vgl das Beispiel eines ausführlichen Katalogs in Rn 3042, § 5). Der Aufsichtsrat muss jedoch darauf achten, dass die Kontrolldichte ausreichend ist, um zu vermeiden, dass er sich schadenersatzpflichtig macht.[62] Vorbereiten sollte die Geschäftsführung die Zustimmung mit Vorlagen in Textform (Rn 4012).

4075 **Wesentliche Aufgaben des Aufsichtsrats** (nach DrittelbG, MitbestG, InvG oder fakultativ) ist die **Überwachung der Geschäftsführung** (§ 111 AktG) anhand der Berichte (Rn 4073), des Katalogs zustimmungspflichtiger Geschäfte und Maßnamen (Rn 4074) und der Vorlagen (Rn 4012) sowie die Vergabe des Prüfungsauftrags an den Abschlussprüfer (§ 111 Abs 2 S 3 AktG). Insbesondere obliegen dem Aufsichtsrat (§ 107 Abs 3 S 2 AktG idF des BilMoG[63]) die Überwachung
- des Rechnungslegungsprozesses,
- der Wirksamkeit des internen Kontrollsystems, des internen Risikomanagementsystems und des internen Revisionssystems und
- der Abschlussprüfung, insbesondere der Unabhängigkeit des Abschlussprüfers und der vom Abschlussprüfer zusätzlich erbrachten Leistungen (vgl § 319f HGB).

---

[61] Zu den Aufgaben des Aufsichtsratsvorsitzenden Lutter/Krieger Aufsichtsrat Rn 675 ff.

[62] BGH v 16. 3. 2009 GmbHR 2009, 654 ff; OLG Brandenburg v 17. 2. 2009 GmbHR 2009, 657 ff mit Anm Bormann; Venrooy GmbHR 2009, 449 ff.

[63] Regierungsbegründung zum Bilanzrechtsmodernisierungsgesetz – BilMoG – v 23. 5. 2008 Bundesrats-Drucksache 344/08 S 226: „... denn er [der Aufsichtsrat] kann einen Prüfungsausschuss nur mit solchen Aufgaben befassen, die ihm selbst obliegen. Demgemäß hat der Aufsichtsrat die in § 107 Abs 3 S 2 AktG angesprochenen Aufgaben selbst wahrzunehmen, wenn er keinen Prüfungsausschuss einrichtet."

Damit diese Aufgaben bestmöglich wahrgenommen werden, hat der Abschlussprüfer an den Verhandlungen des Aufsichtsrats teilzunehmen und über die Ergebnisse seiner Prüfung, insbesondere über wesentlichen Schwächen des internen Kontrollsystems und des internen Risikomanagementsystems, jeweils bezogen auf den Rechnungslegungsprozess, zu berichten (§§ 52 Abs 1 GmbHG, 171 Abs 2 AktG idF des BilMoG).

Die Bestellung und Anstellung (einschließlich Widerruf und Entlassung) **der Geschäftsführer ist nur bei Aufsichtsräten nach dem MitbestG** (von Gesetzes wegen) **Aufgabe des Aufsichtsrats.** In Aufsichtsräten nach dem DrittelbG und nach dem InvG und bei fakultativen Aufsichtsräten ist die Bestellung und Anstellung der Geschäftsführer nur dann Sache des Aufsichtsrats, wenn ihm diese Kompetenz im Gesellschaftsvertrag ausdrücklich eingeräumt worden ist. Ohne eine solche gesellschaftsvertragliche Bestimmung obliegt die Bestellung und Anstellung den Gesellschaftern. 4076

3. Aufsichtsratsausschüsse

Aufsichtsräte, seien es fakultative oder gesetzliche, bilden, falls sie mehr als drei Personen umfassen, nicht selten **Aufsichtsratsausschüsse. Beispiele** sind der **Prüfungsausschuss,** der den Rechnungslegungsprozess überwacht, oder bei Aufsichtsräten, denen die Kompetenz zur Bestellung und Anstellung der Geschäftsführer übertragen worden ist, der **Ausschuss für Geschäftsführerangelegenheiten** dem die Suche nach einem neuen Geschäftsführer und die Verhandlung der Konditionen des Anstellungsvertrages mit ihm übertragen werden kann, nicht aber die Bestellung des Geschäftsführers, diese obliegt immer dem Gesamtaufsichtsrat. Beim Aufsichtsrat nach dem MitbestG muss zumindest ein Arbeitnehmervertreter derartigen Ausschüssen angehören (paritätische Besetzung ist nicht erforderlich). Beim Aufsichtsrat nach dem DrittelbG ist es unüblich, dass dem Ausschuss für Geschäftsführerangelegenheiten ein Arbeitnehmervertreter angehört; eine dementsprechende gesetzliche Verpflichtung gibt es nicht. Dem Prüfungsausschuss sollte (muss aber nicht) ein Arbeitnehmervertreter angehören. 4077

§ 324 HGB (idF des BilMoG, s Einleitung) **schreibt für kapitalmarktorientierte GmbHs, die keinen** (gesetzlichen oder fakultativen) **Aufsichtsrat haben, einen Prüfungsausschuss vor.** Ob eine GmbH kapitalmarktorientiert ist, richtet sich nach § 264d HGB. Es ist beispielsweise dann der Fall, wenn die GmbH sich über Schuldverschreibungen oder Genussscheine finanziert, die an einem organisierten Markt (regulierter, früher amtlicher und geregelter Markt, nicht aber der Freiverkehr) gehandelt werden.[64] Der Vorsitzende des Prüfungsausschusses darf nicht der Geschäftsführung angehören (§ 324 Abs 2 S 3 HGB), die anderen Mitglieder dürfen das. Ein Mitglied, in der Praxis wohl zumeist der Vorsitzende, muss unabhängig sein und über Sachverstand in Rechnungslegung oder Abschlussprüfung verfügen (§ 324 Abs 2 S 2 HGB iVm § 100 Abs 5 AktG). Mindestens zwei Mitglieder sind zu wählen (§ 324 Abs 2 spricht von mehreren Mitgliedern, ansonsten fehlt eine Mindest- oder Höchstzahl). Die Aufgaben des Prüfungsausschusses entsprechen den Aufgaben, die der Gesamtaufsichtsrat oder ein eventueller Prüfungsausschuss bei den gesetzlichen Aufsichtsräten und beim fakultativen Aufsichtsrat im Hinblick auf die Überwachung des Rechnungslegungsprozesses, der Wirksamkeit des internen Kontrollsystems, des Risikomanagementsystems und des Revisionssystems sowie der Abschlussprüfung obliegen (Rn 4075). 4078

4. Muster einer Beiratsordnung

Aufgabenstellung, Besetzung und Einflussmöglichkeiten von Aufsichtsrat, Beirat, Verwaltungsrat und Gesellschafterausschuss sind vielgestaltig. Der Zweck 4079

---

[64] Vgl etwa Assmann in Assmann/Uwe H. Schneider WpHG § 2 Rn 161; Claussen § 6 Rn 47 und 65.

dieses Buches verbietet, über das in Rn 4052 bis 4078 Gesagte hinaus in Einzelheiten zu gehen. Zweckmäßiger erscheint es, wie dies schon im Zusammenhang mit der Behandlung des Anstellungsvertrages, der Pensionsregelung und der Geschäftsordnung für die Geschäftsführung geschehen ist, das Muster einer Beiratsgeschäftsordnung vorzustellen. Daraus lassen sich hinreichend Anregungen für die Anpassung an die jeweils gegebene Situation entnehmen, und zwar für alle genannten Gremien.

4080   **Muster-Beiratsordnung**
für den Beirat
der Solid GmbH,
beschlossen am ... 2009

§ 1 Wahl, Größe, Zusammensetzung und Abberufung des Beirats

(1) Die Gesellschafter der GmbH wählen mit der Mehrheit der abgegebenen Stimmen *(Kn 1)* den Beirat.

(2) Der Beirat besteht aus mindestens drei Mitgliedern. Er soll immer eine ungerade Zahl von Mitgliedern haben *(Kn 2)*.

(3) Die Mehrzahl der Beiratsmitglieder soll aus Personen bestehen, die nicht Mitglieder der Gesellschafterfamilie sind *(Kn 3)*.

(4) Die Beiratsmitglieder können von den Gesellschaftern mit einer Mehrheit von zwei Dritteln aller Stimmen abberufen werden.

§ 2 Aufgaben *(Kn 4)*

(1) Der Beirat hat die Aufgabe, die Gesellschafter zu beraten *(Kn 5)* und die Geschäftsführung zum einen zu beraten und zum anderen zu überwachen, insbesondere über die Zustimmung zu Maßnahmen und Geschäften zu beraten und zu entscheiden, die in der Geschäftsordnung für die Geschäftsführung für zustimmungspflichtig erklärt worden sind.

(2) Der Beirat hat den Gesellschaftern und der Geschäftsführung Maßnahmen vorzuschlagen, die ihm zur gedeihlichen Entwicklung der GmbH und der mit der GmbH verbundenen Unternehmen notwendig oder zweckmäßig erscheinen.

(3) Der Beirat beruft die Geschäftsführer der GmbH und beruft sie ab. Er kann einen Vorsitzenden der Geschäftsführung ernennen sowie ggf einen Stellvertreter. Alle Beschlüsse des Beirats nach diesem Absatz sollen nach Abstimmung mit den Gesellschaftern gefasst werden.

(4) Der Beirat vertritt die Gesellschafter der GmbH gegenüber den Geschäftsführern. Im Rahmen dieser Vertretungsbefugnis schließt er – nach Abstimmung mit den Gesellschaftern – auch die Anstellungsverträge mit den Geschäftsführern ab.

(5) Die Mitglieder des Beirats, die nicht zur Gesellschafterfamilie gehören, erfüllen die Aufgaben, die dem Familienbeirat in dem Testament von Herrn ... übertragen worden sind.

(6) Der Beirat erfüllt darüber hinaus die Aufgaben, die ihm die Gesellschafter durch Gesellschafterbeschluss gesondert übertragen.

§ 3 Vorsitzender

(1) Die Gesellschafter wählen ein Beiratsmitglied für die Dauer der Amtsperiode des Beirats zum Vorsitzenden des Beirats und ein weiteres Mitglied zum stellvertretenden Vorsitzenden.

(2) Der Vorsitzende leitet die Arbeit des Beirats. Er gibt alle erforderlichen Erklärungen im Namen des Beirats ab. Er ist der Adressat für Erklärungen an den Beirat.

§ 4 Amtszeit, Wiederwahl, Kündigung, Ergänzungswahlen *(Kn 6)*

(1) Die Amtszeit des Beirats beginnt mit dem Zeitpunkt, der im Wahlbeschluss festgesetzt ist. Sie endet mit dem Entlastungsbeschluss für das dritte Geschäftsjahr nach Beginn der Amtszeit. Das Jahr des Amtsbeginns rechnet nicht mit.

(2) Die Wiederwahl eines Beiratsmitglieds ist bis zu höchstens drei Amtsperioden zulässig. Eine Wiederwahl soll nicht mehr erfolgen, wenn das Beiratsmitglied das 75. Lebensjahr überschritten hat.

(3) Jedes Beiratsmitglied kann sein Amt, auch ohne wichtigen Grund, mit einer Kündigungsfrist von einem Monat niederlegen. Die Kündigung erfolgt gegenüber dem Vorsitzenden des Beirats. Der Vorsitzende kündigt durch Erklärung an die Gesellschafter. Eine Kündigung soll nicht zur Unzeit erfolgen.

(4) Fällt ein Beiratsmitglied während einer Amtsperiode weg, und besteht der Beirat nur noch aus zwei Mitgliedern, so ist unverzüglich ein drittes Beiratsmitglied zu wählen. Wählen die Gesellschafter nicht innerhalb einer Frist von zwei Monaten das fehlende Mitglied, können die restlichen Beiratsmitglieder das Mitglied wählen.

(5) Fällt der Vorsitzende weg, ist unverzüglich ein neuer Vorsitzender zu wählen. Wählen die Gesellschafter ihn nicht innerhalb von zwei Monaten, können ihn die Beiratsmitglieder wählen. Entsprechendes gilt für den stellvertretenden Vorsitzenden.

(6) Ergänzungswahlen zum Beirat sowie die Wahl eines neuen Vorsitzenden oder stellvertretenden Vorsitzenden erfolgen jeweils für die restliche Dauer der Amtszeit des Beirats.

§ 5 Sitzungen, Einladung, Tagesordnung

(1) Der Beirat soll in der Regel viermal im Jahr zu einer Sitzung zusammentreten. Weitere Sitzungen finden nach Bedarf statt.

(2) Die Geschäftsführung nimmt an den Sitzungen des Beirats teil, es sei denn, dass der Vorsitzende des Beirats etwas anderes bestimmt. Wenn die außenstehenden Mitglieder des Beirats als Familienbeirat tagen, haben die Geschäftsführer kein Anwesenheitsrecht.

(3) Zu den Beiratssitzungen lädt die Geschäftsführung im Auftrage des Vorsitzenden oder der Vorsitzende selbst ein. Zusammen mit der Einladung erhält jedes Beiratsmitglied die Tagesordnung und die Unterlagen, die zur Vorbereitung auf die Beratung erforderlich sind.

(4) Die Einladung soll mindestens zwei Wochen vor der Sitzung den Beiratsmitgliedern zugehen. Können die Unterlagen nicht zusammen mit der Tagesordnung versandt werden, sollen sie spätestens eine Woche vor der Sitzung den Beiratsmitgliedern zugehen.

(5) In dringenden Fällen kann der Vorsitzende die Einladungsfrist auf drei Tage abkürzen. In einem solchen Falle kann telefonisch, telegrafisch oder durch Telefax eingeladen werden. Die Tagesordnung soll bei der Einladung mitgeteilt werden. Die Sitzungsunterlagen können in der Sitzung vorgelegt werden.

(6) Verträgt eine nach der Geschäftsordnung für die Geschäftsführung erforderliche Zustimmung keinen Aufschub, weil sonst erhebliche Nachteile für die GmbH oder mit ihr verbundenen Unternehmen drohen, kann der Vorsitzende über die erforderliche Zustimmung entscheiden. Er hat den Beirat unverzüglich zu informieren und nachträglich dessen Stellungnahme einzuholen. § 6 Abs (2) gilt entsprechend.

§ 6 Beschlussfassung

(1) Der Beirat fasst seine Beschlüsse möglichst einstimmig. Ist Einstimmigkeit nicht zu erzielen, beschließt er mit einfacher Mehrheit der abgegebenen Stimmen. Bei Stimmengleichheit entscheidet die Stimme des Vorsitzenden, wenn er dies erklärt. Stimmenthaltungen gelten als nicht abgegebene Stimmen.

(2) Die Beschlüsse des Beirats werden in Sitzungen gefasst. Sie können auch schriftlich, in Textform oder telefonisch gefasst werden, wenn kein Beiratsmitglied diesem Verfahren widerspricht. Der Beiratsvorsitzende bestimmt Art und Verfahren der Beschlussfassung. Widerspricht ein Beiratsmitglied einer Beschlussfassung außerhalb einer Sitzung, ist eine Beiratssitzung einzuberufen, in der der Gegenstand der Beschlussfassung zu erörtern ist.

(3) In der Beiratssitzung ist der Beirat beschlussfähig, wenn rechtzeitig eingeladen worden ist und wenn mindestens drei Mitglieder an der Beschlussfassung teilnehmen. Ist der Beirat vollzählig versammelt, kann er, auch wenn nicht rechtzeitig eingeladen worden ist, die Beschlussfähigkeit jederzeit dadurch herstellen, dass er einstimmig auf Form und Frist der Einladung verzichtet.

(4) Über die gefassten Beschlüsse wird ein Protokoll angefertigt, das der Vorsitzende und der Protokollführer unterzeichnen und das den Beiratsmitgliedern, den Gesellschaftern und den Geschäftsführern, soweit sie teilnahmeberechtigt waren, möglichst kurzfristig nach der Sitzung zuzustellen ist. Der Beiratsvorsitzende bestimmt, in welchem Umfange der Gang der Verhandlung protokolliert wird. Schriftlich, in Textform oder telefonisch gefasste Beschlüsse sind vom Vorsit-

zenden unverzüglich zu dokumentieren und den Beiratsmitgliedern sowie den teilnahmeberechtigten Gesellschaftern und Geschäftsführern in Textform zu übermitteln.

(5) Soweit der Beirat auch Beiratsfunktionen in verbundenen Unternehmen der GmbH ausübt, leitet er die Protokolle seiner in diesen Gesellschaften abgehaltenen Sitzungen ebenfalls den Gesellschaftern und der Geschäftsführung der GmbH zu *(Kn 7)*.

§ 7 Beteiligung von Gesellschaftern, Hinzuziehung von Dritten

(1) Die Gesellschafter sind grundsätzlich berechtigt, an den Beiratssitzungen teilzunehmen. Der Vorsitzende kann im Einzelfall bestimmen, dass der Beirat ohne Anwesenheit der Gesellschafter tagt *(Kn 8)*.

(2) Der Beiratsvorsitzende ist berechtigt, zu den Sitzungen des Beirats Berater, Auskunftspersonen oder Sachverständige hinzuzuziehen.

§ 8 Vertraulichkeitsgebot

(1) Beiratsmitglieder und andere Personen, die an Sitzungen des Beirats teilnehmen, haben über vertrauliche Angaben und Geheimnisse der Gesellschaft, namentlich Betriebs- und Geschäftsgeheimnisse, die ihnen durch ihre Tätigkeit im Beirat bekannt geworden sind, Stillschweigen zu bewahren. Die Pflicht zum Stillschweigen gilt nicht im Verhältnis der Beiratsmitglieder zueinander.

(2) Die Unterlagen vertraulichen Charakters über die GmbH und die mit ihr verbundenen Unternehmen, die ein Beiratsmitglied in dieser Eigenschaft erhalten hat, sind beim Ausscheiden aus dem Beirat der Geschäftsführung der GmbH auszuhändigen.

§ 9 Unterrichtung über Gesellschafterbeschlüsse

Die Beiratsmitglieder haben Anspruch darauf, unverzüglich von Beschlüssen unterrichtet zu werden, die die Gesellschafter innerhalb oder außerhalb von Versammlungen gefasst haben, ohne dass der Beirat beteiligt war *(Kn 9)*.

§ 10 Vergütung *(Kn 10)*

(1) Jedes Beiratsmitglied erhält für seine Tätigkeit eine feste Vergütung in Höhe von EUR ... für ein volles Geschäftsjahr; der Vorsitzende erhält das Doppelte und der stellvertretende Vorsitzende das Eineinhalbfache der einfachen Vergütung. Beginnt oder endet die Amtszeit eines Beiratsmitgliedes oder die Amtszeit als Vorsitzender im Laufe eines Geschäftsjahres, so wird die feste Beiratsvergütung für das nicht vollendete Jahr pro rata temporis gezahlt.

(2) Zusätzlich zu der festen Vergütung erhält jedes Beiratsmitglied für jede Sitzung EUR ... Sitzungsgeld. *(Kn 11)*

(3) Die auf die Beiratsvergütung entfallende gesetzliche Mehrwertsteuer wird von der Gesellschaft erstattet.

(4) Auslagen (Reise-, Verpflegungs- und Übernachtungskosten, Telefongebühren usw), die den Beiratsmitgliedern aufgrund ihrer Tätigkeit entstehen, werden von der Gesellschaft gegen gesonderte Berechnung ersetzt.

(5) Vergütungen und Auslagen, die die Beiratsmitglieder als Beiratsmitglieder von Tochtergesellschaften erhalten haben, werden auf die vorstehenden Vergütungen und Auslagen angerechnet.

4081 Kommentarnoten *(Kn)* zur Muster-Beiratsordnung

(1) Das GmbHG geht ebenso wie hier für die Ermittlung von Mehrheitsbeschlüssen von der Mehrheit der abgegebenen Stimmen aus (§ 47 Abs 1 GmbHG). Wenn die Präsenz in der Gesellschafterversammlung gering ist oder sich Gesellschafter der Stimme enthalten, kann diese Mehrheit zwar erheblich unter der realen Mehrheit liegen. Das ist jedoch eine Konsequenz, die jeder nicht erscheinende Gesellschafter mit seinem Nichterscheinen in Kauf nimmt.

(2) Ungerade Mitgliederzahlen erleichtern die Beschlussfassungen, wenn Einstimmigkeit nicht erreichbar ist. Das gilt für Gremien jeder Art.

(3) Im vorliegenden Fall sichert sich die Familie, ohne ihre Einflussmöglichkeiten aufzugeben (sie behält das Weisungsrecht der Gesellschafter, Rn 4000ff), den mehrheitlichen Rat Außenstehender und fördert da-

II. Beziehungen der Geschäftsführung zu Aufsichts- und Beratungsgremien **4081**

mit die Objektivität der Entscheidungen. Eine Bezeichnung als Gesellschafterausschuss wäre für dieses Gremium deshalb unpassend. Da Gesellschafter und Gesellschafterfamilie nicht identisch zu sein brauchen, ist hier ausdrücklich von der Gesellschafterfamilie die Rede. Das erfasst auch die Familienmitglieder, die nicht Gesellschafter sind.

(4) Die Gesellschafter haben von ihrem Recht, eigene Zuständigkeiten auf andere zu übertragen, in größerem Umfange Gebrauch gemacht. Die Pflicht zur Abstimmung bedeutet eine nicht nur oberflächliche Konsultation, lässt aber dem Beirat letztlich das Recht zur eigenen Entscheidung. In einer GmbH, die dem MitbestG unterliegt, kann die Bestellung und Abberufung der Geschäftsführer und die Vertretung ihnen gegenüber nicht einem neben dem Aufsichtsrat bestehenden Beirat übertragen werden (Rn 2013).

(5) Die außenstehenden Beiratsmitglieder sollen im vorliegenden Falle auch als Familienratgeber wirken. Das allein legt es schon nahe, den Beirat in der Mehrheit von außen zu besetzen.

(6) Die Regelungen der §§ 4 bis 6 entsprechen den bewährten Organisationsregeln für Beschlussgremien jeder Art. Sie sollten, wenn ein Aufsichtsrat besteht, in ähnlicher Form möglichst schon in den Gesellschaftsvertrag oder in die Geschäftsordnung für den Aufsichtsrat aufgenommen werden. In paritätisch mitbestimmten Gesellschaften müssen die Vorschriften an die gesetzlichen Vorgaben angepasst werden, zB dass Beschlussfähigkeit nur gegeben ist, wenn mindestens die Hälfte der Mitglieder, aus denen der Aufsichtsrat insgesamt zu bestehen hat, an der Beschlussfassung teilnimmt (§ 28 MitbestG).

(7) In Gesellschaften mit 100%igen Töchtern oder mit Schwestergesellschaften kann es sich empfehlen, dem Rat und den Entscheidungen des Beirats einen besonders hohen Wirkungsgrad dadurch zu verleihen, dass dem Beirat nicht nur von der Geschäftsführung berichtet, sondern ihm die Gelegenheit gegeben wird, sich unmittelbar mit den Angelegenheiten der anderen Gruppenunternehmen zu befassen und die dort wirkenden Führungskräfte persönlich kennen zu lernen. Die Geschäftsführung sollte ein Interesse daran haben, solche Strukturen zu fördern, weil es ihr selbst eine Menge Zeit sparen hilft (durch Konzentration der Sitzungen und ihrer Vorbereitung, Einbindung der anderen Führungskräfte – Geschäftsführer oder leitende Angestellte – in die Vor- und Nachbereitung der Sitzungen, Vereinfachung der eigenen Berichterstattung usw) und sie dadurch die Hände für ihre unternehmerischen Aufgaben frei bekommt.

(8) Eine solche Bestimmung ist nur ratsam, dann aber empfehlenswert, wenn die Gesellschaftergruppe homogen ist. Wenn zwischen den Gesellschaftern Spannungen existieren oder divergierende Meinungen nicht selten sind, ist eine solche Regelung unzweckmäßig. Die Beiratssitzungen geraten dann sowohl für den Beirat als auch für die Geschäftsführung leicht zu verfehlten Veranstaltungen. Damit wäre der Beirat um den Sinn seiner Existenz gebracht und der Geschäftsführung wäre nicht geholfen.

(9) Es sollte sich von selbst verstehen, dass die Gesellschafter nicht an einem Beirat, der mit soviel Kompetenz ausgestattet ist wie im vorliegenden Fall, vorbeiregieren. Das sollte auch für Beiräte und andere Gremien gelten, die mit weniger Kompetenz ausgestattet sind.

(10) Wenn ein Beirat sich mit den ihm übertragenen Aufgaben ernsthaft beschäftigt, dann kostet das mehr Zeit und Kraft als gemeinhin angenommen wird. Geschäftsführer, die von dem Beirat fachliche Hilfe erwarten, sollten sich bei ihren Gesellschaftern für eine angemessene Honorierung einsetzen und den Beirat nicht als billigen Jakob betrachten. Für ein Akklamationsgremium wäre selbst wenig Geld noch schlecht angelegt.

(11) Ein zusätzliches Sitzungsgeld ist nur dann sinnvoll, wenn man damit die Beiratsmitglieder veranlassen will, auch tatsächlich zu den Beiratssitzungen zu kommen (was nur dann bewirkt würde, wenn das Sitzungsgeld für die vier Sitzungen etwa 50% der Gesamtvergütung ausmacht). Wenn man allerdings bezweifeln muss, ob ein Beiratsmitglied tatsächlich zu den Beiratssitzungen erscheint, fragt es sich, ob man nicht ein anderes Mitglied in den Beirat holen sollte.

Kapitel 5

Die Aufgaben des Geschäftsführers bei Gründung, Umwandlung und Liquidation

I. Die Aufgaben des Geschäftsführers bei der Gründung einer GmbH

1. Bargründung, klassische GmbH, Unternehmergesellschaft (haftungsbeschränkt), Mustergründung

5000   Gründung einer GmbH bedeutet, dass die Gesellschafter über den Gesellschaftsvertrag (die Satzung) einig werden, dass sie einen entsprechenden Beschluss fassen. Dieser Gründungsakt muss notariell beurkundet werden. Dies geschieht regelmäßig in Form einer Gründungsurkunde. Sie besteht normalerweise aus dem Errichtungsbeschluss, dem der Gesellschaftsvertrag als Anlage beigefügt wird, der ersten Gesellschafterversammlung, auf der die Geschäftsführer bestellt werden, und dem Hinweiskatalog des Notars. Drei Stadien sind bei der werdenden GmbH zu unterscheiden: Das Stadium der **Vorgründungsgesellschaft** dauert bis zur Unterzeichnung der Gründungsurkunde. Mit der Unterzeichnung beginnt das Stadium der **Vorgesellschaft oder Vor-GmbH**. Es dauert bis zur Eintragung. Die **eigentliche GmbH** entsteht erst mit der Eintragung (zu den drei Stadien näher Rn 5021 ff).

5001   Eine GmbH kann man neuerdings (seit dem MoMiG s Einleitung) in zwei Varianten gründen. Die **kostengünstige**[1] **Einstiegsvariante** ist die **haftungsbeschränkte Unternehmergesellschaft, abgekürzt UG (haftungsbeschränkt)** (§ 5 a GmbHG).[2] Das Mindeststammkapital ist frei wählbar. **Ein Euro pro Geschäftsanteil genügt** also. Wird die Gesellschaft von nur einem Gesellschafter mit nur einem Geschäftsanteil gegründet, genügt also ein Stammkapital von einem Euro. Eine derartige GmbH darf jedoch nicht als solche firmieren, sondern muss sich statt GmbH „Unternehmergesellschaft (haftungsbeschränkt)" oder „UG (haftungsbeschränkt)" nennen – ein Wortungetüm. Außerdem darf sie ein Viertel ihres Jahresüberschusses (abzüglich eines Verlustvortrages) nicht ausschütten, sondern muss dieses Viertel dazu verwenden, eine gesetzliche Rücklage zu bilden, bis das Mindeststammkapital der klassischen GmbH von EUR 25 000,– erreicht ist.

5002   **Die klassische Variante ist die bisherige GmbH mit einem Mindeststammkapital von EUR 25 000,–.**

5003   **Das Gesetz stellt an den Inhalt des Gesellschaftsvertrages gewisse Mindestanforderungen.** Er muss die Firma, dh den Namen der Gesellschaft, ihren Sitz, den Gegenstand des Unternehmens, den Betrag des Stammkapitals und den Nennbetrag jedes Geschäftsanteils enthalten, also den Betrag, den jeder Gesellschafter auf die von ihm übernommenen Geschäftsanteile (jeweils mindestens 1 Euro) und damit auch das Stammkapital zu leisten hat.

---

[1] Zu den Gründungskosten der UG (haftungsbeschränkt) im Vergleich zur klassischen GmbH übersichtlich Wachter Die neue Unternehmergesellschaft (haftungsbeschränkt) in Römermann/Wachter S 25 ff.

[2] Am 11. 1. 2009, also in den zweieinhalb Monaten seit dem Inkrafttreten des MoMiG am 1. 11. 2008, gab es bereits 1.515 UG (haftungsbeschränkt) in Deutschland: Bayer/Hoffmann GmbHR 2009, 124 ff.

I. Die Aufgaben bei der Gründung einer GmbH

Die notarielle Gründungsurkunde, mit der die GmbH ins Leben gerufen wird (Rn 5000), entsteht entweder im Wege einer **kostengünstigen Schnellvariante, der Mustergründung (§ 2 Abs 1 a) oder** im Wege einer **Individualgründung. Die Mustergründung kann nur gewählt werden,** wenn die GmbH von höchstens drei Gesellschaftern gegründet wird und nur ein Geschäftsführer bestellt wird. Voraussetzung ist außerdem, dass die künftigen Gesellschafter und der Notar als Gründungsurkunde eines der beiden vom GmbH-Gesetz zur Verfügung gestellten Muster verwenden. Die Muster sind diesem Buch als Anlage 2 beigefügt. Sie sind gleichzeitig Gesellschaftsvertrag, Geschäftsführerbestellung und Gesellschafterliste. Das eine Muster ist für die Gründung einer Einpersongesellschaft vorgesehen, das andere für die Gründung einer Mehrpersonengesellschaft. Beide Muster können sowohl für die Einstiegsvariante, die Unternehmergesellschaft (haftungsbeschränkt), als auch für die klassische Variante (Mindeststammkapital EUR 25 000,–) verwendet werden. 5004

Bei einer Individualgründung wird üblicherweise in GmbH-Gesellschaftsverträgen weit mehr geregelt als nur der gesetzliche Mindestinhalt. Beispielsweise wird die Dauer der Gesellschaft (wenn nichts anderes geregelt ist, besteht die Gesellschaft auf unbeschränkte Zeit) oder die Möglichkeit der Kündigung der Gesellschaft geregelt. Häufig werden die Geschäfte und Maßnahmen festgelegt, die die Geschäftsführung nur mit Zustimmung der Gesellschafter oder eines anderen Gesellschaftsorgans vornehmen darf. Erheblich flexibler sind die Gesellschafter allerdings, wenn sie den Katalog zustimmungspflichtiger Geschäfte und Maßnahmen nicht in den Gesellschaftsvertrag, sondern in eine Geschäftsordnung (Rn 3037, 3040, 3042) aufnehmen; die jederzeitige Änderung des Katalogs ist dann möglich, ohne den Notar und das Handelsregister zu bemühen. In vielen Fällen werden auch Aufgaben und Verfahren der Gesellschafterversammlung und eines freiwilligen Beirats (Rn 4054 ff) oder eines freiwilligen (Rn 4052 f) oder gesetzlich (Rn 4060 ff) vorgeschriebenen Aufsichtsrats festgelegt. Es finden sich Bestimmungen über die Vertretungsberechtigung der Geschäftsführer (Rn 3006 f), über die Verfügung über Geschäftsanteile (nur mit Zustimmung aller Gesellschafter oder der Gesellschafterversammlung oder bestimmter Gesellschafter), über die Möglichkeiten, aus der Gesellschaft auszuscheiden, im Zusammenhang damit über gegenseitige Angebotspflichten und Vorkaufsrechte, über die Wertbemessung der Geschäftsanteile usw. Darüber hinaus können **Sonderrechte einzelner Gesellschafter** vereinbart werden, zB das Recht auf Geschäftsführung, Sonderrechte innerhalb der Geschäftsführung, Vorzugsrechte bei der Gewinnverteilung und beim Stimmrecht. Diese Rechte können entweder einzelnen Gesellschaftern aber auch Familien oder Familienstämmen zustehen (Rn 2004). Des öfteren gibt es auch Verpflichtungen von Gesellschaftern, die über die Zahlung des Nennbetrages des Geschäftsanteils hinausgehen, beispielsweise zur Zahlung eines Aufgelds (eines Agios) auf den Nennbetrag, zur Zahlung von Nachschüssen oder zu Sachleistungen (etwa die jährliche Anlieferung von Zuckerrüben). Solche zusätzlichen Verpflichtungen müssen, um gegen jeden Gesellschafter (vor allem auch gegen einen etwaigen Nachfolger) wirksam zu sein, ausdrücklich im Gesellschaftsvertrag geregelt sein. Das Gleiche gilt, wenn anstelle von oder neben Bareinlagen Sacheinlagen geleistet werden sollen, so zB wenn Grundstücke, Maschinen oder ein Unternehmen eingebracht werden sollen (Rn 5015 ff). 5005

Im Gesellschaftsvertrag muss auch der Gründungsaufwand festgesetzt werden.[3] Angegeben werden muss der Gesamtbetrag in bestimmter Höhe („bis zu 5006

---

[3] BGH v 20. 2. 1989 BGHZ 107, 1, 5 f; Winter in Scholz GmbHG § 5 Rn 111 ff; Schmidt-Leithoff in Rowedder/Schmidt-Leithoff § 5 Rn 67 ff; Ulmer in Ulmer GmbHG § 5 Rn 214 ff; steuerlich ist die Auszahlung von Gründungsaufwand an einen Gesellschafter, sofern die Zahlung nicht durch den Gesellschaftsvertrag gedeckt ist, eine verdeckte Gewinnausschüttung, BMF-Schreiben vom 25. 6. 1991, BStBl I S 661.

Euro ..."). Zum Gründungsaufwand gehören die Kosten für die Erarbeitung des Gesellschaftsvertrages, die Beurkundungskosten und die Kosten der Eintragung in das Handelsregister nebst den Veröffentlichungskosten. Gründungsaufwand ist auch der allerdings wenig verbreitete sogenannte Gründerlohn, den die Gesellschafter für ihre Mithilfe bei der Errichtung der Gesellschaft erhalten sollen. Dazu zählen ferner die Kosten, die mit der Einbringung von Sacheinlagen verbunden sind, wie zB die Kosten eines Wirtschaftsprüfers, der den Wert der Sacheinlage begutachtet hat (der Registerrichter muss sich davon überzeugen, dass die Sacheinlage nicht überbewertet worden ist; dafür ist das Gutachten eines Wirtschaftsprüfers oder eines anderen Sachverständigen hilfreich). Ist der Gründungsaufwand nicht im Gesellschaftsvertrag festgesetzt, müssen ihn die Gesellschafter in voller Höhe bezahlen. Ist die GmbH in Vorlage getreten, hat sie gegen die Gesellschafter einen Erstattungsanspruch. Das Gleiche gilt für einen unangemessen hohen Gründungsaufwand, gleichgültig ob im Gesellschaftsvertrag geregelt oder nicht. Es haften sämtliche(!) Gesellschafter und die Geschäftsführer es sei denn, sie können sich entlasten (§ 9a Abs 1, 2 und 3 GmbHG). Bei einer Mustergründung (Rn 5004) darf der von der GmbH zu tragende Gründungsaufwand EUR 300,– nicht überschreiten. Bei der Unternehmergesellschaft (haftungsbeschränkt) (Rn 5001) darf der Gründungsaufwand nicht höher sein als das Stammkapital. Die Gründungskosten einer UG (haftungsbeschränkt) mit einem Euro Stammkapital müssen also (bis auf den einen Euro) von den Gesellschaftern bzw dem Gesellschafter getragen werden.

5007 **Wenn der tatsächliche Gründungsaufwand höher ist als die im Gesellschaftsvertrag festgesetzte Summe, müssen die Gründungsgesellschafter der Gesellschaft die Differenz erstatten.** Ist der Gründungsaufwand hingegen ordnungsgemäß festgesetzt worden und entspricht der tatsächliche Aufwand dem festgesetzten Betrag, so hindert § 30 GmbHG die Auszahlung des Gründungsaufwandes nicht, auch wenn dadurch (was § 30 GmbHG an sich verbietet) das Vermögen, das zur Erhaltung des Stammkapitals erforderlich ist, teilweise an die Gesellschafter ausgezahlt wird. Soweit der Gründungsaufwand aus Gründerlohn besteht, darf er allerdings nicht zu Lasten des Stammkapitals ausgezahlt werden.

5008 **Im Zusammenhang mit dem Gründungsakt muss die erste Geschäftsführung bestellt werden.** Sie wird entweder im Gesellschaftsvertrag selbst bestellt oder, was die Regel ist, durch Gesellschafterbeschluss in der Gründungsurkunde. **Die Geschäftsführung muss**, nachdem die Gründungsurkunde vor dem Notar unterzeichnet worden ist, **die Gesellschaft zur Eintragung in das Handelsregister anmelden, und zwar elektronisch in öffentlich beglaubigter Form, § 12 Abs 1 HGB** (Rn 5012). Regelmäßig wickelt der Notar, der die Gründung protokolliert hat, auch die Anmeldeförmlichkeiten ab. **Vor der Anmeldung muss sichergestellt sein, dass sich die eingezahlten Barmittel und die Sacheinlagen,** wenn solche im Vertrage festgesetzt sind, **in der freien Verfügung der Geschäftsführer befinden.** Das müssen die Geschäftsführer in der Anmeldung ausdrücklich versichern. Machen sie falsche Angaben, machen sie sich strafbar (Rn 7054, 7116).

5009 **Bei einer Bargründung oder einer teilweisen Bargründung eröffnen die Geschäftsführer in der Regel ein Konto bei einer Bank, das auf die GmbH „in Gründung" lautet.** Für die Kontoeröffnung müssen sie den beurkundeten Gesellschaftsvertrag und den Gesellschafterbeschluss, mit dem sie zu Geschäftsführern bestellt worden sind, vorlegen, also die Gründungsurkunde. Von den Bareinlagen müssen auf dieses Konto mindestens 25% eingezahlt sein oder der im Gesellschaftsvertrag vorgesehene höhere Prozentsatz. Auf jeden Fall müssen bei der klassischen GmbH mindestens EUR 12500,– eingezahlt sein. 100% müssen eingezahlt sein, wenn die Einstiegsvariante, die Unternehmergesellschaft (haftungsbeschränkt), gewählt wurde. Das Stammkapital einer derartigen Gesellschaft ist in der Regel so gering, dass es sofort eingezahlt werden kann und muss. Anstelle der Einzahlung auf das Bankkonto können

I. Die Aufgaben bei der Gründung einer GmbH   5010–5012

die Gesellschafter den Geschäftsführern das Geld auch in bar geben oder in Form eines bestätigten Bundesbankschecks (LZB-Scheck). **Sollte das Bankkonto,** was immer wieder vorkommt, **debitorisch sein, müssen die Geschäftsführer dafür sorgen, dass die Bank die Zahlungen, die auf die Stammeinlage geleistet werden, nicht verrechnet.** Bei der Verrechnung mit einem Debetsaldo steht die Zahlung nicht „in der freien Verfügung" der Geschäftsführer! Folglich sollten diese die Zahlung auf ein eigenes Konto leiten, bezüglich dessen die Bank ausdrücklich auf das Recht der Aufrechnung verzichtet. Einfacher ist es, die Geschäftsführer eröffnen das Einzahlungskonto schlicht bei einer anderen Bank. Schecks, Wechsel oder ausländische Zahlungsmittel als solche gewährleisten die freie Verfügbarkeit noch nicht. Sie müssen erst eingelöst und auf dem genannten Konto gutgeschrieben sein, erst dann ist die Bareinlage geleistet.

Durch **Aufrechnung kann sich der Gesellschafter von seiner Verpflichtung,** 5010
bar einzuzahlen, grundsätzlich nicht befreien. Das wird vielfach verkannt. Es ist nicht selten, dass ein Gesellschafter der Gesellschaft, noch bevor sie eingetragen worden ist (sog Vor-GmbH, Rn 5023 ff), Geld zur Verfügung stellt, damit sie mit den Geschäften schon beginnen kann. Er kann diese Zahlungen nicht mit der vereinbarten Bareinlage verrechnen. Die Geschäftsführer dürfen einer Verrechnung auch nicht vertraglich zustimmen. Anders wäre es nur dann, wenn in dem geschilderten Falle der notariell beurkundete Gesellschaftsvertrag geändert und die Bareinlage in eine Sacheinlage umgewandelt würde. Das geschieht dann so, dass der Gesellschafter seine Forderung gegen die Vorgesellschaft auf Rückzahlung des Geldes in diese einbringt (Rn 5011, 5015 ff). **Die Beurkundung der Umwandlung in eine Sacheinlage muss** aber **durchgeführt worden sein, bevor die Gesellschaft im Handelsregister eingetragen worden ist.** Keine Lösung ist es, die Einlage in bar zu leisten und sich anschließend mit Hilfe dieser Mittel den zuvor gezahlten Vorschuss zurückzahlen zu lassen (zur verdeckten Sacheinlage Rn 5018 f). Geschäftsführer, die mit solchen Problemen konfrontiert werden, sollten wegen der bestehenden rechtlichen Unsicherheiten nichts tun, ohne sich vorher durch ein schriftliches Gutachten eines Anwalts bestätigen zu lassen, dass oder auf welche Weise die Verrechnung ausnahmsweise zulässig ist. Das Risiko ist sonst zu groß (§ 19 Abs 2 S 2 GmbHG).

Sacheinlagen (Rn 5015 ff) müssen vor der Anmeldung voll auf die Gesell- 5011
schaft übertragen sein. Forderungen, die eingebracht werden, müssen abgetreten sein; Grundstücke müssen aufgelassen, der Eigentumsumschreibungsantrag im Grundbuch muss gestellt sein;[4] der Notar muss bescheinigen, dass keine Eintragungshindernisse bestehen; **die Aktiva und Passiva eines eingebrachten Unternehmens müssen übertragen bzw übernommen worden sein;** Anteile an einer Gesellschaft müssen wirksam übertragen worden sein, dh die Übertragung von zB GmbH-Anteilen, die im Wege der Sacheinlage eingebracht werden, muss notariell beurkundet und die nach dem Gesellschaftsvertrag etwa notwendigen Zustimmungen der GmbH und der Gesellschafter dieser GmbH müssen erteilt sein; Aktien müssen abgetreten oder ihre Urkunden übergeben worden sein. Bei vinkulierten Namensaktien muss die Genehmigung durch das zuständige Organ vorliegen.

Mit der Anmeldung zum Handelsregister sind die folgenden Angaben zu 5012
machen und folgende Unterlagen (in elektronischer Form) **einzureichen (§ 8 GmbHG):**

---

[4] Weitergehend Schmidt-Leithoff in Rowedder/Schmidt-Leithoff GmbHG § 7 Anm 36 (Eintragung des Eigentumsübergangs im Grundbuch erforderlich) sowie H. Winter/Veil in Scholz GmbHG § 7 Rn 40, die darauf hinweisen, dass der Antrag auf Eintragung des Eigentumsübergangs im Grundbuch noch zurückgenommen werden könne u die Einlage deswegen noch nicht endgültig zur freien Verfügung der Geschäftsführer stehe.

- die Firma (der Name der Gesellschaft) und ihr Sitz (Sitz der Gesellschaft ist der Ort im Inland, den der Gesellschaftsvertrag bestimmt). Vom Sitz der Gesellschaft ist zu unterscheiden die Geschäftsanschrift, dh die Straße und die Hausnummer des Gebäudes, in dem die Gesellschaft zu erreichen ist; **die Geschäftsanschrift ist neuerdings ebenfalls in der Anmeldung anzugeben** (vgl Rn 6028),
- die Gründungsurkunde einschließlich Gesellschaftsvertrag und ggf den Vollmachten der Vertreter, die für die Gesellschafter den Gesellschaftsvertrag unterzeichnet haben,
- der Gesellschafterbeschluss (der zumeist Teil der Gründungsurkunde ist), mit dem die Geschäftsführer bestellt worden sind,
- eine von den Geschäftsführern unterschriebene Liste der Gesellschafter mit deren Namen, Vornamen, Geburtsdatum und Wohnort sowie die Nennbeträge der jeweils übernommenen Geschäftsanteile (bei der Mustergründung, Rn 5004, entfällt eine eigene Gesellschafterliste, da diese Angaben bereits in der Musterurkunde enthalten sind); die Geschäftsanteile sind zu nummerieren! (§ 40 Abs 1 GmbHG),
- bei Sacheinlagen (Rn 5011, 5015 ff) die entsprechenden Verträge und Urkunden über die Übertragungsakte, der Sachgründungsbericht und Unterlagen darüber, dass der Wert der Sacheinlagen den Nennbetrag der Geschäftsanteile erreicht, bei der Übertragung von Unternehmen auch die Angaben über die Jahresergebnisse der letzten zwei Geschäftsjahre.
- **die Versicherung, dass die Einlagen erbracht sind und dass sie sich endgültig in der freien Verfügung der Geschäftsführer befinden,**
- die Versicherung, dass der Bestellung zum Geschäftsführer keine Hindernisse entgegenstehen, dass also kein Verbot ausgesprochen worden ist, einen Beruf oder ein Gewerbe auszuüben, und dass der oder die Geschäftsführer nicht in den letzten fünf Jahren wegen Insolvenzverschleppung oder wegen eines sonstigen Insolvenzdelikts oder wegen falscher Angaben in Zusammenhang mit der Gründung oder der Führung einer Gesellschaft, wegen Bilanzdelikten oder, insoweit allerdings nur bei Verurteilung zu mindestens einem Jahr, wegen Betrugs in allen Varianten, Untreue oder Nichtabführung von Sozialabgaben verurteilt worden sind (gerechnet ab Rechtskraft des Urteils; die Zeit im Gefängnis wird nicht angerechnet) (vgl auch Rn 2008),
- die Vertretungsbefugnis der Geschäftsführer (Alleinvertretungsbefugnis, echte oder unechte Gesamtvertretung, Rn 3007 f), Befreiung vom Verbot des Selbstkontrahierens (Rn 3014 ff).

Die bis zum Inkrafttreten des MoMiG (s Einleitung) erforderliche Einreichung einer behördlichen Erlaubnis zum Betrieb des Gewerbes der GmbH (Eintrag in die Handwerksrolle, Erlaubnis für Banken, Gaststätten, Personenbeförderungsbetriebe, Güterkraftverkehrsbetriebe, Personalvermittler usw) ist entfallen. Die Eintragung in das Handelsregister und damit die Entstehung der GmbH wird auf diese Weise beschleunigt. Damit jedoch die GmbH tätig werden kann, ist die Erlaubnis weiterhin notwendig.

5013 **Das Registergericht prüft die Angaben in der Handelsregisteranmeldung und die Eintragungsunterlagen.** Bei erheblichen Zweifeln, ob die Versicherung, die Einlagen seien erbracht, richtig ist, kann das Gericht Nachweise, zB Einzahlungsbelege, fordern. Fehlen Unterlagen oder reichen dem Registerrichter bestimmte Angaben nicht aus, setzt er dem Geschäftsführer regelmäßig eine Frist zur Behebung des Mangels. Trägt der Registerrichter die Gesellschaft ein, obwohl Angaben fehlen, ist die Gesellschaft dennoch wirksam entstanden. **Auf den Inhalt des Handelsregisters und auf die der Handelsregisteranmeldung beizufügenden Unterlagen kann jedermann elektronisch unter www.unternehmensregister.de zugreifen** (Rn 1130, 3009).

5014 **Werden bei der Gründung falsche Angaben** (zu den erforderlichen Angaben Rn 5012) **gemacht, greift die Gründerhaftung nach § 9 a GmbHG ein.** Gleichzeitig machen sich der Geschäftsführer bzw der Gesellschafter nach § 82 Abs 1 Nr 1, 2 und 5 GmbHG strafbar (Rn 7116). Beide sollen, Haftung und Strafe vor Augen, veranlasst werden, ausschließlich korrekte Angaben zu machen. Es haften sämtliche Geschäftsführer und Gesellschafter als Gesamtschuldner, es sei denn, sie können sich entlasten (§ 9 a Abs 3 GmbHG).

I. Die Aufgaben bei der Gründung einer GmbH **5015–5018**

2. Sachgründung und verdeckte Sacheinlage

Bei einer Sachgründung wird die Einlage auf das Stammkapital dadurch **5015** geleistet, dass Sachen oder Rechte in die Gesellschaft eingebracht werden. Sind derartige Sacheinlagen im Gesellschaftsvertrag vorgesehen, müssen die Gesellschafter einen Sachgründungsbericht anfertigen (§ 5 Abs 4 GmbHG). In diesem Bericht sind die wesentlichen Umstände darzulegen, aus denen hervorgeht, dass die Sacheinlage den Wert besitzt, der ihr nach dem Gesellschaftsvertrag zukommen soll. **Alle Gesellschafter müssen den Bericht unterschreiben.**[5]

Als Sacheinlage kommen in Betracht **bewegliche Sachen und unbeweg-** **5016** **liche Sachen, wie zB Grundstücke einschließlich der aufstehenden Gebäude, Forderungen von Gesellschaftern an Dritte oder gegen die Vorgesellschaft** (Rn 5010). Einlagefähig sind auch Gesellschaftsanteile, Immaterialgüterrechte (Patente, Warenzeichen, Urheberrechte) sowie Know-how und ein Kundenstamm. Bei Know-how und Kundenstamm ist die Bewertung naturgemäß immer ein Problem. Einlagefähig sind auch ganze Unternehmen oder Betriebe sowie andere Sach- und Rechtsgesamtheiten (Warenlager, Wertpapierdepot, Nachlass). Nicht einlagefähig sind Forderungen, die auf Dienstleistungen eines Gesellschafters gerichtet sind,[6] oder Forderungen auf Dienstleistungen Dritter, auf die der Gesellschafter einen Anspruch besitzt. **Wenn der Wert der Sacheinlage den Nennbetrag des Geschäftsanteils nicht deckt, ist die Differenz in bar zu leisten (sog spezielle Differenzhaftung, § 9 GmbHG).**

Das Risiko der speziellen Differenzhaftung kann man minimieren. Verbleibt **5017** eine Bewertungsunsicherheit (das ist bei Gegenständen, die keinen Markt- oder Börsenpreis haben, oft der Fall), sollte der Wert der Sacheinlage gedanklich in einen Mindestwert und einen darüber hinausgehenden Wert aufgeteilt werden. **Der Nennbetrag des Geschäftsanteils, der durch die Sacheinlage gedeckt werden soll, sollte auf den Mindestwert beschränkt werden. Der überschießende Teil sollte in die (Kapital-)Rücklage** (§ 272 Abs 2 Nr 4 HGB) **eingestellt oder in ein Gesellschafterdarlehen umgewandelt werden.** Da die spezielle Differenzhaftung bei Sacheinlagen (Rn 5016) nur eingreift, wenn der festgesetzte Nennbetrag des Geschäftsanteils unterschritten wird, der Nennbetrag durch den Mindestwert aber gedeckt ist, erspart sich der Gesellschafter das Risiko, später die Differenz in bar nachschießen zu müssen. Das Risiko wird darauf beschränkt, die anteilige Rücklage oder das Gesellschafterdarlehen zu verlieren. Ist an der Gründung auch ein Gesellschafter mit Bareinlage beteiligt, müsste auch dieser, um die Gleichbehandlung zu gewährleisten, (Einigkeit zwischen den Gesellschaftern über die Bewertung unterstellt) seine Bareinlage in gleichem Verhältnis aufsplitten in einen Teil, der zur Deckung der Stammeinlage verwendet wird und einen anderen Teil, der in die Rücklage eingestellt oder für ein Gesellschafterdarlehen verwendet wird.

Von einer verdeckten Sacheinlage oder einer verschleierten Sachgründung **5018** **spricht man, wenn im Gesellschaftsvertrag eine Bargründung vereinbart ist, das Bargeld jedoch an den Gesellschafter gegen Sachleistungen oder zur Darlehenstilgung zurück fließen soll.** Das ist zB der Fall, wenn mit Hilfe der Bareinlage Waren bezahlt werden, die die Gesellschaft vom Gesellschafter gekauft hatte, noch bevor die Bareinlage geleistet war. Oder es war schon bei Einzahlung der Bareinlage abgesprochen, dass der Gesellschafter an die Gesellschaft ein Grundstück, ein Unternehmen oder einen sonstigen Gegenstand verkaufen würde. Solche Fälle betrachtet das Gesetz als Umgehung des § 5 Abs 4 GmbHG (Rn 5015), da nur die Sache, nicht aber die Bar-

---

[5] Winter in Scholz GmbHG § 5 Anm 99; Schmidt-Leithoff in Rowedder/Schmidt-Leithoff GmbHG § 5 Anm 63.
[6] Zur zulässigen Kombination von Bareinlage und der Vereinbarung entgeltlicher Dienstleistungen BGH v 16. 2. 2009 GmbHR 2009, 540 ff „Quivive".

einlage zur freien Verfügung der Geschäftsleitung steht (Rn 5012, 5014). Die Umgehung hat folgende Konsequenzen: Der Gesellschafter bleibt grundsätzlich verpflichtet, den Nennbetrag seines Geschäftsanteils noch einmal in bar einzuzahlen. Denn die im Gesellschaftsvertrag festgesetzte Bareinlage gilt bei einer verdeckten Sacheinlage als nicht erbracht. Auf diese noch offene Bareinlageverpflichtung wird jedoch (und das ist seit dem MoMiG im Vergleich zur Rechtslage davor neu) der Verkehrswert des Vermögensgegenstands, der der GmbH zugeflossen (und wirtschaftlich an die Stelle der Bareinlagen getreten) ist, angerechnet (§ 19 Abs 4 GmbHG). Maßgebender Zeitpunkt für die Verkehrswertbestimmung ist der Zeitpunkt der Anmeldung der Gesellschaft zum Handelsregister. Verbleibt zwischen der Bareinlageverpflichtung und dem Verkehrswert eine Differenz, so bleibt der Gesellschafter (weil seine fortbestehende Bareinlageverpflichtung durch die Anrechnung nicht vollständig gedeckt ist) insoweit zum Ausgleich verpflichtet.[7] **Für den Geschäftsführer sind die Regeln über die verdeckte Sacheinlage** deshalb **besonders wichtig, weil er** in der Handelsregisteranmeldung **die Richtigkeit aller Angaben versichern muss und sich bei falschen Angaben (trotz der Anrechnung nach § 19 Abs 4 GmbHG bleiben die Angaben falsch!) nicht nur strafbar macht, sondern auch persönlich** in Höhe einer eventuell verbleibenden Differenz **haftet** (Rn 5016).

5019 **Die Regeln über die verdeckte Sacheinlage sind bislang erst teilweise in das allgemeine Bewusstsein gedrungen.** Es kommt deshalb immer noch vor, dass im Krisenfall Kapitalerhöhungen durch den Gesellschafter (oder von einer Bank mit Hilfe von Sicherheiten seitens des Gesellschafters) vorfinanziert werden oder dass an den Gesellschafter, der zuvor eine Bareinlage geleistet hat, ein Darlehen zurückgezahlt wird. Im Vorfinanzierungsfall muss die Darlehensforderung aus der Vorfinanzierung als Sacheinlage eingebracht werden. Im zweiten Fall muss ebenfalls die Darlehensforderung als Sacheinlage eingebracht werden. Geschieht das, sind die Vorschriften über verdeckte Sacheinlagen nicht anzuwenden.[8] Geschieht das nicht, sind die Forderungen der Gesellschafter gegen die GmbH auf den Zeitpunkt der Handelsregisteranmeldung zu bewerten, bei schlechter Bonität der GmbH also abzuwerten. Nur der verbleibende Wert ist anzurechnen nach § 19 Abs 4 GmbHG. Die Differenz ist vom Gesellschafter zu erstatten. Der Geschäftsführer haftet für diese Differenz. **Die Vermeidung einer verdeckten Sacheinlage ist also für den Geschäftsführer ein wichtiges Thema, wenn er erhebliche Risiken vermeiden will.**

5020 **Erhebliche Risiken bestehen für den Geschäftsführer auch im Falle des „Hin- und Herzahlens".** Es handelt sich dabei um die Fälle, in denen vereinbart wird, dass die Bareinlage ganz oder teilweise wieder an den Gesellschafter, beispielsweise als Darlehen, zurück gezahlt wird. Erfasst wird auch der Fall, dass in einem Konzern ein Cash-Pool-System vereinbart ist, dass die Konzernobergesellschaft das Kapital bei der Tochter erhöht, der Erhöhungsbetrag auf das Konto der Tochter eingezahlt wird und dort aufgrund des Cash-Pools sofort wieder an die Mutter zurückfließt. In diesen Fällen liegt eine wirksame Einzahlung nur dann vor, **wenn die mit der Rückzahlung an den Gesellschafter entstehende Forderung der GmbH erstens vollwertig und zweitens jederzeit fällig ist** oder (fristlos) durch Kündigung fällig gestellt werden kann

---

[7] Zur Berechnung der zehnjährigen Verjährungsfrist dieser restlichen Einlageforderung vgl BGH v 11. 2. 2008 GmbHR 2008, 483 f.
[8] Die frühere Rechtsprechung (BGH v 18. 2. 1991 BGHZ 113, 335), dass beim Ausschüttungsrückholverfahren (auch Schütt-aus-Hol-zurück-Verfahren genannt – mit den Mitteln aus der Ausschüttung wird von den Gesellschaftern eine Kapitalerhöhung gezeichnet) die Grundsätze der sog verdeckten Sacheinlage anzuwenden seien, hat der BGH (v 26. 5. 1997) in BGHZ 135, 381 ff für den Fall aufgegeben, dass dem Registergericht gegenüber das Ausschüttungsrückholverfahren offengelegt wird.

I. Die Aufgaben bei der Gründung einer GmbH **5021–5024**

(§ 19 Abs 5 GmbHG). Außerdem muss der Geschäftsführer in der Anmeldung zum Handelsregister die Tatsache, dass die Einzahlung beispielsweise als Darlehen weitergereicht werden soll, angeben. **Liegen diese Voraussetzungen nicht vor,** so ist die Bareinlageverpflichtung nicht erfüllt. **Der Gesellschafter bleibt weiterhin zu Einzahlung verpflichtet.** Der Geschäftsführer hat sich wegen unrichtiger Angaben in der Handelsregisteranmeldung strafbar und schadenersatzpflichtig gemacht (Rn 5014).

3. Vorgründungsgesellschaft, Vor-GmbH und eingetragene GmbH

Eine Vorgründungsgesellschaft entsteht, wenn die künftigen GmbH-Gesellschafter schon vor der Unterzeichnung der notariellen Gründungsurkunde (Rn 5000) **einvernehmlich für die künftige Gesellschaft tätig werden.** Auf die Einvernehmlichkeit kommt es an. Denn dadurch entsteht ein Gesellschaftsverhältnis zwischen ihnen. Sie mieten zB Geschäftsräume, bestellen eine Telefonanlage, Maschinen oder Waren, stellen Mitarbeiter ein usw. Für die Verbindlichkeiten, die auf diese Weise entstehen, haften alle Gesellschafter gemeinschaftlich und jeder aufs Ganze, wie in einer Gesellschaft bürgerlichen Rechts (BGB-Gesellschaft) oder einer Offenen Handelsgesellschaft (OHG). **Der künftige Geschäftsführer, der im Auftrag der Gesellschafter in diesem Stadium tätig wird, haftet nicht,** weil er nicht Mitgesellschafter dieser BGB-Gesellschaft oder OHG ist.[9] Vor notarieller Protokollierung des Gesellschaftsvertrages sollten die Gesellschafter sich also darauf beschränken, nur intern Vorbereitungen zu treffen; sie sollten noch nicht nach außen geschäftlich handeln. Diese Zurückhaltung ist auch aus den Gründen Rn 5022 empfehlenswert. **5021**

Wird, nachdem die Vorgründungsgesellschaft nach außen geschäftlich tätig war, der Gesellschaftsvertrag der künftigen GmbH beurkundet (notariell protokolliert), so gehen die Aktiva und Passiva der Vorgründungsgesellschaft nicht etwa im Wege der Gesamtrechtsnachfolge auf die nun entstehende Vorgesellschaft über. Vielmehr müssen die Aktiva einzeln nach den jeweils dafür geltenden Vorschriften übertragen werden. Bezüglich der Passiva bedarf es einer Schuldübernahme; die Gläubiger müssen der Schuldübernahme zustimmen (§ 415 BGB).[10] Das alles macht Umstände und Kosten. Hinzu kommt, dass es wegen des Verbots der verdeckten Sacheinlage (Rn 5018 f) mit Risiken verbunden ist, dass die Vor-GmbH (nach Beurkundung) oder die GmbH (nach Eintragung) die Aktiva und Passiva der Vorgründungsgesellschaft gegen Zahlung eines Entgelts (Wert der Aktiva abzüglich der Passiva) kauft, das aus einer Bareinlage stammt. Es müssen die Vorschriften über die Sacheinlage beachtet werden. Das führt zu weiteren Komplikationen. **5022**

Mit der Unterzeichnung der notariellen Gründungsurkunde einschließlich des Gesellschaftsvertrages entsteht die Vorgesellschaft oder Vor-GmbH. Jetzt gelten die rechtlichen Regeln für die Vorgründungsgesellschaft nicht mehr, sondern es gilt das Recht der eingetragenen GmbH, soweit dieses Recht nicht die Eintragung voraussetzt (Rn 5027).[11] **5023**

Die Geschäftsführer der Vorgesellschaft sind zwar zur Führung der Geschäfte befugt, ihre Geschäftsführungsbefugnis ist jedoch auf Gründungs- **5024**

---

[9] Der BGH (v 7. 5. 1984) hat in BGHZ 91, 148, 151 ff ausdrücklich klargestellt, dass bei der Vorgründungsgesellschaft, also bei Tätigwerden vor notarieller Beurkundung des Gesellschaftsvertrages, der designierte Geschäftsführer nicht nach § 11 Abs 2 GmbHG (sog Handelndenhaftung) haftet, wenn er bevollmächtigt war. War er nicht bevollmächtigt, haftet er nach § 179 BGB (als Vertreter ohne Vertretungsmacht) persönlich.
[10] BGH v 9. 3. 1998 NZG 1998, 382.
[11] So die zwei Grundsatzurteile des BGH v 9. und 16. 3. 1981 BGHZ 80, 129 und BGHZ 80, 182 (= NJW 1981, 1373 mit Anm Karsten Schmidt NJW 1981, 1345 sowie NJW 1981, 1452 mit Anm Flume NJW 1981, 1753).

maßnahmen beschränkt. Sie haben vor allem die Einlagen einzufordern, das daraus stammende Geld anzulegen und die Eintragung herbeizuführen. Ihre Geschäftsführungsbefugnis umfasst nur dann die sog werbende, dh unternehmerische Tätigkeit, wenn in die Gesellschaft ein Unternehmen im Wege der Sacheinlage eingebracht worden ist (denn dann muss der Geschäftsführer das Unternehmen umfassend leiten) oder wenn alle Gesellschafter einvernehmlich der Aufnahme der werbenden Tätigkeit zustimmen. **Dem Geschäftsführer, der vor der Eintragung unternehmerisch tätig werden soll, ist also zu raten, sich eine schriftliche Ermächtigung geben zu lassen, von allen Gesellschaftern unterschrieben** (Rn 5028).

5025 **Die Geschäftsführer einer Vorgesellschaft können nach herrschender Auffassung bis zur Eintragung der GmbH die Vor-GmbH auch nur beschränkt vertreten. Die Vertretungsmacht reicht nur so weit, wie die Geschäftsführungsbefugnis** (Rn 5024). Dies dient dem eigenen Schutz der Geschäftsführer. § 37 Abs 2 S 1 GmbHG (unbeschränkte Vertretungsmacht gegenüber Dritten) gilt also nach herrschender Auffassung bei der Vorgesellschaft nicht.[12] Bei einer gewöhnlichen Bargründung können deshalb die Geschäftsführer die Vor-GmbH nur für Gründungsmaßnahmen vertreten (Kontoeröffnung, Entgegennahme der Einzahlungen, Anmeldungen usw). Bei einer Sachgründung erstreckt sich die Vertretungsmacht zusätzlich auf alle Geschäfte, die vorgenommen werden müssen, um den Wert der eingebrachten Gegenstände zu erhalten. Ist im Zuge der Sachgründung ein Unternehmen eingebracht worden, ist die Vertretungsmacht grundsätzlich umfassend, weil das Unternehmen fortgeführt werden muss und nicht bis zur Eintragung gewartet werden kann.

5026 **Bei der Vertretung nach außen wird in der Regel mit der Firma der künftigen GmbH gezeichnet und der Zusatz „in Gründung" hinzugefügt, was aber nicht unbedingt erforderlich ist.** Denkbar ist auch, dass im Namen der künftigen GmbH zwar ohne den Zusatz „in Gründung" gehandelt wird, aber unter der aufschiebenden Bedingung, dass die GmbH eingetragen wird. Das kommt seltener vor, muss aber vom Geschäftsführer auch ausdrücklich gesagt werden, um die damit verbundene Risikobegrenzung herbeizuführen.

5027 **Die Vorgesellschaft als solche ist bereits Träger von Rechten und Pflichten, auch wenn es in § 11 Abs 1 GmbHG heißt, dass die GmbH „als solche" vor Eintragung nicht besteht.** Sie kann Eigentümer, Gläubiger und Schuldner sein. Sie kann also bereits Gesellschaftsvermögen haben und kann Trägerin eines Unternehmens sein, zB wenn ein Unternehmen als Sacheinlage eingebracht wird. Sie kann am Geschäftsverkehr teilnehmen[13] und ist grundbuchfähig. Zu ihren Gunsten kann deshalb eine Auflassungsvormerkung oder sie kann als Eigentümerin in das Grundbuch eingetragen werden. Sie ist parteifähig, dh sie kann klagen und verklagt werden. **Das Vermögen, das die Vorgesellschaft erwirbt** (erbrachte Bareinlagen, Sacheinlagen, Vermögenserwerb aus werbender Tätigkeit vor der Eintragung), wurde nach der früher herrschenden Meinung Gesamthandsvermögen der Gründungsgesellschafter, nach inzwischen herrschender Ansicht **Vermögen der Vorgesellschaft,** die **als eigenständige Rechtsträgerin** betrachtet wird.[14]

---

[12] Vgl BGH v 9. 3. 1981 BGHZ 80, 129, 139; BGH v 13. 12. 1982 BGHZ 86, 122, 125 f; Schmidt-Leithoff in Rowedder/Schmidt-Leithoff GmbHG § 11 Rn 83 mwN; aA Karsten Schmidt in Scholz GmbHG § 11 Rn 63 f, der für eine unbeschränkte Vertretungsmacht der Geschäftsführer bei der Vorgesellschaft gem §§ 35, 37 GmbHG eintritt.

[13] Vgl zB BGH v 29. 10. 1992 GmbHR 1993, 103, 104 „Columbus": Vor-GmbH kann Namens- und Firmenschutz nach §§ 12 BGB, 16 UWG geltend machen.

[14] Hueck/Fastrich in Baumbach/Hueck GmbHG § 11 Rn 7; Lutter/Bayer in Lutter/Hommelhoff GmbHG § 11 Rn 4; Karsten Schmidt in Scholz GmbHG § 11 Rn 28 f – jeweils mwN.

I. Die Aufgaben bei der Gründung einer GmbH

Aber: Für die Verbindlichkeiten der Vorgesellschaft haftet derjenige persönlich, der vor Eintragung „im Namen der Gesellschaft" handelt (sog Handelndenhaftung), § 11 Abs 2 GmbHG. Es genügt auch ein Handeln im Namen der Vorgesellschaft, der „GmbH in Gründung".[15] **Handelnde im Sinne dieser Bestimmung sind ausschließlich die Geschäftsführer,** also nicht die Gesellschafter oder Angestellte. Der Geschäftsführer haftet nicht nur, wenn er den Vertrag selbst unterzeichnet, sondern auch, wenn der Vertrag durch einen von ihm Bevollmächtigten (beispielsweise einem Angestellten) abgeschlossen wird. Mündlicher Vertragsabschluss und mündliche Vollmacht genügen. Die Handelndenhaftung erlischt rückwirkend mit Eintragung der Gesellschaft in das Handelsregister, und zwar in dem Umfang, in dem der Geschäftsführer die Vorgesellschaft (gemäß Rn 5025) vertreten konnte.[16] Deshalb sollte der Geschäftsführer auf die (Rn 5024) erwähnte schriftliche Ermächtigung der Gesellschafter Wert legen und auf eine schnelle Eintragung drängen. 5028

Neben den Geschäftsführern haftet für die Verbindlichkeiten der Vorgesellschaft auch die Vorgesellschaft selbst. Eine zusätzliche **Haftung der Gesellschafter** richtet sich danach, ob die Eintragung im Handelsregister scheitert (dann **Verlustdeckungshaftung** der Gesellschafter) oder ob die Eintragung Erfolg hat (dann **Vorbelastungshaftung** oder allgemeine Differenzhaftung).[17] Scheitert die Eintragung (Rücknahme des Antrags, Ablehnung der Eintragung, Insolvenzantrag), haften die Gesellschafter erstens nur anteilig (als Teilschuldner, allerdings Ausfallhaftung nach § 24 GmbHG) und zweitens nur der GmbH bzw dem Insolvenzverwalter gegenüber (sog Innenhaftung) für die Verluste, die die Vorgesellschaft erlitten hat, bilanziell betrachtet für den nicht durch Eigenkapital gedeckten Fehlbetrag (Rn 6042).[18] Diese Haftung ist nicht auf den Betrag der noch nicht eingezahlten Einlagen beschränkt, sondern umfasst sämtliche Verluste, die vom Gesellschaftsvermögen nicht abgedeckt werden. Eine unmittelbare Gesellschafterhaftung (sog Außenhaftung) kommt ausnahmsweise dann in Betracht, wenn die Vorgesellschaft vermögenslos ist und es deshalb gar nicht zu einem Insolvenzverfahren kommt[19] (zur unmittelbaren Haftung des Gesellschafters der Einpersonen-GmbH Rn 5034). Wurde der Geschäftsführer also aus der Handelndenhaftung in Anspruch genommen, muss er im Namen der GmbH die Gesellschafter zur Deckung der Verluste in Anspruch nehmen und sich aus den Eingängen seine Aufwendungen erstatten.[20] 5029

Ist die GmbH im Handelsregister eingetragen, haben die Gesellschafter dafür einzustehen, dass in dem Zeitpunkt, in dem die Anmeldung beim Handelsregister eingereicht wurde, das Stammkapital noch in voller Höhe vorhanden ist. Sie haben sogar dafür einzustehen, dass auch noch im Zeitpunkt der Eintragung das Stammkapital voll vorhanden ist.[21] Die Differenz zwischen den Vermögensgegenständen und den Verbind- 5030

---

[15] BGH v 7. 5. 1984 BGHZ 91, 148, 152 f; Schmidt-Leithoff in Rowedder/Schmidt-Leithoff GmbHG § 11 Rn 118; Hueck/Fastrich in Baumbach/Hueck GmbHG § 11 Rn 48.
[16] BGH v 16. 3. 1981 BGHZ 80, 182 (Leitsatz): „Die Haftung des Handelnden aus Geschäften, die er mit Ermächtigung aller Gründer im Namen der Gesellschaft abgeschlossen hat, erlischt ohne Rücksicht darauf, ob es sich um eine Sach- oder um eine Bargründung handelt, mit der Eintragung der GmbH"; Lutter/Bayer in Lutter/Hommelhoff GmbHG § 11 Rn 26 mwN.
[17] BGH v 9. 3. 1981 BGHZ 80, 129, 140 ff zur Vorbelastungshaftung; BGH v 27. 1. 1997 BGHZ 134, 333, 337 sowie BAG v 25. 1. 2006 ZIP 2006, 1044, 1046 zur Verlustdeckungshaftung; Hueck/Fastrich in Baumbach/Hueck GmbHG § 11 Rn 24 ff und 61 ff mwN.
[18] Hueck/Fastrich in Baumbach/Hueck GmbHG § 11 Rn 25 und 26 mwN; kritisch zur Innenhaftung Lutter/Bayer in Lutter/Hommelhoff GmbHG § 11 Rn 14 ff.
[19] BGH v 27. 1. 1997 BGHZ 134, 333, 341; BAG v 25. 1. 2006 ZIP 2006, 1044, 1046; Hueck/Fastrich in Baumbach/Hueck GmbHG § 11 Rn 27.
[20] Hueck/Fastrich in Baumbach/Hueck GmbHG § 11 Rn 48; Lutter/Bayer in Lutter/Hommelhoff GmbHG § 11 Rn 27.
[21] So die hM, BGH v 9. 3. 1981 BGHZ 80, 129, 141; BGH v 9. 11. 1998 BGHZ 140, 35, 36;

lichkeiten und Rückstellungen darf also nicht niedriger sein als das Stammkapital. Diese Haftung wird als **allgemeine Differenzhaftung (auch Vorbelastungshaftung oder Unterbilanzhaftung genannt)** bezeichnet **im Unterschied zu der speziellen Differenzhaftung nach § 9** für die Werthaltigkeit der Sacheinlagen (Rn 5016). Ebenso wie bei der Verlustdeckungshaftung haften die Gesellschafter erstens nur anteilig und zweitens nur der GmbH bzw dem Insolvenzverwalter gegenüber (Innenhaftung), also nicht gegenüber den Gläubigern. Der Registerrichter ist, auch wenn er Zweifel hat, nicht berechtigt, vor Eintragung zu verlangen, dass ihm nachgewiesen wird, dass das Stammkapital nicht nur im Zeitpunkt der Anmeldung, sondern auch noch im Zeitpunkt der Eintragung unversehrt und nicht durch vorbelastende Rechtsgeschäfte geschmälert ist.[22] Konsequenz all' dessen ist, dass der Geschäftsführer, um diese Risiken zu vermeiden, durch straffe Überwachung des Notars (mit Hilfe von knappen Wiedervorlagen) und ggf durch Vorsprache beim Registergericht für eine möglichst schnelle Eintragung sorgen sollte.

5031   **Mit der Eintragung der GmbH in das Handelsregister werden das Vermögen und die Verbindlichkeiten sowie sämtliche sonstigen Rechte und Pflichten der Vorgesellschaft automatisch solche der erst jetzt entstehenden juristischen Person GmbH.** Es wechselt lediglich die Gestalt des Rechtsträgers. Es findet nicht einmal eine Gesamtrechtsnachfolge von einem Rechtsträger auf den anderen statt.

5032   **Bei der Gründung einer Einpersonen-GmbH gibt es keine Vorgründungsgesellschaft.** Dies ist auch nicht erforderlich. Denn die Regeln über die Vorgründungsgesellschaft machen nur bei einer Mehrpersonen-GmbH Sinn. Sie regeln ja gerade, ob mehrere Gesellschafter haften, wenn nur einer von ihnen (oder als Bevollmächtigter der künftige Geschäftsführer für sie) vor der notariellen Beurkundung geschäftlich tätig geworden ist. Kommt ohnehin nur eine Person als Handelnder und Haftender in Betracht, entfällt das Problem. Bei der Gründung einer Einpersonen-GmbH braucht man sich deshalb nur mit den Regeln für die **Einpersonen-Vorgesellschaft** zu beschäftigen.

5033   **Im Prinzip gelten für die Einpersonen-Vorgesellschaft oder Einpersonen-Vor-GmbH die gleichen Grundsätze wie für die Vorgesellschaft mit mehreren Gesellschaftern.**[23] Sie entsteht mit der Unterzeichnung der Gründungsurkunde einschließlich Gesellschaftsvertrag vor dem Notar (Rn 5000). Der Begriff Gesellschafts„vertrag" passt auf eine Einpersonen-GmbH zwar nicht so recht, weil ein Vertrag mindestens zwei Beteiligte voraussetzt. Besser wäre der Ausdruck „Statut". Aber der Gesetzgeber, der 1980 die Gründung der Einpersonen-GmbH eingeführt hat, wollte begriffliche Verkomplizierungen vermeiden, was sicher richtig war. Jeder weiß, was gemeint ist. **Besonderheiten im Vergleich zur Mehrpersonen-Vorgesellschaft treten dann auf, wenn der Einpersonen-Gründer eine natürliche Person ist und sich selbst zum Geschäftsführer bestellt.** Dann **trifft ihn die Handelndenhaftung.** Da er aber die GmbH gerade deshalb gründet, um die Haftung zu beschränken, muss er, wenn er mit der GmbH schnell arbeiten will, auf schnelle Eintragung drängen.

5034   **In den Gesellschaftsvertrag einer Einpersonen-GmbH sollte eine Bestimmung eingefügt werden, dass der Gesellschafter-Geschäftsführer von den Beschränkungen des § 181 BGB befreit ist** (Rn 3017). Das ist auch schon für die

---

BGH v 17. 2. 2003 ZIP 2003, 625, 626; BGH v 16. 1. 2006 NZG 2006, 390, 391 f; Lutter/Bayer in Lutter/Hommelhoff GmbHG § 11 Rn 29; Ulmer in Großkommentar § 11 Rn 104; differenzierend Karsten Schmidt in Scholz GmbHG § 11 Anm 126: Anmeldung maßgebend für Wertverluste, Eintragung für operative Verluste.

[22] HM, aber streitig: Hueck/Fastrich in Baumbach/Hueck GmbHG § 11 Rn 63; Ulmer in Ulmer GmbHG § 11 Rn 113 ff; Lutter/Bayer in Lutter/Hommelhoff GmbHG § 11 Rn 34.

[23] Hueck/Fastrich in Baumbach/Hueck GmbHG § 11 Rn 42; Lutter/Bayer in Lutter/Hommelhoff GmbHG § 11 Rn 28.

II. Die Stellung des Geschäftsführers bei der Umwandlung   **5035–5037**

Einpersonen-Vor-GmbH von Bedeutung. Der Gesellschafter-Geschäftsführer erbringt seine Einlage nur dann wirksam, wenn der Gesellschaftsvertrag die Befreiung von § 181 BGB regelt (§ 35 Abs 4 S 1 GmbHG). Beispielsweise ist die Übertragung eines Grundstückes nur unter dieser Voraussetzung wirksam. Die Verlustdeckungshaftung gegen den Alleingesellschafter für den Fall, dass die Eintragung scheitert (oben Rn 5029), kann ausnahmsweise nicht nur die GmbH, sondern auch jeder Gläubiger geltend machen (Außenhaftung).[24] Demgegenüber bleibt es für die Vorbelastungshaftung nach Eintragung (oben Rn 5030) bei der Innenhaftung; der Alleingesellschafter haftet nur der GmbH.[25]

II. Die Stellung des Geschäftsführers bei der Umwandlung

Die Umgründung **eines schon bestehenden Unternehmens in eine oder auf eine GmbH ist auf zwei Wegen möglich.** Entweder werden sämtliche Aktiva und Passiva sowie die laufenden Verträge im Wege der Einzelrechtsnachfolge gegen Gewährung von Geschäftsanteilen auf die GmbH übertragen. Das ist die bereits behandelte Sacheinlage oder Sachgründung (Rn 5015 ff). Der andere Weg ist die Umwandlung. Sie ist umfassend im Umwandlungsgesetz geregelt, ergänzt durch das Umwandlungssteuergesetz, mit dessen Hilfe die Umwandlung steuerneutral erfolgen kann (mit Ausnahme der Grunderwerbsteuer bei der Verschmelzung und der Spaltung).[26] **Drei Arten der Umwandlung gibt es, die Verschmelzung, die Spaltung und den Formwechsel.** 5035

Bei der Verschmelzung wird das gesamte Vermögen eines Unternehmensträgers oder das gesamte Vermögen mehrerer Unternehmensträger auf eine bereits bestehende oder auf eine neu gegründete GmbH übertragen. Die Anteilseigner des oder der alten Unternehmensträger(s) erhalten als Gegenleistung Geschäftsanteile an der GmbH. 5036

Bei der Spaltung wird unterschieden zwischen Aufspaltung, Abspaltung und Ausgliederung. Bei der **Aufspaltung** verschwindet der alte Unternehmensträger; das gesamte Vermögen wird auf zwei oder mehr Rechtsträger übertragen, die entweder bereits bestehen oder neu gegründet werden. Wird auf eine GmbH übertragen, erhalten die alten Anteilseigner als Gegenleistung Geschäftsanteile. Bei der **Abspaltung** bleibt der alte Unternehmensträger bestehen. Neben ihm entsteht jedoch eine neue Schwestergesellschaft (oder auch mehrere), auf die ein Teil des Vermögens übertragen wird. Die Anteile an der Schwestergesellschaft erhalten die Anteilseigner des alten Unternehmensträgers. Möglich ist auch, das abzuspaltende Vermögen auf eine bereits bestehende Gesellschaft zu übertragen mit der Folge, dass die Anteilseigner des alten Unternehmensträgers nicht zu 100%, sondern nur in geringerem Umfang daran beteiligt sind. Bei der **Ausgliederung** bleibt der alte Unternehmensträger ebenfalls bestehen. Nur ein Teil des Vermögens wird also übertragen. Die Anteile an der neu entstehenden Gesellschaft (oder die neu entstehenden Anteile aus einer bereits existierenden) erhält jedoch der alte Unternehmensträger. Es entsteht also eine Tochtergesellschaft bzw eine Beteiligungsgesellschaft des alten Unternehmensträgers. 5037

---

[24] Hueck/Fastrich in Baumbach/Hueck GmbHG § 11 Rn 44; Ulmer in Ulmer GmbHG § 11 Rn 84; Karsten Schmidt in Scholz GmbHG § 11 Rn 155.

[25] Hueck/Fastrich in Baumbach/Hueck GmbHG § 11 Rn 44; Karsten Schmidt in Scholz GmbHG § 11 Rn 155.

[26] Gesetz zur Bereinigung des Umwandlungsrechts v 28. 10. 1994; BGBl I S 3210 (es schafft in Art 1 das Umwandlungsgesetz und ändert in Art 2 bis 19 eine Fülle weiterer Gesetze); Gesetz zur Änderung des Umwandlungsteuerrechts v 28. 10. 1994; BGBl I S 3267, das in Art 1 das Umwandlungsteuergesetz enthält.

5038 Beim Formwechsel kann sich ein Rechtsträger eine neue Rechtsform geben. Eine OHG, eine KG, eine GmbH & Co KG, eine AG, eine Genossenschaft, ja sogar ein Idealverein können sich in eine GmbH umwandeln, nicht jedoch eine Gesellschaft bürgerlichen Rechts; sie muss zuvor, falls möglich, durch Anmeldung zum Handelsregister zur OHG gemacht werden.

1. Die für den Geschäftsführer wichtigsten Aspekte der Verschmelzung

5039 Die Unternehmen, die verschmolzen werden sollen, müssen bewertet werden. Nur auf diese Art und Weise kann die Wertrelation zwischen den Anteilen an dem oder den übertragenden und dem aufnehmenden Unternehmensträger korrekt festgestellt werden. Eine Bewertung ist nur dann entbehrlich, wenn der untergehende Unternehmensträger eine 100%ige Tochtergesellschaft des aufnehmenden Unternehmensträgers ist. Ob die Bewertung mit Hilfe des Gutachtens eines Wirtschaftsprüfers vorgenommen wird oder ob die Geschäftsführung selbst bewertet, liegt in ihrem Ermessen. Maßgebend ist, ob die eigene Bewertung zuverlässig genug ist und ggf (Rn 5040) der Prüfung durch den Verschmelzungsprüfer standhält (vgl auch Rn 5045).

5040 Es ist ein Verschmelzungsvertrag (notariell beurkundet) abzuschließen (§§ 4, 5 UmwG), in dem die Einzelheiten geregelt werden. Insbesondere ist dort festzulegen das Verhältnis, in dem Anteile des untergehenden Rechtsträgers gemäß der soeben erwähnten Bewertung umgetauscht werden in Anteile des neuen Rechtsträgers. Zu regeln ist auch der Verschmelzungsstichtag (Rückwirkung bis zu acht Monaten möglich). Zusätzlich muss die Geschäftsführung einen Verschmelzungsbericht fertigen, es sei denn, dass darauf alle Gesellschafter aller beteiligten Rechtsträger verzichten (§ 8 UmwG). Der Verschmelzungsvertrag (einschließlich der Bewertung) ist sodann vom Verschmelzungsprüfer zu prüfen (es sei denn, dass eine 100%ige Tochter verschmolzen wird), allerdings bei einer GmbH nur dann, wenn ein Gesellschafter einer beteiligten GmbH das verlangt hat (§ 48 UmwG).

5041 Die Anteilseigner- oder Mitgliederversammlungen der untergehenden Rechtsträger müssen einstimmig (Personenhandelsgesellschaft, falls in deren Gesellschaftsvertrag nicht etwas anderes steht) oder mit 75% der abgegebenen Stimmen (AG, GmbH, Genossenschaft, Verein) der Verschmelzung zustimmen (§§ 43 Abs 1, 50, 65, 84, 103 UmwG). Werden Sonderrechte eines GmbH-Gesellschafters oder eines Familienstamms (Rn 5005) beseitigt, muss zusätzlich dieser zustimmen (§ 50 Abs 2 UmwG). Vorher sind in den Geschäftsräumen die Jahresabschlüsse und die Lageberichte der letzten drei Geschäftsjahre aller beteiligten Rechtsträger auszulegen, damit die Gesellschafter sich informieren können (§ 49 Abs 2 UmwG).

5042 Der Anmeldung zum Handelsregister ist eine höchstens acht Monate alte, ggf geprüfte Schlussbilanz der untergehenden Rechtsträger beizufügen (§ 17 Abs 2 UmwG). Sinnvollerweise sollte also bei einem Bilanzstichtag 31. 12. die gesamte Verschmelzungsprozedur so beschleunigt werden, dass die Handelsregisteranmeldung spätestens am 31. 8. beim Registergericht eingeht. Die Verschmelzung ist als erstes im Handelsregister des übertragenden Rechtsträgers einzutragen (§ 19 UmwG). Die Eintragung ist dort mit dem Vermerk zu versehen, dass die Verschmelzung erst mit der Eintragung im Handelsregister des übernehmenden Rechtsträgers wirksam wird. Anschließend wird die Verschmelzung in das Handelsregister des übernehmenden Rechtsträgers eingetragen. Mit dieser Eintragung wird die Verschmelzung wirksam (s auch Rn 5046). Das Registergericht teilt von Amts wegen diese Eintragung dem Handelsregister des übertragenden Rechtsträgers mit, das den Tag der Eintragung (des Wirksamwerdens) im dortigen Handelsregister vermerkt und sämtliche Handelsregisterunterlagen dem Handelsregister des übernehmenden Rechtsträgers übersendet.

II. Die Stellung des Geschäftsführers bei der Umwandlung

Den Anteilseignern, die der Verschmelzung widersprechen, ist eine Barabfindung zu gewähren, wenn die Rechtsform des aufnehmenden Unternehmensträgers eine andere ist. Eine Barabfindung ist auf Verlangen auch dann zu zahlen, wenn die Rechtsform zwar die gleiche bleibt, aber der Gesellschaftsvertrag, wie dies insbesondere bei einer aufnehmenden GmbH sein kann, Verfügungsbeschränkungen vorsieht (§ 29 UmwG). Gegen die Wirksamkeit eines Verschmelzungsbeschlusses kann ein Anteilseigner zusätzlich Klage erheben. Die Wirksamkeit und damit die Eintragung in das Handelsregister hängt jedoch nicht davon ab, ob das Umtauschverhältnis korrekt festgesetzt worden ist oder nicht (§ 14 Abs 2 UmwG). Mit dieser Regelung wird erpresserischen Klagen, die die Eintragung in das Handelsregister verzögern könnten, teilweise der Boden entzogen. 5043

Gläubiger aller Rechtsträger, die an der Verschmelzung beteiligt sind, können verlangen, dass ihnen Sicherheit geleistet wird (falls die Forderungen nicht sowieso schon fällig sind) (§ 22 UmwG). Das macht erfahrungsgemäß insbesondere bezüglich der noch nicht fälligen Pensionen der Arbeitnehmer Probleme (vgl Rn 5076 ff). Voraussetzung dafür, dass ein Gläubiger Sicherheitsleistung verlangen kann, ist jedoch, dass der Gläubiger glaubhaft macht, dass durch die Verschmelzung die Erfüllung seiner Forderung gefährdet ist (§ 22 UmwG). Dies glaubhaft zu machen, wird bei seriösen Verschmelzungen schwierig sein, so dass eine Verschmelzung an der Sicherheitsleistung im Regelfall nicht scheitert. 5044

Wichtig ist, dass die Sacheinlagevorschriften bei der aufnehmenden GmbH auf das zu übertragende Vermögen anzuwenden sind. Wird auf eine bereits bestehende GmbH verschmolzen, gilt § 56 GmbHG für Sachkapitalerhöhungen. Wird auf eine neu gegründete GmbH verschmolzen, gelten die Sachgründungsvorschriften (Rn 5015 ff) mit den Erleichterungen des § 58 UmwG. Auch für die Anwendung der Sacheinlagevorschriften ist die Bewertung (Rn 5039) und ggf die Verschmelzungsprüfung (Rn 5040) wichtig. Denn nur der Nachweis einer korrekten Bewertung schützt vor Haftung (Rn 5016). 5045

Der erhebliche Vorteil der Verschmelzung ist, dass nach ihrer Eintragung in das Handelsregister die aufnehmende Gesellschaft Gesamtrechtsnachfolger aller übertragenden Rechtsträger ist. Es muss nicht jeder einzelne Vermögensgegenstand erfasst und nach den jeweils eigenen Regeln übertragen und nicht jeder einzelne Vertragspartner gefragt werden, sei es, dass es um Mietverträge, um Leasingverträge, um Versicherungsverträge, um Kreditverträge und insbesondere auch um öffentlich-rechtliche Genehmigungen geht. Das gilt auch für Arbeitsverträge, die nach § 613a BGB (aber nicht nur bei Verschmelzungen, § 324 UmwG, sondern auch bei einer Übertragung des Unternehmens im Wege der Einzelrechtsnachfolge) ohne Zustimmung des Arbeitnehmers (stattdessen Widerspruchsrecht des Arbeitnehmers) auf die neue GmbH übergehen (Information des Betriebsrats erforderlich, Rn 1020, 1023 aE). **Sämtliche Ämter in den übertragenden Rechtsträgern als Vorstand (einer AG, einer Genossenschaft oder eines eingetragenen Vereins) oder als Geschäftsführer (einer GmbH) usw erlöschen mit der Eintragung. Die Dienst- und Anstellungsverträge bleiben jedoch aufgrund der Gesamtrechtsnachfolge wirksam.** Üblicherweise werden die aus ihren Ämtern Ausgeschiedenen abgefunden, falls sie nicht im übernehmenden Rechtsträger ein Amt erhalten oder dort eine andere Funktion übernehmen. 5046

2. Die für den Geschäftsführer wichtigsten Aspekte der Spaltung

Bei der Spaltung besonders wichtig ist die Zuordnung der Aktiva und Passiva sowie der laufenden Verträge zu den künftigen Rechtsträgern. Es hilft 5047 nichts: Bei einer Aufspaltung müssen sämtliche Vermögensgegenstände, Schulden und Verträge spezifiziert aufgeteilt werden. Bei einer Abspaltung und einer Ausgliederung müssen lediglich die Teile, die übertragen werden, im Einzelnen spezifiziert und aufgelistet werden. Den nötigen Überblick gewinnt die Geschäftsführung nur, wenn sie auf der Grundlage der genannten Listen Planeröffnungsbilanzen der künftigen Rechtsträger aufstellt.

5048 **Im notariell zu beurkundenden Spaltungs- und Übernahmevertrag bzw im Spaltungsplan sind die Einzelheiten zu regeln (§§ 126, 136 UmwG).** Er regelt auch, wie hoch das Stammkapital beim alten Unternehmensträger und beim neuen Unternehmensträger festgesetzt werden soll, in welchem Verhältnis das Stammkapital zu den übergehenden Werten steht und wie es auf die Anteilseigner des alten Unternehmensträgers verteilt wird. Er regelt schließlich auch den Spaltungsstichtag (Rückwirkung bis zu acht Monaten möglich). Die Geschäftsführung hat den Gesamtvorgang der Spaltung in einem Bericht zu erläutern, es sei denn, dass darauf alle Gesellschafter aller beteiligten Rechtsträger verzichten (§ 127 UmwG). Bei der Spaltung ist ebenso wie bei der Verschmelzung (Rn 5039) eine Bewertung der jeweils übergehenden Teile erforderlich, desgleichen eine Prüfung, aber nur falls ein GmbH-Gesellschafter das verlangt.

5049 **Für die Spaltungsbeschlüsse der Anteilseigner- oder Mitgliederversammlungen der übertragenden und der übernehmenden Rechtsträger gelten die gleichen Mehrheiten wie bei der Verschmelzung** (Rn 5041). Wird eine GmbH gespalten, genügen 75%. Gesellschafter, die Widerspruch zu Protokoll geben, haben Anspruch auf eine Barabfindung (nicht bei der Ausgliederung). Entsteht durch die Spaltung ein neue GmbH, muss ein Sachgründungsbericht gefertigt werden (§ 138 UmwG, § 5 Abs 4 GmbHG). Als Gründer gilt der übertragende Rechtsträger (§ 135 Abs 2 S 2 UmwG); dessen Organe müssen also den Sachgründungsbericht unterzeichnen.[27]

5050 **Wird aufgespalten, abgespalten oder ausgegliedert auf eine neu zu gründende GmbH, sind die GmbH-Gründungsvorschriften nicht nur für Sacheinlagen, sondern auch im Übrigen anzuwenden (§ 135 Abs 2 UmwG).** Das bedeutet beispielsweise, dass nach § 6 GmbHG auch die Geschäftsführer der neuen GmbH zu bestellen sind (und Dienstverträge mit ihnen abgeschlossen werden müssen). Die Anmeldung zum Handelsregister erfolgt jedoch nicht durch die neuen Geschäftsführer, sondern durch die Vertretungsorgane des übertragenen Rechtsträgers (§ 137 UmwG).

5051 **Mit der Eintragung in das Handelsregister aller beteiligten Rechtsträger ist die Spaltung vollzogen.** Zuerst muss die Spaltung in das Handelsregister des oder der übernehmenden Rechtsträger(s) eingetragen sein. Dort erhält die Eintragung den Vermerk, dass sie erst mit der Eintragung in das Handelsregister des übertragenden Rechtsträgers wirksam wird. Anschließend wird sie in das Handelsregister des übertragenden Rechtsträgers eingetragen. Mit dieser Eintragung wird die Spaltung wirksam, das Vermögen und die Verbindlichkeiten gehen über (§ 131 UmwG). Wird gleichzeitig beim übertragenden Rechtsträger eine Kapitalherabsetzung vorgenommen, muss erst diese eingetragen werden (§ 139 UmwG). Die Eintragung in das Handelsregister der übertragenden Gesellschaft wird von Amts wegen den anderen Handelsregistern mitgeteilt (§ 130 UmwG) und dort wiederum im Handelsregister vermerkt. **Bei einer Aufspaltung, nicht jedoch bei einer Abspaltung und bei einer Ausgliederung, endet das Amt als Vorstand, Geschäftsführer usw beim übertragenden Rechtsträger automatisch;** der übertragende Rechtsträger erlischt (§ 131 Abs 1 Nr 2 UmwG). Für die Ansprüche aus dem Dienst- oder Anstellungsvertrag haften alle übernehmenden Rechtsträger als Gesamtschuldner (Rn 5052), falls nicht im Spaltungsvertrag oder -plan

---

[27] Priester in Lutter UmwG § 138 Rn 5; Hörtnagl in Schmitt/Hörtnagl/Stratz UmwG § 138 Rn 4.

geregelt ist, dass die alten Vorstände, Geschäftsführer usw beim übernehmenden Rechtsträger eine neue Funktion erhalten und ggf welche.

Den Gläubigern des übertragenden Rechtsträgers haften alle an der Spaltung beteiligten Rechtsträger als Gesamtschuldner. Die Rechtsträger jedoch, denen die Verbindlichkeiten nicht zugeordnet wurden, haften nur fünf Jahre lang und nur dann, wenn die Verbindlichkeiten bis dahin fällig werden (§ 133 UmwG). 5052

3. Die für den Geschäftsführer wichtigsten Aspekte des Formwechsels

Der Formwechsel einer GmbH in eine Personengesellschaft bedarf der Zustimmung aller Gesellschafter, die nach dem Formwechsel persönlich haften sollen. Haften die künftigen Gesellschafter nur beschränkt, genügen hingegen 75%; das gilt sowohl für den Formwechsel in eine Kommanditgesellschaft (§ 233 UmwG) als auch für den Formwechsel in eine AG. Wenn im Gesellschaftsvertrag der (bisherigen) GmbH, wie so oft, vorgesehen ist, dass Verfügungen über Geschäftsanteile der Zustimmung aller oder einzelner Gesellschafter bedürfen (und nicht nur der Zustimmung der Mehrheit oder der Geschäftsführung), so ist dies ein Sonderrecht der begünstigten Gesellschafter, was nach § 193 Abs 2 UmwG ggf dazu führt, dass eine Umwandlung nur einstimmig möglich ist.[28] Bei Zweifeln sollte diese Frage vorab mit dem zuständigen Registerrichter geklärt werden. 5053

Im umgekehrten Fall, bei einem Formwechsel einer AG oder einer Genossenschaft in eine GmbH, müssen 75% der abgegebenen Stimmen zustimmen; bei einem Formwechsel einer Personengesellschaft in eine GmbH ist hingegen Einstimmigkeit erforderlich.. Beim Formwechsel eines Vereins in eine GmbH genügen wieder 75%. Wird allerdings der Zweck des Vereins (der künftige Unternehmensgegenstand) geändert, sind 100% erforderlich. Auch die Nichterschienenen müssen bei Einstimmigkeit zustimmen. Etwas anderes gilt nur, wenn der Gesellschaftsvertrag der Personengesellschaft auf Einstimmigkeit ausdrücklich verzichtet hat. Dann sind 75% erforderlich. Bei einem Formwechsel einer Personengesellschaft in eine GmbH ist auch ein Sachgründungsbericht erforderlich (§§ 197, 220 Abs 2, 219 UmwG), der von allen Gesellschaftern zu unterzeichnen ist (Rn 5015). Beim Formwechsel einer AG, einer Genossenschaft und eines Vereins in eine GmbH ist hingegen ein Sachgründungsbericht, der von allen (neuen GmbH-)Gesellschaftern unterzeichnet werden müsste, nicht erforderlich (§§ 245 Abs 4, 264 Abs 2, 277 UmwG). 5054

Beschlossen wird mit den genannten Mehrheiten der notariell zu beurkundende Umwandlungsbeschluss, der in einer Gesellschafterversammlung zu fassen ist. Dessen Basis ist der (bei Einstimmigkeit verzichtbare) Umwandlungsbericht (§ 192 UmwG) und der diesem beizufügende Entwurf des Umwandlungsbeschlusses (§ 194 UmwG), in dem die Einzelheiten zu regeln sind. Der Umwandlungsbeschluss hat ebenso wie der Verschmelzungs- und der Spaltungsbeschluss ein Barabfindungsangebot für den Anteilseigner zu enthalten, der Widerspruch zu Protokoll erklärt. Bei einer Umwandlung in eine GmbH muss dem Umwandlungsbeschluss als Anlage der neue Gesellschaftsvertrag der GmbH beigefügt sein. 5055

Bei einem Formwechsel in eine GmbH ist gleichzeitig mit der Anmeldung zum Handelsregister anzumelden, wer Geschäftsführer der künftigen GmbH ist (§ 246 UmwG). Die Bestellung zum Geschäftsführer sollte im Umwandlungsbeschluss geregelt werden, kann aber auch gesondert schriftlich von den Gesellschaftern (oder vom Aufsichtsrat, falls das Unternehmen paritätisch mitbestimmt ist) beschlos- 5056

---

[28] Stratz in Schmitt/Hörtnagl/Stratz UmwG § 193 Rn 17, 18; Decher in Lutter UmwG § 193 Rn 15, 18.

sen werden. Mit der Eintragung in das Handelsregister hat die Gesellschaft die neue Rechtsform. Die Ämter der alten Vorstände, Geschäftsführer usw erlöschen. Die Dienst- oder Anstellungsverträge bleiben jedoch in Kraft (Rn 5046).

III. Die Stellung des Geschäftsführers in der Liquidation

1. Überblick

5057 **Die Liquidation eines Unternehmens, auch Abwicklung genannt, ist ein wertneutraler Vorgang. Er hat mit Insolvenz oder „Pleite" grundsätzlich nichts zu tun.** Da über Liquidationen aber öffentlich meist nur berichtet wird, wenn ein Unternehmen insolvent geworden ist, ist der Begriff Liquidation im allgemeinen Bewusstsein meist negativ besetzt.

5058 **Am Anfang der Liquidation steht die Auflösung. Danach folgt das Stadium der Liquidation oder Abwicklung. Am Schluss der Liquidationsphase ist die Gesellschaft beendet.** Auflösung und Beendigung einer GmbH sind also nicht dasselbe. Beendet ist die GmbH erst, wenn die Liquidation abgeschlossen ist, dh wenn kein Vermögen mehr vorhanden ist und die Beendigung der Gesellschaft im Handelsregister eingetragen worden ist. Die Auflösung hingegen lässt die Liquidationsphase überhaupt erst beginnen. Sie erfolgt freiwillig oder zwangsweise. Die freiwillige Auflösung setzt einen Beschluss der Gesellschafter mit einer Mehrheit von 75% voraus, falls im Gesellschaftsvertrag nicht eine höhere oder geringere Mehrheit vorgesehen ist (§ 60 Abs 1 Nr 2 GmbHG). Zwangsweise wird die Gesellschaft aufgelöst, wenn über ihr Vermögen das Insolvenzverfahren eröffnet worden ist (§ 60 Abs 1 Nr 4 GmbHG), oder wenn die Eröffnung eines Insolvenzverfahrens mangels Masse abgelehnt worden ist.[29] Es gibt darüber hinaus noch weitere Auflösungsgründe; sie werden jedoch selten praktisch (§§ 60, 61 und 62 GmbHG).

5059 **Die Liquidation erfolgt bei freiwilliger Auflösung durch Liquidatoren, bei zwangsweiser durch den Insolvenzverwalter.** Die freiwillige Auflösung durch Gesellschafterbeschluss ist von den Liquidatoren zum Handelsregister anzumelden. Die zwangsweise Auflösung wird von Amts wegen eingetragen. Die Liquidatoren müssen auch die Beendigung anmelden, § 74 Abs 1 GmbHG. Wenn der Insolvenzverwalter liquidiert, muss auch er, neben den Liquidatoren, die Beendigung anmelden. Stellt sich später heraus, dass doch noch Vermögen vorhanden ist oder weitere Abwicklungsmaßnahmen notwendig sind, hat das Registergericht Nachtragsliquidatoren zu bestellen. Dann findet eine Nachtragsliquidation statt. Ob lediglich wegen weiterer Abwicklungsmaßnahmen, ohne dass noch Vermögen vorhanden ist (beispielsweise um eine vergessene Löschungsbewilligung oder ein vergessenes Zeugnis zu erteilen), eine regelrechte Nachtragsliquidation angeordnet werden kann, wird überwiegend bejaht, ist allerdings umstritten.[30]

5060 **Von der Regel, dass die GmbH erst aufgelöst, dann abgewickelt wird und dass sie erst nach Abwicklung beendet ist, gibt es zwei Ausnahmen, die stille Liquidation und die Löschung.**

---

[29] Das Löschungsgesetz ist mit Inkrafttreten der neuen Insolvenzordnung 1999 aufgehoben u die Auflösung bei Ablehnung eines Insolvenzantrages mangels Masse in § 60 Abs 1 Nr 4 und 5 GmbHG sowie die Löschung wegen Vermögenslosigkeit in § 394 FamFG (§ 141 a FGG) geregelt.

[30] Bejahend Schulze-Osterloh/Fastrich in Baumbach/Hueck GmbHG § 60 Rn 65 mwN aus der Rechtsprechung; Rosner in Rowedder/Schmidt-Leithoff GmbHG § 74 Rn 21 f; Altmeppen in Roth/Altmeppen GmbHG § 74 Rn 27 f; aA Karsten Schmidt in Scholz GmbHG § 74 Rn 20 f.

III. Die Stellung des Geschäftsführers in der Liquidation   5061–5065

Von einer stillen Liquidation spricht man dann, wenn die Gesellschafter es 5061
bewusst unterlassen, einen Auflösungsbeschluss zu fassen. Statt dessen lassen sie die Gesellschaft einfach faktisch abwickeln und lösen sie erst anschließend auf und beenden sie. Dadurch erreichen sie, dass die Abwicklung nicht oder nur begrenzt nach außen dringt und das Ansehen der Gesellschaft möglichst wenig beschädigt. Das führt meist auch zu besseren Verwertungserlösen. Auch **für den Geschäftsführer ist eine stille Liquidation vorzuziehen.** Denn als Liquidator oder Abwickler ist es manchmal schwierig, eine neue Position zu erhalten. Auch bei der stillen Liquidation muss allerdings zwischen dem Auflösungsbeschluss und der Beendigung noch eine formelle Liquidationsphase liegen, damit das Sperrjahr (Rn 5088) eingehalten wird. Wirtschaftliche Bedeutung hat diese Liquidationsphase aber nicht mehr. Um sie möglichst nicht offenkundig werden zu lassen, wird häufig kurz vor dem Auflösungsbeschluss die Firma geändert.

Die Löschung ohne vorherige Liquidationsphase erfolgt, wenn die Gesell- 5062
schaft vermögenslos ist. Gelöscht wird in diesem Fall vom Registergericht entweder von Amts wegen, auf Antrag des Finanzamts oder einer berufsständischen Organisation (§ 394 FamFG; § 141a FGG). Selbstverständlich ist es einem Geschäftsführer, Gesellschafter oder Gläubiger auch (mit entsprechender Begründung) gestattet, beim Registergericht anzuregen, die GmbH von Amts wegen zu löschen. Wenn sich nachträglich herausstellt, dass doch noch Vermögen vorhanden ist, kann das Registergericht die Liquidation, die bislang ja unterblieben ist, anordnen. Eine Löschung von Amts wegen ohne vorherige Liquidationsphase erfolgte in der Vergangenheit außerdem, wenn der tatsächliche Sitz (der Ort des Betriebes der Gesellschaft, der Geschäftsleitung oder der Verwaltung) ein anderer war als der im Gesellschaftsvertrag und im Handelsregister genannte. Diese Ansicht des BGH[31] kann nicht mehr aufrecht erhalten werden. Denn das MoMiG hat die Pflicht, der Sitz der Gesellschaft im Gesellschaftsvertrag müsse mit dem tatsächlichen Sitz übereinstimmen (so der frühere § 4a Abs 2 GmbHG), aufgehoben. Stattdessen ist nunmehr die Geschäftsadresse zum Handelsregister zu melden, wo sie jederzeit online eingesehen werden kann und an die jederzeit zugestellt werden kann. Scheitert die Zustellung, kann sofort öffentlich zugestellt werden (Rn 5012, 6028).

2. Die Liquidatoren

Bei der freiwilligen Liquidation behalten die Geschäftsführer ihr Amt: Sie 5063
sind grundsätzlich selbst die Liquidatoren. Ihre Stellung verändert sich freilich erheblich. Bei der Zwangsliquidation, also im Insolvenzverfahren, bleiben die Geschäftsführer zwar auch im Amt. Sie haben jedoch praktisch keine Befugnisse mehr (Rn 6073ff). Die Gesellschafter können in beiden Fällen beschließen, dass statt der bisherigen Geschäftsführer andere Personen Liquidatoren sein sollen.

Auch juristische Personen können zu Liquidatoren bestellt werden. Das ist 5064
heute einhellige Meinung.[32] Die bisherigen professionellen Liquidatoren wie Rechtsanwälte, Steuerberater und Wirtschaftsprüfer, haben auf diese Weise Konkurrenz durch Steuerberatungs-, Wirtschaftsprüfungs- und Unternehmensberatungsgesellschaften erhalten.

Fassen die Gesellschafter keinen Beschluss, wer zum Liquidator bestellt 5065
wird, so gilt der Gesellschaftsvertrag. Dieser lässt die Frage, wer Liquidator wird, meist offen. Dann tritt die gesetzliche Regelung ein, so dass die bisherigen Geschäftsführer automatisch zu Liquidatoren werden (§ 66 Abs 1 GmbHG). Wegen dieser Au-

---
[31] BGH v 2. 6. 2008 GmbHR 2008, 990, 991.
[32] Vgl § 66 Abs 4, der nicht auf § 6 Abs 2 S 1 GmbHG verweist; Schulze-Osterloh/Noack in Baumbach/Hueck GmbHG § 66 Rn 6 mwN.

tomatik nennt man sie auch „**geborene**" **Liquidatoren**. Werden hingegen Liquidatoren eigens durch einen Gesellschafterbeschluss bestellt, nennt man sie „**gekorene**" **Liquidatoren**. Beschließen die Gesellschafter, dass nur einzelne der bisherigen Geschäftsführer oder dass Dritte Liquidatoren sein sollen, erlischt im Zweifel das Amt der (übrigen) Geschäftsführer. **Für geborene Liquidatoren gelten für die Vertretungsbefugnis und die Befreiung von § 181 BGB** die Regelungen des Gesellschaftsvertrags. Findet sich dort, wie zumeist, spezifisch für die Liquidatoren keine Regelung, gilt nach einer neuen Entscheidung des BGH § 68 Abs 1 S 2 GmbHG, dh **es sind alle Liquidatoren nur gemeinschaftlich vertretungsbefugt; sie sind nicht von § 181 BGB befreit.**[33] **Will man das anders regeln, müssen die Gesellschafter diese Frage durch Beschluss (entweder im Liquidationsbeschluss oder in einem ergänzenden Beschluss) regeln.** Für gekorene Liquidatoren sollte im Gesellschafterbeschluss über ihre Bestellung auf jeden Fall die Vertretungsbefugnis und die Befreiung von § 181 BGB ausdrücklich mitbeschlossen werden. Ist das nicht der Fall, sind alle Liquidatoren wiederum nur gemeinschaftlich vertretungsbefugt (§ 68 Abs 1 S 2 GmbHG); sie sind nicht nach § 181 BGB befreit.

5066 **Die Liquidatoren haben ihre Bestellung zum Handelsregister anzumelden.** § 67 Abs 1 GmbHG spricht zwar in irreführender Weise davon, dass die ersten Liquidatoren durch die Geschäftsführer anzumelden seien. Es ist jedoch heute ganz herrschende Meinung, dass die Anmeldung durch die Liquidatoren selbst erfolgt. Denn das Amt des Liquidators beginnt beim geborenen Liquidator mit dem Auflösungsbeschluss und beim gekorenen Liquidator mit dem Gesellschafterbeschluss. Im selben Augenblick erlischt das Amt der Geschäftsführer. Sie können also gar nicht mehr anmelden.[34] **Die Eintragung in das Handelsregister hat also keine konstitutive, sondern lediglich deklaratorische Wirkung.** Bei der Anmeldung müssen die Liquidatoren die gleiche Versicherung über ihre Unbescholtenheit abgeben, die auch Geschäftsführer bei ihrer Anmeldung zum Handelsregister abzugeben haben (Rn 5012). Sie dürfen also insbesondere weder wegen einer Insolvenzverschleppung, eines sonstigen Insolvenzdelikts, wegen falscher Angaben, wegen eines Bilanzdelikts oder wegen Betrugs, Untreue usw bestraft sein, noch darf gegen sie ein Berufs- oder Gewerbeverbot verhängt worden sein.

5067 **Ein Geschäftsführer kann das Amt des Liquidators ablehnen, er darf es aber nicht, wenn er zur Übernahme verpflichtet ist; andernfalls kann er sich schadensersatzpflichtig machen.** Ob er zur Übernahme verpflichtet ist, richtet sich nach seinem Dienstvertrag mit der Gesellschaft. Die herrschende Meinung bejaht die Pflicht des Geschäftsführers, Liquidator zu werden, falls der Dienstvertrag schweigt. Nach ihr ist die Liquidatorentätigkeit lediglich eine Fortsetzung der Geschäftsführertätigkeit mit einem veränderten Zweck.[35] So pauschal kann man die Rechtslage aber nicht betrachten. Es kommt darauf an, ob die Gesellschafter für die Auflösung gewichtige Gründe geltend machen können und ob diese Gründe für den Geschäftsführer vorhersehbar waren.

5068 **Der Dienstvertrag des Geschäftsführers bleibt auch dann unverändert in Kraft, wenn er nicht Liquidator wird.** Der Geschäftsführer verliert nur die Organstellung. Er kann, falls er nicht Liquidator wird, den Dienstvertrag allerdings aus wichtigem Grunde kündigen und Schadenersatz nach § 628 Abs 2 BGB verlangen. Denn er

---

[33] BGH v 27. 10. 2008 GmbHR 2009, 212, 213 f; aA (es gilt, falls im Liquidationsbeschluss dazu nichts gesagt ist, für die Vertretungsbefugnis der geborenen Liquidatoren und ihre Befreiung von § 181 BGB die gleiche Regelung wie für die Geschäftsführer bislang galt) Schulze-Osterloh/Noack in Baumbach/Hueck GmbHG § 68 Rn 1 mwN zum Streitstand.

[34] Schulze-Osterloh/Noack in Baumbach/Hueck GmbHG § 67 Rn 4 mwN.

[35] Schulze-Osterloh/Noack in Baumbach/Hueck GmbHG § 66 Rn 12 mwN.

III. Die Stellung des Geschäftsführers in der Liquidation

hat, wenn der Gesellschaftsvertrag nichts anderes vorsieht, grundsätzlich das Recht, Liquidator zu werden. Die Liquidation der GmbH und die Tatsache, dass der Geschäftsführer Liquidator wird, ist in der Regel weder für den Geschäftsführer noch für die Gesellschaft ein wichtiger Grund, den Vertrag zu kündigen. Beide Seiten können aber ordentlich kündigen und müssen, wenn der Vertrag auf eine bestimmte Zeit abgeschlossen ist, ihre jeweiligen Pflichten bis zum Ablauf des Vertrages erfüllen. Wird wegen finanzieller Schwierigkeiten liquidiert, muss der Geschäftsführer gegebenenfalls einer Herabsetzung der Vergütung zustimmen (Rn 6058).

Wenn Dritte zu Liquidatoren bestellt werden, ist zwischen ihnen und der Gesellschaft ein Dienst- oder Geschäftsbesorgungsvertrag abzuschließen. Dabei wird es insbesondere auch um die Frage der Vergütung gehen. Der neu bestellte Liquidator wird so lange sein Amt nicht annehmen, bis diese Fragen nicht zufriedenstellend gelöst sind. 5069

Das Registergericht muss Liquidatoren bestellen, wenn Gesellschafter, die 10% des Stammkapitals besitzen, dies beantragen und ein wichtiger Grund vorliegt (§ 66 Abs 2 GmbHG). Ein wichtiger Grund liegt beispielsweise vor, wenn ein Liquidator fehlt und keine Aussicht besteht, dass die Gesellschafter dem abhelfen, aus welchen Gründen auch immer. In der Praxis wird ein Minderheitenantrag meist in Verbindung mit einem Antrag auf Abberufung der vorhandenen Liquidatoren gestellt, weil diese nach Ansicht der Minderheit unfähig, pflichtvergessen oder nicht unparteiisch sind. 5070

Das Registergericht kann auch in anderen Fällen einen Liquidator bestellen. Wenn ein notwendiger Liquidator fehlt, sei es, dass die GmbH überhaupt keinen Liquidator hat, oder dass nach dem Gesellschaftsvertrag zwei Liquidatoren vorhanden sein müssen, kann ein Notliquidator bestellt werden (analog §§ 29, 48 BGB). **Es muss aber ein „dringender Fall" vorliegen.** Ein dringender Fall liegt vor, wenn die Gesellschaft ohne den Notliquidator handlungsunfähig wäre und die Handlungsunfähigkeit zu greifbaren Nachteilen für die Gesellschaft führen könnte, beispielsweise wenn der günstige Verkauf eines Grundstücks durch notarielle Beurkundung des Vertrages gesichert oder die Frist zur Einlegung von Rechtsmitteln oder für die Erhebung einer Klage (Verjährung!) gewahrt werden muss.[36] Die Notbestellung hat vorläufigen Charakter. **Die Gesellschafter können die Notbestellung jederzeit dadurch beenden, dass sie ihrerseits den fehlenden Liquidator berufen.** Der Notliquidator kann auf bestimmte Geschäfte oder eine gewisse Art von Geschäften beschränkt werden. Ein anderer Fall ist die Anordnung einer Nachtragsliquidation, falls die GmbH wegen Vermögenslosigkeit gelöscht worden war, sich aber herausstellt, dass doch Vermögen vorhanden ist (Rn 5059). Bei allen diesen Bestellungen muss die Vergütungsfrage geregelt werden. Kommt es zu keiner Einigung zwischen der Gesellschaft und dem bestellten Liquidator, kann das Gericht die Auslagen und die Vergütung in einem Zwangsdienstvertrag festlegen.[37] Vorab muss der Liquidator selbstverständlich prüfen, ob die Gesellschaft überhaupt über ausreichende Mittel für seine Bezahlung verfügt oder ob ihn ein Dritter bezahlt, der auf das Handeln des Liquidators angewiesen ist. 5071

3. Aufgaben und Befugnisse der Liquidatoren

Haben die Liquidatoren die Möglichkeit, das Unternehmen ganz oder in Teilen ohne Zerschlagung zu veräußern, so müssen sie sich darum in erster Linie bemühen. Stehen dieser Veräußerung keine erkennbaren Interessen der Gesell- 5072

---

[36] Zur Notbestellung von Geschäftsführern und Liquidatoren Gustavus GmbHR 1992, 15 ff.
[37] Karsten Schmidt in Scholz GmbHG § 66 Rn 50.

schafter entgegen, ist dafür kein Gesellschafterbeschluss erforderlich.[38] Der Verkauf ist durch den Auflösungsbeschluss gedeckt. Wird allerdings die Firma mit veräußert, muss die entsprechende Bestimmung des Gesellschaftsvertrags geändert werden, was wiederum einen Gesellschafterbeschluss (mit 75% Mehrheit) erfordert. Bei Zweifeln darüber, ob eine Einzelversilberung unter Umständen günstiger ist, oder wenn der böse Schein nicht auszuschließen ist, dass der Liquidator aus Eigennutz handelt (zB soll er Geschäftsführer unter der Leitung des Unternehmenskäufers werden), sollte er vorsorglich einen Gesellschafterbeschluss einholen (zur Haftung Rn 7083 f).

5073 **Ist ein Verkauf nicht möglich, haben die Liquidatoren den Auftragsbestand abzuwickeln, die Vermögensgegenstände zu verwerten und die Verbindlichkeiten zu begleichen.** Bei Aufträgen, die nicht mehr abgearbeitet werden können, muss versucht werden, sie im Einvernehmen mit dem Auftraggeber zu stornieren. Langfristige Verträge, wie Mietverträge, Leasingverträge, Versicherungsverträge usw müssen im Wege von Verhandlungen vorzeitig beendet werden, soweit sie nicht gekündigt werden können. Oft werden sie noch für die Abwicklung benötigt. Die Arbeitnehmer müssen entlassen werden. **In der Regel ist auch ein Interessenausgleich und ein Sozialplan zu verhandeln.** Der möglichst kostengünstige Auslauf der Produktion und des Vertriebs muss geplant und gesichert werden. Die Gegenstände des Anlagevermögens müssen auf den Zeitpunkt, in dem sie nicht mehr benötigt werden, verkauft werden. Forderungen sind einzuziehen, ggf im Prozessweg.

5074 **Bei Rückstellungen ist zu klären, ob sie noch benötigt werden oder aufzulösen sind.** Grundsätzlich können die Liquidatoren abwarten, bis der eventuelle Anspruch des Dritten, der zur Rückstellung geführt hat, verjährt ist. Sie können sich auch über den Anspruch mit ihm einigen, oder auf Feststellung klagen, dass der Anspruch nicht besteht. **Mit Finanzamt und Betriebsprüfung sollten die Liquidatoren** im Regelfall **von sich aus Kontakt aufnehmen,** um die steuerlichen Verhältnisse à jour zu bringen.

5075 **Bei Verbindlichkeiten gegenüber Gesellschaftern ist zu unterscheiden zwischen Fremdverbindlichkeiten und Verbindlichkeiten aus dem Gesellschaftsverhältnis.** Gesellschafterdarlehen sind seit dem Inkrafttreten des MoMiG (s Einleitung) grundsätzlich Fremdverbindlichkeiten, es sei denn, es gibt dafür eine Rangrücktrittserklärung oder es greift § 64 S 3 GmbHG ein (falls Rückzahlung zur Zahlungsunfähigkeit führen muss) (Rn 4009, 5089, 7038). Sind es keine Fremdverbindlichkeiten, darf nach § 73 GmbHG an Gesellschafter erst etwas ausgeschüttet werden, wenn sämtliche Verbindlichkeiten gegenüber Drittgläubigern befriedigt oder sichergestellt sind und das Sperrjahr abgelaufen ist (Rn 5090, 5088).

5076 **Bestehen Pensionsverpflichtungen, für die Rückstellungen gebildet worden sind, kann es zu schwierigen Problemen kommen.** Zwar hat die GmbH das Recht, den Liquidationsüberschuss trotz der fortbestehenden Verbindlichkeiten auszuschütten, wenn sie Sicherheit leistet. Eine Sicherheitsleistung nützt jedoch bei Pensionsverpflichtungen wenig. Denn weder die Hinterlegungsstelle des Amtsgerichts noch eine Bank ist in der Lage, Pensionen mit dem erforderlichen Lohnsteuerabzug auszuzahlen. Zu unterscheiden sind drei Fallgruppen, und zwar die Betriebsrentenansprüche der aktiven Arbeitnehmer, der bereits ausgeschiedenen Arbeitnehmer, soweit deren Ansprüche unverfallbar sind, und die Ansprüche der Betriebsrentner, dh der ehemaligen Arbeitnehmer.

5077 **Ein Verzicht des Arbeitnehmers auf seine Betriebsrente gegen Zahlung einer Abfindung ist auch bei einer Liquidation nicht möglich.**[39] Denn nach § 3

---

[38] Schulze-Osterloh/Noack in Baumbach/Hueck GmbHG § 70 Rn 8; Rasner in Rowedder/Schmidt-Leithoff GmbHG § 70 Rn 16.
[39] Rolfs in Blomeyer/Rolfs/Otto BetrAVG § 3 Rn 20.

III. Die Stellung des Geschäftsführers in der Liquidation   **5078–5080**

Abs 1 BetrAVG sind derartige Verträge bis auf wenige Ausnahmen verboten und nichtig. Der Arbeitnehmer soll vor sich selbst geschützt werden, nämlich davor dass er seine Altersversorgung vorab verbraucht. Konsequenz dessen war, dass bis Anfang 1999 Gesellschaften mit Betriebsrentenzusagen nicht liquidiert werden konnten (sog Rentnergesellschaften). Ab 1999 gilt:[40] **Der Liquidator kann** im Fall der vollständigen Liquidation nach § 4 Abs 4 BetrAVG **ohne(!) Zustimmung des Arbeitnehmers bzw des Versorgungsempfängers die Versorgungszusage auf eine Pensionskasse oder eine Lebensversicherung übertragen.** Gegenleistung ist die Zahlung des Übertragungswertes, für den § 4 Abs 5 BetrAVG Berechnungsregeln festgelegt hat. Der Übertragungswert ist mit der Höhe der anteiligen Pensionsrückstellungen nicht identisch. Im Gegenteil, er ist erfahrungsgemäß im Regelfall erheblich höher, da im Rückstellungsbetrag spätere[41] Erhöhungen nach § 16 BetrAVG nicht berücksichtigt sind und der Rechnungszinsfuß oft zu hoch ist (vgl auch Rn 1014). Inhaltliche Abweichungen der Zusage, die sich nicht vermeiden lassen, muss der Arbeitnehmer hinnehmen, falls der Wert identisch bleibt.[42]

Die Übertragung bedarf nicht der Zustimmung des Pensions-Sicherungs- 5078
Vereins (PSVaG). Der Pensions-Sicherungs-Verein hat zwar in der Insolvenz in bestimmten Grenzen für die Zahlung der Betriebsrenten einzustehen, fungiert also quasi als Bürge. Wird jedoch im Zuge der Liquidation die Betriebsrente nach § 4 Abs 4 BetrAVG von einer Pensionskasse oder einer Lebensversicherung übernommen, erlischt der Insolvenzschutz.[43]

Wird im Zuge der Liquidation das Unternehmen im Wege der Einzel- 5079
rechtsnachfolge (asset-deal) ganz oder teilweise veräußert (Rn 5072), gilt § 613 a BGB. Das bedeutet, dass die Betriebsrentenverpflichtungen der aktiven Arbeitnehmer, die zu dem veräußerten (Teil-) Unternehmen gehören, auf den neuen Arbeitgeber übergehen. Ein Jahr haftet die Liquidationsgesellschaft noch mit. Nicht erfasst von dem Übergang nach § 613 a BGB werden jedoch die Verpflichtungen gegenüber den Betriebsrentnern, dh den ehemaligen Arbeitnehmern, die schon Renten beziehen, und die Verpflichtungen gegenüber ausgeschiedenen Arbeitnehmern, die eine unverfallbare Anwartschaft besitzen. Für sie bleibt nur die in Rn 5077 dargestellte Möglichkeit. Denkbar ist allerdings auch, die Gesellschaft nach Abwicklung aller übrigen Forderungen, Verbindlichkeiten und Verträge mit der Pensionsrückstellung und einem entsprechenden Vermögen als Rentnergesellschaft fortzuführen[44] oder auf eine andere Gesellschaft zu verschmelzen (Rn 5036, 5039 ff), sei es dass diese Gesellschaft zum Konzern oder einem Dritten gehört.

Es gibt keine gesetzliche Vorschrift, wonach die Liquidatoren verpflichtet 5080
wären, die Gläubiger gleichmäßig zu befriedigen. Solange die Liquidatoren damit rechnen können, dass die Erlöse zur Befriedigung aller Gläubiger ausreichen, haben sie jeweils bei Fälligkeit die Verbindlichkeiten zu begleichen. Reichen jedoch die Erlöse zur Befriedigung sämtlicher Gläubiger vermutlich nicht aus, so sind die Liquidatoren **nach der Rechtsprechung der Finanzgerichte**[45] **zumindest im Verhältnis zum Finanzamt verpflichtet,** die Gläubiger **gleichmäßig zu befriedigen.** Tun sie dies nicht, haften sie nach §§ 69, 34 AO persönlich (Rn 7078 ff). Ist also zweifelhaft, ob alle Gläubiger befriedigt werden können, ist stets zu empfehlen, die Gläubiger gleichmäßig

---

[40] Zur Entwicklung ab 1999 s Blomeyer/Otto BetrAVG 3. Auflage 2004 § 4 Rn 2.
[41] Andresen/Förster/Rößler/Rühmann Teil 14 A Rn 565.
[42] Rolfs in Blomeyer/Rolfs/Otto BetrAVG § 4 Rn 145.
[43] Nr 4.3.2 des Merkblatts 300/M 8 (Stand 1.06) des Pensions-Sicherungs-Vereins, Anlage 9.
[44] Dann genügt allerdings ein Vermögen in Höhe der versicherungsmathematisch errechneten Pensionsrückstellung nicht, vgl BAG v 11. 3. 2008 GmbHR 2008, 1327 mit Anm Heinz/Wildner.
[45] BFH v 26. 4. 1984 BStBl II 1984 S 776, 779; BFH v 17. 7. 1985 BStBl 1985 S 702, 704.

zu befriedigen. Ist abzusehen, dass die Erlöse nicht ausreichen, muss ein Insolvenzantrag (Rn 6044 ff) gestellt werden.

5081 **Für den Verkauf von Vermögensgegenständen, an denen Gläubiger Sicherungsrechte besitzen** (Grundpfandrechte zugunsten von Kreditinstituten, Verpfändung von Wertpapieren an Gläubiger, Eigentumsvorbehalte von Lieferanten uÄ), **braucht der Liquidator deren Zustimmung.** Die Gläubiger werden diese nur erteilen, wenn sie aus dem Verkaufserlös bezahlt werden.

4. Der Umfang der Geschäftsführungs- und Vertretungsbefugnis der Liquidatoren

5082 **Die Vertretungsmacht der Liquidatoren ist unbeschränkt.** Sie können also im Namen der aufgelösten GmbH sämtliche Rechtsgeschäfte abschließen. Der Kreis der Geschäfte ist nicht auf Geschäfte, die der Liquidation dienlich sind, beschränkt.[46] Sind mehrere Liquidatoren bestellt, sind sie nur gemeinschaftlich zur Vertretung befugt (§ 68 Abs 1 S 2 GmbHG). **Zulässig ist die Einzelvertretung und auch die sogenannte unechte Gesamtvertretung,** das heißt die Vertretung durch nur einen Liquidator oder die Vertretung durch einen Liquidator und einen Prokuristen (Rn 3007). Ist dies nur für die Geschäftsführer im Gesellschaftsvertrag geregelt und werden diese die Liquidatoren, gilt diese Regel nicht weiter (Rn 5065).[47] Vielmehr muss, sowohl wenn die Geschäftsführer als auch wenn andere Personen Liquidator werden, die Vertretungsregelung im Bestellungsbeschluss geregelt werden, den die Gesellschafter mit einfacher Mehrheit beschließen können (§ 68 Abs 1 S 1 GmbHG). Bleibt die Regelung offen, gilt das Gesetz: Sämtliche Liquidatoren können nur gemeinschaftlich handeln. **Das Amt eines Prokuristen erlischt durch die Auflösung einer GmbH nicht. Prokuristen können sogar während der Liquidationszeit neu bestellt werden.**[48] Bestellt das Gericht die Liquidatoren, ist die Art der Vertretungsmacht der Liquidatoren in dem Bestellungsbeschluss zu regeln.

5083 **Im Gegensatz zur Vertretungsmacht ist die Geschäftsführungsbefugnis der Liquidatoren beschränkt.** Das bedeutet: Die Liquidatoren können zwar die Gesellschaft nach außen bei allen Arten von Geschäften wirksam vertreten, sie dürfen es jedoch im Innenverhältnis nur in dem Rahmen, der ihnen erlaubt ist. Gehen sie darüber hinaus, machen sie sich schadensersatzpflichtig. **Zur Geschäftsführung sind die Liquidatoren nur insoweit befugt, als es um Geschäfte geht, die der Abwicklung dienen.** Sie haben zwar die laufende Geschäftstätigkeit der GmbH zu beenden, dürfen zu diesem Zwecke aber auch neue Geschäfte abschließen (§ 70 S 2 GmbHG). Dritten gegenüber können diese Geschäfte durchaus als Geschäfte im Rahmen einer werbenden Tätigkeit erscheinen. Die Liquidation einer großen Gesellschaft kann Jahre oder sogar Jahrzehnte dauern. In dieser Zeit müssen auch neue Geschäfte abgeschlossen werden können, wie zB ein Mietvertrag über Geschäftsräume für die restliche Liquidationszeit, nachdem das Verwaltungsgebäude verkauft worden ist. Selbst Werbekampagnen können sinnvoll sein, wenn es gilt, die vorhandenen und aus den Beständen noch herzustellenden Erzeugnisse abzusetzen.

5084 **Bestehen Zweifel darüber, ob bestimmte Geschäfte noch vom Abwicklungszweck gedeckt sind, sollten die Liquidatoren, um das Risiko einer Schadensersatzpflicht zu vermeiden, einen Gesellschafterbeschluss einholen.** Für den Beschluss genügt die einfache Mehrheit. Kommen die neuen Geschäfte dagegen einer Fortsetzung der Gesellschaft gleich (wie zB der Neuerwerb einer vermieteten

---

[46] Rasner in Rowedder/Schmidt-Leithoff GmbHG § 70 Rn 5 mwN.
[47] Vgl auch Schulze-Osterloh/Noack in Baumbach/Hueck GmbHG § 68 Rn 4.
[48] Karsten Schmidt in Scholz GmbHG § 69 Rn 7.

III. Die Stellung des Geschäftsführers in der Liquidation 5085

Immobilie zu Anlagezwecken), bedarf der Gesellschafterbeschluss grundsätzlich der Mehrheit von 75%, wie für eine Satzungsänderung.

5. Die Rechnungslegungspflicht der Liquidatoren

Die Liquidatoren haben nach § 71 GmbHG folgende Abschlüsse aufzustellen:[49] 5085

– **Die Schlussbilanz der werbenden Gesellschaft:** Gliederung und Bewertung richten sich nach den allgemeinen Vorschriften, also nach den Vorschriften über die Erfolgsbilanz unter Annahme der Unternehmensfortführung. Es handelt sich (falls die Auflösung nicht auf den Tag nach dem Geschäftsjahresende beschlossen wurde) um den Abschluss eines Rumpfgeschäftsjahres. Deshalb ist nicht nur eine Bilanz aufzustellen, sondern auch eine Gewinn- und Verlustrechnung, ein Anhang und ein Lagebericht. Der Gewinn der Schlussbilanz kann, sobald der Auflösungsbeschluss gefasst ist, nicht mehr ausgeschüttet werden![50] Er kann nur als Rechnungsposten bei der späteren Verteilung des Vermögens an die Gesellschafter berücksichtigt werden. Die Schlussbilanz muss gemäß den allgemeinen Vorschriften geprüft und offengelegt werden.
– **Die Liquidationseröffnungsbilanz:** Sie ist ebenfalls nach den Vorschriften über die Jahresbilanz aufzustellen, entspricht also weitgehend der Schlussbilanz. Jedoch sind die Gegenstände des Anlagevermögens wie Umlaufvermögen zu bewerten (weil sie ja veräußert werden sollen), falls das Unternehmen der Gesellschaft nicht vorerst fortgeführt wird; deshalb gilt auch für Gegenstände des Anlagevermögens das Niederstwertprinzip. Maßgebend ist der voraussichtliche Verwertungserlös. Das gilt auch für immaterielle Vermögensgegenstände, und zwar zum einen in dem Umfang, in dem sie neuerdings aktiviert werden können, aber auch insoweit, als sie bei einer werbenden Gesellschaft nicht aktiviert können (vgl § 248 Nr 4 HGB idF des BilMoG (s Einleitung): Marken, Drucktitel, Verlagsrechte, Kundenlisten usw), immer vorausgesetzt, dass sie einen Verwertungserlös versprechen. Künftige Sozialplanaufwendungen sind zu passivieren usw.[51] Ergänzt wird die Liquidationseröffnungsbilanz durch den erläuternden Bericht nach § 71 Abs 1 GmbHG. Er ersetzt den Anhang und den Lagebericht. Der erläuternde Bericht hat auf die Umbewertungen im Vergleich zur Schlussbilanz einzugehen, die voraussichtliche Entwicklung der Liquidation zuschildern und die voraussichtlichen Erträge und Aufwendungen abzuschätzen und schließlich Angaben zum erwarteten Liquidationsergebnis zu machen. Die Eröffnungsbilanz und der erläuternde Bericht sind, je nach Größe der Gesellschaft (Rn 1121, 1099), durch einen Abschlussprüfer zu prüfen.
– **Die Liquidationsjahresabschlüsse:** Im Liquidationszeitraum muss kein weiteres Rumpfgeschäftsjahr gebildet werden, es sei denn, die Gesellschafter beschließen, dass es bei dem bisherigen Geschäftsjahr bleibt. Das im Gesellschaftsvertrag festgesetzte Geschäftsjahr ändert sich also ohne einen solchen Beschluss automatisch. Es läuft in der Liquidation zwölf Monate gerechnet vom Tag der Eröffnungsbilanz an. Für den Liquidationsjahresabschluss gelten die Vorschriften über den Jahresabschluss der werbenden Gesellschaft. Er umfasst Bilanz, Gewinn- und Verlustrechnung, Anhang; hinzu kommt der Lagebericht. Das Anlagevermögen wird jedoch, ebenso wie bei der Liquidationseröffnungsbilanz, wie Umlaufvermögen bewertet, falls das Unternehmen nicht vorerst fortgeführt wird. Der Liquidationsjahresabschluss ist zu prüfen.
– **Die Liquidationsschlussbilanz:** Sie ist zwar vom Gesetz nicht ausdrücklich vorgeschrieben. Wenn jedoch die Abwicklung soweit gediehen ist, dass das Reinvermögen unter die Gesellschafter verteilt werden kann, folgt aus der öffentlich-rechtlichen Rechnungslegungspflicht, die mit einem Jahresabschluss am Ende des letzten (Rumpf-) Geschäftsjahres enden muss, dass das Abwicklungsergebnis seit der letzten Jahresrechnungslegung und der Vermögensstand vor der Schlussverteilung dokumentiert wird. Wenn die Liquidatoren die Liquidationsschlussbilanz vorlegen, sollten sie zweckmäßigerweise vorschlagen, wie das Restvermögen unter die Gesellschafter verteilt werden soll. Für die Liquidationsschlussbilanz gelten dieselben Rechnungslegungs- und Prüfungsvorschriften wie für die Liquidationsjahresbilanzen.

---

[49] Sarx FS Forster S 548 ff.
[50] Schulze-Osterloh in Baumbach/Hueck GmbHG § 71 Rn 3.
[51] Schulze-Osterloh in Baumbach/Hueck GmbHG § 71 Rn 17, 18.

– Die Liquidationseröffnungsbilanz, die Liquidationsjahresabschlüsse und die Liquidationsschlussbilanz sind **von den Gesellschaftern festzustellen.** Sie sind offen zu legen. Von der Prüfung kann auf Antrag das Registergericht befreien, wenn die Verhältnisse der Gesellschaft überschaubar sind (§ 71 Abs 3 GmbHG).
– **Die Schlussrechnung:** Sie kann mit der Liquidationsschlussbilanz verbunden werden, wenn die Schlussverteilung am Stichtag der Schlussbilanz erfolgt. Sie ist aber grundsätzlich von dieser zu unterscheiden. Sie ist auf den Zeitpunkt aufzustellen, in dem das verbliebene Vermögen unter die Gesellschafter verteilt ist. Die Vorschriften über den Jahresabschluss gelten nicht. Eine Feststellung durch die Gesellschafter ist nicht erforderlich, ebenso wenig eine Prüfung oder eine Offenlegung. Sie ist jedoch Voraussetzung für die Entlastung der Liquidatoren. Die Liquidatoren sollten Wert darauf legen, entlastet zu werden, bevor sie die Beendigung der Gesellschaft zum Handelsregister anmelden.

5086 **Liquidatoren müssen neben den vorstehend beschriebenen verschiedenen Abschlüssen auch einen Liquidationsplan aufstellen und ihn laufend fortschreiben.** Dieser Liquidationsplan wird manchmal auch als Vermögensverteilungsbilanz oder Liquidationsbilanz im engeren Sinne bezeichnet. Das sind mehr verwirrende als erhellende Bezeichnungen. Folgt der Liquidator ordentlichen kaufmännischen Grundsätzen, wird er immer eine Übersicht erarbeiten, welche Liquidationserlöse erwartet werden, welche bereits erzielt sind und wie sich die Verbindlichkeiten und Rückstellungen entwickelt haben, sich vermutlich entwickeln werden und welche Liquidationskosten entstehen und noch zu erwarten sind. Mit der Fortschreibung und Kontrolle des Liquidationsplans wird somit der erläuternde Bericht zur Liquidationseröffnungsbilanz fortgeschrieben. Es ist im Grunde das Gleiche, was im werbenden Unternehmen getan werden muss. Dort ist laufend ein Ziel/Ist-Vergleich zwischen der Unternehmensplanung und dem erzielten Ergebnis aufzustellen (Rn 1089). **Gesetzlich ist der Liquidationsplan nicht geregelt. Ein Liquidator kommt um die Fortschreibung** des erläuternden Berichts aber **nicht herum, weil er die Kontrolle behalten muss, ob** und wann gegebenenfalls **ein Insolvenzantrag gestellt werden muss.** Wird der Liquidationsplan nicht fortgeschrieben, könnte die Entwicklung der Liquidation auch aus der Liquidationseröffnungsbilanz und den Liquidationsjahresabschlüssen abgeleitet werden. Der zeitliche Abstand ist für die erforderliche Kontrolle jedoch zu groß.

6. Die Gestaltung des Geschäftsbriefs der aufgelösten GmbH

5087 **Bei der aufgelösten GmbH regelt § 71 Abs 5 GmbHG, welche Angaben der Geschäftsbrief (einschließlich Webseite und E-Mail) enthalten muss.** Bei der werbenden GmbH bestimmt dies § 35a GmbHG (Rn 2012, 7033, 7067). Die Angaben entsprechen sich. Bei der aufgelösten GmbH muss nur noch zusätzlich angegeben werden, dass die Gesellschaft sich in Liquidation (bzw in Abwicklung) befindet. Es genügt der Zusatz „iL" oder „iA". Die Angaben können vom Registergericht durch Zwangsgeld erzwungen werden (§ 79 GmbHG). Wenn sie fehlen, berührt dies jedoch die Wirksamkeit von rechtsgeschäftlichen Erklärungen auf derartigen Briefbögen nicht.

7. Die Verteilung des Liquidationserlöses unter die Gesellschafter – Das Sperrjahr

5088 **Die Gesellschafter können die Auskehrung des verbleibenden Vermögens erst verlangen, wenn sämtliche Gläubiger der Gesellschaft befriedigt oder ihre Ansprüche sichergestellt worden sind (§ 73 Abs 1 GmbHG).** Auch wenn dies erfolgt ist, muss erst noch das Ende des Sperrjahres abgewartet werden (§ 73 Abs 1 HS 2). **Das Sperrjahr beginnt, wenn die Auflösung der Gesellschaft und die Aufforderung an die Gläubiger, sich zu melden (sog Gläubigeraufgebot), an**

III. Die Stellung des Geschäftsführers in der Liquidation

drei verschiedenen Terminen in den Gesellschaftsblättern veröffentlicht worden ist (§ 65 Abs 2 GmbHG). Die Jahresfrist beginnt am Tag der dritten Veröffentlichung zu laufen. Gesellschaftsblätter sind der elektronische Bundesanzeiger (§ 12 GmbHG) und ggf ein weiteres im Gesellschaftsvertrag bestimmtes öffentliches Blatt. In der Praxis wird heute im Gesellschaftsvertrag meistens (nur) der Bundesanzeiger benannt. Das Gläubigeraufgebot ist nicht identisch mit den Veröffentlichungen durch das Registergericht selbst, das nach § 10 HGB sämtliche Eintragungen in das Handelsregister zu veröffentlichen hat. Für das Gläubigeraufgebot genügen wenige Sätze, wie etwa:

„Die Gesellschaft ist aufgelöst. Alle Gläubiger werden aufgefordert, sich bei ihr zu melden.
XYZ-GmbH iL
Die Liquidatoren".

Wenn die Liquidatoren ermitteln, wie das Rest-Vermögen unter die Gesellschafter zu verteilen ist, müssen sie genau prüfen, ob es sich bei Verbindlichkeiten gegenüber Gesellschaftern um Fremdverbindlichkeiten oder um Verbindlichkeiten aus dem Gesellschaftsverhältnis handelt (Rn 5075). Fremdverbindlichkeiten gegenüber Gesellschaftern werden getilgt wie alle sonstigen Verbindlichkeiten gegenüber Dritten auch, jedoch mit einer Ausnahme: Falls die Rückzahlung der Fremdverbindlichkeiten gegenüber Gesellschaftern zur Zahlungsunfähigkeit führen muss, ist sie nach § 64 S 3 GmbHG dem Geschäftsführer untersagt (Rn 4009, 6052, 7038). **Solche Fremdverbindlichkeiten sind auch Gesellschafterdarlehen.** Sie sind also (nachdem durch das MoMiG die eigenkapitalersetzenden Gesellschafterdarlehen abgeschafft worden sind, Rn 4008, 6014, 7040) nicht erst im Rahmen der Verteilung an die Gesellschafter nach § 73 GmbHG zurückzuzahlen, sondern bereits im Rahmen der Abwicklung. Etwas anderes gilt nur dann, wenn entweder, wie vorstehend ausgeführt, die Rückzahlung zur Zahlungsunfähigkeit führen muss, oder wenn für das Gesellschafterdarlehen einer Rangrücktritt vereinbart worden ist (Rn 6018, 6041). Rangrücktrittsdarlehen dürfen erst zurückgezahlt werden, wenn sämtliche sonstigen Verbindlichkeiten getilgt sind. Ebenfalls wie ein Rangrücktrittsdarlehen sind die Fälle zu behandeln, die einem Rangrücktrittsdarlehen wirtschaftlich entsprechen. Hat beispielsweise eine Bank der GmbH ein Kredit gewährt, für den ein Gesellschafter der Bank gegenüber eine Bürgschaft übernommen hat und ist der Gesellschafter mit seiner künftigen Rückgriffsforderung gegen die GmbH (sie entsteht, sobald die Bank den Gesellschafter aus der Bürgschaft in Anspruch genommen hat), hinter die Forderungen aller anderen Gläubiger zurückgetreten, ist die Forderung dieses Gesellschafters erst im Rahmen der Verteilung, nicht in der vorher stattfindenden Abwicklung zu befriedigen.

Verbindlichkeiten aus dem Gesellschaftsverhältnis werden in die Auseinandersetzungsrechnung der Gesellschafter untereinander einbezogen. Sie sind nach den Fremdverbindlichkeiten, aber im Rang vor der Verteilung des restlichen Reinvermögens an die Gesellschafter zu befriedigen. Das restliche Reinvermögen wiederum ist unter die Gesellschafter nach dem Verhältnis der Geschäftsanteile (§ 72 GmbHG) zu verteilen.

Für **Darlehen mit Rangrücktrittserklärung, die ein Dritter,** beispielsweise ein Lieferant **gewährt hat,** der hoffte, auf diese Weise zur Sanierung beizutragen und die Lieferbeziehung aufrechtzuerhalten, gilt ebenfalls, dass er in der Liquidation nachrangig nach allen anderen Gläubigern mit Fremdverbindlichkeiten (aber vor der Verteilung des Reinvermögens an die Gesellschafter) befriedigt wird.

8. Nach Beendigung der Liquidation

Die Bücher und Schriften der Gesellschaft sind auf die Dauer von zehn Jahren von einem Gesellschafter oder einem Dritten aufzubewahren (§ 74

GmbHG). Die dafür eventuell anfallenden Kosten müssen bei der Liquidationsplanung berücksichtigt und noch vor der Verteilung an den mit der Aufbewahrung Beauftragten gezahlt werden, falls dieser die Aufgabe nicht kostenlos übernimmt, beispielsweise ein Gesellschafter (zB die Konzernobergesellschaft). Wenn die Beendigung zum Handelsregister angemeldet wird, verlangen die Registergerichte regelmäßig die Angabe, wo die Bücher und Schriften der Gesellschaft in den nächsten zehn Jahren aufbewahrt werden. Die Gesellschafter haben ein Einsichtsrecht. Gläubiger der Gesellschaft können vom Gericht zur Einsicht ermächtigt werden.

5093 **Melden sich nach Beendigung der Gesellschaft bislang unbekannte Gläubiger, so gehen sie leer aus.** Eine Rückzahlungspflicht besteht nicht, auch nicht zu Lasten der Gesellschafter, wenn sie etwas erhalten haben.[52]

5094 **Ist ein bekannter Gläubiger übergangen worden, ist also an die Gesellschafter das Vermögen ausgekehrt worden, obwohl ein bekannter Gläubiger noch nicht befriedigt oder nicht sichergestellt war, so haften zunächst die Liquidatoren persönlich (§ 73 Abs 3 GmbHG).** Zu ersetzen haben sie den Betrag, der an den übergangenen Gläubiger geflossen wäre, wenn nicht falsch verteilt worden wäre. Es ist umstritten, ob der Anspruch gegen die Liquidatoren nur von der Gesellschaft geltend gemacht werden kann oder auch unmittelbar von dem geschädigten Gläubiger. Eine ganze Reihe von Autoren vertritt die – wohl richtige – Meinung, der Gläubiger könne auch unmittelbar gegen die Liquidatoren vorgehen, sog Verfolgungsrecht.[53] **Neben den Liquidatoren haften die Gesellschafter auf den Betrag, den sie nicht erhalten hätten, wenn die Liquidatoren ordnungsgemäß gehandelt hätten.** Der Rückzahlungsanspruch gegen die Gesellschafter steht aber ausschließlich der Gesellschaft selbst zu. Er muss von den (Nachtrags-)Liquidatoren geltend gemacht werden. Ein unmittelbarer Anspruch der Gläubiger gegen die Gesellschafter besteht nicht.[54]

5095 **Haben die Liquidatoren, weil sie persönlich in Anspruch genommen worden sind, Gläubiger nachträglich befriedigt, können sie von den Gesellschaftern pro rata Rückzahlung an sich selbst verlangen.** Denn in diesem Fall haben die Gesellschafter mehr erhalten, als sie erhalten hätten, wenn die Liquidatoren ordnungsgemäß gehandelt hätten. Obwohl an sich nur die Gesellschaft von den Gesellschaftern Rückzahlung verlangen kann, steht die herrschende Auffassung auf dem Standpunkt, dass der Anspruch der Gesellschaft gesetzlich auf die Liquidatoren übergegangen sei.[55] Auf diese Weise wird vermieden, dass die Liquidatoren erst eine Nachtragsliquidation beantragen müssen und der Nachtragsliquidator den Anspruch gegen die Gesellschafter geltend machen muss. Wirtschaftlich wird also der Liquidator, wenn er aus der persönlichen Haftung in Anspruch genommen wird, nur in der Höhe belastet, in der er bei seinem Regress gegen die Gesellschafter ausfällt.

---

[52] Schulze-Osterloh/Noack in Baumbach/Hueck GmbHG § 73 Rn 9; Karsten Schmidt in Scholz GmbHG § 73 Rn 18; Rasner in Rowedder/Schmidt-Leithoff GmbHG § 73 Rn 24.

[53] Schulze-Osterloh/Noack in Baumbach-Hueck § 73 Rn 13 aE; Karsten Schmidt in Scholz § 73 Rn 29; aA Rasner in Rowedder/Schmidt-Leithoff § 73 Rn 28.

[54] Schulze-Osterloh/Noack in Baumbach-Hueck § 73 Rn 18; Karsten Schmidt in Scholz § 73 Rn 20; aA Rasner in Rowedder/Schmidt-Leithoff § 73 Rn 33.

[55] Schulze-Osterloh/Noack in Baumbach-Hueck § 73 Rn 24; Rasner in Rowedder/Schmidt-Leithoff § 73 Rn 34; zweifelnd Karsten Schmidt in Scholz § 73 Rn 35.

Kapitel 6

Die Aufgaben des GmbH-Geschäftsführers in der Krise und in der Insolvenz

I. Die Krise

1. Krise – Herausforderung für den Geschäftsführer

Von „Krise" spricht man, wenn die Insolvenz droht, dh Zahlungsunfähigkeit oder Überschuldung. In der Krise, die sich bei einer aufmerksamen Geschäftsführung in der Regel geraume Zeit vorher ankündigt, ist die erste Aufgabe des Geschäftsführers die Sanierung. Ist ein Insolvenzverfahren nicht mehr abzuwenden, bleibt es dabei: die erste Aufgabe des Geschäftsführers ist die Sanierung, jetzt jedoch zusammen mit dem Insolvenzverwalter. 6000

In der ersten Phase zwischen Insolvenzantrag und der Eröffnung des Insolvenzverfahrens durch das Insolvenzgericht richtet sich die Zusammenarbeit mit dem Insolvenzverwalter nach den Entscheidungen, die das Gericht trifft. Bestellt das Gericht einen vorläufigen Verwalter, überträgt ihm aber nicht das Verfügungsrecht über das Vermögen der GmbH **(sog schwacher Insolvenzverwalter)**, behält der Geschäftsführer seine bisherigen Befugnisse; er wird nur insoweit eingeschränkt, als das Gericht spezifische Sicherungsmaßnahmen anordnet, zB die Zustimmung des vorläufigen Verwalters zu Verfügungen (§ 21 InsO). Erlässt das Gericht hingegen ein allgemeines Verfügungsverbot, wird der Geschäftsführer weitgehend vom vorläufigen Insolvenzverwalter verdrängt **(sog starker Insolvenzverwalter).** Dieser hat das Unternehmen bis zur Entscheidung des Gerichts über die Eröffnung des Insolvenzverfahrens weiterzuführen (§ 22 InsO). **In der zweiten Phase, nachdem das Verfahren eröffnet worden ist,** geht das Recht, das Vermögen der GmbH zu verwalten und darüber zu verfügen, kraft Gesetzes in vollem Umfang auf den Insolvenzverwalter über (§ 80 InsO). Der Geschäftsführer bleibt aber auch nach Eröffnung des Insolvenzverfahrens Organ der Gesellschaft, es sei denn, dass die Gesellschafter ihn abberufen, wozu sie auch im Insolvenzverfahren berechtigt bleiben. Der Insolvenzverwalter kann lediglich den Dienstvertrag kündigen, nicht aber die Bestellung widerrufen. 6001

Die Rechtsstellung des Geschäftsführers im Insolvenzverfahren ist die eine Seite. Die andere, die faktische Seite, ist für die Sanierung ebenso wichtig: Für die Auftragsakquisition und Auftragsabwicklung bleibt der Geschäftsführer auch im Insolvenzverfahren im Regelfall, unabhängig von seiner Rechtsstellung, unverzichtbar. Zwei Wege zur Sanierung bieten sich an: die **übertragende Sanierung** mit Hilfe einer Fortführungs- oder Auffanggesellschaft (Rn 6024 ff) und die **Sanierung mit Hilfe eines Insolvenzplanverfahrens** (Rn 6059). Ist allerdings die Sanierung chancenlos, bleibt nur die Zerschlagung des Unternehmens. Der Geschäftsführer wird nur noch für eine Übergangszeit, in erster Linie als Auskunftsperson, benötigt. 6002

Die Krise bedeutet Kampf an allen unternehmerischen Fronten. Hier ist der Geschäftsführer mit seinem ganzen Können gefordert. **Vor allem muss der Markt gesichert werden,** auch oder gerade wenn eine Marktschwäche der Grund für die Krise ist. **Sodann geht es** regelmäßig **um die Kosten.** Mit den Gläubigern muss verhandelt und auch **intern möglichst Unruhe vermieden werden,** unter den Gesellschaftern, im Aufsichtsrat oder Beirat und **insbesondere unter den Mitarbeitern.** 6003

Dazu sind Maßnahmenvorschläge erforderlich. Die Maßnahmen dürfen nicht zu spät kommen. Denn ist die Gesellschaft erst einmal zahlungsunfähig oder überschuldet, gibt das Gesetz nur noch **drei Wochen Zeit, einem Insolvenzverfahren zu entgehen.** Setzen die Bemühungen jetzt erst ein, ist diese Frist zu knapp, um unter Vermeidung eines Insolvenzverfahrens noch wirksam sanieren zu können. Der Kampf gegen sinkende Liquidität, abnehmenden Ertrag und schwindenden Kapitalisierungsgrad muss wesentlich früher einsetzen. Eine drohende **Krise rechtzeitig zu erkennen,** gehört zu den besonders verantwortungsvollen unternehmerischen Aufgaben jedes Geschäftsführers.

2. Das Erkennen der Krise

6004 **Die wichtigsten Instrumente, um Schwierigkeiten rechtzeitig zu erkennen, sind ein geordnetes Rechnungswesen** (Rn 1080 ff) **und ein Finanzplan** (Rn 1060 ff). Finanzplanung und -controlling sowie die Buchhaltung müssen so organisiert sein, dass sie jederzeit einen zuverlässigen Einblick in den Zustand und in die finanzielle Entwicklung des Unternehmens erlauben. Das Controlling (Rn 1090 ff) hat den laufenden Ziel-Ist-Vergleich zu gewährleisten. Die heute verfügbaren Datenverarbeitungssysteme erlauben es, täglich eine Bilanz und einen Liquiditätsstatus abzurufen. Dafür müssen die Daten laufend und zuverlässig gesammelt und eingegeben werden. Die zumindest monatliche Bilanzierung und der zumindest monatliche Ziel-Ist-Vergleich aller für die Lage des Unternehmens wichtigen Daten sind bereits in normalen Zeiten unverzichtbar, in der Krise braucht der Geschäftsführer kürzere Abstände. Die Planung muss anhand der aktuellen Daten laufend fortgeschrieben werden. Nur so kann die Geschäftsführung frühzeitig erkennen, wie sich Umsatz, Kosten und Liquidität, gemessen an der auf den Unternehmenserfolg gerichteten Planung, entwickeln. Ein so organisiertes Management-Informationssystem ist die Voraussetzung dafür, dass rechtzeitig Maßnahmen ergriffen werden können. Das Gesetz zur Kontrolle und Transparenz im Unternehmensbereich von 1998 (KonTraG)[1] hat zwar nur für Aktiengesellschaften vorgeschrieben, dass geeignete Maßnahmen zu treffen sind, um Entwicklungen rechtzeitig zu erkennen, die den Fortbestand des Unternehmens gefährden können (§ 91 Abs 2 AktG). Ein solches Risikomanagement ist aber keine Spezialaufgabe für Vorstände von Aktiengesellschaften, sondern Pflicht jedes Unternehmensleiters, also auch des GmbH-Geschäftsführers, sobald sich die Verhältnisse nicht mehr vom Chefschreibtisch aus überblicken lassen. Wenn die wirtschaftlichen Verhältnisse der GmbH nicht zuverlässig dokumentiert werden, hat der Geschäftsführer die **Pflicht eines ordentlichen Geschäftsmannes** (§ 43 Abs 1 GmbHG) nicht erfüllt. Die zuverlässige Dokumentation ist auch für jeden Versuch, sich außergerichtlich mit den Gläubigern zu vergleichen, unerlässlich. Denn diese entscheiden nur, wenn sie wissen, wie die GmbH aktuell steht.

6005 **Auch die Beobachtung des Umfelds gibt oft Hinweise auf die vermutliche Entwicklung.** Die **Konkurrenz** ist im Auge zu behalten. Das **Kundengespräch,** Gespräche mit **Lieferanten,** mit **Banken** und mit dem **Abschlussprüfer** müssen gepflegt werden. Für den innerbetrieblichen Ablauf sind Betriebsvergleiche, Beratung durch Organisationsfachleute und Gespräche mit dem Betriebsrat wichtige Erkenntnisquellen. Ein **Management by walking-around**[2] ist nicht nur hilfreich zur Motivation der Mitarbeiter, sondern vermittelt oft Einsichten in Sanierungsreserven, die bei der üblichen Berichterstattung durch auf Zahlen ausgerichtete Management-Informationssysteme dem Top-Management verborgen bleiben.

---

[1] G zur Kontrolle und Transparenz im Unternehmensbereich v 1998, BGBl I S 786.
[2] Böckenförde Unternehmenssanierung S 26.

I. Die Krise **6006–6012**

Krisen können aber auch durch plötzlich auftretende, von außen kommen- 6006
de Ereignisse entstehen: ein Konjunktureinbruch in der Branche, der Ausfall eines großen Kunden mit entsprechendem Umsatzrückgang, die Inanspruchnahme durch Behörden wegen eines Altlastenfalls und ähnliche Schläge. **Sie können ein Unternehmen ins Wanken bringen.** Hier kommt es ebenfalls darauf an, die wirtschaftliche Bedeutung des Ereignisses für das eigene Unternehmen rechtzeitig zu erkennen. Die **Konsequenz** ist auch in einem solchen Fall zumeist: Es müssen **Sanierungsmaßnahmen** ergriffen werden.

3. Sanierungsinstrumente

Das wichtigste Sanierungsinstrument ist der Markt. Ihn kennt die Geschäfts- 6007
führung in der Regel selbst am besten. Sie sollte dennoch auch außenstehenden Rat suchen. Ratsam ist das schriftliche **Gutachten eines unabhängigen Beraters.** Eine solches Gutachten **ist oft** nicht nur eine überraschende Erkenntnisquelle, sondern vielfach auch eine **wichtige Hilfe,** um Strukturveränderungen im Unternehmen durchzusetzen. Das Gutachten ist aber auch zumeist deshalb unverzichtbar, weil nur damit die Gläubiger, insbesondere die Banken und die Kreditversicherer der Lieferanten, die Gesellschafter und ein etwaiger Aufsichtsrat (Beirat) von der Richtigkeit beabsichtigter Maßnahmen überzeugt werden können.

Um den richtigen Unternehmensberater zu finden, muss man sich im 6008
Markt umhören. Nicht bunte Charts oder Präsentationen auf Glanzpapier dürfen den Ausschlag geben, sondern erwiesene Kenntnisse und die Fähigkeit zu praxisbezogener Analyse. Banken haben oft eine Übersicht über erfolgreiche Berater oder stimmen einer Maßnahme zu ihren Lasten nur zu, wenn „ihr" Berater diese empfiehlt. **Wichtig ist eine konkrete Auftragsbeschreibung und die ständige Begleitung des Gutachters.** Lässt der Geschäftsführer ihn allein, schadet das meist dem Ergebnis.

Ein Sanierungskonzept zu erarbeiten verursacht nicht zu vernachlässigende Bera- 6009
tungskosten, die im Regelfall für den Unternehmensberater, den Wirtschaftsprüfer, den Steuerberater und/oder den Rechtsanwalt aufgewendet werden müssen. Die Berater verlangen in der Krise regelmäßig Vorkasse, da sie ansonsten im Falle eines Falles leer ausgehen. Wichtig ist es deshalb, für den Fall einer Krise eine **Kriegskasse für die Beratungskosten** zur Verfügung zu haben.

Eine Sanierung nötigt in der Regel auch zur Reduzierung der Kosten. Das 6010
bedeutet Einschnitte in die Aufbau- und Ablauforganisation, in die Personalstruktur (Rn 1004) und häufig Personalabbau (Rn 1023 ff).

Für eine Sanierung wird meist neues Eigen- oder Fremdkapital gebraucht. 6011
Sanieren heißt immer auch investieren, sei es in den Maschinenpark, in die Logistik, in qualifiziertes Personal, in neue Produkte oder in den Vertrieb. Das erfordert zusätzliche, in der Regel langfristige Mittel, deren Fehlen die Krise uU herbeigeführt hat.

Jede Sanierung hat das Ziel, die Liquidität zu verbessern und die Kapital- 6012
ausstattung zu verstärken. Zu den **liquiditätsverbessernden Maßnahmen** gehört der Verkauf nicht betriebsnotwendigen Vermögens (Grundstücke, Gebäude, Beteiligungen, Wertpapiere), der Abbau von Vorräten, die Verbesserung der Einkaufskonditionen im Wege der Durchsetzung längerer Zahlungsfristen, der Einzug von Forderungen, die Einführung eines Eilskontos bei sofortiger Zahlung, der Forderungsverkauf im Wege des Factoring (Rn 1076), Leasing statt Kauf, der Verkauf von Anlagevermögen unter Auflösung stiller Reserven mit anschließendem Rückleasing („sale and lease back", Rn 1071), die Nutzung evtl Steuererstattungen (Rn 1070, 1149 aE) usf. Hinzu kommen Maßnahmen wie Straffung des Zahlungsverkehrs mit Hilfe eines zentralen Cash Managements (Rn 1059), Einstellung von Investitionen, die nicht kurzfristig wirken uÄ.

6013 Insbesondere gilt es, zusätzliches Kapital zu beschaffen, Eigenkapital oder Fremdkapital, sei es von Dritten, sei es von den bisherigen Gesellschaftern. **Eigenkapital und Fremdkapital werden in der Krise zumeist nur zu beschaffen sein, wenn das bereits erwähnte Sanierungskonzept vorliegt** (zB das Gutachten des Unternehmensberaters). Für Fremdkapital werden außerdem Sicherheiten gefordert werden und/oder, dass gleichzeitig das Eigenkapital erhöht wird. Bereitet die Gestellung banküblicher Sicherheiten Schwierigkeiten, kann uU die Hilfe der öffentlichen Hand zB mit Landesbürgschaften in Anspruch genommen werden. Wird das Eigenkapital durch Hereinnahme neuer Gesellschafter erhöht, werden diese häufig die Einräumung von Vorrechten bei der Gewinnausschüttung und bei der Beteiligung am Liquidationserlös verlangen oder die Kapitalerhöhung von einer Herabsetzung des Kapitals der Altgesellschafter abhängig machen. Gleichzeitig verlangen die neuen Gesellschafter zumeist, dass die Altgläubiger in Höhe der Überschuldung auf ihre Forderungen verzichten, damit das neue Kapital nicht sofort von den Altschulden aufgezehrt wird. Ein solcher Forderungsverzicht, dem außerhalb eines Insolvenzverfahrens in der Regel aller Altgläubiger zustimmen müssen, ist erfahrungsgemäß nur dann (im Verhandlungswege) durchsetzbar, wenn deren Zahl gering ist. Auch wenn einzelne der bisherigen Gesellschafter an einer Kapitalerhöhung teilnehmen, werden sie die Einräumung von Vorrechten oder die Herabsetzung des Kapitals der nicht teilnehmenden Gesellschafter verlangen.

6014 Werden von den bisherigen Gesellschaftern statt neuer Eigenmittel Darlehen gegeben, ist das Problem der **Gesellschafterdarlehen** zu berücksichtigen (Rn 1079, 4008, 5075, 6041, 7040). Es ist mit Hilfe des MoMiG (s Einleitung) erheblich vereinfacht worden: Gesellschafterdarlehen dürfen nur dann nicht zurückgezahlt werden, wenn die Rückzahlung zur Zahlungsunfähigkeit führen muss, § 64 S 3 GmbHG (Rn 4009, 6052, 7038). Und im Fall einer Insolvenz dürfen Gesellschafterdarlehen erst nachrangig befriedigt werden (§ 39 Abs 1 Nr. 5 InsO), und müssen, wenn sie im letzten Jahr vor dem Insolvenzantrag von der Gesellschaft getilgt worden sind, vom Gesellschafter zurückgezahlt werden, nachdem der Insolvenzverwalter die Tilgung angefochten hat (§ 135 Abs 1 Nr 2 InsO). Im Regelfall fallen also die Gesellschafter mit ihren Darlehen aus, wenn es an sie im letzten Jahr vor dem Insolvenzantrag zurückgezahlt worden ist. Hat die GmbH dem Gesellschafter in den letzten zehn(!) Jahren vor dem Insolvenzantrag für sein Darlehen Sicherheiten gewährt, so kann der Insolvenzverwalter diese Gewährung ebenfalls anfechten und die Sicherheiten sind zurückzugeben (§ 135 Abs 1 Nr 1 InsO). Auch bei Sicherheiten bleibt es also in der Regel dabei, dass das Darlehen nachrangig befriedigt wird. In der Handelsbilanz und in der Steuerbilanz sind die Gesellschafterdarlehen in voller Höhe auf der Passivseite auszuweisen. Das gilt auch für die Überschuldungsbilanz. Ein Gesellschafterdarlehen braucht jedoch in der Überschuldungsbilanz dann nicht mehr passiviert zu werden, wenn ein Rangrücktritt vereinbart ist (Rn 6018, 6041). Das hat zur Folge, dass in der Überschuldungsbilanz Gesellschafterdarlehen mit Rangrücktritt wie Eigenkapital wirken. Ein Gesellschafter, der in der Krise für sein Gesellschafterdarlehen einen Rangrücktritt erklärt, beseitigt also in dieser Höhe die Überschuldung.

6015 Ausgenommen von den Sonderbestimmungen für Gesellschafterdarlehen sind Darlehen von Kleingesellschaftern, die mit 10% oder weniger an der Gesellschaft beteiligt (und nicht Geschäftsführer) sind sowie Darlehen von Gläubigern, die sich zu Sanierungszwecken an der GmbH beteiligen, obwohl Zahlungsunfähigkeit droht bzw. die Gesellschaft bereits zahlungsunfähig oder überschuldet ist (§ 39 Abs 4 und 5 InsO). **Darlehen von Kleingesellschaftern und von Sanierungsgesellschaftern werden in der Insolvenz nicht gemäß § 39 Abs 1 Nr 5 InsO nachrangig, sondern im gleichen Rang wie alle anderen Gläubigern befriedigt. Sie sind außerdem,** auch wenn sie erst im letzten Jahr vor dem Insolvenzantrag von der Gesellschaft zurückgezahlt worden sind, **nicht rückforderbar** (Rn 6014). Jedoch: Zahlungen an Gesell-

I. Die Krise

schafter, gleichgültig ob Krise oder nicht, die zur Zahlungsunfähigkeit führen müssen (Rn 4009, 6014, 6052) sind dem Geschäftsführer auch dann durch § 64 S 3 GmbHG verboten, wenn sie an Klein- oder Sanierungsgesellschafter erfolgen.

Bei Finanzplankrediten der Gesellschafter ist zu unterscheiden: Haben die Gesellschafter untereinander oder mit der GmbH im Gesellschaftsvertrag oder schuldrechtlich vereinbart, zur Finanzierung des Geschäftszwecks der GmbH zusätzlich zum Stammkapital Darlehen (zumeist proportional zu ihren Geschäftsanteilen) zu gewähren, so sind diese Darlehensversprechen einlageähnlich.[3] Das heißt, soweit das Darlehen an die GmbH ausgezahlt ist oder war, greifen die gesetzlichen Vorschriften über Gesellschafterdarlehen ein, vor Inkrafttreten des MoMiG also die Vorschriften über kapitalersetzende Gesellschafterdarlehen, nach Inkrafttreten des MoMiG § 30 Abs 1 S 3 GmbHG (die Rückzahlung ist kein Verstoß gegen das Verbot der Rückzahlung von Stammkapital) sowie die vorstehenden Regeln der Insolvenzordnung.[4] Ist das Darlehen noch nicht ausgezahlt, so muss es, und das ist das Besondere am Finanzplankredit, auf Anforderung durch die Geschäftsführung auch dann vom Gesellschafter an die GmbH ausgezahlt werden, wenn die GmbH in die Krise gerät. Während ansonsten für die noch nicht erfüllte Darlehenszusage gilt, dass der Darlehensgeber (hier der Gesellschafter) die Darlehenszusage stets fristlos kündigen kann, wenn in den Vermögensverhältnissen des Darlehensnehmers (hier die GmbH) eine wesentliche Verschlechterung eintritt (§ 490 Abs 1 BGB), so ist diese Bestimmung bei der Vereinbarung eines Finanzplankredits aufgehoben, **der Gesellschafter muss den Kredit an die GmbH auf Anforderung durch die Geschäftsführung auch dann auszahlen, wenn es zur Krise gekommen ist.** Die Geschäftsführung kann also, wenn ein Finanzplankredit zugesagt ist, auch in der Krise (und der Insolvenzverwalter nach der Insolvenzeröffnung!) die Liquidität durch Einfordern erhöhen. Eine Überschuldung allein dadurch kann sie jedoch nicht beseitigen. Denn in der Überschuldungsbilanz ist auch Finanzplankredit zu passivieren. Nur ein zusätzlicher Rangrücktritt beseitigt die Überschuldung.

Eine Reihe der liquiditätsverbessernden Maßnahmen sind zugleich eigenkapitalverbessernde Maßnahmen. Das gilt für die Auflösung stiller Reserven im Wege des sale and lease back und für die Aufstockung des Eigenkapitals entweder im Wege einer Kapitalerhöhung durch die Alt-Gesellschafter oder durch die Aufnahme von Neu-Gesellschaftern oder im Wege einer sog „anderen Zuzahlung" (nach § 272 Abs 2 Nr 4 HGB) durch die Alt-Gesellschafter.

Darlehen der Gesellschafter oder von Dritten mit Rangrücktrittserklärung, beispielsweise von Lieferanten oder Banken, die an einer Sanierung interessiert sind, verbessern erstens die Liquidität, helfen aber darüber hinaus auch eine Überschuldung zu vermeiden. Bei einer Rangrücktrittserklärung vereinbaren der Gläubiger und die Gesellschaft, dass die Forderung einschließlich Zinsen im Rang hinter sämtliche anderen Gläubiger zurücktritt mit der Maßgabe, dass die Forderung im Liquidationsfall erst nach Befriedigung aller Gläubiger und im Insolvenzfall erst nach allen Gläubigerforderungen des § 39 Abs 1 InsO, und damit auch erst nach den Forderungen aus Gesellschafterdarlehen (ohne Rangrücktritt), § 39 Abs 1 Nr 5 InsO, geltend gemacht werden

---

[3] BGH v 28. 6. 1999 BGHZ 142, 116, 121 = GmbHR 1999, 911 ff mit Anm Brauer = NJW 1999, 2809, 2810 f mit Anm Altmeppen.

[4] Die Interpretation des in Fn 3 zitierten BGH-Urteils in dem Sinne, auf einen Finanzplankredit, soweit ausgezahlt, sei § 30 Abs 1 S 3 GmbHG nicht anzuwenden, der eigenkapitalähnliche Charakter zeige vielmehr, dass die Gesellschafter und die GmbH vereinbart hätten, es solle das Verbot der Rückzahlung nach § 30 Abs 1 S 1 GmbHG gelten (so offenbar Bormann/Ulrichs, Kapitalaufbringung und Kapitalerhaltung nach dem MoMiG, in Römermann/Wachter S. 48; vgl auch Habersack ZIP 2007, 2145, 2152 f mwN), ist mit dem BGH-Urteil, wenn man es genau ließt, nicht zu vereinbaren.

kann.⁵ Nur bei einem derart präzisierten (sog qualifizierten) Rangrücktritt wird die Überschuldung vermieden. Zusätzlich wird in der Regel vereinbart, dass die Forderung nur aus künftigen Jahresüberschüssen, einem Liquidationsüberschuss oder bei Vorhandensein von weiterem Vermögen, das die sonstigen Schulden der Gesellschaft übersteigt, zurückgezahlt werden darf. Auf diese Art wird vermieden, dass das Rangrücktrittsdarlehen außerhalb der Krise ohne weiteres zurückzuzahlen ist. Ein Darlehen mit Rangrücktrittserklärung ist in der Handelsbilanz weiterhin unter den Verbindlichkeiten auszuweisen.⁶ Auch steuerlich führt der Rangrücktritt nicht zum Ausbuchen der Verbindlichkeit aus der Steuerbilanz.⁷ In der Überschuldungsbilanz (Rn 6039f) braucht jedoch eine Forderung mit Rangrücktrittserklärung, wie gesagt, nicht passiviert zu werden.⁸ **Mit einer Rangrücktrittserklärung kann man also eine drohende oder bereits eingetretene Überschuldung beseitigen.**

6019 **Vom Darlehen mit Rangrücktrittserklärung zu unterscheiden ist der Forderungsverzicht gegen Besserungsschein.** Er bedeutet, dass ein Gläubiger auf seine Forderung verzichtet und dafür einen bedingten Anspruch erwirbt. Der Verzicht erfolgt in Form eines Erlassvertrages. Das führt bei der Gesellschaft zu einem entsprechenden Ertrag, der bilanziell zum Ausgleich von Verlusten verwendet werden kann. Auch steuerlich entsteht ein entsprechender Ertrag, der ggf mit einem Verlustvortrag (oder laufenden Verlusten) verrechnet werden kann. Zugleich wird mit dem Erlass vereinbart, dass die erlassene Forderung bedingt wieder auflebt. Zinsen und Tilgung sind jedoch nur dann und nur insoweit zu leisten, als ansonsten ein Jahresüberschuss (soweit er einen eventuellen Verlustvortrag übersteigt) entstehen oder an die Gesellschafter ein Liquidationserlös gezahlt würde. Anders als bei einem Rangrücktritt kann bei einem Forderungsverzicht gegen Besserungsschein eine Rückzahlung auch aus weiterem, die sonstigen Schulden der Gesellschaft übersteigendem Vermögen nicht vereinbart werden.⁹ **In der Handelsbilanz wird die erlassene Forderung nicht mehr als Verbindlichkeit ausgewiesen** (allerdings muss der Besserungsschein nach § 285 Nr 3a HGB (idF des BilMoG, s Einleitung) im Anhang angegeben werden).¹⁰ **In der Überschuldungsbilanz** (Rn 6039f) ist die Forderung, auf die verzichtet wurde, erst recht **nicht zu passivieren.**

6020 **Die Ausstattung mit Eigenkapital kann durch die Aufnahme eines stillen Gesellschafters verbessert werden.** Das gilt jedoch nur dann, wenn

– vereinbart ist, dass die stille Einlage längerfristig zur Verfügung steht, beispielsweise in den ersten fünf Jahren nicht gekündigt werden kann,
– vereinbart ist, dass die stille Einlage nachrangig gewährt wird, das heißt im Liquidationsfall erst nach Befriedigung aller Gläubiger und im Insolvenzfall nur gemäß § 39 Abs 2 InsO, also erst nach allen Gläubigerforderungen des § 39 Abs 1 InsO geltend gemacht werden kann (anders als dies § 236 HGB vorsieht) und

---

⁵ Die Rechtsprechung des BGH vor Inkrafttreten MoMiG, vgl BGH v 8. 1. 2001 BGHZ 146, 264, 271 sowie etwa Klein GmbHR 2006, 249 ff, verlangte, um eine Passivierung in der Überschuldungsbilanz zu vermeiden, einen Rücktritt hinter sämtliche Insolvenzforderungen nicht nur des § 39 Abs 1 InsO, also auch hinter die Gesellschafterdarlehen ohne Rangrücktritt, § 39 Abs 1 Nr 5 InsO, und hinter sämtliche Insolvenzforderungen des § 39 Abs 2 InsO (nachrangige Verbindlichkeiten) – sog qualifizierter Rangrücktritt. Das ist vom Gesetzgeber präzisiert worden, wie der neue § 19 Abs 2 S 3 InsO zeigt. Es genügt, dass „gemäß § 39 Abs 2" ein Nachrang vereinbart ist.
⁶ BGH v 29. 9. 2008 GmbHR 2008, 1319, 1320 rechte Spalte.
⁷ BFH v 10. 11. 2005 GmbHR 2006, 158; BMF-Schreiben v 8. 9. 2006 DB 2006, 2037.
⁸ Lutter ZIP 1999, 641 ff; Schmidt GmbHR 1999, 9ff; Wittig in Schmidt/Uhlenbruck Die GmbH..., Rn 2.262 ff mit Nachweisen der abweichenden Ansichten.
⁹ Hoyos/M Ring in Beck'scher Bilanz-Kommentar § 247 Rn 238.
¹⁰ Ellrott in Beck'scher Bilanz-Kommentar § 285 Rn 65; WP-Handbuch Band I Abschnitt F Rn 826 f.

I. Die Krise

– der stille Gesellschafter im gleichen Verhältnis wie andere Eigenkapitalgeber auch am Verlust beteiligt ist.

Die Einlage des stillen Gesellschafters ist dann innerhalb des Eigenkapitals als „Einlage des stillen Gesellschafters" auszuweisen. Ist der stille Gesellschafter nur am Gewinn beteiligt, ist seine Einlage unter den Verbindlichkeiten zu zeigen.

Droht eine Reduzierung des Eigenkapitals, kann dies mit Hilfe einer Werthaltigkeitsgarantie eines Gesellschafters aufgefangen werden. Gründe für die Kapitalverluste können Forderungsausfälle sein, Kursverluste von Wertpapieren, die die Gesellschaft im Portefeuille hat, Wertberichtigungen auf Beteiligungen, ein Wertverfall bei Vorratsgrundstücken uÄ. Bei der Werthaltigkeitsgarantie verpflichtet sich der Gesellschafter, dass er bei einem endgültigen Ausfall der Forderung, bei einer Veräußerung der Wertpapiere oder der Grundstücke unter Buchwert oder bei einer Insolvenz der Beteiligungsgesellschaft die Differenz zu dem jeweiligen Buchwert an die Gesellschaft zahlt. Die Werthaltigkeitsgarantie führt bei entsprechender Bonität des Garanten dazu, dass eine Wertberichtigung oder Abschreibung nicht vorgenommen zu werden braucht.

Auch Forderungsbeschränkungen sind zu prüfen. Das gilt insbesondere bei Bauträgern und Projektentwicklern, die Bauvorhaben auf eigene Rechnung durchführen, um sie später zu veräußern. Diese Unternehmen realisieren ihre Projekte im Regelfall über Objektgesellschaften mit hoher Fremdfinanzierung. Geht der Markt für derartige Bauten, wie schon mehrfach in der Vergangenheit, zurück, bevor sie fertiggestellt worden sind, sinken die Weiterveräußerungspreise. Die im Umlaufvermögen der Objektgesellschaft bilanzierten 'Grundstücke und im Bau befindliche Gebäude' müssen teilweise abgeschrieben werden, da die Weiterveräußerungspreise nicht mehr die Anschaffungs- und Herstellungskosten decken. Der Geschäftsführer muss in einem derartigen Fall versuchen, bei seiner Bank eine Forderungsbeschränkung zu erreichen. Unter Umständen muss die Bank ohnehin eine Einzelwertberichtigung vornehmen. Sie müsste davon überzeugt werden, dass es wirtschaftlich ratsam sei, eine Vereinbarung zu unterzeichnen, in der sie sich verpflichtet, ihre Kreditforderungen (gegen Besserungsschein) nur noch insoweit geltend zu machen, als die Gesellschaft aus der Veräußerung des Objekts Erlöse erzielt. Die Forderung wird dadurch nicht nur wirtschaftlich, sondern auch rechtlich auf den Wert reduziert, den auch die Grundpfandrechte, die der Bank bestellt worden sind, nach dem Markteinbruch nur noch haben. Die Gesellschaft braucht bei einer derartigen Vereinbarung die Verbindlichkeiten der Bank gegenüber nur noch in der Höhe zu bilanzieren, in der sie die Grundstücke und die im Bau befindlichen Gebäude aktivieren kann, dh in Höhe des unter die Anschaffungs- bzw Herstellungskosten gesunkenen Verkehrswertes. Auf diesem Wege vermeidet der Bauträger die Überschuldung und damit den Insolvenzantrag. Die Bank wird sich allerdings in der Regel zu einer solchen Beschränkung nur dann bereit finden, wenn die Existenz der Gesellschaft auf dem Spiele steht und die Bank selbst nicht in der Lage ist, das Objekt fertig zu stellen und günstiger zu vermarkten.

Aller Sorgen ledig ist der Geschäftsführer, wenn es ihm gelingt, mit seiner – finanziell stabilen – Muttergesellschaft einen Gewinnabführungsvertrag zu schließen. Ein solcher Gewinnabführungsvertrag verpflichtet die Muttergesellschaft automatisch zur Verlustübernahme (§ 302 AktG). Und die Muttergesellschaft kann aufgrund eines solchen Vertrages die Verluste der Tochter steuersparend bei sich selbst verwerten. Anders als früher ist es nicht mehr erforderlich, zusätzlich zu dem Gewinnabführungsvertrag auch einen Beherrschungsvertrag abzuschließen (Rn 4049). § 14 KStG wurde entsprechend geändert. Die finanzielle Eingliederung der Tochtergesellschaft genügt seitdem. Für die finanzielle Eingliederung ist die Mehrheit der Stimmrechte ausreichend. Bei einem Gewinnabführungsvertrag ist die Bilanz der Tochtergesellschaft immer ausgeglichen. Denn in der Höhe des an sich zu bilanzierenden

Verlustes kann sie eine Forderung gegen die Muttergesellschaft aus Verlustübernahme einbuchen. Dadurch wird bei der Tochtergesellschaft die Überschuldung vermieden und prinzipiell auch deren Liquidität gesichert.

6024 **Die Einschaltung einer Fortführungsgesellschaft kommt in Betracht, wenn Teile des Unternehmens noch lebensfähig sind.** Es ist das einschneidendste Sanierungsinstrument, das dann eingesetzt werden sollte, wenn die Gesellschaft als ungeteilte Einheit weder die nötige Liquidität beschaffen noch die Überschuldung verhindern kann. Die Fortführungsgesellschaft übernimmt den noch lebensfähigen Teil des Unternehmens (gegen Zahlung eines angemessenen Kaufpreises) einschließlich der dazugehörenden Arbeitnehmer (§ 613 a BGB), laufende Aufträge usw. Über das Vermögen der kranken Gesellschaft wird das Insolvenzverfahren eröffnet. Man nennt dies eine **übertragende Sanierung**. Die Übernahme durch eine Fortführungsgesellschaft setzt voraus, dass die Fortführungsgesellschaft kurzfristig mit genügend Kapital ausgestattet werden kann, um den übergehenden Teil kaufen zu können.

6025 **Lässt sich eine Fortführungsgesellschaft nicht so schnell schaffen, kommt die Einschaltung einer geringer kapitalisierten Gesellschaft in der Form einer Auffanggesellschaft in Frage.** Die Auffanggesellschaft wird entweder von den bisherigen Gesellschaftern und/oder den bisherigen Gläubigern (oder vom Insolvenzverwalter, s Rn 6027) gegründet. Sie erwirbt Teile des Umlaufvermögens, mit denen sie die Geschäfte weiterführt. Sie übernimmt auch die Belegschaft. Die Erträge, die sie erzielt, kommen abzüglich ihrer Aufwendungen und eines Geschäftsbesorgungsentgelts der kranken Gesellschaft zugute, die davon allmählich die Verbindlichkeiten abdeckt. Die Auffanggesellschaft kann auch den Betrieb des kranken Unternehmens pachten. Mit Hilfe der Pachterlöse tilgt die kranke Gesellschaft allmählich ihre Verbindlichkeiten. **Fortführungsgesellschaft und Auffanggesellschaft sind nur im Einvernehmen mit den größeren Gläubigern zu verwirklichen.** Denn ohne ein Stillhalteabkommen zwischen Gläubigern und Gesellschaft ist solch eine Lösung nicht durchführbar.

6026 **Die Einschaltung einer Auffanggesellschaft ist stets nur eine Zwischenlösung, um Zeit zu gewinnen.** Entweder übernimmt die Auffanggesellschaft nur die Auslaufproduktion und vermarktet diese, oder sie wird zur Fortführungsgesellschaft, wenn das nötige **Kapital** beschafft ist.

6027 **In der Praxis werden die Instrumente der Fortführungsgesellschaft und der Auffanggesellschaft ohnehin zumeist in enger Abstimmung mit dem Insolvenzverwalter eingesetzt.** Das empfiehlt sich schon deshalb, weil der Verwalter die Verträge mit diesen Gesellschaften, falls sie vor Verfahrenseröffnung geschlossen wurden, uU anfechten kann, falls es später bei der Altgesellschaft, wie so oft, zur Insolvenz kommt. Zumeist ist es deshalb sinnvoll, die Übertragung der lebensfähigen Teile auf eine Fortführungs- oder Auffanggesellschaft vorzubereiten und die Insolvenz anzumelden. Der Insolvenzverwalter gründet im ersten Schritt eine Auffanggesellschaft. Gegebenenfalls haben die Altgesellschafter auch bereits eine solche Gesellschaft gegründet. In diese bringt im zweiten Schritt der Insolvenzverwalter die lebensfähigen Teile als Sacheinlage ein. Die nach den sehr zügig durchführbaren Personalanpassungen (Rn 6059) verbliebenen Arbeitnehmer gehen nach § 613 a BGB über. Produktion und Vertrieb werden fortgeführt. Anschließend veräußert der Insolvenzverwalter seine durch die Sacheinlage erlangten Anteile an der Auffanggesellschaft an die Altgesellschafter, die Geschäftsführer und/oder an Finanzinvestoren und/oder an die Konkurrenz. Die Auffanggesellschaft wird zur Fortführungsgesellschaft.

6028 Kein Sanierungsinstrument ist die **Firmenbestattung.** Das sind Fälle, bei denen versucht wird, mit Hilfe der Aufgabe des Geschäftslokals ggf. verknüpft mit einer Sitzverlegung, der Zustellung von Mahnungen, vollstreckbaren Titeln oder Insolvenzanträgen zu entgehen und an unbekanntem Ort still und heimlich einen Insolvenzantrag zu stellen, damit dieser mangels Masse abgelehnt wird. Mit dieser Zwecksetzung hat sich

I. Die Krise

ein regelrechter Beruf entwickelt, die Firmenbestatter, die im Finanzteil von seriösen Zeitungen dafür werben („Haben Sie Probleme mit Ihrer GmbH? – Wir lösen sie"). Derartige Firmen kaufen zu einem negativen Kaufpreis (das ist die „Vergütung" für ihre Tätigkeit) die Geschäftsanteile, es wird ein neuer Geschäftsführer bestellt (der bisherige wird abberufen), der Sitz wird beispielsweise nach Niederbayern, ins Emsland oder nach Mecklenburg-Vorpommern verlegt. Dort wird Insolvenzantrag gestellt. An den bisherigen Adressen ist niemand zu erreichen. Zustellungen gehen ins Leere.[11] Der Gesetzgeber betrachtet dies als **Bestattungsunwesen** und hat mit dem MoMiG versucht, Bestattungen dieser oder ähnlicher Art zu erschweren. Dem dienen vor allem Bestimmungen, die die Zustellung erleichtern. **So ist für jede GmbH neuerdings eine Geschäftsanschrift anzugeben, die auch online einsehbar ist, und über die stets zugestellt werden kann.** Misslingt über diese Geschäftsanschrift die Zustellung, kann unmittelbar öffentlich zugestellt werden (vgl auch Rn 5062). Die Bestimmungen über die führungslose GmbH (Rn 3020, 6063) und über das Verbot von Zahlungen an Gesellschafter, falls dies zur Zahlungsunfähigkeit führen muss (Rn 4009, 6052), ergänzen diese gesetzgeberischen Bemühungen.

4. Die Insolvenzgründe: Zahlungsunfähigkeit, Überschuldung und drohende Zahlungsunfähigkeit

Sobald die Gesellschaft zahlungsunfähig wird oder sie überschuldet ist, muss die Geschäftsführung Insolvenzantrag stellen (§ 15a Abs 1 InsO, Rn 6060). **Bei nur drohender Zahlungsunfähigkeit kann die Geschäftsführung entscheiden,** ob sie einen Antrag stellen will (§ 18 Abs 1 InsO). § 17 Abs 2 InsO definiert, wann Zahlungsunfähigkeit vorliegt, nämlich 6029

„wenn er (der Schuldner) nicht in der Lage ist, die fälligen Zahlungspflichten zu erfüllen. Zahlungsunfähigkeit ist in der Regel anzunehmen, wenn der Schuldner seine Zahlungen eingestellt hat."

Eine Zahlungsstockung ist keine Zahlungsunfähigkeit. Zahlungsstockung liegt vor, wenn die GmbH nur vorübergehend Liquiditätsprobleme hat, die durch Hereinholung von Außenständen oder durch Beschaffung eines Kredits kurzfristig behoben werden können. Der tolerable Verzögerungszeitraum beträgt auf aufgrund einer Entscheidung des BGH[12] drei Wochen. Innerhalb dieser drei Wochen müssen mit den vorhandenen liquiden Mitteln mehr als 90% der fälligen Verbindlichkeiten bezahlt werden können. Bleibt eine Lücke von 10% und mehr, wird (widerlegbar) vermutet, dass die GmbH bereits jetzt zahlungsunfähig ist. Bleibt die Lücke unter 10%, wird vermutet, dass die GmbH weiter zahlungsfähig ist, es sei denn, dass besondere Umstände vorliegen, die eine dennoch vorhandene Zahlungsunfähigkeit belegen, beispielsweise der weitere Niedergang des Unternehmens. Übersteigen nach Ablauf der drei Wochen die fälligen Verbindlichkeiten immer noch die liquiden Mittel (einschließlich der offenen Kreditlinien), ist die GmbH zahlungsunfähig. 6030

Es gilt also, zuverlässig festzustellen, ob die GmbH zahlungsunfähig ist oder nicht. Zu diesem Zweck ist es im ersten Schritt erforderlich, die fälligen von den noch nicht fälligen Verbindlichkeiten zu trennen. Fällig im Sinne der Insolvenzordnung ist nämlich etwas anderes als fällig im Sinne des bürgerlichen Gesetzbuches (BGB). Fällig im Sinne der Insolvenzordnung sind nur solche nach BGB fälligen Verbindlichkeiten (die also eigentlich bezahlt werden müssten), **falls sie vom Gläubi-** 6031

---

[11] Zur Praxis im Einzelnen Keuchel, Geplündert, verschoben, begraben, Handelsblatt v 25. 7. 2006 Seite 10.
[12] BGH v 24. 5. 2005 GmbHR 2005, 1117, 1121.

ger ernsthaft eingefordert worden sind; eine einzige ernsthafte Zahlungsaufforderung, beispielsweise das Zusenden einer Rechnung genügt.[13] Willigt jedoch der Gläubiger später ein, dass seine Forderung später oder nachrangig befriedigt wird, oder erklärt er sich einverstanden still zu halten, so ist die entsprechende Verbindlichkeit des Schuldners nicht fällig. Eine Stundung, die die einmal eingetretene Fälligkeit wieder beseitigt, ist nicht erforderlich.[14] **Im zweiten Schritt sind die** in diesem Sinne **fälligen** und in den nächsten drei Wochen fällig werdenden Verbindlichkeiten **den vorhandenen liquiden Mitteln** und den in den nächsten drei Wochen mit an Sicherheit grenzender Wahrscheinlichkeit eingehenden Zahlungen **gegenüberzustellen.** Beträgt die Unterdeckung 10% oder mehr, ist, wie gesagt, die Gesellschaft zahlungsunfähig. Die Zahlungsunfähigkeit kann in einem solchen Fall nur dadurch widerlegt werden, dass Gründe vorliegen, die mit an Sicherheit grenzender Wahrscheinlichkeit erwarten lassen, „dass die Liquiditätslücke zwar nicht innerhalb von zwei bis drei Wochen ... jedoch immerhin in überschaubarer Zeit beseitigt wird" (s Fn 12).

6032   Die **Konsequenzen,** die den Geschäftsführern drohen, wenn sie sich irren und zum Schluss gekommen sind, die Gesellschaft sei weiterhin zahlungsfähig, sind erheblich. Es droht **Schadensersatz** (Rn 7059 ff) und Bestrafung (Rn 7122 f). Es empfiehlt sich deshalb, dass die Geschäftsführung ihre Feststellungen zur Zahlungsunfähigkeit von ihrem Wirtschaftsprüfer überprüfen lässt. Das Institut der Wirtschaftsprüfer (IDW) hat dazu einen eigenen Prüfungsstandard entwickelt,[15] dessen Schema die Geschäftsführer bereits bei ihren eigenen Ermittlungen zur Zahlungsfähigkeit zugrunde legen sollten.

6033   **Die Verantwortung für die Feststellung der Zahlungsunfähigkeit trifft sämtliche Geschäftsführer, nicht nur den, der für das Rechnungs- und Finanzwesen zuständig ist.** Dieser hat zwar die Daten zu den fälligen und den demnächst fälligen Verbindlichkeiten sowie zu den liquiden Mitteln zu liefern. Seine Feststellungen sind aber von allen Geschäftsführern kritisch zu überprüfen. Ausschlaggebend dafür, ob die Gesellschaft zu einem bestimmten Zeitpunkt zahlungsunfähig ist oder nicht, sind die Umstände, die zu diesem Zeitpunkt bekannt sind. Maßgebend ist also die sog ex ante-Sicht. Stellt sich nachträglich heraus, dass Zahlungen, die zu bestimmten Zeitpunkten mit an Sicherheit grenzender Wahrscheinlichkeit erwartet werden konnten, nicht eingegangen sind oder dass die kurzfristigen Maßnahmen zur Geldbeschaffung, auf die sich das Urteil stützt, dass nur eine Zahlungsstockung vorliegt, nicht greifen (sog ex post-Sicht), so bestand rechtlich am ex ante Zeitpunkt noch keine Zahlungsunfähigkeit. Es brauchte damals noch kein Insolvenzantrag gestellt zu werden. Die Drei-Wochen-Frist begann noch nicht zu laufen (Rn 6044).

6034   **Die drohende Zahlungsunfähigkeit ist neben der eigentlichen Zahlungsunfähigkeit und der Überschuldung der dritte Insolvenzgrund** (§ 18 Abs 1 InsO). Sie liegt vor, wenn das gefährdete Unternehmen

„voraussichtlich nicht in der Lage sein wird, die bestehenden Zahlungspflichten im Zeitpunkt der Fälligkeit zu erfüllen." (§ 18 Abs 2 InsO)

Bei drohender Zahlungsunfähigkeit kann die Geschäftsführung einen Insolvenzantrag stellen, sie muss aber nicht (Rn 6061). Sie wird ihn nur dann stellen, wenn sie mit dem Insolvenzverfahren die Hoffnung verbindet, geschützt vor den Gläubigern und unter Nutzung der Sanierungsmöglichkeiten des Insolvenzverfahrens

---

[13] Zur umstrittenen Frage, ob substantiiert bestrittene Forderungen, insbesondere Steuerfestsetzungen, fällig im Sinne des § 17 Abs 2 InsO sind, Brete/Thomsen GmbHR 2008, 912 ff.

[14] BGH v 19. 7. 2007 ZIP 2007, 1666, 1668 = WM 2007, 1796, 1798; BGH v 20. 12. 2007 ZIP 2008, 420, 422.

[15] www.idw.de/Verlautbarungen/Prüfungsstandards/IDW PS 800 v 6. 3. 2009 – beziehbar über den IDW Verlag.

I. Die Krise

(Rn 6059), das Unternehmen auf neue Füße zu stellen. Mit dem Antragsrecht bei drohender Zahlungsunfähigkeit wollte der deutsche Gesetzgeber eine ähnliche Möglichkeit schaffen, wie sie die Unternehmen in den USA besitzen, die sich bei Problemen mit den Gläubigern unter den Schutz des Chapter 11 des Bankruptcy Code flüchten können.

Um festzustellen, ob **drohende Zahlungsunfähigkeit** vorliegt, **muss ein Liquiditätsstatus und ein Liquiditätsplan** aufgestellt werden, und zwar, folgt man dem IDW-Standard (Fn 15 2.3 und 3.3), für das laufende und das kommende Geschäftsjahr.[16] Der Liquiditätsplan umfasst alle bestehenden und im Prognosezeitraum hinzukommenden Verbindlichkeiten, soweit sie fällig sind oder werden, außerdem sämtliche vorhandenen und zukünftigen liquiden Mittel, mit deren Eingang seriöserweise gerechnet werden kann. Verbleibt ein Liquiditätsfehlbetrag, droht Zahlungsunfähigkeit. Die neu eingeführte Möglichkeit, ein Insolvenzverfahren früher als bei Überschuldung oder bereits eingetretener Zahlungsunfähigkeit einzuleiten, soll die **Chance für die Sanierung verbessern.** Je mehr Werte bei Verfahrenseröffnung noch vorhanden sind, um so eher kann damit gerechnet werden, das Unternehmen zumindest in wesentlichen Teilen zu erhalten, wenn es denn überhaupt noch Marktchancen hat. Ist es nicht zu retten, können die Gläubiger wenigstens auf eine höhere Quote hoffen. Ob ein Antrag auf Verfahrenseröffnung Erfolg hat, hängt hier vor allem von der sorgfältigen Dokumentation der wirtschaftlichen Entwicklung ab, aus der auf die voraussichtliche Illiquidität geschlossen werden kann.

Eine Überschuldung wird bis 31. 12. 2010 großzügiger gehandhabt als in der Zeit danach ab dem 1. 1. 2011. Diese eigenartige Tatsache ist eine Folge der Finanzmarktkrise des Herbstes 2008. Das Finanzmarktstabilisierungsgesetz (FMStG),[17] das bekanntlich bis zu EUR 500 Mrd den Kreditinstituten, Versicherungen usw zur Verfügung gestellt hat, hat als flankierende Maßnahme in seinem Artikel 5 den Überschuldungstatbestand der Insolvenzordnung (§ 19 Abs 2 InsO) für die Zeit bis Ende 2010 gelockert.[18] Die Abwertungen, die die Kreditinstitute usw auf ihre Finanzmarktpapiere vornehmen müssen, sollen dann nicht zu einem Insolvenzantrag zwingen, wenn die Fortführungsprognose positiv ist. Und da Kreditinstitute, Versicherungen usw. nicht vor anderen Unternehmen bevorzugt werden dürfen (Art 3 GG), wurde der Überschuldungstatbestand für alle Unternehmen gelockert.

Überschuldung bedeutet bis Ende 2010: „wenn das Vermögen des Schuldners die bestehenden Verbindlichkeiten nicht mehr deckt, es sei denn, die Fortführung des Unternehmens ist nach den Umständen überwiegend wahrscheinlich." **Entscheidend ist also die Fortführungsprognose.** Die Fortführungsprognose ist nichts anderes als eine realistische Unternehmensplanung für zumindest zwei Jahre mit Planbilanzen, Plangewinn- und -verlustrechnungen sowie Liquiditätsplänen. Aus ihnen ergibt sich, ob und wann das Unternehmen wieder positive Erträge erzielt, sowie insbesondere, ob und wie die Gesellschaft während dieser Zeit ihre Zahlungsfähigkeit aufrecht erhalten kann. Unmaßgeblich ist, ob eine aufgestellte Überschuldungsbilanz eine Überschuldung ausweist oder nicht. Es genügt, dass die Fortführungsprognose positiv ist. Im eigenen Interesse sollten die Geschäftsführer unabhängige Sachverständige hinzuziehen.

Überschuldung bedeutet ab 2011: Bei negativer Fortführungsprognose ist die Überschuldungsbilanz zu Liquidationswerten, bei positiver Fortführungsprognose zu going-concern-Werten aufzustellen. Weist die so aufgestellte Überschuldungsbilanz eine Überschuldung aus, ist Insolvenz anzumelden. Das bedeutet im einzelnen: Bevor man zum Urteil der Überschuldung kommen kann, ist in folgenden Schritten vorzugehen: Zunächst ist eine Überschuldungsbilanz zu Liquidationswerten

---

[16] So auch Uhlenbruck in Schmidt/Uhlenbruck Die GmbH ..., Rn 5.104 ff.
[17] v 17. 10. 2008, BGBl I S 1982.
[18] Vgl dazu etwa Böcker/Poertzgen GmbHR 2008, 1289 ff.

aufzustellen. Damit sollen die Werte ermittelt werden, die bei Zerschlagung des Unternehmens tatsächlich für die Gläubiger zur Verfügung stünden. Ist diese Überschuldungsbilanz positiv, besteht keine Insolvenzantragspflicht. Ergibt sich aus dieser Wertermittlung rechnerisch eine Überschuldung, bedeutet das jedoch noch nicht, dass die Gesellschaft auch im Rechtssinne überschuldet ist, die Geschäftsführer also gem § 15a InsO einen Insolvenzantrag stellen müssten. Vielmehr sind jetzt noch die Überlebenschancen des Unternehmens zu prüfen. Ist diese Fortführungsprognose positiv, ist der Überschuldungsstatus statt mit Liquidationswerten mit sog going-concern Werten aufzustellen. Führt die Bewertung unter going-concern Gesichtspunkten dazu, dass die Aktiva die Passiva überdecken, liegt keine Überschuldung vor. Nur wenn auch dieser Status zu einer Unterdeckung der Aktiva führt, ist der Insolvenzantrag zu stellen, so ausdrücklich der ab 2011 geltende § 19 Abs 2 S 2 InsO.

6039 **Die Überschuldungsbilanz, wenn die Fortführungsprognose positiv ist, nach going concern-Werten** (Rn 6038) **aufzustellen, heißt:** Vermögen und Schulden sind, vergleichbar dem Teilwert in § 6 Abs 1 Nr 1 S 3 EStG, „mit dem Betrag anzusetzen, der ihnen als Bestandteil des Gesamtkaufpreises des Unternehmens bei konzeptgemäßer Fortführung beizulegen wäre":[19] Das Anlagevermögen ist zu Wiederbeschaffungswerten, vermindert um die jeweiligen Abschreibungen, das Umlaufvermögen ist zum künftigen Verkaufspreis abzüglich der bis zum Verkauf noch anfallenden Kosten zu bewerten. Selbst geschaffene immaterielle Vermögensgegenstände, auch soweit diese in der Handelsbilanz nach § 248 Nr 4 HGB (idF des BilMoG s Einleitung) nicht aktivierbar sind (ua Marken und Kundenlisten), sind ebenfalls anzusetzen, desgleichen die Firma, beide jedoch nur, falls sie separat verwertbar sind. Verpflichtungen aus Pensionen und unverfallbaren Anwartschaften sind zum versicherungsmathematischen Barwert zu passivieren (Rn 1014, 2082). Sind im Rahmen der Fortführung Entlassungen erforderlich, sind auch die Kosten der Abfindungen bzw des Sozialplans zu passivieren.

6040 **Die Überschuldungsbilanz zu Liquidationswerten, wenn die Fortführungsprognose negativ ist** (Rn 6038), hat die Frage zu beantworten, ob eine Liquidation ohne Insolvenzverfahren möglich ist. Die Liquidationswerte, dh die voraussichtlichen Erlöse bei einer Einzelveräußerung der Maschinen, Grundstücke, Gebäude, Forderungen usw, können höher oder niedriger sein, als sie in der Jahresbilanz angesetzt sind. Sie können beispielsweise niedriger sein bei gewerblichen Objekten auf dem Lande. Sie sind höher, wenn Grundstücke, Gebäude, Maschinen, Beteiligungen, Wertpapiere usw stille Reserven enthalten. Selbst geschaffene immaterielle Vermögensgegenstände wie Patente, Entwicklungen, Know-how, Software usw sind, falls sie in der Liquidation veräußerbar wären, ebenfalls zu aktivieren. Das Prinzip, dass die Vermögensgegenstände höchstens mit den Anschaffungs- oder Herstellungskosten vermindert um Abschreibungen angesetzt werden dürfen (§ 253 HGB), gilt also auch für die nach Liquidationswerten aufzustellende Überschuldungsbilanz nicht. Sonderposten mit Rücklageanteil sind nur mit den darin enthaltenen Steueranteilen zu passivieren. Stille Lasten, zB Sozialplankosten (§ 123 InsO), sind zu passivieren.[20] Hingegen sind Verbindlichkeiten, für die etwa Gläubiger eine qualifizierte Rangrücktrittserklärung (Rn 6018) abgegeben haben, oder für die ein Forderungsverzicht mit Besserungsschein (Rn 6019) vorliegt, wegzulassen.

---

[19] IDW Stellungnahme FAR 1/1996 Empfehlungen zur Überschuldungsprüfung bei Unternehmen Seite 23 in IDW Prüfungsstandards, IDW Stellungnahmen zur Rechnungslegung Bd II; Kind in Braun Insolvenzordnung § 19 Rn 23; Schulze-Osterloh in Baumbach/Hueck GmbHG § 64 Rn 14 ff.

[20] So Schulze-Osterloh in Baumbach/Hueck GmbH-Gesetz § 64 Rn 27; Kind in Braun Insolvenzordnung § 19 Rn 31; Schmidt-Leithoff in Rowedder/Schmidt-Leithoff GmbHG 4 § 63 Rn 57; einschränkend Uhlenbruck in Karsten Schmidt/Uhlenbruck, Die GmbH ... Rn 5.174.

I. Die Krise
6041–6046

Gesellschafterdarlehen ohne Rangrücktrittserklärung sind nach § 19 Abs 2 S 3 InsO in der Überschuldungsbilanz zu passivieren.[21] Nur mit Hilfe einer qualifizierten Rangrücktrittserklärung kann also der Geschäftsführer die Passivierung des Gesellschafterdarlehens in der Überschuldungsbilanz vermeiden (Rn 6018). **6041**

Von der Überschuldungsbilanz zu unterscheiden sind die Verlustbilanz, die Unterbilanz und die bilanzielle Überschuldung. Von einer **Verlustbilanz** spricht man, wenn die Rücklagen (§ 266 Abs 3 A II und III ohne 2. HGB) noch ausreichen, um einen Verlustvortrag aus dem Vorjahr und den Jahresfehlbetrag (§ 266 Abs 3 A IV und V HGB) abzudecken. Von einer **Unterbilanz** spricht man, wenn Verlustvortrag und Jahresfehlbetrag höher sind als die Rücklagen, also bereits Teile des Stammkapitals (des gezeichneten Kapitals) angegriffen sind. Und von einer **bilanziellen Überschuldung** spricht man dann, wenn Verlustvortrag und Jahresfehlbetrag höher sind als die Summe von Rücklagen und Stammkapital mit der Folge, dass auf der Aktivseite ein „nicht durch Eigenkapital gedeckter Fehlbetrag" (§ 268 Abs 3 HGB) auszuweisen ist. **6042**

Die bilanzielle Überschuldung ist zwar nicht identisch mit der Überschuldung nach §§ 15 a Abs 1, 19 Abs 2 InsO, die die Insolvenzantragspflicht auslöst. Das ändert aber nichts daran, dass eine bilanzielle Überschuldung höchsten **Alarm** auslösen und jeden Geschäftsführer veranlassen muss, die Überschuldung zu prüfen, also eine Überschuldungsbilanz aufzustellen sowie eine Fortführungsprognose zu veranlassen. **6043**

Ist die GmbH überschuldet oder liegt Zahlungsunfähigkeit vor, ist die Geschäftsführung verpflichtet, innerhalb von drei Wochen Insolvenzantrag zu stellen (§ 15 a Abs 1 InsO). Für die Entscheidung **6044**

– ob die fälligen Verbindlichkeiten die liquiden Mittel um 10% oder mehr übersteigen, die Gesellschaft also zahlungsunfähig ist, oder
– ob Zahlungsunfähigkeit erst droht und vor allem
– ob die Fortführungsprognose positiv ist, so dass mit going-concern Werten bewertet werden kann,

ist die **ex ante-Sicht** maßgeblich, dh es kommt auf den Erkenntnisstand an, den die Geschäftsführer zu der Zeit hatten – oder hätten haben müssen –, in dem sie die Entscheidung zu treffen hatten. Oft sieht später manches anders aus. Doch die ex post-Sicht ist weder relevant für die Frage, ob zu spät noch ob zu früh gehandelt wurde.

Jeder Geschäftsführer ist in der Krise verpflichtet, die Zahlungsfähigkeit und die Überschuldung laufend zu prüfen. Die Insolvenzantragspflicht kann nicht dadurch umgangen werden, dass die Geschäftsführung „nichts merkt", Erkennbarkeit genügt.[22] Der Zeitpunkt, zu dem die Hälfte des Stammkapitals verloren ist, ist der letzte Zeitpunkt, in dem eine Geschäftsführung, die sich – aus welchem Grund auch immer – mit der wirtschaftlichen Lage des Unternehmens nicht befasst hat, aufwachen und sich aktiv um die Sanierung kümmern muss. Von da an darf sie die wirtschaftliche Entwicklung nicht mehr aus dem Auge lassen, anderenfalls gerät sie in den Bereich der Wirtschaftskriminalität (Rn 7100 ff). **6045**

Liegt eine Unterbilanz (Rn 6042) vor und ist das Stammkapital zu 50% oder mehr aufgezehrt, muss die Geschäftsführung eine Gesellschafterversammlung einberufen (§ 49 Abs 3 GmbHG).[23] Handelt es sich um eine UG (haftungsbeschränkt) (Rn 5001) mit geringem Stammkapital, wäre dies wenig praktikabel. **Bei einer UG (haftungsbeschränkt)** muss die Geschäftsführung deshalb eine Gesellschafterversammlung **bei drohender Zahlungsunfähigkeit** einberufen (§ 5 a Abs 4 GmbHG). Für die **6046**

---

[21] Vgl auch BGH v 8. 4. 2002 BGHZ 146, 264, 272 ff = NJW 2001, 1280, 1281 f.
[22] OLG Oldenburg v 24. 8. 2008 GmbHR 2008, 1101 f.
[23] Zur Pflicht jedes Geschäftsführers, unabhängig von der Geschäftsverteilung den hälftigen Verlust ständig zu prüfen vgl BGH v 20. 2. 1995 ZIP 1995, 560.

Frage, ob drohende Zahlungsunfähigkeit vorliegt, kann auf § 18 Abs 1 InsO zurückgegriffen werden (Rn 6034 f). Die Gesellschafter müssen über die alarmierende Situation unterrichtet werden und Gelegenheit haben, Sanierungsmöglichkeiten zu beraten. Zusätzlich will das Gesetz mit dem Zwang zu einer formellen Gesellschafterversammlung die Gesellschafter veranlassen, sich zu erklären, ob sie einen Sanierungsbeitrag leisten oder nicht. **Ob die Hälfte des Stammkapitals verloren ist, wird nach den Bewertungsgrundsätzen der Handelsbilanz festgestellt,** nicht durch Aufstellung einer Überschuldungsbilanz. Es gilt also das Anschaffungs- und Herstellungskostenprinzip (§ 253 HGB). Stille Reserven dürfen grundsätzlich nicht aufgelöst werden. Sonderposten mit Rücklageanteil (§§ 247 Abs 3, 273 HGB) sind in Höhe des Eigenkapitalanteils wie Rücklagen zu behandeln. Forderungen mit Rangrücktritt sind unter „nachrangige Verbindlichkeiten" auszuweisen (Rn 6018). Forderungsverzichte mit Besserungsschein brauchen nicht passiviert zu werden (Rn 6019). Gesellschafterdarlehen sind hingegen zu passivieren. Sie können, falls ein qualifizierter Rangrücktritt vorliegt, nur in der Überschuldungsbilanz weggelassen werden (Rn 6018, 6041).

6047 **Die Pflicht zur Einberufung der Gesellschafterversammlung hängt nicht davon ab, dass tatsächlich eine Zwischenbilanz oder ein Liquiditätsplan** (Rn 6035, 6043) **aufgestellt worden ist.** Bloßes Untätigbleiben der Geschäftsführung führt nicht dazu, dass die Einberufung unterbleiben kann. Wenn die Gesellschaft Verluste macht, ist ständig zu prüfen, ob die Hälfte des Stammkapitals verloren ist oder Zahlungsunfähigkeit droht. Die Pflicht, die Gesellschafterversammlung einzuberufen, bestimmt sich nach objektiven Gesichtspunkten. Die Geschäftsführer können sich nicht mit Nichtwissen oder irrtümlicher Bewertung entschuldigen.

6048 Ist Zahlungsunfähigkeit oder Überschuldung eingetreten, ist das gesetzliche **Zahlungsverbot zu beachten** (§ 64 S 1 und 2 GmbHG). **Es gilt für die Zeit, bis der Insolvenzantrag gestellt wird, also in der Drei-Wochen-Frist** (Rn 6065). Die Geschäftsführer haften, wenn verbotene Zahlungen geleistet werden. Verbotene Zahlungen sind auch Zahlungen aufgrund von Daueraufträgen oder von Lastschriftermächtigungen. **Daueraufträge und Lastschriftermächtigungen** müssen widerrufen, die Einlösung von Lastschriften verweigert werden.[24] **Bankvollmachten** müssen ebenfalls widerrufen und neu geordnet werden, denn viele Zahlungen werden normalerweise von der Ebene unterhalb der Geschäftsführung veranlasst. Sogar den **Einzug** eines Kundenschecks **auf das debitorische Bankkonto** der Gesellschaft hat der BGH als verbotene Zahlung (des Geschäftsführers an die Bank) qualifiziert.[25] Das Gleiche gilt, falls ein Kunde angewiesen wird (Aufdruck auf dem Briefbogen oder der Rechnung genügt!), auf das debitorische Bankkonto zu zahlen.[26] Das heißt: **In der Krise sollte der Geschäftsführer ein im Guthaben geführtes Konto bei einer anderen Bank eröffnen, auf das sämtliche Eingänge geleitet werden.** Während die Geschäftsführung für den Insolvenzantrag drei Wochen Zeit hat, muss das Zahlungsverbot sofort beachtet werden. Zulässig sind nur noch solche Zahlungen, die „mit der Sorgfalt eines ordentlichen Geschäftsmannes" vereinbar sind (Rn 6050). Wird gegen das Zahlungsverbot verstoßen und wird später das Insolvenzverfahren eröffnet, kann der Insolvenzverwalter von den Geschäftsführern Ersatz in Höhe des unzulässigerweise gezahlten Betrags fordern.

6049 **Bei einem Verstoß gegen das Zahlungsverbot genügt bereits leicht fahrlässiges Handeln für die Haftung.** Das ist zwar umstritten, aber herrschende Meinung.[27] Die Schadensersatzansprüche werden vom Insolvenzverwalter geltend gemacht

---

[24] BGH v 25. 10. 2007 BGHZ 84, 87 f.
[25] BGH v 29. 11. 1999 BGHZ 143, 184, 186 f; BGH v 11. 9. 2000 GmbHR 2000, 1149, 1150.
[26] Karsten Schmidt in Schmidt/Uhlenbruck, Die GmbH ... Rn 11.35, 11.38 ff.
[27] Schulze-Osterloh in Baumbach/Hueck GmbHG § 64 Rn 83 mwN.

I. Die Krise

(§ 92 InsO); bei Abweisung des Insolvenzantrags mangels Masse kann jeder Gesellschaftsgläubiger den Geschäftsführer in Anspruch nehmen. Wird ein Geschäftsführer in Anspruch genommen, hat er sein fehlendes Verschulden darzulegen und zu beweisen.[28]

Eine Ausnahme vom Zahlungsverbot gilt dann, wenn Zahlungen mit der Sorgfalt eines ordentlichen und gewissenhaften Geschäftsleiters vereinbar sind (§ 64 S 2 GmbHG). Das sind insbesondere Zahlungen, die zur Fortführung des Unternehmens unverzichtbar sind. Derartige Zahlungen sind erlaubt, denn nur eine Fortführung wahrt die Sanierungschance, sei es ohne sei es mit Insolvenz. Wenn also etwa Zahlungen an Lieferanten Zug um Zug gegen Belieferung mit Vorprodukten geleistet werden, ohne die die Produktion nicht fortgeführt werden kann, so sind diese Zahlungen zulässig (sog massenneutrale Zahlungen). Wenn Tankrechnungen bezahlt werden müssen, damit die Fahrzeuge des Fuhrparks nicht unkoordiniert liegen bleiben, ist dies ebenfalls zulässig. Miet- und Umsatzsteuerzahlungen sowie Lohnzahlungen sind hingegen im Regelfall unzulässig (zur Zahlung von Lohnsteuer und Sozialversicherungsbeiträgen vgl Rn 6053 bis 6057). Auf jeden Fall sollte man erst einmal eine Mahnung abwarten. Erweisen sich dann die Zahlungen als unvermeidbar, ist darauf zu achten, dass ihnen eine vollwertige Gegenleistung gegenübersteht, um sog Massekürzungen (Reduzierung des verwertbaren Vermögens) zu vermeiden. Beispielsweise hat der Bundesgerichtshof Zahlungen auf Wasser-, Strom- und Heizungsrechnungen als im Zweifel unvermeidbar bezeichnet, wenn ohne diese der Betrieb hätte sofort eingestellt werden müssen.[29] Man darf den Zweck der Vorschrift nicht aus dem Auge lassen. Sie ist dazu da, das Unternehmen soweit noch möglich lebensfähig zu erhalten, ohne die Gläubiger zu schädigen, bis sich herausgestellt hat, ob eine Sanierung innerhalb der Drei-Wochen-Frist noch gelingt oder nicht[30] bzw, wenn die Einstellung des Geschäftsbetriebs unvermeidbar ist (negative Fortführungsprognose, Rn 6037, 6040), um einen sofortigen planlosen Zusammenbruch mit zusätzlichen wirtschaftlichen Schäden zu vermeiden.[31] Auf keinen Fall ist es der Sinn des Zahlungsverbots zB die Auslieferung von Ware zu verhindern, die der Abnehmer schon teilweise bezahlt hat, wenn bei Auslieferung der Rest sofort bezahlt wird und neue Bestellungen erfolgen bzw die Stornierung erfolgter Bestellungen unterbleibt. Denn damit wäre die Sanierung schon gescheitert.

Tendenzen, das Zahlungsverbot des § 64 S 1 und 2 GmbHG in ein umfassendes Verbot für Masseschmälerungen umzudeuten, ist nicht zu folgen.[32] Das Zahlungsverbot kann nicht dahin verstanden werden, dass Dauerschuldverhältnisse wie Miet- oder Leasingverträge möglichst frühzeitig gekündigt werden müssten. Es soll auch nicht die Aufnahme von Darlehen verhindern,[33] mit deren Hilfe drängende Gläubiger befriedigt werden können. Das Zahlungsverbot beschränkt sich auf Geld- oder Sachleistungen, die bei Anwendung der nötigen Sorgfalt vermeidbar sind.

Zahlungen an Gesellschafter sind sogar schon im Vorfeld der Zahlungsunfähigkeit verboten, also dann wenn Zahlungsunfähigkeit noch gar nicht eingetreten ist. Sie sind generell dann **verboten, falls sie „zur Zahlungsunfähigkeit führen mussten"**, § 64 S 3 GmbHG (Grundsatz der Liquiditätssicherung, Rn 4009, 7038). Es kommt nicht darauf an, ob mit den Zahlungen Gesellschafterdarlehen zurückgezahlt, beschlossene Gewinne ausgeschüttet oder Lieferungen, die der Gesellschafter vorgenommen hatte, bezahlt werden. Zulässig ist nur die Zug um Zug-Bezahlung von Vorprodukten oder

---

[28] BGH v 1. 3. 1993 GmbHR 1994, 460, 461; Goette DStR 1998, 1308, 1311; Schulze-Osterloh s FN 26.
[29] BGH v 5. 11. 2007 GmbHR 2008, 142, 143; vgl auch BGH v 5. 5. 2008 GmbHR 2008, 813.
[30] Vgl Schulze-Osterloh in Baumbach/Hueck GmbHG § 64 Rn 78 und 81 mwN.
[31] OLG Dresden v 21. 9. 2004 GmbHR 2005, 173, 174 rSp.
[32] Uhlenbruck GmbHR 1999, 313, 324 mwN aus Rechtsprechung und Literatur.
[33] BGH v 30. 3. 1998 GmbHR 1998, 594, 596 f = DStR 1998, 651, 652 mit Anm Goette.

Handelswaren, da diese unverzüglich durch die Weiterverarbeitung und den Verkauf in liquide Mittel umgesetzt werden können. Das Verbot greift jedoch nur dann ein, die vorstehenden Zahlungen sind also nur dann verboten, wenn die Zahlungen an die Gesellschafter die Zahlungsunfähigkeit herbeiführen, wenn, wie sich die Gesetzesbegründung ausdrückt, sich im Moment der Zahlung „klar abzeichnet, dass die Gesellschaft unter normalem Verlauf der Dinge ihre Verbindlichkeiten nicht mehr wird erfüllen können.[34]

6053 **Lohnsteuer und Sozialabgaben sind grundsätzlich auch in der Krise abzuführen.** Kommt es zur Insolvenz, ist das Risiko groß, dass sich die Geschäftsführung einem Bußgeld- oder Strafverfahren aussetzt, weil sie keine Lohnsteuern und keine Sozialabgaben abführt. Sie haftet für die Beträge persönlich und solidarisch (Rn 7078 ff, 7062, 7130). Die Geschäftsführer sind sich dessen zumeist nicht bewusst. Die Konstellation ist erfahrungsgemäß wie folgt: Der Nettolohn wird meist am 25. eines Monats ausgezahlt; die Sozialabgaben müssen am drittletzten Werktag des gleichen Monats, die Lohnsteuer erst am 10. des Folgemonats abgeführt sein; wenn nach Auszahlung des Nettolohns aber vor Abführung von Sozialabgaben oder Lohnsteuer die Insolvenz eingeleitet werden muss, ist oft am Fälligkeitstag das Geld nicht mehr da.

6054 **Für die Lohnsteuer gilt: Wenn der Nettolohn ausgezahlt wird, muss die Lohnsteuer in jedem Fall(!) an das Finanzamt abgeführt werden. Andernfalls,** wenn das nicht mehr möglich ist, weil vor dem Fälligkeitstermin ein Insolvenzantrag gestellt worden ist, hat der Geschäftsführer, der ressortmäßig für die Abführung verantwortlich ist, sich einer **Ordnungswidrigkeit** schuldig gemacht, wenn ihm Vorsatz oder Leichtfertigkeit vorzuwerfen ist (§ 380 AO). Außerdem trifft ihn die **persönliche Haftung für die nichtabgeführte Lohnsteuer** (§ 69 AO) (Rn 7079). Konsequenz ist: Wenn der Geschäftsführer die Lohnsteuer nicht sofort (vorzeitig) abführen will, kann er sie, um die Zahlung zu sichern, gegebenenfalls bei seinem Steuerberater oder Anwalt bis zur Fälligkeit auf Anderkonto parken. Oder er zahlt (unter Hinweis auf das Insolvenzgeld, Rn 6059) überhaupt keine Löhne und Gehälter aus. Dann schuldet die GmbH auch keine Lohnsteuer.

6055 Die Haftung für nicht abgeführte Arbeitnehmerbeiträge zur Sozialversicherung ist sogar noch schärfer. Es kommt, anders als bei der Lohnsteuer, nicht darauf an, ob die Nettolöhne ausgezahlt wurden. Auch wenn die Geschäftsführung die Nettolöhne nicht mehr auszahlt, die Sozialversicherungsbeiträge in Höhe der Arbeitnehmeranteile müssen in jedem Fall abgeführt werden,[35] und zwar bis zum drittletzten Werktag des Monats, für den der Lohn geschuldet wird. **Werden die Arbeitnehmerbeiträge zur Sozialversicherung nicht abgeführt, so ist das nicht nur ordnungswidrig, sondern strafbar und kann gem § 266a StGB mit Freiheitsstrafe bis zu fünf Jahren oder Geldstrafe geahndet werden (sog Vorenthalten und Veruntreuen von Arbeitsentgelt).** Gleichzeitig machen sich die Geschäftsführer schadensersatzpflichtig. Allerdings: § 266a StGB betrifft nur die Arbeitnehmerbeiträge, **nicht** die **Arbeitgeberbeiträge** zur Sozialversicherung. Denn diese behält die Gesellschaft nicht vom Lohn oder Gehalt ein, sondern schuldet sie selbst.

6056 **Drei wichtige Punkte sind in der Krise zu beachten,** bevor Sozialversicherungsbeiträge gezahlt werden:

– Die Krankenkassen, an die die Sozialversicherungsbeiträge zu zahlen sind, zögern erfahrungsgemäß nicht, im Gegensatz zu anderen Gläubigern, einen Insolvenzantrag zu stellen, sobald höhere Beträge nach Mahnung nicht rechtzeitig gezahlt werden. Ist also abzusehen, dass Sozialversicherungsbeiträge nicht rechtzeitig gezahlt werden können, sollten **mit den zuständigen**

---

[34] Bundestags-Drucksache 16/6140 vom 25. 7. 2007 S 112.
[35] BGH v 16. 5. 2000 BGHZ 144, 311, 314; klarstellende Änderung des § 266a StGB durch Art 8 G v 23. 7. 2002 (BGBl I S 2787).

II. Die Insolvenz 6057–6059

Krankenkassen **Stundungsvereinbarungen** geschlossen werden; auf diese Weise können derartige Insolvenzanträge vermieden werden.
- **Zahlungen in der Krise an die Krankenkassen** sollten **ausdrücklich** (also mit entsprechendem Vermerk auf dem Überweisungsträger!) ausschließlich **auf Arbeitnehmerbeiträge** gezahlt werden, nicht auf Arbeitgeberbeiträge. Gleichzeitig sollte möglichst angegeben werden, für welchen Monat und welchen Arbeitnehmer die Beiträge gezahlt werden. Sorgen die Geschäftsführer dafür nicht, werden die Beiträge gemäß der Beitragszahlungsverordnung[36] als erstes auf Auslagen, Säumniszuschläge, Zinsen, Geldbußen oder Zwangsgelder usw. verrechnet, als zweites gleichmäßig sowohl auf die Arbeitnehmer- als auch auf die Arbeitgeberbeiträge. Da es jedoch der GmbH freigestellt ist zu bestimmen, auf welche dieser Rückstände sie zahlen will,[37] muss das der Geschäftsführer in der Krise nutzen. Man entgeht auf diese Weise, obwohl man nur einen Teil der geschuldeten Sozialversicherungsbeiträge zahlt, der Haftung und Strafbarkeit.
- **Auch wenn die GmbH bei Fälligkeit der Sozialversicherungsbeiträge zahlungsunfähig oder überschuldet ist, sind die Arbeitnehmerbeiträge zu zahlen.** § 64 S 1 GmbHG, der Zahlungen nach Eintritt der Zahlungsunfähigkeit oder der Überschuldung grundsätzlich verbietet (Rn 6048), ändert daran nichts. Denn es geht nicht an, dass ein Geschäftsführer gezwungen wird, nicht zu zahlen obwohl er sich durch die Nichtzahlung nach § 266a StGB strafbar macht.[38, 39]

Nicht nur der ressortmäßig verantwortliche, sondern **alle Geschäftsführer handeln ordnungswidrig oder machen sich strafbar und haften,** es sei denn, dass die Zuständigkeit in einem Gesellschafterbeschluss oder in einer Geschäftsordnung eindeutig schriftlich geregelt ist (Rn 3041, 7012, 7092). Und sogar dann, wenn die Zuständigkeit eindeutig ist, können alle Geschäftsführer haften, wenn sie Anlass hatten zu zweifeln, dass ihr Geschäftsführerkollege die Abführungspflichten korrekt erfüllt oder wenn sie wissen, wie oft in der Krise, dass die laufende Erfüllung der Verbindlichkeiten nicht mehr gewährleistet ist, und sich nicht darum kümmern, dass die Lohnsteuer oder die Arbeitnehmerbeiträge gezahlt werden.[40] 6057

Der Geschäftsführer ist in der Krise unter Umständen verpflichtet, einer Herabsetzung seiner Bezüge zuzustimmen, und zwar dann, wenn sich die wirtschaftlichen Verhältnisse der Gesellschaft in wesentlichem Maße verschlechtert haben. Gestützt wird dies auf die Treuepflicht, die der Geschäftsführer als Gesellschaftsorgan schuldet. Herabzusetzen sind die Bezüge, wenn sie angesichts der schlechten wirtschaftlichen Verhältnisse unangemessen hoch sind – eine sehr schwammige Formel, die in Verhandlungen zwischen Geschäftsführer und Aufsichtsrat (Beirat) bzw Gesellschaftern konkretisiert werden muss.[41] 6058

II. Die Insolvenz

1. Die Insolvenz als Chance für einen Neuanfang

Die Insolvenz ist keineswegs das endgültige Aus für die Gesellschaft. Die Insolvenz bietet vielmehr auch die Chance für einen Neuanfang, nämlich die **Sanierung des** 6059

---

[36] Verordnung über die Zahlung, Weiterleitung, Abrechnung und Abstimmung des Gesamtsozialversicherungsbeitrags (Beitragszahlungsverordnung) in der Fassung v 22. 7. 1997 (BGBl I S 1927 f), zuletzt geändert durch G v 21. 3. 2005 (BGBl I S 818).
[37] BGH v 9. 1. 2001 GmbHR 2001, 238 f mit Anm Frings.
[38] BGH (II. Zivilsenat) v 2. 6. 2008 GmbHR 2008, 815, 816; BGH (II. Zivilsenat) v 14. 5. 2007 GmbHR 2007, 757, 758 f in bewusster Abkehr von der bisherigen Rechtsprechung: BGH v 11. 12. 2001 GmbHR 2002, 208, 209 f; BGH (II. Zivilsenat) v 8. 1. 2001 BGHZ 146, 264, 275.
[39] Zur Strafbarkeit in diesen Fällen OLG Karlsruhe v 7. 3. 2006 NZG 2006, 354, 355 f; BGH (5. Strafsenat) v 9. 8. 2005 NZG 2005, 892, 893 f.
[40] BFH v 26. 4. 1984 BStBl II 1984 S 776, 778; Beermann DStR 1994, 805, 807.
[41] BGH v 15. 6. 1992 BB 1992, 1583 f; OLG Köln v 6. 11. 2007 GmbHR 2008, 1216 f; Bauder BB 1993, 369 ff.

Unternehmens, ohne dass alle Gläubiger zustimmen müssen und unter Begrenzung der Ansprüche der Arbeitnehmer bei einer Personalanpassung:

– Entweder werden die überlebensfähigen Teile mit Zustimmung des Insolvenzverwalters auf eine Fortführungs- oder Auffanggesellschaft übertragen, die das (Teil-)Unternehmen fortführt (sog **übertragende Sanierung,** Rn 6024 bis 6027). Oder Insolvenzverwalter und Geschäftsführung restrukturieren das Unternehmen im Rahmen eines **Insolvenzplanverfahrens** (§§ 217 ff InsO).
– Sowohl eine übertragende Sanierung als auch eine Insolvenzplansanierung setzen voraus, dass das Unternehmen nach dem Insolvenzantrag **bis zur Insolvenzeröffnung erst einmal fortgeführt** wird. Hat das Gericht für diese erste Phase einen schwachen vorläufigen Insolvenzverwalter (Rn 6001) bestellt, ist die Geschäftsführung zusammen mit dem Insolvenzverwalter (bis zur Insolvenzeröffnung) berechtigt, das Unternehmen der Gesellschaft fortzuführen. Hat das Gericht für die erste Phase einen starken vorläufigen Insolvenzverwalter (Rn 6001) bestellt, so ist dieser nach § 22 Abs 1 Nr 2 InsO berechtigt und sogar verpflichtet, das Unternehmen fortzuführen (falls das Insolvenzgericht nicht ausnahmsweise einer Stilllegung zustimmt).
– **Für die Arbeitnehmer gelten** (sowohl bei der übertragenden Sanierung als auch bei der Insolvenzplansanierung) **die Sonderbestimmungen der §§ 120 ff InsO,** die im Vergleich zu einer Sanierung ohne Insolvenz erhebliche Erleichterungen bieten: Belastende Betriebsvereinbarungen kann der Insolvenzverwalter kündigen. Interessenausgleich und Sozialplan erfordern keine Vorschaltung der Einigungsstelle. Vielmehr kann der Insolvenzverwalter, falls innerhalb von drei Wochen nach Aufnahme der Verhandlungen mit dem Betriebsrat keine Einigung erfolgt, unmittelbar die Zustimmung des Arbeitsgerichts beantragen. Dieses erteilt seine Zustimmung, auf das Einigungsstellenverfahren zu verzichten, wenn „die wirtschaftliche Lage des Unternehmens auch unter Berücksichtigung der sozialen Belange der Arbeitnehmer es erfordert". Darüber hinaus sieht § 123 InsO eine Obergrenze für die Sozialplanabfindungen vor (Gesamtbetrag von jeweils $2^{1}/_{2}$ Monatsverdiensten der von der Entlassung betroffenen Arbeitnehmer höchstens aber ein Drittel der Insolvenzmasse). Und schließlich kann der Insolvenzverwalter beim Arbeitsgericht beantragen, es möge feststellen, dass die Kündigung der im Antrag namentlich bezeichneten Arbeitnehmer betriebsbedingt erforderlich und sozial gerechtfertigt ist.
– Positiv auf eine (übertragende oder Insolvenzplan-) Sanierung wirkt sich auch das **Insolvenzgeld** aus (§§ 183 ff SGB III). **Jeder Arbeitnehmer hat** gegen die Bundesagentur für Arbeit einen **Anspruch auf Zahlung des Nettolohns (höchstens bis zur Beitragsbemessungsgrenze) für die letzten drei Monate** vor Eröffnung des Insolvenzverfahrens (oder der Abweisung der Eröffnung mangels Masse). Einen solchen Insolvenzgeldanspruch besitzt auch der GmbH-Geschäftsführer, wenn er Fremd-Geschäftsführer ist und zumeist auch dann, wenn er unter 50% an der GmbH beteiligt ist.[42] Der Anspruch gegen die Bundesagentur für Arbeit wird regelmäßig mit Zustimmung der zuständigen Arbeitsagentur durch Kreditinstitute, organisiert vom vorläufigen Insolvenzverwalter, kollektiv bis zur Eröffnung des Insolvenzverfahrens vorfinanziert. Auf diese Art und Weise kann das Nettoarbeitsentgelt einigermaßen pünktlich gezahlt, die Abwanderung von Schlüsselpersonen verhindert und die Fortführung des Unternehmens gesichert werden. Einen erheblichen positiven Effekt hat außerdem die Tatsache, dass die Bundesagentur für Arbeit, obwohl sie nach der Eröffnung des Verfahrens die Nettolöhne (ggf an die Kreditinstitute) zu 100% auszahlt, sie die auf sie (nach § 187 SGB III) übergehenden Ansprüche der Arbeitnehmer gegen den Insolvenzverwalter nach § 55 Abs 3 InsO nur in Höhe der Quote geltend machen kann (obwohl es sich dabei um Masseverbindlichkeiten handelt). **Dh der Insolvenzverwalter kann die Arbeitskraft voll in Anspruch nehmen und zahlt nur die Quote, ein erheblicher Sanierungsbeitrag der Bundesagentur für Arbeit.**
– Sobald das Insolvenzverfahren eröffnet worden ist, kann mit der **Umsetzung des Insolvenzplans** zur Sanierung der Gesellschaft begonnen werden. Dieser Plan sollte bereits vorher erarbeitet sein. Er besteht aus zwei Teilen. Der darstellende Teil des Plans ist praktisch eine Unternehmensplanung für die nächsten zwei bis drei Jahre. Der gestaltende Teil schildert, welche Beiträge jede der einzelnen Gläubigergruppen (gesicherte Gläubiger, ungesicherte Gläubiger,

---

[42] Dazu im Einzelnen Kind in Braun Insolvenzordnung § 22 Rn 15 ff.

II. Die Insolvenz

nachrangige Gläubiger) und die Arbeitnehmer auf sich nehmen müssen, um diese Unternehmensplanung zu realisieren.
- Der Insolvenzplan erfordert bei jeder Gläubigergruppe die (einfache) Mehrheit der im Erörterungs- und Abstimmungstermin abstimmenden Gläubiger. **Zustimmen muss also die Mehrheit der Gläubiger, und zwar sowohl nach Köpfen als auch nach der Forderungssumme** (§ 244 InsO).
- Nach Zustimmung durch die Gläubiger prüft das **Insolvenzgericht** den Insolvenzplan und bestätigt ihn. Der Insolvenzplan tritt in Kraft.

Die vorstehende Kurzübersicht bestätigt: Die Insolvenz kann wegen der nur in einer Insolvenz durchsetzbaren Vereinbarungen mit den Gläubigern und den Arbeitnehmern eine Chance sein, die Fortführung des Unternehmens nachhaltig zu sichern. Nicht zuletzt deshalb gibt das Gesetz den Geschäftsführern das Recht, bereits bei nur drohender Zahlungsunfähigkeit Insolvenz anzumelden (Rn 6034f). Je früher nämlich mit der Sanierung via Insolvenzordnung begonnen wird, umso besser sind die Chancen der Sanierung.

2. Die Insolvenzanträge

Ist die Gesellschaft zahlungsunfähig oder überschuldet, muss Insolvenzantrag gestellt werden (§ 15a Abs 1 InsO). **Den Insolvenzantrag kann jeder Geschäftsführer stellen,** auch wenn er nicht allein vertretungsberechtigt ist (§ 15 InsO). Wenn nicht alle Geschäftsführer den Antrag stellen, muss der Antragsteller den Eröffnungsgrund glaubhaft machen. Das wird er vor allem mit Hilfe einer Dokumentation erreichen, die es dem Gericht glaubhaft erscheinen lässt, dass der behauptete Insolvenzgrund vorliegt. Bevor das Gericht entscheidet, hat es die anderen Geschäftsführer zu hören, wenn die Geschäftsführung aus mehreren Personen besteht und die anderen beim Antrag nicht mitgewirkt haben (§ 15 Abs 2 InsO). Das gilt sowohl, wenn der antragstellende Geschäftsführer Alleinvertretungsmacht hatte als auch, wenn er sie nicht hatte. Auch wenn bei einer mehrköpfigen Geschäftsführung nur ein Geschäftsführer den Antrag stellt, heißt das nicht, dass die anderen von der Antragspflicht befreit wären. Das ist relevant für die Rechtsfolgen verspäteten Handelns. Liegt ein Insolvenzgrund vor, trifft alle Geschäftsführer die gleiche Pflicht. Es kommt nicht darauf an, ob ihr Ressort dem Rechnungs- und Finanzwesen vielleicht ferner liegt. Hierauf kann sich kein Geschäftsführer zur Entschuldigung berufen. Daraus erhellt deutlich die Gesamtverantwortung einer mehrköpfigen Geschäftsführung, der sich keiner unter Hinweis auf sein Fachgebiet entziehen kann. Was er an wichtigen und grundsätzlichen Fragen nicht versteht, muss er erfragen. Wer das nicht will, lebt in der Krise besonders riskant (zu den strafrechtlichen Fragen im Zusammenhang mit dem Insolvenzantrag Rn 7122ff).

6060

Den Insolvenzantrag wegen lediglich drohender Zahlungsunfähigkeit können nur Geschäftsführer in vertretungsberechtigter Anzahl stellen. Das kann ein einzelner sein, wenn er Alleinvertretungsmacht hat. Das müssen zwei sein, wenn nur gemeinschaftlich vertreten werden kann. Dass in Unternehmen, die mehr als zwei Geschäftsführer haben, nur alle Geschäftsführer gemeinsam vertretungsberechtigt sind, kommt praktisch nicht vor. Vorab müssen die Geschäftsführer die Gesellschafter einschalten, § 49 Abs 2 GmbH.[43] Ein Antrag wegen drohender Zahlungsunfähigkeit verlangt noch mehr als ein Antrag wegen eingetretener Zahlungsunfähigkeit eine besonders sorgfältige, aussagekräftige Dokumentation der Unternehmensentwicklung, vor allem einen laufend aktualisierten Finanzplan. Anderenfalls kann das Gericht die vermutlich eintretende Zahlungsunfähigkeit nicht beurteilen.

6061

---

[43] Vgl Karsten Schmidt in Schmidt/Uhlenbruck Die GmbH ... Rn 5.43 mwN.

6062 **Auch ein faktischer Geschäftsführer** (Rn 2018) **ist verpflichtet, bei Zahlungsunfähigkeit oder Überschuldung den Insolvenzantrag zu stellen.** Das ist unter den Fachleuten des Insolvenzrechts jedenfalls dann ganz überwiegend anerkannt, wenn nur der Bestellungsakt fehlerhaft war oder der Geschäftsführer mit dem Einverständnis der Gesellschafter sein Amt ausgeübt hat.[44] Hat ein Gesellschafter oder ein leitender Angestellter die Tätigkeit als Geschäftsführer usurpiert, ohne bestellt worden zu sein, insbesondere im Verhältnis zu den Angestellten, zu Kunden, Lieferanten und Dienstleistern, kommt es darauf an, ob die Mehrheit der Gesellschafter dies duldet.[45] Wer im Einverständnis mit der Mehrheit der Gesellschafter wie ein Geschäftsführer die Geschicke der GmbH beeinflusst, muss, wenn das Unternehmen falliert, auch die Konsequenzen gegenüber den Gläubigern und der Öffentlichkeit tragen (zur Strafbarkeit des faktischen Geschäftsführers Rn 7110 ff).

6063 **Ist die GmbH führungslos** (Rn 3020), **ist auch jeder Gesellschafter verpflichtet,** bei Zahlungsunfähigkeit oder Überschuldung **den Insolvenzantrag zu stellen** (§ 15a Abs 3 InsO). Führungslos ist die GmbH, wenn sie keinen Geschäftsführer hat. Die Gesellschafter einer führungslosen GmbH machen sich also, wenn sie die Antragpflicht versäumen, nicht nur schadenersatzpflichtig, sondern auch strafbar (§ 15a Abs 4 und 5 InsO). Wollen sie das vermeiden, müssen sie dafür sorgen, dass möglichst schnell ein neuer Geschäftsführer bestellt wird, sobald der letzte Geschäftsführer gestorben ist, abberufen wurde oder sein Amt niedergelegt hat. Und der Geschäftsführer, der gleichzeitig Alleingesellschafter ist, ist nicht mehr in der Lage, mit Hilfe einer Amtsniederlegung der Insolvenzantragspflicht zu entgehen (Rn 3020, 6028).

6064 **Bis das Insolvenzverfahren eröffnet ist, kann der Antrag zurückgenommen werden** (§ 13 InsO). Zur Rücknahme sind die Geschäftsführer in vertretungsberechtigter Zahl berechtigt. Das gilt bei allen Insolvenzgründen. Hat nur ein Geschäftsführer den Antrag gestellt (Rn 6060), so kann der Antrag mit seiner Zustimmung zurückgenommen werden (von den Geschäftsführern in vertretungsberechtigter Zahl). Stimmt er der Rücknahme nicht zu, können die anderen Geschäftsführer (wenn sie vertretungsberichtigt sind) den Antrag ebenfalls zurücknehmen.[46] Eine Ausnahme besteht nur dann, wenn die Rücknahme rechtsmissbräuchlich ist. Das Recht zur Rücknahme durch die Geschäftsführer in vertretungsberechtigter Zahl besteht auf jeden Fall dann, wenn der antragstellende Geschäftsführer abberufen worden ist, es sei wiederum, die Rücknahme ist rechtsmissbräuchlich.[47]

6065 **Der Insolvenzantrag muss rechtzeitig gestellt werden.** Das bedeutet, er ist **ohne schuldhaftes Zögern** zu stellen, **spätestens drei Wochen nach** Eintritt der **Zahlungsunfähigkeit oder Überschuldung.** Die Drei-Wochen-Frist soll der Geschäftsführung noch eine, wenn auch knapp bemessene, Frist einräumen, innerhalb derer sie die Zahlungsunfähigkeit oder die Überschuldung abwenden kann. Für eine richtige Sanierung reicht eine so kurze Frist allerdings meist nicht aus. Um Aussicht auf Erfolg zu haben, muss die Geschäftsführung die Sanierungsbedürftigkeit wesentlich früher erkennen und wesentlich früher Sanierungsmaßnahmen einleiten. Für den Antrag wegen drohender Zahlungsunfähigkeit, der freiwillig ist, kann es keine Frist geben. **Ein Ausschöpfen der Drei-Wochen-Frist kommt nur dann in Betracht, wenn trif-**

---

[44] Uhlenbruck GmbHR 1999, 323 mwN; Schulze-Osterloh in Baumbach/Hueck GmbHG § 64 Rn 47; Nerlich in Michalski GmbHG § 64 Rn 16.

[45] BGH (3. Strafsenat) v 22. 9. 1982 BGHSt 31, 118, 123; BGH (II. Zivilsenat) v 21. 3. 1988 BGHZ 104, 44, 46f; OLG Karlsruhe v 7. 3. 2006 NZG 2006, 354f; Schulze-Osterloh in Baumbach/Hueck GmbHG § 64 Rn 64; Nerlich in Michalski GmbHG § 64 Rn 16f.

[46] Streitig, so Uhlenbruck Insolvenzordnung § 18 Rn 83.

[47] So BGH v 10. 7. 2008 GmbHR 2008, 987, 988f mwN mit Anm Blöse; aA (das Insolvenzgericht muss entscheiden) Kind in Braun Insolvenzordnung § 19 Rn 18ff; Schmahl in Münchener Kommentar zur Insolvenzordnung § 15 Rn 58f.

II. Die Insolvenz **6066–6069**

tige Gründe für das Gelingen des Sanierungsversuchs sprechen. Besteht nur wenig Aussicht, dass das Unternehmen gerettet werden kann, muss der Insolvenzantrag schon vor Ablauf der Drei-Wochen-Frist gestellt werden.

Insolvenzverschleppung ist strafbar (§ 15a Abs 4 InsO, Rn 7122ff). Die **Ge-** 6066 **schäftsführer haften darüber hinaus den Altgläubigern auch persönlich,** wenn sie den Insolvenzantrag zu spät gestellt haben (Rn 7060), und zwar in dem Umfang, in dem sich die Quote der Gläubiger (durch Vermeidung weiterer Verluste) verbessert hätte, wenn der Antrag früher gestellt worden wäre, sog Quotenschaden. Altgläubiger sind diejenigen, die zu dem Zeitpunkt, zu dem der Insolvenzantrag hätte gestellt werden müssen, also bei Eintritt von Zahlungsunfähigkeit oder Überschuldung zuzüglich der Tage, die für ein aussichtsreichen Sanierungsversuch innerhalb der Drei-Wochen-Frist (Rn 6065) aufgewendet wurden, bereits Gläubiger waren. Wird das Insolvenzverfahren eröffnet, kann ausschließlich der Insolvenzverwalter die Ansprüche gegen die Geschäftsführer wegen Insolvenzverschleppung geltend machen. Wird der Insolvenzantrag mangels Masse abgewiesen, kann jeder Gläubiger gegen den Geschäftsführer vorgehen.

Auch den Neugläubigern gegenüber haften die Geschäftsführer persönlich 6067 (Rn 7060). Neugläubiger sind die Gläubiger, die mit der GmbH erst nach dem Zeitpunkt einen Vertrag abschließen,[48] in dem der Geschäftsführer den Insolvenzantrag hätte stellen müssen, also spätestens drei Wochen nach Eintritt der Zahlungsunfähigkeit oder der Überschuldung. **Nach der Rechtsprechung des BGH haftet den Neugläubigern jeder Geschäftsführer persönlich in voller Höhe, und nicht etwa nur in Höhe des Quotenschadens.**[49] Die Neugläubiger sind so zu stellen, wie sie stünden, wenn der Insolvenzantrag rechtzeitig gestellt worden wäre, also so als ob sie das Geschäft nicht abgeschlossen hätten. Der Neugläubiger muss darlegen und beweisen, dass die GmbH zahlungsunfähig oder die Überschuldungsbilanz der GmbH negativ war. Der Geschäftsführer muss darlegen, warum die GmbH zahlungsfähig war sowie warum die Fortführungsprognose positiv und die Überschuldungsbilanz bei einer going concern-Bewertung ebenfalls positiv war. Ob er dies nicht nur darlegen, sondern auch beweisen muss, hält der BGH für zweifelhaft. Der Neugläubiger kann seine Ansprüche gegen den Geschäftsführer eigenständig ohne Insolvenzverwalter geltend machen, auch dann, wenn das Insolvenzverfahren eröffnet worden ist.[50] Die Ansprüche können nicht vom Insolvenzverwalter geltend gemacht werden, weil dieser nur den Gesamtschaden aller Insolvenzgläubiger verfolgen kann (§ 92 InsO).

Ein nicht rechtzeitiger Insolvenzantrag kann darüber hinaus nach § 26 6068 **Abs 3 InsO persönliche Zahlungsfolgen für die Geschäftsführer haben.** Wenn nämlich jemand einen Vorschuss für die Kosten des Verfahrens geleistet hat, kann er die Rückzahlung von den Geschäftsführern verlangen, wenn sie den Insolvenzantrag verspätet gestellt haben. Das betrifft Insolvenzen, bei denen schon der Eröffnungsantrag wegen Masselosigkeit zurückgewiesen zu werden droht. Das gilt aber auch, wenn sich erst nach Verfahrenseröffnung herausstellt, dass die Masse nicht einmal die Kosten deckt (§ 207 InsO).

Bevor über einen Insolvenzantrag entschieden werden kann, müssen zahl- 6069 **reiche Unterlagen erarbeitet werden.** Es ist ein Verzeichnis der Gläubiger und Schuldner sowie eine Übersicht über die Vermögensmasse erforderlich. Die entsprechenden Ermittlungen sind von Amts wegen anzustellen. Die Geschäftsführung ist aber zur Mitwirkung und zu vollständiger Auskunft verpflichtet (§ 20 InsO). Das geht

---

[48] Zur Unterscheidung zwischen Alt- und Neugläubigern bei Ansprüchen aus Dauerschuldverhältnissen (Arbeitsverträge, Miete, Leasing, Pacht) OLG Hamburg v 31. 7. 2007 ZIP 2007, 2318 f.
[49] BGH v 6. 6. 1994 BGHZ 126, 181 ff; BGH v 30. 3. 1998 BGHZ 138, 211 mit Anm Goette DStR 1998, 645 f.
[50] Uhlenbruck GmbHR 1999, 325 mwN; Nerlich in Michalski GmbHG § 64 Rn 78.

soweit, dass auch Sachverhalte offenbart werden müssen, die zu einem Strafverfahren gegen Mitglieder der Geschäftsführung führen können. Allerdings dürfen die so berichteten Sachverhalte im Strafverfahren nur mit Zustimmung der betroffenen Geschäftsführer verwendet werden (§ 97 InsO). Unter „Übersicht über die Vermögensmasse" ist ein Vermögensstatus zu verstehen. Das ist praktisch die aktualisierte und detaillierte Überschuldungsbilanz, ergänzt durch die zur Überschuldungsbilanz hinführenden Aufschreibungen (Auflistung der Grundstücksbezeichnungen, Anlagenkartei, Debitorenliste, Kreditorenliste mit Angabe des Rechtsgrundes, zB Darlehen, Verbindlichkeiten gegenüber Lieferanten aus dem Bezug von Vorprodukten usw). Die Vermögensgegenstände, die bestimmten Gläubigern für bestimmte Verbindlichkeiten haften (aus- und absonderungsberechtigte Gläubiger), sind gesondert zu kennzeichnen. Denn diese Vermögensgegenstände gehören nicht zur freien Masse. Aus- und Absonderungsrechte sind beispielsweise Grundpfandrechte oder Globalzessionen zu Gunsten von Banken, Eigentumsvorbehalte an den Gegenständen des Vorratsvermögens, verlängerte Eigentumsvorbehalte, verpfändete Wertpapiere usw.

6070 **Das Zusammentragen der erforderlichen Angaben und die Aufstellung des Vermögensstatus kann erhebliche Zeit beanspruchen.** So lange kann das Gericht seine Entscheidung nicht hinausschieben. Je schlechter vorbereitet die Geschäftsführung den Insolvenzantrag stellt, um so größer wird die Wahrscheinlichkeit, dass er zu spät gestellt ist, weil die Geschäftsführung offenbar keine Übersicht hat. Auch hier zeigt sich wieder die im Eigeninteresse des Geschäftsführers essentielle Bedeutung eines leistungsfähigen internen Überwachungssystems. Ein solches System verlangt die Kenntnis und Dokumentation der relevanten Daten. Wie auch immer der Antrag durch die Geschäftsführung vorbereitet ist, das Gericht kann sich bei den zu treffenden Maßnahmen zunächst nur auf ein Wahrscheinlichkeitsurteil über die von der Geschäftsführung vorgetragenen Tatsachen stützen. Wird ein Antrag wegen drohender Zahlungsunfähigkeit gestellt, verlangt das Gesetz mehr. Hier müssen die Antragsgründe glaubhaft gemacht werden. Das setzt erst recht aussagefähige Unterlagen voraus.

6071 **Stellt die Geschäftsführung zusammen mit dem Insolvenzantrag den Antrag auf Eigenverwaltung** (§§ 270 ff InsO), **ist eine überzeugende Dokumentation unabdingbar.** Denn ein solcher Antrag kann nur Erfolg haben, wenn die Geschäftsführung nachweist, dass sie professionell und korrekt gearbeitet hat. Die Möglichkeit der Eigenverwaltung ist von der InsO eingeführt worden als eine Art **Ersatz für das frühere Vergleichsverfahren,** das mit Erlass der InsO abgeschafft wurde. Eigenverwaltung bedeutet, dass die Geschäftsführung berechtigt bleibt, das Unternehmen zu verwalten und über das Vermögen zu verfügen, wenn auch unter der **Aufsicht eines Sachwalters.** Auf die Abwicklung der Insolvenz finden weitgehend die allgemeinen Vorschriften der Insolvenzordnung Anwendung. Die Befriedigung der Insolvenzgläubiger erfolgt aber nicht durch den Sachwalter, sondern durch die Geschäftsführung mit Zustimmung des Sachwalters. Die Gläubigerversammlung wird regelmäßig von der Geschäftsführung einen Insolvenzplan verlangen, nach dem die Insolvenz abgewickelt wird (§ 284 InsO). Ohne die Überzeugung, dass die Geschäftsführung zuverlässig und offen ist, wird die Gläubigerversammlung sich nicht dazu verstehen, den Vorstellungen der Geschäftsführung zu folgen. In der bisherigen Praxis sind Eigenverwaltungsfälle selten; als vertrauensbildende Maßnahme wurde stets vorgesehen, dass ein insolvenzerfahrener Anwalt Mitglied der Geschäftsleitung, zumeist Vorsitzender der Geschäftsleitung, wird.

6072 **Eine professionelle Dokumentation der Unternehmenssituation ist auch erforderlich, wenn die Geschäftsführung zusammen mit dem Insolvenzantrag einen Insolvenzplan vorlegt** (Rn 6059). Die Geschäftsführung bleibt beim Insolvenzplanverfahren auf Beratung und Information des Insolvenzverwalters beschränkt, wie im normalen Verfahren. Auch hier gilt, dass die Geschäftsführung kaum eine

II. Die Insolvenz 6073, 6074

Chance besitzt, dass die von ihr vorgeschlagene Abwicklung akzeptiert wird, wenn sie dem Gericht und der Gläubigerversammlung die Verhältnisse des Unternehmens nicht überzeugend offen legen kann. Zu dieser Offenlegung gehört nicht nur alles, was vor der Entscheidung über den Insolvenzantrag zusammengestellt werden muss (Rn 6069), sondern auch eine Beschreibung des Marktes, der Wettbewerbsposition des Unternehmens und der Verwertungsmöglichkeiten, sei es Liquidation sei es Fortführung. Nur so kann sich das Gericht und können sich die Gläubiger in der Gläubigerversammlung einen Überblick darüber verschaffen, ob es gerechtfertigt ist, nach dem Plan der Geschäftsführung vorzugehen.

3. Aufgaben und Stellung des Geschäftsführers im Insolvenzverfahren

Ist ein zulässiger Insolvenzantrag gestellt, bestellt das Gericht in der Regel einen vorläufigen Insolvenzverwalter. Gleichzeitig erlässt das Gericht entweder ein allgemeines Verfügungsverbot (zum gesetzlichen Zahlungsverbot, das bis dahin gilt, vgl Rn 6048ff), oder es ordnet an, dass Verfügungen nur mit Zustimmung des Insolvenzverwalters vorgenommen werden dürfen. Ist ein allgemeines Veräußerungsverbot erlassen, hat ausschließlich der vorläufige Insolvenzverwalter die Verwaltungs- und Verfügungsbefugnis (§ 22 Abs 1 InsO). Das gibt ihm die Macht, sog Masseverbindlichkeiten (§ 55 Abs 2 InsO) zu begründen (beispielsweise durch Aufnahme von Krediten, durch Verkauf von Unternehmensteilen, durch Bestellungen bei Lieferanten), die nach der Eröffnung des Verfahrens vor allen anderen Verbindlichkeiten befriedigt werden müssen. Man nennt einen solchen vorläufigen Verwalter, wie bereits erwähnt (Rn 6001), einen **„starken" Insolvenzverwalter.** In der Praxis sind starke Insolvenzverwalter entgegen der Absicht des Gesetzgebers eher selten. Meistens beschränkt sich das Insolvenzgericht darauf, nur einen **„schwachen"** vorläufigen **Insolvenzverwalter** zu bestellen, der erstens nur zusammen mit der Geschäftsführung handeln kann und zweitens nicht die Macht hat, Masseverbindlichkeiten zu begründen. **Die Geschäftsführung bleibt in beiden Fällen im Amt.** Sie darf ohne Zustimmung des vorläufigen Insolvenzverwalters aber keine Forderungen mehr einziehen, keine Waren oder sonstigen Vermögensgegenstände veräußern und auch keine Vermögensgegenstände mehr belasten. Das Gericht kann auch eine Postsperre anordnen, wenn dies erforderlich erscheint, um zu verhindern, dass nachteilige Rechtshandlungen zu Lasten der Gläubiger vorgenommen werden, oder, wenn solche Handlungen vorgekommen sind, um sie aufzuklären. Alle eingehenden Postsendungen sind dann dem Insolvenzverwalter vorzulegen, der sie einsehen kann, wenn sie die Insolvenzmasse betreffen (§ 21 Abs 2 Nr 4 iVm § 99 InsO). Das Gericht kann sogar anordnen, dass bewegliche Sachen oder Rechte (beispielsweise Forderungen), an denen zur Sicherung von Gläubigerforderungen den Gläubigern Rechte eingeräumt worden sind (beispielsweise Sicherungsabtretungen), vom vorläufigen Insolvenzverwalter (gegen Ausgleichszahlungen) genutzt, weiterverkauft oder eingezogen werden können, um das Unternehmen weiterzuführen. Im ersten Schritt hat auf jeden Fall der vorläufige Insolvenzverwalter, gleichgültig ob stark oder schwach, Vermögen und Schulden zu inventarisieren und zu prüfen, ob das Vermögen der GmbH die Kosten des Verfahrens decken wird.

Spätestens tritt das allgemeine Verfügungsverbot in Kraft, wenn das Insolvenzgericht das Insolvenzverfahren eröffnet und einen Insolvenzverwalter ernennt. Zum Insolvenzverwalter wird meistens der vorläufige Insolvenzverwalter ernannt; das ist aber nicht zwingend. Das allgemeine Verfügungsverbot erledigt sich, wenn sich statt dessen herausgestellt hat, dass das Vermögen der GmbH voraussichtlich nicht ausreichen wird, um die Kosten des Verfahrens zu decken, und das Insolvenzgericht den Antrag auf Eröffnung deshalb mangels Masse abweist. Das Gleiche gilt, wenn sich während des Verfahrens herausstellt, dass die ursprünglich angenommenen Insolvenzgründe nicht vorgelegen haben, oder wenn die Masse verteilt ist und das Gericht deshalb das Verfahren einstellt. Trotz des Verfügungsverbots können die Geschäftsführer alle Verfahrensrechte ausüben, die dem Schuldner, dh der GmbH, vom Beginn des Insolvenzverfahrens an zustehen. Hat zB ein Gläubiger das Insolvenzverfahren beantragt, können die Geschäftsführer die Zulässigkeit aus jedem Gesichtspunkt, gleich ob verfahrensrechtlich oder materiell-rechtlich, bestreiten. Sie müssen gehört werden (§ 14 InsO). Wenn der Gläubiger den Insolvenzgrund glaubhaft gemacht hat, ist die Geschäftsführung zur Gegenglaubhaftmachung zuzulassen. Die Geschäftsführer können auch während des Verfahrens alle Entscheidungen des Insolvenzgerichts mit den jeweils vorgesehenen Rechtsmitteln angreifen. Sie bleiben auch für alle gesellschaftsrechtlichen Maßnahmen zuständig. Wenn etwa aufgrund eines Insolvenzplanes eine Kapitalherabsetzung und darauf folgend eine Erhöhung des Stammkapitals vorgesehen ist, so hat nicht der Insolvenzverwalter, sondern haben die Geschäftsführer die Kompetenz, diese Maßnahmen zu veranlassen (und die Gesellschafter die Alleinkompetenz, dies zu beschließen). Die Geschäftsführer unterliegen auch weiterhin den Weisungen der Gesellschafter, soweit sie noch Organkompetenzen haben, wie zB die Wahrnehmung aller Verfahrensrechte. Alles das gilt auch für den **faktischen Geschäftsführer,** der nur wegen eines fehlerhaften Bestellungsaktes nicht wirksam bestellt ist (Rn 2018, 6062). Wird das Insolvenzverfahren eingestellt, sind die Geschäftsführer, wenn der Gesellschaftsvertrag nichts anderes bestimmt, Liquidatoren bis zur Löschung der Gesellschaft (§§ 60 Abs 1 Nr 4, 66 Abs 1 GmbHG).

6075 **Im Insolvenzplanverfahren (Rn 6059) wird das Insolvenzverfahren abweichend von den allgemeinen Vorschriften der InsO abgewickelt** (§ 217 InsO). Der Plan kann von der Geschäftsführung bereits zusammen mit dem Insolvenzantrag vorgelegt werden. Hat das Verfahren begonnen, kann auch der (vorläufige) Insolvenzverwalter einen solchen Plan vorschlagen. Die Gläubigerversammlung kann ihrerseits den Insolvenzverwalter beauftragen, einen solchen Plan auszuarbeiten und dem Gericht einzureichen. Ist Eigenverwaltung angeordnet, kann die Gläubigerversammlung von der Geschäftsführung oder vom Sachwalter verlangen, einen Insolvenzplan zu erarbeiten. Ist die Geschäftsführung damit beauftragt worden, hat der Sachwalter beratend mitzuwirken (§ 284 InsO). Die Ausführung eines Insolvenzplanes führt zur Restschuldbefreiung der GmbH. Das Insolvenzgericht kann den Plan bestätigen, wenn die Gläubiger mit den in § 244 InsO vorgesehenen Mehrheiten (Mehrheit der Köpfe und Mehrheit der Forderungen) den Plan angenommen haben, muss aber nicht. Für die Anforderungen, die an einen Insolvenzplan zu stellen sind, hat das IdW einen Standard erarbeitet.[51]

6076 **Die Geschäftsführer sind nicht nur vor der Eröffnung, sondern auch während des Insolvenzverfahrens zu unbeschränkter Auskunft und zur Unterstützung des Insolvenzverwalters verpflichtet (§ 97 InsO).** Der Kreis der Auskunft- und Unterstützungspflichtigen erweitert sich, wenn das Verfahren endgültig eröffnet wird. Dann sind auch die ausgeschiedenen Geschäftsführer, sofern sie in den letzten zwei Jahren ausgeschieden sind, auskunftspflichtig, bei einer führungslosen GmbH (Rn 3020, 6063) darüber hinaus auch die Gesellschafter. Die Mitglieder eines Aufsichts- oder Beirates oder eines sonstigen Aufsichtsorgans haben ebenfalls Auskunft zu geben. In die Auskunftspflicht sind auch die Angestellten und früheren Angestellten einbezogen (§ 101 InsO). Geschäftsführer, die ihr Amt niederlegen, wenn die Insolvenz droht, erreichen damit also nicht, dass das Verfahren sie nicht mehr berührt. Verschleierungstaktiken versprechen auch deshalb wenig Erfolg, weil die Angestellten in gleicher Weise wie die Geschäftsführer auskunftspflichtig sind.

6077 **Die aktiven Geschäftsführer haben während der Abwicklung des Verfahrens eine Präsenzpflicht** (§ 97 Abs 2 und 3 InsO). Nur so ist ihre Mitwirkungs- und Aus-

---

[51] IDW Standard S 2 Anforderungen an Insolvenzpläne v 10. 2. 2000 WPg 2000, 285 ff.

II. Die Insolvenz

kunftspflicht gesichert. Sie sind nicht mehr, wie nach § 101 Abs 1 der KO, gehalten, die Erlaubnis des Gerichts einzuholen, wenn sie sich von ihrem Wohnort entfernen wollen. Sie müssen aber jederzeit auf Anordnung des Gerichts zur Verfügung stehen. Geschäftsführer, die durch die Insolvenz vielleicht ihr Amt verloren haben und sich an einem anderen Ort um eine neue Anstellung bemühen oder sie vielleicht schon gefunden haben, müssen bei der Aufnahme einer neuen Tätigkeit mit der Präsenzpflicht rechnen. Das Gericht kann die zwangsweise Vorführung anordnen und nach der Anhörung einen Geschäftsführer in Haft nehmen, wenn die Umstände dafür sprechen, dass er der Präsenzpflicht nicht genügen wird (§ 98 InsO). **Die Pflicht zur Mitwirkung ist wörtlich zu nehmen.** Ein ausgeschiedener Geschäftsführer darf aber über die Mitwirkung hinaus nicht zur Mitarbeit im Umfang einer kostenlosen Vollzeitbeschäftigung herangezogen werden, die ihn hindert, seinen Lebensunterhalt anderweitig zu verdienen.

Der Insolvenzverwalter ist nicht berechtigt, Geschäftsführer abzuberufen, auch wenn er die Geschäftsführung in ihren Kompetenzen weitgehend verdrängt. Für die Abberufung bleiben ausschließlich die Gesellschafter oder die sonst damit betrauten Gesellschaftsorgane (Aufsichtsrat, Beirat usw) zuständig (Rn 2003, 2019). Der Aufsichtsrat ist zuständig, wenn dies im Gesellschaftsvertrag so vorgesehen ist oder wenn die GmbH der paritätischen Mitbestimmung unterliegt. — 6078

Den Anstellungsvertrag können sowohl der Insolvenzverwalter als auch der Geschäftsführer kündigen, und zwar mit der in § 113 Abs 1 InsO vorgeschriebenen Frist von drei Monaten. Der Anstellungsvertrag ist auch hier von der gesellschaftsrechtlichen Stellung als Organ zu unterscheiden (Rn 2002, 2021). Die dreimonatige Kündigungsfrist gilt unabhängig davon, ob längere Kündigungsfristen oder eine feste Laufzeit im Anstellungsvertrag vereinbart sind. War eine längere Vertragsdauer vereinbart, ist der Geschäftsführer wegen der Vergütung für die Restlaufzeit Insolvenzgläubiger. Wenn kürzere Fristen vereinbart sind, gelten diese. Die Vertragskündigung darf nicht mit der Abberufung als Organ verwechselt werden. Grundsätzlich bleibt die Geschäftsführung im Amt und muss weiterhin die Auskunfts- und Mitwirkungspflichten erfüllen. Verlieren Geschäftsführer ihr Amt nach Eröffnung des Insolvenzverfahrens, sei es, weil sie von den Gesellschaftern abberufen worden sind oder weil sie ihr Amt, da sie aufgrund der Vertragskündigung kein Geld mehr erhalten, niedergelegt haben, bleiben sie dennoch zur Auskunft und Mitwirkung verpflichtet (Rn 6076).[52] — 6079

Die Eröffnung des Insolvenzverfahrens als solche berechtigt nicht zur fristlosen Kündigung, weder den Insolvenzverwalter noch den Geschäftsführer. Ob dem Geschäftsführer fristlos gekündigt werden kann oder ob er fristlos kündigen (und sein Amt niederlegen) kann, bestimmt sich nach allgemeinen Vorschriften (Rn 2101 ff). Erst recht führt die Eröffnung des Insolvenzverfahrens nicht dazu, dass der Anstellungsvertrag zwischen der Gesellschaft und dem Geschäftsführer automatisch endet (Rn 2098). Das gilt auch für einen Mehrheits- oder Alleingesellschafter-Geschäftsführer. — 6080

---

[52] Schulze-Osterloh in Baumbach/Hueck GmbHG § 64 Rn 58.

7. Kapitel

Die Haftung des Geschäftsführers

I. Die Haftungsgrundsätze

1. Haftungsumfang – Haftung der GmbH für ihre Organe (§ 31 BGB) – Persönliche Haftung des Geschäftsführers – Verschuldens- und Gefährdungshaftung – Haftung durch Unterlassen (insbesondere Organisationsverschulden)

7000 Verantwortung und Haftung sind zwei Seiten ein und derselben Sache. Wer eine Aufgabe übernimmt, übernimmt auch die Verantwortung, sie ordnungsgemäß zu erfüllen, dh er haftet dafür. **Der Geschäftsführer einer GmbH trägt die Verantwortung für die ordnungsgemäße Leitung des Unternehmens der GmbH, nach innen und außen.** Seine Verantwortung kann schon bei der Gründung beginnen, wenn er zum Geschäftsführer der in Gründung befindlichen GmbH bestellt worden ist (Rn 2011, 5028, 7082). Hat die GmbH die Geschäfte aufgenommen, erstreckt sich die Verantwortung nicht nur auf den geschäftlichen Erfolg. Der Geschäftsführer hat auch die Interessen all derjenigen zu berücksichtigen, die mit der GmbH in Berührung kommen, also der Gesellschafter, der Arbeitnehmer, der Lieferanten, der Kunden und der Gläubiger. Darüber hinaus ist insbesondere auch die Gesellschaft selbst geschützt. Selbst wenn sich die Gesellschafter mit bestimmten Maßnahmen der Geschäftsführung einverstanden erklärt haben, kann die Durchführung den Geschäftsführer schadensersatzpflichtig machen, wenn dies zu Lasten der Gläubiger geht[1] (Rn 4001, 4005, 7008).

7001 **Der Umfang der Haftung richtet sich nach der Art der Vorschriften, die verletzt worden sind, und nach dem Grad der Verantwortlichkeit.** Heute mehr denn je gehört zur Verantwortung des Geschäftsführers nicht nur der wirtschaftliche Erfolg des Unternehmens, sondern auch die Rücksichtnahme auf die Umwelt (Rn 7067) und die Fürsorge für die Produktsicherheit (Rn 7069 ff). Die Geschäftsführer haben darüber hinaus die Steuerpflichten der GmbH zu erfüllen (Rn 7078 ff), Sozialversicherungsbeiträge abzuführen (Rn 7062), für ein geordnetes Rechnungswesen und für die Erfüllung der Publizitätspflichten zu sorgen. **Kommen sie diesen Verantwortlichkeiten nicht nach, haften sie.**

7002 **Anlässe, sich mit der Geschäftsführerhaftung zu beschäftigen, gibt es viele:** Die Obergesellschaft eines Konzerns will den Geschäftsführer einer Untergesellschaft los werden und lässt dessen Verhalten (zB die Abrechnung seiner Reisekosten) durch einen Wirtschaftsprüfer überprüfen. Nach einer Insolvenz sucht der Insolvenzverwalter danach, wie er die für die Kosten und die Gläubiger zur Verfügung stehende Masse aufbessern kann und prüft Ansprüche gegen den Geschäftsführer. Oder ein tödlicher Arbeitsunfall, ein Chemieunfall, eine Preisabsprache oder die Zahlung von Patentlizenzgebühren an eine Schwestergesellschaft im Ausland führen zu einer Durch-

---

[1] Zur Haftungsfreistellung durch Gesellschafterbeschluss Zöllner/Noack in Baumbach/Hueck GmbHG § 43 Rn 33 mwN von Rspr u Lit; strafrechtlich Kohlmann FS Werner S 387 ff, 403; zusammenfassend Winter ZGR 1994, 570 ff; zuletzt, iS einer grundsätzlichen Verneinung der Schadensersatzpflicht bei einvernehmlichem Handeln der Gesellschafter BGH v 21. 6. 1999 DStR 1999, 1366, 1367 mit Anm Goette.

I. Die Haftungsgrundsätze

suchungs- und Beschlagnahmeaktion der Staatsanwalt mit Kriminalpolizei, Gewerbeaufsichtsamt, Kartellbehörden oder Steuerfahndung.

Nach außen haftet prinzipiell nur die GmbH nicht der Geschäftsführer. Die maßgebende Vorschrift (§ 31 BGB) lautet: 7003

„Der Verein [darunter fällt auch die GmbH] ist für den Schaden verantwortlich, den der Vorstand, ein Mitglied des Vorstandes oder ein anderer verfassungsmäßig berufener Vertreter durch eine in Ausführung der ihm zustehenden Verrichtungen begangene, zum Schadensersatze verpflichtende Handlung einem Dritten zufügt."

Neben dem Geschäftsführer kann ein sog verfassungsmäßig berufener Vertreter etwa ein Niederlassungsleiter sein. Immer muss nach außen im Rahmen der übertragenen Aufgaben gehandelt worden sein.[2] Die Haftung nur der GmbH gilt nicht nur bei Vertragsverletzungen durch die GmbH, sondern auch, wenn der Schaden auf einer unerlaubten Handlung beruht (§§ 823 ff BGB), auf Verschulden bei Vertragsanbahnung (§ 311 Abs 2 und 3 BGB) oder auf Gefährdungshaftung. **Es gibt aber Ausnahmen von der Haftung der GmbH nach § 31 BGB,** mit der sie den Geschäftsführer nach außen abschirmt. Wenn das schadenstiftende Verhalten so sehr außerhalb des Aufgabenbereichs des Geschäftsführers liegt, dass der innere Zusammenhang mit der Unternehmensleitung für den außenstehenden Dritten nicht mehr erkennbar ist, braucht die GmbH nicht einzutreten. Wenn also etwa der Geschäftsführer einer Bank einen Kunden durch Täuschung dazu bringt, einem anderen Bankkunden ein Darlehen zu gewähren, um dessen Schuldsaldo bei der Bank zu verringern, dann lag das gewiss nicht in seinem Aufgabenbereich. Er hat, wie die Rechtsprechung sagt, nur bei Gelegenheit, nicht aber in Ausführung der ihm übertragenen Obliegenheit. Der Betreffende haftet dann nur persönlich.

Wenn die GmbH haftet, ist die gleichzeitige persönliche Haftung des Geschäftsführers gegenüber dem geschädigten Dritten nicht immer auszuschließen. So wenn durch Organisationsverschulden der Tatbestand einer unerlaubten Handlung verwirklicht ist (Rn 7011, 7063 ff)[3] oder im Rahmen des Verschuldens bei Vertragsanbahnung sowie bei Verletzung von Aufklärungspflichten (Rn 7055, 7068). 7004

Im Strafrecht wird nur persönlich gehaftet, von Nebenfolgen wie Einziehung von Tatgegenständen oder Verfall von Taterträgen (§§ 73 ff StGB) abgesehen. Da auch die Nichterfüllung der steuerlichen Pflichten und der Pflichten zur Abführung von Sozialabgaben strafbar sind, sind folglich die Geschäftsführer persönlich verantwortlich (Rn 7078 ff, 7062). Im **Ordnungswidrigkeitenrecht können Bußgelder sowohl gegen den Geschäftsführer als auch gegen die GmbH** festgesetzt werden (Rn 7016). 7005

Bei der persönlichen Haftung des Geschäftsführers ist zu unterscheiden zwischen der Haftung gegenüber der GmbH **(Innenhaftung),** der Haftung gegenüber Dritten **(Außenhaftung),** beispielsweise Sozialversicherungsträger, Finanzamt oder die Erben des bei einem Arbeitsunfall getöteten Arbeitnehmers sowie die (nur ausnahmsweise gegebene) **Haftung gegenüber den Gesellschaftern.** 7006

Persönlich gehaftet wird nur für Verschulden. Das gilt sowohl für die zivilrechtliche als auch für die strafrechtliche Haftung. **Für die Haftung der GmbH** gibt es zwar zunehmend Tatbestände, bei denen auch ohne Verschulden gehaftet werden muss, die **sog Gefährdungshaftung.** Wenn für Dritte eine Gefährdungssituation geschaffen wird, kann das eine Einstandspflicht begründen. Das gilt zB nach § 1 ProdHaftG. Die GmbH haftet als Hersteller oder Händler wegen ihrer Garantenstellung (Rn 7070). Im Umweltrecht haftet nach § 1 UmweltHG der Inhaber einer der in An- 7007

---
[2] BGH v 20. 2. 1979 NJW 1980, 115 f.
[3] Übersicht bei Kiethe DStR 1993, 1298 ff.

hang 1 zum UmweltHG aufgeführten Anlagen ohne Verschulden auf Schadensersatz, wenn beim Betrieb der Anlage ein Mensch verletzt oder getötet oder fremde Sachen beschädigt werden. Die Haftung trifft auch hier grundsätzlich die GmbH als den Inhaber der Anlage. Entsprechend haftet die GmbH als Halter von Kraftfahrzeugen (§ 7 StVG). Für den Geschäftsführer persönlich gilt das nicht. Er haftet nur bei Verschulden.

7008 **Weisen die Gesellschafter den Geschäftsführer zu bestimmten Maßnahmen an** (§ 46 Nr 6 iVm § 37 Abs 1 GmbHG), **schränken sie seine Verantwortung ein** (Rn 7036) Bestimmte Bereiche sind allerdings gesellschaftlichen Weisungen und auch jeder anderen Art von Gesellschafterbeschluss wie etwa Zustimmungsbeschlüssen unzugänglich (Rn 1189, 4001, 7036). Geschäftsführer brauchen (und dürfen) Weisungen, mit deren Befolgung sie sich schadensersatzpflichtig oder strafbar machen oder ordnungswidrig handeln würden, nicht zu befolgen. Gegen solche Weisungen hat jeder Geschäftsführer ein **Widerstandsrecht** und eine **Widerstandspflicht.** Notfalls muss er sein Amt niederlegen.

7009 **Verschuldensformen sind Vorsatz einschließlich Eventualvorsatz, grobe und leichte Fahrlässigkeit. Vorsätzlich handelt,** wer den schadenstiftenden Sachverhalt kannte und ihn auch verwirklichen wollte. Es kommt nicht darauf an, ob der Schädiger die Verbotsvorschrift kannte. Unkenntnis – des Verbots – schützt vor Strafe nicht! Sie schützt auch nicht vor der zivilrechtlichen Schadensersatzpflicht. Deshalb muss sich jeder Geschäftsführer über die Risiken seines Arbeitsgebietes und über die der Gesellschaft, für die er verantwortlich ist, informieren. Er muss sich das erforderliche Problembewusstsein für Schädigungsmöglichkeiten verschaffen. Nur dann kann er auch die nötigen Vorkehrungen zur Schadensverhinderung treffen und seine Überwachungspflicht erfüllen. Mit **Eventualvorsatz** oder **bedingtem Vorsatz** handelt der Täter, wenn er die Tatfolgen zwar nicht will, aber nach dem Motto „na wenn schon" in Kauf nimmt. Juristische Laien verwechseln den Eventualvorsatz gern mit Fahrlässigkeit. Deshalb halten sie oft ein Verhalten noch für legal, das in der Rechtspraxis schon als vorsätzlich gilt. **Fahrlässig** handelt der Geschäftsführer, wenn er das Risiko zwar sieht, es aber nach dem Motto „wird schon nicht" für so gering hält, dass er einen Schaden nicht erwartet. Unterschieden wird zwischen **leichter Fahrlässigkeit** und **grober Fahrlässigkeit.** Leicht fahrlässig handelt, wer die im geschäftlichen Verkehr erforderliche Sorgfalt außer Acht lässt. Ein etwa allgemein eingerissener Schlendrian entschuldigt nicht. Grob fahrlässig handelt, wer die notwendige Sorgfalt in ungewöhnlich hohem Maße außer acht lässt, sich also pflichtwidrig gleichgültig verhält. Das Steuerrecht verwendet dafür manchmal den Begriff **„leichtfertig"** (§ 378 AO, leichtfertige Steuerverkürzung). Eventualvorsatz und Fahrlässigkeit, vor allem grobe Fahrlässigkeit, liegen dicht beieinander. Im Strafrecht kommt es oft entscheidend darauf an, sorgfältig aufzuklären, ob Fahrlässigkeit oder schon Eventualvorsatz vorliegt. Denn fahrlässiges Handeln ist nur strafbar, wenn das Gesetz dies ausdrücklich bestimmt (Rn 7114). Erfahrene Berater wissen, dass die Staatsanwaltschaften und die Gerichte dazu neigen, im Zweifel Eventualvorsatz anzunehmen.

7010 **Auch ein Unterlassen kann die Haftung begründen. Voraussetzung ist, dass eine Rechtspflicht zum Handeln bestand.** Das gilt im Zivilrecht und im Strafrecht gleichermaßen. Wer etwa seinen Vertragspartner über wesentliche Risiken, die der andere nicht kennt, nicht aufklärt, hat uU seine Aufklärungspflicht verletzt und haftet dann für die Folgen. Immer wiederkehrende Problemfälle sind die Unternehmensverkäufe. Wird nicht „tel quel" (so wie besichtigt) gekauft – das ist die große Ausnahme – dann muss gerade über die Dinge informiert werden, über die die Geschäftsführung am wenigsten gern spricht, zB ein unzureichend kalkulierter Großauftrag, wesentliche Produktreklamationen, eine etwaige finanzielle Schieflage, Bodenkontaminationen mit grundwassergefährdenden Stoffen oder behördliche Verfügungen mit kostspieligen Auf-

I. Die Haftungsgrundsätze

lagen, risikoreiche Schadensersatzprozesse, Angriffe gegen Schutzrechte der GmbH u dgl (zu etwaiger persönlicher Haftung bei mangelnder Aufklärung vgl Rn 7068).

Ein besonders wichtiger Fall der Haftung durch Unterlassen ist das sog Organisationsverschulden (Rn 1189, 7063 ff). Es liegt vor, wenn die Geschäftsführung ihr Unternehmen nicht so organisiert, dass für die Erfüllung aller relevanten Pflichten ausreichend vorgesorgt ist. Ist durch mangelnde Vorsorge ein Schaden entstanden, ist nicht auszuschließen, dass der verantwortliche Geschäftsführer nach den Grundsätzen der unerlaubten Handlung persönlich haftbar gemacht wird. Im Ordnungswidrigkeitenrecht (zu den zahlreichen Tatbeständen Rn 7185 ff) und im Strafrecht wird eine persönliche Verantwortung der Geschäftsführung durch §§ 9 OWiG, 14 StGB gesichert. Die Geschäftsführung ist persönlich dafür verantwortlich, dass nichts unterlassen wird, um Verstößen vorzubeugen. Ein Beispiel ist der bekannte „Erdal-Lederspray"-Fall (Rn 7065, 7113, 7181), in dem es um ein Lederspray ging, das, wie sich herausstellte, Lungenödeme verursachte. **Der Geschäftsführer ist als Organ der GmbH der Unternehmer und hat dafür zu sorgen, dass von seiner GmbH keine Gefahren für Dritte ausgehen** (Rn 1188, 1189). Kein Unternehmer kann zwar die zahllosen Gesetzesvorschriften selbst übersehen. Er muss aber organisatorisch Verhältnisse schaffen, damit die von ihm geführte GmbH den gesetzlichen Forderungen gerecht werden kann (Rn 1188). Die Geschäftsführung ist also erstens für die zweckmäßige Organisation ihres Unternehmens verantwortlich und sie muss sie zweitens fortwährend auf ihre Eignung überprüfen. Unterlässt sie das, vernachlässigt sie eine der grundlegenden Unternehmerpflichten und haftet für die daraus resultierenden Nachteile im Einzelfall uU persönlich Dritten gegenüber. Für die mangelhafte Geschäftsführung, die die mangelhafte Organisation meist darstellt, haftet sie der GmbH (zur Beweislage, wenn die GmbH Ansprüche erhebt, Rn 7034). 7011

2. Haftung bei einer mehrköpfigen Geschäftsführung

Besteht eine Geschäftsführung aus mehreren Personen, haften diese grundsätzlich gemeinschaftlich (das Gesetz sagt: „solidarisch"), **und zwar grundsätzlich jeder aufs Ganze** (§ 43 Abs 2 GmbHG). Die mehreren Geschäftsführer sind sog Gesamtschuldner. Sie können aber untereinander Ausgleichung verlangen. Welchen Anteil jeder zu tragen hat, richtet sich nach seinem Tatbeitrag und dem Maß seines Verschuldens (§§ 421, 426 BGB). **Besteht eine Geschäftsverteilung** (Rn 3041 ff, 7092) **haftet nur der ressortzuständige Geschäftsführer, die anderen Geschäftsführer jedoch dann, wenn sie** ihre Überwachungs- Erkundigungs- oder Widerstandspflicht (Rn 3041, 7013 f) verletzt haben oder die Kernbereiche betroffen sind (Rn 3041). 7012

Aus der solidarischen Haftung folgt, dass die Geschäftsführer eine gegenseitige Überwachungspflicht haben. Das wird oft nicht gesehen. Die Überwachungspflicht verlangt, dass die Geschäftsführer sich untereinander über alle wichtigen Ereignisse in ihrem Zuständigkeitsbereich mit Hilfe eines Berichtswesens **informieren** und dass sie über Angelegenheiten, die über das Tagesgeschäft hinausgehen, gemeinsam beraten und entscheiden. Nur so lässt sich für den einzelnen Geschäftsführer erkennen, ob er sich zu Vorgängen in anderen Geschäftsführungsbereichen – **warnend – äußern** oder ob er gar **Widerstand leisten** muss (vgl Rn 3041 sowie zu den uU schwerwiegenden Haftungsfragen Rn 7073, 7080, 7113, 7129, 7141, 7150). Spezialwissen anderer Ressorts wird vom Geschäftsführer nicht verlangt. Der technische Geschäftsführer muss nicht Experte im Bereich des kaufmännischen Kollegen sein und umgekehrt. Jeder haftet aber, wenn er es an der möglichen, ihm zumutbaren Aufmerksamkeit für die Maßnahmen des anderen hat fehlen lassen. Deshalb kann sich der Techniker zB nicht der Haftung entziehen, wenn er eine Bilanz mit unterschreibt, die falsch 7013 ist und er sich nicht darum bemüht hat, die Aussagen der Bilanz zu verstehen, oder wenn er den Prüfungsbericht des Abschlussprüfers nicht liest, dessen Inhalt ihn zu Fragen hätte veranlassen können.

7014 **Fehlt es an der gegenseitigen Information, so handeln uU beide Geschäftsführer schuldhaft, sowohl der Geschäftsführer, der nicht informiert hat, als auch derjenige, der nicht gefragt und auf die fehlende Information gedrungen hat.** Es gilt der Grundsatz: **Wer unkundig ist, muss sich kundig machen.** Das ist zB im Bereich des Steuerrechts besonders ernst zu nehmen. Ein technischer Geschäftsführer hat wegen nicht abgeführter Lohnsteuer persönlich haften müssen, weil er die Nichtabführung hätte feststellen können, wenn er regelmäßig Kontrollen veranlasst hätte.[4] Der wirksamste Schutz gegen ressortübergreifende Haftung ist eine schriftliche und eindeutige Geschäftsverteilung (Rn 1189, 3040, 7092).[5] Der Schutz ist jedoch begrenzt. **Wenn es** nämlich **um die Kernbereiche** des Unternehmens **geht** (unternehmerische Grundsatzentscheidungen, Krise, Insolvenz, Kapitalerhaltung, Risikomanagement), **sind trotz Geschäftsverteilung stets alle Geschäftsführer verantwortlich;** insoweit ist eine Geschäftsverteilung gar nicht möglich (Rn 3041).

3. Rechtsscheinhaftung des Geschäftsführers

7015 **Neben der persönlichen Haftung des Geschäftsführers** insbesondere im Bereich des Strafrechts, des Ordnungswidrigkeitenrechts (Rn 7005), der unerlaubten Handlungen (§§ 823, 826 BGB) und ausnahmsweise bei einem Handeln als rechtsgeschäftlicher Vertreter (Rn 7056) **kommt eine persönliche Haftung aus Rechtsschein in Betracht.** Wenn Geschäftsführer nach außen nicht oder nicht deutlich genug zu erkennen geben, dass sie für die GmbH, also ein Unternehmen mit beschränkter Haftung, handeln wollen, kann sie ein solcher „Formfehler" teuer zu stehen kommen, weil sich der Geschäftspartner dann darauf berufen kann, dass er geglaubt habe, der Geschäftsführer wolle das Geschäft persönlich machen. Deshalb muss darauf geachtet werden, dass deutlich unter der Firma der GmbH gehandelt wird. Gesellschafter-Geschäftsführer, insbesondere wenn sie Alleingesellschafter sind, identifizieren sich manchmal so sehr mit ihrem Unternehmen, dass sie den Hinweis auf die GmbH – dh auf ihre beschränkte Haftung – übersehen. Das ist besonders dann gefährlich, wenn sich die GmbH in Schwierigkeiten befindet und sich die beschränkte Haftung gerade bewähren soll.[6] Handelt jemand als Geschäftsführer einer GmbH, die es nicht gibt, so haftet er, gewissermaßen aus umgekehrtem Rechtsschein, nach § 179 BGB als Vertreter ohne Vertretungsmacht persönlich.

4. Bußgeld – Zwangsgeld – Strafverfahrenkosten als Betriebsausgaben – Haftpflichtversicherung für Geschäftsführer

7016 **Bußgelder können gegen Geschäftsführer zur Ahndung von Ordnungswidrigkeiten verhängt werden.** Ordnungswidrigkeiten sind kein kriminelles Unrecht, sondern sog Verwaltungsunrecht (Rn 7185 ff). Sie sind dennoch nicht leicht zu nehmen. Für die Höhe der Geldbuße gilt der jeweilige Ordnungswidrigkeitentatbestand. **Bußgelder können** aber **auch gegen die GmbH** oder nur gegen die GmbH **festgesetzt werden** (§ 30 OWiG). Ordnungswidrigkeiten des Geschäftsführers (oder des Generalbevollmächtigten, des Prokuristen oder sonstigen leitenden Angestellten) werden

---

[4] OLG Hamburg v 16. 9. 1986 DB 1986, 2173.
[5] BFH v 17. 5. 1988 GmbHR 1989, 170, 171.
[6] Zur Rechtsscheinhaftung BGH v 15. 1. 1990 DB 1990, 978 f; BGH v 24. 6. 1991 DB 1991, 1824 f; OLG Saarbrücken v 21. 10. 2008 GmbHR 2009, 209, 210; Bühler GmbHR 1991, 356 ff.

I. Die Haftungsgrundsätze

mit höchstens EUR 500000,–, Straftaten der Vorgenannten mit höchstens EUR 1 Mio. geahndet. Gegen die GmbH werden Bußgelder festgesetzt, wenn es darum geht, ihr möglichst die wirtschaftlichen Vorteile wieder zu entziehen, die ihr durch das rechtswidrige Handeln des Geschäftsführers zugeflossen sind (§ 17 Abs 4 OWiG). Bei bestimmten Verstößen gegen das Kartellrecht kann die Kartellbehörde einen Geldbuße bis zu 10% des Konzernumsatzes verhängen (Rn 7077). **Geldbußen, die gegen die GmbH verhängt werden, sind bei ihr keine Betriebsausgaben** (§ 4 Abs 5 Nr 8 EStG iVm § 8 Abs 1 KStG). Wird gegen eine **GmbH** eine Geldbuße verhängt, **kann** diese **uU beim Geschäftsführer Regress nehmen,** falls dieser seine Pflicht zur Einhaltung der Gesetze (Rn 1188, 7026, 7187) und zur entsprechenden Organisation der Gesellschaft (Rn 7011) verletzt hat[7] (zur D & O Versicherung Rn 7019).

Eine besondere Form der Geschäftsführerhaftung ist das Zwangsgeld, das das zuständige Registergericht gegen den Geschäftsführer festsetzen kann, um ihn zur Einhaltung gesetzlicher Gebote zu zwingen. Das Zwangsgeld ist keine Strafe. Deshalb kann es auch festgesetzt werden, wenn den Geschäftsführer kein Verschulden trifft. Die Androhung und Festsetzung des Zwangsgeldes richtet sich gegen ihn persönlich und nicht gegen die GmbH.[8] Bei mehreren Geschäftsführern kann es gegen alle festgesetzt werden. Es kann bis zu EUR 5000,– betragen. Es kann mehrfach festgesetzt und beigetrieben werden, bis die Pflicht erfüllt ist. Vorschriften, die zur Festsetzung von Zwangsgeldern berechtigen, sind zB: **7017**

§ 14 HGB	Pflicht zur Anmeldung oder zur Einreichung von Unterlagen im Zusammenhang mit dem Handelsregister
§ 79 GmbHG	Erforderliche Angaben auf Geschäftsbriefen (§§ 35a und 71 GmbHG) (Rn 2012, 7033 und 7067)
§ 40 GmbHG	Einreichung der Gesellschafterliste (Rn 7032 und 7067)
§ 65 GmbHG	Anmeldung der Auflösung der GmbH zum Handelsregister (Rn 5059)
§§ 39, 67 GmbHG	Anmeldung von Änderungen in den Personen der Geschäftsführer bzw Liquidatoren
§ 335 HGB, §§ 9, 15 PublG	Verstoß gegen Pflicht zur Offenlegung von Jahresabschlüssen usw (das Zwangsgeld wird hier Ordnungsgeld genannt) (vgl Rn 1134)[9]

Oft werden Geschäftsführern im Zusammenhang mit Straf- oder Ordnungswidrigkeiten von der Gesellschaft Kosten erstattet. Dabei ist zu unterscheiden zwischen den Verfahrenskosten und den Kosten für die Geldstrafe oder die Geldbuße selbst. **Die Kosten eines Strafverfahrens oder eines Ordnungswidrigkeitenverfahrens, die in Zusammenhang mit einem betrieblichen Vorgang stehen, können dem Geschäftsführer von der GmbH ersetzt werden.**[10] Ob die GmbH aus Fürsorgegründen dazu sogar verpflichtet ist, richtet sich danach, ob das Verfahren zu einer Verurteilung führt. Kommt es nicht zu einer Verurteilung sind die Strafverfahrenskosten zu erstatten. Zulässig ist es auch, dem Geschäftsführer vorweg zuzusagen, eventuelle Strafverfahrenskosten zu erstatten oder eine entsprechende Rechtsschutzversicherung zu seinen Gunsten und zu Lasten der Gesellschaft abzuschließen. Der Ersatz der Verfahrenskosten gilt steuerlich als Betriebsausgabe. **Unzulässig ist es hingegen, einem Geschäftsführer vorweg zuzusagen, dass ihm eine Geldstrafe oder eine Geldbuße erstattet würde.** Eine solche Zusage wäre unwirksam. Zulässig ist eine solche **7018**

---

[7] Vgl dazu etwa Hasselbach/Seibel AG 2008, 770 ff.
[8] Hopt in Baumbach/Hopt HGB § 14 Rn 2.
[9] Stollenwerk/Krieg GmbHR 2008, 575 ff.
[10] Uwe H. Schneider in Scholz GmbHG § 35 Rn 243.

Zusage nur bei Geldbußen für fahrlässige Ordnungswidrigkeiten.[11] Der GmbH ist zu einer Erstattung, auch aus Fürsorgegründen, nicht verpflichtet.[12] Die freiwillige nachträgliche Erstattung von Geldstrafen und Geldbußen ist hingegen zulässig.[13] Gewährt die GmbH dem Geschäftsführer freiwillig wegen einer Geldstrafe oder einer Geldbuße eine Ausgleichszahlung, so ist diese Zahlung bei der GmbH Betriebsausgabe und beim Geschäftsführer wie normales Einkommen zu behandeln und so von ihm auch zu versteuern,[14] dh die GmbH muss, will sie den Geschäftsführer glatt stellen, praktisch fast den doppelten Betrag zahlen. Eine freiwillige Erstattung ist, soweit dafür nicht ausnahmsweise der Aufsichtsrat zuständig ist, nur aufgrund eines Gesellschafterbeschlusses zulässig.[15] Im Zweifel muss einstimmig beschlossen werden.

7019 **Geschäftsführer können sich weitgehend gegen eine persönliche Inanspruchnahme aus ihrer Amtsführung versichern lassen** (Rn 1201). Vermögensschaden-Haftpflichtversicherungen für Vorstände und Geschäftsführer, sog **D&O-Versicherungen** (Directors and Officers-Versicherungen), werden zunehmend angeboten, zumeist kombiniert mit einer Rechtsschutzversicherung. Solche Versicherungen sind naturgemäß nicht billig. Versicherungsschutz wird dafür gewährt, dass die versicherte Person, der Geschäftsführer, wegen eines Vermögensschadens in Anspruch genommen wird, den sie bei der Ausübung ihres Amtes verursacht hat und für den sie aufgrund gesetzlicher Bestimmungen privatrechtlichen Inhaltes zu haften hat. Auf die Ausschlüsse ist zu achten. Sie sind fast stets verhandlungsfähig und verhandlungsbedürftig. Unzumutbar ist beispielsweise die gar nicht seltene Klausel im Kleingedruckten: „Ausgeschlossen sind Ansprüche des Versicherungsnehmers gegen die versicherte Person". Denn dann ist der Versicherungsschutz für das häufigste Risiko ausgeschlossen, dass nämlich die GmbH gegen den Geschäftsführer Schadenersatzansprüche geltend macht.

II. Haftung gegenüber der GmbH – Innenhaftung

1. Haftung wegen Verstoßes gegen die Pflichten ordnungsgemäßer Geschäftsführung (§ 43 Abs 1 GmbHG)

7020 **Die Geschäftsführer haften aufgrund ihrer Organstellung gem § 43 Abs 1 GmbHG dafür, dass sie die Geschäfte mit der Sorgfalt eines ordentlichen Geschäftsmannes führen.** Diese gesetzliche Haftung ist allumfassend. In der Regel verpflichtet auch der Anstellungsvertrag den Geschäftsführer noch einmal dazu. **Mehrere Geschäftsführer haften grundsätzlich solidarisch** (Rn 7012 ff).

7021 **Die GmbH-Geschäftsführer-Pflichten lassen sich in „Zehn Geboten" zusammenfassen:**[16]

1. Einhaltung der Gesetze: GmbHG (Kapitalerhaltung, Buchführung und Bilanzierung) und sonstige Gesetze, insbesondere Insolvenzrecht (rechtzeitige Insolvenzanmeldung), Umweltrecht, Produkthaftung, Wettbewerbsrecht, Arbeitsrecht, Steuerrecht usw – sog Compliance (Rn 1193, 7187)

---

[11] Auch eine solche Vorweg-Zusage hält für unzulässig Zöllner/Noack in Baumbach/Hueck GmbHG § 35 Rn 66.
[12] Zöllner/Noack in Baumbach/Hueck GmbHG § 35 Rn 65.
[13] Zöllner/Noack in Baumbach/Hueck GmbHG § 35 Rn 65; Uwe H. Schneider in Scholz GmbHG § 35 Rn 243; Marsch-Barner/Diekmann in Münchener Handbuch GmbH § 43 Rn 54; Hasselbach/Seibel GmbHR 2009, 354, 358; aA Wiesner in Münchener Handbuch AG § 21 Rn 63: eine freiwillige Erstattung ist nur bei Geldbußen für fahrlässige Ordnungswidrigkeiten zulässig.
[14] Rehbinder ZHR 1984, 577 f.
[15] BGH v 28. 6. 1982 ZIP 1982, 1203, 1204.
[16] So Lutter GmbHR 2000, 301, 302 ff.

II. Haftung gegenüber der GmbH – Innenhaftung 7022–7024

2. Einhaltung von Gesellschaftsvertrag und Geschäftsordnung
3. Einhaltung der Vorgaben des Anstellungsvertrags
4. Einhaltung von Weisungen der Gesellschafter
5. Ordnungsgemäße Organisation der Gesellschaft einschließlich Einrichtung eines Risikomanagementsystems
6. Kontrolle der Organisation
7. Regelmäßige Kontrolle der Liquidität und der Finanzlage der Gesellschaft
8. Vermeidung bzw Offenlegung von Interessenkonflikten
9. Vermeidung von unnötigen Risiken, laufende Risikobeobachtung und Vorbereitung von Risikoentscheidungen
10. Sorgfältige Vorbereitung geschäftlicher und unternehmerischer Entscheidungen.

Zu unterscheiden ist zwischen gebundenen Entscheidungen (Rn 7021 Nr. 1 bis 8) **und unternehmerischen Entscheidungen** (Rn 7021 Nr. 9 und 10). Damit die unternehmerischen Entscheidungen einen möglichst hohen Ertrag bringen, ist der Geschäftsführer von der Gesellschaft geholt worden. Dass der Geschäftsführer auch die gebundenen Entscheidungen beherrscht wird dabei zumeist einfach vorausgesetzt. 7022

Bei unternehmerischen Entscheidungen besitzt der Geschäftsführer, wie der BGH formuliert hat, **einen unternehmerischen Ermessensspielraum.** Innerhalb dieses Spielraums können mehrere Entscheidungen richtig sein. Im amerikanischen Recht sprechen die Gerichte, was das Gleiche ist, von der **„Business Judgement Rule".** Für die § 43 GmbHG entsprechende Bestimmung des Aktiengesetzes, dort § 93, hat das vor einigen Jahren der Gesetzgeber wie folgt ausformuliert: 7023

„ Eine Pflichtverletzung liegt nicht vor, wenn das Vorstandsmitglied bei einer unternehmerischen Entscheidung vernünftigerweise annehmen durfte, auf der Grundlage angemessener Informationen zum Wohle der Gesellschaft zu handeln."

Führt eine unternehmerische Entscheidung zu einem Verlust für die GmbH, lag sie jedoch innerhalb des unternehmerischen Ermessensspielraums, haftet der Geschäftsführer für den Verlust nicht. Unternehmerische Entscheidungen reichen von der Festlegung der Produktpalette, der Auswahl der Lieferanten und Finanzierungspartner, über die Auswahl der Angestellten, die Auswahl der Kunden (greift die Warenkreditversicherung?), den Aufbau des Vertriebsnetzes usf.

Der unternehmerische Ermessensspielraum besagt nicht, dass der Geschäftsführer in seinen Entscheidungen völlig frei ist. Was er auf jeden Fall einhalten muss, sind folgende Verfahrensregeln: 7024

1. Sorgfältige Ermittlung der Entscheidungsgrundlagen,[17] insbesondere bei Maßnahmen von größerer Bedeutung, das heißt
   – Einholung von Informationen darüber, welchen Einmalaufwand und welchen laufenden Aufwand die geplanten Maßnahmen erfordern.
   – Prüfung,
     – wie, der Markt auf die geplanten Maßnahmen voraussichtlich reagieren wird,
     – ob die einzubindenden Partner ausreichend zuverlässig sind,
     – wie sich die in Aussicht genommenen Maßnamen auf die vorliegende Planung (Planbilanzen und Plan- und Verlustrechnungen der nächsten zwei bis drei Jahre) auswirken,
     – wie sich bei einem Unternehmenskauf das Zielunternehmen in den vergangenen Jahren entwickelt hat (umfassende Due Dilgence-Prüfung),
     – mit welchen Risiken (betriebswirtschaftlich, steuerlich, rechtlich) für das Unternehmen die geplanten Maßnahmen verbunden sind und ob diese Risiken gegebenenfalls aufgefangen werden können,
     – ob das vorhandene Personal die Durchführung der geplanten Maßnahmen gewährleistet,
     – Abstimmung der Maßnahmen mit Gesellschaftern oder Aufsichtsrat und den sonstigen Beteiligten nach Erarbeitung der schriftlichen Dokumentation (sog Vorlagen Rn 4012);

---

[17] Dazu BGH v 14. 7. 2008 GmbHR 2008, 1033 f; BGH v 3. 11. 2008 GmbHR 2008, 117 f.

2. Durchführung und Umsetzung der getroffenen Maßnamen
3. Ablaufkontrolle
Beispielsweise muss der Geschäftsführer vor Unterzeichnung eines Angebots mit höherem Auftragswert die Angebots-Kalkulation zumindest überschlägig überprüfen oder durch einen Dritten überprüfen lassen, um eine ansonsten absehbare Schädigung der Gesellschaft zu vermeiden.[18]

7025 **Unternehmerischer Ermessensspielraum bedeutet nicht,** dass es den Geschäftsführern frei stände, **spekulative Geschäfte einzugehen.** Im Gegenteil. Der Abschluss risikobehafteter Geschäfte erfordert gesteigerte Sorgfalt. Erstens müssen selbstverständlich sämtliche Geschäfte vom Unternehmensgegenstand der Gesellschaft gedeckt sein. Das verbietet von vornherein den Einsatz von EUR 10 000,– pro Monat im Lotto, um die Bilanz zu sanieren (ein Fall aus der Praxis!) oder den Abschluss von Devisentermingeschäften, Finanzinstrumenten usw, die keinen Bezug zu konkreten Geschäften der Gesellschaft haben oder die Vergabe von Darlehen an Dritte (mit Ausnahme selbstverständlich von Arbeitnehmerdarlehen), es sei denn die Gesellschaft ist ein Kreditinstitut oder in der Branche ist die Hilfestellung bei der Projektfinanzierung des Kunden üblich. Im Rahmen der Finanzierung der Gesellschaft geht es nicht an, langfristige Kredite mit etwas höherem Zinssatz unter Inkaufnahme von Vorfälligkeitsentschädigungen zu kündigen und ohne gesicherte Refinanzierung durch fortlaufend prolongierte kurzfristige Mittel mit etwas niedrigerem Zinssatz zu ersetzen.[19] Ebenso geht es nicht an, Lieferantenkredite zu gewähren, wenn die Warenkreditversicherer Deckung verweigern oder Exportgeschäfte ohne die üblichen Sicherheiten (zB Akkreditiv) zu tätigen. Gibt es für bestimmte Abnehmer von vornherein keine Warenkreditversicherung oder Akkreditive, muss auf jeden Fall die Höhe der pro Abnehmer offenen Forderungen begrenzt werden (zB Versenden eines weiteren Containers erst nach Bezahlen des letzten) usw.

7026 **Bei gebundenen Entscheidungen besteht der vorstehend geschilderte unternehmerische Ermessensspielraum grundsätzlich nicht.** Das gilt für die Einhaltung der Gesetze, des Gesellschaftsvertrages, der Geschäftsordnung (insbesondere die Beachtung des Katalogs zustimmungspflichtiger Geschäfte und Maßnahmen) und von Gesellschafterweisungen usw. Bei manchen Entscheidungen ist allerdings nur das „ob überhaupt" eine gebundene Entscheidung (zB ordnungsgemäße Organisation der Gesellschaft und deren Kontrolle). Gibt es mehrere vertretbare Möglichkeiten, wie im Einzelnen die Organisation, das Risikomanagementsystem und/oder deren Kontrolle ausgestaltet ist, liegt die Wahl zwischen diesen Möglichkeiten innerhalb des unternehmerischen Ermessens.

7027 **Eine gebundene Entscheidung ist auch die Vermeidung jeder eigennützigen Handlung.** Interessenkollisionen haben Geschäftsführer zu ihren Lasten zu entscheiden. **Geschäftschancen, die unter den Unternehmensgegenstand der GmbH fallen, dürfen sie nicht privat wahrnehmen, sondern müssen sie auf die GmbH überleiten** (Geschäftschancenlehre oder corporate opportunities doctrine). **Geschäftsführer unterliegen während ihrer Amtszeit außerdem einem umfassenden Wettbewerbsverbot** (Rn 2050), auch wenn ein solches Verbot nicht ausdrücklich im Gesellschaftsvertrag oder im Anstellungsvertrag steht. Ein Verstoß verpflichtet zu einem uU erheblichen Schadenersatz (zur Verjährung, nur drei Monate, Rn 7090). Das Verbot erstreckt sich auch auf eine Beteiligung an Konkurrenzunternehmen (Rn 2116, § 6 Abs 1 und 2). **Nach Ablauf der Amtszeit besteht das Wettbewerbsverbot nicht mehr,** es sei denn, es ist vertraglich vereinbart (Rn 2108). Für ein nachvertragliches Wettbewerbsverbot muss nicht in jedem Fall eine Karenzentschädigung gezahlt werden (Rn 2108). Das ist anders bei Mitarbeitern unterhalb der Geschäftsführungsebene. Für

---

[18] BGH v 28. 10. 1971 WM 1971, 1548, 1549; BGH v 18. 2. 2008 GmbHR 2008, 488 f.
[19] BGH v 14. 7. 2008 GmbHR 2008, 1033 f – das war in der Finanzkrise des Herbstes 2008 die Vorgehensweise der meisten Kreditinstitute: die kurzfristige Refinanzierung langfristiger Kredite.

sie gelten die §§ 74 ff HGB. Bleibt der ausgeschiedene Geschäftsführer Gesellschafter, kann er in dieser Eigenschaft uU einem gesetzlichen Wettbewerbsverbot unterliegen (Rn 2113).

Ein Mehrheitsgesellschafter, der zugleich Geschäftsführer ist, muss als Geschäftsführer auch die Belange der Minderheit berücksichtigen.[20] Aus der Pflicht zu ordnungsgemäßer Geschäftsführung folgt ferner, dass ein Geschäftsführer sich nicht darauf berufen kann, dass ihm die erforderliche Ausbildung oder die Fähigkeiten fehlten, oder dass er wegen Arbeitsüberlastung der Leitung nicht voll gewachsen sei. Auch die Behauptung, den Gesellschaftern sei die mangelnde Fähigkeit bei seiner Bestellung bekannt gewesen, hilft ihm nicht.[21] Er muss für die Folgen pflichtwidrigen Handelns haften. **Wer sich nicht in der Lage fühlt, das Amt eines Geschäftsführers auszufüllen, darf es nicht übernehmen.** Wenn andere Organe, etwa die Gesellschafterversammlung, ein Beirat oder ein Aufsichtsrat den Geschäftsführer pflichtwidrig nicht ausreichend überwacht haben, so mögen sie neben ihm haften. Die eigene Haftung des Geschäftsführers entfällt deswegen nicht. **Nur rechtmäßige Weisungen der Gesellschafter schränken die Haftung ein** (Rn 7008, 7036). 7028

Auch aus gesellschaftsrechtlichen Organisationspflichten kann, wenn sie vernachlässigt werden, eine Haftung folgen. So müssen die Geschäftsführer eine Gesellschafterversammlung einberufen, wenn das halbe Stammkapital verloren ist (Rn 6046, 7058) oder wenn eine Gesellschafterminderheit von mindestens 10% die Einberufung verlangt (§ 50 Abs 1 GmbHG). Die Minderheit kann auch verlangen, dass die Geschäftsführer rechtzeitig zusätzliche Tagesordnungspunkte für eine Versammlung ankündigen (Einzelheiten zur Einberufung Rn 4010 f). Verletzen die Geschäftsführer ihre Pflicht, so haften sie der GmbH auf Schadensersatz. Wäre der Schaden auch bei rechtzeitiger Einberufung der Gesellschafterversammlung entstanden (zB weil die Gesellschafter ohnehin keine neuen Mittel in die Gesellschaft eingeschossen hätten), entfällt eine Haftung. Allerdings: Haben die Geschäftsführer sogar den Gesellschaftern gegenüber den Verlust des halben Stammkapitals verschwiegen, ist dies sogar strafbar, § 84 Abs 1 GmbHG (Rn 7058, 7121). 7029

Zur Verantwortung der Geschäftsführung gehört es auch, für die Bildung eines Aufsichtsrats zu sorgen, wenn die gesetzlichen Voraussetzungen gegeben sind, oder wenn der Gesellschaftsvertrag dies vorsieht (Rn 4052, 4060 ff). Die Einleitung des Statusverfahrens kann nicht von Amts wegen durch Zwangsgeld (Rn 7017) erzwungen werden.[22] Die Geschäftsführer haften formell auf Schadensersatz gem § 43 Abs 2 GmbHG. Jedoch ist ein Schaden bei der GmbH kaum denkbar. Fehlt der Aufsichtsrat, so werden die Geschäftsführer weiterhin durch die Gesellschafter kontrolliert. Ihre Bestellung und Anstellung obliegt ohnehin den Gesellschaftern. Schadensersatzansprüche von Arbeitnehmern oder Gewerkschaftsvertretern wegen entgangener Bezüge als mögliche Mitglieder des Aufsichtsrats scheiden aus. Die Pflicht der Geschäftsführer zur gesetzmäßigen Organisation der GmbH ist kein Schutzgesetz im Sinne von § 823 Abs 2 BGB.[23] **Wenn die Geschäftsführung nicht umgekehrt dafür sorgt, dass ein zu großer Aufsichtsrat verkleinert wird** (beispielsweise sinkt die Arbeitnehmerzahl nachhaltig unter 2000), **kann der GmbH allerdings dadurch ein Schaden entstehen, dass unnötig lange Aufsichtsratstantiemen gezahlt werden mussten.** 7030

Besteht ein Aufsichtsrat, muss an ihn berichtet werden. Ein Verstoß verpflichtet die Geschäftsführer zum Ersatz des Schadens, den die GmbH ggf dadurch 7031

---

[20] BGH v 29. 11. 1993 DStR 1994, 214 f mit Anm Goette.
[21] Uwe H. Schneider in Scholz GmbHG § 43 Rn 232.
[22] Hoffmann/Lehmann/Weinmann MitbestG § 1 Rn 64.
[23] Uwe H. Schneider in Scholz GmbHG § 43 Rn 307 f.

erleidet, dass wirksame Kontrollmaßnahmen verzögert werden oder überhaupt nicht ergriffen werden konnten. Die Mitglieder des Aufsichtsrats können keine eigenen Ansprüche gegen die Geschäftsführer erheben. Gläubiger ist nur die GmbH. **Die gesetzliche Berichtspflicht der Geschäftsführer unterscheidet sich von der eines Vorstands im Aktienrecht.** § 90 Abs 1 und 2 AktG, die Inhalt und Periodizität der Vorstandsberichte an den Aufsichtsrat regeln, gelten weder nach § 52 GmbHG in Bezug auf nicht mitbestimmte Aufsichtsräte, noch nach § 1 Abs 1 Nr 3 DrittelbG für Berichte an drittelparitätische Aufsichtsräte, noch nach § 25 MitbestG für Berichte an paritätisch mitbestimmte Aufsichtsräte.[24] In diesen Fällen ist allerdings häufig über das Gesetz hinaus in der Geschäftsordnung der Geschäftsführung oder des Aufsichtsrats geregelt, dass die Geschäftsführung von sich aus monatlich oder zumindest vierteljährlich berichtet.

7032   Zu den organisationsrechtlichen Pflichten gehört es auch, dass nach jeder Veränderung in den Beteiligungsverhältnissen eine neue Liste der Gesellschafter zum Handelsregister eingereicht wird (§ 40 Abs 1 GmbHG). Seit dem MoMiG (s Einleitung) trifft diese Pflicht in erster Linie die Notare (§ 40 Abs 2 GmbHG: „anstelle der Geschäftsführer"). Nur dann, wenn die Beteiligungsverhältnisse sich ohne notariellen Akt geändert haben (beispielsweise durch Erbgang), obliegt diese Pflicht der Geschäftsführung. Als Änderungen gelten sowohl Änderungen in den Personen der Gesellschafter als auch Änderungen in Höhe der Beteiligung, ohne dass sich die personelle Zusammensetzung der Gesellschafter ändert. Zweck der Vorschrift ist, dass die jeweilige Zusammensetzung der Gesellschafter und der Umfang ihres Investments in der GmbH aus den Registerakten ersichtlich ist. **Versäumen die Geschäftsführer die Meldung,** haften sie, falls ein Schaden entstanden ist, dem Alt- und dem Neugesellschafter sowie den Gläubigern der GmbH (§ 40 Abs 3 GmbHG, vgl Rn 7067).[25]

7033   Die Geschäftsführer haben auch dafür zu sorgen, dass **alle Geschäftsbriefe** (dazu gehören auch Websites und Emails),[26] die an einen bestimmten Empfänger gerichtet sind, die in § 35a GmbHG **genannten Angaben enthalten** (Rn 2012). Das sind die Rechtsform und der Sitz der Gesellschaft, das Registergericht des Sitzes der Gesellschaft, die Nummer, unter der die Gesellschaft in das Handelsregister eingetragen ist, alle Geschäftsführer und, sofern die Gesellschaft einen Aufsichtsrat gebildet hat, der Name des Aufsichtsratsvorsitzenden mit mindestens einem ausgeschriebenen Vornamen (§ 35a GmbHG). Geschäftsbriefe im vorstehenden Sinne sind auch Bestellscheine, sowie Angebote und Auftragsbestätigungen. Dagegen sind Mitteilungen und Berichte im Rahmen einer bestehenden Geschäftsverbindung, für die üblicherweise Vordrucke verwendet werden, wie Rechnungen und Lieferscheine, ausgenommen. **Das Registergericht kann die Geschäftsführer durch Androhung eines Zwangsgeldes zur Beachtung der Vorschriften anhalten** (Rn 7017). Da § 35a GmbHG den Geschäftspartnern einer GmbH die Möglichkeit verschaffen soll, sich bereits vor oder bei der Aufnahme von Geschäftsbeziehungen über wichtige Verhältnisse bei der GmbH zu unterrichten, dient diese Vorschrift ebenfalls dem Schutz der Geschäftspartner der GmbH. **§ 35a GmbHG ist insoweit als Schutzgesetz im Sinne von § 823 Abs 2 BGB anerkannt** (Rn 7067). Die Gläubiger der GmbH können, wenn die Geschäftsführer die Vorschrift nicht beachten, neben der GmbH auch die Geschäftsführer persönlich in Anspruch nehmen.[27] Daneben haften die Geschäftsführer der GmbH auf Schadensersatz, falls diese in Anspruch genommen wird.

---

[24] Lutter/Krieger Aufsichtsrat Rn 1122.
[25] Paefgen in Ulmer GmbHG § 40 Rn 26 ff; Uwe H. Schneider in Scholz GmbHG § 40 Rn 26 und 44; Kort GmbHR 2009, 169 ff.
[26] Uwe H. Schneider in Scholz GmbHG § 35 Rn 5 und 6.
[27] Zöllner/Noack in Baumbach/Hueck GmbHG § 35a Rn 20.

II. Haftung gegenüber der GmbH – Innenhaftung

Wenn die GmbH gegen einen Geschäftsführer Ansprüche erhebt, muss sie zwar die Pflichtverletzung und die Schadensverursachung durch die Pflichtverletzung darlegen. Hat dies die GmbH getan, muss jedoch der Geschäftsführer seinerseits, entsprechend § 93 Abs 2 S 2 AktG, das Gegenteil darlegen und beweisen, nämlich, dass er „die Sorgfalt eines ordentlichen und gewissenhaften Geschäftsleiters angewandt hat."[28] Wenn zB bei einer GmbH nur ein Geschäftsführer bestellt und von den Warenvorräten mehr als ein Drittel des durchschnittlichen Bestandes „verschwunden" ist und nicht aufgeklärt werden kann, wie es zu dem Verlust kommen konnte, so genügt es, wenn die GmbH diese Tatsachen vorträgt. Da es zum Aufgabenbereich des Geschäftsführers gehört, für die ordnungsgemäße Lagerung und Sicherung des Warenbestandes zu sorgen, muss die GmbH nicht beweisen, welche konkrete rechtswidrige Handlung des Geschäftsführers (Organisationsverschulden) zu dem Fehlbestand geführt hat. Vielmehr muss der Geschäftsführer darlegen und beweisen, dass er alle gebotene Sorgfalt angewendet hat, um den „Schwund" zu verhindern. 7034

Bevor die GmbH ihren Schadensersatzanspruch gegenüber den Geschäftsführern geltend machen kann, muss ein Gesellschafterbeschluss gefasst werden (§ 46 Nr 8 GmbHG). Das ist auch deshalb sinnvoll, weil es dem obersten Gesellschaftsorgan (und nicht den Geschäftsführern) vorbehalten bleiben muss, ob die möglicherweise abträgliche Wirkung, die eine Klage und die damit verbundene Offenlegung interner Verhältnisse mit sich bringt, in Kauf genommen werden soll. **Ein betroffener Gesellschafter-Geschäftsführer hat bei der Beschlussfassung kein Stimmrecht** (§ 47 Abs 4 GmbHG). Vertreten wird die GmbH bei der Geltendmachung des Schadenersatzanspruches durch die Gesellschafter oder einen besonderen Vertreter (Rn 3001). Gläubiger der GmbH können den Anspruch der GmbH gegen die Geschäftsführer pfänden, auch wenn kein Gesellschafterbeschluss gem § 46 Nr 8 GmbHG gefasst worden ist. Die GmbH kann, wiederum in Form eines Beschlusses der Gesellschafter, auf ihre Ansprüche gegen die Geschäftsführer verzichten oder sie durch Vergleich bereinigen; ausgenommen hiervon ist der Fall des § 43 Abs 3 GmbHG, nämlich Ansprüche aus Verstößen gegen die Vorschriften der §§ 30 (Erhaltung des Stammkapitals) und 33 GmbHG (Erwerb eigener Anteile Rn 7047). In diesen Fällen kann nur unter bestimmten Bedingungen verzichtet werden. In der Entlastung der Geschäftsführer liegt ein Verzicht auf Schadenersatzansprüche gegen den Geschäftsführer (Rn 2039), soweit der Sachverhalt bekannt und ein Verzicht zulässig ist (Rn 7099). **Die Ansprüche der GmbH verjähren in fünf Jahren** (Rn 7089 ff). 7035

2. Haftung wegen Verletzung der Pflicht, die Weisungen der Gesellschafter auszuführen

Die GmbH-Gesellschafter haben ein gesetzliches Weisungsrecht (§§ 37 Abs 1, 46 Nr 6 GmbHG) (Rn 4000). Machen sie davon Gebrauch, leiten die Geschäftsführer die GmbH – im Unterschied zum Vorstand einer AG (§ 76 Abs 1 AktG) – nur insoweit in eigener Verantwortung, als die Weisungen dies zulassen. Die Geschäftsführer dürfen Weisungen, zu denen die Gesellschafter berechtigt sind, nicht ablehnen, weil sie sie für die GmbH für nutzlos oder gar für schädlich halten. Sie müssen aber Bedenken, die sie gegen eine bestimmte Weisung haben, vortragen und auf etwa nachteilige Folgen aufmerksam machen. Verändern sich die Umstände, die die Grundlage einer Weisung gewesen sind, so müssen die Geschäftsführer mit den Gesellschaftern überlegen, ob Änderungen notwendig sind oder ob an den Weisungen festgehalten werden soll. Notfalls muss zu diesem Zwecke eine außerordentliche Gesellschafterversammlung einberufen 7036

---

[28] BGH v 4. 11. 2002 BGHZ 152, 280 ff = GmbH 2003, 113 ff (Nichtanmeldung von Kurzarbeit); BGH v 18. 2. 2008 GmbHR 2008, 488 f (Fehlkalkulation eines Auftrags).

werden. **Weisungen mit denen die Geschäftsführer sich schadensersatzpflichtig oder strafbar machen würden, müssen und dürfen sie zurückweisen; sie dürfen sie nicht befolgen** (Rn 4001, 7008).

7037 **Für die Ausführung nichtiger oder anfechtbarer Gesellschafterbeschlüsse haften die Geschäftsführer nur dann, wenn sie die Rechtswidrigkeit** des jeweiligen Beschlusses, der die Nichtigkeit oder Anfechtbarkeit begründete, **erkennen konnten** (vgl auch Rn 4040 ff). Bei anfechtbaren Gesellschafterbeschlüssen haften die Geschäftsführer nur dann, wenn sie damit rechnen müssen, dass ein oder mehrere Gesellschafter anfechten. Können sie davon ausgehen, dass die Gesellschafter von dem Anfechtungsrecht keinen Gebrauch machen werden, würden sie eher pflichtwidrig handeln, wenn sie die Ausführung des Beschlusses unterließen.[29] Ein eigenes Anfechtungsrecht haben die Geschäftsführer nicht. In der Literatur werden auch abweichende Ansichten vertreten (Rn 4041 und dort Fn 42).

3. Haftung wegen Verstoßes gegen den Grundsatz der Liquiditätssicherung und den Grundsatz der Kapitalerhaltung

7038 **Die Geschäftsführer dürfen** nach dem aufgrund des MoMiG (s Einleitung) neu eingeführten § 64 S 3 GmbH **keine Zahlungen an Gesellschafter vornehmen, soweit diese zur Zahlungsunfähigkeit der Gesellschaft führen mussten,** es sei denn, dies war auch bei Beachtung der Sorgfalt eines ordentlichen Geschäftsmanns nicht erkennbar, **Grundsatz der Liquiditätssicherung** (Rn 4009, 6052). Zahlungen an Gesellschafter gleich welcher Art (näher Rn 4009), sind also stets anhand der Finanzplanung daraufhin zu überprüfen, ob sie zur Zahlungsunfähigkeit führen müssen. Wann eine Zahlung zur Zahlungsunfähigkeit führen muss, dafür liegen noch keine gesicherten Kriterien vor. Ist die Zahlungsfähigkeit nur dann gesichert, wenn die Zahlungseingänge, die den Liquidationsabfluss an den Gesellschafter ausgleichen sollen, nur erhofft werden, so genügt das auf jeden Fall nicht. Die Zahlungseingänge müssen mit gesicherter Wahrscheinlichkeit zu erwarten sein. Zeichnet sich ab, „dass die Gesellschaft unter normalem Verlauf der Dinge ihre Verbindlichkeiten nicht mehr wird erfüllen können",[30] haftet der Geschäftsführer.

7039 **Die Geschäftsführer dürfen keine Zahlungen an die Gesellschafter leisten, wenn dadurch das Vermögen geschmälert würde, das zu Erhaltung des Stammkapitals erforderlich ist, dh wenn durch die Zahlung eine Unterbilanz** (Rn 6042) **entstünde, § 30 Abs 1 GmbHG.** Dieser Grundsatz der Kapitalerhaltung dient dem Schutz der Gläubiger. Die Kapitalerhaltung bezieht sich auf die Sicherung des Nominalkapitals (Stammkapital oder gezeichnetes Kapital). Eigenkapital, das das Nominalkapital übersteigt (beispielsweise Rücklagen), ist von § 30 Abs 1 GmbHG nicht betroffen.

7040 **Die Rückzahlung von Gesellschafterdarlehen (sog absteigende Finanzierungshilfen oder downstream-Darlehen) verstößt** im Gegensatz zur Rechtslage vor Inkrafttreten des MoMiG (s Einleitung) **im Regelfall nicht gegen das Verbot des § 30 Abs 1 GmbHG** (so ausdrücklich der neue § 30 Abs 1 S 3 GmbHG, Rn 4008, 6014). Dem Gesellschafterdarlehen gleichgestellt ist die Gewährung von Sicherheiten durch einen Gesellschafter an eine Bank, die der Gesellschaft einen Kredit gewährt hat, und ähnliche Fälle.[31] Gesellschafterdarlehen und gesellschafterbesicherte Drittdarlehen sind jedoch vom Insolvenzverwalter anfechtbar, und zwar dann, wenn sie

---

[29] Zöllner/Noack in Baumbach/Hueck GmbHG § 43 Rn 35.
[30] Regierungsbegründung zum MoMiG (s Einleitung), Bundestags-Drucksache 16/6140 v 25. 7. 2007 S 112.
[31] Dazu im Einzelnen Karsten Schmidt BB 2008, 1966 ff.

innerhalb eines Jahres vor dem Insolvenzantrag zurückgezahlt worden sind, § 135 Abs 1 und 2 InsO (Rn 6014).

Auch für die Nutzungsüberlassung von Grundstücken und sonstigen Gegenständen gilt nach dem Inkrafttreten des MoMiG etwas Neues (§ 135 Abs 3 InsO). Hat beispielsweise ein Gesellschafter sein Grundstück an die GmbH vermietet oder verpachtet oder Maschinen zur Verfügung gestellt, so kann der Gesellschafter, falls der Gegenstand für die Fortführung des Unternehmens von erheblicher Bedeutung ist, den Rückgabeanspruch für ein Jahr nicht geltend machen; der Insolvenzverwalter hat dafür eine Vergütung zu zahlen (durchschnittliche Vergütung des letzten Jahres vor Eröffnung des Insolvenzverfahrens).[32] Ist also das vom Gesellschafter an die GmbH vermietete Grundstück fremdfinanziert, also mit einem Grundpfandrecht belastet, und verlangt der Grundpfandgläubiger die Zinsen, kann im Gegensatz zur Rechtslage vor dem MoMiG der Gesellschafter die Zinsen bezahlen. 7041

Die Gewährung von Darlehen durch die GmbH an einen Gesellschafter (oder die Gewährung von Sicherheiten durch die GmbH für einen Kredit einer Bank an einen Gesellschafter), **sog aufsteigende Finanzierungshilfen oder upstream-Darlehen, verstieß vor Inkrafttreten des MoMiG ebenfalls gegen § 30 Abs 1 GmbHG,** falls es aus dem zur Erhaltung des Stammkapitals erforderlichen Vermögens gezahlt wurde, wenn also das Darlehen höher war als die Rücklagen.[33] Das führte dazu, dass **auch cash-pooling-Systeme** in Konzernen (Rn 1059), die ja notwendigerweise mit gegenseitigen Darlehensgewährungen verknüpft sind, grundsätzlich unzulässig waren. Jeder GmbH-Geschäftsführer lief also Gefahr, wenn er seine GmbH an einem cash-pooling-System beteiligte, vom Insolvenzverwalter, falls es zur Insolvenz kam, haftbar gemacht zu werden. Der Gesetzgeber ist dem mit dem neuen MoMiG entgegengetreten. **Ist der Darlehensrückgewähranspruch „vollwertig", so verstößt dies nicht gegen das Rückzahlungsverbot, so ausdrücklich der neue § 30 Abs 1 S 2 GmbHG** (Rn 4008). Allerdings: Der Geschäftsführer ist für die Prüfung, ob der Rückzahlungsanspruch vollwertig ist, verantwortlich. Er muss also in der Lage sein darzulegen, dass er geprüft hat und aufgrund welcher Umstände er die Vollwertigkeit bejaht hat. Es empfiehlt sich, diese Überlegungen schriftlich festzuhalten und von allen Geschäftsführern unterzeichnen zu lassen. Denn eine aufsteigende Finanzierungshilfe ist eine Frage der Kapitalerhaltung, gehört also zum Kernbereich und ist deshalb nicht nur Aufgabe des für die Finanzen zuständigen Geschäftsführers, sondern aller Geschäftsführer (Rn 3041, 7014). Darüber hinaus sollten die Geschäftsführer zu ihrem Schutz für aufsteigende Finanzierungshilfen, die in der Praxis stets auf eine Initiative des oder der Gesellschafter(s) zurückgehen, einen Weisungsbeschluss der Gesellschafter zur Voraussetzung für die Darlehengewährung machen. 7042

Nicht nur der Rückgewähranspruch bei der Gewährung von Darlehen an Gesellschafter muss vollwertig sein, um eine Anwendung des § 30 Abs 1 GmbHG auszuschließen. **Auch der Gegenleistungsanspruch bei einem Austauschgeschäft mit einem Gesellschafter muss vollwertig sein und die Leistung abdecken (Rn 4006 – sog Deckungsgebot).**[34] Deckungsgebot bedeutet, dass der nicht seltene **Verkauf** von Vermögensgegenständen (PKW, Computer, Maschinen) der GmbH **zum Buchwert an Gesellschafter** und der Kauf vom Gesellschafter durch die GmbH zu einem überhöhten Preis **unzulässig** sind. Es darf nur zum Verkehrswert verkauft und gekauft werden. Falls die GmbH keine freien Rücklagen besitzt oder durch das Geschäft mehr als die freien Rücklagen verliert, dadurch also das Stammkapital geschmälert wird, muss der gelieferte Gegenstand oder die geleistete Zahlung nach § 31 Abs 1 GmbHG erstattet 7043

---

[32] Burg/Blasche GmbHR 2008, 1250 ff.
[33] BGH v 24. 11. 2003 BGHZ 157, 72, 75 f = NJW 2004, 1111 f.
[34] Eusani GmbHR 2009, 512 ff.

werden. Ist der durch das Geschäft eingetretene Verlust durch Rücklagen gedeckt, werden aber nicht alle Gesellschafter gleichmäßig bevorzugt, ist der Verstoß gegen das Deckungsgebot ein Verstoß gegen den Gleichbehandlungsgrundsatz (Rn 4043, 4047).

7044 Durch einen „vollwertigen Gegenleistungs- oder Rückgewähranspruch gegen den Gesellschafter gedeckt" ist die Leistung an den Gesellschafter, wenn erstens die **Bonität des Gesellschafters in Ordnung** ist; der verbreiteten Praxis bei Unternehmenskäufen durch Finanzinvestoren, eine gering kapitalisierte Erwerbsgesellschaft zu gründen, die den Kaufpreis an den Verkäufer mit Krediten bezahlt, die durch Vermögensgegenstände, die die GmbH als Kaufobjekt stellt, gesichert sind, ist damit teilweise ein Riegel vorgeschoben. Zweitens muss der Gegenleistungs- oder Rückgewähranspruch durchsetzbar sein.[35] **Durchsetzbar bedeutet, dass der Anspruch jederzeit fällig ist oder fällig gestellt werden kann.**[36] Eine Vereinbarung mit dem Gesellschafter, mit der der Anspruch längerfristig gestundet wird, ist also unzulässig.

7045 **Im Gesetz nicht ausdrücklich geregelt ist, welche Rechtsfolge es hat, wenn die Vollwertigkeit des Rückzahlungsanspruchs der GmbH aufgrund einer Verschlechterung der Vermögensverhältnisse des Gesellschafters in Frage gestellt wird.** Da in diesem Fall die Ausnahmevorschrift des Satzes 2 des § 30 Abs 1 GmbHG nicht mehr gilt, verstößt das Belassen der Leistung beim Gesellschafter gegen § 30 Abs 1 S 1 GmbHG. Damit wird die Leistung zwar nicht nachträglich zu einer verbotenen Auszahlung. Aber der Geschäftsführer ist verpflichtet, alles in seiner Macht stehende zu tun, um die Forderung einzutreiben.[37] Eine Rücksichtnahme auf den Gesellschafter ist nicht mehr möglich.

7046 **Haben die Geschäftsführer Auszahlungen entgegen dem Grundsatz der Kapitalerhaltung verschuldet (insbesondere § 30 Abs 1 GmbHG), so haften sie für die Erstattung an die Gesellschaft** (§ 43 Abs 3 GmbHG, Rn 4007 aE). Zunächst müssen die Gesellschafter, die zu Unrecht Leistungen erhalten haben, diese zurückerstatten (§ 31 Abs 1 GmbHG). Der Gesellschafter, der den ausgezahlten Betrag gutgläubig empfangen hat, braucht ihn zwar nicht zu erstatten, haftet aber insoweit, als es zur Gläubigerbefriedigung erforderlich ist (§ 31 Abs 2 GmbHG). Kann einer dieser Gesellschafter nicht leisten, müssen die anderen Gesellschafter den Ausfall anteilig tragen, soweit die Erstattung erforderlich ist, um Gesellschaftsgläubiger zu befriedigen (§ 31 Abs 3 GmbHG Rn 4007 Fn 6). Soweit die Gesellschafter aufgrund ihrer Ausfallhaftung gezahlt haben, können sie dafür von den Geschäftsführern Schadensersatz fordern, wenn diese schuldhaft gehandelt haben (§ 31 Abs 6 GmbHG). Sie können von den Geschäftsführern auch Freistellung fordern. Soweit die Ausfallleistungen der Gesellschafter den Verlust der GmbH nicht ausgleichen, haften sodann die Geschäftsführer

---

[35] Regierungsbegründung zum Entwurf des MoMiG (s Einleitung) Bundestags-Drucksache 16/6140 S 99: „Die Durchsetzbarkeit der Forderung ist Teil der Definition des Begriffs der Vollwertigkeit und bedarf daher keiner besonderen Erwähnung."

[36] AA Bormann/Urlichs Kapitalaufbringung und Kapitalerhaltung nach dem MoMiG, in Römermann/Wachter S 48 rSp, die aus dem (durch den Rechtsausschuss später eingefügten) § 19 Abs 5 GmbHG, der die jederzeitige Fälligkeit noch einmal zusätzlich betont, meinen schlussfolgern zu können, dass für die Gegenleistungs- und Rückgewähransprüche des § 30 GmbHG keine jederzeitige Fälligkeit gelte und deshalb beispielsweise für Darlehen auch Laufzeiten über ein Jahr vereinbart werden könnten (Umkehr – statt Analogieschluss). Das würde jedoch bedeuten, dass die Geschäftsführung auf die Durchsetzbarkeit auf Zeit verzichten könnte, was angesichts der zwingenden Bestimmung des § 30 GmbHG nicht überzeugen kann.

[37] Regierungsbegründung zum Entwurf des MoMiG (s Einleitung) Bundestags-Drucksache 16/1640 S 99: „Spätere nicht vorhersehbare negative Entwicklungen der Forderung gegen den Gesellschafter und bilanzielle Abwertung führen nicht nachträglich zu einer verbotenen Auszahlung. Es kann aber dann ein Sorgfaltspflichtverstoß des Geschäftsführers gegeben sein, der diese Forderung stehen ließ, obwohl er sie hätte einfordern können."

II. Haftung gegenüber der GmbH – Innenhaftung

unmittelbar gegenüber der Gesellschaft.[38] Die Geschäftsführer haften deshalb zweifach, zum einen der GmbH gegenüber nach § 43 Abs 3 GmbHG und zum anderen den Gesellschaftern gegenüber nach § 31 Abs 6 GmbHG, die anteilig den Ausfall des anderen Gesellschafters getragen haben. Deshalb, und um alle Gesellschafter im Hinblick auf die drohende Ausfallhaftung zu warnen, **sollten die Geschäftsführer vor einer Leistung an einen Gesellschafter stets einen Weisungsbeschluss der Gesellschafter einholen,** und vorab den Gesellschafter, der eine Leistung haben möchte, um Verständnis dafür bitten, dass dies erst nach einem entsprechenden Weisungsbeschluss aller Gesellschafter möglich sei. Das schützt zwar nicht, soweit die Schadenersatzzahlung zur Befriedigung der Gläubiger erforderlich[39] ist (falls überhaupt ein solcher Anspruch besteht). Aber ansonsten schützt der Weisungsbeschluss.

Die Geschäftsführer haften auch dafür, dass die Bestimmungen über den Erwerb eigener Anteile (§ 33 GmbHG) beachtet werden. Im Prinzip können sie Geschäftsanteile an der GmbH für die GmbH erwerben, ohne dabei an die Verfolgung bestimmter Zwecke gebunden zu sein.[40] Die GmbH wird Gesellschafter bei sich selbst. Eigene Anteile dürfen aber nur erworben werden, wenn die Einlagen auf diese Anteile voll geleistet worden sind. Gleiches gilt für die Inpfandnahme eigener Anteile. Auch geringfügige Rückstände sind schädlich. Rückstände auf Einlagen können auch nicht durch Sicherheiten in Höhe des noch fehlenden Einlageteils ersetzt werden.[41] **Der Kaufpreis muss aus den freien Vermögensmitteln ohne Minderung des Stammkapitals gezahlt werden können, also aus Rücklagen oder einem Gewinnvortrag. In der nächsten Bilanz** ist nach § 272 Abs 1a HGB (idF des BilMoG s Einleitung) in einer Vorspalte der Nennbetrag des erworbenen Anteils vom gezeichneten Kapital als Kapitalrückzahlung offen abzusetzen; in der Hauptspalte erscheint nur noch der Saldo. Das ändert nichts daran, dass für den Grundsatz der Kapitalerhaltung nach § 30 Abs 1 GmbHG nicht der Saldo, sondern weiterhin das im Handelsregister eingetragene Kapital als Stammkapital gilt. Außerdem ist die Differenz zwischen dem Nennbetrag und den Anschaffungskosten der eigenen Anteile mit den frei verfügbaren Rücklagen zu verrechnen. Ein Verstoß gegen das Verbot des § 33 GmbHG macht das Kaufgeschäft nichtig. Der Kaufpreis ist dann Zug um Zug gegen Rückgabe des Geschäftsanteils zurückzuzahlen. **Die Geschäftsführer haften der GmbH für alle Schäden, die aus dem nichtigen Geschäft entstanden sind (§ 43 Abs 2 GmbHG).** Die Gläubiger der GmbH haben keine eigenen Schadenersatzansprüche gegen die Geschäftsführer; § 33 GmbHG ist kein Schutzgesetz im Sinne von § 823 Abs 2 BGB. Sie können aber die Schadenersatzansprüche der GmbH gegen die Geschäftsführer pfänden.

Aus dem Vermögen, das zur Erhaltung des Stammkapitals erforderlich ist, also insoweit als keine freien Rücklagen oder ein Gewinnvortrag vorhanden sind, dürfen Geschäftsführern, Liquidatoren, Prokuristen und zum gesamten Geschäftsbetrieb ermächtigten Handlungsbevollmächtigte keine Kredite gewährt werden (§ 43a GmbHG). Auch diese Vorschrift dient der Kapitalerhaltung und damit dem Gläubigerschutz. Nicht zu diesem Personenkreis gehören leitende Angestellte ohne Prokura oder ohne Generalvollmacht sowie Mitglieder des Aufsichtsrats oder eines Beirats. Auch Kredite an Gesellschafter fallen nicht unter § 43a GmbHG (Rn 7042). Kredite an einen Gesellschafter-Geschäftsführer fallen dem gegenüber unter § 43a GmbHG (und unter § 30 GmbHG). Kredite sind nicht nur Darlehen. Als Kredite gelten auch Bürgschaften der GmbH, Wechselzeichnung durch die GmbH, Waren-

---

[38] Zur Verjährung (fünf Jahre) Rn 7089.
[39] Uwe H. Schneider in Scholz GmbHG § 43 Rn 271f mwN; vgl auch Rn 7099.
[40] Anders die Regelung in § 71 AktG für den Erwerb eigener Aktien durch die AG.
[41] Pentz in Rowedder/Schmidt-Leithoff GmbHG § 33 Rn 11.

kredite, Gehaltsvorschüsse, Stundungen, Ablösung von Drittschulden. Ob der Kreditnehmer der GmbH Sicherheiten gewährt hat, ist für das Verbot ohne Belang. Die unzulässige Kreditgewährung ist zwar wirksam; der Kredit muss aber sofort an die GmbH zurückgezahlt werden, ist also fällig und muss verzinst werden.

7049 **Die Geschäftsführer, die den unzulässigen Kredit gewährt haben, aber auch die Geschäftsführer, die ihn erhalten haben, sind der GmbH für einen eventuellen Schaden ersatzpflichtig (§ 43 Abs 2 GmbHG).** Gläubiger der GmbH haben keinen eigenständigen Schadensersatzanspruch. Sie können aber den Anspruch der GmbH gegen die Geschäftsführer pfänden. Allerdings hat die GmbH keinen Schadensersatzanspruch, wenn die Geschäftsführer aufgrund eines wirksamen Gesellschafterbeschlusses gehandelt haben. Sind die kreditierten Beträge jedoch erforderlich, um Gläubiger der Gesellschaft zu befriedigen, muss dennoch Ersatz geleistet werden. Insoweit ist § 43 Abs 3 S 3 GmbHG analog anzuwenden.[42]

7050 **Gewähren Geschäftsführer Kredite aus dem ungebundenen Vermögen der GmbH, also aus Rücklagen oder einem Gewinnvortrag, haben sie die übliche Sorgfalt des ordentlichen Geschäftsmannes zu beobachten** (§ 43 Abs 1 GmbHG). Sie müssen zB auf Sicherheiten achten, angemessene Zinsen vereinbaren, Fälligkeiten vereinbaren usw. Sie müssen auch an die Bestimmungen in ihren Anstellungsverträgen, in einer etwaigen Geschäftsordnung oder im Gesellschaftsvertrag denken, insbesondere also Zustimmungen einholen, wenn diese dort vorgesehen sind.

III. Haftung gegenüber den GmbH-Gesellschaftern

1. Vertragliche Haftung aus Anstellungsvertrag

7051 **Die Gesellschafter können aus den Anstellungsverträgen der Geschäftsführer grundsätzlich keine direkten Ansprüche gegen diese herleiten.** Denn wenn auch die Anstellungsverträge im Regelfall von den Gesellschaftern unterzeichnet werden, sind sie nicht der Vertragspartner. **Vertragspartner ist die GmbH.** Anders kann es nur dann sein, wenn allen Gesellschaftern oder einzelnen von ihnen Sonderrechte eingeräumt worden sind, was in der Regel im Gesellschaftsvertrag geschieht. Solche Sonderrechte betreffen zB spezielle Informationsrechte, oder das Recht, die Abhaltung der Gesellschafterversammlung an einem bestimmten Ort zu verlangen, oder das Recht, der GmbH Wettbewerb zu machen u dgl. Die Geschäftsführer dürfen diese Rechte nicht missachten oder ihre Ausübung verhindern. Andernfalls können sie den berechtigten Gesellschaftern zum Ersatz des entstandenen Schadens verpflichtet sein.[43]

2. Haftung aus Organstellung

7052 **Aus ihrer Organstellung, dh aufgrund ihrer Funktion als Geschäftsführer und gesetzlicher Vertreter, haften die Geschäftsführer ebenfalls grundsätzlich nur der GmbH** nach § 43 Abs 2 GmbHG, nicht den Gesellschaftern unmittelbar. Die Gesellschafter können aus § 43 Abs 2 GmbHG keine eigenen Rechte herleiten. **Es gibt jedoch einige im GmbHG speziell geregelte Fälle, in denen Gesellschafter unmittelbar Ansprüche gegen Geschäftsführer aus ihrer Organstellung geltend machen können;**[44] dazu gehören § 31 Abs 6 GmbHG (Pflicht keine verbotenen Kapitalrückzahlungen nach § 30 GmbHG vorzunehmen, Rn 7046), die Pflicht,

---
[42] Zöllner/Noack in Baumbach/Hueck GmbHG § 43a Rn 7.
[43] Kion BB 1984, 864, 867 f.
[44] Vgl Uwe H. Schneider in Scholz GmbHG § 43 Rn 301.

III. Haftung gegenüber den GmbH-Gesellschaftern **7053, 7054**

dem Gesellschafter ein Bankkonto der GmbH zu benennen, damit er seine Einlage schuldbefreiend leisten kann, die Pflicht nach § 51a GmbHG, richtige Auskunft zu erteilen, um etwa zu vermeiden, dass ein Gesellschafter seinen Geschäftsanteil unter Wert verkauft. Auch sonstige Loyalitätspflichten des Geschäftsführers gegenüber der Gesellschaft kommen in Betracht. Nicht sämtliche organschaftlichen Pflichten der Geschäftsführer gegenüber der GmbH sind jedoch auch solche gegenüber dem Gesellschafter mit der Folge, dass Schadenersatzpflichten entstehen können. Kann sich der Gesellschafter mit gesellschaftsrechtlichen Mitteln helfen (Auskunftsklage, Anfechtung) scheidet Schadenersatz aus.

3. Haftung aus unerlaubter Handlung

Geschäftsführer haften den Gesellschaftern wie jedem anderen unmittelbar, wenn sie sich ihnen gegenüber einer unerlaubten Handlung schuldig gemacht haben. Nach § 823 Abs 1 BGB haften sie, wenn sie beispielsweise einen Gesellschafter körperlich verletzen. Diese Haftung hat allerdings nichts mit ihrer Funktion als Geschäftsführer zu tun. Sie ist die Folge eines Rechtsverstoßes, der jedem verboten ist, sei er nun Geschäftsführer oder nicht. Im Verhältnis zu Gesellschaftern gibt es jedoch einige Tatbestände, die besonders zu bedenken sind, weil hier die Machtstellung, die ein Geschäftsführer eben hat, eine Rolle spielt. **Der wirtschaftliche Wert eines Geschäftsanteils ist kein absolutes Recht, das zur Haftung nach § 823 Abs 1 BGB führt.** Mindert sich der Wert des Geschäftsanteils infolge schuldhafter sorgfaltswidriger Geschäftsführung, so haften die Geschäftsführer allein der GmbH nach § 43 Abs 2 GmbHG, nicht jedoch den Gesellschaftern (Rn 7052). **Umstritten ist dagegen ob das Mitgliedschaftsrecht als solches ein sonstiges Recht im Sinne des § 823 Abs 1 BGB ist.** Folge dieser Auffassung wäre, dass der Geschäftsführer es dadurch verletzen könnte, dass er Gesellschafter zB an der Teilnahme an der Abstimmung hindert oder an der rechtzeitigen Vorbereitung, etwa durch verspätete Einladung oder durch mangelnde Information. Weitere Folge wäre, dass dann, wenn dem Gesellschafter dadurch ein Schaden entsteht, die Geschäftsführer, die den Schaden zu verantworten haben, dem Gesellschafter haften. Eine derartige Haftung ist jedoch abzulehnen, denn der Gesellschafter kann gegen die Verletzung seiner Rechte in der Gesellschaft mit den Mitteln, die ihm das Gesetz und der Gesellschaftsvertrag geben (§§ 51a, 51b GmbHG, Anfechtung von Gesellschafterbeschlüssen usw) in ausreichendem Maße vorgehen.[45] 7053

Das Mitgliedschaftsrecht ist auch kein Schutzgesetz im Sinne von § 823 Abs 2 BGB, ebenso wenig wie § 43 Abs 2 GmbHG (Haftung bei Verletzung der Sorgfaltspflichten als Geschäftsführer). Beide Normen begründen eine Haftung gegenüber der Gesellschaft nicht aber gegenüber dem Gesellschafter. §§ 9a und 82 GmbHG (**Gründungsschwindel**, Rn 7116), bei denen es sich jeweils darum handelt, dass die Geschäftsführer bei der Errichtung der Gesellschaft oder bei Kapitalerhöhungen und Kapitalherabsetzungen keine falschen Angaben machen dürfen, werden jedoch als Schutzgesetze angesehen[46] mit der Folge, dass der Geschäftsführer persönlich den Gesellschaftern haftet. Auch für § 84 GmbHG (**unterlassene Anzeige bei Verlust der Hälfte des Stammkapitals,** Rn 6046, 7058, 7121) wird dies vertreten. 7054

---

[45] So im Ergebnis auch Uwe H. Schneider in Scholz GmbHG § 43 Rn 306 mwN zum Für und Wider; Paefgen in Ulmer GmbHG § 43 Rn 178f; Zöllner/Noack in Baumbach/Hueck GmbHG § 43 Rn 65.

[46] Zöllner/Noack in Baumbach/Hueck GmbHG § 43 Rn 64; Uwe H. Schneider in Scholz GmbHG § 43 Rn 304 Fn 7.

IV. Haftung gegenüber Dritten

1. Haftung des Geschäftsführers wegen Verschuldens bei Vertragsanbahnung

7055 **Im rechtsgeschäftlichen Verkehr treffen Haftungskonsequenzen grundsätzlich die GmbH.** Wenn der Geschäftsführer Verträge verhandelt und abschließt, Angebote abgibt, Verträge kündigt usw, so handelt er als Organ der GmbH (Rn 2000, 7003). Das gilt beispielsweise auch für die Haftung wegen Verschuldens bei Vertragsanbahnung nach § 311 Abs 2 und 3 BGB. Die Aufnahme von Vertragsverhandlungen verlangt ein gegenseitiges Vertrauensverhältnis, das die Partner zu entsprechender Sorgfalt verpflichtet. Handeln für einen Vertragspartner Vertreter – also zB Geschäftsführer für eine GmbH –, so haftet die GmbH, wenn die gebotene Sorgfalt, zB Aufklärung über Umstände, die für den Vertrag wichtig sind, die aber nur der GmbH bekannt sind, verletzt wurde.

7056 **Ausnahmsweise** (nämlich nach § 311 Abs 3 BGB) **können die Geschäftsführer neben der GmbH persönlich haften, wenn sie in besonderem Maße für den Vertretenen persönlich Vertrauen in Anspruch genommen haben** und dieses Verhalten die Vertragsverhandlungen zugunsten der GmbH maßgeblich beeinflusst hat. Das besondere persönliche Vertrauen setzt voraus, dass die Geschäftsführer durch entsprechende Erklärungen ihr persönliches Gewicht gleich einer Garantieübernahme in die Waagschale geworfen haben, um in dem Geschäftspartner Vertrauen in die Güte der Geschäftsbeziehungen zu schaffen.[47] **Sie haften auch, wenn sie gegen gebotene Aufklärungspflichten verstoßen haben, weil sie an dem Geschäft ein eigenes wirtschaftliches Interesse haben.** Um wirtschaftliches Eigeninteresse eines Geschäftsführers annehmen zu können, genügt es allerdings nicht, auf sein allgemeines Interesse am Wohlergehen der GmbH zu verweisen, weil er dadurch seine Bezüge sichern oder Sicherheiten retten könne, die er etwa für Kredite an die GmbH gestellt hat.[48] Das wirtschaftliche Eigeninteresse muss so stark sein, dass der Geschäftsführer wie auf eigene Rechnung gehandelt hat. Das ist zB der Fall, wenn er schon bei den Vertragsverhandlungen die Absicht hatte, die Vertragsleistung an der GmbH vorbei zum eigenen Nutzen zu verwenden[49] (Rn 2109).

7057 **Die Rechtsprechung hat die persönliche Haftung des Geschäftsführers aufgrund Verschuldens bei Vertragsanbahnung unter dem Einfluss erheblicher Kritik in der Literatur eingeschränkt.** Der Mehrheitsbesitz des beherrschenden Gesellschafter-Geschäftsführers begründet nicht bereits das eigene wirtschaftliche Interesse und damit die persönliche Haftung wegen Verschuldens bei Vertragsanbahnung.[50] Sonst wäre für den Mehrheitsgesellschafter-Geschäftsführer die Haftungsbeschränkung der GmbH ziemlich sinnlos. Es müssen zur maßgeblichen Beteiligung Umstände hinzukommen, die es über das Interesse an der Beteiligung hinaus rechtfertigen, das unmittelbare wirtschaftliche Eigeninteresse anzunehmen. Nicht einmal die Tatsache, dass der Gesellschafter-Geschäftsführer eine persönliche Bürgschaft zur Verfügung gestellt hatte, oder dass der Vermögensgegenstand der GmbH, den der Geschäftsführer verkauft, ihm zur Sicherung abgetreten war, der Erlös also an ihn persönlich fließt, hat dem BGH genügen lassen. Das ist folgerichtig, wenn schon die Beteiligung des Geschäftsführers an

---

[47] BGH v 18. 6. 2001 NJW-RR 2001, 1611 f sowie zusammenfassend Grüneberg in Palandt BGB § 311 Rn 63 und 65.
[48] BGH v 3. 10. 1989 NJW 1990, 389 f; BGH v 27. 3. 1995 DB 1995, 1120 f = NJW 1995, 1544 f sowie zusammenfassend Grüneberg in Palandt BGB § 311 Rn 61 und 65.
[49] BGH v 23. 10. 1985 NJW 1986, 586, 587.
[50] BGH v 20. 9. 1993 NJW 1993, 2931; BGH v 6. 6. 1994 NJW 1994, 2220 f.

IV. Haftung gegenüber Dritten

der GmbH und ihr möglicher Verlust nicht ausreicht, um ein wirtschaftliches Eigeninteresse neben dem Interesse der Gesellschaft anzunehmen. Selbst die Beteiligung des Geschäftsführers mit einer persönlichen Provision an Verträgen, die er für eine bereits überschuldete GmbH abschloss, hat nicht zu dessen persönlicher Haftung geführt.[51]

2. Haftung des Geschäftsführers wegen Verletzung von Schutzgesetzen

Es gibt eine Reihe von Gesetzen, die sich an Geschäftsführer persönlich richten, von ihm persönlich die Einhaltung bestimmter Pflichten verlangen. Solche Pflichten sind also nicht auf Angestellte delegierbar oder im Rahmen der Geschäftsverteilung anderen Geschäftsführern ausschließlich übertragbar. Dazu gehören insbesondere die Pflichten (vgl auch Rn 7115 ff)

– bei der Anmeldung der Gründung einer GmbH, bei der Kapitalerhöhung und -herabsetzung sowie der Bestellung zum Geschäftsführer richtige Angaben zu machen (Rn 5012, 5018 aE) – der Verstoß ist strafbar nach § 82 Abs 1 Nr 1 und Nr 3 bis 5 sowie § 82 Abs 1 Nr 1 GmbHG,
– im Jahresabschluss und im Lagebericht die Verhältnisse der GmbH weder unrichtig wiederzugeben noch zu verschleiern – der Verstoß ist strafbar nach § 331 Nr 1 und Nr 1 a HGB,
– soweit nicht bereits die vorstehende Verpflichtung greift in Veröffentlichungen die Vermögenslage der Gesellschaft weder unwahr darzustellen noch zu verschleiern, sog Geschäftslagetäuschung – strafbar nach § 82 Abs 2 Nr. 2 GmbHG,
– bei Verlust in Höhe der Hälfte des Stammkapitals eine Gesellschafterversammlung einzuberufen, § 49 Abs 3 GmbH (Rn 6046) und in dieser Versammlung oder in anderer Art und Weise diesen Verlust den Gesellschaftern „anzuzeigen" – die Nichtanzeige ist strafbar nach § 84 Abs 1 GmbHG,
– nach Eintritt von Zahlungsunfähigkeit oder Überschuldung Insolvenz anzumelden, § 15 a Abs 1 InsO (Rn 6029, 6066) – Insolvenzverschleppung – der Verstoß ist strafbar nach § 15 a Abs 4 und 5 InsO,
– Sozialabgaben abzuführen, und zwar auch in der Krise (Rn 6053 ff) – die Nichtabführung der Sozialabgaben ist strafbar nach § 266 a StGB.

Schwerpunkte der die Geschäftsführer treffenden Pflichten sind also insbesondere die Bereiche Gründung und Krise. Bei allen die Geschäftsführer treffenden Pflichten steht für den Geschäftsführer erstens die Frage im Vordergrund, ob er sich strafbar macht (Rn 7100 ff). Darüber hinaus geht es aber auch darum, ob er sich schadenersatzpflichtig macht. Für die Schadenersatzpflicht ist maßgebend, ob die vorgenannten Strafbestimmungen Schutzgesetze zugunsten der Gläubiger und Geschäftspartner sind. Und das wird für sämtliche vorgenannten Bestimmungen von der Rechtsprechung und der Literatur bejaht. Die praktische bedeutsamsten sind die Insolvenzverschleppung und die Nichtabführung von Sozialabgaben:

Insolvenzverschleppung definiert das Gesetz wie folgt:

„Wird eine juristische Person [hier die GmbH] zahlungsunfähig oder überschuldet, haben die Mitglieder des Vertretungsorgans [hier die Geschäftsführer] oder die Abwickler ohne schuldhaftes Zögern, spätestens aber drei Wochen nach Eintritt der Zahlungsunfähigkeit oder Überschuldung einen Insolvenzantrag zu stellen."

Dieser Wortlaut des neuen § 15 a Abs 1 S 1 der Insolvenzordnung (InsO) gilt seit dem MoMiG (s Einleitung) für alle juristischen Personen. **Verstoßen die Geschäftsführer gegen die Insolvenzantragspflicht, stellen sie also den Antrag nicht, nicht richtig oder nicht rechtzeitig, begehen sie eine Insolvenzverschleppung.** Die Insolvenzverschleppung als Schutzgesetz verpflichtet die Geschäftsführer zum Schadenersatz. Sie haften sowohl den Altgläubigern (Rn 6066) als auch den Neugläubigern

---

[51] BGH v 17. 10. 1989 NJW 1990, 506 f.

(Rn 6067) gegenüber.[52] Fahrlässigkeit, also die bloße Erkennbarkeit der Zahlungsunfähigkeit oder der Überschuldung, genügt (Rn 6045). Und die Insolvenzverschleppung ist nach § 15a Abs 3 und 4 InsO auch strafbar und zwar nicht nur die vorsätzliche, sondern auch die fahrlässige (Rn 7127).

7060 Wann Zahlungsfähigkeit und Überschuldung vorliegt, ist in Rn 6029 bis 6033 sowie in Rn 6036 bis 6043 im Einzelnen dargestellt. Wie ein Insolvenzantrag zu stellen ist und wer dafür zuständig ist, ist in Rn 6069 bis 6072 und in Rn 6060f dargestellt. **Haben die Geschäftsführer die Insolvenzantragspflicht verletzt, können Gläubiger unmittelbar gegen sie Schadenersatzansprüche geltend machen. Dabei ist zwischen Ansprüchen von Altgläubigern und Neugläubigern zu unterscheiden.** Maßgebend dafür ob ein Alt- oder ein Neugläubiger vorliegt, ist der Zeitpunkt, zu dem hätte Insolvenz angemeldet werden müssen, also spätestens drei Wochen nach Eintritt der Zahlungsunfähigkeit oder Überschuldung; die Drei-Wochen-Frist kann allerdings nur ausgeschöpft werden, wenn triftige Gründe für das Gelingen eines Sanierungsversuchs sprechen (Rn 6065). Altgläubiger können vom Geschäftsführer, der nicht oder zu spät den Insolvenzantrag gestellt hat, nur den Quotenschaden verlangen (Rn 6066); im Falle der Insolvenz darf nur der Insolvenzverwalter den Schaden geltend machen. Neugläubiger die erst danach Gläubiger wurden, sind so zu stellen als ob sie das Geschäft nicht abgeschlossen hätten. Den so berechneten Schaden können sie, unabhängig von dem parallel laufenden Insolvenzverfahren, unmittelbar gegen den Geschäftsführer geltend machen (Rn 6067).

7061 **Hat die GmbH keinen Geschäftsführer** (weil der letzte niedergelegt hat oder abberufen wurde), **ist also die GmbH „führungslos"** (Rn 2017, 3020), wie der Gesetzgeber sagt, **hat jeder(!) Gesellschafter die Pflicht, ggf den Insolvenzantrag zu stellen,** § 15a Abs 3 InsO (Rn 6063), **macht sich also strafbar und schadenersatzpflichtig,** wenn er dies nicht tut. Nur wenn er die Zahlungsunfähigkeit und die Überschuldung oder die Führungslosigkeit nicht kannte, entfällt die Antragspflicht und die Haftung.

7062 Die **Pflicht zur Abführung von Sozialversicherungsbeiträgen** ist ebenfalls schadensträchtig und hat bereits zu einer Vielzahl von Strafprozessen gegen Geschäftsführer geführt, wie in Rn 6053, 6055f im Einzelnen dargestellt. Die Krankenkassen, die die Sozialversicherungsbeiträge einziehen, sind besonders hartnäckige Gläubiger. Die Haftung für die Sozialversicherungsbeiträge beruht darauf, dass, wie gesagt, die Strafbestimmung des § 266a StGB (Rn 7130) als Schutzgesetz im Sinne des § 823 Abs 2 BGB eingestuft wird. Wichtig ist, dass strafbar und schadenersatzpflichtig nur die Nichtabführung von Arbeitnehmerbeiträgen ist, nicht die Nichtabführung von Arbeitgeberbeiträgen (zu den Konsequenzen Rn 6056). Wichtig ist, dass die Arbeitnehmerbeiträge auch dann abgeführt werden müssen, wenn keine Nettolöhne an die Arbeitnehmer ausgezahlt werden (Rn 6055). Und wichtig ist, dass die Arbeitnehmerbeiträge auch dann zu zahlen sind, wenn Zahlungsunfähigkeit oder Überschuldung bereits eingetreten ist (das Zahlungsverbot des § 64 S 1 GmbHG gilt nicht (Rn 6056).

3. Haftung des Geschäftsführers wegen Organisationsverschuldens

7063 Die Geschäftsführer haben die GmbH zu organisieren. Das ist der Schwerpunkt ihrer Tätigkeit nach innen. Sie sind die Manager. Die richtige Organisation schulden sie in erster Linie der GmbH (Rn 7021, 7026f, 7029ff). **Es gibt aber auch Organisationspflichten, die ihnen das Gesetz oder die Rechtsprechung im Verhältnis zu**

---

[52] Zur Frage, ob und unter welchen Umständen der Geschäftsführer im Fall der Insolvenzverschleppung auch der Bundesagentur für Arbeit für das gezahlte Insolvenzgeld haftet, BGH v 18. 12. 2007 GmbHR 2008, 315 ff mit Anm Werner.

IV. Haftung gegenüber Dritten　　　　　　　　　　　　　　　　　　**7064–7066**

Dritten auferlegt haben (Rn 7011). Die Rechtsprechung spricht teilweise auch von Verkehrssicherungspflichten. Abgeleitet aus dem Recht der unerlaubten Handlung (§§ 823 ff BGB) hat die Geschäftsführung

– erstens die Pflicht, die GmbH so zu organisieren, dass vermieden wird, fremde Rechtsgüter (Leben, Körper, Gesundheit, Freiheit, Eigentum, § 823 Abs 1 BGB) zu verletzen und
– zweitens die Pflicht die GmbH so zu organisieren, dass vermieden wird, dass die GmbH Gesetze zum Schutz Dritter (Schutzgesetze nach § 823 Abs 2 BGB) verletzt.

Das bedeutet: Nach § 823 Abs 1 BGB hat die Rechtsprechung beispielsweise Geschäftsführer in folgenden Fällen haften lassen: **Das Eigentum Dritter verletzt der Geschäftsführer, wenn er es unterlässt, die GmbH so zu organisieren, dass die Lieferanten ihr Eigentum behalten:** Eine Bau GmbH hatte Baustoffe gekauft und verbaut. Mit dem Lieferanten war ein verlängerter Eigentumsvorbehalt vereinbart. Demgemäß waren die Forderungen gegen den Bauherrn in entsprechender Höhe an den Lieferanten abgetreten. In den Geschäftsbedingungen des Bauherrn, die die GmbH ebenfalls akzeptiert hatte, war aber die Abtretung von Forderungen ausgeschlossen. Der verlängerte Eigentumsvorbehalt blieb wirkungslos und der Baustofflieferant hatte sein Eigentum durch Einbau des Materials verloren. Als die Bau GmbH in Konkurs fiel, nahm der Baustofflieferant den Geschäftsführer persönlich in Anspruch. Der BGH hat ihn haften lassen.[53] Wenn die GmbH zB einen Gegenstand verkauft, der ihr nicht gehört (im entschiedenen Fall verkaufte die GmbH einen auftragsgemäß nachgebauten Lamborghini, der ihr nicht gehörte, an einen anderen als den Besteller), haftet zwar sie selbst zunächst nach § 31 BGB. Das schließt aber nicht aus, dass auch der Geschäftsführer persönlich wegen Eigentumsverletzung in Anspruch genommen wird.[54] 　　7064

Die Gesundheit Dritter verletzt der Geschäftsführer, wenn er die GmbH, die Lederspray herstellt und vertreibt, nicht so organisiert, dass beim Eintreffen von Informationen über potentielle Gesundheitsgefährdungen durch Lungenödeme sofort und umfassend (beispielsweise mit einem Rückruf) reagiert wird (Erdal-Lederspray-Fall, Rn 7073, 7113, 7181).[55] Und die Gesundheit verletzt der Geschäftsführer einer Kinderteehersteller-GmbH, wenn er die GmbH nicht so organisiert, dass auf Informationen über verbreiteten Kariesbefall bei Kindern aufgrund des hohen Zuckergehalts zumindest so reagiert wird, dass ein deutlicher Warnhinweis aufgedruckt wird (Milupa-Kindertee-Fall).[56] Sowohl im Erdal- als auch im Milupa-Fall könnten heute zusätzlich zu den Ansprüchen nach § 823 Abs 1 BGB auch noch Ansprüche über das zwischenzeitlich in Kraft getretene Produktsicherheitsgesetz und das Produkthaftungsgesetz geltend gemacht werden (Rn 7069 ff). Die Gesundheit Dritter verletzt im Übrigen beispielsweise die Geschäftsführung auch, wenn sie keine organisatorischen Maßnahmen getroffen hat, dass das Personal Gefahren für die Kunden (beispielsweise eine Öllache im Lebensmittelbereich eines Kaufhauses) beseitigt, sog **Verkehrssicherungspflicht,** mit der Folge, dass eine Kundin stürzt und einen Oberschenkelhalsbruch erleidet. 　　7065

Organisationspflichten hat der Geschäftsführer auch **aufgrund von Schutzgesetzen.** Die Zahl der Schutzgesetze und die daraus folgenden Organisationspflichten der Geschäftsführer variieren je nach Branche. Sie sind ausgesprochen zahlreich mit der Folge, dass für die einzelnen Bereiche (Produktion, Personal, Vertrieb, Export usw) ggf Spezialisten eingestellt werden müssen. **Trifft den Geschäftsführer** im Hinblick auf die im Schutzgesetz niedergelegten Pflichten **ein Organisationsverschulden,** haftet er persönlich nach § 823 Abs 2 BGB. 　　7066

---

[53] BGH v 5. 12. 1989 BGHZ 109, 297 = GmbHR 1990, 207 f.
[54] BGH v 12. 3. 1996 DB 1996, 1128.
[55] BGH v 6. 7. 1990 DB 1990, 1859 = NJW 1990, 2560.
[56] BGH v 12. 11. 1991 NJW 1992, 560, 561 ff; BGH v 11. 1. 1994 BGH DB 1994, 526 f ‚Alete-Kindertee'; BGH v 2. 3. 1999 DB 1999, 891 f.

7067 Schutzgesetze organisatorischer Art finden sich etwa in folgenden Gesetzen:

- Bereits im GmbHG sind einschlägig beispielsweise § 40 über die **Gesellschafterliste** (Rn 7017, 7032). Wenn die Liste falsch ist, kann ein Dritter von einem Nichtgesellschafter, der fälschlicherweise in der Liste steht, gutgläubig den Geschäftsanteil erwerben, § 16 Abs 3 GmbHG! Schutzgesetz ist auch § 35 a über die **Geschäftsbriefe** (Rn 7033), nicht jedoch die Buchführungspflicht nach § 41 GmbHG. Die gläubigerschützende Wirkung der Buchführung ist nur Reflex. § 41 GmbH verpflichtet also den Geschäftsführer nur gegenüber der GmbH, nicht gegenüber Dritten. Schutzgesetze sind jedoch die qualifizierten Buchführungsdelikte im Strafgesetzbuch (Rn 7169 f), § 283 Abs 1 Nr. 7 und 283 b StGB.
- Schutzgesetze sind insbesondere auch die **Strafvorschriften des Strafgesetzbuches** (Rn 7100 ff), zB haftet der Geschäftsführer, wenn er zu einem Subventionsbetrug persönlich beigetragen hat durch vorsätzliches oder leichtfertiges (Rn 7009) Unterzeichnen eines falschen Subventionsantrags (zB Täuschung über subventionsrelevante Tatsachen).
- Schutzgesetz ist beispielsweise auch § 1 **des Gesetzes über die Sicherung von Bauforderungen** (GSB). Die GmbH, die beispielsweise als Bauträger Baugeld (Finanzierungsmittel, die auf dem Grundstück durch ein Grundpfandrecht abgesichert sind) entgegen nimmt, darf diese nur zur Bezahlung der Bauhandwerker oder -dienstleister verwenden. Sichert der Geschäftsführer dieser GmbH nicht die Einhaltung dieses Verwendungszwecks durch entsprechende Dienstanweisungen und entsprechende Überwachung, macht er sich persönlich schadenersatzpflichtig.
- **Weitere Schutzgesetze** finden sich beispielsweise im Arzneimittelgesetz und insbesondere in den Gesetzen zum Schutz der Umwelt, zB im Bundesimmissionsschutzgesetz, im Gentechnikgesetz, im Gerätesicherheitsgesetz, im Lebensmittel- und Futtermittelgesetzbuch, im Tierseuchengesetz im Pflanzenschutzgesetz, in der Trinkwasserverordnung usw.

Hat der Geschäftsführer jedoch für Fälle wie die vorgenannten Angestellte mit Spezialwissen eingestellt, hat er die Angestellten zur strikten Einhaltung der Schutzgesetze (zB über eine Dienstanweisung) verpflichtet und überwacht er regelmäßig die Einhaltung der Dienstanweisungen (sog **Delegation**, Rn 7093 f) so ist nur die GmbH, **nicht** er selbst **haftbar**. Denn er haftet nicht dafür, dass nichts passiert, sondern nur dafür, dass ihn ein Organisationsverschulden trifft.

4. Haftung des Geschäftsführers wegen sittenwidriger Schädigung

7068 § 826 BGB verpflichtet denjenigen zum Schadensersatz, der in einer gegen die guten Sitten verstoßenden Weise einem anderen vorsätzlich Schaden zufügt. Hier muss der Vorsatz die Schadensfolgen umfassen. Es genügt aber bedingter Vorsatz, dh der Schädiger braucht die Entstehung eines Schadens nur für möglich gehalten und den Schaden in Kauf genommen zu haben. **In jüngster Zeit ist wiederholt wegen Verstoßes gegen § 826 BGB verurteilt worden, wenn die Geschäftsführer bei Vertragsverhandlungen ihre Geschäftspartner nicht über die (desolate) wirtschaftliche Situation ihrer GmbH unterrichtet hatten,**[57] insbesondere also wenn Zahlungsunfähigkeit oder Überschuldung vorlag. Die Vorinstanzen hatten noch jeweils eine Haftung aus Verschulden wegen Vertragsanbahnung angenommen. Der BGH hat die Voraussetzungen dafür stark eingeschränkt (Rn 7057). Er hat die Geschäftsführer stattdessen nach § 826 BGB haften lassen. Die Geschäftsführer hätten, so der BGH in den entschiedenen Fällen, ihre Verhandlungspartner darüber aufklären müssen, dass sich ihre Unternehmen in der Krise befänden und dass deshalb die Forderungen dieser Verhandlungspartner im Zeitpunkt der Fälligkeit wohl nicht mehr realisiert werden könnten. Für die Haftung aus § 826 BGB ist es nicht einmal erforderlich, dass sich der Schädigungsvorsatz gegen bestimmte Verhandlungspartner richtet. Es genügt das Bewusstsein des Schädigers, dass sein Verhalten zur Schädigung

---

[57] BGH v 1. 7. 1991 NJW-RR 1991, 1312, 1314; BGH v 16. 3. 1992 ZIP 1992, 695 f; BGH v 6. 6. 1994 BGHZ 126, 181, 189; BGH v 28. 4. 2008 GmbHR 2008, 805, 809 ‚GAMMA'.

IV. Haftung gegenüber Dritten

der GmbH-Gläubiger in ihrer Gesamtheit führen könnte. Bewusst unrichtige Auskünfte über die GmbH, Scheck- und Wechselreiterei,[58] Abwerbung von Arbeitnehmern unter Inkaufnahme der Existenzgefährdung des anderen Unternehmens sind Beispiele für mögliche Haftungen nach § 826 BGB. Fälle, die unter die Strafvorschrift des § 263 StGB (Betrug) fallen, sind zivilrechtlich zumeist Haftungsfälle sowohl nach § 823 Abs 2 BGB als auch nach § 826 BGB.[59]

5. Haftung für fehlerhafte Produkte, Produkthaftungsgesetz, Produktsicherheitsgesetz

Persönlich haften Geschäftsführer für Schäden, die durch fehlerhafte Produkte verursacht werden, nur, wenn eine Haftung aufgrund unerlaubter Handlung – Verletzung der Verkehrssicherungspflicht – in Frage kommt. Im zivilrechtlichen Bereich ist es vor allem der Tatbestand des Organisationsverschuldens, der zur persönlichen Haftung führt (Rn 7011, 7063 ff). Im strafrechtlichen Bereich und im Bereich der Ordnungswidrigkeiten geht es immer um die persönliche Haftung (Rn 7005). 7069

Die Haftung nach ProdHaftG und ProdSG trifft den Hersteller oder Händler. Das ist die GmbH, nicht der Geschäftsführer. Produkthaftung setzt nach diesen Gesetzen kein Verschulden voraus. **Produkthaftung ist Gefährdungshaftung** (Rn 7007). Wenn eine GmbH Produkte herstellt, hat sie die Organisationspflicht, ihren Betrieb so einzurichten, dass nach dem Stand von Wissenschaft und Technik Fehler, die den Benutzer des Produkts schädigen können, schon bei der Entwicklung des Produkts vermieden werden. Für den Fall, das sie dennoch auftreten, muss so organisiert sein, dass sie entdeckt und ausgeschaltet werden. Hat sie Produkte in den Verkehr gebracht, hat sie eine **Garantenstellung, aus der eine Verkehrssicherungspflicht** folgt, dh sie hat Schäden durch das Produkt zu verhüten. Ihr obliegt deshalb auch die **Produktbeobachtungspflicht**.[60] Sie muss den Einsatz der Produkte verfolgen und, wenn sich Gefahren zeigen, dagegen Maßnahmen ergreifen. Das kann bis zur **Rückrufpflicht** führen, wenn anders Schädigungen nicht zu verhindern sind. Der Rückruf kann nach ProdSG jetzt auch von der Behörde angeordnet werden. Muss das Produkt, um unschädlich zu sein, in bestimmter Weise gehandhabt werden, besteht eine **Instruktionspflicht** und eine **Folgenwarnpflicht** für den Fall, dass die Instruktionen nicht befolgt werden. Inhalt und Umfang der Instruktionen sind nach der am wenigsten informierten Benutzergruppe auszurichten, die wegen der Uninformiertheit am gefährdesten ist. Das sind vor allem Kinder.[61] Das gilt auch bei schon eingeführten Produkten im Hinblick auf nachträglich erkannte Gefahren. Sowohl die Instruktionspflicht als auch die Produktbeobachtungspflicht trifft Hersteller wie Händler. 7070

Die GmbH haftet **für Schäden, die das Produkt an Sachen und Personen verursacht. Die Beweislast dafür, dass das Produkt fehlerfrei in den Verkehr gekommen ist, tragen der Hersteller oder Händler, also die GmbH,** es sei denn, dass sich aus den Umständen ergibt, dass das Produkt beim Inverkehrbringen feh- 7071

---

[58] Scheckreiterei: Beschaffung von Guthaben durch wechselseitiges Einreichen ungedeckter Schecks über Konten bei unterschiedlichen Kreditinstituten unter Ausnutzung der Gutschriftzeiten; Wechselreiterei (oder Kellerwechsel); Wechsel auf mittellose oder fingierte Personen, die bei Verfall durch neue Kellerwechsel ersetzt werden.

[59] BGH v 7. 11. 1994 ZIP 1995, 31 f: In Kenntnis der Überschuldung getätigter systematischer Ersatz von gesicherten Bankkrediten der GmbH durch Lieferantenkredite, in dem die Erlöse aus dem Weiterverkauf von Waren zur Kredittilgung genutzt und die Forderungen aus den Warenlieferungen nicht beglichen wurden.

[60] BGH v 7. 6. 1988 BGHZ 104, 323; BGH v 7. 12. 1993 DB 1994, 420 f.

[61] Siehe die Fälle Erdal-Lederspray, Milupa-Kindertee und Alete-Kindertee Fn 54 und 55.

lerfrei war. Für eine Sachbeschädigung ist aber nur Ersatz zu leisten, wenn eine andere Sache als das fehlerhafte Produkt beschädigt wird.

7072 Eine **persönliche Haftung des Geschäftsführers sehen das Produkthaftungs- und das Produktsicherungsgesetz nicht vor;** eine derartige Haftung ist jedoch ausdrücklich vorbehalten. Geschäftsführer haften persönlich nur aus unerlaubter Handlung (Rn 7069), nämlich dann, wenn sie ein Organisationsverschulden trifft (Rn 7011, 7063 ff), wenn die GmbH also schuldhaft nicht so organisiert ist, dass sie der Pflicht zu sorgfältiger Entwicklung, Produktion, Produktbeobachtung und Instruktion nachkommt (Rn 7065). Das bedeutet beispielsweise, dass ein Geschäftsführer persönlich für die unvermeidlichen Ausreißer in einer Produktion nicht verantwortlich gemacht werden kann, wenn er die erforderliche Vorsorge getroffen hat. Nach ProdHaftG sind dagegen von der GmbH auch solche Schäden zu ersetzen, die durch unvermeidbare Ausreißer verursacht werden. Denn die GmbH haftet eben auch ohne Verschulden.

7073 **Welche Geschäftsführer bei einer mehrköpfigen Geschäftsführung für Produktfehler persönlich zu haften haben, hängt von den Umständen ab.** Es kann Situationen geben, in denen die Haftung nur einen der Geschäftsführer trifft, weil das Schaden stiftende Ereignis in sein Ressort fiel und er sowohl von der Kompetenz als auch vom Zugriff auf die Organisation her der einzige war, der für die Behebung des Schadens verantwortlich sein konnte. Erreicht jedoch der potentielle Schaden wie im „Lederspray-Fall" (Rn 7011, 7065, 7113, wegen des Sachverhalts vgl Rn 7181) **Dimensionen, die das Unternehmen als Ganzes betreffen, dann ist die Aufteilung der Geschäftsführungsbereiche unter mehrere Geschäftsführer ohne Belang** (Rn 3041, 7014). Das gilt auch für einen Fall wie „Milupa-Kindertee" (Fn 55). In diesen Fällen ist der Kernbereich tangiert, es greift die Gesamtverantwortung der Geschäftsführung ein und damit auch die Gesamthaftung. Jeder der Geschäftsführer hat das seine dazu beizutragen, dass die Verkehrssicherungspflichten erfüllt werden. Im Falle des fehlerhaften Ledersprays wäre es der unverzügliche Rückruf gewesen, den die Geschäftsführer nach Ansicht des BGH zu spät und nicht in ausreichendem Umfange beschlossen hatten. Der BGH hat deshalb die Vorinstanz, die die Geschäftsführer wegen fahrlässiger, gefährlicher Körperverletzung verurteilt hatte, bestätigt. Im Falle „Milupa-Kindertee" war der BGH der Ansicht, dass die Instruktionspflicht vernachlässigt worden sei; das Unternehmen hätte noch deutlicher auf die möglichen Zahnschädigungen durch Dauernuckeln der gesüßten Tees hinweisen müssen, als es das getan hat. Eine reine Anwendungswarnung vor Dauergebrauch der Nuckelflasche reichte dem BGH nicht aus, es hätte deutlich auf Kariesgefahr hingewiesen werden müssen (ebenso „Alete-Fall" Fn 56).

7074 **Die Beweislast sowohl für den Fehler als auch für den Schaden und den ursächlichen Zusammenhang zwischen Fehler und Schaden trägt nach ProdHaftG grundsätzlich der Geschädigte.** Das hat der BGH im Alete-Urteil (Fn 55) bestätigt und die im Schrifttum teilweise erhobene Forderung nach Beweislastumkehr abgelehnt. Aber: Verneint die GmbH ihre Haftung, weil sie zB das Produkt gar nicht in den Verkehr gebracht habe oder weil das Produkt den Fehler beim In-den-Verkehrbringen noch gar nicht gehabt hätte, oder weil das Teilprodukt fehlerfrei gewesen und der Schaden durch Konstruktionsfehler des Endproduktes entstanden sei usw (§ 1 Abs 2 und 3 ProdHaftG), so muss sie das beweisen.

6. Haftung wegen Verstoßes gegen Wettbewerbsregeln und wegen Verletzung von Immaterialgüterrechten

7075 Geschäftsführer haften wegen Verstoßes gegen Wettbewerbsregeln (**UWG, MarkenG, GWB, GeschmMG** usw) normalerweise nur wegen Verletzung ihrer Organisations- und Aufsichtspflicht, jedenfalls in größeren Unternehmen, in denen Fachabteilungen für solche Spezialmaterien zuständig sind. Die Haftung trifft grundsätzlich die GmbH gem § 31 BGB (Rn 7003). Die GmbH haftet auf Unterlassung und ggf auf Schadensersatz. **Die Geschäftsführer haften zusätzlich nur dann persönlich, wenn sie selbst als „Störer" anzusehen sind,** dh wenn sie den Verstoß selbst begangen oder veranlasst oder wenn sie den Verstoß pflichtwidrig nicht verhindert haben.[62] Der Pflichtenmaßstab richtet sich nach den Eingriffs- und Kontrollmöglichkeiten des Geschäftsführers. Entsprechendes gilt, wenn ein Geschäftsführer auf Beseitigung eines von der GmbH herbeigeführten Störzustandes in Anspruch genommen wird. Er haftet nur insoweit auf Beseitigung, als er rechtlich in der Lage ist, die zur Beseitigung des Störzustandes erforderlichen Maßnahmen in eigener Verantwortung und aus eigener Rechtsmacht, auch unter Einbeziehung interner Bindungen, vorzunehmen.[63]

Die Haftung der Geschäftsführung bei Verstößen gegen das Gesetz gegen Wettbewerbsbeschränkungen (GWB), das „Kartellgesetz", oder gegen Art 81, 82 EG-Vertrag ist ein besonders sensibles Thema. Denn die Erhaltung des Wettbewerbs gehört zu den Grundlagen unserer Wirtschaftsordnung. Verstöße erscheinen deshalb als Verstöße von besonderer Qualität. Es geht im wesentlichen um die Ordnungswidrigkeitentatbestände des § 81 GWB. Zum einen ist Adressat der Ordnungswidrigkeitentatbestände das Unternehmen selbst.[64] Was die Geschäftsführer anbetrifft, so sind zwar diese in größeren Unternehme sehr häufig an den wettbewerbswidrigen Handlungen gar nicht selbst beteiligt. Sie wissen häufig nicht einmal von den Absprachen, die die im Unternehmen zuständigen Stellen getroffen haben. Insoweit ist jedoch die Aufsichtspflicht besonders ernst zu nehmen. Das gilt nicht nur für die Aufsicht der Geschäftsführer über ihre nachgeordneten Mitarbeiter (Rn 1189, 7094), sondern auch der Geschäftsführer untereinander (Rn 3041). Es ist für jeden Geschäftsführer ratsam, § 130 OWiG zu kennen:

7076

„Wer als Geschäftsführer einer GmbH vorsätzlich oder fahrlässig die Aufsichtsmaßnahmen unterlässt, die erforderlich sind, um in der GmbH Zuwiderhandlungen gegen Pflichten zu verhindern, die die Geschäftsführer als solche treffen und deren Verletzung mit Strafe oder Geldbuße bedroht ist, handelt ordnungswidrig, wenn eine solche Zuwiderhandlung begangen wird, die durch gehörige Aufsichtsmaßnahmen hätte verhindert werden können. Zu den erforderlichen Aufsichtsmaßnahmen gehören auch die Bestellung, sorgfältige Auswahl und Überwachung von Aufsichtspersonen."

Hat der Geschäftsführer den Kartellverstoß selbst begangen oder hat er die Aufsichtspflicht verletzt, kann also auch gegen ihn persönlich ein Bußgeld verhängt werden.

Einen wesentlichen Teil der Kartellverstöße stellen Preisabsprachen oder unzulässige Preisempfehlungen dar. Von der Geschäftsführung wird verlangt, dass sie klare und eindeutige Anweisungen erlässt, wie sich nachgeordnete Mitarbeiter zu verhalten haben, wenn an sie das Ansinnen herangetragen wird, sich an Preisabsprachen zu beteiligen. Auch muss klar angeordnet sein, dass die Mitarbeiter nicht Initiativen zu Preisabsprachen ergreifen dürfen. Bei diesen Anordnungen kann es sich in der Regel nur um Grundsätze handeln, die die Mitarbeiter zu beachten haben. Denn die Praxis ist

7077

---

[62] BGH v 26. 9. 1985 NJW 1987, 127 f = GRUR 1986, 248 ff ‚Sporthosen' und BGH v 26. 9. 1985 GRUR 1986, 252 f ‚Sportschuhe'; in beiden Fällen lehnte der BGH eine Unterlassungshaftung des beklagten Geschäftsführers ab, weil er weder an der Verletzungshandlung teilgenommen, noch eine Rechtspflicht zum Handeln gehabt habe.

[63] OLG Frankfurt v 16. 12. 1993 DB 1994, 522 f in der Sache Opel AG gegen VW in Sachen Piëch und Lopez.

[64] Vgl etwa Rittner/Kulka § 14 Rn 103 f, Rn 116 f; Dannecker/Biermann in Immenga/Mestmäcker GWB Vor § 81 Rn 59.

nicht so, dass Kontakte zwischen Konkurrenten ausgeschlossen oder verboten wären. Ganz im Gegenteil trifft man sich völlig legitim in Verbänden, auf Tagungen, bei Verhandlungen über Arbeitsgemeinschaften, für Tarifverhandlungen und dgl. **Es müssen deshalb im Unternehmen Berichtspflichten angeordnet werden. Darüber hinaus muss die Geschäftsführung sich durch geeignete Maßnahmen davon überzeugen, dass ihre Anordnungen eingehalten werden.** Unterlassen die Geschäftsführer Aufsichtsmaßnahmen, wird ihnen zumindest Eventualvorsatz im Hinblick auf Verstöße, die im Unternehmen begangen worden sind, vorgeworfen werden. **Fahrlässigkeit reicht** nach § 130 OWiG für die Verhängung von Bußgeldern **aus.** Fahrlässigkeit liegt vor, wenn die Unkenntnis von Verstößen vermeidbar gewesen wäre. Die Geldbußen gegen Geschäftsführer können bis zu EUR 1 Mio betragen. Die Geldbuße gegen die GmbH kann bis zu 10% des Umsatzes des weltweiten Konzerns betragen! Und die GmbH kann wegen einer derartigen Geldbuße uU beim Geschäftsführer Regress nehmen (Rn 7016). Darüber hinaus ist die Geldbuße auch ein Indiz dafür, dass Wettbewerber oder Abnehmer der GmbH geschädigt worden sind, was zur Folge haben kann, dass die GmbH von diesen in Anspruch genommen wird. Auch dafür kann der Geschäftsführer in Regress genommen werden.

7. Haftung wegen Verletzung von Steuerpflichten

7078 **Die Geschäftsführer haften persönlich, wenn sie Steuerpflichten der GmbH verletzen** (§ 69 AO). Das gilt auch, wenn sie nur „nominell" bestellt sind (Rn 2018, 3041). Wer einmal zum Geschäftsführer bestellt ist, kann sich nicht damit entschuldigen, dass er von der ordnungsmäßigen Führung der Geschäfte ferngehalten wurde und diese tatsächlich von einem anderen geführt wurden.[65] Die Steuerpflichten sind originäre, den Geschäftsführer unmittelbar treffende öffentlich-rechtliche Pflichten. Zu diesen Pflichten gehören insbesondere die Buchführungs- und Aufzeichnungspflicht (§§ 143 bis 146 AO), und zwar unabhängig von der Buchführungspflicht nach § 41 GmbHG, die Pflicht zur Abgabe von Steuererklärungen (§ 149 AO), die Pflicht zur Berichtigung, wenn die abgegebenen Erklärungen unrichtig waren (§ 153 AO), die steuerlichen Auskunftspflichten (§§ 90, 91, 93, 137 AO) und natürlich auch die Zahlungspflicht (§ 34 AO). **Neben der vermögensrechtlichen Haftung kommt auch eine Bestrafung wegen Steuerhinterziehung in Betracht.** Die vermögensrechtliche Haftung tritt nur bei vorsätzlicher oder grob fahrlässiger Verletzung ein (§ 69 AO), dh der Geschäftsführer haftet persönlich nur, wenn er die Steuern aus flüssigen Mitteln der GmbH hätte bezahlen können, dies aber nicht tut. Bei knappen Mitteln muss er jedenfalls auch an den Fiskus denken (Rn 5080). Benachteiligt er ihn im Vergleich mit anderen Gläubigern, gerät er in die Gefahr der persönlichen Inanspruchnahme wegen grober Fahrlässigkeit oder gar wegen Vorsatzes. **Der Hinweis auf die leere Kasse schützt nur dann vor der persönlichen Inanspruchnahme, wenn der Fiskus zumindest anteilmäßig berücksichtigt worden ist. Bevorrechtigt ist der Fiskus nicht.**

7079 **Besondere Vorsicht ist bei den Abzugssteuern, der Lohnsteuer und der Umsatzsteuer im Rahmen des USt-Abzugverfahrens** (§§ 51 bis 58 UStDV) geboten (zur Lohnsteuer Rn 6053 f). Hier drohen Geldbußen bis EUR 25.000,00 (§ 380 AO), falls es sich nicht sogar um eine leichtfertige Steuerverkürzung handelt. Die GmbH muss den Arbeitnehmern die von diesen geschuldete Lohnsteuer vom Lohn abziehen und an das Finanzamt abführen. Die **Lohnsteuer** ist für die Geschäftsführer also **„fremdes Geld",** das sie zweckgebunden verwenden müssen. Behalten Geschäftsführer Lohnsteuer ein und führen diese Gelder nicht an das Finanzamt ab, zB um ande-

---

[65] BFH v 26. 11. 1987 GmbHR 1998, 387 f.

IV. Haftung gegenüber Dritten

re drängende Gläubiger zu bezahlen, so haften sie persönlich. Hat die Geschäftsführung in der Krise nur noch Geld, um die Netto-Löhne zu bezahlen, aber nicht genug, um auch noch die Lohnsteuer abzuführen, so darf sie entweder überhaupt keine Löhne mehr zahlen (zum Insolvenzgeld Rn 6059); dann muss sie auch keine Lohnsteuer abführen. Oder sie darf die Löhne nicht in voller Höhe an die Arbeitnehmer auszahlen, sondern muss sie kürzen. Die vorhandenen Mittel werden auf Löhne und Lohnsteuern verhältnismäßig aufgeteilt. Gefahr steckt in den Zahlungsterminen. Die Lohnsteuer ist zehn Tage nach dem Lohnzahlungszeitraum fällig. Der Scheck muss am Fälligkeitstag beim Finanzamt eingereicht werden. Die frühere Schonfrist von fünf Tagen gibt es nicht mehr. **Ist am Lohnzahlungstag ungewiss, ob die Liquidität ausreicht, um die Lohnsteuer bei Fälligkeit abzuführen, muss sie auf einem Konto sichergestellt werden, das nicht der GmbH gehört** (Anderkonto eines Rechtsanwalts oder Notars). Wenn nämlich zwischen Ende des Lohnzahlungszeitraum oder zwischen Einreichen des Schecks und der vorbehaltlosen Gutschrift auf dem Konto des Finanzamts Insolvenzantrag gestellt und der Scheck zurückgebucht wird, haften die Geschäftsführer gem § 69 AO wegen nicht rechtzeitiger Abführung der Lohnsteuer persönlich.[66]

Sind mehrere Geschäftsführer bestellt, sind alle verpflichtet, sich um die Erfüllung der steuerlichen Pflichten zu kümmern. Die interne Geschäftsverteilung befreit diejenigen, die für andere Ressorts als das Finanzressort zuständig sind, nicht davon, sich über die Erfüllung aller Steuerpflichten zu vergewissern (Rn 7013, 7092). **Das Maß der notwendigen gegenseitigen Aufsicht hängt von den Umständen im Unternehmen ab** (Rn 3041, 7013 f). Der technische Geschäftsführer kann sich aber der Finanzbehörde gegenüber nicht damit entschuldigen, dass er von Steuern nichts verstünde oder sich nach Vertrag und Geschäftsverteilung nicht um die steuerlichen Angelegenheiten der GmbH zu kümmern habe. Er hat auch das Gesetz zu beachten. Und das Gesetz verpflichtet das geschäftsführende Organ insgesamt. Bei der Beurteilung des Verschuldens kann die Geschäftsverteilung eine Rolle spielen. Sie entbindet aber nicht völlig von der Kontrollverpflichtung innerhalb der Geschäftsführung. Ist ein Vorsitzender der Geschäftsführung bestellt, so trifft ihn in besonderem Maße die Kontroll- und Aufsichtspflicht.

Gerade am Beispiel der Abführungspflicht der Lohnsteuer konkretisiert sich die Allzuständigkeit der Geschäftsführer. In jedem größeren Unternehmen muss es Zuständigkeitsregeln und Delegation von Aufgaben geben. Die Überwachungspflicht der Geschäftsführer ist aber nicht delegierbar. Sie kommt vor allem in Krisensituationen zum Tragen, in denen nicht mehr ohne weiteres gewährleistet erscheint, dass die Verbindlichkeiten der Gesellschaft erfüllt werden (Rn 6033). Deshalb können sich die Geschäftsführer, denen die Überwachungspflicht als Teil der Unternehmensleitung gemeinschaftlich obliegt, auch nicht damit entlasten, dass die Erledigung bestimmter Aufgaben, wie zB der Abführungspflichten, einem Prokuristen übertragen worden sei.[67]

8. Die Haftung des Geschäftsführers im Gründungsstadium der GmbH (§ 11 Abs 2 GmbHG)

Einen GmbH-Geschäftsführer gibt es erst, nachdem die Gesellschafter die notarielle Gründungsurkunde unterzeichnet haben (Rn 5000). Wer in der Zeit vorher (im Stadium der Vorgründungsgesellschaft) für die Gesellschafter handelt, handelt als deren Be-

---

[66] BFH v 11. 12. 1991 DStR 1991, 1314; BFH v 9. 12. 2005 GmbHR 2005, 610; BFH v 27. 2. 2007 GmbHR 2007, 999; BFH v 23. 9. 2008 GmbHR 2009, 222, 223 f.
[67] BGH v 15. 10. 1996 GmbHR 1997, 25.

vollmächtigter. Ist er nicht gleichzeitig auch Gesellschafter, haftet er nicht (Rn 5021). Nach Unterzeichnung der notariellen Gründungsurkunde (im Stadium der Vorgesellschaft) haftet der Geschäftsführer als „Handelnder" nach § 11 Abs 2 GmbHG für alle Verbindlichkeiten aus Verträgen, die er abschließt, neben der Vor-GmbH persönlich (Rn 5208 f). Es ist unerheblich, ob er die GmbH dabei als GmbH in Gründung oder als Vor-GmbH bezeichnet oder ob er ausdrücklich darauf hingewiesen hat, dass die GmbH noch nicht eingetragen ist (Rn 5026). **Die Haftung endet automatisch mit der Eintragung der GmbH im Handelsregister, ab dann haftet nur noch die GmbH** (Rn 5028 – Einzelheiten zur GmbH-Gründung Rn 5001 ff). Steuerlich gilt die Vor-GmbH als eigenes Steuersubjekt. Die Geschäftsführer haften daher auch gem §§ 34, 69 AO persönlich für eine Verletzung der steuerrechtlichen Pflichten (Rn 6054, 7078). Wird die GmbH nicht eingetragen, bleibt es bei der persönlichen Haftung des GmbH-Geschäftsführers nach § 11 Abs 2 GmbHG. Lässt ein handelnder Geschäftsführer nicht erkennen, dass er für die künftige GmbH handeln will, unterzeichnet er einen Vertrag oder einen Scheck nur mit seinem Namen ohne den Zusatz GmbH oder GmbH iG, so wird er kraft Rechtsscheins persönlich verpflichtet, so als ob er für sich selbst abgeschlossen hätte (Rn 7015). Die Haftung geht nicht automatisch auf die GmbH über.[68]

9. Die Haftung während der Liquidation

7083 Die Geschäfte der GmbH werden nach ihrer Auflösung von den Liquidatoren geführt. Liquidatoren werden automatisch die Geschäftsführer, wenn keine andere Regelung getroffen wird (sog geborene Liquidatoren, § 66 GmbHG) oder im Gesellschaftsvertrag vorgesehen ist (näheres Rn 5063 ff). **Liquidatoren haben wie Geschäftsführer die Sorgfalt eines ordentlichen Geschäftsmannes anzuwenden** (§ 43 Abs 1 GmbHG). Sie haften wie Geschäftsführer solidarisch (§ 43 Abs 2 GmbHG), wenn mehrere Liquidatoren bestellt sind. Wie die Geschäftsführer haften sie grundsätzlich nur der Gesellschaft (§ 43 Abs 2 GmbHG). Sie dürfen auch keine in § 43 a GmbHG untersagten Kredite (an Geschäftsführer, Prokuristen usw) gewähren. Und solange nicht alle Gläubiger befriedigt oder sichergestellt sind und zusätzlich das Sperrjahr abgelaufen ist, sodass die Verteilung an die Gesellschafter beginnen kann (§ 72 GmbHG), sind sie auch an die Vorschriften der §§ 30, 31 GmbHG zur Erhaltung des Stammkapitals gebunden (Rn 5088). Die Haftung der Liquidatoren entspricht also im Prinzip der Haftung der Geschäftsführer.

7084 **Die Aufgabe der Liquidatoren und dementsprechend die Haftung ist jedoch auf den veränderten Zweck der Gesellschaft ausgerichtet.** Die GmbH stellt ihre werbende Tätigkeit ein. Das vorhandene Vermögen wird zu Geld gemacht und in bestimmter Weise verteilt (§ 70 GmbHG). Verteilung des Vermögens heißt Einzug ausstehender Forderungen, Erfüllung der Verbindlichkeiten und Ausschüttung des Überschusses an die Gesellschafter. Die Pflichten der Liquidatoren, die für die Haftungsfrage von Bedeutung sind, ergeben sich im Einzelnen aus den §§ 69, 70 ff GmbHG (Rn 5072 ff). Die Liquidatoren sind auch verpflichtet, Insolvenzantrag zu stellen, wenn die Voraussetzungen des § 15 a Abs 1 InsO vorliegen. Sie haben auch die Steuerpflichten der in Liquidation befindlichen GmbH zu erfüllen. Sie haften wie Geschäftsführer persönlich nach §§ 34, 69 AO. Der Fiskus ist wie alle anderen Gläubiger anteilig zu befriedigen, wenn das Vermögen zur vollen Befriedigung nicht ausreicht (Rn 5080, 7078). Die Sozialversicherungsbeiträge sind abzuführen. Wenn es die optimale Verwertung des Vermögens sinnvoll erscheinen lässt, können Liquidatoren laufende Geschäfte zu Ende führen und sogar neue eingehen. Aufmerksamkeit verdient, dass

---

[68] BGH v 8. 7. 1996 ZIP 1996, 1511, 1512.

im Abwicklungsstadium sowohl die alten und die neuen Vertragspartner als auch die Gläubiger kritischer sind. Die Großzügigkeit, die einem aktiven Unternehmen gegenüber oft gezeigt wird, fällt weg, weil zumeist keine Kompensation durch neue Geschäfte mehr möglich ist.

V. Durchgriffshaftung

Durchgriffshaftung bedeutet, dass das Trennungsprinzip durchbrochen wird. Trennungsprinzip bedeutet, dass das Vermögen der juristischen Person von dem Vermögen der Gesellschafter getrennt ist. Wird diese Trennung durchbrochen, haftet also der Gesellschafter dem Gläubiger gegenüber persönlich. Die Durchgriffshaftung gehört dennoch in den Bereich der Geschäftsführer-Haftung, weil sie sich sehr häufig dann realisiert, wenn der Gesellschafter zugleich Geschäftsführer ist. Solange im Rahmen eines üblichen kaufmännischen Gebarens gehandelt wird, besteht kein Grund zum Durchgriff. Auch riskante Geschäfte gehören zum normalen Geschäftsleben und rechtfertigen keinen Durchgriff. Die Gläubiger müssen sich an das halten, was in der GmbH an Vermögenswerten vorhanden ist; das Risiko der finanziellen Stabilität ihres Schuldners tragen sie grundsätzlich selbst. Unzumutbar ist es jedoch, die Gläubiger auf die Haftungsmasse der GmbH zu verweisen, wenn versucht wird, die Chancen persönlich zu nutzen und den Gläubigern gezielt das Risiko zu überlassen. Dann kann es berechtigt sein, „durch die GmbH hindurch" auf den Gesellschafter zuzugreifen, der als Geschäftsführer oder als weisungsgebender Gesellschafter, den Missbrauch inszeniert hat. 7085

Ein Beispiel ist die von der Rechtsprechung mehrfach anerkannte Haftung aus Vermögensvermischung durch den Gesellschafter-Geschäftsführer: Die Buchführung wird völlig oder weitgehend unterlassen oder falsch geführt mit der Folge, dass die Abgrenzung zwischen Gesellschafts- und Gesellschaftervermögen verschleiert wird und der weiteren Folge, dass deshalb die Kapitalerhaltungsvorschriften der §§ 30, 31 GmbHG (Rn 4006 ff) nicht mehr funktionieren können. Ein Beispiel ist etwa die Waschkorbablage der Belege. Die Kontrolle über die Verwendung des Gesellschaftsvermögens wird vereitelt.[69] Die Rechtsfolge ist persönliche Haftung des betroffenen Gesellschafters. Er haftet jedem Gläubiger wie der persönlich haftende Gesellschafter einer OHG (analog nach § 128 HGB). Denn er hat die Voraussetzungen für das Trennungsprinzip aufgehoben. Die sonst als Beispiele für eine Durchgriffshaftung genannten Tatbestände der „Sphärenvermischung" oder der „Unterkapitalisierung" sind von der Rechtsprechung nicht anerkannt.[70] 7086

VI. Haftung für existenzvernichtenden Eingriff

Die im Jahre 2007 vom Bundesgerichtshof neu konfigurierte Haftung für existenzvernichtende Eingriffe (früher Haftung im qualifiziert faktischen Konzern) **richtet sich gegen Gesellschafter und Geschäftsführer.** Was den Geschäftsführer anbetrifft, so tätigt er entweder selbst den Eingriff oder er leistet einem Gesellschafter Beihilfe. Es geht um Fälle wie Bremer Vulkan. Die Treuhandanstalt als Verkäufer hatte dem Bremer Vulkan als Käufer einer Werft Zuwendungen ua von DM 194 Mio ge- 7087

---

[69] Vgl zuletzt die Entscheidungen BGH v 14. 11. 2005 GmbHR 2006, 426, 427 f; BGH v 13. 4. 1994 BGHZ 125, 366, 368 = GmbHR 1994, 390, 391 – jeweils mwN; KG v 4. 12. 2007 GmbHR 2008, 703 (persönliche Haftung des Gesellschafters und faktischen Geschäftsführers).

[70] Hueck/Fastrich in Baumbach/Hueck GmbHG § 13 Rn 14 bis 16.

währt, die vertraglich dazu bestimmt waren, in die Werft investiert zu werden. Sie wurden jedoch im Rahmen des cash-pooling (Rn 1059, 4008, 7042) zur Deckung von Schulden verwendet. Die Verletzung der Pflicht der Vorstände des Bremer Vulkan als Poolführer, auf dessen drohende Illiquidität hinzuweisen, damit die Werft die Mittel abziehen kann und keine neuen einzahlt, ist ein existenzvernichtender Eingriff.[71] Oder der Fall Kindl-Backwaren-Vertrieb GmbH („KBV"): Die GmbH, bei der später die Eröffnung des Insolvenzverfahrens mangels Masse abgelehnt wurde, übertrug Anlage- und Umlaufvermögen vollständig auf zwei Schwestergesellschaften weit unter Wert.[72] Oder der Fall „Klinik W.": Der Gesellschafter einer Klinik gründete eine Schwestergesellschaft, übertrug auf diese den Mietvertrag über das Klinikgebäude, die Geschäftsbesorgungsverträge wegen der Speisenversorgung, der Wartung und der Reinigung und veranlasste alle Mitarbeiter zu kündigen und bei der Schwestergesellschaft neu anzufangen.[73] Zuletzt der Fall „Trihotel", mit dem der BGH die Haftung für existenzgefährdende Eingriffe noch einmal neu gestaltete. Auch hier ging es um die Übertragung der Vermögensgegenstände, der Verträge, der Arbeitnehmer und damit der Geschäfte der GmbH auf eine Schwestergesellschaft.[74, 75] **Kein existenzvernichtender Eingriff ist die bloße Unterkapitalisierung, wie der BGH vor Kurzem klar gestellt hat.**[76]

7088 **Die Haftung für einen existenzvernichtenden Eingriff** ist seit der vorstehend zitierten Entscheidung des BGH „Trihotel" **eine besondere Fallgruppe der vorsätzlichen sittenwidrigen Schädigung nach § 826 BGB** (dazu auch Rn 7068). Täter kann sein der Gesellschafter und/oder der Geschäftsführer. Der Täter schädigt missbräuchlich das im Gläubigerinteresse zweckgebundene Gesellschaftsvermögen. Es handelt sich um eine reine Innenhaftung, das heißt anders als in den anderen vorstehend zitierten Entscheidungen kann bei einem existenzvernichtenden Eingriff ab dieser Entscheidung nicht mehr jeder Gläubiger der GmbH den Täter in Anspruch nehmen. **Die Täter haften nur nach innen, also der GmbH gegenüber.** In der Praxis steht also der Geschäftsführer stets dem Insolvenzverwalter gegenüber.

VII. Verjährung

7089 Schadenersatzansprüche der GmbH gegen den Geschäftsführer aus der Verletzung ihrer Pflichten als Unternehmensleiter verjähren in fünf Jahren, § 43 Abs 4 GmbHG.[77] **Die Verjährung beginnt mit Eintritt des Schadens** (es genügt der Eintritt des Schadens dem Grunde nach). Es kommt für den Beginn dieser Verjährungsfrist nicht darauf an, ob die Gesellschaft (also der Schädiger selbst als Geschäftsführer oder die anderen Geschäftsführer) die Pflichtverletzung und den Schaden

---

[71] BGH v 17. 9. 2001 BGHZ 149, 10, 16 = NJW 2001, 3622 = GmbHR 2001, 1036, 1039 ‚Bremer Vulkan I'.

[72] BGH v 24. 6. 2002 BGHZ 151, 181, 186 ff = NJW 2002, 3024 = GmbHR 2002, 902, 903 f.

[73] BGH v 20. 9. 2004 NJW 2005, 145 ff = GmbHR 2004, 1528; ähnlich BGH v 13. 12. 2004 GmbHR 2005, 226, 226 f ‚BMW-Vertragshändler' sowie ebenfalls vom 13. 12. 2004 GmbHR 2005, 299, 300 ‚Handelsvertreter'.

[74] BGH v 16. 7. 2007 BGHZ 173, 246 ff = GmbHR 2007, 927, 929 f ‚Trihotel'; vgl auch BGH v 13. 12. 2007 GmbHR 2008, 322 f; BGH v 7. 1. 2008 GmbHR 2008, 257 f; BGH v 2. 6. 2008 GmbHR 2008, 929 f.

[75] Siehe auch die Übersicht bei Heeg/Manthey GmbHR 2008, 798 ff sowie BGH v 9. 2. 2009 GmbHR 2009, 601 ff ‚Sanitary'.

[76] BGH v 28. 4. 2008 GmbHR 2008, 805, 807, ‚GAMMA' mit Anm Ulrich = JZ 2008, 1162, 1164 mit Anm Wackerbarth (vgl auch Rn 7068).

[77] Vgl etwa BGH v 29. 9. 2008 GmbHR 2008, 1319, 1321 zur Haftung nach § 43 Abs 3 GmbHG (Rn 7046).

VIII. Haftungsminimierung **7090–7094**

kennen oder kennen mussten. Wie die in den vorstehenden Abschnitten dargelegten Haftungstatbestände des Geschäftsführers zeigen, ist in vielen Fällen das haftungsauslösende Verhalten eine unerlaubte Handlung, insbesondere nach § 823 Abs 2 BGB iVm einem Straftatbestand oder nach § 826 BGB. Unerlaubte Handlungen verjähren aber auf der einen Seite bereits in drei Jahren, auf der anderen Seite beginnt jedoch diese Verjährungsfrist erst mit der Kenntnis der Gesellschaft, §§ 195, 199 Abs 1 BGB. **Liegt nur eine unerlaubte Handlung vor, verjährt diese in drei Jahren ab Kenntnis oder Kennenmüssen. Liegt gleichzeitig** (was nicht selten ist) **eine Pflichtverletzung als Unternehmensleiter und eine unerlaubte Handlung vor,** kann sich der Geschäftsführer die kürzere Verjährungsfrist allerdings nicht aussuchen. Im Gegenteil. Die Schadenersatzansprüche können solange geltend gemacht werden **bis die längere Frist abgelaufen ist.**[78]

Liegt hingegen ein Verstoß gegen ein Wettbewerbsverbot (Rn 7027) **vor, so verjährt ein Schadenersatzanspruch,** was weitgehend unbekannt ist, **bereits in drei Monaten, beginnend ab Kenntnis** (nicht der Gesellschaft wie bei der unerlaubten Handlung sondern) **der Gesellschafter,**[79] und zwar auch dann, wenn der Wettbewerbsverstoß gleichzeitig ein Verstoß gegen § 43 Abs 1 GmbHG (Verstoß gegen die Sorgfalt eines ordentlichen Geschäftsmanns) und gegen den Dienstvertrag ist. **7090**

Der **Beginn der Verjährung ist unabhängig** davon, **wann** der nach § 46 Nr 8 GmbHG für die Geltendmachung erforderliche **Gesellschafterbeschluss** (Rn 7035) eingeholt worden ist. Dieser Gesellschafterbeschluss kann sogar noch nach Ablauf der Verjährungsfrist eingeholt werden; es kommt nur darauf an, dass innerhalb der Verjährungsfrist Klage gegen den Geschäftsführer erhoben worden ist.[80] **7091**

VIII. Haftungsminimierung

Ein Instrument der Haftungsminimierung ist der **Geschäftsverteilungsplan,** in dem **schriftlich die Zuständigkeiten der verschiedenen Geschäftsführer** eindeutig festgelegt werden, und zwar entweder durch die Gesellschafter, ggf den Aufsichtsrat, oder durch die Geschäftsführer selbst (Rn 3040). Die Ressorts sollten klar gegeneinander abgegrenzt sein, **damit nicht alle Geschäftsführer für alles haften,** sondern jeder Geschäftsführer im Kern nur für den Bereich, für den er primär zuständig ist. Jeder Geschäftsführer soll klar unterscheiden können den Bereich, für den er primär zuständig ist, und den Bereich, für den ihn nur eine Überwachungspflicht (Rn 3041, 7013, 7113) trifft. **7092**

Nicht nur die Geschäftsverteilung unter den Geschäftsführern sollte klar geregelt werden, sondern auch die **Delegation an die weiteren Ebenen im Unternehmen.** Das erfordert erstens ein klares **Organigramm mit eindeutigen Zuständigkeiten** und zweitens präzise aber nicht zu ausführliche **Stellenbeschreibungen** (Rn 1189 aE). Eine Delegation in dieser Form hat den Vorteil, dass der Geschäftsführer, soweit es nicht um die Kernbereiche geht (Rn 3041), nicht mehr für ein haftungsauslösendes Verhalten eines Angestellten als solches zur Verantwortung gezogen werden kann, sondern nur noch für ein ihn eventuell treffendes Auswahlverschulden. **7093**

Die Reduzierung auf die Fälle des Auswahlverschuldens setzt voraus, dass die Angestellten überwacht werden. Die **Überwachung erfolgt in der Praxis durch die Ein-** **7094**

---

[78] Uwe H. Schneider in Scholz GmbHG § 43 Rn 279; dazu auch OLG Saarbrücken v 6. 5. 2008 GmbHR 2008, 1036 mwN zur Verjährung bei Insolvenzverschleppung.

[79] Vgl. §§ 114 Abs 3 HGB, 88 Abs 3 S 1 AktG, dazu OLG Köln v 10. 1. 2008 GmbHR 2008, 1103, 1104.

[80] Uwe H. Schneider in Scholz GmbHG § 43 Rn 283.

führung eines Berichtswesens und durch Stichproben. Es muss festgelegt werden, wer in welchen Zeitabständen was an wen berichtet. Erforderlich ist erstens ein Berichtswesen der Geschäftsführer untereinander (Rn 3041, 7013, 7080). Ggf erstatten zusätzlich oder alternativ zu den wöchentlichen Besprechungen (Rn 3041) die Geschäftsführer an die Kollegen wöchentlich Berichte. Der Berichtsinhalt sollte, um die Dinge zu vereinfachen via Formular vorgegeben werden. Zweitens ist das Berichtswesen der weiteren Ebenen im Unternehmen untereinander und zum jeweiligen Geschäftsführer festzulegen. Das Berichtswesen muss, soll es die haftungsminimierende Wirkung haben, dokumentiert sein und regelmäßig überwacht werden daraufhin, ob gemäß dem Berichtswesen verfahren wird. Die Berichte sollten in Textform erstattet werden.

7095 Wichtig ist sodann, **der Aufbau, die Dokumentation und die Überwachung des Risikomanagementsystems,** insbesondere bezüglich der bestandsgefährdenden Risiken (analog § 91 Abs 2 AktG). Die Geschäftsführung ist dazu verpflichtet (Rn 7014, 7021, 7026). Ihre Haftung ist minimiert, wenn sie nachweisen kann, dass und wie sie dieser Pflicht nachgekommen ist.

7096 Die Regeln über die Geschäftsverteilung und die Regeln der Geschäftsordnung (Rn 3041 f, 7012, 7092) müssen eingehalten werden. Die Geschäftsführer, die sich daran nicht halten, erhöhen ihr Haftungsrisiko. **Sämtliche Geschäftsführerbeschlüsse sollten in Textform dokumentiert und an alle Geschäftsführer weitergeleitet werden,** entweder als Teil der Protokolle der Geschäftsführersitzungen oder gesondert. Das gilt selbstverständlich auch für die Protokolle von Telefonkonferenzen.

7097 Zumindest soweit es um den Rechtsverkehr mit den Gesellschaftern geht, also insbesondere **innerhalb von Konzernen** (Rn 4049), sollten die Geschäftsführer **jeweils eine entsprechende Weisung durch Gesellschafterbeschluss erbitten.** Die Weisung lässt die Haftung des Geschäftsführers im Regelfall entfallen, es sei denn, dass er sich mit der Durchführung Dritten gegenüber schadensersatzpflichtig oder strafbar macht bzw. ordnungswidrig handelt (Rn 7036). Weisungen einzuholen empfiehlt sich darüber hinaus auch dann, wenn auf Anregung oder Initiative eines Gesellschafters hin die GmbH besonders große oder riskante Geschäfte tätigen soll oder in neue Geschäftsbereiche expandieren soll.

7098 Bereits **bei der Verhandlung des Anstellungsvertrages** sollte jeder Geschäftsführer **versuchen, seine Haftung als Geschäftsführer zu beschränken.** Zum einen sollte der Geschäftsführer versuchen, die Haftung für Fahrlässigkeit auszuschließen, also auf Vorsatz und grobe Fahrlässigkeit zu reduzieren. Zum anderen sollte die Verjährungsfrist, die nach dem Gesetz fünf Jahre beträgt, § 43 Abs 4 GmbHG, verkürzt werden, beispielsweise auf zwei oder drei Jahre, oder sogar, was zulässig ist,[81] auf sechs Monate (zur dreimonatigen Verjährung von Verstößen gegen das Wettbewerbsverbot Rn 7090). Wichtig ist darüber hinaus, jährlich um Entlastung nachzusuchen und die Verzichtswirkung der Entlastung dadurch möglichst auszuweiten, dass den Geschäftsführern ausführlich berichtet wird.

7099 Ist das Kind in den Brunnen gefallen, erwägen also die Gesellschafter oder haben sie sogar schon beschlossen (Rn 7035), wegen eines bestimmten Vorkommnisses Schadenersatzansprüche gegen einen Geschäftsführer geltend zu machen, oder ist es sogar schon zum Prozess gekommen, **ist es den Gesellschaftern gestattet, darauf durch Erlassvertrag zu verzichten oder sich vor Gericht mit ihm zu vergleichen,** jedoch mit der Einschränkung, dass der **Verzicht oder der Vergleich unwirksam ist, falls der Schadenersatz zur Befriedigung der Gläubiger erforderlich ist;** bei einer Insolvenz muss also der Geschäftsführer trotz Verzicht und Vergleich haften (§§ 43 Abs 2 S 2 iVm § 9b Abs 1 GmbHG). Im Gegensatz dazu ist es dem Aufsichtsrat und der Hauptversammlung einer Aktiengesellschaft im Verhältnis zum Vorstand in den

---

[81] BGH v 16. 6. 2002 GmbHR 2002, 1197, 1198.

ersten drei Jahren nicht gestattet, auf irgendwelche Ersatzansprüche zu verzichten (§ 93 Abs 4 S 3 AktG).

IX. Haftung im Straf- und Ordnungswidrigkeitenrecht

1. Übersicht

Strafvorschriften haben für die Geschäftsführerpraxis eine enorme Bedeutung. Das ist eine Konsequenz der wachsenden Regelungsdichte, die auch das wirtschaftliche Leben bestimmt. Regelungen müssen durchgesetzt werden können. Die Strafdrohungen sollen möglichst schon durch ihre Existenz die gewünschten Ordnungen sichern. In der Bundesrepublik werden zunehmend Anzeigen gegen Unternehmensleiter erstattet. Dabei nehmen die Anzeigen wegen Untreue, Verstößen gegen das UWG und wegen Bestechung und Bestechlichkeit im geschäftlichen Verkehr besonders stark zu. Häufig sind es GmbHs, die an den bekannt gewordenen Fällen der sog Wirtschaftsstraftaten beteiligt sind. Die Ursachen hierfür sind mannigfach. Zwei dieser Ursachen wiederholen sich aber so häufig, dass sie wegen ihrer Bedeutung für die praktische Geschäftsführungsarbeit hervorgehoben werden müssen. Es sind: die **Verkennung der rechtlichen Situation** und die **hohe Insolvenzanfälligkeit** der GmbH (s Einleitung). Deshalb ist es auch wichtig, dass Geschäftsführer sich rechtzeitig um eine wirtschaftsrechtlich fachkundige Rechtsberatung kümmern und nicht erst, wenn das Kind in den Brunnen gefallen ist (Rn 1193). 7100

Alleingesellschafter-Geschäftsführer sind erfahrungsgemäß besonders gefährdet. Ein Nichtjurist betrachtet die GmbH meist als „seine" Firma. Die Folge dieser Vorstellung ist die irrige Meinung, das Vermögen der GmbH sei – auch strafrechtlich betrachtet – sein Vermögen. In einem Strafverfahren lernt der Alleingesellschafter-Geschäftsführer zu seiner Verblüffung, dass auch der alleinige Gesellschafter einer GmbH als ihr Geschäftsführer Untreue zum Nachteil der GmbH begehen kann. Er kann „seine" GmbH in strafrechtlich relevanter Weise schädigen. Das ist ständige Rechtsprechung des BGH in Strafsachen (Rn 7144). Rechtliche Fehlvorstellungen sind häufig auch die Ursache für den verspäteten Antrag zur Eröffnung des Insolvenzverfahrens. Es ist offensichtlich nicht allgemein bekannt, wie weit die Definition der Zahlungsunfähigkeit und der Überschuldung (vgl Rn 6029ff) geht. Schon geringfügige Zinsschwankungen, nicht vorhersehbare kurzfristige Absatzschwierigkeiten oder eine behördliche Inanspruchnahme wegen eines Altlastenfalles können nicht nur unterkapitalisierte Firmen sehr rasch in eine bedrohliche Unternehmenskrise bringen. **In dem Bestreben, die wirtschaftliche Basis für den eigenen Lebensunterhalt zu erhalten, wird das Stellen des fälligen Insolvenzantrages oft zu lange verzögert.** 7101

Jeder Geschäftsführer sollte auch wissen, welche strafrechtliche **Automatik mit der Stellung eines Insolvenzantrages einsetzt.** Sowohl bei Eröffnung des Insolvenzverfahrens als auch bei Abweisung des Antrags mangels Masse sind die Zivilabteilungen der Amtsgerichte verpflichtet, die zuständige Staatsanwaltschaft zu verständigen. Das ist in bundeseinheitlichen Justizverwaltungsanordnungen unter der Überschrift „Mitteilungen in Zivilsachen" (MiZi) geregelt. Die Vollstreckungsgerichte teilen gemäß dem 3. Abschnitt X/2 der Staatsanwaltschaft mit die Abgabe der eidesstattlichen Versicherung nach § 807 ZPO sowie den Erlass eines Haftbefehls nach § 901 ZPO, wenn das Verfahren eine AG, eine KGaA, eine GmbH oder eine Genossenschaft betrifft. Dasselbe gilt, wenn das Verfahren eine OHG oder eine KG betrifft, bei der kein Gesellschafter eine natürliche Person ist (§ 17 Nr 1 EGGVG). Die Staatsanwaltschaft fordert dann die Akten an. Aus ihnen gewinnt sie regelmäßig Erkenntnisse über die wirtschaft- 7102 liche Situation der GmbH in der Zeit vor Antragstellung. Dafür sorgen schon die vorzulegende Vermögensübersicht und das vom Gericht eingeholte Gutachten zur Frage, ob die Verfahrenskosten durch die Masse gedeckt sind. **Aus den daraus gewonnenen Erkenntnissen leitet die Staatsanwaltschaft häufig den Anfangsverdacht** (§ 152 StPO) **auf Verschleppung des Antrags ab** (§ 15 a InsO). Aus den Bilanzen wird festgestellt, ob der Geschäftsführer seiner Verpflichtung zur rechtzeitigen Bilanzaufstellung (Rn 1129) nachgekommen ist. Bei Verstoß besteht der Verdacht einer Straftat nach § 283 Abs 1 Nr 7 b StGB. Hat der Geschäftsführer zu einem Zeitpunkt, in dem nach dem Akteninhalt eine Krisensituation anzunehmen war, noch Lieferungen und Leistungen bestellt, sie aber nicht mehr bezahlt, besteht der Anfangsverdacht eines Betruges (§ 263 StGB). Aus dem Bericht des Insolvenzverwalters sieht die Staatsanwaltschaft auch, welche Vermögensübertragungen angefochten werden, die der Geschäftsführer noch vor Antragstellung vorgenommen hat. In diesen Übertragungen liegen häufig Anzeichen für den Verdacht eines Bankrottdelikts im Sinne des Beiseiteschaffens (§ 283 Abs 1 Nr 1 StGB). Als nächsten Ermittlungsschritt startet die Staatsanwaltschaft in der Regel eine **Durchsuchungsaktion,** und zwar nicht nur in den Räumen der GmbH, sondern auch in der Privatwohnung des Beschuldigten, dh des in Verdacht geratenen Geschäftsführers. Häufig werden auch bei der Hausbank Ermittlungen durchgeführt. Die dabei uU beschlagnahmten Unterlagen werden anschließend nicht nur im Hinblick auf den zu untersuchenden Tatverdacht ausgewertet. Der Blick richtet sich vielmehr auch darauf, ob sich aus diesen Unterlagen Hinweise auf andere strafrechtlich relevante Sachverhalte ergeben. Anzeigen vermeintlich oder tatsächlich geschädigter Lieferanten (Vorwurf des Betruges) und der Sozialversicherungsträger (nicht gezahlte Arbeitnehmerbeiträge, § 266 a StGB) (Rn 6055) dehnen schließlich das eingeleitete Ermittlungsverfahren auf weitere bisher unbekannte Sachverhalte aus. **Insolvenz und Strafverfahren sind also eng verknüpft.** Das müssen sich besonders Geschäftsführer vor Augen halten, die ein Insolvenzverfahren ohne persönliche strafrechtliche Gefährdung abwickeln wollen.

7103   **Das GmbHG regelt nur einen kleinen Teil der Straftatbestände, auf die der GmbH-Geschäftsführer achten muss** (§§ 82 ff GmbHG; nunmehr auch § 15 a InsO, der bei Führungslosigkeit der GmbH auch die Gesellschafter in die Haftung nimmt). **Das StGB enthält zahlreiche weitere Vorschriften, die Unternehmensleiter strafrechtlich in Not bringen können.** Dazu gehören vor allem die §§ 263 ff StGB (Betrugs- und Untreue-Delikte), die Insolvenzstraftaten wie Bankrott, Verletzung von Buchführungspflichten und Gläubiger- und Schuldnerbegünstigung (§§ 283 bis 283 d StGB), die Straftaten gegen die Umwelt (§§ 324 ff StGB) und schließlich Straftaten im Zusammenhang mit der Produktsicherheit. Strafvorschriften finden sich weiter in speziellen Gesetzen, wie zB im Bereich des Steuerrechts und des Betriebsverfassungsrechts sowie in den Spezialgesetzen bestimmter Branchen wie Kreditwesen, Wertpapierhandel, Versicherungen und auch in den sog handelsrechtlichen Nebengesetzen wie des Gesetzes gegen den unlauteren Wettbewerb (UWG) und des Rechts zur Sicherung der gewerblichen Schutzrechte (Rn 7132). Hinzu kommen die Strafdrohungen im Außenwirtschaftsgesetz (AWG), zB bei Länderboykotten, und im Kriegswaffenkontrollgesetz (KWKG) (Rn 7132).

7104   **Das dichte Netz von Vorschriften zwingt den Geschäftsführer, sich mit den wesentlichen gesetzlichen Vorschriften seines Aufgabengebietes vertraut zu machen und sich auf dem Laufenden zu halten.** Spezialliteratur, Mitarbeit in Verbänden, Verbandsrundschreiben, Seminare innerhalb und außerhalb des Unternehmens, Information durch die eigene Rechtsabteilung oder durch einen außenstehenden, mit den Problemen des Unternehmens vertrauten Rechtsberater, sind einige der Möglichkeiten, diese Aufgaben zu bewältigen. Darüber hinaus muss der Geschäftsführer sein Unternehmen so organisieren, dass er und seine leitenden Mitarbeiter von Unregelmäßigkeiten

IX. Haftung im Straf- und Ordnungswidrigkeitenrecht

erfahren, um reagieren zu können. Die Stichworte hier heißen Compliance (Rn 1193, 7187) und Risikomanagement (zur Organisations- und Aufsichtspflicht Rn 1188f, 7011, 7063ff). Das Dienstleistungsangebot der beratenden Berufe ist eine wichtige Hilfe. Denn im Regelfall verfügen die Berater auf ihrem Spezialgebiet über mehr Erfahrung als ein Unternehmer sie auch über Jahre hinweg im eigenen Unternehmen erwerben kann.

Strafrechtlich kann nur eine natürliche Person, nicht auch die GmbH zur Verantwortung gezogen werden (ausgenommen die Anordnung von Nebenfolgen wie Einziehung von Tatgegenständen oder Verfall von Taterträgen gem §§ 73ff StGB). Nur ein Mensch kann im tatsächlichen Sinne handeln und eine Straftat begehen, die je nach ihrer Schwere mit Freiheitsstrafe oder Geldstrafe geahndet wird. Im Ordnungswidrigkeitenrecht (Rn 7185ff) kann dagegen auch gegen die GmbH eine Geldbuße verhängt werden (Rn 7005, 7016). 7105

Manche Bestimmungen sagen ausdrücklich, dass Täter nur ein Geschäftsführer sein kann, sog Geschäftsführungsdelikte. Dazu gehören die §§ 82 bis 85 GmbHG sowie § 331 HGB (unrichtige Darstellung der Verhältnisse der GmbH). Die Strafdrohungen bei Verletzung der Buchführungspflicht (§§ 283 Abs 1 Nr 5, 7 und 283b StGB) richten sich auch unmittelbar an den Geschäftsführer, weil er für die ordnungsmäßige Buchführung verantwortlich ist (§ 41 GmbHG). Gleiches gilt für die steuerlichen Pflichten (§§ 34, 35f AO). Auch die Untreue des Geschäftsführers gegenüber dem GmbH-Vermögen (Rn 7144) gehört dazu. Denn der Geschäftsführer ist kraft seiner Organstellung befugt, über das Vermögen der GmbH zu verfügen bzw die GmbH zu verpflichten. 7106

Die sog Organhaftungsdelikte sind Strafvorschriften, bei denen Täter eigentlich die GmbH ist. Da aber eine juristische Person im Strafrecht nicht selbst deliktsfähig ist, kann sie als solche nicht belangt werden (sie kann nicht mit Gefängnis bestraft werden). Deshalb lenkt § 14 StGB die strafrechtliche Verantwortlichkeit auf das handelnde Organ, den Geschäftsführer. So kann zB Täter eines Bankrottdelikts nach § 283 Abs 1 und Abs 2 StGB nur der Schuldner selbst sein, der seine Zahlungen eingestellt hat oder über dessen Vermögen das Insolvenzverfahren eröffnet worden ist. Schuldner ist die GmbH und nicht der Geschäftsführer. Über § 14 StGB wird aber der Geschäftsführer belangt. Dasselbe gilt bei § 266a StGB (Vorenthalten und Veruntreuung von Arbeitsentgelt, Rn 6055f, 7062). Arbeitgeber ist die GmbH. Der Geschäftsführer handelt an ihrer Stelle. 7107

Bei Straftaten, bei denen es nicht auf die Geschäftsführereigenschaft ankommt, trifft die Strafdrohung den Geschäftsführer wie jeden anderen Täter. Zu denken ist etwa an Körperverletzung oder fahrlässige Tötung (verwirklicht beispielsweise durch fehlerhafte Produkte des Unternehmens oder durch Nichtbeachtung von Unfallverhütungsvorschriften), oder an Tatbestände des Umweltstrafrechts (§§ 324ff StGB). In diesen Fällen könnte jeder Angestellte oder freiberufliche Berater des Unternehmens oder jeder Dritte Täter sein, aber eben auch ein Geschäftsführer, wenn er seine Überwachungspflichten nicht erfüllt. 7108

Wenn ein Geschäftsführer aufgrund seiner Geschäftsführereigenschaft strafrechtlich zur Verantwortung gezogen werden soll, so hängt die Geschäftsführereigenschaft nicht von seiner Eintragung in das Handelsregister ab. Da zB § 82 Abs 1 Nr 1 GmbHG (Gründungsschwindel) nur ein Handeln „als" Geschäftsführer verlangt, ist die Eintragung im Handelsregister nicht maßgeblich. Andererseits beginnt die strafrechtliche Haftbarkeit **auch nicht allein durch die Bestellung** zum Geschäftsführer (Rn 2000, 2003). Entscheidend ist, dass der Betreffende seine **Bestellung angenommen** hat (Rn 2011) und tätig geworden ist. Ist der Bestellungsakt zivilrechtlich nicht wirksam gewesen, ist dies strafrechtlich irrelevant (§ 14 Abs 3 StGB). Die **strafrechtliche Verantwortlichkeit** des Geschäftsführers **endet mit Aufgabe des Amtes,** also entweder mit Abberufung oder durch Amtsniederlegung (Rn 2019ff, 7109

2033 f). Ab diesem Zeitpunkt kann der ehemalige Geschäftsführer für strafrechtlich relevante Sachverhalte, die erst nach seinem Ausscheiden aus dem Amt verwirklicht wurden, nicht mehr als Geschäftsführer verantwortlich gemacht werden. Allerdings bleibt seine Verantwortlichkeit für Vorgänge und für Unterlassungen, die sich vor seinem Ausscheiden ereigneten bzw. bei denen er bereits hätte handeln müssen, bestehen.

7110 **„Geschäftsführer" im Sinne der Geschäftsführungs- und Organhaftungsdelikte ist nach ständiger Rechtsprechung auch der sog faktische Geschäftsführer** (Rn 2018). Er wird wie ein wirksam bestellter Geschäftsführer für die Erfüllung der Geschäftsführeraufgaben strafrechtlich verantwortlich gemacht. Für ihn gelten die einschlägigen Straftatbestände wie für alle Geschäftsführer. Die Rechtsprechung wendet auf ihn nicht nur die Vorschriften über Geschäftsführungsdelikte an, sondern auch die über Organhaftungsdelikte. § 14 Abs 3 StGB, der die Strafbarkeit an sich nur auf die Personen ausdehnt, deren Geschäftsführerbestellung gewollt, wenn auch nicht wirksam gewesen ist, wird auch auf die überhaupt nicht bestellten Personen angewendet, vorausgesetzt, dass sie im Einverständnis mit allen Gesellschaftern tätig geworden sind. Das Einverständnis kann auch stillschweigend erteilt sein.

7111 **Typische Fälle des faktischen Geschäftsführers im Strafrechtsbereich sind die sog Strohmannsituation und die sog faktische Mitgeschäftsführung** (zur zivilrechtlichen Seite Rn 2018). Im ersten Fall ist der formelle Geschäftsführer mehr oder weniger ein Werkzeug, eben der Strohmann dessen, der maßgeblich bestimmt. Im zweiten Fall mag es zwar noch eine Arbeitsteilung mit dem formellen Geschäftsführer geben. Der formelle Geschäftsführer nimmt aber eher eine untergeordnete Stellung ein. Das BayObLG[82] hat eine überragende Stellung in der Geschäftsführung angenommen, wenn die in Frage kommende Person sechs von acht Merkmalen, die das Gericht als Kernbereich der Geschäftsführung ansieht, erfüllt. Diese acht Merkmale sind:

– Bestimmung der Unternehmenspolitik,
– Unternehmensorganisation,
– Einstellung von Mitarbeitern,
– Gestaltung der Geschäftsbeziehungen zu Vertragspartnern,
– Verhandlung mit Kreditgebern,
– Gehaltshöhe,
– Entscheidung der Steuerangelegenheiten und Steuerung der Buchhaltung.

Die Beantwortung der Frage, wann jemand die Voraussetzungen faktischer Geschäftsführung erfüllt, ist oft nicht eindeutig. Sie ergibt sich schließlich aus der Zusammenschau vieler Beweisanzeichen. Dabei spielt nicht zuletzt die Frage eine Rolle, wer den Mitarbeitern der GmbH als der „Chef" erscheint, der formelle Geschäftsführer oder die Person, die als faktischer Geschäftsführer in Betracht kommt. Auf die Verfügungsbefugnis über die Bankkonten oder auf eine ständige Anwesenheit im Unternehmen kommt es nicht an, weil nicht die Erledigung von Routinearbeiten zum Geschäftsführer qualifiziert, sondern der Einfluss auf die für den wirtschaftlichen Fortbestand des Unternehmens wesentlichen Maßnahmen. Es ist schwer zu prognostizieren, wie ein Gericht im Einzelfall die Beweisanzeichen für die geforderte überragende Stellung werten wird. Jeder Fall hat seine Besonderheiten. Um nicht in einem etwaigen Strafverfahren als faktischer Geschäftsführer angesehen zu werden, ist es jedenfalls empfehlenswert, das Verhandeln mit Lieferanten, Kunden, Banken, dem Steuerberater usw dem zum Geschäftsführer Bestellten zu überlassen und sich darauf zu beschränken, sich intern abzustimmen. Allerdings ist zu raten, das nicht zu extensiv auszuüben. Denn sonst könnte derjenige, der das tut, gerade deswegen in einem Strafverfahren als faktischer Geschäftsführer angesehen und neben dem formellen Geschäftsführer strafrechtlich zur Verantwortung gezogen werden.

---

[82] BayObLG v 20. 2. 1997 NJW 1997, 1936.

IX. Haftung im Straf- und Ordnungswidrigkeitenrecht

Im subjektiven Bereich, dh bei der Frage nach Vorsatz oder Fahrlässigkeit, bestehen für einen faktischen Geschäftsführer nur geringe Verteidigungschancen. Wenn jemand alle Umstände kennt, aufgrund deren er in der Gesamtschau als faktischer Geschäftsführer anzusehen ist, so kann er sich nicht damit entschuldigen, er habe sich nicht als Geschäftsführer betrachtet. Es würde sich um einen unbeachtlichen sog Subsumtionsirrtum handeln. Mit diesem Subsumtionsirrtum geht meist der weitere Irrtum einher, ihn träfen deshalb auch nicht die Pflichten des Geschäftsführers, zB rechtzeitig einen Insolvenzantrag zu stellen. Dieser weitere Irrtum ist ein sog **Verbotsirrtum,** der in der Rechtspraxis grundsätzlich als **vermeidbar** angesehen wird. Nach der Rechtsprechung[83] wird der faktische Geschäftsführer nicht einmal dadurch entschuldigt, dass er vorträgt, sein beratender Anwalt, der seine Funktion in der GmbH kannte, habe ihn nicht auf die Gefahr hingewiesen, als faktischer Geschäftsführer angesehen zu werden. 7112

In einer mehrköpfigen Geschäftsführung spielt das im GmbH-Recht geltende Prinzip der gemeinschaftlichen Geschäftsführung (Rn 3041, 7012 ff, 7150) **auch strafrechtlich eine wichtige Rolle.** Um die strafrechtliche Verantwortlichkeit zu beschränken, müssen die Zuständigkeiten unter den Geschäftsführern klar geregelt werden (Rn 7092). Wenn bestimmte Aufgaben auf die nachgeordnete Führungsebene delegiert werden, kann sich der Geschäftsführer grundsätzlich dadurch vor der strafrechtlichen Verantwortung schützen, dass er befähigte Personen mit der Wahrnehmung bestimmter Aufgaben beauftragt und die Ausführung angemessen kontrolliert (Rn 7093 f). Ist eine fähige Person beauftragt, darf sich der Geschäftsführer dann darauf verlassen, dass der jeweils andere, ob Geschäftsführerkollege oder Mitarbeiter, die ihm zugewiesene Aufgabe ordnungsgemäß erledigt. Das entbindet den Geschäftsführer wegen der Allzuständigkeit der Geschäftsführung aber nicht von der **Überwachungspflicht,** die ein Eingreifen verlangt, wenn Anhaltspunkte dafür bestehen, dass die übertragenen Zuständigkeiten nicht mit der erforderlichen Sorgfalt wahrgenommen werden. **In Angelegenheiten, die das Unternehmen als ganzes oder gar in seiner Existenz betreffen, ist jeder Geschäftsführer auch einzeln zum Handeln verpflichtet** (Rn 3041, 7014). Diese Verpflichtung kann nicht delegiert werden. Der bekannteste Fall ist der Ledersprayfall (Rn 7065, 7073, 7181), in dem sämtliche Geschäftsführer wegen gemeinschaftlich begangener fahrlässiger und gefährlicher Körperverletzung verurteilt worden sind. Zeichnet sich die **Zahlungsunfähigkeit** oder gar die **Überschuldung** der Gesellschaft ab, ist ebenfalls jeder einzelne Geschäftsführer verpflichtet, das Insolvenzverfahren zu beantragen, selbst wenn die Mehrheit der Geschäftsführer anders beschlossen haben sollte. Auch bei der Erfüllung der öffentlich-rechtlichen Pflichten wie Steuerzahlungen, Abführung der Arbeitnehmerbeiträge oder Anzeige, wenn die Hälfte des Stammkapitals verloren ist, ist jeder Geschäftsführer zum Eingreifen und zum selbständigen Handeln verpflichtet, wenn er Anzeichen dafür sieht, dass der geschäftsmäßig Zuständige nicht vorschriftsmäßig handelt. 7113

Strafbar ist grundsätzlich nur vorsätzliches Handeln, eingeschlossen Eventualvorsatz (Rn 7009). **Fahrlässiges Handeln ist nur strafbar, wenn das Gesetz dies ausdrücklich bestimmt (§ 15 StGB). Auch der Versuch einer Straftat kann bestraft werden.** Versucht ist sie dann, wenn der Täter „nach seiner Vorstellung von der Tat zur Verwirklichung des Tatbestandes unmittelbar ansetzt" (§ 22 StGB) (Merksatz: „Jetzt geht's los"). Der Versuch eines Verbrechens ist immer strafbar. Verbrechen ist eine rechtswidrige Tat, die mindestens mit Freiheitsstrafe von einem Jahr bedroht ist. Vergehen ist eine rechtswidrige Tat, die im Mindestmaß mit einer Freiheitsstrafe von unter einem Jahr oder mit Geldstrafe bedroht ist (§ 12 StGB). Der Versuch eines Vergehens ist nur dann strafbar, wenn das Gesetz es ausdrücklich anordnet (§ 23 Abs 1 StGB). 7114

---

[83] BGH v 17. 4. 1984 StV 1984, 461.

Wegen Versuchs wird aber nicht bestraft, wer von der Tat freiwillig zurücktritt (§ 24 StGB). **Wenn mehrere gemeinschaftlich eine Straftat begehen, so wird jeder von ihnen als Täter (Mittäter) bestraft** (§ 25 Abs 2 StGB). Auch der **Anstifter** einer Tat und der **Gehilfe** werden bestraft (§§ 26, 27 StGB). **Straflos** bleibt, wer in **Notwehr oder** in einem **Notstand** gehandelt hat. Es wird unterschieden zwischen einem rechtfertigenden Notstand und einem nur entschuldigenden Notstand (§§ 32 bis 35 StGB).

2. Strafvorschriften des GmbHG, des HGB, des Steuer- und Sozialversicherungsrechts und des BetrVG

7115 **Das GmbHG enthält spezielle Strafvorschriften in den §§ 82, 84 und 85.** Das Regelungsprogramm ergibt sich aus den schlagwortartigen Bezeichnungen, die in der Praxis üblich sind. Es handelt sich um

- Gründungsschwindel (§ 82 Abs 1 Nr 1)
- Sachgründungsschwindel (§ 82 Abs 1 Nr 2)
- Kapitalerhöhungsschwindel (§ 82 Abs 1 Nr 3)
- Unrichtige Erklärung bei Kapitalerhöhung aus Gesellschaftsmitteln (§ 82 Abs 1 Nr 4)
- Unrichtige Versicherung (§ 82 Abs 1 Nr 5)
- Kapitalherabsetzungsschwindel (§ 82 Abs 2 Nr 1)
- Geschäftslagetäuschung (§ 82 Abs 2 Nr 2)
- Unterlassen der Verlustanzeige (§ 84)
- Insolvenzverschleppung (§ 15 a InsO)
- Verletzung der Geheimhaltungspflicht (§ 85).

Die Bestimmungen werden im Folgenden kurz vorgestellt. Die Insolvenzverschleppung wird wegen der großen praktischen Bedeutung eingehender behandelt.

7116 **§ 82 GmbHG bedroht den Geschäftsführer mit Freiheitsstrafe bis zu drei Jahren oder mit Geldstrafe, wenn er gegenüber dem Handelsregister falsche Angaben macht** (vgl auch Rn 5012, 5014, 7054). Abs 1 Nr 1 erfasst den **Gründungsschwindel,** dh bei Gründung der GmbH werden falsche Angaben über die Übernahme von Stammeinlagen, über die Leistung der Einlagen, über die Verwendung der eingezahlten Beträge, über Sondervorteile, über Gründungsaufwand und über Sacheinlagen gemacht. Abs 1 Nr 2 regelt den **Sachgründungsschwindel.** Abs 1 Nr 3 erfasst den **Kapitalerhöhungsschwindel,** dh falsche Angaben über die Zeichnung oder die Einbringung des neuen Kapitals oder über Sacheinlagen, um dadurch die Eintragung der Kapitalerhöhung zu erreichen. Abs 1 Nr 4 betrifft falsche Angaben bei einer **Kapitalerhöhung aus Gesellschaftsmitteln.** Der Geschäftsführer hat für die Eintragung der Kapitalerhöhung vor allem zu versichern, dass seit dem Stichtag der zugrundegelegten Bilanz bis zum Tag der Anmeldung keine Vermögensminderung eingetreten ist (§ 57 i GmbHG).

7117 **Bestraft wurde nach § 82 Abs 1 Nr 5 GmbHG bislang nur, wer fälschlich gegenüber dem Handelsregister versichert, dass er in den letzten fünf Jahren (seit Rechtskraft) nicht wegen einer Straftat nach den §§ 283 bis 283 d StGB bestraft ist.** Durch das MoMiG (s Einleitung) wurden diese Ausschlussgründe erheblich erweitert: Nunmehr kann Geschäftsführer ua auch nicht sein, wer wegen Insolvenzverschleppung oder nach den §§ 263 bis 264a oder den §§ 265 b bis 266 a StGB zu einer Freiheitsstrafe von mindestens einem Jahr verurteilt wurde. Denn eine solche Bestrafung macht ihn nach § 6 Abs 2 GmbHG zum Amt des Geschäftsführers oder Liquidators unfähig (Rn 2008). Diese Versicherung der „Unbescholtenheit" ist sowohl bei der Anmeldung einer GmbH abzugeben als auch nach jeder Neubestellung eines Geschäftsführers. Denn jede Änderung ist zur Eintragung in das Handelsregister anzumelden (§ 39 Abs 1 bzw für den Liquidator § 67 Abs 3 GmbHG). Obwohl die Geschäftsführer über ihre diesbezügliche Auskunftspflicht von dem Notar zu belehren sind, der regelmäßig mit der Anmeldung beauftragt wird, weil nämlich die Unterschriften der Geschäftsführer beglaubigt werden müssen, und von dem sie in aller Regel auch belehrt werden, kommt es immer wieder zu Verstößen, ua deshalb, weil der betroffene Geschäftsführer sich nicht klarmacht, dass die **unbeschränkte Auskunftspflicht gegenüber dem Handelsregister** (vgl § 8 Abs 1 GmbHG) weitergeht als zB die Auskünfte, die man aus einem Führungszeugnis erhält. Eine Verurteilung zu einer Geldstrafe von maximal 90 Tagessätzen wird nicht in das Führungszeugnis eingetragen, wenn im Strafregister keine weitere Verurteilung vermerkt ist (§§ 32 Abs 2 Nr 5, 53 BZRG). Wer eine solche Verurteilung verschweigt, weil er glaubt, dass er nicht einschlägig vorbestraft sei, begeht strafbaren **Eignungsschwindel.** Denn die Auskunftspflicht gegenüber dem Registergericht ist – abgesehen von § 6 Abs 2 Nr 3e GmbHG – unbeschränkt und unabhängig von der Höhe der Strafe und des Eintrags ins Führungszeugnis. Der Geschäftsführer mag sich über die Pflicht zur vollständigen Auskunft irren. Dieser Irrtum ist aber regelmäßig ein vermeidbarer Verbotsirrtum. Der Notar wird auch meist als Zeuge bekunden, er habe in der Belehrung auf die unbeschränkte Auskunftspflicht hingewiesen.

Nach § 82 Abs 1 Nr 5 GmbHG wird auch bestraft, wer bei seiner Unbescholtenheitserklärung die in § 6 Abs 2 S 2 Nr 3 GmbHG vorgesehene Fünfjahresfrist nicht beachtet. Dazu kann es kommen, weil die Tilgungsfrist einer Verurteilung im BZR nicht erst ab Rechtskraft läuft, sondern schon mit dem Tage zu laufen beginnt, an dem das erstinstanzliche Urteil erlassen wurde (§§ 46, 47 Abs 1, 36 BZRG). Es kann also vorkommen, dass die Frist für die Tilgung der Strafe früher abläuft als die Fünfjahresfrist nach § 6 Abs 2 S 2 Nr 3 GmbHG, die erst von der Rechtskraft an läuft. Der betroffene Geschäftsführer darf sich also vor Ablauf dieser Frist nicht als unbestraft bezeichnen. 7118

Das Unterlassen der Unbescholtenheitserklärung ist dagegen nicht strafbar. Wenn das Gericht das Fehlen der Versicherung übersieht und den Geschäftsführer dennoch einträgt und das Gericht ihn nicht zur Erklärung auffordert, bleibt das Fehlen der an sich erforderlichen Erklärung nach § 82 Abs 1 Nr 5 GmbHG folgenlos.[84] Unbestraft bleibt auch, wer während seiner Amtszeit als Geschäftsführer wegen einer Straftat nach den §§ 283 bis 283d StGB rechtskräftig verurteilt wird und diesen Umstand dem Registergericht nicht mitteilt. Zwar ist jede Änderung in der Vertretungsbefugnis eines Geschäftsführers zur Eintragung anzumelden (§ 39 Abs 1 GmbHG). Er müsste also auch anmelden, dass er diese Befugnis durch eine entsprechende Verurteilung verloren hat.[85] Die Nichtanmeldung wird aber von § 82 Abs 1 Nr 5 GmbHG nicht erfasst, ist also nicht strafbar, weil dort nur die Abgabe falscher Versicherungen den Tatbestand erfüllt. Bleibt der Geschäftsführer dennoch weiter tätig, wird er als faktischer Geschäftsführer behandelt (Rn 2018, 7110 ff). 7119

Ebenso wie der Kapitalerhöhungsschwindel ist auch der Kapitalherabsetzungsschwindel strafbar. Er liegt vor, wenn der Geschäftsführer zwecks Herabsetzung des Stammkapitals eine falsche Versicherung über die Befriedigung oder Sicherstellung der Gläubiger abgibt (§ 82 Abs 2 Nr 1 GmbHG). Die Strafbarkeit der **Geschäftslagetäuschung** nach § 82 Abs 2 Nr 2 GmbHG steht in Konkurrenz mit § 331 Nr 1 HGB. Soweit die Tat dort nicht mit Strafe bedroht ist, ist jedenfalls jede andere unwahre Darstellung oder Verschleierung der Vermögenslage in öffentlichen Mitteilungen strafbar. 7120

Nach § 84 GmbHG wird der Geschäftsführer mit Freiheitsstrafe bis zu drei Jahren oder mit Geldstrafe bestraft, wenn er den Gesellschaftern nicht an- 7121

---

[84] Schulze-Osterloh/Servatius in Baumbach/Hueck GmbHG § 82 Rn 60.
[85] Tiedemann in Scholz GmbHG § 82 Rn 127.

zeigt, dass die Hälfte des Stammkapitals verloren ist (vgl auch Rn 6046). Schon Fahrlässigkeit ist strafbar; es drohen dann Freiheitsstrafe bis zu einem Jahr oder Geldstrafe (Abs 2). Der Tatbestand hat in der strafrechtlichen Praxis zwar keine allzu große Bedeutung, zumal die Geschäftsführer ihre Verpflichtung nach § 49 Abs 3 GmbHG idR kennen. Der Tatbestand spielt aber im Zusammenhang mit einem verspäteten Insolvenzantrag gem § 15 a InsO eine Rolle. Zwar soll die Verlustanzeige in erster Linie die Gesellschafter zur Sanierung oder zu anderen zweckmäßigen Maßnahmen (zB personellen) veranlassen. Der Verlust der Hälfte des Stammkapitals ist aber auch für den Geschäftsführer ein Warnsignal (Rn 6043, 6045). Ab diesem Zeitpunkt ist er in besonderem Maße verpflichtet, die Liquiditäts- und Vermögenssituation der GmbH zu beobachten. Unterlässt er dies, kann er, wenn er sich mit dem Vorwurf der Verschleppung des Insolvenzantrages konfrontiert sieht, den Vorwurf eines zumindest fahrlässigen Verhaltens schwerlich ausräumen (näheres dazu sogleich).

7122 **Wegen Verschleppung des Insolvenzantrages** (Rn 7059 f) **macht sich ein Geschäftsführer strafbar, wenn er nach Eintritt der Zahlungsunfähigkeit oder Überschuldung nicht unverzüglich, spätestens aber innerhalb von drei Wochen, Insolvenzantrag stellt (§ 15 a Abs 4 InsO). Auch Fahrlässigkeit wird bestraft (§ 15 a Abs 5 InsO).** Die Pflicht zur Antragstellung ist in § 15 a Abs 1 InsO geregelt (Rn 6029 ff, 6060, 6065 f).[86] Der Straftatbestand der Insolvenzverschleppung spielt **in der Praxis eine sehr große Rolle.** Der für die Einleitung eines Ermittlungsverfahrens erforderliche Anfangsverdacht (§ 152 StPO) lässt sich idR leicht begründen (Rn 7102). Das ist insbesondere der Fall, wenn der Insolvenzantrag mangels Masse abgewiesen wurde. Der Nachweis der Fristüberschreitung bereitet der Staatsanwaltschaft, zumindest hinsichtlich eines fahrlässigen Vorwurfes, meist keine Schwierigkeiten. Die besondere Bedeutung dieser Strafvorschrift erklärt sich auch daraus, dass sie als Auffangtatbestand fungiert, wenn andere gravierendere Tatbestände (zB Bankrottstraftaten) nicht nachgewiesen werden können. Normadressat ist jeder Geschäftsführer. **Auch der faktische Geschäftsführer** (Rn 7110) **ist antragspflichtig.**[87] Sind mehrere Geschäftsführer vorhanden, so ist jeder Geschäftsführer zur Antragstellung berechtigt und verpflichtet (§§ 64 Abs 1 GmbHG, 15 InsO). Ob die Geschäftsführer nur Gesamtvertretungsberechtigung haben oder wie die interne Geschäftsverteilung aussieht, ist unerheblich (Rn 7113). Stellt einer von mehreren Geschäftsführern rechtzeitig den Insolvenzantrag, sind die übrigen damit strafrechtlich von der Antragspflicht befreit[88] (vgl aber zivilrechtlich Rn 6060). Waren die Gesellschafter einverstanden, dass der Antrag unterbleibt oder haben sie gar eine entsprechende Weisung gegeben, befreit das die Geschäftsführer nicht von der Antragspflicht.[89] Denn § 15 a InsO schützt in erster Linie die Gläubigerinteressen. Das gilt selbst dann, wenn hinter der Weisung achtenswerte Motive stehen, etwa die Erhaltung von Arbeitsplätzen angesichts der Hoffnung, die Krise mittelfristig überwinden zu können. Auch die Gefahr, im Weigerungsfalle entlassen zu werden, befreit keinen Geschäftsführer von der Antragspflicht. Ebenso wenig beseitigt das **Einverständnis der Gläubiger,** dass (vorerst)

---

[86] Das gilt auch für Liquidatoren. Mit Inkrafttreten des MoMiG (s Einleitung) sind nunmehr im Fall der Führungslosigkeit der GmbH auch die Gesellschafter antragspflichtig, § 15 a Abs 3 InsO; ist Gesellschafter wiederum eine GmbH, trifft diese Pflicht den Geschäftsführer der Muttergesellschaft.

[87] St Rspr, vgl nur BGH v 22. 9. 1982 NJW 1983, 240; Schulze-Osterloh/Servatius in Baumbach/Hueck GmbHG § 64 Rn 47. Nach Tiedemann in Scholz GmbHG § 84 Rn 34 und Schünemann in Leipziger Kommentar zum StGB § 14 Rn 76 ist der faktische Geschäftsführer nur dann Normadressat, wenn nicht erwartet werden kann, dass die Antragspflichten durch den bestellten Geschäftsführer erfüllt werden.

[88] Schulze-Osterloh/Servatius in Baumbach/Hueck GmbHG § 64 Rn 52 mwN.

[89] Tiedemann in Scholz GmbHG § 84 Rn 92, 96.

IX. Haftung im Straf- und Ordnungswidrigkeitenrecht

kein Insolvenzantrag gestellt wird, die Antragspflicht.[90] Die Erklärungen der Gläubiger sind aber auszulegen. In ihnen könnte ein Stillhalten mit fälligen Forderungen (Rn 6031), ein Forderungsverzicht uÄ zu sehen sein, wodurch die Zahlungsunfähigkeit oder Überschuldung beseitigt wäre. Auch wenn ein Gläubiger einen Insolvenzantrag stellt, befreit dies den Geschäftsführer nicht davon, selbst fristgerecht den Antrag zu stellen. Seine Antragspflicht entfällt nur, wenn das Insolvenzgericht aufgrund des Gläubigerantrages innerhalb der Dreiwochenfrist das Insolvenzverfahren entweder eröffnet oder den Antrag mangels Masse abgewiesen hat.[91] Entscheidet das Insolvenzgericht erst später, kann eine Einstellung des Strafverfahrens gegen den Geschäftsführer nach § 153a StPO in Betracht kommen.[92] Ob ein Geschäftsführer von der Antragspflicht befreit wird, wenn er sein Amt niederlegt oder wenn er abberufen wird, hängt davon ab, ob bereits Insolvenzreife vorlag:[93] War die Dreiwochenfrist bereits verstrichen, kann die bereits eingetretene Strafbarkeit nicht nachträglich wieder beseitigt werden.[94] Bei einem Ausscheiden während der Frist muss der Geschäftsführer nicht den Insolvenzantrag stellen, sondern sich nur ernsthaft um die Sanierung bemühen und seinen Nachfolger auf die Frist hinweisen. War die Frist beim Ausscheiden noch nicht in Gang gesetzt, muss der ausgeschiedene Geschäftsführer auch nicht nachträglich Insolvenzantrag stellen.[95]

Die Pflicht zur Antragstellung beginnt, sobald die Überschuldung oder Zahlungsunfähigkeit der GmbH eingetreten ist und der Geschäftsführer hiervon Kenntnis hat (Vorsatz) oder Kenntnis haben konnte (Fahrlässigkeit).[96] Die Dreiwochenfrist ist eine gesetzliche Höchstfrist. Selbst aussichtsreiche Sanierungsversuche können eine Überschreitung nicht rechtfertigen. Die Strafbarkeit endet aber nicht mit ihrem Ablauf. Insolvenzverschleppung ist ein sog Dauerdelikt. Die Strafbarkeit **endet** erst, wenn entweder der Antrag gestellt ist oder das Insolvenzgericht über den Antrag eines Gläubigers entschieden hat oder wenn die Krisensituation beseitigt ist. Mit Scheinmaßnahmen kann die Antragspflicht nicht hinausgezögert werden. Wenn der Geschäftsführer aufgrund unternehmensinterner Informationen mit der Überschuldung rechnen muss und gleichwohl eine Wirtschaftsprüfungsgesellschaft mit der Aufstellung einer Überschuldungsbilanz beauftragt, um „letzte Klarheit" zu erlangen, in Wahrheit jedoch Zeit gewinnen will, so entgeht er damit der Strafdrohung nicht. Hängt hingegen die zweifelsfreie Feststellung der Überschuldung etwa von schwierigen Bewertungsfragen ab, die zB nur ein Wirtschaftsprüfer mit hinreichender Sicherheit beantworten kann, ist dies anders zu beurteilen.

---

[90] Tiedemann in Scholz GmbHG § 84 Rn 93, 94; Bieneck in Müller-Gugenberger/Bieneck § 84 Rn 19.

[91] BGH v 28. 10. 2008 NJW 2009, 157: ‚Die Insolvenzantragspflicht des Schuldners entfällt nicht schon, wenn ein Gläubiger Insolvenzantrag gestellt hat, sondern erst mit der Entscheidung des Insolvenzgerichts über die Eröffnung des Insolvenzverfahrens.'

[92] Tiedemann in Scholz GmbHG § 84 Rn 113.

[93] Wabnitz/Janovsky 7. Kap A II 2 Rn 33ff mwN; Bieneck in Müller-Gugenberger/Bieneck § 84 Rn 14f.

[94] Tiedemann in Scholz GmbHG § 84 Rn 38.

[95] Er sollte jedoch vor seinem Ausscheiden darauf dringen, dass sein Ausscheiden dem Handelsregister mitgeteilt wird oder sein Amt auf den Zeitpunkt der Eintragung seines Ausscheidens im Handelsregister legen und sein Ausscheiden (bei Gesamtvertretung zusammen mit einem anderen Geschäftsführer oder einem Prokuristen) noch selber zum Handelsregister anmelden (Rn 2011, 2034 aE).

[96] Schulze-Osterloh in Baumbach/Hueck GmbHG § 64 Rn 50 mwN. Das Abstellen des BGH (v 29. 11. 1999 NJW 2000, 668 mit Beweislast für fehlende Erkennbarkeit beim Geschäftsführer) und Teilen der Literatur (Lutter/Kleindiek in Lutter/Hommelhoff GmbHG § 64 Rn 28: ‚offensichtliche Erkennbarkeit') auf die Erkennbarkeit der Insolvenzreife verwischt die Unterscheidung zwischen Vorsatz und Fahrlässigkeit.

7124 Aufgrund des Finanzmarktstabilisierungsgesetzes[97] gilt ab dem 1. 11. 2008 bis zum 31. 12. 2010 ein großzügigerer Überschuldungsbegriff als für die Zeit danach ab 1. 1. 2011, wie in Rn 6036 ff im Einzelnen dargestellt.[98] Der bis zum 31. 12. 2010 geltende Überschuldungsbegriff hat den Vorteil, dass das prognostische Element (Fortführungsprognose) und das exekutorische Element (Bewertung des Schuldnervermögens nach Liquidationswerten) gleichwertig nebeneinander stehen. Bereits eine positive Fortführungsprognose schließt somit eine Überschuldung im Sinne des § 19 Abs 2 InsO aus. Wie Altfälle strafrechtlich zu behandeln sind, hat der Gesetzgeber offen gelassen. Angezeigt ist eine Rückwirkung.[99]

7125 **Bei der Prognoseentscheidung und der Bewertung der Bilanzpositionen sieht sich die strafrechtliche Praxis häufig mit Beweisschwierigkeiten, vor allem hinsichtlich der subjektiven Seite (Vorsatz, Fahrlässigkeit) konfrontiert.** Denn es gibt keinen objektiv „wahren" oder „richtigen" Wert eines Vermögensgegenstandes. Deshalb kann die Bewertung der einzelnen Aktiva streitig bleiben. Wegen dieser Schwierigkeiten versuchen die Strafverfolgungsbehörden, die Prognoseentscheidung dadurch negativ zu beeinflussen, dass sie das **Verhalten des Unternehmers** einbeziehen. Sie folgen zunächst der zivilrechtlichen Prüfungsmethode. Und wenn sich keine eindeutige rechnerische Überschuldung ergibt, wird die Fortführungsprognose nicht nur nach betriebswirtschaftlichen Überlegungen angestellt, sondern es wird versucht, den Fortführungswillen und die Fortführungsfähigkeit des Unternehmers als wesentliches Prüfungskriterium einzuführen.[100] Wer zB durch unangemessene Entnahmen oder Ausgaben oder durch Buchführungs- oder Bilanzverstöße das Unternehmen gefährdet und eine Übersicht über die weitere Entwicklung vereitelt hat, soll nicht mehr mit einer positiven Fortbestehensprognose rechnen können.[101] Dieser Vorgehensweise ist entschieden entgegenzutreten. Es gibt keine eindeutige höchstrichterliche Rechtsprechung zur Fortbestehensprognose. Auch in der Literatur ist die Vorgehensweise unterschiedlich.[102] Die Fortführungsprognose ist anhand objektiver Kriterien zu beantworten. Managementfehler können allenfalls nachrangig und ergänzend berücksichtigt werden. Zweifel an der Fähigkeit oder Bereitschaft des Geschäftsführers zur Unternehmensfortführung müssen zu seinen Gunsten entschieden werden. Gesellschafterdarlehen sind in der Überschuldungsbilanz in voller Höhe zu passivieren (Rn 6014, 6041); nur wenn ein Rangrücktritt vereinbart ist, kann darauf verzichtet werden (Rn 6018, 6041).

7126 Gem § 17 Abs 2 InsO ist der Schuldner **zahlungsunfähig, wenn er nicht in der Lage ist, die fälligen Zahlungspflichten zu erfüllen** (Rn 6031). Zahlungsunfähigkeit ist in der Regel anzunehmen, wenn der Schuldner seine Zahlungen eingestellt hat. Die Feststellung der strafrechtlich vorwerfbaren Zahlungsunfähigkeit kann schwierig sein. Geringfügige Liquiditätslücken sollen nach dem Willen des Gesetzgebers außer Betracht bleiben. Der BGH hat eine Quote von 10% festgelegt (vgl Rn 6031). Erforderlich ist ein Liquiditätsplan. **Um die Zahlungsunfähigkeit festzustellen, hat die Rechtsprechung auch die sog betriebswirtschaftliche und die wirtschaftskriminalistische Methode zugelassen.**[103] Voraussetzung für die betriebswirtschaftliche Methode ist freilich eine geordnete Buchführung in der GmbH. Fehlt sie, hat der BGH die wirtschaftskriminalistische Methode zugelassen, nach der aus Beweisanzei-

---

[97] v 17. 10. 2008 BGBl I S 1982.
[98] Vgl auch Beukelmann in Beck'scher Online-Kommentar Strafrecht § 283 Rn 7 ff.
[99] Wegner HRRS 2009, 32; ders PStR 2008, 279.
[100] Bieneck in Müller-Gugenberger/Bieneck § 76 Rn 36.
[101] Bieneck in Müller-Gugenberger/Bieneck § 76 Rn 36.
[102] Tiedemann in Leipziger Kommentar vor § 283 Rn 161, 160; zur Beweislast vgl BGH v 9. 10. 2006 GmbHR 2006, 1334.
[103] BGH v 17. 2. 1993 wistra 1993, 184.

IX. Haftung im Straf- und Ordnungswidrigkeitenrecht

chen auf den Eintritt der Zahlungsunfähigkeit geschlossen wird. Krisenwarnzeichen sind zB

- Zahlungsrückstände bei betriebsnotwendigen Aufwendungen, wie zB Miete, Telefon, Steuern, Sozialabgaben, Löhne;
- gehäufte Mahnungen von Gläubigern;
- Zahlung erst nach Mahn- und Vollstreckungsbescheid oder Versäumnisurteil;
- fruchtlos verlaufene Vollstreckungen, wobei die Anzahl der fruchtlos verlaufenen Maßnahmen und die Höhe der titulierten Verbindlichkeiten entscheidend sind;
- Ladung zur Abgabe der eidesstattlichen Versicherung;
- Insolvenzanträge von Gläubigern, selbst wenn diese später nach Vergleich wieder zurückgenommen werden;
- Wechsel- und Scheckproteste uÄ.

Die ermittelten Beweisanzeichen werden in ein chronologisches Häufigkeitsdiagramm eingetragen. Wenn sich ab einem bestimmten Zeitpunkt eine deutliche Häufung, auch in der Gewichtung der Warnanzeichen ergibt, wird dieser Zeitpunkt als Eintritt der Zahlungsunfähigkeit angesehen. In der Rechtsprechung ist allerdings bisher nicht geklärt, welche Beweisanzeichen bei welcher Konstellation ausreichend und erforderlich sind, um den sicheren Schluss auf die Zahlungsunfähigkeit ziehen zu können.[104]

Insolvenzverschleppung kann vorsätzlich und fahrlässig verwirklicht werden. Ein Geschäftsführer (auch ein faktischer Geschäftsführer) handelt **vorsätzlich,** wenn er die Zahlungsunfähigkeit oder die Überschuldung kennt. Hat er die Aktiven oder Passiven der GmbH unzutreffend bewertet oder eine falsche Prognose über die Dauer aufgetretener Zahlungsschwierigkeiten gestellt, schließt dies den Vorsatz aus. In der Praxis spielen solche Beweisprobleme eine große Rolle. Dabei geht es häufig auch um die Frage, ob eine entsprechende Einlassung des Geschäftsführers glaubhaft ist. Eine positive Kenntnis der Zahlungsunfähigkeit oder Überschuldung ist nicht erforderlich.[105] Insolvenzverschleppung kann auch **bedingt vorsätzlich** (Rn 7009) begangen werden, wenn der Geschäftsführer lediglich hofft, jedoch nicht aufgrund vernünftiger Gesichtspunkte darauf vertrauen kann, dass Zahlungsunfähigkeit oder Überschuldung noch nicht eingetreten sind. Oder wenn er lediglich mutmaßt, dass die eingetretene Überschuldung inzwischen durch Gewinne wieder beseitigt worden ist. Bedingt vorsätzlich handelt er auch, wenn er einen Insolvenzantrag „unter allen Umständen" vermeiden will und ihm die Vermögens- und Liquiditätslage der GmbH gleichgültig ist. Im Strafverfahren spielen deshalb Krisenwarnzeichen eine große Rolle. Denn bei solchen Signalen muss sich der Geschäftsführer, wie auch immer, Gewissheit verschaffen. Hat er das nicht getan und verkennt er deshalb die Überschuldung oder die Zahlungsunfähigkeit seiner GmbH, kann er wegen **fahrlässiger Insolvenzverschleppung** bestraft werden. Irrt sich der Geschäftsführer aber über seine Antragspflicht, handelt es sich um einen sog **Verbotsirrtum** (Rn 7112), der nur dann zur Straflosigkeit führt, wenn er wirklich unvermeidbar war. 7127

§ 85 GmbHG droht dem Geschäftsführer Bestrafung bis zu einem Jahr oder Geldstrafe an, wenn er ein Geschäftsgeheimnis unbefugt offenbart. Die Strafandrohung ist verschärft mit Freiheitsstrafe bis zu zwei Jahren oder Geldstrafe, wenn der Geschäftsführer gegen Entgelt gehandelt hat, oder in der Absicht, sich selbst oder einen anderen zu bereichern oder einen anderen zu schädigen. Eine Tat nach § 85 GmbHG wird allerdings nur auf Antrag der Gesellschaft verfolgt. 7128

§ 331 HGB droht Geschäftsführern Freiheitsstrafe bis zu drei Jahren oder Geldstrafe an, wenn sie die Verhältnisse der GmbH in der Eröffnungsbilanz, im Jahresabschluss oder im Lagebericht unrichtig wiedergeben oder ver- 7129

---

[104] Hartung wistra 1997, 1, 11 f.
[105] Schulze-Osterloh/Servatius in Baumbach/Hueck GmbHG § 84 Rn 32.

schleiern, oder entsprechendes im Konzernabschluss tun. Ebenso werden sie bestraft, wenn sie dem Abschlussprüfer unrichtige Angaben übermitteln, auch in Bezug auf einzelne Tochterunternehmen oder auf den Konzern. Stellt der Abschlussprüfer nicht (zufällig) selbst die Unrichtigkeit fest, führen die Falschinformationen naturgemäß zu einem falschen Prüfungsbericht und damit zu einer falschen – in der Regel zu positiven – Berichterstattung an den Aufsichtsrat, an die Gesellschafter und an die Öffentlichkeit. Da diese Berichtspflichten der Gesamtgeschäftsführung obliegen, machen sich **bei einer mehrköpfigen Geschäftsführung** auch diejenigen Geschäftsführer strafbar, die zwar nicht für das Finanzressort zuständig sind, die es aber unterlassen, sich bei Kenntnis von Unregelmäßigkeiten anderer Mitglieder oder Kenntnis von Umständen, die auf solche Unregelmäßigkeiten schließen lassen, über die Korrektheit der durch die Strafandrohung geschützten Informationen zu vergewissern.

7130 **Auf die Strafbarkeit von Verstößen gegen die steuerlichen Vorschriften und gegen die Vorschriften zur Abführung von Sozialversicherungsbeiträgen ist schon in Rn 6053 ff, 7062, 7078 ff hingewiesen worden.** Auf diese Ausführungen kann hier Bezug genommen werden. Die einzelnen **Tatbestände der Steuerhinterziehung** sind in § 370 AO aufgeführt. Ist eine Steuerhinterziehung begangen worden, kann sich der Geschäftsführer von der strafrechtlichen Verantwortlichkeit gegebenenfalls durch Selbstanzeige befreien (§ 371 AO). Diese Selbstanzeige muss erfolgen, bevor ein Betriebsprüfer (Rn 1185 ff) erschienen ist oder die Tat anderweitig entdeckt war.

7131 **Auch die Beachtung bestimmter betriebsverfassungsrechtlicher Vorschriften** (Rn 1015 ff) **ist durch Strafdrohung gesichert (§ 119 BetrVG).** Diese Vorschrift hat jüngst durch die sog. „Volkswagen-Affäre" viel Aufmerksamkeit erfahren.[106] Allerdings wird die Tat nur auf Antrag der Betriebsvertretung oder einer im Betrieb vertretenen Gewerkschaft verfolgt. Mit Freiheitsstrafe bis zu einem Jahr oder mit Geldstrafe kann bestraft werden, **wer Wahlen zu den Betriebsvertretungen behindert oder mit unlauteren Mitteln beeinflusst, wer die Tätigkeit der gewählten Betriebsvertretungen** oder der Arbeitnehmer-Mitglieder von Einigungs- und Schlichtungsstellen **um ihrer Tätigkeit willen benachteiligt oder begünstigt.** Nur vorsätzliches Zuwiderhandeln kann verfolgt werden. Nicht jede Auseinandersetzung zwischen Geschäftsführung und Betriebsvertretungen, bei denen auch manchmal gegensätzliche Standpunkte hart vertreten werden müssen, ist eine tatbestandsmäßige Störung oder Behinderung. Es muss sich um bedeutsame Vorgänge handeln, bei denen ernsthaft nicht mehr über den Sachverhalt gestritten werden kann. Das ergibt sich schon daraus, dass daneben arbeitsrechtliche Beschlussverfahren zur Verfügung stehen und die vom BetrVG verlangte vertrauensvolle Zusammenarbeit grundsätzlich keine Drohung mit der Staatsanwaltschaft verträgt.

3. Strafvorschriften in Spezialgesetzen von Branchen und in handelsrechtlichen Nebengesetzen

7132 **Jeder Wirtschaftszweig, der durch Spezialgesetze geregelt wird,** wie zB die Kreditwirtschaft durch das KWG und die Versicherungswirtschaft durch das VAG, **kennt eigene Strafvorschriften.** Für alle Wirtschaftszweige gibt es darüber hinaus Strafvorschriften in den handelsrechtlichen Nebengesetzen wie dem UWG und den Gesetzen über die gewerblichen Schutzrechte, die das geistige Eigentum schützen. Das Außenwirtschaftsgesetz und das Kriegswaffenkontrollgesetz haben durch die zahlreichen bewaffneten Konflikte und deren Vorbereitung in den letzten Jahren regelrecht spektakuläre Aufmerksamkeit auf sich gezogen. Das AWG droht für die genehmigungslose Ausfuhr von Waren, deren Ausfuhr beispielsweise aufgrund von UN-Boykotten (etwa

---

[106] Vgl nur Graf/Link NJW 2009, 409 ff; Schlösser NStZ 2007, 562 ff.

in den Iran) verboten ist, Freiheitsstrafe bis zu fünf Jahren an. Freiheitsstrafe nicht unter zwei Jahren wird angedroht, wenn gegen bestimmte Verordnungen oder gegen Rechtsakte der Europäischen Gemeinschaften, die im Bundesgesetzblatt veröffentlicht worden sind, verstoßen wird (§ 34 AWG – Embargotatbestand). Umfangreiche Straftatbestände enthält auch das KWKG. Die Strafvorschriften bezüglich Atomwaffen, biologischer und chemischer Waffen werden auch auf Taten außerhalb Deutschlands angewendet, wenn der Täter Deutscher ist und einen Personalausweis besitzt oder besitzen müsste (§ 21 KWKG).[107] Das UWG (§§ 16ff) enthält Strafvorschriften wegen falscher Angaben in der Werbung, wegen geschäftlicher Verleumdung, wegen Verrats von Geschäfts- und Betriebsgeheimnissen und wegen unbefugter Verwertung von Vorlagen. Die Bedeutung insbesondere von § 17 UWG wächst, weil das Know-How und der Goodwill in digitaler Form vorliegen und damit leicht und zunächst unbemerkt kopiert und mitgenommen werden können.[108] Eine früher im UWG enthaltene Strafdrohung ist jetzt in das Strafgesetzbuch (§ 299 StGB Bestechlichkeit und Bestechung im geschäftlichen Verkehr) aufgenommen worden.[109] Das Strafmaß ist auf Freiheitsstrafe bis zu drei Jahren erhöht. Das GeschmMG bestraft die unzulässige Benutzung fremder Muster und Modelle (§ 14 GeschmMG) und das MarkenG die widerrechtliche Benutzung von Marken, Kennzeichen, Aufmachungen und Verpackungen sowie die widerrechtliche Benutzung geografischer Herkunftsangaben (§§ 143, 144 MarkenG). In das Urheberrechtsgesetz (UrhG) ist 1993 der Schutz von Computerprogrammen eingefügt worden, dessen Verletzung ebenso wie andere Urheberrechtsverletzungen bestraft werden kann. Schon der Versuch ist strafbar (§§ 69a, 106 UrhG).

Es wäre ein eigenes Buch erforderlich, alle die Wirtschaft betreffenden Strafvorschriften aufzulisten, geschweige denn zu beschreiben. Insoweit muss auf die Speziallitertur verwiesen werden.[110] Die erforderlichen Informationen für die eigene Branche bekommt man idR auch vom zuständigen Unternehmerverband. Für den Geschäftsführer als den verantwortlichen Unternehmensleiter kommt es darauf an, sich überhaupt vor Augen zu führen und einen wenigstens kursorischen Überblick darüber zu verschaffen, in welchem Ausmaß bei der Führung des Unternehmens mit Strafvorschriften gerechnet werden kann und Vorsorge getroffen werden muss. Zu empfehlen ist, sich durch externe Beratung die Problemfelder im eigenen Betrieb aufzeigen und analysieren zu lassen. Der Geschäftsführer kann so vortrefflich dokumentieren, dass er sich auch um die unangenehmen Baustellen kümmert.

4. Allgemeine Strafvorschriften des Strafgesetzbuches (StGB): Betrug, Untreue, Buchführungs- und Bilanzierungsdelikte, Bankrott

Besonders praxisrelevant sind die Betrugs- und Untreuestraftaten (§§ 263f, 266 StGB). Sie werden im folgenden eingehender behandelt, auch wenn das angesichts der vielen schwierigen Einzelfragen nur eine Übersicht über die Strukturen sein kann. Da die GmbH erfahrungsgemäß für Insolvenzen besonders anfällig ist (s Einleitung), muss den Problemen bei der Bestellung von Waren oder Dienstleistungen in der Krise Aufmerksamkeit gewidmet werden. Der Vorwurf des Warenkredit- oder Lieferantenbetruges ist im Falle einer Insolvenz fast regelmäßig Gegenstand strafrechtlicher Ermittlungen.

Betrug (§ 263 StGB) ist die durch Täuschung verursachte Vermögensschädigung eines Anderen in Bereicherungsabsicht. Betrug wird mit Freiheitsstrafe bis

---

[107] Vgl dazu Holthausen/Hucko NStZ-RR 1998, 193ff, 225ff.
[108] Vgl Reuter NJW 2008, 3538ff; Kiethe/Hohmann NStZ 2006, 185ff; Többens NStZ 2000, 505ff.
[109] Vgl Kienle/Kappel NJW 2007, 3530ff; Klengel/Rübenstahl HRRS 2007, 52ff.
[110] Vgl etwa Müller-Gugenberger/Bieneck (s Literaturverzeichnis).

zu fünf Jahren oder Geldstrafe, in besonders schweren Fällen mit Freiheitsstrafe von einem Jahr bis zu zehn Jahren bestraft. Neben dem allgemeinen Betrugstatbestand gibt es Sondervorschriften, wie den des Computerbetruges (§ 263a StGB), des Subventionsbetruges (§ 264 StGB), des Kapitalanlagebetruges (§ 264a StGB), des Versicherungsbetruges (§ 265 StGB) und des Kreditbetruges (§ 265b StGB). **Der Betrugstatbestand hat eine erhebliche Bedeutung in der Praxis.**

7136 **Der objektive Tatbestand des Betruges hat fünf Merkmale:** Der Täter **täuscht** einen Anderen **über Tatsachen.** Werturteile, zB übertriebene Anpreisung einer Ware, sind keine Tatsachen. Die Äußerung muss einen objektivierbaren Tatsachenkern enthalten, der einer Beweisführung zugänglich ist. Tatsachen sind auch sog **innere Tatsachen,** zB die mit Abschluss eines Kaufvertrages erklärte Zahlungsbereitschaft. In der Praxis kommen **drei Formen von Täuschung** vor: Ausdrückliches Vorspiegeln, Vorspiegeln durch schlüssiges (konkludentes) Verhalten oder Unterlassen einer gebotenen Aufklärung. Beim Täuschen durch schlüssiges Verhalten kommt es auf das (irreführende) Gesamtverhalten an, das nach der Verkehrsauffassung als stillschweigende Erklärung über eine Tatsache zu verstehen ist. So enthält zB der Abschluss eines Kauf- bzw Liefervertrages normalerweise die stillschweigende Erklärung des Schuldners, dass er bezahlen wolle und es bei Fälligkeit auch könne. Eine Täuschung, die durch Unterlassen einer gebotenen Aufklärung begangen wird, ist nur dann strafbar, wenn der Täter zur Aufklärung verpflichtet ist, zB im Rahmen eines besonderen Vertrauensverhältnisses (sog Garantenpflicht, § 13 StGB). Täuschung durch Unterlassen einer gebotenen Aufklärung und konkludentes Vorspiegeln liegen oft nah beieinander. Durch die Täuschung muss ein **Irrtum erregt oder unterhalten** werden. Mitverursachung genügt. Durch den Irrtum muss der Getäuschte zu einer **Vermögensverfügung** veranlasst werden. Diese Verfügung kann sein eigenes Vermögen betreffen oder das Vermögen eines anderen, über das er Verfügungsmacht besitzt. Dh, der Getäuschte und der Verfügende müssen identisch sein. Durch die Verfügung, die auf der Täuschung beruht, muss ein **Schaden** entstanden sein. Der Saldo zwischen dem Vermögen vor der Verfügung und dem nach der Verfügung ist der relevante Schaden. Bei der Saldierung sind nur Auswirkungen, die durch die Verfügung unmittelbar hervorgerufen worden sind, zu berücksichtigen, die negativen sowohl wie die positiven (Gesamtsaldierung). Ein nachträglicher, mittelbarer Vermögenszuwachs kann einen bereits eingetretenen Schaden nicht mehr beseitigen. Schadensersatzansprüche, die aufgrund des Betruges gegen den Schädiger entstanden sind (§ 823 Abs 2 BGB), sind keine Kompensation. Sicherheiten sind zu berücksichtigen.[111] Ob bei vereinbartem Rücktrittsrecht ein relevanter Schaden vorliegt, hängt von den Umständen des Einzelfalles ab.[112] Der Schaden muss nicht endgültig und auch noch nicht eingetreten sein. **Eine konkrete Vermögensgefährdung genügt** (Rn 7153). Zwischen Täuschung, Irrtum, Vermögensverfügung und Schaden muss ein **durchlaufender Kausalzusammenhang** bestehen.

7137 **Betrug kann nur vorsätzlich, dh auch mit Eventualvorsatz (bedingtem Vorsatz) begangen werden.** Die allgemeine Vorstellung, Betrug wäre nur die mit direktem Vorsatz herbeigeführte Vermögensschädigung, ist eine gefährliche Fehlvorstellung. Gerade um diese Frage, ob nicht wenigstens mit bedingtem Vorsatz gehandelt worden ist, geht es bei den meisten Ermittlungsverfahren. Die Strafverfolgungsbehörden können, wenn sie wenigstens bedingten Vorsatz belegen, damit den schwerer zu führenden Nachweis einer absichtlichen Schädigung umgehen. Der Vorsatz muss sich auf alle Merkmale des objektiven Tatbestandes einschließlich des Kausalzusammenhanges beziehen. Bedingter Vorsatz hinsichtlich des Vermögensschadens ist zB gegeben, wenn es dem Täter zwar nicht auf die Schädigung ankommt, er aber erkennt, dass das Vermö-

---

[111] Beukelmann in Beck'scher Online-Kommentar Strafrecht § 263 Rn 58.
[112] Beukelmann in Beck'scher Online-Kommentar Strafrecht § 263 Rn 59.

IX. Haftung im Straf- und Ordnungswidrigkeitenrecht

gen, über das der Getäuschte verfügt, geschädigt oder doch gefährdet wird und er dennoch handelt, ohne aufgrund konkreter Anhaltspunkte darauf vertrauen zu können, das erkannte Risiko werde sich nicht realisieren (Rn 7009 „na wenn schon"). Vage Erwartungen oder die Hoffnung, es werde letztlich alles gut gehen, schließen den bedingten Vorsatz nicht aus.

Der Täter muss in der Absicht handeln, sich oder einem Dritten einen rechtswidrigen Vermögensvorteil zu verschaffen. Der erstrebte Vorteil muss dem verursachten Vermögensschaden entsprechen. Sowohl Vorteil wie Schaden müssen unmittelbar auf derselben Vermögensverfügung beruhen. Rechtswidrig ist der Vorteil, wenn auf ihn nach materiellem Recht kein Anspruch besteht. Die Rechtswidrigkeit ist ein Tatbestandsmerkmal, dh dass der Täter die Vorstellung haben muss, dass ihm der erstrebte Vermögensvorteil nicht zusteht. Wer diesen Vermögensvorteil fälschlicherweise für rechtmäßig hält, unterliegt einem Tatbestandsirrtum.[113] 7138

In der Krise sind die wichtigsten Betrugsfälle Warenbestellungen mit Zahlungsziel, das nicht eingehalten wird, so dass die gelieferten Waren schließlich unbezahlt bleiben. Werden Waren (oder Dienstleistungen) nur Zug um Zug gegen Barzahlung bestellt, kann daraus kein Betrugsvorwurf abgeleitet werden. Ein Betrug kann gegeben sein, wenn der Lieferant zur Vorleistung veranlasst wird. Werden dagegen **kurze Zahlungsziele** vereinbart, so wird die Bestellung dahin verstanden, dass der Käufer sich nach seiner gegenwärtigen wirtschaftlichen Lage und ihrer voraussichtlichen Entwicklung für fähig hält, pünktlich zu zahlen oder das Zahlungsziel jedenfalls nicht länger zu überschreiten, als dies in dieser Geschäftsverbindung oder in dieser Branche üblicherweise hingenommen wird. Wenn er dagegen Zweifel hat, rechtzeitig zahlen zu können, spiegelt er vorsätzlich eine falsche (innere) Tatsache vor. Wenn er ehrlich wäre, müsste er dem Lieferanten zumindest andeuten, dass er sich nicht sicher sei, ob er bei Fälligkeit zahlen könne. War der Besteller bei der Bestellung noch zahlungsfähig und glaubte, es auch bei Lieferung noch zu sein, so liegt in der Entgegennahme der Leistung, wenn die Zahlungsfähigkeit inzwischen weggefallen ist, keine Täuschungshandlung, dh keine schlüssige Vorspiegelung der (fortbestehenden) Zahlungsfähigkeit. Der Schuldner ist hier auch nicht aus vorangegangenem Tun verpflichtet, den Lieferanten über die inzwischen eingetretene Krise zu informieren. Das wird nur bei einem **besonderen Vertrauensverhältnis** angenommen,[114] beispielsweise bei bestimmten Abreden oder bei **laufenden Geschäftsverbindungen,** wenn der Besteller auf Abruf oder auf weitere Bestellung ständig Waren oder Leistungen in laufender Rechnung geliefert erhält. Hier muss der Besteller den Lieferanten auf eine Verschlechterung seiner Kreditwürdigkeit hinweisen, wenn diese nicht nur auf einer vorübergehenden Zahlungsschwierigkeit beruht. Er hat eine strafbewehrte **Garantenpflicht** zur Offenbarung seiner wirtschaftlichen Verhältnisse. Die ist noch nicht anzunehmen, wenn nur wiederholt mit demselben Lieferanten Verträge geschlossen worden sind. Bei einem **langen Zahlungsziel** (mehrere Wochen) kann sich der Schuldner, wenn er bei Bestellung kein Geld hatte, uU darauf berufen, dass er mit Geldeingängen bis zur Fälligkeit gerechnet habe. Ist das der Fall, braucht er bei der Bestellung nicht zu offenbaren, dass er zur Zeit nicht zahlen kann. Im **Großhandel** besteht eine verbreitete Übung, dass Großhändler ihre Lieferanten erst aus dem Verkaufserlös der von ihnen bezogenen Waren bezahlen.[115] Befindet sich die GmbH in der **Krise,** dh im Zustand der Zahlungsunfähigkeit oder der drohenden Zahlungsunfähigkeit und ist dies dem Geschäftsführer bewusst, so liegt in der Bestellung, wenn er den Geschäftspartner über die wirtschaftliche Situation der GmbH nicht wahrheitsgemäß informiert, eine **Täuschungshandlung.** Da bei 7139

---

[113] Beukelmann in Beck'scher Online-Kommentar Strafrecht § 263 Rn 83.
[114] BGH v 27. 5. 1992 wistra 1992, 298; Cramer in Schönke/Schröder StGB § 263 Rn 26.
[115] BGH v 10. 4. 1984 StV 1984, 511.

§ 263 StGB bedingter Vorsatz genügt, reicht es aus, wenn der Geschäftsführer es für möglich hält, den Geschäftspartner nicht bezahlen zu können und dennoch die Bestellung aufgibt.

7140 **Ob Bestellungen in der Krise als konkludente Täuschung anzusehen sind, hängt weitgehend von den Umständen des Einzelfalles ab.** So kommt es bei lang andauernden Geschäftsbeziehungen häufig vor, dass noch weiter geliefert wird, obwohl die früheren Lieferungen noch nicht bezahlt sind. In einem solchen Falle verlangt die Rechtsprechung[116] gründlich zu prüfen, warum trotz offener Rechnungen weiter geliefert wurde. Denn wenn bei solch langen Geschäftsbeziehungen auf einmal die Zahlungen stocken, muss man annehmen, dass dem Lieferanten die Krise seines Geschäftspartners nicht verborgen geblieben sein kann, so dass Zweifel an der Kausalität zwischen Täuschung und Irrtum bestehen. Hat der Besteller beim Lieferanten dagegen aufkommende Zweifel zerstreut und dadurch getäuscht, ist idR auch der Vermögensschaden gegeben. Wenn die GmbH bereits **überschuldet** ist, kann sie doch noch zahlungsfähig sein. Es kommt bei Bestellungen also darauf an, welchen Grad die Überschuldung erreicht hat. Je erheblicher die Überschuldung ist, um so eher muss der Geschäftsführer mit alsbaldiger Zahlungsunfähigkeit rechnen. Bestellungen bei akut drohender Zahlungsunfähigkeit enthalten aber gerade die konkludente Täuschung, die den Betrugsvorwurf begründet. **Zivilrechtlich** bejaht die Rechtsprechung eine **Offenbarungspflicht** auf jeden Fall, wenn Überschuldung vorliegt.[117] Dies wird damit begründet, dass bei Überschuldung immerhin Insolvenzantrag gestellt werden muss (§ 15a InsO), und dass damit die Vertragsdurchführung auf jeden Fall gefährdet ist. Es gibt Literaturstimmen,[118] die auch strafrechtlich wegen der besonderen Gläubigergefährdung eine Aufklärungspflicht annehmen, jedenfalls wenn die Überschuldung nicht gerade unbedeutend ist. Folgt man dieser Ansicht, ist jede Verletzung der Offenbarungspflicht eine Täuschungshandlung. Es gibt hierzu aber bisher keine strafrechtliche Rechtsprechung.

7141 **Bei einer mehrköpfigen Geschäftsführung können alle Geschäftsführungsmitglieder straffällig geworden sein, wenn sie Versäumnisse, zB hinsichtlich Offenlegung der Verhältnisse oder mangelnder Zurückhaltung bei Neubestellungen, nicht gerügt und auf Abhilfe gedrungen haben** (vgl Rn 7012, 7073 „Lederspray", 7065, 7113, 7181). Voraussetzung für eine Verletzung der Überwachungspflicht ist freilich immer, dass die nicht ressortzuständigen Geschäftsführer Anlass zum Verdacht haben. Über die finanziellen Verhältnisse der Gesellschaft müssen sich alle Geschäftsführer informiert halten. Verdachtsmomente dürfen nicht aus Sorglosigkeit übersehen werden. Der Geschäftsführer muss aber die Waren oder Leistungen, die mit Zahlungsziel geliefert werden sollen, nicht selbst bestellt haben, um in die strafrechtliche Verantwortung zu geraten. Selbst wenn ein Geschäftsführer von den anderen überstimmt wurde, ist er damit nicht außerhalb der Verantwortung (Rn 7150). Die Überwachungspflicht, die innerhalb der Geschäftsführung besteht, besteht natürlich in besonderem Maße im Verhältnis zu den Mitarbeitern. Wenn der Geschäftsführer die Überwachung nicht ernst nimmt, hat er selbst auch für die Handlungen seiner Mitarbeiter strafrechtlich einzustehen.[119] Wer für den Einkauf zuständig ist, muss in der Krise auf Zurückhaltung bei Neubestellungen drängen und die Durchführung seiner Anweisung überwachen. Er kann sich nicht damit rechtfertigen, dass es im Unternehmen

---

[116] BGH v 17. 2. 1998 wistra 1998, 179; v 25. 2. 1993 NStZ 1993, 440.
[117] BGH v 2. 3. 1988 NJW 1988, 2234.
[118] Bieneck in Müller-Gugenberger/Bieneck § 76 Rn 50 mit Verweis auf BGH v 2. 3. 1988 (8. Zivilsenat) NJW 1988, 2234; OLG München (25. Zivilsenat) v 14. 7. 1992 NJW-RR 1993, 491.
[119] BGH v 11. 12. 1997 NStZ 1998, 568 mit krit Anm Dierlamm; für die Strafbarkeit der Geschäftsführer kommt es dabei nicht darauf an, ob die Mitarbeiter gutgläubig waren oder in Kenntnis der Zahlungsunfähigkeit der GmbH die Bestellungen vornahmen.

einen eingespielten Bestellmechanismus gäbe, der einfach weiter funktioniert habe. Von dem Zeitpunkt an, in dem bekanntermaßen Insolvenzantrag hätte gestellt werden müssen, trifft die strafrechtliche Verantwortlichkeit alle Geschäftsführer, auch die nicht ressortzuständigen, wenn sie sich nicht vergewissern, dass alles getan wird, um Geschäftspartner vor Schaden zu bewahren.[120] Das gilt auch für den faktischen Geschäftsführer. **Sorglosigkeit in der Krise ist strafrechtlich hochgefährlich.**

Besondere Wachsamkeit in der Krise verdient auch der Tatbestand des Kreditbetruges (§ 265 b StGB). Denn unter Krediten sind nicht nur Gelddarlehen zu verstehen, sondern auch Wechselakzepte, die Diskontierung von Wechseln, Stundung von Geldforderungen, Übernahme von Bürgschaften, Garantien und sonstige Gewährleistungen. Kreditbetrug wird auch nicht nur durch aktives Tun begangen. Kreditbetrug ist es auch, wenn der Geschäftsführer es zB bei einer Kreditverlängerung unterlässt, die Bank oder den Bürgen über veränderte wirtschaftliche Verhältnisse, dh über die veränderte Bonität zu informieren. Dem Geschäftsführer wird es meist nicht helfen, auf den Finanzprokuristen zu verweisen, der für den Bankverkehr zuständig ist und der die Information unterlassen habe. Der Geschäftsführer hat die Aufsicht zu führen. Wenn er es daran fehlen lässt, haftet er strafrechtlich für das Fehlverhalten des Prokuristen neben diesem.

Kreditbetrug fällt oft zusammen mit der **Verletzung der Buchführungspflicht (§ 283 b StGB).** Nach § 283 b StGB kann ein Geschäftsführer bestraft werden, wenn er die Handelsbücher, die gesetzlich zu führen sind, entweder überhaupt nicht führt bzw führen lässt oder so schlecht, dass die Übersicht über den Vermögensstand der GmbH erschwert wird. Strafbar ist das aber nur, wenn die GmbH die Zahlungen eingestellt hat oder das Insolvenzverfahren eröffnet oder der Antrag mangels Masse abgewiesen worden ist (§ 283 b Abs 3, 283 Abs 6 StGB). Strafbar ist es auch, Handelsbücher, die noch aufzubewahren wären, verschwinden zu lassen oder Inventar und Bilanzen nicht aufzustellen oder so nachlässig, dass die Vermögenslage des Unternehmens unübersichtlich ist. Derjenige, der derartiges praktiziert, wird auch seine Bank nicht richtig informieren, schon deshalb nicht, weil er es gar nicht kann.

Wegen Untreue (§ 266 StGB) **wird bestraft, wer das Recht, über fremdes Vermögen zu verfügen oder einen anderen zu verpflichten, missbraucht** (1. Alternative) **oder wer eine Treuepflicht verletzt, kraft deren er die Vermögensinteressen eines anderen wahrzunehmen hat** (2. Alternative) **und dadurch (dh durch den Missbrauch oder die Treuepflichtverletzung) dem, dessen Vermögensinteressen er zu betreuen hat, einen Nachteil, dh einen Schaden zufügt.** In den gegen GmbH-Geschäftsführer eingeleiteten Strafverfahren spielt der Straftatbestand der Untreue die größte Rolle. Das liegt ua daran, dass die 2. Alternative, der sog Treubruchtatbestand, gefährlich weit gefasst ist. Die Staatsanwaltschaften und Strafgerichte neigen nicht dazu, sich bei der Beurteilung des Vorsatzes und des Unrechtsbewusstseins besondere Zurückhaltung aufzuerlegen. Die Unschärfe gerade der 2. Alternative macht es für Geschäftsführer oft schwierig zu erkennen, ob sich eine beabsichtigte geschäftliche Maßnahme noch innerhalb der Legalität bewegt oder ob die Grenze zur Strafbarkeit schon überschritten ist. Hinzukommt, dass unter Vorsatz auch der sog bedingte Vorsatz zu verstehen ist (Rn 7009, 7127, 7137). Untreue gegenüber der GmbH kann grundsätzlich auch der Alleingesellschafter-Geschäftsführer (Rn 2003) begehen, obwohl sich wirtschaftlich das GmbH-Vermögen in seinen Händen befindet (EinmannGmbH; Rn 7101). Der Grund ist die Rechtsfigur der juristischen Person. Denn nur diese ist rechtlich die Inhaberin des Gesellschaftsvermögens. Der Alleingesellschafter hat Gesellschaftsanteile und im Übrigen nur Ansprüche gegen die GmbH, zB auf Gewinnausschüttung. Deshalb ist das Gesellschaftsvermögen für den Alleingesellschafter-

---

[120] Zu den Pflichten und den Konsequenzen vgl Dierlamm in Münchener Kommentar zum StGB § 266 Rn 245 ff; Schaal in Münchener Kommentar zum AktG § 399 Rn 47 ff mwN.

Geschäftsführer im Rechtssinne fremdes Vermögen, das er als Geschäftsführer zu betreuen hat. Er ist deshalb tauglicher Täter des Untreuetatbestandes, durch den die GmbH auch als eigene Rechtspersönlichkeit geschützt wird. Häufig wird zwar durch sein Einverständnis als Alleingesellschafter die Pflichtwidrigkeit seiner Handlung entfallen. Das gilt aber nur, soweit ein Gesellschafter rechtswirksam zustimmen kann (Rn 7151).[121] Gesetzwidrigen Maßnahmen (zB Verstößen gegen die Kapitalerhaltungsvorschriften der §§ 30 ff GmbHG, Rn 4005 ff, Verletzung von Buchführungsvorschriften, § 41 GmbHG) und insbesondere strafbaren Handlungen kann er nicht zustimmen.

7145 **Der Missbrauchstatbestand** (1. Alternative) **liegt vor, wenn der Geschäftsführer ein die GmbH bindendes Rechtsgeschäft vornimmt, das er nach den Beschränkungen, die ihm intern auferlegt sind, nicht vornehmen durfte.** Die internen Schranken können sich aus dem Gesetz, zB aus den Vorschriften des GmbHG über Gewinnverteilung (§ 29 GmbHG) und Erhaltung des Stammkapitals (§§ 30 ff GmbHG, Rn 4005 ff) ergeben, oder aus dem allgemeinen Gebot, die GmbH nicht durch strafbare, ordnungswidrige oder sonst verbotene Rechtsgeschäfte zu schädigen, weil das gegen die Sorgfalt eines ordentlichen Geschäftsmannes (§ 43 GmbHG) verstoßen würde. Der Geschäftsführer darf auch nicht über den Gegenstand des Unternehmens, der im Gesellschaftsvertrag festgelegt ist, hinausgehen. Ferner regelt meist ein Katalog zustimmungspflichtiger Geschäfte und Maßnahmen den Handlungsspielraum der Geschäftsführungen. Erforderlich ist in diesen Fällen die Zustimmung der Gesellschafter oder von ihnen bestellter Gremien wie Aufsichts- oder Beiräten. Diese Regeln finden sich in Anstellungsverträgen, meistens aber in Geschäftsordnungen oder in den Gesellschaftsverträgen (näher Rn 3037 f). Auch Einzelweisungen der Gesellschafter können den Umfang der Geschäftsführungsbefugnis beschränken. Weil der Missbrauchstatbestand voraussetzt, dass **wirksam** über das Vermögen der GmbH **verfügt oder** die GmbH **verpflichtet** worden ist, kommen bei der 1. Alternative nur rechtsgeschäftliche Handlungen in Betracht. Anderes, rein tatsächlich schädigendes Einwirken auf das GmbH-Vermögen genügt nicht. Hier kann der Treubruchtatbestand verwirklicht sein, beispielsweise durch den faktischen Geschäftsführer. Durch den Missbrauch der Verfügungs- oder Verpflichtungsbefugnis muss dem Vermögen der GmbH ein Nachteil zugefügt worden sein. Erst mit dem Vorliegen eines Nachteils ist der objektive Tatbestand der Untreue erfüllt (Rn 7152).

7146 **Rechtsgeschäftlich kann auf das GmbH-Vermögen auch durch Unterlassen einer an sich gebotenen Handlung eingewirkt werden** (s zum Unterlassen auch Rn 7010 f). Missbräuchliches Unterlassen liegt zB vor, wenn ein Geschäftsführer nicht gegen eine rechtswidrige Aufrechnung einschreitet, wenn er eine Forderung verjähren lässt, wenn er auf ein kaufmännisches Bestätigungsschreiben oder auf einen Antrag nach § 362 Abs 1 HGB schweigt, wenn er einen unrichtigen Banksaldo nicht beanstandet, wenn er einen für die GmbH nachteiligen Vertrag nicht kündigt, obwohl dies möglich wäre, wenn er in einem Prozess ein aussichtsreiches Rechtsmittel nicht einlegt usw. Soweit bei einigen dieser Unterlassungsbeispiele, wie zB der Nichteinlegung eines Rechtsmittels, umstritten ist, ob darin ein Missbrauch im Sinne der 1. Alternative gesehen werden kann, wird meist der weiter gefasste Treubruchtatbestand (2. Alternative) greifen.

7147 **Weil der Missbrauchstatbestand prägnanter im Gesetz definiert ist, gilt er als Spezialfall des Treubruchtatbestandes.** Deswegen wird er in der Praxis beim Verdacht einer Untreue immer zuerst geprüft. Er setzt ebenso wie der Treubruchtatbestand eine **Vermögensbetreuungspflicht** voraus.[122] Diese Pflicht ergibt sich für den

---

[121] BGH (II. Zivilsenat) v 21. 6. 1999 NJW 1999, 2817; BGH (5. Strafsenat) v 11. 9. 2003 wistra 2003, 457; Fischer StGB § 266 Rn 52 ff.
[122] Fischer StGB § 266 Rn 18; BGH v 26. 7. 1972 BGHSt 24, 386, 387.

IX. Haftung im Straf- und Ordnungswidrigkeitenrecht

Geschäftsführer aus der Organstellung. Neben ihm können aber auch Mitglieder eines Aufsichtsrats oder Prokuristen, die eine gesetzlich umschriebene Rechtsmacht besitzen, Täter sein.[123] Die Vermögensbetreuungspflicht beginnt jeweils mit der Bestellung zum Geschäftsführer, mit der Ernennung zum Prokuristen oder mit dem Amtsbeginn des Aufsichtsrats. Eine vorhergehende Eintragung ins Handelsregister ist nicht erforderlich. Die Vermögensbetreuungspflicht endet mit Abberufung oder Niederlegung des Amtes.

Der Treubruchtatbestand (2. Alternative) liegt vor, wenn der Täter seine Pflicht verletzt, fremde Vermögensinteressen wahrzunehmen. Auch der faktische Geschäftsführer (Rn 2018, 7110) ist treuepflichtig und kann deshalb Untreue gegenüber der GmbH begehen.[124] Er kann allerdings nur den Tatbestand des Treubruchs (2. Alternative) verwirklichen, weil der Missbrauchstatbestand (1. Alternative) an eine formale Stellung des Täters zu dem betroffenen Vermögen anknüpft. Anders als beim Missbrauchstatbestand muss es sich hier bei dem pflichtwidrigen Verhalten nicht um ein Rechtsgeschäft handeln: es genügt **jedes tatsächliche Verhalten.** Denn jede Verletzung der Vermögensbetreuungspflicht, die sich irgendwie nachteilig auf das Vermögen der GmbH auswirkt, ist damit erfasst. **Auch das Unterlassen gebotener Handlungen gehört dazu.** Das ist alles wenig präzise. Es lässt sich aber nicht abstrakt beschreiben, was alles strafbar sein könnte. Die Reichweite der Strafvorschrift ist nur an Hand typischer Sachverhaltsbeispiele zu erkennen. Wegen der größeren Bedeutung der 2. Alternative wird bei den folgenden Beispielen nicht mehr unterschieden, ob es sich um einen Missbrauch oder um einen Treubruch handeln könnte. Es bleibt auch offen, ob im konkreten Fall immer Untreue verwirklicht ist. Es kann sich nur um eine beispielhafte Darstellung typischer Sachverhalte handeln, bei denen Geschäftsführer ihren Handlungsspielraum besonders sorgfältig prüfen müssen. Haben die Gesellschafter der Maßnahme zugestimmt, liegt keine Pflichtwidrigkeit vor, vorausgesetzt, dass die Gesellschafter wirksam zustimmen konnten, was zB bei zwingenden gesetzlichen Vorschriften (etwa den Kapitalerhaltungsvorschriften, §§ 30 ff GmbHG, Rn 4005 ff) nicht der Fall ist (Rn 7151). 7148

Die folgenden Fälle sind von der Rechtsprechung entschieden worden:[125] 7149
– **Verstoß gegen die kapitalerhaltenden Vorschriften** (§§ 30 ff GmbHG)**,** dh alle Substanzausschüttungen, sowohl in Form von Geld- wie auch von Sachleistungen an die Gesellschafter entgegen den gesetzlichen Bestimmungen, also zB auch die Gutschrift von Dividenden entgegen § 29 GmbHG,
– **Darlehensgewährung, insbesondere an Gesellschafter** (dies ist der häufigste Fall), wenn die Rückzahlung mangels Bonität des Schuldners von vornherein gefährdet oder gar ausgeschlossen ist (Rn 4008) oder wenn der GmbH durch das Darlehen notwendige Mittel für die Fortführung des Geschäfts entzogen werden (Rn 4009),
– **Darlehensgewährung an einzelne Gesellschafter ohne Zustimmung der übrigen,** es sei denn, dass der betreffende Gesellschafter einen entsprechenden Gewinnanspruch hat, der zunächst nur in Form eines Darlehens ausbezahlt wird Rn 4043),
– **verschleierte Darlehensgewährung des Geschäftsführers an sich selbst,** so dass niemand außer ihm davon Kenntnis erlangen konnte,
– **Darlehen an Gesellschafter oder Geschäftsführer werden nicht zurückgefordert,** obwohl die Lage der GmbH dies gebietet,
– **Erwerb eigener Geschäftsanteile der GmbH entgegen § 33 GmbHG** (Rn 7047),
– **Management-by-out (Unternehmenskauf durch die Geschäftsführer der GmbH) in besonderen Fällen,** zB wenn die Kaufpreiszahlung, die durch Darlehensgewährung oder Si-

---

[123] Dierlamm in Münchener Kommentar zum StGB § 266 Rn 67; BGH v 10. 11. 1959 BGHSt 13, 331.
[124] BGH v 20. 9. 1999 NStZ 2000, 34; BGH v 10. 7. 1996 NJW 1997, 66.
[125] Die Darstellung orientiert sich an Kohlmann Rn 203 ff; vgl auch Tiedemann in Scholz GmbHG vor § 82 Rn 20; Dierlamm in Münchener Kommentar zum StGB § 266 Rn 167 ff.

cherheitsleistung aus dem GmbH-Vermögen finanziert werden soll, zu einer Unterbilanz oder zu anderen Nachteilen bei der GmbH führt,
- **Nichteinfordern von Stammeinlagen** (oder die Nichteinzahlung von Stammeinlagen für Strohmänner), obwohl die GmbH die Liquidität benötigt,
- **vorweggenommene Gewinnausschüttungen,** wenn dadurch Liquidität oder Substanz (Aushöhlung) beeinträchtigt werden (Rn 4009),
- **verdeckte Gewinnausschüttung** und **Gewinnvorschüsse** (Rn 4043 ff) sind, für sich genommen, kein Nachteil für die GmbH, wenn sie aus einem vorhandenen oder mit Sicherheit alsbald erzielten Gewinn geleistet werden,
- **wissentlich falsche Gewinnverteilung** aufgrund einer unrichtigen oder unvollständigen Bilanz,
- **unzulässige Privatentnahmen durch den Geschäftsführer,** wie zB Barabhebungen, Einbehaltung von Kundenschecks für eigene Zwecke, verheimlichte Einziehung von Gesellschaftsforderungen usw,
- **Annahme von Schmiergeldern durch den Geschäftsführer (Kick-Back-Praxis),** denn meist wird die entsprechende Summe vom Vorteilsgeber in den Auftrag einkalkuliert, so dass die GmbH einen um das Schmiergeld überhöhten Preis bezahlen muss; führt das Schmiergeld nicht zu einem kostenmäßigen Nachteil bei der GmbH, wird durch den Einbehalt der Bestechungssumme keine Untreue begangen, obwohl der Geschäftsführer zur Herausgabe an die GmbH verpflichtet ist,
- **Zahlung von Schmiergeldern durch den Geschäftsführer** erfolgen idR im Interesse der GmbH, so dass meist kein Nachteil festzustellen ist; aber Strafbarkeit nach § 299 StGB,
- **Vereitelung eines für die GmbH vorteilhaften Vertrages,**
- **übertriebene Repräsentationsaufwendungen,** wenn das Fehlen der hierfür aufgewendeten Mittel zu Nachteilen bei der GmbH führt;[126] die Grenze wird durch § 43 Abs 1 GmbHG gezogen (Rn 7020, 7027); die Aufwendungen dürfen auch nicht außer Verhältnis zum Vermögen der GmbH stehen; bei GmbHs, deren Geschäftsanteile sich überwiegend in der öffentlichen Hand befinden, gelten hinsichtlich des Repräsentationsaufwandes besonders strenge Grundsätze (Pflicht zur sparsamen Wirtschaftsführung),
- **unverhältnismäßige Werbemaßnahmen,** dh Maßnahmen, deren Erfolg den Aufwand nicht rechtfertigen,
- **überhöhte Investitionen,** dh Investitionen, die allen wirtschaftlichen Grundsätzen zuwiderlaufen, oder wodurch die GmbH an der Erfüllung dringender Aufgaben gehindert wird,
- **Hingabe und Annahme von Finanzwechseln** (Rn 7068 Fn 57),
- **Verletzung von Buchführungspflichten** (§ 41 GmbHG), wenn dadurch die Geltendmachung von Ansprüchen verhindert oder erschwert wird,[127]
- **Bildung und Unterhaltung schwarzer Kassen,** wenn auf diese Weise Gesellschaftsvermögen der Kontrolle der Gesellschafter entzogen wird, zB um das Schmiergeldverbot zu umgehen,
- **Verletzung der Aufsichtspflicht,** wenn gegen unsachgemäßes oder gar schädigendes Verhalten eines Angestellten nicht eingeschritten wird,
- **Wettbewerbshandlungen gegenüber der GmbH,** wenn dies nicht ausdrücklich durch die Gesellschafter genehmigt ist (Rn 7027, 2050),
- **Verrat oder Verwertung von Betriebsgeheimnissen außerhalb der GmbH** (vgl auch § 85 GmbHG),
- **Einsetzen von Mitarbeitern der GmbH durch den Geschäftsführer zum Bau seines Privathauses,** ohne der GmbH den Entzug der Arbeitskräfte zu vergüten,
- **Beseiteschaffen von Vermögensgegenständen in der Krise,**
- **Übertragung von Vermögen der GmbH in der Krise auf ein kurz zuvor gegründetes Nachfolgeunternehmen** (Rn 6024, 7087 – existenzvernichtender Eingriff),
- **Absicherung von Gehaltsforderungen des Geschäftsführers durch Vermögensgegenstände der GmbH,** anfechtbar nach § 131 Abs 1 Nr 1 InsO (idF des MoMiG s Einleitung), falls der Geschäftsführer zugleich Gesellschafter ist, weil die offenen Gehaltsansprüche dann als

---

[126] Bei Einladungen von und Geschenken an Geschäftspartner ist an eine Strafbarkeit wegen Bestechung im geschäftlichen Verkehr gem § 299 StGB zu denken. Die entsprechenden Amtsträgervorschriften (§§ 331 ff StGB) sind noch wesentlich restriktiver.

[127] BGH v 7. 12. 1965 BGHSt 20, 304; BGH v 26. 4. 2001 BGHSt 47, 8, 11.

IX. Haftung im Straf- und Ordnungswidrigkeitenrecht　　　　　　　　7150–7152

Gesellschafterdarlehen zu qualifizieren sind und die Besicherung von Gesellschafterdarlehen in den letzten zehn Jahren vor dem Insolvenzantrag vom Insolvenzverwalter angefochten werden kann (Rn 6014).

Wird ein Geschäftsführer bei einer mehrköpfigen Geschäftsführung bei der Beschlussfassung über eine pflichtwidrige Maßnahme überstimmt, so ist er damit nicht außerhalb strafrechtlicher Verantwortung (Rn 7073, 7113). Er muss vielmehr jedes rechtlich zulässige Mittel ergreifen, um zunächst schon das Zustandekommen des Beschlusses zu verhindern. Auch nachher muss er alles in seinen Kräften stehende tun, um die Ausführung der Mehrheitsentscheidung zu verhindern.[128] Dazu gehört zB die sofortige Unterrichtung der Gesellschafter und ggf die Beschaffung einer Rechtsauskunft.[129] Stimmen die Gesellschafter der geplanten Maßnahme zu, hilft das nur dann weiter, wenn die Zustimmung wirksam ist. Verstößt die Zustimmung gegen gesetzliche Verbote, wird die Pflichtwidrigkeit nicht beseitigt. Dem überstimmten Geschäftsführer bleibt als äußerste Möglichkeit nur die Niederlegung des Geschäftsführeramtes vor Ausführung der von ihm missbilligten Maßnahme. 7150

Das Einverständnis der Gesellschafter ist für den Geschäftsführer eine wichtige Sicherung gegen den Untreuevorwurf. Erklären die Gesellschafter vorher ihr Einverständnis in die inkriminierte, das Gesellschaftsvermögen schädigende Handlung des Geschäftsführers, kann seine Maßnahme grundsätzlich nicht als pflichtwidrig qualifiziert werden. Tatbestandsausschließend ist aber nur ein wirksames Einverständnis. Unwirksam ist die vorherige Zustimmung dann, wenn die Handlung des Geschäftsführers über die bloße Vermögensschädigung hinaus gegen zwingendes Recht oder gegen die Grundsätze eines ordentlichen Geschäftsmannes (§ 43 GmbHG) verstößt oder strafbar ist. Nicht disponibel sind zB die kapitalerhaltenden Vorschriften (§§ 30 ff GmbHG – Rn 4005 ff), so dass Gesellschafter in Maßnahmen, durch die dagegen verstoßen wird, nicht wirksam einwilligen können. Mit den Grundsätzen eines ordentlichen Kaufmanns nicht vereinbar sind insbesondere Maßnahmen, wodurch die Existenz oder Liquidität der GmbH gefährdet werden (Rn 7087). Kann wirksam zugestimmt werden, wirkt das Einverständnis der Gesellschafter in vermögensschädigende Maßnahmen tatbestandsausschließend. 7151

Der Tatbestand der Untreue ist nur dann erfüllt, wenn durch die pflichtwidrige Handlung dem Vermögen der GmbH ein Nachteil (Schaden) zugefügt worden ist. Wie beim Betrug wird der Nachteil durch Vergleich vor und nach dem Fehlverhalten ermittelt. Der Nachteil kann sowohl in einer Verminderung der Aktiva bestehen wie in einer Erhöhung der Passiva. Auch das Unterlassen einer Vermögensmehrung, zB das Verhindern eines an sich möglichen Gewinnes, kommt als Schaden in Betracht.[130] **Schadenskompensation** liegt nur vor, wenn die Vermögenseinbuße durch einen äquivalenten Vermögenszuwachs ausgeglichen wird. Der Vorteil muss aber **durch dasselbe pflichtwidrige Verhalten unmittelbar kausal verursacht** worden sein, das den Schaden bewirkt hat. Die erforderliche Unmittelbarkeit wird in der Praxis häufig verkannt. Macht zB der Geschäftsführer mehrere gewagte, nicht mehr vertretbare Risikogeschäfte hintereinander und endeten die ersten mit hohen Verlusten, die nachfolgenden aber mit Gewinnen, die die Verluste ausgleichen, so ist bei den mit Verlust beendeten Geschäften der Tatbestand der Untreue dennoch erfüllt. Das gilt auch dann, wenn die nachfolgenden Geschäfte den Verlustgeschäften gleichartig waren. Die gewinnbringenden Geschäfte waren dann lediglich eine Schadenswiedergutmachung. Es 7152

---

[128] Zu den Pflichten und den Konsequenzen vgl Dierlamm in Münchener Kommentar zum StGB § 266 Rn 245 ff; Schaal in Münchener Kommentar zum AktG § 399 Rn 47 ff mwN.
[129] Zu einem evtl gegebenen Verbotsirrtum Schmid in Müller-Gugenberger/Bieneck § 31 Rn. 148; Kohlmann Rn 176, 312.
[130] Fischer StGB § 266 Rn 60.

gilt also der **Grundsatz der Einzelbewertung für jede Pflichtwidrigkeit**. Hat dagegen ein wirtschaftlich vernünftiger Gesamtplan vorgelegen, wonach der Erfolg so geplant war, dass er nur über zunächst verlustbringende Maßnahmen erreicht werden konnte, die **Verluste also Durchgangstadium zu einem geplanten Gewinn** waren, so ist der Grundsatz der Einzelbewertung nicht anwendbar. Durch einen Schadensersatzanspruch gegen den Geschäftsführer wird der entstandene Schaden nicht in strafrechtlich relevanter Weise kompensiert, selbst wenn er angesichts der Bonität des Geschäftsführers zu realisieren wäre oder die D & O-Versicherung (Rn 1201, 7019) für ihn einspringt. **Bei Bereithalten von Ausgleichsbeträgen** hat die Rechtsprechung jedoch eine **Ausnahme** zugelassen. Dass sich der Geschäftsführer das Geld bei Bedarf von Dritten, zB durch Kreditaufnahme, beschaffen kann, genügt aber nicht. Er muss schon eigene flüssige Mittel bereithalten, die er jederzeit zum Ausgleich einsetzen kann.[131]

7153 **Nachteil im Sinne von § 266 StGB ist im Wesentlichen identisch mit dem Begriff Vermögensschaden im Sinne des Betrugs.**[132] Deshalb gilt die dortige Rechtsprechung auch für § 266 StGB. Schon ein Gefährdungsschaden („schadensgleiche Vermögensgefährdung")[133] verwirklicht das Tatbestandsmerkmal „Nachteil". Damit wird die Tatbestandserfüllung für den Geschäftsführer gefährlich vorverlagert. Schadensgleich ist eine Gefährdung, wenn eine nach den Umständen des Einzelfalles naheliegende Möglichkeit besteht, dass der Verlust eintritt. Eine brauchbarere Formel ist bisher nicht gefunden worden, vor allem unternehmenstypische Risikogeschäfte sind – jedenfalls ex ante – schwer einzuordnen. Als Entscheidungshilfe kann man darauf abstellen, ob der endgültige Verlust sich so sehr verdichtet hat, dass nach objektivem Urteil bereits abgeschrieben oder wertberichtigt werden müsste. Um Bespiele zu nennen:[134] Kredite sind ohne ausreichende Sicherheit ausgereicht worden; treuhänderisch empfangene Gelder sind auf eigenen Konten des Geschäftsführers angelegt worden; es wurden Geschäfte gemacht, bei denen mit Sicherheit Gewährleistungs- oder Schadensersatzansprüche zu erwarten waren und zwar in einer Höhe, die den kalkulierten Gewinn aufzehren. Entsprechendes gilt bei unordentlicher Buchführung, wenn die Gefahr besteht, dass Ansprüche nicht oder nicht rechtzeitig geltend gemacht werden können.[135]

7154 **Untreue kann nur vorsätzlich begangen werden.** Fahrlässigkeit ist nicht unter Strafe gestellt (§ 15 StGB). Anders als beim Betrug ist bei der Untreue aber eine **Bereicherungsabsicht nicht erforderlich, auch keine Schädigungsabsicht.** Der Vorsatz muss sich auf alle Merkmale des objektiven Tatbestands erstrecken (Rn 7009). Der Handelnde muss sich also bewusst sein, dass er vermögensbetreuungspflichtig, dh dass er Geschäftsführer ist; denn das ist identisch. Er muss sich bewusst sein, dass die von ihm getroffene Maßnahme einen Missbrauch seiner Verfügungs- oder Verpflichtungsbefugnis darstellt oder dass er dadurch die ihm obliegende Vermögensfürsorgepflicht verletzt (auch ohne rechtsgeschäftliches Handeln). Schließlich muss er sich bewusst sein, dass seine Maßnahme zu einem Vermögensnachteil für die GmbH führen wird. Hinsichtlich aller Tatbestandsmerkmale **genügt bedingter Vorsatz.** Der Geschäftsführer handelt also im Sinne von § 266 StGB vorsätzlich, wenn er den ihm erkennbaren Schaden bzw die Vermögensgefährdung zwar nicht will, aber billigend in Kauf nimmt (Rn 7009). Einen strafrechtlich relevanten Irrtum über die Vermögensbetreuungspflicht,

---

[131] Fischer StGB § 266 Rn 74 f.
[132] Fischer StGB § 266 Rn 72.
[133] Der Begriff ist dogmatisch nicht unumstritten, weil er das Tatbestandsmerkmal Nachteil zu sehr ausdehnt, vgl Fischer StraFo 2008, 269; Fischer StGB § 266 Rn 72 c; Nack StraFo 2008, 277.
[134] Vgl Einzelfälle bei Fischer StGB § 266 Rn 72 a.
[135] BGH v 7. 12. 1965 BGHSt 20, 304; BGH v 26. 4. 2001 BGHSt 47, 8, 11.

IX. Haftung im Straf- und Ordnungswidrigkeitenrecht

dh über die Geschäftsführereigenschaft, kann es nur beim **faktischen Geschäftsführer** (Rn 7110 ff) geben. Die irrige Meinung, er sei kein Geschäftsführer und ihm obliege deshalb auch keine Fürsorgpflicht für das Vermögen der GmbH, entlastet den Täter idR nicht. Denn kennt er alle Umstände, aufgrund deren er als faktischer Geschäftsführer zu qualifizieren ist, so stellt seine irrige Meinung einen Subsumtionsirrtum dar, der den Vorsatz nicht ausschließt. Er hat meist einen Verbotsirrtum zur Folge, der idR vermeidbar ist. Ein wirksam bestellter Geschäftsführer kann allenfalls der irrigen Auffassung sein, durch die fragliche Maßnahme die Vermögensfürsorgpflicht nicht zu verletzen. Dann fehlt das Bewusstsein der Pflichtwidrigkeit. Er könnte zB glauben, die Gesellschafter hätten der betreffenden Maßnahme wirksam zugestimmt. So wäre es zB auch, wenn er irrigerweise glaubt, dass durch eine vermögensmindernde Maßnahme andere, größere Nachteile vermieden werden können.

Im Falle des Missbrauchs der Verfügungs- oder Verpflichtungsbefugnis kann der Geschäftsführer sich darüber irren, dass er die ihm gesetzten Schranken überschreitet. Ein solcher Irrtum lässt den Vorsatz entfallen, wenn der Geschäftsführer die Beschränkung tatsächlich nicht kennt. Wenn er sie nicht kennt, kann er sich der Schranke und damit auch nicht der Überschreitung bewusst sein. Und wenn er sein Amt mit der gebotenen Sorgfalt (§ 43 GmbHG) führt, sich also auch in gebotener Weise darum gekümmert hat, ob und wie seine Handlungsmöglichkeiten sind, kann er auch nicht im Sinne des „na wenn schon" (Rn 7009) seine Befugnis missbrauchen. In der Praxis liegt die Schwierigkeit meist darin, zu entscheiden, ob die Einlassung des Geschäftsführers, ihm seien die für die inkriminierte Maßnahme gesetzten Schranken nicht bewusst gewesen, glaubhaft ist. 7155

Wenn ein Geschäftsführer in einer mehrköpfigen Geschäftsführung überstimmt wird (Rn 7150)**, und meint, er sei damit exkulpiert, so liegt darin kein strafbefreiender Irrtum.**[136] Nicht selten fehlt es bei mehrköpfigen Geschäftsführungen am Bewusstsein der Gesamtverantwortung (Rn 7013). Daraus kann dann die Fehlvorstellung resultieren, dass die pflichtwidrige Maßnahme durch den Mehrheitsbeschluss erlaubt sei und dass er deshalb auch an der Ausführung mitwirken könne. Dieser Irrtum gilt als Verbotsirrtum (§ 17 StGB), an dessen Vermeidbarkeit hohe Anforderungen gestellt werden. IdR ist der Geschäftsführer nur dann entschuldigt, wenn er sich unter Darlegung des vollständigen Sachverhalts hat rechtlich beraten lassen. 7156

Vorsatz fehlt auch dann, wenn der Geschäftsführer nicht erkennt, dass sein pflichtwidriges Handeln zu einem Nachteil bzw einer konkreten Vermögensgefährdung führen kann oder wenn er den als möglich erkannten Eintritt eines Schadens nicht billigend in Kauf nimmt. Leichtfertiges Übersehen von Gefahren schützt aber nicht vor Strafbarkeit, denn die Pflichtwidrigkeit einer geschäftlichen Maßnahme indiziert bereits, dass durch sie das Vermögen der GmbH gefährdet oder geschädigt werden kann. Wer sich also der Pflichtwidrigkeit seines Verhaltens bewusst ist, wird kaum glaubhaft machen können, er habe einen Schaden als mögliche Folge seines Fehlverhaltens nicht gesehen. Wird aber eine Schädigung des GmbH-Vermögens als mögliche Folge der geschäftlichen Aktivität erkannt, die Maßnahme aber dennoch durchgeführt, so wird der Geschäftsführer in einem späteren Ermittlungsverfahren mit dem Vorwurf konfrontiert, dass er nach dem Motto „na wenn schon", dh bedingt vorsätzlich gehandelt, also die Schädigung billigend in Kauf genommen habe. Dieser Schlussfolgerung kann er idR nur erfolgversprechend begegnen, wenn er einen **berechtigten Grund nennen** kann, weshalb er darauf vertrauen durfte, der Schaden werde nicht eintreten. **Vage Hoffnungen genügen nicht, den Vorwurf des bedingten Vorsatzes zu entkräften.** Auf sein Vertrauen auf einen glücklichen Ausgang 7157

---

[136] Zu einem evtl gegebenen Verbotsirrtum Schmid in Müller-Gugenberger/Bieneck § 31 Rn 148; Kohlmann Rn 176, 312.

wird sich der Geschäftsführer nur berufen können, wenn er die Grenzen eingehalten hat, die ein ordentlicher Kaufmann nicht überschreitet (§ 43 GmbHG) oder wenn er mit der gleichen Sorgfalt geeignete Maßnahmen trifft, um den Schaden zu verhindern.

7158 **Für die strafrechtliche Haftung wegen Untreue bei der GmbH & Co KG** (Rn 8000 ff) **sind einige Besonderheiten zu beachten.** Häufig nimmt ein Kommanditist auf die Geschäfte Einfluss, als ob er der Geschäftsführer der phG-GmbH wäre. Dann besteht die Gefahr, dass er als **faktischer Geschäftsführer** betrachtet und ggf strafrechtlich haftbar gemacht wird (Rn 7110 ff). Das gilt auch dann, wenn er an der phG-GmbH selbst gar nicht beteiligt ist.[137]

7159 Wird durch eine Untreuehandlung dem Gesamthandsvermögen der GmbH & Co KG ein Nachteil zugefügt, so ist § 266 StGB verwirklicht, wenn dadurch das Vermögen der einzelnen Gesellschafter geschädigt wird (vgl auch Rn 8059). Denn in einer Gesamthandsgemeinschaft wie der KG wird das Vermögen den Gesellschaftern als ihr Vermögen zugeordnet. **Als Geschädigte kommen deshalb nur die Gesellschafter selbst in Betracht.** Ist die phG-GmbH am Vermögen nicht beteiligt, was oft der Fall ist, hat sie deshalb bei ungetreuem Verhalten ihres Geschäftsführers hinsichtlich des Vermögens der KG idR selbst keinen Schaden erlitten (vgl aber Rn 7160). Diese rechtliche Situation ist für die Frage eines tatbestandsausschließenden Einverständnisses der Gesellschafter von erheblicher Bedeutung. Die Zustimmung des einzelnen Kommanditisten in eine schädigende Maßnahme des Geschäftsführers beseitigt die Pflichtwidrigkeit. **Untreue zum Nachteil** des Vermögens **dieses Kommanditisten scheidet damit aus.**[138] Trifft der Alleingesellschafter-Geschäftsführer einer GmbH & Co KG eine das Gesamthandsvermögen schädigende Verfügung, so begeht er, was seine eigene Kommanditistenstellung betrifft, eine straflose Selbstschädigung. Eine tatbestandsmäßige Fremdschädigung könnte hinsichtlich der phG-GmbH in Betracht kommen (Rn 7160).

7160 **Das Vermögen der Komplementär-GmbH kann durch Maßnahmen, die das Vermögen der KG schädigen, in mehrfacher Hinsicht tangiert werden** (vgl auch Rn 8059). Ist die phG-GmbH an der KG beteiligt, wirkt sich die Minderung des Gesamthandsvermögens auf den Wert der KG-Beteiligung der phG-GmbH aus, so dass sie ihren **Kapitalanteil** an der KG uU ganz oder teilweise **wertberichtigen muss und insoweit geschädigt** wird. Das gilt auch dann, wenn die phG-GmbH am Verlust der KG nicht beteiligt ist.[139] In diese Schädigung können die Gesellschafter der Komplementär-GmbH wirksam einwilligen, sofern durch diesen Vermögensverlust das Stammkapital nicht geschmälert wird. Hat die phG-GmbH aber die Kapitalbeteiligung an der KG aus ihrem Stammkapital erbracht, dann bedeutet jede willkürliche Verschiebung des KG-Vermögens zugleich eine Beeinträchtigung des Garantiekapitals der phG-GmbH und damit eine Untreue zum Nachteil der phG-GmbH. Das Vermögen der phG-GmbH kann aber auch unabhängig davon, ob die phG-GmbH am Vermögen der KG beteiligt ist oder nicht, durch das **Haftungsrisiko gemäß § 128 HGB** beeinträchtigt werden. Wird das Vermögen der KG zB durch Entnahmen des Geschäftsführers vermindert, erhöht sich das Risiko der phG-GmbH, von den Gläubigern der KG als phG in Anspruch genommen zu werden. Zwar steht der phG-GmbH nach § 110 HGB gegen die KG ein Freistellungsanspruch zu; wird aber die KG durch die schädigende Maßnahme selbst insolvent, ist dieser Freistellungsanspruch nicht mehr realisierbar. Die phG-GmbH ist in diesem Fall verpflichtet, ihre nach §§ 128, 161 Abs 2 HGB bestehende Haftungsverpflichtung zu passivieren, weil sie mit ihrer Inanspruchnahme

---

[137] Kohlmann Rn 176, 374; BGH v 6. 11. 1986 BGHSt 34, 221.
[138] BGH v 17. 3. 1987 NJW 1987, 2008; BGH v 22. 2. 1991 wistra 1991, 183.
[139] BGH v 3. 2. 1987 wistra 1987, 216 f.

ernsthaft rechnen muss.¹⁴⁰ Diese Passivierung kann dazu führen, dass das Stammkapital der phG-GmbH angegriffen oder eine bereits vorhandene Überschuldung erhöht wird. Denn den Freistellungsanspruch kann sie nicht als Ausgleich aktivieren. In die Schädigungen, die das Garantiekapital schmälern, können die Gesellschafter der phG-GmbH aber nicht wirksam einwilligen (vgl Rn 7151), so dass hier der Tatbestand der Untreue zum Nachteil der phG-GmbH verwirklicht wird.

Bei der phG-GmbH ist derjenige Teil der Verbindlichkeiten der KG zu passivieren, der die Überschuldung der KG ausmacht.¹⁴¹ Ist der zu passivierende Haftungsbetrag höher als das Stammkapital, wird also das Stammkapital durch die Passivierung völlig verbraucht, so besteht der **strafrechtliche Schaden** der phG-GmbH, was für die Strafzumessung von erheblicher Bedeutung ist, nicht lediglich in der Höhe des verlorenen Stammkapitals, sondern **in Höhe des Haftungsbetrages**. Dies gilt auch, wenn die phG-GmbH vor dem Haftungsfall bereits vermögenslos war, denn auch eine überschuldete GmbH kann noch weiter geschädigt werden.¹⁴² 7161

Wegen Bankrotts (§ 283 StGB) macht sich ein Geschäftsführer strafbar, wenn er bei Überschuldung oder bei drohender oder eingetretener Zahlungsunfähigkeit Handlungen vornimmt, die in § 283 Abs 1 Nr 1 bis 8 StGB beschrieben sind. Sie laufen im wesentlichen darauf hinaus, dass im Widerspruch zu ordnungsmäßigem Wirtschaften das Vermögen der GmbH geschmälert wird oder dass die wirklichen Vermögensverhältnisse verheimlicht oder verschleiert werden. Wird die Insolvenzmasse geschmälert, haben die Gläubiger den Schaden. Werden Vermögenswerte, die verheimlicht waren oder deren Existenz verschleiert wurde, schließlich doch entdeckt, war den Gläubigern und dem Insolvenzverwalter der Zugriff zumindest erschwert und jedenfalls gefährdet. Der Geschäftsführer – **auch der faktische Geschäftsführer**¹⁴³ – können mit Geldstrafe oder mit Freiheitsstrafe bis zu fünf Jahren und bei besonders schweren Fällen (§ 283a StGB) mit Freiheitsstrafe von sechs Monaten bis zu zehn Jahren bestraft werden. **Eine Bestrafung ist aber nur dann möglich, wenn die GmbH tatsächlich ihre Zahlungen eingestellt hat oder wenn das Insolvenzverfahren eröffnet oder der Antrag mangels Masse abgewiesen worden** ist (vgl § 283 Abs 6 StGB). Der Geschäftsführer muss diese **sog objektiven Bedingungen der Strafbarkeit** nicht kennen, dh sein Vorsatz muss sich darauf nicht beziehen (zum Vorsatz Rn 7009). Er muss aber zu der Zeit, zu der er die strafbaren Handlungen vornahm, die Überschuldung gekannt oder gewusst haben, dass die Zahlungsunfähigkeit droht oder gar schon eingetreten ist. Hat er sie aus **Fahrlässigkeit** nicht gekannt, kann er ebenfalls bestraft werden (§ 283 Abs 4, 5 StGB). Hat er die inkriminierten Handlungen nur versucht, aber nicht mehr ausgeführt, kann er wegen **Versuchs** bestraft werden (§ 283 Abs 3 StGB). 7162

Die Rechtsprechung hat den praktischen Anwendungsbereich des § 283 Abs 1 Nr 1 StGB durch die sog Interessenformel erheblich eingeschränkt.¹⁴⁴ Danach handelt der Geschäftsführer, wenn er in der Krise der GmbH eine Bankrotthandlung vornimmt, nur dann im Sinne des § 14 Abs 1 Nr 1 StGB „als vertretungsberechtigtes Organ" der GmbH, wenn er die tatbestandsmäßige Handlung **im Interesse oder wenigstens auch im Interesse** der Gesellschaft vornimmt. Verfolgt dagegen der Geschäftsführer mit der Bankrotthandlung, gleichgültig, ob diese in der Vornahme eines Rechtsgeschäfts oder in einem tatsächlichen Handeln besteht, ausschließlich eigene 7163

---

¹⁴⁰ Schmid in Müller-Gugenberger/Bieneck § 31 Rn 131.
¹⁴¹ Tiedemann in Scholz GmbHG § 84 Rn 49; Bieneck in Müller-Gugenberger/Bieneck § 76 Rn 30.
¹⁴² BGH v 17. 3. 1987 wistra 1988, 113, 115.
¹⁴³ Beukelmann in Beck'scher Online Kommentar Strafrecht § 283 Rn 89 mwN.
¹⁴⁴ Beukelmann in Beck'scher Online Kommentar Strafrecht § 283 Rn 99 mwN.

Interessen oder die Interessen Dritter, zB der Gesellschafter, so greift § 283 Abs 1 StGB nicht; einschlägig sind dann idR die §§ 246, 266 StGB (Unterschlagung, Untreue). Da meist Handeln im eigenen Interesse vorliegt, hat die Interessenformel in der Praxis dazu geführt, dass Verurteilungen eines Geschäftsführers wegen Bankrott relativ selten sind. Die Instanzgerichte müssen fast immer versuchen, die entsprechenden Sachverhalte unter den Tatbestand der Untreue zu subsumieren (vgl Rn 7148f). Bei einer derartigen Verurteilung geht, anders als bei einer Verurteilung nach § 283 StGB, die Fähigkeit, Geschäftsführer einer GmbH zu sein, nur unter besonderen Voraussetzungen verloren (vgl Rn 2008; § 6 Abs 2 S 2 Nr 3e GmbHG).[145]

7164 **Aus dem Katalog der mit Strafe bedrohten Bankrotthandlungen steht in der Praxis das Beiseiteschaffen, Verheimlichen oder Verschleiern von Vermögensgegenständen im Vordergrund (§ 283 Abs 1 Nr 1 StGB).** Für die Buchführungs- und Bilanzierungsverstöße (Nr 5–7) enthält § 283b StGB noch eine besondere Strafdrohung. Da die Vorschriften sich weitgehend decken, genügt es, sie bei jener Vorschrift zu behandeln (Rn 7169). **Überschuldung** und **Zahlungsunfähigkeit** sind genauso zu verstehen wie bei der Insolvenzverschleppung (Rn 6029ff, 7122ff). Die **drohende Zahlungsunfähigkeit** war bisher kein Insolvenzgrund, ist es aber jetzt (§ 18 Abs 2 InsO). Sie ist anzunehmen, wenn bei normalem Ablauf der Dinge Zahlungsunfähigkeit zu erwarten ist. Die Gefahr muss so nahe gerückt sein, dass die Zahlungsunfähigkeit eintritt, wenn nicht sofort wirksame Gegenmaßnahmen ergriffen werden. Nur wenn eine Möglichkeit zur Verfügung steht, die Zahlungsbereitschaft wieder herzustellen und diese Möglichkeit einen einigermaßen sicheren Erfolg verspricht, droht Zahlungsunfähigkeit nicht mehr (Rn 6034f).[146] Im Strafverfahren, in dem immer erst nachträglich festzustellen ist, wann der Zustand drohender Zahlungsunfähigkeit eingetreten war, müssen die konkreten Umstände ermittelt werden, die einem unbefangenen Beobachter einen Schluss auf den bevorstehenden Eintritt der Zahlungsunfähigkeit erlauben. Auf die bloße Befürchtung des Unternehmers kommt es nicht an. Es ist zu ermitteln, auf welche betriebswirtschaftlichen Unterlagen der Geschäftsführer seine internen Prognosen über die Liquiditätsentwicklung stützte. Das gehäufte Auftreten der sog Krisenwarnzeichen ist für die Beurteilung wichtig.

7165 **Vom Beiseiteschaffen oder Verheimlichen werden nur solche Vermögensteile erfasst, die zur Insolvenzmasse gehören würden (§ 35 InsO).** Unter **Eigentumsvorbehalt** gelieferte Waren gehören nicht dazu (§ 47 InsO).[147] Wenn allerdings die Restschuld den wahren Wert unterschreitet, kann das **Anwartschaftsrecht Gegenstand einer strafbaren Vermögensverschiebung** sein. **Gegenstände, die** von der GmbH **einem Gläubiger zur Sicherheit übereignet** worden sind, gehören zur Insolvenzmasse (§ 50 InsO). Wird der sicherungsübereignete Gegenstand, wenn er einen höheren Wert hat als die Schuld, dem Gläubiger überlassen, ohne dass von diesem der Mehrwert eingefordert wird, kann wegen des Mehrwerts das Beiseiteschaffen verwirklicht sein. Nicht zur Insolvenzmasse gehören Gegenstände, die **der GmbH zur Sicherheit übereignet** worden sind. Der Schuldner hat ein Aussonderungsrecht. Werden solche Gegenstände beiseite geschafft oder verheimlicht, so dass der Sicherungsgeber, wenn er seine Schuld bezahlt, sie nicht zurück erhalten kann, wird der Tatbestand der Unterschlagung (§ 246 StGB) erfüllt. **Beiseiteschaffen** ist nach dem Wortsinn vor allem die **räumliche Entfernung** aus dem Herkunftsbereich der GmbH, zB zum Zwecke des heimlichen Verkaufs. Aber **auch** in der **Veränderung der rechtlichen**

---

[145] Sonstige Auswirkung: Der Versuch ist bei § 266 StGB anders als in § 283 Abs 3 StGB nicht strafbar. Bei § 283 StGB beginnt die Verjährung mit Eintritt der Strafbarkeitsbedingungen, bei § 266 StGB bereits mit Eintritt des Nachteils.
[146] Tiedemann in Leipziger Kommentar zum StGB Vor § 283 Rn 138.
[147] Fischer StGB § 283 Rn 3.

IX. Haftung im Straf- und Ordnungswidrigkeitenrecht

Lage kann ein Beiseiteschaffen (oder Verschleiern) liegen. Typische Fallkonstellationen sind:

- nicht gerechtfertigte oder nur zum Schein vorgenommene Sicherungsübereignungen
- Scheinveräußerungen
- Einziehung von Forderungen über fremde Konten bei anschließendem Verbrauch zu privaten Zwecken, aber auch, wenn die eingegangenen Gelder zur Bezahlung fällig werdender Löhne und Sozialabgaben verwendet werden, dadurch aber Gläubiger bereits bestehender Forderungen von der Befriedigung ausgeschlossen werden
- übermäßige Entnahmen zum Zwecke von Schmiergeldzahlungen
- Verkauf von Waren, auch zu angemessenen Preisen, an eine neu gegründete Einzelfirma eines Gesellschafters, um diesem eine Aufrechnungsmöglichkeit zu verschaffen
- jede Veräußerung oder Belastung von Vermögensgegenständen ohne alsbald greifbaren Gegenwert.

Entnahmen der Gesellschafter-Geschäftsführer zur Bestreitung des angemessenen Lebensunterhaltes stellen kein Beiseiteschaffen dar.

Bei Sanierungsversuchen sollte sich der Geschäftsführer stets rechtlich beraten lassen.[148] Leicht können Verwertungsmaßnahmen von Vermögensgegenständen als Beiseiteschaffen angesehen werden (Rn 6024, 6027). Das gilt insbesondere bei einer Betriebsaufspaltung in der Krise und bei Übertragung von Vermögenswerten auf eine Auffanggesellschaft. Nur wenn eine gleichwertige Gegenleistung in die Insolvenzmasse gelangt, ist nichts „beiseite geschafft".[149]

Verheimlichen ist alles, was dazu dient, Vermögensteile der Kenntnis der Gläubiger oder des Insolvenzverwalters zu entziehen. Verschweigen, falsche Angaben über den Wert oder die Menge, ableugnen, wenn gefragt wird usw – alles gehört zum Verheimlichen. Schon wenn der Geschäftsführer **beim Eigenantrag (§ 15 InsO) wesentliche Aktiva** der GmbH bewusst **nicht aufführt,** hat er sie strafbar verheimlicht. Der Geschäftsführer muss vollständig Auskunft geben und sogar Tatsachen offenbaren, die geeignet wären, ihn wegen einer Straftat oder einer Ordnungswidrigkeit zu verfolgen (Abweichung vom Prinzip des § 55 StPO, dass niemand gegen sich selbst oder nahe Angehörige auszusagen braucht). Diese Angaben dürfen jedoch in einem Straf- oder Ordnungswidrigkeitenverfahren nicht ohne seine Zustimmung verwertet werden (§ 97 Abs 1 InsO).[150] **Nach § 101 InsO müssen auch Geschäftsführer, die innerhalb der letzten zwei Jahre vor dem Insolvenzantrag ausgeschieden sind, volle Auskunft geben.** Hat der Geschäftsführer Vermögenswerte irrtümlich nicht aufgeführt, muss er seine Angaben umgehend berichtigen. **Selbst schon vor Antragstellung ist strafbares Verheimlichen möglich**, wenn nämlich vermögensmindernde Vorgänge, zB Entnahmen aus dem GmbH-Vermögen oder Rückzahlung von Gesellschafterdarlehen, nicht verbucht werden. Beispiele für Verheimlichen sind:[151]

- Ableugnen des Besitzes von Vermögensgegenständen der GmbH,
- heimliches Einziehen einer Forderung, die aus Versehen nicht in das Vermögensverzeichnis aufgenommen worden ist; Einbehalt einer nach Insolvenzeröffnung erfolgten Leistung,
- Nichtoffenbarung von Freistellungsansprüchen der GmbH gegenüber Gesellschaftern,
- unrichtige Auskunft gegenüber dem Insolvenzverwalter auf Fragen, die ein Anfechtungsrecht klären sollen.

---

[148] Wellensiek und Karsten Schmidt in Schmidt/Uhlenbruck Die GmbH in Krise, ... Rn 1.322, 1.336, 2.16.
[149] BGH v 17. 3. 1987 NJW 1987, 2242; vgl auch Beukelmann in Beck'scher Online Kommentar Strafrecht § 283 Rn 40.
[150] Vgl umfassend Hefendehl wistra 2003, 1 ff.; Uhlenbruck NZI 2002, 401 ff.
[151] Beukelmann in Beck'scher Online Kommentar Strafrecht § 283 41 f; Heine in Schönke/Schröder StGB § 283 Rn 5.

7168 Wegen Bankrott wird auch bestraft, wer durch eine der Handlungen in § 283 Abs 1 StGB die Zahlungsunfähigkeit oder Überschuldung erst herbeigeführt hat (§ 283 Abs 2 StGB). Allerdings sind Strafverfahren mit diesem Vorwurf relativ selten. Das beruht im wesentlichen darauf, dass der zwischen Bankrotthandlung und Eintritt der Überschuldung/Zahlungsunfähigkeit erforderliche Kausalzusammenhang schwer nachweisbar ist. Ist (zugunsten eines Beschuldigten) nicht auszuschließen, dass es bei Unterbleiben der Bankrotthandlung ebenfalls zur Überschuldung bzw Zahlungsunfähigkeit gekommen wäre, so ist Abs 2 nicht erfüllt.

7169 **Wer die Bücher nicht ordnungsgemäß führt und die Bilanzen nicht rechtzeitig aufstellt, begibt sich in Konflikt mit dem Strafgesetz (§§ 283 Abs 1 Nr 5 bis 7 und 283 b StGB).** Voraussetzung der Strafbarkeit ist nach beiden Vorschriften, dass die GmbH ihre Zahlungen eingestellt hat oder dass das Insolvenzverfahren eröffnet oder der Insolvenzantrag mangels Masse abgewiesen worden ist (sog objektive Bedingung der Strafbarkeit, vgl Rn 7162). Die Buchführungs- und Bilanzierungsverpflichtungen ergeben sich aus den §§ 238 ff, 242 ff, 264 ff HGB und §§ 41 ff GmbHG. **Strafbar sind vorsätzliche und fahrlässige Verstöße.** Verstöße in der Krise werden von § 283 StGB schärfer bestraft als solche vor Eintritt der Krise, die § 283 b StGB erfasst. **In der Praxis** haben die Buchführungs- und Bilanzdelikte neben der Insolvenzverschleppung (§ 15 a InsO) und dem Untreuetatbestand (§ 266 StGB) **große Bedeutung.** Verwandte Tatbestände sind § 331 HGB (unrichtige Darstellungen) und § 82 Abs 2 Nr 2 (Geschäftslagetäuschung). Wer wegen vorsätzlicher oder fahrlässiger Verletzung der Buchführungs- und Bilanzierungspflichten verurteilt worden ist, kann auf die Dauer von 5 Jahren nicht mehr Geschäftsführer einer GmbH sein (§ 6 Abs 2 S 2 Nr 3 a GmbHG; Rn 2008). In die Frist wird die Zeit nicht eingerechnet, in der der Täter auf behördliche Anordnung, dh aufgrund des Urteils in einer Haftanstalt, verwahrt worden ist. Der **faktische Geschäftsführer** unterliegt der Strafdrohung genauso wie der wirksam bestellte Geschäftsführer.[152] Bei einer **mehrköpfigen Geschäftsführung** (Rn 7012 ff) gibt es idR bestimmte Zuständigkeitszuweisungen für die kaufmännischen, technischen usw Angelegenheiten. Solange keine Verdachtsmomente für Unregelmäßigkeiten in den jeweiligen Zuständigkeitsbereichen vorliegen, richtet sich die strafrechtliche Verantwortlichkeit nach dieser Zuständigkeitsverteilung. Wenn aber die GmbH wissentlich in eine **krisenhafte Situation** gerät, gilt das Prinzip der **Allzuständigkeit jeden Geschäftsführers** (Rn 3041). Jeder Geschäftsführer ist von diesem Zeitpunkt an verpflichtet, für die ordnungsgemäße Buchführung sowie für die ordnungsgemäße und rechtzeitige Bilanzaufstellung zu sorgen. Sind diese Aufgaben auf Externe, zB Steuerberater, übertragen, muss sich jeder Geschäftsführer darum kümmern, dass der Beauftragte seiner Verpflichtung fristgerecht nachkommt. Kein Geschäftsführer kann sich mit Unzuständigkeit entschuldigen. Ebenso wenig können sich die Geschäftsführer auf **finanzielle Engpässe** berufen. Die Rechtsprechung, wonach die Unfähigkeit, Buchführungs- oder Bilanzierungsarbeiten bezahlen zu können, die Strafbarkeit nach § 283 Abs 1 Nr 5 bis 7 StGB beseitigen könnte,[153] führt häufig zu Missverständnissen. Solange die GmbH ihre Zahlungen noch nicht eingestellt hat, sind noch vorhandene liquide Mittel **vorrangig** für die Erfüllung der Buchführungs- und Bilanzierungspflichten einzusetzen,[154] da es sich hierbei um öffentlich-rechtliche Pflichten handelt (vgl dazu die Konkurrenz mit der Abführung von Sozialversicherungsbeiträgen und Lohnsteuer Rn 6053 ff, 7062, 7078 ff). Straflosigkeit ist also erst von dem Zeitpunkt an gegeben, in dem jegliche Mittel fehlen. Im Übrigen gilt die Rechtspre-

---

[152] BGH v 10. 5. 2000 NJW 2000, 2285; Fischer StGB § 283 Rn 20.
[153] BGH v 20. 12. 1978 BGHSt 28, 231; BGH v 30. 1. 2002 NStZ 2003, 546; BGH v 14. 12. 1999 2000, 206; KG v 18. 7. 2007 NJW 2007, 3449; Fischer StGB § 283 Rn 23 a, 29 a.
[154] Vgl die Sachverhalte bei BGH v 23. 4. 1991 wistra 1991, 266; BGH v 3. 12. 1991 NStZ 1992, 182; vgl dazu auch Fischer StGB § 283 Rn 29 a aE.

chung nur für den Fall, dass der Geschäftsführer die Buchführungs- und Bilanzierungsarbeiten nicht selbst vornehmen kann.

Bilanz im Sinne von § 283 Abs 1 Nr 7 und des § 283 b Abs 1 Nr 3 StGB ist lediglich die Gegenüberstellung der Aktiva und Passiva (§ 266 HGB). Zur Bilanz gehören hier nicht die GuV-Rechnung (§ 275 HGB), der Anhang (§ 284 HGB) und der Lagebericht (§ 289 HGB). Das heißt, es geht nicht um den vollständigen Jahresabschluss (§ 264 HGB). Die Bilanz ist innerhalb von **drei Monaten** nach Ablauf des Geschäftsjahres aufzustellen (§ 264 Abs 1 S 2 HGB). Bei der kleinen GmbH (§ 267 Abs 1 HGB) ist die Bilanz nach spätestens **sechs Monaten** aufzustellen (§ 264 Abs 1 S 3 HGB). Diese Höchstfrist darf aber nur dann ausgeschöpft werden, wenn dies einem ordnungsgemäßen Geschäftsgang entspricht. **In Krisenzeiten** gilt die Sechsmonatsfrist also nicht; hier muss die **Regelfrist** von drei Monaten eingehalten werden.[155] Die genannten Fristen sind gesetzliche Fristen, von deren Einhaltung niemand den Geschäftsführer entbinden kann. Wenn die Finanzbehörde der GmbH oder deren Steuerberater eine Fristverlängerung etwa zur Abgabe der Jahressteuererklärung gewährt, führt dies nicht dazu, dass auch die Bilanz erst später aufgestellt zu werden brauchte. Die gesetzlichen Fristen gelten weiter. Die irrige Vorstellung, die vom Finanzamt gewährte Fristverlängerung befreie auch von der Einhaltung der gesetzlichen Bilanzierungsfristen, ist lediglich ein vermeidbarer Verbotsirrtum. 7170

Für die GmbH & Co KG als Personengesellschaft gelten ebenso wie für die GmbH nach dem Kapitalgesellschaften- und Co-Richtlinien-Gesetz vom 24. 2. 2000 (BGBl I S 254) die §§ 264 ff HGB (Rn 8014).[156, 157] 7171

Eine Bilanz ist „aufgestellt", wenn der Bilanzierungspflichtige den Abschluss als für sich endgültig anerkannt hat. Ob die Bilanz durch die Gesellschafter festgestellt worden ist (§ 42a GmbHG), darauf kommt es nicht an. Anders als in § 245 HGB vorgesehen, ist die Aufstellung der Bilanz auch nicht von einer Datumsangabe oder Unterschrift abhängig. Das ist im Strafrecht allgemeine Auffassung.[158] Es bleibt damit eine Beweisfrage, ob eine Bilanz, die nicht unterschrieben ist, als Bilanz anzusehen ist, die vom Bilanzierungspflichtigen anerkannt worden ist oder ob es sich lediglich um einen Entwurf handelt. Eine Bilanz gilt jedenfalls dann nicht als rechtzeitig aufgestellt, wenn nach dem Zeitpunkt, in dem die objektiven Bedingungen der Strafbarkeit eingetreten sind, insbesondere also nach der Zahlungseinstellung, von der Geschäftsführung noch **keinerlei Vorbereitungen getroffen** worden sind, dass die Bilanz für das abgelaufene Geschäftsjahr fristgerecht aufgestellt werden kann.[159] 7172

Wegen Gläubigerbegünstigung (§ 283 c StGB) macht sich ein Geschäftsführer strafbar, wenn er, obwohl er die Zahlungsunfähigkeit der GmbH kennt, einem Gläubiger eine Sicherheit oder Befriedigung gewährt, die dieser nicht zu beanspruchen hat oder jedenfalls nicht in dieser Art oder nicht zu dieser Zeit, und wenn er dadurch diesen Gläubiger absichtlich oder auch nur wissentlich vor den übrigen Gläubigern begünstigt. Durch diese Begünstigung erhält der Gläubiger einen sog inkongruenten Vorteil. Während mit dem Bankrotttatbestand des § 283 Abs 1 StGB die Schmälerung der Insolvenzmasse unter Strafe gestellt ist, bleibt hier die Insolvenzmasse zwar ungeschmälert, weil durch die inkongruente Zuwendung die Verbindlichkeiten der GmbH entsprechend gemindert werden. Jedoch wird durch diese Begünstigung die **ordnungsgemäße Verteilung der Insolvenzmasse vereitelt.** Dieser Effekt würde zwar auch eintreten, wenn an einen Gläubiger 7173

---

[155] Vgl Beukelmann in Beck'scher Online Kommentar Strafrecht § 283 Rn 68 mwN.
[156] Vgl dazu Schulze-Osterloh in Baumbach/Hueck GmbHG § 41 Rn 5.
[157] Kapitalgesellschaft- und Co-Richtlinien-Gesetz v 24. 2. 2000 (BGBl I S 254).
[158] Vgl nur Beukelmann in Beck'scher Online-Kommentar Strafrecht § 283 Rn 70.
[159] Fischer StGB § 283 Rn 29 aE.

die kongruente Leistung erbracht würde, dh wenn er am Fälligkeitszeitpunkt voll befriedigt würde. Das Gesetz hat aber nicht alle Bevorzugungen einzelner Gläubiger unter Strafe gestellt, sondern nur die Begünstigung durch die sog inkongruente Deckung. Dieses Verhalten kann aber nur dann bestraft werden, wenn die **objektive Bedingung der Strafbarkeit** (Rn 7162 –Zahlungseinstellung oder Insolvenzeröffnung oder Ablehnung eines Insolvenzantrages mangels Masse) **eingetreten ist** (§ 283 c Abs 3 iVm § 283 Abs 6 StGB). Der **Strafrahmen** (Geldstrafe oder Freiheitsstrafe bis zu zwei Jahren) liegt deutlich niedriger als beim Bankrottatbestand. Wer wegen Gläubigerbegünstigung verurteilt wird, verliert aber ebenso die Fähigkeit, Geschäftsführer einer GmbH zu sein, wie bei einer Verurteilung wegen Bankrotts (§ 6 Abs 2 S 2 Nr 3 GmbHG; Rn 2008). Der **faktische Geschäftsführer** wird wie der wirksam bestellte Geschäftsführer bestraft. Ob die von der Rechtsprechung entwickelte **Interessenformel** (Rn 7163) auch hier gilt, hat der BGH **bisher offen gelassen**.[160] Das **Motiv für die Begünstigung von Gläubigern** ist häufig darin zu suchen, dass mit ihnen zB über eine Auffanggesellschaft wieder Geschäfte gemacht werden sollen.

7174 „**Nicht in der Art**" **zu beanspruchen hat ein Gläubiger eine Leistung, wenn sie gegenüber der, die an sich geschuldet ist, andersartig ist.** Das ist zB der Fall, wenn für eine fällige Geldforderung Waren erfüllungshalber übereignet werden. War die GmbH berechtigt, anstatt zu zahlen Waren zu liefern, liegt eine kongruente Deckung vor. Wenn die Abrede, wahlweise zu erfüllen, aber getroffen wurde, weil man mit einer Insolvenz rechnete, wird die Warenlieferung als inkongruent angesehen.[161] Inkongruente Befriedigung liegt auch vor, wenn anstatt zu zahlen, eine Forderung abgetreten wird. „Bezahlt" der Geschäftsführer mit einem Kundenscheck oder mit einem Wechsel, hat er bis zur Einlösung des Papiers eine inkongruente Sicherheit geleistet. Erst mit der Gutschrift ist die inkongruente Befriedigung eingetreten.[162] Auch der „Verkauf" von Waren an einen Gläubiger, um diesem eine Aufrechnungslage zu verschaffen, ist eine inkongruente Befriedigung.[163] Dasselbe gilt, wenn der Insolvenzantrag bewusst verzögert wird, um dem Gläubiger noch eine Pfändung zu ermöglichen.

7175 **Die Alternative, dass jemand etwas erhält, was er überhaupt nicht zu beanspruchen hat, kann, wörtlich genommen, keine Gläubigerbegünstigung sein.** Denn wer keinen Anspruch hat, zB weil ein Vertrag nicht zustande gekommen oder als Wucher- oder Scheingeschäft nichtig ist, ist eben kein Gläubiger. Wenn dennoch an ihn geleistet wird, hat der Geschäftsführer den schärferen Straftatbestand des Beiseiteschaffens nach § 283 Abs 1 Nr 1 StGB erfüllt.[164] Es geht bei dieser Tatbestandsalternative letztlich nur um ganz spezielle Situationen. Das sind zB Fälle wie der folgende: Es besteht zwar ein Anspruch, ihm stehen aber auf Seiten der GmbH eine dauernde Einrede oder Einwendungen entgegen (Verjährung des Anspruchs, Anfechtbarkeit des Grundgeschäfts nach §§ 119 ff BGB oder sonstige Möglichkeiten der Leistungsverweigerung). Wird ein solcher Anspruch dennoch vom Geschäftsführer erfüllt, dann kann der Fall gegeben sein, dass ein Gläubiger etwas erhält, was er nicht zu beanspruchen hat.

7176 **Eine inkongruente Sicherheit erhält der, der auf eine Sicherheit keinen Anspruch hat.** Aus dem Erfüllungsanspruch kann idR kein Anspruch auf Stellung einer Sicherheit abgeleitet werden. Sicherheiten können (Grund-)Pfandrechte, Sicherungs-

---

[160] BGH v 24. 9. 1986 wistra 1987, 100.
[161] Fischer StGB § 283 c Rn 7 aE.
[162] BGH v 10. 10. 1961 NJW 1962, 117.
[163] BGH v 17. 1. 1956 GA 1956, 348; Tiedemann in Leipziger Kommentar zum StGB § 283 Rn 16.
[164] Heine in Schönke/Schröder StGB § 283 c Rn 7. Irrt der Geschäftsführer über die Rechtsgültigkeit des Grundgeschäfts, kann ein Tatbestandsirrtum vorliegen, der wiederum zur Anwendung des § 283 c StGB führt; vgl dazu Bieneck in Müller-Gugenberger/Bieneck § 79 Rn 19.

IX. Haftung im Straf- und Ordnungswidrigkeitenrecht

übereignungen, Sicherungsabtretungen, Einräumung eines Zurückbehaltungsrechts, usw sein. Strafbar ist die Gewährung einer solchen inkongruenten Sicherheit selbst dann, wenn sie zivilrechtlich unwirksam ist.[165] Gelegentlich wird die Gewährung einer ursprünglich nicht vereinbarten Sicherheit etwa damit zu rechtfertigen versucht, dass ein Gläubiger ein Darlehen (weiter) stundet, aber nur gegen Sicherheitsbestellung dazu bereit war. Hinter derartigen Rechtfertigungen steht nicht selten ein strafrechtlich unbeachtliches Scheingeschäft, mit dem nur die inkongruente Deckung legitimiert werden soll. Das ist zB anzunehmen, wenn die Darlehensforderung, als sie gestundet wurde, für den Gläubiger bereits uneinbringlich war. Ähnliches gilt, wenn eine Bank ohne vorherige Absprache eine Überziehung geduldet hat und erst später bei der förmlichen Kreditzusage eine Sicherheit aus dem (noch freien) GmbH-Vermögen vereinbart wird.[166] Zulässig ist es, wenn gesetzliche Vorschriften einen Anspruch auf Sicherung gewähren, beispielsweise die Bauhandwerkersicherung nach § 648a BGB.[167]

Nicht alle Personen, die von der insolvent gewordenen GmbH etwas zu fordern haben, sind Gläubiger im Sinne von § 283c StGB. Neben den Insolvenzgläubigern, den Massegläubigern und den Absonderungsberechtigten (§§ 38, 53, 49 InsO), spielen die Aussonderungsberechtigten, Gesellschafter und Geschäftsführer eine Sonderrolle. Der **Aussonderungsberechtigte** (§ 47 InsO), zB derjenige, der unter Eigentumsvorbehalt an die GmbH geliefert hat, hat zwar einen Anspruch an die GmbH, aber nicht zu Lasten der Insolvenzmasse. Sein Aussonderungsanspruch betrifft sein Eigentum, dessen Herausgabe er verlangen kann.[168] Die **Gesellschafter der GmbH** sind hingegen, wenn sie Darlehen gewährt haben im Gegensatz zur Rechtslage vor dem MoMiG (s Einleitung) **Darlehensgläubiger,** auch wenn in der Krise der Geschäftsführer nach § 64 S 3 GmbHG keine Zahlungen an Gesellschafter leisten darf, die „zur Zahlungsunfähigkeit führen mussten" (Rn 4009, 6052, 7038), wenn nach der Insolvenzeröffnung Gesellschafterdarlehen nur nachrangig (praktisch also überhaupt nicht) bedient werden und auch wenn nach Anfechtung durch den Insolvenzverwalter Rückzahlungen auf Gesellschafterdarlehen im letzten Jahr vor dem Insolvenzantrag vom Gesellschafter zurückzuzahlen und Sicherheiten aus den letzten zehn Jahren zurück zugeben sind (Rn 6014). Kein Gläubiger im Sinne des § 283c StGB ist jedoch der **Geschäftsführer,** der nicht zugleich Gesellschafter ist, hinsichtlich eigener Ansprüche (zB Gehalts- oder Darlehensforderungen), so dass der Tatbestand bei inkongruenter Deckung nicht erfüllt ist. Nach dem BGH soll hier § 283 Abs 1 Nr 1 StGB greifen.[169]

5. Spezielle Strafvorschriften des Strafgesetzbuches zum Schutz der Umwelt

Die Straftaten gegen die Umwelt (§§ 324ff StGB) **hängen eng zusammen mit den verwaltungsrechtlichen Regelungen. Das sind insbesondere die Regelungen des Wasserhaushaltsgesetzes (WHG), des Bundesimmissionsschutzgesetzes (BImSchG), des Bundesbodenschutzgesetzes (BBodSchG), des Kreis-**

---

[165] Heine in Schönke/Schröder StGB § 283c Rn 4. Eine Ausnahme gilt bei Unwirksamkeit mangels Bestimmtheit der übereigneten Sache BGH v 13. 11. 1956 GA 1958, 48.
[166] Bieneck in Müller-Gugenberger/Bieneck § 79 Rn 21.
[167] Beukelmann in Beck'scher Online-Kommentar Strafrecht § 283c Rn 9.1.
[168] Zur Frage der Gläubigerstellung von Aussonderungsberechtigten bei Bildung eines Sicherungs-Pools vgl Tiedemann in Leipziger Kommentar zum StGB § 283c Rn 6.
[169] BGH v 6. 11. 1986 BGHSt 34, 221; allerdings befasst sich der BGH in dieser Entscheidung nicht mit der sich dann stellenden Frage, ob nach den Interessentheorie § 283 Abs. 1 Nr. 1 StGB nicht anwendbar ist, weil der Geschäftsführer bei der Gewährung einer inkongruenten Deckung ausschließlich eigennützig handelt. Der Sachverhalt wäre dann unter § 266 StGB zu subsumieren, wo allerdings sich dann die Frage stellt, ob der GmbH ein Schaden entsteht; vgl. zum Ganzen Tiedemann in Leipziger Kommentar zur StGB § 283c Rn 11.

laufwirtschafts- und Abfallgesetzes (KrW-/AbfG) und des Atomgesetzes (AtG). Die Strafvorschriften sind im Strafgesetzbuch zusammengefasst und zwar in den §§ 324 bis 330d StGB. Bestraft wird die Verunreinigung von Gewässern (§ 324 StGB), die Bodenverunreinigung (§ 324a StGB), die Luftverunreinigung beim Betrieb einer Anlage oder Maschine durch Freisetzen von Staub, Gasen, Dämpfen oder Geruchsstoffen, die geeignet sind, die Gesundheit von Menschen sowie Pflanzen und andere Sachen von bedeutendem Wert zu schädigen (§ 325 StGB). Strafbar sind weiterhin die Verursachung von gesundheitsgefährdendem Lärm beim Betrieb der Anlage (§ 325a StGB), ferner die umweltgefährdende Abfallbeseitigung (§ 326 StGB), das unerlaubte Betreiben von Anlagen (§ 327 StGB), einschließlich von Abfallentsorgungsanlagen, der unerlaubte Umgang mit Kernbrennstoffen (§ 328 StGB) oder die Gefährdung schutzbedürftiger Gebiete (§ 329 StGB). Schutzbedürftige Gebiete werden gefährdet, wenn in den sog umweltgefährdeten Gebieten Anlagen betrieben werden, die nicht in Übereinstimmung mit den Rechtsverordnungen stehen, die aufgrund des BImSchG erlassen worden sind und die während austauscharmer Wetterlagen befürchten lassen, dass schädliche Umwelteinwirkungen durch Luftverunreinigungen stark anwachsen werden. **Bei vielen der aufgeführten Straftaten werden schon der Versuch und fahrlässiges Handeln bestraft.** In bestimmten schweren Fällen reichen die Strafdrohungen bis zu zehn Jahren Freiheitsstrafe.

7179 **Die Gesetzgebung im Umweltrecht ist nicht abgeschlossen.** Im Gegenteil, die „Umweltkriminalität" ist ein Thema, das Politik und Gesetzgebung ständig beschäftigt, das in der Öffentlichkeit und bei den Staatsanwaltschaften auf starke Resonanz stößt und das auch von den Gerichten, insbesondere von den unteren Gerichten, nicht leicht genommen wird.

7180 **Die Anzahl von Ermittlungs- und Strafverfahren gegen Unternehmensleiter im Umweltstrafrecht nimmt zu.** Die Zahl der schließlich gefällten Strafurteile mag im Verhältnis zu den bei den Staatsanwaltschaften laufenden Verfahren gering erscheinen. Das entbindet aber keinen Geschäftsführer davon, dafür vorzusorgen, dass die für sein Unternehmen erforderlichen Umweltschutzmaßnahmen getroffen werden. Außerdem müssen die umweltschutzrelevanten Daten so dokumentiert werden, dass das gesetzmäßige Verhalten des Unternehmens jederzeit nachgewiesen werden kann. Schon die Einleitung eines Verfahrens seitens der Staatsanwaltschaft führt meist zu nicht unerheblichen psychologischen und arbeitsmäßigen Belastungen. Sie kann für das Unternehmen auch einen Ansehensverlust bedeuten, der seine Stellung im Markt beeinträchtigt.

6. Straftaten im Zusammenhang mit der Produktsicherheit

7181 **Die Gefahr nimmt zu, dass die Unternehmensleitungen für schädliche Auswirkungen der Produkte ihres Unternehmens strafrechtlich verantwortlich gemacht werden. Symptomatisch** dafür **ist das „Lederspray-Urteil"**[170] (Rn 7065, 7073). Der Gebrauch des von dem Unternehmen vertriebenen Ledersprays hatte in einigen Fällen zu Gesundheitsschäden geführt. Sie reichten von Atembeschwerden bis zu Lungenödemen. Das Unternehmen änderte daraufhin die Rezeptur, weil man in der Rezeptur die Ursache vermutete. Auch nach der Rezepturänderung wurden Schadensfälle bekannt. Etwa drei Monate nach dem Bekanntwerden der neuen Schadensfälle beriet die Geschäftsführung in einer eigens dafür angesetzten Sitzung über das Thema und kam einhellig zu der Ansicht, dass zunächst die Ursache der Gesundheitsschäden aufgeklärt werden müsse, bevor man das Produkt zurückriefe. **Der BGH hat die Urteile der Vorinstanzen, mit denen die gesamte Geschäftsführung**

---

[170] BGH v 6. 7. 1990 NJW 1990, 2560.

IX. Haftung im Straf- und Ordnungswidrigkeitenrecht

wegen fahrlässiger und wegen gefährlicher – weil gemeinschaftlich begangener – Körperverletzung (§ 223a StGB) verurteilt worden war, bestätigt. Er erklärte, dass es pflichtwidrig gewesen sei, Produkte in den Verkehr zu bringen, die eine Gefahr für den Verbraucher darstellen, und stellte sich auf den Standpunkt, dass derjenige, der das tut, prinzipiell dafür einstehen muss, dass diese Gefahr keinen Schaden verursacht. Aus dem – seiner Ansicht nach pflichtwidrigen – **Vorverhalten der Geschäftsführung folgerte der BGH eine Garantenstellung, die durch Unterlassen verletzt worden sei, weil die Geschäftsführung die Produkte nicht zurückgerufen habe.** Den Einwand, dass eine Pflichtwidrigkeit nicht vorgelegen haben könne, weil die Ursache für eine Gefährlichkeit gar nicht bekannt war, ließ der BGH nicht gelten. Die strafrechtliche Schuld sah er darin, dass die Geschäftsführung fahrlässigerweise schon vor der Sitzung nichts unternommen habe, obwohl nach der Rezepturänderung erneut Schäden gemeldet worden waren. Für die Zeit nach der Geschäftsführersitzung sah er die Schuld darin, dass das Produkt nicht zurückgerufen worden und damit in Kauf genommen worden sei, dass weitere Schäden entstünden.

Wenn der BGH an seiner Rechtsprechung festhält, bleibt, um der Strafbarkeit zu entgehen, im Grunde nicht einmal die Zeit, den Ursachenzusammenhang herauszufinden, der für die Schäden verantwortlich ist. Denn das kostet in der Regel mehr Zeit als der BGH für gefahrabwehrende Maßnahmen einräumt. Um sich vor strafrechtlichen Konsequenzen zu schützen, muss die Geschäftsführung unverzüglich nach den ersten Schadensmeldungen wirksame Maßnahmen zur Schadensverhütung, welcher Art auch immer, ergreifen und uU soweit gehen, das Produkt unverzüglich zurückzurufen. In dem „Lederspray-Fall" war bis zum BGH-Urteil und auch danach die naturwissenschaftliche Kausalkette unbekannt geblieben. Die Verurteilung erfolgte, weil die Tatsacheninstanz davon überzeugt war, dass für die Gesundheitsschäden keine anderen Ursachen in Frage kommen konnten als der Gebrauch des Ledersprays. Welchen Anteil an den Schäden etwa physische Dispositionen der Betroffenen hätten haben können, ist nicht aufgeklärt worden. 7182

Die in dem Lederspray-Urteil vertretenen strafrechtlichen Ansichten sind in der Strafrechtswissenschaft umstritten. Es gibt grundsätzliche dogmatische Einwände gegen ein sog „modernes" Strafrecht.[171] Die Wissenschaft ist sich in der Ablehnung der BGH-Thesen aber nicht einig. Die Praxis muss damit rechnen, dass sich die strafrechtlichen Gefahren nicht verringern. Die Geschäftsführung muss Schadensmeldungen sowohl unverzüglich als auch mit größter Sorgfalt nachgehen und nachdrücklich reagieren. 7183

Die Geschäftsführung muss damit rechnen, dass die Verantwortung nach der sog Top-down-Betrachtung zunächst bei ihr gesucht wird. Die Frage nach der Mitverantwortung der Mitarbeiter wird erst in zweiter Linie gestellt. **Die Strafverfolgungsbehörden werden in erster Linie die Organisations- und Überwachungsverantwortung der Geschäftsleitung ins Visier nehmen.** Bei der grundsätzlichen gesellschaftsrechtlichen Gesamtverantwortung der Geschäftsführung für das Unternehmen wird die Zuständigkeitsverteilung innerhalb der Geschäftsführung kein Entschuldigungsgrund sein, wenn es sich um Vorfälle handelt, die so gewichtig sind, dass sie das Unternehmen als Ganzes betreffen. Im „Lederspray-Fall" hat der BGH festgestellt, dass es um ein „ressortübergreifendes" Problem gegangen sei, so dass die Verantwortung, auch die strafrechtliche, die Geschäftsführung insgesamt treffe (Rn 7073). **Die gesellschaftsrechtliche Gesamtverantwortung kann leicht zur strafrechtlichen Mittäterschaft führen.** Der Vorwurf der Mittäterschaft kann bei einem Geschäftsführerbeschluss, der mit Mehrheit gefasst worden ist, von den Geschäftsführern, 7184

---

[171] So bereits der Titel des Werkes von Hassemer: Produktverantwortung im modernen Strafrecht.

die nicht einverstanden waren, nur dadurch vermieden werden, dass sie zum einen nachweislich gegen die Mehrheitsmeinung opponiert haben und überstimmt worden sind. Ein bloßes Hinnehmen des Mehrheitsbeschlusses genügt aber nicht, um sich strafrechtlich zu entlasten. Denn nach Auffassung des BGH war jeder der Geschäftsführer dazu verpflichtet,

„unter vollem Einsatz seiner Mitwirkungsrechte das ihm Mögliche und Zumutbare zu tun, um einen Beschluss der Gesamtgeschäftsführung über Anordnung und Vollzug des gebotenen Rückrufs zustande zu bringen".

Wer das unterlässt – auch wenn er mit seinen Bemühungen erkennbar nicht durchgedrungen wäre – setzt eine Mitursache für die Unterlassungstat und ist Mittäter (vgl auch Rn 7150).

7. Ordnungswidrigkeiten

7185 **Die Fülle der Ordnungswidrigkeiten ist nahezu unübersehbar.** Sie kriminalisieren den Betroffenen zwar nicht, können aber zu psychisch ebenso belastenden, lang dauernden, physisch aufreibenden und kostspieligen Verfahren führen wie die staatsanwaltlichen Ermittlungsverfahren wegen Kriminaldelikten. Man könnte den Beruf des Geschäftsführers fast zu den gefahrgeneigten Berufen zählen, wenn nicht das bürgerliche Leben ganz allgemein immer gefahrgeneigter geworden wäre.

7186 **Ordnungswidrigkeiten gelten nicht als kriminelles Unrecht;** sie sind aber oft auch keine Bagatellen. Sie sind es vielfach im Straßenverkehr und in anderen Bereichen des täglichen, bürgerlichen Lebens. **Im Wirtschaftsrecht können Ordnungswidrigkeiten in gefährliche Nähe zu kriminellem Unrecht geraten. Die Zahl** der Ordnungswidrigkeiten im Wirtschaftsrecht **ist Legion.** Im **HGB** sind im Zusammenhang mit der Aufstellung des Jahresabschlusses und des Konzernabschlusses allein über 70 Einzelfälle von Ordnungswidrigkeiten aufgeführt, in § 81 des **GWB** (Rn 7076) nicht viel weniger. Im **Umweltrecht** sind es weit mehr. Auch in den **handelsrechtlichen Nebengesetzen,** im **Betriebsverfassungsrecht** und in allen Spezialgesetzen finden sich Ordnungswidrigkeiten. Exemplarisch hinzuweisen ist auf den **Datenschutz** gem BDSG. Nach § 4f BDSG hat eine GmbH einen Datenschutzbeauftragten zu bestellen, wenn bei ihr personenbezogene Daten mit Hilfe von mindestens neun regelmäßig beschäftigten Arbeitnehmern automatisiert verarbeitet werden. Der Datenschutzbeauftragte muss direkt der Geschäftsführung unterstellt sein (§ 4f Abs 3 BDSG). Wird der Datenschutzbeauftragte nicht bestellt, so handeln die Geschäftsführer ordnungswidrig und können mit einem Bußgeld belegt werden (§ 43 Abs 1 Nr 2 BDSG).

7187 **Eine zentrale Vorschrift im Recht der Ordnungswidrigkeiten sind §§ 30, 130 OWiG** (zitiert in Rn 7076).[172] **Sie betreffen die Verletzung der Aufsichtspflicht.** Tathandlung ist das Unterlassen der erforderlichen und gehörigen Aufsichtsmaßnahmen nach Delegation von Aufgaben (Rn 1189, 7093f). Die Aufsichtspflicht wird auch von dem verletzt, der sich, obwohl er es könnte, nicht die organisatorischen Mittel verschafft, um die Aufsicht sicherzustellen. Diese Vorschrift ist das Einfallstor für „Compliance" aus strafrechtlicher Sicht (Rn 1193). **Compliance heißt eigentlich nichts anderes als die Einhaltung und Befolgung bestimmter Regeln.** Das müsste an sich eine Selbstverständlichkeit innerhalb eines Unternehmens sein. Das Management eines jeden Unternehmens hat schon im eigenen Interesse (Stichwort: Managerhaftung) dafür zu sorgen, geeignete Aufsichtsmaßnahmen zu treffen. Gerade kleinere GmbHs stehen aber vor dem Dilemma, sich einerseits diesem Druck nicht entziehen,

---

[172] Diese Vorschrift erfreut sich zunehmender Beliebtheit, auch weil dadurch das Unternehmen „bestraft" werden kann. Als Beispiel dient aus jüngster Zeit die Siemens AG.

IX. Haftung im Straf- und Ordnungswidrigkeitenrecht

andererseits die daraus entstehenden Kosten nicht leicht bewältigen zu können, zumal es nicht möglich ist, ihnen die gängigen Compliance-Systeme einfach „überzustülpen". Es gibt in kleinen und mittelständischen GmbHs häufig schlanke Hierarchien sowie gewachsene Traditionen und Entscheidungsprozesse. Gerade das führt zuweilen zu einer nicht klar umgrenzten Verantwortlichkeit und zu trügerischen Gewohnheiten, die es zu durchbrechen gilt, teilweise gegen den Widerwillen des Eigentümers. Die Einschaltung externer Berater ist gemessen an dem potenziellen Schaden kostengünstig und hilft, die wirtschaftlichen wie rechtlichen Risiken zu lokalisieren und auszuschalten. Das Installieren eines überdimensionierten Compliance-Systems wird aber, wenn es überhaupt finanzierbar ist, dazu führen, dass die Verantwortlichen mit der Überwachung und Einhaltung der (selbst auferlegten) Regeln überfordert sind und sie gerade im Ernstfall von der Justiz am eigenen Compliance-System festgehalten werden. Die Aufgaben und die zur Verfügung stehenden Instrumente eines Compliance-Systems sind vielfältig. Es geht zunächst um die Identifikation von Risiken. Neben dem internen und ggf. extern eingeholten Wissen um typische Risikofelder (zB Vertrieb und Einkauf) dient hierzu ein gut durchdachter Informationsfluss, um auftauchende Regelverstöße überhaupt registrieren und an die Entscheidungsstellen weiterleiten zu können. Dort müssen die dann anstehenden Entscheidungsprozesse organisiert sein: Reaktion auf den konkreten Regelverstoß und Umsetzung einer allgemeinen Optimierung zur künftigen Vermeidung solcher Verstöße. Sowohl bei der Installation eines Compliance-Systems als auch bei der Evaluierung bedarf es unabhängiger, externer Berater. Es empfiehlt sich eine dreistufige Compliance-Organisation: Information und Klarstellung, Zuordnung von Verantwortung sowie Kontrolle und Disziplinierung.[173]

Um sich gegen Ordnungswidrigkeitenverfahren bestmöglich zu schützen, gibt es keine andere Möglichkeit als eine durchdachte und **funktionierende Unternehmensorganisation, qualifiziertes Personal, die Hilfe von erfahrenen Beratern** und die Begutachtung der Organisation von Zeit zu Zeit durch außenstehende Fachleute. Zur Unternehmensorganisation gehört auch eine wohlbedachte Delegation von Unternehmerpflichten, zB im Bereich des Arbeitsschutzes. Dafür haben die Berufsgenossenschaften Merkblätter herausgegeben (s www.arbeitssicherheit.de). All dies ist weniger kostspielig als es ein einziges Bußgeldverfahren mit den damit zusammenhängenden Konsequenzen sein kann. Gefahr droht nicht nur von den schon erwähnten psychischen, physischen und finanziellen Belastungen. Das Ordnungswidrigkeitenverfahren kann auch der Anlass sein, dass Auflagen erteilt und Produktionseinschränkungen angeordnet werden. Das kann bis hin zur Stilllegung des Betriebes gehen. Wenn die Behörden Nachinvestitionen fordern, kommen diese regelmäßig zur Unzeit. Sie können Existenzfragen aufwerfen. Solche Gefahren zu vermeiden, liegt deshalb nicht nur im persönlichen Interesse der Geschäftsführung, sondern ist auch eine Verpflichtung gegenüber der GmbH. Sie ist eine Führungsaufgabe der Unternehmensleitung. Wird sie nicht erfüllt, kann schon darin eine Ordnungswidrigkeit nach § 130 OWiG liegen (Rn 7076, 7187). 7188

Ordnungswidrigkeitenverfahren werden grundsätzlich von den Verwaltungsbehörden geführt (§ 35 OWiG). Wird aus dem gleichen Anlass ein strafrechtliches Ermittlungsverfahren eingeleitet, übernimmt die Staatsanwaltschaft auch die Verfolgung der Ordnungswidrigkeit (§ 40 OWiG). **Sieht die Verwaltungsbehörde Anhaltspunkte dafür, dass eine Straftat vorliegen könnte, gibt sie das Verfahren an die Staatsanwaltschaft ab.** Verfolgt die Staatsanwaltschaft die Sache nicht mehr unter strafrechtlichen Gesichtspunkten, kann sie das Verfahren wieder an die Verwaltungsbehörde zurückgeben. Für die Frage, ob eine Straftat vorliegt, ist die Verwaltungsbehörde an die Entschließung der Staatsanwaltschaft gebunden. Auch für das Verfahren der Ver- 7189

---

[173] Vgl Hauschka § 1 Rn 33 ff.

7189 waltungsbehörde gelten die Vorschriften der Strafprozessordnung und des Gerichtsverfassungsgesetzes sinngemäß (§ 46 OWiG). Das gilt auch für die Rechte der Verteidigung. **Der Verteidigung wird nicht unbeschränkt Akteneinsicht gewährt. Sie wird in der Regel nicht gewährt, wenn die Ermittlungen noch nicht beendet sind und der Zweck der Ermittlungen durch die Akteneinsicht gefährdet würde (§ 147 StPO).**

Kapitel 8

Die Geschäftsführung der GmbH in der GmbH & Co KG

I. Die Eigenart der GmbH & Co KG

Die GmbH & Co KG ist eine verbreitete Mischform zwischen Personengesellschaft und juristischer Person. Obwohl sie Personengesellschaft ist, haften alle Gesellschafter nur beschränkt. Die GmbH als persönlich haftender Gesellschafter (im folgenden phG-GmbH) haftet, wie jede GmbH, nur mit ihrem Gesellschaftsvermögen. Die Kommanditisten haften nur mit ihrer Einlage. Die GmbH & Co KG wird wegen verschiedener Vorzüge, die diese Rechtsform bietet, von Unternehmen aller Größenordnungen genutzt. Selbst Weltkonzerne führen zunehmend Tochtergesellschaften als GmbH & Co KGs. Die Rechtsform hat gegenüber der GmbH (und der AG) mehrere Vorteile. Die Gewinne und Verluste werden unmittelbar den Kommanditisten zugerechnet, was insbesondere steuerlich interessant ist. Es braucht zwischen der Obergesellschaft als Kommanditistin und der als GmbH & Co KG geführten Untergesellschaft kein Gewinnabführungsvertrag mit seinen formalen Erfordernissen (Gesellschafterbeschlüsse der Ober- und Untergesellschaft, Eintragung im Handelsregister) abgeschlossen zu werden. Folglich haftet die Obergesellschaft auch nicht der als GmbH & Co geführten Untergesellschaft für einen Verlustausgleich. Die Kommanditanteile sind leichter übertragbar als GmbH-Anteile. Kapitalerhöhungen und -herabsetzungen sind einfacher. Alle diese und andere Gründe haben der GmbH & Co KG eine weite Verbreitung gesichert. Das gilt innerhalb konzernmäßig organisierter Unternehmensgruppen ebenso wie für Familiengesellschaften.

Ein weiterer Vorzug der GmbH & Co KG für die gesellschaftsrechtliche Praxis besteht auch darin, dass, obwohl Personengesellschaft und deshalb von manchen Regelungen der juristischen Personen befreit, gesellschaftsfremde Geschäftsführer in der geschäftsführenden GmbH tätig sein können, ohne, wie bei der normalen Kommanditgesellschaft, als Komplementär ein persönliches Haftungsrisiko übernehmen zu müssen. Das erleichtert (im Vergleich zur reinen Personengesellschaft) das Finden, aber auch das Auswechseln von Geschäftsführern. Diese Erleichterung ist eine wichtige Hilfe, wenn beim Generationenwechsel im Gesellschafterkreis kein oder noch kein geeigneter Gesellschafter zur Verfügung steht. Die Kommanditisten können außerdem, obwohl sie von der Geschäftsführung ausgeschlossen sind, die Geschäftsführung durch einen Beirat oder ein ähnliches Gremium kontrollieren. Der Gesellschaftsvertrag lässt viel Gestaltungsspielraum und kann auf die jeweiligen Bedürfnisse der Gesellschafter zugeschnitten werden.[1] Hinzu kommt, dass die Insolvenzhäufigkeit der GmbH & Co KG (2003 kamen 223 Insolvenzen auf 10 000 GmbH & Co KGs) nur etwa halb so groß ist wie bei der GmbH (2003 kamen 443 Insolvenzen auf 10 000 GmbHs).[2]

Wenn ein Aufsichtsgremium der Kommanditisten als Aufsichtsrat qualifiziert wird (Rn 4052), **unterliegt es keiner Aufsichtsratsmitbestimmung** (Rn 4060, 4063). Auf Personengesellschaften ist weder die drittelparitätische Mitbestimmung nach DrittelbG anwendbar noch die paritätische nach MitbestG. Nur in seltenen

---

[1] Vgl etwa Sigel GmbHR 1998, 1208 ff.
[2] Justus Meyer GmbHR 2004, 1417, 1422.

Fällen ist bei der phG-GmbH ein nach § 4 MitbestG mitbestimmter Aufsichtsrat zu bilden (Rn 4065, 8022).³

8003 **Auch unter Konzerngesichtspunkten (§ 5 Abs 1 MitbestG) ist die GmbH & Co KG als solche nicht mitbestimmungspflichtig, weil die GmbH und die KG zusammen keinen Konzern bilden** (Rn 8013). Das muss eine Teilhabe der Arbeitnehmer an den Problemen der Unternehmenspolitik nicht ausschließen. Es bestehen über die Regelungen des BetrVG mit Wirtschaftsausschuss und Belegschaftsinformation (Rn 1015, 1019, 1031) hinaus ausreichend Gestaltungsmöglichkeiten, ohne dass dadurch die selbständige unternehmerische Willensbildung beeinträchtigt werden müsste.

8004 **Gesellschafter einer GmbH & Co KG kann eine einzige natürliche oder juristische Person sein: als unmittelbarer Gesellschafter** (als Kommanditist) **sowie als mittelbarer Gesellschafter** (als Alleingesellschafter der GmbH). Oft ist der Alleingesellschafter auch zugleich der einzige Geschäftsführer. Wenn der Alleingesellschafter der phG-GmbH, der auch Alleingeschäftsführer ist, mit seiner GmbH als Kommanditist eine Kommanditgesellschaft gründet, muss nur rechtzeitig an § 181 BGB gedacht werden (Rn 3014 ff, insbesondere Rn 3017, 8036 f).

8005 **Sehr verbreitet ist, dass die Kommanditisten an der GmbH im gleichen Verhältnis beteiligt sind wie bei der KG. Erforderlich ist das nicht. Sie brauchen an der GmbH überhaupt nicht beteiligt zu sein.** Wenn die Kommanditisten nur das Kommanditkapital haben und nicht an der phG-GmbH beteiligt sind, können sie geschäftspolitisch dennoch das Heft in der Hand behalten. Dafür ist insbesondere ein Katalog zustimmungspflichtiger Geschäfte und Maßnahmen geeignet, an den die Geschäftsführung der phG-GmbH sich halten muss. Das Zustimmungsrecht kann bei den Kommanditisten selbst oder bei zB einem Beirat liegen (Rn 4054). Da die GmbH-Gesellschafter ihr Weisungsrecht auch auf Dritte übertragen können (Rn 3036, 4003), können sie es auch den Kommanditisten übertragen.

8006 **Die phG-GmbH braucht nicht am Vermögen der Kommanditgesellschaft beteiligt zu sein.** Sie sollte das auch nicht. Denn die steuerlichen Vorteile (Gewinne und Verluste fallen bei den Kommanditisten an) würden insoweit wieder entfallen, als die phG-GmbH am Vermögen der KG beteiligt wäre. **Die Anteile an der phG-GmbH sollten nicht zum Vermögen der KG gehören (sog Einheits-GmbH & Co KG);** die bei dieser Gestaltung uU auftretenden Schwierigkeiten sind erheblich.⁴

8007 **Verschiedentlich wird noch die doppelstöckige GmbH & Co KG praktiziert,** bei der der phG nicht eine GmbH, sondern seinerseits wieder eine GmbH & Co KG ist. Diese Konstruktion wurde vor allem benutzt, um Kapitalverkehrsteuer zu sparen. Durch den Wegfall der Kapitalverkehrsteuer ist dieses Motiv entfallen. Für die Praxis ist die Struktur verwaltungstechnisch schwerfällig.

8008 **Wegen der vielfältigen Rechtsprobleme der GmbH & Co KG sei der Leser auf die Spezialliteratur verwiesen.**⁵ Hier kommt es darauf an, dem GmbH-Geschäftsführer, der für eine GmbH & Co KG tätig ist, Hinweise auf die wichtigsten Unterschiede oder Parallelen zur reinen GmbH zu geben. Was im Einzelfall zweckmäßig und zusätzlich zu bedenken ist, lässt sich auch nur anhand der Umstände des Einzel-

---

³ Hoffmann/Lehmann/Weinmann MitbestG § 4 Rn 4 ff, 13 bis 26.
⁴ Karsten Schmidt in Festschrift für Harm Peter Westermann 2008 S 1425 ff; ders Gesellschaftsrecht S 1636 f (§ 56 II 3 e): ‚eine hypertrophe Rechtskonstruktion'; ders in Scholz GmbHG Anhang zu § 45 Rn 58; H. P. Westermann in Festschrift BGH II 2000 S 245, 271 ‚Kautelarjuristisches Akrobatenstück'; vgl auch BGH v 16. 7. 2007 GmbHR 2007, 1034.
⁵ Binz/Sorg Die GmbH & Co KG 10. Auflage 2005; Sudhoff GmbH & Co KG 6. Aufl 2005; Hesselmann/Tillmann/Mueller-Thuns Handbuch der GmbH & Co KG 20. Aufl 2009.

II. Handelsregister und Firmenbildung

Die GmbH & Co KG wird Kaufmann auf jeden Fall **dadurch, dass sie in das Handelsregister eingetragen wird** (§§ 161 Abs 2, 105 Abs 2 HGB). Dazu ist ein gemeinschaftlicher Antrag aller Gesellschafter erforderlich. Die Eintragung wirkt konstitutiv. Auf diese Weise kann auch eine nur vermögensverwaltende Gesellschaft den rechtlichen Status der KG erhalten. Für die Kommanditisten bedeutet dies Haftungsbeschränkung (§ 171 Abs 1 HGB). Damit ist (seit dem Handelsrechtsreformgesetz von 1998) das frühere Problem der Schein-KG ausgeräumt. Das waren die KGs, die zwar – aus welchen Gründen auch immer – eingetragen waren, aber als vermögensverwaltende Unternehmen nicht als Gewerbebetrieb anerkannt waren. Die Folge war, dass die Kommanditisten zwar als solche auftraten, in der rechtlichen Realität aber BGB-Gesellschafter waren und deshalb persönlich und unbeschränkt hafteten. Mancher, der das heute erfährt, mag sich wie der Reiter über den Bodensee vorkommen. 8009

Das Firmenrecht für die GmbH & Co KG sieht über die üblichen Erfordernisse (Kennzeichnungskraft, Unterscheidungskraft, Irreführungsverbot) hinaus vor, dass in der Firma zum Ausdruck gebracht werden muss, dass kein Gesellschafter persönlich haftet (§ 19 Abs 2 HGB). Außerdem ist die Bezeichnung „Kommanditgesellschaft" oder eine allgemein verständliche Abkürzung zu verwenden, was durch „KG" geschieht. Im Grunde dürfte es weitgehend bei der bekannten GmbH & Co KG bleiben. GmbH & Co ohne den Zusatz KG würde nicht genügen. Denn es muss klar zum Ausdruck kommen, dass es sich um eine Kommanditgesellschaft handelt. „& Co" kann auch auf eine oHG hindeuten.[6] 8010

Unterschreiben die Geschäftsführer im Rahmen des Geschäftsverkehrs, so führt das bei der GmbH & Co KG zu einer etwas umständlichen Fassung. Bei einer GmbH setzen die Geschäftsführer unter die Firma ihre Namensunterschrift, also zB „Solid GmbH, Dr. Stark". Bei der GmbH & Co KG ist aber Dr. Stark nicht der Geschäftsführer der KG. PhG und deshalb geborener Vertreter der Kommanditgesellschaft ist die Solid Geschäftsführungs-GmbH (§§ 170, 161 Abs 2, 125 Abs 1 HGB). Die GmbH kann aber ihrerseits nur durch eine natürliche Person vertreten werden (Rn 3000). Also müssen, wenn die GmbH & Co KG unterzeichnet, alle drei, die Kommanditgesellschaft, ihr phG und deren Geschäftsführer genannt werden. Das führt zu folgender Formulierung: „Solid GmbH & Co KG, vertreten durch die Solid Geschäftsführungs-GmbH Dr. Stark" (falls Dr. Stark Einzelvertretungsmacht hat). In der täglichen Praxis läuft das anders, die Zwischenstation des phG wird meist weggelassen, so dass Dr. Stark direkt unter Soldid GmbH & Co KG unterschreibt. Die früher für die Handelsregisteranmeldung eines Geschäftsführers gesetzlich vorgesehene Zeichnung der Firma und der Unterschrift, später nur noch der Unterschrift, ist übrigens seit der Einführung des elektronischen Handelsregisters (s Einleitung) aufgehoben (Rn 2011). 8011

Auf den Geschäftsbriefen der GmbH & Co KG sind die gleichen Angaben zu machen wie bei der GmbH (§ 125a HGB). Es müssen die Rechtsform und der Sitz der Kommanditgesellschaft, das Registergericht und die Registernummer, unter der die Gesellschaft eingetragen ist, und außerdem die entsprechenden Angaben für die phG-GmbH sowie die Namen von deren Geschäftsführern angegeben werden (§§ 177a, 125a HGB). Das kann auf den Geschäftsbriefen zu einem erhöhten Textvolumen in der sog Firmenleiste führen. Der Geschäftsverkehr hat sich aber daran gewöhnt (wegen der Konsequenzen bei Verstößen Rn 7033, 7067). 8012

---

[6] Hopt in Baumbach/Hopt HGB § 19 Rn 32.

III. Rechnungslegung, Prüfung und Publizität

8013 Bei der GmbH & Co KG ist stets zwischen der phG-GmbH und der Kommanditgesellschaft zu unterscheiden. Die verschiedentlich vertretene Auffassung, die GmbH & Co KG sei ein Konzern und müsse deshalb als solcher eine Konzernbilanz aufstellen, ist nicht richtig.[7] Die GmbH & Co KG kann Konzernobergesellschaft sein und auch Konzernuntergesellschaft. Die GmbH & Co KG als solche ist aber kein Konzern. Es fehlt der phG-GmbH zwar nicht an der Eigenschaft als Unternehmen; aus diesem Grunde könnte also ein Konzern nicht verneint werden. Die phG-GmbH ist aber integraler, denknotwendiger Bestandteil der Kommanditgesellschaft. Ohne den phG, ob nun GmbH oder natürliche Person, gibt es keine Kommanditgesellschaft. Es stehen sich in der GmbH & Co KG infolgedessen auch nicht zwei rechtlich unabhängige Unternehmen gegenüber, von denen das eine das andere leitet. Das ist besonders augenfällig, wenn die Kommanditisten natürliche Personen sind. Die Rechtslage ist nicht anders zu beurteilen, wenn eine oder mehrere juristische Personen Kommanditisten sind. Vielmehr ist die Kommanditgesellschaft selbst ein einheitliches, rechtlich selbständiges Unternehmen. Der phG ist der gesetzliche Vertreter, aber nicht herrschendes Unternehmen, das in seiner Aufgabe als phG eigene Zwecke verfolgen dürfte. Das wird besonders daran deutlich, dass die Kommanditisten die phG-GmbH als phG ggf ausschließen und stattdessen eine von ihnen gegründete GmbH als Ersatz-phG aufnehmen können (Rn 8024 f). Jemand, den man loswerden kann, kann aber nicht „herrschend" sein. Der phG ist außerdem in seiner Geschäftsführungs-Rolle verpflichtet, ausschließlich die Interessen der Kommanditgesellschaft wahrzunehmen. Betreibt er neben seiner Rolle als phG noch ein eigenes Unternehmen, dann kann er diese Interessen prinzipiell ohne Rücksicht auf die Kommanditgesellschaft wahrnehmen. An seiner Verpflichtung als phG und gesetzlicher Vertreter der Kommanditgesellschaft ändert sich nichts. Eine Konzernobergesellschaft ist dagegen nie der gesetzliche Vertreter ihrer Konzerngesellschaften. **Auch eine sternförmige Kommanditgesellschaft (eine GmbH ist phG bei mehreren KGs) ist kein Unterordnungskonzern, möglicherweise aber ein Gleichordnungskonzern.**[8] Die Voraussetzungen des § 290 Abs 2 HGB, die eine Konzernrechnungslegung nach dem sog Control-Konzept begründen, liegen ersichtlich ebenfalls nicht vor.

8014 **Die Geschäftsführer der phG-GmbH haben als Geschäftsführer ihrer GmbH für die ordnungsmäßige Buchführung der GmbH zu sorgen** (§ 41 Abs 1 GmbHG). **Als Geschäftsführer der Kommanditgesellschaft haben sie für die Kommanditgesellschaft die Buchführungspflicht nach §§ 238 ff HGB zu erfüllen.** Wenn die phG-GmbH nur den Zweck hat, als phG die Geschäfte der Kommanditgesellschaft zu führen, ist ihr eigener Jahresabschluss in der Regel einfach. Das Stammkapital beträgt häufig nicht mehr als das Minimum (Rn 5001, 5002). Die Umsätze bestehen aus der Erstattung der Verwaltungsaufwendungen, einer Haftungsvergütung und einem Gewinnzuschlag. Außer ihren Geschäftsführern hat sie keine Mitarbeiter. Sowohl nach Bilanzsumme, Umsätzen und Arbeitnehmerzahl ist sie also eine kleine Kapitalgesellschaft (Rn 1099). Deshalb kann sie von den Erleichterungen (Rn 1118, 1121,

---

[7] Hoffmann/Lehmann/Weinmann MitbestG § 5 Rn 13 f; Binz/Sorg GmbH & Co KG § 15 Rn 38 ff, § 14 Rn 57 ff mwN; Ritter-Thiele in Beck'scher Bilanz-Kommentar § 290 HGB Rn 29 f, der zwar der entgegen der obigen Auffassung die Existenz zweier Unternehmen bejaht, aber eine einheitliche Leitung verneint; aA offenbar Karsten Schmidt in Scholz GmbHG § 43 Rn 428; aA ebenfalls Adler/Düring/Schmaltz HGB § 290 Rn 117 ff; WP-Handbuch Band I Abschnitt M Rn 33.

[8] Karsten Schmidt Gesellschaftsrecht S 1638 (§ 56 II 3 g).

1132) Gebrauch machen. Denn für die GmbH & Co KG gelten seit dem Jahr 2000 weitgehend dieselben Vorschriften wie für die GmbH (§ 264a HGB). Nach § 264b HGB kann die GmbH & Co KG in bestimmten Fällen auf die Aufstellung eines Einzelabschlusses verzichten. In § 264c HGB sind spezifische Ausweisfragen geregelt, die sich aufgrund des Charakters als Personengesellschaft stellen.

Der Jahresabschluss der phG-GmbH wird von deren Gesellschaftern festgestellt (Rn 1128). **Wer den Jahresabschluss der Kommanditgesellschaft feststellt, ist im Gesetz nicht geregelt.** Er wird von den Geschäftsführern der phG-GmbH aufgestellt und unterschrieben. Lange ging man davon aus, dass es darüber hinaus einer besonderen Zustimmung (Feststellung) der Kommanditisten nicht bedürfe. Zwischenzeitlich ist jedoch geklärt, dass auch der **Jahresabschluss der Kommanditgesellschaft festzustellen ist, und zwar von den Kommanditisten** (Rn 8044).[9] Bei den Gesellschaften, bei denen die phG-GmbH ausschließlich den Zweck hat, als phG tätig zu sein und bei denen das Vermögen der Gesellschaft im wesentlichen auch den Kommanditisten gehört, ist die Feststellung durch die Kommanditisten außerdem meist im Gesellschaftsvertrag vorgeschrieben. 8015

Auch die GmbH & Co KG muss, falls sie nicht klein ist (Rn 1099), **nach § 316 HGB durch einen Abschlussprüfer geprüft werden** (§§ 264a, 316 Abs 1 HGB). Der Abschlussprüfer wird von den Gesellschaftern gewählt, es sei denn, dass der Gesellschaftsvertrag etwas anderes vorsieht (§ 318 Abs 1 S 2 HGB). Wenn die GmbHG & Co KG einen Aufsichtsrat hat, kommt auch der Aufsichtsrat als Wahlorgan in Betracht. Das muss aber im Gesellschaftsvertrag geregelt sein. **Die Geschäftsführer haben, wenn der Abschlussprüfer gewählt worden ist, wie bei der prüfungspflichtigen GmbH, den Prüfungsauftrag zu erteilen.** Zu Prüfern können nur Wirtschaftsprüfer und Wirtschaftsprüfungsgesellschaften bestellt werden, bei mittelgroßen Gesellschaften (Rn 1099, 1121) auch vereidigte Buchprüfer und Buchprüfungsgesellschaften (§ 319 Abs 1 S 2 HGB). Für die Prüfung, den Prüfungsbericht und den Bestätigungsvermerk gelten im wesentlichen dieselben Vorschriften wie für die GmbH. 8016

Eine GmbH & Co KG, die Obergesellschaft eines Konzerns ist, hat ebenso wie eine GmbH einen Konzernabschluss aufzustellen (§ 264a iVm §§ 290ff HGB), **also dann wenn für den Konzernabschluss und den vorangehenden Konzernabschluss jeweils mindestens zwei der drei folgenden Merkmale zutreffen** (Rn 1102): 8017

– 19,25 Mio Euro Bilanzsumme der Konzernbilanz (oder bei Addition der Bilanzsummen 23,1 Mio Euro),
– 38,5 Mio Euro Umsatzerlöse der Konzern GuV (oder addierte Umsatzerlöse von 46,2 Mio Euro),
– 250 Arbeitnehmer im Durchschnitt der letzten zwölf Monate bei Konzernunternehmen mit Sitz im In- und Ausland.

Wird die GmbH & Co KG von einem Unternehmen mit Sitz im Ausland geleitet, muss ein Teilkonzernabschluss aufgestellt werden, wenn für den Inlandskonzern die entsprechenden Größenordnungen erreicht sind. Es gelten jedoch die Vorschriften des § 291 HGB über befreiende Konzernabschlüsse, falls das Mutterunternehmen einen Sitz im EU-Ausland hat. Muss ein Konzernabschluss aufgestellt werden, so ist er durch einen Konzernlagebericht zu ergänzen. Das gilt auch für einen Teilkonzernabschluss. **Auch der Konzernabschluss ist durch einen Abschlussprüfer zu prüfen** (§ 316 Abs 2 HGB).

---

[9] BGH v 15. 1. 2007 ZIP 2007, 475, 477 ‚Otto'; BGH v 29. 3. 1996 BGHZ 132, 263, 266f = NJW 1996, 1678f; Hopt in Baumbach/Hopt HGB § 164 Rn 3b.

8018 Der Jahresabschluss der GmbH & Co KG und ein evtl Konzernabschluss sind, ebenso wie bei der GmbH, elektronisch zu veröffentlichen (Rn 1130, 1132) und können unter www.unternehmensregister.de von jedermann eingesehen werden (Rn 1130, 1134), bei der kleinen GmbH & Co KG (Rn 1099) nur die Bilanz (§ 326 HGB).

8019 Für die Sanktionen bei Verstößen gegen die Publizitätsvorschriften gilt das Gleiche wie bei der GmbH (Rn 1134). Das Bundesamt für Justiz hat bei Verstößen von Amts wegen ein Ordnungsgeldverfahren einzuleiten. Das Ordnungsgeld beläuft sich auf 2.500 bis 25 000 Euro. Es kann, wenn die GmbH & Co KG der Offenlegungsverpflichtung nicht nachkommt, beliebig oft wiederholt werden.

IV. Die GmbH als geschäftsführende Komplementärin der GmbH & Co KG

1. Bestellung, Entlastung

8020 Übernimmt eine GmbH in der Rolle des phG die Geschäftsführung einer GmbH & Co KG, so ist die GmbH die geborene Geschäftsführerin der Kommanditgesellschaft. Ein besonderer Bestellungsakt ist nicht erforderlich. Der Bestellungsakt liegt im Abschluss des Gesellschaftsvertrags, mit dem die GmbH als Gesellschafterin in die Kommanditgesellschaft eintritt. Die phG-GmbH muss jedoch durch natürliche Personen handeln. **Für die Geschäftsführer der phG-GmbH gelten die allgemeinen Vorschriften** (Rn 2000 ff). Grundsätzlich sind die Gesellschafter der GmbH für die Bestellung zuständig. Ist die Mehrheit der Kommanditisten zugleich Mehrheitsbesitzer der GmbH, ist die Beschlusskompetenz relativ unproblematisch. Es kann jedoch auch sein, dass vertragliche Absprachen zwischen der Mehrheit und der Minderheit getroffen worden sind, die eine Abstimmung mit der Minderheit sicherstellen sollen. Wenn dagegen die Mehrheit oder, was oft der Fall ist, das ganze Stammkapital der GmbH, in Händen der Kommanditisten liegt, bestellen die GmbH-Gesellschafter und die Kommanditisten den Geschäftsführer in Personalunion. Sind die GmbH-Gesellschafter und die Kommanditisten nicht identisch, können die GmbH-Gesellschafter den Bestellungsbeschluss auch den Kommanditisten übertragen (Rn 2004). Der Alleingesellschafter der phG-GmbH, der zugleich einziger Kommanditist der GmbH & Co KG ist (Rn 8004), kann sich selbst zum Geschäftsführer bestellen.

8021 **Die Kommanditgesellschaft kann neben den Geschäftsführern der phG-GmbH auch noch „Geschäftsführer" haben, die nicht Geschäftsführer der phG-GmbH sind, sondern von der Kommanditgesellschaft berufen werden.** In der Sache sind dies Prokuristen oder Generalbevollmächtigte der KG (Rn 8038), die lediglich als Geschäftsführer bezeichnet werden. Für die Haftung eines solchen Geschäftsführers gelten nicht die Vorschriften des GmbHG, insbesondere nicht § 43 GmbHG, es sei denn, dass dies ausdrücklich vereinbart wurde. Rechtsgrundlage für eine Haftung ist der Anstellungsvertrag und nicht das GmbHG. Ein solcher „Geschäftsführer" ist im Verhältnis zur Geschäftsführung der phG-GmbH weisungsunterworfen.

8022 **Die Bestellung des Geschäftsführers der phG-GmbH durch einen Aufsichtsrat ist von Gesetzes wegen nur vorgesehen, wenn die GmbH & Co KG ausnahmsweise gem § 4 Abs 1 MitbestG mitbestimmt ist** (Rn 8002), ansonsten nur dann, wenn dies im Gesellschaftsvertrag der GmbH so vorgesehen ist.

8023 **Der Entlastungsbeschluss für die Geschäftsführer der phG-GmbH ist von den Gesellschaftern der phG-GmbH zu fassen, soweit die Angelegenheiten der GmbH betroffen sind.** Wenn der einzige Gesellschaftszweck der GmbH die Geschäftsführung der Kommanditgesellschaft ist, dann umfasst die Dienstpflicht der Geschäftsführer auch die Geschäftsführung der Kommanditgesellschaft, nicht nur der

GmbH. Infolgedessen erfasst der Entlastungsbeschluss der GmbH-Gesellschafter auch die Erfüllung dieser Dienstpflicht, aber nur aus Sicht der GmbH. Über etwaige Ansprüche der Kommanditisten haben diese selbst zu entscheiden. Infolgedessen haben sie auch aus ihrer Sicht über die Entlastung zu beschließen. Im Recht der Personengesellschaft ist, anders als im Recht der juristischen Personen, ein förmlicher Entlastungsbeschluss nicht vorgesehen. Die phG-GmbH und deren Geschäftsführer werden jedoch Wert darauf legen, dass ihre Geschäftsführungstätigkeit von den Kommanditisten gutgeheißen wird und dass sie sich nicht in der Zukunft Schadensersatzansprüchen ausgesetzt sehen. Unproblematisch ist dies bei der personenidentischen GmbH & Co KG; ein Entlastungsbeschluss der Gesellschafter wirkt sowohl gegen die GmbH als auch gegen die KG. Bei nicht personenidentischen GmbH & Co KGs sehen **die Gesellschaftsverträge zumeist zusätzlich einen ausdrücklichen Entlastungsbeschluss für die Geschäftsführung vor, über den die Kommanditisten beschließen.** Der Entlastungsbeschluss der Kommanditisten erfasst in diesen Fällen, da die phG-GmbH nur durch natürliche Personen handeln kann, die Tätigkeit der GmbH und damit auch die der Geschäftsführer der GmbH, ohne dass dies ausdrücklich gesagt zu werden brauchte (vgl auch Rn 8028).

2. Widerruf der Bestellung – Kündigung – Ausscheiden

Da es keinen Bestellungsakt für die phG-GmbH zur Geschäftsführerin der GmbH & Co KG gibt (Rn 8020), **kann es auch keinen Widerruf geben.** Wenn eine GmbH die Funktion eines geschäftsführenden phG übernimmt, ist das eine Frage des Gesellschaftsvertrages mit den Kommanditisten. **Das Ausscheiden einer phG-GmbH aus der Geschäftsführungsfunktion kann sich deshalb auch nur in den für Personenhandelsgesellschaften zulässigen Formen für das Ausscheiden eines Gesellschafters vollziehen.** Die Kommanditisten können zB bei Gericht beantragen, der GmbH die Geschäftsführungsbefugnis zu entziehen, wenn ein wichtiger Grund vorliegt. Ein solcher Grund ist, wie auch gem § 38 Abs 2 GmbHG für den Geschäftsführer einer GmbH, insbesondere grobe Pflichtverletzung oder Unfähigkeit zur ordnungsmäßigen Geschäftsführung (§ 117 HGB). Es kommt auch eine Ausschließungsklage der Kommanditisten gegen die GmbH als Gesellschafterin in Betracht (§ 140 HGB), oder, wenn dies im Gesellschaftsvertrag vorgesehen ist (was sehr zu empfehlen ist), eine Kündigung oder eine sofort wirksame Ausschließung im Wege eines Gesellschafterbeschlusses.

Der Gesellschaftsvertrag der Kommanditgesellschaft sollte Bestimmungen über die Voraussetzungen enthalten, unter denen die phG-GmbH ihre Geschäftsführungsfunktion aufgeben darf und/oder aufgeben muss. Die Regelungen müssen sowohl gesellschaftsrechtlich als auch steuerlich bedacht werden. In Personengesellschaften spielt das Problem der verdeckten Gewinnausschüttung an sich keine Rolle. **Beim Ausscheiden einer phG-GmbH kann die steuerlich verdeckte Gewinnausschüttung ein Problem werden,** wenn Kommanditisten bei der GmbH maßgebende Gesellschafter sind und die GmbH einträgliche Rechte an der Kommanditgesellschaft besitzt, für deren Aufgabe entweder das angemessene Entgelt oder der wichtige Grund fehlt. Bei der vertraglichen Regelung über das Ausscheiden muss auch darauf geachtet werden, welche Stimmmacht die phG-GmbH als Gesellschafterin in der Kommanditgesellschaft insoweit haben soll und unter welchen Umständen sie gegebenenfalls einem Stimmverbot unterliegt (Rn 8047). In Kommanditgesellschaften, in denen die phG-GmbH ausschließlich die Aufgabe hat, die Geschäfte zu führen und unter Aufrechterhaltung des Charakters der Personengesellschaft das Unternehmen haftungsmäßig abzuschirmen, hat die phG-GmbH häufig überhaupt keine

Stimme und ist auch nicht am Vermögen der Kommanditgesellschaft beteiligt. In diesen Fällen sehen die Gesellschaftsverträge in der Regel Verfahren vor, die es erleichtern, die phG-GmbH auszuwechseln. Hier wird auch die verdeckte Gewinnausschüttung keine Rolle spielen. Die Kommanditisten müssen nur darauf achten, dass sie alsbald eine andere GmbH für die Funktion des phG gewinnen, weil eine Kommanditgesellschaft ohne phG nicht existieren kann und deshalb liquidiert werden müsste.

8026 **Für den Widerruf der Bestellung der Geschäftsführer der phG-GmbH, die als natürliche Personen die Aufgaben der GmbH in der Kommanditgesellschaft wahrnehmen, gelten die gleichen Grundsätze wie bei der GmbH** (Rn 2019 bis 2032).

V. Das Geschäftsführeramt in der GmbH & Co KG

1. Anstellungsvertrag, Organstellung mit Schutzwirkung zugunsten der Kommanditisten

8027 **Die Geschäftsführer der phG-GmbH sind formalrechtlich nur mittelbare Geschäftsführer der GmbH & Co KG. Im Normalfall haben sie einen Anstellungsvertrag mit der phG-GmbH** (zulässig ist aber auch ein Anstellungsvertrag unmittelbar mit der KG) **und sind auch dieser für ordnungsmäßige Geschäftsführung nach § 43 Abs 1 GmbHG verantwortlich.** Die phG-GmbH kann von der Kommanditgesellschaft Ersatz ihrer Aufwendungen für die Geschäftsführervergütungen beanspruchen. Da die Geschäftsführer der phG-GmbH gegenüber verpflichtet sind, deren Unternehmensgegenstand zu erfüllen, bedeutet das zugleich, dass sie ihr auch verpflichtet sind, die Geschäfte der Kommanditgesellschaft ordnungsgemäß zu führen. In erster Linie haften sie ihrer GmbH nach § 43 Abs 2 GmbHG dafür, dass sie diese Aufgabe ordentlich erfüllen. Tun sie es nicht, hat die GmbH die entsprechenden Schadenersatzansprüche. Die Kommanditisten müssten, wenn sie ihren Schaden geltend machen wollen, Ansprüche grundsätzlich gegen die phG-GmbH richten, es sei denn, dass sie direkte Ansprüche hätten, weil die Geschäftsführer sich einer unerlaubten Handlung schuldig gemacht haben (Rn 7053 ff). Ließe man es bei dieser formalrechtlichen Konstruktion, müssten die GmbH-Gesellschafter, bevor sie die Geschäftsführer in Regress nehmen könnten, einen Gesellschafterbeschluss nach § 46 Nr 8 GmbHG fassen. Sie könnten diesen Anspruch an die Kommanditisten, die sich geschädigt fühlen, abtreten, damit diese unmittelbar vorgehen können. Sie könnten aber auch, wenn sie mit den Kommanditisten nicht identisch und mit ihnen nicht einig sind, den Beschluss nach § 46 Nr 8 GmbHG verzögern oder gar nicht fassen und damit die Realisierung des Anspruchs verhindern. Das wäre in der Tat insbesondere dann unangemessen, wenn die phG-GmbH selbst kein Vermögen über ihr Mindestkapital (Rn 5001 f) hinaus besitzt, die Geschäftsführer aber solvent wären.

8028 **Der BGH hat sich (mit Zustimmung der Literatur) auf den Standpunkt gestellt, dass die Kommanditisten auch ohne den Umweg über die GmbH in der Lage sein müssen, unmittelbar gegen die Geschäftsführer Schadensersatzansprüche geltend zu machen,** und zwar dann, wenn die wesentliche Aufgabe der GmbH darin besteht, die Geschäfte der KG zu führen. In einem solchen Fall erstreckt sich der Schutzbereich des zwischen der phG-GmbH und dem Geschäftsführer abgeschlossenen Dienstvertrages auf die KG.[10] Nach überzeugender Auffassung ist **maß-**

---

[10] BGH v 25. 2. 2002 GmbHR 2002, 588, 589; BGH v 14. 11. 1994 ZIP 1995, 738, 739, 745; BGH v 17. 3. 1987 BGHZ 100, 190, 193 f; BGH v 10. 2. 1992 GmbHR 1992, 303 mit Anm Goette DStR 1992, 549 ff; BGH v 24. 3. 1980 BGHZ 76, 326, 327, 337 f; BGH v 12. 11. 1979 BGHZ 75, 321, 324.

V. Das Geschäftsführeramt in der GmbH & Co KG

gebend die die KG schützende Wirkung nicht des Dienstvertrages sondern **der Organstellung.**[11] Diese rechtliche Grundlage rechtfertigt die unmittelbare Inanspruchnahme der Geschäftsführer durch die KG. Das bestätigt, dass ein Entlastungsbeschluss die Geschäftsführer der phG GmbH nur dann von Haftungsansprüchen der KG entlastet, wenn er auch von den Kommanditisten gefasst worden ist (Rn 8023). Die Verzichtswirkung durch den von den Kommanditisten gefassten Entlastungsbeschluss kann sich allerdings, wie auch sonst (Rn 2039), nur auf Vorgänge beziehen, die den Kommanditisten bekannt sein konnten.

Die Geschäftsführer sind nicht dem einzelnen Kommanditisten gegenüber verantwortlich, sondern der Kommanditgesellschaft als solcher. Der Anspruch gehört zum Vermögen der GmbH & Co KG. Geltend gemacht wird der Anspruch entweder von einer neuen Geschäftsführung oder von einem durch Beschluss der Kommanditisten bestellten besonderen Vertreter analog § 46 Nr 8 HS2 GmbHG (Rn 3001). Es ist, anders als bei einer GmbH nach § 46 Nr 8 HS 1 GmbHG, nicht erforderlich, dass die Kommanditisten, bevor der Schadenersatzanspruch geltend gemacht werden kann, einen Gesellschafterbeschluss fassen.[12] Außerdem kann auch jeder Kommanditist, falls die übrigen Kommanditisten nicht bereit sind, sich an der Geltendmachung des Anspruchs zu beteiligen, mit der sog actio pro socio vorgehen (Klage einzelner Gesellschafter auf Zahlung an die Gesellschaft).

2. Arbeitsrechtliche Einordnung der Geschäftsführer einer GmbH & Co KG

Die arbeitsrechtlichen Schutzbestimmungen, die für abhängig Beschäftigte gelten, sind auf GmbH-Geschäftsführer grundsätzlich nicht anzuwenden (Rn 2021, 2052). Für Streitigkeiten sind grundsätzlich die ordentlichen Gerichte zuständig und nicht die Arbeitsgerichte. **Das gilt ebenso für den Geschäftsführer der phG-GmbH in einer GmbH & Co KG,**[13] auch wenn er, was nicht selten ist, seinen Anstellungsvertrag mit der Kommanditgesellschaft anstatt mit der GmbH schließt. Die Organstellung der phG-GmbH in der GmbH & Co KG, die der Geschäftsführer als natürliche Person wahrnimmt, wirkt sich auch in der rechtlichen Bewertung seines Verhältnisses zur GmbH & Co KG aus.

3. Sozialversicherung, Altersversorgung, Insolvenzsicherung

In den Rn 2054 ff sind die Grundsätze dargestellt, die für eine Mitgliedschaft des Geschäftsführers in der Rentenversicherung, in der Kranken- und Pflegeversicherung, in der Unfallversicherung und in der Arbeitslosenversicherung gelten. Zusammengefasst lässt sich sagen, dass Geschäftsführer an den Sozialversicherungseinrichtungen teilhaben können, solange sie nicht beherrschende Gesellschafter-Geschäftsführer sind. **Entsprechendes gilt für die Geschäftsführer der phG-GmbH einer GmbH & Co KG,** unabhängig davon, ob der Dienstvertrag mit der GmbH oder der Kommanditgesellschaft abgeschlossen worden ist.

Der Geschäftsführer der phG-GmbH kann, wenn ihm eine Betriebsrente zugesagt ist, an der Insolvenzsicherung durch den Pensionssicherungsverein (PS V) teilnehmen, wenn er nicht beherrschender Gesellschafter ist, dh an

---

[11] Zöllner/Noack in Baumbach/Hueck GmbHG § 43 Rn 66; Karsten Schmidt in Scholz GmbHG § 43 Rn 428 ff.
[12] BGH v 24. 3. 1980 BGHZ 76, 326, 338; BGH v 10. 2. 1992 GmbHR 1992, 303 f mit Anm Goette DStR 1992, 549 ff; Zöllner/Noack in Baumbach/Hueck GmbHG § 43 Rn 66.
[13] BGH v 18. 1. 2000 NJW 2000, 1864, 1986; BAG v 13. 7. 1995 NJW 1995, 3338; BAG v 21. 2. 1994 NJW 1995, 675, 676 f; BAG v 13. 5. 1992 ZIP 1992, 1496, 1497 f.

keiner der beiden Gesellschaften mit mehr als 50% beteiligt ist. Die Tatsache, dass für den Geschäftsführer der phG-GmbH, der zugleich Kommanditist ist, selbst bei einer geringen Kommanditbeteiligung, eine Pensionsrückstellung in der Handelsbilanz, die aufgrund einer betrieblichen Pensionszusage gebildet wird, steuerlich nicht als Rückstellung berücksichtigt werden darf (Rn 8034), hindert nicht die Beteiligung an der Insolvenzsicherung durch den PSV (wegen Einzelheiten s PSV-Merkblatt 300/M 1 Stand 1.05 Anlage 10).

4. Steuerrecht

8033 Bei der steuerlichen Behandlung der Bezüge, die der Geschäftsführer der phG-GmbH erhält, ist danach zu unterscheiden, ob er Fremdgeschäftsführer, Gesellschafter-Geschäftsführer der GmbH oder ob er Gesellschafter-Geschäftsführer auch im Hinblick auf die Kommanditgesellschaft, dh ob er auch Kommanditist ist. Als Fremdgeschäftsführer hat er Einkünfte aus nichtselbständiger Tätigkeit im Sinne des § 19 EStG. Die GmbH hat von seinem Bruttogehalt die Lohnsteuer einzubehalten und an das Finanzamt abzuführen. Für die Einbehaltung und Abführung ist er also selbst mitverantwortlich (Rn 7080). Ist er Gesellschafter-Geschäftsführer bei der GmbH, so gilt nichts anderes, solange er eine Minderheitsbeteiligung besitzt. Ist er beherrschender Gesellschafter-Geschäftsführer, werden strengere Maßstäbe an den Nachweis angelegt. Die Vereinbarungen müssen klar und eindeutig sein und sie müssen getroffen worden sein, bevor sie ausgeführt wurden (Rn 1152, 2043). **Ist der Geschäftsführer auch als Kommanditist beteiligt, ändert sich die Rechtslage.** Da er steuerlich nunmehr Mitunternehmer ist, sind seine Bezüge, auch wenn sie ihm durch die phG-GmbH vermittelt zufließen, Einkünfte aus Gewerbebetrieb im Sinne des § 15 Abs 1 Nr 2 EStG. Lohnsteuer muss und kann nicht abgeführt werden. Der Geschäftsführer hat vielmehr eine Einkommensteuererklärung abzugeben und Einkommensteuervorauszahlungen zu leisten.

8034 **Auch bei Pensionszusagen ist zwischen dem Fremdgeschäftsführer, den Gesellschafter-Geschäftsführern in der phG-GmbH und dem Gesellschafter-Geschäftsführer, der auch Kommanditist ist, zu unterscheiden.** Pensionszusagen, die Gesellschafter-Geschäftsführer der phG-GmbH von der GmbH & Co KG erhalten, werden steuerlich in dem gleichen Umfang anerkannt wie Pensionszusagen an Fremdgeschäftsführer. Sie sind handels- und steuerrechtlich rückstellungsfähig. An die Berechtigung von Pensionszusagen für den beherrschenden Gesellschafter-Geschäftsführer werden wieder besonders strenge formale Anforderungen gestellt. Wenn der GmbH-Geschäftsführer zugleich Kommanditist ist, gelten Rückstellungen, die in der Handelsbilanz der GmbH & Co KG gebildet werden, nach der früheren Auffassung der Verwaltung und des BFH steuerlich als Privatentnahme des Gesellschafter-Geschäftsführers und erhöhen in dem Jahr, in dem die Rückstellung gebildet oder erhöht wird, den von ihm zu versteuernden Gewinn. Inzwischen hat sich zwar eine andere Auffassung durchgesetzt; sie kommt jedoch zum gleichen Ergebnis.[14]

VI. Geschäftsführung und Vertretung

1. Vertretung – Selbstkontrahieren (Insichgeschäft)

8035 **Die Geschäftsführer der phG-GmbH sind die – mittelbaren – gesetzlichen Vertreter der GmbH & Co KG.** Da die GmbH & Co KG eine Personengesellschaft

---

[14] Vgl dazu im Einzelnen Binz/Sorg GmbH & Co KG § 16 Rn 229 ff.

VI. Geschäftsführung und Vertretung

ist, ergibt sich der Umfang der Vertretungsmacht nicht aus den §§ 35 Abs 1, 37 GmbHG, sondern aus § 126 HGB. Der Umfang ist aber der gleiche. Die Vertretungsmacht ist nicht beschränkt und auch nicht beschränkbar. Das gilt jedoch nur gegenüber Dritten, es sei denn, es läge der Tatbestand einer Kollusion mit dem Dritten vor. Die Mitgesellschafter sind nicht Dritte. **Die Geschäftsführer sind also nicht vertretungsberechtigt bei sog Grundlagengeschäften innerhalb der Kommanditgesellschaft, wenn diese Grundlagengeschäfte die Zustimmung der Gesellschafter erfordern.**[15] Das gilt insbesondere für die Maßnahmen, die in Rn 3038 aufgeführt sind. **Im Innenverhältnis kann die Vertretungsmacht bei der GmbH & Co KG genau so beschränkt werden wie bei der GmbH.** Diese Beschränkungen betreffen aber nicht den laufenden Geschäftsverkehr.

Im laufenden Geschäftsverkehr spielt innerhalb der GmbH & Co KG das Verbot des Selbstkontrahierens (§ 181 BGB) eine besondere Rolle. Zwischen der phG-GmbH und der GmbH & Co KG kann es vielfältige Rechtsbeziehungen geben, wie zB Dienstleistungen der GmbH für die Kommanditgesellschaft oder umgekehrt, Zahlungen der Kommanditgesellschaft an die phG-GmbH, Übernahme von Personal aus der einen in die andere Gesellschaft, Verkäufe von Anlagegütern von der einen an die andere Gesellschaft, Übertragung von Beteiligungen usw. Nicht selten sind außerdem Geschäfte zwischen der GmbH als Komplementärin und den Kommanditisten, beispielsweise beim Abschluss des Gesellschaftsvertrags zwischen der GmbH und den Kommanditisten, sowie bei der Aufnahme weiterer Kommanditisten oder der Änderung des KG-Vertrags, falls der Geschäftsführer auch Kommanditist ist. In allen diesen Fällen können die Geschäftsführer der phG-GmbH nicht zugleich für die GmbH & Co KG auftreten, wenn sie nicht von den Beschränkungen des § 181 BGB befreit sind. Das Problem führt in der Praxis immer wieder zu Schwierigkeiten. Es sollte in den Gesellschaftsverträgen der GmbH und der KG (Rn 3015) und, sofern dort nur eine Ermächtigung erteilt ist, in den Bestellungsbeschlüssen geregelt werden. **In vielen Fällen wird pauschal eine Befreiung von den Beschränkungen des § 181 BGB erteilt. Man muss sich allerdings fragen, ob das immer zweckmäßig ist.** Die Gesellschafter verlieren damit weitgehend die Kontrolle über Vermögensverschiebungen zwischen den Gesellschaftern der Kommanditgesellschaft. Es kann daher nützlich sein, dem Geschäftsführer die Befreiung nur insoweit zu erteilen, als es um die Vertretung der GmbH bei Rechtsgeschäften der KG (diese vertreten durch die GmbH, diese vertreten durch den Geschäftsführer) mit der GmbH (vertreten durch den Geschäftsführer) geht und nicht um Rechtsgeschäfte der GmbH oder KG mit dem Geschäftsführer persönlich.

Die Erlaubnis zum Selbstkontrahieren muss sowohl im Gesellschaftsvertrag der GmbH als auch der Kommanditgesellschaft geregelt werden (Rn 3015). Eingetragen wird die Befreiung allerdings nur im Handelsregister der GmbH, nicht im Handelsregister der KG. Wie bei der GmbH sollte auch bei der Kommanditgesellschaft im Vertrag nur eine Ermächtigung zur Befreiung erteilt werden. Die Befreiung selbst kann dann später zusammen mit der Bestellung mit einfacher Mehrheit beschlossen werden. **Ist im Gesellschaftsvertrag nichts geregelt, kann ein Befreiungsbeschluss nur einstimmig bei Anwesenheit aller Gesellschafter und nur für einen Einzelfall gefasst werden.** Wird die GmbH & Co KG vom Alleingesellschafter der GmbH mit sich als Kommanditisten gegründet, bedarf es bei der GmbH gem § 35 Abs 4 GmbHG der ausdrücklichen Befreiung im Gesellschaftsvertrag. Für die Kommanditgesellschaft ist das nicht erforderlich. Die Befreiung kann in diesem Fall als konkludent erteilt angesehen werden.

---

[15] Karsten Schmidt Gesellschaftsrecht S 1403 (§ 48 II 2b); Hopt in Baumbach/Hopt HGB § 126 Rn 3.

8038 Für die GmbH & Co KG können ebenso wie in der GmbH rechtsgeschäftlich Vertretungsvollmachten erteilt werden (Rn 3021 ff). Die phG-GmbH, vertreten durch die Geschäftsführer, kann zur Vertretung der GmbH & Co KG für diese Generalbevollmächtigte, Prokuristen und Handlungsbevollmächtigte (Rn 8021) bestellen. Es gelten die allgemeinen Vorschriften. Auch diejenigen, die rechtsgeschäftlich bevollmächtigt werden, können von den Beschränkungen des § 181 BGB befreit werden. Für die Befreiung sind die Geschäftsführer zuständig, wenn sie selbst befreit worden sind. Über ihre eigene Befreiung können sie nicht hinausgehen. **Zu beachten ist, dass ein Alleingeschäftsführer der phG-GmbH, der in der GmbH nicht an die Vertretung durch einen Gesamtprokuristen gebunden werden kann, auch im Hinblick auf die GmbH & Co KG nicht an die Mitzeichnung eines Prokuristen der Kommanditgesellschaft gebunden werden darf.** Der Geschäftsführer einer phG-GmbH kann nur dann an die Mitzeichnung eines Prokuristen (der GmbH) gebunden werden, wenn mindestens zwei Geschäftsführer bestellt worden sind und unechte Gesamtvertretung zugelassen worden ist (Rn 3007).

2. Geschäftsführung

8039 **Von der Geschäftsführung sind die Kommanditisten ebenso wie von der gesetzlichen Vertretung (§ 170 HGB) zwingend ausgeschlossen (§ 164 HGB). Das gilt aber nur für die gesetzliche Vertretung der KG.** Ein Kommanditist kann deshalb zum Geschäftsführer der phG-GmbH bestellt werden (Rn 8020). Er kann auch in der GmbH und/oder in der KG Prokurist oder Handlungsbevollmächtigter werden. Dann ist er dies nicht in seiner Eigenschaft als Kommanditist, sondern aufgrund ausdrücklicher Beauftragung durch die Geschäftsführer der phG-GmbH. Es gelten dann insoweit für ihn die gleichen Regeln wie für andere Dritte.

8040 **Die Geschäftsführung umfasst grundsätzlich nur das laufende Geschäft,** dh „alle Handlungen, die der gewöhnliche Betrieb des Handelsgewerbes der Gesellschaft mit sich bringt" (§ 116 Abs 1 HGB), und nicht die darüber hinausgehenden Handlungen, die nicht schon Grundlagengeschäfte sein müssen. **Den „darüber hinausgehenden Handlungen" können die Kommanditisten widersprechen (§ 164 S 1 HGB). Diese Bestimmung ist dispositiv und wird wohl überwiegend in den Gesellschaftsverträgen ausgeschlossen.** Die Gesellschaftsverträge regeln stattdessen zumeist, welche Geschäfte und Maßnahmen der Zustimmung der Gesellschafter bedürfen. Das hängt von der Struktur der Gesellschaft ab, ob es sich um eine Ein-Mann-Gesellschaft handelt, um eine personenidentische Gesellschaft, dh eine Gesellschaft, in der die Gesellschafter der GmbH und der Kommanditgesellschaft identisch sind oder um eine personenverschiedene, und hier wieder davon, ob bestimmte Gesellschafter den Mehrheitseinfluss besitzen. **Genau so wie in der GmbH können auch in der GmbH & Co KG die Gesellschafter die Zustimmungsrechte einem Beirat oder einem anderen Gesellschaftsorgan übertragen** (vgl zur Geschäftsführung im Einzelnen Rn 3035 ff).

8041 **Die Informationspflichten der Geschäftsführer der phG-GmbH erstrecken sich auch auf die Angelegenheiten der GmbH & Co KG.** Die Angelegenheiten der Kommanditgesellschaft werden von der herrschenden Lehre in der Literatur und von der Rechtsprechung zu den Angelegenheiten der phG-GmbH gezählt. **Allerdings haben nur die Gesellschafter der phG-GmbH den Informationsanspruch aus § 51a GmbHG, nicht die Kommanditisten.**[16] Die Kommanditisten sind auf ihre

---

[16] Zöllner in Baumbach/Hueck GmbHG § 51a Rn 13; Karsten Schmidt in Scholz GmbHG § 51a Rn 52.

Informationsrechte nach § 166 HGB beschränkt (Mitteilung des Jahresabschlusses sowie dessen Prüfung durch „Einsicht in Bücher und Papiere"),[17] es sei denn, dass ihnen im Gesellschaftsvertrag weitergehende Rechte zugebilligt worden sind. Wer sowohl GmbH-Gesellschafter als auch Kommanditist ist, kann aufgrund seiner Gesellschaftereigenschaft in der GmbH weitergehende Auskünfte fordern als aufgrund seiner Eigenschaft als Kommanditist (näher zum Auskunftsrecht des § 51a GmbHG Rn 4033ff).

VII. Beziehungen zu Gesellschaftern und zu Aufsichts- und Beratungsgremien

Im Gegensatz zur GmbH ist die Gesellschafterversammlung der Kommanditgesellschaft nicht das oberste Organ der Gesellschaft. Die Kommanditisten, die Gesellschafter, haben kein Weisungsrecht gegenüber dem geschäftsführenden Gesellschafter (der phG-GmbH). Das ist das notwendige Pendant zu dessen persönlicher Haftung. Die Kommanditisten sind vielmehr durch § 164 HGB von der Führung der Geschäfte der Gesellschaft – bis auf das dispositive Widerspruchsrecht (Rn 8040) – ausdrücklich ausgeschlossen. Soweit sich die Geschäftsführungshandlungen der phG-GmbH im Rahmen des gewöhnlichen Betriebs des Handelsgewerbes der Gesellschaft halten, können die Kommanditisten nicht einmal widersprechen. Auch die Entscheidung über die Bestellung von Prokuristen obliegt nicht, wie gem § 46 Nr 7 GmbHG bei der GmbH, der Bestimmung der Kommanditisten. Der phG entscheidet über Prokuren (§ 116 Abs 3 HGB) und über Generalvollmachten bei der KG. Deswegen müssen bei der Gestaltung des Gesellschaftsvertrages Bestimmungen getroffen werden, die der jeweiligen Situation angemessen sind. 8042

Über die sog Grundlagengeschäfte (Rn 8035) müssen nach ständiger BGH-Rechtsprechung allerdings auch die Kommanditisten mitentscheiden.[18] Wenn es um Fragen des Kernbereichs der Gesellschafterposition geht, müssen sämtliche Gesellschafter gefragt werden. Es muss einstimmig beschlossen werden (§ 161 Abs 2 iVm § 119 HGB), es sei denn im Gesellschaftsvertrag sind Mehrheitsbeschlüsse zugelassen worden. Welche Mehrheit maßgebend ist, kann vertraglich festgelegt werden. Auch wie die Mehrheit zu berechnen ist, kann der Gesellschaftsvertrag bestimmen. § 119 Abs 2 HGB sieht eine Abstimmung nach Köpfen vor. Es kann aber auch, wie das meistens der Fall ist, eine Abstimmung nach Kapitalanteilen vereinbart werden. Wenn von der Einstimmigkeit abgewichen wird, dann muss nach dem Bestimmtheitsgrundsatz im Gesellschaftsvertrag präzise bezeichnet sein, welche Beschlüsse mehrheitlich gefasst werden können, so dass jeder Gesellschafter, der der Gesellschaft beitritt, seine Rechtsposition klar erkennen kann.[19] 8043

Zu den Grundlagengeschäften, denen die Kommanditisten zustimmen müssen, gehört nach neuerer Rechtsprechung und Lehre auch die Feststellung des Jahresabschlusses (Rn 8015). Erst recht ist die Auswahl des Abschlussprüfers ein Grundlagengeschäft und erfolgt durch Gesellschafterbeschluss, §§ 264a, 318 Abs 1 S 1 HGB. 8044

Die Einberufung der Gesellschafterversammlung sowie die Modalitäten ihrer Durchführung sind für die Kommanditgesellschaft im Gesetz nicht gere- 8045

---

[17] Näher dazu Karsten Schmidt in Scholz § 51a Rn 55ff.
[18] BGH v 19. 3. 1996 BGHZ 132, 263, 266f; Hopt in Baumbach/Hopt HGB §§ 164 Rn 4, 114 Rn 3 und 126 Rn 3.
[19] BGH v 15. 1. 2007 ZIP 2007, 475, 477 ‚Otto'; dazu Karsten Schmidt ZGR 2008, 1ff; BGH v 24. 3. 1980 BGHZ 76, 338, 342; BGH v 15. 11. 1982 BGHZ 85, 350, 356; Hopt in Baumbach/Hopt HGB § 163 Rn 4, 119 Rn 37ff.

gelt. Wenn der Gesellschaftsvertrag keine Regelungen vorsieht, sind die allgemeinen Grundsätze anzuwenden. Das bedeutet, dass, wie in der GmbH (Rn 4010 ff), die Geschäftsführer aufgrund ihrer allgemeinen Fürsorgepflicht für ein ordnungsgemäßes Funktionieren der Gesellschaft und damit dafür verantwortlich sind, dass Gesellschafterversammlungen einberufen werden, wenn Gesellschafterbeschlüsse erforderlich sind, dass auch die üblichen Formalien beachtet und dass die Informationen gegeben werden, die die Gesellschafter in den Stand setzen, sachgemäß abzustimmen. **Wenn der Gesellschafterkreis übersehbar ist, bestehen keine Bedenken dagegen, in Textform (Rn 4017) abstimmen zu lassen.** Enthält der Gesellschaftsvertrag keine Regelungen, können Vollmachten zur Beteiligung an der Gesellschafterversammlung und zur Ausübung des Stimmrechts an jeden erteilt werden, zu dem der Kommanditist Vertrauen hat. Auch die Geschäftsführer können zur Ausübung des Stimmrechts bevollmächtigt werden, können sich aber selbstverständlich dann nicht entlasten (Rn 8047).

8046 Soweit Gesellschafterbeschlüsse zu fassen sind, haben die Gesellschafter auch ein Informationsrecht zu den Umständen, die für den Beschluss von Bedeutung sind. Darüber hinaus haben die Kommanditisten nur ein Informationsrecht nach § 166 HGB, nicht jedoch das Informationsrecht aus § 51a GmbHG. Anders ist das für die Gesellschafter der phG-GmbH (Rn 8041).

8047 **Die Geschäftsführer der phG-GmbH müssen bei Gesellschafterbeschlüssen dafür sorgen, dass Stimmverbote beachtet werden.** Das ist nicht anders als in der GmbH (Rn 4026 ff). Es gelten auch die gleichen Grundsätze, auch wenn sie im Recht der Personengesellschaften nicht ausdrücklich geregelt sind. **§ 47 Abs 4 GmbHG ist auch auf die GmbH & Co KG anzuwenden,**[20] also für die Entlastung eines Gesellschafter-Geschäftsführers, für die Befreiung eines Gesellschafters, insbesondere eines Kommanditisten, von einer Verbindlichkeit und bei der Einleitung oder Erledigung eines Rechtsstreits mit einem Gesellschafter (Fallgruppe ‚Richten in eigener Sache') oder der Vornahme eines Rechtsgeschäfts mit ihm (Fallgruppe ‚Interessenkollision'). Die Geschäftsführer der phG-GmbH können für die phG-GmbH in den Fällen nicht mitstimmen – sofern die phG-GmbH überhaupt ein Stimmrecht in der GmbH & Co KG hat –, in denen die GmbH gem § 112 HGB vom Wettbewerbsverbot befreit werden soll, wenn ihr die Geschäftsführungsbefugnis (§ 117 HGB) oder die Vertretung (§ 127 HGB) entzogen oder wenn sie gem § 140 HGB ausgeschlossen werden soll. Auch bei der Entlastung eines Aufsichtsrats oder bei der Beschlussfassung über andere Aufsichts- und Kontrollmaßnahmen, die ihre Geschäftsführung betreffen, sind die Geschäftsführer vom Stimmrecht für die phG-GmbH ausgeschlossen.

VIII. Kapitalaufbringung und -erhaltung

1. Kapitalaufbringung

8048 Für die **Kapitalaufbringung bei der GmbH** gelten die GmbH-Vorschriften (Rn 5009 bis 5020). Für die **Kapitalaufbringung bei der KG** ist § 171 Abs 1 HGB maßgebend. Danach **kommt es darauf an, ob der Kommanditist seine Einlage „geleistet" hat.** Soweit er das nicht getan hat, haftet er persönlich. Leistung ist die „tatsächliche Wertzuführung". Unmaßgeblich ist, ob sie bar oder durch die Übertragung von Sachen und Rechten (objektiver Verkehrswert maßgebend) aufgebracht wird. Unmaßgeblich ist auch, ob die Werte zu Lasten von bereits vorhandenen Rücklagen oder Gewinnvorträgen mit Zustimmung der anderen Kommanditisten zugunsten eines Kommanditisten schenkweise „eingebucht" werden. Geleistet ist die Einlage auch,

---

[20] Karsten Schmidt in Scholz GmbHG Anhang 45 Rn 46 mwN.

VIII. Kapitalaufbringung und -erhaltung **8049–8051**

wenn der Kommanditist mit einem ihm zustehenden Anspruch gegen die KG aufrechnet.[21] Nicht (!) geleistet ist die Einlage, wenn ein Kommanditist, der gleichzeitig Gesellschafter der phG-GmbH ist, zur Erfüllung seiner Einlageverpflichtung seinen Geschäftsanteil an der GmbH an die KG abtritt, so ausdrücklich § 172 Abs 6 HGB. Alle diese Regeln zur Sicherung der Kapitalaufbringung muss der Geschäftsführer überwachen.

Durch das MoMiG (s Einleitung) teilweise überholt ist die Entscheidung des BGH 8049 vom 10. 12. 2007,[22] nach der die Abrede, **das eingezahlte Stammkapital der phG-GmbH als Darlehen der GmbH an die KG weiterzuleiten,** ein unerlaubtes „Hin- und Herzahlen" ist (Rn 5020), da die Einzahlung nicht zur freien Verfügung der Geschäftsführer stehe, sondern an die Kommanditisten zurückfließe. Denn der neue § 19 Abs 5 GmbHG sieht ausdrücklich vor, dass unter den beiden folgenden Voraussetzungen der Gesellschafter der GmbH durch die abredegemäße Zahlung von seiner Einlageverpflichtung befreit wird: Erstens muss der Rückgewähranspruch der phG-GmbH gegen die KG vollwertig und jederzeit fällig sein. Und zweitens muss der Geschäftsführer die Tatsache der Weiterreichung als Darlehen in der Anmeldung zum Handelsregister gemäß § 8 GmbHG angeben.

2. Kapitalerhaltung

Für die Frage, **ob die Gewährung von Leistungen der phG-GmbH an die** 8050 **GmbH-Gesellschafter gegen das Kapitalerhaltungsgebot** des § 30 Abs 1 GmbHG verstößt, kann auf die Rn 4006 bis 4008, 7039 bis 7050 verwiesen werden. Der Geschäftsführer muss die Regeln kennen.

Bei **Leistungen der KG an den Kommanditisten** wird unterschieden zwischen 8051 den **Kommanditisten, die gleichzeitig GmbH-Gesellschafter** sind (personenidentische GmbH und Co KG), und den **Nur-Kommanditisten.** Ausgangspunkt bei der Gewährung von Leistungen der KG an einen Kommanditisten ist das Kapitalerhaltungsgebot des § 172 Abs 4 HGB. Soweit, wirtschaftlich betrachtet,[23] der Kommanditist seine Einlage zurückerhalten hat, haftet er den Gläubigern bzw. dem Insolvenzverwalter. Allerdings: er haftet höchstens in Höhe seiner Einlage. Hat er mehr zurückerhalten, haftet er für dieses Mehr nach § 172 Abs 4 HGB nicht.[24] **Ist er gleichzeitig GmbH-Gesellschafter, ist entscheidend ob aufgrund der Rückzahlung der KG an ihn „eine mittelbare Minderung des Gesellschaftsvermögens der GmbH" eintritt.** Das ist etwa dann der Fall, wenn diese Rückzahlung zur Überschuldung der KG führt, und erstens die Gläubiger der KG die phG-GmbH, gestützt auf deren persönlicher Haftung nach § 128 HGB, in Anspruch nehmen, zweitens deswegen bei der GmbH eine Rückstellung zu bilden ist, und drittens wegen der Überschuldung der KG der Freistellungsanspruch der GmbH gegen die KG nach § 110 HGB wertlos ist, was viertens zur Folge hat, dass bei der phG-GmbH eine Unterbilanz (Rn 6042) entsteht (der Aufwand für die Wertberichtigung des Freistellungsanspruchs also nicht durch eine Rücklage der GmbH gedeckt werden kann). In diesem Fall, der sich kompliziert anhört, aber nicht selten ist, greift, obwohl nur eine Zahlung aus dem Vermögen der KG vorliegt, § 30 GmbHG ein, weil diese Zahlung gleichzeitig mittelbar eine Zahlung zu Lasten des Stammkapitals der GmbH ist und damit eine Leistung nicht nur an den Kommanditisten, sondern gleichzeitig eine an den GmbH-Gesellschafter vorliegt.[25] In diesem Fall

---

[21] Dazu Hopt in Baumbach/Hopt HGB § 171 Rn 6 ff.
[22] GmbHR 2008, 203 ff mit Anm Rohde.
[23] Vgl die Beispielsfälle bei Hopt in Baumbach/Hopf HGB § 172 Rn 6.
[24] BGH v 29. 3. 1973 BGHZ 60, 324, 327 f; BGH v 19. 2. 1990 BGHZ 110, 342, 356 f = NJW 1990, 1725, 1729.
[25] BGH v 29. 3. 1973 BGHZ 60, 324, 328 ff; BGH v 19. 2. 1990 BGHZ 110, 342, 357 f.

haftet der Kommanditist nicht nur in Höhe seiner Einlage, sondern bis zu dem Betrag, der zur Wiederherstellung des Stammkapitals der GmbH erforderlich ist, höchstens jedoch in Höhe der Zahlung an ihn. Zu erstatten hat der GmbH-Gesellschafter und Kommanditist die an ihn geflossene Leistung an die KG (nicht an die GmbH).[26] Dieses Verbot der Leistung an den Kommanditisten muss der Geschäftsführer beachten. Verstößt er dagegen, haftet er.

8052 **Leistungen der KG an den Nur-Kommanditisten** können, anders als Leistungen an den Kommanditisten und GmbH-Gesellschafter (Rn 8051), nicht als mittelbare Leistung zu Lasten des Stammkapitals der GmbH und damit als Leistung an den GmbH-Gesellschafter, die gegen § 30 GmbHG verstößt, angesehen werden. Dennoch ist der BGH der Ansicht, dass auch in diesem Fall der Nur-Kommanditist nicht nur nach § 172 Abs 4 HGB bis zur Höhe seiner Einlage (nicht darüber hinaus, Rn 8051) haftet, sondern ebenfalls nach § 30 GmbH bis zur Wiederherstellung des Stammkapitals der GmbH.[27] Er begründet das in gleicher Weise wie bei der personenidentischen GmbH & Co KG (Rn 8051), obwohl die dortige Begründung auf den vorliegenden Fall nicht passen will. Auch vor Leistungen an den Nur-Kommanditisten muss sich also der Geschäftsführer hüten.

8053 Bei der **Einheits-GmbH & Co KG** (die KG hält sämtliche Anteile an der GmbH, Rn 8006) gilt das Auszahlungsverbot des § 30 Abs 1 GmbHG gegenüber den Kommanditisten ebenfalls, obwohl diese unmittelbar an der GmbH gar nicht beteiligt sind.[28]

8054 Für **Zahlungen einer GmbH & Co KG an Kommanditisten,** gleich aus welchem Rechtsgrund (mit Ausnahme von Zug um Zug Zahlungen für sofort verwertbare Vorprodukte und Waren), gilt außerdem nach § 130 a Abs 1 S 2 HGB (neugefasst durch das MoMiG) das, was nach § 64 S 3 GmbHG auch für Zahlungen an GmbH-Gesellschafter gilt: Solche Zahlungen sind verboten, wenn sie zur Zahlungsunfähigkeit führen mussten (Rn 4009, 6052, 7038). Der Geschäftsführer haftet dafür. Und für **Gesellschafterdarlehen von Kommanditisten an eine GmbH & Co KG** gilt nach §§ 135, 39 Abs 1 Nr 5, 39 Abs 4 und 5 InsO das, was auch für Gesellschafterdarlehen von GmbH-Gesellschaftern gilt: Gesellschafterdarlehen werden in der Insolvenz erst nachrangig befriedigt und müssen, wenn sie im letzen Jahr vor dem Insolvenzantrag von der Gesellschaft getilgt worden sind, vom Gesellschafter zurück gezahlt werden (nach Anfechtung durch den Insolvenzverwalter) (näher Rn 1079, 4008, 6014 f).

IX. Zur Insolvenz der GmbH & Co KG

8055 **Insolvenzrechtlich ist für die GmbH & Co KG**[29] **bei der Prüfung der Insolvenzantragspflicht** (Rn 6029) **zwischen der phG-GmbH und der KG zu unterscheiden.** Die Insolvenz der GmbH führt nicht automatisch zur Insolvenz der KG. Ist die KG noch gesund, genügt es, wenn sie einen neuen phG aufnimmt und den alten ausschließt (Rn 8024 f). Die Insolvenz der KG führt hingegen im Regelfall zur Insolvenz auch der GmbH. Da die GmbH nach §§ 161 Abs 2, 128 HGB für sämtliche Verbindlichkeiten der KG persönlich haftet und der Insolvenzverwalter der KG nach § 93 InsO diese Haftung gegen die phG-GmbH geltend machen kann, führt dies regelmäßig zur Insolvenz auch der phG-GmbH.

---

[26] BGH v 27. 9. 1976 BGHZ 67, 171, 179; BGH v 29. 3. 1973 BGHZ 60, 324, 329 f.
[27] BGH v 19. 2. 1990 BGHZ 110, 342, 358; BGH v 27. 3. 1995 NJW 1995, 1960, 1961 lSp.
[28] Lutter/Hommelhoff GmbHG § 30 Rn 49; H. P. Westermann in Scholz GmbHG § 30 Rn 60.
[29] Karsten Schmidt GmbHR 2002, 1209 ff.

Eine Besonderheit ist auch, dass gesellschaftsrechtlich die **Eröffnung des Insol-** 8056
venzverfahrens über das Vermögen der phG-GmbH nach dem Wortlaut der
§§ 161 Abs 2, 131 Abs 3 Nr 2 HGB **zum Ausscheiden phG-GmbH aus der KG
führt,** falls der Gesellschaftsvertrag nicht etwas anderes vorsieht (was zulässig ist, wie der
Wortlaut des § 131 Abs 3 HGB zeigt, und **was der Gesellschaftsvertrag unbedingt
ausschließen sollte!**). Die damit verbundenen Rechtsfragen sind noch nicht vollständig geklärt. Folgt man dem BGH, scheidet in der Tat die phG-GmbH aus, die KG ist
voll beendet, ihr Vermögen geht einschließlich aller Verbindlichkeiten im Wege der
Gesamtrechtsnachfolge auf die Kommanditisten (gibt es nur einen Kommanditisten auf
diesen) über. Die Haftung der oder des Kommanditisten ist auf das auf sie oder auf
ihn von der KG übergehende Vermögen beschränkt.[30] Unklar ist, was mit dem durch
den Insolvenzantrag des Geschäftsführers eingeleiteten Insolvenzverfahren der KG geschieht. Wird das Verfahren als Insolvenzverfahren über das (Sonder- ?) Vermögen der
Kommanditisten weitergeführt oder muss es neu beantragt werden? Sind die Kommanditisten jetzt namentlich zu nennen, verbunden mit der damit einhergehenden Rufschädigung? All diese Fragen wären gelöst, wäre der BGH in seiner oben zitierten
Entscheidung (Fn 30) der Ansicht gefolgt, dass bei einer GmbH & Co KG das automatische Ausscheiden der phG-GmbH aus der KG nach § 131 Abs 3 Nr 2 HGB als konkludent abgedungen gilt.

X. Geschäftsführerhaftung

Für die Geschäftsführerhaftung gelten grundsätzlich die gleichen Regeln 8057
**wie bei der GmbH, nur dass Haftungsgläubiger nicht die GmbH, sondern
die GmbH & Co KG ist, wenn es um schuldhafte Dienstpflichtverletzungen
geht.** Da die GmbH & Co KG keine juristische Person ist (Rn 8000), ist Haftungsgläubiger die Gesamtheit der Gesellschafter. Haftungsmaßstab ist auch hier § 43 GmbHG,
den die Rechtsprechung über die Brücke der Organstellung mit Schutzwirkung zugunsten Dritter (Rn 8028) von der GmbH auf die GmbH & Co KG übertragen hat.
Der Geschäftsführer kann sich also gegenüber den Kommanditisten nicht auf den an
und für sich für die KG geltenden § 708 BGB (danach wird geschuldet nur Sorgfalt wie
in eigenen Angelegenheiten) berufen. Wie in Rn 8028 gezeigt, will die Rechtsprechung gerade vermeiden, dass die Kommanditisten auf die reine Gesellschafterhaftung
gegenüber ihrer geschäftsführenden Mitgesellschafterin, der phG-GmbH, verwiesen
werden, auf die § 708 BGB grundsätzlich anzuwenden wäre. Und zweitens will die
Rechtsprechung vermeiden, dass die phG-GmbH als Mitgesellschafterin in die Lage
versetzt wird, den Regress gegenüber solventen Geschäftsführern zu verhindern.

Wegen der übrigen Haftungstatbestände kann auf die Ausführungen im 8058
7. Kapitel verwiesen werden. Die Geschäftsführer einer phG-GmbH haften ebenso
wie jeder andere GmbH-Geschäftsführer Dritten gegenüber aus unerlaubter Handlung
sowie dann, wenn sie ihre Pflichten als Unternehmensleiter[31] verletzen. Eine derartige
Pflichtverletzung, nämlich ein Verstoß gegen das Zahlungsverbot des § 64 S 1 und 2
GmbHG (Rn 6048 ff) ist es auch, wenn der Geschäftsführer, GmbH-Gesellschafter und
Kommanditist, obwohl die GmbH insolvenzreif ist, Gelder der GmbH an die KG trans-

---

[30] BGH v 15. 3. 2004 GmbHR 2004, 952; zu diesem Problem auch Karsten Schmidt GmbHR 2002, 1214; Liebs ZIP 2002, 1714.

[31] Dazu gehört auch die Einhaltung von Wettbewerbsverboten durch den Geschäftsführer, GmbH-Gesellschafter und Kommanditisten, OLG Köln v 10. 1. 2008 GmbHR 2008, 1103 (Ansprüche aus der Verletzung des Wettbewerbsverbots verjähren bereits drei Monate nach Kenntnis der Mitgesellschafter, Rn 7090).

feriert[32] (was ohne Insolvenzreife zulässig wäre, Rn 8049). In gleicher Weise unterliegen sie den Straf- und Bußgelddrohungen, die die zahlreichen Gesetze vorsehen, um die verantwortlichen Unternehmensleiter dazu anzuhalten, auf den Schutz der von den einzelnen Gesetzen geschützten Rechtsgüter zu achten.

8059 **Strafrechtlich** (Rn 7100 ff) **und ordnungswidrigkeitenrechtlich** (Rn 7185 ff) **sind für die GmbH & Co KG folgende Besonderheiten festzuhalten:**[33] Erstens sind die phG-GmbH und die KG zwei eigenständige Gesellschaften, deren Vermögensmassen strikt zu trennen sind. Die Folge ist, dass der Geschäftsführer zu Lasten entweder der einen oder anderen oder beider Gesellschaften Straftaten und/oder Ordnungswidrigkeiten begehen kann. Zweitens ist die KG zwar Eigentümerin ihrer einzelnen Vermögensgegenstände mit der Folge, dass zu ihrem Schaden Eigentumsdelikte (Diebstahl, Unterschlagung, Brandstiftung usw) begangen werden können. Bei den Vermögensdelikten (Untreue, Betrug usw) bewirkt jedoch der Charakter der KG als Personengesellschaft, nach dem das Vermögen der KG den Kommanditisten zur gesamten Hand zusteht, dass durch eine Untreuehandlung des Geschäftsführers nicht das Vermögen der KG sondern das der Kommanditisten (sofern die phH-GmbH mit einer Einlage beteiligt ist auch das der phG-GmbH) geschädigt wird. Ist der Geschäftsführer alleiniger Kommanditist, scheidet also eine Untreuehandlung aus. Ist er ein Kommanditist unter mehreren, geht es nur um den Schaden der anderen Kommanditisten. Außerdem hat dies zur Folge, dass bei einem negativen Kapitalkonto der Kommanditisten nicht etwa vorhandenes Vermögen beeinträchtigt, sondern nur künftige Erwerbsaussichten gefährdet werden, was zwar die Strafbarkeit wegen Untreue nicht ausschließt aber eventuell bei der Strafzumessung mildernd wirkt. Und drittens haftet die phG-GmbH nach §§ 161 Abs 2, 128 HGB persönlich für sämtliche Verbindlichkeiten der KG (und besitzt zum Ausgleich gegen die KG nach § 110 HGB einen Freistellungs- und Aufwendungsersatzanspruch). Das wiederum kann aber bewirken, dass eine Schädigung der KG durch den Geschäftsführer zu einer Inanspruchnahme der phG-GmbH durch die Gläubiger führen kann mit der möglichen Folge, dass zum einen bei der GmbH eine Rückstellung zu bilden ist, zum anderen aber der Aufwendungsersatzanspruch der GmbH wegen der Schädigung der KG nicht mehr werthaltig ist, was dann auch bei der phG-GmbH zu einem entsprechenden Schaden führt. Das ist ebenfalls bei der Strafzumessung zu berücksichtigen.

---

[32] OLG Celle v 20. 6. 2007 GmbHR 2008 101 f.
[33] Vgl dazu Maurer/Odörfer GmbHR 2008, 351 ff, 412 ff.

Anlagen

1. Gesetz betreffend die Gesellschaften mit beschränkter Haftung (GmbHG)

in der Fassung der Bekanntmachung vom 20. Mai 1898 (RGBl. S. 846), zuletzt geändert durch Gesetz vom 25. Mai 2009 (BGBl. I S. 1102), unter Berücksichtigung der geplanten Änderungen durch das Gesetz zur Umsetzung der Aktionärsrechterichtlinie (ARUG), bei Drucklegung noch nicht verkündet (BT-Drucksache 16/13098), sowie das Gesetz zur Angemessenheit der Vorstandsvergütung (VorstAG), bei Drucklegung noch nicht verkündet (BT-Drucksache 16/13433)

Abschnitt 1. Errichtung der Gesellschaft

§ 1. Zweck; Gründerzahl. Gesellschaften mit beschränkter Haftung können nach Maßgabe der Bestimmungen dieses Gesetzes zu jedem gesetzlich zulässigen Zweck durch eine oder mehrere Personen errichtet werden.

§ 2. Form des Gesellschaftsvertrags. (1) [1]Der Gesellschaftsvertrag bedarf notarieller Form. [2]Er ist von sämtlichen Gesellschaftern zu unterzeichnen.

(1 a) [1]Die Gesellschaft kann in einem vereinfachten Verfahren gegründet werden, wenn sie höchstens drei Gesellschafter und einen Geschäftsführer hat. [2]Für die Gründung im vereinfachten Verfahren ist das in der Anlage bestimmte Musterprotokoll zu verwenden. [3]Darüber hinaus dürfen keine vom Gesetz abweichenden Bestimmungen getroffen werden. [4]Das Musterprotokoll gilt zugleich als Gesellschafterliste. [5]Im Übrigen finden auf das Musterprotokoll die Vorschriften dieses Gesetzes über den Gesellschaftsvertrag entsprechende Anwendung.

(2) Die Unterzeichnung durch Bevollmächtigte ist nur auf Grund einer notariell errichteten oder beglaubigten Vollmacht zulässig.

§ 3. Inhalt des Gesellschaftsvertrags. (1) Der Gesellschaftsvertrag muß enthalten:

1. die Firma und den Sitz der Gesellschaft,
2. den Gegenstand des Unternehmens,
3. den Betrag des Stammkapitals,
4. die Zahl und die Nennbeträge der Geschäftsanteile, die jeder Gesellschafter gegen Einlage auf das Stammkapital (Stammeinlage) übernimmt.

(2) Soll das Unternehmen auf eine gewisse Zeit beschränkt sein oder sollen den Gesellschaftern außer der Leistung von Kapitaleinlagen noch andere Verpflichtungen gegenüber der Gesellschaft auferlegt werden, so bedürfen auch diese Bestimmungen der Aufnahme in den Gesellschaftsvertrag.

§ 4. Firma. Die Firma der Gesellschaft muß, auch wenn sie nach § 22 des Handelsgesetzbuchs oder nach anderen gesetzlichen Vorschriften fortgeführt wird, die Bezeichnung „Gesellschaft mit beschränkter Haftung" oder eine allgemein verständliche Abkürzung dieser Bezeichnung enthalten.

§ 4 a. Sitz der Gesellschaft. Sitz der Gesellschaft ist der Ort im Inland, den der Gesellschaftsvertrag bestimmt.

§ 5. Stammkapital; Geschäftsanteil. (1) Das Stammkapital der Gesellschaft muß mindestens fünfundzwanzigtausend Euro betragen.

(2) [1]Der Nennbetrag jedes Geschäftsanteils muss auf volle Euro lauten. [2]Ein Gesellschafter kann bei Errichtung der Gesellschaft mehrere Geschäftsanteile übernehmen.

Anlage 1 *Gesetz betreffend die Gesellschaften*

(3) ¹Die Höhe der Nennbeträge der einzelnen Geschäftsanteile kann verschieden bestimmt werden. ²Die Summe der Nennbeträge aller Geschäftsanteile muss mit dem Stammkapital übereinstimmen.

(4) ¹Sollen Sacheinlagen geleistet werden, so müssen der Gegenstand der Sacheinlage und der Nennbetrag des Geschäftsanteils, auf den sich die Sacheinlage bezieht, im Gesellschaftsvertrag festgesetzt werden. ²Die Gesellschafter haben in einem Sachgründungsbericht die für die Angemessenheit der Leistungen für Sacheinlagen wesentlichen Umstände darzulegen und beim Übergang eines Unternehmens auf die Gesellschaft die Jahresergebnisse der beiden letzten Geschäftsjahre anzugeben.

§ 5 a. Unternehmergesellschaft. (1) Eine Gesellschaft, die mit einem Stammkapital gegründet wird, das den Betrag des Mindeststammkapitals nach § 5 Abs. 1 unterschreitet, muss in der Firma abweichend von § 4 die Bezeichnung „Unternehmergesellschaft (haftungsbeschränkt)" oder „UG (haftungsbeschränkt)" führen.

(2) ¹Abweichend von § 7 Abs. 2 darf die Anmeldung erst erfolgen, wenn das Stammkapital in voller Höhe eingezahlt ist. ²Sacheinlagen sind ausgeschlossen.

(3) ¹In der Bilanz des nach den §§ 242, 264 des Handelsgesetzbuchs aufzustellenden Jahresabschlusses ist eine gesetzliche Rücklage zu bilden, in die ein Viertel des um einen Verlustvortrag aus dem Vorjahr geminderten Jahresüberschusses einzustellen ist. ²Die Rücklage darf nur verwandt werden

1. für Zwecke des § 57 c;
2. zum Ausgleich eines Jahresfehlbetrags, soweit er nicht durch einen Gewinnvortrag aus dem Vorjahr gedeckt ist;
3. zum Ausgleich eines Verlustvortrags aus dem Vorjahr, soweit er nicht durch einen Jahresüberschuss gedeckt ist.

(4) Abweichend von § 49 Abs. 3 muss die Versammlung der Gesellschafter bei drohender Zahlungsunfähigkeit unverzüglich einberufen werden.

(5) Erhöht die Gesellschaft ihr Stammkapital so, dass es den Betrag des Mindeststammkapitals nach § 5 Abs. 1 erreicht oder übersteigt, finden die Absätze 1 bis 4 keine Anwendung mehr; die Firma nach Absatz 1 darf beibehalten werden.

§ 6. Geschäftsführer. (1) Die Gesellschaft muß einen oder mehrere Geschäftsführer haben.

(2) ¹Geschäftsführer kann nur eine natürliche, unbeschränkt geschäftsfähige Person sein. ²Geschäftsführer kann nicht sein, wer

1. als Betreuer bei der Besorgung seiner Vermögensangelegenheiten ganz oder teilweise einem Einwilligungsvorbehalt (§ 1903 des Bürgerlichen Gesetzbuchs) unterliegt,
2. aufgrund eines gerichtlichen Urteils oder einer vollziehbaren Entscheidung einer Verwaltungsbehörde einen Beruf, einen Berufszweig, ein Gewerbe oder einen Gewerbezweig nicht ausüben darf, sofern der Unternehmensgegenstand ganz oder teilweise mit dem Gegenstand des Verbots übereinstimmt,
3. wegen einer oder mehrerer vorsätzlich begangener Straftaten
    a) des Unterlassens der Stellung des Antrags auf Eröffnung des Insolvenzverfahrens (Insolvenzverschleppung),
    b) nach den §§ 283 bis 283 d des Strafgesetzbuchs (Insolvenzstraftaten),
    c) der falschen Angaben nach § 82 dieses Gesetzes oder § 399 des Aktiengesetzes,
    d) der unrichtigen Darstellung nach § 400 des Aktiengesetzes, § 331 des Handelsgesetzbuchs, § 313 des Umwandlungsgesetzes oder § 17 des Publizitätsgesetzes oder
    e) nach den §§ 263 bis 264 a oder den §§ 265 b bis 266 a des Strafgesetzbuchs zu einer Freiheitsstrafe von mindestens einem Jahr

verurteilt worden ist; dieser Ausschluss gilt für die Dauer von fünf Jahren seit der Rechtskraft des Urteils, wobei die Zeit nicht eingerechnet wird, in welcher der Täter auf behördliche Anordnung in einer Anstalt verwahrt worden ist.

³Satz 2 Nr. 3 gilt entsprechend bei einer Verurteilung im Ausland wegen einer Tat, die mit den in Satz 2 Nr. 3 genannten Taten vergleichbar ist.

(3) ¹Zu Geschäftsführern können Gesellschafter oder andere Personen bestellt werden. ²Die Bestellung erfolgt entweder im Gesellschaftsvertrag oder nach Maßgabe der Bestimmungen des dritten Abschnitts.

(4) Ist im Gesellschaftsvertrag bestimmt, daß sämtliche Gesellschafter zur Geschäftsführung berechtigt sein sollen, so gelten nur die der Gesellschaft bei Festsetzung dieser Bestimmung angehörenden Personen als die bestellten Geschäftsführer.

(5) Gesellschafter, die vorsätzlich oder grob fahrlässig einer Person, die nicht Geschäftsführer sein kann, die Führung der Geschäfte überlassen, haften der Gesellschaft solidarisch für den Schaden, der dadurch entsteht, dass diese Person die ihr gegenüber der Gesellschaft bestehenden Obliegenheiten verletzt.

§ 7. Anmeldung der Gesellschaft. (1) Die Gesellschaft ist bei dem Gericht, in dessen Bezirk sie ihren Sitz hat, zur Eintragung in das Handelsregister anzumelden.

(2) ¹Die Anmeldung darf erst erfolgen, wenn auf jeden Geschäftsanteil, soweit nicht Sacheinlagen vereinbart sind, ein Viertel des Nennbetrags eingezahlt ist. ²Insgesamt muß auf das Stammkapital mindestens soviel eingezahlt sein, daß der Gesamtbetrag der eingezahlten Geldeinlagen zuzüglich des Gesamtnennbetrags der Geschäftsanteile, für die Sacheinlagen zu leisten sind, die Hälfte des Mindeststammkapitals gemäß § 5 Abs. 1 erreicht.

(3) Die Sacheinlagen sind vor der Anmeldung der Gesellschaft zur Eintragung in das Handelsregister so an die Gesellschaft zu bewirken, daß sie endgültig zur freien Verfügung der Geschäftsführer stehen.

§ 8. Inhalt der Anmeldung. (1) Der Anmeldung müssen beigefügt sein:
1. der Gesellschaftsvertrag und im Fall des § 2 Abs. 2 die Vollmachten der Vertreter, welche den Gesellschaftsvertrag unterzeichnet haben, oder eine beglaubigte Abschrift dieser Urkunden,
2. die Legitimation der Geschäftsführer, sofern dieselben nicht im Gesellschaftsvertrag bestellt sind,
3. eine von den Anmeldenden unterschriebene Liste der Gesellschafter, aus welcher Name, Vorname, Geburtsdatum und Wohnort der letzteren sowie die Nennbeträge und die laufenden Nummern der von einem jeden derselben übernommenen Geschäftsanteile ersichtlich sind,
4. im Fall des § 5 Abs. 4 die Verträge, die den Festsetzungen zugrunde liegen oder zu ihrer Ausführung geschlossen worden sind, und der Sachgründungsbericht,
5. wenn Sacheinlagen vereinbart sind, Unterlagen darüber, daß der Wert der Sacheinlagen den Nennbetrag der dafür übernommenen Geschäftsanteile erreicht.

(2) ¹In der Anmeldung ist die Versicherung abzugeben, daß die in § 7 Abs. 2 und 3 bezeichneten Leistungen auf die Geschäftsanteile bewirkt sind und daß der Gegenstand der Leistungen sich endgültig in der freien Verfügung der Geschäftsführer befindet. ²Das Gericht kann bei erheblichen Zweifeln an der Richtigkeit der Versicherung Nachweise (unter anderem Einzahlungsbelege) verlangen.

(3) ¹In der Anmeldung haben die Geschäftsführer zu versichern, daß keine Umstände vorliegen, die ihrer Bestellung nach § 6 Abs. 2 Satz 2 Nr. 2 und 3 sowie Satz 3 entgegenstehen, und daß sie über ihre unbeschränkte Auskunftspflicht gegenüber dem Gericht belehrt worden sind. ²Die Belehrung nach § 53 Abs. 2 des Bundeszentralregistergesetzes kann schriftlich vorgenommen werden; sie kann auch durch einen Notar oder einen im Ausland bestellten Notar, durch einen Vertreter eines vergleichbaren rechtsberatenden Berufs oder einen Konsularbeamten erfolgen.

(4) In der Anmeldung sind ferner anzugeben
1. eine inländische Geschäftsanschrift,
2. Art und Umfang der Vertretungsbefugnis der Geschäftsführer.

(5) Für die Einreichung von Unterlagen nach diesem Gesetz gilt § 12 Abs. 2 des Handelsgesetzbuchs entsprechend.

§ 9. Überbewertung der Sacheinlagen. (1) ¹Erreicht der Wert einer Sacheinlage im Zeitpunkt der Anmeldung der Gesellschaft zur Eintragung in das Handelsregister nicht den Nennbetrag des dafür übernommenen Geschäftsanteils, hat der Gesellschafter in Höhe des Fehlbetrags eine Einlage in Geld zu leisten. ²Sonstige Ansprüche bleiben unberührt.

(2) Der Anspruch der Gesellschaft nach Absatz 1 Satz 1 verjährt in zehn Jahren seit der Eintragung der Gesellschaft in das Handelsregister.

§ 9 a. Ersatzansprüche der Gesellschaft. (1) Werden zum Zweck der Errichtung der Gesellschaft falsche Angaben gemacht, so haben die Gesellschafter und Geschäftsführer der Gesellschaft als Gesamtschuldner fehlende Einzahlungen zu leisten, eine Vergütung, die nicht unter den Gründungsaufwand aufgenommen ist, zu ersetzen und für den sonst entstehenden Schaden Ersatz zu leisten.

(2) Wird die Gesellschaft von Gesellschaftern durch Einlagen oder Gründungsaufwand vorsätzlich oder aus grober Fahrlässigkeit geschädigt, so sind ihr alle Gesellschafter als Gesamtschuldner zum Ersatz verpflichtet.

(3) Von diesen Verpflichtungen ist ein Gesellschafter oder ein Geschäftsführer befreit, wenn er die die Ersatzpflicht begründenden Tatsachen weder kannte noch bei Anwendung der Sorgfalt eines ordentlichen Geschäftsmannes kennen mußte.

(4) ¹Neben den Gesellschaftern sind in gleicher Weise Personen verantwortlich, für deren Rechnung die Gesellschafter Geschäftsanteile übernommen haben. ²Sie können sich auf ihre eigene Unkenntnis nicht wegen solcher Umstände berufen, die ein für ihre Rechnung handelnder Gesellschafter kannte oder bei Anwendung der Sorgfalt eines ordentlichen Geschäftsmannes kennen mußte.

§ 9 b. Verzicht auf Ersatzansprüche. (1) ¹Ein Verzicht der Gesellschaft auf Ersatzansprüche nach § 9 a oder ein Vergleich der Gesellschaft über diese Ansprüche ist unwirksam, soweit der Ersatz zur Befriedigung der Gläubiger der Gesellschaft erforderlich ist. ²Dies gilt nicht, wenn der Ersatzpflichtige zahlungsunfähig ist und sich zur Abwendung des Insolvenzverfahrens mit seinen Gläubigern vergleicht oder wenn die Ersatzpflicht in einem Insolvenzplan geregelt wird.

(2) ¹Ersatzansprüche der Gesellschaft nach § 9 a verjähren in fünf Jahren. ²Die Verjährung beginnt mit der Eintragung der Gesellschaft in das Handelsregister oder, wenn die zum Ersatz verpflichtende Handlung später begangen worden ist, mit der Vornahme der Handlung.

§ 9 c. Ablehnung der Eintragung. (1) ¹Ist die Gesellschaft nicht ordnungsgemäß errichtet und angemeldet, so hat das Gericht die Eintragung abzulehnen. ²Dies gilt auch, wenn Sacheinlagen nicht unwesentlich überbewertet worden sind.

(2) Wegen einer mangelhaften, fehlenden oder nichtigen Bestimmung des Gesellschaftsvertrages darf das Gericht die Eintragung nach Absatz 1 nur ablehnen, soweit diese Bestimmung, ihr Fehlen oder ihre Nichtigkeit

1. Tatsachen oder Rechtsverhältnisse betrifft, die nach § 3 Abs. 1 oder auf Grund anderer zwingender gesetzlicher Vorschriften in dem Gesellschaftsvertrag bestimmt sein müssen oder die in das Handelsregister einzutragen oder von dem Gericht bekanntzumachen sind,
2. Vorschriften verletzt, die ausschließlich oder überwiegend zum Schutze der Gläubiger der Gesellschaft oder sonst im öffentlichen Interesse gegeben sind, oder
3. die Nichtigkeit des Gesellschaftsvertrages zur Folge hat.

§ 10. Inhalt der Eintragung. (1) ¹Bei der Eintragung in das Handelsregister sind die Firma und der Sitz der Gesellschaft, eine inländische Geschäftsanschrift, der Gegenstand des Unternehmens, die Höhe des Stammkapitals, der Tag des Abschlusses des Gesellschaftsvertrages und die Personen der Geschäftsführer anzugeben. ²Ferner ist einzutragen, welche Vertretungsbefugnis die Geschäftsführer haben.

(2) ¹Enthält der Gesellschaftsvertrag Bestimmungen über die Zeitdauer der Gesellschaft oder über das genehmigte Kapital, so sind auch diese Bestimmungen einzutragen. ²Wenn eine Person, die für Willenserklärungen und Zustellungen an die Gesellschaft empfangsberechtigt ist, mit einer inländischen Anschrift zur Eintragung in das Handelsregister angemeldet wird, sind auch diese Angaben einzutragen; Dritten gegenüber gilt die Empfangsberechtigung als fortbestehend, bis sie im Handelsregister gelöscht und die Löschung bekannt gemacht worden ist, es sei denn, dass die fehlende Empfangsberechtigung dem Dritten bekannt war.

§ 11. Rechtszustand vor der Eintragung. (1) Vor der Eintragung in das Handelsregister des Sitzes der Gesellschaft besteht die Gesellschaft mit beschränkter Haftung als solche nicht.

(2) Ist vor der Eintragung im Namen der Gesellschaft gehandelt worden, so haften die Handelnden persönlich und solidarisch.

§ 12. Bekanntmachungen der Gesellschaft. [1]Bestimmt das Gesetz oder der Gesellschaftsvertrag, dass von der Gesellschaft etwas bekannt zu machen ist, so erfolgt die Bekanntmachung im elektronischen Bundesanzeiger (Gesellschaftsblatt). [2]Daneben kann der Gesellschaftsvertrag andere öffentliche Blätter oder elektronische Informationsmedien als Gesellschaftsblätter bezeichnen. [3]Sieht der Gesellschaftsvertrag vor, dass Bekanntmachungen der Gesellschaft im Bundesanzeiger erfolgen, so ist die Bekanntmachung im elektronischen Bundesanzeiger ausreichend.

Abschnitt 2. Rechtsverhältnisse der Gesellschaft und der Gesellschafter

§ 13. Juristische Person; Handelsgesellschaft. (1) Die Gesellschaft mit beschränkter Haftung als solche hat selbständig ihre Rechte und Pflichten; sie kann Eigentum und andere dingliche Rechte an Grundstücken erwerben, vor Gericht klagen und verklagt werden.

(2) Für die Verbindlichkeiten der Gesellschaft haftet den Gläubigern derselben nur das Gesellschaftsvermögen.

(3) Die Gesellschaft gilt als Handelsgesellschaft im Sinne des Handelsgesetzbuchs.

§ 14. Einlagepflicht. [1]Auf jeden Geschäftsanteil ist eine Einlage zu leisten. [2]Die Höhe der zu leistenden Einlage richtet sich nach dem bei der Errichtung der Gesellschaft im Gesellschaftsvertrag festgesetzten Nennbetrag des Geschäftsanteils. [3]Im Fall der Kapitalerhöhung bestimmt sich die Höhe der zu leistenden Einlage nach dem in der Übernahmeerklärung festgesetzten Nennbetrag des Geschäftsanteils.

§ 15. Übertragung von Geschäftsanteilen. (1) Die Geschäftsanteile sind veräußerlich und vererblich.

(2) Erwirbt ein Gesellschafter zu seinem ursprünglichen Geschäftsanteil weitere Geschäftsanteile, so behalten dieselben ihre Selbständigkeit.

(3) Zur Abtretung von Geschäftsanteilen durch Gesellschafter bedarf es eines in notarieller Form geschlossenen Vertrages.

(4) [1]Der notariellen Form bedarf auch eine Vereinbarung, durch welche die Verpflichtung eines Gesellschafters zur Abtretung eines Geschäftsanteils begründet wird. [2]Eine ohne diese Form getroffene Vereinbarung wird jedoch durch den nach Maßgabe des vorigen Absatzes geschlossenen Abtretungsvertrag gültig.

(5) Durch den Gesellschaftsvertrag kann die Abtretung der Geschäftsanteile an weitere Voraussetzungen geknüpft, insbesondere von der Genehmigung der Gesellschaft abhängig gemacht werden.

§ 16. Rechtsstellung bei Wechsel der Gesellschafter oder Veränderung des Umfangs ihrer Beteiligung; Erwerb vom Nichtberechtigten. (1) [1]Im Verhältnis zur Gesellschaft gilt im Fall einer Veränderung in den Personen der Gesellschafter oder des Umfangs ihrer Beteiligung als Inhaber eines Geschäftsanteils nur, wer als solcher in der im Handelsregister aufgenommenen Gesellschafterliste (§ 40) eingetragen ist. [2]Eine vom Erwerber in Bezug auf das Gesellschaftsverhältnis vorgenommene Rechtshandlung gilt als von Anfang an wirksam, wenn die Liste unverzüglich nach Vornahme der Rechtshandlung in das Handelsregister aufgenommen wird.

(2) Für Einlageverpflichtungen, die in dem Zeitpunkt rückständig sind, ab dem der Erwerber gemäß Absatz 1 Satz 1 im Verhältnis zur Gesellschaft als Inhaber des Geschäftsanteils gilt, haftet der Erwerber neben dem Veräußerer.

(3) [1]Der Erwerber kann einen Geschäftsanteil oder ein Recht daran durch Rechtsgeschäft wirksam vom Nichtberechtigten erwerben, wenn der Veräußerer als Inhaber des Geschäftsanteils in der im Handelsregister aufgenommenen Gesellschafterliste eingetragen ist. [2]Dies gilt nicht,

Anlage 1 *Gesetz betreffend die Gesellschaften*

wenn die Liste zum Zeitpunkt des Erwerbs hinsichtlich des Geschäftsanteils weniger als drei Jahre unrichtig und die Unrichtigkeit dem Berechtigten nicht zuzurechnen ist. [3] Ein gutgläubiger Erwerb ist ferner nicht möglich, wenn dem Erwerber die mangelnde Berechtigung bekannt oder infolge grober Fahrlässigkeit unbekannt ist oder der Liste ein Widerspruch zugeordnet ist. [4] Die Zuordnung eines Widerspruchs erfolgt aufgrund einer einstweiligen Verfügung oder aufgrund einer Bewilligung desjenigen, gegen dessen Berechtigung sich der Widerspruch richtet. [5] Eine Gefährdung des Rechts des Widersprechenden muss nicht glaubhaft gemacht werden.

§ 17. *(aufgehoben)*

§ 18. **Mitberechtigung am Geschäftsanteil.** (1) Steht ein Geschäftsanteil mehreren Mitberechtigten ungeteilt zu, so können sie die Rechte aus demselben nur gemeinschaftlich ausüben.

(2) Für die auf den Geschäftsanteil zu bewirkenden Leistungen haften sie der Gesellschaft solidarisch.

(3) [1] Rechtshandlungen, welche die Gesellschaft gegenüber dem Inhaber des Anteils vorzunehmen hat, sind, sofern nicht ein gemeinsamer Vertreter der Mitberechtigten vorhanden ist, wirksam, wenn sie auch nur gegenüber einem Mitberechtigten vorgenommen werden. [2] Gegenüber mehreren Erben eines Gesellschafters findet diese Bestimmung nur in bezug auf Rechtshandlungen Anwendung, welche nach Ablauf eines Monats seit dem Anfall der Erbschaft vorgenommen werden.

§ 19. **Leistung der Einlagen.** (1) Die Einzahlungen auf die Geschäftsanteile sind nach dem Verhältnis der Geldeinlagen zu leisten.

(2) [1] Von der Verpflichtung zur Leistung der Einlagen können die Gesellschafter nicht befreit werden. [2] Gegen den Anspruch der Gesellschaft ist die Aufrechnung nur zulässig mit einer Forderung aus der Überlassung von Vermögensgegenständen, deren Anrechnung auf die Einlageverpflichtung nach § 5 Abs. 4 Satz 1 vereinbart worden ist. [3] An dem Gegenstand einer Sacheinlage kann wegen Forderungen, welche sich nicht auf den Gegenstand beziehen, kein Zurückbehaltungsrecht geltend gemacht werden.

(3) Durch eine Kapitalherabsetzung können die Gesellschafter von der Verpflichtung zur Leistung von Einlagen höchstens in Höhe des Betrags befreit werden, um den das Stammkapital herabgesetzt worden ist.

(4) [1] Ist eine Geldeinlage eines Gesellschafters bei wirtschaftlicher Betrachtung und aufgrund einer im Zusammenhang mit der Übernahme der Geldeinlage getroffenen Abrede vollständig oder teilweise als Sacheinlage zu bewerten (verdeckte Sacheinlage), so befreit dies den Gesellschafter nicht von seiner Einlageverpflichtung. [2] Jedoch sind die Verträge über die Sacheinlage und die Rechtshandlungen zu ihrer Ausführung nicht unwirksam. [3] Auf die fortbestehende Geldeinlagepflicht des Gesellschafters wird der Wert des Vermögensgegenstandes im Zeitpunkt der Anmeldung der Gesellschaft zur Eintragung in das Handelsregister oder im Zeitpunkt seiner Überlassung an die Gesellschaft, falls diese später erfolgt, angerechnet. [4] Die Anrechnung erfolgt nicht vor Eintragung der Gesellschaft in das Handelsregister. [5] Die Beweislast für die Werthaltigkeit des Vermögensgegenstandes trägt der Gesellschafter.

(5) [1] Ist vor der Einlage eine Leistung an den Gesellschafter vereinbart worden, die wirtschaftlich einer Rückzahlung der Einlage entspricht und die nicht als verdeckte Sacheinlage im Sinne von Absatz 4 zu beurteilen ist, so befreit dies den Gesellschafter von seiner Einlageverpflichtung nur dann, wenn die Leistung durch einen vollwertigen Rückgewähranspruch gedeckt ist, der jederzeit fällig ist oder durch fristlose Kündigung durch die Gesellschaft fällig werden kann. [2] Eine solche Leistung oder die Vereinbarung einer solchen Leistung ist in der Anmeldung nach § 8 anzugeben.

(6) [1] Der Anspruch der Gesellschaft auf Leistung der Einlagen verjährt in zehn Jahren von seiner Entstehung an. [2] Wird das Insolvenzverfahren über das Vermögen der Gesellschaft eröffnet, so tritt die Verjährung nicht vor Ablauf von sechs Monaten ab dem Zeitpunkt der Eröffnung ein.

§ 20. **Verzugszinsen.** Ein Gesellschafter, welcher den auf die Stammeinlage eingeforderten Betrag nicht zur rechten Zeit einzahlt, ist zur Entrichtung von Verzugszinsen von Rechts wegen verpflichtet.

§ 21. Kaduzierung. (1) ¹Im Fall verzögerter Einzahlung kann an den säumigen Gesellschafter eine erneute Aufforderung zur Zahlung binnen einer zu bestimmenden Nachfrist unter Androhung seines Ausschlusses mit dem Geschäftsanteil, auf welchen die Zahlung zu erfolgen hat, erlassen werden. ²Die Aufforderung erfolgt mittels eingeschriebenen Briefes. ³Die Nachfrist muß mindestens einen Monat betragen.

(2) ¹Nach fruchtlosem Ablauf der Frist ist der säumige Gesellschafter seines Geschäftsanteils und der geleisteten Teilzahlungen zugunsten der Gesellschaft verlustig zu erklären. ²Die Erklärung erfolgt mittels eingeschriebenen Briefes.

(3) Wegen des Ausfalls, welchen die Gesellschaft an dem rückständigen Betrag oder den später auf den Geschäftsanteil eingeforderten Beträgen der Stammeinlage erleidet, bleibt ihr der ausgeschlossene Gesellschafter verhaftet.

§ 22. Haftung der Rechtsvorgänger. (1) Für eine von dem ausgeschlossenen Gesellschafter nicht erfüllte Einlageverpflichtung haftet der Gesellschaft auch der letzte und jeder frühere Rechtsvorgänger des Ausgeschlossenen, der im Verhältnis zu ihr als Inhaber des Geschäftsanteils gilt.

(2) Ein früherer Rechtsvorgänger haftet nur, soweit die Zahlung von dessen Rechtsnachfolger nicht zu erlangen ist; dies ist bis zum Beweis des Gegenteils anzunehmen, wenn der letztere die Zahlung nicht bis zum Ablauf eines Monats geleistet hat, nachdem an ihn die Zahlungsaufforderung und an den Rechtsvorgänger die Benachrichtigung von derselben erfolgt ist.

(3) ¹Die Haftung des Rechtsvorgängers ist auf die innerhalb der Frist von fünf Jahren auf die Einlageverpflichtung eingeforderten Leistungen beschränkt. ²Die Frist beginnt mit dem Tag, ab welchem der Rechtsnachfolger im Verhältnis zur Gesellschaft als Inhaber des Geschäftsanteils gilt.

(4) Der Rechtsvorgänger erwirbt gegen Zahlung des rückständigen Betrages den Geschäftsanteil des ausgeschlossenen Gesellschafters.

§ 23. Versteigerung des Geschäftsanteils. ¹Ist die Zahlung des rückständigen Betrages von Rechtsvorgängern nicht zu erlangen, so kann die Gesellschaft den Geschäftsanteil im Wege öffentlicher Versteigerung verkaufen lassen. ²Eine andere Art des Verkaufs ist nur mit Zustimmung des ausgeschlossenen Gesellschafters zulässig.

§ 24. Aufbringung von Fehlbeträgen. ¹Soweit eine Stammeinlage weder von den Zahlungspflichtigen eingezogen, noch durch Verkauf des Geschäftsanteils gedeckt werden kann, haben die übrigen Gesellschafter den Fehlbetrag nach Verhältnis ihrer Geschäftsanteile aufzubringen. ²Beiträge, welche von einzelnen Gesellschaftern nicht zu erlangen sind, werden nach dem bezeichneten Verhältnis auf die übrigen verteilt.

§ 25. Zwingende Vorschriften. Von den in den §§ 21 bis 24 bezeichneten Rechtsfolgen können die Gesellschafter nicht befreit werden.

§ 26. Nachschusspflicht. (1) Im Gesellschaftsvertrag kann bestimmt werden, daß die Gesellschafter über die Nennbeträge der Geschäftsanteile hinaus die Einforderung von weiteren Einzahlungen (Nachschüssen) beschließen können.

(2) Die Einzahlung der Nachschüsse hat nach Verhältnis der Geschäftsanteile zu erfolgen.

(3) Die Nachschußpflicht kann im Gesellschaftsvertrag auf einen bestimmten, nach Verhältnis der Geschäftsanteile festzusetzenden Betrag beschränkt werden.

§ 27. Unbeschränkte Nachschusspflicht. (1) ¹Ist die Nachschußpflicht nicht auf einen bestimmten Betrag beschränkt, so hat jeder Gesellschafter, falls er die Stammeinlage vollständig eingezahlt hat, das Recht, sich von der Zahlung des auf den Geschäftsanteil eingeforderten Nachschusses dadurch zu befreien, daß er innerhalb eines Monats nach der Aufforderung zur Einzahlung den Geschäftsanteil der Gesellschaft zur Befriedigung aus demselben zur Verfügung stellt. ²Ebenso kann die Gesellschaft, wenn der Gesellschafter binnen der angegebenen Frist weder von der bezeichneten Befugnis Gebrauch macht, noch die Einzahlung leistet, demselben mittels eingeschriebenen Briefes erklären, daß sie den Geschäftsanteil als zur Verfügung gestellt betrachte.

Anlage 1 *Gesetz betreffend die Gesellschaften*

(2) ¹Die Gesellschaft hat den Geschäftsanteil innerhalb eines Monats nach der Erklärung des Gesellschafters oder der Gesellschaft im Wege öffentlicher Versteigerung verkaufen zu lassen. ²Eine andere Art des Verkaufs ist nur mit Zustimmung des Gesellschafters zulässig. ³Ein nach Deckung der Verkaufskosten und des rückständigen Nachschusses verbleibender Überschuß gebührt dem Gesellschafter.

(3) ¹Ist die Befriedigung der Gesellschaft durch den Verkauf nicht zu erlangen, so fällt der Geschäftsanteil der Gesellschaft zu. ²Dieselbe ist befugt, den Anteil für eigene Rechnung zu veräußern.

(4) Im Gesellschaftsvertrag kann die Anwendung der vorstehenden Bestimmungen auf den Fall beschränkt werden, daß die auf den Geschäftsanteil eingeforderten Nachschüsse einen bestimmten Betrag überschreiten.

§ 28. Beschränkte Nachschusspflicht. (1) ¹Ist die Nachschußpflicht auf einen bestimmten Betrag beschränkt, so finden, wenn im Gesellschaftsvertrag nicht ein anderes festgesetzt ist, im Fall verzögerter Einzahlung von Nachschüssen die auf die Einzahlung der Stammeinlagen bezüglichen Vorschriften der §§ 21 bis 23 entsprechende Anwendung. ²Das gleiche gilt im Fall des § 27 Abs. 4 auch bei unbeschränkter Nachschußpflicht, soweit die Nachschüsse den im Gesellschaftsvertrag festgesetzten Betrag nicht überschreiten.

(2) Im Gesellschaftsvertrag kann bestimmt werden, daß die Einforderung von Nachschüssen, auf deren Zahlung die Vorschriften der §§ 21 bis 23 Anwendung finden, schon vor vollständiger Einforderung der Stammeinlagen zulässig ist.

§ 29. Ergebnisverwendung. (1) ¹Die Gesellschafter haben Anspruch auf den Jahresüberschuß zuzüglich eines Gewinnvortrags und abzüglich eines Verlustvortrags, soweit der sich ergebende Betrag nicht nach Gesetz oder Gesellschaftsvertrag, durch Beschluß nach Absatz 2 oder als zusätzlicher Aufwand auf Grund des Beschlusses über die Verwendung des Ergebnisses von der Verteilung unter die Gesellschafter ausgeschlossen ist. ²Wird die Bilanz unter Berücksichtigung der teilweisen Ergebnisverwendung aufgestellt oder werden Rücklagen aufgelöst, so haben die Gesellschafter abweichend von Satz 1 Anspruch auf den Bilanzgewinn.

(2) Im Beschluß über die Verwendung des Ergebnisses können die Gesellschafter, wenn der Gesellschaftsvertrag nichts anderes bestimmt, Beträge in Gewinnrücklagen einstellen oder als Gewinn vortragen.

(3) ¹Die Verteilung erfolgt nach Verhältnis der Geschäftsanteile. ²Im Gesellschaftsvertrag kann ein anderer Maßstab der Verteilung festgesetzt werden.

(4) ¹Unbeschadet der Absätze 1 und 2 und abweichender Gewinnverteilungsabreden nach Absatz 3 Satz 2 können die Geschäftsführer mit Zustimmung des Aufsichtsrats oder der Gesellschafter den Eigenkapitalanteil von Wertaufholungen bei Vermögensgegenständen des Anlage- und Umlaufvermögens und von bei der steuerrechtlichen Gewinnermittlung gebildeten Passivposten, die nicht im Sonderposten mit Rücklageanteil ausgewiesen werden dürfen, in andere Gewinnrücklagen einstellen. ²Der Betrag dieser Rücklagen ist entweder in der Bilanz gesondert auszuweisen oder im Anhang anzugeben.

§ 30. Kapitalerhaltung. (1) ¹Das zur Erhaltung des Stammkapitals erforderliche Vermögen der Gesellschaft darf an die Gesellschafter nicht ausgezahlt werden. ²Satz 1 gilt nicht bei Leistungen, die bei Bestehen eines Beherrschungs- oder Gewinnabführungsvertrags (§ 291 des Aktiengesetzes) erfolgen, oder durch einen vollwertigen Gegenleistungs- oder Rückgewähranspruch gegen den Gesellschafter gedeckt sind. ³Satz 1 ist zudem nicht anzuwenden auf die Rückgewähr eines Gesellschafterdarlehens und Leistungen auf Forderungen aus Rechtshandlungen, die einem Gesellschafterdarlehen wirtschaftlich entsprechen.

(2) ¹Eingezahlte Nachschüsse können, soweit sie nicht zur Deckung eines Verlustes am Stammkapital erforderlich sind, an die Gesellschafter zurückgezahlt werden. ²Die Zurückzahlung darf nicht vor Ablauf von drei Monaten erfolgen, nachdem der Rückzahlungsbeschluß nach § 12 bekanntgemacht ist. ³Im Fall des § 28 Abs. 2 ist die Zurückzahlung von Nachschüssen vor der Volleinzahlung des Stammkapitals unzulässig. ⁴Zurückgezahlte Nachschüsse gelten als nicht eingezogen.

§ 31. Erstattung verbotener Rückzahlungen. (1) Zahlungen, welche den Vorschriften des § 30 zuwider geleistet sind, müssen der Gesellschaft erstattet werden.

(2) War der Empfänger in gutem Glauben, so kann die Erstattung nur insoweit verlangt werden, als sie zur Befriedigung der Gesellschaftsgläubiger erforderlich ist.

(3) [1] Ist die Erstattung von dem Empfänger nicht zu erlangen, so haften für den zu erstattenden Betrag, soweit er zur Befriedigung der Gesellschaftsgläubiger erforderlich ist, die übrigen Gesellschafter nach Verhältnis ihrer Geschäftsanteile. [2] Beiträge, welche von einzelnen Gesellschaftern nicht zu erlangen sind, werden nach dem bezeichneten Verhältnis auf die übrigen verteilt.

(4) Zahlungen, welche auf Grund der vorstehenden Bestimmungen zu leisten sind, können den Verpflichteten nicht erlassen werden.

(5) [1] Die Ansprüche der Gesellschaft verjähren in den Fällen des Absatzes 1 in zehn Jahren sowie in den Fällen des Absatzes 3 in fünf Jahren. [2] Die Verjährung beginnt mit dem Ablauf des Tages, an welchem die Zahlung, deren Erstattung beansprucht wird, geleistet ist. [3] In den Fällen des Absatzes 1 findet § 19 Abs. 6 Satz 2 entsprechende Anwendung.

(6) [1] Für die in den Fällen des Absatzes 3 geleistete Erstattung einer Zahlung sind den Gesellschaftern die Geschäftsführer, welchen in betreff der geleisteten Zahlung ein Verschulden zur Last fällt, solidarisch zum Ersatz verpflichtet. [2] Die Bestimmungen in § 43 Abs. 1 und 4 finden entsprechende Anwendung.

§ 32. Rückzahlung von Gewinn. Liegt die in § 31 Abs. 1 bezeichnete Voraussetzung nicht vor, so sind die Gesellschafter in keinem Fall verpflichtet, Beträge, welche sie in gutem Glauben als Gewinnanteile bezogen haben, zurückzuzahlen.

§§ 32 a, 32 b. *(aufgehoben)*

§ 33. Erwerb eigener Geschäftsanteile. (1) Die Gesellschaft kann eigene Geschäftsanteile, auf welche die Einlagen noch nicht vollständig geleistet sind, nicht erwerben oder als Pfand nehmen.

(2) [1] Eigene Geschäftsanteile, auf welche die Einlage vollständig geleistet ist, darf sie nur erwerben, sofern sie im Zeitpunkt des Erwerbs eine Rücklage in Höhe der Aufwendungen für den Erwerb bilden könnte, ohne das Stammkapital oder eine nach dem Gesellschaftsvertrag zu bildende Rücklage zu mindern, die nicht zur Zahlung an die Gesellschafter verwandt werden darf. [2] Als Pfand nehmen darf sie nur solche Geschäftsanteile, soweit der Gesamtbetrag der durch Inpfandnahme eigener Geschäftsanteile gesicherten Forderungen oder, wenn der Wert der als Pfand genommenen Geschäftsanteile niedriger ist, dieser Betrag nicht höher ist als das über das Stammkapital hinaus vorhandene Vermögen. [3] Ein Verstoß gegen die Sätze 1 und 2 macht den Erwerb oder die Inpfandnahme der Geschäftsanteile nicht unwirksam; jedoch ist das schuldrechtliche Geschäft über einen verbotswidrigen Erwerb oder eine verbotswidrige Inpfandnahme nichtig.

(3) Der Erwerb eigener Geschäftsanteile ist ferner zulässig zur Abfindung von Gesellschaftern nach § 29 Abs. 1, § 122i Abs. 1 Satz 2, § 125 Satz 1 in Verbindung mit § 29 Abs. 1 und § 207 Abs. 1 des Umwandlungsgesetzes, sofern der Erwerb binnen sechs Monaten nach dem Wirksamwerden der Umwandlung oder nach der Rechtskraft der gerichtlichen Entscheidung erfolgt und die Gesellschaft im Zeitpunkt des Erwerbs eine Rücklage in Höhe der Aufwendungen für den Erwerb bilden könnte, ohne das Stammkapital oder eine nach dem Gesellschaftsvertrag zu bildende Rücklage zu mindern, die nicht zur Zahlung an die Gesellschafter verwandt werden darf.

§ 34. Einziehung von Geschäftsanteilen. (1) Die Einziehung (Amortisation) von Geschäftsanteilen darf nur erfolgen, soweit sie im Gesellschaftsvertrag zugelassen ist.

(2) Ohne die Zustimmung des Anteilsberechtigten findet die Einziehung nur statt, wenn die Voraussetzungen derselben vor dem Zeitpunkt, in welchem der Berechtigte den Geschäftsanteil erworben hat, im Gesellschaftsvertrag festgesetzt waren.

(3) Die Bestimmung in § 30 Abs. 1 bleibt unberührt.

Abschnitt 3. Vertretung und Geschäftsführung

§ 35. Vertretung der Gesellschaft. (1) [1] Die Gesellschaft wird durch die Geschäftsführer gerichtlich und außergerichtlich vertreten. [2] Hat eine Gesellschaft keinen Geschäftsführer (Führungslosigkeit), wird die Gesellschaft für den Fall, dass ihr gegenüber Willenserklärungen abgegeben oder Schriftstücke zugestellt werden, durch die Gesellschafter vertreten.

Anlage 1 *Gesetz betreffend die Gesellschaften*

(2) ¹Sind mehrere Geschäftsführer bestellt, sind sie alle nur gemeinschaftlich zur Vertretung der Gesellschaft befugt, es sei denn, dass der Gesellschaftsvertrag etwas anderes bestimmt. ²Ist der Gesellschaft gegenüber eine Willenserklärung abzugeben, genügt die Abgabe gegenüber einem Vertreter der Gesellschaft nach Absatz 1. ³An die Vertreter der Gesellschaft nach Absatz 1 können unter der im Handelsregister eingetragenen Geschäftsanschrift Willenserklärungen abgegeben und Schriftstücke für die Gesellschaft zugestellt werden. ⁴Unabhängig hiervon können die Abgabe und die Zustellung auch unter der eingetragenen Anschrift der empfangsberechtigten Person nach § 10 Abs. 2 Satz 2 erfolgen.

(3) ¹Befinden sich alle Geschäftsanteile der Gesellschaft in der Hand eines Gesellschafters oder daneben in der Hand der Gesellschaft und ist er zugleich deren alleiniger Geschäftsführer, so ist auf seine Rechtsgeschäfte mit der Gesellschaft § 181 des Bürgerlichen Gesetzbuchs anzuwenden. ²Rechtsgeschäfte zwischen ihm und der von ihm vertretenen Gesellschaft sind, auch wenn er nicht alleiniger Geschäftsführer ist, unverzüglich nach ihrer Vornahme in eine Niederschrift aufzunehmen.

§ 35a. Angaben auf Geschäftsbriefen. (1) ¹Auf allen Geschäftsbriefen gleichviel welcher Form, die an einen bestimmten Empfänger gerichtet werden, müssen die Rechtsform und der Sitz der Gesellschaft, das Registergericht des Sitzes der Gesellschaft und die Nummer, unter der die Gesellschaft in das Handelsregister eingetragen ist, sowie alle Geschäftsführer und, sofern die Gesellschaft einen Aufsichtsrat gebildet und dieser einen Vorsitzenden hat, der Vorsitzende des Aufsichtsrats mit dem Familiennamen und mindestens einem ausgeschriebenen Vornamen angegeben werden. ²Werden Angaben über das Kapital der Gesellschaft gemacht, so müssen in jedem Falle das Stammkapital sowie, wenn nicht alle in Geld zu leistenden Einlagen eingezahlt sind, der Gesamtbetrag der ausstehenden Einlagen angegeben werden.

(2) Der Angaben nach Absatz 1 Satz 1 bedarf es nicht bei Mitteilungen oder Berichten, die im Rahmen einer bestehenden Geschäftsverbindung ergehen und für die üblicherweise Vordrucke verwendet werden, in denen lediglich die im Einzelfall erforderlichen besonderen Angaben eingefügt zu werden brauchen.

(3) ¹Bestellscheine gelten als Geschäftsbriefe im Sinne des Absatzes 1. ²Absatz 2 ist auf sie nicht anzuwenden.

(4) ¹Auf allen Geschäftsbriefen und Bestellscheinen, die von einer Zweigniederlassung einer Gesellschaft mit beschränkter Haftung mit Sitz im Ausland verwendet werden, müssen das Register, bei dem die Zweigniederlassung geführt wird, und die Nummer des Registereintrags angegeben werden; im übrigen gelten die Vorschriften der Absätze 1 bis 3 für die Angaben bezüglich der Haupt- und der Zweigniederlassung, soweit nicht das ausländische Recht Abweichungen nötig macht. ²Befindet sich die ausländische Gesellschaft in Liquidation, so sind auch diese Tatsache sowie alle Liquidatoren anzugeben.

§ 36. *(aufgehoben)*

§ 37. Beschränkungen der Vertretungsbefugnis. (1) Die Geschäftsführer sind der Gesellschaft gegenüber verpflichtet, die Beschränkungen einzuhalten, welche für den Umfang ihrer Befugnis, die Gesellschaft zu vertreten, durch den Gesellschaftsvertrag oder, soweit dieser nicht ein anderes bestimmt, durch die Beschlüsse der Gesellschafter festgesetzt sind.

(2) ¹Gegen dritte Personen hat eine Beschränkung der Befugnis der Geschäftsführer, die Gesellschaft zu vertreten, keine rechtliche Wirkung. ²Dies gilt insbesondere für den Fall, daß die Vertretung sich nur auf gewisse Geschäfte oder Arten von Geschäften erstrecken oder nur unter gewissen Umständen oder für eine gewisse Zeit oder an einzelnen Orten stattfinden soll, oder daß die Zustimmung der Gesellschafter oder eines Organs der Gesellschaft für einzelne Geschäfte erfordert ist.

§ 38. Widerruf der Bestellung. (1) Die Bestellung der Geschäftsführer ist zu jeder Zeit widerruflich, unbeschadet der Entschädigungsansprüche aus bestehenden Verträgen.

(2) ¹Im Gesellschaftsvertrag kann die Zulässigkeit des Widerrufs auf den Fall beschränkt werden, daß wichtige Gründe denselben notwendig machen. ²Als solche Gründe sind insbesondere grobe Pflichtverletzung oder Unfähigkeit zur ordnungsmäßigen Geschäftsführung anzusehen.

mit beschränkter Haftung **Anlage 1**

§ 39. Anmeldung der Geschäftsführer. (1) Jede Änderung in den Personen der Geschäftsführer sowie die Beendigung der Vertretungsbefugnis eines Geschäftsführers ist zur Eintragung in das Handelsregister anzumelden.

(2) Der Anmeldung sind die Urkunden über die Bestellung der Geschäftsführer oder über die Beendigung der Vertretungsbefugnis in Urschrift oder öffentlich beglaubigter Abschrift beizufügen.

(3) ¹Die neuen Geschäftsführer haben in der Anmeldung zu versichern, daß keine Umstände vorliegen, die ihrer Bestellung nach § 6 Abs. 2 Satz 2 Nr. 2 und 3 sowie Satz 3 entgegenstehen und daß sie über ihre unbeschränkte Auskunftspflicht gegenüber dem Gericht belehrt worden sind. ²§ 8 Abs. 3 Satz 2 ist anzuwenden.

§ 40. Liste der Gesellschafter. (1) ¹Die Geschäftsführer haben unverzüglich nach Wirksamwerden jeder Veränderung in den Personen der Gesellschafter oder des Umfangs ihrer Beteiligung eine von ihnen unterschriebene Liste der Gesellschafter zum Handelsregister einzureichen, aus welcher Name, Vorname, Geburtsdatum und Wohnort der letzteren sowie die Nennbeträge und die laufenden Nummern der von einem jeden derselben übernommenen Geschäftsanteile zu entnehmen sind. ²Die Änderung der Liste durch die Geschäftsführer erfolgt auf Mitteilung und Nachweis.

(2) ¹Hat ein Notar an Veränderungen nach Absatz 1 Satz 1 mitgewirkt, hat er unverzüglich nach deren Wirksamwerden ohne Rücksicht auf etwaige später eintretende Unwirksamkeitsgründe die Liste anstelle der Geschäftsführer zu unterschreiben, zum Handelsregister einzureichen und eine Abschrift der geänderten Liste an die Gesellschaft zu übermitteln. ²Die Liste muss mit der Bescheinigung des Notars versehen sein, dass die geänderten Eintragungen den Veränderungen entsprechen, an denen er mitgewirkt hat, und die übrigen Eintragungen mit dem Inhalt der zuletzt im Handelsregister aufgenommenen Liste übereinstimmen.

(3) Geschäftsführer, welche die ihnen nach Absatz 1 obliegende Pflicht verletzen, haften denjenigen, deren Beteiligung sich geändert hat, und den Gläubigern der Gesellschaft für den daraus entstandenen Schaden als Gesamtschuldner.

§ 41. Buchführung. Die Geschäftsführer sind verpflichtet, für die ordnungsmäßige Buchführung der Gesellschaft zu sorgen.

§ 42. Bilanz. (1) In der Bilanz des nach den §§ 242, 264 des Handelsgesetzbuchs aufzustellenden Jahresabschlusses ist das Stammkapital als gezeichnetes Kapital auszuweisen.

(2) ¹Das Recht der Gesellschaft zur Einziehung von Nachschüssen der Gesellschafter ist in der Bilanz insoweit zu aktivieren, als die Einziehung bereits beschlossen ist und den Gesellschaftern ein Recht, durch Verweisung auf den Geschäftsanteil sich von der Zahlung der Nachschüsse zu befreien, nicht zusteht. ²Der nachzuschießende Betrag ist auf der Aktivseite unter den Forderungen gesondert unter der Bezeichnung „Eingeforderte Nachschüsse" auszuweisen, soweit mit der Zahlung gerechnet werden kann. ³Ein dem Aktivposten entsprechender Betrag ist auf der Passivseite in dem Posten „Kapitalrücklage" gesondert auszuweisen.

(3) Ausleihungen, Forderungen und Verbindlichkeiten gegenüber Gesellschaftern sind in der Regel als solche jeweils gesondert auszuweisen oder im Anhang anzugeben; werden sie unter anderen Posten ausgewiesen, so muß diese Eigenschaft vermerkt werden.

§ 42 a. Vorlage des Jahresabschlusses und des Lageberichts. (1) ¹Die Geschäftsführer haben den Jahresabschluß und den Lagebericht unverzüglich nach der Aufstellung den Gesellschaftern zum Zwecke der Feststellung des Jahresabschlusses vorzulegen. ²Ist der Jahresabschluß durch einen Abschlußprüfer zu prüfen, so haben die Geschäftsführer ihn zusammen mit dem Lagebericht und dem Prüfungsbericht des Abschlußprüfers unverzüglich nach Eingang des Prüfungsberichts vorzulegen. ³Hat die Gesellschaft einen Aufsichtsrat, so ist dessen Bericht über das Ergebnis seiner Prüfung ebenfalls unverzüglich vorzulegen.

(2) ¹Die Gesellschafter haben spätestens bis zum Ablauf der ersten acht Monate oder, wenn es sich um eine kleine Gesellschaft handelt (§ 267 Abs. 1 des Handelsgesetzbuchs), bis zum Ablauf der ersten elf Monate des Geschäftsjahrs über die Feststellung des Jahresabschlusses und über die Ergebnisverwendung zu beschließen. ²Der Gesellschaftsvertrag kann die Frist nicht verlängern.

Anlage 1 *Gesetz betreffend die Gesellschaften*

[3] Auf den Jahresabschluß sind bei der Feststellung die für seine Aufstellung geltenden Vorschriften anzuwenden.

(3) Hat ein Abschlußprüfer den Jahresabschluß geprüft, so hat er auf Verlangen eines Gesellschafters an den Verhandlungen über die Feststellung des Jahresabschlusses teilzunehmen.

(4) [1] Ist die Gesellschaft zur Aufstellung eines Konzernabschlusses und eines Konzernlageberichts verpflichtet, so sind die Absätze 1 bis 3 entsprechend anzuwenden. [2] Das Gleiche gilt hinsichtlich eines Einzelabschlusses nach § 325 Abs. 2 a des Handelsgesetzbuchs, wenn die Gesellschafter die Offenlegung eines solchen beschlossen haben.

§ 43. Haftung der Geschäftsführer. (1) Die Geschäftsführer haben in den Angelegenheiten der Gesellschaft die Sorgfalt eines ordentlichen Geschäftsmannes anzuwenden.

(2) Geschäftsführer, welche ihre Obliegenheiten verletzen, haften der Gesellschaft solidarisch für den entstandenen Schaden.

(3) [1] Insbesondere sind sie zum Ersatze verpflichtet, wenn den Bestimmungen des § 30 zuwider Zahlungen aus dem zur Erhaltung des Stammkapitals erforderlichen Vermögen der Gesellschaft gemacht oder den Bestimmungen des § 33 zuwider eigene Geschäftsanteile der Gesellschaft erworben worden sind. [2] Auf den Ersatzanspruch finden die Bestimmungen in § 9 b Abs. 1 entsprechende Anwendung. [3] Soweit der Ersatz zur Befriedigung der Gläubiger der Gesellschaft erforderlich ist, wird die Verpflichtung der Geschäftsführer dadurch nicht aufgehoben, daß dieselben in Befolgung eines Beschlusses der Gesellschafter gehandelt haben.

(4) Die Ansprüche auf Grund der vorstehenden Bestimmungen verjähren in fünf Jahren.

§ 43 a. Kreditgewährung aus Gesellschaftsvermögen. [1] Den Geschäftsführern, anderen gesetzlichen Vertretern, Prokuristen oder zum gesamten Geschäftsbetrieb ermächtigten Handlungsbevollmächtigten darf Kredit nicht aus dem zur Erhaltung des Stammkapitals erforderlichen Vermögen der Gesellschaft gewährt werden. [2] Ein entgegen Satz 1 gewährter Kredit ist ohne Rücksicht auf entgegenstehende Vereinbarungen sofort zurückzugewähren.

§ 44. Stellvertreter von Geschäftsführern. Die für die Geschäftsführer gegebenen Vorschriften gelten auch für Stellvertreter von Geschäftsführern.

§ 45. Rechte der Gesellschafter. (1) Die Rechte, welche den Gesellschaftern in den Angelegenheiten der Gesellschaft, insbesondere in bezug auf die Führung der Geschäfte zustehen, sowie die Ausübung derselben bestimmen sich, soweit nicht gesetzliche Vorschriften entgegenstehen, nach dem Gesellschaftsvertrag.

(2) In Ermangelung besonderer Bestimmungen des Gesellschaftsvertrages finden die Vorschriften der §§ 46 bis 51 Anwendung.

§ 46. Aufgabenkreis der Gesellschafter. Der Bestimmung der Gesellschafter unterliegen:

1. die Feststellung des Jahresabschlusses und die Verwendung des Ergebnisses;
1 a. die Entscheidung über die Offenlegung eines Einzelabschlusses nach internationalen Rechnungslegungsstandards (§ 325 Abs. 2 a des Handelsgesetzbuchs) und über die Billigung des von den Geschäftsführern aufgestellten Abschlusses;
1 b. die Billigung eines von den Geschäftsführern aufgestellten Konzernabschlusses;
2. die Einforderung der Einlagen;
3. die Rückzahlung von Nachschüssen;
4. die Teilung, die Zusammenlegung sowie die Einziehung von Geschäftsanteilen;
5. die Bestellung und die Abberufung von Geschäftsführern sowie die Entlastung derselben;
6. die Maßregeln zur Prüfung und Überwachung der Geschäftsführung;
7. die Bestellung von Prokuristen und von Handlungsbevollmächtigten zum gesamten Geschäftsbetrieb;
8. die Geltendmachung von Ersatzansprüchen, welche der Gesellschaft aus der Gründung oder Geschäftsführung gegen Geschäftsführer oder Gesellschafter zustehen, sowie die Vertretung der Gesellschaft in Prozessen, welche sie gegen die Geschäftsführer zu führen hat.

§ 47. Abstimmung. (1) Die von den Gesellschaftern in den Angelegenheiten der Gesellschaft zu treffenden Bestimmungen erfolgen durch Beschlußfassung nach der Mehrheit der abgegebenen Stimmen.

(2) Jeder Euro eines Geschäftsanteils gewährt eine Stimme.

(3) Vollmachten bedürfen zu ihrer Gültigkeit der Textform.

(4) [1]Ein Gesellschafter, welcher durch die Beschlußfassung entlastet oder von einer Verbindlichkeit befreit werden soll, hat hierbei kein Stimmrecht und darf ein solches auch nicht für andere ausüben. [2]Dasselbe gilt von einer Beschlußfassung, welche die Vornahme eines Rechtsgeschäfts oder die Einleitung oder Erledigung eines Rechtsstreites gegenüber einem Gesellschafter betrifft.

§ 48. Gesellschafterversammlung. (1) Die Beschlüsse der Gesellschafter werden in Versammlungen gefaßt.

(2) Der Abhaltung einer Versammlung bedarf es nicht, wenn sämtliche Gesellschafter in Textform mit der zu treffenden Bestimmung oder mit der schriftlichen Abgabe der Stimmen sich einverstanden erklären.

(3) Befinden sich alle Geschäftsanteile der Gesellschaft in der Hand eines Gesellschafters oder daneben in der Hand der Gesellschaft, so hat er unverzüglich nach der Beschlußfassung eine Niederschrift aufzunehmen und zu unterschreiben.

§ 49. Einberufung der Versammlung. (1) Die Versammlung der Gesellschafter wird durch die Geschäftsführer berufen.

(2) Sie ist außer den ausdrücklich bestimmten Fällen zu berufen, wenn es im Interesse der Gesellschaft erforderlich erscheint.

(3) Insbesondere muß die Versammlung unverzüglich berufen werden, wenn aus der Jahresbilanz oder aus einer im Laufe des Geschäftsjahres aufgestellten Bilanz sich ergibt, daß die Hälfte des Stammkapitals verloren ist.

§ 50. Minderheitsrechte. (1) Gesellschafter, deren Geschäftsanteile zusammen mindestens dem zehnten Teil des Stammkapitals entsprechen, sind berechtigt, unter Angabe des Zwecks und der Gründe die Berufung der Versammlung zu verlangen.

(2) In gleicher Weise haben die Gesellschafter das Recht zu verlangen, daß Gegenstände zur Beschlußfassung der Versammlung angekündigt werden.

(3) [1]Wird dem Verlangen nicht entsprochen oder sind Personen, an welche dasselbe zu richten wäre, nicht vorhanden, so können die in Absatz 1 bezeichneten Gesellschafter unter Mitteilung des Sachverhältnisses die Berufung oder Ankündigung selbst bewirken. [2]Die Versammlung beschließt, ob die entstandenen Kosten von der Gesellschaft zu tragen sind.

§ 51. Form der Einberufung. (1) [1]Die Berufung der Versammlung erfolgt durch Einladung der Gesellschafter mittels eingeschriebener Briefe. [2]Sie ist mit einer Frist von mindestens einer Woche zu bewirken.

(2) Der Zweck der Versammlung soll jederzeit bei der Berufung angekündigt werden.

(3) Ist die Versammlung nicht ordnungsmäßig berufen, so können Beschlüsse nur gefaßt werden, wenn sämtliche Gesellschafter anwesend sind.

(4) Das gleiche gilt in bezug auf Beschlüsse über Gegenstände, welche nicht wenigstens drei Tage vor der Versammlung in der für die Berufung vorgeschriebenen Weise angekündigt worden sind.

§ 51 a. Auskunfts- und Einsichtsrecht. (1) Die Geschäftsführer haben jedem Gesellschafter auf Verlangen unverzüglich Auskunft über die Angelegenheiten der Gesellschaft zu geben und die Einsicht der Bücher und Schriften zu gestatten.

(2) [1]Die Geschäftsführer dürfen die Auskunft und die Einsicht verweigern, wenn zu besorgen ist, daß der Gesellschafter sie zu gesellschaftsfremden Zwecken verwenden und dadurch der Gesellschaft oder einem verbundenen Unternehmen einen nicht unerheblichen Nachteil zufügen wird. [2]Die Verweigerung bedarf eines Beschlusses der Gesellschafter.

(3) Von diesen Vorschriften kann im Gesellschaftsvertrag nicht abgewichen werden.

Anlage 1

§ 51 b. Gerichtliche Entscheidung über das Auskunfts- und Einsichtsrecht. ¹Für die gerichtliche Entscheidung über das Auskunfts- und Einsichtsrecht findet § 132 Abs. 1, 3 bis 5 des Aktiengesetzes entsprechende Anwendung. ²Antragsberechtigt ist jeder Gesellschafter, dem die verlangte Auskunft nicht gegeben oder die verlangte Einsicht nicht gestattet worden ist.

§ 52. Aufsichtsrat. (1) Ist nach dem Gesellschaftsvertrag ein Aufsichtsrat zu bestellen, so sind § 90 Abs. 3, 4, 5 Satz 1 und 2, § 95 Satz 1, § 100 Abs. 1 und 2 Nr. 2 und Abs. 5, § 101 Abs. 1 Satz 1, § 103 Abs. 1 Satz 1 und 2, §§ 105, 107 Abs. 4, §§ 110 bis 114, 116 des Aktiengesetzes in Verbindung mit § 93 Abs. 1 und 2 Satz 1 und 2 des Aktiengesetzes, § 124 Abs. 3 Satz 2, §§ 170, 171 des Aktiengesetzes entsprechend anzuwenden, soweit nicht im Gesellschaftsvertrag ein anderes bestimmt ist.

(2) ¹Werden die Mitglieder des Aufsichtsrats vor der Eintragung der Gesellschaft in das Handelsregister bestellt, gilt § 37 Abs. 4 Nr. 3 und 3a des Aktiengesetzes entsprechend. ²Die Geschäftsführer haben bei jeder Änderung in den Personen der Aufsichtsratsmitglieder unverzüglich eine Liste der Mitglieder des Aufsichtsrats, aus welcher Name, Vorname, ausgeübter Beruf und Wohnort der Mitglieder ersichtlich ist, zum Handelsregister einzureichen; das Gericht hat nach § 10 des Handelsgesetzbuchs einen Hinweis darauf bekannt zu machen, dass die Liste zum Handelsregister eingereicht worden ist.

(3) Schadensersatzansprüche gegen die Mitglieder des Aufsichtsrats wegen Verletzung ihrer Obliegenheiten verjähren in fünf Jahren.

Abschnitt 4. Abänderungen des Gesellschaftsvertrags

§ 53. Form der Satzungsänderung. (1) Eine Abänderung des Gesellschaftsvertrages kann nur durch Beschluß der Gesellschafter erfolgen.

(2) ¹Der Beschluß muß notariell beurkundet werden, derselbe bedarf einer Mehrheit von drei Vierteilen der abgegebenen Stimmen. ²Der Gesellschaftsvertrag kann noch andere Erfordernisse aufstellen.

(3) Eine Vermehrung der den Gesellschaftern nach dem Gesellschaftsvertrag obliegenden Leistungen kann nur mit Zustimmung sämtlicher beteiligter Gesellschafter beschlossen werden.

§ 54. Anmeldung und Eintragung der Satzungsänderung. (1) ¹Die Abänderung des Gesellschaftsvertrages ist zur Eintragung in das Handelsregister anzumelden. ²Der Anmeldung ist der vollständige Wortlaut des Gesellschaftsvertrags beizufügen; er muß mit der Bescheinigung eines Notars versehen sein, daß die geänderten Bestimmungen des Gesellschaftsvertrags mit dem Beschluß über die Änderung des Gesellschaftsvertrags und die unveränderten Bestimmungen mit dem zuletzt zum Handelsregister eingereichten vollständigen Wortlaut des Gesellschaftsvertrags übereinstimmen.

(2) Bei der Eintragung genügt, sofern nicht die Abänderung die in § 10 bezeichneten Angaben betrifft, die Bezugnahme auf die bei dem Gericht eingereichten Dokumente über die Abänderung.

(3) Die Abänderung hat keine rechtliche Wirkung, bevor sie in das Handelsregister des Sitzes der Gesellschaft eingetragen ist.

§ 55. Erhöhung des Stammkapitals. (1) Wird eine Erhöhung des Stammkapitals beschlossen, so bedarf es zur Übernahme jedes Geschäftsanteils an dem erhöhten Kapital einer notariell aufgenommenen oder beglaubigten Erklärung des Übernehmers.

(2) ¹Zur Übernahme eines Geschäftsanteils können von der Gesellschaft die bisherigen Gesellschafter oder andere Personen, welche durch die Übernahme ihren Beitritt zu der Gesellschaft erklären, zugelassen werden. ²Im letzteren Falle sind außer dem Nennbetrag des Geschäftsanteils auch sonstige Leistungen, zu welchen der Beitretende nach dem Gesellschaftsvertrage verpflichtet sein soll, in der in Absatz 1 bezeichneten Urkunde ersichtlich zu machen.

(3) Wird von einem der Gesellschaft bereits angehörenden Gesellschafter ein Geschäftsanteil an dem erhöhten Kapital übernommen, so erwirbt derselbe einen weiteren Geschäftsanteil.

mit beschränkter Haftung **Anlage 1**

(4) Die Bestimmungen in § 5 Abs. 2 und 3 über die Nennbeträge der Geschäftsanteile sowie die Bestimmungen in § 19 Abs. 6 über die Verjährung des Anspruchs der Gesellschaft auf Leistung der Einlagen sind auch hinsichtlich der an dem erhöhten Kapital übernommenen Geschäftsanteile anzuwenden.

§ 55a. Genehmigtes Kapital. (1) [1]Der Gesellschaftsvertrag kann die Geschäftsführer für höchstens fünf Jahre nach Eintragung der Gesellschaft ermächtigen, das Stammkapital bis zu einem bestimmten Nennbetrag (genehmigtes Kapital) durch Ausgabe neuer Geschäftsanteile gegen Einlagen zu erhöhen. [2]Der Nennbetrag des genehmigten Kapitals darf die Hälfte des Stammkapitals, das zur Zeit der Ermächtigung vorhanden ist, nicht übersteigen.

(2) Die Ermächtigung kann auch durch Abänderung des Gesellschaftsvertrags für höchstens fünf Jahre nach deren Eintragung erteilt werden.

(3) Gegen Sacheinlagen (§ 56) dürfen Geschäftsanteile nur ausgegeben werden, wenn die Ermächtigung es vorsieht.

§ 56. Kapitalerhöhung mit Sacheinlagen. (1) [1]Sollen Sacheinlagen geleistet werden, so müssen ihr Gegenstand und der Nennbetrag des Geschäftsanteils, auf den sich die Sacheinlage bezieht, im Beschluß über die Erhöhung des Stammkapitals festgesetzt werden. [2]Die Festsetzung ist in die in § 55 Abs. 1 bezeichnete Erklärung des Übernehmers aufzunehmen.

(2) Die §§ 9 und 19 Abs. 2 Satz 2 und Abs. 4 finden entsprechende Anwendung.

§ 56a. Leistungen auf das neue Stammkapital. Für die Leistungen der Einlagen auf das neue Stammkapital finden § 7 Abs. 2 Satz 1 und Abs. 3 sowie § 19 Abs. 5 entsprechende Anwendung.

§ 57. Anmeldung der Erhöhung. (1) Die beschlossene Erhöhung des Stammkapitals ist zur Eintragung in das Handelsregister anzumelden, nachdem das erhöhte Kapital durch Übernahme von Geschäftsanteilen gedeckt ist.

(2) [1]In der Anmeldung ist die Versicherung abzugeben, daß die Einlagen auf das neue Stammkapital nach § 7 Abs. 2 Satz 1 und Abs. 3 bewirkt sind und daß der Gegenstand der Leistungen sich endgültig in der freien Verfügung der Geschäftsführer befindet. [2]§ 8 Abs. 2 Satz 2 gilt entsprechend.

(3) Der Anmeldung sind beizufügen:
1. die in § 55 Abs. 1 bezeichneten Erklärungen oder eine beglaubigte Abschrift derselben;
2. eine von den Anmeldenden unterschriebene Liste der Personen, welche die neuen Geschäftsanteile übernommen haben; aus der Liste müssen die Nennbeträge der von jedem übernommenen Geschäftsanteile ersichtlich sein;
3. bei einer Kapitalerhöhung mit Sacheinlagen die Verträge, die den Festsetzungen nach § 56 zugrunde liegen oder zu ihrer Ausführung geschlossen worden sind.

(4) Für die Verantwortlichkeit der Geschäftsführer, welche die Kapitalerhöhung zur Eintragung in das Handelsregister angemeldet haben, finden § 9a Abs. 1 und 3, § 9b entsprechende Anwendung.

§ 57a. Ablehnung der Eintragung. Für die Ablehnung der Eintragung durch das Gericht findet § 9c Abs. 1 entsprechende Anwendung.

§ 57b. *(aufgehoben)*

§ 57c. Kapitalerhöhung aus Gesellschaftsmitteln. (1) Das Stammkapital kann durch Umwandlung von Rücklagen in Stammkapital erhöht werden (Kapitalerhöhung aus Gesellschaftsmitteln).

(2) Die Erhöhung des Stammkapitals kann erst beschlossen werden, nachdem der Jahresabschluß für das letzte vor der Beschlußfassung über die Kapitalerhöhung abgelaufene Geschäftsjahr (letzter Jahresabschluß) festgestellt und über die Ergebnisverwendung Beschluß gefaßt worden ist.

(3) Dem Beschluß über die Erhöhung des Stammkapitals ist eine Bilanz zugrunde zu legen.

Anlage 1 *Gesetz betreffend die Gesellschaften*

(4) Neben den §§ 53 und 54 über die Abänderung des Gesellschaftsvertrags gelten die §§ 57 d bis 57 o.

§ 57 d. Ausweisung von Kapital- und Gewinnrücklagen. (1) Die Kapital- und Gewinnrücklagen, die in Stammkapital umgewandelt werden sollen, müssen in der letzten Jahresbilanz und, wenn dem Beschluß eine andere Bilanz zugrunde gelegt wird, auch in dieser Bilanz unter „Kapitalrücklage" oder „Gewinnrücklagen" oder im letzten Beschluß über die Verwendung des Jahresergebnisses als Zuführung zu diesen Rücklagen ausgewiesen sein.

(2) Die Rücklagen können nicht umgewandelt werden, soweit in der zugrunde gelegten Bilanz ein Verlust, einschließlich eines Verlustvortrags, ausgewiesen ist.

(3) Andere Gewinnrücklagen, die einem bestimmten Zweck zu dienen bestimmt sind, dürfen nur umgewandelt werden, soweit dies mit ihrer Zweckbestimmung vereinbar ist.

§ 57 e. Zugrundelegung der letzten Jahresbilanz; Prüfung. (1) Dem Beschluß kann die letzte Jahresbilanz zugrunde gelegt werden, wenn die Jahresbilanz geprüft und die festgestellte Jahresbilanz mit dem uneingeschränkten Bestätigungsvermerk der Abschlußprüfer versehen ist und wenn ihr Stichtag höchstens acht Monate vor der Anmeldung des Beschlusses zur Eintragung in das Handelsregister liegt.

(2) Bei Gesellschaften, die nicht große im Sinne des § 267 Abs. 3 des Handelsgesetzbuchs sind, kann die Prüfung auch durch vereidigte Buchprüfer erfolgen; die Abschlußprüfer müssen von der Versammlung der Gesellschafter gewählt sein.

§ 57 f Anforderungen an die Bilanz. (1) ¹Wird dem Beschluß nicht die letzte Jahresbilanz zugrunde gelegt, so muß die Bilanz den Vorschriften über die Gliederung der Jahresbilanz und über die Wertansätze in der Jahresbilanz entsprechen. ²Der Stichtag der Bilanz darf höchstens acht Monate vor der Anmeldung des Beschlusses zur Eintragung in das Handelsregister liegen.

(2) ¹Die Bilanz ist, bevor über die Erhöhung des Stammkapitals Beschluß gefaßt wird, durch einen oder mehrere Prüfer darauf zu prüfen, ob sie dem Absatz 1 entspricht. ²Sind nach dem abschließenden Ergebnis der Prüfung keine Einwendungen zu erheben, so haben die Prüfer dies durch einen Vermerk zu bestätigen. ³Die Erhöhung des Stammkapitals kann nicht ohne diese Bestätigung der Prüfer beschlossen werden.

(3) ¹Die Prüfer werden von den Gesellschaftern gewählt; falls nicht andere Prüfer gewählt werden, gelten die Prüfer als gewählt, die für die Prüfung des letzten Jahresabschlusses von den Gesellschaftern gewählt oder vom Gericht bestellt worden sind. ²Im übrigen sind, soweit sich aus der Besonderheit des Prüfungsauftrags nichts anderes ergibt, § 318 Abs. 1 Satz 2, § 319 Abs. 1 bis 4, § 319a Abs. 1, § 319b Abs. 1, § 320 Abs. 1 Satz 2, Abs. 2 und die §§ 321 und 323 des Handelsgesetzbuchs anzuwenden. ³Bei Gesellschaften, die nicht große im Sinne des § 267 Abs. 3 des Handelsgesetzbuchs sind, können auch vereidigte Buchprüfer zu Prüfern bestellt werden.

§ 57 g. Vorherige Bekanntgabe des Jahresabschlusses. Die Bestimmungen des Gesellschaftsvertrags über die vorherige Bekanntgabe des Jahresabschlusses an die Gesellschafter sind in den Fällen des § 57 f entsprechend anzuwenden.

§ 57 h. Arten der Kapitalerhöhung. (1) ¹Die Kapitalerhöhung kann vorbehaltlich des § 57 l Abs. 2 durch Bildung neuer Geschäftsanteile oder durch Erhöhung des Nennbetrags der Geschäftsanteile ausgeführt werden. ²Die neuen Geschäftsanteile und die Geschäftsanteile, deren Nennbetrag erhöht wird, müssen auf einen Betrag gestellt werden, der auf volle Euro lautet.

(2) ¹Der Beschluß über die Erhöhung des Stammkapitals muß die Art der Erhöhung angeben. ²Soweit die Kapitalerhöhung durch Erhöhung des Nennbetrags der Geschäftsanteile ausgeführt werden soll, ist sie so zu bemessen, daß durch sie auf keinen Geschäftsanteil, dessen Nennbetrag erhöht wird, Beträge entfallen, die durch die Erhöhung des Nennbetrags des Geschäftsanteils nicht gedeckt werden können.

§ 57 i. Anmeldung und Eintragung des Erhöhungsbeschlusses; Registergericht. (1) ¹Der Anmeldung des Beschlusses über die Erhöhung des Stammkapitals zur Eintragung in das Handelsregister ist die der Kapitalerhöhung zugrunde gelegte, mit dem Bestätigungsvermerk der Prüfer versehene Bilanz, in den Fällen des § 57 f außerdem die letzte Jahresbilanz, sofern sie noch nicht nach § 325 Abs. 1 des Handelsgesetzbuchs eingereicht ist, beizufügen. ²Die Anmeldenden haben dem Registergericht gegenüber zu erklären, daß nach ihrer Kenntnis seit dem Stichtag der zugrunde gelegten Bilanz bis zum Tag der Anmeldung keine Vermögensminderung eingetreten ist, die der Kapitalerhöhung entgegenstünde, wenn sie am Tag der Anmeldung beschlossen worden wäre.

(2) Das Registergericht darf den Beschluß nur eintragen, wenn die der Kapitalerhöhung zugrunde gelegte Bilanz für einen höchstens acht Monate vor der Anmeldung liegenden Zeitpunkt aufgestellt und eine Erklärung nach Absatz 1 Satz 2 abgegeben worden ist.

(3) Zu der Prüfung, ob die Bilanzen den gesetzlichen Vorschriften entsprechen, ist das Gericht nicht verpflichtet.

(4) Bei der Eintragung des Beschlusses ist anzugeben, daß es sich um eine Kapitalerhöhung aus Gesellschaftsmitteln handelt.

§ 57 j. Verteilung der Geschäftsanteile. ¹Die neuen Geschäftsanteile stehen den Gesellschaftern im Verhältnis ihrer bisherigen Geschäftsanteile zu. ²Ein entgegenstehender Beschluß der Gesellschafter ist nichtig.

§ 57 k. Teilrechte; Ausübung der Rechte. (1) Führt die Kapitalerhöhung dazu, daß auf einen Geschäftsanteil nur ein Teil eines neuen Geschäftsanteils entfällt, so ist dieses Teilrecht selbständig veräußerlich und vererblich.

(2) Die Rechte aus einem neuen Geschäftsanteil, einschließlich des Anspruchs auf Ausstellung einer Urkunde über den neuen Geschäftsanteil, können nur ausgeübt werden, wenn Teilrechte, die zusammen einen vollen Geschäftsanteil ergeben, in einer Hand vereinigt sind oder wenn sich mehrere Berechtigte, deren Teilrechte zusammen einen vollen Geschäftsanteil ergeben, zur Ausübung der Rechte (§ 18) zusammenschließen.

§ 57 l. Teilnahme an der Erhöhung des Stammkapitals. (1) Eigene Geschäftsanteile nehmen an der Erhöhung des Stammkapitals teil.

(2) ¹Teileingezahlte Geschäftsanteile nehmen entsprechend ihrem Nennbetrag an der Erhöhung des Stammkapitals teil. ²Bei ihnen kann die Kapitalerhöhung nur durch Erhöhung des Nennbetrags der Geschäftsanteile ausgeführt werden. ³Sind neben teileingezahlten Geschäftsanteilen vollständig eingezahlte Geschäftsanteile vorhanden, so kann bei diesen die Kapitalerhöhung durch Erhöhung des Nennbetrags der Geschäftsanteile und durch Bildung neuer Geschäftsanteile ausgeführt werden. ⁴Die Geschäftsanteile, deren Nennbetrag erhöht wird, können auf jeden Betrag gestellt werden, der auf volle Euro lautet.

§ 57 m. Verhältnis der Rechte; Beziehungen zu Dritten. (1) Das Verhältnis der mit den Geschäftsanteilen verbundenen Rechte zueinander wird durch die Kapitalerhöhung nicht berührt.

(2) ¹Soweit sich einzelne Rechte teileingezahlter Geschäftsanteile, insbesondere die Beteiligung am Gewinn oder das Stimmrecht, nach der je Geschäftsanteil geleisteten Einlage bestimmen, stehen diese Rechte den Gesellschaftern bis zur Leistung der noch ausstehenden Einlagen nur nach der Höhe der geleisteten Einlage, erhöht um den auf den Nennbetrag des Stammkapitals berechneten Hundertsatz der Erhöhung des Stammkapitals, zu. ²Werden weitere Einzahlungen geleistet, so erweitern sich diese Rechte entsprechend.

(3) Der wirtschaftliche Inhalt vertraglicher Beziehungen der Gesellschaft zu Dritten, die von der Gewinnausschüttung der Gesellschaft, dem Nennbetrag oder Wert ihrer Geschäftsanteile oder ihres Stammkapitals oder in sonstiger Weise von den bisherigen Kapital- oder Gewinnverhältnissen abhängen, wird durch die Kapitalerhöhung nicht berührt.

§ 57 n. Gewinnbeteiligung der neuen Geschäftsanteile. (1) Die neuen Geschäftsanteile nehmen, wenn nichts anderes bestimmt ist, am Gewinn des ganzen Geschäftsjahres teil, in dem die Erhöhung des Stammkapitals beschlossen worden ist.

(2) ¹Im Beschluß über die Erhöhung des Stammkapitals kann bestimmt werden, daß die neuen Geschäftsanteile bereits am Gewinn des letzten vor der Beschlußfassung über die Kapitalerhöhung abgelaufenen Geschäftsjahrs teilnehmen. ²In diesem Fall ist die Erhöhung des Stammkapitals ab-

weichend von § 57 c Abs. 2 zu beschließen, bevor über die Ergebnisverwendung für das letzte vor der Beschlußfassung abgelaufene Geschäftsjahr Beschluß gefaßt worden ist. ³Der Beschluß über die Ergebnisverwendung für das letzte vor der Beschlußfassung über die Kapitalerhöhung abgelaufene Geschäftsjahr wird erst wirksam, wenn das Stammkapital erhöht worden ist. ⁴Der Beschluß über die Erhöhung des Stammkapitals und der Beschluß über die Ergebnisverwendung für das letzte vor der Beschlußfassung über die Kapitalerhöhung abgelaufene Geschäftsjahr sind nichtig, wenn der Beschluß über die Kapitalerhöhung nicht binnen drei Monaten nach der Beschlußfassung in das Handelsregister eingetragen worden ist; der Lauf der Frist ist gehemmt, solange eine Anfechtungs- oder Nichtigkeitsklage rechtshängig ist.

§ 57 o. Anschaffungskosten. ¹Als Anschaffungskosten der vor der Erhöhung des Stammkapitals erworbenen Geschäftsanteile und der auf sie entfallenden neuen Geschäftsanteile gelten die Beträge, die sich für die einzelnen Geschäftsanteile ergeben, wenn die Anschaffungskosten der vor der Erhöhung des Stammkapitals erworbenen Geschäftsanteile auf diese und auf die auf sie entfallenden neuen Geschäftsanteile nach dem Verhältnis der Nennbeträge verteilt werden. ²Der Zuwachs an Geschäftsanteilen ist nicht als Zugang auszuweisen.

§ 58. Herabsetzung des Stammkapitals. (1) Eine Herabsetzung des Stammkapitals kann nur unter Beobachtung der nachstehenden Bestimmungen erfolgen:
1. der Beschluß auf Herabsetzung des Stammkapitals muß von den Geschäftsführern in den Gesellschaftsblättern bekanntgemacht werden; in dieser Bekanntmachung sind zugleich die Gläubiger der Gesellschaft aufzufordern, sich bei derselben zu melden; die aus den Handelsbüchern der Gesellschaft ersichtlichen oder in anderer Weise bekannten Gläubiger sind durch besondere Mitteilung zur Anmeldung aufzufordern;
2. die Gläubiger, welche sich bei der Gesellschaft melden und der Herabsetzung nicht zustimmen, sind wegen der erhobenen Ansprüche zu befriedigen oder sicherzustellen;
3. die Anmeldung des Herabsetzungsbeschlusses zur Eintragung in das Handelsregister erfolgt nicht vor Ablauf eines Jahres seit dem Tage, an welchem die Aufforderung der Gläubiger in den Gesellschaftsblättern stattgefunden hat;
4. mit der Anmeldung ist die Bekanntmachung des Beschlusses einzureichen; zugleich haben die Geschäftsführer die Versicherung abzugeben, daß die Gläubiger, welche sich bei der Gesellschaft gemeldet und der Herabsetzung nicht zugestimmt haben, befriedigt oder sichergestellt sind.

(2) ¹Die Bestimmung in § 5 Abs. 1 über den Mindestbetrag des Stammkapitals bleibt unberührt. ²Erfolgt die Herabsetzung zum Zweck der Zurückzahlung von Einlagen oder zum Zweck des Erlasses zu leistender Einlagen, dürfen die verbleibenden Nennbeträge der Geschäftsanteile nicht unter den in § 5 Abs. 2 und 3 bezeichneten Betrag herabgehen.

§ 58 a. Vereinfachte Kapitalherabsetzung. (1) Eine Herabsetzung des Stammkapitals, die dazu dienen soll, Wertminderungen auszugleichen oder sonstige Verluste zu decken, kann als vereinfachte Kapitalherabsetzung vorgenommen werden.

(2) ¹Die vereinfachte Kapitalherabsetzung ist nur zulässig, nachdem der Teil der Kapital- und Gewinnrücklagen, der zusammen über zehn vom Hundert des nach der Herabsetzung verbleibenden Stammkapitals hinausgeht, vorweg aufgelöst ist. ²Sie ist nicht zulässig, solange ein Gewinnvortrag vorhanden ist.

(3) ¹Im Beschluß über die vereinfachte Kapitalherabsetzung sind die Nennbeträge der Geschäftsanteile dem herabgesetzten Stammkapital anzupassen. ²Die Geschäftsanteile müssen auf einen Betrag gestellt werden, der auf volle Euro lautet.

(4) ¹Das Stammkapital kann unter den in § 5 Abs. 1 bestimmten Mindestnennbetrag herabgesetzt werden, wenn dieser durch eine Kapitalerhöhung wieder erreicht wird, die zugleich mit der Kapitalherabsetzung beschlossen ist und bei der Sacheinlagen nicht festgesetzt sind. ²Die Beschlüsse sind nichtig, wenn sie nicht binnen drei Monaten nach der Beschlußfassung in das Handelsregister eingetragen worden sind. ³Der Lauf der Frist ist gehemmt, solange eine Anfechtungs- oder Nichtigkeitsklage rechtshängig ist. ⁴Die Beschlüsse sollen nur zusammen in das Handelsregister eingetragen werden.

(5) Neben den §§ 53 und 54 über die Abänderung des Gesellschaftsvertrags gelten die §§ 58 b bis 58 f.

§ 58 b. Beträge aus Rücklagenauflösung und Kapitalherabsetzung. (1) Die Beträge, die aus der Auflösung der Kapital- oder Gewinnrücklagen und aus der Kapitalherabsetzung gewonnen werden, dürfen nur verwandt werden, um Wertminderungen auszugleichen und sonstige Verluste zu decken.

(2) ¹Daneben dürfen die gewonnenen Beträge in die Kapitalrücklage eingestellt werden, soweit diese zehn vom Hundert des Stammkapitals nicht übersteigt. ²Als Stammkapital gilt dabei der Nennbetrag, der sich durch die Herabsetzung ergibt, mindestens aber der nach § 5 Abs. 1 zulässige Mindestnennbetrag.

(3) Ein Betrag, der auf Grund des Absatzes 2 in die Kapitalrücklage eingestellt worden ist, darf vor Ablauf des fünften nach der Beschlußfassung über die Kapitalherabsetzung beginnenden Geschäftsjahrs nur verwandt werden

1. zum Ausgleich eines Jahresfehlbetrags, soweit er nicht durch einen Gewinnvortrag aus dem Vorjahr gedeckt ist und nicht durch Auflösung von Gewinnrücklagen ausgeglichen werden kann;
2. zum Ausgleich eines Verlustvortrags aus dem Vorjahr, soweit er nicht durch einen Jahresüberschuß gedeckt ist und nicht durch Auflösung von Gewinnrücklagen ausgeglichen werden kann;
3. zur Kapitalerhöhung aus Gesellschaftsmitteln.

§ 58 c. Nichteintritt angenommener Verluste. ¹Ergibt sich bei Aufstellung der Jahresbilanz für das Geschäftsjahr, in dem der Beschluß über die Kapitalherabsetzung gefaßt wurde, oder für eines der beiden folgenden Geschäftsjahre, daß Wertminderungen und sonstige Verluste in der bei der Beschlußfassung angenommenen Höhe tatsächlich nicht eingetreten oder ausgeglichen waren, so ist der Unterschiedsbetrag in die Kapitalrücklage einzustellen. ²Für einen nach Satz 1 in die Kapitalrücklage eingestellten Betrag gilt § 58 b Abs. 3 sinngemäß.

§ 58 d. Gewinnausschüttung. (1) ¹Gewinn darf vor Ablauf des fünften nach der Beschlußfassung über die Kapitalherabsetzung beginnenden Geschäftsjahrs nur ausgeschüttet werden, wenn die Kapital- und Gewinnrücklagen zusammen zehn vom Hundert des Stammkapitals erreichen. ²Als Stammkapital gilt dabei der Nennbetrag, der sich durch die Herabsetzung ergibt, mindestens aber der nach § 5 Abs. 1 zulässige Mindestnennbetrag.

(2) ¹Die Zahlung eines Gewinnanteils von mehr als vier vom Hundert ist erst für ein Geschäftsjahr zulässig, das später als zwei Jahre nach der Beschlußfassung über die Kapitalherabsetzung beginnt. ²Dies gilt nicht, wenn die Gläubiger, deren Forderungen vor der Bekanntmachung der Eintragung des Beschlusses begründet worden waren, befriedigt oder sichergestellt sind, soweit sie sich binnen sechs Monaten nach der Bekanntmachung des Jahresabschlusses, auf Grund dessen die Gewinnverteilung beschlossen ist, zu diesem Zweck gemeldet haben. ³Einer Sicherstellung der Gläubiger bedarf es nicht, die im Fall des Insolvenzverfahrens ein Recht auf vorzugsweise Befriedigung aus einer Deckungsmasse haben, die nach gesetzlicher Vorschrift zu ihrem Schutz errichtet und staatlich überwacht ist. ⁴Die Gläubiger sind in der Bekanntmachung nach § 325 Abs. 2 des Handelsgesetzbuchs auf die Befriedigung oder Sicherstellung hinzuweisen.

§ 58 e. Beschluss über die Kapitalherabsetzung. (1) ¹Im Jahresabschluß für das letzte vor der Beschlußfassung über die Kapitalherabsetzung abgelaufene Geschäftsjahr können das Stammkapital sowie die Kapital- und Gewinnrücklagen in der Höhe ausgewiesen werden, in der sie nach der Kapitalherabsetzung bestehen sollen. ²Dies gilt nicht, wenn der Jahresabschluß anders als durch Beschluß der Gesellschafter festgestellt wird.

(2) Der Beschluß über die Feststellung des Jahresabschlusses soll zugleich mit dem Beschluß über die Kapitalherabsetzung gefaßt werden.

(3) ¹Die Beschlüsse sind nichtig, wenn der Beschluß über die Kapitalherabsetzung nicht binnen drei Monaten nach der Beschlußfassung in das Handelsregister eingetragen worden ist. ²Der Lauf der Frist ist gehemmt, solange eine Anfechtungs- oder Nichtigkeitsklage rechtshängig ist.

(4) Der Jahresabschluß darf nach § 325 des Handelsgesetzbuchs erst nach Eintragung des Beschlusses über die Kapitalherabsetzung offengelegt werden.

Anlage 1 *Gesetz betreffend die Gesellschaften*

§ 58f. Kapitalherabsetzung bei gleichzeitiger Erhöhung des Stammkapitals. (1) ¹Wird im Fall des § 58e zugleich mit der Kapitalherabsetzung eine Erhöhung des Stammkapitals beschlossen, so kann auch die Kapitalerhöhung in dem Jahresabschluß als vollzogen berücksichtigt werden. ²Die Beschlussfassung ist nur zulässig, wenn die neuen Geschäftsanteile übernommen, keine Sacheinlagen festgesetzt sind und wenn auf jeden neuen Geschäftsanteil die Einzahlung geleistet ist, die nach § 56a zur Zeit der Anmeldung der Kapitalerhöhung bewirkt sein muss. ³Die Übernahme und die Einzahlung sind dem Notar nachzuweisen, der den Beschluß über die Erhöhung des Stammkapitals beurkundet.

(2) ¹Sämtliche Beschlüsse sind nichtig, wenn die Beschlüsse über die Kapitalherabsetzung und die Kapitalerhöhung nicht binnen drei Monaten nach der Beschlußfassung in das Handelsregister eingetragen worden sind. ²Der Lauf der Frist ist gehemmt, solange eine Anfechtungs- oder Nichtigkeitsklage rechtshängig ist. ³Die Beschlüsse sollen nur zusammen in das Handelsregister eingetragen werden.

(3) Der Jahresabschluß darf nach § 325 des Handelsgesetzbuchs erst offengelegt werden, nachdem die Beschlüsse über die Kapitalherabsetzung und Kapitalerhöhung eingetragen worden sind.

§ 59. *(aufgehoben)*

Abschnitt 5. Auflösung und Nichtigkeit der Gesellschaft

§ 60. Auflösungsgründe. (1) Die Gesellschaft mit beschränkter Haftung wird aufgelöst:
1. durch Ablauf der im Gesellschaftsvertrag bestimmten Zeit;
2. durch Beschluß der Gesellschafter; derselbe bedarf, sofern im Gesellschaftsvertrag nicht ein anderes bestimmt ist, einer Mehrheit von drei Vierteilen der abgegebenen Stimmen;
3. durch gerichtliches Urteil oder durch Entscheidung des Verwaltungsgerichts oder der Verwaltungsbehörde in den Fällen der §§ 61 und 62;
4. durch die Eröffnung des Insolvenzverfahrens; wird das Verfahren auf Antrag des Schuldners eingestellt oder nach der Bestätigung eines Insolvenzplans, der den Fortbestand der Gesellschaft vorsieht, aufgehoben, so können die Gesellschafter die Fortsetzung der Gesellschaft beschließen;
5. mit der Rechtskraft des Beschlusses, durch den die Eröffnung des Insolvenzverfahrens mangels Masse abgelehnt worden ist;
6. mit der Rechtskraft einer Verfügung des Registergerichts, durch welche nach § 399 des Gesetzes über das Verfahren in Familiensachen und in den Angelegenheiten der freiwilligen Gerichtsbarkeit ein Mangel des Gesellschaftsvertrags festgestellt worden ist;
7. durch die Löschung der Gesellschaft wegen Vermögenslosigkeit nach § 394 des Gesetzes über das Verfahren in Familiensachen und in den Angelegenheiten der freiwilligen Gerichtsbarkeit.

(2) Im Gesellschaftsvertrag können weitere Auflösungsgründe festgesetzt werden.

§ 61. Auflösung durch Urteil. (1) Die Gesellschaft kann durch gerichtliches Urteil aufgelöst werden, wenn die Erreichung des Gesellschaftszweckes unmöglich wird, oder wenn andere, in den Verhältnissen der Gesellschaft liegende, wichtige Gründe für die Auflösung vorhanden sind.

(2) ¹Die Auflösungsklage ist gegen die Gesellschaft zu richten. ²Sie kann nur von Gesellschaftern erhoben werden, deren Geschäftsanteile zusammen mindestens dem zehnten Teil des Stammkapitals entsprechen.

(3) Für die Klage ist das Landgericht ausschließlich zuständig, in dessen Bezirk die Gesellschaft ihren Sitz hat.

§ 62. Auflösung durch eine Verwaltungsbehörde. (1) Wenn eine Gesellschaft das Gemeinwohl dadurch gefährdet, daß die Gesellschafter gesetzwidrige Beschlüsse fassen oder gesetzwidrige Handlungen der Geschäftsführer wissentlich geschehen lassen, so kann sie aufgelöst werden, ohne daß deshalb ein Anspruch auf Entschädigung stattfindet.

(2) Das Verfahren und die Zuständigkeit der Behörden richtet sich nach den für streitige Verwaltungssachen *landesgesetzlich* geltenden Vorschriften.

§ 63. *(aufgehoben)*

§ 64. Haftung für Zahlungen nach Zahlungsunfähigkeit oder Überschuldung. ¹Die Geschäftsführer sind der Gesellschaft zum Ersatz von Zahlungen verpflichtet, die nach Eintritt der Zahlungsunfähigkeit der Gesellschaft oder nach Feststellung ihrer Überschuldung geleistet werden. ²Dies gilt nicht von Zahlungen, die auch nach diesem Zeitpunkt mit der Sorgfalt eines ordentlichen Geschäftsmanns vereinbar sind. ³Die gleiche Verpflichtung trifft die Geschäftsführer für Zahlungen an Gesellschafter, soweit diese zur Zahlungsunfähigkeit der Gesellschaft führen mussten, es sei denn, dies war auch bei Beachtung der in Satz 2 bezeichneten Sorgfalt nicht erkennbar. ⁴Auf den Ersatzanspruch finden die Bestimmungen in § 43 Abs. 3 und 4 entsprechende Anwendung.

§ 65. Anmeldung und Eintragung der Auflösung. (1) ¹Die Auflösung der Gesellschaft ist zur Eintragung in das Handelsregister anzumelden. ²Dies gilt nicht in den Fällen der Eröffnung oder der Ablehnung der Eröffnung des Insolvenzverfahrens und der gerichtlichen Feststellung eines Mangels des Gesellschaftsvertrags. ³In diesen Fällen hat das Gericht die Auflösung und ihren Grund von Amts wegen einzutragen. ⁴Im Falle der Löschung der Gesellschaft (§ 60 Abs. 1 Nr. 7) entfällt die Eintragung der Auflösung.

(2) ¹Die Auflösung ist von den Liquidatoren in den Gesellschaftsblättern bekanntzumachen. ²Durch die Bekanntmachung sind zugleich die Gläubiger der Gesellschaft aufzufordern, sich bei derselben zu melden.

§ 66. Liquidatoren. (1) In den Fällen der Auflösung außer dem Fall des Insolvenzverfahrens erfolgt die Liquidation durch die Geschäftsführer, wenn nicht dieselbe durch den Gesellschaftsvertrag oder durch Beschluß der Gesellschafter anderen Personen übertragen wird.

(2) Auf Antrag von Gesellschaftern, deren Geschäftsanteile zusammen mindestens dem zehnten Teil des Stammkapitals entsprechen, kann aus wichtigen Gründen die Bestellung von Liquidatoren durch das Gericht erfolgen.

(3) ¹Die Abberufung von Liquidatoren kann durch das Gericht unter derselben Voraussetzung wie die Bestellung stattfinden. ²Liquidatoren, welche nicht vom Gericht ernannt sind, können auch durch Beschluß der Gesellschafter vor Ablauf des Zeitraums, für welchen sie bestellt sind, abberufen werden.

(4) Für die Auswahl der Liquidatoren findet § 6 Abs. 2 Satz 2 und 3 entsprechende Anwendung.

(5) ¹Ist die Gesellschaft durch Löschung wegen Vermögenslosigkeit aufgelöst, so findet eine Liquidation nur statt, wenn sich nach der Löschung herausstellt, daß Vermögen vorhanden ist, das der Verteilung unterliegt. ²Die Liquidatoren sind auf Antrag eines Beteiligten durch das Gericht zu ernennen.

§ 67. Anmeldung der Liquidatoren. (1) Die ersten Liquidatoren sowie ihre Vertretungsbefugnis sind durch die Geschäftsführer, jeder Wechsel der Liquidatoren und jede Änderung ihrer Vertretungsbefugnis sind durch die Liquidatoren zur Eintragung in das Handelsregister anzumelden.

(2) Der Anmeldung sind die Urkunden über die Bestellung der Liquidatoren oder über die Änderung in den Personen derselben in Urschrift oder öffentlich beglaubigter Abschrift beizufügen.

(3) ¹In der Anmeldung haben die Liquidatoren zu versichern, daß keine Umstände vorliegen, die ihrer Bestellung nach § 66 Abs. 4 in Verbindung mit § 6 Abs. 2 Satz 2 Nr. 2 und 3 sowie Satz 3 entgegenstehen, und daß sie über ihre unbeschränkte Auskunftspflicht gegenüber dem Gericht belehrt worden sind. ²§ 8 Abs. 3 Satz 2 ist anzuwenden.

(4) Die Eintragung der gerichtlichen Ernennung oder Abberufung der Liquidatoren geschieht von Amts wegen.

§ 68. Zeichnung der Liquidatoren. (1) ¹Die Liquidatoren haben in der bei ihrer Bestellung bestimmten Form ihre Willenserklärungen kundzugeben und für die Gesellschaft zu zeichnen. ²Ist nichts darüber bestimmt, so muß die Erklärung und Zeichnung durch sämtliche Liquidatoren erfolgen.

(2) Die Zeichnungen geschehen in der Weise, daß die Liquidatoren der bisherigen, nunmehr als Liquidationsfirma zu bezeichnenden Firma ihre Namensunterschrift beifügen.

Anlage 1 *Gesetz betreffend die Gesellschaften*

§ 69. Rechtsverhältnisse von Gesellschaft und Gesellschaftern. (1) Bis zur Beendigung der Liquidation kommen ungeachtet der Auflösung der Gesellschaft in bezug auf die Rechtsverhältnisse derselben und der Gesellschafter die Vorschriften des zweiten und dritten Abschnitts zur Anwendung, soweit sich aus den Bestimmungen des gegenwärtigen Abschnitts und aus dem Wesen der Liquidation nicht ein anderes ergibt.

(2) Der Gerichtsstand, welchen die Gesellschaft zur Zeit ihrer Auflösung hatte, bleibt bis zur vollzogenen Verteilung des Vermögens bestehen.

§ 70. Aufgaben der Liquidatoren. [1] Die Liquidatoren haben die laufenden Geschäfte zu beendigen, die Verpflichtungen der aufgelösten Gesellschaft zu erfüllen, die Forderungen derselben einzuziehen und das Vermögen der Gesellschaft in Geld umzusetzen; sie haben die Gesellschaft gerichtlich und außergerichtlich zu vertreten. [2] Zur Beendigung schwebender Geschäfte können die Liquidatoren auch neue Geschäfte eingehen.

§ 71. Eröffnungsbilanz; Rechte und Pflichten. (1) Die Liquidatoren haben für den Beginn der Liquidation eine Bilanz (Eröffnungsbilanz) und einen die Eröffnungsbilanz erläuternden Bericht sowie für den Schluß eines jeden Jahres einen Jahresabschluß und einen Lagebericht aufzustellen.

(2) [1] Die Gesellschafter beschließen über die Feststellung der Eröffnungsbilanz und des Jahresabschlusses sowie über die Entlastung der Liquidatoren. [2] Auf die Eröffnungsbilanz und den erläuternden Bericht sind die Vorschriften über den Jahresabschluß entsprechend anzuwenden. [3] Vermögensgegenstände des Anlagevermögens sind jedoch wie Umlaufvermögen zu bewerten, soweit ihre Veräußerung innerhalb eines übersehbaren Zeitraums beabsichtigt ist oder diese Vermögensgegenstände nicht mehr dem Geschäftsbetrieb dienen; dies gilt auch für den Jahresabschluß.

(3) [1] Das Gericht kann von der Prüfung des Jahresabschlusses und des Lageberichts durch einen Abschlußprüfer befreien, wenn die Verhältnisse der Gesellschaft so überschaubar sind, daß eine Prüfung im Interesse der Gläubiger und der Gesellschafter nicht geboten erscheint. [2] Gegen die Entscheidung ist die Beschwerde zulässig.

(4) Im übrigen haben sie die aus §§ 37, 41, 43 Abs. 1, 2 und 4, § 49 Abs. 1 und 2, § 64 sich ergebenden Rechte und Pflichten der Geschäftsführer.

(5) Auf den Geschäftsbriefen ist anzugeben, dass sich die Gesellschaft in Liquidation befindet; im Übrigen gilt § 35 a entsprechend.

§ 72. Vermögensverteilung. [1] Das Vermögen der Gesellschaft wird unter die Gesellschafter nach Verhältnis ihrer Geschäftsanteile verteilt. [2] Durch den Gesellschaftsvertrag kann ein anderes Verhältnis für die Verteilung bestimmt werden.

§ 73. Sperrjahr. (1) Die Verteilung darf nicht vor Tilgung oder Sicherstellung der Schulden der Gesellschaft und nicht vor Ablauf eines Jahres seit dem Tage vorgenommen werden, an welchem die Aufforderung an die Gläubiger (§ 65 Abs. 2) in den Gesellschaftsblättern erfolgt ist.

(2) [1] Meldet sich ein bekannter Gläubiger nicht, so ist der geschuldete Betrag, wenn die Berechtigung zur Hinterlegung vorhanden ist, für den Gläubiger zu hinterlegen. [2] Ist die Berichtigung einer Verbindlichkeit zur Zeit nicht ausführbar oder ist eine Verbindlichkeit streitig, so darf die Verteilung des Vermögens nur erfolgen, wenn dem Gläubiger Sicherheit geleistet ist.

(3) [1] Liquidatoren, welche diesen Vorschriften zuwiderhandeln, sind zum Ersatz der verteilten Beträge solidarisch verpflichtet. [2] Auf den Ersatzanspruch finden die Bestimmungen in § 43 Abs. 3 und 4 entsprechende Anwendung.

§ 74. Schluss der Liquidation. (1) [1] Ist die Liquidation beendet und die Schlußrechnung gelegt, so haben die Liquidatoren den Schluß der Liquidation zur Eintragung in das Handelsregister anzumelden. [2] Die Gesellschaft ist zu löschen.

(2) [1] Nach Beendigung der Liquidation sind die Bücher und Schriften der Gesellschaft für die Dauer von zehn Jahren einem der Gesellschafter oder einem Dritten in Verwahrung zu geben. [2] Der Gesellschafter oder der Dritte wird in Ermangelung einer Bestimmung des Gesellschaftsvertrags oder eines Beschlusses der Gesellschafter durch das Gericht bestimmt.

(3) ¹Die Gesellschafter und deren Rechtsnachfolger sind zur Einsicht der Bücher und Schriften berechtigt. ²Gläubiger der Gesellschaft können von dem Gericht zur Einsicht ermächtigt werden.

§ 75. Nichtigkeitsklage. (1) Enthält der Gesellschaftsvertrag keine Bestimmungen über die Höhe des Stammkapitals oder über den Gegenstand des Unternehmens oder sind die Bestimmungen des Gesellschaftsvertrags über den Gegenstand des Unternehmens nichtig, so kann jeder Gesellschafter, jeder Geschäftsführer und, wenn ein Aufsichtsrat bestellt ist, jedes Mitglied des Aufsichtsrats im Wege der Klage beantragen, daß die Gesellschaft für nichtig erklärt werde.

(2) Die Vorschriften der §§ 246 bis 248 des Aktiengesetzes finden entsprechende Anwendung.

§ 76. Heilung von Mängeln durch Gesellschafterbeschluss. Ein Mangel, der die Bestimmungen über den Gegenstand des Unternehmens betrifft, kann durch einstimmigen Beschluß der Gesellschafter geheilt werden.

§ 77. Wirkung der Nichtigkeit. (1) Ist die Nichtigkeit einer Gesellschaft in das Handelsregister eingetragen, so finden zum Zwecke der Abwicklung ihrer Verhältnisse die für den Fall der Auflösung geltenden Vorschriften entsprechende Anwendung.

(2) Die Wirksamkeit der im Namen der Gesellschaft mit Dritten vorgenommenen Rechtsgeschäfte wird durch die Nichtigkeit nicht berührt.

(3) Die Gesellschafter haben die versprochenen Einzahlungen zu leisten, soweit es zur Erfüllung der eingegangenen Verbindlichkeiten erforderlich ist.

Abschnitt 6. Ordnungs-, Straf- und Bußgeldvorschriften

§ 78. Anmeldepflichtige. Die in diesem Gesetz vorgesehenen Anmeldungen zum Handelsregister sind durch die Geschäftsführer oder die Liquidatoren, die in § 7 Abs. 1, § 57 Abs. 1, § 57 i Abs. 1, § 58 Abs. 1 Nr. 3 vorgesehenen Anmeldungen sind durch sämtliche Geschäftsführer zu bewirken.

§ 79. Zwangsgelder. (1) ¹Geschäftsführer oder Liquidatoren, die §§ 35 a, 71 Abs. 5 nicht befolgen, sind hierzu vom Registergericht durch Festsetzung von Zwangsgeld anzuhalten; § 14 des Handelsgesetzbuchs bleibt unberührt. ²Das einzelne Zwangsgeld darf den Betrag von fünftausend Euro nicht übersteigen.

(2) In Ansehung der in §§ 7, 54, 57 Abs. 1, § 58 Abs. 1 Nr. 3 bezeichneten Anmeldungen zum Handelsregister findet, soweit es sich um die Anmeldung zum Handelsregister des Sitzes der Gesellschaft handelt, eine Festsetzung von Zwangsgeld nach § 14 des Handelsgesetzbuchs nicht statt.

§§ 80–81 a. *(aufgehoben)*

§ 82. Falsche Angaben. (1) Mit Freiheitsstrafe bis zu drei Jahren oder mit Geldstrafe wird bestraft, wer

1. als Gesellschafter oder als Geschäftsführer zum Zweck der Eintragung der Gesellschaft über die Übernahme der Geschäftsanteile, die Leistung der Einlagen, die Verwendung eingezahlter Beträge, über Sondervorteile, Gründungsaufwand und Sacheinlagen,
2. als Gesellschafter im Sachgründungsbericht,
3. als Geschäftsführer zum Zweck der Eintragung einer Erhöhung des Stammkapitals über die Zeichnung oder Einbringung des neuen Kapitals oder über Sacheinlagen,
4. als Geschäftsführer in der in § 57 i Abs. 1 Satz 2 vorgeschriebenen Erklärung oder
5. als Geschäftsführer einer Gesellschaft mit beschränkter Haftung oder als Geschäftsleiter einer ausländischen juristischen Person in der nach § 8 Abs. 3 Satz 1 oder § 39 Abs. 3 Satz 1 abzugebenden Versicherung oder als Liquidator in der nach § 67 Abs. 3 Satz 1 abzugebenden Versicherung

falsche Angaben macht.

Anlage 1 *Gesetz über die Gesellschaften mit beschränkter Haftung*

(2) Ebenso wird bestraft, wer
1. als Geschäftsführer zum Zweck der Herabsetzung des Stammkapitals über die Befriedigung oder Sicherstellung der Gläubiger eine unwahre Versicherung abgibt oder
2. als Geschäftsführer, Liquidator, Mitglied eines Aufsichtsrats oder ähnlichen Organs in einer öffentlichen Mitteilung die Vermögenslage der Gesellschaft unwahr darstellt oder verschleiert, wenn die Tat nicht in § 331 Nr. 1 oder Nr. 1a des Handelsgesetzbuchs mit Strafe bedroht ist.

§ 83. *(aufgehoben)*

§ 84. Verletzung der Verlustanzeigepflicht. (1) Mit Freiheitsstrafe bis zu drei Jahren oder mit Geldstrafe wird bestraft, wer es als Geschäftsführer unterläßt, den Gesellschaftern einen Verlust in Höhe der Hälfte des Stammkapitals anzuzeigen.

(2) Handelt der Täter fahrlässig, so ist die Strafe Freiheitsstrafe bis zu einem Jahr oder Geldstrafe.

§ 85. Verletzung der Geheimhaltungspflicht. (1) Mit Freiheitsstrafe bis zu einem Jahr oder mit Geldstrafe wird bestraft, wer ein Geheimnis der Gesellschaft, namentlich ein Betriebs- oder Geschäftsgeheimnis, das ihm in seiner Eigenschaft als Geschäftsführer, Mitglied des Aufsichtsrats oder Liquidator bekanntgeworden ist, unbefugt offenbart.

(2) [1]Handelt der Täter gegen Entgelt oder in der Absicht, sich oder einen anderen zu bereichern oder einen anderen zu schädigen, so ist die Strafe Freiheitsstrafe bis zu zwei Jahren oder Geldstrafe. [2]Ebenso wird bestraft, wer ein Geheimnis der in Absatz 1 bezeichneten Art, namentlich ein Betriebs- oder Geschäftsgeheimnis, das ihm unter den Voraussetzungen des Absatzes 1 bekanntgeworden ist, unbefugt verwertet.

(3) [1]Die Tat wird nur auf Antrag der Gesellschaft verfolgt. [2]Hat ein Geschäftsführer oder ein Liquidator die Tat begangen, so sind der Aufsichtsrat und, wenn kein Aufsichtsrat vorhanden ist, von den Gesellschaftern bestellte besondere Vertreter antragsberechtigt. [3]Hat ein Mitglied des Aufsichtsrats die Tat begangen, so sind die Geschäftsführer oder die Liquidatoren antragsberechtigt.

§§ 86, 87. *(aufgehoben)*

2. Anlage zu § 2 Abs. 1a GmbHG

a) Musterprotokoll für die Gründung einer Einpersonengesellschaft

UR. Nr. ....

Heute, den ....,
erschien vor mir, ...,
Notar/in mit dem Amtssitz in
....,
Herr/Frau[1)]
....
....
....[2)]

1. Der Erschienene errichtet hiermit nach § 2 Abs. 1a GmbHG eine Gesellschaft mit beschränkter Haftung unter der Firma ....
   mit dem Sitz in ....
2. Gegenstand des Unternehmens ist ....
3. Das Stammkapital der Gesellschaft beträgt .... € (i. W. .... Euro) und wird vollständig von Herrn/Frau[1)] .... (Geschäftsanteil Nr. 1) übernommen. Die Einlage ist in Geld zu erbringen, und zwar sofort in voller Höhe/zu 50 Prozent sofort, im Übrigen sobald die Gesellschafterversammlung ihre Einforderung beschließt[3)].
4. Zum Geschäftsführer der Gesellschaft wird Herr/Frau[4)] ...., geboren am ...., wohnhaft in ...., bestellt. Der Geschäftsführer ist von den Beschränkungen des § 181 des Bürgerlichen Gesetzbuchs befreit.
5. Die Gesellschaft trägt die mit der Gründung verbundenen Kosten bis zu einem Gesamtbetrag von 300 €, höchstens jedoch bis zum Betrag ihres Stammkapitals. Darüber hinausgehende Kosten trägt der Gesellschafter.
6. Von dieser Urkunde erhält eine Ausfertigung der Gesellschafter, beglaubigte Ablichtungen die Gesellschaft und das Registergericht (in elektronischer Form) sowie eine einfache Abschrift das Finanzamt – Körperschaftsteuerstelle –.
7. Der Erschienene wurde vom Notar/von der Notarin insbesondere auf Folgendes hingewiesen:

___

Hinweise:

[1)] Nicht Zutreffendes streichen. Bei juristischen Personen ist die Anrede Herr/Frau wegzulassen.
[2)] Hier sind neben der Bezeichnung des Gesellschafters und den Angaben zur notariellen Identitätsfeststellung ggf. der Güterstand und die Zustimmung des Ehegatten sowie die Angaben zu einer etwaigen Vertretung zu vermerken.
[3)] Nicht Zutreffendes streichen. Bei der Unternehmergesellschaft muss die zweite Alternative gestrichen werden.
[4)] Nicht Zutreffendes streichen.

Anlage 2

Musterprotokolle

b) Musterprotokoll für die Gründung einer Mehrpersonengesellschaft mit bis zu drei Gesellschaftern

UR. Nr. ....

Heute, den ....,
erschienen vor mir, ...,
Notar/in mit dem Amtssitz in
....,

Herr/Frau[1)]
....
....
....,[2)]

Herr/Frau[1)]
....
....
....,[2)]

Herr/Frau[1)]
....
....
....,[2)]

1. Die Erschienenen errichten hiermit nach § 2 Abs. 1 a GmbHG eine Gesellschaft mit beschränkter Haftung unter der Firma .... mit dem Sitz in ....
2. Gegenstand des Unternehmens ist ....
3. Das Stammkapital der Gesellschaft beträgt .... € (i. W. .... Euro) und wird wie folgt übernommen: Herrn/Frau[1)] .... übernimmt einen Geschäftsanteil mit einem Nennbetrag in Höhe von .... € (i. W. .... Euro) (Geschäftsanteil Nr. 1), Herrn/Frau[1)] .... übernimmt einen Geschäftsanteil mit einem Nennbetrag in Höhe von .... € (i. W. .... Euro) (Geschäftsanteil Nr. 2), Herrn/Frau[1)] .... übernimmt einen Geschäftsanteil mit einem Nennbetrag in Höhe von .... € (i. W. .... Euro) (Geschäftsanteil Nr. 3). Die Einlagen sind in Geld zu erbringen, und zwar sofort in voller Höhe/zu 50 Prozent sofort, im Übrigen sobald die Gesellschafterversammlung ihre Einforderung beschließt.[3)]
4. Zum Geschäftsführer der Gesellschaft wird Herr/Frau[4)] ...., geboren am ...., wohnhaft in ...., bestellt. Der Geschäftsführer ist von den Beschränkungen des § 181 des Bürgerlichen Gesetzbuchs befreit.
5. Die Gesellschaft trägt die mit der Gründung verbundenen Kosten bis zu einem Gesamtbetrag von 300 €, höchstens jedoch bis zum Betrag ihres Stammkapitals. Darüber hinausgehende Kosten tragen die Gesellschafter im Verhältnis der Nennbeträge ihrer Geschäftsanteile.
6. Von dieser Urkunde erhält eine Ausfertigung jeder Gesellschafter, beglaubigte Ablichtungen die Gesellschaft und das Registergericht (in elektronischer Form) sowie eine einfache Abschrift das Finanzamt – Körperschaftsteuerstelle –.
7. Die Erschienenen wurden vom Notar/von der Notarin insbesondere auf Folgendes hingewiesen: ....

Hinweise:

[1)] Nicht Zutreffendes streichen. Bei juristischen Personen ist die Anrede Herr/Frau wegzulassen.
[2)] Hier sind neben der Bezeichnung des Gesellschafters und den Angaben zur notariellen Identitätsfeststellung ggf. der Güterstand und die Zustimmung des Ehegatten sowie die Angaben zu einer etwaigen Vertretung zu vermerken.
[3)] Nicht Zutreffendes streichen. Bei der Unternehmergesellschaft muss die zweite Alternative gestrichen werden.
[4)] Nicht Zutreffendes streichen.

3. Handelsgesetzbuch (HGB)

vom 10. Mai 1897 (BGBl. S. 219), zuletzt geändert durch Gesetz vom 25. Juni 2009 (BGBl. I S. 1506), unter Berücksichtigung der geplanten Änderungen durch das Gesetz zur Umsetzung der Aktionärsrechterichtlinie (ARUG), bei Drucklegung noch nicht verkündet (BT-Drucksache 16/13098), sowie das Gesetz zur Angemessenheit der Vorstandsvergütung (VorstAG), bei Drucklegung noch nicht verkündet (BT-Drucksache 16/13433)

– Auszug –

Erstes Buch. Handelsstand

Erster Abschnitt. Kaufleute

§ 1. [Istkaufmann] (1) Kaufmann im Sinne dieses Gesetzbuchs ist, wer ein Handelsgewerbe betreibt.

(2) Handelsgewerbe ist jeder Gewerbebetrieb, es sei denn, daß das Unternehmen nach Art oder Umfang einen in kaufmännischer Weise eingerichteten Geschäftsbetrieb nicht erfordert.

§ 2. [Kannkaufmann] [1]Ein gewerbliches Unternehmen, dessen Gewerbebetrieb nicht schon nach § 1 Abs. 2 Handelsgewerbe ist, gilt als Handelsgewerbe im Sinne dieses Gesetzbuchs, wenn die Firma des Unternehmens in das Handelsregister eingetragen ist. [2]Der Unternehmer ist berechtigt, aber nicht verpflichtet, die Eintragung nach den für die Eintragung kaufmännischer Firmen geltenden Vorschriften herbeizuführen. [3]Ist die Eintragung erfolgt, so findet eine Löschung der Firma auch auf Antrag des Unternehmers statt, sofern nicht die Voraussetzung des § 1 Abs. 2 eingetreten ist.

§ 3. [Land- und Forstwirtschaft; Kannkaufmann] (1) Auf den Betrieb der Land- und Forstwirtschaft finden die Vorschriften des § 1 keine Anwendung.

(2) Für ein land- oder forstwirtschaftliches Unternehmen, das nach Art und Umfang einen in kaufmännischer Weise eingerichteten Geschäftsbetrieb erfordert, gilt § 2 mit der Maßgabe, daß nach Eintragung in das Handelsregister eine Löschung der Firma nur nach den allgemeinen Vorschriften stattfindet, welche für die Löschung kaufmännischer Firmen gelten.

(3) Ist mit dem Betrieb der Land- oder Forstwirtschaft ein Unternehmen verbunden, das nur ein Nebengewerbe des land- oder forstwirtschaftlichen Unternehmens darstellt, so finden auf das im Nebengewerbe betriebene Unternehmen die Vorschriften der Absätze 1 und 2 entsprechende Anwendung.

§ 4. *(aufgehoben)*

§ 5. [Kaufmann kraft Eintragung] Ist eine Firma im Handelsregister eingetragen, so kann gegenüber demjenigen, welcher sich auf die Eintragung beruft, nicht geltend gemacht werden, daß das unter der Firma betriebene Gewerbe kein Handelsgewerbe sei.

§ 6. [Handelsgesellschaften; Formkaufmann] (1) Die in betreff der Kaufleute gegebenen Vorschriften finden auch auf die Handelsgesellschaften Anwendung.

(2) Die Rechte und Pflichten eines Vereins, dem das Gesetz ohne Rücksicht auf den Gegenstand des Unternehmens die Eigenschaft eines Kaufmanns beilegt, bleiben unberührt, auch wenn die Voraussetzungen des § 1 Abs. 2 nicht vorliegen.

§ 7. [Kaufmannseigenschaft und öffentliches Recht] Durch die Vorschriften des öffentlichen Rechtes, nach welchen die Befugnis zum Gewerbebetrieb ausgeschlossen oder von gewissen Voraussetzungen abhängig gemacht ist, wird die Anwendung der die Kaufleute betreffenden Vorschriften dieses Gesetzbuchs nicht berührt.

Anlage 3

Zweiter Abschnitt. Handelsregister; Unternehmensregister

§ 8. Handelsregister. (1) Das Handelsregister wird von den Gerichten elektronisch geführt.

(2) Andere Datensammlungen dürfen nicht unter Verwendung oder Beifügung der Bezeichnung „Handelsregister" in den Verkehr gebracht werden.

§ 8 a. Eintragungen in das Handelsregister; Verordnungsermächtigung. (1) Eine Eintragung in das Handelsregister wird wirksam, sobald sie in den für die Handelsregistereintragungen bestimmten Datenspeicher aufgenommen ist und auf Dauer inhaltlich unverändert in lesbarer Form wiedergegeben werden kann.

(2) ¹Die Landesregierungen werden ermächtigt, durch Rechtsverordnung nähere Bestimmungen über die elektronische Führung des Handelsregisters, die elektronische Anmeldung, die elektronische Einreichung von Dokumenten sowie deren Aufbewahrung zu treffen, soweit nicht durch das Bundesministerium der Justiz nach § 387 Abs. 2 des Gesetzes über das Verfahren in Familiensachen und in den Angelegenheiten der freiwilligen Gerichtsbarkeit entsprechende Vorschriften erlassen werden. ²Dabei können sie auch Einzelheiten der Datenübermittlung regeln sowie die Form zu übermittelnder elektronischer Dokumente festlegen, um die Eignung für die Bearbeitung durch das Gericht sicherzustellen. ³Die Landesregierungen können die Ermächtigung durch Rechtsverordnung auf die Landesjustizverwaltungen übertragen.

§ 8 b. Unternehmensregister. (1) Das Unternehmensregister wird vorbehaltlich einer Regelung nach § 9 a Abs. 1 vom Bundesministerium der Justiz elektronisch geführt.

(2) Über die Internetseite des Unternehmensregisters sind zugänglich:

1. Eintragungen im Handelsregister und deren Bekanntmachung und zum Handelsregister eingereichte Dokumente;
2. Eintragungen im Genossenschaftsregister und deren Bekanntmachung und zum Genossenschaftsregister eingereichte Dokumente;
3. Eintragungen im Partnerschaftsregister und deren Bekanntmachung und zum Partnerschaftsregister eingereichte Dokumente;
4. Unterlagen der Rechnungslegung nach den §§ 325 und 339 und deren Bekanntmachung;
5. gesellschaftsrechtliche Bekanntmachungen im elektronischen Bundesanzeiger;
6. im Aktionärsforum veröffentlichte Eintragungen nach § 127 a des Aktiengesetzes;
7. Veröffentlichungen von Unternehmen nach dem Wertpapierhandelsgesetz im elektronischen Bundesanzeiger, von Bietern, Gesellschaften, Vorständen und Aufsichtsräten nach dem Wertpapiererwerbs- und Übernahmegesetz im elektronischen Bundesanzeiger sowie Veröffentlichungen nach der Börsenzulassungs-Verordnung im elektronischen Bundesanzeiger;
8. Bekanntmachungen und Veröffentlichungen inländischer Kapitalanlagegesellschaften und Investmentaktiengesellschaften nach dem Investmentgesetz und dem Investmentsteuergesetz im elektronischen Bundesanzeiger;
9. Veröffentlichungen und sonstige der Öffentlichkeit zur Verfügung gestellte Informationen nach den §§ 2 b, 15 Abs. 1 und 2, § 15 a Abs. 4, § 26 Abs. 1, §§ 26 a, 29 a Abs. 2, §§ 30 e, 30 f Abs. 2, § 37 v Abs. 1 bis § 37 x Abs. 1, §§ 37 y, 37 z Abs. 4 und § 41 Abs. 4 a des Wertpapierhandelsgesetzes, sofern die Veröffentlichung nicht bereits über Nummer 4 oder Nummer 7 in das Unternehmensregister eingestellt wird;
10. Mitteilungen über kapitalmarktrechtliche Veröffentlichungen an die Bundesanstalt für Finanzdienstleistungsaufsicht, sofern die Veröffentlichung selbst nicht bereits über Nummer 7 oder Nummer 9 in das Unternehmensregister eingestellt wird;
11. Bekanntmachungen der Insolvenzgerichte nach § 9 der Insolvenzordnung, ausgenommen Verfahren nach dem Neunten Teil der Insolvenzordnung.

(3) ¹Zur Einstellung in das Unternehmensregister sind dem Unternehmensregister zu übermitteln:

1. die Daten nach Absatz 2 Nr. 4 bis 8 durch den Betreiber des elektronischen Bundesanzeigers;
2. die Daten nach Absatz 2 Nr. 9 und 10 durch den jeweils Veröffentlichungspflichtigen oder den von ihm mit der Veranlassung der Veröffentlichung beauftragten Dritten.

²Die Landesjustizverwaltungen übermitteln die Daten nach Absatz 2 Nr. 1 bis 3 und 11 zum Unternehmensregister, soweit die Übermittlung für die Eröffnung eines Zugangs zu den Originaldaten über die Internetseite des Unternehmensregisters erforderlich ist. ³Die Bundesanstalt für Finanzdienstleistungsaufsicht überwacht die Übermittlung der Veröffentlichungen und der sonstigen der Öffentlichkeit zur Verfügung gestellten Informationen nach den §§ 2b, 15 Abs. 1 und 2, § 15a Abs. 4, § 26 Abs. 1, §§ 26a, 29a Abs. 2, §§ 30e, 30f Abs. 2, § 37v Abs. 1 bis § 37x Abs. 1, §§ 37y, 37z Abs. 4 und § 41 Abs. 4a des Wertpapierhandelsgesetzes an das Unternehmensregister zur Speicherung und kann Anordnungen treffen, die zu ihrer Durchsetzung geeignet und erforderlich sind. ⁴Die Bundesanstalt kann die gebotene Übermittlung der in Satz 3 genannten Veröffentlichungen, der Öffentlichkeit zur Verfügung gestellten Informationen und Mitteilung auf Kosten des Pflichtigen vornehmen, wenn die Übermittlungspflicht nicht, nicht richtig, nicht vollständig oder nicht in der vorgeschriebenen Weise erfüllt wird. ⁵Für die Überwachungstätigkeit der Bundesanstalt gelten § 4 Abs. 3 Satz 1 und 3, Abs. 7, 9 und 10, § 7 und § 8 des Wertpapierhandelsgesetzes entsprechend.

(4) ¹Die Führung des Unternehmensregisters schließt die Erteilung von Ausdrucken sowie die Beglaubigung entsprechend § 9 Abs. 3 und 4 hinsichtlich der im Unternehmensregister gespeicherten Unterlagen der Rechnungslegung im Sinn des Absatzes 2 Nr. 4 ein. ²Gleiches gilt für die elektronische Übermittlung von zum Handelsregister eingereichten Schriftstücken nach § 9 Abs. 2, soweit sich der Antrag auf Unterlagen der Rechnungslegung im Sinn des Absatzes 2 Nr. 4 bezieht; § 9 Abs. 3 gilt entsprechend.

§ 9. Einsichtnahme in das Handelsregister und das Unternehmensregister. (1) ¹Die Einsichtnahme in das Handelsregister sowie in die zum Handelsregister eingereichten Dokumente ist jedem zu Informationszwecken gestattet. ²Die Landesjustizverwaltungen bestimmen das elektronische Informations- und Kommunikationssystem, über das die Daten aus den Handelsregistern abrufbar sind, und sind für die Abwicklung des elektronischen Abrufverfahrens zuständig. ³Die Landesregierung kann die Zuständigkeit durch Rechtsverordnung abweichend regeln; sie kann diese Ermächtigung durch Rechtsverordnung auf die Landesjustizverwaltung übertragen. ⁴Die Länder können ein länderübergreifendes, zentrales elektronisches Informations- und Kommunikationssystem bestimmen. ⁵Sie können auch eine Übertragung der Abwicklungsaufgaben auf die zuständige Stelle eines anderen Landes sowie mit dem Betreiber des Unternehmensregisters eine Übertragung der Abwicklungsaufgaben auf das Unternehmensregister vereinbaren.

(2) Sind Dokumente nur in Papierform vorhanden, kann die elektronische Übermittlung nur für solche Schriftstücke verlangt werden, die weniger als zehn Jahre vor dem Zeitpunkt der Antragstellung zum Handelsregister eingereicht wurden.

(3) ¹Die Übereinstimmung der übermittelten Daten mit dem Inhalt des Handelsregisters und den zum Handelsregister eingereichten Dokumenten wird auf Antrag durch das Gericht beglaubigt. ²Dafür ist eine qualifizierte elektronische Signatur nach dem Signaturgesetz zu verwenden.

(4) ¹Von den Eintragungen und den eingereichten Dokumenten kann ein Ausdruck verlangt werden. ²Von den zum Handelsregister eingereichten Schriftstücken, die nur in Papierform vorliegen, kann eine Abschrift gefordert werden. ³Die Abschrift ist von der Geschäftsstelle zu beglaubigen und der Ausdruck als amtlicher Ausdruck zu fertigen, wenn nicht auf die Beglaubigung verzichtet wird.

(5) Das Gericht hat auf Verlangen eine Bescheinigung darüber zu erteilen, dass bezüglich des Gegenstandes einer Eintragung weitere Eintragungen nicht vorhanden sind oder dass eine bestimmte Eintragung nicht erfolgt ist.

(6) ¹Für die Einsichtnahme in das Unternehmensregister gilt Absatz 1 Satz 1 entsprechend. ²Anträge nach den Absätzen 2 bis 5 können auch über das Unternehmensregister an das Gericht vermittelt werden.

§ 9a. Übertragung der Führung des Unternehmensregisters; Verordnungsermächtigung. (1) ¹Das Bundesministerium der Justiz wird ermächtigt, durch Rechtsverordnung mit Zustimmung des Bundesrates einer juristischen Person des Privatrechts die Aufgaben nach § 8b Abs. 1 zu übertragen. ²Der Beliehene erlangt die Stellung einer Justizbehörde des Bundes. ³Zur Erstellung von Beglaubigungen führt der Beliehene ein Dienstsiegel; nähere Einzelheiten hierzu können in der Rechtsverordnung nach Satz 1 geregelt werden. ⁴Die Dauer der Beleihung ist zu

Anlage 3 — Handelsgesetzbuch

befristen; sie soll fünf Jahre nicht unterschreiten; Kündigungsrechte aus wichtigem Grund sind vorzusehen. [5] Eine juristische Person des Privatrechts darf nur beliehen werden, wenn sie grundlegende Erfahrungen mit der Veröffentlichung von kapitalmarktrechtlichen Informationen und gerichtlichen Mitteilungen, insbesondere Handelsregisterdaten, hat und ihr eine ausreichende technische und finanzielle Ausstattung zur Verfügung steht, die die Gewähr für den langfristigen und sicheren Betrieb des Unternehmensregisters bietet.

(2) [1] Das Bundesministerium der Justiz wird ermächtigt, durch Rechtsverordnung mit Zustimmung des Bundesrates Einzelheiten der Datenübermittlung zwischen den Behörden der Länder und dem Unternehmensregister einschließlich Vorgaben über Datenformate zu regeln. [2] Abweichungen von den Verfahrensregelungen durch Landesrecht sind ausgeschlossen.

(3) [1] Das Bundesministerium der Justiz wird ermächtigt, durch Rechtsverordnung ohne Zustimmung des Bundesrates die technischen Einzelheiten zu Aufbau und Führung des Unternehmensregisters, Einzelheiten der Datenübermittlung einschließlich Vorgaben über Datenformate, die nicht unter Absatz 2 fallen, Löschungsfristen für die im Unternehmensregister gespeicherten Daten, Überwachungsrechte der Bundesanstalt für Finanzdienstleistungsaufsicht gegenüber dem Unternehmensregister hinsichtlich der Übermittlung, Einstellung, Verwaltung, Verarbeitung und des Abrufs kapitalmarktrechtlicher Daten einschließlich der Zusammenarbeit mit amtlich bestellten Speicherungssystemen anderer Mitgliedstaaten der Europäischen Union oder anderer Vertragsstaaten des Abkommens über den Europäischen Wirtschaftsraum im Rahmen des Aufbaus eines europaweiten Netzwerks zwischen den Speicherungssystemen, die Zulässigkeit sowie Art und Umfang von Auskunftsdienstleistungen mit den im Unternehmensregister gespeicherten Daten, die über die mit der Führung des Unternehmensregisters verbundenen Aufgaben nach diesem Gesetz hinausgehen, zu regeln. [2] Soweit Regelungen getroffen werden, die kapitalmarktrechtliche Daten berühren, ist die Rechtsverordnung nach Satz 1 im Einvernehmen mit dem Bundesministerium der Finanzen zu erlassen. [3] Die Rechtsverordnung nach Satz 1 hat dem schutzwürdigen Interesse der Unternehmen am Ausschluss einer zweckändernden Verwendung der im Register gespeicherten Daten angemessen Rechnung zu tragen.

§ 10. Bekanntmachung der Eintragungen. [1] Das Gericht macht die Eintragungen in das Handelsregister in dem von der Landesjustizverwaltung bestimmten elektronischen Informations- und Kommunikationssystem in der zeitlichen Folge ihrer Eintragung nach Tagen geordnet bekannt; § 9 Abs. 1 Satz 4 und 5 gilt entsprechend. [2] Soweit nicht ein Gesetz etwas anderes vorschreibt, werden die Eintragungen ihrem ganzen Inhalt nach veröffentlicht.

§ 11. Offenlegung in der Amtssprache eines Mitgliedstaats der Europäischen Union.
(1) [1] Die zum Handelsregister einzureichenden Dokumente sowie der Inhalt einer Eintragung können zusätzlich in jeder Amtssprache eines Mitgliedstaats der Europäischen Union übermittelt werden. [2] Auf die Übersetzungen ist in geeigneter Weise hinzuweisen. [3] § 9 ist entsprechend anwendbar.

(2) Im Fall der Abweichung der Originalfassung von einer eingereichten Übersetzung kann letztere einem Dritten nicht entgegengehalten werden; dieser kann sich jedoch auf die eingereichte Übersetzung berufen, es sei denn, der Eingetragene weist nach, dass dem Dritten die Originalfassung bekannt war.

§ 12. Anmeldungen zur Eintragung und Einreichungen. (1) [1] Anmeldungen zur Eintragung in das Handelsregister sind elektronisch in öffentlich beglaubigter Form einzureichen. [2] Die gleiche Form ist für eine Vollmacht zur Anmeldung erforderlich. [3] Rechtsnachfolger eines Beteiligten haben die Rechtsnachfolge soweit tunlich durch öffentliche Urkunden nachzuweisen.

(2) [1] Dokumente sind elektronisch einzureichen. [2] Ist eine Urschrift oder eine einfache Abschrift einzureichen oder ist für das Dokument die Schriftform bestimmt, genügt die Übermittlung einer elektronischen Aufzeichnung; ist ein notariell beurkundetes Dokument oder eine öffentlich beglaubigte Abschrift einzureichen, so ist ein mit einem einfachen elektronischen Zeugnis (§ 39a des Beurkundungsgesetzes) versehenes Dokument zu übermitteln.

§ 13. Zweigniederlassungen von Unternehmen mit Sitz im Inland. (1) [1] Die Errichtung einer Zweigniederlassung ist von einem Einzelkaufmann oder einer juristischen Person beim Gericht der Hauptniederlassung, von einer Handelsgesellschaft beim Gericht des Sitzes der Gesellschaft, unter Angabe des Ortes und der inländischen Geschäftsanschrift der Zweigniederlassung

Handelsgesetzbuch **Anlage 3**

und des Zusatzes, falls der Firma der Zweigniederlassung ein solcher beigefügt wird, zur Eintragung anzumelden. ²In gleicher Weise sind spätere Änderungen der die Zweigniederlassung betreffenden einzutragenden Tatsachen anzumelden.

(2) Das zuständige Gericht trägt die Zweigniederlassung auf dem Registerblatt der Hauptniederlassung oder des Sitzes unter Angabe des Ortes sowie der inländischen Geschäftsanschrift der Zweigniederlassung und des Zusatzes, falls der Firma der Zweigniederlassung ein solcher beigefügt ist, ein, es sei denn, die Zweigniederlassung ist offensichtlich nicht errichtet worden.

(3) Die Absätze 1 und 2 gelten entsprechend für die Aufhebung der Zweigniederlassung.

§ 14. [Festsetzung von Zwangsgeld] ¹Wer seiner Pflicht zur Anmeldung oder zur Einreichung von Dokumenten zum Handelsregister nicht nachkommt, ist hierzu von dem Registergericht durch Festsetzung von Zwangsgeld anzuhalten. ²Das einzelne Zwangsgeld darf den Betrag von fünftausend Euro nicht übersteigen.

§ 15. [Publizität des Handelsregisters] (1) Solange eine in das Handelsregister einzutragende Tatsache nicht eingetragen und bekanntgemacht ist, kann sie von demjenigen, in dessen Angelegenheiten sie einzutragen war, einem Dritten nicht entgegengesetzt werden, es sei denn, daß sie diesem bekannt war.

(2) ¹Ist die Tatsache eingetragen und bekanntgemacht worden, so muß ein Dritter sie gegen sich gelten lassen. ²Dies gilt nicht bei Rechtshandlungen, die innerhalb von fünfzehn Tagen nach der Bekanntmachung vorgenommen werden, sofern der Dritte beweist, daß er die Tatsache weder kannte noch kennen mußte.

(3) Ist eine einzutragende Tatsache unrichtig bekanntgemacht, so kann sich ein Dritter demjenigen gegenüber, in dessen Angelegenheiten die Tatsache einzutragen war, auf die bekanntgemachte Tatsache berufen, es sei denn, daß er die Unrichtigkeit kannte.

(4) Für den Geschäftsverkehr mit einer in das Handelsregister eingetragenen Zweigniederlassung eines Unternehmens mit Sitz oder Hauptniederlassung im Ausland ist im Sinne dieser Vorschriften die Eintragung und Bekanntmachung durch das Gericht der Zweigniederlassung entscheidend.

§ 15 a. Öffentliche Zustellung. ¹Ist bei einer juristischen Person, die zur Anmeldung einer inländischen Geschäftsanschrift zum Handelsregister verpflichtet ist, der Zugang einer Willenserklärung nicht unter der eingetragenen Anschrift oder einer im Handelsregister eingetragenen Anschrift einer für Zustellungen empfangsberechtigten Person oder einer ohne Ermittlungen bekannten anderen inländischen Anschrift möglich, kann die Zustellung nach den für die öffentliche Zustellung geltenden Vorschriften der Zivilprozessordnung erfolgen. ²Zuständig ist das Amtsgericht, in dessen Bezirk sich die eingetragene inländische Geschäftsanschrift der Gesellschaft befindet. ³§ 132 des Bürgerlichen Gesetzbuchs bleibt unberührt.

§ 16. [Entscheidung des Prozessgerichts] (1) ¹Ist durch eine rechtskräftige oder vollstreckbare Entscheidung des Prozeßgerichts die Verpflichtung zur Mitwirkung bei einer Anmeldung zum Handelsregister oder ein Rechtsverhältnis, bezüglich dessen eine Eintragung zu erfolgen hat, gegen einen von mehreren bei der Vornahme der Anmeldung Beteiligten festgestellt, so genügt zur Eintragung die Anmeldung der übrigen Beteiligten. ²Wird die Entscheidung, auf Grund deren die Eintragung erfolgt ist, aufgehoben, so ist dies auf Antrag eines der Beteiligten in das Handelsregister einzutragen.

(2) Ist durch eine rechtskräftige oder vollstreckbare Entscheidung des Prozeßgerichts die Vornahme einer Eintragung für unzulässig erklärt, so darf die Eintragung nicht gegen den Widerspruch desjenigen erfolgen, welcher die Entscheidung erwirkt hat.

Dritter Abschnitt. Handelsfirma

§ 17. [Begriff] (1) Die Firma eines Kaufmanns ist der Name, unter dem er seine Geschäfte betreibt und die Unterschrift abgibt.

(2) Ein Kaufmann kann unter seiner Firma klagen und verklagt werden.

Anlage 3

§ **18. [Firma des Kaufmanns]** (1) Die Firma muß zur Kennzeichnung des Kaufmanns geeignet sein und Unterscheidungskraft besitzen.

(2) ¹Die Firma darf keine Angaben enthalten, die geeignet sind, über geschäftliche Verhältnisse, die für die angesprochenen Verkehrskreise wesentlich sind, irrezuführen. ²Im Verfahren vor dem Registergericht wird die Eignung zur Irreführung nur berücksichtigt, wenn sie ersichtlich ist.

§ **19. [Bezeichnung der Firma bei Einzelkaufleuten, einer OHG oder KG]** (1) Die Firma muß, auch wenn sie nach den §§ 21, 22, 24 oder nach anderen gesetzlichen Vorschriften fortgeführt wird, enthalten:

1. bei Einzelkaufleuten die Bezeichnung „eingetragener Kaufmann", „eingetragene Kauffrau" oder eine allgemein verständliche Abkürzung dieser Bezeichnung, insbesondere „e.K.", „e. Kfm." oder „e. Kfr.";
2. bei einer offenen Handelsgesellschaft die Bezeichnung „offene Handelsgesellschaft" oder eine allgemein verständliche Abkürzung dieser Bezeichnung;
3. bei einer Kommanditgesellschaft die Bezeichnung „Kommanditgesellschaft" oder eine allgemein verständliche Abkürzung dieser Bezeichnung.

(2) Wenn in einer offenen Handelsgesellschaft oder Kommanditgesellschaft keine natürliche Person persönlich haftet, muß die Firma, auch wenn sie nach den §§ 21, 22, 24 oder nach anderen gesetzlichen Vorschriften fortgeführt wird, eine Bezeichnung enthalten, welche die Haftungsbeschränkung kennzeichnet.

§ **20.** *(aufgehoben)*

§ **21. [Fortführung bei Namensänderung]** Wird ohne eine Änderung der Person der in der Firma enthaltene Name des Geschäftsinhabers oder eines Gesellschafters geändert, so kann die bisherige Firma fortgeführt werden.

§ **22. [Fortführung bei Erwerb des Handelsgeschäfts]** (1) Wer ein bestehendes Handelsgeschäft unter Lebenden oder von Todes wegen erwirbt, darf für das Geschäft die bisherige Firma, auch wenn sie den Namen des bisherigen Geschäftsinhabers enthält, mit oder ohne Beifügung eines das Nachfolgeverhältnis andeutenden Zusatzes fortführen, wenn der bisherige Geschäftsinhaber oder dessen Erben in die Fortführung der Firma ausdrücklich willigen.

(2) Wird ein Handelsgeschäft auf Grund eines Nießbrauchs, eines Pachtvertrags oder eines ähnlichen Verhältnisses übernommen, so finden diese Vorschriften entsprechende Anwendung.

§ **23. [Veräußerungsverbot]** Die Firma kann nicht ohne das Handelsgeschäft, für welches sie geführt wird, veräußert werden.

§ **24. [Fortführung bei Änderungen im Gesellschafterbestand]** (1) Wird jemand in ein bestehendes Handelsgeschäft als Gesellschafter aufgenommen oder tritt ein neuer Gesellschafter in eine Handelsgesellschaft ein oder scheidet aus einer solchen ein Gesellschafter aus, so kann ungeachtet dieser Veränderung die bisherige Firma fortgeführt werden, auch wenn sie den Namen des bisherigen Geschäftsinhabers oder Namen von Gesellschaftern enthält.

(2) Bei dem Ausscheiden eines Gesellschafters, dessen Name in der Firma enthalten ist, bedarf es zur Fortführung der Firma der ausdrücklichen Einwilligung des Gesellschafters oder seiner Erben.

§ **32. [Insolvenzverfahren]** (1) ¹Wird über das Vermögen eines Kaufmanns das Insolvenzverfahren eröffnet, so ist dies von Amts wegen in das Handelsregister einzutragen. ²Das gleiche gilt für

1. die Aufhebung des Eröffnungsbeschlusses,
2. die Bestellung eines vorläufigen Insolvenzverwalters, wenn zusätzlich dem Schuldner ein allgemeines Verfügungsverbot auferlegt oder angeordnet wird, daß Verfügungen des Schuldners nur mit Zustimmung des vorläufigen Insolvenzverwalters wirksam sind, und die Aufhebung einer derartigen Sicherungsmaßnahme,

Handelsgesetzbuch

3. die Anordnung der Eigenverwaltung durch den Schuldner und deren Aufhebung sowie die Anordnung der Zustimmungsbedürftigkeit bestimmter Rechtsgeschäfte des Schuldners,

4. die Einstellung und die Aufhebung des Verfahrens und

5. die Überwachung der Erfüllung eines Insolvenzplans und die Aufhebung der Überwachung.

(2) ¹Die Eintragungen werden nicht bekanntgemacht. ²Die Vorschriften des § 15 sind nicht anzuwenden.

§ 33. [Juristische Person] (1) Eine juristische Person, deren Eintragung in das Handelsregister mit Rücksicht auf den Gegenstand oder auf die Art und den Umfang ihres Gewerbebetriebes zu erfolgen hat, ist von sämtlichen Mitgliedern des Vorstandes zur Eintragung anzumelden.

(2) ¹Der Anmeldung sind die Satzung der juristischen Person und die Urkunden über die Bestellung des Vorstandes in Urschrift oder in öffentlich beglaubigter Abschrift beizufügen; ferner ist anzugeben, welche Vertretungsmacht die Vorstandsmitglieder haben. ²Bei der Eintragung sind die Firma und der Sitz der juristischen Person, der Gegenstand des Unternehmens, die Mitglieder des Vorstandes und ihre Vertretungsmacht anzugeben. ³Besondere Bestimmungen der Satzung über die Zeitdauer des Unternehmens sind gleichfalls einzutragen.

(3) Die Errichtung einer Zweigniederlassung ist durch den Vorstand anzumelden.

(4) Für juristische Personen im Sinne von Absatz 1 gilt die Bestimmung des § 37 a entsprechend.

§ 34. [Anmeldung und Eintragung von Änderungen] (1) Jede Änderung der nach § 33 Abs. 2 Satz 2 und 3 einzutragenden Tatsachen oder der Satzung, die Auflösung der juristischen Person, falls sie nicht die Folge der Eröffnung des Insolvenzverfahrens ist, sowie die Personen der Liquidatoren, ihre Vertretungsmacht, jeder Wechsel der Liquidatoren und jede Änderung ihrer Vertretungsmacht sind zur Eintragung in das Handelsregister anzumelden.

(2) Bei der Eintragung einer Änderung der Satzung genügt, soweit nicht die Änderung die in § 33 Abs. 2 Satz 2 und 3 bezeichneten Angaben betrifft, die Bezugnahme auf die bei dem Gericht eingereichten Urkunden über die Änderung.

(3) Die Anmeldung hat durch den Vorstand oder, sofern die Eintragung erst nach der Anmeldung der ersten Liquidatoren geschehen soll, durch die Liquidatoren zu erfolgen.

(4) Die Eintragung gerichtlich bestellter Vorstandsmitglieder oder Liquidatoren geschieht von Amts wegen.

(5) Im Falle des Insolvenzverfahrens finden die Vorschriften des § 32 Anwendung.

§§ 35, 36. *(aufgehoben)*

§ 37. [Unzulässiger Firmengebrauch] (1) Wer eine nach den Vorschriften dieses Abschnitts ihm nicht zustehende Firma gebraucht, ist von dem Registergerichte zur Unterlassung des Gebrauchs der Firma durch Festsetzung von Ordnungsgeld anzuhalten.

(2) ¹Wer in seinen Rechten dadurch verletzt wird, daß ein anderer eine Firma unbefugt gebraucht, kann von diesem die Unterlassung des Gebrauchs der Firma verlangen. ²Ein nach sonstigen Vorschriften begründeter Anspruch auf Schadensersatz bleibt unberührt.

§ 37 a. [Angaben auf Geschäftsbriefen] (1) Auf allen Geschäftsbriefen des Kaufmanns gleichviel welcher Form, die an einen bestimmten Empfänger gerichtet werden, müssen seine Firma, die Bezeichnung nach § 19 Abs. 1 Nr. 1, der Ort seiner Handelsniederlassung, das Registergericht und die Nummer, unter der die Firma in das Handelsregister eingetragen ist, angegeben werden.

(2) Der Angaben nach Absatz 1 bedarf es nicht bei Mitteilungen oder Berichten, die im Rahmen einer bestehenden Geschäftsverbindung ergehen und für die üblicherweise Vordrucke verwendet werden, in denen lediglich die im Einzelfall erforderlichen besonderen Angaben eingefügt zu werden brauchen.

(3) ¹Bestellscheine gelten als Geschäftsbriefe im Sinne des Absatzes 1. ²Absatz 2 ist auf sie nicht anzuwenden.

(4) ¹Wer seiner Pflicht nach Absatz 1 nicht nachkommt, ist hierzu von dem Registergericht durch Festsetzung von Zwangsgeld anzuhalten. ²§ 14 Satz 2 gilt entsprechend.

Fünfter Abschnitt. Prokura und Handlungsvollmacht

§ 48. [Erteilung der Prokura; Gesamtprokura] (1) Die Prokura kann nur von dem Inhaber des Handelsgeschäfts oder seinem gesetzlichen Vertreter und nur mittels ausdrücklicher Erklärung erteilt werden.

(2) Die Erteilung kann an mehrere Personen gemeinschaftlich erfolgen (Gesamtprokura).

§ 49. [Umfang der Prokura] (1) Die Prokura ermächtigt zu allen Arten von gerichtlichen und außergerichtlichen Geschäften und Rechtshandlungen, die der Betrieb eines Handelsgewerbes mit sich bringt.

(2) Zur Veräußerung und Belastung von Grundstücken ist der Prokurist nur ermächtigt, wenn ihm diese Befugnis besonders erteilt ist.

§ 50. [Beschränkung des Umfanges] (1) Eine Beschränkung des Umfanges der Prokura ist Dritten gegenüber unwirksam.

(2) Dies gilt insbesondere von der Beschränkung, daß die Prokura nur für gewisse Geschäfte oder gewisse Arten von Geschäften oder nur unter gewissen Umständen oder für eine gewisse Zeit oder an einzelnen Orten ausgeübt werden soll.

(3) [1]Eine Beschränkung der Prokura auf den Betrieb einer von mehreren Niederlassungen des Geschäftsinhabers ist Dritten gegenüber nur wirksam, wenn die Niederlassungen unter verschiedenen Firmen betrieben werden. [2]Eine Verschiedenheit der Firmen im Sinne dieser Vorschrift wird auch dadurch begründet, daß für eine Zweigniederlassung der Firma ein Zusatz beigefügt wird, der sie als Firma der Zweigniederlassung bezeichnet.

§ 51. [Zeichnung des Prokuristen] Der Prokurist hat in der Weise zu zeichnen, daß er der Firma seinen Namen mit einem die Prokura andeutenden Zusatze beifügt.

§ 52. [Widerruflichkeit; Unübertragbarkeit; Tod des Inhabers] (1) Die Prokura ist ohne Rücksicht auf das der Erteilung zugrunde liegende Rechtsverhältnis jederzeit widerruflich, unbeschadet des Anspruchs auf die vertragsmäßige Vergütung.

(2) Die Prokura ist nicht übertragbar.

(3) Die Prokura erlischt nicht durch den Tod des Inhabers des Handelsgeschäfts.

§ 53. [Anmeldung der Erteilung und des Erlöschens] (1) [1]Die Erteilung der Prokura ist von dem Inhaber des Handelsgeschäfts zur Eintragung in das Handelsregister anzumelden. [2]Ist die Prokura als Gesamtprokura erteilt, so muß auch dies zur Eintragung angemeldet werden.

(2) Das Erlöschen der Prokura ist in gleicher Weise wie die Erteilung zur Eintragung anzumelden.

§ 54. [Handlungsvollmacht] (1) Ist jemand ohne Erteilung der Prokura zum Betrieb eines Handelsgewerbes oder zur Vornahme einer bestimmten zu einem Handelsgewerbe gehörigen Art von Geschäften oder zur Vornahme einzelner zu einem Handelsgewerbe gehöriger Geschäfte ermächtigt, so erstreckt sich die Vollmacht (Handlungsvollmacht) auf alle Geschäfte und Rechtshandlungen, die der Betrieb eines derartigen Handelsgewerbes oder die Vornahme derartiger Geschäfte gewöhnlich mit sich bringt.

(2) Zur Veräußerung oder Belastung von Grundstücken, zur Eingehung von Wechselverbindlichkeiten, zur Aufnahme von Darlehen und zur Prozeßführung ist der Handlungsbevollmächtigte nur ermächtigt, wenn ihm eine solche Befugnis besonders erteilt ist.

(3) Sonstige Beschränkungen der Handlungsvollmacht braucht ein Dritter nur dann gegen sich gelten zu lassen, wenn er sie kannte oder kennen mußte.

§ 55. [Abschlußvertreter] (1) Die Vorschriften des § 54 finden auch Anwendung auf Handlungsbevollmächtigte, die Handelsvertreter sind oder die als Handlungsgehilfen damit betraut sind, außerhalb des Betriebes des Prinzipals Geschäfte in dessen Namen abzuschließen.

(2) Die ihnen erteilte Vollmacht zum Abschluß von Geschäften bevollmächtigt sie nicht, abgeschlossene Verträge zu ändern, insbesondere Zahlungsfristen zu gewähren.

(3) Zur Annahme von Zahlungen sind sie nur berechtigt, wenn sie dazu bevollmächtigt sind.

(4) Sie gelten als ermächtigt, die Anzeige von Mängeln einer Ware, die Erklärung, daß eine Ware zur Verfügung gestellt werde, sowie ähnliche Erklärungen, durch die ein Dritter seine Rechte aus mangelhafter Leistung geltend macht oder sie vorbehält, entgegenzunehmen; sie können die dem Unternehmer (Prinzipal) zustehenden Rechte auf Sicherung des Beweises geltend machen.

§ 56. [Angestellte in Laden oder Warenlager] Wer in einem Laden oder in einem offenen Warenlager angestellt ist, gilt als ermächtigt zu Verkäufen und Empfangnahmen, die in einem derartigen Laden oder Warenlager gewöhnlich geschehen.

§ 57. [Zeichnung des Handlungsbevollmächtigten] Der Handlungsbevollmächtigte hat sich bei der Zeichnung jedes eine Prokura andeutenden Zusatzes zu enthalten; er hat mit einem das Vollmachtverhältnis ausdrückenden Zusatze zu zeichnen.

§ 58. [Unübertragbarkeit der Handlungsvollmacht] Der Handlungsbevollmächtigte kann ohne Zustimmung des Inhabers des Handelsgeschäfts seine Handlungsvollmacht auf einen anderen nicht übertragen.

§ 130 a. [Antragspflicht bei Zahlungsunfähigkeit oder Überschuldung] (1) [1]Nachdem bei einer Gesellschaft, bei der kein Gesellschafter eine natürliche Person ist, die Zahlungsunfähigkeit eingetreten ist oder sich ihre Überschuldung ergeben hat, dürfen die organschaftlichen Vertreter der zur Vertretung der Gesellschaft ermächtigten Gesellschafter und die Liquidatoren für die Gesellschaft keine Zahlungen leisten. [2]Dies gilt nicht von Zahlungen, die auch nach diesem Zeitpunkt mit der Sorgfalt eines ordentlichen und gewissenhaften Geschäftsleiters vereinbar sind. [3]Entsprechendes gilt für Zahlungen an Gesellschafter, soweit diese zur Zahlungsunfähigkeit der Gesellschaft führen mussten, es sei denn, dies war auch bei Beachtung der in Satz 2 bezeichneten Sorgfalt nicht erkennbar. [4]Die Sätze 1 bis 3 gelten nicht, wenn zu den Gesellschaftern der offenen Handelsgesellschaft eine andere offene Handelsgesellschaft oder Kommanditgesellschaft gehört, bei der ein persönlich haftender Gesellschafter eine natürliche Person ist.

(2) [1]Wird entgegen § 15 a Abs. 1 der Insolvenzordnung die Eröffnung des Insolvenzverfahrens nicht oder nicht rechtzeitig beantragt oder werden entgegen Absatz 2 Zahlungen geleistet, so sind die organschaftlichen Vertreter der zur Vertretung der Gesellschaft ermächtigten Gesellschafter und die Liquidatoren der Gesellschaft gegenüber zum Ersatz des daraus entstehenden Schadens als Gesamtschuldner verpflichtet. [2]Ist dabei streitig, ob sie die Sorgfalt eines ordentlichen und gewissenhaften Geschäftsleiters angewandt haben, so trifft sie die Beweislast. [3]Die Ersatzpflicht kann durch Vereinbarung mit den Gesellschaftern weder eingeschränkt noch ausgeschlossen werden. [4]Soweit der Ersatz zur Befriedigung der Gläubiger der Gesellschaft erforderlich ist, wird die Ersatzpflicht weder durch einen Verzicht oder Vergleich der Gesellschaft noch dadurch aufgehoben, daß die Handlung auf einem Beschluß der Gesellschafter beruht. [5]Satz 4 gilt nicht, wenn der Ersatzpflichtige zahlungsunfähig ist und sich zur Abwendung des Insolvenzverfahrens mit seinen Gläubigern vergleicht oder wenn die Ersatzpflicht in einem Insolvenzplan geregelt wird. [6]Die Ansprüche aus diesen Vorschriften verjähren in fünf Jahren.

(3) Diese Vorschriften gelten sinngemäß, wenn die in den Absätzen 1 und 2 genannten organschaftlichen Vertreter ihrerseits Gesellschaften sind, bei denen kein Gesellschafter eine natürliche Person ist, oder sich die Verbindung von Gesellschaften in dieser Art fortsetzt.

Drittes Buch. Handelsbücher

Erster Abschnitt. Vorschriften für alle Kaufleute

Erster Unterabschnitt. Buchführung. Inventar

§ 238. Buchführungspflicht. (1) [1]Jeder Kaufmann ist verpflichtet, Bücher zu führen und in diesen seine Handelsgeschäfte und die Lage seines Vermögens nach den Grundsätzen ordnungsmäßiger Buchführung ersichtlich zu machen. [2]Die Buchführung muß so beschaffen sein, daß sie einem sachverständigen Dritten innerhalb angemessener Zeit einen Überblick über die Geschäfts-

Anlage 3 *Handelsgesetzbuch*

vorfälle und über die Lage des Unternehmens vermitteln kann. ³Die Geschäftsvorfälle müssen sich in ihrer Entstehung und Abwicklung verfolgen lassen.

(2) Der Kaufmann ist verpflichtet, eine mit der Urschrift übereinstimmende Wiedergabe der abgesandten Handelsbriefe (Kopie, Abdruck, Abschrift oder sonstige Wiedergabe des Wortlauts auf einem Schrift-, Bild- oder anderen Datenträger) zurückzubehalten.

§ 239. Führung der Handelsbücher. (1) ¹Bei der Führung der Handelsbücher und bei den sonst erforderlichen Aufzeichnungen hat sich der Kaufmann einer lebenden Sprache zu bedienen. ²Werden Abkürzungen, Ziffern, Buchstaben oder Symbole verwendet, muß im Einzelfall deren Bedeutung eindeutig festliegen.

(2) Die Eintragungen in Büchern und die sonst erforderlichen Aufzeichnungen müssen vollständig, richtig, zeitgerecht und geordnet vorgenommen werden.

(3) ¹Eine Eintragung oder eine Aufzeichnung darf nicht in einer Weise verändert werden, daß der ursprüngliche Inhalt nicht mehr feststellbar ist. ²Auch solche Veränderungen dürfen nicht vorgenommen werden, deren Beschaffenheit es ungewiß läßt, ob sie ursprünglich oder erst später gemacht worden sind.

(4) ¹Die Handelsbücher und die sonst erforderlichen Aufzeichnungen können auch in der geordneten Ablage von Belegen bestehen oder auf Datenträgern geführt werden, soweit diese Formen der Buchführung einschließlich des dabei angewandten Verfahrens den Grundsätzen ordnungsmäßiger Buchführung entsprechen. ²Bei der Führung der Handelsbücher und der sonst erforderlichen Aufzeichnungen auf Datenträgern muß insbesondere sichergestellt sein, daß die Daten während der Dauer der Aufbewahrungsfrist verfügbar sind und jederzeit innerhalb angemessener Frist lesbar gemacht werden können. ³Absätze 1 bis 3 gelten sinngemäß.

§ 240. Inventar. (1) Jeder Kaufmann hat zu Beginn seines Handelsgewerbes seine Grundstücke, seine Forderungen und Schulden, den Betrag seines baren Geldes sowie seine sonstigen Vermögensgegenstände genau zu verzeichnen und dabei den Wert der einzelnen Vermögensgegenstände und Schulden anzugeben.

(2) ¹Er hat demnächst für den Schluß eines jeden Geschäftsjahrs ein solches Inventar aufzustellen. ²Die Dauer des Geschäftsjahres darf zwölf Monate nicht überschreiten. ³Die Aufstellung des Inventars ist innerhalb der einem ordnungsmäßigen Geschäftsgang entsprechenden Zeit zu bewirken.

(3) ¹Vermögensgegenstände des Sachanlagevermögens sowie Roh-, Hilfs- und Betriebsstoffe können, wenn sie regelmäßig ersetzt werden und ihr Gesamtwert für das Unternehmen von nachrangiger Bedeutung ist, mit einer gleichbleibenden Menge und einem gleichbleibenden Wert angesetzt werden, sofern ihr Bestand in seiner Größe, seinem Wert und seiner Zusammensetzung nur geringen Veränderungen unterliegt. ²Jedoch ist in der Regel alle drei Jahre eine körperliche Bestandsaufnahme durchzuführen.

(4) Gleichartige Vermögensgegenstände des Vorratsvermögens sowie andere gleichartige oder annähernd gleichwertige bewegliche Vermögensgegenstände und Schulden können jeweils zu einer Gruppe zusammengefaßt und mit dem gewogenen Durchschnittswert angesetzt werden.

§ 241. Inventurvereinfachungsverfahren. (1) ¹Bei der Aufstellung des Inventars darf der Bestand der Vermögensgegenstände nach Art, Menge und Wert auch mit Hilfe anerkannter mathematisch-statistischer Methoden auf Grund von Stichproben ermittelt werden. ²Das Verfahren muß den Grundsätzen ordnungsmäßiger Buchführung entsprechen. ³Der Aussagewert des auf diese Weise aufgestellten Inventars muß dem Aussagewert eines auf Grund einer körperlichen Bestandsaufnahme aufgestellten Inventars gleichkommen.

(2) Bei der Aufstellung des Inventars für den Schluß eines Geschäftsjahrs bedarf es einer körperlichen Bestandsaufnahme der Vermögensgegenstände für diesen Zeitpunkt nicht, soweit durch Anwendung eines den Grundsätzen ordnungsmäßiger Buchführung entsprechenden anderen Verfahrens gesichert ist, daß der Bestand der Vermögensgegenstände nach Art, Menge und Wert auch ohne die körperliche Bestandsaufnahme für diesen Zeitpunkt festgestellt werden kann.

(3) In dem Inventar für den Schluß eines Geschäftsjahrs brauchen Vermögensgegenstände nicht verzeichnet zu werden, wenn

Handelsgesetzbuch **Anlage 3**

1. der Kaufmann ihren Bestand auf Grund einer körperlichen Bestandsaufnahme oder auf Grund eines nach Absatz 2 zulässigen anderen Verfahrens nach Art, Menge und Wert in einem besonderen Inventar verzeichnet hat, das für einen Tag innerhalb der letzten drei Monate vor oder der ersten beiden Monate nach dem Schluß des Geschäftsjahrs aufgestellt ist, und
2. auf Grund des besonderen Inventars durch Anwendung eines den Grundsätzen ordnungsmäßiger Buchführung entsprechenden Fortschreibungs- oder Rückrechnungsverfahrens gesichert ist, daß der am Schluß des Geschäftsjahrs vorhandene Bestand der Vermögensgegenstände für diesen Zeitpunkt ordnungsgemäß bewertet werden kann.

§ 241 a. Befreiung von der Pflicht zur Buchführung und Erstellung eines Inventars.
[1] Einzelkaufleute, die an den Abschlussstichtagen von zwei aufeinander folgenden Geschäftsjahren nicht mehr als 500 000 Euro Umsatzerlöse und 50 000 Euro Jahresüberschuss aufweisen, brauchen die §§ 238 bis 241 nicht anzuwenden. [2] Im Fall der Neugründung treten die Rechtsfolgen schon ein, wenn die Werte des Satzes 1 am ersten Abschlussstichtag nach der Neugründung nicht überschritten werden.

Zweiter Unterabschnitt. Eröffnungsbilanz. Jahresabschluß

Erster Titel. Allgemeine Vorschriften

§ 242. Pflicht zur Aufstellung. (1) [1] Der Kaufmann hat zu Beginn seines Handelsgewerbes und für den Schluß eines jeden Geschäftsjahrs einen das Verhältnis seines Vermögens und seiner Schulden darstellenden Abschluß (Eröffnungsbilanz, Bilanz) aufzustellen. [2] Auf die Eröffnungsbilanz sind die für den Jahresabschluß geltenden Vorschriften entsprechend anzuwenden, soweit sie sich auf die Bilanz beziehen.

(2) Er hat für den Schluß eines jeden Geschäftsjahrs eine Gegenüberstellung der Aufwendungen und Erträge des Geschäftsjahrs (Gewinn- und Verlustrechnung) aufzustellen.

(3) Die Bilanz und die Gewinn- und Verlustrechnung bilden den Jahresabschluß.

(4) [1] Die Absätze 1 bis 3 sind auf Einzelkaufleute im Sinn des § 241 a nicht anzuwenden. [2] Im Fall der Neugründung treten die Rechtsfolgen nach Satz 1 schon ein, wenn die Werte des § 241 a Satz 1 am ersten Abschlussstichtag nach der Neugründung nicht überschritten werden.

§ 243. Aufstellungsgrundsatz. (1) Der Jahresabschluß ist nach den Grundsätzen ordnungsmäßiger Buchführung aufzustellen.

(2) Er muß klar und übersichtlich sein.

(3) Der Jahresabschluß ist innerhalb der einem ordnungsmäßigen Geschäftsgang entsprechenden Zeit aufzustellen.

§ 244. Sprache. Währungseinheit. Der Jahresabschluß ist in deutscher Sprache und in Euro aufzustellen.

§ 245. Unterzeichnung. [1] Der Jahresabschluß ist vom Kaufmann unter Angabe des Datums zu unterzeichnen. [2] Sind mehrere persönlich haftende Gesellschafter vorhanden, so haben sie alle zu unterzeichnen.

Zweiter Titel. Ansatzvorschriften

§ 246. Vollständigkeit. Verrechnungsverbot. (1) [1] Der Jahresabschluss hat sämtliche Vermögensgegenstände, Schulden, Rechnungsabgrenzungsposten sowie Aufwendungen und Erträge zu enthalten, soweit gesetzlich nichts anderes bestimmt ist. [2] Vermögensgegenstände sind in der Bilanz des Eigentümers aufzunehmen; ist ein Vermögensgegenstand nicht dem Eigentümer, sondern einem anderen wirtschaftlich zuzurechnen, hat dieser ihn in seiner Bilanz auszuweisen. [3] Schulden sind in die Bilanz des Schuldners aufzunehmen. [4] Der Unterschiedsbetrag, um den die für die Übernahme eines Unternehmens bewirkte Gegenleistung den Wert der einzelnen Vermögensgegenstände des Unternehmens abzüglich der Schulden im Zeitpunkt der Übernahme übersteigt (entgeltlich erworbener Geschäfts- oder Firmenwert), gilt als zeitlich begrenzt nutzbarer Vermögensgegenstand.

Anlage 3   *Handelsgesetzbuch*

(2) ¹Posten der Aktivseite dürfen nicht mit Posten der Passivseite, Aufwendungen nicht mit Erträgen, Grundstücksrechte nicht mit Grundstückslasten verrechnet werden. ²Vermögensgegenstände, die dem Zugriff aller übrigen Gläubiger entzogen sind und ausschließlich der Erfüllung von Schulden aus Altersversorgungsverpflichtungen oder vergleichbaren langfristig fälligen Verpflichtungen dienen, sind mit diesen Schulden zu verrechnen; entsprechend ist mit den zugehörigen Aufwendungen und Erträgen aus der Abzinsung und aus dem zu verrechnenden Vermögen zu verfahren. ³Übersteigt der beizulegende Zeitwert der Vermögensgegenstände den Betrag der Schulden, ist der übersteigende Betrag unter einem gesonderten Posten zu aktivieren.

(3) ¹Die auf den vorhergehenden Jahresabschluss angewandten Ansatzmethoden sind beizubehalten. ²§ 252 Abs. 2 ist entsprechend anzuwenden.

§ 247. Inhalt der Bilanz. (1) In der Bilanz sind das Anlage- und das Umlaufvermögen, das Eigenkapital, die Schulden sowie die Rechnungsabgrenzungsposten gesondert auszuweisen und hinreichend aufzugliedern.

(2) Beim Anlagevermögen sind nur die Gegenstände auszuweisen, die bestimmt sind, dauernd dem Geschäftsbetrieb zu dienen.

§ 248. Bilanzierungsverbote und -wahlrechte. (1) In die Bilanz dürfen nicht als Aktivposten aufgenommen werden:
1. Aufwendungen für die Gründung eines Unternehmens,
2. Aufwendungen für die Beschaffung des Eigenkapitals und
3. Aufwendungen für den Abschluss von Versicherungsverträgen.

(2) ¹Selbst geschaffene immaterielle Vermögensgegenstände des Anlagevermögens können als Aktivposten in die Bilanz aufgenommen werden. ²Nicht aufgenommen werden dürfen selbst geschaffene Marken, Drucktitel, Verlagsrechte, Kundenlisten oder vergleichbare immaterielle Vermögensgegenstände des Anlagevermögens.

§ 249. Rückstellungen. (1) ¹Rückstellungen sind für ungewisse Verbindlichkeiten und für drohende Verluste aus schwebenden Geschäften zu bilden. ²Ferner sind Rückstellungen zu bilden für
1. im Geschäftsjahr unterlassene Aufwendungen für Instandhaltung, die im folgenden Geschäftsjahr innerhalb von drei Monaten, oder für Abraumbeseitigung, die im folgenden Geschäftsjahr nachgeholt werden,
2. Gewährleistungen, die ohne rechtliche Verpflichtung erbracht werden.

(2) ¹Für andere als die in Absatz 1 bezeichneten Zwecke dürfen Rückstellungen nicht gebildet werden. ²Rückstellungen dürfen nur aufgelöst werden, soweit der Grund hierfür entfallen ist.

§ 250. Rechnungsabgrenzungsposten. (1) Als Rechnungsabgrenzungsposten sind auf der Aktivseite Ausgaben vor dem Abschlußstichtag auszuweisen, soweit sie Aufwand für eine bestimmte Zeit nach diesem Tag darstellen.

(2) Auf der Passivseite sind als Rechnungsabgrenzungsposten Einnahmen vor dem Abschlußstichtag auszuweisen, soweit sie Ertrag für eine bestimmte Zeit nach diesem Tag darstellen.

(3) ¹Ist der Erfüllungsbetrag einer Verbindlichkeit höher als der Ausgabebetrag, so darf der Unterschiedsbetrag in den Rechnungsabgrenzungsposten auf der Aktivseite aufgenommen werden. ²Der Unterschiedsbetrag ist durch planmäßige jährliche Abschreibungen zu tilgen, die auf die gesamte Laufzeit der Verbindlichkeit verteilt werden können.

§ 251. Haftungsverhältnisse. ¹Unter der Bilanz sind, sofern sie nicht auf der Passivseite auszuweisen sind, Verbindlichkeiten aus der Begebung und Übertragung von Wechseln, aus Bürgschaften, Wechsel- und Scheckbürgschaften und aus Gewährleistungsverträgen sowie Haftungsverhältnisse aus der Bestellung von Sicherheiten für fremde Verbindlichkeiten zu vermerken; sie dürfen in einem Betrag angegeben werden. ²Haftungsverhältnisse sind auch anzugeben, wenn ihnen gleichwertige Rückgriffsforderungen gegenüberstehen.

Handelsgesetzbuch **Anlage 3**

Dritter Titel. Bewertungsvorschriften

§ 252. Allgemeine Bewertungsgrundsätze. (1) Bei der Bewertung der im Jahresabschluß ausgewiesenen Vermögensgegenstände und Schulden gilt insbesondere folgendes:
1. Die Wertansätze in der Eröffnungsbilanz des Geschäftsjahrs müssen mit denen der Schlußbilanz des vorhergehenden Geschäftsjahrs übereinstimmen.
2. Bei der Bewertung ist von der Fortführung der Unternehmenstätigkeit auszugehen, sofern dem nicht tatsächliche oder rechtliche Gegebenheiten entgegenstehen.
3. Die Vermögensgegenstände und Schulden sind zum Abschlußstichtag einzeln zu bewerten.
4. Es ist vorsichtig zu bewerten, namentlich sind alle vorhersehbaren Risiken und Verluste, die bis zum Abschlußstichtag entstanden sind, zu berücksichtigen, selbst wenn diese erst zwischen dem Abschlußstichtag und dem Tag der Aufstellung des Jahresabschlusses bekanntgeworden sind; Gewinne sind nur zu berücksichtigen, wenn sie am Abschlußstichtag realisiert sind.
5. Aufwendungen und Erträge des Geschäftsjahrs sind unabhängig von den Zeitpunkten der entsprechenden Zahlungen im Jahresabschluß zu berücksichtigen.
6. Die auf den vorhergehenden Jahresabschluss angewandten Bewertungsmethoden sind beizubehalten.

(2) Von den Grundsätzen des Absatzes 1 darf nur in begründeten Ausnahmefällen abgewichen werden.

§ 253. Zugangs- und Folgebewertung. (1) [1] Vermögensgegenstände sind höchstens mit den Anschaffungs- oder Herstellungskosten, vermindert um die Abschreibungen nach den Absätzen 3 bis 5, anzusetzen. [2] Verbindlichkeiten sind zu ihrem Erfüllungsbetrag und Rückstellungen in Höhe des nach vernünftiger kaufmännischer Beurteilung notwendigen Erfüllungsbetrages anzusetzen. [3] Soweit sich die Höhe von Altersversorgungsverpflichtungen ausschließlich nach dem beizulegenden Zeitwert von Wertpapieren im Sinn des § 266 Abs. 2 A.III.5 bestimmt, sind Rückstellungen hierfür zum beizulegenden Zeitwert dieser Wertpapiere anzusetzen, soweit er einen garantierten Mindestbetrag übersteigt. [4] Nach § 246 Abs. 2 Satz 2 zu verrechnende Vermögensgegenstände sind mit ihrem beizulegenden Zeitwert zu bewerten.

(2) [1] Rückstellungen mit einer Restlaufzeit von mehr als einem Jahr sind mit dem ihrer Restlaufzeit entsprechenden durchschnittlichen Marktzinssatz der vergangenen sieben Geschäftsjahre abzuzinsen. [2] Abweichend von Satz 1 dürfen Rückstellungen für Altersversorgungsverpflichtungen oder vergleichbare langfristig fällige Verpflichtungen pauschal mit dem durchschnittlichen Marktzinssatz abgezinst werden, der sich bei einer angenommenen Restlaufzeit von 15 Jahren ergibt. [3] Die Sätze 1 und 2 gelten entsprechend für auf Rentenverpflichtungen beruhende Verbindlichkeiten, für die eine Gegenleistung nicht mehr zu erwarten ist. [4] Der nach den Sätzen 1 und 2 anzuwendende Abzinsungszinssatz wird von der Deutschen Bundesbank nach Maßgabe einer Rechtsverordnung ermittelt und monatlich bekannt gegeben. [5] In der Rechtsverordnung nach Satz 4, die nicht der Zustimmung des Bundesrates bedarf, bestimmt das Bundesministerium der Justiz im Benehmen mit der Deutschen Bundesbank das Nähere zur Ermittlung der Abzinsungszinssätze, insbesondere die Ermittlungsmethodik und deren Grundlagen, sowie die Form der Bekanntgabe.

(3) [1] Bei Vermögensgegenständen des Anlagevermögens, deren Nutzung zeitlich begrenzt ist, sind die Anschaffungs- oder die Herstellungskosten um planmäßige Abschreibungen zu vermindern. [2] Der Plan muss die Anschaffungs- oder Herstellungskosten auf die Geschäftsjahre verteilen, in denen der Vermögensgegenstand voraussichtlich genutzt werden kann. [3] Ohne Rücksicht darauf, ob ihre Nutzung zeitlich begrenzt ist, sind bei Vermögensgegenständen des Anlagevermögens bei voraussichtlich dauernder Wertminderung außerplanmäßige Abschreibungen vorzunehmen, um diese mit dem niedrigeren Wert anzusetzen, der ihnen am Abschlussstichtag beizulegen ist. [4] Bei Finanzanlagen können außerplanmäßige Abschreibungen auch bei voraussichtlich nicht dauernder Wertminderung vorgenommen werden.

(4) [1] Bei Vermögensgegenständen des Umlaufvermögens sind Abschreibungen vorzunehmen, um diese mit einem niedrigeren Wert anzusetzen, der sich aus einem Börsen- oder Marktpreis am Abschlussstichtag ergibt. [2] Ist ein Börsen- oder Marktpreis nicht festzustellen und übersteigen die

Anschaffungs- oder Herstellungskosten den Wert, der den Vermögensgegenständen am Abschlussstichtag beizulegen ist, so ist auf diesen Wert abzuschreiben.

(5) [1] Ein niedrigerer Wertansatz nach Absatz 3 Satz 3 oder 4 und Absatz 4 darf nicht beibehalten werden, wenn die Gründe dafür nicht mehr bestehen. [2] Ein niedrigerer Wertansatz eines entgeltlich erworbenen Geschäfts- oder Firmenwertes ist beizubehalten.

§ 254. Bildung von Bewertungseinheiten. [1] Werden Vermögensgegenstände, Schulden, schwebende Geschäfte oder mit hoher Wahrscheinlichkeit erwartete Transaktionen zum Ausgleich gegenläufiger Wertänderungen oder Zahlungsströme aus dem Eintritt vergleichbarer Risiken mit Finanzinstrumenten zusammengefasst (Bewertungseinheit), sind § 249 Abs. 1, § 252 Abs. 1 Nr. 3 und 4, § 253 Abs. 1 Satz 1 und § 256a in dem Umfang und für den Zeitraum nicht anzuwenden, in dem die gegenläufigen Wertänderungen oder Zahlungsströme sich ausgleichen. [2] Als Finanzinstrumente im Sinn des Satzes 1 gelten auch Termingeschäfte über den Erwerb oder die Veräußerung von Waren.

§ 255. Bewertungsmaßstäbe. (1) [1] Anschaffungskosten sind die Aufwendungen, die geleistet werden, um einen Vermögensgegenstand zu erwerben und ihn in einen betriebsbereiten Zustand zu versetzen, soweit sie dem Vermögensgegenstand einzeln zugeordnet werden können. [2] Zu den Anschaffungskosten gehören auch die Nebenkosten sowie die nachträglichen Anschaffungskosten. [3] Anschaffungspreisminderungen sind abzusetzen.

(2) [1] Herstellungskosten sind die Aufwendungen, die durch den Verbrauch von Gütern und die Inanspruchnahme von Diensten für die Herstellung eines Vermögensgegenstands, seine Erweiterung oder für eine über seinen ursprünglichen Zustand hinausgehende wesentliche Verbesserung entstehen. [2] Dazu gehören die Materialkosten, die Fertigungskosten und die Sonderkosten der Fertigung sowie angemessene Teile der Materialgemeinkosten, der Fertigungsgemeinkosten und des Werteverzehrs des Anlagevermögens, soweit dieser durch die Fertigung veranlasst ist. [3] Bei der Berechnung der Herstellungskosten dürfen angemessene Teile der Kosten der allgemeinen Verwaltung sowie angemessene Aufwendungen für soziale Einrichtungen des Betriebs, für freiwillige soziale Leistungen und für die betriebliche Altersversorgung einbezogen werden, soweit diese auf den Zeitraum der Herstellung entfallen. [4] Forschungs- und Vertriebskosten dürfen nicht einbezogen werden.

(2 a) [1] Herstellungskosten eines selbst geschaffenen immateriellen Vermögensgegenstands des Anlagevermögens sind die bei dessen Entwicklung anfallenden Aufwendungen nach Absatz 2. [2] Entwicklung ist die Anwendung von Forschungsergebnissen oder von anderem Wissen für die Neuentwicklung von Gütern oder Verfahren oder die Weiterentwicklung von Gütern oder Verfahren mittels wesentlicher Änderungen. [3] Forschung ist die eigenständige und planmäßige Suche nach neuen wissenschaftlichen oder technischen Erkenntnissen oder Erfahrungen allgemeiner Art, über deren technische Verwertbarkeit und wirtschaftliche Erfolgsaussichten grundsätzlich keine Aussagen gemacht werden können. [4] Können Forschung und Entwicklung nicht verlässlich voneinander unterschieden werden, ist eine Aktivierung ausgeschlossen.

(3) [1] Zinsen für Fremdkapital gehören nicht zu den Herstellungskosten. [2] Zinsen für Fremdkapital, das zur Finanzierung der Herstellung eines Vermögensgegenstands verwendet wird, dürfen angesetzt werden, soweit sie auf den Zeitraum der Herstellung entfallen; in diesem Falle gelten sie als Herstellungskosten des Vermögensgegenstands.

(4) [1] Der beizulegende Zeitwert entspricht dem Marktpreis. [2] Soweit kein aktiver Markt besteht, anhand dessen sich der Marktpreis ermitteln lässt, ist der beizulegende Zeitwert mit Hilfe allgemein anerkannter Bewertungsmethoden zu bestimmen. [3] Lässt sich der beizulegende Zeitwert weder nach Satz 1 noch nach Satz 2 ermitteln, sind die Anschaffungs- oder Herstellungskosten gemäß § 253 Abs. 4 fortzuführen. [4] Der zuletzt nach Satz 1 oder 2 ermittelte beizulegende Zeitwert gilt als Anschaffungs- oder Herstellungskosten im Sinn des Satzes 3.

§ 256. Bewertungsvereinfachungsverfahren. [1] Soweit es den Grundsätzen ordnungsmäßiger Buchführung entspricht, kann für den Wertansatz gleichartiger Vermögensgegenstände des Vorratsvermögens unterstellt werden, daß die zuerst oder daß die zuletzt angeschafften oder hergestellten Vermögensgegenstände zuerst verbraucht oder veräußert worden sind. [2] § 240 Abs. 3 und 4 ist auch auf den Jahresabschluß anwendbar.

Handelsgesetzbuch **Anlage 3**

§ 256a. Währungsumrechnung. [1]Auf fremde Währung lautende Vermögensgegenstände und Verbindlichkeiten sind zum Devisenkassamittelkurs am Abschlussstichtag umzurechnen. [2]Bei einer Restlaufzeit von einem Jahr oder weniger sind § 253 Abs. 1 Satz 1 und § 252 Abs. 1 Nr. 4 Halbsatz 2 nicht anzuwenden.

Dritter Unterabschnitt. Aufbewahrung und Vorlage

§ 257. Aufbewahrung von Unterlagen. Aufbewahrungsfristen. (1) Jeder Kaufmann ist verpflichtet, die folgenden Unterlagen geordnet aufzubewahren:

1. Handelsbücher, Inventare, Eröffnungsbilanzen, Jahresabschlüsse, Einzelabschlüsse nach § 325 Abs. 2a, Lageberichte, Konzernabschlüsse, Konzernlageberichte sowie die zu ihrem Verständnis erforderlichen Arbeitsanweisungen und sonstigen Organisationsunterlagen,
2. die empfangenen Handelsbriefe,
3. Wiedergaben der abgesandten Handelsbriefe,
4. Belege für Buchungen in den von ihm nach § 238 Abs. 1 zu führenden Büchern (Buchungsbelege).

(2) Handelsbriefe sind nur Schriftstücke, die ein Handelsgeschäft betreffen.

(3) [1]Mit Ausnahme der Eröffnungsbilanzen und Abschlüsse können die in Absatz 1 aufgeführten Unterlagen auch als Wiedergabe auf einem Bildträger oder auf anderen Datenträgern aufbewahrt werden, wenn dies den Grundsätzen ordnungsmäßiger Buchführung entspricht und sichergestellt ist, daß die Wiedergabe oder die Daten

1. mit den empfangenen Handelsbriefen und den Buchungsbelegen bildlich und mit den anderen Unterlagen inhaltlich übereinstimmen, wenn sie lesbar gemacht werden,
2. während der Dauer der Aufbewahrungsfrist verfügbar sind und jederzeit innerhalb angemessener Frist lesbar gemacht werden können.

[2]Sind Unterlagen auf Grund des § 239 Abs. 4 Satz 1 auf Datenträgern hergestellt worden, können statt des Datenträgers die Daten auch ausgedruckt aufbewahrt werden; die ausgedruckten Unterlagen können auch nach Satz 1 aufbewahrt werden.

(4) Die in Absatz 1 Nr. 1 und 4 aufgeführten Unterlagen sind zehn Jahre, die sonstigen in Absatz 1 aufgeführten Unterlagen sechs Jahre aufzubewahren.

(5) Die Aufbewahrungsfrist beginnt mit dem Schluß des Kalenderjahrs, in dem die letzte Eintragung in das Handelsbuch gemacht, das Inventar aufgestellt, die Eröffnungsbilanz oder der Jahresabschluß festgestellt, der Einzelabschluß nach § 325 Abs. 2a oder der Konzernabschluß aufgestellt, der Handelsbrief empfangen oder abgesandt worden oder der Buchungsbeleg entstanden ist.

§ 258. Vorlegung im Rechtsstreit. (1) Im Laufe eines Rechtsstreits kann das Gericht auf Antrag oder von Amts wegen die Vorlegung der Handelsbücher einer Partei anordnen.

(2) Die Vorschriften der Zivilprozeßordnung über die Verpflichtung des Prozeßgegners zur Vorlegung von Urkunden bleiben unberührt.

§ 259. Auszug bei Vorlegung im Rechtsstreit. [1]Werden in einem Rechtsstreit Handelsbücher vorgelegt, so ist von ihrem Inhalt, soweit er den Streitpunkt betrifft, unter Zuziehung der Parteien Einsicht zu nehmen und geeignetenfalls ein Auszug zu fertigen. [2]Der übrige Inhalt der Bücher ist dem Gericht insoweit offenzulegen, als es zur Prüfung ihrer ordnungsmäßigen Führung notwendig ist.

§ 260. Vorlegung bei Auseinandersetzungen. Bei Vermögensauseinandersetzungen, insbesondere in Erbschafts-, Gütergemeinschafts- und Gesellschaftsteilungssachen, kann das Gericht die Vorlegung der Handelsbücher zur Kenntnisnahme von ihrem ganzen Inhalt anordnen.

§ 261. Vorlegung von Unterlagen auf Bild- oder Datenträgern. Wer aufzubewahrende Unterlagen nur in der Form einer Wiedergabe auf einem Bildträger oder auf anderen Datenträgern vorlegen kann, ist verpflichtet, auf seine Kosten diejenigen Hilfsmittel zur Verfügung zu stellen, die erforderlich sind, um die Unterlagen lesbar zu machen; soweit erforderlich, hat er die Unterlagen auf seine Kosten auszudrucken oder ohne Hilfsmittel lesbare Reproduktionen beizubringen.

Anlage 3

Handelsgesetzbuch

Vierter Unterabschnitt. Landesrecht

§ 262. *(aufgehoben)*

§ 263. Vorbehalt landesrechtlicher Vorschriften. Unberührt bleiben bei Unternehmen ohne eigene Rechtspersönlichkeit einer Gemeinde, eines Gemeindeverbands oder eines Zweckverbands landesrechtliche Vorschriften, die von den Vorschriften dieses Abschnitts abweichen.

Zweiter Abschnitt. Ergänzende Vorschriften für Kapitalgesellschaften (Aktiengesellschaften, Kommanditgesellschaften auf Aktien und Gesellschaften mit beschränkter Haftung) sowie bestimmte Personenhandelsgesellschaften

Erster Unterabschnitt. Jahresabschluß der Kapitalgesellschaft und Lagebericht

Erster Titel. Allgemeine Vorschriften

§ 264. Pflicht zur Aufstellung. (1) [1] Die gesetzlichen Vertreter einer Kapitalgesellschaft haben den Jahresabschluß (§ 242) um einen Anhang zu erweitern, der mit der Bilanz und der Gewinn- und Verlustrechnung eine Einheit bildet, sowie einen Lagebericht aufzustellen. [2] Die gesetzlichen Vertreter einer kapitalmarktorientierten Kapitalgesellschaft, die nicht zur Aufstellung eines Konzernabschlusses verpflichtet ist, haben den Jahresabschluss um eine Kapitalflussrechnung und einen Eigenkapitalspiegel zu erweitern, die mit der Bilanz, Gewinn- und Verlustrechnung und dem Anhang eine Einheit bilden; sie können den Jahresabschluss um eine Segmentberichterstattung erweitern. [3] Der Jahresabschluß und der Lagebericht sind von den gesetzlichen Vertretern in den ersten drei Monaten des Geschäftsjahrs für das vergangene Geschäftsjahr aufzustellen. [4] Kleine Kapitalgesellschaften (§ 267 Abs. 1) brauchen den Lagebericht nicht aufzustellen; sie dürfen den Jahresabschluß auch später aufstellen, wenn dies einem ordnungsgemäßen Geschäftsgang entspricht, jedoch innerhalb der ersten sechs Monate des Geschäftsjahres.

(2) [1] Der Jahresabschluß der Kapitalgesellschaft hat unter Beachtung der Grundsätze ordnungsmäßiger Buchführung ein den tatsächlichen Verhältnissen entsprechendes Bild der Vermögens-, Finanz- und Ertragslage der Kapitalgesellschaft zu vermitteln. [2] Führen besondere Umstände dazu, daß der Jahresabschluß ein den tatsächlichen Verhältnissen entsprechendes Bild im Sinne des Satzes 1 nicht vermittelt, so sind im Anhang zusätzliche Angaben zu machen. [3] Die gesetzlichen Vertreter einer Kapitalgesellschaft, die Inlandsemittent im Sinne des § 2 Abs. 7 des Wertpapierhandelsgesetzes und keine Kapitalgesellschaft im Sinne des § 327 a ist, haben bei der Unterzeichnung schriftlich zu versichern, dass nach bestem Wissen der Jahresabschluss ein den tatsächlichen Verhältnissen entsprechendes Bild im Sinne des Satzes 1 vermittelt oder der Anhang Angaben nach Satz 2 enthält.

(3) Eine Kapitalgesellschaft, die Tochterunternehmen eines nach § 290 zur Aufstellung eines Konzernabschlusses verpflichteten Mutterunternehmens ist, braucht die Vorschriften dieses Unterabschnitts und des Dritten und Vierten Unterabschnitts dieses Abschnitts nicht anzuwenden, wenn

1. alle Gesellschafter des Tochterunternehmens der Befreiung für das jeweilige Geschäftsjahr zugestimmt haben und der Beschluß nach § 325 offengelegt worden ist,
2. das Mutterunternehmen zur Verlustübernahme nach § 302 des Aktiengesetzes verpflichtet ist oder eine solche Verpflichtung freiwillig übernommen hat und diese Erklärung nach § 325 offengelegt worden ist,
3. das Tochterunternehmen in den Konzernabschluss nach den Vorschriften dieses Abschnitts einbezogen worden ist und
4. die Befreiung des Tochterunternehmens
   a) im Anhang des von dem Mutterunternehmen aufgestellten und nach § 325 durch Einreichung beim Betreiber des elektronischen Bundesanzeigers offen gelegten Konzernabschlusses angegeben und
   b) zusätzlich im elektronischen Bundesanzeiger für das Tochterunternehmen unter Bezugnahme auf diese Vorschrift und unter Angabe des Mutterunternehmens mitgeteilt worden ist.

Handelsgesetzbuch **Anlage 3**

(4) Absatz 3 ist auf Kapitalgesellschaften, die Tochterunternehmen eines nach § 11 des Publizitätsgesetzes zur Aufstellung eines Konzernabschlusses verpflichteten Mutterunternehmens sind, entsprechend anzuwenden, soweit in diesem Konzernabschluss von dem Wahlrecht des § 13 Abs. 3 Satz 1 des Publizitätsgesetzes nicht Gebrauch gemacht worden ist.

§ 264 a. Anwendung auf bestimmte offene Handelsgesellschaften und Kommanditgesellschaften. (1) Die Vorschriften des Ersten bis Fünften Unterabschnitts des Zweiten Abschnitts sind auch anzuwenden auf offene Handelsgesellschaften und Kommanditgesellschaften, bei denen nicht wenigstens ein persönlich haftender Gesellschafter

1. eine natürliche Person oder
2. eine offene Handelsgesellschaft, Kommanditgesellschaft oder andere Personengesellschaft mit einer natürlichen Person als persönlich haftendem Gesellschafter

ist oder sich die Verbindung von Gesellschaften in dieser Art fortsetzt.

(2) In den Vorschriften dieses Abschnitts gelten als gesetzliche Vertreter einer offenen Handelsgesellschaft und Kommanditgesellschaft nach Absatz 1 die Mitglieder des vertretungsberechtigten Organs der vertretungsberechtigten Gesellschaften.

§ 264 b. Befreiung von der Pflicht zur Aufstellung eines Jahresabschlusses nach den für Kapitalgesellschaften geltenden Vorschriften. Eine Personenhandelsgesellschaft im Sinne des § 264 a Abs. 1 ist von der Verpflichtung befreit, einen Jahresabschluss und einen Lagebericht nach den Vorschriften dieses Abschnitts aufzustellen, prüfen zu lassen und offen zu legen, wenn

1. sie in den Konzernabschluss eines Mutterunternehmens mit Sitz in einem Mitgliedstaat der Europäischen Union oder einem anderen Vertragsstaat des Abkommens über den Europäischen Wirtschaftsraum oder in den Konzernabschluss eines anderen Unternehmens, das persönlich haftender Gesellschafter dieser Personenhandelsgesellschaft ist, einbezogen ist;
2. der Konzernabschluss sowie der Konzernlagebericht im Einklang mit der Richtlinie 83/349/EWG des Rates vom 13. Juni 1983 auf Grund von Artikel 54 Abs. 3 Buchstabe g des Vertrages über den konsolidierten Abschluss (ABl. EG Nr. L 193 S. 1) und der Richtlinie 84/253/EWG des Rates vom 10. April 1984 über die Zulassung der mit der Pflichtprüfung der Rechnungslegungsunterlagen beauftragten Personen (ABl. EG Nr. L 126 S. 20) in ihren jeweils geltenden Fassungen nach dem für das den Konzernabschluss aufstellende Unternehmen maßgeblichen Recht aufgestellt, von einem zugelassenen Abschlussprüfer geprüft und offen gelegt worden ist und
3. die Befreiung der Personenhandelsgesellschaft
    a) im Anhang des von dem Mutterunternehmen aufgestellten und nach § 325 durch Einreichung beim Betreiber des elektronischen Bundesanzeigers offen gelegten Konzernabschlusses angegeben und
    b) zusätzlich im elektronischen Bundesanzeiger für die Personenhandelsgesellschaft unter Bezugnahme auf diese Vorschrift und unter Angabe des Mutterunternehmens mitgeteilt worden ist.

§ 264 c. Besondere Bestimmungen für offene Handelsgesellschaften und Kommanditgesellschaften im Sinne des § 264 a. (1) [1]Ausleihungen, Forderungen und Verbindlichkeiten gegenüber Gesellschaftern sind in der Regel als solche jeweils gesondert auszuweisen oder im Anhang anzugeben. [2]Werden sie unter anderen Posten ausgewiesen, so muss diese Eigenschaft vermerkt werden.

(2) [1]§ 266 Abs. 3 Buchstabe A ist mit der Maßgabe anzuwenden, dass als Eigenkapital die folgenden Posten gesondert auszuweisen sind:

I. Kapitalanteile
II. Rücklagen
III. Gewinnvortrag/Verlustvortrag
IV. Jahresüberschuss/Jahresfehlbetrag.

[2]Anstelle des Postens „Gezeichnetes Kapital" sind die Kapitalanteile der persönlich haftenden Gesellschafter auszuweisen; sie dürfen auch zusammengefasst ausgewiesen werden. [3]Der auf den Ka-

353

pitalanteil eines persönlich haftenden Gesellschafters für das Geschäftsjahr entfallende Verlust ist von dem Kapitalanteil abzuschreiben. ⁴Soweit der Verlust den Kapitalanteil übersteigt, ist er auf der Aktivseite unter der Bezeichnung „Einzahlungsverpflichtungen persönlich haftender Gesellschafter" unter den Forderungen gesondert auszuweisen, soweit eine Zahlungsverpflichtung besteht. ⁵Besteht keine Zahlungsverpflichtung, so ist der Betrag als „Nicht durch Vermögenseinlagen gedeckter Verlustanteil persönlich haftender Gesellschafter" zu bezeichnen und gemäß § 268 Abs. 3 auszuweisen. ⁶Die Sätze 2 bis 5 sind auf die Einlagen von Kommanditisten entsprechend anzuwenden, wobei diese insgesamt gesondert gegenüber den Kapitalanteilen der persönlich haftenden Gesellschafter auszuweisen sind. ⁷Eine Forderung darf jedoch nur ausgewiesen werden, soweit eine Einzahlungsverpflichtung besteht; dasselbe gilt, wenn ein Kommanditist Gewinnanteile entnimmt, während sein Kapitalanteil durch Verlust unter den Betrag der geleisteten Einlage herabgemindert ist, oder soweit durch die Entnahme der Kapitalanteil unter den bezeichneten Betrag herabgemindert wird. ⁸Als Rücklagen sind nur solche Beträge auszuweisen, die auf Grund einer gesellschaftsrechtlichen Vereinbarung gebildet worden sind. ⁹Im Anhang ist der Betrag der im Handelsregister gemäß § 172 Abs. 1 eingetragenen Einlagen anzugeben, soweit diese nicht geleistet sind.

(3) ¹Das sonstige Vermögen der Gesellschafter (Privatvermögen) darf nicht in die Bilanz und die auf das Privatvermögen entfallenden Aufwendungen und Erträge dürfen nicht in die Gewinn- und Verlustrechnung aufgenommen werden. ²In der Gewinn- und Verlustrechnung darf jedoch nach dem Posten „Jahresüberschuss/Jahresfehlbetrag" ein dem Steuersatz der Komplementärgesellschaft entsprechender Steueraufwand der Gesellschafter offen abgesetzt oder hinzugerechnet werden.

(4) ¹Anteile an Komplementärgesellschaften sind in der Bilanz auf der Aktivseite unter den Posten A. III. 1 oder A. III. 3 auszuweisen. ²§ 272 Abs. 4 ist mit der Maßgabe anzuwenden, dass für diese Anteile in Höhe des aktivierten Betrags nach dem Posten „Eigenkapital" ein Sonderposten unter der Bezeichnung „Ausgleichsposten für aktivierte eigene Anteile" zu bilden ist.

§ 264d. Kapitalmarktorientierte Kapitalgesellschaft. Eine Kapitalgesellschaft ist kapitalmarktorientiert, wenn sie einen organisierten Markt im Sinn des § 2 Abs. 5 des Wertpapierhandelsgesetzes durch von ihr ausgegebene Wertpapiere im Sinn des § 2 Abs. 1 Satz 1 des Wertpapierhandelsgesetzes in Anspruch nimmt oder die Zulassung solcher Wertpapiere zum Handel an einem organisierten Markt beantragt hat.

§ 265. Allgemeine Grundsätze für die Gliederung. (1) ¹Die Form der Darstellung, insbesondere die Gliederung der aufeinanderfolgenden Bilanzen und Gewinn- und Verlustrechnungen, ist beizubehalten, soweit nicht in Ausnahmefällen wegen besonderer Umstände Abweichungen erforderlich sind. ²Die Abweichungen sind im Anhang anzugeben und zu begründen.

(2) ¹In der Bilanz sowie in der Gewinn- und Verlustrechnung ist zu jedem Posten der entsprechende Betrag des vorhergehenden Geschäftsjahrs anzugeben. ²Sind die Beträge nicht vergleichbar, so ist dies im Anhang anzugeben und zu erläutern. ³Wird der Vorjahresbetrag angepaßt, so ist auch dies im Anhang anzugeben und zu erläutern.

(3) Fällt ein Vermögensgegenstand oder eine Schuld unter mehrere Posten der Bilanz, so ist die Mitzugehörigkeit zu anderen Posten bei dem Posten, unter dem der Ausweis erfolgt ist, zu vermerken oder im Anhang anzugeben, wenn dies zur Aufstellung eines klaren und übersichtlichen Jahresabschlusses erforderlich ist.

(4) ¹Sind mehrere Geschäftszweige vorhanden und bedingt dies die Gliederung des Jahresabschlusses nach verschiedenen Gliederungsvorschriften, so ist der Jahresabschluß nach der für einen Geschäftszweig vorgeschriebenen Gliederung aufzustellen und nach der für die anderen Geschäftszweige vorgeschriebenen Gliederung zu ergänzen. ²Die Ergänzung ist im Anhang anzugeben und zu begründen.

(5) ¹Eine weitere Untergliederung der Posten ist zulässig; dabei ist jedoch die vorgeschriebene Gliederung zu beachten. ²Neue Posten dürfen hinzugefügt werden, wenn ihr Inhalt nicht von einem vorgeschriebenen Posten gedeckt wird.

(6) Gliederung und Bezeichnung der mit arabischen Zahlen versehenen Posten der Bilanz und der Gewinn- und Verlustrechnung sind zu ändern, wenn dies wegen Besonderheiten der Kapitalgesellschaft zur Aufstellung eines klaren und übersichtlichen Jahresabschlusses erforderlich ist.

(7) Die mit arabischen Zahlen versehenen Posten der Bilanz und der Gewinn- und Verlustrechnung können, wenn nicht besondere Formblätter vorgeschrieben sind, zusammengefaßt ausgewiesen werden, wenn

1. sie einen Betrag enthalten, der für die Vermittlung eines den tatsächlichen Verhältnissen entsprechenden Bildes im Sinne des § 264 Abs. 2 nicht erheblich ist,

oder

2. dadurch die Klarheit der Darstellung vergrößert wird; in diesem Falle müssen die zusammengefaßten Posten jedoch im Anhang gesondert ausgewiesen werden.

(8) Ein Posten der Bilanz oder der Gewinn- und Verlustrechnung, der keinen Betrag ausweist, braucht nicht aufgeführt zu werden, es sei denn, daß im vorhergehenden Geschäftsjahr unter diesem Posten ein Betrag ausgewiesen wurde.

Zweiter Titel. Bilanz

§ 266. Gliederung der Bilanz. (1) ¹Die Bilanz ist in Kontoform aufzustellen. ²Dabei haben große und mittelgroße Kapitalgesellschaften (§ 267 Abs. 3, 2) auf der Aktivseite die in Absatz 2 und auf der Passivseite die in Absatz 3 bezeichneten Posten gesondert und in der vorgeschriebenen Reihenfolge auszuweisen. ³Kleine Kapitalgesellschaften (§ 267 Abs. 1) brauchen nur eine verkürzte Bilanz aufzustellen, in die nur die in den Absätzen 2 und 3 mit Buchstaben und römischen Zahlen bezeichneten Posten gesondert und in der vorgeschriebenen Reihenfolge aufgenommen werden.

(2) Aktivseite

A. Anlagevermögen:
  I. Immaterielle Vermögensgegenstände:
    1. Selbst geschaffene gewerbliche Schutzrechte und ähnliche Rechte und Werte;
    2. entgeltlich erworbene Konzessionen, gewerbliche Schutzrechte und ähnliche Rechte und Werte sowie Lizenzen an solchen Rechten und Werten;
    3. Geschäfts- oder Firmenwert;
    4. geleistete Anzahlungen;
  II. Sachanlagen:
    1. Grundstücke, grundstücksgleiche Rechte und Bauten einschließlich der Bauten auf fremden Grundstücken;
    2. technische Anlagen und Maschinen;
    3. andere Anlagen, Betriebs- und Geschäftsausstattung;
    4. geleistete Anzahlungen und Anlagen im Bau;
  III. Finanzanlagen:
    1. Anteile an verbundenen Unternehmen;
    2. Ausleihungen an verbundene Unternehmen;
    3. Beteiligungen;
    4. Ausleihungen an Unternehmen, mit denen ein Beteiligungsverhältnis besteht;
    5. Wertpapiere des Anlagevermögens;
    6. sonstige Ausleihungen.
B. Umlaufvermögen:
  I. Vorräte:
    1. Roh-, Hilfs- und Betriebsstoffe;
    2. unfertige Erzeugnisse, unfertige Leistungen;
    3. fertige Erzeugnisse und Waren;
    4. geleistete Anzahlungen;
  II. Forderungen und sonstige Vermögensgegenstände:
    1. Forderungen aus Lieferungen und Leistungen;
    2. Forderungen gegen verbundene Unternehmen;

Anlage 3

Handelsgesetzbuch

    3. Forderungen gegen Unternehmen, mit denen ein Beteiligungsverhältnis besteht;

    4. sonstige Vermögensgegenstände;

  III. Wertpapiere:

    1. Anteile an verbundenen Unternehmen;

    2. sonstige Wertpapiere;

  IV. Kassenbestand, Bundesbankguthaben, Guthaben bei Kreditinstituten und Schecks.

C. Rechnungsabgrenzungsposten.

D. Aktive latente Steuern.

E. Aktiver Unterschiedsbetrag aus der Vermögensverrechnung.

(3) Passivseite

A. Eigenkapital:

  I. Gezeichnetes Kapital;

  II. Kapitalrücklage;

  III. Gewinnrücklagen:

    1. gesetzliche Rücklage;

    2. Rücklage für Anteile an einem herrschenden oder mehrheitlich beteiligten Unternehmen;

    3. satzungsmäßige Rücklagen;

    4. andere Gewinnrücklagen;

  IV. Gewinnvortrag/Verlustvortrag;

  V. Jahresüberschuß/Jahresfehlbetrag.

B. Rückstellungen:

  1. Rückstellungen für Pensionen und ähnliche Verpflichtungen;

  2. Steuerrückstellungen;

  3. sonstige Rückstellungen.

C. Verbindlichkeiten:

  1. Anleihen,

    davon konvertibel;

  2. Verbindlichkeiten gegenüber Kreditinstituten;

  3. erhaltene Anzahlungen auf Bestellungen;

  4. Verbindlichkeiten aus Lieferungen und Leistungen;

  5. Verbindlichkeiten aus der Annahme gezogener Wechsel und der Ausstellung eigener Wechsel;

  6. Verbindlichkeiten gegenüber verbundenen Unternehmen;

  7. Verbindlichkeiten gegenüber Unternehmen, mit denen ein Beteiligungsverhältnis besteht;

  8. sonstige Verbindlichkeiten,

    davon aus Steuern,

    davon im Rahmen der sozialen Sicherheit.

D. Rechnungsabgrenzungsposten.

E. Passive latente Steuern.

§ 267. Umschreibung der Größenklassen. (1) Kleine Kapitalgesellschaften sind solche, die mindestens zwei der drei nachstehenden Merkmale nicht überschreiten:

1. 4 840 000 Euro Bilanzsumme nach Abzug eines auf der Aktivseite ausgewiesenen Fehlbetrags (§ 268 Abs. 3).

2. 9 680 000 Euro Umsatzerlöse in den zwölf Monaten vor dem Abschlußstichtag.

3. Im Jahresdurchschnitt fünfzig Arbeitnehmer.

(2) Mittelgroße Kapitalgesellschaften sind solche, die mindestens zwei der drei in Absatz 1 bezeichneten Merkmale überschreiten und jeweils mindestens zwei der drei nachstehenden Merkmale nicht überschreiten:

Handelsgesetzbuch **Anlage 3**

1. 19 250 000 Euro Bilanzsumme nach Abzug eines auf der Aktivseite ausgewiesenen Fehlbetrags (§ 268 Abs. 3).
2. 38 500 000 Euro Umsatzerlöse in den zwölf Monaten vor dem Abschlußstichtag.
3. Im Jahresdurchschnitt zweihundertfünfzig Arbeitnehmer.

(3) ¹Große Kapitalgesellschaften sind solche, die mindestens zwei der drei in Absatz 2 bezeichneten Merkmale überschreiten. ²Eine Kapitalgesellschaft im Sinn des § 264d gilt stets als große.

(4) ¹Die Rechtsfolgen der Merkmale nach den Absätzen 1 bis 3 Satz 1 treten nur ein, wenn sie an den Abschlußstichtagen von zwei aufeinanderfolgenden Geschäftsjahren über- oder unterschritten werden. ²Im Falle der Umwandlung oder Neugründung treten die Rechtsfolgen schon ein, wenn die Voraussetzungen des Absatzes 1, 2 oder 3 am ersten Abschlußstichtag nach der Umwandlung oder Neugründung vorliegen.

(5) Als durchschnittliche Zahl der Arbeitnehmer gilt der vierte Teil der Summe aus den Zahlen der jeweils am 31. März, 30. Juni, 30. September und 31. Dezember beschäftigten Arbeitnehmer einschließlich der im Ausland beschäftigten Arbeitnehmer, jedoch ohne die zu ihrer Berufsausbildung Beschäftigten.

(6) Informations- und Auskunftsrechte der Arbeitnehmervertretungen nach anderen Gesetzen bleiben unberührt.

§ 268. Vorschriften zu einzelnen Posten der Bilanz. Bilanzvermerke. (1) ¹Die Bilanz darf auch unter Berücksichtigung der vollständigen oder teilweisen Verwendung des Jahresergebnisses aufgestellt werden. ²Wird die Bilanz unter Berücksichtigung der teilweisen Verwendung des Jahresergebnisses aufgestellt, so tritt an die Stelle der Posten „Jahresüberschuß/Jahresfehlbetrag" und „Gewinnvortrag/Verlustvortrag" der Posten „Bilanzgewinn/Bilanzverlust"; ein vorhandener Gewinn- oder Verlustvortrag ist in den Posten „Bilanzgewinn/Bilanzverlust" einzubeziehen und in der Bilanz oder im Anhang gesondert anzugeben.

(2) ¹In der Bilanz oder im Anhang ist die Entwicklung der einzelnen Posten des Anlagevermögens darzustellen. ²Dabei sind, ausgehend von den gesamten Anschaffungs- und Herstellungskosten, die Zugänge, Abgänge, Umbuchungen und Zuschreibungen des Geschäftsjahrs sowie die Abschreibungen in ihrer gesamten Höhe gesondert aufzuführen. ³Die Abschreibungen des Geschäftsjahrs sind entweder in der Bilanz bei dem betreffenden Posten zu vermerken oder im Anhang in einer der Gliederung des Anlagevermögens entsprechenden Aufgliederung anzugeben.

(3) Ist das Eigenkapital durch Verluste aufgebraucht und ergibt sich ein Überschuß der Passivposten über die Aktivposten, so ist dieser Betrag am Schluß der Bilanz auf der Aktivseite gesondert unter der Bezeichnung „Nicht durch Eigenkapital gedeckter Fehlbetrag" auszuweisen.

(4) ¹Der Betrag der Forderungen mit einer Restlaufzeit von mehr als einem Jahr ist bei jedem gesondert ausgewiesenen Posten zu vermerken. ²Werden unter dem Posten „sonstige Vermögensgegenstände" Beträge für Vermögensgegenstände ausgewiesen, die erst nach dem Abschlußstichtag rechtlich entstehen, so müssen Beträge, die einen größeren Umfang haben, im Anhang erläutert werden.

(5) ¹Der Betrag der Verbindlichkeiten mit einer Restlaufzeit bis zu einem Jahr ist bei jedem gesondert ausgewiesenen Posten zu vermerken. ²Erhaltene Anzahlungen auf Bestellungen sind, soweit Anzahlungen auf Vorräte nicht von dem Posten „Vorräte" offen abgesetzt werden, unter den Verbindlichkeiten gesondert auszuweisen. ³Sind unter dem Posten „Verbindlichkeiten" Beträge für Verbindlichkeiten ausgewiesen, die erst nach dem Abschlußstichtag rechtlich entstehen, so müssen Beträge, die einen größeren Umfang haben, im Anhang erläutert werden.

(6) Ein nach § 250 Abs. 3 in den Rechnungsabgrenzungsposten auf der Aktivseite aufgenommener Unterschiedsbetrag ist in der Bilanz gesondert auszuweisen oder im Anhang anzugeben.

(7) Die in § 251 bezeichneten Haftungsverhältnisse sind jeweils gesondert unter der Bilanz oder im Anhang unter Angabe der gewährten Pfandrechte und sonstigen Sicherheiten anzugeben; bestehen solche Verpflichtungen gegenüber verbundenen Unternehmen, so sind sie gesondert anzugeben.

(8) ¹Werden selbst geschaffene immaterielle Vermögensgegenstände des Anlagevermögens in der Bilanz ausgewiesen, so dürfen Gewinne nur ausgeschüttet werden, wenn die nach der Ausschüttung verbleibenden frei verfügbaren Rücklagen zuzüglich eines Gewinnvortrags und abzüg-

lich eines Verlustvortrags mindestens den insgesamt angesetzten Beträgen abzüglich der hierfür gebildeten passiven latenten Steuern entsprechen. ²Werden aktive latente Steuern in der Bilanz ausgewiesen, ist Satz 1 auf den Betrag anzuwenden, um den die aktiven latenten Steuern die passiven latenten Steuern übersteigen. ³Bei Vermögensgegenständen im Sinn des § 246 Abs. 2 Satz 2 ist Satz 1 auf den Betrag abzüglich der hierfür gebildeten passiven latenten Steuern anzuwenden, der die Anschaffungskosten übersteigt.

§ 269. *(aufgehoben)*

§ 270. Bildung bestimmter Posten. (1) Einstellungen in die Kapitalrücklage und deren Auflösung sind bereits bei der Aufstellung der Bilanz vorzunehmen.

(2) Wird die Bilanz unter Berücksichtigung der vollständigen oder teilweisen Verwendung des Jahresergebnisses aufgestellt, so sind Entnahmen aus Gewinnrücklagen sowie Einstellungen in Gewinnrücklagen, die nach Gesetz, Gesellschaftsvertrag oder Satzung vorzunehmen sind oder auf Grund solcher Vorschriften beschlossen worden sind, bereits bei der Aufstellung der Bilanz zu berücksichtigen.

§ 271. Beteiligungen. Verbundene Unternehmen. (1) ¹Beteiligungen sind Anteile an anderen Unternehmen, die bestimmt sind, dem eigenen Geschäftsbetrieb durch Herstellung einer dauernden Verbindung zu jenen Unternehmen zu dienen. ²Dabei ist es unerheblich, ob die Anteile in Wertpapieren verbrieft sind oder nicht. ³Als Beteiligung gelten im Zweifel Anteile an einer Kapitalgesellschaft, die insgesamt den fünften Teil des Nennkapitals dieser Gesellschaft überschreiten. ⁴Auf die Berechnung ist § 16 Abs. 2 und 4 des Aktiengesetzes entsprechend anzuwenden. ⁵Die Mitgliedschaft in einer eingetragenen Genossenschaft gilt nicht als Beteiligung im Sinne dieses Buches.

(2) Verbundene Unternehmen im Sinne dieses Buches sind solche Unternehmen, die als Mutter- oder Tochterunternehmen (§ 290) in den Konzernabschluß eines Mutterunternehmens nach den Vorschriften über die Vollkonsolidierung einzubeziehen sind, das als oberstes Mutterunternehmen den am weitestgehenden Konzernabschluß nach dem Zweiten Unterabschnitt aufzustellen hat, auch wenn die Aufstellung unterbleibt, oder das einen befreienden Konzernabschluß nach § 291 oder nach einer nach § 292 erlassenen Rechtsverordnung aufstellt oder aufstellen könnte; Tochterunternehmen, die nach § 296 nicht einbezogen werden, sind ebenfalls verbundene Unternehmen.

§ 272. Eigenkapital. (1) ¹Gezeichnetes Kapital ist das Kapital, auf das die Haftung der Gesellschafter für die Verbindlichkeiten der Kapitalgesellschaft gegenüber den Gläubigern beschränkt ist. ²Es ist mit dem Nennbetrag anzusetzen. ³Die nicht eingeforderten ausstehenden Einlagen auf das gezeichnete Kapital sind von dem Posten „Gezeichnetes Kapital" offen abzusetzen; der verbleibende Betrag ist als Posten „Eingefordertes Kapital" in der Hauptspalte der Passivseite auszuweisen; der eingeforderte, aber noch nicht eingezahlte Betrag ist unter den Forderungen gesondert auszuweisen und entsprechend zu bezeichnen.

(1 a) ¹Der Nennbetrag oder, falls ein solcher nicht vorhanden ist, der rechnerische Wert von erworbenen eigenen Anteilen ist in der Vorspalte offen von dem Posten „Gezeichnetes Kapital" abzusetzen. ²Der Unterschiedsbetrag zwischen dem Nennbetrag oder dem rechnerischen Wert und den Anschaffungskosten der eigenen Anteile ist mit den frei verfügbaren Rücklagen zu verrechnen. ³Aufwendungen, die Anschaffungsnebenkosten sind, sind Aufwand des Geschäftsjahrs.

(1 b) ¹Nach der Veräußerung der eigenen Anteile entfällt der Ausweis nach Absatz 1a Satz 1. ²Ein den Nennbetrag oder den rechnerischen Wert übersteigender Differenzbetrag aus dem Veräußerungserlös ist bis zur Höhe des mit den frei verfügbaren Rücklagen verrechneten Betrages in die jeweiligen Rücklagen einzustellen. ³Ein darüber hinausgehender Differenzbetrag ist in die Kapitalrücklage gemäß Absatz 2 Nr. 1 einzustellen. ⁴Die Nebenkosten der Veräußerung sind Aufwand des Geschäftsjahrs.

(2) Als Kapitalrücklage sind auszuweisen
1. der Betrag, der bei der Ausgabe von Anteilen einschließlich von Bezugsanteilen über den Nennbetrag oder, falls ein Nennbetrag nicht vorhanden ist, über den rechnerischen Wert hinaus erzielt wird;

2. der Betrag, der bei der Ausgabe von Schuldverschreibungen für Wandlungsrechte und Optionsrechte zum Erwerb von Anteilen erzielt wird;
3. der Betrag von Zuzahlungen, die Gesellschafter gegen Gewährung eines Vorzugs für ihre Anteile leisten;
4. der Betrag von anderen Zuzahlungen, die Gesellschafter in das Eigenkapital leisten.

(3) ¹Als Gewinnrücklagen dürfen nur Beträge ausgewiesen werden, die im Geschäftsjahr oder in einem früheren Geschäftsjahr aus dem Ergebnis gebildet worden sind. ²Dazu gehören aus dem Ergebnis zu bildende gesetzliche oder auf Gesellschaftsvertrag oder Satzung beruhende Rücklagen und andere Gewinnrücklagen.

(4) ¹Für Anteile an einem herrschenden oder mit Mehrheit beteiligten Unternehmen ist eine Rücklage zu bilden. ²In die Rücklage ist ein Betrag einzustellen, der dem auf der Aktivseite der Bilanz für die Anteile an dem herrschenden oder mit Mehrheit beteiligten Unternehmen angesetzten Betrag entspricht. ³Die Rücklage, die bereits bei der Aufstellung der Bilanz zu bilden ist, darf aus vorhandenen frei verfügbaren Rücklagen gebildet werden. ⁴Die Rücklage ist aufzulösen, soweit die Anteile an dem herrschenden oder mit Mehrheit beteiligten Unternehmen veräußert, ausgegeben oder eingezogen werden oder auf der Aktivseite ein niedrigerer Betrag angesetzt wird.

§ 273. *(aufgehoben)*

§ 274. Latente Steuern. (1) ¹Bestehen zwischen den handelsrechtlichen Wertansätzen von Vermögensgegenständen, Schulden und Rechnungsabgrenzungsposten und ihren steuerlichen Wertansätzen Differenzen, die sich in späteren Geschäftsjahren voraussichtlich abbauen, so ist eine sich daraus insgesamt ergebende Steuerbelastung als passive latente Steuern (§ 266 Abs. 3 E.) in der Bilanz anzusetzen. ²Eine sich daraus insgesamt ergebende Steuerentlastung kann als aktive latente Steuern (§ 266 Abs. 2 D.) in der Bilanz angesetzt werden. ³Die sich ergebende Steuerbe- und die sich ergebende Steuerentlastung können auch unverrechnet angesetzt werden. ⁴Steuerliche Verlustvorträge sind bei der Berechnung aktiver latenter Steuern in Höhe der innerhalb der nächsten fünf Jahre zu erwartenden Verlustverrechnung zu berücksichtigen.

(2) ¹Die Beträge der sich ergebenden Steuerbe- und -entlastung sind mit den unternehmensindividuellen Steuersätzen im Zeitpunkt des Abbaus der Differenzen zu bewerten und nicht abzuzinsen. ²Die ausgewiesenen Posten sind aufzulösen, sobald die Steuerbe- oder -entlastung eintritt oder mit ihr nicht mehr zu rechnen ist. ³Der Aufwand oder Ertrag aus der Veränderung bilanzierter latenter Steuern ist in der Gewinn- und Verlustrechnung gesondert unter dem Posten „Steuern vom Einkommen und vom Ertrag" auszuweisen.

§ 274 a. Größenabhängige Erleichterungen. Kleine Kapitalgesellschaften sind von der Anwendung der folgenden Vorschriften befreit:
1. § 268 Abs. 2 über die Aufstellung eines Anlagengitters,
2. § 268 Abs. 4 Satz 2 über die Pflicht zur Erläuterung bestimmter Forderungen im Anhang,
3. § 268 Abs. 5 Satz 3 über die Erläuterung bestimmter Verbindlichkeiten im Anhang,
4. § 268 Abs. 6 über den Rechnungsabgrenzungsposten nach § 250 Abs. 3,
5. § 274 über die Abgrenzung latenter Steuern.

Dritter Titel. Gewinn- und Verlustrechnung

§ 275. Gliederung. (1) ¹Die Gewinn- und Verlustrechnung ist in Staffelform nach dem Gesamtkostenverfahren oder dem Umsatzkostenverfahren aufzustellen. ²Dabei sind die in Absatz 2 oder 3 bezeichneten Posten in der angegebenen Reihenfolge gesondert auszuweisen.

(2) Bei Anwendung des Gesamtkostenverfahrens sind auszuweisen:
1. Umsatzerlöse
2. Erhöhung oder Verminderung des Bestands an fertigen und unfertigen Erzeugnissen
3. andere aktivierte Eigenleistungen
4. sonstige betriebliche Erträge

Anlage 3

Handelsgesetzbuch

5. Materialaufwand:
   a) Aufwendungen für Roh-, Hilfs- und Betriebsstoffe und für bezogene Waren
   b) Aufwendungen für bezogene Leistungen
6. Personalaufwand:
   a) Löhne und Gehälter
   b) soziale Abgaben und Aufwendungen für Altersversorgung und für Unterstützung, davon für Altersversorgung
7. Abschreibungen:
   a) auf immaterielle Vermögensgegenstände des Anlagevermögens und Sachanlagen
   b) auf Vermögensgegenstände des Umlaufvermögens, soweit diese die in der Kapitalgesellschaft üblichen Abschreibungen überschreiten
8. sonstige betriebliche Aufwendungen
9. Erträge aus Beteiligungen,
   davon aus verbundenen Unternehmen
10. Erträge aus anderen Wertpapieren und Ausleihungen des Finanzanlagevermögens,
    davon aus verbundenen Unternehmen
11. sonstige Zinsen und ähnliche Erträge,
    davon aus verbundenen Unternehmen
12. Abschreibungen auf Finanzanlagen und auf Wertpapiere des Umlaufvermögens
13. Zinsen und ähnliche Aufwendungen,
    davon an verbundene Unternehmen
14. Ergebnis der gewöhnlichen Geschäftstätigkeit
15. außerordentliche Erträge
16. außerordentliche Aufwendungen
17. außerordentliches Ergebnis
18. Steuern vom Einkommen und vom Ertrag
19. sonstige Steuern
20. Jahresüberschuß/Jahresfehlbetrag.

(3) Bei Anwendung des Umsatzkostenverfahrens sind auszuweisen:

1. Umsatzerlöse
2. Herstellungskosten der zur Erzielung der Umsatzerlöse erbrachten Leistungen
3. Bruttoergebnis vom Umsatz
4. Vertriebskosten
5. allgemeine Verwaltungskosten
6. sonstige betriebliche Erträge
7. sonstige betriebliche Aufwendungen
8. Erträge aus Beteiligungen,
   davon aus verbundenen Unternehmen
9. Erträge aus anderen Wertpapieren und Ausleihungen des Finanzanlagevermögens,
   davon aus verbundenen Unternehmen
10. sonstige Zinsen und ähnliche Erträge,
    davon aus verbundenen Unternehmen
11. Abschreibungen auf Finanzanlagen und auf Wertpapiere des Umlaufvermögens
12. Zinsen und ähnliche Aufwendungen,
    davon an verbundene Unternehmen
13. Ergebnis der gewöhnlichen Geschäftstätigkeit
14. außerordentliche Erträge
15. außerordentliche Aufwendungen
16. außerordentliches Ergebnis
17. Steuern vom Einkommen und vom Ertrag

Handelsgesetzbuch **Anlage 3**

18. sonstige Steuern
19. Jahresüberschuß/Jahresfehlbetrag.

(4) Veränderungen der Kapital- und Gewinnrücklagen dürfen in der Gewinn- und Verlustrechnung erst nach dem Posten „Jahresüberschuß/Jahresfehlbetrag" ausgewiesen werden.

§ 276. Größenabhängige Erleichterungen. ¹Kleine und mittelgroße Kapitalgesellschaften (§ 267 Abs. 1, 2) dürfen die Posten § 275 Abs. 2 Nr. 1 bis 5 oder Abs. 3 Nr. 1 bis 3 und 6 zu einem Posten unter der Bezeichnung „Rohergebnis" zusammenfassen. ²Kleine Kapitalgesellschaften brauchen außerdem die in § 277 Abs. 4 Satz 2 und 3 verlangten Erläuterungen zu den Posten „außerordentliche Erträge" und „außerordentliche Aufwendungen" nicht zu machen.

§ 277. Vorschriften zu einzelnen Posten der Gewinn- und Verlustrechnung. (1) Als Umsatzerlöse sind die Erlöse aus dem Verkauf und der Vermietung oder Verpachtung von für die gewöhnliche Geschäftstätigkeit der Kapitalgesellschaft typischen Erzeugnissen und Waren sowie aus von für die gewöhnliche Geschäftstätigkeit der Kapitalgesellschaft typischen Dienstleistungen nach Abzug von Erlösschmälerungen und der Umsatzsteuer auszuweisen.

(2) Als Bestandsveränderungen sind sowohl Änderungen der Menge als auch solche des Wertes zu berücksichtigen; Abschreibungen jedoch nur, soweit diese die in der Kapitalgesellschaft sonst üblichen Abschreibungen nicht überschreiten.

(3) ¹Außerplanmäßige Abschreibungen nach § 253 Abs. 3 Satz 3 und 4 sind jeweils gesondert auszuweisen oder im Anhang anzugeben. ²Erträge und Aufwendungen aus Verlustübernahme und auf Grund einer Gewinngemeinschaft, eines Gewinnabführungs- oder eines Teilgewinnabführungsvertrags erhaltene oder abgeführte Gewinne sind jeweils gesondert unter entsprechender Bezeichnung auszuweisen.

(4) ¹Unter den Posten „außerordentliche Erträge" und „außerordentliche Aufwendungen" sind Erträge und Aufwendungen auszuweisen, die außerhalb der gewöhnlichen Geschäftstätigkeit der Kapitalgesellschaft anfallen. ²Die Posten sind hinsichtlich ihres Betrags und ihrer Art im Anhang zu erläutern, soweit die ausgewiesenen Beträge für die Beurteilung der Ertragslage nicht von untergeordneter Bedeutung sind. ³Satz 2 gilt entsprechend für alle Aufwendungen und Erträge, die einem anderen Geschäftsjahr zuzurechnen sind.

(5) ¹Erträge aus der Abzinsung sind in der Gewinn- und Verlustrechnung gesondert unter dem Posten „Sonstige Zinsen und ähnliche Erträge" und Aufwendungen gesondert unter dem Posten „Zinsen und ähnliche Aufwendungen" auszuweisen. ²Erträge aus der Währungsumrechnung sind in der Gewinn- und Verlustrechnung gesondert unter dem Posten „Sonstige betriebliche Erträge" und Aufwendungen aus der Währungsumrechnung gesondert unter dem Posten „Sonstige betriebliche Aufwendungen" auszuweisen.

§ 278. Steuern. ¹Die Steuern vom Einkommen und vom Ertrag sind auf der Grundlage des Beschlusses über die Verwendung des Ergebnisses zu berechnen; liegt ein solcher Beschluß im Zeitpunkt der Feststellung des Jahresabschlusses nicht vor, so ist vom Vorschlag über die Verwendung des Ergebnisses auszugehen. ²Weicht der Beschluß über die Verwendung des Ergebnisses vom Vorschlag ab, so braucht der Jahresabschluß nicht geändert zu werden.

Vierter Titel. Bewertungsvorschriften

§§ 279–283. *(aufgehoben)*

Fünfter Titel. Anhang

§ 284. Erläuterung der Bilanz und der Gewinn- und Verlustrechnung. (1) In den Anhang sind diejenigen Angaben aufzunehmen, die zu den einzelnen Posten der Bilanz oder der Gewinn- und Verlustrechnung vorgeschrieben oder die im Anhang zu machen sind, weil sie in Ausübung eines Wahlrechts nicht in die Bilanz oder in die Gewinn- und Verlustrechnung aufgenommen wurden.

(2) Im Anhang müssen

1. die auf die Posten der Bilanz und der Gewinn- und Verlustrechnung angewandten Bilanzierungs- und Bewertungsmethoden angegeben werden;

Anlage 3 *Handelsgesetzbuch*

2. die Grundlagen für die Umrechnung in Euro angegeben werden, soweit der Jahresabschluß Posten enthält, denen Beträge zugrunde liegen, die auf fremde Währung lauten oder ursprünglich auf fremde Währung lauteten;
3. Abweichungen von Bilanzierungs- und Bewertungsmethoden angegeben und begründet werden; deren Einfluß auf die Vermögens-, Finanz- und Ertragslage ist gesondert darzustellen;
4. bei Anwendung einer Bewertungsmethode nach § 240 Abs. 4, § 256 Satz 1 die Unterschiedsbeträge pauschal für die jeweilige Gruppe ausgewiesen werden, wenn die Bewertung im Vergleich zu einer Bewertung auf der Grundlage des letzten vor dem Abschlußstichtag bekannten Börsenkurses oder Marktpreises einen erheblichen Unterschied aufweist;
5. Angaben über die Einbeziehung von Zinsen für Fremdkapital in die Herstellungskosten gemacht werden.

§ 285. Sonstige Pflichtangaben. Ferner sind im Anhang anzugeben:
1. zu den in der Bilanz ausgewiesenen Verbindlichkeiten
    a) der Gesamtbetrag der Verbindlichkeiten mit einer Restlaufzeit von mehr als fünf Jahren,
    b) der Gesamtbetrag der Verbindlichkeiten, die durch Pfandrechte oder ähnliche Rechte gesichert sind, unter Angabe von Art und Form der Sicherheiten;
2. die Aufgliederung der in Nummer 1 verlangten Angaben für jeden Posten der Verbindlichkeiten nach dem vorgeschriebenen Gliederungsschema;
3. Art und Zweck sowie Risiken und Vorteile von nicht in der Bilanz enthaltenen Geschäften, soweit dies für die Beurteilung der Finanzlage notwendig ist;
3 a. der Gesamtbetrag der sonstigen finanziellen Verpflichtungen, die nicht in der Bilanz enthalten und nicht nach § 251 oder Nummer 3 anzugeben sind, sofern diese Angabe für die Beurteilung der Finanzlage von Bedeutung ist; davon sind Verpflichtungen gegenüber verbundenen Unternehmen gesondert anzugeben;
4. die Aufgliederung der Umsatzerlöse nach Tätigkeitsbereichen sowie nach geographisch bestimmten Märkten, soweit sich, unter Berücksichtigung der Organisation des Verkaufs von für die gewöhnliche Geschäftstätigkeit der Kapitalgesellschaft typischen Erzeugnissen und der für die gewöhnliche Geschäftstätigkeit der Kapitalgesellschaft typischen Dienstleistungen, die Tätigkeitsbereiche und geographisch bestimmten Märkte untereinander erheblich unterscheiden;
5. *(aufgehoben)*
6. in welchem Umfang die Steuern vom Einkommen und vom Ertrag das Ergebnis der gewöhnlichen Geschäftstätigkeit und das außerordentliche Ergebnis belasten;
7. die durchschnittliche Zahl der während des Geschäftsjahrs beschäftigten Arbeitnehmer getrennt nach Gruppen;
8. bei Anwendung des Umsatzkostenverfahrens (§ 275 Abs. 3)
    a) der Materialaufwand des Geschäftsjahrs, gegliedert nach § 275 Abs. 2 Nr. 5,
    b) der Personalaufwand des Geschäftsjahrs, gegliedert nach § 275 Abs. 2 Nr. 6;
9. für die Mitglieder des Geschäftsführungsorgans, eines Aufsichtsrats, eines Beirats oder einer ähnlichen Einrichtung jeweils für jede Personengruppe
    a) die für die Tätigkeit im Geschäftsjahr gewährten Gesamtbezüge (Gehälter, Gewinnbeteiligungen, Bezugsrechte und sonstige aktienbasierte Vergütungen, Aufwandsentschädigungen, Versicherungsentgelte, Provisionen und Nebenleistungen jeder Art). In die Gesamtbezüge sind auch Bezüge einzurechnen, die nicht ausgezahlt, sondern in Ansprüche anderer Art umgewandelt oder zur Erhöhung anderer Ansprüche verwendet werden. Außer den Bezügen für das Geschäftsjahr sind die weiteren Bezüge anzugeben, die im Geschäftsjahr gewährt, bisher aber in keinem Jahresabschluss angegeben worden sind. Bezugsrechte und sonstige aktienbasierte Vergütungen sind mit ihrer Anzahl und dem beizulegenden Zeitwert zum Zeitpunkt ihrer Gewährung anzugeben; spätere Wertveränderungen, die auf einer Änderung der Ausübungsbedingungen beruhen, sind zu berücksichtigen. Bei einer börsennotierten Aktiengesellschaft sind zusätzlich unter Namensnennung die Bezüge jedes einzelnen Vorstandsmitglieds, aufgeteilt nach erfolgsunabhängigen und erfolgsbezogenen Komponenten sowie Komponenten mit langfristiger Anreizwirkung, gesondert anzugeben. Dies gilt auch für:

aa) Leistungen, die dem Vorstandsmitglied für den Fall einer vorzeitigen Beendigung seiner Tätigkeit zugesagt worden sind;

bb) Leistungen, die dem Vorstandsmitglied für den Fall der regulären Beendigung seiner Tätigkeit zugesagt worden sind, mit ihrem Barwert, sowie den von der Gesellschaft während des Geschäftsjahres hierfür aufgewandten oder zurückgestellten Betrag;

cc) während des Geschäftsjahres vereinbarte Änderungen dieser Zusagen;

dd) Leistungen, die einem früheren Vorstandsmitglied, das seine Tätigkeit im Laufe des Geschäftsjahres beendet hat, in diesem Zusammenhang zugesagt und im Laufe des Geschäftsjahres gewährt worden sind.

Leistungen, die dem einzelnen Vorstandsmitglied von einem Dritten im Hinblick auf seine Tätigkeit als Vorstandsmitglied zugesagt oder im Geschäftsjahr gewährt worden sind, sind ebenfalls anzugeben. Enthält der Jahresabschluss weitergehende Angaben zu bestimmten Bezügen, sind auch diese zusätzlich einzeln anzugeben;

b) die Gesamtbezüge (Abfindungen, Ruhegehälter, Hinterbliebenenbezüge und Leistungen verwandter Art) der früheren Mitglieder der bezeichneten Organe und ihrer Hinterbliebenen. Buchstabe a Satz 2 und 3 ist entsprechend anzuwenden. Ferner ist der Betrag der für diese Personengruppe gebildeten Rückstellungen für laufende Pensionen und Anwartschaften auf Pensionen und der Betrag der für diese Verpflichtungen nicht gebildeten Rückstellungen anzugeben;

c) die gewährten Vorschüsse und Kredite unter Angabe der Zinssätze, der wesentlichen Bedingungen und der gegebenenfalls im Geschäftsjahr zurückgezahlten Beträge sowie die zugunsten dieser Personen eingegangenen Haftungsverhältnisse;

10. alle Mitglieder des Geschäftsführungsorgans und eines Aufsichtsrats, auch wenn sie im Geschäftsjahr oder später ausgeschieden sind, mit dem Familiennamen und mindestens einem ausgeschriebenen Vornamen, einschließlich des ausgeübten Berufs und bei börsennotierten Gesellschaften auch der Mitgliedschaft in Aufsichtsräten und anderen Kontrollgremien im Sinne des § 125 Abs. 1 Satz 5 des Aktiengesetzes. Der Vorsitzende eines Aufsichtsrats, seine Stellvertreter und ein etwaiger Vorsitzender des Geschäftsführungsorgans sind als solche zu bezeichnen;

11. Name und Sitz anderer Unternehmen, von denen die Kapitalgesellschaft oder eine für Rechnung der Kapitalgesellschaft handelnde Person mindestens den fünften Teil der Anteile besitzt; außerdem sind die Höhe des Anteils am Kapital, das Eigenkapital und das Ergebnis des letzten Geschäftsjahrs dieser Unternehmen anzugeben, für das ein Jahresabschluß vorliegt; auf die Berechnung der Anteile ist § 16 Abs. 2 und 4 des Aktiengesetzes entsprechend anzuwenden; ferner sind von börsennotierten Kapitalgesellschaften zusätzlich alle Beteiligungen an großen Kapitalgesellschaften anzugeben, die fünf vom Hundert der Stimmrechte überschreiten;

11 a. Name, Sitz und Rechtsform der Unternehmen, deren unbeschränkt haftender Gesellschafter die Kapitalgesellschaft ist;

12. Rückstellungen, die in der Bilanz unter dem Posten „sonstige Rückstellungen" nicht gesondert ausgewiesen werden, sind zu erläutern, wenn sie einen nicht unerheblichen Umfang haben;

13. die Gründe, welche die Annahme einer betrieblichen Nutzungsdauer eines entgeltlich erworbenen Geschäfts- oder Firmenwertes von mehr als fünf Jahren rechtfertigen;

14. Name und Sitz des Mutterunternehmens der Kapitalgesellschaft, das den Konzernabschluß für den größten Kreis von Unternehmen aufstellt, und ihres Mutterunternehmens, das den Konzernabschluß für den kleinsten Kreis von Unternehmen aufstellt, sowie im Falle der Offenlegung der von diesen Mutterunternehmen aufgestellten Konzernabschlüsse der Ort, wo diese erhältlich sind;

15. soweit es sich um den Anhang des Jahresabschlusses einer Personenhandelsgesellschaft im Sinne des § 264a Abs. 1 handelt, Name und Sitz der Gesellschaften, die persönlich haftende Gesellschafter sind, sowie deren gezeichnetes Kapital;

16. dass die nach § 161 des Aktiengesetzes vorgeschriebene Erklärung abgegeben und wo sie öffentlich zugänglich gemacht worden ist;

17. das von dem Abschlussprüfer für das Geschäftsjahr berechnete Gesamthonorar, aufgeschlüsselt in das Honorar für

a) die Abschlussprüfungsleistungen,

Anlage 3

b) andere Bestätigungsleistungen,
c) Steuerberatungsleistungen,
d) sonstige Leistungen,

soweit die Angaben nicht in einem das Unternehmen einbeziehenden Konzernabschluss enthalten sind;

18. für zu den Finanzanlagen (§ 266 Abs. 2 A. III.) gehörende Finanzinstrumente, die über ihrem beizulegenden Zeitwert ausgewiesen werden, da eine außerplanmäßige Abschreibung nach § 253 Abs. 3 Satz 4 unterblieben ist,

   a) der Buchwert und der beizulegende Zeitwert der einzelnen Vermögensgegenstände oder angemessener Gruppierungen sowie
   b) die Gründe für das Unterlassen der Abschreibung einschließlich der Anhaltspunkte, die darauf hindeuten, dass die Wertminderung voraussichtlich nicht von Dauer ist;

19. für jede Kategorie nicht zum beizulegenden Zeitwert bilanzierter derivativer Finanzinstrumente

   a) deren Art und Umfang,
   b) deren beizulegender Zeitwert, soweit er sich nach § 255 Abs. 4 verlässlich ermitteln lässt, unter Angabe der angewandten Bewertungsmethode,
   c) deren Buchwert und der Bilanzposten, in welchem der Buchwert, soweit vorhanden, erfasst ist, sowie
   d) die Gründe dafür, warum der beizulegende Zeitwert nicht bestimmt werden kann;

20. für gemäß § 340e Abs. 3 Satz 1 mit dem beizulegenden Zeitwert bewertete Finanzinstrumente

   a) die grundlegenden Annahmen, die der Bestimmung des beizulegenden Zeitwertes mit Hilfe allgemein anerkannter Bewertungsmethoden zugrunde gelegt wurden, sowie
   b) Umfang und Art jeder Kategorie derivativer Finanzinstrumente einschließlich der wesentlichen Bedingungen, welche die Höhe, den Zeitpunkt und die Sicherheit künftiger Zahlungsströme beeinflussen können;

21. zumindest die nicht zu marktüblichen Bedingungen zustande gekommenen Geschäfte, soweit sie wesentlich sind, mit nahe stehenden Unternehmen und Personen, einschließlich Angaben zur Art der Beziehung, zum Wert der Geschäfte sowie weiterer Angaben, die für die Beurteilung der Finanzlage notwendig sind; ausgenommen sind Geschäfte mit und zwischen mittel- oder unmittelbar in 100-prozentigem Anteilsbesitz stehenden in einen Konzernabschluss einbezogenen Unternehmen; Angaben über Geschäfte können nach Geschäftsarten zusammengefasst werden, sofern die getrennte Angabe für die Beurteilung der Auswirkungen auf die Finanzlage nicht notwendig ist;

22. im Fall der Aktivierung nach § 248 Abs. 2 der Gesamtbetrag der Forschungs- und Entwicklungskosten des Geschäftsjahrs sowie der davon auf die selbst geschaffenen immateriellen Vermögensgegenstände des Anlagevermögens entfallende Betrag;

23. bei Anwendung des § 254,

   a) mit welchem Betrag jeweils Vermögensgegenstände, Schulden, schwebende Geschäfte und mit hoher Wahrscheinlichkeit erwartete Transaktionen zur Absicherung welcher Risiken in welche Arten von Bewertungseinheiten einbezogen sind sowie die Höhe der mit Bewertungseinheiten abgesicherten Risiken,
   b) für die jeweils abgesicherten Risiken, warum, in welchem Umfang und für welchen Zeitraum sich die gegenläufigen Wertänderungen oder Zahlungsströme künftig voraussichtlich ausgleichen einschließlich der Methode der Ermittlung,
   c) eine Erläuterung der mit hoher Wahrscheinlichkeit erwarteten Transaktionen, die in Bewertungseinheiten einbezogen wurden,

   soweit die Angaben nicht im Lagebericht gemacht werden;

24. zu den Rückstellungen für Pensionen und ähnliche Verpflichtungen das angewandte versicherungsmathematische Berechnungsverfahren sowie die grundlegenden Annahmen der Berechnung, wie Zinssatz, erwartete Lohn- und Gehaltssteigerungen und zugrunde gelegte Sterbetafeln;

25. im Fall der Verrechnung von Vermögensgegenständen und Schulden nach § 246 Abs. 2 Satz 2 die Anschaffungskosten und der beizulegende Zeitwert der verrechneten Vermögensgegen-

stände, der Erfüllungsbetrag der verrechneten Schulden sowie die verrechneten Aufwendungen und Erträge; Nummer 20 Buchstabe a ist entsprechend anzuwenden;

26. zu Anteilen oder Anlageaktien an inländischen Investmentvermögen im Sinn des § 1 des Investmentgesetzes oder vergleichbaren ausländischen Investmentanteilen im Sinn des § 2 Abs. 9 des Investmentgesetzes von mehr als dem zehnten Teil, aufgegliedert nach Anlagezielen, deren Wert im Sinn des § 36 des Investmentgesetzes oder vergleichbarer ausländischer Vorschriften über die Ermittlung des Marktwertes, die Differenz zum Buchwert und die für das Geschäftsjahr erfolgte Ausschüttung sowie Beschränkungen in der Möglichkeit der täglichen Rückgabe; darüber hinaus die Gründe dafür, dass eine Abschreibung gemäß § 253 Abs. 3 Satz 4 unterblieben ist, einschließlich der Anhaltspunkte, die darauf hindeuten, dass die Wertminderung voraussichtlich nicht von Dauer ist; Nummer 18 ist insoweit nicht anzuwenden;

27. für nach § 251 unter der Bilanz oder nach § 268 Abs. 7 Halbsatz 1 im Anhang ausgewiesene Verbindlichkeiten und Haftungsverhältnisse die Gründe der Einschätzung des Risikos der Inanspruchnahme;

28. der Gesamtbetrag der Beträge im Sinn des § 268 Abs. 8, aufgegliedert in Beträge aus der Aktivierung selbst geschaffener immaterieller Vermögensgegenstände des Anlagevermögens, Beträge aus der Aktivierung latenter Steuern und aus der Aktivierung von Vermögensgegenständen zum beizulegenden Zeitwert;

29. auf welchen Differenzen oder steuerlichen Verlustvorträgen die latenten Steuern beruhen und mit welchen Steuersätzen die Bewertung erfolgt ist.

§ 286. Unterlassen von Angaben. (1) Die Berichterstattung hat insoweit zu unterbleiben, als es für das Wohl der Bundesrepublik Deutschland oder eines ihrer Länder erforderlich ist.

(2) Die Aufgliederung der Umsatzerlöse nach § 285 Nr. 4 kann unterbleiben, soweit die Aufgliederung nach vernünftiger kaufmännischer Beurteilung geeignet ist, der Kapitalgesellschaft oder einem Unternehmen, von dem die Kapitalgesellschaft mindestens den fünften Teil der Anteile besitzt, einen erheblichen Nachteil zuzufügen.

(3) ¹Die Angaben nach § 285 Nr. 11 und 11a können unterbleiben, soweit sie
1. für die Darstellung der Vermögens-, Finanz- und Ertragslage der Kapitalgesellschaft nach § 264 Abs. 2 von untergeordneter Bedeutung sind oder
2. nach vernünftiger kaufmännischer Beurteilung geeignet sind, der Kapitalgesellschaft oder dem anderen Unternehmen einen erheblichen Nachteil zuzufügen.

²Die Angabe des Eigenkapitals und des Jahresergebnisses kann unterbleiben, wenn das Unternehmen, über das zu berichten ist, seinen Jahresabschluß nicht offenzulegen hat und die berichtende Kapitalgesellschaft weniger als die Hälfte der Anteile besitzt. ³Satz 1 Nr. 2 ist nicht anzuwenden, wenn die Kapitalgesellschaft oder eines ihrer Tochterunternehmen (§ 290 Abs. 1 und 2) am Abschlussstichtag kapitalmarktorientiert im Sinn des § 264d ist. ⁴Im Übrigen ist die Anwendung der Ausnahmeregelung nach Satz 1 Nr. 2 im Anhang anzugeben.

(4) Bei Gesellschaften, die keine börsennotierten Aktiengesellschaften sind, können die in § 285 Nr. 9 Buchstabe a und b verlangten Angaben über die Gesamtbezüge der dort bezeichneten Personen unterbleiben, wenn sich anhand dieser Angaben die Bezüge eines Mitglieds dieser Organe feststellen lassen.

(5) ¹Die in § 285 Nr. 9 Buchstabe a Satz 5 bis 8 verlangten Angaben unterbleiben, wenn die Hauptversammlung dies beschlossen hat. ²Ein Beschluss, der höchstens für fünf Jahre gefasst werden kann, bedarf einer Mehrheit, die mindestens drei Viertel des bei der Beschlussfassung vertretenen Grundkapitals umfasst. ³§ 136 Abs. 1 des Aktiengesetzes gilt für einen Aktionär, dessen Bezüge als Vorstandsmitglied von der Beschlussfassung betroffen sind, entsprechend.

§ 287. *(aufgehoben)*

§ 288. Größenabhängige Erleichterungen. (1) Kleine Kapitalgesellschaften (§ 267 Abs. 1) brauchen die Angaben nach § 284 Abs. 2 Nr. 4, § 285 Nr. 2 bis 8 Buchstabe a, Nr. 9 Buchstabe a und b sowie Nr. 12, 17, 19, 21, 22 und 29 nicht zu machen.

(2) ¹Mittelgroße Kapitalgesellschaften (§ 267 Abs. 2) brauchen bei der Angabe nach § 285 Nr. 3 die Risiken und Vorteile nicht darzustellen. ²Sie brauchen die Angaben nach § 285 Nr. 4

und 29 nicht zu machen. ³Soweit sie die Angaben nach § 285 Nr. 17 nicht machen, sind sie verpflichtet, diese der Wirtschaftsprüferkammer auf deren schriftliche Anforderung zu übermitteln. ⁴Sie brauchen die Angaben nach § 285 Nr. 21 nur zu machen, soweit sie Aktiengesellschaft sind; die Angabe kann auf Geschäfte beschränkt werden, die direkt oder indirekt mit dem Hauptgesellschafter oder Mitgliedern des Geschäftsführungs-, Aufsichts- oder Verwaltungsorgans abgeschlossen wurden.

Sechster Titel. Lagebericht

§ 289. (1) ¹Im Lagebericht sind der Geschäftsverlauf einschließlich des Geschäftsergebnisses und die Lage der Kapitalgesellschaft so darzustellen, dass ein den tatsächlichen Verhältnissen entsprechendes Bild vermittelt wird. ²Er hat eine ausgewogene und umfassende, dem Umfang und der Komplexität der Geschäftstätigkeit entsprechende Analyse des Geschäftsverlaufs und der Lage der Gesellschaft zu enthalten. ³In die Analyse sind die für die Geschäftstätigkeit bedeutsamsten finanziellen Leistungsindikatoren einzubeziehen und unter Bezugnahme auf die im Jahresabschluss ausgewiesenen Beträge und Angaben zu erläutern. ⁴Ferner ist im Lagebericht die voraussichtliche Entwicklung mit ihren wesentlichen Chancen und Risiken zu beurteilen und zu erläutern; zugrunde liegende Annahmen sind anzugeben. ⁵Die gesetzlichen Vertreter einer Kapitalgesellschaft im Sinne des § 264 Abs. 2 Satz 3 haben zu versichern, dass nach bestem Wissen im Lagebericht der Geschäftsverlauf einschließlich des Geschäftsergebnisses und die Lage der Kapitalgesellschaft so dargestellt sind, dass ein den tatsächlichen Verhältnissen entsprechendes Bild vermittelt wird, und dass die wesentlichen Chancen und Risiken im Sinne des Satzes 4 beschrieben sind.

(2) Der Lagebericht soll auch eingehen auf:
1. Vorgänge von besonderer Bedeutung, die nach dem Schluß des Geschäftsjahrs eingetreten sind;
2. a) die Risikomanagementziele und -methoden der Gesellschaft einschließlich ihrer Methoden zur Absicherung aller wichtigen Arten von Transaktionen, die im Rahmen der Bilanzierung von Sicherungsgeschäften erfasst werden, sowie
   b) die Preisänderungs-, Ausfall- und Liquiditätsrisiken sowie die Risiken aus Zahlungsstromschwankungen, denen die Gesellschaft ausgesetzt ist,
   jeweils in Bezug auf die Verwendung von Finanzinstrumenten durch die Gesellschaft und sofern dies für die Beurteilung der Lage oder der voraussichtlichen Entwicklung von Belang ist;
3. den Bereich Forschung und Entwicklung;
4. bestehende Zweigniederlassungen der Gesellschaft;
5. die Grundzüge des Vergütungssystems der Gesellschaft für die in § 285 Nr. 9 genannten Gesamtbezüge, soweit es sich um eine börsennotierte Aktiengesellschaft handelt. Werden dabei auch Angaben entsprechend § 285 Nr. 9 Buchstabe a Satz 5 bis 8 gemacht, können diese im Anhang unterbleiben.

(3) Bei einer großen Kapitalgesellschaft (§ 267 Abs. 3) gilt Absatz 1 Satz 3 entsprechend für nichtfinanzielle Leistungsindikatoren, wie Informationen über Umwelt- und Arbeitnehmerbelange, soweit sie für das Verständnis des Geschäftsverlaufs oder der Lage von Bedeutung sind.

(4) ¹Aktiengesellschaften und Kommanditgesellschaften auf Aktien, die einen organisierten Markt im Sinne des § 2 Abs. 7 des Wertpapiererwerbs- und Übernahmegesetzes durch von ihnen ausgegebene stimmberechtigte Aktien in Anspruch nehmen, haben im Lagebericht anzugeben:
1. die Zusammensetzung des gezeichneten Kapitals; bei verschiedenen Aktiengattungen sind für jede Gattung die damit verbundenen Rechte und Pflichten und der Anteil am Gesellschaftskapital anzugeben, soweit die Angaben nicht im Anhang zu machen sind;
2. Beschränkungen, die Stimmrechte oder die Übertragung von Aktien betreffen, auch wenn sie sich aus Vereinbarungen zwischen Gesellschaftern ergeben können, soweit sie dem Vorstand der Gesellschaft bekannt sind;
3. direkte oder indirekte Beteiligungen am Kapital, die 10 vom Hundert der Stimmrechte überschreiten, soweit die Angaben nicht im Anhang zu machen sind;
4. die Inhaber von Aktien mit Sonderrechten, die Kontrollbefugnisse verleihen; die Sonderrechte sind zu beschreiben;
5. die Art der Stimmrechtskontrolle, wenn Arbeitnehmer am Kapital beteiligt sind und ihre Kontrollrechte nicht unmittelbar ausüben;

6. die gesetzlichen Vorschriften und Bestimmungen der Satzung über die Ernennung und Abberufung der Mitglieder des Vorstands und über die Änderung der Satzung;
7. die Befugnisse des Vorstands insbesondere hinsichtlich der Möglichkeit, Aktien auszugeben oder zurückzukaufen;
8. wesentliche Vereinbarungen der Gesellschaft, die unter der Bedingung eines Kontrollwechsels infolge eines Übernahmeangebots stehen, und die hieraus folgenden Wirkungen; die Angabe kann unterbleiben, soweit sie geeignet ist, der Gesellschaft einen erheblichen Nachteil zuzufügen; die Angabepflicht nach anderen gesetzlichen Vorschriften bleibt unberührt;
9. Entschädigungsvereinbarungen der Gesellschaft, die für den Fall eines Übernahmeangebots mit den Mitgliedern des Vorstands oder Arbeitnehmern getroffen sind, soweit die Angaben nicht im Anhang zu machen sind.
[2] Sind Angaben nach Satz 1 im Anhang zu machen, ist im Lagebericht darauf zu verweisen.

(5) Kapitalgesellschaften im Sinn des § 264d haben im Lagebericht die wesentlichen Merkmale des unteren Kontroll- und des Risikomanagementsystems im Hinblick auf den Rechnungslegungsprozess zu beschreiben.

§ 289a. Erklärung zur Unternehmensführung. (1) [1] Börsennotierte Aktiengesellschaften sowie Aktiengesellschaften, die ausschließlich andere Wertpapiere als Aktien zum Handel an einem organisierten Markt im Sinn des § 2 Abs. 5 des Wertpapierhandelsgesetzes ausgegeben haben und deren ausgegebene Aktien auf eigene Veranlassung über ein multilaterales Handelssystem im Sinn des § 2 Abs. 3 Satz 1 Nr. 8 des Wertpapierhandelsgesetzes gehandelt werden, haben eine Erklärung zur Unternehmensführung in ihren Lagebericht aufzunehmen, die dort einen gesonderten Abschnitt bildet. [2] Sie kann auch auf der Internetseite der Gesellschaft öffentlich zugänglich gemacht werden. [3] In diesem Fall ist in den Lagebericht eine Bezugnahme aufzunehmen, welche die Angabe der Internetseite enthält.

(2) In die Erklärung zur Unternehmensführung sind aufzunehmen
1. die Erklärung gemäß § 161 des Aktiengesetzes;
2. relevante Angaben zu Unternehmensführungspraktiken, die über die gesetzlichen Anforderungen hinaus angewandt werden, nebst Hinweis, wo sie öffentlich zugänglich sind;
3. eine Beschreibung der Arbeitsweise von Vorstand und Aufsichtsrat sowie der Zusammensetzung und Arbeitsweise von deren Ausschüssen; sind die Informationen auf der Internetseite der Gesellschaft öffentlich zugänglich, kann darauf verwiesen werden.

**Zweiter Unterabschnitt.
Konzernabschluß und Konzernlagebericht**

Erster Titel. Anwendungsbereich

§ 290. Pflicht zur Aufstellung. (1) [1] Die gesetzlichen Vertreter einer Kapitalgesellschaft (Mutterunternehmen) mit Sitz im Inland haben in den ersten fünf Monaten des Konzerngeschäftsjahrs für das vergangene Konzerngeschäftsjahr einen Konzernabschluss und einen Konzernlagebericht aufzustellen, wenn diese auf ein anderes Unternehmen (Tochterunternehmen) unmittel- oder mittelbar einen beherrschenden Einfluss ausüben kann. [2] Ist das Mutterunternehmen eine Kapitalgesellschaft im Sinn des § 325 Abs. 4 Satz 1, sind der Konzernabschluss sowie der Konzernlagebericht in den ersten vier Monaten des Konzerngeschäftsjahrs für das vergangene Konzerngeschäftsjahr aufzustellen.

(2) [1] Beherrschender Einfluss eines Mutterunternehmens besteht stets, wenn
1. ihm bei einem anderen Unternehmen die Mehrheit der Stimmrechte der Gesellschafter zusteht;
2. ihm bei einem anderen Unternehmen das Recht zusteht, die Mehrheit der Mitglieder des die Finanz- und Geschäftspolitik bestimmenden Verwaltungs-, Leitungs- oder Aufsichtsorgans zu bestellen oder abzuberufen, und es gleichzeitig Gesellschafter ist;
3. ihm das Recht zusteht, die Finanz- und Geschäftspolitik auf Grund eines mit einem anderen Unternehmen geschlossenen Beherrschungsvertrages oder auf Grund einer Bestimmung in der Satzung des anderen Unternehmens zu bestimmen, oder
4. es bei wirtschaftlicher Betrachtung die Mehrheit der Risiken und Chancen eines Unternehmens trägt, das zur Erreichung eines eng begrenzten und genau definierten Ziels des Mutterun-

Anlage 3

ternehmens dient (Zweckgesellschaft). ²Neben Unternehmen können Zweckgesellschaften auch sonstige juristische Personen des Privatrechts oder unselbständige Sondervermögen des Privatrechts, ausgenommen Spezial-Sondervermögen im Sinn des § 2 Abs. 3 des Investmentgesetzes, sein.

(3) ¹Als Rechte, die einem Mutterunternehmen nach Absatz 2 zustehen, gelten auch die einem Tochterunternehmen zustehenden Rechte und die den für Rechnung des Mutterunternehmens oder von Tochterunternehmen handelnden Personen zustehenden Rechte. ²Den einem Mutterunternehmen an einem anderen Unternehmen zustehenden Rechten werden die Rechte hinzugerechnet, über die es oder ein Tochterunternehmen auf Grund einer Vereinbarung mit anderen Gesellschaftern dieses Unternehmens verfügen kann. ³Abzuziehen sind Rechte, die

1. mit Anteilen verbunden sind, die von dem Mutterunternehmen oder von Tochterunternehmen für Rechnung einer anderen Person gehalten werden, oder

2. mit Anteilen verbunden sind, die als Sicherheit gehalten werden, sofern diese Rechte nach Weisung des Sicherungsgebers oder, wenn ein Kreditinstitut die Anteile als Sicherheit für ein Darlehen hält, im Interesse des Sicherungsgebers ausgeübt werden.

(4) ¹Welcher Teil der Stimmrechte einem Unternehmen zusteht, bestimmt sich für die Berechnung der Mehrheit nach Absatz 2 Nr. 1 nach dem Verhältnis der Zahl der Stimmrechte, die es aus den ihm gehörenden Anteilen ausüben kann, zur Gesamtzahl aller Stimmrechte. ²Von der Gesamtzahl aller Stimmrechte sind die Stimmrechte aus eigenen Anteilen abzuziehen, die dem Tochterunternehmen selbst, einem seiner Tochterunternehmen oder einer anderen Person für Rechnung dieser Unternehmen gehören.

(5) Ein Mutterunternehmen ist von der Pflicht, einen Konzernabschluss und einen Konzernlagebericht aufzustellen befreit, wenn es nur Tochterunternehmen hat, die gemäß § 296 nicht in den Konzernabschluss einbezogen werden brauchen.

§ 291. Befreiende Wirkung von EU/EWR-Konzernabschlüssen. (1) ¹Ein Mutterunternehmen, das zugleich Tochterunternehmen eines Mutterunternehmens mit Sitz in einem Mitgliedstaat der Europäischen Union oder in einem anderen Vertragsstaat des Abkommens über den Europäischen Wirtschaftsraum ist, braucht einen Konzernabschluß und einen Konzernlagebericht nicht aufzustellen, wenn ein den Anforderungen des Absatzes 2 entsprechender Konzernabschluß und Konzernlagebericht seines Mutterunternehmens einschließlich des Bestätigungsvermerks oder des Vermerks über dessen Versagung nach den für den entfallenden Konzernabschluß und Konzernlagebericht maßgeblichen Vorschriften in deutscher Sprache offengelegt wird. ²Ein befreiender Konzernabschluß und ein befreiender Konzernlagebericht können von jedem Unternehmen unabhängig von seiner Rechtsform und Größe aufgestellt werden, wenn das Unternehmen als Kapitalgesellschaft mit Sitz in einem Mitgliedstaat der Europäischen Union oder in einem anderen Vertragsstaat des Abkommens über den Europäischen Wirtschaftsraum zur Aufstellung eines Konzernabschlusses unter Einbeziehung des zu befreienden Mutterunternehmens und seiner Tochterunternehmen verpflichtet wäre.

(2) ¹Der Konzernabschluß und Konzernlagebericht eines Mutterunternehmens mit Sitz in einem Mitgliedstaat der Europäischen Union oder in einem anderen Vertragsstaat des Abkommens über den Europäischen Wirtschaftsraum haben befreiende Wirkung, wenn

1. das zu befreiende Mutterunternehmen und seine Tochterunternehmen in den befreienden Konzernabschluß unbeschadet des § 296 einbezogen worden sind,

2. der befreiende Konzernabschluß und der befreiende Konzernlagebericht im Einklang mit der Richtlinie 83/349/EWG des Rates vom 13. Juni 1983 über den konsolidierten Abschluß (ABl. EG Nr. L 193 S. 1) und der Richtlinie 84/253/EWG des Rates vom 10. April 1984 über die Zulassung der mit der Pflichtprüfung der Rechnungslegungsunterlagen beauftragten Personen (ABl. EG Nr. L 126 S. 20) in ihren jeweils geltenden Fassungen nach dem für das aufstellende Mutterunternehmen maßgeblichen Recht aufgestellt und von einem zugelassenen Abschlußprüfer geprüft worden sind,

3. der Anhang des Jahresabschlusses des zu befreienden Unternehmens folgende Angaben enthält:

   a) Name und Sitz des Mutterunternehmens, das den befreienden Konzernabschluß und Konzernlagebericht aufstellt,

Handelsgesetzbuch **Anlage 3**

b) einen Hinweis auf die Befreiung von der Verpflichtung, einen Konzernabschluß und einen Konzernlagebericht aufzustellen, und
c) eine Erläuterung der im befreienden Konzernabschluß vom deutschen Recht abweichend angewandten Bilanzierungs-, Bewertungs- und Konsolidierungsmethoden.

²Satz 1 gilt für Kreditinstitute und Versicherungsunternehmen entsprechend; unbeschadet der übrigen Voraussetzungen in Satz 1 hat die Aufstellung des befreienden Konzernabschlusses und des befreienden Konzernlageberichts bei Kreditinstituten im Einklang mit der Richtlinie 86/635/EWG des Rates vom 8. Dezember 1986 über den Jahresabschluß und den konsolidierten Abschluß von Banken und anderen Finanzinstituten (ABl. EG Nr. L 372 S. 1) und bei Versicherungsunternehmen im Einklang mit der Richtlinie 91/674/EWG des Rates vom 19. Dezember 1991 über den Jahresabschluß und den konsolidierten Jahresabschluß von Versicherungsunternehmen (ABl. EG Nr. L 374 S. 7) in ihren jeweils geltenden Fassungen zu erfolgen.

(3) Die Befreiung nach Absatz 1 kann trotz Vorliegens der Voraussetzungen nach Absatz 2 von einem Mutterunternehmen nicht in Anspruch genommen werden, wenn

1. das zu befreiende Mutterunternehmen einen organisierten Markt im Sinn des § 2 Abs. 5 des Wertpapierhandelsgesetzes durch von ihm ausgegebene Wertpapiere im Sinn des § 2 Abs. 1 Satz 1 des Wertpapierhandelsgesetzes in Anspruch nimmt,
2. Gesellschafter, denen bei Aktiengesellschaften und Kommanditgesellschaften auf Aktien mindestens 10 vom Hundert und bei Gesellschaften mit beschränkter Haftung mindestens 20 vom Hundert der Anteile an dem zu befreienden Mutterunternehmen gehören, spätestens sechs Monate vor dem Ablauf des Konzerngeschäftsjahrs die Aufstellung eines Konzernabschlusses und eines Konzernlageberichts beantragt haben.

§ 292. Rechtsverordnungsermächtigung für befreiende Konzernabschlüsse und Konzernlageberichte. (1) ¹Das Bundesministerium der Justiz wird ermächtigt, im Einvernehmen mit dem Bundesministerium der Finanzen und dem Bundesministerium für Wirtschaft und Technologie durch Rechtsverordnung, die nicht der Zustimmung des Bundesrates bedarf, zu bestimmen, daß § 291 auf Konzernabschlüsse und Konzernlageberichte von Mutterunternehmen mit Sitz in einem Staat, der nicht Mitglied der Europäischen Union und auch nicht Vertragsstaat des Abkommens über den Europäischen Wirtschaftsraum ist, mit der Maßgabe angewendet werden darf, daß der befreiende Konzernabschluß und der befreiende Konzernlagebericht nach dem mit den Anforderungen der Richtlinie 83/349/EWG übereinstimmenden Recht eines Mitgliedstaates der Europäischen Union oder eines anderen Vertragsstaates des Abkommens über den Europäischen Wirtschaftsraum aufgestellt worden oder einem nach diesem Recht eines Mitgliedstaates der Europäischen Union oder eines anderen Vertragsstaates des Abkommens über den Europäischen Wirtschaftsraum aufgestellten Konzernabschluß und Konzernlagebericht gleichwertig sein müssen. ²Das Recht eines anderen Mitgliedstaates der Europäischen Union oder Vertragsstaates des Abkommens über den Europäischen Wirtschaftsraum kann einem befreienden Konzernabschluß und einem befreienden Konzernlagebericht jedoch nur zugrunde gelegt oder für die Herstellung der Gleichwertigkeit herangezogen werden, wenn diese Unterlagen in dem anderen Mitgliedstaat oder Vertragsstaat anstelle eines sonst nach dem Recht dieses Mitgliedstaates oder Vertragsstaates vorgeschriebenen Konzernabschlusses und Konzernlageberichts offengelegt werden. ³Die Anwendung dieser Vorschrift kann in der Rechtsverordnung nach Satz 1 davon abhängig gemacht werden, daß die nach diesem Unterabschnitt aufgestellten Konzernabschlüsse und Konzernlageberichte in dem Staat, in dem das Mutterunternehmen seinen Sitz hat, als gleichwertig mit den dort für Unternehmen mit entsprechender Rechtsform und entsprechendem Geschäftszweig vorgeschriebenen Konzernabschlüssen und Konzernlageberichten angesehen werden.

(2) ¹Ist ein nach Absatz 1 zugelassener Konzernabschluß nicht von einem in Übereinstimmung mit den Vorschriften der Richtlinie 2006/43/EG zugelassenen Abschlußprüfer geprüft worden, so kommt ihm befreiende Wirkung nur zu, wenn der Abschlußprüfer eine den Anforderungen dieser Richtlinie gleichwertige Befähigung hat und der Konzernabschluß in einer den Anforderungen des Dritten Unterabschnitts entsprechenden Weise geprüft worden ist. ²Nicht in Übereinstimmung mit den Vorschriften der Richtlinie 2006/43/EG zugelassene Abschlussprüfer von Unternehmen mit Sitz in einem Drittstaat im Sinn des § 3 Abs. 1 Satz 1 der Wirtschaftsprüferordnung, deren Wertpapiere im Sinn des § 2 Abs. 1 Satz 1 des Wertpapierhandelsgesetzes an einer inländischen Börse zum Handel am regulierten Markt zugelassen sind, haben nur dann eine den

Anlage 3

Anforderungen der Richtlinie gleichwertige Befähigung, wenn sie bei der Wirtschaftsprüferkammer gemäß § 134 Abs. 1 der Wirtschaftsprüferordnung eingetragen sind oder die Gleichwertigkeit gemäß § 134 Abs. 4 der Wirtschaftsprüferordnung anerkannt ist. [3]Satz 2 ist nicht anzuwenden, soweit ausschließlich Schuldtitel im Sinn des § 2 Abs. 1 Satz 1 Nr. 3 des Wertpapierhandelsgesetzes mit einer Mindeststückelung von 50 000 Euro oder einem entsprechenden Betrag anderer Währung an einer inländischen Börse zum Handel am regulierten Markt zugelassen sind.

(3) [1]In einer Rechtsverordnung nach Absatz 1 kann außerdem bestimmt werden, welche Voraussetzungen Konzernabschlüsse und Konzernlageberichte von Mutterunternehmen mit Sitz in einem Staat, der nicht Mitglied der Europäischen Union und auch nicht Vertragsstaat des Abkommens über den Europäischen Wirtschaftsraum ist, im einzelnen erfüllen müssen, um nach Absatz 1 gleichwertig zu sein, und wie die Befähigung von Abschlußprüfern beschaffen sein muß, um nach Absatz 2 gleichwertig zu sein. [2]In der Rechtsverordnung können zusätzliche Angaben und Erläuterungen zum Konzernabschluß vorgeschrieben werden, soweit diese erforderlich sind, um die Gleichwertigkeit dieser Konzernabschlüsse und Konzernlageberichte mit solchen nach diesem Unterabschnitt oder dem Recht eines anderen Mitgliedstaates der Europäischen Union oder Vertragsstaates des Abkommens über den Europäischen Wirtschaftsraum herzustellen.

(4) [1]Die Rechtsverordnung ist vor Verkündung dem Bundestag zuzuleiten. [2]Sie kann durch Beschluß des Bundestages geändert oder abgelehnt werden. [3]Der Beschluß des Bundestages wird dem Bundesministerium der Justiz zugeleitet. [4]Das Bundesministerium der Justiz ist bei der Verkündung der Rechtsverordnung an den Beschluß gebunden. [5]Hat sich der Bundestag nach Ablauf von drei Sitzungswochen seit Eingang einer Rechtsverordnung nicht mit ihr befaßt, so wird die unveränderte Rechtsverordnung dem Bundesministerium der Justiz zur Verkündung zugeleitet. [6]Der Bundestag befaßt sich mit der Rechtsverordnung auf Antrag von so vielen Mitgliedern des Bundestages, wie zur Bildung einer Fraktion erforderlich sind.

§ 292 a. *(aufgehoben)*

§ 293. Größenabhängige Befreiungen. (1) [1]Ein Mutterunternehmen ist von der Pflicht, einen Konzernabschluß und einen Konzernlagebericht aufzustellen, befreit, wenn

1. am Abschlußstichtag seines Jahresabschlusses und am vorhergehenden Abschlußstichtag mindestens zwei der drei nachstehenden Merkmale zutreffen:

    a) Die Bilanzsummen in den Bilanzen des Mutterunternehmens und der Tochterunternehmen, die in den Konzernabschluß einzubeziehen wären, übersteigen insgesamt nach Abzug von in den Bilanzen auf der Aktivseite ausgewiesenen Fehlbeträgen nicht 23 100 000 Euro.

    b) Die Umsatzerlöse des Mutterunternehmens und der Tochterunternehmen, die in den Konzernabschluß einzubeziehen wären, übersteigen in den zwölf Monaten vor dem Abschlußstichtag insgesamt nicht 46 200 000 Euro.

    c) Das Mutterunternehmen und die Tochterunternehmen, die in den Konzernabschluß einzubeziehen wären, haben in den zwölf Monaten vor dem Abschlußstichtag im Jahresdurchschnitt nicht mehr als 250 Arbeitnehmer beschäftigt;

    oder

2. am Abschlußstichtag eines von ihm aufzustellenden Konzernabschlusses und am vorhergehenden Abschlußstichtag mindestens zwei der drei nachstehenden Merkmale zutreffen:

    a) Die Bilanzsumme übersteigt nach Abzug eines auf der Aktivseite ausgewiesenen Fehlbetrags nicht 19 250 000 Euro.

    b) Die Umsatzerlöse in den zwölf Monaten vor dem Abschlußstichtag übersteigen nicht 38 500 000 Euro.

    c) Das Mutterunternehmen und die in den Konzernabschluß einbezogenen Tochterunternehmen haben in den zwölf Monaten vor dem Abschlußstichtag im Jahresdurchschnitt nicht mehr als 250 Arbeitnehmer beschäftigt.

[2]Auf die Ermittlung der durchschnittlichen Zahl der Arbeitnehmer ist § 267 Abs. 5 anzuwenden.

(2), (3) *(aufgehoben)*

(4) [1]Außer in den Fällen des Absatzes 1 ist ein Mutterunternehmen von der Pflicht zur Aufstellung des Konzernabschlusses und des Konzernlageberichts befreit, wenn die Voraussetzungen des Absatzes 1 nur am Abschlußstichtag oder nur am vorhergehenden Abschlußstichtag erfüllt sind

Handelsgesetzbuch **Anlage 3**

und das Mutterunternehmen am vorhergehenden Abschlußstichtag von der Pflicht zur Aufstellung des Konzernabschlusses und des Konzernlageberichts befreit war. ²§ 267 Abs. 4 Satz 2 ist entsprechend anzuwenden.

(5) Die Absätze 1 und 4 sind nicht anzuwenden, wenn das Mutterunternehmen oder ein in dessen Konzernabschluss einbezogenes Tochterunternehmen am Abschlussstichtag kapitalmarktorientiert im Sinn des § 264 d ist.

Zweiter Titel. Konsolidierungskreis

§ 294. Einzubeziehende Unternehmen. Vorlage- und Auskunftspflichten. (1) In den Konzernabschluß sind das Mutterunternehmen und alle Tochterunternehmen ohne Rücksicht auf den Sitz der Tochterunternehmen einzubeziehen, sofern die Einbeziehung nicht nach § 296 unterbleibt.

(2) Hat sich die Zusammensetzung der in den Konzernabschluß einbezogenen Unternehmen im Laufe des Geschäftsjahrs wesentlich geändert, so sind in den Konzernabschluß Angaben aufzunehmen, die es ermöglichen, die aufeinanderfolgenden Konzernabschlüsse sinnvoll zu vergleichen.

(3) ¹Die Tochterunternehmen haben dem Mutterunternehmen ihre Jahresabschlüsse, Einzelabschlüsse nach § 325 Abs. 2a, Lageberichte, Konzernabschlüsse, Konzernlageberichte und, wenn eine Abschlussprüfung stattgefunden hat, die Prüfungsberichte sowie, wenn ein Zwischenabschluß aufzustellen ist, einen auf den Stichtag des Konzernabschlusses aufgestellten Abschluß unverzüglich einzureichen. ²Das Mutterunternehmen kann von jedem Tochterunternehmen alle Aufklärungen und Nachweise verlangen, welche die Aufstellung des Konzernabschlusses und des Konzernlageberichts erfordert.

§ 295. *(aufgehoben)*

§ 296. Verzicht auf die Einbeziehung. (1) Ein Tochterunternehmen braucht in den Konzernabschluß nicht einbezogen zu werden, wenn

1. erhebliche und andauernde Beschränkungen die Ausübung der Rechte des Mutterunternehmens in bezug auf das Vermögen oder die Geschäftsführung dieses Unternehmens nachhaltig beeinträchtigen,
2. die für die Aufstellung des Konzernabschlusses erforderlichen Angaben nicht ohne unverhältnismäßig hohe Kosten oder Verzögerungen zu erhalten sind oder
3. die Anteile des Tochterunternehmens ausschließlich zum Zwecke ihrer Weiterveräußerung gehalten werden.

(2) ¹Ein Tochterunternehmen braucht in den Konzernabschluß nicht einbezogen zu werden, wenn es für die Verpflichtung, ein den tatsächlichen Verhältnissen entsprechendes Bild der Vermögens-, Finanz- und Ertragslage des Konzerns zu vermitteln, von untergeordneter Bedeutung ist. ²Entsprechen mehrere Tochterunternehmen der Voraussetzung des Satzes 1, so sind diese Unternehmen in den Konzernabschluß einzubeziehen, wenn sie zusammen nicht von untergeordneter Bedeutung sind.

(3) Die Anwendung der Absätze 1 und 2 ist im Konzernanhang zu begründen.

Dritter Titel. Inhalt und Form des Konzernabschlusses

§ 297. Inhalt. (1) ¹Der Konzernabschluss besteht aus der Konzernbilanz, der Konzern-Gewinn- und Verlustrechnung, dem Konzernanhang, der Kapitalflussrechnung und dem Eigenkapitalspiegel. ²Er kann um eine Segmentberichterstattung erweitert werden.

(2) ¹Der Konzernabschluß ist klar und übersichtlich aufzustellen. ²Er hat unter Beachtung der Grundsätze ordnungsmäßiger Buchführung ein den tatsächlichen Verhältnissen entsprechendes Bild der Vermögens-, Finanz- und Ertragslage des Konzerns zu vermitteln. ³Führen besondere Umstände dazu, daß der Konzernabschluß ein den tatsächlichen Verhältnissen entsprechendes Bild im Sinne des Satzes 2 nicht vermittelt, so sind im Konzernanhang zusätzliche Angaben zu machen. ⁴Die gesetzlichen Vertreter eines Mutterunternehmens, das Inlandsemittent im Sinne des § 2 Abs. 7 des Wertpapierhandelsgesetzes und keine Kapitalgesellschaft im Sinne des § 327 a ist, haben bei der Unterzeichnung schriftlich zu versichern, dass nach bestem Wissen der Konzernab-

schluss ein den tatsächlichen Verhältnissen entsprechendes Bild im Sinne des Satzes 2 vermittelt oder der Konzernanhang Angaben nach Satz 3 enthält.

(3) ¹Im Konzernabschluß ist die Vermögens-, Finanz- und Ertragslage der einbezogenen Unternehmen so darzustellen, als ob diese Unternehmen insgesamt ein einziges Unternehmen wären. ²Die auf den vorhergehenden Konzernabschluß angewandten Konsolidierungsmethoden sind beizubehalten. ³Abweichungen von Satz 2 sind in Ausnahmefällen zulässig. ⁴Sie sind im Konzernanhang anzugeben und zu begründen. ⁵Ihr Einfluß auf die Vermögens-, Finanz- und Ertragslage des Konzerns ist anzugeben.

§ 298. Anzuwendende Vorschriften. Erleichterungen. (1) Auf den Konzernabschluß sind, soweit seine Eigenart keine Abweichung bedingt oder in den folgenden Vorschriften nichts anderes bestimmt ist, die §§ 244 bis 256a, 265, 266, 268 bis 275, 277 und 278 über den Jahresabschluß und die für die Rechtsform und den Geschäftszweig der in den Konzernabschluß einbezogenen Unternehmen mit Sitz im Geltungsbereich dieses Gesetzes geltenden Vorschriften, soweit sie für große Kapitalgesellschaften gelten, entsprechend anzuwenden.

(2) In der Gliederung der Konzernbilanz dürfen die Vorräte in einem Posten zusammengefaßt werden, wenn deren Aufgliederung wegen besonderer Umstände mit einem unverhältnismäßigen Aufwand verbunden wäre.

(3) ¹Der Konzernanhang und der Anhang des Jahresabschlusses des Mutterunternehmens dürfen zusammengefaßt werden. ²In diesem Falle müssen der Konzernabschluß und der Jahresabschluß des Mutterunternehmens gemeinsam offengelegt werden. ³Aus dem zusammengefassten Anhang muss hervorgehen, welche Angaben sich auf den Konzern und welche Angaben sich nur auf das Mutterunternehmen beziehen.

§ 299. Stichtag für die Aufstellung. (1) Der Konzernabschluss ist auf den Stichtag des Jahresabschlusses des Mutterunternehmens aufzustellen.

(2) ¹Die Jahresabschlüsse der in den Konzernabschluß einbezogenen Unternehmen sollen auf den Stichtag des Konzernabschlusses aufgestellt werden. ²Liegt der Abschlußstichtag eines Unternehmens um mehr als drei Monate vor dem Stichtag des Konzernabschlusses, so ist dieses Unternehmen auf Grund eines auf den Stichtag und den Zeitraum des Konzernabschlusses aufgestellten Zwischenabschlusses in den Konzernabschluß einzubeziehen.

(3) Wird bei abweichenden Abschlußstichtagen ein Unternehmen nicht auf der Grundlage eines auf den Stichtag und den Zeitraum des Konzernabschlusses aufgestellten Zwischenabschlusses in den Konzernabschluß einbezogen, so sind Vorgänge von besonderer Bedeutung für die Vermögens-, Finanz- und Ertragslage eines in den Konzernabschluß einbezogenen Unternehmens, die zwischen dem Abschlußstichtag dieses Unternehmens und dem Abschlußstichtag des Konzernabschlusses eingetreten sind, in der Konzernbilanz und der Konzern-Gewinn- und Verlustrechnung zu berücksichtigen oder im Konzernanhang anzugeben.

Vierter Titel. Vollkonsolidierung

§ 300. Konsolidierungsgrundsätze. Vollständigkeitsgebot. (1) ¹In dem Konzernabschluß ist der Jahresabschluß des Mutterunternehmens mit den Jahresabschlüssen der Tochterunternehmen zusammenzufassen. ²An die Stelle der dem Mutterunternehmen gehörenden Anteile an den einbezogenen Tochterunternehmen treten die Vermögensgegenstände, Schulden, Rechnungsabgrenzungsposten und Sonderposten der Tochterunternehmen, soweit sie nach dem Recht des Mutterunternehmens bilanzierungsfähig sind und die Eigenart des Konzernabschlusses keine Abweichungen bedingt oder in den folgenden Vorschriften nichts anderes bestimmt ist.

(2) ¹Die Vermögensgegenstände, Schulden und Rechnungsabgrenzungsposten sowie die Erträge und Aufwendungen der in den Konzernabschluß einbezogenen Unternehmen sind unabhängig von ihrer Berücksichtigung in den Jahresabschlüssen dieser Unternehmen vollständig aufzunehmen, soweit nach dem Recht des Mutterunternehmens nicht ein Bilanzierungsverbot oder ein Bilanzierungswahlrecht besteht. ²Nach dem Recht des Mutterunternehmens zulässige Bilanzierungswahlrechte dürfen im Konzernabschluß unabhängig von ihrer Ausübung in den Jahresabschlüssen der in den Konzernabschluß einbezogenen Unternehmen ausgeübt werden. ³Ansätze, die auf der Anwendung von für Kreditinstitute oder Versicherungsunternehmen wegen der Be-

Handelsgesetzbuch **Anlage 3**

sonderheiten des Geschäftszweigs geltenden Vorschriften beruhen, dürfen beibehalten werden; auf die Anwendung dieser Ausnahme ist im Konzernanhang hinzuweisen.

§ 301. Kapitalkonsolidierung. (1) ¹Der Wertansatz der dem Mutterunternehmen gehörenden Anteile an einem in den Konzernabschluß einbezogenen Tochterunternehmen wird mit dem auf diese Anteile entfallenden Betrag des Eigenkapitals des Tochterunternehmens verrechnet. ²Das Eigenkapital ist mit dem Betrag anzusetzen, der dem Zeitwert der in den Konzernabschluss aufzunehmenden Vermögensgegenstände, Schulden, Rechnungsabgrenzungsposten und Sonderposten entspricht, der diesen an dem für die Verrechnung nach Absatz 2 maßgeblichen Zeitpunkt beizulegen ist. ³Rückstellungen sind nach § 253 Abs. 1 Satz 2 und 3, Abs. 2 und latente Steuern nach § 274 Abs. 2 zu bewerten.

(2) ¹Die Verrechnung nach Absatz 1 ist auf Grundlage der Wertansätze zu dem Zeitpunkt durchzuführen, zu dem das Unternehmen Tochterunternehmen geworden ist. ²Können die Wertansätze zu diesem Zeitpunkt nicht endgültig ermittelt werden, sind sie innerhalb der darauf folgenden zwölf Monate anzupassen. ³Ist ein Mutterunternehmen erstmalig zur Aufstellung eines Konzernabschlusses verpflichtet, sind die Wertansätze zum Zeitpunkt der Einbeziehung des Tochterunternehmens in den Konzernabschluss zugrunde zulegen, soweit das Unternehmen nicht in dem Jahr Tochterunternehmen geworden ist, für das der Konzernabschluss aufgestellt wird. ⁴Das Gleiche gilt für die erstmalige Einbeziehung eines Tochterunternehmens, auf die bisher gemäß § 296 verzichtet wurde.

(3) ¹Ein nach der Verrechnung verbleibender Unterschiedsbetrag ist in der Konzernbilanz, wenn er auf der Aktivseite entsteht, als Geschäfts- oder Firmenwert und, wenn er auf der Passivseite entsteht, unter dem Posten „Unterschiedsbetrag aus der Kapitalkonsolidierung" nach dem Eigenkapital auszuweisen. ²Der Posten und wesentliche Änderungen gegenüber dem Vorjahr sind im Anhang zu erläutern.

(4) Anteile an dem Mutterunternehmen, die einem in den Konzernabschluss einbezogenen Tochterunternehmen gehören, sind in der Konzernbilanz als eigene Anteile des Mutterunternehmens mit ihrem Nennwert oder, falls ein solcher nicht vorhanden ist, mit ihrem rechnerischen Wert, in der Vorspalte offen von dem Posten „Gezeichnetes Kapital" abzusetzen.

§ 302. *(aufgehoben)*

§ 303. Schuldenkonsolidierung. (1) Ausleihungen und andere Forderungen, Rückstellungen und Verbindlichkeiten zwischen den in den Konzernabschluß einbezogenen Unternehmen sowie entsprechende Rechnungsabgrenzungsposten sind wegzulassen.

(2) Absatz 1 braucht nicht angewendet zu werden, wenn die wegzulassenden Beträge für die Vermittlung eines den tatsächlichen Verhältnissen entsprechenden Bildes der Vermögens-, Finanz- und Ertragslage des Konzerns nur von untergeordneter Bedeutung sind.

§ 304. Behandlung der Zwischenergebnisse. (1) In den Konzernabschluß zu übernehmende Vermögensgegenstände, die ganz oder teilweise auf Lieferungen oder Leistungen zwischen in den Konzernabschluß einbezogenen Unternehmen beruhen, sind in der Konzernbilanz mit einem Betrag anzusetzen, zu dem sie in der auf den Stichtag des Konzernabschlusses aufgestellten Jahresbilanz dieses Unternehmens angesetzt werden könnten, wenn die in den Konzernabschluß einbezogenen Unternehmen auch rechtlich ein einziges Unternehmen bilden würden.

(2) Absatz 1 braucht nicht angewendet zu werden, wenn die Behandlung der Zwischenergebnisse nach Absatz 1 für die Vermittlung eines den tatsächlichen Verhältnissen entsprechenden Bildes der Vermögens-, Finanz- und Ertragslage des Konzerns nur von untergeordneter Bedeutung ist.

§ 305. Aufwands- und Ertragskonsolidierung. (1) In der Konzern-Gewinn- und Verlustrechnung sind

1. bei den Umsatzerlösen die Erlöse aus Lieferungen und Leistungen zwischen den in den Konzernabschluß einbezogenen Unternehmen mit den auf sie entfallenden Aufwendungen zu verrechnen, soweit sie nicht als Erhöhung des Bestands an fertigen und unfertigen Erzeugnissen oder als andere aktivierte Eigenleistungen auszuweisen sind,

2. andere Erträge aus Lieferungen und Leistungen zwischen den in den Konzernabschluß einbezogenen Unternehmen mit den auf sie entfallenden Aufwendungen zu verrechnen, soweit sie nicht als andere aktivierte Eigenleistungen auszuweisen sind.

(2) Aufwendungen und Erträge brauchen nach Absatz 1 nicht weggelassen zu werden, wenn die wegzulassenden Beträge für die Vermittlung eines den tatsächlichen Verhältnissen entsprechenden Bildes der Vermögens-, Finanz- und Ertragslage des Konzerns nur von untergeordneter Bedeutung sind.

§ 306. Latente Steuern. [1]Führen Maßnahmen, die nach den Vorschriften dieses Titels durchgeführt worden sind, zu Differenzen zwischen den handelsrechtlichen Wertansätzen der Vermögensgegenstände, Schulden oder Rechnungsabgrenzungsposten und deren steuerlichen Wertansätzen und bauen sich diese Differenzen in späteren Geschäftsjahren voraussichtlich wieder ab, so ist eine sich insgesamt ergebende Steuerbelastung als passive latente Steuern und eine sich insgesamt ergebende Steuerentlastung als aktive latente Steuern in der Konzernbilanz anzusetzen. [2]Die sich ergebende Steuerbe- und die sich ergebende Steuerentlastung können auch unverrechnet angesetzt werden. [3]Differenzen aus dem erstmaligen Ansatz eines nach § 301 Abs. 3 verbleibenden Unterschiedsbetrages bleiben unberücksichtigt. [4]Das Gleiche gilt für Differenzen, die sich zwischen dem steuerlichen Wertansatz einer Beteiligung an einem Tochterunternehmen, assoziierten Unternehmen oder einem Gemeinschaftsunternehmen im Sinn des § 310 Abs. 1 und dem handelsrechtlichen Wertansatz des im Konzernabschluss angesetzten Nettovermögens ergeben. [5]§ 274 Abs. 2 ist entsprechend anzuwenden. [6]Die Posten dürfen mit den Posten nach § 274 zusammengefasst werden.

§ 307. Anteile anderer Gesellschafter. (1) In der Konzernbilanz ist für nicht dem Mutterunternehmen gehörende Anteile an in den Konzernabschluß einbezogenen Tochterunternehmen ein Ausgleichsposten für die Anteile der anderen Gesellschafter in Höhe ihres Anteils am Eigenkapital unter entsprechender Bezeichnung innerhalb des Eigenkapitals gesondert auszuweisen.

(2) In der Konzern-Gewinn- und Verlustrechnung ist der im Jahresergebnis enthaltene, anderen Gesellschaftern zustehende Gewinn und der auf sie entfallende Verlust nach dem Posten „Jahresüberschuß/Jahresfehlbetrag" unter entsprechender Bezeichnung gesondert auszuweisen.

Fünfter Titel. Bewertungsvorschriften

§ 308. Einheitliche Bewertung. (1) [1]Die in den Konzernabschluß nach § 300 Abs. 2 übernommenen Vermögensgegenstände und Schulden der in den Konzernabschluß einbezogenen Unternehmen sind nach den auf den Jahresabschluß des Mutterunternehmens anwendbaren Bewertungsmethoden einheitlich zu bewerten. [2]Nach dem Recht des Mutterunternehmens zulässige Bewertungswahlrechte können im Konzernabschluß unabhängig von ihrer Ausübung in den Jahresabschlüssen der in den Konzernabschluß einbezogenen Unternehmen ausgeübt werden. [3]Abweichungen von den auf den Jahresabschluß des Mutterunternehmens angewandten Bewertungsmethoden sind im Konzernanhang anzugeben und zu begründen.

(2) [1]Sind in den Konzernabschluß aufzunehmende Vermögensgegenstände oder Schulden des Mutterunternehmens oder der Tochterunternehmen in den Jahresabschlüssen dieser Unternehmen nach Methoden bewertet worden, die sich von denen unterscheiden, die auf den Konzernabschluß anzuwenden sind oder die von den gesetzlichen Vertretern des Mutterunternehmens in Ausübung von Bewertungswahlrechten auf den Konzernabschluß angewendet werden, so sind die abweichend bewerteten Vermögensgegenstände oder Schulden nach den auf den Konzernabschluß angewandten Bewertungsmethoden neu zu bewerten und mit den neuen Wertansätzen in den Konzernabschluß zu übernehmen. [2]Wertansätze, die auf der Anwendung von für Kreditinstitute oder Versicherungsunternehmen wegen der Besonderheiten des Geschäftszweigs geltenden Vorschriften beruhen, dürfen beibehalten werden; auf die Anwendung dieser Ausnahme ist im Konzernanhang hinzuweisen. [3]Eine einheitliche Bewertung nach Satz 1 braucht nicht vorgenommen zu werden, wenn ihre Auswirkungen für die Vermittlung eines den tatsächlichen Verhältnissen entsprechenden Bildes der Vermögens-, Finanz- und Ertragslage des Konzerns nur von untergeordneter Bedeutung sind. [4]Darüber hinaus sind Abweichungen in Ausnahmefällen zulässig; sie sind im Konzernanhang anzugeben und zu begründen.

Handelsgesetzbuch **Anlage 3**

§ 308 a. Umrechnung von auf fremde Währung lautenden Abschlüssen. ¹Die Aktiv- und Passivposten einer auf fremde Währung lautenden Bilanz sind, mit Ausnahme des Eigenkapitals, das zum historischen Kurs in Euro umzurechnen ist, zum Devisenkassamittelkurs am Abschlussstichtag in Euro umzurechnen. ²Die Posten der Gewinn- und Verlustrechnung sind zum Durchschnittskurs in Euro umzurechnen. ³Eine sich ergebende Umrechnungsdifferenz ist innerhalb des Konzerneigenkapitals nach den Rücklagen unter dem Posten „Eigenkapitaldifferenz aus Währungsumrechnung" auszuweisen. ⁴Bei teilweisem oder vollständigem Ausscheiden des Tochterunternehmens ist der Posten in entsprechender Höhe erfolgswirksam aufzulösen.

§ 309. Behandlung des Unterschiedsbetrags. (1) Die Abschreibung eines nach § 301 Abs. 3 auszuweisenden Geschäfts- oder Firmenwertes bestimmt sich nach den Vorschriften des Ersten Abschnitts.

(2) Ein nach § 301 Abs. 3 auf der Passivseite auszuweisender Unterschiedsbetrag darf ergebniswirksam nur aufgelöst werden, soweit
1. eine zum Zeitpunkt des Erwerbs der Anteile oder der erstmaligen Konsolidierung erwartete ungünstige Entwicklung der künftigen Ertragslage des Unternehmens eingetreten ist oder zu diesem Zeitpunkt erwartete Aufwendungen zu berücksichtigen sind oder
2. am Abschlußstichtag feststeht, daß er einem realisierten Gewinn entspricht.

Sechster Titel. Anteilmäßige Konsolidierung

§ 310. (1) Führt ein in einen Konzernabschluß einbezogenes Mutter- oder Tochterunternehmen ein anderes Unternehmen gemeinsam mit einem oder mehreren nicht in den Konzernabschluß einbezogenen Unternehmen, so darf das andere Unternehmen in den Konzernabschluß entsprechend den Anteilen am Kapital einbezogen werden, die dem Mutterunternehmen gehören.

(2) Auf die anteilmäßige Konsolidierung sind die §§ 297 bis 301, §§ 303 bis 306, 308, 308 a, 309 entsprechend anzuwenden.

Siebenter Titel. Assoziierte Unternehmen

§ 311. Definition. Befreiung. (1) ¹Wird von einem in den Konzernabschluß einbezogenen Unternehmen ein maßgeblicher Einfluß auf die Geschäfts- und Finanzpolitik eines nicht einbezogenen Unternehmens, an dem das Unternehmen nach § 271 Abs. 1 beteiligt ist, ausgeübt (assoziiertes Unternehmen), so ist diese Beteiligung in der Konzernbilanz unter einem besonderen Posten mit entsprechender Bezeichnung auszuweisen. ²Ein maßgeblicher Einfluß wird vermutet, wenn ein Unternehmen bei einem anderen Unternehmen mindestens den fünften Teil der Stimmrechte der Gesellschafter innehat.

(2) Auf eine Beteiligung an einem assoziierten Unternehmen brauchen Absatz 1 und § 312 nicht angewendet zu werden, wenn die Beteiligung für die Vermittlung eines den tatsächlichen Verhältnissen entsprechenden Bildes der Vermögens-, Finanz- und Ertragslage des Konzerns von untergeordneter Bedeutung ist.

§ 312. Wertansatz der Beteiligung und Behandlung des Unterschiedsbetrags. (1) ¹Eine Beteiligung an einem assoziierten Unternehmen ist in der Konzernbilanz mit dem Buchwert anzusetzen. ²Der Unterschiedsbetrag zwischen dem Buchwert und dem anteiligen Eigenkapital des assoziierten Unternehmens sowie ein darin enthaltener Geschäfts- oder Firmenwert oder passiver Unterschiedsbetrag sind im Konzernanhang anzugeben.

(2) ¹Der Unterschiedsbetrag nach Absatz 1 Satz 2 ist den Wertansätzen der Vermögensgegenstände, Schulden, Rechnungsabgrenzungsposten und Sonderposten des assoziierten Unternehmens insoweit zuzuordnen, als deren beizulegender Zeitwert höher oder niedriger ist als ihr Buchwert. ²Der nach Satz 1 zugeordnete Unterschiedsbetrag ist entsprechend der Behandlung der Wertansätze dieser Vermögensgegenstände, Schulden, Rechnungsabgrenzungsposten und Sonderposten im Jahresabschluss des assoziierten Unternehmens im Konzernabschluss fortzuführen, abzuschreiben oder aufzulösen. ³Auf einen nach Zuordnung nach Satz 1 verbleibenden Geschäfts- oder Firmenwert oder passiven Unterschiedsbetrag ist § 309 entsprechend anzuwenden. ⁴§ 301 Abs. 1 Satz 3 ist entsprechend anzuwenden.

(3) ¹Der Wertansatz der Beteiligung und der Unterschiedsbetrag sind auf der Grundlage der Wertansätze zu dem Zeitpunkt zu ermitteln, zu dem das Unternehmen assoziiertes Unternehmen geworden ist. ²Können die Wertansätze zu diesem Zeitpunkt nicht endgültig ermittelt werden, sind sie innerhalb der darauf folgenden zwölf Monate anzupassen.

(4) ¹Der nach Absatz 1 ermittelte Wertansatz einer Beteiligung ist in den Folgejahren um den Betrag der Eigenkapitalveränderungen, die den dem Mutterunternehmen gehörenden Anteilen am Kapital des assoziierten Unternehmens entsprechen, zu erhöhen oder zu vermindern; auf die Beteiligung entfallende Gewinnausschüttungen sind abzusetzen. ²In der Konzern-Gewinn- und Verlustrechnung ist das auf assoziierte Beteiligungen entfallende Ergebnis unter einem gesonderten Posten auszuweisen.

(5) ¹Wendet das assoziierte Unternehmen in seinem Jahresabschluß vom Konzernabschluß abweichende Bewertungsmethoden an, so können abweichend bewertete Vermögensgegenstände oder Schulden für die Zwecke der Absätze 1 bis 4 nach den auf den Konzernabschluß angewandten Bewertungsmethoden bewertet werden. ²Wird die Bewertung nicht angepaßt, so ist dies im Konzernanhang anzugeben. ³§ 304 über die Behandlung der Zwischenergebnisse ist entsprechend anzuwenden, soweit die für die Beurteilung maßgeblichen Sachverhalte bekannt oder zugänglich sind. ⁴Die Zwischenergebnisse dürfen auch anteilig entsprechend den dem Mutterunternehmen gehörenden Anteilen am Kapital des assoziierten Unternehmens weggelassen werden.

(6) ¹Es ist jeweils der letzte Jahresabschluß des assoziierten Unternehmens zugrunde zu legen. ²Stellt das assoziierte Unternehmen einen Konzernabschluß auf, so ist von diesem und nicht vom Jahresabschluß des assoziierten Unternehmens auszugehen.

Achter Titel. Konzernanhang

§ 313. Erläuterung der Konzernbilanz und der Konzern-Gewinn- und Verlustrechnung. Angaben zum Beteiligungsbesitz. (1) ¹In den Konzernanhang sind diejenigen Angaben aufzunehmen, die zu einzelnen Posten der Konzernbilanz oder der Konzern-Gewinn- und Verlustrechnung vorgeschrieben oder die im Konzernanhang zu machen sind, weil sie in Ausübung eines Wahlrechts nicht in die Konzernbilanz oder in die Konzern-Gewinn- und Verlustrechnung aufgenommen wurden. ²Im Konzernanhang müssen

1. die auf die Posten der Konzernbilanz und der Konzern-Gewinn- und Verlustrechnung angewandten Bilanzierungs- und Bewertungsmethoden angegeben werden;

2. die Grundlagen für die Umrechnung in Euro angegeben werden, sofern der Konzernabschluß Posten enthält, denen Beträge zugrunde liegen, die auf fremde Währung lauten oder ursprünglich auf fremde Währung lauteten;

3. Abweichungen von Bilanzierungs-, Bewertungs- und Konsolidierungsmethoden angegeben und begründet werden; deren Einfluß auf die Vermögens-, Finanz- und Ertragslage des Konzerns ist gesondert darzustellen.

(2) Im Konzernanhang sind außerdem anzugeben:

1. Name und Sitz der in den Konzernabschluß einbezogenen Unternehmen, der Anteil am Kapital der Tochterunternehmen, der dem Mutterunternehmen und den in den Konzernabschluß einbezogenen Tochterunternehmen gehört oder von einer für Rechnung dieser Unternehmen handelnden Person gehalten wird, sowie der zur Einbeziehung in den Konzernabschluß verpflichtende Sachverhalt, sofern die Einbeziehung nicht auf einer der Kapitalbeteiligung entsprechenden Mehrheit der Stimmrechte beruht. Diese Angaben sind auch für Tochterunternehmen zu machen, die nach § 296 nicht einbezogen worden sind;

2. Name und Sitz der assoziierten Unternehmen, der Anteil am Kapital der assoziierten Unternehmen, der dem Mutterunternehmen und den in den Konzernabschluß einbezogenen Tochterunternehmen gehört oder von einer für Rechnung dieser Unternehmen handelnden Person gehalten wird. Die Anwendung des § 311 Abs. 2 ist jeweils anzugeben und zu begründen;

3. Name und Sitz der Unternehmen, die nach § 310 nur anteilmäßig in den Konzernabschluß einbezogen worden sind, der Tatbestand, aus dem sich die Anwendung dieser Vorschrift ergibt, sowie der Anteil am Kapital dieser Unternehmen, der dem Mutterunternehmen und den in den Konzernabschluß einbezogenen Tochterunternehmen gehört oder von einer für Rechnung dieser Unternehmen handelnden Person gehalten wird;

4. Name und Sitz anderer als der unter den Nummern 1 bis 3 bezeichneten Unternehmen, bei denen das Mutterunternehmen, ein Tochterunternehmen oder eine für Rechnung eines dieser Unternehmen handelnde Person mindestens den fünften Teil der Anteile besitzt, unter Angabe des Anteils am Kapital sowie der Höhe des Eigenkapitals und des Ergebnisses des letzten Geschäftsjahrs, für das ein Abschluß aufgestellt worden ist. Ferner sind anzugeben alle Beteiligungen an großen Kapitalgesellschaften, die andere als die in Nummer 1 bis 3 bezeichneten Unternehmen sind, wenn sie von einem börsennotierten Mutterunternehmen, einem börsennotierten Tochterunternehmen oder einer für Rechnung eines dieser Unternehmen handelnden Person gehalten werden und fünf vom Hundert der Stimmrechte überschreiten. Diese Angaben brauchen nicht gemacht zu werden, wenn sie für die Vermittlung eines den tatsächlichen Verhältnissen entsprechenden Bildes der Vermögens-, Finanz- und Ertragslage des Konzerns von untergeordneter Bedeutung sind. Das Eigenkapital und das Ergebnis brauchen nicht angegeben zu werden, wenn das in Anteilsbesitz stehende Unternehmen seinen Jahresabschluß nicht offenzulegen hat und das Mutterunternehmen, das Tochterunternehmen oder die Person weniger als die Hälfte der Anteile an diesem Unternehmen besitzt.

(3) ¹Die in Absatz 2 verlangten Angaben brauchen insoweit nicht gemacht zu werden, als nach vernünftiger kaufmännischer Beurteilung damit gerechnet werden muß, daß durch die Angaben dem Mutterunternehmen, einem Tochterunternehmen oder einem anderen in Absatz 2 bezeichneten Unternehmen erhebliche Nachteile entstehen können. ²Die Anwendung der Ausnahmeregelung ist im Konzernanhang anzugeben. ³Satz 1 gilt nicht, wenn ein Mutterunternehmen oder eines seiner Tochterunternehmen kapitalmarktorientiert im Sinn des § 264d ist.

§ 314. Sonstige Pflichtangaben. (1) Im Konzernanhang sind ferner anzugeben:

1. der Gesamtbetrag der in der Konzernbilanz ausgewiesenen Verbindlichkeiten mit einer Restlaufzeit von mehr als fünf Jahren sowie der Gesamtbetrag der in der Konzernbilanz ausgewiesenen Verbindlichkeiten, die von in den Konzernabschluß einbezogenen Unternehmen durch Pfandrechte oder ähnliche Rechte gesichert sind, unter Angabe von Art und Form der Sicherheiten;
2. Art und Zweck sowie Risiken und Vorteile von nicht in der Konzernbilanz enthaltenen Geschäften des Mutterunternehmens und der in den Konzernabschluss einbezogenen Tochterunternehmen, soweit dies für die Beurteilung der Finanzlage des Konzerns notwendig ist;
2a. der Gesamtbetrag der sonstigen finanziellen Verpflichtungen, die nicht in der Konzernbilanz enthalten und nicht nach § 298 Abs. 1 in Verbindung mit § 251 oder nach Nummer 2 anzugeben sind, sofern diese Angabe für die Beurteilung der Finanzlage des Konzerns von Bedeutung ist; davon und von den Haftungsverhältnissen nach § 251 sind Verpflichtungen gegenüber Tochterunternehmen, die nicht in den Konzernabschluss einbezogen werden, jeweils gesondert anzugeben;
3. die Aufgliederung der Umsatzerlöse nach Tätigkeitsbereichen sowie nach geographisch bestimmten Märkten, soweit sich, unter Berücksichtigung der Organisation des Verkaufs von für die gewöhnliche Geschäftstätigkeit des Konzerns typischen Erzeugnissen und der für die gewöhnliche Geschäftstätigkeit des Konzerns typischen Dienstleistungen, die Tätigkeitsbereiche und geographisch bestimmten Märkte untereinander erheblich unterscheiden;
4. die durchschnittliche Zahl der Arbeitnehmer der in den Konzernabschluß einbezogenen Unternehmen während des Geschäftsjahrs, getrennt nach Gruppen, sowie der in dem Geschäftsjahr verursachte Personalaufwand, sofern er nicht gesondert in der Konzern-Gewinn- und Verlustrechnung ausgewiesen ist; die durchschnittliche Zahl der Arbeitnehmer von nach § 310 nur anteilmäßig einbezogenen Unternehmen ist gesondert anzugeben;
5. *(aufgehoben)*
6. für die Mitglieder des Geschäftsführungsorgans, eines Aufsichtsrats, eines Beirats oder einer ähnlichen Einrichtung des Mutterunternehmens, jeweils für jede Personengruppe:
   a) die für die Wahrnehmung ihrer Aufgaben im Mutterunternehmen und den Tochterunternehmen im Geschäftsjahr gewährten Gesamtbezüge (Gehälter, Gewinnbeteiligungen, Bezugsrechte und sonstige aktienbasierte Vergütungen, Aufwandsentschädigungen, Versicherungsentgelte, Provisionen und Nebenleistungen jeder Art). In die

Gesamtbezüge sind auch Bezüge einzurechnen, die nicht ausgezahlt, sondern in Ansprüche anderer Art umgewandelt oder zur Erhöhung anderer Ansprüche verwendet werden. Außer den Bezügen für das Geschäftsjahr sind die weiteren Bezüge anzugeben, die im Geschäftsjahr gewährt, bisher aber in keinem Konzernabschluss angegeben worden sind. Bezugsrechte und sonstige aktienbasierte Vergütungen sind mit ihrer Anzahl und dem beizulegenden Zeitwert zum Zeitpunkt ihrer Gewährung anzugeben; spätere Wertveränderungen, die auf einer Änderung der Ausübungsbedingungen beruhen, sind zu berücksichtigen. Ist das Mutterunternehmen eine börsennotierte Aktiengesellschaft, sind zusätzlich unter Namensnennung die Bezüge jedes einzelnen Vorstandsmitglieds, aufgeteilt nach erfolgsunabhängigen und erfolgsbezogenen Komponenten sowie Komponenten mit langfristiger Anreizwirkung, gesondert anzugeben. Dies gilt auch für Leistungen, die dem Vorstandsmitglied für den Fall der Beendigung seiner Tätigkeit zugesagt worden sind. Hierbei ist der wesentliche Inhalt der Zusagen darzustellen, wenn sie in ihrer rechtlichen Ausgestaltung von den den Arbeitnehmern erteilten Zusagen nicht unerheblich abweichen. Leistungen, die dem einzelnen Vorstandsmitglied von einem Dritten im Hinblick auf seine Tätigkeit als Vorstandsmitglied zugesagt oder im Geschäftsjahr gewährt worden sind, sind ebenfalls anzugeben. Enthält der Konzernabschluss weitergehende Angaben zu bestimmten Bezügen, sind auch diese zusätzlich einzeln anzugeben;

b) die für die Wahrnehmung ihrer Aufgaben im Mutterunternehmen und den Tochterunternehmen gewährten Gesamtbezüge (Abfindungen, Ruhegehälter, Hinterbliebenenbezüge und Leistungen verwandter Art) der früheren Mitglieder der bezeichneten Organe und ihrer Hinterbliebenen; Buchstabe a Satz 2 und 3 ist entsprechend anzuwenden. Ferner ist der Betrag der für diese Personengruppe gebildeten Rückstellungen für laufende Pensionen und Anwartschaften auf Pensionen und der Betrag der für diese Verpflichtungen nicht gebildeten Rückstellungen anzugeben;

c) die vom Mutterunternehmen und den Tochterunternehmen gewährten Vorschüsse und Kredite unter Angabe der Zinssätze, der wesentlichen Bedingungen und der gegebenenfalls im Geschäftsjahr zurückgezahlten Beträge sowie die zugunsten dieser Personengruppen eingegangenen Haftungsverhältnisse;

7. der Bestand an Anteilen an dem Mutterunternehmen, die das Mutterunternehmen oder ein Tochterunternehmen oder ein anderer für Rechnung eines in den Konzernabschluß einbezogenen Unternehmens erworben oder als Pfand genommen hat; dabei sind die Zahl und der Nennbetrag oder rechnerische Wert dieser Anteile sowie deren Anteil am Kapital anzugeben;

8. für jedes in den Konzernabschluss einbezogene börsennotierte Unternehmen, dass die nach § 161 des Aktiengesetzes vorgeschriebene Erklärung abgegeben und wo sie öffentlich zugänglich gemacht worden ist;

9. das von dem Abschlussprüfer des Konzernabschlusses für das Geschäftsjahr berechnete Gesamthonorar, aufgeschlüsselt in das Honorar für

a) die Abschlussprüfungsleistungen,
b) andere Bestätigungsleistungen,
c) Steuerberatungsleistungen,
d) sonstige Leistungen;

10. für zu den Finanzanlagen (§ 266 Abs. 2 A. III.) gehörende Finanzinstrumente, die in der Konzernbilanz über ihrem beizulegenden Zeitwert ausgewiesen werden, da eine außerplanmäßige Abschreibung gemäß § 253 Abs. 3 Satz 4 unterblieben ist,

a) der Buchwert und der beizulegende Zeitwert der einzelnen Vermögensgegenstände oder angemessener Gruppierungen sowie
b) die Gründe für das Unterlassen der Abschreibung einschließlich der Anhaltspunkte, die darauf hindeuten, dass die Wertminderung voraussichtlich nicht von Dauer ist;

11. für jede Kategorie nicht zum beizulegenden Zeitwert bilanzierter derivativer Finanzinstrumente

a) deren Art und Umfang,
b) deren beizulegender Zeitwert, soweit er sich nach § 255 Abs. 4 verlässlich ermitteln lässt, unter Angabe der angewandten Bewertungsmethode,

c) deren Buchwert und der Bilanzposten, in welchem der Buchwert, soweit vorhanden, erfasst ist, sowie

d) die Gründe dafür, warum der beizulegende Zeitwert nicht bestimmt werden kann;

12. für gemäß § 340e Abs. 3 Satz 1 mit dem beizulegenden Zeitwert bewertete Finanzinstrumente

    a) die grundlegenden Annahmen, die der Bestimmung des beizulegenden Zeitwertes mit Hilfe allgemein anerkannter Bewertungsmethoden zugrunde gelegt wurden, sowie

    b) Umfang und Art jeder Kategorie derivativer Finanzinstrumente einschließlich der wesentlichen Bedingungen, welche die Höhe, den Zeitpunkt und die Sicherheit künftiger Zahlungsströme beeinflussen können;

13. zumindest die nicht zu marktüblichen Bedingungen zustande gekommenen Geschäfte des Mutterunternehmens und seiner Tochterunternehmen, soweit sie wesentlich sind, mit nahe stehenden Unternehmen und Personen, einschließlich Angaben zur Art der Beziehung, zum Wert der Geschäfte sowie weiterer Angaben, die für die Beurteilung der Finanzlage des Konzerns notwendig sind; ausgenommen sind Geschäfte mit und zwischen mittel- oder unmittelbar in 100-prozentigem Anteilsbesitz stehenden in einen Konzernabschluss einbezogenen Unternehmen; Angaben über Geschäfte können nach Geschäftsarten zusammengefasst werden, sofern die getrennte Angabe für die Beurteilung der Auswirkungen auf die Finanzlage des Konzerns nicht notwendig ist;

14. im Fall der Aktivierung nach § 248 Abs. 2 der Gesamtbetrag der Forschungs- und Entwicklungskosten des Geschäftsjahres der in den Konzernabschluss einbezogenen Unternehmen sowie der davon auf die selbst geschaffenen immateriellen Vermögensgegenstände des Anlagevermögens entfallende Betrag;

15. bei Anwendung des § 254 im Konzernabschluss,

    a) mit welchem Betrag jeweils Vermögensgegenstände, Schulden, schwebende Geschäfte und mit hoher Wahrscheinlichkeit erwartete Transaktionen zur Absicherung welcher Risiken in welche Arten von Bewertungseinheiten einbezogen sind sowie die Höhe der mit Bewertungseinheiten abgesicherten Risiken;

    b) für die jeweils abgesicherten Risiken, warum, in welchem Umfang und für welchen Zeitraum sich die gegenläufigen Wertänderungen oder Zahlungsströme künftig voraussichtlich ausgleichen einschließlich der Methode der Ermittlung;

    c) eine Erläuterung der mit hoher Wahrscheinlichkeit erwarteten Transaktionen, die in Bewertungseinheiten einbezogen wurden,

    soweit die Angaben nicht im Konzernlagebericht gemacht werden;

16. zu den in der Konzernbilanz ausgewiesenen Rückstellungen für Pensionen und ähnliche Verpflichtungen das angewandte versicherungsmathematische Berechnungsverfahren sowie die grundlegenden Annahmen der Berechnung, wie Zinssatz, erwartete Lohn- und Gehaltssteigerungen und zugrunde gelegte Sterbetafeln;

17. im Fall der Verrechnung von in der Konzernbilanz ausgewiesenen Vermögensgegenständen und Schulden nach § 246 Abs. 2 Satz 2 die Anschaffungskosten und der beizulegende Zeitwert der verrechneten Vermögensgegenstände, der Erfüllungsbetrag der verrechneten Schulden sowie die verrechneten Aufwendungen und Erträge; Nummer 12 Buchstabe a ist entsprechend anzuwenden;

18. zu den in der Konzernbilanz ausgewiesenen Anteilen oder Anlageaktien an inländischen Investmentvermögen im Sinn des § 1 des Investmentgesetzes oder vergleichbaren ausländischen Investmentanteilen im Sinn des § 2 Abs. 9 des Investmentgesetzes von mehr als dem zehnten Teil, aufgegliedert nach Anlagezielen, deren Wert im Sinn des § 36 des Investmentgesetzes oder vergleichbarer ausländischer Vorschriften über die Ermittlung des Marktwertes, die Differenz zum Buchwert und die für das Geschäftsjahr erfolgte Ausschüttung sowie Beschränkungen in der Möglichkeit der täglichen Rückgabe; darüber hinaus die Gründe dafür, dass eine Abschreibung gemäß § 253 Abs. 3 Satz 4 unterblieben ist, einschließlich der Anhaltspunkte, die darauf hindeuten, dass die Wertminderung voraussichtlich nicht von Dauer ist; Nummer 10 ist insoweit nicht anzuwenden;

19. für nach § 251 unter der Bilanz oder nach § 268 Abs. 7 Halbsatz 1 im Anhang ausgewiesene Verbindlichkeiten und Haftungsverhältnisse die Gründe der Einschätzung des Risikos der Inanspruchnahme;

Anlage 3 *Handelsgesetzbuch*

20. die Gründe, welche die Annahme einer betrieblichen Nutzungsdauer eines in der Konzernbilanz ausgewiesenen entgeltlich erworbenen Geschäfts- oder Firmenwertes aus der Kapitalkonsolidierung von mehr als fünf Jahren rechtfertigen;
21. auf welchen Differenzen oder steuerlichen Verlustvorträgen die latenten Steuern beruhen und mit welchen Steuersätzen die Bewertung erfolgt ist.

(2) [1] Mutterunternehmen, die den Konzernabschluss um eine Segmentberichterstattung erweitern (§ 297 Abs. 1 Satz 2) sind von der Angabepflicht gemäß Absatz 1 Nr. 3 befreit. [2] Für die Angabepflicht gemäß Absatz 1 Nr. 6 Buchstabe a Satz 5 bis 9 gilt § 286 Abs. 5 entsprechend.

Neunter Titel. Konzernlagebericht

§ 315. (1) [1] Im Konzernlagebericht sind der Geschäftsverlauf einschließlich des Geschäftsergebnisses und die Lage des Konzerns so darzustellen, dass ein den tatsächlichen Verhältnissen entsprechendes Bild vermittelt wird. [2] Er hat eine ausgewogene und umfassende, dem Umfang und der Komplexität der Geschäftstätigkeit entsprechende Analyse des Geschäftsverlaufs und der Lage des Konzerns zu enthalten. [3] In die Analyse sind die für die Geschäftstätigkeit bedeutsamsten finanziellen Leistungsindikatoren einzubeziehen und unter Bezugnahme auf die im Konzernabschluss ausgewiesenen Beträge und Angaben zu erläutern. [4] Satz 3 gilt entsprechend für nichtfinanzielle Leistungsindikatoren, wie Informationen über Umwelt- und Arbeitnehmerbelange, soweit sie für das Verständnis des Geschäftsverlaufs oder der Lage von Bedeutung sind. [5] Ferner ist im Konzernlagebericht die voraussichtliche Entwicklung mit ihren wesentlichen Chancen und Risiken zu beurteilen und zu erläutern; zugrunde liegende Annahmen sind anzugeben. [6] Die gesetzlichen Vertreter eines Mutterunternehmens im Sinne des § 297 Abs. 2 Satz 4 haben zu versichern, dass nach bestem Wissen im Konzernlagebericht der Geschäftsverlauf einschließlich des Geschäftsergebnisses und die Lage des Konzerns so dargestellt sind, dass ein den tatsächlichen Verhältnissen entsprechendes Bild vermittelt wird, und dass die wesentlichen Chancen und Risiken im Sinne des Satzes 5 beschrieben sind.

(2) Der Konzernlagebericht soll auch eingehen auf:
1. Vorgänge von besonderer Bedeutung, die nach dem Schluß des Konzerngeschäftsjahrs eingetreten sind;
2. a) die Risikomanagementziele und -methoden des Konzerns einschließlich seiner Methoden zur Absicherung aller wichtigen Arten von Transaktionen, die im Rahmen der Bilanzierung von Sicherungsgeschäften erfasst werden, sowie

    b) die Preisänderungs-, Ausfall- und Liquiditätsrisiken sowie die Risiken aus Zahlungsstromschwankungen, denen der Konzern ausgesetzt ist,

    jeweils in Bezug auf die Verwendung von Finanzinstrumenten durch den Konzern und sofern dies für die Beurteilung der Lage oder der voraussichtlichen Entwicklung von Belang ist;
3. den Bereich Forschung und Entwicklung des Konzerns;
4. die Grundzüge des Vergütungssystems für die in § 314 Abs. 1 Nr. 6 genannten Gesamtbezüge, soweit das Mutterunternehmen eine börsennotierte Aktiengesellschaft ist. Werden dabei auch Angaben entsprechend § 314 Abs. 1 Nr. 6 Buchstabe a Satz 5 bis 8 gemacht, können diese im Konzernanhang unterbleiben.
5. die wesentlichen Merkmale des internen Kontroll- und des Risikomanagementsystems im Hinblick auf den Konzernrechnungslegungsprozess, sofern eines der in den Konzernabschluss einbezogenen Tochterunternehmen oder das Mutterunternehmen kapitalmarktorientiert im Sinn des § 264 d ist.

(3) § 298 Abs. 3 über die Zusammenfassung von Konzernanhang und Anhang ist entsprechend anzuwenden.

(4) [1] Mutterunternehmen, die einen organisierten Markt im Sinne des § 2 Abs. 7 des Wertpapiererwerbs- und Übernahmegesetzes durch von ihnen ausgegebene stimmberechtigte Aktien in Anspruch nehmen, haben im Konzernlagebericht anzugeben:
1. die Zusammensetzung des gezeichneten Kapitals; bei verschiedenen Aktiengattungen sind für jede Gattung die damit verbundenen Rechte und Pflichten und der Anteil am Gesellschaftskapital anzugeben, soweit die Angaben nicht im Konzernanhang zu machen sind;

2. Beschränkungen, die Stimmrechte oder die Übertragung von Aktien betreffen, auch wenn sie sich aus Vereinbarungen zwischen Gesellschaftern ergeben können, soweit sie dem Vorstand des Mutterunternehmens bekannt sind;
3. direkte oder indirekte Beteiligungen am Kapital, die 10 vom Hundert der Stimmrechte überschreiten, soweit die Angaben nicht im Konzernanhang zu machen sind;
4. die Inhaber von Aktien mit Sonderrechten, die Kontrollbefugnisse verleihen; die Sonderrechte sind zu beschreiben;
5. die Art der Stimmrechtskontrolle, wenn Arbeitnehmer am Kapital beteiligt sind und ihre Kontrollrechte nicht unmittelbar ausüben;
6. die gesetzlichen Vorschriften und Bestimmungen der Satzung über die Ernennung und Abberufung der Mitglieder des Vorstands und über die Änderung der Satzung;
7. die Befugnisse des Vorstands insbesondere hinsichtlich der Möglichkeit, Aktien auszugeben oder zurückzukaufen;
8. wesentliche Vereinbarungen des Mutterunternehmens, die unter der Bedingung eines Kontrollwechsels infolge eines Übernahmeangebots stehen, und die hieraus folgenden Wirkungen; die Angabe kann unterbleiben, soweit sie geeignet ist, dem Mutterunternehmen einen erheblichen Nachteil zuzufügen; die Angabepflicht nach anderen gesetzlichen Vorschriften bleibt unberührt;
9. Entschädigungsvereinbarungen des Mutterunternehmens, die für den Fall eines Übernahmeangebots mit den Mitgliedern des Vorstands oder Arbeitnehmern getroffen sind, soweit die Angaben nicht im Konzernanhang zu machen sind.

[2]Sind Angaben nach Satz 1 im Konzernanhang zu machen, ist im Konzernlagebericht darauf zu verweisen.

Zehnter Titel. Konzernabschluss nach internationalen Rechnungslegungsstandards

§ 315 a. (1) Ist ein Mutterunternehmen, das nach den Vorschriften des Ersten Titels einen Konzernabschluss aufzustellen hat, nach Artikel 4 der Verordnung (EG) Nr. 1606/2002 des Europäischen Parlaments und des Rates vom 19. Juli 2002 in der jeweils geltenden Fassung verpflichtet, die nach den Artikeln 2, 3 und 6 der genannten Verordnung übernommenen internationalen Rechnungslegungsstandards anzuwenden, so sind von den Vorschriften des Zweiten bis Achten Titels nur § 294 Abs. 3, § 297 Abs. 2 Satz 4, § 298 Abs. 1, dieser jedoch nur in Verbindung mit den §§ 244 und 245, ferner § 313 Abs. 2 und 3, § 314 Abs. 1 Nr. 4, 6, 8 und 9, Abs. 2 Satz 2 sowie die Bestimmungen des Neunten Titels und die Vorschriften außerhalb dieses Unterabschnitts, die den Konzernabschluss oder den Konzernlagebericht betreffen, anzuwenden.

(2) Mutterunternehmen, die nicht unter Absatz 1 fallen, haben ihren Konzernabschluss nach den dort genannten internationalen Rechnungslegungsstandards und Vorschriften aufzustellen, wenn für sie bis zum jeweiligen Bilanzstichtag die Zulassung eines Wertpapiers im Sinne des § 2 Abs. 1 Satz 1 des Wertpapierhandelsgesetzes zum Handel an einem organisierten Markt im Sinne des § 2 Abs. 5 des Wertpapierhandelsgesetzes im Inland beantragt worden ist.

(3) [1]Mutterunternehmen, die nicht unter Absatz 1 oder 2 fallen, dürfen ihren Konzernabschluss nach den in Absatz 1 genannten internationalen Rechnungslegungsstandards und Vorschriften aufstellen. [2]Ein Unternehmen, das von diesem Wahlrecht Gebrauch macht, hat die in Absatz 1 genannten Standards und Vorschriften vollständig zu befolgen.

Dritter Unterabschnitt. Prüfung

§ 316. Pflicht zur Prüfung. (1) [1]Der Jahresabschluß und der Lagebericht von Kapitalgesellschaften, die nicht kleine im Sinne des § 267 Abs. 1 sind, sind durch einen Abschlußprüfer zu prüfen. [2]Hat keine Prüfung stattgefunden, so kann der Jahresabschluß nicht festgestellt werden.

(2) [1]Der Konzernabschluß und der Konzernlagebericht von Kapitalgesellschaften sind durch einen Abschlußprüfer zu prüfen. [2]Hat keine Prüfung stattgefunden, so kann der Konzernabschluss nicht gebilligt werden.

(3) [1]Werden der Jahresabschluß, der Konzernabschluß, der Lagebericht oder der Konzernlagebericht nach Vorlage des Prüfungsberichts geändert, so hat der Abschlußprüfer diese Unterlagen

Anlage 3 *Handelsgesetzbuch*

erneut zu prüfen, soweit es die Änderung erfordert. ²Über das Ergebnis der Prüfung ist zu berichten; der Bestätigungsvermerk ist entsprechend zu ergänzen.

§ 317. Gegenstand und Umfang der Prüfung. (1) ¹In die Prüfung des Jahresabschlusses ist die Buchführung einzubeziehen. ²Die Prüfung des Jahresabschlusses und des Konzernabschlusses hat sich darauf zu erstrecken, ob die gesetzlichen Vorschriften und sie ergänzende Bestimmungen des Gesellschaftsvertrags oder der Satzung beachtet worden sind. ³Die Prüfung ist so anzulegen, daß Unrichtigkeiten und Verstöße gegen die in Satz 2 aufgeführten Bestimmungen, die sich auf die Darstellung des sich nach § 264 Abs. 2 ergebenden Bildes der Vermögens-, Finanz- und Ertragslage des Unternehmens wesentlich auswirken, bei gewissenhafter Berufsausübung erkannt werden.

(2) ¹Der Lagebericht und der Konzernlagebericht sind darauf zu prüfen, ob der Lagebericht mit dem Jahresabschluß, gegebenenfalls auch mit dem Einzelabschluss nach § 325 Abs. 2a, und der Konzernlagebericht mit dem Konzernabschluß sowie mit den bei der Prüfung gewonnenen Erkenntnissen des Abschlußprüfers in Einklang stehen und ob der Lagebericht insgesamt eine zutreffende Vorstellung von der Lage des Unternehmens und der Konzernlagebericht insgesamt eine zutreffende Vorstellung von der Lage des Konzerns vermittelt. ²Dabei ist auch zu prüfen, ob die Chancen und Risiken der künftigen Entwicklung zutreffend dargestellt sind. ³Die Angaben nach § 289a sind nicht in die Prüfung einzubeziehen.

(3) ¹Der Abschlußprüfer des Konzernabschlusses hat auch die im Konzernabschluß zusammengefaßten Jahresabschlüsse, insbesondere die konsolidierungsbedingten Anpassungen, in entsprechender Anwendung des Absatzes 1 zu prüfen. ²Sind diese Jahresabschlüsse von einem anderen Abschlussprüfer geprüft worden, hat der Konzernabschlussprüfer dessen Arbeit zu überprüfen und dies zu dokumentieren.

(4) Bei einer börsennotierten Aktiengesellschaft ist außerdem im Rahmen der Prüfung zu beurteilen, ob der Vorstand die ihm nach § 91 Abs. 2 des Aktiengesetzes obliegenden Maßnahmen in einer geeigneten Form getroffen hat und ob das danach einzurichtende Überwachungssystem seine Aufgaben erfüllen kann.

(5) Bei der Durchführung einer Prüfung hat der Abschlussprüfer die internationalen Prüfungsstandards anzuwenden, die von der Europäischen Kommission in dem Verfahren nach Artikel 26 Abs. 1 der Richtlinie 2006/43/EG des Europäischen Parlaments und des Rates vom 17. Mai 2006 über Abschlussprüfungen von Jahresabschlüssen und konsolidierten Abschlüssen, zur Änderung der Richtlinien 78/660/ EWG und 83/349/EWG des Rates und zur Aufhebung der Richtlinie 84/253/EWG des Rates (ABl. EU Nr. L 157 S. 87) angenommen worden sind.

(6) Das Bundesministerium der Justiz wird ermächtigt, im Einvernehmen mit dem Bundesministerium für Wirtschaft und Technologie durch Rechtsverordnung, die nicht der Zustimmung des Bundesrates bedarf, zusätzlich zu den bei der Durchführung der Abschlussprüfung nach Absatz 5 anzuwendenden internationalen Prüfungsstandards weitere Abschlussprüfungsanforderungen oder die Nichtanwendung von Teilen der internationalen Prüfungsstandards vorzuschreiben, wenn dies durch den Umfang der Abschlussprüfung bedingt ist und den in den Absätzen 1 bis 4 genannten Prüfungszielen dient.

§ 318. Bestellung und Abberufung des Abschlußprüfers. (1) ¹Der Abschlußprüfer des Jahresabschlusses wird von den Gesellschaftern gewählt; den Abschlußprüfer des Konzernabschlusses wählen die Gesellschafter des Mutterunternehmens. ²Bei Gesellschaften mit beschränkter Haftung und bei offenen Handelsgesellschaften und Kommanditgesellschaften im Sinne des § 264a Abs. 1 kann der Gesellschaftsvertrag etwas anderes bestimmen. ³Der Abschlußprüfer soll jeweils vor Ablauf des Geschäftsjahrs gewählt werden, auf das sich seine Prüfungstätigkeit erstreckt. ⁴Die gesetzlichen Vertreter, bei Zuständigkeit des Aufsichtsrats dieser, haben unverzüglich nach der Wahl den Prüfungsauftrag zu erteilen. ⁵Der Prüfungsauftrag kann nur widerrufen werden, wenn nach Absatz 3 ein anderer Prüfer bestellt worden ist.

(2) ¹Als Abschlußprüfer des Konzernabschlusses gilt, wenn kein anderer Prüfer bestellt wird, der Prüfer als bestellt, der für die Prüfung des in den Konzernabschluß einbezogenen Jahresabschlusses des Mutterunternehmens bestellt worden ist. ²Erfolgt die Einbeziehung auf Grund eines Zwischenabschlusses, so gilt, wenn kein anderer Prüfer bestellt wird, der Prüfer als bestellt, der für

Handelsgesetzbuch **Anlage 3**

die Prüfung des letzten vor dem Konzernabschlußstichtag aufgestellten Jahresabschlusses des Mutterunternehmens bestellt worden ist.

(3) ¹Auf Antrag der gesetzlichen Vertreter, des Aufsichtsrats oder von Gesellschaftern, bei Aktiengesellschaften und Kommanditgesellschaften auf Aktien jedoch nur, wenn die Anteile dieser Gesellschafter bei Antragstellung zusammen den zwanzigsten Teil des Grundkapitals oder einen Börsenwert von 500 000 Euro erreichen, hat das Gericht nach Anhörung der Beteiligten und des gewählten Prüfers einen anderen Abschlussprüfer zu bestellen, wenn dies aus einem in der Person des gewählten Prüfers liegenden Grund geboten erscheint, insbesondere wenn ein Ausschlussgrund nach § 319 Abs. 2 bis 5 oder §§ 319 a und 319 b besteht. ²Der Antrag ist binnen zwei Wochen nach dem Tag der Wahl des Abschlussprüfers zu stellen; Aktionäre können den Antrag nur stellen, wenn sie gegen die Wahl des Abschlussprüfers bei der Beschlussfassung Widerspruch erklärt haben. ³Wird ein Befangenheitsgrund erst nach der Wahl bekannt oder tritt ein Befangenheitsgrund erst nach der Wahl ein, ist der Antrag binnen zwei Wochen nach dem Tag zu stellen, an dem der Antragsberechtigte Kenntnis von den befangenheitsbegründenden Umständen erlangt hat oder ohne grobe Fahrlässigkeit hätte erlangen müssen. ⁴Stellen Aktionäre den Antrag, so haben sie glaubhaft zu machen, dass sie seit mindestens drei Monaten vor dem Tag der Wahl des Abschlussprüfers Inhaber der Aktien sind. ⁵Zur Glaubhaftmachung genügt eine eidesstattliche Versicherung vor einem Notar. ⁶Unterliegt die Gesellschaft einer staatlichen Aufsicht, so kann auch die Aufsichtsbehörde den Antrag stellen. ⁷Der Antrag kann nach Erteilung des Bestätigungsvermerks, im Fall einer Nachtragsprüfung nach § 316 Abs. 3 nach Ergänzung des Bestätigungsvermerks nicht mehr gestellt werden. ⁸Gegen die Entscheidung ist die Beschwerde zulässig.

(4) ¹Ist der Abschlußprüfer bis zum Ablauf des Geschäftsjahrs nicht gewählt worden, so hat das Gericht auf Antrag der gesetzlichen Vertreter, des Aufsichtsrats oder eines Gesellschafters den Abschlußprüfer zu bestellen. ²Gleiches gilt, wenn ein gewählter Abschlußprüfer die Annahme des Prüfungsauftrags abgelehnt hat, weggefallen ist oder am rechtzeitigen Abschluß der Prüfung verhindert ist und ein anderer Abschlußprüfer nicht gewählt worden ist. ³Die gesetzlichen Vertreter sind verpflichtet, den Antrag zu stellen. ⁴Gegen die Entscheidung des Gerichts findet die Beschwerde statt; die Bestellung des Abschlußprüfers ist unanfechtbar.

(5) ¹Der vom Gericht bestellte Abschlußprüfer hat Anspruch auf Ersatz angemessener barer Auslagen und auf Vergütung für seine Tätigkeit. ²Die Auslagen und die Vergütung setzt das Gericht fest. ³Gegen die Entscheidung findet die Beschwerde statt; die Rechtsbeschwerde ist ausgeschlossen. ⁴Aus der rechtskräftigen Entscheidung findet die Zwangsvollstreckung nach der Zivilprozeßordnung statt.

(6) ¹Ein von dem Abschlußprüfer angenommener Prüfungsauftrag kann von dem Abschlußprüfer nur aus wichtigem Grund gekündigt werden. ²Als wichtiger Grund ist es nicht anzusehen, wenn Meinungsverschiedenheiten über den Inhalt des Bestätigungsvermerks, seine Einschränkung oder Versagung bestehen. ³Die Kündigung ist schriftlich zu begründen. ⁴Der Abschlußprüfer hat über das Ergebnis seiner bisherigen Prüfung zu berichten; § 321 ist entsprechend anzuwenden.

(7) ¹Kündigt der Abschlußprüfer den Prüfungsauftrag nach Absatz 6, so haben die gesetzlichen Vertreter die Kündigung dem Aufsichtsrat, der nächsten Hauptversammlung oder bei Gesellschaften mit beschränkter Haftung den Gesellschaftern mitzuteilen. ²Den Bericht des bisherigen Abschlußprüfers haben die gesetzlichen Vertreter unverzüglich dem Aufsichtsrat vorzulegen. ³Jedes Aufsichtsratsmitglied hat das Recht, von dem Bericht Kenntnis zu nehmen. ⁴Der Bericht ist auch jedem Aufsichtsratsmitglied oder, soweit der Aufsichtsrat dies beschlossen hat, den Mitgliedern eines Ausschusses auszuhändigen. ⁵Ist der Prüfungsauftrag vom Aufsichtsrat erteilt worden, obliegen die Pflichten der gesetzlichen Vertreter dem Aufsichtsrat einschließlich der Unterrichtung der gesetzlichen Vertreter.

(8) Die Wirtschaftsprüferkammer ist unverzüglich und schriftlich begründet durch den Abschlussprüfer und die gesetzlichen Vertreter der geprüften Gesellschaft von der Kündigung oder dem Widerruf des Prüfungsauftrages zu unterrichten.

§ 319. Auswahl der Abschlussprüfer und Ausschlussgründe. (1) ¹Abschlussprüfer können Wirtschaftsprüfer und Wirtschaftsprüfungsgesellschaften sein. ²Abschlussprüfer von Jahresabschlüssen und Lageberichten mittelgroßer Gesellschaften mit beschränkter Haftung (§ 267 Abs. 2) oder von mittelgroßen Personenhandelsgesellschaften im Sinne des § 264 a Abs. 1 können auch vereidigte Buchprüfer und Buchprüfungsgesellschaften sein. ³Die Abschlussprüfer nach den Sätzen 1 und 2 müssen über eine wirksame Bescheinigung über die Teilnahme an der Qualitätskontrolle nach § 57 a der Wirtschaftsprüferordnung verfügen, es sei denn, die Wirtschaftsprüferkammer hat eine Ausnahmegenehmigung erteilt.

(2) Ein Wirtschaftsprüfer oder vereidigter Buchprüfer ist als Abschlussprüfer ausgeschlossen, wenn Gründe, insbesondere Beziehungen geschäftlicher, finanzieller oder persönlicher Art, vorliegen, nach denen die Besorgnis der Befangenheit besteht.

(3) ¹Ein Wirtschaftsprüfer oder vereidigter Buchprüfer ist insbesondere von der Abschlussprüfung ausgeschlossen, wenn er oder eine Person, mit der er seinen Beruf gemeinsam ausübt,

1. Anteile oder andere nicht nur unwesentliche finanzielle Interessen an der zu prüfenden Kapitalgesellschaft oder eine Beteiligung an einem Unternehmen besitzt, das mit der zu prüfenden Kapitalgesellschaft verbunden ist oder von dieser mehr als zwanzig vom Hundert der Anteile besitzt;
2. gesetzlicher Vertreter, Mitglied des Aufsichtsrats oder Arbeitnehmer der zu prüfenden Kapitalgesellschaft oder eines Unternehmens ist, das mit der zu prüfenden Kapitalgesellschaft verbunden ist oder von dieser mehr als zwanzig vom Hundert der Anteile besitzt;
3. über die Prüfungstätigkeit hinaus bei der zu prüfenden oder für die zu prüfende Kapitalgesellschaft in dem zu prüfenden Geschäftsjahr oder bis zur Erteilung des Bestätigungsvermerks
    a) bei der Führung der Bücher oder der Aufstellung des zu prüfenden Jahresabschlusses mitgewirkt hat,
    b) bei der Durchführung der internen Revision in verantwortlicher Position mitgewirkt hat,
    c) Unternehmensleitungs- oder Finanzdienstleistungen erbracht hat oder
    d) eigenständige versicherungsmathematische oder Bewertungsleistungen erbracht hat, die sich auf den zu prüfenden Jahresabschluss nicht nur unwesentlich auswirken,

    sofern diese Tätigkeiten nicht von untergeordneter Bedeutung sind; dies gilt auch, wenn eine dieser Tätigkeiten von einem Unternehmen für die zu prüfende Kapitalgesellschaft ausgeübt wird, bei dem der Wirtschaftsprüfer oder vereidigte Buchprüfer gesetzlicher Vertreter, Arbeitnehmer, Mitglied des Aufsichtsrats oder Gesellschafter, der mehr als zwanzig vom Hundert der den Gesellschaftern zustehenden Stimmrechte besitzt, ist;
4. bei der Prüfung eine Person beschäftigt, die nach den Nummern 1 bis 3 nicht Abschlussprüfer sein darf;
5. in den letzten fünf Jahren jeweils mehr als dreißig vom Hundert der Gesamteinnahmen aus seiner beruflichen Tätigkeit von der zu prüfenden Kapitalgesellschaft und von Unternehmen, an denen die zu prüfende Kapitalgesellschaft mehr als zwanzig vom Hundert der Anteile besitzt, bezogen hat und dies auch im laufenden Geschäftsjahr zu erwarten ist; zur Vermeidung von Härtefällen kann die Wirtschaftsprüferkammer befristete Ausnahmegenehmigungen erteilen.

²Dies gilt auch, wenn der Ehegatte oder der Lebenspartner einen Ausschlussgrund nach Satz 1 Nr. 1, 2 oder 3 erfüllt.

(4) ¹Wirtschaftsprüfungsgesellschaften und Buchprüfungsgesellschaften sind von der Abschlussprüfung ausgeschlossen, wenn sie selbst, einer ihrer gesetzlichen Vertreter, ein Gesellschafter, der mehr als zwanzig vom Hundert der den Gesellschaftern zustehenden Stimmrechte besitzt, ein verbundenes Unternehmen, ein bei der Prüfung in verantwortlicher Position beschäftigter Gesellschafter oder eine andere von ihr beschäftigte Person, die das Ergebnis der Prüfung beeinflussen kann, nach Absatz 2 oder Absatz 3 ausgeschlossen sind. ²Satz 1 gilt auch, wenn ein Mitglied des Aufsichtsrats nach Absatz 3 Satz 1 Nr. 2 ausgeschlossen ist oder wenn mehrere Gesellschafter, die zusammen mehr als zwanzig vom Hundert der den Gesellschaftern zustehenden Stimmrechte besitzen, jeweils einzeln oder zusammen nach Absatz 2 oder Absatz 3 ausgeschlossen sind.

(5) Absatz 1 Satz 3 sowie die Absätze 2 bis 4 sind auf den Abschlussprüfer des Konzernabschlusses entsprechend anzuwenden.

§ 319 a. Besondere Ausschlussgründe bei Unternehmen von öffentlichem Interesse.

(1) ¹Ein Wirtschaftsprüfer ist über die in § 319 Abs. 2 und 3 genannten Gründe hinaus auch dann von der Abschlussprüfung eines Unternehmens, das kapitalmarktorientiert im Sinn des § 264 d ist, ausgeschlossen, wenn er

1. in den letzten fünf Jahren jeweils mehr als fünfzehn vom Hundert der Gesamteinnahmen aus seiner beruflichen Tätigkeit von der zu prüfenden Kapitalgesellschaft oder von Unternehmen,

an denen die zu prüfende Kapitalgesellschaft mehr als zwanzig vom Hundert der Anteile besitzt, bezogen hat und dies auch im laufenden Geschäftsjahr zu erwarten ist,
2. in dem zu prüfenden Geschäftsjahr über die Prüfungstätigkeit hinaus Rechts- oder Steuerberatungsleistungen erbracht hat, die über das Aufzeigen von Gestaltungsalternativen hinausgehen und die sich auf die Darstellung der Vermögens-, Finanz- und Ertragslage in dem zu prüfenden Jahresabschluss unmittelbar und nicht nur unwesentlich auswirken,
3. über die Prüfungstätigkeit hinaus in dem zu prüfenden Geschäftsjahr an der Entwicklung, Einrichtung und Einführung von Rechnungslegungsinformationssystemen mitgewirkt hat, sofern diese Tätigkeit nicht von untergeordneter Bedeutung ist, oder
4. für die Abschlussprüfung bei dem Unternehmen bereits in sieben oder mehr Fällen verantwortlich war; dies gilt nicht, wenn seit seiner letzten Beteiligung an der Prüfung des Jahresabschlusses zwei oder mehr Jahre vergangen sind.
[2]§ 319 Abs. 3 Satz 1 Nr. 3 letzter Teilsatz, Satz 2 und Abs. 4 gilt für die in Satz 1 genannten Ausschlussgründe entsprechend. [3]Satz 1 Nr. 1 bis 3 gilt auch, wenn Personen, mit denen der Wirtschaftsprüfer seinen Beruf gemeinsam ausübt, die dort genannten Ausschlussgründe erfüllen. [4]Satz 1 Nr. 4 findet auf eine Wirtschaftsprüfungsgesellschaft mit der Maßgabe Anwendung, dass sie nicht Abschlussprüfer sein darf, wenn sie bei der Abschlussprüfung des Unternehmens einen Wirtschaftsprüfer beschäftigt, der als verantwortlicher Prüfungspartner nach Satz 1 Nr. 4 nicht Abschlussprüfer sein darf. [5]Verantwortlicher Prüfungspartner ist, wer den Bestätigungsvermerk nach § 322 unterzeichnet oder als Wirtschaftsprüfer von einer Wirtschaftsprüfungsgesellschaft als für die Durchführung einer Abschlussprüfung vorrangig verantwortlich bestimmt worden ist.

(2) [1]Absatz 1 ist auf den Abschlussprüfer des Konzernabschlusses entsprechend anzuwenden. [2]Als verantwortlicher Prüfungspartner gilt auf Konzernebene auch, wer als Wirtschaftsprüfer auf der Ebene bedeutender Tochterunternehmen als für die Durchführung von deren Abschlussprüfung vorrangig verantwortlich bestimmt worden ist.

§ 319 b. Netzwerk. (1) [1]Ein Abschlussprüfer ist von der Abschlussprüfung ausgeschlossen, wenn ein Mitglied seines Netzwerks einen Ausschlussgrund nach § 319 Abs. 2, 3 Satz 1 Nr. 1, 2 oder Nr. 4, Abs. 3 Satz 2 oder Abs. 4 erfüllt, es sei denn, dass das Netzwerkmitglied auf das Ergebnis der Abschlussprüfung keinen Einfluss nehmen kann. [2]Er ist ausgeschlossen, wenn ein Mitglied seines Netzwerks einen Ausschlussgrund nach § 319 Abs. 3 Satz 1 Nr. 3 oder § 319a Abs. 1 Satz 1 Nr. 2 oder 3 erfüllt. [3]Ein Netzwerk liegt vor, wenn Personen bei ihrer Berufsausübung zur Verfolgung gemeinsamer wirtschaftlicher Interessen für eine gewisse Dauer zusammenwirken.

(2) Absatz 1 ist auf den Abschlussprüfer des Konzernabschlusses entsprechend anzuwenden.

§ 320. Vorlagepflicht. Auskunftsrecht. (1) [1]Die gesetzlichen Vertreter der Kapitalgesellschaft haben dem Abschlußprüfer den Jahresabschluß und den Lagebericht unverzüglich nach der Aufstellung vorzulegen. [2]Sie haben ihm zu gestatten, die Bücher und Schriften der Kapitalgesellschaft sowie die Vermögensgegenstände und Schulden, namentlich die Kasse und die Bestände an Wertpapieren und Waren, zu prüfen.

(2) [1]Der Abschlußprüfer kann von den gesetzlichen Vertretern alle Aufklärungen und Nachweise verlangen, die für eine sorgfältige Prüfung notwendig sind. [2]Soweit es die Vorbereitung der Abschlußprüfung erfordert, hat der Abschlußprüfer die Rechte nach Absatz 1 Satz 2 und nach Satz 1 auch schon vor Aufstellung des Jahresabschlusses. [3]Soweit es für eine sorgfältige Prüfung notwendig ist, hat der Abschlußprüfer die Rechte nach den Sätzen 1 und 2 auch gegenüber Mutter- und Tochterunternehmen.

(3) [1]Die gesetzlichen Vertreter einer Kapitalgesellschaft, die einen Konzernabschluß aufzustellen hat, haben dem Abschlußprüfer des Konzernabschlusses den Konzernabschluß, den Konzernlagebericht, die Jahresabschlüsse, Lageberichte und, wenn eine Prüfung stattgefunden hat, die Prüfungsberichte des Mutterunternehmens und der Tochterunternehmen vorzulegen. [2]Der Abschlußprüfer hat die Rechte nach Absatz 1 Satz 2 und nach Absatz 2 bei dem Mutterunternehmen und den Tochterunternehmen, die Rechte nach Absatz 2 auch gegenüber den Abschlußprüfern des Mutterunternehmens und der Tochterunternehmen.

(4) Der bisherige Abschlussprüfer hat dem neuen Abschlussprüfer auf schriftliche Anfrage über das Ergebnis der bisherigen Prüfung zu berichten; § 321 ist entsprechend anzuwenden.

Anlage 3 *Handelsgesetzbuch*

§ 321. Prüfungsbericht. (1) ¹Der Abschlußprüfer hat über Art und Umfang sowie über das Ergebnis der Prüfung schriftlich und mit der gebotenen Klarheit zu berichten. ²In dem Bericht ist vorweg zu der Beurteilung der Lage des Unternehmens oder Konzerns durch die gesetzlichen Vertreter Stellung zu nehmen, wobei insbesondere auf die Beurteilung des Fortbestandes und der künftigen Entwicklung des Unternehmens unter Berücksichtigung des Lageberichts und bei der Prüfung des Konzernabschlusses von Mutterunternehmen auch des Konzerns unter Berücksichtigung des Konzernlageberichts einzugehen ist, soweit die geprüften Unterlagen und der Lagebericht oder der Konzernlagebericht eine solche Beurteilung erlauben. ³Außerdem hat der Abschlussprüfer über bei Durchführung der Prüfung festgestellte Unrichtigkeiten oder Verstöße gegen gesetzliche Vorschriften sowie Tatsachen zu berichten, die den Bestand des geprüften Unternehmens oder des Konzerns gefährden oder seine Entwicklung wesentlich beeinträchtigen können oder die schwerwiegende Verstöße der gesetzlichen Vertreter oder von Arbeitnehmern gegen Gesetz, Gesellschaftsvertrag oder die Satzung erkennen lassen.

(2) ¹Im Hauptteil des Prüfungsberichts ist festzustellen, ob die Buchführung und die weiteren geprüften Unterlagen, der Jahresabschluss, der Lagebericht, der Konzernabschluss und der Konzernlagebericht den gesetzlichen Vorschriften und den ergänzenden Bestimmungen des Gesellschaftsvertrags oder der Satzung entsprechen. ²In diesem Rahmen ist auch über Beanstandungen zu berichten, die nicht zur Einschränkung oder Versagung des Bestätigungsvermerks geführt haben, soweit dies für die Überwachung der Geschäftsführung und des geprüften Unternehmens von Bedeutung ist. ³Es ist auch darauf einzugehen, ob der Abschluss insgesamt unter Beachtung der Grundsätze ordnungsmäßiger Buchführung oder sonstiger maßgeblicher Rechnungslegungsgrundsätze ein den tatsächlichen Verhältnissen entsprechendes Bild der Vermögens-, Finanz- und Ertragslage der Kapitalgesellschaft oder des Konzerns vermittelt. ⁴Dazu ist auch auf wesentliche Bewertungsgrundlagen sowie darauf einzugehen, welchen Einfluss Änderungen in den Bewertungsgrundlagen einschließlich der Ausübung von Bilanzierungs- und Bewertungswahlrechten und der Ausnutzung von Ermessensspielräumen sowie sachverhaltsgestaltende Maßnahmen insgesamt auf die Darstellung der Vermögens-, Finanz- und Ertragslage haben. ⁵Hierzu sind die Posten des Jahres- und des Konzernabschlusses aufzugliedern und ausreichend zu erläutern, soweit diese Angaben nicht im Anhang enthalten sind. ⁶Es ist darzustellen, ob die gesetzlichen Vertreter die verlangten Aufklärungen und Nachweise erbracht haben.

(3) ¹In einem besonderen Abschnitt des Prüfungsberichts sind Gegenstand, Art und Umfang der Prüfung zu erläutern. ²Dabei ist auch auf die angewandten Rechnungslegungs- und Prüfungsgrundsätze einzugehen.

(4) ¹Ist im Rahmen der Prüfung eine Beurteilung nach § 317 Abs. 4 abgegeben worden, so ist deren Ergebnis in einem besonderen Teil des Prüfungsberichts darzustellen. ²Es ist darauf einzugehen, ob Maßnahmen erforderlich sind, um das interne Überwachungssystem zu verbessern.

(4a) Der Abschlussprüfer hat im Prüfungsbericht seine Unabhängigkeit zu bestätigen.

(5) ¹Der Abschlußprüfer hat den Bericht zu unterzeichnen und den gesetzlichen Vertretern vorzulegen. ²Hat der Aufsichtsrat den Auftrag erteilt, so ist der Bericht ihm vorzulegen; dem Vorstand ist vor Zuleitung Gelegenheit zur Stellungnahme zu geben.

§ 321 a. Offenlegung des Prüfungsberichts in besonderen Fällen. (1) ¹Wird über das Vermögen der Gesellschaft ein Insolvenzverfahren eröffnet oder wird der Antrag auf Eröffnung des Insolvenzverfahrens mangels Masse abgewiesen, so hat ein Gläubiger oder Gesellschafter die Wahl, selbst oder durch einen von ihm zu bestimmenden Wirtschaftsprüfer oder im Falle des § 319 Abs. 1 Satz 2 durch einen vereidigten Buchprüfer Einsicht in die Prüfungsberichte des Abschlussprüfers über die aufgrund gesetzlicher Vorschriften durchzuführende Prüfung des Jahresabschlusses der letzten drei Geschäftsjahre zu nehmen, soweit sich diese auf die nach § 321 geforderte Berichterstattung beziehen. ²Der Anspruch richtet sich gegen denjenigen, der die Prüfungsberichte in seinem Besitz hat.

(2) ¹Bei einer Aktiengesellschaft oder einer Kommanditgesellschaft auf Aktien stehen den Gesellschaftern die Rechte nach Absatz 1 Satz 1 nur zu, wenn ihre Anteile bei Geltendmachung des Anspruchs zusammen den einhundertsten Teil des Grundkapitals oder einen Börsenwert von 100 000 Euro erreichen. ²Dem Abschlussprüfer ist die Erläuterung des Prüfungsberichts gegenüber den in Absatz 1 Satz 1 aufgeführten Personen gestattet.

Handelsgesetzbuch **Anlage 3**

(3) ¹Der Insolvenzverwalter oder ein gesetzlicher Vertreter des Schuldners kann einer Offenlegung von Geheimnissen, namentlich Betriebs- oder Geschäftsgeheimnissen, widersprechen, wenn die Offenlegung geeignet ist, der Gesellschaft einen erheblichen Nachteil zuzufügen. ²§ 323 Abs. 1 und 3 bleibt im Übrigen unberührt. ³Unbeschadet des Satzes 1 sind die Berechtigten nach Absatz 1 Satz 1 zur Verschwiegenheit über den Inhalt der von ihnen eingesehenen Unterlagen nach Absatz 1 Satz 1 verpflichtet.

(4) Die Absätze 1 bis 3 gelten entsprechend, wenn der Schuldner zur Aufstellung eines Konzernabschlusses und Konzernlageberichts verpflichtet ist.

§ 322. Bestätigungsvermerk. (1) ¹Der Abschlussprüfer hat das Ergebnis der Prüfung in einem Bestätigungsvermerk zum Jahresabschluss oder zum Konzernabschluss zusammenzufassen. ²Der Bestätigungsvermerk hat Gegenstand, Art und Umfang der Prüfung zu beschreiben und dabei die angewandten Rechnungslegungs- und Prüfungsgrundsätze anzugeben; er hat ferner eine Beurteilung des Prüfungsergebnisses zu enthalten.

(2) ¹Die Beurteilung des Prüfungsergebnisses muss zweifelsfrei ergeben, ob

1. ein uneingeschränkter Bestätigungsvermerk erteilt,
2. ein eingeschränkter Bestätigungsvermerk erteilt,
3. der Bestätigungsvermerk aufgrund von Einwendungen versagt oder
4. der Bestätigungsvermerk deshalb versagt wird, weil der Abschlussprüfer nicht in der Lage ist, ein Prüfungsurteil abzugeben.

²Die Beurteilung des Prüfungsergebnisses soll allgemeinverständlich und problemorientiert unter Berücksichtigung des Umstandes erfolgen, dass die gesetzlichen Vertreter den Abschluss zu verantworten haben. ³Auf Risiken, die den Fortbestand des Unternehmens oder eines Konzernunternehmens gefährden, ist gesondert einzugehen. ⁴Auf Risiken, die den Fortbestand eines Tochterunternehmens gefährden, braucht im Bestätigungsvermerk zum Konzernabschluss des Mutterunternehmens nicht eingegangen zu werden, wenn das Tochterunternehmen für die Vermittlung eines den tatsächlichen Verhältnissen entsprechenden Bildes der Vermögens-, Finanz- und Ertragslage des Konzerns nur von untergeordneter Bedeutung ist.

(3) ¹In einem uneingeschränkten Bestätigungsvermerk (Absatz 2 Satz 1 Nr. 1) hat der Abschlussprüfer zu erklären, dass die von ihm nach § 317 durchgeführte Prüfung zu keinen Einwendungen geführt hat und dass der von den gesetzlichen Vertretern der Gesellschaft aufgestellte Jahres- oder Konzernabschluss aufgrund der bei der Prüfung gewonnenen Erkenntnisse des Abschlussprüfers nach seiner Beurteilung den gesetzlichen Vorschriften entspricht und unter Beachtung der Grundsätze ordnungsmäßiger Buchführung oder sonstiger maßgeblicher Rechnungslegungsgrundsätze ein den tatsächlichen Verhältnissen entsprechendes Bild der Vermögens-, Finanz- und Ertragslage des Unternehmens oder des Konzerns vermittelt. ²Der Abschlussprüfer kann zusätzlich einen Hinweis auf Umstände aufnehmen, auf die er in besonderer Weise aufmerksam macht, ohne den Bestätigungsvermerk einzuschränken.

(4) ¹Sind Einwendungen zu erheben, so hat der Abschlussprüfer seine Erklärung nach Absatz 3 Satz 1 einzuschränken (Absatz 2 Satz 1 Nr. 2) oder zu versagen (Absatz 2 Satz 1 Nr. 3). ²Die Versagung ist in den Vermerk, der nicht mehr als Bestätigungsvermerk zu bezeichnen ist, aufzunehmen. ³Die Einschränkung oder Versagung ist zu begründen. ⁴Ein eingeschränkter Bestätigungsvermerk darf nur erteilt werden, wenn der geprüfte Abschluss unter Beachtung der vom Abschlussprüfer vorgenommenen, in ihrer Tragweite erkennbaren Einschränkung ein den tatsächlichen Verhältnissen im Wesentlichen entsprechendes Bild der Vermögens-, Finanz- und Ertragslage vermittelt.

(5) ¹Der Bestätigungsvermerk ist auch dann zu versagen, wenn der Abschlussprüfer nach Ausschöpfung aller angemessenen Möglichkeiten zur Klärung des Sachverhalts nicht in der Lage ist, ein Prüfungsurteil abzugeben (Absatz 2 Satz 1 Nr. 4). ²Absatz 4 Satz 2 und 3 gilt entsprechend.

(6) ¹Die Beurteilung des Prüfungsergebnisses hat sich auch darauf zu erstrecken, ob der Lagebericht oder der Konzernlagebericht nach dem Urteil des Abschlussprüfers mit dem Jahresabschluss und gegebenenfalls mit dem Einzelabschluss nach § 325 Abs. 2a oder mit dem Konzernabschluss in Einklang steht und insgesamt ein zutreffendes Bild von der Lage des Unternehmens oder des Konzerns vermittelt. ²Dabei ist auch darauf einzugehen, ob die Chancen und Risiken der zukünftigen Entwicklung zutreffend dargestellt sind.

Anlage 3 *Handelsgesetzbuch*

(7) ¹Der Abschlussprüfer hat den Bestätigungsvermerk oder den Vermerk über seine Versagung unter Angabe von Ort und Tag zu unterzeichnen. ²Der Bestätigungsvermerk oder der Vermerk über seine Versagung ist auch in den Prüfungsbericht aufzunehmen.

§ 323. Verantwortlichkeit des Abschlußprüfers. (1) ¹Der Abschlußprüfer, seine Gehilfen und die bei der Prüfung mitwirkenden gesetzlichen Vertreter einer Prüfungsgesellschaft sind zur gewissenhaften und unparteiischen Prüfung und zur Verschwiegenheit verpflichtet; § 57b der Wirtschaftsprüferordnung bleibt unberührt. ²Sie dürfen nicht unbefugt Geschäfts- und Betriebsgeheimnisse verwerten, die sie bei ihrer Tätigkeit erfahren haben. ³Wer vorsätzlich oder fahrlässig seine Pflichten verletzt, ist der Kapitalgesellschaft und, wenn ein verbundenes Unternehmen geschädigt worden ist, auch diesem zum Ersatz des daraus entstehenden Schadens verpflichtet. ⁴Mehrere Personen haften als Gesamtschuldner.

(2) ¹Die Ersatzpflicht von Personen, die fahrlässig gehandelt haben, beschränkt sich auf eine Million Euro für eine Prüfung. ²Bei Prüfung einer Aktiengesellschaft, deren Aktien zum Handel im regulierten Markt zugelassen sind, beschränkt sich die Ersatzpflicht von Personen, die fahrlässig gehandelt haben, abweichend von Satz 1 auf vier Millionen Euro für eine Prüfung. ³Dies gilt auch, wenn an der Prüfung mehrere Personen beteiligt gewesen oder mehrere zum Ersatz verpflichtende Handlungen begangen worden sind, und ohne Rücksicht darauf, ob andere Beteiligte vorsätzlich gehandelt haben.

(3) Die Verpflichtung zur Verschwiegenheit besteht, wenn eine Prüfungsgesellschaft Abschlußprüfer ist, auch gegenüber dem Aufsichtsrat und den Mitgliedern des Aufsichtsrats der Prüfungsgesellschaft.

(4) Die Ersatzpflicht nach diesen Vorschriften kann durch Vertrag weder ausgeschlossen noch beschränkt werden.

§ 324. Prüfungsausschuss. (1) ¹Kapitalgesellschaften im Sinn des § 264d, die keinen Aufsichts- oder Verwaltungsrat haben, der die Voraussetzungen des § 100 Abs. 5 des Aktiengesetzes erfüllen muss, sind verpflichtet, einen Prüfungsausschuss im Sinn des Absatzes 2 einzurichten, der sich insbesondere mit den in § 107 Abs. 3 Satz 2 des Aktiengesetzes beschriebenen Aufgaben befasst. ²Dies gilt nicht für

1. Kapitalgesellschaften im Sinn des Satzes 1, deren ausschließlicher Zweck in der Ausgabe von Wertpapieren im Sinn des § 2 Abs. 1 Satz 1 des Wertpapierhandelsgesetzes besteht, die durch Vermögensgegenstände besichert sind; im Anhang ist darzulegen, weshalb ein Prüfungsausschuss nicht eingerichtet wird;

2. Kreditinstitute im Sinn des § 340 Abs. 1, die einen organisierten Markt im Sinn des § 2 Abs. 5 des Wertpapierhandelsgesetzes nur durch die Ausgabe von Schuldtiteln im Sinn des § 2 Abs. 1 Satz 1 Nr. 3 Buchstabe a des Wertpapierhandelsgesetzes in Anspruch nehmen, soweit deren Nominalwert 100 Millionen Euro nicht übersteigt und keine Verpflichtung zur Veröffentlichung eines Prospekts nach dem Wertpapierprospektgesetz besteht.

(2) ¹Die Mitglieder des Prüfungsausschusses sind von den Gesellschaftern zu wählen. ²Mindestens ein Mitglied muss die Voraussetzungen des § 100 Abs. 5 des Aktiengesetzes erfüllen. ³Der Vorsitzende des Prüfungsausschusses darf nicht mit der Geschäftsführung betraut sein. ⁴§ 124 Abs. 3 Satz 2 und § 171 Abs. 1 Satz 2 und 3 des Aktiengesetzes sind entsprechend anzuwenden.

§ 324a. Anwendung auf den Einzelabschluss nach § 325 Abs. 2a. (1) ¹Die Bestimmungen dieses Unterabschnitts, die sich auf den Jahresabschluss beziehen, sind auf einen Einzelabschluss nach § 325 Abs. 2a entsprechend anzuwenden. ²An Stelle des § 316 Abs. 1 Satz 2 gilt § 316 Abs. 2 Satz 2 entsprechend.

(2) ¹Als Abschlussprüfer des Einzelabschlusses nach § 325 Abs. 2a gilt der für die Prüfung des Jahresabschlusses bestellte Prüfer als bestellt. ²Der Prüfungsbericht zum Einzelabschluss nach § 325 Abs. 2a kann mit dem Prüfungsbericht zum Jahresabschluss zusammengefasst werden.

Vierter Unterabschnitt. Offenlegung. Prüfung durch den Betreiber des elektronischen Bundesanzeigers

§ 325. Offenlegung. (1) ¹Die gesetzlichen Vertreter von Kapitalgesellschaften haben für diese den Jahresabschluss beim Betreiber des elektronischen Bundesanzeigers elektronisch einzureichen.

Handelsgesetzbuch **Anlage 3**

²Er ist unverzüglich nach seiner Vorlage an die Gesellschafter, jedoch spätestens vor Ablauf des zwölften Monats des dem Abschlussstichtag nachfolgenden Geschäftsjahrs, mit dem Bestätigungsvermerk oder dem Vermerk über dessen Versagung einzureichen. ³Gleichzeitig sind der Lagebericht, der Bericht des Aufsichtsrats, die nach § 161 des Aktiengesetzes vorgeschriebene Erklärung und, soweit sich dies aus dem eingereichten Jahresabschluss nicht ergibt, der Vorschlag für die Verwendung des Ergebnisses und der Beschluss über seine Verwendung unter Angabe des Jahresüberschusses oder Jahresfehlbetrags elektronisch einzureichen. ⁴Angaben über die Ergebnisverwendung brauchen von Gesellschaften mit beschränkter Haftung nicht gemacht zu werden, wenn sich anhand dieser Angaben die Gewinnanteile von natürlichen Personen feststellen lassen, die Gesellschafter sind. ⁵Werden zur Wahrung der Frist nach Satz 2 oder Absatz 4 Satz 1 der Jahresabschluss und der Lagebericht ohne die anderen Unterlagen eingereicht, sind der Bericht und der Vorschlag nach ihrem Vorliegen, die Beschlüsse nach der Beschlussfassung und der Vermerk nach der Erteilung unverzüglich einzureichen. ⁶Wird der Jahresabschluss bei nachträglicher Prüfung oder Feststellung geändert, ist auch die Änderung nach Satz 1 einzureichen. ⁷Die Rechnungslegungsunterlagen sind in einer Form einzureichen, die ihre Bekanntmachung nach Absatz 2 ermöglicht.

(2) Die gesetzlichen Vertreter der Kapitalgesellschaft haben für diese die in Absatz 1 bezeichneten Unterlagen jeweils unverzüglich nach der Einreichung im elektronischen Bundesanzeiger bekannt machen zu lassen.

(2a) ¹Bei der Offenlegung nach Absatz 2 kann an die Stelle des Jahresabschlusses ein Einzelabschluss treten, der nach den in § 315a Abs. 1 bezeichneten internationalen Rechnungslegungsstandards aufgestellt worden ist. ²Ein Unternehmen, das von diesem Wahlrecht Gebrauch macht, hat die dort genannten Standards vollständig zu befolgen. ³Auf einen solchen Abschluss sind § 243 Abs. 2, die §§ 244, 245, 257, 264 Abs. 2 Satz 3, § 285 Nr. 7, 8 Buchstabe b, Nr. 9 bis 11a, 14 bis 17, § 286 Abs. 1, 3 und 5 sowie § 287 anzuwenden. ⁴Der Lagebericht nach § 289 muss in dem erforderlichen Umfang auch auf den Abschluss nach Satz 1 Bezug nehmen. ⁵Die übrigen Vorschriften des Zweiten Unterabschnitts des Ersten Abschnitts und des Ersten Unterabschnitts des Zweiten Abschnitts gelten insoweit nicht. ⁶Kann wegen der Anwendung des § 286 Abs. 1 auf den Anhang die in Satz 2 genannte Voraussetzung nicht eingehalten werden, entfällt das Wahlrecht nach Satz 1.

(2b) Die befreiende Wirkung der Offenlegung des Einzelabschlusses nach Absatz 2a tritt ein, wenn

1. statt des vom Abschlussprüfer zum Jahresabschluss erteilten Bestätigungsvermerks oder des Vermerks über dessen Versagung der entsprechende Vermerk zum Abschluss nach Absatz 2a in die Offenlegung nach Absatz 2 einbezogen wird,

2. der Vorschlag für die Verwendung des Ergebnisses und gegebenenfalls der Beschluss über seine Verwendung unter Angabe des Jahresüberschusses oder Jahresfehlbetrags in die Offenlegung nach Absatz 2 einbezogen werden und

3. der Jahresabschluss mit dem Bestätigungsvermerk oder dem Vermerk über dessen Versagung nach Absatz 1 Satz 1 bis 4 offen gelegt wird.

(3) Die Absätze 1, 2 und 4 Satz 1 gelten entsprechend für die gesetzlichen Vertreter einer Kapitalgesellschaft, die einen Konzernabschluss und einen Konzernlagebericht aufzustellen haben.

(3a) Wird der Konzernabschluss zusammen mit dem Jahresabschluss des Mutterunternehmens oder mit einem von diesem aufgestellten Einzelabschluss nach Absatz 2a bekannt gemacht, können die Vermerke des Abschlussprüfers nach § 322 zu beiden Abschlüssen zusammengefasst werden; in diesem Fall können auch die jeweiligen Prüfungsberichte zusammengefasst werden.

(4) ¹Bei einer Kapitalgesellschaft im Sinn des § 264d, die keine Kapitalgesellschaft im Sinn des § 327a ist, beträgt die Frist nach Absatz 1 Satz 2 längstens vier Monate. ²Für die Wahrung der Fristen nach Satz 1 und Absatz 1 Satz 2 ist der Zeitpunkt der Einreichung der Unterlagen maßgebend.

(5) Auf Gesetz, Gesellschaftsvertrag oder Satzung beruhende Pflichten der Gesellschaft, den Jahresabschluss, den Einzelabschluss nach Absatz 2a, den Lagebericht, den Konzernabschluss oder den Konzernlagebericht in anderer Weise bekannt zu machen, einzureichen oder Personen zugänglich zu machen, bleiben unberührt.

(6) Die §§ 11 und 12 Abs. 2 gelten für die beim Betreiber des elektronischen Bundesanzeigers einzureichenden Unterlagen entsprechend; § 325a Abs. 1 Satz 3 und § 340l Abs. 2 Satz 4 bleiben unberührt.

Anlage 3

§ 325 a. Zweigniederlassungen von Kapitalgesellschaften mit Sitz im Ausland. (1) ¹Bei inländischen Zweigniederlassungen von Kapitalgesellschaften mit Sitz in einem anderen Mitgliedstaat der Europäischen Wirtschaftsgemeinschaft oder Vertragsstaat des Abkommens über den Europäischen Wirtschaftsraum haben die in § 13 e Abs. 2 Satz 4 Nr. 3 genannten Personen oder, wenn solche nicht angemeldet sind, die gesetzlichen Vertreter der Gesellschaft für diese die Unterlagen der Rechnungslegung der Hauptniederlassung, die nach dem für die Hauptniederlassung maßgeblichen Recht erstellt, geprüft und offengelegt worden sind, nach den §§ 325, 328, 329 Abs. 1 und 4 offenzulegen. ²Die Unterlagen sind in deutscher Sprache einzureichen. ³Soweit dies nicht die Amtssprache am Sitz der Hauptniederlassung ist, können die Unterlagen der Hauptniederlassung auch

1. in englischer Sprache oder
2. in einer von dem Register der Hauptniederlassung beglaubigten Abschrift oder,
3. wenn eine dem Register vergleichbare Einrichtung nicht vorhanden oder diese nicht zur Beglaubigung befugt ist, in einer von einem Wirtschaftsprüfer bescheinigten Abschrift, verbunden mit der Erklärung, dass entweder eine dem Register vergleichbare Einrichtung nicht vorhanden oder diese nicht zur Beglaubigung befugt ist,

eingereicht werden; von der Beglaubigung des Registers ist eine beglaubigte Übersetzung in deutscher Sprache einzureichen.

(2) Diese Vorschrift gilt nicht für Zweigniederlassungen, die von Kreditinstituten im Sinne des § 340 oder von Versicherungsunternehmen im Sinne des § 341 errichtet werden.

§ 326. Größenabhängige Erleichterungen für kleine Kapitalgesellschaften bei der Offenlegung. ¹Auf kleine Kapitalgesellschaften (§ 267 Abs. 1) ist § 325 Abs. 1 mit der Maßgabe anzuwenden, daß die gesetzlichen Vertreter nur die Bilanz und den Anhang einzureichen haben. ²Der Anhang braucht die die Gewinn- und Verlustrechnung betreffenden Angaben nicht zu enthalten.

§ 327. Größenabhängige Erleichterungen für mittelgroße Kapitalgesellschaften bei der Offenlegung. Auf mittelgroße Kapitalgesellschaften (§ 267 Abs. 2) ist § 325 Abs. 1 mit der Maßgabe anzuwenden, daß die gesetzlichen Vertreter

1. die Bilanz nur in der für kleine Kapitalgesellschaften nach § 266 Abs. 1 Satz 3 vorgeschriebenen Form beim Betreiber des elektronischen Bundesanzeigers einreichen müssen. In der Bilanz oder im Anhang sind jedoch die folgenden Posten des § 266 Abs. 2 und 3 zusätzlich gesondert anzugeben:

   Auf der Aktivseite

A I 1	Selbst geschaffene gewerbliche Schutzrechte und ähnliche Rechte und Werte;
A I 2	Geschäfts- oder Firmenwert;
A II 1	Grundstücke, grundstücksgleiche Rechte und Bauten einschließlich der Bauten auf fremden Grundstücken;
A II 2	technische Anlagen und Maschinen;
A II 3	andere Anlagen, Betriebs- und Geschäftsausstattung;
A II 4	geleistete Anzahlungen und Anlagen im Bau;
A III 1	Anteile an verbundenen Unternehmen;
A III 2	Ausleihungen an verbundene Unternehmen;
A III 3	Beteiligungen;
A III 4	Ausleihungen an Unternehmen, mit denen ein Beteiligungsverhältnis besteht;
B II 2	Forderungen gegen verbundene Unternehmen;
B II 3	Forderungen gegen Unternehmen, mit denen ein Beteiligungsverhältnis besteht;
B III 1	Anteile an verbundenen Unternehmen.

   Auf der Passivseite

C 1	Anleihen, davon konvertibel;
C 2	Verbindlichkeiten gegenüber Kreditinstituten;
C 6	Verbindlichkeiten gegenüber verbundenen Unternehmen;

Handelsgesetzbuch **Anlage 3**

C 7 Verbindlichkeiten gegenüber Unternehmen, mit denen ein Beteiligungsverhältnis besteht;

2. den Anhang ohne die Angaben nach § 285 Nr. 2 und 8 Buchstabe a, Nr. 12 beim Betreiber des elektronischen Bundesanzeigers einreichen dürfen.

§ 327 a. Erleichterung für bestimmte kapitalmarktorientierte Kapitalgesellschaften.
§ 325 Abs. 4 Satz 1 ist auf eine Kapitalgesellschaft nicht anzuwenden, wenn sie ausschließlich zum Handel an einem organisierten Markt zugelassene Schuldtitel im Sinn des § 2 Abs. 1 Satz 1 Nr. 3 des Wertpapierhandelsgesetzes mit einer Mindeststückelung von 50 000 Euro oder dem am Ausgabetag entsprechenden Gegenwert einer anderen Währung begibt.

§ 328. Form und Inhalt der Unterlagen bei der Offenlegung, Veröffentlichung und Vervielfältigung. (1) Bei der vollständigen oder teilweisen Offenlegung des Jahresabschlusses, des Einzelabschlusses nach § 325 Abs. 2 a oder des Konzernabschlusses und bei der Veröffentlichung oder Vervielfältigung in anderer Form auf Grund des Gesellschaftsvertrags oder der Satzung sind die folgenden Vorschriften einzuhalten:

1. [1]Abschlüsse sind so wiederzugeben, daß sie den für ihre Aufstellung maßgeblichen Vorschriften entsprechen, soweit nicht Erleichterungen nach §§ 326, 327 in Anspruch genommen werden oder eine Rechtsverordnung des Bundesministeriums der Justiz nach Absatz 4 hiervon Abweichungen ermöglicht; sie haben in diesem Rahmen vollständig und richtig zu sein. [2]Ist der Abschluss festgestellt oder gebilligt worden, so ist das Datum der Feststellung oder Billigung anzugeben. [3]Wurde der Abschluss auf Grund gesetzlicher Vorschriften durch einen Abschlußprüfer geprüft, so ist jeweils der vollständige Wortlaut des Bestätigungsvermerks oder des Vermerks über dessen Versagung wiederzugeben; wird der Jahresabschluß wegen der Inanspruchnahme von Erleichterungen nur teilweise offengelegt und bezieht sich der Bestätigungsvermerk auf den vollständigen Jahresabschluß, so ist hierauf hinzuweisen.

2. Werden der Jahresabschluß oder der Konzernabschluß zur Wahrung der gesetzlich vorgeschriebenen Fristen über die Offenlegung vor der Prüfung oder Feststellung, sofern diese gesetzlich vorgeschrieben sind, oder nicht gleichzeitig mit beizufügenden Unterlagen offengelegt, so ist hierauf bei der Offenlegung hinzuweisen.

(2) [1]Werden Abschlüsse in Veröffentlichungen und Vervielfältigungen, die nicht durch Gesetz, Gesellschaftsvertrag oder Satzung vorgeschrieben sind, nicht in der nach Absatz 1 vorgeschriebenen Form wiedergegeben, so ist jeweils in einer Überschrift darauf hinzuweisen, daß es sich nicht um eine der gesetzlichen Form entsprechende Veröffentlichung handelt. [2]Ein Bestätigungsvermerk darf nicht beigefügt werden. [3]Ist jedoch auf Grund gesetzlicher Vorschriften eine Prüfung durch einen Abschlußprüfer erfolgt, so ist anzugeben, zu welcher der in § 322 Abs. 2 Satz 1 genannten zusammenfassenden Beurteilungen des Prüfungsergebnisses der Abschlussprüfer in Bezug auf den in gesetzlicher Form erstellten Abschluss gelangt ist und ob der Bestätigungsvermerk einen Hinweis nach § 322 Abs. 3 Satz 2 enthält. [4]Ferner ist anzugeben, ob die Unterlagen bei dem Betreiber des elektronischen Bundesanzeigers eingereicht worden sind.

(3) [1]Absatz 1 Nr. 1 ist auf den Lagebericht, den Konzernlagebericht, den Vorschlag für die Verwendung des Ergebnisses und den Beschluß über seine Verwendung sowie auf die Aufstellung des Anteilsbesitzes entsprechend anzuwenden. [2]Werden die in Satz 1 bezeichneten Unterlagen nicht gleichzeitig mit dem Jahresabschluß oder dem Konzernabschluß offengelegt, so ist bei ihrer nachträglichen Offenlegung jeweils anzugeben, auf welchen Abschluß sie sich beziehen und wo dieser offengelegt worden ist; dies gilt auch für die nachträgliche Offenlegung des Bestätigungsvermerks oder des Vermerks über seine Versagung.

(4) Die Rechtsverordnung nach § 330 Abs. 1 Satz 1, 4 und 5 kann dem Betreiber des elektronischen Bundesanzeigers Abweichungen von der Kontoform nach § 266 Abs. 1 Satz 1 gestatten.

§ 329. Prüfungs- und Unterrichtungspflicht des Betreibers des elektronischen Bundesanzeigers. (1) [1]Der Betreiber des elektronischen Bundesanzeigers prüft, ob die einzureichenden Unterlagen fristgemäß und vollzählig eingereicht worden sind. [2]Der Betreiber des Unternehmensregisters stellt dem Betreiber des elektronischen Bundesanzeigers die nach § 8 b Abs. 3 Satz 2 von den Landesjustizverwaltungen übermittelten Daten zur Verfügung, soweit dies für die Erfüllung

391

Anlage 3 *Handelsgesetzbuch*

der Aufgaben nach Satz 1 erforderlich ist. ³Die Daten dürfen vom Betreiber des elektronischen Bundesanzeigers nur für die in Satz 1 genannten Zwecke verwendet werden.

(2) ¹Gibt die Prüfung Anlass zu der Annahme, dass von der Größe der Kapitalgesellschaft abhängige Erleichterungen oder die Erleichterung nach § 327a nicht hätten in Anspruch genommen werden dürfen, kann der Betreiber des elektronischen Bundesanzeigers von der Kapitalgesellschaft innerhalb einer angemessenen Frist die Mitteilung der Umsatzerlöse (§ 277 Abs. 1) und der durchschnittlichen Zahl der Arbeitnehmer (§ 267 Abs. 5) oder Angaben zur Eigenschaft als Kapitalgesellschaft im Sinn des § 327a verlangen. ²Unterlässt die Kapitalgesellschaft die fristgemäße Mitteilung, gelten die Erleichterungen als zu Unrecht in Anspruch genommen.

(3) In den Fällen des § 325a Abs. 1 Satz 3 und des § 340l Abs. 2 Satz 4 kann im Einzelfall die Vorlage einer Übersetzung in die deutsche Sprache verlangt werden.

(4) Ergibt die Prüfung nach Absatz 1 Satz 1, dass die offen zu legenden Unterlagen nicht oder unvollständig eingereicht wurden, wird die jeweils für die Durchführung von Ordnungsgeldverfahren nach den §§ 335, 340o und 341o zuständige Verwaltungsbehörde unterrichtet.

Fünfter Unterabschnitt. Verordnungsermächtigung für Formblätter und andere Vorschriften

§ 330. (1) ¹Das Bundesministerium der Justiz wird ermächtigt, im Einvernehmen mit dem Bundesministerium der Finanzen und dem Bundesministerium für Wirtschaft und Technologie durch Rechtsverordnung, die nicht der Zustimmung des Bundesrates bedarf, für Kapitalgesellschaften Formblätter vorzuschreiben oder andere Vorschriften für die Gliederung des Jahresabschlusses oder des Konzernabschlusses oder den Inhalt des Anhangs, des Konzernanhangs, des Lageberichts oder des Konzernlageberichts zu erlassen, wenn der Geschäftszweig eine von den §§ 266, 275 abweichende Gliederung des Jahresabschlusses oder des Konzernabschlusses oder von den Vorschriften des Ersten Abschnitts und des Ersten und Zweiten Unterabschnitts des Zweiten Abschnitts abweichende Regelungen erfordert. ²Die sich aus den abweichenden Vorschriften ergebenden Anforderungen an die in Satz 1 bezeichneten Unterlagen sollen den Anforderungen gleichwertig sein, die sich für große Kapitalgesellschaften (§ 267 Abs. 3) aus den Vorschriften des Ersten Abschnitts und des Ersten und Zweiten Unterabschnitts des Zweiten Abschnitts sowie den für den Geschäftszweig geltenden Vorschriften ergeben. ³Über das geltende Recht hinausgehende Anforderungen dürfen nur gestellt werden, soweit sie auf Rechtsakten des Rates der Europäischen Union beruhen. ⁴Die Rechtsverordnung nach Satz 1 kann auch Abweichungen von der Kontoform nach § 266 Abs. 1 Satz 1 gestatten. ⁵Satz 4 gilt auch in den Fällen, in denen ein Geschäftszweig eine von den §§ 266 und 275 abweichende Gliederung nicht erfordert.

(2) ¹Absatz 1 ist auf Kreditinstitute im Sinne des § 1 Abs. 1 des Gesetzes über das Kreditwesen, soweit sie nach dessen § 2 Abs. 1, 4 oder 5 von der Anwendung nicht ausgenommen sind, und auf Finanzdienstleistungsinstitute im Sinne des § 1 Abs. 1a des Gesetzes über das Kreditwesen, soweit sie nach dessen § 2 Abs. 6 oder 10 von der Anwendung nicht ausgenommen sind, sowie auf Zahlungsinstitute im Sinne des Zahlungsdiensteaufsichtsgesetzes, nach Maßgabe der Sätze 3 und 4 ungeachtet ihrer Rechtsform anzuwenden. ²Satz 1 ist auch auf Zweigstellen von Unternehmen mit Sitz in einem Staat anzuwenden, der nicht Mitglied der Europäischen Gemeinschaft und auch nicht Vertragsstaat des Abkommens über den Europäischen Wirtschaftsraum ist, sofern die Zweigstelle nach § 53 Abs. 1 des Gesetzes über das Kreditwesen als Kreditinstitut oder als Finanzinstitut gilt. ³Die Rechtsverordnung bedarf nicht der Zustimmung des Bundesrates; sie ist im Einvernehmen mit dem Bundesministerium der Finanzen und im Benehmen mit der Deutschen Bundesbank zu erlassen. ⁴In die Rechtsverordnung nach Satz 1 können auch nähere Bestimmungen über die Aufstellung des Jahresabschlusses und des Konzernabschlusses im Rahmen der vorgeschriebenen Formblätter für die Gliederung des Jahresabschlusses und des Konzernabschlusses sowie des Zwischenabschlusses gemäß § 340a Abs. 3 und des Konzernzwischenabschlusses gemäß § 340i Abs. 4 aufgenommen werden, soweit dies zur Erfüllung der Aufgaben der Bundesanstalt für Finanzdienstleistungsaufsicht oder der Deutschen Bundesbank erforderlich ist, insbesondere um einheitliche Unterlagen zur Beurteilung der von den Kreditinstituten und Finanzdienstleistungsinstituten durchgeführten Bankgeschäfte und erbrachten Finanzdienstleistungen zu erhalten.

(3) ¹Absatz 1 ist auf Versicherungsunternehmen nach Maßgabe der Sätze 3 und 4 ungeachtet ihrer Rechtsform anzuwenden. ²Satz 1 ist auch auf Niederlassungen im Geltungsbereich dieses Gesetzes von Versicherungsunternehmen mit Sitz in einem anderen Staat anzuwenden, wenn sie

zum Betrieb des Direktversicherungsgeschäfts der Erlaubnis durch die deutsche Versicherungsaufsichtsbehörde bedürfen. ³Die Rechtsverordnung bedarf der Zustimmung des Bundesrates und ist im Einvernehmen mit dem Bundesministerium der Finanzen zu erlassen. ⁴In die Rechtsverordnung nach Satz 1 können auch nähere Bestimmungen über die Aufstellung des Jahresabschlusses und des Konzernabschlusses im Rahmen der vorgeschriebenen Formblätter für die Gliederung des Jahresabschlusses und des Konzernabschlusses sowie Vorschriften über den Ansatz und die Bewertung von versicherungstechnischen Rückstellungen, insbesondere die Näherungsverfahren, aufgenommen werden. ⁵Die Zustimmung des Bundesrates ist nicht erforderlich, soweit die Verordnung ausschließlich dem Zweck dient, Abweichungen nach Absatz 1 Satz 4 und 5 zu gestatten.

(4) ¹In der Rechtsverordnung nach Absatz 1 in Verbindung mit Absatz 3 kann bestimmt werden, daß Versicherungsunternehmen, auf die die Richtlinie 91/674/EWG nach deren Artikel 2 in Verbindung mit Artikel 3 der Richtlinie 73/239/EWG oder in Verbindung mit Artikel 2 Nr. 2 oder 3 oder Artikel 3 der Richtlinie 79/267/EWG nicht anzuwenden ist, von den Regelungen des Zweiten Unterabschnitts des Vierten Abschnitts ganz oder teilweise befreit werden, soweit dies erforderlich ist, um eine im Verhältnis zur Größe der Versicherungsunternehmen unangemessene Belastung zu vermeiden; Absatz 1 Satz 2 ist insoweit nicht anzuwenden. ²In der Rechtsverordnung dürfen diesen Versicherungsunternehmen auch für die Gliederung des Jahresabschlusses und des Konzernabschlusses, für die Erstellung von Anhang und Lagebericht und Konzernanhang und Konzernlagebericht sowie für die Offenlegung ihrer Größe angemessene Vereinfachungen gewährt werden.

(5) Die Absätze 3 und 4 sind auf Pensionsfonds (§ 112 Abs. 1 des Versicherungsaufsichtsgesetzes) entsprechend anzuwenden.

Sechster Unterabschnitt. Straf- und Bußgeldvorschriften. Zwangsgelder

§ 331. Unrichtige Darstellung. Mit Freiheitsstrafe bis zu drei Jahren oder mit Geldstrafe wird bestraft, wer

1. als Mitglied des vertretungsberechtigten Organs oder des Aufsichtsrats einer Kapitalgesellschaft die Verhältnisse der Kapitalgesellschaft in der Eröffnungsbilanz, im Jahresabschluß, im Lagebericht oder im Zwischenabschluß nach § 340a Abs. 3 unrichtig wiedergibt oder verschleiert,

1a. als Mitglied des vertretungsberechtigten Organs einer Kapitalgesellschaft zum Zwecke der Befreiung nach § 325 Abs. 2a Satz 1, Abs. 2b einen Einzelabschluss nach den in § 315a Abs. 1 genannten internationalen Rechnungslegungsstandards, in dem die Verhältnisse der Kapitalgesellschaft unrichtig wiedergegeben oder verschleiert worden sind, vorsätzlich oder leichtfertig offen legt,

2. als Mitglied des vertretungsberechtigten Organs oder des Aufsichtsrats einer Kapitalgesellschaft die Verhältnisse des Konzerns im Konzernabschluß, im Konzernlagebericht oder im Konzernzwischenabschluß nach § 340i Abs. 4 unrichtig wiedergibt oder verschleiert,

3. als Mitglied des vertretungsberechtigten Organs einer Kapitalgesellschaft zum Zwecke der Befreiung nach § 291 Abs. 1 und 2 oder einer nach § 292 erlassenen Rechtsverordnung einen Konzernabschluß oder Konzernlagebericht, in dem die Verhältnisse des Konzerns unrichtig wiedergegeben oder verschleiert worden sind, vorsätzlich oder leichtfertig offenlegt,

3a. entgegen § 264 Abs. 2 Satz 3, § 289 Abs. 1 Satz 5, § 297 Abs. 2 Satz 4 oder § 315 Abs. 1 Satz 6 eine Versicherung nicht richtig abgibt,

4. als Mitglied des vertretungsberechtigten Organs einer Kapitalgesellschaft oder als Mitglied des vertretungsberechtigten Organs oder als vertretungsberechtigter Gesellschafter eines ihrer Tochterunternehmen (§ 290 Abs. 1, 2) in Aufklärungen oder Nachweisen, die nach § 320 einem Abschlußprüfer der Kapitalgesellschaft, eines verbundenen Unternehmens oder des Konzerns zu geben sind, unrichtige Angaben macht oder die Verhältnisse der Kapitalgesellschaft, eines Tochterunternehmens oder des Konzerns unrichtig wiedergibt oder verschleiert.

§ 332. Verletzung der Berichtspflicht. (1) Mit Freiheitsstrafe bis zu drei Jahren oder mit Geldstrafe wird bestraft, wer als Abschlußprüfer oder Gehilfe eines Abschlußprüfers über das Ergebnis der Prüfung eines Jahresabschlusses, eines Einzelabschlusses nach § 325 Abs. 2a, eines Lageberichts, eines Konzernabschlusses, eines Konzernlageberichts einer Kapitalgesellschaft oder eines Zwischenabschlusses nach § 340a Abs. 3 oder eines Konzernzwischenabschlusses gemäß § 340i

Anlage 3

Abs. 4 unrichtig berichtet, im Prüfungsbericht (§ 321) erhebliche Umstände verschweigt oder einen inhaltlich unrichtigen Bestätigungsvermerk (§ 322) erteilt.

(2) Handelt der Täter gegen Entgelt oder in der Absicht, sich oder einen anderen zu bereichern oder einen anderen zu schädigen, so ist die Strafe Freiheitsstrafe bis zu fünf Jahren oder Geldstrafe.

§ 333. Verletzung der Geheimhaltungspflicht. (1) Mit Freiheitsstrafe bis zu einem Jahr oder mit Geldstrafe wird bestraft, wer ein Geheimnis der Kapitalgesellschaft, eines Tochterunternehmens (§ 290 Abs. 1, 2), eines gemeinsam geführten Unternehmens (§ 310) oder eines assoziierten Unternehmens (§ 311), namentlich ein Betriebs- oder Geschäftsgeheimnis, das ihm in seiner Eigenschaft als Abschlußprüfer oder Gehilfe eines Abschlußprüfers bei Prüfung des Jahresabschlusses, eines Einzelabschlusses nach § 325 Abs. 2a oder des Konzernabschlusses bekannt geworden ist oder wer ein Geschäfts- oder Betriebsgeheimnis oder eine Erkenntnis über das Unternehmen, das ihm als Beschäftigter bei einer Prüfstelle im Sinne von § 342b Abs. 1 bei der Prüftätigkeit bekannt geworden ist, unbefugt offenbart.

(2) ¹Handelt der Täter gegen Entgelt oder in der Absicht, sich oder einen anderen zu bereichern oder einen anderen zu schädigen, so ist die Strafe Freiheitsstrafe bis zu zwei Jahren oder Geldstrafe. ²Ebenso wird bestraft, wer ein

Geheimnis der in Absatz 1 bezeichneten Art, namentlich ein Betriebs- oder Geschäftsgeheimnis, das ihm unter den Voraussetzungen des Absatzes 1 bekannt geworden ist, unbefugt verwertet.

(3) Die Tat wird nur auf Antrag der Kapitalgesellschaft verfolgt.

§ 334. Bußgeldvorschriften. (1) Ordnungswidrig handelt, wer als Mitglied des vertretungsberechtigten Organs oder des Aufsichtsrats einer Kapitalgesellschaft

1. bei der Aufstellung oder Feststellung des Jahresabschlusses einer Vorschrift
    a) des § 243 Abs. 1 oder 2, der §§ 244, 245, 246, 247, 248, 249 Abs. 1 Satz 1 oder Abs. 2, des § 250 Abs. 1 oder 2, des § 251 oder des § 264 Abs. 2 über Form oder Inhalt,
    b) des § 253 Abs. 1 Satz 1, 2, 3 oder Satz 4, Abs. 2 Satz 1, auch in Verbindung mit Satz 2, Abs. 3 Satz 1, 2 oder 3, Abs. 4 oder 5, des § 254 oder des § 256a über die Bewertung,
    c) des § 265 Abs. 2, 3, 4 oder 6, der §§ 266, 268 Abs. 2, 3, 4, 5, 6 oder 7, der §§ 272, 274, 275 oder des § 277 über die Gliederung oder
    d) des § 284 oder des § 285 über die in der Bilanz oder im Anhang zu machenden Angaben,
2. bei der Aufstellung des Konzernabschlusses einer Vorschrift
    a) des § 294 Abs. 1 über den Konsolidierungskreis,
    b) des § 297 Abs. 2 oder 3 oder des § 298 Abs. 1 in Verbindung mit den §§ 244, 245, 246, 247, 248, 249 Abs. 1 Satz 1 oder Abs. 2, dem § 250 Abs. 1 oder dem § 251 über Inhalt oder Form,
    c) des § 300 über die Konsolidierungsgrundsätze oder das Vollständigkeitsgebot,
    d) des § 308 Abs. 1 Satz 1 in Verbindung mit den in Nummer 1 Buchstabe b bezeichneten Vorschriften, des § 308 Abs. 2 oder des § 308a über die Bewertung,
    e) des § 311 Abs. 1 Satz 1 in Verbindung mit § 312 über die Behandlung assoziierter Unternehmen oder
    f) des § 308 Abs. 1 Satz 3, des § 313 oder des § 314 über die im Anhang zu machenden Angaben,
3. bei der Aufstellung des Lageberichts einer Vorschrift des § 289 Abs. 1, 4 oder Abs. 5 oder des § 289a über den Inhalt des Lageberichts,
4. bei der Aufstellung des Konzernlageberichts einer Vorschrift des § 315 Abs. 1 oder 4 über den Inhalt des Konzernlageberichts,
5. bei der Offenlegung, Veröffentlichung oder Vervielfältigung einer Vorschrift des § 328 über Form oder Inhalt oder
6. einer auf Grund des § 330 Abs. 1 Satz 1 erlassenen Rechtsverordnung, soweit sie für einen bestimmten Tatbestand auf diese Bußgeldvorschrift verweist,

zuwiderhandelt.

(2) Ordnungswidrig handelt, wer zu einem Jahresabschluss, zu einem Einzelabschluss nach § 325 Abs. 2a oder zu einem Konzernabschluss, der aufgrund gesetzlicher Vorschriften zu prüfen

Handelsgesetzbuch **Anlage 3**

ist, einen Vermerk nach § 322 Abs. 1 erteilt, obwohl nach § 319 Abs. 2, 3, 5, § 319a Abs. 1 Satz 1, Abs. 2, § 319b Abs. 1 Satz 1 oder 2 er oder nach § 319 Abs. 4, auch in Verbindung mit § 319a Abs. 1 Satz 2, oder § 319a Abs. 1 Satz 4, 5, § 319b Abs. 1 die Wirtschaftsprüfungsgesellschaft oder die Buchprüfungsgesellschaft, für die er tätig wird, nicht Abschlussprüfer sein darf.

(3) Die Ordnungswidrigkeit kann mit einer Geldbuße bis zu fünfzigtausend Euro geahndet werden.

(4) Verwaltungsbehörde im Sinn des § 36 Abs. 1 Nr. 1 des Gesetzes über Ordnungswidrigkeiten ist in den Fällen der Absätze 1 und 2 das Bundesamt für Justiz.

(5) Die Absätze 1 bis 4 sind auf Kreditinstitute im Sinn des § 340 und auf Versicherungsunternehmen im Sinn des § 341 Abs. 1 nicht anzuwenden.

§ 335. Festsetzung von Ordnungsgeld. (1) ¹Gegen die Mitglieder des vertretungsberechtigten Organs einer Kapitalgesellschaft, die

1. § 325 über die Pflicht zur Offenlegung des Jahresabschlusses, des Lageberichts, des Konzernabschlusses, des Konzernlageberichts und anderer Unterlagen der Rechnungslegung oder

2. § 325a über die Pflicht zur Offenlegung der Rechnungslegungsunterlagen der Hauptniederlassung

nicht befolgen, ist wegen des pflichtwidrigen Unterlassens der rechtzeitigen Offenlegung vom Bundesamt für Justiz (Bundesamt) ein Ordnungsgeldverfahren nach den Absätzen 2 bis 6 durchzuführen; im Fall der Nummer 2 treten die in § 13e Abs. 2 Satz 4 Nr. 3 genannten Personen, sobald sie angemeldet sind, an die Stelle der Mitglieder des vertretungsberechtigten Organs der Kapitalgesellschaft. ²Das Ordnungsgeldverfahren kann auch gegen die Kapitalgesellschaft durchgeführt werden, für die die Mitglieder des vertretungsberechtigten Organs die in Satz 1 Nr. 1 und 2 genannten Pflichten zu erfüllen haben. ³Dem Verfahren steht nicht entgegen, dass eine der Offenlegung vorausgehende Pflicht, insbesondere die Aufstellung des Jahres- oder Konzernabschlusses oder die unverzügliche Erteilung des Prüfauftrags, noch nicht erfüllt ist. ⁴Das Ordnungsgeld beträgt mindestens zweitausendfünfhundert und höchstens fünfundzwanzigtausend Euro. ⁵Eingenommene Ordnungsgelder fließen dem Bundesamt zu.

(2) ¹Auf das Verfahren sind die §§ 15 bis 19, § 40 Abs. 1, § 388 Abs. 1, § 389 Abs. 3, § 390 Abs. 2 bis 6 des Gesetzes über das Verfahren in Familiensachen und in den Angelegenheiten der freiwilligen Gerichtsbarkeit sowie im Übrigen § 11 Nr. 1 und 2, § 12 Abs. 1 Nr. 1 bis 3, Abs. 2 und 3, §§ 14, 15, 20 Abs. 1 und 3, § 21 Abs. 1, §§ 23 und 26 des Verwaltungsverfahrensgesetzes nach Maßgabe der nachfolgenden Absätze entsprechend anzuwenden. ²Das Ordnungsgeldverfahren ist ein Justizverwaltungsverfahren. ³Zur Vertretung der Beteiligten sind auch Wirtschaftsprüfer und vereidigte Buchprüfer, Steuerberater, Steuerbevollmächtigte, Personen und Vereinigungen im Sinn des § 3 Nr. 4 des Steuerberatungsgesetzes sowie Gesellschaften im Sinn des § 3 Nr. 2 und 3 des Steuerberatungsgesetzes, die durch Personen im Sinn des § 3 Nr. 1 des Steuerberatungsgesetzes handeln, befugt.

(2a) ¹Für eine elektronische Aktenführung und Kommunikation sind § 110a Abs. 1, § 110b Abs. 1 Satz 1, Abs. 2 bis 4, § 110c Abs. 1 sowie § 110d des Gesetzes über Ordnungswidrigkeiten entsprechend anzuwenden. ²§ 110a Abs. 2 Satz 1 und 3 sowie § 110b Abs. 1 Satz 2 und 4 des Gesetzes über Ordnungswidrigkeiten sind mit der Maßgabe entsprechend anzuwenden, dass das Bundesministerium der Justiz die Rechtsverordnung ohne Zustimmung des Bundesrates erlassen kann; es kann die Ermächtigung durch Rechtsverordnung auf das Bundesamt für Justiz übertragen.

(3) ¹Den in Absatz 1 Satz 1 und 2 bezeichneten Beteiligten ist unter Androhung eines Ordnungsgeldes in bestimmter Höhe aufzugeben, innerhalb einer Frist von sechs Wochen vom Zugang der Androhung an ihrer gesetzlichen Verpflichtung nachzukommen oder die Unterlassung mittels Einspruchs gegen die Verfügung zu rechtfertigen. ²Mit der Androhung des Ordnungsgeldes sind den Beteiligten zugleich die Kosten des Verfahrens aufzuerlegen. ³Der Einspruch kann auf Einwendungen gegen die Entscheidung über die Kosten beschränkt werden. ⁴Wenn die Beteiligten nicht spätestens sechs Wochen nach dem Zugang der Androhung der gesetzlichen Pflicht entsprochen oder die Unterlassung mittels Einspruchs gerechtfertigt haben, ist das Ordnungsgeld festzusetzen und zugleich die frühere Verfügung unter Androhung eines erneuten Ordnungsgeldes zu wiederholen. ⁵Wenn die Sechswochenfrist nur geringfügig überschritten wird, kann das Bun-

desamt das Ordnungsgeld herabsetzen. ⁶Der Einspruch gegen die Androhung des Ordnungsgeldes und gegen die Entscheidung über die Kosten hat keine aufschiebende Wirkung. ⁷Führt der Einspruch zu einer Einstellung des Verfahrens, ist zugleich auch die Kostenentscheidung nach Satz 2 aufzuheben.

(4) Gegen die Entscheidung, durch die das Ordnungsgeld festgesetzt oder der Einspruch oder der Antrag auf Wiedereinsetzung in den vorigen Stand verworfen wird, sowie gegen die Entscheidung nach Absatz 3 Satz 7 findet die Beschwerde nach den Vorschriften des Gesetzes über das Verfahren in Familiensachen und in den Angelegenheiten der freiwilligen Gerichtsbarkeit statt, soweit sich nicht aus Absatz 5 etwas anderes ergibt.

(5) ¹Die Beschwerde ist binnen einer Frist von zwei Wochen einzulegen; über sie entscheidet das für den Sitz des Bundesamts zuständige Landgericht. ²Die Landesregierung des Landes, in dem das Bundesamt seinen Sitz unterhält, wird ermächtigt, zur Vermeidung von erheblichen Verfahrensrückständen oder zum Ausgleich einer übermäßigen Geschäftsbelastung durch Rechtsverordnung die Entscheidung über die Rechtsmittel nach Satz 1 einem anderen Landgericht oder weiteren Landgerichten zu übertragen. ³Die Landesregierung kann diese Ermächtigung auf die Landesjustizverwaltung übertragen. ⁴Ist bei dem Landgericht eine Kammer für Handelssachen gebildet, so tritt diese Kammer an die Stelle der Zivilkammer. ⁵Entscheidet über die Beschwerde die Zivilkammer, so sind die §§ 348 und 348a der Zivilprozessordnung entsprechend anzuwenden; über eine bei der Kammer für Handelssachen anhängige Beschwerde entscheidet der Vorsitzende. ⁶Die Rechtsbeschwerde findet nicht statt. ⁷Das Landgericht kann nach billigem Ermessen bestimmen, dass die außergerichtlichen Kosten der Beteiligten, die zur zweckentsprechenden Rechtsverfolgung notwendig waren, ganz oder teilweise aus der Staatskasse zu erstatten sind. ⁸Satz 7 gilt entsprechend, wenn das Bundesamt der Beschwerde abhilft. ⁹§ 91 Abs. 1 Satz 2 und die §§ 103 bis 107 der Zivilprozessordnung gelten entsprechend. ¹⁰Absatz 2 Satz 3 ist anzuwenden. ¹¹Die sofortige Beschwerde ist bei dem Bundesamt einzulegen. ¹²Hält das Bundesamt die sofortige Beschwerde für begründet, hat es ihr abzuhelfen; anderenfalls ist die sofortige Beschwerde unverzüglich dem Beschwerdegericht vorzulegen.

(5a) ¹Für die elektronische Aktenführung des Gerichts und die Kommunikation mit dem Gericht nach Absatz 5 sind § 110a Abs. 1, § 110b Abs. 1 Satz 1, Abs. 2 bis 4, § 110c Abs. 1 sowie § 110d des Gesetzes über Ordnungswidrigkeiten entsprechend anzuwenden. ²§ 110a Abs. 2 Satz 1 und 3 sowie § 110b Abs. 1 Satz 2 und 4 des Gesetzes über Ordnungswidrigkeiten sind mit der Maßgabe anzuwenden, dass die Landesregierung des Landes, in dem das Bundesamt seinen Sitz unterhält, die Rechtsverordnung erlassen und die Ermächtigung durch Rechtsverordnung auf die Landesjustizverwaltung übertragen kann.

(6) ¹Liegen dem Bundesamt in einem Verfahren nach den Absätzen 1 bis 3 keine Anhaltspunkte über die Einstufung einer Gesellschaft im Sinn des § 267 Abs. 1, 2 oder Abs. 3 vor, ist den in Absatz 1 Satz 1 und 2 bezeichneten Beteiligten zugleich mit der Androhung des Ordnungsgeldes aufzugeben, im Fall des Einspruchs die Bilanzsumme nach Abzug eines auf der Aktivseite ausgewiesenen Fehlbetrags (§ 268 Abs. 3), die Umsatzerlöse in den ersten zwölf Monaten vor dem Abschlussstichtag (§ 277 Abs. 1) und die durchschnittliche Zahl der Arbeitnehmer (§ 267 Abs. 5) für das betreffende Geschäftsjahr und für diejenigen vorausgehenden Geschäftsjahre, die für die Einstufung nach § 267 Abs. 1, 2 oder Abs. 3 erforderlich sind, anzugeben. ²Unterbleiben die Angaben nach Satz 1, so wird für das weitere Verfahren vermutet, dass die Erleichterungen der §§ 326 und 327 nicht in Anspruch genommen werden können. ³Die Sätze 1 und 2 gelten für den Konzernabschluss und den Konzernlagebericht entsprechend mit der Maßgabe, dass an die Stelle der §§ 267, 326 und 327 der § 293 tritt.

§ 335a. *(aufgehoben)*

§ 335b. Anwendung der Straf- und Bußgeld- sowie der Ordnungsgeldvorschriften auf bestimmte offene Handelsgesellschaften und Kommanditgesellschaften. Die Strafvorschriften der §§ 331 bis 333, die Bußgeldvorschrift des § 334 sowie die Ordnungsgeldvorschrift des § 335 gelten auch für offene Handelsgesellschaften und Kommanditgesellschaften im Sinn des § 264a Abs. 1.

4. Gesetz über die Drittelbeteiligung der Arbeitnehmer im Aufsichtsrat (Drittelbeteiligungsgesetz – DrittelbG)

vom 18. Mai 2004 (BGBl. I S. 974), zuletzt geändert durch Gesetz vom 25. Mai 2009 (BGBl. I S. 1102), unter Berücksichtigung der geplanten Änderungen durch das Gesetz zur Umsetzung der Aktionärsrechterichtlinie (ARUG), bei Drucklegung noch nicht verkündet (BT-Drucksache 16/13098)

Teil 1. Geltungsbereich

§ 1. Erfasste Unternehmen. (1) Die Arbeitnehmer haben ein Mitbestimmungsrecht im Aufsichtsrat nach Maßgabe dieses Gesetzes in

1. einer Aktiengesellschaft mit in der Regel mehr als 500 Arbeitnehmern. Ein Mitbestimmungsrecht im Aufsichtsrat besteht auch in einer Aktiengesellschaft mit in der Regel weniger als 500 Arbeitnehmern, die vor dem 10. August 1994 eingetragen worden ist und keine Familiengesellschaft ist. Als Familiengesellschaften gelten solche Aktiengesellschaften, deren Aktionär eine einzelne natürliche Person ist oder deren Aktionäre untereinander im Sinne von § 15 Abs. 1 Nr. 2 bis 8, Abs. 2 der Abgabenordnung verwandt oder verschwägert sind;
2. einer Kommanditgesellschaft auf Aktien mit in der Regel mehr als 500 Arbeitnehmern. Nummer 1 Satz 2 und 3 gilt entsprechend;
3. einer Gesellschaft mit beschränkter Haftung mit in der Regel mehr als 500 Arbeitnehmern. Die Gesellschaft hat einen Aufsichtsrat zu bilden; seine Zusammensetzung sowie seine Rechte und Pflichten bestimmen sich nach § 90 Abs. 3, 4, 5 Satz 1 und 2, nach den §§ 95 bis 114, 116, 118 Abs. 3, § 125 Abs. 3 und 4 und nach den §§ 170, 171, 268 Abs. 2 des Aktiengesetzes;
4. einem Versicherungsverein auf Gegenseitigkeit mit in der Regel mehr als 500 Arbeitnehmern, wenn dort ein Aufsichtsrat besteht;
5. einer Genossenschaft mit in der Regel mehr als 500 Arbeitnehmern. § 96 Abs. 2 und die §§ 97 bis 99 des Aktiengesetzes sind entsprechend anzuwenden. Die Satzung kann nur eine durch drei teilbare Zahl von Aufsichtsratsmitgliedern festsetzen. Der Aufsichtsrat muss zwei Sitzungen im Kalenderhalbjahr abhalten.

(2) [1]Dieses Gesetz findet keine Anwendung auf

1. die in § 1 Abs. 1 des Mitbestimmungsgesetzes, die in § 1 des Montan-Mitbestimmungsgesetzes und die in den §§ 1 und 3 Abs. 1 des Montan-Mitbestimmungsergänzungsgesetzes bezeichneten Unternehmen;
2. Unternehmen, die unmittelbar und überwiegend
    a) politischen, koalitionspolitischen, konfessionellen, karitativen, erzieherischen, wissenschaftlichen oder künstlerischen Bestimmungen oder
    b) Zwecken der Berichterstattung oder Meinungsäußerung, auf die Artikel 5 Abs. 1 Satz 2 des Grundgesetzes anzuwenden ist,

dienen.
[2]Dieses Gesetz ist nicht anzuwenden auf Religionsgemeinschaften und ihre karitativen und erzieherischen Einrichtungen unbeschadet deren Rechtsform.

(3) Die Vorschriften des Genossenschaftsgesetzes über die Zusammensetzung des Aufsichtsrats sowie über die Wahl und die Abberufung von Aufsichtsratsmitgliedern gelten insoweit nicht, als sie den Vorschriften dieses Gesetzes widersprechen.

§ 2. Konzern. (1) An der Wahl der Aufsichtsratsmitglieder der Arbeitnehmer des herrschenden Unternehmens eines Konzerns (§ 18 Abs. 1 des Aktiengesetzes) nehmen auch die Arbeitnehmer der übrigen Konzernunternehmen teil.

(2) Soweit nach § 1 die Beteiligung der Arbeitnehmer im Aufsichtsrat eines herrschenden Unternehmens von dem Vorhandensein oder der Zahl von Arbeitnehmern abhängt, gelten die Ar-

Anlage 4 — *Drittelbeteiligungsgesetz*

beitnehmer eines Konzernunternehmens als solche des herrschenden Unternehmens, wenn zwischen den Unternehmen ein Beherrschungsvertrag besteht oder das abhängige Unternehmen in das herrschende Unternehmen eingegliedert ist.

§ 3. Arbeitnehmer, Betrieb. (1) Arbeitnehmer im Sinne dieses Gesetzes sind die in § 5 Abs. 1 des Betriebsverfassungsgesetzes bezeichneten Personen mit Ausnahme der in § 5 Abs. 3 des Betriebsverfassungsgesetzes bezeichneten leitenden Angestellten.

(2) [1] Betriebe im Sinne dieses Gesetzes sind solche des Betriebsverfassungsgesetzes. [2] § 4 Abs. 2 des Betriebsverfassungsgesetzes ist anzuwenden.

(3) [1] Die Gesamtheit der Schiffe eines Unternehmens gilt für die Anwendung dieses Gesetzes als ein Betrieb. [2] Schiffe im Sinne dieses Gesetzes sind Kauffahrteischiffe, die nach dem Flaggenrechtsgesetz die Bundesflagge führen. [3] Schiffe, die in der Regel binnen 48 Stunden nach dem Auslaufen an den Sitz eines Landbetriebs zurückkehren, gelten als Teil dieses Landbetriebs.

Teil 2. Aufsichtsrat

§ 4. Zusammensetzung. (1) Der Aufsichtsrat eines in § 1 Abs. 1 bezeichneten Unternehmens muss zu einem Drittel aus Arbeitnehmervertretern bestehen.

(2) [1] Ist ein Aufsichtsratsmitglied der Arbeitnehmer oder sind zwei Aufsichtsratsmitglieder der Arbeitnehmer zu wählen, so müssen diese als Arbeitnehmer im Unternehmen beschäftigt sein. [2] Sind mehr als zwei Aufsichtsratsmitglieder der Arbeitnehmer zu wählen, so müssen mindestens zwei Aufsichtsratsmitglieder als Arbeitnehmer im Unternehmen beschäftigt sein.

(3) [1] Die Aufsichtsratsmitglieder der Arbeitnehmer, die Arbeitnehmer des Unternehmens sind, müssen das 18. Lebensjahr vollendet haben und ein Jahr dem Unternehmen angehören. [2] Auf die einjährige Unternehmensangehörigkeit werden Zeiten der Angehörigkeit zu einem anderen Unternehmen, dessen Arbeitnehmer nach diesem Gesetz an der Wahl von Aufsichtsratsmitgliedern des Unternehmens teilnehmen, angerechnet. [3] Diese Zeiten müssen unmittelbar vor dem Zeitpunkt liegen, ab dem die Arbeitnehmer zur Wahl von Aufsichtsratsmitgliedern des Unternehmens berechtigt sind. [4] Die weiteren Wählbarkeitsvoraussetzungen des § 8 Abs. 1 des Betriebsverfassungsgesetzes müssen erfüllt sein.

(4) Unter den Aufsichtsratsmitgliedern der Arbeitnehmer sollen Frauen und Männer entsprechend ihrem zahlenmäßigen Verhältnis im Unternehmen vertreten sein.

§ 5. Wahl der Aufsichtsratsmitglieder der Arbeitnehmer. (1) Die Aufsichtsratsmitglieder der Arbeitnehmer werden nach den Grundsätzen der Mehrheitswahl in allgemeiner, geheimer, gleicher und unmittelbarer Wahl für die Zeit gewählt, die im Gesetz oder in der Satzung für die von der Hauptversammlung zu wählenden Aufsichtsratsmitglieder bestimmt ist.

(2) [1] Wahlberechtigt sind die Arbeitnehmer des Unternehmens, die das 18. Lebensjahr vollendet haben. [2] § 7 Satz 2 des Betriebsverfassungsgesetzes gilt entsprechend.

§ 6. Wahlvorschläge. [1] Die Wahl erfolgt auf Grund von Wahlvorschlägen der Betriebsräte und der Arbeitnehmer. [2] Die Wahlvorschläge der Arbeitnehmer müssen von mindestens einem Zehntel der Wahlberechtigten oder von mindestens 100 Wahlberechtigten unterzeichnet sein.

§ 7. Ersatzmitglieder. (1) [1] In jedem Wahlvorschlag kann zusammen mit jedem Bewerber für diesen ein Ersatzmitglied des Aufsichtsrats vorgeschlagen werden. [2] Ein Bewerber kann nicht zugleich als Ersatzmitglied vorgeschlagen werden.

(2) Wird ein Bewerber als Aufsichtsratsmitglied gewählt, so ist auch das zusammen mit ihm vorgeschlagene Ersatzmitglied gewählt.

§ 8. Bekanntmachung der Mitglieder des Aufsichtsrats. [1] Das zur gesetzlichen Vertretung des Unternehmens befugte Organ hat die Namen der Mitglieder und der Ersatzmitglieder des Aufsichtsrats unverzüglich nach ihrer Bestellung in den Betrieben des Unternehmens bekannt zu machen und im elektronischen Bundesanzeiger zu veröffentlichen. [2] Nehmen an der Wahl der Aufsichtsratsmitglieder des Unternehmens auch die Arbeitnehmer eines anderen Unternehmens

Drittelbeteiligungsgesetz **Anlage 4**

teil, so ist daneben das zur gesetzlichen Vertretung des anderen Unternehmens befugte Organ zur Bekanntmachung in seinen Betrieben verpflichtet.

§ 9. Schutz von Aufsichtsratsmitgliedern vor Benachteiligung. [1] Aufsichtsratsmitglieder der Arbeitnehmer dürfen in der Ausübung ihrer Tätigkeit nicht gestört oder behindert werden. [2] Sie dürfen wegen ihrer Tätigkeit im Aufsichtsrat nicht benachteiligt oder begünstigt werden. [3] Dies gilt auch für ihre berufliche Entwicklung.

§ 10. Wahlschutz und Wahlkosten. (1) [1] Niemand darf die Wahl der Aufsichtsratsmitglieder der Arbeitnehmer behindern. [2] Insbesondere darf niemand in der Ausübung des aktiven und passiven Wahlrechts beschränkt werden.

(2) Niemand darf die Wahlen durch Zufügung oder Androhung von Nachteilen oder durch Gewährung oder Versprechen von Vorteilen beeinflussen.

(3) [1] Die Kosten der Wahlen trägt das Unternehmen. [2] Versäumnis von Arbeitszeit, die zur Ausübung des Wahlrechts oder der Bestätigung im Wahlvorstand erforderlich ist, berechtigt nicht zur Minderung des Arbeitsentgelts.

§ 11. Anfechtung der Wahl von Aufsichtsratsmitgliedern der Arbeitnehmer. (1) Die Wahl eines Aufsichtsratsmitglieds oder eines Ersatzmitglieds der Arbeitnehmer kann beim Arbeitsgericht angefochten werden, wenn gegen wesentliche Vorschriften über das Wahlrecht, die Wählbarkeit oder das Wahlverfahren verstoßen worden und eine Berichtigung nicht erfolgt ist, es sei denn, dass durch den Verstoß das Wahlergebnis nicht geändert oder beeinflusst werden konnte.

(2) [1] Zur Anfechtung berechtigt sind
1. mindestens drei Wahlberechtigte,
2. die Betriebsräte,
3. das zur gesetzlichen Vertretung des Unternehmens befugte Organ.

[2] Die Anfechtung ist nur binnen einer Frist von zwei Wochen, vom Tag der Veröffentlichung im elektronischen Bundesanzeiger an gerechnet, zulässig.

§ 12. Abberufung von Aufsichtsratsmitgliedern der Arbeitnehmer. (1) [1] Ein Aufsichtsratsmitglied der Arbeitnehmer kann vor Ablauf der Amtszeit auf Antrag eines Betriebsrats oder von mindestens einem Fünftel der Wahlberechtigten durch Beschluss abberufen werden. [2] Der Beschluss der Wahlberechtigten wird in allgemeiner, geheimer, gleicher und unmittelbarer Abstimmung gefasst; er bedarf einer Mehrheit von drei Vierteln der abgegebenen Stimmen. [3] Auf die Beschlussfassung findet § 2 Abs. 1 Anwendung.

(2) Absatz 1 ist für die Abberufung von Ersatzmitgliedern entsprechend anzuwenden.

Teil 3. Übergangs- und Schlussvorschriften

§ 13. Ermächtigung zum Erlass von Rechtsverordnungen. Die Bundesregierung wird ermächtigt, durch Rechtsverordnung Vorschriften über das Verfahren für die Wahl und die Abberufung von Aufsichtsratsmitgliedern der Arbeitnehmer zu erlassen, insbesondere über

1. die Vorbereitung der Wahl, insbesondere die Aufstellung der Wählerlisten und die Errechnung der Zahl der Aufsichtsratsmitglieder der Arbeitnehmer;
2. die Frist für die Einsichtnahme in die Wählerlisten und die Erhebung von Einsprüchen gegen sie;
3. die Wahlvorschläge und die Frist für ihre Einreichung;
4. das Wahlausschreiben und die Frist für seine Bekanntmachung;
5. die Teilnahme von Arbeitnehmern eines in § 3 Abs. 3 bezeichneten Betriebs an der Wahl;
6. die Stimmabgabe;
7. die Feststellung des Wahlergebnisses und die Fristen für seine Bekanntmachung;
8. die Anfechtung der Wahl;
9. die Aufbewahrung der Wahlakten.

§ 14. Verweisungen. Soweit in anderen Gesetzen auf Vorschriften verwiesen wird, die durch Artikel 6 Abs. 2 des Zweiten Gesetzes zur Vereinfachung der Wahl der Arbeitnehmervertreter in den Aufsichtsrat aufgehoben werden, treten an ihre Stelle die entsprechenden Vorschriften dieses Gesetzes.

§ 15. Übergangsregelung. Auf Wahlen oder Abberufungen, die vor dem 1. Juli 2004 eingeleitet worden sind, ist das Betriebsverfassungsgesetz 1952 in der im Bundesgesetzblatt Teil III, Gliederungsnummer 801-1, veröffentlichten bereinigten Fassung, zuletzt geändert durch Artikel 9 des Gesetzes vom 23. Juli 2001 (BGBl. I S. 1852), auch nach seinem Außerkrafttreten anzuwenden.

5. Gesetz über die Mitbestimmung der Arbeitnehmer (Mitbestimmungsgesetz – MitbestG)

vom 4. Mai 1976 (BGBl. I S. 1153), zuletzt geändert durch Gesetz vom 14. August 2008 (BGBl. I S. 1911), unter Berücksichtigung der geplanten Änderungen durch das Gesetz zur Umsetzung der Aktionärsrechterichtlinie (ARUG), bei Drucklegung noch nicht verkündet (BT-Drucksache 16/13098)

Erster Teil. Geltungsbereich

§ 1. Erfaßte Unternehmen. (1) In Unternehmen, die

1. in der Rechtsform einer Aktiengesellschaft, einer Kommanditgesellschaft auf Aktien, einer Gesellschaft mit beschränkter Haftung oder einer Genossenschaft betrieben werden und
2. in der Regel mehr als 2000 Arbeitnehmer beschäftigen,

haben die Arbeitnehmer ein Mitbestimmungsrecht nach Maßgabe dieses Gesetzes.

(2) Dieses Gesetz ist nicht anzuwenden auf die Mitbestimmung in Organen von Unternehmen, in denen die Arbeitnehmer nach

1. dem Gesetz über die Mitbestimmung der Arbeitnehmer in den Aufsichtsräten und Vorständen der Unternehmen des Bergbaus und der Eisen und Stahl erzeugenden Industrie vom 21. Mai 1951 (Bundesgesetzbl. I S. 347) – Montan-Mitbestimmungsgesetz –, oder
2. dem Gesetz zur Ergänzung des Gesetzes über die Mitbestimmung der Arbeitnehmer in den Aufsichtsräten und Vorständen der Unternehmen des Bergbaus und der Eisen und Stahl erzeugenden Industrie vom 7. August 1956 (Bundesgesetzbl. I S. 707) – Mitbestimmungsergänzungsgesetz –,

ein Mitbestimmungsrecht haben.

(3) Die Vertretung der Arbeitnehmer in den Aufsichtsräten von Unternehmen, in denen die Arbeitnehmer nicht nach Absatz 1 oder nach den in Absatz 2 bezeichneten Gesetzen ein Mitbestimmungsrecht haben, bestimmt sich nach den Vorschriften des Drittelbeteiligungsgesetzes (BGBl. 2004 I S. 974).

(4) [1]Dieses Gesetz ist nicht anzuwenden auf Unternehmen, die unmittelbar und überwiegend

1. politischen, koalitionspolitischen, konfessionellen, karitativen, erzieherischen, wissenschaftlichen oder künstlerischen Bestimmungen oder
2. Zwecken der Berichterstattung oder Meinungsäußerung, auf die Artikel 5 Abs. 1 Satz 2 des Grundgesetzes anzuwenden ist,

dienen. [2]Dieses Gesetz ist nicht anzuwenden auf Religionsgemeinschaften und ihre karitativen und erzieherischen Einrichtungen unbeschadet deren Rechtsform.

§ 2. Anteilseigner. Anteilseigner im Sinne dieses Gesetzes sind je nach der Rechtsform der in § 1 Abs. 1 Nr. 1 bezeichneten Unternehmen Aktionäre, Gesellschafter oder Mitglieder einer Genossenschaft.

§ 3. Arbeitnehmer und Betrieb. (1) [1]Arbeitnehmer im Sinne dieses Gesetzes sind

1. die in § 5 Abs. 1 des Betriebsverfassungsgesetzes bezeichneten Personen mit Ausnahme der in § 5 Abs. 3 des Betriebsverfassungsgesetzes bezeichneten leitenden Angestellten,
2. die in § 5 Abs. 3 des Betriebsverfassungsgesetzes bezeichneten leitenden Angestellten.

[2]Keine Arbeitnehmer im Sinne dieses Gesetzes sind die in § 5 Abs. 2 des Betriebsverfassungsgesetzes bezeichneten Personen.

(2) [1]Betriebe im Sinne dieses Gesetzes sind solche des Betriebsverfassungsgesetzes. [2]§ 4 Abs. 2 des Betriebsverfassungsgesetzes ist anzuwenden.

§ 4. Kommanditgesellschaft. (1) [1]Ist ein in § 1 Abs. 1 Nr. 1 bezeichnetes Unternehmen persönlich haftender Gesellschafter einer Kommanditgesellschaft und hat die Mehrheit der Kommanditisten dieser Kommanditgesellschaft, berechnet nach der Mehrheit der Anteile oder der Stimmen, die Mehrheit der Anteile oder der Stimmen in dem Unternehmen des persönlich haftenden Gesellschafters inne, so gelten für die Anwendung dieses Gesetzes auf den persönlich haftenden Gesellschafter die Arbeitnehmer der Kommanditgesellschaft als Arbeitnehmer des persönlich haftenden Gesellschafters, sofern nicht der persönlich haftende Gesellschafter einen eigenen Geschäftsbetrieb mit in der Regel mehr als 500 Arbeitnehmern hat. ²Ist die Kommanditgesellschaft persönlich haftender Gesellschafter einer anderen Kommanditgesellschaft, so gelten auch deren Arbeitnehmer als Arbeitnehmer des in § 1 Abs. 1 Nr. 1 bezeichneten Unternehmens. ³Dies gilt entsprechend, wenn sich die Verbindung von Kommanditgesellschaften in dieser Weise fortsetzt.

(2) Das Unternehmen kann von der Führung der Geschäfte der Kommanditgesellschaft nicht ausgeschlossen werden.

§ 5. Konzern. (1) ¹Ist ein in § 1 Abs. 1 Nr. 1 bezeichnetes Unternehmen herrschendes Unternehmen eines Konzerns (§ 18 Abs. 1 des Aktiengesetzes), so gelten für die Anwendung dieses Gesetzes auf das herrschende Unternehmen die Arbeitnehmer der Konzernunternehmen als Arbeitnehmer des herrschenden Unternehmens. ²Dies gilt auch für die Arbeitnehmer eines in § 1 Abs. 1 Nr. 1 bezeichneten Unternehmens, das persönlich haftender Gesellschafter eines abhängigen Unternehmens (§ 18 Abs. 1 des Aktiengesetzes) in der Rechtsform einer Kommanditgesellschaft ist.

(2) ¹Ist eine Kommanditgesellschaft, bei der für die Anwendung dieses Gesetzes auf den persönlich haftenden Gesellschafter die Arbeitnehmer der Kommanditgesellschaft nach § 4 Abs. 1 als Arbeitnehmer des persönlich haftenden Gesellschafters gelten, herrschendes Unternehmen eines Konzerns (§ 18 Abs. 1 des Aktiengesetzes), so gelten für die Anwendung dieses Gesetzes auf den persönlich haftenden Gesellschafter der Kommanditgesellschaft die Arbeitnehmer der Konzernunternehmen als Arbeitnehmer des persönlich haftenden Gesellschafters. ²Absatz 1 Satz 2 sowie § 4 Abs. 2 sind entsprechend anzuwenden.

(3) Stehen in einem Konzern die Konzernunternehmen unter der einheitlichen Leitung eines anderen als eines in Absatz 1 oder 2 bezeichneten Unternehmens, beherrscht aber die Konzernleitung über ein in Absatz 1 oder 2 bezeichnetes Unternehmen oder über mehrere solcher Unternehmen andere Konzernunternehmen, so gelten die in Absatz 1 oder 2 bezeichneten und der Konzernleitung am nächsten stehenden Unternehmen, über die die Konzernleitung andere Konzernunternehmen beherrscht, für die Anwendung dieses Gesetzes als herrschende Unternehmen.

Zweiter Teil. Aufsichtsrat

Erster Abschnitt. Bildung und Zusammensetzung

§ 6. Grundsatz. (1) Bei den in § 1 Abs. 1 bezeichneten Unternehmen ist ein Aufsichtsrat zu bilden, soweit sich dies nicht schon aus anderen gesetzlichen Vorschriften ergibt.

(2) ¹Die Bildung und die Zusammensetzung des Aufsichtsrats sowie die Bestellung und die Abberufung seiner Mitglieder bestimmen sich nach den §§ 7 bis 24 dieses Gesetzes und, soweit sich dies nicht schon aus anderen gesetzlichen Vorschriften ergibt, nach § 96 Abs. 2, in den §§ 97 bis 101 Abs. 1 und 3 und den §§ 102 bis 106 des Aktiengesetzes mit der Maßgabe, daß die Wählbarkeit eines Prokuristen als Aufsichtsratsmitglied der Arbeitnehmer nur ausgeschlossen ist, wenn dieser dem zur gesetzlichen Vertretung des Unternehmens befugten Organ unmittelbar unterstellt und zur Ausübung der Prokura für den gesamten Geschäftsbereich des Organs ermächtigt ist. ²Andere gesetzliche Vorschriften und Bestimmungen der Satzung (des Gesellschaftsvertrags, des Statuts) über die Zusammensetzung des Aufsichtsrats sowie über die Bestellung und die Abberufung seiner Mitglieder bleiben unberührt, soweit Vorschriften dieses Gesetzes dem nicht entgegenstehen.

(3) ¹Auf Genossenschaften sind die §§ 100, 101 Abs. 1 und 3 und die §§ 103 und 106 des Aktiengesetzes nicht anzuwenden. ²Auf die Aufsichtsratsmitglieder der Arbeitnehmer ist § 9 Abs. 2 des Genossenschaftsgesetzes nicht anzuwenden.

§ 7. Zusammensetzung des Aufsichtsrats. (1) ¹Der Aufsichtsrat eines Unternehmens
1. mit in der Regel nicht mehr als 10 000 Arbeitnehmern setzt sich zusammen aus je sechs Aufsichtsratsmitgliedern der Anteilseigner und der Arbeitnehmer;

2. mit in der Regel mehr als 10000, jedoch nicht mehr als 20000 Arbeitnehmern setzt sich zusammen aus je acht Aufsichtsratsmitgliedern der Anteilseigner und der Arbeitnehmer;
3. mit in der Regel mehr als 20000 Arbeitnehmern setzt sich zusammen aus je zehn Aufsichtsratsmitgliedern der Anteilseigner und der Arbeitnehmer.

²Bei den in Satz 1 Nr. 1 bezeichneten Unternehmen kann die Satzung (der Gesellschaftsvertrag) bestimmen, daß Satz 1 Nr. 2 oder 3 anzuwenden ist. ³Bei den in Satz 1 Nr. 2 bezeichneten Unternehmen kann die Satzung (der Gesellschaftsvertrag) bestimmen, daß Satz 1 Nr. 3 anzuwenden ist.

(2) Unter den Aufsichtsratsmitgliedern der Arbeitnehmer müssen sich befinden
1. in einem Aufsichtsrat, dem sechs Aufsichtsratsmitglieder der Arbeitnehmer angehören, vier Arbeitnehmer des Unternehmens und zwei Vertreter von Gewerkschaften;
2. in einem Aufsichtsrat, dem acht Aufsichtsratsmitglieder der Arbeitnehmer angehören, sechs Arbeitnehmer des Unternehmens und zwei Vertreter von Gewerkschaften;
3. in einem Aufsichtsrat, dem zehn Aufsichtsratsmitglieder der Arbeitnehmer angehören, sieben Arbeitnehmer des Unternehmens und drei Vertreter von Gewerkschaften.

(3) ¹Die in Absatz 2 bezeichneten Arbeitnehmer des Unternehmens müssen das 18. Lebensjahr vollendet haben und ein Jahr dem Unternehmen angehören. ²Auf die einjährige Unternehmensangehörigkeit werden Zeiten der Angehörigkeit zu einem anderen Unternehmen, dessen Arbeitnehmer nach diesem Gesetz an der Wahl von Aufsichtsratsmitgliedern des Unternehmens teilnehmen, angerechnet. ³Diese Zeiten müssen unmittelbar vor dem Zeitpunkt liegen, ab dem die Arbeitnehmer zur Wahl von Aufsichtsratsmitgliedern des Unternehmens berechtigt sind. ⁴Die weiteren Wählbarkeitsvoraussetzungen des § 8 Abs. 1 des Betriebsverfassungsgesetzes müssen erfüllt sein.

(4) Die in Absatz 2 bezeichneten Gewerkschaften müssen in dem Unternehmen selbst oder in einem anderen Unternehmen vertreten sein, dessen Arbeitnehmer nach diesem Gesetz an der Wahl von Aufsichtsratsmitgliedern des Unternehmens teilnehmen.

Zweiter Abschnitt. Bestellung der Aufsichtsratsmitglieder

Erster Unterabschnitt. Aufsichtsratsmitglieder der Anteilseigner

§ 8. [Aufsichtsratsmitglieder der Anteilseigner] (1) Die Aufsichtsratsmitglieder der Anteilseigner werden durch das nach Gesetz, Satzung oder Gesellschaftsvertrag zur Wahl von Mitgliedern des Aufsichtsrats befugte Organ (Wahlorgan) und, soweit gesetzliche Vorschriften dem nicht entgegenstehen, nach Maßgabe der Satzung oder des Gesellschaftsvertrags bestellt.

(2) § 101 Abs. 2 des Aktiengesetzes bleibt unberührt.

Zweiter Unterabschnitt. Aufsichtsratsmitglieder der Arbeitnehmer, Grundsatz

§ 9. [Aufsichtsratsmitglieder der Arbeitnehmer, Grundsatz] (1) Die Aufsichtsratsmitglieder der Arbeitnehmer (§ 7 Abs. 2) eines Unternehmens mit in der Regel mehr als 8000 Arbeitnehmern werden durch Delegierte gewählt, sofern nicht die wahlberechtigten Arbeitnehmer die unmittelbare Wahl beschließen.

(2) Die Aufsichtsratsmitglieder der Arbeitnehmer (§ 7 Abs. 2) eines Unternehmens mit in der Regel nicht mehr als 8000 Arbeitnehmern werden in unmittelbarer Wahl gewählt, sofern nicht die wahlberechtigten Arbeitnehmer die Wahl durch Delegierte beschließen.

(3) ¹Zur Abstimmung darüber, ob die Wahl durch Delegierte oder unmittelbar erfolgen soll, bedarf es eines Antrags, der von einem Zwanzigstel der wahlberechtigten Arbeitnehmer des Unternehmens unterzeichnet sein muß. ²Die Abstimmung ist geheim. ³Ein Beschluß nach Absatz 1 oder 2 kann nur unter Beteiligung von mindestens der Hälfte der wahlberechtigten Arbeitnehmer und nur mit der Mehrheit der abgegebenen Stimmen gefaßt werden.

Anlage 5

Dritter Unterabschnitt. Wahl der Aufsichtsratsmitglieder der Arbeitnehmer durch Delegierte

§ 10. Wahl der Delegierten. (1) In jedem Betrieb des Unternehmens wählen die Arbeitnehmer in geheimer Wahl und nach den Grundsätzen der Verhältniswahl Delegierte.

(2) ¹Wahlberechtigt für die Wahl von Delegierten sind die Arbeitnehmer des Unternehmens, die das 18. Lebensjahr vollendet haben. ²§ 7 Satz 2 des Betriebsverfassungsgesetzes gilt entsprechend.

(3) Zu Delegierten wählbar sind die in Absatz 2 Satz 1 bezeichneten Arbeitnehmer, die die weiteren Wählbarkeitsvoraussetzungen des § 8 des Betriebsverfassungsgesetzes erfüllen.

(4) ¹Wird für einen Wahlgang nur ein Wahlvorschlag gemacht, so gelten die darin aufgeführten Arbeitnehmer in der angegebenen Reihenfolge als gewählt. ²§ 11 Abs. 2 ist anzuwenden.

§ 11. Errechnung der Zahl der Delegierten. (1) ¹In jedem Betrieb entfällt auf je 90 Wahlberechtigte Arbeitnehmer ein Delegierter. ²Ergibt die Errechnung nach Satz 1 in einem Betrieb mehr als

1. 25 Delegierte, so vermindert sich die Zahl der zu wählenden Delegierten auf die Hälfte; diese Delegierten erhalten je zwei Stimmen;
2. 50 Delegierte, so vermindert sich die Zahl der zu wählenden Delegierten auf ein Drittel; diese Delegierten erhalten je drei Stimmen;
3. 75 Delegierte, so vermindert sich die Zahl der zu wählenden Delegierten auf ein Viertel; diese Delegierten erhalten je vier Stimmen;
4. 100 Delegierte, so vermindert sich die Zahl der zu wählenden Delegierten auf ein Fünftel; diese Delegierten erhalten je fünf Stimmen;
5. 125 Delegierte, so vermindert sich die Zahl der zu wählenden Delegierten auf ein Sechstel; diese Delegierten erhalten je sechs Stimmen;
6. 150 Delegierte, so vermindert sich die Zahl der zu wählenden Delegierten auf ein Siebtel; diese Delegierten erhalten je sieben Stimmen.

³Bei der Errechnung der Zahl der Delegierten werden Teilzahlen voll gezählt, wenn sie mindestens die Hälfte der vollen Zahl betragen.

(2) ¹Unter den Delegierten müssen in jedem Betrieb die in § 3 Abs. 1 Nr. 1 bezeichneten Arbeitnehmer und die leitenden Angestellten entsprechend ihrem zahlenmäßigen Verhältnis vertreten sein. ²Sind in einem Betrieb mindestens neun Delegierte zu wählen, so entfällt auf die in § 3 Abs. 1 Nr. 1 bezeichneten Arbeitnehmer und die leitenden Angestellten mindestens je ein Delegierter; dies gilt nicht, soweit in dem Betrieb nicht mehr als fünf in § 3 Abs. 1 Nr. 1 bezeichnete Arbeitnehmer oder leitende Angestellte wahlberechtigt sind. ³Soweit auf die in § 3 Abs. 1 Nr. 1 bezeichneten Arbeitnehmer und die leitenden Angestellten lediglich nach Satz 2 Delegierte entfallen, vermehrt sich die nach Absatz 1 errechnete Zahl der Delegierten des Betriebs entsprechend.

(3) ¹Soweit nach Absatz 2 auf die in § 3 Abs. 1 Nr. 1 bezeichneten Arbeitnehmer und die leitenden Angestellten eines Betriebs nicht mindestens je ein Delegierter entfällt, gelten diese für die Wahl der Delegierten als Arbeitnehmer des Betriebs der Hauptniederlassung des Unternehmens. ²Soweit nach Absatz 2 und nach Satz 1 auf die in § 3 Abs. 1 Nr. 1 bezeichneten Arbeitnehmer und die leitenden Angestellten des Betriebs der Hauptniederlassung nicht mindestens je ein Delegierter entfällt, gelten diese für die Wahl der Delegierten als Arbeitnehmer des nach der Zahl der wahlberechtigten Arbeitnehmer größten Betriebs des Unternehmens.

(4) Entfällt auf einen Betrieb oder auf ein Unternehmen, dessen Arbeitnehmer nach diesem Gesetz an der Wahl von Aufsichtsratsmitgliedern des Unternehmens teilnehmen, kein Delegierter, so ist Absatz 3 entsprechend anzuwenden.

(5) Die Eigenschaft eines Delegierten als Delegierter der Arbeitnehmer nach § 3 Abs. 1 Nr. 1 oder § 3 Abs. 1 Nr. 2 bleibt bei einem Wechsel der Eigenschaft als Arbeitnehmer nach § 3 Abs. 1 Nr. 1 oder § 3 Abs. 1 Nr. 2 erhalten.

§ 12. Wahlvorschläge für Delegierte. (1) ¹Zur Wahl der Delegierten können die wahlberechtigten Arbeitnehmer des Betriebs Wahlvorschläge machen. ²Jeder Wahlvorschlag muss von einem

Mitbestimmungsgesetz **Anlage 5**

Zwanzigstel oder 50 der jeweils wahlberechtigten in § 3 Abs. 1 Nr. 1 bezeichneten Arbeitnehmer oder der leitenden Angestellten des Betriebs unterzeichnet sein.

(2) Jeder Wahlvorschlag soll mindestens doppelt so viele Bewerber enthalten, wie in dem Wahlgang Delegierte zu wählen sind.

§ 13. Amtszeit der Delegierten. (1) ¹Die Delegierten werden für eine Zeit gewählt, die der Amtszeit der von ihnen zu wählenden Aufsichtsratsmitglieder entspricht. ²Sie nehmen die ihnen nach den Vorschriften dieses Gesetzes zustehenden Aufgaben und Befugnisse bis zur Einleitung der Neuwahl der Aufsichtsratsmitglieder der Arbeitnehmer wahr.

(2) In den Fällen des § 9 Abs. 1 endet die Amtszeit der Delegierten, wenn

1. die wahlberechtigten Arbeitnehmer nach § 9 Abs. 1 die unmittelbare Wahl beschließen;
2. das Unternehmen nicht mehr die Voraussetzungen für die Anwendung des § 9 Abs. 1 erfüllt, es sei denn, die wahlberechtigten Arbeitnehmer beschließen, daß die Amtszeit bis zu dem in Absatz 1 genannten Zeitpunkt fortdauern soll; § 9 Abs. 3 ist entsprechend anzuwenden.

(3) In den Fällen des § 9 Abs. 2 endet die Amtszeit der Delegierten, wenn die wahlberechtigten Arbeitnehmer die unmittelbare Wahl beschließen; § 9 Abs. 3 ist anzuwenden.

(4) Abweichend von Absatz 1 endet die Amtszeit der Delegierten eines Betriebs, wenn nach Eintreten aller Ersatzdelegierten des Wahlvorschlags, dem die zu ersetzenden Delegierten angehören, die Gesamtzahl der Delegierten des Betriebs unter die im Zeitpunkt ihrer Wahl vorgeschriebene Zahl der auf den Betrieb entfallenden Delegierten gesunken ist.

§ 14. Vorzeitige Beendigung der Amtszeit oder Verhinderung von Delegierten. (1) Die Amtszeit eines Delegierten endet vor dem in § 13 bezeichneten Zeitpunkt

1. durch Niederlegung des Amtes,
2. durch Beendigung der Beschäftigung des Delegierten in dem Betrieb, dessen Delegierter er ist,
3. durch Verlust der Wählbarkeit.

(2) ¹Endet die Amtszeit eines Delegierten vorzeitig oder ist er verhindert, so tritt an seine Stelle ein Ersatzdelegierter. ²Die Ersatzdelegierten werden der Reihe nach aus den nicht gewählten Arbeitnehmern derjenigen Wahlvorschläge entnommen, denen die zu ersetzenden Delegierten angehören.

§ 15. Wahl der unternehmensangehörigen Aufsichtsratsmitglieder der Arbeitnehmer.
(1) ¹Die Delegierten wählen die Aufsichtsratsmitglieder, die nach § 7 Abs. 2 Arbeitnehmer des Unternehmens sein müssen, geheim und nach den Grundsätzen der Verhältniswahl für die Zeit, die im Gesetz oder in der Satzung (im Gesellschaftsvertrag) für die durch das Wahlorgan der Anteilseigner zu wählenden Mitglieder des Aufsichtsrats bestimmt ist. ²Dem Aufsichtsrat muss ein leitender Angestellter angehören.

(2) ¹Die Wahl erfolgt auf Grund von Wahlvorschlägen. ²Jeder Wahlvorschlag für

1. Aufsichtsratsmitglieder der Arbeitnehmer nach § 3 Abs. 1 Nr. 1 muss von einem Fünftel oder 100 der wahlberechtigten Arbeitnehmer des Unternehmens unterzeichnet sein;
2. das Aufsichtsratsmitglied der leitenden Angestellten wird auf Grund von Abstimmungsvorschlägen durch Beschluß der wahlberechtigten leitenden Angestellten aufgestellt. Jeder Abstimmungsvorschlag muß von einem Zwanzigstel oder 50 der wahlberechtigten leitenden Angestellten unterzeichnet sein. Der Beschluß wird in geheimer Abstimmung gefaßt. Jeder leitende Angestellte hat so viele Stimmen, wie für den Wahlvorschlag nach Absatz 3 Satz 2 Bewerber zu benennen sind. In den Wahlvorschlag ist die nach Absatz 3 Satz 2 vorgeschriebene Anzahl von Bewerbern in der Reihenfolge der auf sie entfallenden Stimmenzahlen aufzunehmen.

(3) ¹Abweichend von Absatz 1 findet Mehrheitswahl statt, soweit nur ein Wahlvorschlag gemacht wird. ²In diesem Fall muss der Wahlvorschlag doppelt so viele Bewerber enthalten, wie Aufsichtsratsmitglieder auf die Arbeitnehmer nach § 3 Abs. 1 Nr. 1 und auf die leitenden Angestellten entfallen.

§ 16. Wahl der Vertreter von Gewerkschaften in den Aufsichtsrat. (1) Die Delegierten wählen die Aufsichtsratsmitglieder, die nach § 7 Abs. 2 Vertreter von Gewerkschaften sind, in geheimer Wahl und nach den Grundsätzen der Verhältniswahl für die in § 15 Abs. 1 bestimmte Zeit.

Anlage 5 *Mitbestimmungsgesetz*

(2) ¹Die Wahl erfolgt auf Grund von Wahlvorschlägen der Gewerkschaften, die in dem Unternehmen selbst oder in einem anderen Unternehmen vertreten sind, dessen Arbeitnehmer nach diesem Gesetz an der Wahl von Aufsichtsratsmitgliedern des Unternehmens teilnehmen. ²Wird nur ein Wahlvorschlag gemacht, so findet abweichend von Satz 1 Mehrheitswahl statt. ³In diesem Falle muß der Wahlvorschlag mindestens doppelt so viele Bewerber enthalten, wie Vertreter von Gewerkschaften in den Aufsichtsrat zu wählen sind.

§ 17. **Ersatzmitglieder.** (1) ¹In jedem Wahlvorschlag kann zusammen mit jedem Bewerber für diesen ein Ersatzmitglied des Aufsichtsrats vorgeschlagen werden. ²Für einen Bewerber, der Arbeitnehmer nach § 3 Abs. 1 Nr. 1 ist, kann nur ein Arbeitnehmer nach § 3 Abs. 1 Nr. 1 und für einen leitenden Angestellten nach § 3 Abs. 1 Nr. 2 nur ein leitender Angestellter als Ersatzmitglied vorgeschlagen werden. ³Ein Bewerber kann nicht zugleich als Ersatzmitglied vorgeschlagen werden.

(2) Wird ein Bewerber als Aufsichtsratsmitglied gewählt, so ist auch das zusammen mit ihm vorgeschlagene Ersatzmitglied gewählt.

**Vierter Unterabschnitt. Unmittelbare Wahl
der Aufsichtsratsmitglieder der Arbeitnehmer**

§ 18. **[Unmittelbare Wahl der Aufsichtsratsmitglieder der Arbeitnehmer]** ¹Sind nach § 9 die Aufsichtsratsmitglieder der Arbeitnehmer in unmittelbarer Wahl zu wählen, so sind die Arbeitnehmer des Unternehmens, die das 18. Lebensjahr vollendet haben, wahlberechtigt. ²§ 7 Satz 2 des Betriebsverfassungsgesetzes gilt entsprechend. ³Für die Wahl sind die §§ 15 bis 17 mit der Maßgabe anzuwenden, daß an die Stelle der Delegierten die wahlberechtigten Arbeitnehmer des Unternehmens treten.

**Fünfter Unterabschnitt. Weitere Vorschriften über
das Wahlverfahren sowie über die Bestellung und Abberufung
von Aufsichtsratsmitgliedern**

§ 19. **Bekanntmachung der Mitglieder des Aufsichtsrats.** ¹Das zur gesetzlichen Vertretung des Unternehmens befugte Organ hat die Namen der Mitglieder und der Ersatzmitglieder des Aufsichtsrats unverzüglich nach ihrer Bestellung in den Betrieben des Unternehmens bekanntzumachen und im elektronischen Bundesanzeiger zu veröffentlichen. ²Nehmen an der Wahl der Aufsichtsratsmitglieder des Unternehmens auch die Arbeitnehmer eines anderen Unternehmens teil, so ist daneben das zur gesetzlichen Vertretung des anderen Unternehmens befugte Organ zur Bekanntmachung in seinen Betrieben verpflichtet.

§ 20. **Wahlschutz und Wahlkosten.** (1) ¹Niemand darf die Wahlen nach den §§ 10, 15, 16 und 18 behindern. ²Insbesondere darf niemand in der Ausübung des aktiven und passiven Wahlrechts beschränkt werden.

(2) Niemand darf die Wahlen durch Zufügung oder Androhung von Nachteilen oder durch Gewährung oder Versprechen von Vorteilen beeinflussen.

(3) ¹Die Kosten der Wahlen trägt das Unternehmen. ²Versäumnis von Arbeitszeit, die zur Ausübung des Wahlrechts oder der Betätigung im Wahlvorstand erforderlich ist, berechtigt den Arbeitgeber nicht zur Minderung des Arbeitsentgelts.

§ 21. **Anfechtung der Wahl von Delegierten.** (1) Die Wahl der Delegierten eines Betriebs kann beim Arbeitsgericht angefochten werden, wenn gegen wesentliche Vorschriften über das Wahlrecht, die Wählbarkeit oder das Wahlverfahren verstoßen worden und eine Berichtigung nicht erfolgt ist, es sei denn, daß durch den Verstoß das Wahlergebnis nicht geändert oder beeinflußt werden konnte.

(2) ¹Zur Anfechtung berechtigt sind

1. mindestens drei wahlberechtigte Arbeitnehmer des Betriebs,
2. der Betriebsrat,
3. der Sprecherausschuss,
4. das zur gesetzlichen Vertretung des Unternehmens befugte Organ.

Mitbestimmungsgesetz **Anlage 5**

²Die Anfechtung ist nur binnen einer Frist von zwei Wochen, vom Tage der Bekanntgabe des Wahlergebnisses an gerechnet, zulässig.

§ 22. Anfechtung der Wahl von Aufsichtsratsmitgliedern der Arbeitnehmer. (1) Die Wahl eines Aufsichtsratsmitglieds oder eines Ersatzmitglieds der Arbeitnehmer kann beim Arbeitsgericht angefochten werden, wenn gegen wesentliche Vorschriften über das Wahlrecht, die Wählbarkeit oder das Wahlverfahren verstoßen worden und eine Berichtigung nicht erfolgt ist, es sei denn, daß durch den Verstoß das Wahlergebnis nicht geändert oder beeinflußt werden konnte.

(2) ¹Zur Anfechtung berechtigt sind
1. mindestens drei wahlberechtigte Arbeitnehmer des Unternehmens,
2. der Gesamtbetriebsrat des Unternehmens oder, wenn in dem Unternehmen nur ein Betriebsrat besteht, der Betriebsrat sowie, wenn das Unternehmen herrschendes Unternehmen eines Konzerns ist, der Konzernbetriebsrat, soweit ein solcher besteht,
3. der Gesamt- oder Unternehmenssprecherausschuss des Unternehmens oder, wenn in dem Unternehmen nur ein Sprecherausschuss besteht, der Sprecherausschuss sowie, wenn das Unternehmen herrschendes Unternehmen eines Konzerns ist, der Konzernsprecherausschuss, soweit ein solcher besteht,
4. der Gesamtbetriebsrat eines anderen Unternehmens, dessen Arbeitnehmer nach diesem Gesetz an der Wahl der Aufsichtsratsmitglieder des Unternehmens teilnehmen, oder, wenn in dem anderen Unternehmen nur ein Betriebsrat besteht, der Betriebsrat,
5. der Gesamt- oder Unternehmenssprecherausschuss eines anderen Unternehmens, dessen Arbeitnehmer nach diesem Gesetz an der Wahl der Aufsichtsratsmitglieder des Unternehmens teilnehmen, oder, wenn in dem anderen Unternehmen nur ein Sprecherausschuss besteht, der Sprecherausschuss,
6. jede nach § 16 Abs. 2 vorschlagsberechtigte Gewerkschaft,
7. das zur gesetzlichen Vertretung des Unternehmens befugte Organ.

²Die Anfechtung ist nur binnen einer Frist von zwei Wochen, vom Tage der Veröffentlichung im elektronischen Bundesanzeiger an gerechnet, zulässig.

§ 23. Abberufung von Aufsichtsratsmitgliedern der Arbeitnehmer. (1) ¹Ein Aufsichtsratsmitglied der Arbeitnehmer kann vor Ablauf der Amtszeit auf Antrag abberufen werden. ²Antragsberechtigt sind für die Abberufung eines
1. Aufsichtsratsmitglieds der Arbeitnehmer nach § 3 Abs. 1 Nr. 1 drei Viertel der wahlberechtigten Arbeitnehmer nach § 3 Abs. 1 Nr. 1,
2. Aufsichtsratsmitglieds der leitenden Angestellten drei Viertel der wahlberechtigten leitenden Angestellten,
3. Aufsichtsratsmitglieds, das nach § 7 Abs. 2 Vertreter einer Gewerkschaft ist, die Gewerkschaft, die das Mitglied vorgeschlagen hat.

(2) ¹Ein durch Delegierte gewähltes Aufsichtsratsmitglied wird durch Beschluß der Delegierten abberufen. ²Dieser Beschluss wird in geheimer Abstimmung gefasst; er bedarf einer Mehrheit von drei Vierteln der abgegebenen Stimmen.

(3) ¹Ein von den Arbeitnehmern unmittelbar gewähltes Aufsichtsratsmitglied wird durch Beschluß der wahlberechtigten Arbeitnehmer abberufen. ²Dieser Beschluss wird in geheimer, unmittelbarer Abstimmung gefasst; er bedarf einer Mehrheit von drei Vierteln der abgegebenen Stimmen.

(4) Die Absätze 1 bis 3 sind für die Abberufung von Ersatzmitgliedern entsprechend anzuwenden.

§ 24. Verlust der Wählbarkeit und Änderung der Zuordnung unternehmensangehöriger Aufsichtsratsmitglieder. (1) Verliert ein Aufsichtsratsmitglied, das nach § 7 Abs. 2 Arbeitnehmer des Unternehmens sein muß, die Wählbarkeit, so erlischt sein Amt.

(2) Die Änderung der Zuordnung eines Aufsichtsratsmitglieds zu den in § 3 Abs. 1 Nr. 1 oder § 3 Abs. 1 Nr. 2 genannten Arbeitnehmern führt nicht zum Erlöschen seines Amtes.

Anlage 5

Dritter Abschnitt.
Innere Ordnung, Rechte und Pflichten des Aufsichtsrats

§ 25. Grundsatz. (1) ¹Die innere Ordnung, die Beschlußfassung sowie die Rechte und Pflichten des Aufsichtsrats bestimmen sich nach den §§ 27 bis 29, den §§ 31 und 32 und, soweit diese Vorschriften dem nicht entgegenstehen,

1. für Aktiengesellschaften und Kommanditgesellschaften auf Aktien nach dem Aktiengesetz,
2. für Gesellschaften mit beschränkter Haftung nach § 90 Abs. 3, 4 und 5 Satz 1 und 2, den §§ 107 bis 116, 118 Abs. 3, § 125 Abs. 3 und 4 und den §§ 170, 171 und 268 Abs. 2 des Aktiengesetzes,
3. für Genossenschaften nach dem Genossenschaftsgesetz.

²§ 4 Abs. 2 des Gesetzes über die Überführung der Anteilsrechte an der Volkswagenwerk Gesellschaft mit beschränkter Haftung in private Hand vom 21. Juli 1960 (Bundesgesetzbl. I S. 585), zuletzt geändert durch das Zweite Gesetz zur Änderung des Gesetzes über die Überführung der Anteilsrechte an der Volkswagenwerk Gesellschaft mit beschränkter Haftung in private Hand vom 31. Juli 1970 (Bundesgesetzbl. I S. 1149), bleibt unberührt.

(2) Andere gesetzliche Vorschriften und Bestimmungen der Satzung (des Gesellschaftsvertrags) oder der Geschäftsordnung des Aufsichtsrats über die innere Ordnung, die Beschlußfassung sowie die Rechte und Pflichten des Aufsichtsrats bleiben unberührt, soweit Absatz 1 dem nicht entgegensteht.

§ 26. Schutz von Aufsichtsratsmitgliedern vor Benachteiligung. ¹Aufsichtsratsmitglieder der Arbeitnehmer dürfen in der Ausübung ihrer Tätigkeit nicht gestört oder behindert werden. ²Sie dürfen wegen ihrer Tätigkeit im Aufsichtsrat eines Unternehmens, dessen Arbeitnehmer sie sind oder als dessen Arbeitnehmer sie nach § 4 oder § 5 gelten, nicht benachteiligt werden. ³Dies gilt auch für ihre berufliche Entwicklung.

§ 27. Vorsitz im Aufsichtsrat. (1) Der Aufsichtsrat wählt mit einer Mehrheit von zwei Dritteln der Mitglieder, aus denen er insgesamt zu bestehen hat, aus seiner Mitte einen Aufsichtsratsvorsitzenden und einen Stellvertreter.

(2) ¹Wird bei der Wahl des Aufsichtsratsvorsitzenden oder seines Stellvertreters die nach Absatz 1 erforderliche Mehrheit nicht erreicht, so findet für die Wahl des Aufsichtsratsvorsitzenden und seines Stellvertreters ein zweiter Wahlgang statt. ²In diesem Wahlgang wählen die Aufsichtsratsmitglieder der Anteilseigner den Aufsichtsratsvorsitzenden und die Aufsichtsratsmitglieder der Arbeitnehmer den Stellvertreter jeweils mit der Mehrheit der abgegebenen Stimmen.

(3) Unmittelbar nach der Wahl des Aufsichtsratsvorsitzenden und seines Stellvertreters bildet der Aufsichtsrat zur Wahrnehmung der in § 31 Abs. 3 Satz 1 bezeichneten Aufgabe einen Ausschuß, dem der Aufsichtsratsvorsitzende, sein Stellvertreter sowie je ein von den Aufsichtsratsmitgliedern der Arbeitnehmer und von den Aufsichtsratsmitgliedern der Anteilseigner mit der Mehrheit der abgegebenen Stimmen gewähltes Mitglied angehören.

§ 28. Beschlußfähigkeit. ¹Der Aufsichtsrat ist nur beschlußfähig, wenn mindestens die Hälfte der Mitglieder, aus denen er insgesamt zu bestehen hat, an der Beschlußfassung teilnimmt. ²§ 108 Abs. 2 Satz 4 des Aktiengesetzes ist anzuwenden.

§ 29. Abstimmungen. (1) Beschlüsse des Aufsichtsrats bedürfen der Mehrheit der abgegebenen Stimmen, soweit nicht in Absatz 2 und in den §§ 27, 31 und 32 etwas anderes bestimmt ist.

(2) ¹Ergibt eine Abstimmung im Aufsichtsrat Stimmengleichheit, so hat bei einer erneuten Abstimmung über denselben Gegenstand, wenn auch sie Stimmengleichheit ergibt, der Aufsichtsratsvorsitzende zwei Stimmen. ²§ 108 Abs. 3 des Aktiengesetzes ist auch auf die Abgabe der zweiten Stimme anzuwenden. ³Dem Stellvertreter steht die zweite Stimme nicht zu.

Dritter Teil. Gesetzliches Vertretungsorgan

§ 30. Grundsatz. Die Zusammensetzung, die Rechte und Pflichten des zur gesetzlichen Vertretung des Unternehmens befugten Organs sowie die Bestellung seiner Mitglieder bestimmen sich nach den für die Rechtsform des Unternehmens geltenden Vorschriften, soweit sich aus den §§ 31 bis 33 nichts anderes ergibt.

§ 31. Bestellung und Widerruf. (1) ¹Die Bestellung der Mitglieder des zur gesetzlichen Vertretung des Unternehmens befugten Organs und der Widerruf der Bestellung bestimmen sich nach den §§ 84 und 85 des Aktiengesetzes, soweit sich nicht aus den Absätzen 2 bis 5 etwas anderes ergibt. ²Dies gilt nicht für Kommanditgesellschaften auf Aktien.

(2) Der Aufsichtsrat bestellt die Mitglieder des zur gesetzlichen Vertretung des Unternehmens befugten Organs mit einer Mehrheit, die mindestens zwei Drittel der Stimmen seiner Mitglieder umfaßt.

(3) ¹Kommt eine Bestellung nach Absatz 2 nicht zustande, so hat der in § 27 Abs. 3 bezeichnete Ausschuß des Aufsichtsrats innerhalb eines Monats nach der Abstimmung, in der die in Absatz 2 vorgeschriebene Mehrheit nicht erreicht worden ist, dem Aufsichtsrat einen Vorschlag für die Bestellung zu machen; dieser Vorschlag schließt andere Vorschläge nicht aus. ²Der Aufsichtsrat bestellt die Mitglieder des zur gesetzlichen Vertretung des Unternehmens befugten Organs mit der Mehrheit der Stimmen seiner Mitglieder.

(4) ¹Kommt eine Bestellung nach Absatz 3 nicht zustande, so hat bei einer erneuten Abstimmung der Aufsichtsratsvorsitzende zwei Stimmen; Absatz 3 Satz 2 ist anzuwenden. ²Auf die Abgabe der zweiten Stimme ist § 108 Abs. 3 des Aktiengesetzes anzuwenden. ³Dem Stellvertreter steht die zweite Stimme nicht zu.

(5) Die Absätze 2 bis 4 sind für den Widerruf der Bestellung eines Mitglieds des zur gesetzlichen Vertretung des Unternehmens befugten Organs entsprechend anzuwenden.

§ 32. Ausübung von Beteiligungsrechten. (1) ¹Die einem Unternehmen, in dem die Arbeitnehmer nach diesem Gesetz ein Mitbestimmungsrecht haben, auf Grund von Beteiligungen an einem anderen Unternehmen, in dem die Arbeitnehmer nach diesem Gesetz ein Mitbestimmungsrecht haben, zustehenden Rechte bei der Bestellung, dem Widerruf der Bestellung oder der Entlastung von Verwaltungsträgern sowie bei der Beschlußfassung über die Auflösung oder Umwandlung des anderen Unternehmens, den Abschluß von Unternehmensverträgen (§§ 291, 292 des Aktiengesetzes) mit dem anderen Unternehmen, über dessen Fortsetzung nach seiner Auflösung oder über die Übertragung seines Vermögens können durch das zur gesetzlichen Vertretung des Unternehmens befugte Organ nur auf Grund von Beschlüssen des Aufsichtsrats ausgeübt werden. ²Diese Beschlüsse bedürfen nur der Mehrheit der Stimmen der Aufsichtsratsmitglieder der Anteilseigner; sie sind für das zur gesetzlichen Vertretung des Unternehmens befugte Organ verbindlich.

(2) Absatz 1 ist nicht anzuwenden, wenn die Beteiligung des Unternehmens an dem anderen Unternehmen weniger als ein Viertel beträgt.

§ 33. Arbeitsdirektor. (1) ¹Als gleichberechtigtes Mitglied des zur gesetzlichen Vertretung des Unternehmens befugten Organs wird ein Arbeitsdirektor bestellt. ²Dies gilt nicht für Kommanditgesellschaften auf Aktien.

(2) ¹Der Arbeitsdirektor hat wie die übrigen Mitglieder des zur gesetzlichen Vertretung des Unternehmens befugten Organs seine Aufgaben im engsten Einvernehmen mit dem Gesamtorgan auszuüben. ²Das Nähere bestimmt die Geschäftsordnung.

(3) Bei Genossenschaften ist auf den Arbeitsdirektor § 9 Abs. 2 des Genossenschaftsgesetzes nicht anzuwenden.

Vierter Teil. Seeschiffahrt

§ 34. [Seeschiffahrt] (1) Die Gesamtheit der Schiffe eines Unternehmens gilt für die Anwendung dieses Gesetzes als ein Betrieb.

(2) ¹Schiffe im Sinne dieses Gesetzes sind Kauffahrteischiffe, die nach dem Flaggenrechtsgesetz die Bundesflagge führen. ²Schiffe, die in der Regel binnen 48 Stunden nach dem Auslaufen an den Sitz eines Landbetriebs zurückkehren, gelten als Teil dieses Landbetriebs.

Anlage 5 *Mitbestimmungsgesetz*

(3) Leitende Angestellte im Sinne des § 3 Abs. 1 Nr. 2 dieses Gesetzes sind in einem in Absatz 1 bezeichneten Betrieb nur die Kapitäne.

(4) Die Arbeitnehmer eines in Absatz 1 bezeichneten Betriebs nehmen an einer Abstimmung nach § 9 nicht teil und bleiben für die Errechnung der für die Antragstellung und für die Beschlußfassung erforderlichen Zahl von Arbeitnehmern außer Betracht.

(5) ¹Werden die Aufsichtsratsmitglieder der Arbeitnehmer durch Delegierte gewählt, so werden abweichend von § 10 in einem in Absatz 1 bezeichneten Betrieb keine Delegierten gewählt. ²Abweichend von § 15 Abs. 1 nehmen die Arbeitnehmer dieses Betriebs unmittelbar an der Wahl der Aufsichtsratsmitglieder der Arbeitnehmer teil mit der Maßgabe, daß die Stimme eines dieser Arbeitnehmer als ein Neunzigstel der Stimme eines Delegierten zu zählen ist; § 11 Abs. 1 Satz 3 ist entsprechend anzuwenden.

Fünfter Teil. Übergangs- und Schlußvorschriften

§ 35. *(aufgehoben)*

§ 36. Verweisungen. (1) Soweit in anderen Vorschriften auf Vorschriften des Betriebsverfassungsgesetzes 1952 über die Vertretung der Arbeitnehmer in den Aufsichtsräten von Unternehmen verwiesen wird, gelten diese Verweisungen für die in § 1 Abs. 1 dieses Gesetzes bezeichneten Unternehmen als Verweisungen auf dieses Gesetz.

(2) Soweit in anderen Vorschriften für das Gesetz über die Mitbestimmung der Arbeitnehmer in den Aufsichtsräten und Vorständen der Unternehmen des Bergbaus und der Eisen und Stahl erzeugenden Industrie vom 21. Mai 1951 (Bundesgesetzbl. I S. 347) die Bezeichnung „Mitbestimmungsgesetz" verwendet wird, tritt an ihre Stelle die Bezeichnung „Montan-Mitbestimmungsgesetz".

§ 37. Erstmalige Anwendung des Gesetzes auf ein Unternehmen. (1) ¹Andere als die in § 97 Abs. 2 Satz 2 des Aktiengesetzes bezeichneten Bestimmungen der Satzung (des Gesellschaftsvertrags), die mit den Vorschriften dieses Gesetzes nicht vereinbar sind, treten mit dem in § 97 Abs. 2 Satz 2 des Aktiengesetzes bezeichneten Zeitpunkt oder, im Falle einer gerichtlichen Entscheidung, mit dem in § 98 Abs. 4 Satz 2 des Aktiengesetzes bezeichneten Zeitpunkt außer Kraft. ²Eine Hauptversammlung (Gesellschafterversammlung, Generalversammlung), die bis zu diesem Zeitpunkt stattfindet, kann an Stelle der außer Kraft tretenden Satzungsbestimmungen mit einfacher Mehrheit neue Satzungsbestimmungen beschließen.

(2) Die §§ 25 bis 29, 31 bis 33 sind erstmalig anzuwenden, wenn der Aufsichtsrat nach den Vorschriften dieses Gesetzes zusammengesetzt ist.

(3) ¹Die Bestellung eines vor dem Inkrafttreten dieses Gesetzes bestellten Mitglieds des zur gesetzlichen Vertretung befugten Organs eines Unternehmens, auf das dieses Gesetz bereits bei seinem Inkrafttreten anzuwenden ist, kann, sofern die Amtszeit dieses Mitglieds nicht aus anderen Gründen früher endet, nach Ablauf von fünf Jahren seit dem Inkrafttreten dieses Gesetzes von dem nach diesem Gesetz gebildeten Aufsichtsrat jederzeit widerrufen werden. ²Für den Widerruf bedarf es der Mehrheit der abgegebenen Stimmen der Aufsichtsratsmitglieder, aller Stimmen der Aufsichtsratsmitglieder der Anteilseigner oder aller Stimmen der Aufsichtsratsmitglieder der Arbeitnehmer. ³Für die Ansprüche aus dem Anstellungsvertrag gelten die allgemeinen Vorschriften. ⁴Bis zum Widerruf bleiben für diese Mitglieder Satzungsbestimmungen über die Amtszeit abweichend von Absatz 1 Satz 1 in Kraft. ⁵Diese Vorschriften sind entsprechend anzuwenden, wenn dieses Gesetz auf ein Unternehmen erst nach dem Zeitpunkt des Inkrafttretens dieses Gesetzes erstmalig anzuwenden ist.

(4) Absatz 3 gilt nicht für persönlich haftende Gesellschafter einer Kommanditgesellschaft auf Aktien.

§ 38. *(aufgehoben)*

§ 39. Ermächtigung zum Erlaß von Rechtsverordnungen. Die Bundesregierung wird ermächtigt, durch Rechtsverordnung Vorschriften über das Verfahren für die Wahl und die Abberufung von Aufsichtsratsmitgliedern der Arbeitnehmer zu erlassen, insbesondere über

1. die Vorbereitung der Wahl oder Abstimmung, die Bestellung der Wahlvorstände und Abstimmungsvorstände sowie die Aufstellung der Wählerlisten,
2. die Abstimmungen darüber, ob die Wahl der Aufsichtsratsmitglieder in unmittelbarer Wahl oder durch Delegierte erfolgen soll,
3. die Frist für die Einsichtnahme in die Wählerlisten und die Erhebung von Einsprüchen,
4. die Errechnung der Zahl der Aufsichtsratsmitglieder der Arbeitnehmer sowie ihre Verteilung auf die in § 3 Abs. 1 Nr. 1 bezeichneten Arbeitnehmer, die leitenden Angestellten und die Gewerkschaftsvertreter,
5. die Errechnung der Zahl der Delegierten,
6. die Wahlvorschläge und die Frist für ihre Einreichung,
7. die Ausschreibung der Wahl oder der Abstimmung und die Fristen für die Bekanntmachung des Ausschreibens,
8. die Teilnahme von Arbeitnehmern eines in § 34 Abs. 1 bezeichneten Betriebs an Wahlen und Abstimmungen,
9. die Stimmabgabe,
10. die Feststellung des Ergebnisses der Wahl oder der Abstimmung und die Fristen für seine Bekanntmachung,
11. die Aufbewahrung der Wahlakten und der Abstimmungsakten.

§ 40. Übergangsregelung. (1) [1] Auf Wahlen oder Abberufungen von Aufsichtsratsmitgliedern der Arbeitnehmer, die nach dem 28. Juli 2001 bis zum 26. März 2002 eingeleitet wurden, ist das Mitbestimmungsgesetz vom 4. Mai 1976 (BGBl. I S. 1153) in der durch Artikel 12 des Betriebsverfassungs-Reformgesetzes vom 23. Juli 2001 (BGBl. I S. 1852) geänderten Fassung anzuwenden. [2] Abweichend von Satz 1 findet § 11 des Mitbestimmungsgesetzes vom 4. Mai 1976 (BGBl. I S. 1153) in der durch Artikel 1 des Gesetzes zur Vereinfachung der Wahl der Arbeitnehmervertreter in den Aufsichtsrat vom 23. März 2002 (BGBl. I S. 1130) geänderten Fassung Anwendung, wenn feststeht, dass die Aufsichtsratsmitglieder der Arbeitnehmer durch Delegierte zu wählen sind und bis zum 26. März 2002 die Errechnung der Zahl der Delegierten noch nicht erfolgt ist.

(2) [1] Auf Wahlen oder Abberufungen von Aufsichtsratsmitgliedern der Arbeitnehmer, die nach dem 28. Juli 2001 eingeleitet wurden, finden die Erste Wahlordnung zum Mitbestimmungsgesetz vom 23. Juni 1977 (BGBl. I S. 861), geändert durch Artikel 1 der Verordnung vom 9. November 1990 (BGBl. I S. 2487), die Zweite Wahlordnung zum Mitbestimmungsgesetz vom 23. Juni 1977 (BGBl. I S. 893), geändert durch Artikel 2 der Verordnung vom 9. November 1990 (BGBl. I S. 2487) und die Dritte Wahlordnung zum Mitbestimmungsgesetz vom 23. Juni 1977 (BGBl. I S. 934), geändert durch Artikel 3 der Verordnung vom 9. November 1990 (BGBl. I S. 2487) bis zu deren Änderung entsprechende Anwendung. [2] Für die entsprechende Anwendung ist für Wahlen oder Abberufungen von Aufsichtsratsmitgliedern der Arbeitnehmer, die in dem Zeitraum nach dem 28. Juli 2001 bis zum 26. März 2002 eingeleitet wurden, das Mitbestimmungsgesetz vom 4. Mai 1976 (BGBl. I S. 1153) in der nach Absatz 1 anzuwendenden Fassung maßgeblich; für Wahlen oder Abberufungen von Aufsichtsratsmitgliedern der Arbeitnehmer, die nach dem 26. März 2002 eingeleitet werden, ist das Mitbestimmungsgesetz vom 4. Mai 1976 (BGBl. I S. 1153) in der durch Artikel 1 des Gesetzes zur Vereinfachung der Wahl der Arbeitnehmervertreter in den Aufsichtsrat vom 23. März 2002 (BGBl. I S. 1130) geänderten Fassung maßgeblich.

§ 41. Inkrafttreten. Dieses Gesetz tritt am 1. Juli 1976 in Kraft.

6. Aktiengesetz (AktG)

vom 6. September 1965 (BGBl. I S. 1089), zuletzt geändert durch Gesetz vom 25. Mai 2009 (BGBl. I S. 1102), unter Berücksichtigung der geplanten Änderungen durch das Gesetz zur Umsetzung der Aktionärsrechterichtlinie (ARUG), bei Drucklegung noch nicht verkündet (BT-Drucksache 16/13098), sowie das Gesetz zur Angemessenheit der Vorstandsvergütung (VorstAG), bei Drucklegung noch nicht verkündet (BT-Drucksache 16/13433)

– Auszug –

§ 84. Bestellung und Abberufung des Vorstands. (1) [1]Vorstandsmitglieder bestellt der Aufsichtsrat auf höchstens fünf Jahre. [2]Eine wiederholte Bestellung oder Verlängerung der Amtszeit, jeweils für höchstens fünf Jahre, ist zulässig. [3]Sie bedarf eines erneuten Aufsichtsratsbeschlusses, der frühestens ein Jahr vor Ablauf der bisherigen Amtszeit gefaßt werden kann. [4]Nur bei einer Bestellung auf weniger als fünf Jahre kann eine Verlängerung der Amtszeit ohne neuen Aufsichtsratsbeschluß vorgesehen werden, sofern dadurch die gesamte Amtszeit nicht mehr als fünf Jahre beträgt. [5]Dies gilt sinngemäß für den Anstellungsvertrag; er kann jedoch vorsehen, daß er für den Fall einer Verlängerung der Amtszeit bis zu deren Ablauf weitergilt.

(2) Werden mehrere Personen zu Vorstandsmitgliedern bestellt, so kann der Aufsichtsrat ein Mitglied zum Vorsitzenden des Vorstands ernennen.

(3) [1]Der Aufsichtsrat kann die Bestellung zum Vorstandsmitglied und die Ernennung zum Vorsitzenden des Vorstands widerrufen, wenn ein wichtiger Grund vorliegt. [2]Ein solcher Grund ist namentlich grobe Pflichtverletzung, Unfähigkeit zur ordnungsmäßigen Geschäftsführung oder Vertrauensentzug durch die Hauptversammlung, es sei denn, daß das Vertrauen aus offenbar unsachlichen Gründen entzogen worden ist. [3]Dies gilt auch für den vom ersten Aufsichtsrat bestellten Vorstand. [4]Der Widerruf ist wirksam, bis seine Unwirksamkeit rechtskräftig festgestellt ist. [5]Für die Ansprüche aus dem Anstellungsvertrag gelten die allgemeinen Vorschriften.

(4) Die Vorschriften des Gesetzes über die Mitbestimmung der Arbeitnehmer in den Aufsichtsräten und Vorständen der Unternehmen des Bergbaus und der Eisen und Stahl erzeugenden Industrie vom 21. Mai 1951 (Bundesgesetzbl. I S. 347) – Montan-Mitbestimmungsgesetz – über die besonderen Mehrheitserfordernisse für einen Aufsichtsratsbeschluß über die Bestellung eines Arbeitsdirektors oder den Widerruf seiner Bestellung bleiben unberührt.

§ 85. Bestellung durch das Gericht. (1) [1]Fehlt ein erforderliches Vorstandsmitglied, so hat in dringenden Fällen das Gericht auf Antrag eines Beteiligten das Mitglied zu bestellen. [2]Gegen die Entscheidung ist die Beschwerde zulässig.

(2) Das Amt des gerichtlich bestellten Vorstandsmitglieds erlischt in jedem Fall, sobald der Mangel behoben ist.

(3) [1]Das gerichtlich bestellte Vorstandsmitglied hat Anspruch auf Ersatz angemessener barer Auslagen und auf Vergütung für seine Tätigkeit. [2]Einigen sich das gerichtlich bestellte Vorstandsmitglied und die Gesellschaft nicht, so setzt das Gericht die Auslagen und die Vergütung fest. [3]Gegen die Entscheidung ist die Beschwerde zulässig; die Rechtsbeschwerde ist ausgeschlossen. [4]Die weitere Beschwerde ist ausgeschlossen. [5]Aus der rechtskräftigen Entscheidung findet die Zwangsvollstreckung nach der Zivilprozeßordnung statt.

§ 86. *(aufgehoben)*

§ 87. Grundsätze für die Bezüge der Vorstandsmitglieder. (1) [1]Der Aufsichtsrat hat bei der Festsetzung der Gesamtbezüge des einzelnen Vorstandsmitglieds (Gehalt, Gewinnbeteiligungen, Aufwandsentschädigungen, Versicherungsentgelte, Provisionen, anreizorientierte Vergütungszusagen wie zum Beispiel Aktienbezugsrechte und Nebenleistungen jeder Art) dafür zu sorgen, dass diese in einem angemessenen Verhältnis zu den Aufgaben und Leistungen des Vorstandsmitglieds sowie zur Lage der Gesellschaft stehen und die übliche Vergütung nicht ohne besondere Gründe übersteigen. [2]Die Vergütungsstruktur ist bei börsennotierten Gesellschaften auf eine nachhaltige

Aktiengesetz **Anlage 6**

Unternehmensentwicklung auszurichten. ³Variable Vergütungsbestandteile sollen daher eine mehrjährige Bemessungsgrundlage haben; für außerordentliche Entwicklungen soll der Aufsichtsrat eine Begrenzungsmöglichkeit vereinbaren. ⁴Satz 1 gilt sinngemäß für Ruhegehalt, Hinterbliebenenbezüge und Leistungen verwandter Art.

(2) ¹Verschlechtert sich die Lage der Gesellschaft nach der Festsetzung so, dass die Weitergewährung der Bezüge nach Absatz 1 unbillig für die Gesellschaft wäre, so soll der Aufsichtsrat oder im Falle des § 85 Absatz 3 das Gericht auf Antrag des Aufsichtsrats die Bezüge auf die angemessene Höhe herabsetzen. ²Ruhegehalt, Hinterbliebenenbezüge und Leistungen verwandter Art können nur in den ersten drei Jahren nach Ausscheiden aus der Gesellschaft nach Satz 1 herabgesetzt werden. ³Durch eine Herabsetzung wird der Anstellungsvertrag im übrigen nicht berührt. ⁴Das Vorstandsmitglied kann jedoch seinen Anstellungsvertrag für den Schluß des nächsten Kalendervierteljahrs mit einer Kündigungsfrist von sechs Wochen kündigen.

(3) Wird über das Vermögen der Gesellschaft das Insolvenzverfahren eröffnet und kündigt der Insolvenzverwalter den Anstellungsvertrag eines Vorstandsmitglieds, so kann es Ersatz für den Schaden, der ihm durch die Aufhebung des Dienstverhältnisses entsteht, nur für zwei Jahre seit dem Ablauf des Dienstverhältnisses verlangen.

Zweiter Abschnitt. Aufsichtsrat

§ 95. Zahl der Aufsichtsratsmitglieder. ¹Der Aufsichtsrat besteht aus drei Mitgliedern. ²Die Satzung kann eine bestimmte höhere Zahl festsetzen. ³Die Zahl muß durch drei teilbar sein. ⁴Die Höchstzahl der Aufsichtsratsmitglieder beträgt bei Gesellschaften mit einem Grundkapital
bis zu   1 500 000 Euro neun,
von mehr als   1 500 000 Euro fünfzehn,
von mehr als   10 000 000 Euro einundzwanzig.
⁵Durch die vorstehenden Vorschriften werden hiervon abweichende Vorschriften des Gesetzes über die Mitbestimmung der Arbeitnehmer vom 4. Mai 1976 (Bundesgesetzbl. I S. 1153), des Montan-Mitbestimmungsgesetzes und des Gesetzes zur Ergänzung des Gesetzes über die Mitbestimmung der Arbeitnehmer in den Aufsichtsräten und Vorständen der Unternehmen des Bergbaus und der Eisen und Stahl erzeugenden Industrie vom 7. August 1956 (Bundesgesetzbl. I S. 707) – Mitbestimmungsergänzungsgesetz – nicht berührt.

§ 96. Zusammensetzung des Aufsichtsrats. (1) Der Aufsichtsrat setzt sich zusammen
bei Gesellschaften, für die das Mitbestimmungsgesetz gilt, aus Aufsichtsratsmitgliedern der Aktionäre und der Arbeitnehmer,
bei Gesellschaften, für die das Montan-Mitbestimmungsgesetz gilt, aus Aufsichtsratsmitgliedern der Aktionäre und der Arbeitnehmer und aus weiteren Mitgliedern,
bei Gesellschaften, für die die §§ 5 bis 13 des Mitbestimmungsergänzungsgesetzes gelten, aus Aufsichtsratsmitgliedern der Aktionäre und der Arbeitnehmer und aus einem weiteren Mitglied,
bei Gesellschaften, für die § 76 Abs. 1 des Drittelbeteiligungsgesetzes gilt, aus Aufsichtsratsmitgliedern der Aktionäre und der Arbeitnehmer,
bei Gesellschaften für die das Gesetz über die Mitbestimmung der Arbeitnehmer bei einer grenzüberschreitenden Verschmelzung gilt, aus Aufsichtsratsmitgliedern der Aktionäre und der Arbeitnehmer,
bei den übrigen Gesellschaften nur aus Aufsichtsratsmitgliedern der Aktionäre.

(2) Nach anderen als den zuletzt angewandten gesetzlichen Vorschriften kann der Aufsichtsrat nur zusammengesetzt werden, wenn nach § 97 oder nach § 98 die in der Bekanntmachung des Vorstands oder in der gerichtlichen Entscheidung angegebenen gesetzlichen Vorschriften anzuwenden sind.

§ 97. Bekanntmachung über die Zusammensetzung des Aufsichtsrats. (1) ¹Ist der Vorstand der Ansicht, daß der Aufsichtsrat nicht nach den für ihn maßgebenden gesetzlichen Vorschriften zusammengesetzt ist, so hat er dies unverzüglich in den Gesellschaftsblättern und gleichzeitig durch Aushang in sämtlichen Betrieben der Gesellschaft und ihrer Konzernunternehmen bekanntzumachen. ²In der Bekanntmachung sind die nach Ansicht des Vorstands maßgebenden gesetzlichen Vorschriften anzugeben. ³Es ist darauf hinzuweisen, daß der Aufsichtsrat nach diesen

Anlage 6
Aktiengesetz

Vorschriften zusammengesetzt wird, wenn nicht Antragsberechtigte nach § 98 Abs. 2 innerhalb eines Monats nach der Bekanntmachung im elektronischen Bundesanzeiger das nach § 98 Abs. 1 zuständige Gericht anrufen.

(2) ¹Wird das nach § 98 Abs. 1 zuständige Gericht nicht innerhalb eines Monats nach der Bekanntmachung im elektronischen Bundesanzeiger angerufen, so ist der neue Aufsichtsrat nach den in der Bekanntmachung des Vorstands angegebenen gesetzlichen Vorschriften zusammenzusetzen. ²Die Bestimmungen der Satzung über die Zusammensetzung des Aufsichtsrats, über die Zahl der Aufsichtsratsmitglieder sowie über die Wahl, Abberufung und Entsendung von Aufsichtsratsmitgliedern treten mit der Beendigung der ersten Hauptversammlung, die nach Ablauf der Anrufungsfrist einberufen wird, spätestens sechs Monate nach Ablauf dieser Frist insoweit außer Kraft, als sie den nunmehr anzuwendenden gesetzlichen Vorschriften widersprechen. ³Mit demselben Zeitpunkt erlischt das Amt der bisherigen Aufsichtsratsmitglieder. ⁴Eine Hauptversammlung, die innerhalb der Frist von sechs Monaten stattfindet, kann an Stelle der außer Kraft tretenden Satzungsbestimmungen mit einfacher Stimmenmehrheit neue Satzungsbestimmungen beschließen.

(3) Solange ein gerichtliches Verfahren nach §§ 98, 99 anhängig ist, kann eine Bekanntmachung über die Zusammensetzung des Aufsichtsrats nicht erfolgen.

§ 98. Gerichtliche Entscheidung über die Zusammensetzung des Aufsichtsrats.
(1) ¹Ist streitig oder ungewiß, nach welchen gesetzlichen Vorschriften der Aufsichtsrat zusammenzusetzen ist, so entscheidet darüber auf Antrag ausschließlich das Landgericht, in dessen Bezirk die Gesellschaft ihren Sitz hat.

(2) ¹Antragsberechtigt sind

1. der Vorstand,

2. jedes Aufsichtsratsmitglied,

3. jeder Aktionär,

4. der Gesamtbetriebsrat der Gesellschaft oder, wenn in der Gesellschaft nur ein Betriebsrat besteht, der Betriebsrat,

5. der Gesamt- oder Unternehmenssprecherausschuss der Gesellschaft oder, wenn in der Gesellschaft nur ein Sprecherausschuss besteht, der Sprecherausschuss,

6. der Gesamtbetriebsrat eines anderen Unternehmens, dessen Arbeitnehmer nach den gesetzlichen Vorschriften, deren Anwendung streitig oder ungewiß ist, selbst oder durch Delegierte an der Wahl von Aufsichtsratsmitgliedern der Gesellschaft teilnehmen, oder, wenn in dem anderen Unternehmen nur ein Betriebsrat besteht, der Betriebsrat,

7. der Gesamt- oder Unternehmenssprecherausschuss eines anderen Unternehmens, dessen Arbeitnehmer nach den gesetzlichen Vorschriften, deren Anwendung streitig oder ungewiss ist, selbst oder durch Delegierte an der Wahl von Aufsichtsratsmitgliedern der Gesellschaft teilnehmen, oder, wenn in dem anderen Unternehmen nur ein Sprecherausschuss besteht, der Sprecherausschuss,

8. mindestens ein Zehntel oder einhundert der Arbeitnehmer, die nach den gesetzlichen Vorschriften, deren Anwendung streitig oder ungewiß ist, selbst oder durch Delegierte an der Wahl von Aufsichtsratsmitgliedern der Gesellschaft teilnehmen,

9. Spitzenorganisationen der Gewerkschaften, die nach den gesetzlichen Vorschriften, deren Anwendung streitig oder ungewiß ist, ein Vorschlagsrecht hätten,

10. Gewerkschaften, die nach den gesetzlichen Vorschriften, deren Anwendung streitig oder ungewiß ist, ein Vorschlagsrecht hätten.

²Ist die Anwendung des Mitbestimmungsgesetzes oder die Anwendung von Vorschriften des Mitbestimmungsgesetzes streitig oder ungewiß, so sind außer den nach Satz 1 Antragsberechtigten auch je ein Zehntel der wahlberechtigten in § 3 Abs. 1 Nr. 1 des Mitbestimmungsgesetzes bezeichneten Arbeitnehmer oder der wahlberechtigten leitenden Angestellten im Sinne des Mitbestimmungsgesetzes antragsberechtigt.

(3) Die Absätze 1 und 2 gelten sinngemäß, wenn streitig ist, ob der Abschlußprüfer das nach § 3 oder § 16 des Mitbestimmungsergänzungsgesetzes maßgebliche Umsatzverhältnis richtig ermittelt hat.

Aktiengesetz **Anlage 6**

(4) ¹Entspricht die Zusammensetzung des Aufsichtsrats nicht der gerichtlichen Entscheidung, so ist der neue Aufsichtsrat nach den in der Entscheidung angegebenen gesetzlichen Vorschriften zusammenzusetzen. ²§ 97 Abs. 2 gilt sinngemäß mit der Maßgabe, daß die Frist von sechs Monaten mit dem Eintritt der Rechtskraft beginnt.

§ 99. Verfahren. (1) Auf das Verfahren ist das Gesetz über das Verfahren in Familiensachen und in den Angelegenheiten der freiwilligen Gerichtsbarkeit anzuwenden, soweit in den Absätzen 2 bis 5 nichts anderes bestimmt ist.

(2) ¹Das Landgericht hat den Antrag in den Gesellschaftsblättern bekanntzumachen. ²Der Vorstand und jedes Aufsichtsratsmitglied sowie die nach § 98 Abs. 2 antragsberechtigten Betriebsräte, Sprecherausschüsse, Spitzenorganisationen und Gewerkschaften sind zu hören.

(3) ¹Das Landgericht entscheidet durch einen mit Gründen versehenen Beschluss. ²Gegen die Entscheidung des Landgerichts findet die Beschwerde statt. ³Sie kann nur auf eine Verletzung des Rechts gestützt werden; § 72 Abs. 1 Satz 2 und § 74 Abs. 2 und 3 des Gesetzes über das Verfahren in Familiensachen und in den Angelegenheiten der freiwilligen Gerichtsbarkeit sowie § 547 der Zivilprozessordnung gelten sinngemäß. ⁴Die Beschwerde kann nur durch die Einreichung einer von einem Rechtsanwalt unterzeichneten Beschwerdeschrift eingelegt werden. ⁵Die Landesregierung kann durch Rechtsverordnung die Entscheidung über die Beschwerde für die Bezirke mehrerer Oberlandesgerichte einem der Oberlandesgerichte oder dem Obersten Landesgericht übertragen, wenn dies der Sicherung einer einheitlichen Rechtsprechung dient. ⁶Die Landesregierung kann die Ermächtigung auf die Landesjustizverwaltung übertragen.

(4) ¹Das Gericht hat seine Entscheidung dem Antragsteller und der Gesellschaft zuzustellen. ²Es hat sie ferner ohne Gründe in den Gesellschaftsblättern bekanntzumachen. ³Die Beschwerde steht jedem nach § 98 Abs. 2 Antragsberechtigten zu. ⁴Die Beschwerdefrist beginnt mit der Bekanntmachung der Entscheidung im elektronischen Bundesanzeiger, für den Antragsteller und die Gesellschaft jedoch nicht vor der Zustellung der Entscheidung.

(5) ¹Die Entscheidung wird erst mit der Rechtskraft wirksam. ²Sie wirkt für und gegen alle. ³Der Vorstand hat die rechtskräftige Entscheidung unverzüglich zum Handelsregister einzureichen.

(6) ¹Für die Kosten des Verfahrens gilt die Kostenordnung. ²Für das Verfahren des ersten Rechtszugs wird das Vierfache der vollen Gebühr erhoben. ³Für das Verfahren über ein Rechtsmittel wird die gleiche Gebühr erhoben; dies gilt auch dann, wenn das Rechtsmittel Erfolg hat. ⁴Wird der Antrag oder das Rechtsmittel zurückgenommen, bevor es zu einer Entscheidung kommt, so ermäßigt sich die Gebühr auf die Hälfte. ⁵Der Geschäftswert ist von Amts wegen festzusetzen. ⁶Er bestimmt sich nach § 30 Abs. 2 der Kostenordnung mit der Maßgabe, daß der Wert regelmäßig auf 50 000 Euro anzunehmen ist. ⁷Schuldner der Kosten ist die Gesellschaft. ⁸Die Kosten können jedoch ganz oder zum Teil dem Antragsteller auferlegt werden, wenn dies der Billigkeit entspricht. ⁹Kosten der Beteiligten werden nicht erstattet.

§ 100. Persönliche Voraussetzungen für Aufsichtsratsmitglieder. (1) ¹Mitglied des Aufsichtsrats kann nur eine natürliche, unbeschränkt geschäftsfähige Person sein. ²Ein Betreuer, der bei der Besorgung seiner Vermögensangelegenheiten ganz oder teilweise einem Einwilligungsvorbehalt (§ 1903 des Bürgerlichen Gesetzbuchs) unterliegt, kann nicht Mitglied des Aufsichtsrats sein.

(2) ¹Mitglied des Aufsichtsrats kann nicht sein, wer
1. bereits in zehn Handelsgesellschaften, die gesetzlich einen Aufsichtsrat zu bilden haben, Aufsichtsratsmitglied ist,
2. gesetzlicher Vertreter eines von der Gesellschaft abhängigen Unternehmens ist,
3. gesetzlicher Vertreter einer anderen Kapitalgesellschaft ist, deren Aufsichtsrat ein Vorstandsmitglied der Gesellschaft angehört oder
4. in den letzten zwei Jahren Vorstandsmitglied derselben börsennotierten Gesellschaft war, es sei denn, seine Wahl erfolgt auf Vorschlag von Aktionären, die mehr als 25 Prozent der Stimmrechte an der Gesellschaft halten.

²Auf die Höchstzahl nach Satz 1 Nr. 1 sind bis zu fünf Aufsichtsratssitze nicht anzurechnen, die ein gesetzlicher Vertreter (beim Einzelkaufmann der Inhaber) des herrschenden Unternehmens

415

Anlage 6 *Aktiengesetz*

eines Konzerns in zum Konzern gehörenden Handelsgesellschaften, die gesetzlich einen Aufsichtsrat zu bilden haben, inne hat. ³Auf die Höchstzahl nach Satz 1 Nr. 1 sind Aufsichtsratsämter im Sinne der Nummer 1 doppelt anzurechnen, für die das Mitglied zum Vorsitzenden gewählt worden ist.

(3) Die anderen persönlichen Voraussetzungen der Aufsichtsratsmitglieder der Arbeitnehmer sowie der weiteren Mitglieder bestimmen sich nach dem Mitbestimmungsgesetz, dem Montan-Mitbestimmungsgesetz, dem Mitbestimmungsergänzungsgesetz, dem Drittelbeteiligungsgesetz und dem Gesetz über die Mitbestimmung der Arbeitnehmer bei einer grenzüberschreitenden Verschmelzung.

(4) Die Satzung kann persönliche Voraussetzungen nur für Aufsichtsratsmitglieder fordern, die von der Hauptversammlung ohne Bindung an Wahlvorschläge gewählt oder auf Grund der Satzung in den Aufsichtsrat entsandt werden.

(5) Bei Gesellschaften im Sinn des § 264d des Handelsgesetzbuchs muss mindestens ein unabhängiges Mitglied des Aufsichtsrats über Sachverstand auf den Gebieten Rechnungslegung oder Abschlussprüfung verfügen.

§ 101. Bestellung der Aufsichtsratsmitglieder. (1) ¹Die Mitglieder des Aufsichtsrats werden von der Hauptversammlung gewählt, soweit sie nicht in den Aufsichtsrat zu entsenden oder als Aufsichtsratsmitglieder der Arbeitnehmer nach dem Mitbestimmungsgesetz, dem Mitbestimmungsergänzungsgesetz, dem Drittelbeteiligungsgesetz oder dem Gesetz über die Mitbestimmung der Arbeitnehmer bei einer grenzüberschreitenden Verschmelzung zu wählen sind. ²An Wahlvorschläge ist die Hauptversammlung nur gemäß §§ 6 und 8 des Montan-Mitbestimmungsgesetzes gebunden.

(2) ¹Ein Recht, Mitglieder in den Aufsichtsrat zu entsenden, kann nur durch die Satzung und nur für bestimmte Aktionäre oder für die jeweiligen Inhaber bestimmter Aktien begründet werden. ²Inhabern bestimmter Aktien kann das Entsendungsrecht nur eingeräumt werden, wenn die Aktien auf Namen lauten und ihre Übertragung an die Zustimmung der Gesellschaft gebunden ist. ³Die Aktien der Entsendungsberechtigten gelten nicht als eine besondere Gattung. ⁴Die Entsendungsrechte können insgesamt höchstens für ein Drittel der sich aus dem Gesetz oder der Satzung ergebenden Zahl der Aufsichtsratsmitglieder der Aktionäre eingeräumt werden.

(3) ¹Stellvertreter von Aufsichtsratsmitgliedern können nicht bestellt werden. ²Jedoch kann für jedes Aufsichtsratsmitglied mit Ausnahme des weiteren Mitglieds, das nach dem Montan-Mitbestimmungsgesetz oder dem Mitbestimmungsergänzungsgesetz auf Vorschlag der übrigen Aufsichtsratsmitglieder gewählt wird, ein Ersatzmitglied bestellt werden, das Mitglied des Aufsichtsrats wird, wenn das Aufsichtsratsmitglied vor Ablauf seiner Amtszeit wegfällt. ³Das Ersatzmitglied kann nur gleichzeitig mit dem Aufsichtsratsmitglied bestellt werden. ⁴Auf seine Bestellung sowie die Nichtigkeit und Anfechtung seiner Bestellung sind die für das Aufsichtsratsmitglied geltenden Vorschriften anzuwenden.

§ 102. Amtszeit der Aufsichtsratsmitglieder. (1) ¹Aufsichtsratsmitglieder können nicht für längere Zeit als bis zur Beendigung der Hauptversammlung bestellt werden, die über die Entlastung für das vierte Geschäftsjahr nach dem Beginn der Amtszeit beschließt. ²Das Geschäftsjahr, in dem die Amtszeit beginnt, wird nicht mitgerechnet.

(2) Das Amt des Ersatzmitglieds erlischt spätestens mit Ablauf der Amtszeit des weggefallenen Aufsichtsratsmitglieds.

§ 103. Abberufung der Aufsichtsratsmitglieder. (1) ¹Aufsichtsratsmitglieder, die von der Hauptversammlung ohne Bindung an einen Wahlvorschlag gewählt worden sind, können von ihr vor Ablauf der Amtszeit abberufen werden. ²Der Beschluß bedarf einer Mehrheit, die mindestens drei Viertel der abgegebenen Stimmen umfaßt. ³Die Satzung kann eine andere Mehrheit und weitere Erfordernisse bestimmen.

(2) ¹Ein Aufsichtsratsmitglied, das auf Grund der Satzung in den Aufsichtsrat entsandt ist, kann von dem Entsendungsberechtigten jederzeit abberufen und durch ein anderes ersetzt werden. ²Sind die in der Satzung bestimmten Voraussetzungen des Entsendungsrechts weggefallen, so kann die Hauptversammlung das entsandte Mitglied mit einfacher Stimmenmehrheit abberufen.

Aktiengesetz

(3) ¹Das Gericht hat auf Antrag des Aufsichtsrats ein Aufsichtsratsmitglied abzuberufen, wenn in dessen Person ein wichtiger Grund vorliegt. ²Der Aufsichtsrat beschließt über die Antragstellung mit einfacher Mehrheit. ³Ist das Aufsichtsratsmitglied auf Grund der Satzung in den Aufsichtsrat entsandt worden, so können auch Aktionäre, deren Anteile zusammen den zehnten Teil des Grundkapitals oder den anteiligen Betrag von einer Million Euro erreichen, den Antrag stellen. ⁴Gegen die Entscheidung ist die Beschwerde zulässig.

(4) Für die Abberufung der Aufsichtsratsmitglieder, die weder von der Hauptversammlung ohne Bindung an einen Wahlvorschlag gewählt worden sind noch auf Grund der Satzung in den Aufsichtsrat entsandt sind, gelten außer Absatz 3 das Mitbestimmungsgesetz, das Montan-Mitbestimmungsgesetz, das Mitbestimmungsergänzungsgesetz, das Drittelbeteiligungsgesetz, das SE-Beteiligungsgesetz und das Gesetz über die Mitbestimmung der Arbeitnehmer bei einer grenzüberschreitenden Verschmelzung.

(5) Für die Abberufung eines Ersatzmitglieds gelten die Vorschriften über die Abberufung des Aufsichtsratsmitglieds, für das es bestellt ist.

§ 104. Bestellung durch das Gericht. (1) ¹Gehört dem Aufsichtsrat die zur Beschlußfähigkeit nötige Zahl von Mitgliedern nicht an, so hat ihn das Gericht auf Antrag des Vorstands, eines Aufsichtsratsmitglieds oder eines Aktionärs auf diese Zahl zu ergänzen. ²Der Vorstand ist verpflichtet, den Antrag unverzüglich zu stellen, es sei denn, daß die rechtzeitige Ergänzung vor der nächsten Aufsichtsratssitzung zu erwarten ist. ³Hat der Aufsichtsrat auch aus Aufsichtsratsmitgliedern der Arbeitnehmer zu bestehen, so können auch den Antrag stellen

1. der Gesamtbetriebsrat der Gesellschaft oder, wenn in der Gesellschaft nur ein Betriebsrat besteht, der Betriebsrat, sowie, wenn die Gesellschaft herrschendes Unternehmen eines Konzerns ist, der Konzernbetriebsrat,
2. der Gesamt- oder Unternehmenssprecherausschuss der Gesellschaft oder, wenn in der Gesellschaft nur ein Sprecherausschuss besteht, der Sprecherausschuss sowie, wenn die Gesellschaft herrschendes Unternehmen eines Konzerns ist, der Konzernsprecherausschuss,
3. der Gesamtbetriebsrat eines anderen Unternehmens, dessen Arbeitnehmer selbst oder durch Delegierte an der Wahl teilnehmen, oder, wenn in dem anderen Unternehmen nur ein Betriebsrat besteht, der Betriebsrat,
4. der Gesamt- oder Unternehmenssprecherausschuss eines anderen Unternehmens, dessen Arbeitnehmer selbst oder durch Delegierte an der Wahl teilnehmen, oder, wenn in dem anderen Unternehmen nur ein Sprecherausschuss besteht, der Sprecherausschuss,
5. mindestens ein Zehntel oder einhundert der Arbeitnehmer, die selbst oder durch Delegierte an der Wahl teilnehmen,
6. Spitzenorganisationen der Gewerkschaften, die das Recht haben, Aufsichtsratsmitglieder der Arbeitnehmer vorzuschlagen,
7. Gewerkschaften, die das Recht haben, Aufsichtsratsmitglieder der Arbeitnehmer vorzuschlagen.

⁴Hat der Aufsichtsrat nach dem Mitbestimmungsgesetz auch aus Aufsichtsratsmitgliedern der Arbeitnehmer zu bestehen, so sind außer den nach Satz 3 Antragsberechtigten auch je ein Zehntel der wahlberechtigten in § 3 Abs. 1 Nr. 1 des Mitbestimmungsgesetzes bezeichneten Arbeitnehmer oder der wahlberechtigten leitenden Angestellten im Sinne des Mitbestimmungsgesetzes antragsberechtigt. ⁵Gegen die Entscheidung ist die Beschwerde zulässig.

(2) ¹Gehören dem Aufsichtsrat länger als drei Monate weniger Mitglieder als die durch Gesetz oder Satzung festgesetzte Zahl an, so hat ihn das Gericht auf Antrag auf diese Zahl zu ergänzen. ²In dringenden Fällen hat das Gericht auf Antrag den Aufsichtsrat auch vor Ablauf der Frist zu ergänzen. ³Das Antragsrecht bestimmt sich nach Absatz 1. ⁴Gegen die Entscheidung ist die Beschwerde zulässig.

(3) Absatz 2 ist auf einen Aufsichtsrat, in dem die Arbeitnehmer ein Mitbestimmungsrecht nach dem Mitbestimmungsgesetz, dem Montan-Mitbestimmungsgesetz oder dem Mitbestimmungsergänzungsgesetz haben, mit der Maßgabe anzuwenden,

1. daß das Gericht den Aufsichtsrat hinsichtlich des weiteren Mitglieds, das nach dem Montan-Mitbestimmungsgesetz oder dem Mitbestimmungsergänzungsgesetz auf Vorschlag der übrigen Aufsichtsratsmitglieder gewählt wird, nicht ergänzen kann,

Anlage 6 *Aktiengesetz*

2. daß es stets ein dringender Fall ist, wenn dem Aufsichtsrat, abgesehen von dem in Nummer 1 genannten weiteren Mitglied, nicht alle Mitglieder angehören, aus denen er nach Gesetz oder Satzung zu bestehen hat.

(4) ¹Hat der Aufsichtsrat auch aus Aufsichtsratsmitgliedern der Arbeitnehmer zu bestehen, so hat das Gericht ihn so zu ergänzen, daß das für seine Zusammensetzung maßgebende zahlenmäßige Verhältnis hergestellt wird. ²Wenn der Aufsichtsrat zur Herstellung seiner Beschlußfähigkeit ergänzt wird, gilt dies nur, soweit die zur Beschlußfähigkeit nötige Zahl der Aufsichtsratsmitglieder die Wahrung dieses Verhältnisses möglich macht. ³Ist ein Aufsichtsratsmitglied zu ersetzen, das nach Gesetz oder Satzung in persönlicher Hinsicht besonderen Voraussetzungen entsprechen muß, so muß auch das vom Gericht bestellte Aufsichtsratsmitglied diesen Voraussetzungen entsprechen. ⁴Ist ein Aufsichtsratsmitglied zu ersetzen, bei dessen Wahl eine Spitzenorganisation der Gewerkschaften, eine Gewerkschaft oder die Betriebsräte ein Vorschlagsrecht hätten, so soll das Gericht Vorschläge dieser Stellen berücksichtigen, soweit nicht überwiegende Belange der Gesellschaft oder der Allgemeinheit der Bestellung des Vorgeschlagenen entgegenstehen; das gleiche gilt, wenn das Aufsichtsratsmitglied durch Delegierte zu wählen wäre, für gemeinsame Vorschläge der Betriebsräte der Unternehmen, in denen Delegierte zu wählen sind.

(5) Das Amt des gerichtlich bestellten Aufsichtsratsmitglieds erlischt in jedem Fall, sobald der Mangel behoben ist.

(6) ¹Das gerichtlich bestellte Aufsichtsratsmitglied hat Anspruch auf Ersatz angemessener barer Auslagen und, wenn den Aufsichtsratsmitgliedern der Gesellschaft eine Vergütung gewährt wird, auf Vergütung für seine Tätigkeit. ²Auf Antrag des Aufsichtsratsmitglieds setzt das Gericht die Auslagen und die Vergütung fest. ³Gegen die Entscheidung ist die Beschwerde zulässig; die Rechtsbeschwerde ist ausgeschlossen. ⁴Aus der rechtskräftigen Entscheidung findet die Zwangsvollstreckung nach der Zivilprozeßordnung statt.

§ 105. Unvereinbarkeit der Zugehörigkeit zum Vorstand und zum Aufsichtsrat. (1) Ein Aufsichtsratsmitglied kann nicht zugleich Vorstandsmitglied, dauernd Stellvertreter von Vorstandsmitgliedern, Prokurist oder zum gesamten Geschäftsbetrieb ermächtigter Handlungsbevollmächtigter der Gesellschaft sein.

(2) ¹Nur für einen im voraus begrenzten Zeitraum, höchstens für ein Jahr, kann der Aufsichtsrat einzelne seiner Mitglieder zu Stellvertretern von fehlenden oder verhinderten Vorstandsmitgliedern bestellen. ²Eine wiederholte Bestellung oder Verlängerung der Amtszeit ist zulässig, wenn dadurch die Amtszeit insgesamt ein Jahr nicht übersteigt. ³Während ihrer Amtszeit als Stellvertreter von Vorstandsmitgliedern können die Aufsichtsratsmitglieder keine Tätigkeit als Aufsichtsratsmitglied ausüben. ⁴Das Wettbewerbsverbot des § 88 gilt für sie nicht.

§ 106. Bekanntmachung der Änderungen im Aufsichtsrat. Der Vorstand hat bei jeder Änderung in den Personen der Aufsichtsratsmitglieder unverzüglich eine Liste der Mitglieder des Aufsichtsrats, aus welcher Name, Vorname, ausgeübter Beruf und Wohnort der Mitglieder ersichtlich ist, zum Handelsregister einzureichen; das Gericht hat nach § 10 des Handelsgesetzbuchs einen Hinweis darauf bekannt zu machen, dass die Liste zum Handelsregister eingereicht worden ist.

§ 107. Innere Ordnung des Aufsichtsrats. (1) ¹Der Aufsichtsrat hat nach näherer Bestimmung der Satzung aus seiner Mitte einen Vorsitzenden und mindestens einen Stellvertreter zu wählen. ²Der Vorstand hat zum Handelsregister anzumelden, wer gewählt ist. ³Der Stellvertreter hat nur dann die Rechte und Pflichten des Vorsitzenden, wenn dieser verhindert ist.

(2) ¹Über die Sitzungen des Aufsichtsrats ist eine Niederschrift anzufertigen, die der Vorsitzende zu unterzeichnen hat. ²In der Niederschrift sind der Ort und der Tag der Sitzung, die Teilnehmer, die Gegenstände der Tagesordnung, der wesentliche Inhalt der Verhandlungen und die Beschlüsse des Aufsichtsrats anzugeben. ³Ein Verstoß gegen Satz 1 oder Satz 2 macht einen Beschluß nicht unwirksam. ⁴Jedem Mitglied des Aufsichtsrats ist auf Verlangen eine Abschrift der Sitzungsniederschrift auszuhändigen.

(3) ¹Der Aufsichtsrat kann aus seiner Mitte einen oder mehrere Ausschüsse bestellen, namentlich, um seine Verhandlungen und Beschlüsse vorzubereiten oder die Ausführung seiner Beschlüsse zu überwachen. ²Er kann insbesondere einen Prüfungsausschuss bestellen, der sich mit der

Überwachung des Rechnungslegungsprozesses, der Wirksamkeit des internen Kontrollsystems, des Risikomanagementsystems und des internen Revisionssystems sowie der Abschlussprüfung, hier insbesondere der Unabhängigkeit des Abschlussprüfers und der vom Abschlussprüfer zusätzlich erbrachten Leistungen, befasst. [3]Die Aufgaben nach Absatz 1 Satz 1, § 59 Abs. 3, § 77 Abs. 2 Satz 1, § 84 Abs. 1 Satz 1 und 3, Abs. 2 und Abs. 3 Satz 1, § 87 Abs. 1 und Abs. 2 Satz 1 und 2, § 111 Abs. 3, §§ 171, 314 Abs. 2 und 3 sowie Beschlüsse, daß bestimmte Arten von Geschäften nur mit Zustimmung des Aufsichtsrats vorgenommen werden dürfen, können einem Ausschuß nicht an Stelle des Aufsichtsrats zur Beschlußfassung überwiesen werden. [4]Dem Aufsichtsrat ist regelmäßig über die Arbeit der Ausschüsse zu berichten.

(4) Richtet der Aufsichtsrat einer Gesellschaft im Sinn des § 264 d des Handelsgesetzbuchs einen Prüfungsausschuss im Sinn des Absatzes 3 Satz 2 ein, so muss mindestens ein Mitglied die Voraussetzungen des § 100 Abs. 5 erfüllen.

§ 108. Beschlußfassung des Aufsichtsrats. (1) Der Aufsichtsrat entscheidet durch Beschluß.

(2) [1]Die Beschlußfähigkeit des Aufsichtsrats kann, soweit sie nicht gesetzlich geregelt ist, durch die Satzung bestimmt werden. [2]Ist sie weder gesetzlich noch durch die Satzung geregelt, so ist der Aufsichtsrat nur beschlußfähig, wenn mindestens die Hälfte der Mitglieder, aus denen er nach Gesetz oder Satzung insgesamt zu bestehen hat, an der Beschlußfassung teilnimmt. [3]In jedem Fall müssen mindestens drei Mitglieder an der Beschlußfassung teilnehmen. [4]Der Beschlußfähigkeit steht nicht entgegen, daß dem Aufsichtsrat weniger Mitglieder als die durch Gesetz oder Satzung festgesetzte Zahl angehören, auch wenn das für seine Zusammensetzung maßgebende zahlenmäßige Verhältnis nicht gewahrt ist.

(3) [1]Abwesende Aufsichtsratsmitglieder können dadurch an der Beschlußfassung des Aufsichtsrats und seiner Ausschüsse teilnehmen, daß sie schriftliche Stimmabgaben überreichen lassen. [2]Die schriftlichen Stimmabgaben können durch andere Aufsichtsratsmitglieder überreicht werden. [3]Sie können auch durch Personen, die nicht dem Aufsichtsrat angehören, übergeben werden, wenn diese nach § 109 Abs. 3 zur Teilnahme an der Sitzung berechtigt sind.

(4) Schriftliche, fernmündliche oder andere vergleichbare Formen der Beschlussfassung des Aufsichtsrats und seiner Ausschüsse sind vorbehaltlich einer näheren Regelung durch die Satzung oder eine Geschäftsordnung des Aufsichtsrats nur zulässig, wenn kein Mitglied diesem Verfahren widerspricht.

§ 109. Teilnahme an Sitzungen des Aufsichtsrats und seiner Ausschüsse. (1) [1]An den Sitzungen des Aufsichtsrats und seiner Ausschüsse sollen Personen, die weder dem Aufsichtsrat noch dem Vorstand angehören, nicht teilnehmen. [2]Sachverständige und Auskunftspersonen können zur Beratung über einzelne Gegenstände zugezogen werden.

(2) Aufsichtsratsmitglieder, die dem Ausschuß nicht angehören, können an den Ausschußsitzungen teilnehmen, wenn der Vorsitzende des Aufsichtsrats nichts anderes bestimmt.

(3) Die Satzung kann zulassen, daß an den Sitzungen des Aufsichtsrats und seiner Ausschüsse Personen, die dem Aufsichtsrat nicht angehören, an Stelle von verhinderten Aufsichtsratsmitgliedern teilnehmen können, wenn diese sie hierzu in Textform ermächtigt haben.

(4) Abweichende gesetzliche Vorschriften bleiben unberührt.

§ 110. Einberufung des Aufsichtsrats. (1) [1]Jedes Aufsichtsratsmitglied oder der Vorstand kann unter Angabe des Zwecks und der Gründe verlangen, daß der Vorsitzende des Aufsichtsrats unverzüglich den Aufsichtsrat einberuft. [2]Die Sitzung muß binnen zwei Wochen nach der Einberufung stattfinden.

(2) Wird dem Verlangen nicht entsprochen, so kann das Aufsichtsratsmitglied oder der Vorstand unter Mitteilung des Sachverhalts und der Angabe einer Tagesordnung selbst den Aufsichtsrat einberufen.

(3) [1]Der Aufsichtsrat muss zwei Sitzungen im Kalenderhalbjahr abhalten. [2]In nichtbörsennotierten Gesellschaften kann der Aufsichtsrat beschließen, dass eine Sitzung im Kalenderhalbjahr abzuhalten ist.

§ 111. Aufgaben und Rechte des Aufsichtsrats. (1) Der Aufsichtsrat hat die Geschäftsführung zu überwachen.

(2) ¹Der Aufsichtsrat kann die Bücher und Schriften der Gesellschaft sowie die Vermögensgegenstände, namentlich die Gesellschaftskasse und die Bestände an Wertpapieren und Waren, einsehen und prüfen. ²Er kann damit auch einzelne Mitglieder oder für bestimmte Aufgaben besondere Sachverständige beauftragen. ³Er erteilt dem Abschlußprüfer den Prüfungsauftrag für den Jahres- und den Konzernabschluß gemäß § 290 des Handelsgesetzbuchs.

(3) ¹Der Aufsichtsrat hat eine Hauptversammlung einzuberufen, wenn das Wohl der Gesellschaft es fordert. ²Für den Beschluß genügt die einfache Mehrheit.

(4) ¹Maßnahmen der Geschäftsführung können dem Aufsichtsrat nicht übertragen werden. ²Die Satzung oder der Aufsichtsrat hat jedoch zu bestimmen, daß bestimmte Arten von Geschäften nur mit seiner Zustimmung vorgenommen werden dürfen. ³Verweigert der Aufsichtsrat seine Zustimmung, so kann der Vorstand verlangen, daß die Hauptversammlung über die Zustimmung beschließt. ⁴Der Beschluß, durch den die Hauptversammlung zustimmt, bedarf einer Mehrheit, die mindestens drei Viertel der abgegebenen Stimmen umfaßt. ⁵Die Satzung kann weder eine andere Mehrheit noch weitere Erfordernisse bestimmen.

(5) Die Aufsichtsratsmitglieder können ihre Aufgaben nicht durch andere wahrnehmen lassen.

§ 112. Vertretung der Gesellschaft gegenüber Vorstandsmitgliedern. ¹Vorstandsmitgliedern gegenüber vertritt der Aufsichtsrat die Gesellschaft gerichtlich und außergerichtlich. ²§ 78 Abs. 2 Satz 2 gilt entsprechend.

§ 113. Vergütung der Aufsichtsratsmitglieder. (1) ¹Den Aufsichtsratsmitgliedern kann für ihre Tätigkeit eine Vergütung gewährt werden. ²Sie kann in der Satzung festgesetzt oder von der Hauptversammlung bewilligt werden. ³Sie soll in einem angemessenen Verhältnis zu den Aufgaben der Aufsichtsratsmitglieder und zur Lage der Gesellschaft stehen. ⁴Ist die Vergütung in der Satzung festgesetzt, so kann die Hauptversammlung eine Satzungsänderung, durch welche die Vergütung herabgesetzt wird, mit einfacher Stimmenmehrheit beschließen.

(2) ¹Den Mitgliedern des ersten Aufsichtsrats kann nur die Hauptversammlung eine Vergütung für ihre Tätigkeit bewilligen. ²Der Beschluß kann erst in der Hauptversammlung gefaßt werden, die über die Entlastung der Mitglieder des ersten Aufsichtsrats beschließt.

(3) ¹Wird den Aufsichtsratsmitgliedern ein Anteil am Jahresgewinn der Gesellschaft gewährt, so berechnet sich der Anteil nach dem Bilanzgewinn, vermindert um einen Betrag von mindestens vier vom Hundert der auf den geringsten Ausgabebetrag der Aktien geleisteten Einlagen. ²Entgegenstehende Festsetzungen sind nichtig.

§ 114. Verträge mit Aufsichtsratsmitgliedern. (1) Verpflichtet sich ein Aufsichtsratsmitglied außerhalb seiner Tätigkeit im Aufsichtsrat durch einen Dienstvertrag, durch den ein Arbeitsverhältnis nicht begründet wird, oder durch einen Werkvertrag gegenüber der Gesellschaft zu einer Tätigkeit höherer Art, so hängt die Wirksamkeit des Vertrags von der Zustimmung des Aufsichtsrats ab.

(2) ¹Gewährt die Gesellschaft auf Grund eines solchen Vertrags dem Aufsichtsratsmitglied eine Vergütung, ohne daß der Aufsichtsrat dem Vertrag zugestimmt hat, so hat das Aufsichtsratsmitglied die Vergütung zurückzugewähren, es sei denn, daß der Aufsichtsrat den Vertrag genehmigt. ²Ein Anspruch des Aufsichtsratsmitglieds gegen die Gesellschaft auf Herausgabe der durch die geleistete Tätigkeit erlangten Bereicherung bleibt unberührt; der Anspruch kann jedoch nicht gegen den Rückgewähranspruch aufgerechnet werden.

§ 115. Kreditgewährung an Aufsichtsratsmitglieder. (1) ¹Die Gesellschaft darf ihren Aufsichtsratsmitgliedern Kredit nur mit Einwilligung des Aufsichtsrats gewähren. ²Eine herrschende Gesellschaft darf Kredite an Aufsichtsratsmitglieder eines abhängigen Unternehmens nur mit Einwilligung ihres Aufsichtsrats, eine abhängige Gesellschaft darf Kredite an Aufsichtsratsmitglieder des herrschenden Unternehmens nur mit Einwilligung des Aufsichtsrats des herrschenden Unternehmens gewähren. ³Die Einwilligung kann nur für bestimmte Kreditgeschäfte oder Arten von Kreditgeschäften und nicht für länger als drei Monate im voraus erteilt werden. ⁴Der Beschluß über die Einwilligung hat die Verzinsung und Rückzahlung des Kredits zu regeln. ⁵Betreibt das Aufsichtsratsmitglied ein Handelsgewerbe als Einzelkaufmann, so ist die Einwilligung nicht erforderlich, wenn der Kredit für die Bezahlung von Waren gewährt wird, welche die Gesellschaft seinem Handelsgeschäft liefert.

(2) Absatz 1 gilt auch für Kredite an den Ehegatten, Lebenspartner oder an ein minderjähriges Kind eines Aufsichtsratsmitglieds und für Kredite an einen Dritten, der für Rechnung dieser Personen oder für Rechnung eines Aufsichtsratsmitglieds handelt.

(3) [1] Ist ein Aufsichtsratsmitglied zugleich gesetzlicher Vertreter einer anderen juristischen Person oder Gesellschafter einer Personenhandelsgesellschaft, so darf die Gesellschaft der juristischen Person oder der Personenhandelsgesellschaft Kredit nur mit Einwilligung des Aufsichtsrats gewähren; Absatz 1 Satz 3 und 4 gilt sinngemäß. [2] Dies gilt nicht, wenn die juristische Person oder die Personenhandelsgesellschaft mit der Gesellschaft verbunden ist oder wenn der Kredit für die Bezahlung von Waren gewährt wird, welche die Gesellschaft der juristischen Person oder der Personenhandelsgesellschaft liefert.

(4) Wird entgegen den Absätzen 1 bis 3 Kredit gewährt, so ist der Kredit ohne Rücksicht auf entgegenstehende Vereinbarungen sofort zurückzugewähren, wenn nicht der Aufsichtsrat nachträglich zustimmt.

(5) Ist die Gesellschaft ein Kreditinstitut oder Finanzdienstleistungsinstitut, auf das § 15 des Gesetzes über das Kreditwesen anzuwenden ist, gelten anstelle der Absätze 1 bis 4 die Vorschriften des Gesetzes über das Kreditwesen.

§ 116. Sorgfaltspflicht und Verantwortlichkeit der Aufsichtsratsmitglieder. [1] Für die Sorgfaltspflicht und Verantwortlichkeit der Aufsichtsratsmitglieder gilt § 93 mit Ausnahme des Absatzes 2 Satz 3 über die Sorgfaltspflicht und Verantwortlichkeit der Vorstandsmitglieder sinngemäß. [2] Die Aufsichtsratsmitglieder sind insbesondere zur Verschwiegenheit über erhaltene vertrauliche Berichte und vertrauliche Beratungen verpflichtet. [3] Sie sind namentlich zum Ersatz verpflichtet, wenn sie eine unangemessene Vergütung festsetzen (§ 87 Abs. 1).

7. Satzung der IG-Metall

gültig ab 1. 1. 2008

– Auszug –

Streik, Aussperrung und Maßregelung

§ 22. Streik

1. Der Vorstand kann Bezirksleitungen und Ortsvorstand ermächtigen, zu Warnstreiks aufzurufen.
2. Arbeitseinstellungen setzen den Beschluss des Vorstandes voraus.
3. Vor der Beschlussfassung über Arbeitseinstellungen hat der Vorstand sowohl die Geschäftslage der betreffenden Industriegruppe als auch die allgemeinen wirtschaftlichen Verhältnisse in Betracht zu ziehen. Der Vorstand hat ferner zu berücksichtigen, ob zur Durchführung des Streiks die nötigen Mittel vorhanden sind oder beschafft werden können.
   Der Antrag auf Arbeitseinstellung kann abgelehnt werden, wenn schon an einem anderen Orte gestreikt wird, Kündigung der Tarifverträge erfolgt oder das Organisationsverhältnis ein ungünstiges ist. Der Antrag muss abgelehnt werden, wenn nicht mindestens 75 Prozent der für die Bewegung in Betracht kommenden Gewerkschaftsmitglieder in der vom Vorstand beschlossenen geheimen Urabstimmung für die Arbeitseinstellung gestimmt haben.
   Vor der Abstimmung hat der Vertreter bzw. die Vertreterin des Vorstandes auf die gesetzlichen Bestimmungen über eventuellen Tarif- oder Vertragsbruch und auf die für die Durchführung und Unterstützung des Streiks geltenden Bestimmungen dieser Satzung hinzuweisen.
4. Tritt während eines anerkannten Streiks nach Auffassung des Vorstandes eine wesentliche Änderung der Situation ein, so muss erneut eine geheime Urabstimmung unter den an dieser Streikbewegung beteiligten Mitgliedern durchgeführt werden.
   Der Vorstand darf der Fortführung der Bewegung nur dann zustimmen, wenn mindestens 75 Prozent der für die Bewegung in Betracht kommenden Gewerkschaftsmitglieder sich dafür ausgesprochen haben.
5. Die Entscheidungen des Vorstandes sind unter allen Umständen für die betreffenden Mitglieder bindend. Wird gegen den Beschluss des Vorstandes die Arbeit niedergelegt, so verzichten die Mitglieder auf jede Unterstützung.
6. Werden Mitglieder ausgesperrt, ist dies vom zuständigen Ortsvorstand unverzüglich über die Bezirksleitung dem Vorstand zu melden.
7. Sperren über Betriebe können nur vom Vorstand verhängt werden und sind durch diesen bekannt zu machen.

§ 23. Unterstützung bei Streik

1. Unterstützung bei einem vom Vorstand beschlossenen Streik, für den Unterstützungsleistung vom Vorstand genehmigt ist, können Mitglieder nur erhalten, wenn sie bei Beginn der dem Streik vorausgehenden Urabstimmung der Gewerkschaft mindestens drei Monate angehörten und während dieser Zeit satzungsgemäße Beiträge geleistet haben.
2. Die Unterstützungssätze betragen für eine Streikwoche:
   - bei einer Beitragsleistung über 3 bis 12 Monate das 12fache des Durchschnittsbeitrages;
   - bei einer Beitragsleistung über 12 bis 60 Monate das 13fache des Durchschnittsbeitrages;
   - bei einer Beitragsleistung über 60 Monate das 14fache des Durchschnittsbeitrages
   - Auszubildende erhalten das 14fache des Durchschnittsbeitrages;
   - für Resttage einer Streikwoche wird die Unterstützung anteilig berechnet.
3. Die Höhe der Unterstützung wird nach dem Durchschnitt der letzten drei Beiträge nach § 5 Ziffer 2 Absatz 2 – für drei volle Kalendermonate – vor dem Kalendermonat der Urabstimmung errechnet.
   Bei Mitgliedern, die aus einem von ihnen nicht zu vertretenden Grund keine drei Beiträge nach § 5 Ziffer 2 Absatz 2 entrichten konnten, wird/werden die/der zuletzt gezahlte/n Beiträge nach § 5 Ziffer 2 Absatz 2 zur Berechnung der Unterstützung herangezogen.

4. Mitglieder, die mehreren Gewerkschaften angehören, können bei Streik Anspruch auf Unterstützung nur bei der Gewerkschaft erheben, die für die Durchführung der Bewegung zuständig ist.
5. Die Zahlung der Unterstützung erfolgt nach Erfüllung der durch den Ortsvorstand angeordneten Kontrollmaßnahmen. Der Zahlungstermin wird vom Vorstand nach Abstimmung mit dem Ortsvorstand festgelegt.
Die Unterstützung beginnt mit dem ersten Werktag des Streiks. Ein auf einen Werktag fallender Feiertag gilt als Werktag.

§ 24. Unterstützung bei Maßregelung und Aussperrung

1. Mitglieder, die infolge ihres Eintretens für die von der IG Metall anerkannten Arbeitsbedingungen oder infolge ihrer Gewerkschaftstätigkeit entlassen und dadurch arbeitslos werden, können Gemaßregeltenunterstützung nach folgenden Voraussetzungen erhalten:
    a) Das Mitglied muss der Gewerkschaft mindestens drei Monate angehören und während dieser Zeit satzungsgemäße Beiträge geleistet haben;
    b) die Handlungen müssen im Einverständnis mit dem Ortsvorstand erfolgt sein;
    c) die Maßregelung muss bei Verwaltungsstellen mit mehr als 5000 Mitgliedern vom Ortsvorstand, bei anderen Verwaltungsstellen von der Bezirksleitung anerkannt sein.
    Dem Vorstand ist in allen Fällen der Tatbestand unverzüglich mitzuteilen.
2. Die Gemaßregeltenunterstützung wird bis zu 13 Wochen gewährt. Die Höhe der Unterstützungssätze regelt sich nach den Bestimmungen des § 23 – Unterstützung bei Streik –. In besonderen Fällen kann durch Beschluss des Vorstandes der Bezug der Unterstützungen verlängert werden. Anträge sind vom Ortsvorstand über die Bezirksleitung dem Vorstand zuzuleiten.
3. Die Höhe der Unterstützung wird nach dem Durchschnitt der letzten drei Beiträge nach § 5 Ziffer 2 Absatz 2 errechnet.
4. Die Gemaßregeltenunterstützung kann entzogen werden, wenn das Mitglied ohne triftigen Grund die Annahme einer seiner Fähigkeit entsprechenden, ihm angebotenen oder nachgewiesenen Arbeitsgelegenheit verweigert.
5. Die Unterstützung beginnt mit dem Tage der Meldung der Maßregelung. Die Auszahlung der Unterstützung erfolgt gegen schriftliche Empfangsbestätigung und nach Anweisung des Vorstandes.
6. Wird der oder die Gemaßregelte wieder eingestellt und erhält den Lohn oder das Gehalt für die Dauer seiner bzw. ihrer Maßregelung durch den Arbeitgeber nachgezahlt, so kann der Vorstand die gezahlte Gemaßregeltenunterstützung nach Beratung mit dem zuständigen Ortsvorstand ganz oder teilweise zurückfordern.
7. Mitglieder, die im Zusammenhang mit einem nach einer Urabstimmung im Sinne von § 22 Ziffer 3 beschlossenen Streik vom Arbeitgeber in diesem Tarifgebiet ausgesperrt werden, erhalten eine Unterstützung. Für Voraussetzungen, Höhe und Dauer dieser Unterstützung gilt § 23 entsprechend. Weitere Einzelheiten werden durch Beschluss des Vorstandes festgelegt.

Anlage 8   *Pensionssicherungsverein*

PENSIONS-SICHERUNGS-VEREIN
Versicherungsverein auf Gegenseitigkeit

50963 Köln

PSVaG

Hinweis: Alle Merkblätter in jeweils aktueller Fassung können Sie unter der Adresse „www.psvag.de" erhalten.

Merkblatt 300/M 4*
Sachlicher Geltungsbereich des Betriebsrentengesetzes (BetrAVG)
(Stand: 1.05 / Ersetzt: 3.02)

1.   **Begriff und Leistungen der betrieblichen Altersversorgung**

Die Vorschriften des Betriebsrentengesetzes beziehen sich ausschließlich auf Leistungen der betrieblichen Altersversorgung i. S. des § 1 Abs. 1 Satz 1 BetrAVG. Danach umfaßt die betriebliche Altersversorgung Leistungen der Alters-, Invaliditäts- oder Hinterbliebenenversorgung, die einem Arbeitnehmer aus Anlaß seines Arbeitsverhältnisses vom Arbeitgeber zugesagt worden sind.

Der Arbeitgeber kann sich verpflichten, bestimmte Leistungen für das Alter und/oder andere biometrische Ereignisse wie Invalidität oder Tod entweder selbst oder über einen Versorgungsträger (§ 1 Abs. 1 Satz 2 BetrAVG), d. h. aufgrund einer Leistungszusage, zu erbringen.

Nach § 1 Abs. 2 Nr. 1-3 BetrAVG liegt betriebliche Altersversorgung auch vor, wenn der Arbeitgeber eine beitragsorientierte Leistungszusage oder eine Beitragszusage mit Mindestleistung erteilt, oder wenn künftige Entgeltansprüche in eine wertgleiche Anwartschaft auf Versorgungsleistungen umgewandelt werden.

Leistungen, die ein Arbeitgeber in Erfüllung von Versorgungsausgleichsansprüchen an den geschiedenen Ehegatten seines Arbeitnehmers erbringt, bleiben Leistungen der betrieblichen Altersversorgung.

1.1   Nicht jede Versorgungsregelung im Bereich der Wirtschaft erfüllt zugleich die Voraussetzungen einer insolvenzgeschützten betrieblichen Altersversorgung; der Verpflichtungsumfang des Arbeitgebers kann weiter gehen als der Insolvenzschutz.

1.2   **Leistungen der betrieblichen Altersversorgung** sind in der Regel Geldleistungen in der Form laufender Renten und/oder einmaliger Kapitalzahlungen. Für die Leistungen der betrieblichen Altersversorgung gibt es keine Untergrenze.

Auch Nutzungsrechte und/oder Sachleistungen können betriebliche Altersversorgung sein. Davon ist auszugehen, wenn der Arbeitgeber

- mit den Leistungen die Versorgung seiner Mitarbeiter und deren Hinterbliebenen für den Fall des Ausscheidens aus dem Arbeitsleben unbedingt und unabhängig vom Bedarf des Begünstigten eingerichtet hat

- aufgrund der Zusage zur Geldleistung verpflichtet ist, wenn er Sachleistungen oder Nutzungsrechte nicht mehr erbringen oder der Begünstigte diese Leistungen nicht verwenden kann

- aufgrund der Zusage verpflichtet ist, eine Anwartschaft auf Leistungen gemäß § 1 b BetrAVG (bei Zusagen ab 01.01.2001) oder § 30 f Satz 1 BetrAVG (bei Zusagen vor 01.01.2001) aufrechtzuhalten – vgl. Merkblatt 300/M 12 –.

1.3   Die Parteien des Arbeitsverhältnisses können die Bedingung für den Eintritt des Versorgungsfalles zwar nach eigener Entscheidung festsetzen, Leistungen der **betrieblichen Altersversorgung** knüpfen jedoch immer an den Eintritt eines **biologischen** Ereignisses an: Tod, Invalidität oder Erreichen einer festen Altersgrenze, in der Regel Vollendung des 65. Lebensjahres.

In einer Versorgungsregelung kann die feste Altersgrenze auch auf einen früheren Zeitpunkt, mit Wirkung für die Insolvenzsicherung nach § 7 BetrAVG jedoch regelmäßig nicht auf einen Zeitpunkt vor Vollendung des 60. Lebensjahres, festgelegt werden.

...

---

* Merkblätter informieren in allgemeiner Form über die Insolvenzsicherung aufgrund des BetrAVG und geben die derzeitige Rechtsauffassung des PSVaG wieder. Sie stehen unter dem Vorbehalt, daß sich die Rechtslage - insbesondere durch die Rechtsprechung - nicht ändert. Merkblätter haben nicht den Charakter von Verwaltungsrichtlinien und -anordnungen.

Pensionssicherungsverein **Anlage 8**

- 2 -

1.4 Wird zum Bilanz- bzw. Insolvenzstichtag (§ 10 Abs. 3 bzw. § 7 Abs. 1 BetrAVG) Ruhegeld wegen einer vor Vollendung des 60. Lebensjahres liegenden festen Altersgrenze gezahlt, so handelt es sich

1.4.1 - um insolvenzgeschützte laufende Leistungen, wenn zu diesem Stichtag das 60. Lebensjahr bereits vollendet ist oder sachliche, im Beschäftigungsverhältnis liegende Gründe für eine noch frühere Altersgrenze vorliegen oder - bei Zusage einer Invaliditätsversorgung - inzwischen Invalidität eingetreten ist.

1.4.2 - in allen anderen Fällen um nicht insolvenzgeschützte laufende Leistungen, sogenannte **Übergangsgelder**.

1.5 Wird zum Bilanz- bzw. Insolvenzstichtag Ruhegeld wegen Nichtverlängerung des Dienstvertrages gezahlt, so handelt es sich

1.5.1 - um insolvenzgeschützte laufende Leistungen, wenn zu diesem Stichtag die in der Versorgungszusage festgelegte feste Altersgrenze erreicht war (vgl. dazu Ziffer 1.3) oder das 63. Lebensjahr vollendet war oder vorgezogenes Altersruhegeld gemäß §§ 6 BetrAVG, 4 Abs. 2a AlB bezogen wird oder - bei Zusage einer Invaliditätsversorgung - inzwischen Invalidität eingetreten ist.

1.5.2 - in allen anderen Fällen um nicht insolvenzgeschützte laufende Leistungen, sogenannte **Übergangsgelder**.

1.6 Bezieher von Übergangsgeldern (vgl. z.B. Ziffer 1.4.2 und 1.5.2) am Bilanz- bzw. Insolvenzstichtag, die zum Zeitpunkt ihres Ausscheidens aus dem Unternehmen die Unverfallbarkeitsvoraussetzungen gemäß § 1 b BetrAVG (bei Zusagen <u>ab</u> 01.01.2001) oder § 30 f Satz 1 BetrAVG (bei Zusagen <u>vor</u> 01.01.2001) erfüllt hatten (vgl. Merkblatt 300/M 12), haben insoweit eine insolvenzgeschützte, nach § 2 BetrAVG zu berechnende Anwartschaft. Dabei ist als Altersgrenze die feste Altersgrenze laut Versorgungszusage, frühestens jedoch die Vollendung des 60. Lebensjahres zugrundezulegen.

2. Abgrenzung bei einzelnen betrieblichen Sozialleistungen im Hinblick auf die Insolvenzsicherung

2.1 Die unter Ziffer 1. definierten Leistungen der betrieblichen Altersversorgung sind gemäß § 10 BetrAVG beitragspflichtig und insolvenzgesichert, wenn sie in einer der in § 7 BetrAVG genannten Formen durchgeführt werden. Dies gilt auch für Ansprüche auf Teile von Lohn oder Gehalt bzw. auf bestimmte Sondervergütungen zugunsten eines späteren Versorgungsbezuges, die gemäß § 1 Abs. 2 Nr. 3 BetrAVG in eine wertgleiche Anwartschaft auf Versorgungsleistungen umgewandelt worden sind. Hingegen ist bei folgenden betrieblichen Leistungen in der Regel **Insolvenzsicherungspflicht und -schutz nicht gegeben:**

2.1.1 Leistungen, die nicht aus Anlaß eines Arbeitsverhältnisses gewährt werden auch wenn sie im Ergebnis der Versorgung dienen. Das sind insbesondere Leistungen zur **Abgeltung von**

– vertraglichen Ansprüchen außerhalb eines Arbeits- oder Dienstverhältnisses (z.B. Kaufpreisrente)

– gesetzlichen Ansprüchen aus dem Arbeits- oder Dienstverhältnis (z.B. Ausgleichsanspruch nach § 89 b HGB).

2.1.2 Versorgungsleistungen Dritter, zu denen der Begünstigte nicht in einem Arbeits- oder gesetzlich gleichgestellten Rechtsverhältnis steht und die der Arbeitgeber dem Begünstigten auch nicht vermittelt hat.

2.1.3 Leistungen, die nicht durch den Eintritt eines biologischen Ereignisses im Sinne der betrieblichen Altersversorgung ausgelöst werden (vgl. Ziffer 1.3) und/oder nicht der Altersversorgung des Begünstigten oder der Versorgung seiner Hinterbliebenen zu dienen bestimmt sind; das sind insbesondere

– Übergangsgelder, Überbrückungszahlungen, Ausgleichszahlungen - auch in Rentenform - wegen vorzeitiger Beendigung des Arbeits- oder Dienstverhältnisses (auch aufgrund des Vorruhestandsgesetzes)

– Gnadenbezüge

– Weihnachtsgelder

  – Ausnahme: Insolvenzgeschützt sind Weihnachtsgelder an Rentner jedoch dann, wenn die Zahlung in bestimmter Höhe in der Versorgungsregelung festgelegt ist oder wenn die Weihnachtsgelder ohne ausdrückliche Zusage vorbehaltlos in regelmäßiger Wiederkehr und in gleicher Höhe vom Träger der betrieblichen Altersversorgung nach Ziffer 1.2 gezahlt worden sind.

– Jubiläumsgaben

– Tantiemezahlungen

– Zuschüsse zu Krankengeldern, Kuren, Operationskosten, Zahnbehandlungen

– Zuschüsse bei Todesfällen (Sterbegelder), Sterbegeldversicherungen

– Treueprämien, Treueprämienversicherungen

425

Anlage 9

Pensionssicherungsverein

PENSIONS-SICHERUNGS-VEREIN
Versicherungsverein auf Gegenseitigkeit

50963 Köln

Hinweis: Alle Merkblätter in jeweils aktueller Fassung können Sie unter der Adresse „www.psvag.de" erhalten.

Merkblatt 300/M 8*
Abwicklung betrieblicher Versorgungsverpflichtungen im Falle der Liquidation
(Stand: 1.06 / Ersetzt: 1.05)

1. **Liquidation - kein Sicherungsfall im Sinne von § 7 Abs. 1 BetrAVG**

    Bei der handelsrechtlichen Liquidation des Unternehmens des Arbeitgebers werden die laufenden Geschäfte beendigt, die Forderungen eingezogen, das übrige Vermögen in Geld umgesetzt, die Gläubiger befriedigt und ein möglicher Überschuß an die Anfallberechtigten (z. B. die nach Satzung oder Gesellschaftsvertrag Berechtigten) verteilt. Die Liquidation stellt daher für den PSVaG keinen Sicherungsfall nach § 7 Abs. 1 BetrAVG dar, der - unabhängig von den verschiedenen Erscheinungsformen - stets Zahlungsunfähigkeit des Arbeitgebers voraussetzt.

2. **Betriebsrentner und Anwärter auf betriebliche Versorgungsleistungen - Gläubiger des Unternehmens**

    Die Verpflichtungen des Arbeitgebers aus betrieblicher Altersversorgung stehen gleichwertig neben allen anderen Verbindlichkeiten. Die Betriebsrentner und Anwärter auf betriebliche Versorgungsleistungen sind daher Gläubiger wie alle übrigen Gläubiger des Unternehmens. Die Erfüllung ihrer Ansprüche ist sicherzustellen. Dabei ist es - jedenfalls bei unter Insolvenzschutz stehenden Ansprüchen - ohne Bedeutung, ob die Zusagen unter Ausschluß des Rechtsanspruchs erteilt oder mit sonstigen Vorbehalten versehen sind. Ein darauf gestützter Widerruf von Ansprüchen auf betriebliche Versorgungsleistungen, die unter Insolvenzschutz stehen, ist unwirksam. Unter Insolvenzschutz stehen laufende Versorgungsleistungen und gemäß § 1 b BetrAVG (bei Zusagen ab 01.01.2001) oder § 30 f Satz 1 BetrAVG (bei Zusagen vor 01.01.2001) unverfallbare Anwartschaften auf betriebliche Versorgungsleistungen (vgl. Merkblatt 300/M 12).

    Die Tatsache, daß für die Versorgungsleistungen Beiträge zur Insolvenzsicherung gezahlt worden sind, befreit den Arbeitgeber nicht von diesen Ansprüchen im Falle der Liquidation.

3. **Liquidationsstatus - Überschuldung - Zahlungsunfähigkeit**

    3.1 Zum Zwecke der Liquidation muß der Arbeitgeber seinen Verbindlichkeiten die aktiven Vermögenswerte gegenüberstellen; die Bewertung muß dabei unter Betriebsstillegungsgesichtspunkten vorgenommen werden.

    In die Verbindlichkeiten müssen auch die Verpflichtungen aus betrieblicher Altersversorgung eingestellt werden. Laufende Renten und unverfallbare Versorgungsanwartschaften müssen mit ihrem Barwert angesetzt werden. Bei unverfallbaren Anwartschaften muß bei der Berechnung des Barwerts der Zeitpunkt der Beendigung des Arbeitsverhältnisses berücksichtigt werden. Bei der Berechnung des Barwerts sind die bei der jeweiligen Form der betrieblichen Altersversorgung vorgeschriebenen Rechnungsgrundlagen sowie die anerkannten Regeln der Versicherungsmathematik maßgebend (§ 3 Abs. 5 i.V.m. § 4 Abs. 5 BetrAVG).

    Der richtig errechnete Barwert ist Basis für die verschiedenen Formen einer Ablösung betrieblicher Versorgungsverpflichtungen.

    Begünstigungen auf Leistungen einer Unterstützungskasse sind wegen der bestehenden Durchgriffs- bzw. Ausfallhaftung des Arbeitgebers (Trägerunternehmens) bei diesem wie eine unmittelbare Versorgungszusage zu bewerten.

    3.2 Ist die volle Befriedigung oder Sicherstellung aller Ansprüche gegen den Arbeitgeber - einschließlich der Rechte aus betrieblicher Altersversorgung - nicht möglich (wegen Zahlungsunfähigkeit und/oder Überschuldung), so muß der Arbeitgeber oder Liquidator rechtzeitig ein gerichtliches Insolvenzverfahren beantragen.

    Das gleiche gilt, wenn im Laufe der Liquidation Zahlungsunfähigkeit und/oder Überschuldung eintritt.

    Sind bei Zahlungsunfähigkeit und/oder Überschuldung die Aktivwerte des Unternehmens ohne Berücksichtigung betrieblicher Versorgungsverpflichtungen zur Befriedigung anderer Gläubiger verwendet worden und ein gerichtliches Insolvenzverfahren nicht oder nicht rechtzeitig eingeleitet worden, setzt sich der Arbeitgeber bzw. der Liquidator Schadenersatzansprüchen und gegebenenfalls strafrechtlicher Verfolgung aus.

    ...

---

* Merkblätter informieren in allgemeiner Form über die Insolvenzsicherung aufgrund des BetrAVG und geben die derzeitige Rechtsauffassung des PSVaG wieder. Sie stehen unter dem Vorbehalt, daß sich die Rechtslage - insbesondere durch die Rechtsprechung - nicht ändert. Merkblätter haben nicht den Charakter von Verwaltungsrichtlinien und -anordnungen.

4. Ablösung von Versorgungsverbindlichkeiten bei Liquidation

4.1 Keine Übertragung auf den PSVaG

Eine vertragliche Übernahme der Versorgungsverpflichtungen durch den PSVaG im Rahmen der Liquidation, z.B. auch gegen Zahlung des vollen Barwerts, ist aus zwingenden gesetzlichen Gründen nicht möglich.

4.2 Übertragung von Versorgungsverpflichtungen auf andere Versorgungsträger

4.2.1 Befreiende Schuldübernahme (§§ 414 ff. BGB, § 4 BetrAVG)

Nach §§ 414 ff. BGB können grundsätzlich Versorgungsverpflichtungen auf einen Dritten mit schuldbefreiender Wirkung für den ehemaligen Arbeitgeber übertragen werden, wenn der Versorgungsberechtigte der Schuldübernahme zustimmt. Die Regelungen der §§ 414 ff. BGB sind seit Inkrafttreten des BetrAVG in ihrem Anwendungsbereich durch § 4 BetrAVG eingeschränkt worden.

Zu den Auswirkungen der Übertragung einer Versorgungszusage vom ehemaligen auf den neuen Arbeitgeber auf die gesetzliche Insolvenzsicherung vgl. Merkblatt 300/M 15.

4.2.2 Sonderfall Direktversicherung

Für den Fall, daß die betriebliche Altersversorgung bislang über Direktversicherungen durchgeführt worden ist, bietet es sich an, die Versicherungsnehmereigenschaft auf die begünstigten Arbeitnehmer zu übertragen, nachdem eine eventuell bestehende Beleihung (Vorauszahlung), Abtretung oder Verpfändung rückgängig gemacht worden ist und rückständige Versicherungsbeiträge nachentrichtet worden sind.

4.3 Alternativen für den Arbeitgeber

4.3.1 Übernahme der Zusage bei Liquidation gemäß § 4 Abs. 4 BetrAVG

Wird die Betriebstätigkeit eingestellt und das Unternehmen liquidiert, kann eine Zusage von einer Pensionskasse oder einem Unternehmen der Lebensversicherung ohne Zustimmung des Arbeitnehmers oder Versorgungsempfängers übernommen werden, wenn sichergestellt ist, daß die Überschußanteile ab Rentenbeginn entsprechend § 16 Abs. 3 Nr. 2 verwendet werden.

Diese Regelung in § 4 Abs. 4 BetrAVG entspricht dem bis 31.12.2004 geltenden § 4 Abs. 3 BetrAVG.

Unter diesen Voraussetzungen können demnach - wie bisher - nicht nur unverfallbare Anwartschaften sondern auch laufende Leistungen übertragen werden und zwar ohne Begrenzung auf eine bestimmte Höhe.

Nach rechtswirksamer Ablösung der Versorgungsverpflichtung gemäß § 4 Abs. 4 BetrAVG entfallen für die Zukunft Insolvenzsicherungspflicht und -schutz.

4.3.2 Abfindung

Im Falle der Beendigung des Arbeitsverhältnisses kann eine unverfallbare Anwartschaft nur nach § 3 BetrAVG abgefunden werden. Der Arbeitgeber kann gemäß § 3 Abs. 2 BetrAVG eine Anwartschaft ohne Zustimmung des Arbeitnehmers abfinden, wenn der Monatsbetrag der aus der Anwartschaft resultierenden laufenden Leistung bei Erreichen der vorgesehenen Altersgrenze 1 vom Hundert, bei Kapitalleistungen zwölf Zehntel der monatlichen Bezugsgröße nach § 18 des Vierten Sozialgesetzbuch nicht übersteigen würde. Dies gilt entsprechend für die Abfindung einer laufenden Leistung. Die Abfindung ist unzulässig, wenn der Arbeitnehmer von seinem Recht auf Übertragung der Anwartschaft Gebrauch macht. Die Anwartschaft ist gemäß § 3 Abs. 3 BetrAVG auf Verlangen des Arbeitnehmers abzufinden, wenn die Beiträge zur gesetzlichen Rentenversicherung erstattet worden sind.

§ 3 BetrAVG findet keine Anwendung auf laufende Leistungen, die vor dem 1. Januar 2005 erstmals gezahlt worden sind (§ 30g BetrAVG). Laufende Leistungen, die bereits vor dem 1. Januar 2005 erstmals gezahlt worden sind, können weiterhin ohne die Einschränkungen des § 3 BetrAVG abgefunden werden.

Werden bei der Liquidation Abfindungsvereinbarungen mit Rentnern und Anwärtern abgeschlossen, müssen zur Vermeidung von Mißverständnissen und zum Ausschluß möglicher späterer Nachforderungen ausdrücklich Bestimmungen über die Abfindung der künftigen Versorgungsansprüche getroffen werden. Eine Vereinbarung, die lediglich zum Inhalt hat, daß sämtliche Ansprüche aus dem Arbeitsverhältnis abgegolten sind, bedeutet im Zweifel nicht auch die Abfindung zukünftiger betrieblicher Versorgungsansprüche.

Für die Höhe der Abfindungen von unverfallbaren Versorgungsanwartschaften und laufenden Leistungen ist der Übertragungswert gemäß § 3 Abs. 5 i.V.m. § 4 Abs. 5 BetrAVG maßgebend. Dieser Wert muß Geschäftsgrundlage in der Abfindungsvereinbarung sein. Die Abfindung ist gesondert auszuweisen und einmalig zu zahlen (§ 3 Abs. 6 BetrAVG).

4.3.3 Erlaßvertrag (Verzicht)

Ebenso ist unter den gesetzlichen Voraussetzungen ein Verzicht denkbar.

4.3.4 Gesamtrechtsnachfolge

Darüber hinaus kommen die Fälle des Umwandlungsgesetzes in Betracht, soweit eine Gesamtrechtsnachfolge in der Person des Arbeitgebers eintritt.

Anlage 9 *Pensionssicherungsverein*

5. **Melde- und Nachweispflichten gegenüber dem PENSIONS-SICHERUNGS-VEREIN**

   Die Meldepflicht zur Insolvenzsicherung (§ 11 BetrAVG) und die öffentlich-rechtliche Beitragspflicht (§ 10 BetrAVG) besteht auch bei Liquidation des Unternehmens des Arbeitgebers so lange fort, als die Verpflichtungen aus betrieblicher Altersversorgung nicht abgelöst sind.

   Für den Bestand der Versorgungsverpflichtungen muß auf den Bilanzstichtag des Jahres abgestellt werden, das dem laufenden Beitragsjahr vorangegangen ist.

   Der Beitrag zum PSVaG ist ein Jahresbeitrag. Bei vollständiger Ablösung der betrieblichen Versorgungsverpflichtungen im Laufe des Jahres findet eine anteilige Abrechnung statt.

   Die Liquidation des Unternehmens kann nicht abgeschlossen werden, bevor nicht dem PSVaG gegenüber im einzelnen die Ablösung sämtlicher betrieblicher Versorgungsverpflichtungen nachgewiesen ist. Dazu müssen dem PSVaG die Vereinbarungen mit den Rentnern und den Arbeitnehmern mit gesetzlich unverfallbaren Anwartschaften über die erfolgte Übertragung (§ 4 BetrAVG) oder Abfindung (§ 3 BetrAVG) der Versorgungsansprüche vorgelegt werden.

   Dem in Liquidation befindlichen Unternehmen bleibt es jedoch unbenommen, die Liquidation im übrigen durchzuführen und das Einzelunternehmen/die Gesellschaft als solche „i. L." lediglich zur Abwicklung der betrieblichen Altersversorgung fortbestehen zu lassen.

PENSIONS-SICHERUNGS-VEREIN
Versicherungsverein auf Gegenseitigkeit
50963 Köln

Hinweis: Alle Merkblätter in jeweils aktueller Fassung können Sie unter der Adresse „www.psvag.de" erhalten.

Merkblatt 300/M 1[*]

Insolvenzsicherung für Versorgungszusagen an (Mit-) Unternehmer
(persönlicher und sachlicher Geltungsbereich des Betriebsrentengesetzes)

(Stand: 1.05 / Ersetzt: 3.02)

1. **Geltungsbereich des BetrAVG**

   – Melde- und Beitragspflicht sowie Insolvenzschutz (im folgenden: „Insolvenzsicherung") sind im Betriebsrentengesetz (BetrAVG) geregelt. Aus dem BetrAVG ergibt sich auch der persönliche und sachliche Geltungsbereich der Insolvenzsicherung für Versorgungszusagen an (Mit-) Unternehmer.

   – **Grundsätzlich** ist das BetrAVG ein Schutzgesetz für **Arbeitnehmer** und Personen in einem vergleichbaren Vertragsverhältnis (§ 17 Abs. 1 Satz 1 und Satz 2 BetrAVG)[1], **nicht** aber für **(Mit-) Unternehmer** (persönlicher Geltungsbereich).

   – Weiterhin schützt das BetrAVG nur Leistungen, die der Sache nach **betriebliche Altersversorgung** (§ 1 Abs. 1 Satz 1 BetrAVG) darstellen (sachlicher Geltungsbereich).

2. **Selbstveranlagungsprinzip**

   Nach dem für die Melde- und Beitragspflicht geltenden Prinzip der **Selbstveranlagung** (§§ 10, 11 BetrAVG) meldet der **Arbeitgeber** die seiner Auffassung nach der Insolvenzsicherung unterliegenden Versorgungsverpflichtungen **in eigener Verantwortung**, ggf. mit Hilfe sachkundiger Berater. Der PSVaG gibt dazu mit seinen Merkblättern[*] Orientierungshilfen. Darüber hinausgehende detaillierte Beratung und Auskunft ist dem PSVaG aufgrund seiner gesetzlichen Aufgabenstellung vor Eintritt eines Sicherungsfalls nicht möglich.

3. **Persönlicher Geltungsbereich**

   Den folgenden **Fallgruppen** aus dem persönlichen Geltungsbereich liegen - von einigen Sonderfällen abgesehen - **typische Gegebenheiten** zugrunde.

   Ausschlaggebend sind die Umstände des Einzelfalls. Das Steuer- wie auch das Sozialversicherungsrecht können aufgrund der Besonderheiten des BetrAVG nicht schematisch als Auslegungshilfe herangezogen werden.

3.1 **Einzelunternehmen**

   a) *Inhaber:* ➔ Keine Insolvenzsicherung

   b) *Stille Gesellschafter* (am Handelsgewerbe eines Kaufmanns mit einer Kapitaleinlage Beteiligte ohne Haftung und/oder Geschäftsführungsbefugnis, § 230 HGB), wenn sie nicht nur stille Gesellschafter sind, sondern auch Arbeitnehmer in einem arbeitsrechtlich anzuerkennenden Arbeitsverhältnis, worauf folgende Indizien hindeuten:

   – ernst gemeinter, eindeutiger und durchgeführter schriftlicher Vertrag über die zu erbringende Arbeitsleistung, die Einordnung in den Betrieb, das Arbeitsentgelt, den Urlaub und sonstige übliche Bestandteile eines Arbeitsverhältnisses;

---

[*] Merkblätter informieren in allgemeiner Form über die Insolvenzsicherung aufgrund des BetrAVG und geben die derzeitige Rechtsauffassung des PSVaG wieder. Sie stehen unter dem Vorbehalt, daß sich die Rechtslage - insbesondere durch die Rechtsprechung - nicht ändert. Merkblätter haben nicht den Charakter von Verwaltungsrichtlinien und -anordnungen.

[1] Vgl. amtliche Begründung zu § 7 Abs. 1 Satz 2 des Entwurfs eines Gesetzes zur Verbesserung der betrieblichen Altersversorgung - Bundestagsdrucksache 7/1281. § 7 Abs. 1 Satz 2 des Entwurfs entspricht unverändert § 17 Abs. 1 Satz 2.

...

Anlage 10 — Pensionssicherungsverein

- Auszahlung des vereinbarten und der ausgeübten Tätigkeit entsprechenden Arbeitsentgelts in regelmäßiger und im Unternehmen üblicher Weise auf das Konto des Arbeitnehmers:
➔ Insolvenzsicherung.

3.2 Personengesellschaften

Personengesellschaften sind (zumindest bei einem Teil der Gesellschafter) geprägt durch persönliche Haftung und selbst ausgeübte Geschäftsleitung (Selbstorganschaft). Daraus ergibt sich für Gesellschafter von Personengesellschaften folgende Abgrenzung:

3.2.1 BGB-Gesellschaft
Gesellschafter einer BGB-Gesellschaft: ➔ Keine Insolvenzsicherung.

3.2.2 OHG
Komplementäre, unabhängig von ihrer Beteiligung: ➔ Keine Insolvenzsicherung.

3.2.3 KG, KGaA

3.2.3.1 *Komplementäre*, unabhängig von ihrer Beteiligung: ➔ Keine Insolvenzsicherung.

Ausnahme:
Falls die Komplementäre bei wirtschaftlicher Betrachtungsweise nur angestellte Komplementäre sind, also lediglich im Außenverhältnis als Gesellschafter auftreten, im Innenverhältnis aber - etwa auch durch interne Freistellung von der Haftung - wie Angestellte gegenüber den die Gesellschaft beherrschenden Kommanditisten gebunden sind: ➔ Insolvenzsicherung.

3.2.3.2 *Kommanditisten*, wenn sie nicht nur KG-Gesellschafter sind, sondern auch Arbeitnehmer in einem arbeitsrechtlich anzuerkennenden Arbeitsverhältnis (vgl. Ziff. 3.1 b), unabhängig von ihrer Beteiligung: ➔ Insolvenzsicherung.

3.2.3.3 *Kommanditisten*, wenn sie ausnahmsweise aufgrund von geschäftsführerähnlicher Leitungsmacht und entsprechender Kapitalbeteiligung einem mehrheitsbeteiligten Gesellschafter-Geschäftsführer einer Kapitalgesellschaft (Ziff. 3.3.1.2, 3.3.1.3) gleichstehen (= eigenverantwortliche Unternehmensleiter): ➔ Keine Insolvenzsicherung.

3.2.4 GmbH & Co KG

3.2.4.1 *Kommanditisten und Geschäftsführer* in der Komplementär-GmbH

a) Ist in einer GmbH & Co. KG, deren Komplementär-GmbH keinen gesonderten über die Förderung der KG hinausgehenden Geschäftsbetrieb hat, der Geschäftsführer der GmbH an einer oder an beiden Gesellschaften beteiligt, so richtet sich die Insolvenzsicherung nach der Höhe seiner unmittelbaren und/oder mittelbaren Beteiligung (vgl. zur mittelbaren Beteiligung Ziff. 3.4) an der **KG** entsprechend den Ziffern 3.3.1.2, 3.3.1.3, gleichgültig ob die Zusage von der GmbH oder der KG erteilt wurde.

b) Unterhält die Komplementär-GmbH einen von der Förderung der Geschäfte der KG unterscheidbaren, wirtschaftlich eigenständigen Betrieb, der die Grundlage für besondere Dienstleistungen und damit auch für eine gesonderte betriebliche Altersversorgung des Geschäftsführers bildet, so richtet sich die Insolvenzsicherung für diese Versorgungszusage des Geschäftsführers nach der Höhe der unmittelbaren und/oder mittelbaren Beteiligung (vgl. zur mittelbaren Beteiligung, Ziff. 3.4) an der **GmbH** entsprechend Ziff. 3.3.1.2, 3.3.1.3.

3.2.4.2 *Kommanditisten und Nicht-Geschäftsführer* in der Komplementär-GmbH
Es gelten Ziff. 3.2.3.2, 3.2.3.3 entsprechend.

3.3 Kapitalgesellschaften, Genossenschaften, Vereine

Bei Kapitalgesellschaften (GmbH, AG) und vergleichbaren Zusammenschlüssen (Genossenschaften - eG, eingetragene Vereine - eV) sind die Höhe des Kapitaleinsatzes und die Möglichkeit, auf die Leitung des Unternehmens, der eG oder des eV Einfluß zu nehmen, ausschlaggebend dafür, ob Insolvenzsicherung gegeben ist. Möglichkeiten zur Einflußnahme haben Geschäftsführer einer GmbH, Vorstandsmitglieder einer AG, einer eG oder eines eV, aber auch Personen, die lediglich im Innenverhältnis über eine geschäftsführerähnliche Leitungsmacht verfügen (z. B. Prokuristen mit Einzelvertretungsvollmacht).

...

3.3.1 GmbH

3.3.1.1 *Geschäftsführer* und Personen mit geschäftsführerähnlicher Leitungsmacht (z. B. *Prokuristen* mit Einzelvertretungsvollmacht), die **nicht** am Kapital und/oder Stimmrecht der GmbH beteiligt sind: ➜ Insolvenzsicherung.

3.3.1.2 Nur **ein** *Geschäftsführer* mit Beteiligung am Kapital und/oder Stimmrecht der GmbH
   a) mit weniger als 50 %: ➜ Insolvenzsicherung.
   b) ab 50 %: ➜ Keine Insolvenzsicherung.

3.3.1.3 **Mehrere** *Geschäftsführer* oder Personen mit geschäftsführerähnlicher Leitungsmacht und Beteiligung am Kapital und/oder Stimmrecht der GmbH: Zusammenrechnung der Anteile am Kapital und/oder Stimmrecht wegen gleichgerichteter Interessenlage mit folgendem Ergebnis:

   a) Zusammengerechnete Anteile am Kapital und/oder Stimmrecht von nicht mehr als 50 %: ➜ Insolvenzsicherung für **alle**.

   b) Zusammengerechnet Anteile am Kapital und/oder Stimmrecht von mehr als 50 %: ➜ Insolvenzsicherung für **keinen**.

   Ausnahmen hiervon:
   Keine Zusammenrechnung oder Zurechnung der Anteile am Kapital und/oder Stimmrecht bei

   ba) Beteiligung eines der Geschäftsführer von mehr als 50 %: ➜ Keine Insolvenzsicherung für den Mehrheitsgesellschafter, aber Insolvenzsicherung für den oder die übrigen Gesellschafter.

   bb) einer Minderheitsbeteiligung einzelner (nicht aller) Geschäftsführer am Kapital und/oder Stimmrecht von unter 10 %: ➜ Insolvenzsicherung für den/die Minderheitsgesellschafter, für den oder die übrigen Gesellschafter Insolvenzsicherung zu beurteilen entsprechend Ziff. 3.3.1.2, 3.3.1.3 (Grundsatz).

3.3.2 AG, eG, eV
Es gilt Ziff. 3.3.1 sinngemäß. Die Besonderheiten des Statuts sind zu beachten.

3.4 Sonderfälle:

a) **Beteiligung des Ehegatten** des Gesellschafter-Geschäftsführers oder Geschäftsführers am Kapital und/oder Stimmrecht:
   – Bei dem gesetzlichen Güterstand der Zugewinngemeinschaft und bei Gütertrennung: ➜ Keine Zusammenrechnung oder Zurechnung, d. h. Insolvenzsicherung zu beurteilen entsprechend Ziff. 3.3.1.2, 3.3.1.3.
   – Bei Gütergemeinschaft: ➜ Zusammenrechnung oder Zurechnung, d. h. Insolvenzsicherung zu beurteilen entsprechend Ziff. 3.3.1.2, 3.3.1.3.

b) **Ausübung der Stimmrechte anderer** in persönlicher Verantwortung des Geschäftsführers, z. B. aufgrund eines Stimmbindungsvertrages oder aufgrund sonstiger Absprachen: ➜ Grundsätzlich Zurechnung der Stimmrechte, d. h. Insolvenzsicherung zu beurteilen entsprechend Ziff. 3.3.1.2, 3.3.1.3.

c) **Beteiligung** des Geschäftsführers am Kapital **bei davon abweichenden Stimmrechten**:
   Grundsätzlich ist der jeweils höhere Wert ausschlaggebend: ➜ Insolvenzsicherung zu beurteilen entsprechend Ziff. 3.3.1.2, 3.3.1.3.

d) **Indirekte** (mittelbare) **Beteiligung:**
   Die Versorgungszusage an den Gesellschafter-Geschäftsführer oder Gesellschafter hat eine Gesellschaft erteilt**,** deren Kapital eine andere Gesellschaft ganz oder teilweise hält, an welcher der Zusageempfänger (ebenfalls) beteiligt ist. Dadurch sind die Verhältnisse in den beteiligten Gesellschaften, z. B. Kapitalanteile, Leitungsmacht, persönliche Haftung, (mit) zu berücksichtigen: ➜ Insolvenzsicherung zu beurteilen entsprechend Ziff. 3.2 und 3.3.

...

3.5 Anteilige Insolvenzsicherung bei Wechsel von der Arbeitnehmer- in die (Mit-) Unternehmerstellung oder umgekehrt

Der Wechsel von einer Arbeitnehmer- in eine (Mit-) Unternehmerstellung oder umgekehrt kann unabhängig davon, wann die Versorgungszusage erteilt wurde, zu **anteiliger** Insolvenzsicherung führen. Ausschlaggebend dafür ist, inwieweit die Versorgungszusage durch eine Tätigkeit als Arbeitnehmer und inwieweit sie durch eine solche als (Mit-) Unternehmer erdient worden ist (vgl. Staier, Betriebs-Berater 1981 S. 688).

a) Rentner
Insolvenzsicherung besteht für den Teil der Versorgung, der dem Verhältnis der Summe der Arbeitnehmerzeiten zu der insgesamt im Betrieb verbrachten Zeit entspricht.

b) Anwärter
Insolvenzsicherung besteht bei Anwärtern nur dann, wenn durch Tätigkeitszeiten als Arbeitnehmer die gesetzlichen Unverfallbarkeitsvoraussetzungen gemäß § 1 b BetrAVG (bei Zusagen ab 01.01.2001) oder § 30 f Satz 1 BetrAVG (bei Zusagen vor 01.01.2001) – vgl. dazu Merkblätter 300/M 3 und 300/M 12 – erfüllt sind, ggf. durch Zusammenrechnung vor und nach einer (Mit-) Unternehmerzeit verbrachter Arbeitnehmerzeiten. Dabei zählen Betriebszugehörigkeits- und Zusagezeiten als Arbeitnehmer nach Beendigung der (Mit-) Unternehmerzeit weiter.

Für die Berechnung der Unverfallbarkeitsfristen rechnen Zeiten, in denen der Versorgungsberechtigte als (Mit-) Unternehmer tätig war, weder für die Zusagedauer noch als Betriebszugehörigkeit mit.

Liegt aufgrund der Arbeitnehmerzeiten eine gesetzlich unverfallbare Anwartschaft vor, besteht Insolvenzsicherung für den Teil der zugesagten Versorgung, der dem Verhältnis der Summe der Arbeitnehmerzeiten zu der insgesamt bis zur festen Altersgrenze laut Versorgungsregelung möglichen Betriebszugehörigkeit entspricht (= Aussonderung der [Mit-] Unternehmerzeit und zeitanteilige Berechnung gemäß § 7 Abs. 2 i.V.m. § 2 Abs. 1 BetrAVG).

4. Sachlicher Geltungsbereich

Insolvenzsicherung besteht nach dem Gesetz nur für betriebliche Altersversorgung der Sache nach. Als betriebliche Altersversorgung i.S.d. BetrAVG sind Leistungen der Alters-, Invaliditäts- und/oder Hinterbliebenenversorgung anzusehen, die aus Anlaß eines Arbeitsverhältnisses (§ 1 Abs. 1 Satz 1 BetrAVG) oder eines vergleichbaren Vertragsverhältnisses (§ 17 Abs. 1 Satz 2 BetrAVG) zugesagt wurden.

Liegt der Anlaß für die Versorgungszusage (auch) in der Gesellschafterstellung des Versorgungsberechtigten und/oder gehen die zugesagten Leistungen über das hinaus, was bei einem Gesellschaftsfremden in vergleichbarer Position wirtschaftlich vernünftig und zur Alters-, Invaliditäts- und/oder Hinterbliebenenversorgung angemessen ist, kann es sich insoweit ganz oder teilweise um (Mit-) Unternehmerlohn handeln, für den keine Insolvenzsicherung besteht, und zwar unabhängig davon, ob der Betreffende unter den persönlichen Geltungsbereich des BetrAVG fällt.

Pensionssicherungsverein   **Anlage 11**

PENSIONS-SICHERUNGS-VEREIN
Versicherungsverein auf Gegenseitigkeit
50963 Köln

Hinweis: Alle Merkblätter in jeweils aktueller Fassung können Sie unter der Adresse „www.psvag.de" erhalten.

Merkblatt 300/M 3*
Insolvenzsicherung der betrieblichen Altersversorgung
(Stand: 3.09 / Ersetzt: 11.08)

Im Rahmen des Betriebsrentengesetzes (BetrAVG)[1] und der Allgemeinen Versicherungsbedingungen für die Insolvenzsicherung der betrieblichen Altersversorgung (AIB) ist die betriebliche Altersversorgung gegen die Folgen der Insolvenz eines Arbeitgebers beim PENSIONS-SICHERUNGS-VEREIN Versicherungsverein auf Gegenseitigkeit (PSVaG) versichert.

1. Insolvenz eines Arbeitgebers (Sicherungsfall)

Ein Sicherungsfall liegt gemäß § 7 Abs. 1 BetrAVG vor, wenn

1.1 über das Vermögen oder über den Nachlass des Arbeitgebers das Insolvenzverfahren eröffnet worden ist,

1.2 der Antrag auf Eröffnung des Insolvenzverfahrens mangels Masse abgewiesen worden ist,

1.3 der PENSIONS-SICHERUNGS-VEREIN einem außergerichtlichem Vergleich (Stundungs-, Quoten- oder Liquidationsvergleich) des Arbeitgebers mit seinen Gläubigern zur Abwendung eines Insolvenzverfahrens zugestimmt hat,

1.4 bei vollständiger Beendigung der Betriebstätigkeit im Geltungsbereich des Betriebsrentengesetzes ein Antrag auf Eröffnung des Insolvenzverfahrens nicht gestellt worden ist und ein Insolvenzverfahren offensichtlich mangels Masse nicht in Betracht kommt.

2. Personenkreis und gesicherte Versorgungsrechte

Nach Maßgabe des Gesetzes und der Allgemeinen Versicherungsbedingungen für die Insolvenzsicherung der betrieblichen Altersversorgung (AIB) tritt der PENSIONS-SICHERUNGS-VEREIN im Falle der Insolvenz des Arbeitgebers für die betriebliche Altersversorgung folgender Versorgungsberechtigter ein:

2.1 **Versorgungsempfänger** (Rentner)

Versorgungsempfänger sind Personen mit Ansprüchen aus betrieblicher Altersversorgung auf laufende oder einmalige Leistungen; dazu gehören auch Versorgungsberechtigte, die bei Eintritt des Sicherungsfalls die Voraussetzungen für einen Versorgungsanspruch voll erfüllt, aber noch keine Leistungen bezogen haben (sog. technische Rentner).

2.2 **Versorgungsanwärter mit unverfallbarer Anwartschaft**

Versorgungsanwärter sind Arbeitnehmer, auch ehemalige Arbeitnehmer und Personen, die nicht Arbeitnehmer sind, wenn ihnen aus Anlass ihres Arbeitsverhältnisses bzw. ihrer Tätigkeit für ein Unternehmen Leistungen der Alters-, Hinterbliebenen- oder Invaliditätsversorgung zugesagt worden sind. Ihre darauf beruhende Anwartschaft ist gemäß § 7 Abs. 2 BetrAVG insolvenzgeschützt, wenn sie bei Eintritt des Sicherungsfalles oder vorherigem Betriebsaustritt (Stichtag) nach § 1b BetrAVG oder § 30f Abs.1 Satz 1 BetrAVG oder kraft Richterrechts (siehe Ziffer 2.2.3) unverfallbar ist.

2.2.1 **Unverfallbarkeit** bei **Versorgungszusagen**, die ab **01.01.2001** erteilt wurden:

a) **Versorgungszusagen**, die **ab 01.01.2001 bis 31.12.2008** erteilt wurden:

Die Anwartschaft eines Arbeitnehmers ist unverfallbar, wenn er bei betrieblicher Altersversorgung, die der Arbeitgeber finanziert hat, am Stichtag (Sicherungsfall oder vorheriger Betriebsaustritt)

- mindestens das 30. Lebensjahr vollendet und
- die Versorgungszusage mindestens 5 Jahre bestanden hat (§ 1b Abs. 1 BetrAVG a. F.).

---

* Merkblätter informieren in allgemeiner Form über die Insolvenzsicherung aufgrund des BetrAVG und geben die derzeitige Rechtsauffassung des PSVaG wieder. Sie stehen unter dem Vorbehalt, dass sich die Rechtslage - insbesondere durch die Rechtsprechung - nicht ändert. Merkblätter haben nicht den Charakter von Verwaltungsrichtlinien und -anordnungen.

[1] In den neuen Bundesländern am 01.01.1992 in Kraft getreten
(Einigungsvertrag, Anlage I, Kapitel VIII, Sachgebiet A, Abschnitt III Nr. 16).

...

Anlage 11

Pensionssicherungsverein

Sofern Anwartschaften aus vom 01.01.2001 bis 31.12.2008 erteilten arbeitgeberfinanzierten Zusagen nach den in diesem Zeitraum geltenden Unverfallbarkeits-Regelungen nicht bis zum 31.12.2013 unverfallbar werden, ist Unverfallbarkeit (§ 30f Abs.2 BetrAVG)

- bereits mit Ablauf des 31.12.2013 gegeben, sofern der Versorgungsberechtigte dann auch das 25. Lebensjahr vollendet hat (Meldepflicht besteht ab 2014);
- **andernfalls** tritt Unverfallbarkeit erst mit der nach dem 31.12.2013 liegenden Vollendung des 25. Lebensjahres ein.

b) **Versorgungszusagen**, die **ab 01.01.2009** erteilt wurden:

Die Anwartschaft eines Arbeitnehmers ist unverfallbar, wenn er bei betrieblicher Altersversorgung, die der **Arbeitgeber finanziert** hat, am Stichtag (Sicherungsfall oder vorheriger Betriebsaustritt)

- mindestens das 25. Lebensjahr vollendet und
- die Versorgungszusage mindestens 5 Jahre bestanden hat (§ 1b Abs. 1 Satz 1 BetrAVG).

c) **Entgeltumwandlungszusagen**, die **ab 01.01.2001** erteilt wurden:

Beruht die Anwartschaft auf einer ab 01.01.2001 erteilten **Entgeltumwandlung**, ist sie mit **Erteilung der Zusage** unverfallbar, d. h., bei dieser Form der Altersversorgung gibt es für die Unverfallbarkeit weder Fristen noch ein Mindestalter (§ 1b Abs. 5 BetrAVG).

Zu weiteren Einzelheiten und Auswirkungen auf die Insolvenzsicherung vergleichen Sie bitte Merkblatt 300/M 12 Ziffer 3.

2.2.2 **Unverfallbarkeit** bei **Versorgungszusagen**, die **vor** dem **01.01.2001** erteilt wurden:

Die Anwartschaft eines Arbeitnehmers ist unverfallbar, wenn er am Stichtag (Sicherungsfall oder vorheriger Betriebsaustritt)

- mindestens das 35. Lebensjahr vollendet hat und
- entweder die Versorgungszusage mindestens 10 Jahre bestanden hat (§ 30f Abs.1 Satz 1, 1. Halbsatz, 1. Alternative BetrAVG)
- oder der Beginn der ununterbrochenen Betriebszugehörigkeit mindestens 12 Jahre zurückliegt und die Versorgungszusage mindestens 3 Jahre bestanden hat (§ 30f Abs.1 Satz 1, 1. Halbsatz, 2. Alternative BetrAVG).

2.2.2.1 Sind diese Voraussetzungen **bei fortbestehendem Arbeitsverhältnis** nicht bis zum 31.12.2005 erfüllt, ist die Anwartschaft des Arbeitnehmers ab diesem Zeitpunkt auch dann unverfallbar, wenn er das 30. Lebensjahr vollendet hat (§ 30f Abs. 1 Satz 1, 2. Halbsatz BetrAVG); **andernfalls** erst ab dem **späteren** Zeitpunkt der Vollendung des 30. Lebensjahres.

2.2.2.2 Diese Unverfallbarkeitsregelungen gelten sowohl für Versorgungsanwartschaften, die auf einer **arbeitgeberfinanzierten** Versorgungszusage als auch für die, die auf einer **Entgeltumwandlung** beruhen.

2.2.2.3 Unverfallbarkeit liegt ferner vor bei Versorgungsanwärtern, die zwar **vor** dem Inkrafttreten des Betriebsrentengesetzes am **22.12.1974** aus dem Arbeitsverhältnis mit einem Arbeitgeber in den alten Bundesländern **ausgeschieden** waren, zu diesem Zeitpunkt aber eine ununterbrochene Betriebszugehörigkeit von mindestens 20 Jahren zurückgelegt hatten (Richterrecht).

2.2.3 Unverfallbarkeit ist auch gegeben, wenn ein Versorgungsanwärter aufgrund einer **Vorruhestandsregelung** ausscheidet. Mit dem **Eintritt** in den **Vorruhestand** wird die Anwartschaft - auch ohne Erfüllung der Unverfallbarkeitsvoraussetzungen gemäß § 1b Abs. 1 BetrAVG oder § 30f Satz 1 BetrAVG - unverfallbar, wenn der Arbeitnehmer ohne das vorherige Ausscheiden, also beim Verbleib im Arbeitsverhältnis, die Wartezeit und die sonstigen Leistungsvoraussetzungen bis zum Erreichen der festen Altersgrenze hätte erfüllen können.

2.2.4 Zur Anrechnung von Wehrdienst- oder Zivildienst- und Vordienstzeiten vergleiche Merkblatt 300/M 5.

2.2.5 Anwärter mit einer insolvenzgeschützten Anwartschaft haben einen **Anspruch** auf Leistungen **erst** bei Eintritt des **Versorgungsfalls**.

Der PENSIONS-SICHERUNGS-VEREIN kann jedoch eine Anwartschaft beim Vorliegen der in § 8 Abs. 2 BetrAVG genannten Voraussetzungen ohne Zustimmung des Anwärters abfinden.

3. **Durchführungswege im Rahmen des gesetzlichen Insolvenzschutzes**

Gesichert sind die Ansprüche oder Anwartschaften von Versorgungsberechtigten auf Leistungen der betrieblichen Altersversorgung, die auf Versorgungszusagen in folgenden Durchführungswegen beruhen:

3.1 **Unmittelbare Versorgungszusagen** des Arbeitgebers gemäß § 1b Abs. 1 BetrAVG,

...

Pensionssicherungsverein **Anlage 11**

- 3 -

3.2 **Direktversicherungen** (Lebensversicherungen auf das Leben und zugunsten von Arbeitnehmern durch den Arbeitgeber) gemäß § 1b Abs. 2 BetrAVG, sofern Ausfälle entstehen, weil das Bezugsrecht widerrufen wird oder weil die Ansprüche aus dem Versicherungsvertrag durch den Arbeitgeber abgetreten, beliehen, oder an Dritte verpfändet sind,

3.3 **Pensionsfonds**, die dem Arbeitnehmer oder seinen Hinterbliebenen auf ihre Leistungen einen Rechtsanspruch gewähren, § 1b Abs. 3 BetrAVG,

3.4 **Unterstützungskassen**, die auf ihre Leistungen keinen Rechtsanspruch gewähren, § 1b Abs. 4 BetrAVG,

4. **Weitere Hinweise**

4.1 Der **Zusagezeitpunkt**[2] ist bei einer

4.1.1 **unmittelbaren Versorgungszusage** der Zeitpunkt der Erteilung der Zusage, frühestens jedoch der Beginn der Betriebszugehörigkeit. Der Beginn der Betriebszugehörigkeit gilt als Zusagezeitpunkt, wenn eine **allgemeine Versorgungsordnung** besteht und darin rein zeitbezogene Versorgungsmerkmale festgelegt sind (z. B. „Wartezeit", „Vorschaltzeit", „Wirksamkeitsvoraussetzungen", „Aufnahmevoraussetzungen"); diese haben keinen Einfluss auf den Lauf der gesetzlichen Unverfallbarkeitsfrist(en).

4.1.2 **Direktversicherung** oder einem **Pensionsfonds** der Zeitpunkt des Versicherungsbeginns, frühestens jedoch der Beginn der Betriebszugehörigkeit.

4.1.3 **Unterstützungskasse** der Zeitpunkt, von dem an der Arbeitnehmer zum Kreis der Begünstigten der Unterstützungskasse gehört, frühestens jedoch der Beginn der Betriebszugehörigkeit.

4.1.4 Altersversorgung, die auf **betrieblicher Übung** oder dem **Grundsatz der Gleichbehandlung** beruht, in der Regel der Eintritt in den Betrieb. Das gilt auch dann, wenn die ausdrückliche Zusage auf Zahlung von Versorgungsleistungen erst bei Erreichen der festen Altersgrenze bzw. Eintritt eines vorzeitigen Versorgungsfalls erteilt wird.

4.2 Eine - in der Versorgungsregelung vorgesehene - **Wartezeit** kann ggf. auch nach dem Ausscheiden aus dem Betrieb bis zum Eintritt des Versorgungsfalls zurückgelegt werden, § 1b Abs. 1 Satz 5 BetrAVG.

4.3 Wechselt ein Arbeitnehmer vom Geltungsbereich des Betriebsrentengesetzes (BetrAVG) in einen anderen Mitgliedstaat der Europäischen Union (**grenzüberschreitender Wechsel des Arbeitsplatzes**), bleibt die Anwartschaft dem Grunde und der Höhe nach wie bei einem Arbeitsplatzwechsel innerhalb der Bundesrepublik Deutschland erhalten, § 1b Abs. 1 Satz 6 BetrAVG.

4.4 Der **Anspruch** eines **Versorgungsempfängers** (siehe Ziffer 2.1) gegen den PENSIONS-SICHERUNGS-VEREIN **entsteht** mit dem Beginn des Kalendermonats, der auf den Eintritt des Sicherungsfalles folgt, § 7 Abs. 1a Satz 1 BetrAVG; er endet mit Ablauf des Sterbemonats des Begünstigten, soweit in der Versorgungszusage des Arbeitgebers nicht etwas anderes bestimmt ist.

In den Fällen der Eröffnung des Insolvenzverfahrens und der Abweisung des Antrags auf Eröffnung des Insolvenzverfahrens mangels Masse sowie des Sicherungsfalles der vollständigen Beendigung der Betriebstätigkeit gemäß § 7 Abs. 1 Satz 4 Nr. 3 BetrAVG umfasst der Anspruch auch **rückständige Versorgungsleistungen**, soweit diese bis zu zwölf Monate vor Entstehen der Leistungspflicht des PENSIONS-SICHERUNGS-VEREINS entstanden sind.

---

[2] In den neuen Bundesländern frühestens ab 01.01.1992

...

Anlage 11   *Pensionssicherungsverein*

5. Merkblätter zu weiteren Themenkreisen

- 300/M 1 "Insolvenzsicherung für Versorgungszusagen an (Mit-) Unternehmer (persönlicher und sachlicher Geltungsbereich des Betriebsrentengesetzes)"
- 300/M 2 "Persönlicher Geltungsbereich des Betriebsrentengesetzes (BetrAVG) - Arbeitnehmer-Ehegatten - "
- 300/M 4 "Sachlicher Geltungsbereich des Betriebsrentengesetzes (BetrAVG)"
- 300/M 5 "Die Betriebszugehörigkeit als Voraussetzung für den Eintritt der insolvenzgesicherten Unverfallbarkeit"
- 300/M 6 "Der Begriff des 'Arbeitgebers' im Sinne der Vorschriften über die Insolvenzsicherung der betrieblichen Altersversorgung nach dem Betriebsrentengesetz vom 19.12.1974 (BetrAVG)"
- 300/M 7 "Anwendung des Betriebsrentengesetzes (BetrAVG) bei inländischen Arbeitsverhältnissen mit Auslandsbeziehung"
- 300/M 8 "Abwicklung betrieblicher Versorgungsverpflichtungen im Falle der Liquidation"
- 300/M 9 "Der gesetzliche Insolvenzschutz bei Änderung des Durchführungsweges bereits bestehender betrieblicher Altersversorgung in Direktversicherungen"
- 300/M10 "Schuldbefreiende Übertragung von Versorgungsverpflichtungen auf Dritte" - Rechtslage vor 2005 -
- 300/M12 "Auswirkungen der gesetzlichen Unverfallbarkeitsvoraussetzungen auf die gesetzliche Insolvenzsicherung"
- 300/M13 "Grenzen der Leistungen der Insolvenzsicherung"
- 300/M14 "Gesetzliche Insolvenzsicherung bei Pensionsfonds"
- 300/M15 "Auswirkungen der Übertragung einer Versorgungszusage vom ehemaligen auf den neuen Arbeitgeber auf die gesetzliche Insolvenzsicherung"

Pensionssicherungsverein **Anlage 12**

PENSIONS-SICHERUNGS-VEREIN
Versicherungsverein auf Gegenseitigkeit

50963 Köln

Hinweis: Alle Merkblätter in jeweils aktueller Fassung können Sie unter der Adresse „www.psvag.de" erhalten.

Merkblatt 300/M 12*
Auswirkungen der gesetzlichen Unverfallbarkeitsvoraussetzungen auf die gesetzliche Insolvenzsicherung[*)]
(Stand: 3.09 / Ersetzt: 10.08)

1. Gesetzliche Regelung

Mit Wirkung ab 01.01.2001 und 01.01.2009 sind die Bestimmungen der gesetzlichen Unverfallbarkeit von Zusagen auf betriebliche Altersversorgung geändert worden[1]. Danach ist zu unterscheiden, ob die betriebliche Altersversorgung finanziert wird

- vom Arbeitgeber (Ziffer 2.) oder
- vom Arbeitnehmer im Rahmen der Entgeltumwandlung (Ziffer 3.).

2. Arbeitgeberfinanzierte betriebliche Altersversorgung

a) Regelung ab 01.01.2001: Einem Arbeitnehmer bleibt die Anwartschaft erhalten, wenn der Versorgungsberechtigte zum Zeitpunkt der Beendigung des Arbeitsverhältnisses

- mindestens das 30. Lebensjahr vollendet und
- die Versorgungszusage mindestens 5 Jahre bestanden hat (§ 1b Abs. 1 Satz 1 BetrAVG a.F.).

b) Regelung ab 01.01.2009: Im Vergleich zur ab 01.01.2001 geltenden Regelung ist das Mindestalter auf die Vollendung des 25. Lebensjahres abgesenkt worden. Danach bleibt einem Arbeitnehmer die Anwartschaft erhalten, wenn der Versorgungsberechtigte zum Zeitpunkt der Beendigung des Arbeitsverhältnisses

- mindestens das 25. Lebensjahr vollendet und
- die Versorgungszusage mindestens 5 Jahre bestanden hat (§ 1b Abs. 1 Satz 1 BetrAVG).

2.1 Auswirkungen auf die Melde- und Beitragspflicht

Insolvenzsicherungspflicht besteht bei noch tätigen oder ausgeschiedenen Arbeitnehmern in Abhängigkeit vom Zusagezeitpunkt nach der jeweiligen Unverfallbarkeitsregelung (Ziffern 2a) und 2b)). Im Vergleich zur jeweils zuvor geltenden Regelung setzt die Meldepflicht früher ein (vgl. Ziffern 5.2 und 5.3).

2.2 Auswirkungen im Insolvenzfall

Unter den in Ziffern 2a) und 2b) genannten Unverfallbarkeitsvoraussetzungen haben Versorgungsberechtigte nach Insolvenz des Arbeitgebers eine unverfallbare Anwartschaft, die grundsätzlich vom PSVaG aufrecht erhalten wird. Im Vergleich zur jeweils zuvor geltenden Regelung setzt die Insolvenzsicherung früher ein.

3. Betriebliche Altersversorgung aufgrund Entgeltumwandlung

Nach § 1b Abs. 5 BetrAVG ist die Anwartschaft für ab 01.01.2001 erteilte Entgeltumwandlungszusagen sofort mit Erteilung unverfallbar. Dies gilt unabhängig vom Alter des Versorgungsberechtigten.

[*)] Merkblätter informieren in allgemeiner Form über die Insolvenzsicherung aufgrund des BetrAVG und geben die derzeitige Rechtsauffassung des PSVaG wieder. Sie stehen unter dem Vorbehalt, dass sich die Rechtslage - insbesondere durch die Rechtsprechung - nicht ändert. Merkblätter haben nicht den Charakter von Verwaltungsrichtlinien und -anordnungen.

[1] Art. 9 des Altersvermögensgesetzes (AVmG, BGBl. I 2001 S. 1327) und Art. 4 des Gesetzes zur Förderung der zusätzlichen Altersvorsorge und zur Änderung des Dritten Buches Sozialgesetzbuch (BGBl. I 2007 S. 2838).

3.1 Auswirkungen auf die Melde- und Beitragspflicht

3.1.1 2001 erteilte Entgeltumwandlungszusagen

Trotz der ab 2001 geltenden sofortigen Unverfallbarkeit von Zusagen aufgrund Entgeltumwandlung (Ziffer 3.) beginnen die Melde- und Beitragspflichten erst **zwei** Jahre nach Erteilung der Zusage (Zwei-Jahres-Ausschlussfrist gemäß § 7 Abs. 5 Satz 3 Nr. 1 BetrAVG). Bei bereits bestehender Melde- und Beitragspflicht ist diese Zusage entsprechend dem gesetzlichen Stichtagsprinzip erstmals in die Meldung des Jahres einzubeziehen, deren maßgeblicher Bilanzstichtag zwei Jahre nach der Erteilung der Zusage liegt. Bei vom Kalenderjahr abweichenden Wirtschaftsjahren ist das Stichtagsprinzip des § 10 Abs. 3 BetrAVG zu beachten. Zur Verwaltungsvereinfachung können die meldepflichtigen Arbeitgeber die Entgeltumwandlung auch bereits in den ersten beiden Jahren in ihre Beitragsbemessungsgrundlage miteinbeziehen. Arbeitgeber, die noch nicht Mitglied des PSVaG sind, müssen sich innerhalb von drei Monaten nach Ablauf von zwei Jahren ab Zusageerteilung beim PSVaG melden.

3.1.2 Ab 2002 erteilte Entgeltumwandlungszusagen

Hier ist zu differenzieren nach Teilen der Anwartschaften, die auf umgewandeltem Entgelt von jährlich **bis** zu und **über** 4 % der Beitragsbemessungsgrenze (BBG) zur allgemeinen Rentenversicherung (2009: 2.592 EUR p. a. alte Länder, 2.184 EUR p. a. neue Länder) beruhen:

- Bis zu 4 % BBG: Diese Teilanwartschaft unterliegt wegen der sofortigen gesetzlichen Unverfallbarkeit der Melde- und Beitragspflicht. Die zweijährige Ausschlussfrist des § 7 Abs. 5 Satz 3 Nr.1 BetrAVG findet insoweit keine Anwendung. Arbeitgeber, die noch nicht Mitglied des PSVaG sind, müssen sich innerhalb von drei Monaten ab Zusageerteilung beim PSVaG melden.

- Über 4 % BBG: Diese Teilanwartschaft unterliegt - obwohl sofort gesetzlich unverfallbar - wegen der zweijährigen Ausschlussfrist des § 7 Abs. 5 Satz 3 Nr. 1 BetrAVG der Melde- und Beitragspflicht erst zwei Jahre nach Erteilung der Zusage. Bei bereits bestehender Melde- und Beitragspflicht ist dieser Teil der Zusage entsprechend dem gesetzlichen Stichtagsprinzip erstmals in die Meldung des Jahres einzubeziehen, deren maßgeblicher Bilanzstichtag zwei Jahre nach der Erteilung der Zusage liegt. Zur Verwaltungsvereinfachung können die meldepflichtigen Arbeitgeber die gesamte Entgeltumwandlung auch bereits in den ersten beiden Jahren in ihre Beitragsbemessungsgrundlage miteinbeziehen.

3.2 Auswirkungen im Insolvenzfall

3.2.1 2001 erteilte Entgeltumwandlungszusagen

Nach Insolvenz des Arbeitgebers werden vom PSVaG auf Entgeltumwandlung beruhende Anwartschaften trotz der sofortigen Unverfallbarkeit (§ 1b Abs. 5 BetrAVG) nur dann aufrechterhalten, wenn am Insolvenzstichtag mindestens zwei Jahre ab Zusageerteilung abgelaufen sind, vgl. § 7 Abs. 5 Satz 3 Nr. 1 BetrAVG.

3.2.2 Ab 2002 erteilte Entgeltumwandlungszusagen

Nach Insolvenz des Arbeitgebers werden vom PSVaG auf Entgeltumwandlung beruhende Anwartschaften wie folgt gesichert:

- Die Teilanwartschaft, die auf Entgeltumwandlung in Höhe von **bis** zu 4 % der Beitragsbemessungsgrenze zur allgemeinen Rentenversicherung (2009: 2.592 EUR p. a. alte Länder, 2.184 EUR p. a. neue Länder) beruht, wird aufrechterhalten, vgl. § 7 Abs. 5 Satz 3 Nr. 1 BetrAVG.

- Die Teilanwartschaft, die auf einer **über** die 4 %-Grenze hinausgehenden Entgeltumwandlung beruht, wird nur dann aufrechterhalten, wenn am Insolvenzstichtag mindestens zwei Jahre ab Zusageerteilung abgelaufen sind, vgl. § 7 Abs. 5 Satz 3 Nr. 1 BetrAVG.

4. Zusammentreffen von arbeitgeberfinanzierter und aufgrund Entgeltumwandlung finanzierter betrieblicher Altersversorgung

Sofern betriebliche Altersversorgung sowohl vom Arbeitgeber als auch aufgrund Entgeltumwandlung durch den Arbeitnehmer finanziert wird, ist zu differenzieren:

- Für den vom Arbeitgeber finanzierten Teil der Zusage gilt Ziffer 2.1 und 2.2
- Für den aufgrund Entgeltumwandlung finanzierten Teil der Zusage gilt Ziffer 3.1 und 3.2.

5. Anwendungsbereich

5.1 Erteilung der Zusage vor 2001

5.1.1 Grundsatz

Es bleibt sowohl für arbeitgeberfinanzierte als auch für Zusagen aufgrund Entgeltumwandlung grundsätzlich bei den vor dem 01.01.2001 geltenden Unverfallbarkeitsfristen: Das Arbeitsverhältnis endet vor Eintritt des Versorgungsfalles, jedoch nach Vollendung des 35. Lebensjahres und die Versorgungszusage hat zu diesem Zeitpunkt mindestens zehn Jahre oder bei mindestens 12-jähriger Betriebszugehörigkeit mindestens drei Jahre bestanden (§ 30f *Abs. 1* Satz 1, 1. Halbsatz BetrAVG).

5.1.2 Übergangsregelung 31.12.2005

Sofern Anwartschaften nach den bis 31.12.2000 geltenden Regelungen (Ziffer 5.1.1) nicht bis zum 31.12.2005 unverfallbar werden, ist Unverfallbarkeit ausnahmsweise (§ 30f *Abs. 1* Satz 1, 2. Halbsatz BetrAVG)

- bereits mit Ablauf des 31.12.2005 gegeben, sofern der Versorgungsberechtigte dann auch das 30. Lebensjahr vollendet hat (Meldepflicht besteht ab 2006);
- anderenfalls tritt Unverfallbarkeit erst mit der nach dem 31.12.2005 liegenden Vollendung des 30. Lebensjahres ein.

5.2 Erteilung der Zusage ab 01.01.2001 bis 31.12.2008

5.2.1

Für ab 01.01.2001 bis 31.12.2008 erteilte Zusagen gelten grundsätzlich die ab 2001 geltenden Unverfallbarkeitsfristen, für

- arbeitgeberfinanzierte Zusagen gemäß Ziffer 2a) (Mindestalter 30 und mindestens fünfjährige Zusagedauer)
- Entgeltumwandlungszusagen gemäß Ziffer 3 (sofortige Unverfallbarkeit unabhängig vom Alter des Begünstigten).

5.2.2 Übergangsregelung 31.12.2013

Sofern Anwartschaften aus vor dem 01.01.2009 und nach dem 31.12.2000 erteilten arbeitgeberfinanzierten Zusagen nach den in diesem Zeitraum geltenden Regelungen (Ziffer 2a) nicht bis zum 31.12.2013 unverfallbar werden, ist Unverfallbarkeit (§ 30f Abs.2 BetrAVG)

- bereits mit Ablauf des 31.12.2013 gegeben, sofern der Versorgungsberechtigte dann auch das 25. Lebensjahr vollendet hat (Meldepflicht besteht ab 2014);
- anderenfalls tritt Unverfallbarkeit erst mit der nach dem 31.12.2013 liegenden Vollendung des 25. Lebensjahres ein.

5.3 Erteilung der Zusage ab 01.01.2009

Für ab 01.01.2009 erteilte Zusagen (Ziffern 2b)) gelten grundsätzlich die ab 2009 geltenden Unverfallbarkeitsfristen, für

- arbeitgeberfinanzierte Zusagen gemäß Ziffer 2b) (Mindestalter 25 und mindestens fünfjährige Zusagedauer)
- Entgeltumwandlungszusagen wie seit 01.01.2001 gemäß Ziffer 3 (sofortige Unverfallbarkeit unabhängig vom Alter des Begünstigten).

5.4 Zusammentreffen von vor 2001 mit ab 2001 oder von vor 2009 mit ab 2009 erteilten Zusagen

5.4.1 Arbeitgeberfinanzierte Zusagen vor und ab 2001

Der Grundsatz der Einheit der Versorgungszusage findet Anwendung. Eine ab 2001 erteilte Zusage wird danach unter Berücksichtigung der bereits vor 2001 erteilten Zusage unverfallbar

- entweder vor dem 31.12.2005 in Anwendung des Grundsatzes der Einheit der Versorgungszusage nach den bisherigen Unverfallbarkeitsregelungen (Ziffer 5.1.1), die für die bereits früher erteilte Zusage gelten
- oder mit Ablauf des 31.12.2005, sofern der Versorgungsberechtigte dann auch das 30. Lebensjahr vollendet hat (Meldepflicht besteht ab 2006), falls die Zusage aus der Zeit vor 2001 nach den bisherigen Regelungen erst zu einem nach dem 31.12.2005 liegenden Zeitpunkt unverfallbar

würde. Sofern der Versorgungsbegünstigte zu einem Zeitpunkt nach dem 31.12.2005 das 30. Lebensjahr vollendet, tritt Unverfallbarkeit erst dann ein.

5.4.2 Arbeitgeberfinanzierte Zusagen vor und ab 2009

Der Grundsatz der Einheit der Versorgungszusage findet Anwendung. Eine ab 2009 erteilte Zusage wird danach unter Berücksichtigung der bereits vor 2009 erteilten Zusage unverfallbar

- entweder vor dem 31.12.2013 in Anwendung des Grundsatzes der Einheit der Versorgungszusage nach den bisherigen Unverfallbarkeitsregelungen (Ziffer 5.2.1), die für die bereits früher erteilte Zusage gelten

- oder mit Ablauf des 31.12.2013, sofern der Versorgungsberechtigte dann auch das 25. Lebensjahr vollendet hat (Meldepflicht besteht ab 2014), falls eine in der Zeit vor dem 01.01.2009 und nach dem 31.12.2000 erteilte arbeitgeberfinanzierte Zusage nach den bis zum 31.12.2008 geltenden Regelungen erst zu einem nach dem 31.12.2013 liegenden Zeitpunkt unverfallbar würde. Sofern der Versorgungsbegünstigte zu einem Zeitpunkt nach dem 31.12.2013 das 25. Lebensjahr vollendet, tritt Unverfallbarkeit erst dann ein.

5.4.3 Betriebliche Altersversorgung aufgrund Entgeltumwandlung

Entgeltumwandlungszusagen ab 2001 sind unmittelbar unverfallbar (Ziffer 3.). Dies gilt unabhängig vom Alter des Versorgungsberechtigten. Bei Entgeltumwandlungszusagen geht der Grundsatz der Einheit der Versorgungszusage aufgrund der sofortigen Unverfallbarkeit ins Leere.

Für Zusagen aufgrund Entgeltumwandlung, die vor 2001 erteilt wurden, gilt Ziffer 5.1, wonach Unverfallbarkeitsfristen zu erfüllen sind.

Sachverzeichnis

Zahlen = Randnummern

Abberufung 2011, 2013, 2019 ff, 2046 ff, 2102 f, 2107, 2111 f, 2116, 3012, 3030, 3036, 4027 ff, 4036, 4067, 4080 f, 5070, 6078 f, 7109, 7147
Abberufungsbeschluss 2006, 2020, 2023 ff, 2107
Abfindung 1043 ff, 1061, 2112, 3042, 5077, 6039
Abfindungsvereinbarung 1043, 2112
Abführung von Sozialversicherungsbeiträgen 4001, 7062, 7130, 7169
− Arbeitgeberbeiträge 1010, 2089, 6055 f, 7062
− Arbeitnehmerbeiträge 6055 f, 7062, 7102, 7113
− Haftung 7062
− Strafbarkeit 7062
Abgabenordnung 1095
Abgeltungssteuer 1148, 1182 f
abhängig Beschäftigte 1010, 2055, 2057 f, 2062 ff, 8030
Ablage von Belegen 1096
Abschluss des Anstellungsvertrages 2000, 2041, 2045 ff, 2103, 2112, 3001, 3019, 4029
Abschlussprüfer 1121 ff, 3042, 4010, 4075, 5085, 6005, 7013, 7129, 8016 f, 8044
Abschlussprüfung 1129, 4075, 4078
Abschreibungen 1083, 1110, 1116, 4033, 6039 f
Absetzung für Abnutzung 1158
absteigende Finanzierungshilfen 4008, 7040
Abzinsung 1014, 1114 f,
Abzugsfähigkeit von Spenden 1141
Akteneinsicht 7189
Alleingesellschafter 2003, 2033, 2107, 2114, 3017 ff, 4016, 4028, 5034, 6063, 7015, 7144, 8004, 8020, 8037
Alleingesellschafter-Geschäftsführer 2040, 2049, 2113, 3015 ff, 4031, 6080, 7101, 7144, 7159
Alleinvertretungsmacht 2048, 3007 f, 6060 ff
allgemeine Verwaltung 1188
ältere Arbeitnehmer 1037
Altersrente 1004, 1037, 2069, 2080
Altersteilzeit 1004
Altersversorgung 1011 ff, 1021, 1110, 1203, 2001, 2067 ff, 2112, 4033, 5077, 8030
Altersvorsorgesysteme 1011

Altgläubiger 6013, 6066, 7059 f
Amtsende 2033, 4067
Amtsenthebung 2026
Amtsniederlegung 2006
− zur Unzeit 2033
Amtszeit 2006, 2013, 2041, 4061, 4080, 7027, 7119
Änderungskündigung 1040, 1049
Anfechtbarkeit 2023 f, 4007, 4013 f, 4040 ff, 7037 ff, 7149
Anfechtungsklage 2023 ff, 4013, 4022, 4042
Angemessenheit der Bezüge 1154 f
Anhang 1099, 1117 ff, 1132, 2009, 2090, 5085, 6019, 7007, 7070, 8006, 8047
Anlagevermögen 1097 f, 1104, 1107, 1113, 5085, 6012, 6039
Anmeldung zum Handelsregister 2011, 3009, 5013, 5018 ff, 5042, 8011
− Auflösung der Gesellschaft 5066
− Befreiung vom Verbot des Selbstkontrahierens 5012
− Beendigung der Gesellschaft 5059
− behördliche Erlaubnis 5012
− elektronische Form 5012
− Firma 5012
− Geschäftsanschrift 5012
− Gesellschaftsvertrag 5012
− Gründungsurkunde 5012
− Liste der Gesellschafter 5012
− Sachgründungsbericht 5012
− Sitz 5012
− Versicherung 5012
− Vertretungsbefugnis der Geschäftsführer 5012
Anpassungsgebot 2069
Anpassungsprüfung 1011
− Berechnungsdurchgriff 2071
− nachholende Anpassung 2071
− wirtschaftliche Lage des Arbeitgebers 2071
Anrechnungsverfahren 1146 f, 1162, 1165
Anscheins- und Duldungsvollmacht 3027
Anstellungsbedingungen 1040, 2048, 2053, 2075, 3036
Anstellungsvertrag 1154, 2000 ff, 2042 ff, 2065, 2075, 2091, 3015 ff, 3028, 5051, 6079 f, 7020, 7027, 7050, 8021 ff
− Abschluss 2046
− Änderung 2046
− auf unbestimmte Zeit 2048
− auflösend bedingter 2099

441

Sachverzeichnis

Zahlen = Randnummern

- Auflösung der Gesellschaft 2098
- befristeter 2097
- Ergänzung 2046
- Eröffnung des Insolvenzverfahrens 2098
- Gesellschafter-Geschäftsführer 1152
- gesetzliche Kündigungsfrist 2097
- Information über Anstellungsvertrag 4033 Fn 38
- Kündigungsfrist von sechs Monaten 2097
- lebenslange Anstellungsverträge 2048
- Rechtscharakter 2051 f
- unbefristeter 2097

Anteilseigner 1148, 1157, 3012, 4061, 4066, 4071, 5036 ff, 5055

Arbeitgeberanteile 2057 ff, 2116

Arbeitgeberbeiträge 1010, 2089, 6055 f, 7062

Arbeitgeberverband
- OT-Mitgliedschaft 1047
- Austritt 1046
- Tarifverhandlungen 1046

Arbeitnehmeranteile 2057

Arbeitnehmererfindungsgesetz 2052

Arbeitnehmerüberlassung
- Baugewerbe 1005
- Konzern 1005
- Mitbestimmung des Betriebsrats 1005

Arbeitnehmervertreter 1015, 4060 ff

Arbeitsanweisungen 1096

Arbeitserlaubnis 2009

Arbeitsgericht 1021, 1024, 1032, 1038, 1041, 2053, 6059

Arbeitskampf 1001, 1053,

Arbeitskampfrecht 1046, 1051

Arbeitskampfunterstützung 1053 f

Arbeitslosigkeit 1006, 1044, 1053

Arbeitslosengeld 1044, 1053, 2063

Arbeitslosenversicherung 1003, 1110, 2054 ff, 2063, 8031

Arbeitsschutz 1200, 7088

Arbeitsunfall 2062, 7002, 7006

Arbeitsvertrag 1006, 2035, 2042, 2051

Arbeitsverwaltung 1053

Arbeitszeit 1001, 1036, 1047 ff, 2116

Arbeitszeitgesetz 2052

Arbeitszeitkonten 1091
- Gleitzeitkonten 1004
- Guthabenkonten 1004
- Insolvenz 1004
- Überstundenkonten 1004

asset-deal 5079

Aufbewahrungsfrist 1096

Aufenthaltserlaubnis 2009

Auffanggesellschaft 6025 ff, 6059, 7166, 7173

Aufhebung des Anstellungsvertrages 2019

Aufhebungsvertrag 1042
- Abfindung 2112
- Altersversorgung 2112
- Entlastung 2112
- Freistellung 2112
- Geschäftspapiere 2112
- nachvertragliches Wettbewerbsverbot 2112
- qualifiziertes Zeugnis 2112
- Sachleistung 2112
- Sozialversicherung 2112
- Sprachregelung 2112
- Steuervergünstigung 2112
- Tantieme 2112
- Urlaubsabgeltung 2112
- Zahlungsverpflichtung 2112

auflösende Bedingung im Anstellungsvertrag 2007, 2022

Auflösungsbeschluss 2038, 5061, 5066, 5072, 5085

aufschiebende Bedingung im Anstellungsvertrag 2045

Aufsichtsrat 1078, 2003, 2012
- Abberufung 4067
- Ablauf der Sitzung 4072
- Amtsende 4067
- Anteilseignervertreter 4066
- Arbeitnehmervertreter 4066
- Aufgaben des Aufsichtsrats 4075
- Aufsichtsratsamt 4068
- Aufsichtsratstantiemen 7030
- Aufsichtsratsvorsitzender 4053, 4072
- Ausscheiden aus dem Unternehmen 4068
- Berichtspflicht der Geschäftsführer 7031
- Bestellung von Aufsichtsratsmitgliedern 4053
- drittelparitätisch mitbestimmter Aufsichtsrat 1015, 2046
- Einladung 4072
- Entsendungsberechtigter 4067
- Entsendungsrecht 4066
- Information 4073
- internes Revisionssystem 4075
- internes Risikomanagementsystem 4075
- Katalog zustimmungspflichtiger Geschäfte und Maßnahmen 4074
- Kontrollsystem 4075
- Organisation 4072
- paritätisch mitbestimmter Aufsichtsrat 1015
- Protokollführung 4072
- Protokollverteilung 4072
- Rechnungslegungsprozess 4075
- Statusverfahren 4070, 7030
- stellvertretender Vorsitzender 4053
- Überwachung der Geschäftsführung 4075
- Vergabe des Prüfungsauftrags 4075
- Vorlagen 4074
- Wechsel der Mitgliedschaft 4053
- Weisungsrecht der Gesellschafter 4069

Aufsichtsratsbericht 1127

Aufsichtsratsbeschluss 2028 f

Zahlen = Randnummern   **Sachverzeichnis**

Aufsichtsratsausschüsse 2103, 3019
– Arbeitnehmervertreter 4077
– Ausschuss für Geschäftsführerangelegenheiten 4077
– Prüfungsausschuss 4077
Aufspaltung 1137, 2036, 5037, 5047, 5051
aufsteigende Finanzierungshilfen 4008, 7042
Aufstellung des Jahresabschlusses 1097, 1129
Auftragsabwicklung 6002
Auftragsakquisition 6002
Aufwandsrückstellungen 1114
Aufwendungen 1104, 1109f, 1116, 1118, 1141, 1147f, 1156, 1169, 2071, 2082, 2088, 2116, 5029, 5085, 6025, 7126, 7149, 8027
Ausgangsrechnung 1179
ausgeschiedene Geschäftsführer 2011
ausgesperrte Arbeitnehmer 1053
Auslagenerstattung 2116
Auslagerung von Versorgungsverbindlichkeiten 2095
Auslauffrist 1039, 2020, 2101, 2110
Ausschluss des Bezugsrechts 1069
Ausschuss 1088
Ausschüttung 1065, 1102, 1143, 1148, 4048, 5019, 7084
Ausschüttungsbelastung 1164
Außenfinanzierung 1013, 1063f
Außenprüfung 1184ff, 2091, 4037, 4047
Außenwirtschaftsgesetz 7103, 7132
Außenwirtschaftsrecht 1188
außergerichtlicher Vergleich 2072
außerordentliche Kündigung
– Auslauffrist 1039, 2101
– Gesellschafterbeschluss über die Kündigung 2104
– Empfangsquittung 2104
– fristlose Kündigung 2101
– Kenntnis des Kündigungsgrundes 2105
– Kündigungserklärung 2104
– Kündigungsgrund 1039, 2104
– Nachschieben von Gründen 1039
– Vollmacht 2104
– wichtiger Grund 1039, 2101
– Zusendung per Einschreiben/Rückschein 2104
– Zweiwochenfrist 2104
Aussperrung 1051, 1054
Auswahl der Mitarbeiter 1189
Auszubildende 1041
Auszubildendenvertreter 1017

Balanced Scoringcard 1091
Bankguthaben 1058
Barabfindung 5043, 5049, 5055
Bargründung 4081, 5009, 5018, 5025, 5028

bedingungsfeindliche Bestellung 2045
Beendigung anmelden 5059
Beendigung der Liquidation 1137
Befreiung 2049
– Wettbewerbsverbot 2050
– von der Umsatzsteuerpflicht 1174
befristete Arbeitsverträge 1004
– Betriebsrat 1006
– Kettenverträge 1006
– sachliche Gründe 1006
befristete Bestellung 2006
beherrschender Gesellschafter 1152
beherrschende Gesellschafter-Geschäftsführer 1154
Beherrschungs- und Gewinnabführungsvertrag 3011
Beirat 1078, 2004, 4052
– Gesellschaftsvertrag 4054, 4055
– Familienbeirat 4056
– Geschäftsordnung des Beirats 4054
– Honorierung 4080
– Schiedsfunktion 4056
– Sitzungsgeld 4080
– Vorschriften über den Aufsichtsrat 4054
Beiratsvorsitzender 2116, 3042, 4080
Beiseiteschaffen 7102, 7164ff, 7175
Beitragsbemessungsgrenze 2057f, 2063, 2072f, 2089, 6059
beitragsorientierte Leistungszusage 2076, 2088
Bekanntmachungen
 s. Publizität
Bemessungsgrundlage 1175, 2076
Bereitstellungsprovision 1058
Berichtswesen 1189, 7013, 7094
Berufs- oder Gewerbeverbot 2008, 2035, 5066
Berufsgenossenschaft 1199, 1201, 2062, 7188
Berufsrecht 2008
Berufsverbot 2035
Beschlüsse
– Anfechtbarkeit 4013
– Anfechtungsklage 4013
– Einberufungsmängel 4013
– Nichtigkeit 4013
– Universalversammlung 4013
Beschlussfähigkeit 3042, 4015, 4080f
Bschlussverkündung 4022
Beschränkungen des § 181 BGB 3014ff, 5034
Bestandsverzeichnis 1098
Bestätigungsvermerk 1124f, 1130ff, 8016
– Einschränkung 1125
– Versagung 1125
Bestattungsunwesen 6028

443

Sachverzeichnis

Zahlen = Randnummern

Bestellung 2002 ff, 2029, 2034 ff, 2042 ff, 2094, 2099, 2101 ff, 3001 ff
– Beschluss 2003
– Dauer 2006
Besteuerung 1102, 1106, 1147 f, 1161 ff, 1183 ff, 2090
– Grundlagen 1187
Beteiligung von Ehegatten 1152
Beteiligungsbuchwert 1103
Beteiligungsrechte in einer Tochtergesellschaft 3012
Betreuung in Vermögensangelegenheiten 2035
betriebliche Altersversorgung 1001, 1011
– Außenfinanzierung (outside funding) 1013
– Betriebsvereinbarungen 1012
– Contractual Trust Agreement (CTA) 1013
– Direktzusage 1012
– Entgeltumwandlungszusagen 1012
– Innenfinanzierung (inside funding) 1013
– leitende Angestellte 1012
– Mitbestimmungsrecht 1012
– Nachteile 1014
– Pensionsfonds 1012
– Pensionskasse 1012
– Pensionsverträge 1012
– Unterstützungskasse 1012
– Versorgungswerk 1012
betriebliches Rechnungswesen 1080 ff, 1090,
Betriebsabrechnung 1080 f
Betriebsabrechnungsbogen (BAB) 1084
Betriebsänderungen 1001, 1023 ff
– Änderung der Betriebsorganisation 1023
– Einführung 1023
– Einschränkung 1023
– neue Arbeitsmethoden und Fertigungsverfahren 1023
– Spaltung 1023
– Stilllegung 1023
– Verlegung 1023
– wesentliche Nachteile 1023
– Zusammenschluss 1023
Betriebsausgaben 1140 ff, 1156, 2080 ff, 7015 f
Betriebsinhaberwechsel s Betriebsübergang
Betriebskapital 1169
Betriebsmittelkredit 1073
Betriebsprüfer 1185, 4037
Betriebsprüfung 5074
Betriebsrat 1001 ff, 1015 ff, 4067, 4070, 5046, 6005, 6059
– Betriebsverfassungsrecht 1016
Betriebsrente, anteilig 2068
Betriebsrenten 1001, 1014, 5078
– Betriebsrentengesetz 1001, 1014, 2064 ff
Betriebsstätten 1059, 1095, 1171

Betriebsübergang 1009, 1048, 2052, 5046,
– Funktion 1009
– Stilllegung 1009
– Weiterbeschäftigung 1009
Betriebsvereinbarungen 1012, 1035, 1048, 2075, 6059
Betriebsverfassungsgesetz 1200, 2021
Betriebsverfassungsrecht 1016, 1026, 2052, 7186
Betriebsvermögen 1148
Betriebszugehörigkeit 2052
Betrug 2008, 7068, 7133 ff, 7152 ff
Bewertungsmethode 1104, 1107, 1119
Bewirtung 1141, 2116
Bezüge 1154 f, 2001 f, 2026, 2042 f, 2116 f, 3042, 6058, 7030, 7056, 8033
– der Geschäftsführung 1118
– des Aufsichtsrats 1118
– eines Beirats 1118
Bezugnahmeklauseln 1048
Bezugsrecht 1069, 2085 ff
Bilanz 1099, 1105 ff, 3042, 4001, 5085, 6004, 7013, 7116, 7149, 7170 ff, 8018, 8034
Bilanzdelikte 2008, 5012, 5066, 7169
Bilanzierung nach IFRS/IAS 1071, 1131
Bilanzierungsmethode 1119
Bilanzierungsverbot 1112
Bilanzkontinuität 1107
Bilanzrelation 1058
Börsenkurs 1107
Bruch der Verschwiegenheitspflicht 2109
Bücher und Schriften 5092
Buchführungsgesellschaft 1121
Buchungsbelege 1096
Bundesamt
– für Justiz 1134, 8019
– für Finanzdienstleistungen 2078 ff
Bundesurlaubsgesetz 2021, 2052
Bundeszentralamt für Steuern 1174
Bußgeld 1023, 1141, 6053, 7015 f, 7186

Cash-Management-System 1059
Cash-Pooling 1059
Cash-Pooling-System 4008, 5020, 7042, 7087
Chapter 11 des Bankruptcy Code 6034
Compliance 1193, 7021, 7104, 7187
Compliance-Officer 1193
Computerbetrug 2008
Contractual Trust Agreement (CTA) 1013
Controlling 1079 ff, 1089 ff, 2116, 3040, 6004
Controllingsystem 1093

D & O (Directors-and-Officers)-Versicherung 1201, 7019
Darlehen mit Rangrücktrittserklärung 1079, 5091

Zahlen = Randnummern **Sachverzeichnis**

Datenträger 1096, 2116
dauernde Wertminderung 1066, 1107
Deckungsbeitragsrechnung 1087
Deckungsgebot 7043
degressive Abschreibung 1104
deklaratorische Bedeutung 2011, 3009
Delcredere 1076
Delegation 1189, 3021, 7067, 7081, 7093, 7187 f
Diensterfindung 2116
Diensttelefon 2116
Dienstvertrag s Anstellungsvertrag
Dienstwagen
– Fahrten zwischen Wohnung und Arbeitsstätte 2116
– Neubestellung 2116
– Privatnutzung 2116
Differenzhaftung 5016 f
– allgemeine Differenzhaftung 5030
– spezielle Differenzhaftung 5030
– Unterbilanzhaftung 5030
– Vorbelastungshaftung 5030
Directors-and-Officers-Versicherung (D & O) 1201, 7019
direkte Versorgungszusage 2078
Direktversicherung 2076 ff
– Auszahrungs- und Anrechnungsverbot 2086
– Betriebsausgaben 2085
– Bezugsrecht des Geschäftsführers 2085
– Einmalprämie 2085
– laufende Prämienzahlung 2085
Direktzusage 1012, 2078 ff
Dividende 1067, 1143, 1146 ff, 1183, 7149
Doppelbesteuerung 1146
Doppelbesteuerungsabkommen 1183
doppelstöckige GmbH & Co KG 8007
Drittelbeteiligungsgesetz 2003, 4003
drittelparitätische Mitbestimmung 1029
drittelparitätischer Aufsichtsrat
– Amtszeit 4061
– Anteilseignervertreter 4061
– Arbeitnehmervertreter 4060
– Bestellung durch das Gericht 4061
– Ersatzmitglieder 4061
– Prokuristen und Generalbevollmächtigte 4060
– Überkreuzverflechtung 4060
– Wahlordnung 4061
– zuzurechnende Arbeitnehmerzahl 4062
drohende Verluste aus schwebenden Geschäften 1114, 1140
Durchgriffshaftung 7084 ff
– Sphärenvermischung 7086
– Unterkapitalisierung 7086
– Vermögensvermischung 7086
durchschnittliche Eigenkapitalausstattung 1056
Durchsuchungsaktion 7102

eidesstattliche Versicherung 2009, 2028, 7102, 7126
eigene Geschäftsanteile 7047
Eigenfinanzierung 1064 ff, 1094
Eigenkapital 1056 ff, 1149, 5029, 6013 ff, 7039
Eigentumsvorbehalte 1104, 5081, 6069, 7064, 7165, 7177
Eigenverbrauch 1173
Eigenverwaltung 6071, 6075
Eingangsrechnung 1179
einheitliche Leitung 1102
einheitlicher Steuermessbetrag 1171
Einheitswert 1170
Einigungsstelle 1021, 1024, 1047, 6059
Einkommensteuer 1138
Einkommensteuergesetz 1139
Einlagen 1067
– offene 1160
– verdeckte 1160
Einpersonen-GmbH 5032
Einstiegsvariante 5001, 5004, 5009
Einstimmigkeit 2050, 3042 f, 4030, 4080 f, 5054 f, 8043
einstweilige Verfügung 1022, 2026, 3030
einstweiliger Rechtsschutz 2018, 2026
Eintragung im Handelsregister 1068, 1095, 2011, 5051
Einzelkosten 1086, 1110
Einzelrechtsnachfolge 5035, 5046, 5079
Einzugsstelle zur Sozialversicherung 2056
elektronischer Bundesanzeiger 1118, 1130, 1134, 5088
Elternzeit 1041
E-Mail als Geschäftsbrief 7033
Empfangsvertreter 2017, 2034, 3032
Entgeltfortzahlung 2052
Entgelttarifvertrag 1049
Entgeltumwandlung 1011 ff, 2065, 2074, 2076
– arbeitgeberfinanzierte 2065
– arbeitnehmerfinanzierte 2065
– Lohnversteuerung 2089
– outside funding 2089
– Sozialversicherungsbeiträge 2089
Entlastung 1047, 2038 ff, 3012, 3042, 4026 ff, 5085, 7035, 7098, 8019 ff
– Anspruch auf Entlastung 2041
– Schadensersatzansprüche 2039
– Verzichtswirkung 2039
Entwicklungskosten 1112
Entzug von Ruhegehaltsansprüchen 2075
Equity-Methode 1103
Erfüllungsgehilfe der Finanzverwaltung 1182
Ergebnisverwendung 1130
Erhaltungsarbeiten 1052

445

Sachverzeichnis

Zahlen = Randnummern

Erklärung zur gesonderten Feststellung 1149
Ermächtigung 2015, 3013 ff, 3042, 5024, 5028, 8036 f
ermäßigter Steuersatz 1177
ernsthafte Zahlungsaufforderung 6031
Eröffnungsbilanz 1096
Ersatz- und Ausfallzeiten 2057
Ersatzkasse 2058
Ersatzzuständigkeit jedes einzelnen Gesellschafters 2017
Ertrag 1014, 1055, 1063, 1067, 1104, 1118, 1143, 1148, 2076, 5085, 6003, 6019, 6025, 6037, 7022
Ertragslage 1117, 1124
Erwerb eigener Anteile 7047
Escape-Klausel 1157
EU-Bürger 2009
Europäischer Betriebsrat 1032
ex-ante-Sicht 6033
existenzgefährdender Eingriff 7087 f
externe Fachleute 1190
externes Rechnungswesen 1081

Factoring 1076, 6012
faktischer Geschäftsführer 2018, 6062, 7111 ff, 7154, 7158
fakultativer Aufsichtsrat 1127, 3002, 4010, 4052, 4057, 4060, 4066, 4072 ff
fällige Verbindlichkeiten 6030 ff, 6044
falsche Angaben 5008, 5014, 7116, 7167
falsche Versicherung 1068, 2008, 7120
Familiengesellschaften 1057, 1065, 1078, 1094, 2004, 2048, 2057, 4045, 8000
Fertigungsgemeinkosten 1110
Fertigungslohnkosten 1110
Festgelder 1058
Feststellung des Jahresabschlusses 1126
Feststellungsbescheid 1144, 1159 ff
Feststellungsklage 2023
Festwerte 1097, 1107
Finanzamt 1001, 1043, 1138 ff, 1159 ff, 5074, 5080, 6054, 7006, 7079, 7170, 8033
Finanzanlagen 1058, 1107, 1116
Finanzbuchhaltung 1083, 1090
finanzielle Kennzahlen 1090 f
finanzielle Unzuverlässigkeit 2031
Finanzierung 1054 ff, 2083, 6016, 7025
– kurzfristig 1064
– langfristig 1064
Finanzierungshilfen 4008, 7040 ff
– absteigende 4008
– aufsteigende 4008
Finanzierungskosten 1058, 1074
Finanzinstrumente 1113, 7025
Finanzlage 1117, 1124
Finanzmanagement 1058

Finanzplan 1063, 3037 ff, 6004, 6061
– kurzfristig 1060
– langfristig 1060
– mittelfristig 1060
Firmenbestattung 6028
Firmentarifvertrag 1048
Fiskus 1066, 7078, 7084
Fixkosten 1004, 1058, 1086
Flächentarifvertrag 1047
flexible Arbeitszeiten 1004
Forderungen 1097, 1122, 5011 ff, 5044, 5073, 5079, 5089, 6012 ff, 6031, 6040 ff, 6073 ff, 7011, 7025, 7064 ff, 7165
Forderungsbeschränkungen 6022
Forderungsbestand 1063
Forderungsverzicht gegen Besserungsschein 6019, 6022, 6040, 6046
Formwechsel 1137, 2036, 3012, 5035 ff, 5053 ff
Forschungskosten 1110
Fortführungsgesellschaft 6024 f, 6027
Fortzahlung der Bezüge 2026
Franchisenehmer 1004, 1010
Freibetrag 1159, 1169
freie Mitarbeiter 1010
freie Rücklagen 7048
freigestellte Betriebsratsmitglieder 1017
Freistellung 2019, 2112, 2116, 7016, 7046
Freistellungsbescheinigung 1183
freiwillige Versicherung 2057
Freizügigkeit 2009
Fremd
– Fremdfinanzierung 1057, 1063 ff, 1157, 6022
– Fremdgeschäftsführer 2020, 2023, 2055 ff, 2092, 2112, 3015 ff, 4016, 8033 f
– Fremdkapital 1056
– Fremdkapitalzinsen 1110
– Fremdmittel 1058
Friedenspflicht 1047, 1050
fristlose Kündigung des Anstellungsvertrages 2026
führungslose GmbH 2017, 2033, 6028, 7061
– Gesellschafter 3020
– Insolvenzantrag 3020
– passive Vertretung 3020
Führungsnachwuchs 2010
Fusion 1019

Gefährdungshaftung 1199, 6080, 7000 ff, 7070
Gehaltfortzahlung bei Krankheit 2116
Gehaltsfortzahlung 2023
Gehaltsverzicht 2066
Geldstrafen 1141, 6055, 7018, 7105, 7114 ff
Gemaßregelenunterstützung 1053

Zahlen = Randnummern

Sachverzeichnis

Gemeinde 1171
Gemeinkosten 1086
Generaldirektor 2014, 2015, 3043
Generalvollmacht 3021 ff, 7048, 8042
geringwertige Wirtschaftsgüter 1098
Gesamtbetriebsrat 1018
Gesamtbezüge 1152, 1155, 2117
Gesamtgeschäftsführung 3039, 7129, 7184
Gesamtkostenverfahren 1116
Gesamtprokura 3024, 3029
Gesamtrechtsnachfolge 5022, 5031, 5046, 8056
Gesamtversorgung 2070, 2076
Gesamtvertretung 2011, 2020, 3007, 3013, 3024, 3029, 3039, 4010, 5012, 5082, 7121, 8038
– echte 3007
– höchstpersönliches Handeln 3007
– unechte 3007
Gesamtvertretungsmacht 2048, 3013, 3016, 3024
Geschäfte des täglichen Lebens 3003
Geschäftsanschrift 5012, 6028
Geschäftsbriefe 2012, 5087, 7033
Geschäftschancen 2050, 7027
geschäftsfähig 2008
Geschäftsführer 1000–8000 ff
– ausländischer Staatsangehöriger 2009
– persönliche Voraussetzungen 2008 f
– unternehmerische Qualifikation 2010
Geschäftsführeramt 2000, 2014, 2035 ff, 8026
Geschäftsführerbeschlüsse 7096
Geschäftsführerdienstvertrag s Anstellungsvertrag
Geschäftsführervertrag s Anstellungsvertrag
Geschäftsführungsbefugnis 2019, 2116, 3035
Geschäftsführungssitzungen 3042 ff
Geschäftsführungsvorsitzender 2048, 3043
Geschäftsgeheimnisse 2108 f, 4080, 7128
Geschäftsjahr 1097, 1099, 1100, 1121, 1122, 1129, 1138
Geschäftsordnung 1189, 2116, 3041, 3042
Geschäftspolitik 2031, 2112, 3038, 3043
Geschäftsräume 1186, 5021, 5041, 5083
Geschäftsunterlagen 2116
Geschäftsverkehr 3009, 5027, 8012, 8035 f
Geschäftsverteilung 1189, 2116, 6046, 7012 ff, 7058, 7080, 7092 f, 7096, 7122
– Abgrenzung der Verantwortungsbereiche 3041
– Bestandteil einer Geschäftsordnung 3039
– Entscheidung der Gesamtgeschäftsführung 3041
– gegenseitige Abstimmung 3041
– gegenseitige Information 3041

– Kernbereich 3041, 7014, 7042
– Matrix-Organisation 3040
– nach Sparten 3040
– Überwachung 3041
– Widerspruch 3041
– Zölibatsgeschäftsführer 3041
– Zusammenarbeit der Geschäftsführer 3039
Geschäftsverteilungsplan 2116, 3040 ff, 7086
Geschenke an Geschäftsfreunde 1141
Gesellschafterausschuss 1068, 2004, 4051 ff, 4079 ff, 7097
Gesellschafterbeschlüsse 2025, 3017, 3037, 4080, 7037, 7053, 8000, 8045 ff
– Abstimmungsformular 4017
– anfechtbar 4040
– anfechtungsberechtigt 4041
– Anfechtungsfrist 4041
– Bestätigungsbeschluss 4042
– Fax und E-Mail 4017
– kombinierte Beschlussfassung 4020
– Nichtigkeit 4040
– telefonisch 4020
– Textform 4017
– Umlaufverfahren 4017
Gesellschafterdarlehen 1064, 1067, 1079, 4008, 5017, 5075, 5089, 6014 ff, 6041, 6046, 6052, 7040, 7125, 7149, 7177, 8054
– absteigende Finanzierungshilfen 7040
– cash-pooling 7042
– Darlehensrückgewähranspruch 7042
– downstream-Darlehen 7040
– gesellschafterbesicherte Drittdarlehen 7040
– Insolvenzanfechtung 7040
– Nutzungsüberlassung 7041
– Rückzahlung 7040
Gesellschafterfinanzierung
– aufsteigende Finanzierungshilfen 1048, 4008, 7042
– upstream-Darlehen 7042
– Verschlechterung der Vermögensverhältnisse 7045
– Vollwertigkeit 7042
– Vollwertigkeit des Rückzahlungsanspruchs 7045
– Weisungsbeschluss 7042
Gesellschafter-Fremdfinanzierung 1157
Gesellschafter-Geschäftsführer 1152
– ohne beherrschenden Einfluss 2057
Gesellschafterversammlung 1121, 1127, 1154, 2011, 2027, 2034, 2040, 2105, 2116, 4002, 4009 ff, 5000, 5005, 6046 f, 7028 ff, 7051, 7058, 8042, 8045
– Anträge 4012
– Aufsichtsratsmitglieder 4023
– außerordentliche Gesellschafterversammlung 4010

447

Sachverzeichnis

Zahlen = Randnummern

- Befreiung des Bevollmächtigten von § 181 BGB 4018
- Beschlussinhalt 4022
- Beschlussvorschläge 4012
- Dispositionsschutz 4011
- Dokumentationsgebot 4016
- Dritte 4023
- Einberufung 4010
- Einberufungsfrist 4011
- eingeschriebener Brief 4011
- Einladungsform 4011
- Formwechsel 4019
- Geschäftsführer 4023
- gesetzliche Vertreter von Gesellschaftern 4023
- Hälfte des Stammkapitals verloren 4010
- Informationsmaterial 4012
- Minderheitsgesellschafter 4010
- Niederschrift 4016
- notariell protokolliert 4018
- ordentliche Gesellschafterversammlung 4010
- Organisation 4010
- Postlaufzeit 4011
- Protokoll 4022
- Protokollführer 4022
- Protokollierung durch einen ausländischen Notar 4021
- Rederecht 4024
- Spaltung 4019
- Standardtagesordnung 4010
- Teilnahme von Bevollmächtigten 4024
- Teilnahmerecht 4023
- Teilnahme Dritter 4023
- Tischvorlagen 4012
- UG (haftungsbeschränkt) 4010
- Verkündung der Beschlüsse 4022
- Versammlungsleiter 4022
- Verschmelzung 4019
- Vollmacht 4018
- Vorbereitungszeit 4011
- Vorlagen 4012

Gesellschaftsvermögen 5027 ff, 7088 ff, 7144 ff, 8000

Gesellschaftsvertrag 1068, 1095, 1123
- Agio 5005
- Angebotspflichten 5005
- Aufgeld 5005
- Bareinlagen 5005
- Dauer der Gesellschaft 5005
- freiwilliger Aufsichtsrat 5005
- freiwilliger Beirat 5005
- Gesellschafterversammlung 5005
- gesetzlicher Aufsichtsrat 5005
- Gründungsaufwand 5006
- Katalog zustimmungspflichtiger Geschäfte und Maßnahmen 5005
- Kündigung 5005
- Nachschüsse 5005
- Nennbetrag 5005
- Sachleistungen 5005
- Sonderrechte einzelner Gesellschafter 5005
- Stimmrecht 5005
- Vertretungsberechtigung der Geschäftsführer 5005
- Vorkaufsrecht 5005
- Vorzugsrecht 5005
- Wertbemessung der Geschäftsanteile 5005

gesetzliche Krankenversicherung 2058, 2059 ff

gesetzliche Kündigungsfristen 1042, 1044, 1049, 2062, 2097

gesetzliche Vertreter 2000, 3000, 3007, 3022, 4060, 7052, 8013

gesetzliches Weisungsrecht 7036

Gestaltungsfreiheit 2027, 4003, 8006

Gewerbebetrieb 1167, 1171, 8009, 8033 f

Gewerbeertrag 1167, 1170 f

Gewerbesteuer 1135, 1141, 1166 ff

Gewerbeverbot 2008, 2035, 5066

Gewerkschaften 1001, 1048, 1050 ff, 4067, 4070, 7130

Gewinn- und Verlustrechnung 1063, 1082, 1099, 1116, 1119, 1132, 5085, 7024

Gewinnabführungsvertrag 3011, 4049, 6023

Gewinnausschüttung 1077, 1142, 1149 ff, 2091, 2112 f, 2117, 4042 ff, 5006, 6013, 7144, 7149, 8025

Gewinnverwendung 1065, 1126, 1129, 1150, 1156, 4010

Gewinnvortrag 7047 ff

gezeichnetes Kapital 1145, 1159, 6042, 7039, 7047

Gläubigeraufgebot 5088

Gläubigerbegünstigung 2008, 7173

Gleichbehandlung 1150, 4043
- Gleichbehandlungsgrundsatz 4006, 4036, 4042 f, 4047, 7043

Gleitzone 1007

GmbH & Co KG 1141, 2001, 2052, 4038, 5038, 7158 f, 7171, 7189, 8000 ff
- Abschlussprüfer 8016
- Alleingesellschafter 8004
- Altersversorgung 8031
- Anstellungsvertrag 8027
- arbeitsrechtliche Schutzbestimmungen 8030
- Aufsichtsrat 8002
- Ausscheiden 8024
- Ausscheiden pHG-GmbH 8056
- Auswahl des Abschlussprüfers 8044
- Besonderheiten 8059
- Bestellung des Geschäftsführers 8022
- Bestimmtheitsgrundsatz 8043
- Betriebsrente 8032
- Buchführungspflicht 8014

Zahlen = Randnummern **Sachverzeichnis**

- Bundesamt für Justiz 8019
- Einheits-GmbH & Co KG 8006, 8053
- Einsicht in Bücher und Papiere 8041
- Entlastung 8023
- Erlaubnis zum Selbstkontrahieren 8037
- Feststellung des Jahresabschlusses 8015, 8044
- Firmenrecht 8010
- Fremdgeschäftsführer 8033
- Geschäftsbrief 8012
- Geschäftsführer 8020, 8027
- Geschäftsführerhaftung 8057
- Geschäftsführung 8000
- Gesellschafter 8004
- Gesellschafterbeschlüsse 8046
- Gesellschafterdarlehen 8054
- Gesellschafter-Geschäftsführer 8033
- Gesellschafterversammlung 8042
- Gesellschaftsvertrag 8025
- Grundlagengeschäfte 8035, 8043
- Haftungstatbestände 8058
- Hin- und Herzahlen 8049
- Informationspflicht der Geschäftsführer 8041
- Insolvenz 8055
- Insolvenzantrag 8056
- Insolvenzantragspflicht 8055
- Insolvenzhäufigkeit 8001
- Insolvenzsicherung Betriebsrente 8032
- Jahresabschluss 8015
- Kapitalaufbringung 8048
- Kapitalerhaltung 8050
- Katalog zustimmungspflichtiger Geschäfte und Maßnahmen 8005
- kein Weisungsrecht 8042
- KG 8009
- Kommanditanteile 8000
- Kommanditgesellschaft 8013
- Kommanditist 8033, 8041
- Komplementär 8001
- Konzern 8003, 8013
- Konzernabschluss 8017
- Konzernobergesellschaft 8013
- Konzernuntergesellschaft 8013
- Kündigung 8024
- Mitbestimmung 8002
- Mitunternehmer 8033
- Ordnungsgeld 8019
- Organstellung mit Schutzwirkung 8027
- Personengesellschaft 8000
- pHG-GmbH 8000
- Publizität 8019
- Rückzahlung der Einlage 8051
- Schadenersatzansprüche 8028
- Sozialversicherung 8031
- sternförmige Kommanditgesellschaft 8013
- steuerlich 8000
- Stimmverbote 8047

- Straf- und Bußgelddrohungen 8058
- strafrechtlich 8059
- unmittelbare Inanspruchnahme der Geschäftsführer 8028
- Verbot des Selbstkontrahierens 8036
- vermögensverwaltende KG 8009
- Weisungsrecht 8005
- Widerruf der Bestellung 8024, 8026
- Widerspruchsrecht 8042
- Zeichnung der Firma 8011

GmbH in Gründung 5028, 7082
- Aufrechnung 5010
- Bankkonto 5009
- Bareinlagen 5009
- Debetsaldo 5009
- Einzahlung 5009
- Umwandlung in Sacheinlage 5010
- verdeckte Sacheinlage 5010

Going-Concern-Prinzip 1107, 6038, 6044
goldene Bankregel 1056, 1060
goldene Finanzierungsregel 1056
grenzüberschreitende Lieferungen 1174
grobe Pflichtverletzung 2031, 8024
große Kapitalgesellschaften 1099
größenabhängige Publizitätserleichterungen 1132
Grundbuch 1188, 5011, 5027
grundbuchfähig 5027
Gründerhaftung 5014
Grunderwerbsteuer 1174, 5035
Grundlagenbescheid 1165
Grundsatz
- der Bewertungsstetigkeit 1107, 1111
- der Einzelbewertung 1107
- der Kapitalerhaltung 4005 ff, 7046
- der Liquiditätssicherung 4005, 4009
- der Vorsicht 1107
- ordnungsmäßiger Buchführung 1104

Grundstückssicherheiten 1070
Grundstücksverwaltung 1188
Gründung 1006, 1069, 2114, 3042, 4081, 5000, 5004, 5008 ff, 5026 ff, 7000, 7058, 7082, 7116
Gründungsaufwand 5006 f, 7116
Gründungsurkunde 5000, 5004, 5008, 5009, 5012, 5021, 5023, 5033, 7082
- Anmeldung 5008
- elektronische beglaubigte Form 5008
- falsche Angaben 5008
- Firma 5003
- freie Verfügung der Geschäftsführer 5008
- Gegenstand des Unternehmens 5003
- Gesellschaftsvertrag 5003
- Handelsregister 5008
- Individualgründung 5004
- Mustergründung 5004
- Nennbetrag 5003

Sachverzeichnis

Zahlen = Randnummern

- öffentlich beglaubigte Form 5008
- Sitz 5003
- **Günstigerprüfung** 1148
- **Günstigkeitsprinzip** 1049

- **Haftbefehl** 7102
- **Haftung** 1014, 2052, 2105, 3043, 4007, 4009, 4032, 4071, 5014, 5028 ff, 5045, 5072, 5095, 6049, 6054 ff, 6080, 7000 ff, 7158, 8021, 8042, 8051, 8055 f
- Abgabe von Steuererklärungen 7078
- Abwerbung von Arbeitnehmern 7068
- Arbeitsunfall 7002
- Aufklärungspflicht 7010, 7055
- Aufsichtsmaßnahmen 7077
- Aufsichtspflicht 7080
- Außenhaftung 7006
- Berichtspflicht 7077
- besonderer Vertreter 7035
- Bestrafungen 7078
- Beweis 7034
- Business Judgement Rule 7023
- Bußgeld 7016
- D & O Versicherung 7016, 7019
- Darlegung 7034
- Delegation 7067
- durch Unterlassen 7000
- Durchgriffshaftung 7085
- Entlastung der Geschäftsführer 7035
- Erdal-Lederspray 7011, 7065, 7070 Fn 61, 7113, 7181
- Erkundigungspflicht 7012
- Erlassvertrag 7099
- Erstattung von Geldstrafen und Geldbußen 7018
- existenzvernichtender Eingriff 7087
- Fahrlässigkeit 7077
- falsche Angaben 7054
- fehlerhafte Produkte 7069
- Folgenwarnpflicht 7070
- Garantenstellung 7070
- gebundene Entscheidungen 7022
- Gefährdungshaftung 7000, 7007
- Geldbußen 7016, 7077
- Geschäftsführer 7003
- Geschäftsverteilung 7012, 7080
- Gesellschafterbeschluss 7035
- Gewerbeaufsichtsamt 7002
- Grundsatz der Kapitalerhaltung 7038, 7039
- Grundsatz der Liquiditätssicherung 7038
- Gründung 7058
- Gründungsschwindel 7054
- Haftpflichtversicherung 7016
- Haftung durch Unterlassen 7000
- Haftung gegenüber den Gesellschaftern 7006, 7050
- Haftungsgrundsatz 7000
- Haftungsmilderung (keine) 2021, 2052
- Innenhaftung 7006
- Instruktionspflicht 7070
- Kartellbehörde 7002
- Kartellgesetz 7076
- Kernbereiche 7012
- Kindertee 7065, 7070
- Kontrollpflicht 7080
- Kriminalpolizei 7002
- Krise 7058
- Lederspray s Erdal-Lederspray
- Liquidatoren 7083
- Lohnsteuer 7079
- mehrköpfige Geschäftsführung 7012, 7080
- Ordnungsgeld 7017
- ordnungsgemäße Leitung 7000
- Organisation 7011
- Organisationspflichten 7063, 7066
- Organisationsverschulden 7000, 7011, 7063
- persönliche Haftung 7000
- Pflichten ordnungsgemäßer Geschäftsführung 7020
- Pflichtverletzung 7034
- Preisabsprache 7002, 7077
- Preisempfehlung 7077
- Produktbeobachtungspflicht 7070
- Produkthaftung 7070
- Produktsicherheit 7001
- Publizitätspflicht 7001
- Rechnungswesen 7001
- Rechtschutzversicherung 7019
- rechtmäßige Weisungen der Gesellschafter 7028
- Rechtspflicht zum Handeln 7010
- Rechtsscheinhaftung 7015
- risikobehaftete Geschäfte 7025
- Risikomanagementsystem 7026
- Rückruf 7065
- Rückrufpflicht 7070
- Schadensverursachung 7034
- Scheck- und Wechselreiterei 7068
- Schutzgesetz organisatorischer Art 7067
- sittenwidrige Schädigung 7068
- solidarische Haftung 7013
- Sozialversicherungsbeiträge 7001
- spekulative Geschäfte 7025
- Steuerfahndung 7002
- Steuerhinterziehung 7078
- Steuerpflicht 7001, 7078
- Stimmrecht 7035
- Störer 7075
- Strafverfahrenkosten 7016
- Überwachungspflicht 7012, 7081
- Umsatzsteuer 7079
- Umwelt 7001
- unerlaubte Handlung 7004, 7053
- unrichtige Auskünfte 7068

Zahlen = Randnummern **Sachverzeichnis**

- unterlassene Anzeige bei Verlust der Hälfte des Stammkapitals 7054
- unternehmerische Entscheidungen 7022
- unternehmerischer Ermessensspielraum 7023
- Verantwortung 7000
- Verfahrenskosten 7018
- verfassungsmäßig berufener Vertreter 7003
- Vergleich 7099
- Verjährung 7035, 7089
- Verkehrssicherungspflichten 7063
- Verletzung von Aufklärungspflichten 7004
- Verletzung von Immaterialgüterrechten 7075
- Verletzung von Schutzgesetzen 7058
- Vermögensschaden-Haftpflichtversicherung 7019
- Verschulden 7000, 7007
- Verschulden bei Vertragsanbahnung 7004, 755
- Verstoß gegen Wettbewerbsregeln 7075
- Verzicht 7099
- Verzicht auf Schadenersatzanspruch 7035
- Warnhinweis 7065
- Weisungen 7008, 7036
- Widerstandspflicht 7008, 7012
- Widerstandsrecht 7008
- zehn Gebote 7021
- Zwangsgeld 7016, 7017
- zweckmäßige Organisation 7011

Haftungsmilderung für Arbeitnehmer 2021
Haftungsminimierung 7086, 7092
Halbeinkünfteverfahren 1147 f
Hälfte des Stammkapitals 4010, 4019, 4032, 6045 ff, 7054, 7058, 7113, 7121
Handelsbilanz 1106, 1160, 2082, 6014, 6018 f, 6039 f, 6046, 8032 ff
Handelsbrief 1096
Handelsbücher 1095 f, 1104, 7143
Handelsgesetzbuch 1095
Handelsregister 1068, 1095, 1137, 1195, 2008, 2011 ff, 2033 ff, 2049, 2110, 3007 ff, 4042, 4053, 5005 ff, 7017, 7032 f, 7047, 7082, 7109 ff, 8000, 8008 f, 8037, 8049
Handelsregisteranmeldung s Anmeldung zum Handelsregister
Handlungsbevollmächtigte 3008, 3022, 3025 ff, 7048, 8038 f
Handlungsvollmacht 3021 f, 3026
Haustarifvertrag 1047, 1049 f
Hausverbot 2026, 2110
Hebesatz 1171
Herabsetzung der Vergütung 5068
Herstellungskosten 1104, 1107 ff, 6022, 6040, 6046
Hin- und Herzahlen 5020
Hinterbliebenenversorgung 2064, 2067, 2075

Hinzurechnungen 1168
Holdinggesellschaft 1173
Human Resource Management 1000

Identifikationsnummer (ID-Nummer) 1174, 1178
IDW 6032, 6035, 6039
Individualvertrag 1048 f
individuelles Arbeitsrecht 1003
Information der Gesellschafter 4020, 4031
- Angelegenheiten der KG in einer GmbH & Co KG 4038
- Angelegenheiten verbundener Unternehmen 4038
- Archiv 4032
- Auskunft 4032
- Auskunftsverweigerung 4032
- Einsicht 4032
- Entscheidung durch das Landgericht 4034
- Form der Auskunft 4035
- Fotokopien 4032
- Gesellschafterbeschluss 4032
- Mitarbeiter 4035
- nicht unerheblicher Nachteil 4032
- Notizen 4032
- Rechtsmissbrauch 4037
- Unterlagen eines mitbestimmten Aufsichtsrats 4037

Innenfinanzierung 1013, 1064, 2083
innergemeinschaftliche Lieferungen 1174, 1199
Insichgeschäft 2049, 2117, 3014, 3018, 8034
inside funding 1013
Insolvenzordnung 4008, 6016, 6031, 6071, 7059
Insolvenz 1004, 1055, 1073, 1079, 2009, 2064, 2071, 2093, 2096, 3041, 5057, 5078, 5095, 6000, 6014 ff, 6038, 6050, 6053, 6058 f, 6071, 6076 f, 7002, 7014, 7042, 7058 ff, 7099, 7102, 7134, 7166, 7144, 8054 f
- Abstimmung mit dem Insolvenzverwalter 6027
- allgemeines Verfügungsverbot 6073
- Altgläubiger 6066
- Arbeitnehmer 6059
- Arbeitsgericht 6059
- Aus- und Absonderungsrechte 6069
- belastende Betriebsvereinbarung 6059
- Bundesagentur für Arbeit 6059
- Dokumentation 6060
- Eigenverwaltung 6071
- Eröffnung des Insolvenzverfahren 6001
- faktischer Geschäftsführer 6062
- Gesamtverantwortung einer mehrköpfigen Geschäftsführung 6060
- Geschäftsführer 6001

451

Sachverzeichnis

Zahlen = Randnummern

- Geschäftsführung 6073
- Gesellschafterdarlehen 6014
- Gesellschafterdarlehen mit Rangrücktritt 6014
- Insolvenzantrag 6001, 5069, 606
- Insolvenzeröffnung 6059
- Insolvenzgeld 6059
- Insolvenzgericht 6001, 6059
- Insolvenzgrund 6060
- Insolvenzplan 6072
- Insolvenzplanverfahren 6059, 6072
- Insolvenzverschleppung 6066
- Interessenausgleich 6059
- Kleingesellschafter 6015
- Kosten des Verfahrens 6073
- Kündigung 6059
- nachrangige Darlehen 6014
- Neugläubiger 6066
- Offenlegung 6072
- Postsperre 6073
- Quotenschaden 6066
- Sachwalter 6071
- Sanierungsgesellschafter 6015
- schwacher Insolvenzverwalter 6001, 6073
- Sozialplan 6059
- starker Insolvenzverwalter 6001, 6073
- Stilllegung 6059
- Überschuldungsbilanz 6014
- Übersicht über die Vermögensmasse 6069
- übertragende Sanierung 6059
- Unterlagen 6069
- Unternehmensfortführung 6059
- Vermögensstatus 6069
- Verzeichnis der Gläubiger 6069

Insolvenzantrag 1079, 2008, 3020, 4008, 5029, 5080, 5086, 6001, 6014 f, 6022, 6028 f, 6033 ff, 6044, 6048, 6054 ff, 7040, 7059 ff, 7079, 7084, 7112, 7121 f, 7127, 7140 f, 7149, 7167 ff, 7174, 7177, 8054 ff
- drohende Zahlungsunfähigkeit 6029
- Überschuldung 6029
- strafrechtliche Automatik 7102
- Zahlungsunfähigkeit 6029

Insolvenzplanverfahren 6002, 6059, 6072, 6075

Insolvenzquote 1057, 1063

Insolvenzsicherung 1011, 1014, 2063, 2065, 2072, 2079, 8030 ff

Insolvenzverfahren
- Abberufung des Geschäftsführers 6078
- Ablehnung mangels Masse 2072, 6074
- allgemeines Verfügungsverbot 6074
- Anstellungsvertrag 6079
- Auskunftspflicht des Geschäftsführers 6076
- außergerichtlicher Vergleich 2072
- Eröffnung des Insolvenzverfahrens 2072
- faktischer Geschäftsführer 6074

- fristlose Kündigung 6080
- Gehalt 6079
- Gläubigerantrag 6074
- Insolvenzplanverfahren 6075
- Kapitalherabsetzung 6074
- Mitglieder eines Aufsichtsrates 6076
- Pflicht zur Mitwirkung 6077
- Präsenzpflicht 6077
- Restschuldbefreiung 6075
- Stammkapitalerhöhung 6074
- Unterstützungspflicht des Geschäftsführers 6076
- Vertragskündigung 6079
- Weisungen der Gesellschafter 6074

Insolvenzverschleppung 2008, 3020, 5012, 5066, 6066, 7058 f, 7089, 7115 ff, 7122 f, 7127, 7164, 7169
- Altgläubiger 7060
- Beweisschwierigkeiten 7125
- Drei-Wochen-Frist 7060
- Fahrlässigkeit 7059
- Fortführungsprognose 7125
- Insolvenzantragspflicht 7059
- Neugläubiger 7060
- Quotenschaden 7060
- Schutzgesetz 7059
- Strafbarkeit 7059

Insolvenzverwalter 1079, 2038, 2098, 4008, 5029 f, 5059, 6000 f, 6014 ff, 6025 ff, 6048 f, 6059, 6066 f, 6072 ff, 7002, 7040 ff, 7060, 7088, 7102, 7149, 7162, 7167, 7177, 8051, 8054 f

Interessenausgleich 1024 ff, 1061, 5073, 6059

Interessenkollision 4026, 4028, 4031, 7027, 8047

Internationale Rechnungslegungsstandards (IFRS/IAS) 1131

Invaliditätsversorgung 2064

Inventar 1096 f, 7143

Istbesteuerung 1176

Jahresabschluss 1096, 1099 ff, 1119, ff, 2039, 4004, 4010, 4032, 4043, 5085, 7058 f, 7129, 7170, 8014 ff

Jahresfehlbetrag 1130 f, 6042

Jahresfinanzplan 1062

Jahressteuererklärung 1175 f, 1180, 7170

Jahresüberschuss 1014, 1065, 1130 f, 2082, 2117, 5001, 6019

Jahresverdienst 2058

joint-venture 1103

Jugendvertreter 1017

juristische Person 1150, 2003, 2035 ff, 2104 f, 3000, 4050, 5064, 7059, 7107, 8004, 8013, 8056

Justizverwaltungsanordnung 7102

Zahlen = Randnummern **Sachverzeichnis**

Kalenderjahr 1096, 1138, 1149, 1180, 1184, 2116
kalkulatorische Kosten 1083
Kapitalanlagebetrug 2008, 7135
Kapitalbeschaffung 1056, 1069
Kapitalbeteiligungsgesellschaft 1064f, 1077f
Kapitalerhöhung 1064, 1067ff, 1077, 4032, 5019, 6013, 6017, 7058, 7115f
Kapitalertragsteuer 1148, 1182f
Kapitalgesellschaften 1099ff, 1101, 1107, 1135, 1143ff, 1150, 1170, 1183, 7171, 8014
– große 1099
– kleine 1099
– mittelgroße 1099
Kapitalmarkt 1057
Kapital-Rücklagen 1077
Kapitalumschichtung 1077
Karenzentschädigung 2108
Katalog zustimmungspflichtiger Geschäfte und Maßnahmen 4054, 4074, 5005, 7145, 8005
Kaufkraftverschlechterung 2064
Kennzahlen 1090f
Kirchensteuer 1184
Kleinbetriebsklausel 1157
kollektives Arbeitsrecht 1003
Kontenplan 1096
Kontenrahmen 1083
Kontokorrentkredit 1072ff
Konzern 1005, 1018, 1059, 1150, 1157, 1191, 2001, 2021, 2044, 2095, 2104f, 4051, 4070, 5020, 5079, 7087, 7129, 8003, 8013, 8017
– abhängige Gesellschaften 4049
– Beherrschungsvertrag 4049
– Eingliederung 4049
– einheitliche Leitung 4049
– Gewinnabführungsvertrag 4049
– Interessen der abhängigen GmbH 4051
– Interessen des Konzerns 4051
– Konzernbildung 4049
– Konzernobergesellschaft 4049
– Organgesellschaft 4049
– Weisungsrecht der Gesellschafter 4049
Konzernabschluss 1096, 1101ff, 1124, 1127, 1130f, 7129, 8017
Konzernbetriebsrat 1018
Konzernklausel 1157
Konzernlagebericht 1124, 1127, 8017
Körperschaftsteuergesetz 1139
körperliche Bestandsaufnahme 1097, 1122
Körperschaft 1137, 1148
Körperschaftsteuer 1135ff, 1139, 1147ff, 1156, 1161ff

Körperschaftsteuerbelastung 1166
Körperschaftsteuererhöhungsbetrag 1161ff
Körperschaftsteuererklärung 1149, 1175
Körperschaftsteuerguthaben 1161ff
Körperschaftsteuerpflicht 1135ff, 1172
Korruption 1193
Kosten
– Einzelkosten 1086
– Entwicklungskosten 1112
– fixe Kosten 1058, 1086
– Forschungskosten 1110
– Gemeinkosten 1086
– Plan-, Soll-, Ist-Kosten 1088
– variable Kosten 1058, 1086
– Vertriebskosten 1110
Kostenartenrechnung 1083, 1088
Kostenstellenrechnung 1084
Kostenträgerrechnung 1085
Krankenversicherung 1003, 2054, 2058ff, 2116
Krankheit 2008, 7135, 7142f
Kreditbetrug 2008, 7135, 7142f
Kredite 1056, 1070ff, 3042, 4008, 7025, 7048ff, 7056, 7083, 7153
Kredite an Geschäftsführer 7048
Kreditinstitute 1073, 5081, 6036, 6059, 7025, 7068
– allgemeine Geschäftsbedingungen 1073
– Geschäftsverbindung 1073
– Kreditkündigung 1073
Kreditlaufzeit 1070
Kreditlinien 1058f, 1075, 3042, 6030
Kredit-Rating 1056
Krise 1014, 1073, 1079, 1201, 3020, 3041, 5095, 6000ff, 7014, 7058, 7068, 7079, 7122, 7134, 7139ff, 7149, 7163, 7166, 7169, 7177
– Abschlussprüfer 6005
– andere Zuzahlung 6017
– Arbeitgeberbeiträge 6055
– Arbeitnehmerbeiträge 6055
– Auflösung stiller Reserven 6017
– Aufstockung des Eigenkapitals 6017
– Banken 6005
– Controlling 6004
– Drei-Wochen-Frist 6048
– Erkennen der Krise 6004
– Finanzplan 6004
– Finanzplankredit 6016
– Gesellschafterdarlehen mit Rangrücktritt 6018
– gesetzliches Zahlungsverbot 6048
– Grundsatz der Liquidationssicherung 6052
– Heizungskosten 6050
– Herabsetzung der Bezüge 6058
– Kosten 6003

453

Sachverzeichnis

Zahlen = Randnummern

- Lieferanten 6005
- Mahnung 6050
- Markt 6003
- masseneutrale Zahlung 6050
- Mitarbeiter 6003
- Rechnungswesen 6004
- Sanierung 6000
- Steuerbilanz 6018
- Strom 6050
- Wasser 6050
- Zahlung von Lohnsteuer und Sozialversicherungsbeiträgen 6050, 6053
- Zahlungen an Gesellschafter 6052

Kundenzahlungen 1076
Kündigung 1007, 1009, 1021, 1032, ff, 1051, 2019 ff, 2046 ff, 2096 ff, 2101 ff, 3031 ff, 4029, 4036, 4080, 5005, 5020, 6059, 6080, 8023 f
- außerordentliche Kündigung 2097
- Abmahnungen 1035
- betriebsbedingte Kündigung 1033
- Betriebsrat 1033
- Betriebsratsanhörung 1033
- Betriebsratsmitglied 1033
- Einschreiben/Rückschein 1034
- ordentliche Kündigung 2097
- schriftlich 1034
- sozial gerechtfertigt 1035
- soziale Auswahl 1035
- verhaltensbedingte Kündigung 1033
- Zustellung 1034

Kündigungsfrist 1034, 1039, 1042, 1044, 1049, 2021 f, 2048, 2097 ff, 2116, 3034, 4080, 6079
Kündigungsprozess 2032, 2107
Kündigungsrecht 1001, 1032, 1061, 2098, 2104
Kündigungsschutz 1039, 2021, 2053
- Kündigungsschutzgesetz 1035
- Kündigungsschutzprozess 1039
- Kündigungsschutzrecht 2052

Kurzarbeit 1004, 7034
kurzfristige Erfolgsrechnung 1082, 1084
kurzfristige Planung 1089
kurzfristiges Kapital 1056
Kürzungen 1168, 1170

Lagebericht 1096, 1099, 1118 ff, 3009, 5085, 7058, 7129, 7170
Lagerbestand 1061
langfristige Fertigung 1111
langfristiges Kapital 1056
latente Steuern 1104, 1115
laufende Renten 2064, 2069, 2074
Laufzeit 1049, 1072 f, 1114, 2006, 2048, 2116, 3042, 6079
Leasinggeber 1071

Leasing-Geschäft 1071
- Amortisierung 1071

Leasing-Gesellschaft 1071
Leasinggut 1071
Leasingnehmer 1071
Leasingraten 1071, 1169
Lebenszeit 2006
Leiharbeitnehmer 1004 f, 1040
- Equal-Pay-Grundsatz 1005

Leistungsaustauschverhältnis 1173
leitende Angestellte 1012, 1030, 1201, 2075, 4062, 4081, 4078
Leiter der Gesellschafterversammlung 2034, 4022
Lieferantenkredit 1074 f, 7025, 7068
Lieferungen und sonstige Leistungen 1173
lineare Abschreibung 1104
Liquidation 1011, 1137, 4081, 5056 ff, 6040, 6072, 7082, 7084
- Abwicklung 5057
- Auflösung 5058
- Auflösung freiwillig 5058
- Auflösungsgründe 5058
- Auslösung zwangsweise 5058
- Beendigung 5058

Liquidationseröffnungsbilanz 5085 f
Liquidationsjahresabschluss 5085
Liquidationsplan 5086, 5092
Liquidationsschlussbilanz 5085
Liquidationsstadium 2038
Liquidatoren 2008, 2035, 2038, 2098, 5059 ff, 6074, 7017, 7048, 7083 f, 7122
Liquidität 1014, 1055, 1058, 1060, 1070 ff, 1176, 2096, 6003 f, 6012, 6016, 6018, 6023 f, 7021, 7079, 7149 ff
Liquiditätsplan 6035, 6047, 7126
Liquiditätsreserven 1058
Liquiditätssteuerung 1059
Liquiditätsvorsorge 1058, 1076
Liste der Gesellschafter 5012, 7032
Lohnsteuer 1001, 1007, 1010, 1043, 1181 ff, 6050 ff, 7014, 7079 ff, 7169, 8033
Lohnsteueranmeldung 1184
Lohnsteueranrufungsauskunft 1043
Löschung 5058 ff, 6074

Manager 7063
Manteltarifvertrag 1049
Marktpreis 1107, 1113
Massenentlassung 1041
Maßgeblichkeitsgrundsatz 1106, 1140
Materialaufwand 1116, 1132
Materialgemeinkosten 1110
Mehrheitsgesellschafter 2018, 2025, 2050, 4002, 7028
mehrköpfige Geschäftsführung 3003, 3043
Mehrwertsteuer 1173, 4080

Zahlen = Randnummern **Sachverzeichnis**

Minderheitenantrag 5070
Minderheitsgesellschafter 2050, 4002, 4010, 4015
Mindestbesteuerung 1144, 1167
Minijobs 1007
Mitarbeiter 1000, 1010, 1189, 1195, 1198, 1201, 1203, 2010, 2018, 2117, 3041 ff, 4035, 4059, 5021, 6005, 7076 f, 7087, 7104, 7113, 7141, 7184, 8014
mitbestimmte GmbH 2014, 3002
mitbestimmter Aufsichtsrat 1015, 2046 f, 2100, 2106, 4003, 4027, 4065 ff, 8002
Mitbestimmung 1001, 1005, 1012, 1021, 1029, ff, 1047, 2003, 2013 ff, 2020, 3012, 4003 f, 4065 f, 6078, 8002
Mitbestimmungsgesetz 2003, 4003 f
Mitbestimmungsrecht 1012, 1021, 1032, 1047, 2015, 3012, 4065 f
Mitteilung in Zivilsachen 7102
mittelfristige Planung 1060, 1089
Monatsfrist für Anfechtungsklage 2023
Mustergründung 4081, 5004 ff, 5012
Mutterschutz 2021
Mutterschutzgesetz 2052
Mutterunternehmen 1101 f, 8017

Nachkalkulation 1085
Nachschieben von Gründen 2023, 2032, 2107
– Ausspruch 2107
– Beschluss 2107
– verfristet 2107
Nachteile 1014, 1023 ff, 1047, 2026, 2057, 2085, 2112, 3042, 4080, 7011, 7154
Nachteilsausgleich 1024
nachvertragliches Wettbewerbsverbot 2108
Nachtragsliquidation 5059, 5071, 5095
Nachwirkung des Tarifvertrages 1049
Nachwirkungszeiten 1049
nahestehende Person 1150
natürliche Personen 2008, 2035, 3000, 5033, 7102, 7105, 8011 ff, 8020, 8023, 8026, 8030
Nebentätigkeit 2053, 2116, 4033
negative Feststellungsklage 2041
Negativerklärung 1070, 2094
neue Gesellschafter 1067 ff
neuer Gesellschaftsvertrag 5055
Neugläubiger 6067, 7059 f
nicht abziehbare Aufwendungen 1148
nicht beherrschende Gesellschafter-Geschäftsführer 1154
Nichtigkeit 1129, 2003, 2008, 2023 f, 2116, 3017, 4010, 4013, 4040, 4042, 5077, 7047, 7175
Niederlegung 2011, 2046, 3031, 7147, 7150

Niederstwertprinzip 1107, 5085
Niedriglohn-Jobs 1007
nominelle Geschäftsführer 2018
Notarbeiten 1052
Notare 1195, 2008, 4018, 4021, 5004, f, 5008, 5011, 5033, 7032, 7117
notariell beglaubigt 1068, 2011, 3010
notariell beurkundet 1068, 1077, 1095, 3006, 5000, 5010 f, 5040
Notgeschäftsführer 2017
Notliquidator 5071
Nutzungsentgelte 1169

offene Einlage 1160
Offenlegung des Jahresabschlusses 1101, 1118
Öffentlichkeitsarbeit 1188, 1201 ff, 3043
öffentlich-rechtliche Pflichten 1189, 3036, 4001, 7078, 7113
ordentliche Gerichte 2052
Ordnungsgeld 1134, 1141, 7017, 8019
ordnungsgemäße Buchführung 1095 f, 1104, 1122, 1124, 1140, 7106, 7126, 7169, 8014
Ordnungswidrigkeit 6054, 7005, 7011, 7015 ff, 7069, 7076, 7099, 7105, 7067, 7184 ff
– Abgabe an die Staatsanwaltschaft 7189
– Akteneinsicht 7189
– Betriebsverfassungsrecht 7186
– Compliance 7187
– Compliancesystem 7187
– Datenschutz 7186
– Evaluierung 7187
– Identifikation von Risiken 7187
– Informationsfluss 7187
– Reaktion 7187
– Umweltrecht 7185
– Verletzung der Aufsichtspflicht 7187
– Vermeidung 7187
– Verwaltungsbehörde 7189
Organ 1017 f, 1151, 2000 f, 2014, 2020, 2034, 2039, 2103, 2105, 2110, 3000, 3043, 4010, 4022, 4054, 5011, 6001, 6079, 7011, 7055, 7080, 7107, 7163, 8042
Organisation 1000 ff, 1081, 1187 ff, 1200 ff, 3034 ff, 3040, 3043, 4009 f, 4033, 4072, 7011, 7016, 7021, 7026, 7030, 7063, 7073, 7187 f
Organisationsverschulden 1189, 6080, 7004, 7011, 7034, 7062, 7066 ff
Organmitglieder 2052, 2105, 3012, 3033, 4033
Organschaft 1173
Organstellung 2014, 2019, 2037, 2109, 5068, 7020 7051 f, 7106, 7147, 8026, 8030, 8056

455

Sachverzeichnis

Zahlen = Randnummern

Organstellung mit Schutzwirkung 8026, 8056 f
Ortskrankenkasse 2058
OT-Mitgliedschaften s Arbeitgeberverband
outside funding 1013, 2083 ff
Outsourcing 1004, 1009, 1010
– von Versorgungsverbindlichkeiten 2095 f

paritätische Besetzung von Ausschüssen 2047, 4076
paritätische Mitbestimmung 1029, 8002
paritätisch mitbestimmter Aufsichtsrat 4062 f
– Arbeitnehmer der konzernabhängigen Unternehmen 4063
– Generalbevollmächtigte 4063
– leitende Angestellte 4063
– Vertreter von Gewerkschaften 4063
– Wahlordnung 4064
– Wahlrecht 4063
– Wahlverfahren 4064
Parteifähigkeit der Vorgesellschaft 5027
passive Vertretung 2034, 3020, 3028 ff
– Aufsichtsratsmitglied 3030
– Aufsichtsratsvorsitzender 3030
– Gesellschafter 3031
– Geschäftsführer 3029
– Handlungsbevollmächtigter 3029
– Prokurist 3029
– Willenserklärung 3029
– Zugang 3029
Passivierungspflicht 1106
Passivprozess eines Geschäftsführers 3004
Pattsituation 3042 f
Pensionsfonds 1012 ff, 2078, 2089, 2096
Pensionskasse 1012 ff, 2071, 2076, 2078, 2080 f, 2089, 5077 f
Pensionsrückstellungen 1001, 1013 f, 1064, 1106, 2084, 2096, 5077, 5079, 8032, 8034
– Betriebsausgaben 2082
– Kreditwürdigkeit 2088
– Ratingagenturen 2088
– versteuerte Rückstellungen 2082
Pensions-Sicherungs-Verein AG (PSVaG) 2064, 2067, 2096, 5078
Pensionsverpflichtungen 1106, 5076
Pensionsvertrag 1012, 2075, 2116
Pensionszusage 1154, 1156, 2075, 2112, 3042, 8032, 8034
permanente Inventur 1097
Personalarbeit 1000 ff, 1046
Personalaufwand 1116
Personalentwicklung 1001 f
Personalmanagement 1001
Personalplanung 1002, 1004, 1021
Personalstruktur 1004, 1016

Personengesellschaften 1102, 1137, 1145, 1170, 1196, 4050, 5004, 5053 f, 7171, 8000 ff, 8006, 8014, 8023, 8025, 8035, 8047
Personenhandelsgesellschaft 2035, 5041, 8024
persönliche Haftung 6054, 7004, 7015, 7057, 7069, 7072, 7086
Pflegekasse 2061
Pflegeversicherung 1003, 2054, 2058, 2061, 2116 f, 8031
Pflichtaufgaben 2019
Pflichtaufsichtsrat 4052
Pflichtversicherung 2057, 2059, 2070
phG-GmbH 2001, 8028
Plan-, Soll-, Ist-Kosten 1088
Planeröffnungsbilanz 5047
Planung 1023, 1061, 1080, 1088 f, 3035 ff, 4033, 6004, 7024
– Abweichungsanalyse 1063, 1089
– kurzfristig 1089
– mittelfristig 1089
– strategische 1089
politischer Streik 1051
Portabilität von Versorgungszusagen 2095
Postsperre 6073
Preisfindung 1085
Preiskalkulation 1080
Preisuntergrenzenbestimmung 1080
private equity 1078
Privatvermögen 1070, 1148,
Produkthaftung 7021, 7070 f
– Beweislast 7071, 7074
– Folgenwarnpflicht 7070
– Garantenstellung 7070
– Instruktionspflicht 7070
– Kindertee 7070
– Lederspray 7070, 7073
– mehrköpfige Geschäftsführung 7073
– Produktbeobachtungspflicht 7070
– Produkthaftung 7070
– Produkthaftungsgesetz 7069
– Rückrufpflicht 7070
Prokura 3021 ff, 7048
Protokoll 1140, 2011, 3041 ff, 4022, 4025, 4080, 5049, 5055
Protokoll der Gesellschafterversammlung 2011
Prozessvertretung in Arbeitsrechtsstreitigkeiten 1046
Prüfung 1023, 1094, 1101, 1120 ff, 1134, 1185 f, 1199, 2116, 4075, 5039, 5048, 5085, 7024, 7042, 8012, 8016, 8041, 8055
Prüfungsanordnung 1185
Prüfungsbericht 1096, 1123 ff, 1187, 7013, 7129, 8016

Zahlen = Randnummern

Sachverzeichnis

Prüfungsstandard 6032, 6039
Publizität 1066, 1094 ff, 1129, 3009, 8012

quotale Konsolidierung 1103

Rangrücktrittserklärung 1079, 5075, 5091, 6018 f, 6040 f
Rating 1013, 1056, 2095
Rechnung 1088, 1171, 1174, 1178 ff, 2087, 3026, 3039, 4011, 6022, 6031, 6048, 7033, 7056, 7139 f, 7170
– elektronische Rechnung 1178, 5088
Rechnungsabgrenzungsposten 1104
Rechnungslegung 1094, 1120, 1122, 4078, 6039, 8012
Rechnungslegungspflichten 1099 f, 5084 f
Rechtsabteilung 1188, 2022, 4045, 7104
Rechtsanspruch auf die Altersrente 2080
Rechtsanwälte 2008, 2104, 5064, 6009, 7079
Rechtsberatung 1193 ff, 7100
Rechtsform 1094, 1102, 1135, 2012, 2036, 2038, 2042, 4019, 4049, 4062, 5038, 5043, 5056, 7033, 8000, 8012
Rechtsgeschäfte innerhalb eines Konzerns 3011
Rechtsgeschäfte und Maßnahmen 8040
rechtsgeschäftlich bestellte Vertreter 3008, 3021
Rechtsscheinhaftung 7014 f
Rechtsschutzversicherung 1201, 7018 f
Rechtswesen 1188, 1192, 3040
rechtzeitige Bilanzaufstellung 7102, 7169
Regelaltersgrenze 1037, 2116
Registergericht 2012, 2017, 5013, 5019, 5030, 5042, 5059, 5062, 5070 f, 5085 ff, 7017, 7033, 7117 ff, 8012
Reisekosten 2116, 7002
Religionsgemeinschaften 1026 f, 1029
Rentenanspruch 1037
Rentenversicherung 1003, 1037, 2054 ff, 2063, 2072, 2074, 2081, 2089, 8031
Rentnergesellschaft 2096, 5077, 5079
Risiken der künftigen Entwicklung 1124
Risikomanagement 1120, 3041, 4075, 4078, 6004, 7014, 7021, 7026, 7095, 7104
Risikomanagementsystem 4075, 4078, 7021, 7026, 7095
Rückdeckungsversicherung 1013, 2078, 2081, 2084, 2093 f
– Betriebsausgaben 2084
– Pensionsrückstellungen 2084
– Prämien 2084
Rücklagen 1065 f, 1077, 3042, 4001, 4006, 4008, 4043, 5001, 5017, 6042, 6046, 7039, 7043, 7047 ff, 8048, 8051
Rücklagenbildung 1065

Rückstellungen 1014, 1064, 1106 f, 1114, 118, 1132, 1140, 2071, 2082, 2088, 2091, 2093, 2112, 4033, 5030, 5074 ff, 5086, 8032, 8034, 8051
– Aufwandsrückstellungen 1114
– Rückstellungen für drohende Verluste aus schwebenden Geschäften 1106
– Rückstellungen für Gewährleistungen 1114
Rückzahlung eines Gesellschafterdarlehens 4008
Rückzahlungsanspruch 4008, 5094, 7042
Rückzahlungsverbot 1150, 1153, 4047, 7042
ruhendes Arbeitsverhältnis 2053
Rumpfgeschäftsjahr 1138, 5085

Sacheinlagen 5005 ff, 6027, 7116
Sachwalter 6071, 6075
Saldenbestätigung 1122
Sale-and-lease-back-Verfahren 1071
Sanierung 2092, 5091, 6000 ff, 6010 ff, 6018, 6024, 6035, 6045, 6050, 6059, 6065, 7121 f, 7166
– Altgläubiger 6013
– Cash-Management 6012
– Eigenkapital 6011
– Forderungsverzicht 6013
– Fremdkapital 6011
– Gutachten eines unabhängigen Beraters 6007
– Herabsetzung des Kapitals 6013
– Kapitalerhöhung 6013
– Kriegskasse für die Beratungskosten 6009
– Landesbürgschaften 6013
– Liquidität 6012
– Personalabbau 6010
– Personalstruktur 6010
– Reduzierung der Kosten 6010
– sale and lease back 6012
– Sanierungsinstrumente 6007
– Sanierungskonzept 6009
– Vorkasse 6009
Sanierungsversuch 6065 f, 7060, 7123, 7166
Satzung 1123, 1047, 1102, 1123, 3017, 3038, 5000
satzungsändernde Mehrheit 2050
Schachtelprivileg 1170
Schadensersatz 2021 ff, 2041, 2113, 4007, 4047, 5068, 6032, 7007, 7027 ff, 7047, 7052, 7059, 7068, 7075, 7099
Schein-KG 8009
Schlussbesprechung 1187
Schlussbilanz 1107, 5042, 5085
Schlussrechnung 5085
Schmiergelder 1156, 7149, 7165
Schriftform 2043, 2112, 2116, 4017

457

Sachverzeichnis

schriftlicher Prüfungsbericht 1096, 1123 ff, 1187, 7013, 7129, 8016
Schuldnerbegünstigung 2008, 7103
Schuldnerverzeichnis 2008
Schuldzinsenabzug 1157
schwebende Geschäfte 1071, 1104
Schwerbehinderte 1041, 2052
Schwerbehindertengesetz 2021
Selbständige 1010, 1018, 2062
Selbstkontrahieren 2049, 2117, 3013 ff, 5012, 8034 ff
– Alleingesellschafter-Geschäftsführer 3017
– Befreiung 3015
– Dokumentationspflicht 3017
– Ermächtigung 3015
– generelle Befreiung 3015
– Gestattung zum Selbstkontrahieren 3015
– Handelsregister 3015
– Insichgeschäft 3014
– Verbot des Selbstkontrahierens 3016
– Vollmacht 3016
Shareholder-Value 1094
Sicherungsübereignung 1104, 7165, 7176
Sitz der Gesellschaft 2012, 5012, 5062, 7033
Skontoabzug 1074 f
Skontogewährung 1075
Solidaritätszuschlag 1135, 1141, 1171 f, 1183
Sollbesteuerung 1175
Sonderrechte 1188, 2005, 2020, 2024, 5005, 5041, 5053, 7051
sonstige Bevollmächtigte 3008
Sorgfalt des ordentlichen Geschäftsmannes 2044, 2116, 3042 f, 4009, 6048, 6050, 7020, 7034, 7038, 7050, 7083, 7090, 7145
Sozialgesetzbuch 1003
Sozialplan 1004, 1024 ff, 5073, 5085, 6039 f, 6059
Sozialversicherungsbeiträge 1001, 2008, 2089, 4001, 6050, 6055 f, 7001, 7062, 7084, 7130, 7169
Sozialversicherungspflichtiges Arbeitsverhältnis 2063
Sozialversicherungsrecht 1003, 1045, 2054, 2057, 2064, 2116, 7114
Spaltung 1019, 1023, 2096, 3012, 4019, 4029, 5035, 5037, 5046 ff
– Anteilseignerversammlung 5048
– Aufspaltung 5037
– Ausgliederung 5037
– Barabfindung 5048
– Spaltungsbericht 5048
– Bewertung 5048
– Prüfung 5048
– Sachgründungsbericht 5048
– Spaltungs- und Übernahmevertrag 5047

Zahlen = Randnummern

– Spaltungsbeschluss 5048
– Spaltungsplan 5048
– Stammkapital 5048
– Stichtag 5048
Spartengewerkschaften 1046
Sperrjahr 5061, 5075, 5087 f, 7083
spezielle Differenzhaltung 5016 f
Sprecher der Geschäftsführung 2014, 3041, 3042 § 3 Abs 2, 3043 Kn 9, 4022
Sprecherausschuss 1015, 1030
Sprecherausschussgesetz 1030
Staatsanwaltschaft 7009, 7102, 7122, 7131, 7144, 7179 f, 7189
Stammkapital 1068 f, 1077, 1157, 4006, 4037, 4043, 4060, 5001, 5003, 5006, 5009, 5015, 5030, 5048, 6016, 6042, 6046, 7029, 7039, 7047, 7160 f, 8014, 8020, 8049
Standesvertretungen 2008
Statusfeststellungsverfahren 1010, 2056, 2064
– Statusfeststellungsverfahren auf Antrag 2056
– Statusfeststellungsverfahren von Amts wegen 2056
Stellenbeschreibung 1189, 7093
Stellensuche 2052
stellvertretender Geschäftsführer 2011, 2016, 3028
Steuer
– Abgeltungssteuer 1148, 1182 f
– Befreiung von der Umsatzsteuerpflicht 1174
– Einkommensteuer 1138 f, 1196, 8033
– ermäßigter Steuersatz 1177
– Gewerbesteuer 1135, 1141, 1166 ff
– Grunderwerbsteuer 1174, 5035
– Kapitalertragsteuer 1148, 1182 f
– Kirchensteuer 1184
– Körperschaftsteuer 1135 ff, 1147 ff, 1156, 1161 ff, 1183, 1196
– Lohnsteuer 1001, 1007, 1010, 1043, 1181 ff, 5076, 6050 ff, 7014, 7079 ff, 7169, 8033
– Mehrwertsteuer 1173, 4080
– Umsatzsteuer 1099, 1135, 1173 ff, 6050, 7079
– Vorsteuer 1179 ff
– Vermögensteuer 1136
Steuerberater 1010, 1195, 2008, 4018, 4024, 5064, 6009, 6054, 7111, 7169 f
Steuerbescheinigung 1148, 1183
Steuerbilanz 1106, 1115, 2082, 6014, 6018
Steuererklärungen 1096, 1149, 1159, 7078
steuerfreier Zuschuss 2059
steuerliche Gewinnermittlung 1140
steuerliches Einlagekonto 1161
steuerliches Rückzahlungsverbot 1150
Steuermessbetrag 1171
– einheitlicher Steuermessbetrag 1171
Steuerordnungswidrigkeit 1186

Zahlen = Randnummern **Sachverzeichnis**

steuerpflichtiges Einkommen 1149
Steuersatz 1146 ff, 1177 f, 1183
Steuerstraftat 1186
Steuersubjekt 1135, 1137, 7082
Stichprobe 1097, 1189, 7094
Stichprobeninventur 1097
stille Beteiligung 1067
stiller Gesellschafter 1156, 6020
stille Liquidation 5060 f
stille Reserven 1071, 4033, 4037, 6040, 6046
stille Rücklagen 1066
Stillhalten eines Gläubigers 6025, 6031, 7122
Stimmrecht 1102, 1145, 1152, 1159, 2027, 2104, 4009, 4015, 4029, 4040, 5005, 6023, 7035, 8045 ff
Stimmverbot 2025
– Abberufung aus wichtigem Grund 4027
– Befreiung vom Wettbewerbsverbot 4027
– Befreiung von einer Verbindlichkeit 4026
– doppelte Geschäftsführerstellung 4028
– Einleitung eines Rechtsstreits 4026
– Einzelentlastung 4026
– Entlastung 4026
– Erledigung eines Rechtsstreits 4026
– Gesellschafter-Geschäftsführer 4026
– Interessenkollision 4026
– Prozessvertreter 4027
– Richten in eigener Sache 4026
– Sonderprüfung 4027
– Vornahme eines Rechtsgeschäfts 4026
strafrechtliche Automatik des Insolvenzantrags 7102
Straftat 2035, 7102, 7105, 7114, 7117, 7119, 7167, 7189
Strafvorschriften
– Alleingesellschafter-Geschäftsführer 7101
– Amtsniederlegung 7109
– Anstifter 7114
– Anzeige gegen Unternehmensleiter 7100
– Ausscheiden 7122
– Bankrott 7103, 7107, 7134, 7164
– bedingter Vorsatz 7157
– Beiseiteschaffen 7164 f
– Bestechlichkeit 7100, 7132
– Bestechung 7100, 7132
– Bestellung 7109
– betriebsverfassungsrechtliche Vorschriften 7131
– Betrug 7134, 7139
– Betrugs- und Untreuedelikte 7103
– Beweisschwierigkeiten 7125
– Buchführungs- und Bilanzierungsdelikte 7134, 7169
– Buchführungspflicht 7143
– Eignungsschwindel 7117
– Einverständnis der Gesellschafter 7151

– Einverständnis der Gläubiger 7122
– Embargotatbestand 7132
– fahrlässige Tötung 7108
– Fahrlässigkeit 7112, 7123
– faktischer Geschäftsführer 7110, 7122, 7158
– falsche Angaben 7116
– fehlerhafte Produkte 7108
– formeller Geschäftsführer 7111
– Fortführungsprognose 7125
– genehmigungslose Ausfuhr von Waren 7132
– Geschäftsgeheimnis 7128
– Geschäftslagetäuschung 7115, 7120
– Gläubigerbegünstigung 7103, 7173
– GmbH & Co KG 7159
– Gründungsschwindel 7109, 7115, 7116
– Hälfte des Stammkapitals 7121
– Insolvenz 7103
– Insolvenzverschleppung 7115, 7122
– Insolvenzverschleppung, bedingt vorsätzlich 7127
– Insolvenzverschleppung, fahrlässig 7127
– Insolvenzverschleppung, vorsätzlich 7127
– Kapitalerhöhungsschwindel 7115, 7116, 7120
– Kapitalherabsetzungsschwindel 7115, 7120
– Körperverletzung 7108
– Kreditbetrug 7142
– Lederspray 7181, 7184
– mehrköpfige Geschäftsführung 7113, 7150, 7156
– Mittäter 7114
– Mittäterschaft 7184
– Notstand 7114
– Notwehr 7114
– Organisationsverschulden 7184
– Produktsicherheit 7103, 7181
– Sachgründungsschwindel 7115
– Sanierungsversuch 7166
– Schuldnerbegünstigung 7103
– Selbstanzeige 7130
– Steuerhinterziehung 7130
– Steuerrecht 7103
– Straftat 7103
– Straftaten gegen die Umwelt 7103
– Strafverfolgungsbehörden 7184
– Strohmann 7111
– Überwachung 7113, 7184
– Umwelt 7178
– Umweltstrafrecht 7108
– Unbescholtenheitserklärung 7118, 7119
– Unfallverhütungsvorschriften 7108
– unrichtig wiedergeben oder verschleiern 7129
– unrichtige Erklärung bei Kapitalerhöhung 7115
– unrichtige Versicherung 7115
– Unterlassen der Verlustanzeige 7115
– Untreue 7100, 7106, 7134, 7159

459

Sachverzeichnis

Zahlen = Randnummern

- Verbotsirrtum 7112, 7127
- Verheimlichen von Vermögensgegenständen 7164 ff
- Verletzung der Geheimhaltungspflicht 7115
- Verletzung von Buchführungspflicht 7103
- Verrat von Geschäfts- und Betriebsgeheimnissen 7132
- Verschleiern von Vermögensgegenständen 7164
- Versicherung der Unbescholtenheit 7117
- Versuch 7114
- Vorenthalten und Veruntreuen von Arbeitsentgelt 7107
- Vorsatz 7112, 7123, 7157
- Warenbestellung mit Zahlungsziel 7139
- Wirtschaftsstraftat 7100

strategische Unternehmensplanung 1089
Streik 1050 ff
Streikgeld 1053
Strohmann 2018, 7111
Strukturanpassungen 1001
Subunternehmer 1004, 1010
Subventionsbetrug 2008, 7067, 7135
Suspendierung 2019
Sympathiestreik 1051

Tarifgebundenheit 1046
Tarifrecht 1001, 1045 f
Tarifvertrag 1005, 1008, 1035, 1037, 1047 ff
- Abschluss 1051
- Arbeitszeitflexibilisierungen 1047
- Öffnungsklauseln 1047

Tätigkeitsverbot 2026
Teilamortisierungsvertrag 1071
Teileinkünfteverfahren 1148
Teilkostenrechnung 1087
Teilnahmevollmacht 4025
Teilwertabschreibung 1066, 1107, 1143
Teilzeitarbeit 1004, 1036
Teilzeitkräfte 1007
Tendenzbetriebe 1026, 1028
Textform 2040, 4002, 4017 ff, 4074, 4080, 7094, 7096, 8045
Thesaurierung 1065
Tilgung 1058, 1070, 6014, 6019, 7118
Tochterunternehmen 1008, 1101 ff, 7129
Tod 2035, 2084, 2097, 2116 f
Träger von Rechten und Pflichten 5027
Treuepflicht 2031, 2033, 2113, 4027, 4047, 6058, 7144

übergangene Gläubiger 5094
Übergangsgeld 2067 ff, 2077
Übernahme 1011, 1019, 1068, 1201, 2096, 2116, 3011, 5048, 5067, 6024, 7116, 7142, 8036
Übernahmeerklärung 1068

Überschuldung 3020, 4009, 6000, 6013 ff, 6034 ff, 6056, 6062 ff, 7058 ff, 7068, 7101, 7122 ff, 7140, 7160 ff, 8051
- Anlagevermögen 6039
- Bewertung 7124
- bilanzielle Überschuldung 6042
- Finanzmarktstabilisierungsgesetz 6036, 7124
- Fortführungsprognose 6037, 7124
- Gesellschafterdarlehen 6041
- Going-concern-Werte 6038 f
- Immaterielle Vermögensgegenstände 6039
- Liquidationswerte 6038, 6040
- negative Fortführungsprognose 6038
- Pensionen 6039
- positive Fortführungsprognose 6037, 6038
- Rangrücktrittserklärung 6040
- Rückwirkung 7124
- Sozialplankosten 6040
- stille Lasten 6040
- Überschuldungstatbestand 6036
- Überschuldung ab 1. 1. 2011 6038, 7124
- Überschuldung bis zum 31. 12. 2010 6037, 7124
- Umlaufvermögen 6039
- Unternehmensplanung 6037
- unverfallbare Anwartschaften 6039
- versicherungsmathematischer Barwert 6039
- Wiederbeschaffungswert 6039

übertragende Sanierung 6002, 6024
Überwachungs- und Informationspflicht der Geschäftsführer 2014, 3041 ff, 7013 f
UG (haftungsbeschränkt) 4010, 5001, 5006, 6046
- Einstiegsvariante 5001
- Geschäftsanteil 5001
- gesetzliche Rücklagen 5001
- Stammkapital 5001

Umfinanzierung 1057, 1071, 1077
umgekehrte Maßgeblichkeit 1106
Umlageverfahren 1014, 2073, 2083
Umsatzkostenverfahren 1116
Umsatzsteuer 1099, 1135, 1173 ff, 6050, 7079
- Abschlusszahlung 1175
- Voranmeldung 1175
- Vorauszahlung 1175
- Umsatzsteuerschuld 1181

Umstellung auf abweichenden Bilanzstichtag 1138
Umwandlung 1006, 1008, 1077, 1100, 2036, 3012, 4011, 4019, 4029, 4081, 5000, 5010, 5053, 5055
- Formwechsel 5035
- Sacheinlage 5035
- Spaltung 5035
- steuerneutral 5035

Zahlen = Randnummern **Sachverzeichnis**

- Umwandlungsgesetz 5035
- Umwandlungssteuergesetz 5035
- Verschmelzung 5035

Umwandlungsbericht 5055
Umwandlungsbeschluss 5055 f
Umweltrecht 1188, 1196, 7007, 7021, 7179, 7186
Unabhängigkeitserklärung des Abschlussprüfers 1121
Unbescholtenheit des Geschäftsführers 2008, 2011
unbeschränkte Vertretungsmacht 3011, 5025
Unechte Gesamtvertretung 3007, 3024, 5012, 5082, 8038
Unfähigkeit zur ordnungsmäßigen Geschäftsführung 2031, 8024
Unfallrenten 2070
Unfallverhütung 1001, 1199, 7108
Unfallversicherung 1201, 2054 ff, 2062, 2064, 2116, 8031
ungewisse Verbindlichkeiten 1114,
Unterbilanz 6042, 6046, 7039, 7149, 8051
Unterlassung 1022, 2113, 7075
Unternehmensorganisation 1004, 1192, 7111, 7188
Unternehmensplan 1057
Unternehmensplanung 1004, 1060, 1089, 3043, 5086, 6037, 6059
Unternehmergesellschaft 4081, 5001, 5004, 5006, 5009
unternehmerische Qualifikation 2008, 2010
unternehmerische Risiken 1057
Unterstützungskasse 1012, 2078, 2080, 2083
Untreue 2008, 5012, 5066, 7100 f, 7106, 7133, 7144 ff
Unverfallbarkeit 1011, 2064 ff, 2074, 2086 f, 2112, 5076, 5079, 6039
Unverfallbarkeitszusage
- vorzeitige Unverfallbarkeitszusage 2077

Urlaub 1034, 1049, 2112, 2116 f, 3042

variable Kosten 1058, 1086, 1088
venture capital 1078
Veranlagungsbesteuerung 1148
Veranlagungszeitraum 1141, 1148 f, 1166
Verantwortung sämtlicher Geschäftsführer 6033
Veräußerungsgewinne 1107, 1143
Verbände 1045 ff, 1203, 2116, 7077, 7104
Verbindlichkeiten 1013, 1065, 1097, 1114, 1122, 1132, 1137, 1140, 1157, 2082, 2088, 3014, 4026, 5021, 5028 ff, 5051 f, 5073 ff, 6018 ff, 7038, 7081 ff, 7126, 7161, 7173, 8047, 8055 f

Verbot der Stimmrechtsausübung 2027
verbotene Auszahlung 7045
verdeckte Einlage 1142, 1153, 1160
verdeckte Gewinnausschüttung 1142, 1149 ff, 2043, 2112 f, 2117, 4042 ff, 4047, 5006, 7149, 8025
- Altersversorgung 2091
- Dienstleistungen 4045
- „erdiente" Pension 2091
- fachliche Dienstleistungen 4045
- Familiengesellschaften 4045
- formale Voraussetzungen 2091
- Fremdvergleich 2092
- Gesellschafter-Geschäftsführer-Bezüge 4044
- Handwerkerleistungen 4045
- Konzernumlage 4046
- Pension 2091
- Rückdeckungsversicherung 2093
- Rückgewähransprüche der Gesellschaft 4047
- Schriftlicher Anstellungsvertrag 2091
- Steuerliches Rückzahlungsverbot 4047
- Verpfändung 2093
- Warenbezug aus der Firma 4045

Verdienstausfall 2070
vereidigter Buchprüfer 1121
Vergleich der Kosten und Erlöse (monatlich) 1082
Vergütungen an Aufsichtsrat oder Verwaltungsrat 1141
Verjährung 7027, 7089 ff
Verletzung der Buchführungspflicht 2008
Verlust der Geschäftsfähigkeit 2035
Verlustbilanz 6042
Verluste
- drohende Verluste aus schwebenden Geschäften 1114

Verlustrücktrag 1070, 1144, 1167
Verlustübernahme 1101, 6023
Verlustvortrag 1144 f, 1159, 1167, 5001, 6019, 6042
Vermögensgegenstände 1071, 1097, 1103 f, 1107 ff, 1122, 1132, 2096, 4007, 5018, 5030, 5046 f, 5073, 5081, 5085, 6039 f, 6069, 6073, 7043 f, 7057, 7087, 7125, 7149, 7174 ff
Vermögenslage 1117, 1124, 7058, 7120, 7143
Vermögensteuer 1136
Vermögensverwaltende Tätigkeit 1173, 8009
verschleierte Sachgründung 5018
Verschmelzung 1023, 1137, 2036, 3012, 4019, 4029, 5035 ff
- Ämter 5046
- Anmeldung zum Handelsregister 5042
- Anteilseignerversammlung 5041
- Arbeitsverträge 5046

Sachverzeichnis

Zahlen = Randnummern

- Barabfindung 5043
- Bericht 5039
- Betriebsrat 5046
- Bewertung 5039
- Dienst- und Anstellungsvertrag 5046
- Eintragung ins Handelsregister 5042
- Gesamtrechtsnachfolger 5046
- Sacheinlagevorschriften 5045
- Sicherheitsleistung 5044
- Stichtag 5039
- Verschmelzungsprüfung 5045
- Vertrag 5039

Verschulden 2030, 2052, 2102, 2116, 3033, 6049, 7003, 7007, 7017, 7054, 7068 ff
- Eventualvorsatz 7009
- grobe Fahrlässigkeit 7009
- leichte Fahrlässigkeit 7009
- leichtfertig 7009
- Vorsatz 7009

Verschuldungsgrad 1057

Versicherung gegenüber dem Handelsregister 1068, 2008, 3028, 5012 f, 5066, 7115 ff

Versicherungen 1109, 1188, 1201, 2112, 4045, 5046, 5073, 6036, 7132, 7135
- (im) Anstellungsvertrag 2116 § 4 Abs 3, § 8, § 10 Abs. 2, 2117 Kn 6, Kn 8
- Arbeitslosenversicherung 2063
- D & O Versicherung 2116 § 8 Abs 2, 7016, 7019, 7152
- Direktversicherung 2078, 2085 bis 2088
- Invalidität 2116 § 8, 2117 Kn 6
- Krankenversicherung 2058 ff
- Pflegeversicherung 2061
- Rentenversicherung 2057
- Rückdeckungsversicherung 2078, 2081 bis 2084
- Tod 2116 § 8, 2117 Kn 6
- Unfallversicherung, gesetzliche 2062
- Vermögensschadenshaftpflichtversicherung s D & O-Versicherung

Versicherungspflichtgrenze 2058

Versicherungspflichtige Geschäftsführer 2058

Versorgungsanwartschaften 2064 f

Versorgungswerk 1012

Versorgungszusage 1169, 2065 f, 2068, 2074 ff, 2084, 2091, 2095 f, 2112, 5077

Vertragslaufzeit des Anstellungsvertrags 2048, 2098, 2100

Vertrauensentzug durch die Gesellschafter 2030

Vertretungsbefugnis 2116, 3024, 4080, 5012, 5065, 5081, 7119

Vertretungsmacht 2117, 3009 ff, 3020 ff, 3035, 4048, 5021, 5025, 5082 f, 7015, 8035

Vertriebskosten 1110

Verwaltungsrat 4051 ff, 4057, 4079
Verwarnungsgeld 1141
verwendbares Eigenkapital 1149
Vier-Augen-Prinzip 3008, 3025
Visumpflicht 2009
Vollausschüttung 1065
Vollkonsolidierung 1103
Vollkostenrechnung 1087
Vollständigkeitserklärung 1122
Voranmeldungszeitraum 1175, 1180 f
Vorauszahlung 1149, 1175
Vorauszahlungsbescheid 1149
Vorauszahlungsbeträge 1175
Vorenthalten von Sozialversicherungsbeiträgen 2008, 6055 f
Vorgesellschaft 1095, 1137, 5000, 5010, 5016, 5022 ff, 7082
- Außenhaftung 5028
- Einlagen 5024
- Eintragung 5024, 5028
- Ermächtigung 5024
- Geschäftsführer 5028
- Geschäftsführungsbefugnis 5024
- Gründungsmaßnahmen 5025
- Handelndenhaftung 5028
- Innenhaftung 5028
- Sachgründung 5025
- unternehmerische Tätigkeit 5024
- Verbindlichkeiten 5028
- Verlustdeckungshaftung 5028
- Vertretungsmacht 5025
- Vorbelastungshaftung 5028

Vorgründungsgesellschaft 1137, 5000, 5021 ff, 5032, 7087

Vorkalkulation 1085

Vorräte 1083, 1097, 1104, 3042, 6012, 6021, 6069

Vorsitzender der Geschäftsführung 2012, 2014, 2116, 3042 ff, 4053, 4080, 6071, 7080

Vorsteuer 1179 ff

Wahlrecht 1106, 1110, 1119, 4063
Währungsrechnungsmethode 1119
Warenkreditversicherung 1201, 7023, 7025
Warnstreik 1051
Website 5087, 7033
Wechsel des Tarifverbandes 1047
Weisungsbeschluss 4002, 7046
Weisungsrecht 2015, 2051, 3034 ff, 3043, 4000 ff, 4049, 4069, 4081, 7036, 8005, 8042
- Einzelweisung 4000
- generelle Weisung 4000
- Gesellschafterbeschluss 4002
- Schranken 4001
- Weisungen des Mehrheitsgesellschafters 4002
- Weisungen des Alleingesellschafters 4002

Wellenstreik 1051

Zahlen = Randnummern **Sachverzeichnis**

Werbungskosten 1148
werdende GmbH 1137
werdende Mütter 1041
Wertaufholungsgebot 1066, 1107
Werthaltigkeitsgarantie 6021
Wettbewerbsdruck 1057
Wettbewerbsverbot 1156, 2050, 2109, 2113 f, 7027, 8058 Fn 31
– Befreiung vom Wettbewerbsverbot 2050, 4027, 8047
– nachvertragliches Wettbewerbsverbot 2108, 2112
– Geschäftschancen 2050, 7027
– Verjährung 7090, 7098
wichtiger Grund 1032, 1039, 2004 f, 2014, 2020 ff, 2041, 2101 ff, 2110, 2116, 4012, 4027 ff, 4067, 5068 ff, 8024
Widerspruch zu Protokoll 5049, 5055
Widerspruchsrecht innerhalb der Geschäftsführung 2014, 3041, 5046, 7013, 8042
Widerspruchsrecht des Arbeitnehmers 1009, 5046
Widerruf der Bestellung 2019, 3009
wilder Streik 1051
Wirtschaftsausschuss 1019, 1028, 1030 f, 3043
– Änderung der Betriebsorganisation 1019
– wirtschaftliche Angelegenheiten 1019
– wirtschaftliche und finanzielle Lage 1019
Wirtschaftsjahr 1138, 1140, 1149, 1157, 1175
Wirtschaftsprüfer 1121, 1129, 1140, 2008, 2116, 4018, 4024, 5064, 6009, 6032, 7002, 7123, 8016
Wirtschaftsprüfungsgesellschaft 1121, 7123, 8016
Wissenszurechnung 3028, 3033 f
– ausgeschiedenes Organmitglied 3033
– Geschäftsführer 3033
– Niederlassungsleiter 3033
– verfassungsmäßig berufener Vertreter 3033

Zahlungsfähigkeit 1058, 6032, 6037, 6045, 7038, 7060, 7139
Zahlungsstockung 1055, 6030, 6033
Zahlungsunfähigkeit 1201, 3020, 4009 f, 5075, 5089, 6000, 6014 f, 6028 ff, 7038, 7058 ff, 7101, 7113, 7122 ff, 7139 ff, 7162 ff, 8054
– betriebswirtschaftliche Methode 7126
– Beweisanzeichen 7126
– wirtschaftskriminalistische Methode 7126
Zeichnung einer Kapitalerhöhung 1068 f, 7116
Zeichnung der Firma 2011, 8011
Zeitvertrag 2021
Zeitwert 1071, 1108, 1113
zentrale Dienstleistungseinheit 1191
Zerschlagung 5072, 6002, 6038
Zeugnis 1156, 2052, 2112, 5059
Ziel-Ist-Vergleich 1063, 1089, 3037, 6004
Zinsaufwendungen 1075, 1157 ff
Zinsen 1056, 1062, 1074, 1083, 1141, 1156, 6018 f, 6056, 7041, 7050
Zinsen für Fremdkapital 1141, 6013
Zinssaldo 1158
Zinsschranke 1141, 1156 ff
Zinsvortrag 1159
Zölibatsgeschäftsführer 2018, 3041
Zulassungsbeschluss als neuer Gesellschafter 1069
zur freien Verfügung 1068, 5011, 5018, 8049
zur Unzeit 2033, 2101, 4080, 7188
Zuschuss 2057 ff, 2116
Zustandsstörer 1198
zustimmungspflichtige Geschäfte und Maßnahmen 3011, 3037 f, 4054, 4074 f, 5005, 7026, 7145, 8005
– Änderung einer langjährig verfolgen Geschäftspolitik 3038
– Aufnahme neuer Produktgruppen 3038
– Beteiligung eines stillen Gesellschafters 3038
– einfache Mehrheit 3037
– Geschäftsordnung 3037
– Gesellschafterbeschlüsse 3037
– Gesellschaftsvertrag 3037
– Umstellung der Vertriebswege 3038
– Verkauf eines bedeutenden Betriebes 3038
Zwangsgeld 2012, 5087, 6056, 7015 ff, 7030, 7033
zweigliedrige GmbH 2025
Zweigniederlassung 1120, 3009, 3024, 3042